Strafjustiz und DDR-Unrecht

Dokumentation

Herausgegeben von
Klaus Marxen und Gerhard Werle

De Gruyter Recht · Berlin

Band 4/1. Teilband:

Spionage

Unter Mitarbeit von
Petra Schäfter und Ivo Thiemrodt

De Gruyter Recht · Berlin

Gedruckt mit Unterstützung des Bundesministeriums der Justiz und der Stiftung zur Aufarbeitung der SED-Diktatur

∞ Gedruckt auf säurefreiem Papier,
das die US-ANSI-Norm über Haltbarkeit erfüllt

ISBN 3-89949-080-0

Bibliografische Information Der Deutschen Bibliothek

Die Deutsche Bibliothek verzeichnet diese Publikation in der Deutschen Nationalbibliografie; detaillierte bibliografische Daten sind im Internet über http://dnb.ddb.de abrufbar.

Printed in Germany
Einbandgestaltung: Christopher Schneider, Berlin
Druck und buchbinderische Verarbeitung: Hubert & Co., Göttingen

Vorwort zum vierten Band

Die Dokumentation „Strafjustiz und DDR-Unrecht" präsentiert der Öffentlichkeit erstmals ein vollständiges Bild der strafrechtlichen Verfolgung von DDR-Unrecht. Die Dokumentation ist aus dem Forschungsprojekt „Strafjustiz und DDR-Vergangenheit" hervorgegangen, das wir mit Unterstützung der VolkswagenStiftung an der Humboldt-Universität zu Berlin durchführen. Kooperationsvereinbarungen mit den Justizbehörden haben uns den Zugang zu allen einschlägigen Verfahrensunterlagen ermöglicht.

Gelingen kann ein Vorhaben dieser Art und Größenordnung nur, wenn tatkräftige Hilfe von außen kommt und tüchtige Mitarbeiterinnen und Mitarbeiter beteiligt sind. Wir haben daher zahlreichen Personen und Institutionen zu danken.

Unser besonderer Dank gilt der Bundesanwaltschaft in Karlsruhe für die Bereitschaft, die Justizmaterialien zur Verfügung zu stellen. Gedankt sei ferner den Mitgliedern des Projektbeirats, Herrn Generalstaatsanwalt a.D. Schaefgen, dem Staatssekretär im Bundesministerium des Innern Herrn Diwell, dem ehemaligen Richter am Bundesgerichtshof Herrn Prof. Dr. Horstkotte sowie dem Strafverteidiger Herrn Prof. Dr. Dr. Ignor, die uns bei der Konzipierung dieser Dokumentation beraten haben.

Großen Dank schulden wir auch allen Mitarbeiterinnen und Mitarbeitern des Forschungsprojekts „Strafjustiz und DDR-Vergangenheit" sowie unserer Lehrstühle, die das Werk auf vielfältige Weise unterstützt haben. An erster Stelle sind Ivo Thiemrodt und Petra Schäfter zu nennen, die durch konzeptionelle und praktische Mitarbeit besonderen Anteil am Gelingen dieses Bandes haben. Weiterhin danken wir Nora Dittmer, Harm-Randolf Döpkens, Stefan-Alexander Doernberg, Jenny Krieger, Alexander Lambor, Stefan Langbein, Mario Piel, Camill Sander, Anja Schepke und Gregoria Palomo Suárez, die in verschiedenen Phasen an dem Vorhaben mitwirkten.

Die VolkswagenStiftung hat durch die großzügige Förderung des Projekts „Strafjustiz und DDR-Vergangenheit" eine entscheidende Voraussetzung für die vorliegende Dokumentation geschaffen. Das Bundesministerium der Justiz und die Stiftung zur Aufarbeitung der SED-Diktatur haben durch die Gewährung von Druckkostenzuschüssen den Druck dieses vierten Bandes ermöglicht.

Berlin, im Juni 2004

Klaus Marxen *Gerhard Werle*

Inhalt

Band 4/1

Teil 4: Beispielhafte Spionagefälle

Abkürzungsverzeichnis

a.A.	anderer Ansicht
a.a.O.	am angegebenen Ort
a.D.	außer Dienst
a.E.	am Ende
a.F.	alte(r) Fassung
AA	Auswärtiges Amt
AAFCE	Allied Air Forces, Central Europe
aaO	am angegebenen Ort
ABC-Abwehr	Abwehr Atomarer, Biologischer und Chemischer Waffen
abl.	ablehnend
Abs.	Absatz
Abt.	Abteilung
ACDS	Assistant Chief of the Defense Staff/Policy
AdK	Apparat der Koordination
ADN	Allgemeiner Deutscher Nachrichtendienst
AFCENT	Allied Forces Central Europe (NATO-Kommando Europa-Mitte)
AfNS	Amt für Nationale Sicherheit
AG	Arbeitsgruppe, Arbeitsgemeinschaft, Aktiengesellschaft
AG K	Arbeitsgruppe Koordination
AGK	Arbeitsgruppe für Koordinierung oder Arbeitsgruppe Koordination
AGL	Arbeitsgruppe des Leiters
AGM/S	Arbeitsgemeinschaft des Ministers, Referat S
AGOD	Arbeitsgruppe Operative Dokumente bzw. Dokumentation
AI	Auswertung und Information
AIDS	Acquired Immune Deficiency Syndrome
AK	Alternativ-Kommentar zum Strafgesetzbuch
AKG	Auswertungs- und Kontrollgruppe des MfS
AL	Abteilungsleiter oder Alternative Liste für Demokratie und Umweltschutz
AM	Agenturische(r) Mitarbeiter
AM-AS	Agenturischer Mitarbeiter/Anlaufstelle
AM-D	Agenturischer Mitarbeiter/Depot
AM-E/W	Agenturischer Mitarbeiter/(Ermittler/Werber)
AM-F	Agenturischer Mitarbeiter/Funker
AM-K	Agenturischer Mitarbeiter/Kurier
AM-MA	Agenturischer Mitarbeiter/Marschaufklärer
AM-OB	Agenturischer Mitarbeiter/Objektbeobachter
AM-OP	Agenturischer Mitarbeiter/Originalperson
AM-PK	Agenturischer Mitarbeiter/Perspektivkandidat
AM-PS	Agenturischer Mitarbeiter/Poststelle
AM-Q	Agenturischer Mitarbeiter/Quelle
AM-Qu	Agenturischer Mitarbeiter/Quartiergeber
AM-Re	Agenturischer Mitarbeiter/Resident
AM-TS	Agenturischer Mitarbeiter/Telefonstelle
AM-ÜS	Agenturischer Mitarbeiter/Übergabestelle
AMRAAM	Advanced Medium Range Air-to-Air Missile

Anm.	Anmerkung
anschl.	anschließend(e), (er), (es)
AO	Anordnung
AOI	Arbeits-, Orientierungs- und Informationshinweis
APN	Außenpolitischen Nachrichtendienst (Vorläufer der HVA)
APO	Außerparlamentarische Opposition oder Abteilungsparteiorganisation
APuZ	Aus Politik und Zeitgeschichte
Arb.Tgb.Nr.	Arbeitstagebuch-Nummer
ARD	Arbeitsgemeinschaft der öffentlich-rechtlichen Rundfunkanstalten der Bundesrepublik Deutschland (Erstes Deutsches Fernsehen)
Art.	Artikel
ATAF	Allied Tactical Air-Force
ATSWV	Armeen der Teilnehmerstaaten des Warschauer Vertrages
Aufl.	Auflage
AWACS	Airborne Warning And Control System (luftgestütztes Frühwarn- und Führungssystem)
AWX	All Weather Fighter
Az.	Aktenzeichen
AZR	Ausländerzentralregister
B.	Beschluss
BA	Bereich Aufklärung oder Beschlussausfertigung
BALTAP	Allied Command Baltic Approaches (NATO-Kommando Ostseeausgänge)
BAM	Bundesanstalt für Materialforschung und -prüfung
BAT	Bundesangestelltentarif
BayObLG	Bayerisches Oberstes Landesgericht
BayObLGSt	Entscheidungen des Bayerischen Obersten Landesgerichts in Strafsachen (Amtliche Sammlung)
Bd.	Band
BDI	Bundesverband der Deutschen Industrie
BDK	Bund Deutscher Kriminalbeamter
BE	Belgien oder Benelux
BfV	Bundesamt für Verfassungsschutz
BGBl	Bundesgesetzblatt
BGH	Bundesgerichtshof
BGHSt	Amtliche Sammlung der Entscheidungen des Bundesgerichtshofs in Strafsachen
BGS	Bundesgrenzschutz
BKA	Bundeskriminalamt
BM	Bundesminister
BMB	Bundesministerium für innerdeutsche Beziehungen
BMFT	Bundesministerium für Forschung und Technologie
BMI	Bundesministerium des Inneren
BMV, BMVg, BMVG	Bundesministerium der Verteidigung
BND	Bundesnachrichtendienst
BRD	Bundesrepublik Deutschland
BStU	Der/Die Bundesbeauftragte für die Unterlagen des Staatssicherheitsdienstes der ehemaligen DDR

BT-Drs., BTDrucks	Bundestags-Drucksache
Buchst.	Buchstabe
BV	Bezirksverwaltung
BVerfG	Bundesverfassungsgericht
BVerfGE	Amtliche Sammlung der Entscheidungen des Bundesverfassungsgerichts
BVerfGG	Bundesverfassungsgerichtsgesetz
BVfS	Bezirksverwaltung für Staatssicherheit
BWB	Bundesamt für Wehrtechnik und Beschaffung
BZR	Bundeszentralregister
bzw.	beziehungsweise
CA, CAkl	Chef Aufklärung (des Hauptstabes des Ministeriums für Nationale Verteidigung)
ca.	circa
CDU	Christlich Demokratische Union
CENTAG	Central Army Group (NATO)
CIA	Central Intelligence Agency (Auslandsnachrichtendienst der USA)
CIC	Counter Intelligence Corps
CIMEX	Civilian Military Exercise (Zivil-militärische Übung der NATO und ihrer Mitglieder)
CM	Countermen (Doppelagent/in)
COCOM	Coordinating Committee for Multilateral Export Controls
CSFR	Czech & Slovak Federal Republic (Tschechoslowakische Republik)
CSSR	Československá Socialistická Republika (Tschechoslowakische Sozialistische Republik)
CSU	Christlich Soziale Union
CVWOTA	Chef Verwaltung Operativ-Taktische Aufklärung
d.	des, die, der
d.h.	das heißt
DA	Dänemark oder Dienstanweisung oder Deutschland Archiv
DAS	Deutscher Automobil Schutz Allgemeine Rechtsschutz-Versicherungs-AG
Datex	Data Exchange
DDR	Deutsche Demokratische Republik
DE	Diensteinheit
DFD	Deutscher Frauenbund
DFUE	Datenfernübertragung(en)
DGfSB	Deutsche Gesellschaft für Sozialbeziehungen e.V.
DIN	Deutsche Industrienorm
Dipl.	Diplom
DKP	Deutsche Kommunistische Partei
DM	Deutsche Mark
DN	Deckname
Dok.	Dokument
DP	Dienstpass
DPC	Defence Planning Committee
DPQ	Defence Planning Questionnaire
Dr.	Doktor
DRiZ	Deutsche Richterzeitung
DRS	digitale Richtfunksystem

DTgb	Diensttagebuch
DU	Deutsche Union
DVP	Datenverarbeitungsprojekt oder Deutsche Volkspolizei
e.V.	eingetragener Verein
EBAO	Einforderungs- und Beitreibungsanordnung
ed.	editor
EDV	Elektronische Datenverarbeitung
EDVA	Elektronische Datenverarbeitungsanlage
EG	Europäische Gemeinschaft
EG Stgb, EGStGB	Einführungsgesetz zum Strafgesetzbuch
EKD	Evangelische Kirche in Deutschland
ELD	European Liberal Democrats (Föderation der Liberalen und Demokratischen Parteien der Europäischen Gemeinschaft)
ELOKA	Elektronische Kampfführung
EMP	Electromagnetic Pulse
EMRK	Europäische Menschenrechtskonvention
engl.	englisch(e), (er), (es)
ESA	European Space Agency
etc.	et cetera
EV	Einigungsvertrag
evtl.	eventuell(e), (er), (es)
EWG	Europäische Wirtschaftsgemeinschaft
f., ff.	folgende, fortfolgende
Fa.	Firma
FALLEX	Fall Exercise (Bezeichnung einer NATO-Übung)
FAP	Freiheitliche Deutsche Arbeiterpartei
FDGB	Freier Deutscher Gewerkschaftsbund
FDJ	Freie Deutsche Jugend
FDP	Freie Demokratische Partei
FIM	Führungs-IM (Inoffizieller Mitarbeiter zur Führung anderer IM und GMS)
FK	Fernkopie
FmA	Fernmelde-Aufklärung
Fn.	Fußnote
FO	Führungsoffizier
FOFA	Follow-On Forces Attack
FR	Frankreich
FS	Fernschreiben
FU	Freie Universität (Berlin)
Fußn.	Fußnote
FV	Fester Vorgesehener
GA	Goltdammer's Archiv für Strafrecht
GAU	Größter anzunehmender Unfall
GB	Großbritannien
GBA	Generalbundesanwalt
GDR	German Democratic Republik
gem.	gemäß
Gestapo	Geheime Staatspolizei
GG	Grundgesetz

ggf., ggfs.	gegebenenfalls
GL	Generalleutnant
GM	Geheimer Mitarbeiter
GMA	Gehilfen des Militärattachés
GMS	Gesellschaftlicher Mitarbeiter für Sicherheit
GO	Generaloberst, Grundorganisation
GPU	Glawnoje Polititscheskoje Uprawlenije (russ.) (Politische Hauptverwaltung)
GRU	Glawnoje Raswediwatelnoje Uprawlenije (russ.) (militärischer Geheimdienst der Sowjetunion)
GSSD	Gruppe der Sowjetischen Streitkräfte in Deutschland
GSTD	Gruppe der sowjetischen Truppen in Deutschland
GÜST	Grenzübergangsstelle
GVBl	Gesetz- und Verordnungsblatt
GVG	Gerichtsverfassungsgesetz
GVS	Geheime Verschlusssache
HA	Hauptabteilung
HADAR	Hughes Air Defense Radar
HD	High Density
HICOG	High Commissioner for Germany (Hoher Kommissar der Vereinigten Staaten in Deutschland)
Hilex	High Level Exercise (Bezeichnung einer NATO-Übung)
HIM	Hauptamtlicher Inoffizieller Mitarbeiter
HLKO	Haager Landkriegsordnung
HPA	Handelspolitische Abteilung
HVA	Hauptverwaltung A des MfS (so genannte Hauptverwaltung Aufklärung)
i.d.F.	in der Fassung
i.G.	im Generalstab
i.V.	in Verbindung oder in Vertretung
i.V.m.	in Verbindung mit
IAG	Informations- und Auswertungsgruppe
IAZ	Informations- und Ausbildungszentrum
IBM	International Business Machines Corporation
IF	Interflug
IGfM	Internationale Gesellschaft für Menschenrechte
IGH	Internationaler Gerichtshof
IGW	Institut für Gesellschaft und Wissenschaft der Universität Erlangen-Nürnberg
IKA	Internationales Kopfamt
IM	Inoffizieller Mitarbeiter
IM-I	Inoffizieller Mitarbeiter-Instrukteur
IM-E/W	Inoffizieller Mitarbeiter-Ermittler/Werber
IM-K	Inoffizieller Mitarbeiter-Kurier
IMB	Inoffizieller Mitarbeiter der Abwehr mit Feindverbindung bzw. zur unmittelbaren Bearbeitung im Verdacht der Feindtätigkeit stehender Personen
IME	Inoffizieller Mitarbeiter für einen besonderen Einsatz
IMK	Inoffizieller Mitarbeiter zur Sicherung der Konspiration und des Verbindungswesens

IMK/DA	Inoffizieller Mitarbeiter zur Sicherung der Konspiration und des Verbindungswesens (Deckadressengeber)
IMK/DT	Inoffizieller Mitarbeiter zur Sicherung der Konspiration und des Verbindungswesens (Decktelefongeber)
IMS	Inoffizieller Mitarbeiter Sicherheit oder Inoffizieller Mitarbeiter, der mit der Sicherung eines gesellschaftlichen Bereichs oder Objekts beauftragt ist (1968-1979) bzw. Inoffizieller Mitarbeiter zur politisch-operativen Durchdringung und Sicherung des Verantwortungsbereichs (1980-1990) oder NATO-International-Military-Staff
INF	(Geneva Negotiations On) Intermediate Range Nuclear Forces
INPOL	Zentrales Informations- und Auskunftssystem des Bundeskriminalamts in Wiesbaden (polizeiliches Fahndungs- und Überwachungssystem)
INTELSAT	International Satellite Service
IPbürgR	Internationaler Pakt über bürgerliche und politische Rechte
IPW	Institut für Internationale Politik und Wirtschaft
IPZ	Internationales Pressezentrum
IS	NATO-International-Staff
ISO	Internationale Standardisierungsorganisation
ITU	Institut für technische Untersuchungen
IVSt	Internationale Vermittlungsstelle
IWF	Institut für Wirtschaftswissenschaftliche Forschung
IWTE	Institut für wissenschaftlich-technische Entwicklung
IZ	Informationszentrum
JK	Jura-Kartei
JR	Juristische Rundschau
Jura	Juristische Ausbildung
JuS	Juristische Schulung
Jusos	Jungsozialisten
JVA	Justizvollzugsanstalt
JZ	Juristenzeitung
Kap.	Kapitel
KBA	Kraftfahrt-Bundesamt
KD	Kreisdienststelle
KfS	Komitee für Staatssicherheit beim Ministerrat der UdSSR
Kfz	Kraftfahrzeug
KG	Kammergericht
KGB	Komitet gossudarstwennoi besopasnosti (russ.) (Komitee für Staatssicherheit der Sowjetunion)
KHK	Kriminalhauptkommissar
KJ	Kritische Justiz
KK	Karlsruher Kommentar
KO	Konspirative Objekte
KP	Kontaktperson
KPD	Kommunistische Partei Deutschlands
Kripo	Kriminalpolizei
KritV	Kritische Vierteljahresschrift für Gesetzgebung und Rechtswissenschaft
KSZE	Konferenz für Sicherheit und Zusammenarbeit in Europa
KuA-GmbH	Kunst- und Antiquitäten GmbH
KVP	Kasernierte Volkspolizei

KW	Konspirative Wohnung(en) oder Kernwaffen
Leg.	Legalist(en)
Lfd., lfd.	laufend (e), (er), (es)
LfV	Landesamt für Verfassungsschutz
LG	Landgericht
li. Sp.	linke Spalte
lit.	Buchstabe
LK	Leipziger Kommentar
LKA	Landeskriminalamt
LKW	Lastkraftwagen
LPG	Landwirtschaftliche Produktionsgenossenschaft
LSK	Landstreitkräfte
lt.	laut
LTDP	Long-Term Defense Program
LUAOSK	Leiter Unterabteilung Operative Sicherung und Kontrolle
M	Mark der DDR
m.N.	mit Nachweisen
m.w.N., m.w.Nachw.	mit weiteren Nachweisen
MA	Militärattaché
MAD	Militärischer Abschirmdienst
MARS	Mittleres Artillerie-Raketensystem
MB	Militärbezirk
MBB	Messerschmidt-Bölkow-Blohm
MBFR	Mutual and Balanced Force Reduction (Talks) (Verhandlungen über eine ausgewogene Reduktion der Streitkräfte)
MC	Military Council
MD	Militärdivision
MdA	Mitglied des Abgeordnetenhauses
MdB	Mitglied des Bundestages
MdI	Ministerium des Innern
MDR	Monatsschrift für Deutsches Recht
MfAV	Minister(ium) für Abrüstung und Verteidigung
MfNV	Ministerium für Nationale Verteidigung
MfS	Ministerium für Staatssicherheit
mglw.	möglicherweise
MHQ	Marinehauptquartier
MIF	Militärische Infrastrukturforderung
Mil ND	Militärischer Nachrichtendienst
MLRS	Multiple-Launch Rocket System (Mehrfachraketenwerfersystem)
mm	Milimeter
MO	Militärorganisation
MOT.	motorisiert(e),(er), (es)
MPF	Ministerium für Post- und Fernmeldewesen (der DDR)
MPR	Medium Power Radar
MSK	Minimum Shift Keying
MSR	Motorisiertes Schützenregiment
MTU	Maschinen- und Turbinenunion
MWI	Militärwissenschaftliches Institut
NADIS	nachrichtendienstliches Informationssystem

NATO	North Atlantic Treaty Organization (Nordatlantische Allianz)
NDR	Norddeutscher Rundfunk
NfD	Nur für den Dienstgebrauch
NICSMA	NATO Integrated Communications Systems Management Agency
NJ	Neue Justiz
NJW	Neue Juristische Wochenschrift
NKWD	Narodnyi komissariat wnutrennych del (russ.) (Volkskommissariat für innere Angelegenheiten der Sowjetunion)
NL	Niederlande
NORTHAG	Northern Army Group, Central Europe (NATO) (Heeresgruppe Nord)
NOS	NATO Office of Security (Sicherheitsdienst der NATO)
NPD	Nationaldemokratische Partei Deutschlands
Nr.	Nummer
NS	Nationalsozialismus, nationalsozialistisch
NSDAP	Nationalsozialistische Deutsche Arbeiterpartei
NStZ	Neue Zeitschrift für Strafrecht
NVA	Nationale Volksarmee
NWS	Nachweissendung
o.a.	oben angegebene(r), (s)
o.g.	oben genannte(r), (s)
OAG	Operative Außengruppe
OAst	Operative Außenstelle(n)
Oberstltnt.	Oberstleutnant
OECD	Organization for Economic Co-operation and Development (Organisation für wirtschaftliche Zusammenarbeit und Entwicklung)
OibE	Offizier (des MfS) im besonderen Einsatz
OLG	Oberlandesgericht
Oltn.	Oberleutnant
OMV	Ost- und Mitteleuropa Verein e.V.
ooa	out of area
OPG	Operationsgebiet
OPK	Operative Personenkontrolle
OSK	Operative Sicherheit und Kontrolle
OSL	Oberstleutnant
OTS	Operativ-technischer Sektor
P + P Division IMS	Plans and Policy Division International Military Staff
PA	Personalausweis
PDS	Partei des Demokratischen Sozialismus
PiD	Politisch-ideologische Diversion
PK	Passkontrolle
PKK	Parteikontrollkommission (der SED)
PKW	Personenkraftwagen
PLSS	Position Location Strike System
pp	perge, perge (lat.) (fahre fort, und so weiter)
Prof.	Professor/in
PSK	Psychologische Kampfführung
PSV	Psychologische Verteidigung
PuT	politische Untergrundtätigkeit
PZF	Postzollfahndung

rd.	rund
Rdnr, RdNr.	Randnummer
re. Sp.	rechte Spalte
RGBl	Reichsgesetzblatt
RGSt	Entscheidungen des Reichgerichts in StrafsachenAmtliche Sammlung)
RGW	Rat für gegenseitige Wirtschaftshilfe
rk	rechtskräftig
RL	Richtlinie
Rn.	Randnummer
ROAR	Regierungsoberamtsrat
RSA	Rufnummerselektierungsanlagen
RTBK	Rollender toter Briefkasten
RuP	Recht und Politik
RVR	Runway Visual Range
RZBW	Rechenzentrum der Bundeswehr
s.	siehe
S.	Seite
s.a.	siehe auch
SA	Sturmabteilung
SAA	Strategische Agenturaufklärung
SACEUR	Supreme Allied Command(er) Europe (NATO-Streitkräfte/Oberkommando)
SALT	Strategic Arms Limitation Talks (Verhandlungen über die Begrenzung strategischer Waffen)
SAP	Sozialistische Arbeiterpartei
SATCOM	Satellite Communications
sc.	scilicet (nämlich)
SD	Sicherheitsdienst
SDI	Stategic Defense Initiative (Strategische Verteidigungsinitiative)
SED	Sozialistische Einheitspartei Deutschlands
SEW	Sozialistische Einheitspartei Westberlins
SF	Spezialfunkdienste
SFB	Sender Freies Berlin
SfS	Staatssekretariat für Staatssicherheit
SHAPE	Supreme Headquarters Allied Powers, Europe (NATO)
Sipo	Sicherheitspolizei
SIRA	System der Informations-Recherche der HVA
SITCEN	Situation Center (Lagezentrum der NATO)
SK	Spezialkader oder Systematischer Kommentar
SK-L	Spezialkader-Legalist
sog.	so genannte(n), (r), (s)
SOUD	Soglashenije o sisteme objedinennowo utschota dannych (o protiwnike) (russ.) System der vereinigten Erfassung von Informationen (über den Gegner)
SPD	Sozialdemokratische Partei Deutschlands
SR	Sonderreferat
SS 17, 18, 19	Bezeichnung für eine sowjetische Mittelstreckenrakete
St.	Sankt
StA	Staatsanwaltschaft

StäV, STÄV	Ständige Vertretung
STCA	Stellvertreter des Chefs Aufklärung und Leiter Informationsdienst
STCAA	Stellvertreter des Chefs Aufklärung für die Agenturische Aufklärung
STCI	Stellvertreter des Chefs für Information
STCOS	Stellvertreter des Chefs für Operative Sicherstellung
STCSA	Stellvertreter des Chefs Aufklärung für die Strategische Aufklärung
stellv.	stellvertretend(e), (er), (es)
Stellv.	Stellvertreter
StGB	Strafgesetzbuch
STMCHS	Stellvertreter des (Verteidigungs-)Ministers und Chef des Hauptstabes
StPO	Strafprozessordnung
stRspr	ständige Rechtsprechung
StV	Strafverteidiger
SU	Sowjetunion
SWFD	Selbstwählferndienst
SWT	Sektor Wissenschaft und Technik (der HVA)
TaF	Taktische Forderung
Takt.	taktisch(e), (er), (es)
TASMO	Tactical Air Support for Maritime Operations
TBK	Toter Briefkasten
TeleNr	Telefonnummer
Telex	Teletypewriter Exchange
TgbNr	Tagebuchnummer
TH	Technische Hochschule
TS	Telefonstellen
Tscheka	Tschreswytschainaja Komissija (russ.) (Außerordentliche Kommission zur Bekämpfung von Konterrevolution und Sabotage)
TSWV	Teilnehmerstaaten des Warschauer Vertrages
TU	Technische Universität
TÜ	Truppenübung
TVD	Theater of Military Operations (Hauptschauplatz von Kriegshandlungen)
U.	Urteil
u.a.	unter anderem
u.ä.	und ähnliches
u.s.w., usw.	und so weiter
UA	Unterabteilung(en) oder Urteilsausfertigung
UAL	Unterabteilungsleiter
UAVW	Unterabteilung Verbindungswesen
UdSSR	Union der Sozialistischen Sowjetrepubliken
UKW	Ultrakurzwelle
UNESCO	United Nations Educational, Scientific and Cultural Organization (Organisation für Erziehung, Wissenschaft und Kultur der Vereinten Nationen)
US	United States
US EUCOM	United States European Command (Oberkommando der Vereinigten Staaten in Europa)
USA	United States of America (Vereinigte Staaten von Amerika)
V	Vorgesehener

v.	vom oder von
VA	Verwaltung Aufklärung, Verwaltung für strategische Agenturaufklärung
VdJ	Verband deutscher Journalisten
vergl., vgl., Vgl.	vergleiche
Vfg.	Verfügung
VKK	Verteidigungskreiskommando
VO	Verbindungsoffizier, Verordnung
Vorbem.	Vorbemerkung
VP	Vertrauensperson bzw. Verbindungsperson
VRD	Verwaltung Rückwärtige Dienste
VS	Verschlußsache
VS-NfD	Verschlußsache – Nur für den Dienstgebrauch
VWOTA	Verwaltung Operativ-Taktische Aufklärung
WB	Westberlin
WBK	Wehrbereichskommando
WD	Westdeutschland
WEU	Westeuropäische Union
WGT	Westgruppe der Streitkräfte der UdSSR
WINTEX	Winter Exercise (Zivil-militärische Übung der NATO und ihrer Mitglieder)
WP	Warschauer Pakt
WTA	Wissenschaftlich-technische Auswertung
WTD	Wehrtechnische Dienststelle(n)
z.A.	zur Anstellung
z.B.	zum Beispiel
z.b.V.	zur besonderen Verwendung
z.N.	zum Nachteil
ZAIG	Zentrale Auswertungs- und Informationsgruppe
ZaöRV	Zeitschrift für ausländisches öffentliches Recht und Völkerrecht
ZDF	Zweites Deutsches Fernsehen
ZI	Zellen-Informator
ZK	Zentralkomitee
ZKG	Zentrale Koordinierungsgruppe
ZMD	Zentraler Medizinischer Dienst
ZOV	Zentraler Operativer Vorgang
ZOW	Zentrales Objekt Wuhlheide
ZPV	Zentrale Planvorgaben
ZRP	Zeitschrift für Rechtspolitik
ZStrW	Zeitschrift für die gesamte Strafrechtswissenschaft
zutr.	zutreffend

Einführung in die Dokumentation „Strafjustiz und DDR-Unrecht“

Beabsichtigt ist eine umfassende Dokumentation der strafrechtlichen Verfolgung systembedingten DDR-Unrechts. Zeitlich setzt die Dokumentation im Jahre 1989 ein, denn erste Verfahren wurden schon unmittelbar nach der politischen Wende noch in der DDR betrieben. Den weitaus größeren Teil der dokumentierten Verfahren führte allerdings die Strafjustiz der Bundesrepublik Deutschland nach der Wiedervereinigung durch.

Die Dokumentation bietet vor allem zwei übergreifende Perspektiven. Sie zeigt erstens die Strafverfolgungsaktivitäten der Justiz auf, und sie gibt zweitens zeitgeschichtlich bedeutsame Feststellungen wieder. Damit ermöglicht die Dokumentation nicht nur eine fundierte kritische Auseinandersetzung mit der strafrechtlichen Aufarbeitung des DDR-Unrechts selbst; vielmehr wird auch die DDR-Vergangenheit mittelbar zum Gegenstand der Dokumentation. So richtet sich das Angebot des Gesamtvorhabens sowohl an die allgemeine Öffentlichkeit wie auch an die Fachöffentlichkeit verschiedener wissenschaftlicher Disziplinen: Rechtswissenschaft, Geschichtswissenschaft, Politikwissenschaft, Sozialwissenschaften.

I. Begründung des Vorhabens

Mit der Strafverfolgung von DDR-Unrecht unternahm die deutsche Justiz einen weiteren Versuch, Systemkriminalität aufzuarbeiten. Zuvor waren – im Osten und im Westen Deutschlands – Strafverfahren gegen NS-Täter durchgeführt worden. Ihnen waren die Strafverfolgungsmaßnahmen der Alliierten vorangegangen, die mit den Nürnberger Prozessen ihren Anfang genommen hatten. Die Linie der Verfolgung staatlich initiierter Kriminalität führt bis hin zu den Tribunalen, die derartige im ehemaligen Jugoslawien und in Ruanda begangenen Verbrechen ahnden. Die Verfolgung von DDR-Unrecht ist – ungeachtet aller Besonderheiten dieser Verfahren – Bestandteil einer Entwicklung, die darauf zielt, die faktische Straflosigkeit der Kriminalität der Mächtigen zu beenden. Diese Ausdehnung der Herrschaft des Rechts verdient es, eine Wende genannt zu werden. Sie leitet einen neuen Abschnitt in der Entwicklung des Rechts ein. Gesellschaftlich, politisch und juristisch sollte diesem Vorgang daher höchste Aufmerksamkeit gewidmet werden. Dazu bedarf es einer uneingeschränkten und ungefilterten Wahrnehmung. Eine solche Wahrnehmung soll diese Dokumentation für den Bereich der Strafverfolgung von DDR-Unrecht ermöglichen.

Auch zeithistorische Gründe rechtfertigen das Vorhaben. Zum einen bieten die Justizdokumente eine wertvolle historische Materialgrundlage, denn sie enthalten zeitgeschichtlich bedeutsame Feststellungen, die durch die hohen Beweisanforderungen des Strafverfahrens abgesichert sind. Zum anderen bildet die Dokumentation einen justiziellen Vorgang ab, der sich nach Art und Umfang deutlich von den sonstigen Justizaktivitäten abhebt. Bei der politischen und historischen Bewertung dieses Vorgangs wird nicht allein danach gefragt werden, ob die Justiz ihre selbst gesteckten Ziele erreicht hat. Vielmehr werden Nutzen und Nachteil der Verfahren für den Prozess der deutschen

Vereinigung ein wichtiges Thema sein, für dessen Behandlung die Dokumentation das wesentliche Material bereitstellt.

Die Bewertungen der Strafverfahren wegen DDR-Unrechts gehen weit auseinander. Nicht wenige sind der Ansicht, dass die Justiz einen Irrweg beschritten habe. Sie vermissen eine ausreichende Rechtsgrundlage, erheben wegen der Unvergleichbarkeit von DDR-Unrecht und NS-Verbrechen den Vorwurf der Unverhältnismäßigkeit und kritisieren die Verfahren als verkappte politische Abrechnung und letztlich als „Siegerjustiz". Andere dagegen lasten der Justiz an, nur halbherzig gegen Systemtäter vorgegangen zu sein und dadurch den Systemopfern Genugtuung verweigert zu haben. Die Justiz habe die Hauptverantwortlichen verschont und viel zu milde Strafen verhängt. Dieser Meinungsstreit beruht zu einem erheblichen Teil auf einer jeweils nur selektiven Wahrnehmung des Gesamtvorgangs. Darin wirkt sich nicht allein der Unterschied der politischen Standpunkte aus. Grenzen sind auch denjenigen gesetzt, die sich unvoreingenommen eine Meinung bilden wollen. Denn die dafür nötige Materialbasis steht nicht zur Verfügung. Die Medien und die juristische Fachpresse bieten nur Ausschnitte. Die Medien konzentrieren sich auf spektakuläre Einzelfälle. In der juristischen Fachöffentlichkeit sind fast nur Entscheidungen aus dem Bereich höchstrichterlicher Rechtsprechung präsent. Ihre Auswahl erfolgt nach rein rechtlichen Gesichtspunkten. Als Endprodukte verraten sie nichts über den Verlauf der Strafverfolgung und über den Rechtsfindungsgang. Weitgehend ausgeblendet bleibt auch der zeithistorisch besonders bedeutsame Vorgang der Sachverhaltsfeststellung, für den die unteren Instanzen zuständig sind. Nicht einmal ansatzweise kommt der Gesamtvorgang in den Blick. Die Selektivität der Wahrnehmung gilt es zu beseitigen, damit eine sachliche Diskussion über Stärken und Schwächen der Strafverfolgung von DDR-Unrecht geführt werden kann. Ein geeignetes Mittel dafür ist eine auf Vollständigkeit angelegte Dokumentation.

II. Rechtsgrundlagen der Strafverfolgung von DDR-Unrecht

Auch nach der deutschen Wiedervereinigung sollte DDR-Unrecht verfolgt werden können. Das geht zweifelsfrei aus Regelungen im Einigungsvertrag und in Folgegesetzen hervor, die das anzuwendende Recht und Verjährungsfragen betreffen.

Nach Artikel 8 des Einigungsvertrages wurde mit dem Beitritt der DDR das Strafrecht der Bundesrepublik gesamtdeutsch verbindlich. Auf vorher in der DDR begangene Straftaten, sog. „DDR-Alttaten", ist nach Artikel 315 Absatz 1 des Einführungsgesetzes zum Strafgesetzbuch § 2 des Strafgesetzbuches anzuwenden. Daraus ergibt sich: Zunächst muss die Tat nach beiden Rechtsordnungen, also nach DDR-Recht wie nach bundesdeutschem Recht strafbar sein (Zwei-Schlüssel-Ansatz). Trifft dies zu, so ist das mildere Recht anzuwenden. Für die Ahndung von DDR-Unrecht ist damit das Meistbegünstigungsprinzip maßgeblich. Es veranlasst eine Prüfung in mehreren Schritten.

Dem ersten Prüfungsschritt liegt das Strafrecht der DDR zugrunde. Ausgeschieden werden die Fälle, die bereits nach diesem Strafrecht straflos sind. Der zweite Prüfungsschritt gilt der Frage, ob in den verbleibenden Fällen eine Strafbarkeit auch nach dem Strafrecht der Bundesrepublik gegeben ist. Ein positives Ergebnis hat zur Folge, dass nun nach der Unrechtskontinuität zwischen den anwendbaren Vorschriften des DDR-Strafrechts und des Strafrechts der Bundesrepublik gefragt wird. Eine bloß formale Übereinstimmung der Vorschriften genügt nämlich nicht. Es muss sichergestellt sein, dass das alte und das neue Recht im Wesentlichen denselben Unrechtstyp erfassen. Andernfalls würde das strafrechtliche Rückwirkungsverbot verletzt. Wird die Unrechtskontinuität bejaht, so folgt als letzter Prüfungsschritt der Vergleich der Strafvorschriften mit dem Ziel, die mildere Strafdrohung zu bestimmen.

Verjährungsfragen regelt Artikel 315a des Einführungsgesetzes zum Strafgesetzbuch. Die Vorschrift sieht vor, dass eine bis zum Beitritt noch nicht eingetretene Verjährung mit dem Tag des Beitritts als unterbrochen gilt. Die Unterbrechung hat zur Folge, dass die Frist in voller Länge erneut zu laufen beginnt. Die Regelung zielt auf eine Kompensation des Zeitaufwandes, der für den Neuaufbau der Justiz auf dem Gebiet der früheren DDR zu veranschlagen war. Nachdem sich abzeichnete, dass der justizielle Neuaufbau mehr Zeit in Anspruch nahm, als ursprünglich vorgesehen, wurden 1993 und 1997 Gesetze erlassen, die die Verjährungsfristen verlängerten. Zudem stellte ein weiteres 1993 erlassenes Verjährungsgesetz klar, dass systembedingte Straftaten verfolgbar blieben, auch wenn die Verjährungsfrist noch vor dem Beitritt abgelaufen war. Da eine Verfolgung von Taten dieser Art in der DDR unterblieb, wurde – in Übereinstimmung mit der Rechtsprechung zu systembedingten Straftaten in der NS-Zeit – ein Ruhen der Verjährung angenommen.

Im Wesentlichen blieb es bei diesen Vorgaben. Verfassungs- und Gesetzgeber verzichteten auf eine weitergehende Gestaltung der Strafverfolgung von DDR-Unrecht. Die Aufgabe einer Präzisierung der rechtlichen Grundlagen musste zur Hauptsache von der justiziellen Praxis bewältigt werden. Auch dieser Umstand rechtfertigt eine Dokumentation des justiziellen Vorgehens.

III. Konzeption und Ziele der Dokumentation

Dokumentiert werden soll die strafrechtliche Aufarbeitung des systembedingten DDR-Unrechts. Was unter „systembedingt“ zu verstehen ist, hat die Justiz selbst durch die Organisationsform der Schwerpunktstaatsanwaltschaft und die Bildung von Fallgruppen in der Entscheidungspraxis näher bestimmt. Als systembedingt sind danach Taten anzusehen, die durch das System, das den Staat DDR trug, initiiert, gefördert oder geduldet wurden. Dazu sind folgende Fallgruppen zu zählen: Wahlfälschung, Gewalttaten an der deutsch-deutschen Grenze, Rechtsbeugung, Amtsmissbrauch und Korruption, Straftaten unter Beteiligung des Ministeriums für Staatssicherheit, Denunziation, Misshandlung von Gefangenen, sonstige Wirtschaftsstraftaten, Doping sowie Spionage. Darüber hinaus wurden von den Schwerpunktstaatsanwaltschaften teilweise auch Taten verfolgt, die erst nach dem Ende der DDR begangen wurden. Dazu gehören etwa Fälle vereinigungsbedingter Wirtschaftskriminalität und Aussagedelikte, die im Zusammenhang mit Strafverfahren wegen DDR-Unrechts verübt wurden. Diese Bereiche bleiben hier jedoch unberücksichtigt, weil schon aus zeitlichen Gründen allenfalls ein mittelbarer Zusammenhang mit dem System der DDR besteht.

Die Dokumentation soll gewährleisten, dass die Strafverfolgung in ihrem zeitlichen Ablauf vollständig abgebildet wird. Einbezogen werden daher auch die Verfahren, die nach der politischen Wende noch in der DDR begonnen und teilweise dort sogar abgeschlossen wurden. Im Zentrum stehen allerdings die Strafverfahren, die die Justiz der

Bundesrepublik Deutschland nach dem Beitritt der DDR am 3. Oktober 1990 durchgeführt hat.

In die Dokumentation werden nur Verfahren aufgenommen, in denen Anklage erhoben wurde. Denn erst mit der Anklageerhebung verlässt das Strafverfahren das Stadium unabgeschlossener Ermittlungen und ungesicherter Annahmen über Tat und Täter.

Zur Hauptsache werden gerichtliche Sachurteile dokumentiert. Die in ihnen getroffenen oder überprüften Sachverhaltsfeststellungen sind durch erhöhte Anforderungen an die Beweiserhebung und -würdigung abgesichert. Auch bestimmen maßgeblich Entscheidungen dieser Art über die Reichweite staatlicher Strafverfolgung, weil sie verbindlich zwischen strafbarem und straflosem Verhalten abgrenzen. Daneben werden Prozessurteile und gerichtliche Beschlüsse wiedergegeben, sofern sie Verlauf und Ergebnis des Verfahrens wesentlich mitgestaltet haben. Auf Anklagen und Einstellungsentscheidungen wird ausnahmsweise dann zurückgegriffen, wenn eine Identifizierung des Verfahrensgegenstandes anders nicht möglich ist.

Die Fallgruppen bestimmen den Aufbau der Dokumentation. Nach ihnen richtet sich auch die Aufteilung in Einzelbände. Damit wird den erheblichen Unterschieden zwischen den Fallgruppen Rechnung getragen. Sie betreffen nicht allein die tatsächliche und rechtliche Seite des jeweiligen Unrechtskomplexes, sondern auch die Verfolgungspraxis. Die Präsentation nach Fallgruppen lässt die jeweiligen Besonderheiten in der Entwicklung der justiziellen Verarbeitung deutlich hervortreten und bringt über den einzelnen Fall hinausgehende zeithistorische Zusammenhänge zur Geltung.

IV. Materialgewinnung

Das Dokumentationsvorhaben war nicht leicht zu realisieren. Denn die Strafverfolgung von DDR-Unrecht wurde dezentral betrieben. Auf die Einrichtung einer zentralen Stelle der Landesjustizverwaltungen, vergleichbar derjenigen in Ludwigsburg zur Aufklärung nationalsozialistischer Verbrechen, wurde verzichtet. Die Materialien mussten also über die im jeweiligen Fall zuständigen Staatsanwaltschaften gewonnen werden. Diese Bemühungen konnten sich auf die neuen Bundesländer und Berlin konzentrieren, weil die Verfahren nach den strafprozessrechtlichen Zuständigkeitsregeln fast ausnahmslos dort durchzuführen waren. Etwas erleichtert wurde das Vorhaben durch organisatorische Maßnahmen im Bereich der Staatsanwaltschaften in den Jahren 1992 und 1993. Die neuen Bundesländer übertrugen die Zuständigkeit auf Schwerpunktstaatsanwaltschaften oder Schwerpunktabteilungen bei Staatsanwaltschaften. Berlin richtete eine allein mit den Verfahren wegen DDR-Unrechts befasste Staatsanwaltschaft II ein. Mit diesen Staatsanwaltschaften sowie mit der für die Spionageverfahren zuständigen Bundesanwaltschaft mussten unter Einbeziehung der jeweiligen Justizministerien Absprachen darüber getroffen werden, wie die einschlägigen Verfahren erfasst werden konnten und in welchen Formen eine Überlassung und Verwertung von Verfahrensmaterialien möglich war. Zu beteiligen waren auch die für den Datenschutz zuständigen Behörden, weil Strafverfahrenakten datenschutzrechtlich besonders sensibles Material enthalten.

Es bedurfte somit umfangreicher Kooperationsvereinbarungen. Auch musste für die Erfassung, die Übergabe, die Anonymisierung, die Verarbeitung mit EDV-Mitteln und die Aufbewahrung der Materialien ein hoher personeller und organisatorischer Aufwand geleistet werden. Derartige Aufgaben überfordern Einzelpersonen und auch universitäre Einrichtungen. Nötig war die Etablierung eines Forschungsprojekts auf Drittmittelbasis. Die Förderungszusage der VolkswagenStiftung ermöglichte die Einrichtung des Forschungsprojekts „Strafjustiz und DDR-Vergangenheit“ an der Juristischen Fakultät der Humboldt-Universität zu Berlin. Das Projekt entwickelte Formen der Kooperation mit den beteiligten Behörden, die eine vollständige Erfassung und sachgerechte Verarbeitung gewährleisteten.

Die Staatsanwaltschaften machten dem Projekt die relevanten Verfahrensmaterialien in kopierter Form zugänglich. Die Anonymisierung der Daten solcher Personen, die nicht zu den Personen der Zeitgeschichte gehören, erfolgte zunächst noch vor Übernahme der Materialien in den Arbeitsbereich des Projekts, nach Änderung der datenschutzrechtlichen Auflagen vor Veröffentlichung der Texte. Im Projekt wurden die Verfahren und die Materialien mit kennzeichnenden Daten sowie die Texte der Materialien unter Einsatz von EDV-Techniken verarbeitet. In regelmäßig Abständen wurde der Bestand an Verfahren und Verfahrensmaterialien mit den Staatsanwaltschaften abgeglichen. Dadurch ist sichergestellt, dass das Projekt zumindest für den Zeitraum seit der Begründung spezieller staatsanwaltschaftlicher Zuständigkeiten in den Jahren 1992 und 1993 über eine vollständige Materialsammlung verfügt. Dagegen können Lücken für den Zeitraum davor nicht völlig ausgeschlossen werden. Betroffen sind Verfahren, die vor der Wiedervereinigung noch von DDR-Staatsanwaltschaften und in den ersten Jahren nach der Wiedervereinigung von örtlich zuständigen Staatsanwaltschaften der Bundesrepublik Deutschland eingeleitet wurden. Sie sind nirgends systematisch erfasst. Die Quote fehlender Verfahren dürfte jedoch gering sein. Das Projekt ist allen Hinweisen auf derartige Verfahren nachgegangen, die sich aus den erfassten Verfahren und aus der Presseberichterstattung ergaben.

V. Materialauswahl

Der Intention einer vollständigen Dokumentation würde der Volltextabdruck sämtlicher Dokumente aus allen Verfahren am besten entsprechen. Der Umfang einer solchen Publikation würde jedoch jedes vertretbare Maß übersteigen. Zudem hätten zahlreiche Dokumente einen weitgehend identischen Inhalt. Es war daher eine Materialauswahl vorzunehmen. Sie orientierte sich an den folgenden generellen Leitlinien.

Es war sicherzustellen, dass die wesentlichen Strafverfolgungsaktivitäten vollständig abgebildet wurden. Auch mussten die dokumentierten Verfahren in ihrem Ablauf nachvollziehbar bleiben. Zur Hauptsache sollten, wie oben dargelegt, tat- und revisionsrichterliche Entscheidungen mit wichtigen rechtlichen Aussagen und zeitgeschichtlich bedeutsamen Sachverhaltsfeststellungen zur Geltung kommen. Nur ausnahmsweise sollte auf sonstige richterliche und staatsanwaltschaftliche Entscheidungen oder sonstige Materialien zurückgegriffen werden. Welche Konsequenzen diese Leitlinien für die einzelnen Fallgruppen hatten, wird in der Einleitung der einzelnen Bände dargelegt. Dort werden auch zusätzliche spezielle Auswahlkriterien erläutert, die sich aus den Besonderheiten der einzelnen Fallgruppen ergaben.

VI. Systematik der Dokumentation

Die Dokumentation ist nach Fallgruppen in Einzelbände aufgeteilt. Besonders umfangreiche Fallgruppen erstrecken sich auf zwei Bände. Die Dokumentation der Fallgruppen ist so angelegt, dass eine separate Nutzung der Bände möglich ist. Geplant ist ein Gesamtumfang von etwa zehn Bänden. Die Abfolge des Erscheinens richtet sich nach dem Stand der Verfolgungsaktivitäten. Vorrangig werden Fallgruppen dokumentiert, in denen die Strafverfolgung vollständig oder nahezu abgeschlossen ist.

Im Zentrum jedes Einzelbandes steht der Dokumententeil. Die darin enthalten Verfahren sind mit laufenden Nummern und einem Kurztitel versehen, der den Verfahrensgegenstand benennt. Vorangestellt ist ein Verzeichnis der aus diesem Verfahren zum Abdruck kommenden Materialien. Die Abfolge der dokumentierten Verfahren richtet sich nach den Besonderheiten der Fallgruppe. Sie wird in der Einleitung des Einzelbandes dargelegt und begründet.

Die zu einem Verfahren gehörenden Dokumente werden chronologisch nach dem Zeitpunkt der Entscheidung angeordnet. An erster Stelle ist in der Regel das erstinstanzliche Urteil abgedruckt. Es folgen, soweit vorhanden, Entscheidungen weiterer Instanzen. Die jeweils zuletzt wiedergegebene Entscheidung hat, sofern nichts anderes angemerkt ist, Rechtskraft erlangt. Den einzelnen Dokumenten ist ein Inhaltsverzeichnis vorangestellt.

Dem Dokumententeil geht ein einleitender Beitrag voraus. Er enthält für die jeweilige Fallgruppe einen Überblick über Gegenstand, Umfang und Entwicklung der Strafverfolgungsmaßahmen. Ferner werden darin die Materialauswahl und die Reihenfolge der Wiedergabe erläutert. Ein dem Dokumententeil nachfolgender umfangreicher Anhang bietet weiterführende Informationen sowie mehrere Register (näher dazu unten VIII).

VII. Bearbeitung der Materialien

Größtmögliche Authentizität ist durch Wiedergabe von Dokumenten im Faksimile-Abdruck erreichbar. Davon wurde jedoch abgesehen, weil die Bände viel zu umfangreich geworden wären. Auch wäre es wegen der erheblichen formalen Unterschiede der einzelnen Dokumente nicht möglich gewesen, eine übersichtliche und gut lesbare Dokumentation vorzulegen.

Günstige Rezeptionsbedingungen lassen sich unter weitgehender Wahrung der Authentizität durch einen Abdruck von Texten im Wortlaut erreichen. Dieser Weg wurde hier gewählt. Die editorische Grundlinie lautet daher: Texteingriffe werden nur vorgenommen, wenn sie aus datenschutzrechtlichen Gründen unvermeidlich und zur Gewährleistung von Übersichtlichkeit und Lesbarkeit geboten sind. Selbstverständlich werden Eingriffe durch Kürzungen oder Zusätze als solche kenntlich gemacht. Annotierungen haben, wie es dem Charakter einer Quellenedition entspricht, lediglich die Funktion, Verständnishilfe zu bieten. Auf Bewertungen jeder Art wird verzichtet.

Im Einzelnen wurden an den Materialien, die fast ausnahmslos als Kopien der Originaldokumente vorlagen, folgende Bearbeitungsschritte vorgenommen (vgl. auch das Beispiel auf S. XXXI). Zunächst erfolgte eine Überprüfung der Materialien unter dem Gesichtspunkt des Persönlichkeitsschutzes. Stets wurden Tag und Monat des Geburtsdatums sowie Angaben zum Geburts- und Wohnort entfernt. Ferner wurden Nachnamen bis auf den Anfangsbuchstaben unkenntlich gemacht, sofern die Betroffenen nicht zum Kreis der Personen der Zeitgeschichte gehören. Wiesen Personen identische Anfangsbuchstaben auf und war eine Verwechslung nicht auszuschließen, so blieb auch der zweite Buchstabe des Namens erhalten. Im Falle einer auch dann noch bestehenden Übereinstimmung wurden völlig andere Buchstaben vergeben. Nach der Anonymisierung personenbezogener Angaben wurden die Kopien mit Hilfe eines Scanners eingelesen. Es schloss sich eine Bearbeitung der Dateien mittels eines Textverarbeitungsprogramms an. In mehreren Korrekturdurchläufen wurde die Übereinstimmung mit der kopierten Vorlage überprüft. Eine inhaltliche Überprüfung – z.B. der in den Texten verwendeten Zitate – wurde nicht vorgenommen.

Die äußere Gestaltung der Texte wurde unter Wahrung größtmöglicher Nähe zum Original vereinheitlicht. Zur Erleichterung der Identifizierung und Zuordnung des Dokuments wurde ein Text mit folgenden Angaben vorangestellt: Aussteller sowie Datum, Aktenzeichen und Art des Dokuments. Zitate im Text erhielten eine einheitliche Form. Hervorhebungen blieben erhalten, soweit sie nicht Namen von Verfahrensbeteiligten betrafen. Das gilt auch für Hervorhebungen in Zitaten. Bei ihnen muss offen bleiben, ob sie Bestandteil des Zitats sind oder hinzugefügt wurden. Aufgenommen wurde die Seitenzählung des Originals. Sie ist mit geschweiften Klammern „{ }“ eingefügt. Genannt wird die Zahl der Seite, die im Original der angegebenen Stelle folgt.

Rechtschreibung und Zeichensetzung wurden in der vorgefundenen Form belassen. Eingegriffen wurde lediglich in Fällen offensichtlicher Schreib- und Zeichensetzungsfehler. Sie wurden – ohne Kennzeichnung – korrigiert. Fehler sonstiger Art wurden durch Anmerkungen ausgewiesen. Fehlten Wörter oder Satzteile, so wurde der fehlende Text in eckigen Klammern eingefügt, falls er aus dem Kontext zweifelsfrei zu erschließen war. Selten aufgetretene unleserliche Passagen wurden durch den Hinweis „⊗ unleserlich ⊗“ kenntlich gemacht.

Über die Anonymisierung personenbezogener Angaben hinaus wurden Textkürzungen nur in Ausnahmefällen vorgenommen. Im Wesentlichen dienten sie dazu, unnötige Wiederholungen zu vermeiden oder Textteile entfallen zu lassen, die wegen der Anonymisierung bedeutungslos geworden waren. Aus Gründen des Persönlichkeitsschutzes wurden gelegentlich auch Textpassagen mit datenschutzrechtlich besonders sensiblen Informationen gestrichen, wie etwa gutachtliche Aussagen über den Gesundheitszustand von Angeklagten. Die Stelle des weggelassenen Textes nimmt eine kurze Beschreibung des Inhalts ein. Ihr ist das Zeichen „⊗“ voran- und nachgestellt, das die Kürzung kenntlich macht. Es unterscheidet sich deutlich von Auslassungen im Original („...“). Generell weggelassen wurden Verweise auf Beiakten und Beweismittelordner, ebenso wie Ausführungen zu den Verfahrenskosten.

Gelegentlich wurde, um den Text besser erfassbar zu machen, eine Überschrift hinzugefügt, die sich auf Grund der Untergliederung des Textes aufdrängte. Eckige Klammern markieren den Beginn und das Ende des Zusatzes.

Die Anmerkungen, die dem jeweiligen Dokument nachfolgen, sind knapp gehalten. Sie erklären Fachbegriffe und weisen auf historische Zusammenhänge hin, die nicht als bekannt vorausgesetzt werden können. Nähere Erläuterungen zu historischen und politischen Hintergründen enthalten die Einleitungen zu den Einzelbänden. Die Anmerkungen verweisen ferner auf verfahrenspraktische Zusammenhänge, z.B. auf andere Strafverfahren gegen den Angeklagten oder auf Strafverfahren gegen im Dokument erwähnte Personen. Vollständigkeit ist insoweit jedoch nicht gewährleistet. Die Anonymisierung, die nach den zunächst geltenden datenschutzrechtlichen Auflagen vor der Verarbeitung vorzunehmen war, erschwerte die Zuordnung. Abkürzungen werden nicht in Anmerkungen, sondern in einem gesonderten Verzeichnis erläutert.

VIII. Hilfsmittel

Die Erschließung der Dokumente wird durch verschiedene Hilfsmittel erleichtert. Das Abkürzungsverzeichnis steht vor dem Dokumententeil. Im Anhang sind zunächst Gesetze und andere Rechtsvorschriften abgedruckt, die für die jeweilige Fallgruppe von Bedeutung sind. Gelegentlich werden weitere Materialien hinzugefügt, die für das Verständnis historischer Zusammenhänge wichtig sind, z.B. Organigramme von DDR-Institutionen. Anschließend ist in einer Auswahlbibliographie die einschlägige juristische und zeitgeschichtliche Literatur zusammengestellt. Es folgt eine Übersicht über alle Verfahren der jeweiligen Deliktsgruppe, die bis zur Fertigstellung des Manuskripts bekannt waren. Dieser Übersicht lassen sich die Aktenzeichen, die Urteile sowie die Verfahrensergebnisse für die einzelnen Angeklagten entnehmen. Den Abschluss bilden verschiedene Register. Das Gesetzesregister ermöglicht die gezielte Suche nach gesetzlichen Vorschriften, die in der Dokumentation erwähnt sind. Das Personenregister führt zu den Textstellen, an denen bestimmte Personen genannt werden. Allerdings sind wegen der Anonymisierung im Übrigen nur Personen der Zeitgeschichte recherchierbar. Das Ortsregister enthält Verweise auf geographische Begriffe. Das Sachregister erschließt die Dokumentation nach Schlagworten und enthält auch Namen von Institutionen. Die Register werden mit Beendigung der Dokumentation zu einem Gesamtregister zusammengefasst werden.

IX. Ergänzung der Dokumentation

Eine Dokumentation dieser Art ist mit dem Risiko verbunden, dass Nachträge notwendig werden. Zwar ist die Strafverfolgung von DDR-Unrecht insgesamt weitgehend abgeschlossen. Auch kann durch die Abfolge der Bände ein größtmögliches Maß an Vollständigkeit gewährleistet werden, indem diejenigen Fallgruppen den Vorrang erhalten, in denen die Verfolgung am weitesten vorangeschritten ist. Gleichwohl können Lücken dadurch entstehen, dass Verfahren zum Erscheinungszeitpunkt noch nicht beendet sind. Diese Möglichkeit lässt sich allein schon wegen der Dauer der Rechtsmittelverfahren und der verfassungsgerichtlichen Verfahren nicht ausschließen. Auch können noch so intensive Recherchen nicht vollständig davor bewahren, dass in bereits abgeschlossenen Verfahren relevante Materialien erst nach dem Erscheinen der Buchpublikation bekannt werden. Um derartige Lücken schließen zu können, wird die Buchpublikation durch eine Volltextedition aller Verfahren in digitalisierter Form ergänzt werden.

Beispiel einer Dokumentseite

Bezirk Erfurt ① ② Lfd. Nr. 12	① Kurztitel, charakterisiert den Verfahrensgegenstand
Landgericht Erfurt Az.: Js 6/94 – 2 KLs ③ 3. November 1994	② Laufende Nummer
	③ Aussteller, Datum und Aktenzeichen
URTEIL ④	④ Art des Dokuments

Im Namen des Volkes

In der Strafsache gegen

den Rentner
Gerhard Müller, ⑤
geboren 1928,
Deutscher, verheiratet,

wegen Anstiftung zur Wahlfälschung

⑤ Angaben zu den Angeklagten (ohne Geburts- und Wohnort)

hat die 2. Große Strafkammer des Landgerichts Erfurt aufgrund der Hauptverhandlung vom 11.10.1994, 12.10.1994, 18.10.1994, 19.10.1994, 25.10.1994, 26.10.1994 und 03.11.1994, an der teilgenommen haben:

⊗ Es folgt die Nennung der Verfahrensbeteiligten. ⊗ ⑥

⑥ Redaktionelle Zusammenfassung einer gekürzten Passage zwischen Auslassungszeichen

am 03.11.1994 für Recht erkannt:

Der Angeklagte wird wegen Anstiftung zur Wahlfälschung zu einer Freiheitsstrafe von

8 Monaten

verurteilt.
Die Vollstreckung der Freiheitsstrafe wird zur Bewährung ausgesetzt.
Der Angeklagte trägt die Kosten des Verfahrens.
Angewendete Strafvorschriften: §§ 107a Abs. 1, 26, 56 StGB; Art. 315 Abs. 1 EGStGB, § 211 Abs. 1 StGB/DDR {3} ⑦

⑦ Beginn der Originalseite in geschweiften Klammern

Gründe

(abgekürzt nach § 267 Abs. 4 StPO)

I. [Feststellungen zur Person] ⑧

⑧ Redaktionelle Textergänzung in eckigen Klammern

Der Angeklagte Müller wurde 1928 in C. als uneheliches Kind einer Arbeiterin geboren. Da seine Mutter allein für den Lebensunterhalt zu sorgen hatte, wurde er bereits kurz nach seiner Geburt in die Familie eines Schneiders zur Pflege gegeben. Dort wuchs er als letztes von zwölf Kindern auf.

Von 1934 bis 1942 besuchte er in Bad Brambach die Grund- und weiterführende Schule, anschließend absolvierte er bis Januar 1945 eine Lehrausbildung im Lehrerbildungsinstitut in Auerbach. Nach Kriegsende arbeitete der Angeklagte zunächst in Bad Brambach in der Landwirtschaft, um dann von Januar bis August 1946 einen Kurs für

147

Die Strafverfolgung von Bürgern der ehemaligen DDR wegen Spionage gegen die Bundesrepublik

Nach der Vereinigung der beiden deutschen Staaten wurden vom Generalbundesanwalt 5.636 Verfahren gegen insgesamt 7.099 Beschuldigte wegen Spionage zugunsten der DDR eingeleitet. Von den Beschuldigten waren 4.171 Personen (ca. 59%) Bürger der DDR. Gegen 14 ehemalige DDR-Bürger erhob der Generalbundesanwalt schließlich Anklage, weitere 64 wurden nach Abgabe der Ermittlungsverfahren an die Staatsanwaltschaften der Länder von diesen angeklagt.[1]

Der vorliegende Band aus der Dokumentationsreihe „Strafjustiz und DDR-Unrecht" befasst sich ausschließlich mit der Strafverfolgung ehemaliger DDR-Bürger wegen Spionage gegen die Bundesrepublik.[2] Der Grund für die Einschränkung besteht darin, dass sich nur für diese der in der Eigenart von Spionagetaten begründete Wertungskonflikt zwischen zwei Rechtsordnungen realisierte, nämlich der des ausspähenden und der des ausgespähten Staates. Diese Personen hatten sich überwiegend im eigenen Lande aufgehalten und betätigt. Hier kam nur die eine rechtliche Seite ihrer Spionagetätigkeit zum Tragen: Sie war erlaubt, ja erwünscht. Dann wurden sie Bürger eines Staates, der nur noch die andere rechtliche Seite, die Verletzung von Vorschriften seines Strafgesetzbuchs, gelten lassen wollte.[3] Für ehemalige Bundesbürger hingegen, die in der Bundesrepublik für die DDR gearbeitet hatten, bestand kein Rechtskonflikt dieser Art. Die Wiedervereinigung änderte für sie nur die tatsächlichen Verhältnisse, indem sie ihre Enttarnung erleichterte.

Im Folgenden werden zunächst Gegenstand und Umfang der Strafverfolgungsmaßnahmen skizziert (I.). Anschließend werden Auswahl und Präsentation der Materialien erläutert und begründet (II.).

I. Gegenstand und Umfang der Strafverfolgungsmaßnahmen

Ausgehend von den gerichtlichen Feststellungen bzw. – sofern zu bestimmten Sachverhaltskomplexen keine Gerichtsentscheidungen vorliegen – auf der Grundlage von Ermittlungsergebnissen des Generalbundesanwalts, vermittelt der folgende Text zunächst einen Überblick über nachrichtendienstliche Strukturen der DDR (1.). Es folgt eine Darstellung der strafrechtlichen Einordnung durch die Gerichte (2.), bevor die Verfolgungspraxis skizziert (3.) und schließlich ein Fazit (4.) gezogen wird.[4]

---

1 Im Zeitraum vom 1.1.1991 bis zum 31.7.1997; vgl. Antwort der *Bundesregierung* auf die Kleine Anfrage der Abgeordneten Kenzler u.a., BT-Drs. 14/4201, S. 2f.

2 Strafverfahren, in denen Bundesbürger oder nicht-deutsche Staatsangehörige angeklagt waren, wurden nur dann einbezogen, wenn mindestens ein Mitangeklagter Bürger der DDR war; vgl. z.B. die lfd. Nrn. 3, 10 und 11.

3 Siehe hierzu auch *BVerfG*, Beschluss v. 15.5.1995 – Az. 2 BvL 19/91 u.a., UA S. 70f. = BVerfGE 92, 277, 332 = lfd. Nr. 2-4, S. 314.

4 Eine umfassende Darstellung und Bewertung der Sachverhalte, Verfolgungsaktivitäten und Rechtsprobleme in Zusammenhang mit den Spionageverfahren findet sich bei *Thiemrodt*, Strafjustiz. Zu weiterer juristischer und zeitgeschichtlicher Literatur vgl. die Auswahlbibliografie auf S. 1033.

1. Nachrichtendienstliche Strukturen der DDR

Das Sicherheitsbedürfnis der DDR war stark ausgeprägt. Entsprechend hoch war ihr Interesse an möglichst umfassenden Informationen über den so genannten Klassenfeind, verkörpert vor allem durch die Bundesrepublik.[5] Zur Erlangung solcher Informationen unterhielt die DDR mehrere dem Ministerium für Staatssicherheit (MfS) oder der Nationalen Volksarmee (NVA) zugeordnete Nachrichtendienste und mit nachrichtendienstlichen Aufgaben betraute Einheiten.

a) Die Hauptverwaltung A (HVA) des MfS und die Linie XV

aa) Aufbau

Ihren ersten Nachrichtendienst mit dem Ziel der Auslandsaufklärung gründete die DDR im Jahre 1951 in Gestalt eines Instituts für Wirtschaftswissenschaftliche Forschung (IWF). Das Institut unterstand zunächst dem Ministerium für Auswärtige Angelegenheiten. Im September 1953 wurde es als Hauptabteilung XV in das zu dieser Zeit dem Ministerium des Innern unterstehende Staatssekretariat für Staatssicherheit (SfS) eingegliedert. Nach der im November 1955 erfolgten Wiedererrichtung des MfS wurde die Hauptabteilung XV im Sommer 1956 zur Hauptverwaltung A (HVA) aufgewertet.[6] Im Rahmen der Spionagetätigkeit des MfS spielte die HVA quantitativ und qualitativ die bedeutendste Rolle.

Wie die übrigen Einheiten des Ministeriums war die HVA eine nach militärischen Grundsätzen geführte Behörde.[7] In den letzten Jahren ihres Bestehens gliederte sie sich in ihren Stab, 16 Abteilungen, sechs Arbeitsgruppen, den Rückwärtigen Dienst, den Bereich K und die HVA-Schule.[8] Die einzelnen Abteilungen setzten sich aus Referaten zusammen, die teilweise in Bereichen zusammengefasst waren.[9] Im Jahre 1983 gehörten der HVA ohne Offiziere im besonderen Einsatz (OibE) und Hauptamtliche Inoffizielle Mitarbeiter (HIM) etwa 2.500 Mitarbeiter an.[10] Einschließlich der Offiziere im besonderen Einsatz und der Mitarbeiter der Abteilungen XV der Bezirksverwaltungen verfügte sie Ende 1989 über etwa 4.100 Mitarbeiter.[11] Innerhalb des MfS war die HVA weitge-

5 Die Aktivitäten umfassten deshalb neben der politischen, der Militär- sowie der Gegenspionage auch den Bereich der Wirtschaftsspionage. Vgl. zu den einzelnen Spionagebereichen auch die Hinweise in der Auswahlbibliografie auf S. 1033.

6 Siehe hierzu *GBA*, Anklage v. 28.7.1992 – Az. 3 StE 10/92-1, S. 26f.; Anklage v. 16.9.1992 – Az. 3 StE 14/92-3, S. 56f.

7 *OLG Düsseldorf*, Urteil v. 6.12.1993 – Az. IV-40/92, UA S. 16 = lfd. Nr. 1-1, S. 14.

8 *GBA*, Anklage v. 31.1.1992 – Az. 3 StE 3/92-4, S. 52; Anklage v. 28.7.1992 – Az. 3 StE 10/92-1, S. 29; *OLG Stuttgart*, Urteil v. 10.12.1992 – Az. 4-3 StE 3/92, UA S. 19f.; *OLG Düsseldorf*, aaO, UA S. 15. Vgl. auch das Schaubild 1 im Anhang auf S. 1015.

9 Siehe etwa *GBA*, Anklage v. 28.7.1992 – Az. 3 StE 10/92-1, S. 28; *OLG Düsseldorf*, aaO, UA S. 15f. = lfd. Nr. 1-1, S. 14.

10 *GBA*, Anklage v. 16.9.1992 – Az. 3 StE 14/92-3, S. 71; *OLG Düsseldorf*, aaO, UA S. 14 = lfd. Nr. 1-1, S. 13 unter Hinweis auf eine Ministervorlage des Leiters der Hauptabteilung Kader und Schulung v. 28.2.1983.

11 *GBA*, Anklage v. 16.9.1992 – Az. 3 StE 14/92-3, S. 71; *GStA OLG Rostock*, Anklage v. 19.7.1994 – Az. OJs 3/92, S. 32; *OLG Düsseldorf*, aaO, UA S. 14 = lfd. Nr. 1-1, S. 13 unter Hinweis auf den Abschlussbericht des Leiters HVA – in Auflösung – v. 25.6.1990.

hend autark. Sie organisierte ihre Tätigkeit selbst und war auch logistisch im Wesentlichen unabhängig.[12]

Der MfS-Zentrale in Berlin waren Bezirksverwaltungen in den jeweiligen Bezirkshauptstädten der DDR[13] nachgeordnet. Auslandsaufklärung in diesen Verwaltungen betrieben im Wesentlichen die durch die HVA angeleiteten Abteilungen XV, die dort 1955 als eigenständige Diensteinheiten mit entsprechender Aufgabenstellung errichtet worden waren.[14] Untergliedert waren die Abteilungen in mehrere operative Referate, ein Auswertungs- und Informationsreferat, ein Referat Konspirative Objekte, ein Informations- und Ausbildungszentrum und eine so genannte operative Außengruppe[15]. Der Personalbestand der Abteilungen XV schwankte zwischen etwa 30 Mitarbeitern beispielsweise in Schwerin und ungefähr 60 Mitarbeitern in Berlin. In der Abteilung XV der Bezirksverwaltung Dresden waren Ende 1989 insgesamt 54 hauptamtliche Mitarbeiter tätig.[16] Die Kompetenzen der HVA im Verhältnis zu den Abteilungen XV beschränkten sich nicht auf allgemeine Anleitungen, sondern beinhalteten auch Weisungsbefugnisse in Bezug auf einzelne operative Vorgänge und Aufgaben.[17]

bb) Aufgaben

(1) Auslandsaufklärung

Vorrangige Aufgabe der HVA war die Auslandsaufklärung. Sie konzentrierte sich dabei entsprechend dem bis zu ihrer Auflösung maßgeblichen Befehl Nr. 48/59[18] vor allem auf „politische, militärische, wirtschaftliche und wissenschaftlich-technische Verhältnisse und Entwicklungen in der Bundesrepublik, in Westberlin und in den Leitungszentren der NATO". Zunächst fünf operative Abteilungen waren u.a. mit der Bearbeitung staatlicher Institutionen, Parteien und Organisationen, militärischen Einrichtungen sowie Unternehmen befasst.

(2) Abwehr

Neben ihrer Hauptaufgabe war die HVA auch verpflichtet, Informationen über

> „Erscheinungsformen politischer Untergrundtätigkeit in der DDR, über Verhalten, Auftreten, Verbindungen und Absichten von operativ interessierenden Personen, die aus der Staatsbürgerschaft der DDR entlassen wurden (...) und die sich ständig im Operationsgebiet befinden"

---

12 *GBA*, Anklage v. 20.2.1991 – Az. 3 StE 4/91-3, S. 18; Anklage v. 16.9.1992 – Az. 3 StE 14/92-3, S. 95.

13 In Berlin, Cottbus, Dresden, Erfurt, Frankfurt/Oder, Gera, Halle, Karl-Marx-Stadt (Chemnitz), Leipzig, Magdeburg, Neubrandenburg, Potsdam, Rostock, Schwerin, Suhl. Bis zu ihrer Auflösung 1982 existierte zusätzlich eine so genannte Objektverwaltung in Wismut.

14 Zur Struktur dieser Abteilungen am Beispiel der Bezirksverwaltung Dresden vgl. Schaubild 4 im Anhang auf S. 1017.

15 Ihr oblagen Auswahl und Ausbildung von Mitarbeitern der Linie XV.

16 *OLG Stuttgart,* Urteil v. 10.12.1992 – Az. 4-3 StE 3/92, UA S. 25 = lfd. Nr. 5, S. 567.

17 AaO, UA S. 45f. = lfd. Nr. 5, S. 573.

18 Befehl des Ministers für Staatssicherheit Nr. 48/59 betreffend Neustrukturierung der HVA und Aufgabenzuweisungen an die einzelnen Abteilungen der HVA v. 29.1.1959.

sowie über „beabsichtigtes ungesetzliches Verlassen der DDR“ einzuholen.[19]

Nach Auffassung des Leiters der HVA konnte man „nicht qualifiziert im Operationsgebiet arbeiten, ohne dabei nicht gleichzeitig die inneren Probleme, den Schutz und die Sicherung der DDR zu beachten“. Jede auf dem Gebiet der DDR erschlossene Informationsquelle bedeute eine Einsparung an Kraft, Mitteln und Risiken im Operationsgebiet. Jede Kontaktanbahnung oder gar Werbung in der DDR setze im Operationsgebiet Kräfte für besonders schwierige und nur dort lösbare Aufgaben frei.[20]

(3) Aktive Maßnahmen

Eine weitere Aufgabe der HVA bestand darin,

> „die internationale Position des Sozialismus und seiner Verbündeten in der Klassenauseinandersetzung mit dem Imperialismus zu festigen und zu stärken, die offensive Friedenspolitik der sozialistischen Staatengemeinschaft zu unterstützen und antiimperialistische Bewegungen, Kräfte und Organisationen zu fördern“.[21]

Im Rahmen dieser so genannten Aktiven Maßnahmen galt es, den Feind oder einzelne feindliche Kräfte und Institutionen zu entlarven, zu kompromittieren, zu desorganisieren und zu zersetzen, „progressive“ Ideen und Gedanken zu verbreiten und „fortschrittliche“ Gruppen und Strömungen im Operationsgebiet zu fördern sowie die Entwicklung von Führungspersönlichkeiten und solchen Personen zu beeinflussen, die bei der Bestimmung der öffentlichen Meinung eine besondere Rolle spielten.[22]

cc) Zusammenarbeit mit anderen Einheiten des MfS

Zur Erfüllung ihrer Aufgaben nutzte die HVA auch die von anderen Diensteinheiten des MfS gewonnen Erkenntnisse.

Die Hauptabteilung III und die ihr auf der Ebene der Bezirksverwaltungen entsprechenden Einheiten der Linie III überwachten den gesamten drahtgebundenen Fernsprechverkehr zwischen der DDR und der Bundesrepublik sowie Berlin (West) und große Teile der innerhalb des Bundesgebietes verlaufenden Richtfunkstrecken und Funktelefonnetze.

Mehr als die Hälfte der so genannten Zielkontrollaufträge erhielten die Einheiten der Linie III von der HVA. Der Leiter HVA war gehalten, jährliche Informationsbedarfsvorgaben an den Leiter Hauptabteilung III zu richten. Eine zusammenfassende Übersicht über alle durch Funkaufklärung gewonnenen Erkenntnisse wurde dem Leiter HVA

---

19 Vgl. dazu die Richtlinie des Ministers für Staatssicherheit Nr. 1/79 betreffend die Arbeit mit Inoffiziellen Mitarbeitern (IM) und Gesellschaftlichen Mitarbeitern für Sicherheit (GMS) v. 1.1.1980, u.a. abgedruckt bei *Müller-Enbergs*, Inoffizielle Mitarbeiter, Bd. 1, S. 305ff.

20 *OLG Düsseldorf*, Urteil v. 6.12.1993 – Az. IV-40/92, UA S. 20 = lfd. Nr. 1-1, S. 16f. unter Hinweis auf das Referat des Leiters HVA, *Markus Wolf*, auf dem Zentralen Führungsseminar des MfS v. 1.-3.3.1971, S. 7, 13. Der Redebeitrag *Wolfs* ist vollständig abgedruckt in *Knabe*, West-Arbeit, S. 316ff.

21 Vgl. dazu die Richtlinie des Ministers für Staatssicherheit Nr. 2/79 für die Arbeit mit Inoffiziellen Mitarbeitern im Operationsgebiet v. 1.1.1980, Abschnitt 1.1., u.a. abgedruckt bei *Müller-Enbergs*, Inoffizielle Mitarbeiter, Bd. 2, S. 471ff.

22 Näher dazu *Thiemrodt*, Strafjustiz, S. 229ff.

täglich zur Entscheidung darüber vorgelegt, ob eine operative Nutzung der jeweiligen Informationen in Betracht komme.

Der Abteilung M des MfS oblagen die systematische Kontrolle und Auswertung von Brief- und Paketsendungen, die im nationalen und internationalen Verkehr der Deutschen Post der DDR befördert wurden. Ihr erteilte die HVA Postfahndungsaufträge, indem sie zu kontrollierende Angehörige bestimmter Berufsgruppen benannte. Außerdem wurden von den Leitern einzelner Abteilungen der HVA Fahndungsaufträge zu bestimmten Anschriften und Verbindungen erteilt.[23]

Die Abteilungen der Linie 26 des MfS überwachten den Telefonverkehr innerhalb der DDR und waren zuständig für die akustische und optische Raumüberwachung sowie die Kontrolle des Fernschreibverkehrs. Auch ihre Erkenntnismöglichkeiten wurden von den Diensteinheiten der HVA genutzt. Das Ziel bestand darin, Informationen über DDR-Bürger und ihre Westverbindungen, über Besucher aus der Bundesrepublik und über die Mitarbeiter der Ständigen Vertretung zu erlangen. Die HVA konnte auch diesen Abteilungen Aufträge erteilen.[24]

Die Hauptabteilung VI und die ihr nachgeordneten Einheiten der Linie VI waren für die Sicherung der Grenzen der DDR, die Kontrolle des grenzüberschreitenden Reiseverkehrs und die Überwachung der so genannten Interhotels zuständig. Auf ihre Erkenntnisse über Einreisebewegungen konnte die HVA zurückgreifen. Auch bediente sich die HVA der Unterstützung dieser Linie bei Schleusungen von Personen über die Grenzanlagen.[25]

Aufgabe der Hauptabteilung VIII war es, zur Unterstützung der Arbeit anderer Diensteinheiten des MfS operative Beobachtungen und Ermittlungen in der DDR und im Operationsgebiet durchzuführen. Sie stützte sich dabei auf ein Netz von auch im Bundesgebiet agierenden IM. Ihre Hauptauftraggeberin war die HVA, deren Abteilung X sie beispielsweise mit der Versendung konspirativer Schreiben oder von ihr hergestellter „Desinformationsschriften" im Bundesgebiet beauftragte.[26]

Die Hauptabteilung XXII war für die operative Kontrolle national und international agierender terroristischer Kräfte zuständig, wozu auch die Beobachtung der bundesdeutschen Terroristenszene gehörte. Sie bediente sich dazu in der Bundesrepublik lebender IM, die über entsprechende Kontakte verfügten. Teilweise ergab sich auch eine enge Zusammenarbeit zwischen der HVA und dieser Hauptabteilung. Nachdem beispielsweise ein IM der Hauptabteilung XXII auch für die HVA wichtig geworden war, einigten sich beide Einheiten darauf, ihn fortan gemeinsam zu nutzen und seine „politisch bedeutsame Perspektive (…) nicht durch spezifische eigene Aktivitäten oder Aufträge der Hauptabteilung XXII"[27] zu gefährden. Seitdem nahm auch die HVA steuernden Einfluss auf die weitere Gestaltung der nachrichtendienstlichen Aktivitäten.[28]

---

23 Vgl. zum Ganzen *OLG Düsseldorf*, Urteil v. 6.12.1993 – Az. IV-40/92, UA S. 22 = lfd. Nr. 1-1, S. 18.

24 AaO.

25 AaO, UA S. 23 = lfd. Nr. 1-1, S. 18.

26 Siehe zu diesem Komplex *OLG Düsseldorf*, aaO, unter Hinweis auf die Ordnung des Ministers für Staatssicherheit Nr. 6/87 betreffend die Zusammenarbeit zwischen den operativen Diensteinheiten und den Diensteinheiten der Linie VIII v. 3.7.1987.

27 *OLG Düsseldorf*, aaO, UA S. 25 = lfd. Nr. 1-1, S. 19 mit Bezug auf eine entsprechende Übereinkunft der Leiter der HVA und der Hauptabteilung XXII.

28 OLG Düsseldorf, aaO, unter Verweis auf die gemeinsame „Konzeption zur Entwicklung der Vorgänge ‚Beate Schäfer' und ‚Taler'" der Hauptabteilung XXII und der Abteilung II/HVA v. 29.11.1984.

dd) Nachrichtendienstliche Tätigkeit und Praktiken

Für die nachrichtendienstliche Tätigkeit des MfS war die HVA von zentraler Bedeutung. Ihre Aufklärungsobjekte waren in erster Linie die Schaltstellen der Bundesrepublik, die Geheimdienste der NATO-Staaten sowie wissenschaftliche und technische Informationen aus dem Militärwesen und den Volkswirtschaften dieser Länder.[29] Die Tätigkeit der HVA wurde im Wesentlichen durch die Richtlinien Nr. 1/76[30], Nr. 2/79[31] und Nr. 1/80[32] geregelt.

(1) Inoffizielle Mitarbeiter

Ihre Erkenntnisse verschaffte sich die HVA vor allem durch IM, deren Auswahl, Werbung und Führung in der Richtlinie Nr. 2/79 festgelegt waren. Darin wurde als IM ein Bürger der DDR oder eines anderen Staates bezeichnet, der auf der Grundlage seiner objektiven und subjektiven Voraussetzungen konspirativ Aufträge des MfS erfüllt, indem er entweder gezielt einzelne Aufträge ausführt oder laufend bestimmte Bereiche oder Personen beobachtet, um seiner Führungsstelle darüber Bericht zu erstatten.[33] Ein IM übte seine Tätigkeit neben einem Beruf aus; in der Regel wurde er entlohnt[34].

Die HVA führte mindestens so viele IM wie alle anderen mit nachrichtendienstlichen Aufgaben befassten Einheiten des MfS zusammen. Für die achtziger Jahre kann von etwa 500 bis 600 im Gebiet der damaligen Bundesrepublik tätigen IM ausgegangen werden. Der Abschlussbericht über die Auflösung der HVA weist für Ende März 1990 die Einstellung von 540 aktiven Vorgängen im Operationsgebiet aus[35].

Dass in die Planungen der HVA auch Personen einbezogen wurden, die sich noch nicht ausdrücklich zu einer nachrichtendienstlichen Tätigkeit verpflichtet hatten, war nicht ungewöhnlich. Den dafür Verantwortlichen der einzelnen Abteilungen der HVA kam es oft darauf an, ihrer Amtsleitung die Erfüllung des vorgegebenen Planes nachzuweisen. Vorgangsnummern wurden deshalb innerhalb so genannter Vorlaufvorgänge noch vor der Werbung eines IM vergeben, damit dieser registriert und nicht mehr von einer anderen Einheit geworben werden konnte. Teilweise erfolgte die geplante Werbung dann allerdings gar nicht mehr.[36]

Die IM wurden von der HVA in vielfältiger Weise eingesetzt. Man unterschied insbesondere zwischen Quellen, Residenten, Werbern, Instrukteuren, Kurieren, Perspektiv-IM

29 Vgl. dazu *OLG Düsseldorf*, Urteil v. 6.12.1993 – Az. IV-40/92, UA S. 32, 36 = lfd. Nr. 1-1, S. 24, 26.

30 Richtlinie des Ministers für Staatssicherheit Nr. 1/76 zur Entwicklung und Bearbeitung operativer Vorgänge v. 1.1.1976, abgedruckt bei *Fricke*, MfS intern, S. 93ff.

31 Vgl. Fn. 21 (oben S. XXXVI).

32 Richtlinie des Ministers für Staatssicherheit Nr. 1/80 über die Planung der politisch-operativen Arbeit im MfS (Planungsrichtlinie) v. 16.6.1980.

33 Siehe dazu Abschn. 2.1 der Richtlinie Nr. 2/79 (Fn. 21 oben S. XXXVI).

34 In vielen Fällen lehnten die IM aber auch die Entlohnung ab. Siehe beispielsweise *BayObLG*, Urteil v. 19.12.1991 – Az. 3 St 8/91 a-d, UA S. 15, 37, 49 = lfd. Nr. 11-1, S. 987, 996, 1001; Urteil v. 12.3.1992 – Az. 3 St 9/91 a-d, UA S. 84.

35 Vgl. *OLG Düsseldorf*, aaO, UA S. 13 = lfd. Nr. 1-1, S. 13, unter Hinweis auf den Abschlussbericht der Hauptverwaltung Aufklärung – in Auflösung – über die Auflösung der ehemaligen HVA v. 25.7.1990.

36 *GBA*, Anklage v. 20.6.1994 – Az. 3 StE 9/94, UA S. 63.

und OibE.[37] Die Richtlinie 2/79 sah für den Umgang mit IM unter anderem die Ausnutzung bestimmter Zwangssituationen vor.[38] Zu solchen, von der HVA mitunter selbst herbeigeführten Situationen gehörten Entführungen[39], Erpressungen[40] und Täuschungen[41].

Bestimmte Personenkreise kamen für die Gewinnung neuer „Quellen" und geeigneter Perspektiv-IM besonders in Betracht. Dazu gehörten Studenten der Studienrichtungen Jura, Politische Wissenschaften, Journalistik, Sprachwissenschaften und Naturwissenschaften sowie generell Sekretärinnen und ledige Männer aller Altersstufen.[42] Eine vielfach praktizierte Verfahrensweise bestand darin, allein stehende Sekretärinnen und Beamtinnen von jungen Männern umwerben zu lassen, die entweder in die Bundesrepublik eingeschleust oder dort für eine Mitarbeit gewonnen worden waren. Diese so genannte Romeo-Methode wurde vor allem in den sechziger und siebziger Jahren erfolgreich angewandt.[43]

Oft wurden die IM der HVA schon im Jugendalter geworben, über viele Jahre hinweg gefördert und umfassend auf eine Tätigkeit für das MfS vorbereitet.[44] So wurden Studenten in der Bundesrepublik bereits vor ihrem Studienabschluss kontaktiert; sie erhielten Weisungen zur Fortführung ihrer Studien und Praktika[45], zur Berufswahl[46], wurden in der Wahl des Lebenspartners beeinflusst[47], in nachrichtendienstlicher Technik geschult[48], in für das MfS interessante Dienststellen lanciert[49] und mit „Stipendien" entlohnt[50].

Die finanziellen Zuwendungen der HVA an ihre IM, soweit diese eine Entlohnung akzeptierten, erfolgten in Form von laufenden und einmaligen Zahlungen. Laufende monatliche Zahlungen betrugen zwischen wenigen hundert und mehreren tausend DM[51].

---

37 Siehe hierzu die Darstellungen in *OLG Stuttgart*, Urteil v. 10.12.1992 – Az. 4-3 StE 3/92, UA S. 65f. = lfd. Nr. 5, S. 580.

38 *OLG Düsseldorf*, Urteil v. 6.12.1993 – Az. IV-40/92, UA S. 41ff. = lfd. Nr. 1-1, S. 30ff., mit Verweis auf die Richtlinie 2/79, Fn. 21 (oben S. XXXVI).

39 Vgl. den Fall Christa T., *OLG Düsseldorf*, aaO, UA S. 42ff. = lfd. Nr. 1-1, S. 30f.

40 Siehe den Fall Heinrich Lummer, *OLG Düsseldorf*, aaO, UA S. 44ff. = lfd. Nr. 1-1, S. 31ff.

41 Siehe Fälle Margarethe L., Helge Berger, Gerda Ostenrieder, Dagmar Kahlig-Scheffler und Edith D., *OLG Düsseldorf*, aaO, UA S. 49ff., 51, 51f., 52f., 53f. = lfd. Nr. 1-1, S. 34f., 35, 35f., 36, 36f.

42 *OLG Düsseldorf*, aaO, UA S. 48ff. = lfd. Nr. 1-1, S. 34ff., unter Hinweis auf das Referat des Leiters HVA, Fn. 20 (oben S. XXXVI).

43 Vgl. die in Fn. 41 genannten Fälle.

44 Z.B. *BayObLG*, Urteil v. 19.12.1991 – Az. 3 St 8/91 a-d, UA S. 11ff. = lfd. Nr. 11-1, S. 986ff.; Urteil v. 12.3.1992 – Az. 3 St 9/91 a-d, UA S. 21ff.; *OLG Düsseldorf*, Urteil v. 3.2.1994 – Az. IVa-21/93, UA S. 9ff.; Urteil v. 17.11.1994 – Az. IV 28/94, UA S. 15ff. = lfd. Nr. 10, S. 941ff.

45 *BayObLG*, Urteil v. 12.3.1992 – Az. 3 St 9/91 a-d, UA S. 23; *OLG Düsseldorf*, Urteil v. 3.2.1994 – Az. IVa-21/93, UA S. 18; Urteil v. 17.11.1994 – Az. IV 28/94, UA S. 17 = lfd. Nr. 10, S. 942.

46 *BayObLG*, Urteil v. 12.3.1992 – Az. 3 St 9/91 a-d, UA S. 46.

47 *OLG Düsseldorf*, Urteil v. 3.2.1994 – Az. IVa-21/93, UA S. 16.

48 *BayObLG*, Urteil v. 19.12.1991 – Az. 3 St 8/91 a-d, UA S. 15ff. = lfd. Nr. 11-1, S. 987ff.; Urteil v. 12.3.1992 – Az. 3 St 9/91 a-d, UA S. 25, 28f.; *OLG Düsseldorf*, Urteil v. 17.11.1994 – Az. IV 28/94, UA S. 20 = lfd. Nr. 10, S. 944f.

49 *BayObLG*, Urteil v. 19.12.1991 – Az. 3 St 8/91 a-d, UA S. 23 = lfd. Nr. 11-1, S. 991; *OLG Düsseldorf*, Urteil v. 3.2.9194 – Az. IVa-21/93, UA S. 20.

50 *OLG Düsseldorf*, Urteil v. 3.2.1994 – Az. IVa-21/93, UA S. 33; Urteil v. 17.11.1994 – Az. IV 28/94, UA S. 17 = lfd. Nr. 10, S. 942.

51 Beispielsweise *OLG Düsseldorf*, Urteil v. 17.11.1994 – Az. IV 28/94, UA S. 17 = lfd. Nr. 10, S. 942 (DM 150), *OLG Hamburg*, Urteil v. 17.1.1994 – Az. 3 StE 4/93-3, UA S. 12, 31 (DM 250), *OLG*

Einmalige Zuwendungen, zumeist in Form von Prämien, wurden bis zu einer Höhe von mehreren hunderttausend DM[52] gezahlt. An das besonders erfolgreiche IM-Paar Rupp zahlte die HVA insgesamt etwa 650.000 DM.[53] Für das Haushaltsjahr 1989 standen den Diensteinheiten der HVA beispielsweise so genannte Operativgelder in Höhe von 16,2 Mio. DDR-Mark sowie von 14,0 Mio. DM zur Verfügung.[54]

(2) Gewonnene Erkenntnisse

In den meisten Fällen wurde das Verratsmaterial fotografiert.[55] Die von den „Quellen“ gelieferten Filme wurden zentral in der Bildstelle der Abteilung VIII/HVA entwickelt. Im Durchschnitt fielen täglich etwa 4.000 Aufnahmen an.

Über IM im Bundeskanzleramt hatte die HVA Einblick in praktisch alle entscheidenden Vorgänge auf dem Gebiet der allgemeinen Wirtschaftspolitik. Dazu gehörte insbesondere die Bewertung der zentralen binnen- und weltwirtschaftlichen Probleme durch die Bundesregierung. Ihre Auffassung etwa zum Ost-West-Handel, zur industriellen Zusammenarbeit mit der damaligen Sowjetunion und den COMECON-Staaten, zur Kreditpolitik des Westens einschließlich der unterschiedlichen Interessenlagen und der außenwirtschaftlichen Konzeptionen der G-7-Staaten war der HVA bekannt. Sie hatte zudem Einblick in die Rüstungsexportpolitik der Bundesregierung.[56]

Mit Hilfe von IM innerhalb des Bundesnachrichtendienstes (BND) erhielt die HVA seit Mitte der siebziger Jahre Kenntnis von den so genannten Militärischen Lageberichten, die das zusammengefasste Jahresergebnis der militärischen Auswertungsarbeit der Ost-Referate des BND enthielten. Die Berichte beurteilten die Einsatzbereitschaft der NVA und beschrieben auf der Grundlage nachrichtendienstlicher Erkenntnisse deren Einbindung in die Planungen der sowjetischen Streitkräfte. Zusätzlich hatte die HVA Zugriff auf umfassende Darstellungen der militärischen Leistungsfähigkeit und der Bedeutung der DDR für den Warschauer Pakt erhalten.[57] Die HVA verfügte auch über Berichte von Botschaften an das Auswärtige Amt und über Berichte und Analysen des BND, die insbesondere die UdSSR und den früheren Ostblock betrafen.[58]

Durch Informanten aus der Führung des Militärischen Abschirmdienstes (MAD) war die HVA so gut unterrichtet, dass ein leitender Mitarbeiter dieses Dienstes später erklärte, der MAD sei ab 1983 nicht mehr in der Lage gewesen, seine Aufgaben zu erfüllen.[59]

Auch gelangte die HVA mit Hilfe von IM innerhalb des NATO-Hauptquartiers an so umfangreiches Verratsmaterial aus dem allgemeinen Bereich, dem Wirtschaftsdirektorat

Düsseldorf, aaO, UA S. 62 = lfd. Nr. 10, S. 967 (DM 3.000), *GBA*, Anklage v. 16.9.1992 – Az. 3 StE 14/92-3, UA S. 219 (DM 4.000).

52 *OLG Düsseldorf*, Urteil v. 17.11.1994 – Az. IV 28/94, UA S. 63 = lfd. Nr. 10, S. 968 (DM 200.000).

53 *OLG Düsseldorf*, aaO, UA S. 65 = lfd. Nr. 10, S. 969.

54 *GBA*, Anklage v. 10.6.1991 – Az. 3 BJs 290/90-4; 3 StE 9/91-4, S. 97 = lfd. Nr. 2-1, S. 224.

55 *BayObLG*, Urteil v. 19.12.1991 – Az. 3 St 8/91 a-d, UA S. 31 = lfd. Nr. 11-1, S. 994; Urteil v. 12.3.1992 – Az. 3 St 9/91 a-d, UA S. 29.

56 *GBA*, Anklage v. 4.5.1994 – Az. 3 StE 5/94-4, S. 42f.

57 Vgl. dazu die Darstellungen in *BayObLG*, Urteil v. 15.11.1991– Az. 3 St 1/91 a-d = lfd. Nr. 3-1.

58 *BayObLG*, Urteil v. 19.12.1991 – Az. 3 St 8/91 a-d, UA S. 27ff. = lfd. Nr. 11-1, S. 992ff.

59 *OLG Stuttgart*, Urteil v. 10.12.1992 – Az. 4-3 StE 3/92, UA S. 143 = lfd. Nr. 5, S. 606.

Politische und Wirtschaftspolitische Analysen und dem Lagezentrum der NATO, dass die Bundesanwaltschaft sich außerstande sah, es in einer entsprechenden Anklage vollständig aufzuführen.[60] Sie beschränkte sich daher auf eine Darstellung von Beispielen. Zu dem Material gehörten unter anderem Beschlussentwürfe des NATO-Rates und des Verteidigungsausschusses auf Ministerebene, Jahresberichte und Lageeinschätzungen des NATO-Generalsekretariats, Ost-West-Studien, Berichte über die Entwicklung des Ost-West-Verhältnisses in der Ära Gorbatschow, zusammenfassende Berichte von Sitzungen des NATO-Verteidigungsausschusses, Berichte über interne NATO-Probleme, betreffend etwa Aktivitäten außerhalb ihres räumlichen Geltungsbereiches sowie die Frage einer gerechten Lastenverteilung unter den Mitgliedstaaten, Neufassungen von Teilen des NATO-Alarmsystems, Berichte zum Indikations- und Warnsystem der NATO, Teile der so genannten Krisenhandbücher, ein Bericht über die Frage der Nachfolge Lord Carringtons als Generalsekretär der NATO sowie Berichte verschiedener NATO-Ausschüsse und ihrer nachgeordneten Gremien.[61] Die DDR und der Warschauer Pakt waren damit stets umfassend über die Stärken und Schwächen der NATO im Bilde, was sich im Falle einer bewaffneten Auseinandersetzung kriegsentscheidend hätte auswirken können.[62]

Mithilfe eines IM im Bundesverwaltungsamt gelangte die HVA an umfassende Informationen über Struktur, Mitarbeiter, Aufgaben, Arbeitsweise, Verschlusssachenanweisungen und Anleitungen zu Sicherheitsüberprüfungen dieser Behörde. Ebenso hatte sie Zugriff auf Informationen des Bundesamtes für Verfassungsschutz und Aufgabenbeschreibungen sowie Datensätze aus dem Ausländerzentralregister.[63]

Einen IM hatte die HVA in der Forschungsgesellschaft für angewandte Naturwissenschaften unterbringen können, die im Auftrag des Bundesministeriums der Verteidigung Wehrforschung im weitesten Sinne betrieb. Von dort erhielt sie umfangreiche Informationen über Militärtechnologie und über Mitarbeiter des Unternehmens.[64] Ein bei der Rüstungsfirma MBB platzierter Agent lieferte der HVA Informationen über deren militärische Entwicklungen, unter anderem zum Waffensystem Tornado.[65] Mithilfe dieser Unterlagen konnte die DDR das Militärpotenzial der Bundesrepublik einschätzen, deren militärische Absichten erkennen und insbesondere Vorzüge und Nachteile des Waffensystems Tornado analysieren. Das Überraschungsmoment in einem potenziellen Krieg wäre so erheblich geringer gewesen.[66]

Die HVA verfügte außerdem aus dem Bereich der Hamburger Polizei über eine Vielzahl dienstlicher Unterlagen und Informationen wie Dienstanweisungen, Fahndungspläne, Organigramme, Stellenpläne, Beförderungslisten, Wohnungslisten und Kfz-Kennzeichen sowie über umfangreiche Kenntnisse der Personalstruktur, Organisation und Arbeitsweise. Das galt auch für die Staatsschutzabteilungen.[67]

---

60 *GBA*, Anklage v. 20.6.1994 – Az. 3 StE 9/94, S. 64ff., 67ff.

61 *OLG Düsseldorf*, Urteil v. 17.11.1994 – Az. IV 28/94, UA S. 26ff., 31ff. = lfd. Nr. 10, S. 947ff., 950ff.; siehe dort insbesondere die umfangreichen Listen.

62 *OLG Düsseldorf*, aaO, UA S. 73 = lfd. Nr. 10, S. 974.

63 *GBA*, Anklage v. 16.6.1992 – Az. 3 StE 9/92-1, S. 43ff.

64 *OLG Düsseldorf*, Urteil v. 3.2.1994 – Az. IVa-21/93, UA S. 24ff.

65 *BayObLG*, Urteil v. 12.3.1992 – Az. 3 St 9/91 a-d, UA S. 49ff.

66 *BayObLG*, aaO, UA S. 79f.

67 *OLG Hamburg*, Urteil v. 17.1.1994 – Az. 3 StE 4/93-3, UA S. 24ff.

b) Sonstige nachrichtendienstlich tätige Einheiten des MfS

Aufklärungstätigkeit im Ausland war auch innerhalb des MfS nicht ausschließlich der HVA und den ihr nachgeordneten Abteilungen XV vorbehalten. Daneben entfalteten sowohl die Hauptabteilungen I, II, III, VI, VIII, XVIII, XIX, XX und XXII als auch die Zentrale Koordinierungsgruppe (ZKG) nachrichtendienstliche Aktivitäten im Operationsgebiet, das heißt unter anderem in der Bundesrepublik.[68] Diese Einheiten beschränkten sich dabei auch nicht etwa auf den Einsatz zweit- oder drittrangiger Agenten.[69] Im Jahre 1985 unterhielten sie zusammen mindestens 477 Verbindungen zu Inoffiziellen Mitarbeitern in die Bundesrepublik und nach Westberlin.[70] Allein die Hauptabteilung VIII verfügte über 65 solcher Verbindungen.[71]

c) Das Verhältnis zwischen nachrichtendienstlicher und sonstiger Tätigkeit des MfS

Mit der Frage nach dem Verhältnis zwischen der Spionage durch das MfS und dessen sonstigen Aktivitäten setzte sich die Bundesanwaltschaft in ihren Anklagen auseinander. Die Gerichte sahen nur wenig Anlass, darauf näher einzugehen.[72] Die Bundesanwaltschaft ist zu folgender Einschätzung gelangt.

Eine klare Trennung zwischen einer „reinen Auslandsaufklärung"[73] und sonstigen Tätigkeiten des MfS ist nicht möglich. Der Auslandsnachrichtendienst war eng mit dem Inlandssicherheitsapparat verflochten.[74] Während einerseits Erkenntnisse der Auslandsaufklärung, etwa über Fluchtunternehmungen, zu Maßnahmen gegen die eigene Bevölkerung genutzt wurden, dienten andererseits Maßnahmen des MfS innerhalb der DDR dazu, Ansätze für die Auslandsaufklärung zu gewinnen.[75] Zwar hat es durchaus nachrichtendienstliche Aktivitäten der DDR gegeben, die nach Ausrichtung und Zielen mit Operationen seitens der Bundesrepublik vergleichbar waren. Die Auslandsaufklärung der DDR war jedoch vielfach zusätzlich vom „typischen SED-Unrecht"[76] geprägt. Neben der

---

68 *GBA*, Anklage v. 16.9.1992 – Az. 3 StE 14/92-3, S. 69; Anklage v. 12.3.1993 – Az. 3 StE 2/93-2, S. 59f. = lfd. Nr. 6-1, S. 637f.; *GStA OLG Rostock*, Anklage v. 19.7.1994 – Az. OJs 3/92, S. 34f. und *OLG Stuttgart*, Urteil v. 10.12.1992 – Az. 4-3 StE 3/92, UA S. 14f. = lfd. Nr. 5, S. 565; *OLG Düsseldorf*, Urteil v. 6.12.1993 – Az. IV-40/92, UA S. 13 = lfd. Nr. 1-1, S. 12f.

69 Z.B. *GBA*, Anklage v. 16.9.1992 – Az. 3 StE 14/92-3, S. 69; siehe auch *GStA OLG Rostock*, Anklage v. 19.7.1994 – Az. OJs 3/92, S. 34.

70 *GBA*, aaO, S. 70; *OLG Düsseldorf*, aaO, UA S. 13 = lfd. Nr. 1-1, S. 13 unter Hinweis auf die Aufstellung der Abteilung XII des MfS über festgestellte Verbindungen in das Operationsgebiet v. 24.5.1985.

71 *OLG Düsseldorf*, aaO, unter Verweis auf Rechercheergebnisse der Hauptabteilung VIII zu operativ interessanten Verbindungen in das Operationsgebiet.

72 Auf einen Zusammenhang zwischen Auslandsaufklärung und Spionageabwehr weist das *OLG Düsseldorf* (aaO, UA S. 20 = lfd. Nr. 1-1, S. 16f.) hin.

73 Vgl. *GBA*, Anklage v. 28.7.1992 – Az. 3 StE 10/92-1, S. 46f.; Anklage v. 16.9.1992 – Az. 3 StE 14/92-3, S. 44, 111.

74 *GBA*, aaO.

75 *GBA*, Anklage v. 31.1.1992 – Az. 3 StE 3/92-4, S. 67, und Anklage v. 16.9.1992 – Az. 3 StE 14/92-3, S. 119, unter Hinweis auf das Referat des Leiters der HVA, *Markus Wolf*, auf dem Zentralen Führungsseminar des MfS (vgl. Fn. 20 oben S. XXXVI).

76 *GBA*, Anklage v. 16.9.1992 – Az. 3 StE 14/92-3, S. 44.

Sicherheit der Bundesrepublik wurden Individualrechtsgüter von DDR- und Bundesbürgern in einer für das „totalitäre Stasi-Regime kennzeichnenden Weise“[77] verletzt.

Auch bestand eine untrennbare Verbindung zwischen der Auslandsaufklärung und der innerstaatlichen Spionageabwehr. Es war die Gesamtaufgabe aller Diensteinheiten des MfS, für „Aufklärung und Abwehr der Pläne und Absichten des imperialistischen Feindes im Operationsgebiet und innerhalb der DDR“[78] zu sorgen. Die vorrangig mit der Abwehr befassten Einheiten des MfS waren insgesamt etwa im gleichen Umfang nachrichtendienstlich gegen die Bundesrepublik tätig wie die speziell mit der Auslandsaufklärung beauftragte HVA.

d) Bereich Aufklärung des Hauptstabes der Nationalen Volksarmee

Den Status eines nicht primär dem MfS zugeordneten, vornehmlich militärischen Nachrichtendienstes hatte der Bereich Aufklärung des Hauptstabes der Nationalen Volksarmee (Bereich A), dessen Tätigkeit auch auf die Bundesrepublik ausgerichtet war.[79]

Zum Bereich A, der in einem militärisch abgesicherten Gebäudekomplex in Berlin bis 1988 unter der Tarnbezeichnung Mathematisch-physikalisches Institut der NVA residierte, gehörten in den letzten Jahren seines Bestehens insgesamt etwa 1.200 Angehörige und Zivilbeschäftigte der NVA, davon ungefähr 660 Offiziere.[80]

2. Zur strafrechtlichen Einordnung durch die Gerichte

Das die nachrichtendienstliche Tätigkeit gegen die Bundesrepublik erfassende so genannte Staatsschutzstrafrecht weist einige Besonderheiten materiellrechtlicher, prozessrechtlicher und gerichtsverfassungsrechtlicher Art auf. Zum besseren Verständnis der Dokumentation sollen diese Besonderheiten kurz aufgezeigt werden (a), bevor die rechtlichen Probleme der Spionageverfahren näher vorgestellt werden (b).

a) Besonderheiten des Staatsschutzstrafrechts

aa) Materielles Recht

Schutzobjekt der im Zweiten Abschnitt des Besonderen Teils des Strafgesetzbuchs geregelten Staatsschutzstraftatbestände ist die äußere Sicherheit des Staates.[81] Der Schutz von Staatsgeheimnissen im Sinne des § 93 StGB[82], deren Bekanntwerden Gefahren für die äußere Sicherheit des Staates auslösen kann, steht dabei im Mittelpunkt.[83] Diesem Schutz dienen die Strafvorschriften über den Landesverrat[84], über das Offen-

77 *GBA*, Anklage v. 16.9.1992 – Az. 3 StE 14/92-3, S. 44.
78 *GBA*, aaO, S. 68f.
79 Siehe etwa *GBA*, Anklage v. 12.4.1994 – Az. 3 StE 3/94-2 = lfd. Nr. 9.
80 *GBA*, aaO, S. 72 = lfd. Nr. 9, S. 859.
81 LK/*Träger* vor § 93 Rn. 2; Sch/Sch/*Stree/Sternberg-Lieben* vor §§ 93 Rn. 1.
82 Vgl. Anhang S. 1022f.
83 LK/*Träger* aaO.
84 § 94 StGB, vgl. Anhang S. 1023.

baren von Staatsgeheimnissen[85] und über deren Preisgabe[86]. Zudem ist die landesverräterische Agententätigkeit, also das Tätigwerden zur Erlangung oder Mitteilung von Staatsgeheimnissen für eine fremde Macht, unter Strafe gestellt.[87]

Das moderne nachrichtendienstliche Betätigungsfeld reicht über das Gebiet der klassischen Spionage weit hinaus. Geheimdienstliches Agieren zielt vorwiegend auf die systematische Erfassung des Potenzials eines anderen Landes durch eine Vielzahl von für sich genommen möglicherweise belanglos erscheinenden Einzeloperationen. Deshalb war es ein wesentliches Anliegen der Reform des Staatsschutzstrafrechts von 1968[88], jener Entwicklung durch die Einführung eines „weitgespannten zentralen Spionagetatbestandes“[89] zu entsprechen. Danach ist jede gegen die Bundesrepublik ausgeübte geheimdienstliche Tätigkeit für einen fremden Nachrichtendienst strafbar, die auf die Mitteilung oder Lieferung von Tatsachen, Gegenständen oder Erkenntnissen gerichtet ist.[90]

bb) Zuständigkeit für die Strafverfolgung

Für Spionagedelikte sind erstinstanzlich die Oberlandesgerichte zuständig.[91] Die Bundesländer können durch Vereinbarung einem zuständigen Oberlandesgericht die Zuständigkeit auch für das Gebiet eines anderen Landes übertragen. Für die neuen Bundesländer galt zunächst eine Sonderzuständigkeit des Berliner Kammergerichts.[92]

Der Generalbundesanwalt übt in diesen Strafsachen das Amt der Staatsanwaltschaft auch bei den Oberlandesgerichten aus.[93] In Fällen der landesverräterischen und geheimdienstlichen Agententätigkeit nach §§ 98, 99 StGB und in Sachen von minderer Bedeutung gibt er das Verfahren in der Regel vor Einreichung einer Anklage- oder Antragsschrift an die Landesstaatsanwaltschaft ab.[94] Dies unterbleibt nur dann, wenn die Tat die Interessen der Bundesrepublik in besonderem Maße berührt oder wenn es im Interesse der Rechtseinheit geboten ist, dass der Generalbundesanwalt die Tat verfolgt.

cc) Prozessrecht

Gemäß § 153d Absatz 1 StPO[95] kann der Generalbundesanwalt von der Verfolgung von Spionagestraftaten absehen und das Verfahren einstellen, wenn dessen Durchführung die Gefahr eines schweren Nachteils für die Bundesrepublik herbeiführen würde oder der Verfolgung sonstige überwiegende öffentliche Interessen entgegenstehen. Einzigartig im gesamten Strafverfahrensrecht kann hier der Generalbundesanwalt, selbst wenn eine Anklage bereits erhoben ist, ohne eine Mitwirkung des Gerichts die Klage in jeder

---

85 § 95 StGB, vgl. Anhang S. 1023.
86 § 97 StGB, vgl. Anhang S. 1023f.
87 § 98 StGB, vgl. Anhang S. 1024.
88 Siehe hierzu das Achte Strafrechtsänderungsgesetz v. 25.6.1968, BGBl. I, S. 741ff.
89 LK/*Träger*, aaO Rn. 3; § 99 Rn. 1.
90 § 99 StGB, vgl. Anhang S. 1024f
91 § 120 Abs. 1 GVG, vgl. Anhang S. 1029f.
92 Vgl. Anl. I Kap. III Sachgebiet A Abschn. III Nr. 1 Abs. 1 EV.
93 § 142a GVG, vgl. Anhang S. 1030f.
94 Vgl. § 142a Abs. 2 Nr. 1 lit. a Nr. 2 GVG.
95 Vgl. Anhang S. 1028.

Lage des Verfahrens zurücknehmen und das Verfahren einstellen (Absatz 2). Er verfügt also in diesem Bereich über die Möglichkeit, praktisch jedes gerichtliche Strafverfahren zu verhindern.

Zusätzlich kann gemäß § 153e StPO[96] im Zusammenwirken von Generalbundesanwalt und zuständigem Oberlandesgericht von der Verfolgung abgesehen oder das Verfahren eingestellt werden, wenn der Täter nach der Tat und bevor ihm die Entdeckung bekannt geworden ist, dazu beigetragen hat, eine Gefahr für den Bestand oder die Sicherheit der Bundesrepublik oder die verfassungsmäßige Ordnung abzuwenden, oder wenn er sein Spionagewissen offenbart hat. Diese Vorschrift erweitert für Fälle der tätigen Reue die materiellrechtlichen Möglichkeiten eines Strafverzichts um die prozessuale Vergünstigung des Absehens von der Strafverfolgung.[97]

b) Rechtliche Probleme der Strafverfahren

Die gerichtliche Praxis in den Spionageverfahren war zunächst uneinheitlich. Der Bundesgerichtshof und die Mehrzahl der Oberlandesgerichte bejahten die Strafbarkeit ehemaliger DDR-Bürger wegen ihrer nachrichtendienstlichen Tätigkeit gegen die Bundesrepublik. Die abweichende Rechtsprechung anderer Oberlandesgerichte setzte sich letztlich zwar nicht in der Sache, wohl aber in der Tendenz durch. Das Bundesverfassungsgericht zog der Strafverfolgung früherer DDR-Bürger wegen Spionage gegen die Bundesrepublik so enge rechtliche Grenzen, dass die Zahl rechtskräftiger Verurteilungen gering blieb.

aa) Die Auffassung des Bundesgerichtshofs und der Mehrzahl der Oberlandesgerichte

Der Bundesgerichtshof[98] und die ihm folgenden Oberlandesgerichte[99] vertraten die Ansicht, dass sich an der grundsätzlichen Anwendbarkeit der §§ 93ff. StGB auch durch den Beitritt der DDR nichts geändert habe.[100] Sie sahen keinen Anlass, auf Grund völkerrechtlicher oder verfassungsrechtlicher Bedenken das Verfahren auszusetzen und eine Entscheidung des Bundesverfassungsgerichts nach Artikel 100 Abs. 1 und 2 GG einzuholen oder mit dem Verfahren bis zu einer verfassungsgerichtlichen Entscheidung über die bereits erfolgten Vorlagen innezuhalten.

Die Anwendbarkeit bundesdeutschen Strafrechts ergibt sich nach dieser Auffassung schon aus dem Territorialitätsprinzip in Verbindung mit § 9 StGB. Führungsoffiziere, die vom Staatsgebiet der DDR aus geheimdienstliche Handlungen eines Mitarbeiters auf dem Gebiet der Bundesrepublik gesteuert hätten, müssten sich dessen Tätigkeit als

96 Vgl. Anhang S. 1028.

97 KK/*Schoreit* § 153e Rn. 1.

98 *BGH*, Urteil v. 30.7.1993 – Az. 3 StR 347/92 = BGHSt 39, 260ff. = lfd. Nr. 3-2.

99 Vgl. etwa *OLG Düsseldorf*, Urteil v. 6.12.1993 – Az. IV-40/92, UA S. 248f. = lfd. Nr. 1-1, S. 144.

100 Die Weichen hatte bereits im Januar 1991 der *Ermittlungsrichter des BGH* gestellt; vgl. Beschluss v. 30.1.1991 – Az. 2 BGs 38/91 = BGHSt 37, 305ff.; später auch *BGH*, Beschluss v. 29.5.1991 – Az. StB 11/91 = NJW 1991, 2498ff.; Beschluss v. 4.10.1991 – Az. StB 22/91 = DtZ 1992, 62ff.; Beschluss v. 31.3.1993 – Az. AK 5/93 = NStZ 1994, 542ff.

Mittäter oder Teilnehmer zurechnen lassen.[101] Im Übrigen sei jedenfalls über § 5 Nr. 4 StGB das Strafrecht der Bundesrepublik anwendbar.[102] Nach dieser Vorschrift gilt das deutsche Strafrecht zum Schutz bestimmter inländischer Rechtsgüter, so bei Taten des Landesverrats und der Gefährdung der äußeren Sicherheit gemäß §§ 94ff. StGB, unabhängig vom Recht des Tatorts.

An dieser Rechtslage hätten der Einigungsvertrag und das Einigungsvertragsgesetz[103] nichts geändert. In diesen Regelwerken und dem auf ihnen beruhenden Artikel 315 Absatz 4 EGStGB seien die §§ 93ff. StGB im Unterschied zu anderen Strafbestimmungen von der Geltung im Beitrittsgebiet gerade nicht ausgenommen worden. Es liege eine bewusste Regelung der Vertragschließenden vor, welche die Gerichte nicht abändern könnten.[104] Der Entwurf eines Amnestiegesetzes sei gescheitert.[105]

Früh formulierte Einwände gegen die Strafbarkeit von HVA-Mitarbeitern[106] wies diese Rechtsprechung zurück. Normen des Völkerrechts oder des Verfassungsrechts stünden der Strafbarkeit nicht entgegen. Ein Strafverfolgungshindernis sei insbesondere nicht aus dem Verbot einer Bestrafung von Spionen nach Artikel 31 HLKO[107] abzuleiten. Die Regelung stelle eine Sondernorm des Kriegsvölkerrechts dar, die einer analogen Anwendung nicht zugänglich sei.[108]

Auch Artikel 3 GG verpflichte den Gesetzgeber nicht, ehemalige DDR-Spione straffrei zu stellen.[109] Es könne dem Gesetzgeber nicht verwehrt sein, zu unterscheiden zwischen einer für die Bundesrepublik ausgeübten Tätigkeit, etwa des Bundesnachrichtendienstes, und gegen die Bundesrepublik gerichteten Spionagehandlungen.[110] Im Übrigen werde die Veränderung der politischen Verhältnisse ausreichend bei der Strafzumessung und durch großzügige Nutzung der Möglichkeiten einer Verfahrenseinstellung nach §§ 153ff. StPO[111] berücksichtigt.[112]

Angesichts der seit jeher bestehenden Strafbarkeit der gegen die Bundesrepublik ausgeübten Spionage könne auch von einer gegen Artikel 103 Absatz 2 GG verstoßenden rückwirkenden Anwendung der §§ 93ff. StGB keine Rede sein.[113]

bb) Abweichende Rechtsprechung

Das Berliner Kammergericht hielt demgegenüber die Strafverfolgung teilweise für verfassungswidrig. Die Bedenken gegen die Verurteilung von Personen, die ihren Lebens-

---

101 *OLG Düsseldorf*, Urteil v. 6.12.1993 – Az. IV-40/92, UA S. 249 = lfd. Nr. 1-1, S. 144.
102 *OLG Düsseldorf*, aaO.
103 Einigungsvertragsgesetz v. 23.9.1990, BGBl. II, S. 885ff.
104 So etwa *OLG Düsseldorf*, aaO.
105 AaO, UA S. 250 = lfd. Nr. 1-1, S. 144.
106 So etwa *Widmaier* NJW 1990, 3169, 3172 sowie *ders.* KritV 1994, 377, 389f.
107 Vgl. Anhang S. 1020.
108 *OLG Düsseldorf*, aaO, UA S. 250 = lfd. Nr. 1-1, S. 145.
109 A.A. etwa *Widmaier* NJW 1990, 3169, 3171; etwas zurückhaltender dann *ders.* KritV 1994, 377, 379f.
110 *OLG Düsseldorf*, aaO, UA S. 250f. = lfd. Nr. 1-1, S. 145.
111 Vgl. Anhang S. 1026ff.
112 *OLG Düsseldorf*, aaO, UA S. 251 = lfd. Nr. 1-1, S. 145.
113 Anders *Widmaier* NJW 1991, 2460ff., der diese Auffassung später jedoch aufgab (KritV 1994, 377, 379f.).

mittelpunkt in der DDR gehabt hatten, kamen in zwei Vorlagen an das Bundesverfassungsgericht zum Ausdruck.[114] Die Vorlagebeschlüsse machten Verstöße gegen den – entsprechend anzuwendenden – Artikel 31 HLKO[115] und den Gleichheitssatz des Grundgesetzes geltend.[116]

cc) Die Spionage-Entscheidung des Bundesverfassungsgerichts

Das Bundesverfassungsgericht folgte mit seiner Entscheidung vom 15. Mai 1995[117] über weite Strecken der Rechtsprechung des Bundesgerichtshofs und der Mehrheit der Oberlandesgerichte. Es hob jedoch hervor, dass die Wirkungen der faktischen Ausweitung der Jurisdiktion der Bundesrepublik am Rechtsstaatsprinzip[118] zu messen seien. Der dort verankerte Grundsatz der Verhältnismäßigkeit werde verletzt, wenn der Strafanspruch aus §§ 94, 99 StGB in der einzigartigen Situation, die mit der Überwindung der deutschen Teilung entstanden sei, gegenüber solchen Bürgern der DDR durchgesetzt werde, die im Zeitpunkt des Wirksamwerdens der Einheit Deutschlands ihren Lebensmittelpunkt in der ehemaligen DDR gehabt und allein vom Boden der DDR oder solcher Staaten aus gehandelt hätten, in denen sie sowohl vor Auslieferung als auch vor Bestrafung wegen dieser Taten sicher gewesen seien. Für diese Personen bestehe deshalb ein unmittelbar verfassungsrechtlich begründetes Verfolgungshindernis.[119]

In weiteren Verfahren bestätigte das Gericht seine Rechtsprechung durch entsprechende Kammerbeschlüsse.[120]

---

114 In seiner ersten Vorlage, Beschluss v. 22.7.1991 – Az. (1) 3 StE 9/91-4-(13/91) = NJW 1991, 2501 = lfd. Nr. 2-2, hielt das *Kammergericht* die Strafverfolgung von Offizieren der HVA, die ausschließlich auf dem Territorium der DDR gehandelt hatten, für verfassungswidrig. In einer weiteren Vorlagesache, Beschluss v. 27.8.1993 – Az. (1) 3 StE 2/93 (12/93) = NJ 1994, 34, 35 = lfd. Nr. 6-2, bewertete es das Verhalten aller Personen als straflos, die ihren Lebensmittelpunkt in der DDR gehabt hatten, unabhängig davon, für welchen Nachrichtendienst der DDR sie tätig gewesen waren und wo der Ort ihrer Handlungen gelegen hatte. In einem weiteren Verfahren, Urteil v. 14.5.1993 – Az. (2) 3 StE 16/92 - 4 (1) (12/92) = NJ 1993, 471 = lfd. Nr. 8-1, verurteilte es einen MfS-Offizier wegen geheimdienstlicher Agententätigkeit gem. § 99 StGB, weil dessen Tätigkeit keine „reine Spionage“ gewesen sei.

115 *KG Berlin*, Beschluss v. 22.7.1991 – Az. (1) 3 StE 9/91-4-(13/91), BA S. 36ff. = NJW 1991, 2501, 2504 = lfd. Nr. 2-2, S. 276; Beschluss v. 27.8.1993 – Az. (1) 3 StE 2/93 (12/93) = NJ 1994, 34, 36 = lfd. Nr. 6-2 (insoweit nicht abgedruckt) jeweils unter Hinweis auf *Grünwald* StV 1991, 31, 32; *Samson* NJW 1991, 335, 339; *Simma/Volk* NJW 1991, 871, 874; *Widmaier* NJW 1990, 3169, 3173 und deren allerdings unterschiedliche Begründungen.

116 *KG Berlin*, Beschluss v. 22.7.1991 – Az. (1) 3 StE 9/91-4-(13/91), BA S. 27ff. = NJW 1991, 2501, 2503 = lfd. Nr. 2-2, S. 271ff.; Beschluss v. 27.8.1993 – Az. (1) 3 StE 2/93 (12/93), BA S. 28 = NJ 1994, 34, 35 = lfd. Nr. 6-2, S. 710.

117 *BVerfG*, Beschluss v. 15.5.1995 – Az. 2 BvL 19/91 u.a. = BVerfGE 92, 277ff. = lfd. Nr. 2-4.

118 Art. 20 Abs. 3 und Art. 28 Abs. 1 S. 1 GG.

119 *BVerfG*, aaO.

120 *BVerfG*, Beschluss v. 26.5.1995 – Az. 2 BvR 1724/93 = lfd. Nr. 8-3, Beschluss v. 16.6.1995 – Az. 2 BvR 204/94; Beschluss v. 16.6.1995 – Az. 2 BvR 1839/94 = NJW 1995, 1953; Beschluss v. 25.6.1995 – Az. 2 BvR 182/94; Beschluss v. 9.7.1995 – Az. 2 BvR 1180/94 = NJW 1995, 2706 = lfd. Nr. 8-4.

dd) Die weitere Entwicklung der Rechtsprechung

Die Oberlandesgerichte und der Bundesgerichtshof setzten die Entscheidung des Bundesverfassungsgerichts wie folgt um.

Nach Ansicht der Oberlandesgerichte steht einem Verfahren gegen ehemalige DDR-Bürger das vom Bundesverfassungsgericht geschaffene Verfolgungshindernis nicht in jedem Fall entgegen. Zwar bestehe für DDR-Staatsbürger, die ihre Agententätigkeit gegen die Bundesrepublik allein vom Boden der DDR aus begangen und die am 3. Oktober 1990 dort ihren Lebensmittelpunkt gehabt hätten, ein unmittelbar verfassungsrechtlich begründetes Verfolgungshindernis.[121] Doch gelte dies nicht in vollem Umfang für diejenigen DDR-Bürger, die ihre Agententätigkeit (auch) im Bundesgebiet ausgeübt hätten. Für diese Personengruppe bedürfe es jeweils einer Abwägung der Umstände des Einzelfalles, ob und inwieweit die Verfolgung oder Bestrafung ihrer Taten mit dem Verbot des Übermaßes staatlicher Eingriffe in Einklang stehe.[122] Bei dieser Abwägung müssten die Sachgesichtspunkte Berücksichtigung finden, aus denen sich für die andere Tätergruppe ein Verfolgungshindernis ergebe.[123]

In Fällen geheimdienstlicher oder landesverräterischer Agententätigkeit stimmten die Oberlandesgerichte vielfach der Einstellung des Verfahrens nach den Bestimmungen der §§ 153ff. StPO zu. Im Lichte der Entscheidung des Bundesverfassungsgerichts sei der Unrechtsgehalt der Taten als relativ gering anzusehen. Die betroffenen Personen hätten in der Hierarchie ihres Dienstes nur eine untergeordnete Funktion wahrgenommen und sich schuldeinsichtig gezeigt.[124] Sofern eine Anwendung der §§ 153, 153a, 153b StPO wegen des Deliktscharakters des Landesverrats als Verbrechen rechtlich nicht möglich sei, müsse dem Umstand erhebliche strafmildernde Bedeutung zukommen, dass höhere Offiziere der Nachrichtendienste der DDR nunmehr straflos ausgingen, die für die Planung der Spionagetätigkeit der Angeklagten und für ihren besonders gefahrenträchtigen Einsatz in der Bundesrepublik Verantwortung trügen.[125]

Soweit noch Revisionen gegen erstinstanzliche Verurteilungen durch die Oberlandesgerichte anhängig waren, hob der Bundesgerichtshof solche Urteile auf, die nachrichtendienstliche Handlungen auf dem Gebiet der ehemaligen DDR oder befreundeter Drittstaaten betrafen und stellte die Verfahren ein. Fehlte es an hinreichenden Feststellungen zum Tatort, so verwies er die Sache zurück.[126]

Die Rechtsprechung sah sich durch die Spionageentscheidung des Bundesverfassungsgerichts jedoch nicht gehindert, einzelne Angeklagte wegen sonstiger Straftaten, etwa Bestechung oder Freiheitsberaubung, zu verurteilen, die sie zugleich mit den Spionagehandlungen verübt hatten. Diese Straftaten hätten nicht die der Strafbarkeit von

121 *BayObLG*, Beschluss v. 24.8.1995 – Az. 3 St 11/94 = JR 1996, 427 unter Hinweis auf *BVerfG*, Beschluss v. 15.5.1995 – Az. 2 BvL 19/91 u.a. = BVerfGE 92, 277ff. = lfd. Nr. 2-4.

122 *BayObLG*, aaO, mit Bezug auf *BVerfG*, Beschluss v. 15.5.1995 – Az. 2 BvL 19/91 u.a. = BVerfGE 92, 277ff. = lfd. Nr. 2-4.

123 *BayObLG*, aaO.

124 Siehe z.B. *BayObLG*, Beschluss v. 30.8.1995 – Az. 3 St 12/95.

125 *BayObLG*, Urteil v. 22.8.1996 – Az. 3 St 16/96, UA S. 7f.

126 *BGH*, Urteil v. 18.10.1995 – Az. 3 StR 324/94, UA S. 6f. = BGHSt 41, 292, 293f. = lfd. Nr. 1-2, S. 157 unter Hinweis auf *BVerfG*, Beschluss v. 15.5.1995 – Az. 2 BvL 19/91 u.a. = BVerfGE 92, 277ff. = lfd. Nr. 2-4.

Spionage eigene Besonderheit aufgewiesen. Zwischen ihnen und den Spionagestraftaten bestehe auch kein so enger tatsächlicher und rechtlicher Zusammenhang, dass ein unabweisbares Bedürfnis gegeben sei, sie an dem vom Bundesverfassungsgericht statuierten Verfolgungshindernis teilhaben zu lassen.[127] So wurde der ehemalige Leiter der HVA Markus Wolf rechtskräftig wegen Freiheitsberaubung, Nötigung und Körperverletzung zu einer Freiheitsstrafe verurteilt.[128]

3. Verfolgungspraxis

Anders als etwa in den Fällen, in denen sich die Illegalität der Taten schon aus dem geltenden DDR-Recht ergab, kam es in der Endphase der DDR verständlicherweise noch zu keinen Strafverfolgungsmaßnahmen wegen Spionage gegen die Bundesrepublik. Denn die nachrichtendienstliche Tätigkeit war ihrer Zielrichtung nach für die DDR unternommen worden. Die Dokumentation beginnt daher erst mit den im Herbst 1990 eingeleiteten Verfolgungsaktivitäten der Bundesrepublik.[129]

Für die Strafverfolgung von DDR-Bürgern wegen Spionage trat mit der deutschen Vereinigung vor allem in tatsächlicher Hinsicht eine neue Lage ein. Die Strafverfolgungsorgane konnten nunmehr gegen Tatverdächtige vorgehen, die zuvor vor einem Verfahren sicher waren, weil sie in der DDR wohnten. In rechtlicher Hinsicht bestätigte der Einigungsvertrag zunächst die Anwendbarkeit der Strafbestimmungen der Bundesrepublik Deutschland. Der Vorschlag, Spionagetaten von DDR-Bürgern zu amnestieren, konnte sich weder in den Vertragsverhandlungen noch danach durchsetzen.[130] Somit waren die zuständigen Behörden gehalten, tätig zu werden.

a) Organisation und personelle Ausstattung

Die Zuständigkeit für diese Verfahren lag primär beim Generalbundesanwalt. Die von ihm geleitete Behörde betrieb die Ermittlungsverfahren, um zu klären, ob ein hinreichender Tatverdacht gegeben war, der Anlass zur Anklageerhebung bot. In Fällen von minderer Bedeutung gab der Generalbundesanwalt das Verfahren vor Anklageerhebung an die Landesstaatsanwaltschaft ab.

Innerhalb der Behörde des Generalbundesanwalts war die Abteilung III mit Spionageverfahren befasst. Vor der Vereinigung bestand die Abteilung aus drei Referaten. Einem Referat gehörten ein Bundesanwalt, ein Oberstaatsanwalt und ein wissenschaftlicher Mitarbeiter an. Nach der Vereinigung wurde rasch auf den Anstieg der Verfahren reagiert: Die Abteilung wurde im Jahre 1991 auf fünf Referate erweitert. Die

127 *BGH*, Urteil v. 18.10.1995 – Az. 3 StR 324/94, UA S. 15f. = NJW 1996, 1160, 1162 = lfd. Nr. 1-2, S. 161.

128 Vgl. *OLG Düsseldorf*, Urteil v. 27.5.1997 – Az. VII - 1/96 = lfd. Nr. 1-3.

129 Vgl. nur beispielhaft die ersten Haftbefehle gegen die letzten Leiter der HVA, *Werner Großmann* und *Bernd Fischer*, *BGH*, Haftbefehl v. 17.9.1990 – StB 13/90 und Haftbefehl v. 4.10.1990 – II Bgs 548/90.

130 Vgl. *Schäuble*, Vertrag, S. 268ff. sowie die Entwürfe zu einem „Gesetz über die Straffreiheit bei Straftaten des Landesverrats und der Gefährdung der äußeren Sicherheit" der *Fraktionen der CDU/CSU* und der *FDP* (BT-Drucksache 11/7762) vom 2.9.1990, der *Bundesregierung* vom 13.9.1990 (BT-Drucksache 11/7871) sowie der *Gruppe der PDS* vom 7.12.1993 (BT-Drucksache 12/6370).

weitere Entwicklung lässt auf eine zügige Erledigung der Verfahren schließen. Bereits im Jahre 1996 wurde praktisch der frühere Zustand wiederhergestellt. Zwar wurde lediglich ein Referat abgegeben. Die Bearbeitung der Spionageverfahren obliegt jedoch seither – wie zuvor – nur noch drei Referaten. Das Arbeitsgebiet des vierten Referats resultiert aus einer zwischenzeitlich vorgenommenen Zuständigkeitserweiterung der Abteilung.

b) Ermittlungs- und Anklagepraxis[131]

Im Zeitraum vom 1.1.1991 bis zum 31.7.1997 wurden insgesamt 5.636 Ermittlungsverfahren wegen Spionage seitens der DDR gegen 7.099 Beschuldigte eingeleitet, darunter 4.171 DDR-Bürger.

Die Verfolgungsaktivitäten setzten früh ein. Sehr bald wurden hohe Eingangszahlen erreicht. Der deutliche Unterschied zum schleppenden Beginn der Strafverfolgung in den anderen Fallgruppen des DDR-Unrechts[132] hat tatsächliche und rechtliche Gründe. Während in den Ländern erst noch organisatorische Vorkehrungen zur Bewältigung der Verfahren getroffen werden mussten, war der institutionelle Rahmen für die Verfolgung der Spionagetaten bereits vorhanden. Auch stellten sich für die Behörde des Generalbundesanwalts rechtlich keine völlig neuen Aufgaben. Spionagetaten seitens der DDR wurden seit jeher verfolgt. Im Wesentlichen bedurfte es nur der Reaktion auf eine geänderte Faktenlage. Offensichtlich gelang eine zügige Anpassung durch rasche Veränderungen im Personalbereich.

Gleichermaßen rasch gelangte die Einleitung neuer Verfahren zu einem Abschluss. Bereits mit dem Jahr 1993 ging die Zahl der eingeleiteten Verfahren zurück. Eine nochmalige deutliche Reduzierung erfolgte im Jahr 1995. Dazu trug die Entscheidung des Bundesverfassungsgerichts vom 15. Mai 1995 maßgeblich bei, welche die Verfolgung von DDR-Bürgern wegen Spionage stark einschränkte.[133]

Bereits zum 31. Juli 1997 waren 97,8% der Verfahren erledigt. Angesichts des seither verstrichenen Zeitraumes kann man von einem praktisch abgeschlossenen Vorgang sprechen.[134]

---

131 Die im Folgenden genannten Zahlen zur Strafverfolgung von DDR-Spionage wurden dem Forschungsprojekt „Strafjustiz und DDR-Vergangenheit" vom *Generalbundesanwalt beim Bundesgerichtshof* durch Schreiben vom 17. Dezember 1998 – Az. 4020 – mitgeteilt (vgl. ausführlich *Marxen/Werle*, Aufarbeitung, S. 217ff.). Aktuellere Zahlen liegen leider nicht vor. Ein Teil der Angaben ist veröffentlich in der Antwort der Bundesregierung auf die Kleine Anfrage der Abgeordneten Kenzler u.a., BT-Drs. 14/4201.

132 Vgl. dazu *Marxen/Werle*, aaO, S. 141ff., 156ff., 200.

133 Vgl. dazu schon oben S. XLVIIf.

134 Erst im Dezember 1998 gelang die Rekonstruktion größerer zusammenhängender Datenmengen des elektronischen Systems der Informationsrecherche der HVA (SIRA). Seit Juli 2003 sind zudem die als „Rosenholz-Daten" bezeichneten Karteien der HVA, die 1989 unter noch ungeklärten Umständen an den US-amerikanischen Nachrichtendienst CIA gelangten, zugänglich. Bei Letzteren handelt es sich hauptsächlich um Kopien von Personenkarteien, deren Originale nicht mehr vollständig erhalten sind. Aus diesen Datenbeständen ergeben sich zwar wichtige polizeiliche und zeitgeschichtliche Erkenntnisse (vgl. *Konopatzky*, Möglichkeiten, und *Engberding*, SIRA). Auf der Basis dieser Erkenntnisse kam es nach Auskunft der Bundesanwaltschaft jedoch zu keinen neuen Anklagen mehr.

Die Erledigungspraxis war zudem klar profiliert. Der weitaus größte Teil der Verfahren (93,5%) wurde eingestellt. Die Anklagequote fiel mit 2,0% demgegenüber sehr niedrig aus. 13 der Anklagen erhob der Generalbundesanwalt. In 69 Fällen erfolgte die Anklage nach Abgabe durch die Staatsanwaltschaften der Länder. Verbindet man diese Zahlen mit den Zahlen derjenigen erledigten Verfahren, die vom Generalbundesanwalt selbst durchgeführt (1.797), beziehungsweise an die Staatsanwaltschaften der Länder abgegeben wurden (2.282), so ergibt sich eine Differenz in der Anklagequote. Einer Quote von 0,7% bei den erstgenannten Verfahren steht eine Quote von 3,0% bei den abgegebenen Verfahren gegenüber. Unterschiede in der Sache sind dahinter aber nicht zu vermuten. Die Behörde des Generalbundesanwalts hat die Verfahren in der Regel erst dann abgegeben, wenn ein weit fortgeschrittener Verfahrensstand erreicht war. Auch wurden Absprachen mit den Staatsanwaltschaften der Länder über die Behandlung der Spionageverfahren getroffen.[135]

Denkbar ist allerdings, dass die niedrigere Anklagequote in den vom Generalbundesanwalt durchgeführten Verfahren mit einer rechtlichen Besonderheit bei den Einstellungsgründen zusammenhängt. Nur der Generalbundesanwalt, nicht hingegen die Landesstaatsanwaltschaft kann in Fällen, in denen bei Durchführung des Verfahrens die Gefahr eines schweren Nachteils für die Bundesrepublik Deutschland droht oder sonstige überwiegende öffentliche Interessen einer Verfolgung entgegenstehen (§ 153d StPO), sowie in Fällen, in denen der Täter durch tätige Reue dazu beigetragen hat, dass eine Gefahr für den Bestand oder die Sicherheit der Bundesrepublik Deutschland oder die verfassungsmäßige Ordnung abgewendet wurde (§ 153e StPO) eine Einstellung herbeiführen.[136] Diese Einstellungsgründe erweitern den Handlungsspielraum des Generalbundesanwalts ganz erheblich. Insbesondere Gesichtspunkte der Prävention und der Förderung der Ermittlungen in anderen Verfahren können ihn veranlassen, davon Gebrauch zu machen. In immerhin 31 Fällen hat der Generalbundesanwalt diese Möglichkeit genutzt. Die entsprechende Quote liegt mit 1,7% deutlich über der Anklagequote von 0,7%.

In bemerkenswertem Umfang wurden ferner die Einstellungsmöglichkeiten nach §§ 153, 153a StPO genutzt. An den Erledigungen insgesamt haben diese Einstellungen einen Anteil von 42,3%. Damit wird sogar die entsprechende Quote in der allgemeinen strafrechtlichen Praxis übertroffen.[137] Es bestätigt sich der Eindruck, dass die Staatsanwaltschaften in den Spionageverfahren sehr flexibel vorgegangen sind. Die Einstellungsentscheidungen nach §§ 153, 153a StPO verwerten im Übrigen in großer Zahl diejenigen Gesichtspunkte als Milderungsgründe, die das Bundesverfassungsgericht 1995 veranlassten, ein Verfolgungshindernis zu statuieren. Dazu gehörten die Loyalität der Beschuldigten zu ihrem damaligen Staat[138], der aus den Anforderungen zweier sich

135 Vgl. dazu beispielhaft *GBA*, Niederschrift, S. 4f., 10ff., 16ff.

136 Vgl. dazu oben S. XLIVf.

137 Vgl. die Angaben bei *Schäfer*, Rn. 311, für den Bereich der Staatsanwaltschaft Stuttgart: Danach sind 22,4% aller Verfahren gegen bekannte Täter nach §§ 153, 153a StPO eingestellt worden; an der Gesamtheit der eingestellten Verfahren hatten diese Einstellungen einen Anteil von 37,5%.

138 Einstellung gem. § 153 StPO: z.B. *GBA*, Vfg. v. 11.9.1992 – Az. 3 BJs 984/91-1, S. 7; *GStA OLG Celle*, Vfg. v. 3.3.1993 – Az. OJs 16/91, S. 1; *StA bei dem KG Berlin*, Vfg. v. 26.7.1994 – Az. 3 OJs 37/93, S. 7; *StA OLG Schleswig*, Vfg. v. 27.10.1992 – Az. OJs 11/91, S. 2.

widersprechender Rechtsordnungen resultierende Konflikt[139], das Fehlen einer Wiederholungsgefahr wegen des Untergangs der DDR[140] und die Milderbewertung der Taten auf Grund der Veränderung der politischen Verhältnisse[141].

Die gegen ehemalige DDR-Bürger erhobenen Anklagen betrafen hauptsächlich die Leitungsebene und bezogen spionagetypische Begleitkriminalität ein. Zum angeklagten Personenkreis gehörten zunächst die Leiter der vorrangig mit Auslandsaufklärung beauftragten Hauptabteilungen des MfS und der Nationalen Volksarmee. Weitere Anklagen wurden gegen die Leiter von Diensteinheiten mit herausgehobener operativer Bedeutung erhoben. Zusätzlich klagten die Staatsanwaltschaften einige Offiziere des MfS und der Nationalen Volksarmee sowie einige Inoffizielle Mitarbeiter wegen des Ausmaßes des angerichteten Schadens oder wegen besonders verwerflicher Tatmodalitäten an.

c) Urteilspraxis

Auch die Erledigung der angeklagten Fälle schritt zügig voran. Am 31.7.1997 warteten nur noch 7,3% dieser Fälle auf eine abschließende Entscheidung.

Mit Anklagerücknahmen und Einstellungen wurde zumeist die Konsequenz aus der Entscheidung des Bundesverfassungsgerichts gezogen. Mehr als zwei Drittel aller Fälle gelangten auf diese Weise zum Abschluss. Im Wege des Sachurteils wurde nur über 30,2% der Anklagen befunden.

Im Übrigen enthält die gerichtliche Entscheidungspraxis keine Hinweise darauf, dass der Annahme einer Strafbarkeit durchgreifende rechtliche Bedenken entgegenstanden. Während in den übrigen Fallgruppen des DDR-Unrechts die Eröffnung des Hauptverfahrens in 11,7% der Fälle abgelehnt wurde[142] und es in nahezu einem Drittel aller Aburteilungen zu einem Freispruch kam[143], passierten sämtliche Spionageanklagen gegen DDR-Bürger das Zwischenverfahren unbeanstandet. Auch wurde lediglich ein Angeklagter von insgesamt 23, gegen die ein Sachurteil erging, freigesprochen (4,3%). Den Verurteilungen lagen teilweise (auch) Straftaten zugrunde, die zugleich mit den Spionagetaten begangen worden waren.[144]

Einstellung gem. § 153a StPO: z.B. *GBA*, Vfg. v. 5.2.1992 – Az. 3 BJs 725/91-2, S. 3; *StA BayObLG*, Vfg. v. 7.9.1992 – Az. ObJs I 10/92, S. 4; *GStA OLG Düsseldorf*, Vfg. v. 2.11.1994 – Az. 3 OJs 61/94, S. 2.

139 *GStA OLG Düsseldorf*, Vfg. v. 19.9.1994 – Az. 3 OJs 80/94, S. 2.

140 Einstellung gem. § 153 StPO: z.B. *GBA*, Vfg. v. 9.11.1992 – Az. 3 BJs 500/91-1, S. 5. Einstellung gem. § 153a StPO: z.B. *StA BayObLG*, Vfg. v. 25.8.1992 – Az. ObJs I 45/91, S. 5; *GStA OLG Düsseldorf*, Vfg. v. 2.11.1994 – Az. 3 OJs 61/94, S. 2; *StA OLG Frankfurt*, Vfg. v. 9.12.1992 – Az. OJs 7/92, S. 2; *GStA OLG Koblenz*, Vfg. v. 11.3.1993 – Az. OJs 4/93, S. 2; *GStA OLG Stuttgart*, Vfg. v. 8.9.1993 – Az. OJs (24) 3/93, S. 5.

141 Einstellung gem. § 153 StPO: z.B. *GBA*, Vfg. v. 15.7.1992 – Az. 3 BJs 1072/91-1, S. 1; *GStA OLG Düsseldorf*, Vfg. v. 7.12.1993 – Az. 3 OJs 45/93, S. 4; *GStA OLG Koblenz*, Vfg. v. 24.4.1992 – Az. OJs 5/92, S. 5; *GStA OLG Stuttgart*, Vfg. v. 6.7.1992 – Az. OJs (24) 8/92, S. 4. Einstellung gem. § 153a StPO: z.B. *GStA OLG Stuttgart*, Vfg. v. 28.7.1993 – Az. OJs (24) 28/92, S. 4.

142 Vgl. hierzu *Marxen/Werle*, Aufarbeitung, S. 207.

143 Vgl. aaO, S. 209.

144 Vgl. oben S. XLVIIIf.

Auch die Sanktionspraxis weist ein eigenständiges Profil auf. Eine Geldstrafe wurde in keinem Fall verhängt. Demgegenüber ist diese Strafart an den Verurteilungen in den anderen Fallgruppen des DDR-Unrechts zu etwa einem Drittel beteiligt.[145] Gleichwohl kann nicht von einer harten Sanktionspraxis gesprochen werden. Die rechtskräftig gewordenen Verurteilungen zu einer Freiheitsstrafe überschritten den Rahmen von zwei Jahren nicht. Diese Strafen wurden alle zur Bewährung ausgesetzt. Im Durchschnitt höhere Freiheitsstrafen ergingen gegen Bundesbürger, die wegen Spionage zugunsten der DDR verurteilt wurden. Aus den Angaben des Generalbundesanwalts geht hervor, dass in 51 von 245 Fällen eine Freiheitsstrafe von mehr als zwei Jahren verhängt wurde (20,8%).

4. Fazit

Im Bereich nachrichtendienstlicher Aktivitäten der ehemaligen DDR gegen die Bundesrepublik hatten die Hauptverwaltung A des MfS und der Bereich Aufklärung der Nationalen Volksarmee zentrale Bedeutung. Dementsprechend richteten sich auch die Ermittlungen der bundesdeutschen Justiz nach dem Beitritt der DDR größtenteils gegen Angehörige dieser Einheiten. Anklagen wurden zur Hauptsache gegen Personen aus der Leitungsebene erhoben.

Die Anklagen und die dazu ergangenen gerichtlichen Entscheidungen enthalten umfangreiche Feststellungen zum Aufbau, zu den Aufgaben und zum Vorgehen der mit nachrichtendienstlichen Tätigkeiten betrauten Einheiten des MfS und der Nationalen Volksarmee. Nach Einschätzung der Bundesanwaltschaft war die Auslandsaufklärung des MfS mit seiner sonstigen Tätigkeit untrennbar verknüpft und vielfach von typischem Systemunrecht geprägt.

Den rechtlichen Ausgangspunkt der Verfahren bildete das schon vor dem Beitritt anwendbare bundesdeutsche Strafrecht. Zu einem Abweichen von den insoweit eindeutigen Vorgaben des Einigungsvertrags sah die Rechtsprechung nach dem Scheitern von Amnestievorhaben keinen Anlass. Völkerrechtliche und verfassungsrechtliche Einwände wies sie zurück.

Das Bundesverfassungsgericht nahm eine Kurskorrektur vor. Nach seiner Auffassung spricht ein Übergewicht von Gründen gegen eine strafrechtliche Verfolgung derjenigen ehemaligen DDR-Bürger, die ausschließlich auf dem Gebiet der DDR oder ihrer Verbündeten Spionagestraftaten gegen die Bundesrepublik oder deren Verbündete verübt hatten. Insoweit soll sich unmittelbar aus dem Verhältnismäßigkeitsgrundsatz ein Verfolgungshindernis ergeben. Je nach den Umständen des Einzelfalls soll auch bei Spionagehandlungen von DDR-Bürgern auf dem Gebiet der Bundesrepublik oder in Drittstaaten ein Verfolgungshindernis eingreifen können; jedenfalls sei die Strafe deutlich zu mildern.

Die Entscheidung des Bundesverfassungsgerichts hat die strafrechtliche Verfolgung ehemaliger DDR-Bürger wegen ihrer Spionage gegen die Bundesrepublik praktisch beendet. Mit wenigen Ausnahmen wurden alle noch anhängigen Verfahren auch in Bezug auf die mitangeklagte Begleitkriminalität eingestellt.

145 Vgl. *Marxen/Werle*, Aufarbeitung, S. 212.

II. Auswahl und Präsentation der Dokumente

Wie bereits erläutert, beschränkt sich diese Dokumentation auf die Strafverfolgung ehemaliger DDR-Bürger wegen Spionage gegen die Bundesrepublik.[146]

Die Auswahl der abgedruckten Materialien trägt folgenden Überlegungen Rechnung. Zunächst sollen die wesentlichen Erscheinungsformen staatlich organisierter nachrichtendienstlicher Aktivitäten der DDR gegen die Bundesrepublik möglichst vollständig dokumentiert werden. Dabei erweisen sich die vom Generalbundesanwalt geführten so genannten Strukturverfahren als besonders informativ. Diese Verfahren zielten auf eine möglichst vollständige Erfassung und Darstellung der kriminogenen Struktur, in der die Beschuldigten agiert hatten. Den Anklagen in den Strukturverfahren lagen weitreichende Ermittlungen zu den betroffenen Diensten der DDR, ihrem Aufbau und ihrer Arbeitsweise zugrunde. Hierfür wurden umfangreiche Recherchen in Archiven angestellt und eine Vielzahl von Zeugen befragt. Auf diese Vorarbeiten wurde in späteren Verfahren vielfach zurückgegriffen.[147] Die vom Generalbundesanwalt an die Länder abgegebenen Verfahren[148] waren demgegenüber von untergeordneter Bedeutung und finden daher keine Berücksichtigung.

Aufgrund ihrer zentralen Rolle für die nachrichtendienstlichen Strukturen der DDR liegt der Schwerpunkt der Dokumentation bei Strafverfahren gegen Angehörige der HVA. Die Dokumentation beginnt deshalb mit einer Auswahl dieser Verfahren (Teil 1). Neben den Verfahren gegen die beiden letzten Leiter der HVA, Markus Wolf und Werner Großmann, sind Verfahren gegen Führungskräfte der Abteilungen IX und X der HVA sowie – als Beispiel für die so genannte Linie XV der HVA – der Abteilung XV der Bezirksverwaltung Dresden des MfS wiedergegeben.

Aufgenommen wurden auch Verfahren gegen Mitarbeiter anderer nachrichtendienstlicher MfS-Abteilungen (Teil 2) sowie des militärischen Nachrichtendienstes der DDR (Teil 3). Schließlich kommen noch zwei Verfahren zum Abdruck, die besonders spektakuläre Spionagefälle zum Gegenstand hatten (Teil 4). Sie richteten sich gegen Ann-Christine und Reiner Rupp sowie gegen Gabriele Gast, die jeweils gemeinsam mit ihren MfS-Führungsoffizieren bzw. -Instrukteuren und -Kurieren angeklagt waren.

Die Dokumentation hat auch zum Ziel, alle juristisch bedeutsamen Aussagen wiederzugeben, die im Zuge der Spionagestrafverfahren getroffen wurden.

In manchen Fällen kam es nach der Grundsatzentscheidung des Bundesverfassungsgerichts nicht mehr zur Eröffnung des Hauptverfahrens. Vor diesem Hintergrund erschien es angezeigt, nicht nur die ergangenen Urteile, sondern auch andere verfahrensbeendende Entscheidungen und Anklageschriften in die Dokumentation aufzunehmen. Den oft umfangreichen Sachverhaltsdarstellungen in den Anklageschriften kommt zwar nicht die gleiche Bedeutung zu wie gerichtlichen Sachurteilen, die durch erhöhte Anforderungen an die Beweiserhebung und Beweiswürdigung abgesichert sind. Gleichwohl haben auch diese Feststellungen zeitgeschichtlichen Wert. Zudem konnten wichtige nachrichtendienstliche Einheiten der DDR[149] nur durch die Aufnahme von Anklageschriften angemessen erfasst werden.

---

146 Vgl. oben S. XXXIII.

147 Zum Begriff des Strukturverfahrens vgl. *Thiemrodt*, Strafjustiz, S. 110ff.

148 Vgl. oben S. XLIV.

149 Dies gilt etwa für die Hauptabteilung VIII des MfS (vgl. lfd. Nr. 8) und die Verwaltung Aufklärung der NVA (vgl. lfd. Nr. 9).

Literatur

Engbergding, Rainer O.M.: SIRA und „Rosenholz“ aus Sicht der polizeilichen Spionagebekämpfung, in: Georg Herbstritt/Helmut Müller-Enbergs (Hg.): Das Gesicht dem Westen zu … DDR-Spionage gegen die Bundesrepublik Deutschland, Bremen 2003, S. 133-142.

Fricke, Karl Wilhelm: MfS intern, Köln 1991.

Generalbundesanwalt beim Bundesgerichtshof: Niederschrift über die wesentlichen Ergebnisse der Arbeitstagung der Bundesanwaltschaft und der Generalstaatsanwälte bei den nach § 120 GVG zuständigen Oberlandesgerichten über Auswirkungen der Entscheidung des Bundesverfassungsgerichts vom 15. Mai 1995 auf Ermittlungs- und Strafverfahren wegen Landesverrats u.a. am 3./4. Juli 1995 in Würzburg, nicht veröffentlicht, zitiert: Niederschrift.

Grünwald, Gerald: Die strafrechtliche Bewertung in der DDR begangener Handlungen, StV 1991, 31ff.

Karlsruher Kommentar zur Strafprozessordnung und zum Gerichtsverfassungsgesetz, hrsg.: von Gerd Pfeiffer, 5. Aufl., München 2003 (zit.: KK/*Bearbeiter*).

Knabe, Hubertus: West-Arbeit des MfS. Das Zusammenspiel von „Aufklärung“ und „Abwehr“, Berlin 1999.

Konopatzky, Stephan: Möglichkeiten und Grenzen der SIRA-Datenbanken, in: Georg Herbstritt/Helmut Müller-Enbergs (Hg.): Das Gesicht dem Westen zu … DDR-Spionage gegen die Bundesrepublik Deutschland, Bremen 2003, S. 112-132.

Leipziger Kommentar zum Strafgesetzbuch, hrsg. von Hans-Heinrich Jescheck u.a., 11. Auflage, Berlin u.a. ab 1992 (zit. LK/*Bearbeiter*).

Müller-Enbergs, Helmut (Hg.): Inoffizielle Mitarbeiter des Ministeriums für Staatssicherheit. Teil 1: Richtlinien und Durchführungsbestimmungen, Berlin 1996; Teil 2: Anleitungen für die Arbeit mit Agenten, Kundschaftern und Spionen in der Bundesrepublik Deutschland, Berlin 1998.

Samson, Erich: Die strafrechtliche Behandlung von DDR-Alttaten nach der Einigung Deutschlands, NJW 1991, 335ff.

Schäfer, Gerhard: Die Praxis des Strafverfahrens, 5. Aufl., Stuttgart 1992.

Schäuble, Wolfgang: Der Vertrag, München 1993.

Schönke, Adolf/Horst *Schroeder:* Strafgesetzbuch, Kommentar, 26. Aufl., München 2001 (zit.: Sch/Sch-*Bearbeiter*).

Simma, Bruno/Klaus *Volk:* Der Spion, der in die Kälte kam, NJW 1991, 871ff.

Schmidt, Wilhelm: Anmerkung zum Beschluss des BayObLG v. 24.08.1995 – 3 St 11/94, JR 1996, 430ff.

Thiemrodt, Ivo: Strafjustiz und DDR-Spionage. Zur Strafverfolgung ehemaliger DDR-Bürger wegen Spionage gegen die Bundesrepublik, Berlin 2000.

Widmaier, Gunter: Strafbarkeit der DDR-Spionage gegen die Bundesrepublik – auch noch nach der Wiedervereinigung?, NJW 1990, 3169ff.

Widmaier, Gunter: Vom Grundsatz des rechtsstaatlichen Vertrauensschutzes. Zur Strafverfolgung von Bürgern der ehemaligen DDR wegen Spionage gegen die Bundesrepublik, KritV 1994, 377ff.

Dokumente

Teil 1:
Strafverfahren gegen Angehörige der Hauptverwaltung A des Ministeriums für Staatssicherheit der DDR

Lfd. Nr. 1

Die Leitung der Hauptverwaltung A
– Verfahren gegen Wolf –

Inhaltsverzeichnis
Erstinstanzliches Urteil des Oberlandesgerichts Düsseldorf vom 6.12.1993, Az.: IV-40/92 (8/92 VS-Geheim), 3 StE 14/92-3 (3 Ref. 4)

Oberlandesgericht Düsseldorf 6. Dezember 1993
Az.: IV-40/92 (8/92 VS-Geheim)[1], 3 StE 14/92-3 (3 Ref. 4)

URTEIL

Im Namen des Volkes

In der Strafsache

gegen den Generaloberst a.D. Markus Wolf,
geboren 1923

wegen Landesverrats u.a.

hat der 4. Strafsenat in der Hauptverhandlung vom 4., 5., 6., 11., 18., 19., 25., 26., 27. Mai 1993, 1., 2., 3., 8., 15., 16., 17., 22., 29., 30. Juni 1993, 07., 13., 14., 20., 21. Juli 1993, 23., 24., 31. August 1993, 1., 7., 8., 16., 21., 22., 28. September 1993, 05., 06., 18., 19. Oktober 1993, 2., 9., 10., 16., 24. November 1993 und 6. Dezember 1993,

an der teilgenommen haben:

⊗ Es folgt die Nennung der Verfahrensbeteiligten. ⊗ {3}

am 6. Dezember 1993 für Recht erkannt:

Der Angeklagte wird wegen Landesverrats in drei Fällen jeweils in Tateinheit mit Bestechung von insgesamt sieben Personen zu einer Gesamtfreiheitsstrafe von sechs Jahren kostenpflichtig verurteilt.
(Angewendete Vorschriften: §§ 93 Abs. 1, 94 Abs. 1 Nr. 1, 334 Abs. 1, 52, 53 StGB).

Gründe

A. Bisheriger Lebensweg

I. Der jetzt 70 Jahre alte, bisher nicht bestrafte Angeklagte wurde in Hechingen/Zollernalbkreis als Sohn des aus einer jüdischen Kaufmannsfamilie stammenden Arztes und Schriftstellers Dr. med. Friedrich Wolf und dessen Ehefrau Else geboren. Sein Vater, der sich auch erfolgreich als Autor vor allem sozialkritischer Bühnenstücke betätigte, unterhielt in dieser Zeit in Hechingen eine natur[heil]kundliche Arztpraxis. Der zwei Jahre jüngere Bruder des Angeklagten – Konrad Wolf – wurde später einer der bekanntesten Filmregisseure der DDR und war zeitweise auch Präsident der dortigen Akademie der Künste. {4}

Nachdem die Familie im Jahre 1926 zunächst nach Höllstieg am Bodensee gezogen war, verlegte der Vater 1927/1928 seine Arztpraxis nach Stuttgart.

Das Elternhaus des Angeklagten war kommunistisch geprägt; beide Eltern traten noch vor seiner Einschulung in die KPD ein, so daß auch der Angeklagte frühzeitig mit kommunistischem Gedankengut vertraut war.

Der Vater des Angeklagten entschloß sich nach dem Reichstagsbrand im Februar 1933 zur Emigration. Er begab sich zunächst in die Schweiz und wenig später nach Frankreich, wohin ihm die Familie jeweils kurze Zeit später folgte. Im April 1934 verzog die Mutter des Angeklagten mit ihm und seinem Bruder in die Sowjetunion, wo der Vater bereits einige Zeit zuvor eingetroffen war. Der Angeklagte lebte zunächst bis 1941 in Moskau. Dort besuchte er bis 1940 die russische Fridtjof-Nansen-Mittelschule, an der er die Hochschulreife erlangte. Anschließend studierte er von 1940 bis 1942 fünf Semester am Moskauer Institut für Flugzeugbau, das im Winter 1941/1942 vor den anrückenden deutschen Truppen nach Alma Ata/Kasachstan ausgelagert wurde. Dort führte auch der Angeklagte, der zusammen mit seiner Familie in die kasachische Hauptstadt evakuiert wurde, sein Studium noch für kurze Zeit weiter. Der Vater des Angeklagten war nach Ausbruch des spanischen Bürgerkrieges nach Frankreich gereist, um sich von dort aus nach Spanien zu begeben. Dies gelang ihm jedoch nicht, da er in Frankreich interniert wurde; von dort war er erst 1941 nach Moskau zurückgekehrt.

Nachdem der Angeklagte 1939 die sowjetische Staatsbürgerschaft angenommen hatte, absolvierte er in den Jahren 1940/1941 – während des Studiums – in Moskau verschiedene Schulungskurse der „Internationalen Organisation zur Unterstützung von Kämpfern der Revolution" (MOPR), auch „Rote Hilfe" genannt, die unter Federführung der KPD abgehalten wurden. Im August 1942 trat er der KPD als Mitglied bei. {5}

Noch im Sommer 1942 brach der Angeklagte das Studium des Flugzeugbaus ab und besuchte bis 1943 die Parteischule des Exekutivkomitees der Kommunistischen Internationale (Komintern) in Moskau. Im Anschluß daran war er bis 1945 beim sogenannten „Wissenschaftlichen Forschungsinstitut Nummer 205", dem von der KPD betriebenen Emigrantensender, als Rundfunksprecher und Redakteur tätig.

Nach Kriegsende kehrte der Angeklagte Ende Mai 1945 nach Deutschland zurück. In Berlin, wo er eine Wohnung im Westteil der Stadt bezog, traf er auch wieder mit seinem Bruder zusammen, der inzwischen Offizier in der Sowjetarmee geworden war und der Sowjetischen Militäradministration in Deutschland angehörte. Auch die Eltern Wolf lebten in dieser Zeit in Berlin.

Der Angeklagte erhielt den Auftrag, am Aufbau eines Rundfunksenders in Berlin mitzuwirken. Bald darauf wurde er Redakteur und Kommentator an dem zunächst in Berlin-Charlottenburg gelegenen „Berliner Rundfunk", der später nach Ost-Berlin verlegt und als „Deutschlandsender" weitergeführt wurde. Im Jahre 1946 beobachtete er als Berichterstatter dieses Rundfunksenders und als Zeitungskorrespondent die Kriegsverbrecherprozesse vor dem Internationalen Militärtribunal in Nürnberg.

Nachdem im Oktober 1949 die Deutsche Demokratische Republik gegründet worden war, trat der Angeklagte, der neben der englischen auch die russische Sprache beherrscht, in den diplomatischen Dienst des Außenministeriums der DDR und war anschließend bis 1951 als Erster Botschaftsrat an der diplomatischen Vertretung der DDR in Moskau tätig.

Etwa zur gleichen Zeit trat der Angeklagte der Sozialistischen Einheitspartei Deutschlands (SED) bei, die 1946 durch Zusammen-{6}schluß der KPD mit der SPD der Sowjetischen Besatzungszone als kommunistische Staatspartei gebildet worden war.

Am 1. September 1951 begann der Angeklagte seine nachrichtendienstliche Tätigkeit bei dem neu geschaffenen Auslandsaufklärungsdienst der DDR, der nach außen die

Tarnbezeichnung „Institut für Wirtschaftswissenschaftliche Forschung“ (IWF) trug. Am 12. November 1986 wurde er nach über 30jähriger Tätigkeit als Leiter der Hauptverwaltung Aufklärung (HVA) des Ministeriums für Staatssicherheit (MfS) förmlich aus dem Dienst entlassen.

Der Angeklagte ist seit dem 22. August 1987 in dritter Ehe mit Andrea W., geborene S., verheiratet. Seine erste Ehe, aus der drei Kinder hervorgegangen sind, wurde 1976, die zweite Ehe, aus der ein im September 1977 geborener Sohn stammt, 1986 geschieden.

⊗ Es folgen Angaben zur Einkommenssituation des Angeklagten. ⊗ Zusätzliche Einkünfte in unbekannter Höhe bezieht er aus schriftstellerischer Tätigkeit sowie aus Interviewäußerungen.

II. Das Ministerium für Staatssicherheit (MfS) wurde durch Gesetz der provisorischen Volkskammer der DDR vom 8. Februar 1950[2] (Dokument 2 des Beweismittelverzeichnisses der Anklageschrift) durch Umbildung der bislang dem Ministerium des Innern unterstellten „Hauptverwaltung zum Schutze der Volkswirtschaft“ zu einem selbständigen Ministerium gegründet. Es verlor diesen Status nach dem Volksaufstand vom 17. Juni 1953 und wurde als „Staatssekretariat für Staatssicherheit“ (SfS) dem Ministerium des Innern eingegliedert (Dokument 7), bis es im November 1955 {7} wieder in den Rang eines eigenständigen Ministeriums erhoben wurde. Das daneben als Organ der nachrichtendienstlichen Auslandsaufklärung seit 1951 tätige „Institut für Wirtschaftswissenschaftliche Forschung“ (IWF) unterstand zunächst dem Außenministerium der DDR; hier begann der Angeklagte am 1. September 1951 seine nachrichtendienstliche Tätigkeit als Leiter der für Spionageabwehr zuständigen Hauptabteilung (HA) III. Im September 1953 wurde es als HA XV in das damalige SfS eingegliedert. Nach Wiedererrichtung des SfS wurde diese Hauptabteilung im Juni 1965 zur „Hauptverwaltung Aufklärung“ (HVA) aufgestockt.

Der Angeklagte, dem im Januar 1953 schon die Leitung des IWF übertragen worden war, blieb bis zu seiner förmlichen Verabschiedung am 12. November 1986 ihr verantwortlicher Leiter. Er wurde 1954 zum Generalmajor, 1965 zum Generalleutnant ernannt und hatte ab 1980 den Rang eines Generaloberst inne. Als Leiter der HVA war er zugleich einer der Stellvertreter des Ministers für Staatssicherheit.

Der mit zahlreichen Orden der DDR, unter anderem dem Scharnhorst- und dem Karl-Marx-Orden, sowie Ehrenzeichen anderer Staaten, vornehmlich der UdSSR, ausgezeichnete Angeklagte wurde in den Ruhestand auf eigenen Wunsch entlassen, den er mit seinem vorgerückten Alter und der Absicht, sich schriftstellerisch zu betätigen, begründete. Tatsächlich erschien das von ihm verfaßte Buch „Die Troika“, in dem er unter anderem Erlebnisse während der Emigration verarbeitete. Im MfS lief das Gerücht um, er habe ausscheiden müssen, weil Minister Mielke über seine „Frauengeschichten“ – Scheidung seiner zweiten Ehe – verärgert gewesen sei.

Ende September 1990 setzte der Angeklagte sich, um nach dem Beitritt der DDR zur Bundesrepublik einer Verhaftung zu entgehen, zunächst nach Österreich und anschließend in die Sowjetunion ab. Der Ermittlungsrichter des Bundesgerichtshofes hatte {8} am 20. Juni 1989 wegen des Verdachts der geheimdienstlichen Agententätigkeit und mit dem Vorwurf „alle von seinem Amt gegen Einrichtungen der Bundesrepublik Deutschland gerichteten nachrichtendienstlichen Aktionen gesteuert“ zu haben, Haftbefehl gegen ihn erlassen. Aus der Sowjetunion kehrte er im September 1991 nach Österreich zurück und stellte sich, nachdem die Bundespolizeidirektion Wien ein Aufenthaltsverbot gegen ihn erlassen hatte, am 24. September 1991 an der österreichisch-deutschen Grenze einem Vertreter der Bundesanwaltschaft. Er wurde aufgrund Haftbefehls vom gleichen Tage wegen des Vorwurfs der geheimdienstlichen Agententätigkeit in Tateinheit mit Bestechung in Untersuchungshaft genommen, von dem Vollzug aber seit dem 4. Oktober 1991 unter Auflagen verschont.

B. Das MfS und die HVA

I. [MfS][3]

1. [Aufgaben und Selbstverständnis]

Das „Statut des Ministeriums für Staatssicherheit der Deutschen Demokratischen Republik" vom 30. Juli 1969[4] (Dokument 8) bezeichnet das MfS als ein „Organ des Ministerrates", das als „Sicherheits- und Rechtspflegeorgan die staatliche Sicherheit und den Schutz der Deutschen Demokratischen Republik gewährleistet" und seine Aufgaben

„auf der Grundlage
- des Programms der Sozialistischen Einheitspartei Deutschlands,
- der Beschlüsse des Zentralkomitees und des Politbüros des Zentralkomitees der Sozialistischen Einheitspartei Deutschlands, {9}
- der Verfassung der Deutschen Demokratischen Republik, der Gesetze und Beschlüsse der Volkskammer,
- der Erlasse und Beschlüsse des Staatsrates,
- der Beschlüsse und Anordnungen des Nationalen Verteidigungsrates und der Befehle, Direktiven und Weisungen seines Vorsitzenden,
- der Verordnungen und Beschlüsse des Ministerrates sowie anderer allgemeinverbindlicher Rechtsvorschriften

verwirklicht" (§ 1 Abs. 2).

Im einzelnen bestimmt das Statut unter anderem: Seine „Abwehr- und Aufklärungsaufgaben" erfüllt das MfS „unter Anwendung spezifischer Mittel und Methoden". Die „wissenschaftliche Führungs- und Leitungstätigkeit" richtet sich vor allem auf „die Arbeit am Feind und das Eindringen in politische, militärische, ökonomische und wissenschaftliche Zentren des Feindes". Seine Angehörigen leisten im MfS „Wehrersatzdienst". Sie führen militärische Dienstgrade entsprechend der „Dienstlaufbahnverordnung", leisten einen „Fahneneid" und sind unter anderem verpflichtet „zu unverbrüchlicher Treue zur Partei der Arbeiterklasse und zur Arbeiter- und Bauernmacht", „zur unerschütterlichen Siegeszuversicht des Marxismus-Leninismus" und „zur Freundschaft mit der Sowjetunion und anderen sozialistischen Staaten". Der Minister, der im Rahmen seiner Zuständigkeit „allgemeinverbindliche Rechtsvorschriften sowie Dienstvorschriften, Befehle und andere dienstliche Bestimmungen" erläßt, leitet das MfS „nach dem Prinzip der Einzelleitung". Er ist „persönlich für die gesamte Tätigkeit des MfS verantwortlich", während seine Stellvertreter ihm für die Erfüllung der ihnen übertragenen Aufgaben verantwortlich und rechenschaftspflichtig" sind. {10}

Als „Feind" der DDR wurden die sogenannten „imperialistischen" Staaten, insbesondere die USA und die Bundesrepublik Deutschland, verstanden, deren angeblich revanchistische, antisozialistische Bestrebungen es im Interesse des Friedens unter Führung der Partei der Arbeiterklasse und in unverbrüchlicher Waffenbrüderschaft mit den Kampfgefährten der Sowjetunion und anderer sozialistischer Staaten entschlossen zu bekämpfen gelte. Das MfS und seine Angehörigen, die ausnahmslos Mitglieder der SED waren und einer innerhalb des Ministeriums gebildeten, aus verschiedenen Grundorganisationen (GO) bestehenden geschlossenen Parteiorganisation angehörten, verstanden sich als „Schild und Schwert" der Partei, deren absolute Führungsrolle insbesondere in Anordnungen und Reden des Ministers immer wieder hervorgehoben wurde.

2. [Machtmittel]

Spezielles Vorbild des MfS war die während der Oktoberrevolution 1917 in der Sowjetunion gegründete Tscheka (russische Abkürzung für „Außerordentliche Kommission zur Bekämpfung von Konterrevolution und Sabotage"), die Vorläuferin von GPU, NKWD und KGB. Wie dieser durch massenhafte Liquidierung Andersdenkender hervorgetretene Sicherheitsdienst verfügte auch das MfS über nahezu unbegrenzte Machtmittel. Nach § 20 Abs. 2 des Volkspolizeigesetzes waren seine Angehörigen zur Wahrnehmung sämtlicher polizeilichen Befugnisse ermächtigt. Im strafprozessualen Ermittlungsverfahren hatte es die Funktion eines Untersuchungsorgans (§ 88 Abs. 2 Ziff. 2 StPO/DDR), wobei die Aufklärung krimineller Verdachtsfälle zugleich dazu diente, „die zielgerichtete Entwicklung von Ausgangsmaterial für operative Vorgänge" zu betreiben, wie in der Richtlinie des Ministers für Staatssicherheit Nr. 1/81 über die operative Personenkontrolle (OPK) vom 25. Februar 1981 (Dokument 40, Seite 7) angeordnet war. Hatte es als Untersuchungsorgan mitgewirkt, so war es entsprechend einer gemeinsamen Anweisung des Ministers für Staatssicherheit, des Ministers des Innern und des Generalstaatsanwalts der DDR (Dokument 41) berechtigt, zur Teilnahme an der Vollstreckung eines Todesurteils (durch Erschießen) {11} einen Mitarbeiter zu entsenden. Nach der ministeriellen Dienstanweisung Nr. 2/75 (Dokument 42) war der gesamte Bereich des Strafvollzuges Bearbeitungsfeld für politisch-operative Maßnahmen des MfS. Tatsächlich wurden auch von der HVA Strafgefangene für eine nachrichtendienstliche Verwendung angeworben, wie der noch darzustellende Fall des FDP-Politikers William Borm beispielhaft belegt. Konspirative Hausdurchsuchungen sowie Telefonüberwachungen und Postkontrollen, wie sie unter anderem von den Linien 26 und M sowie der Hauptabteilung III durchgeführt wurden, geschahen ohne gesetzliche Ermächtigung allein – gemäß der Richtlinie Nr. 1/81 und der Richtlinie Nr. 1/76 zur Entwicklung und Bearbeitung operativer Vorgänge vom 1. Januar 1976[5] (Dokument 43) – auf Anordnung oder Bestätigung des Leiters der jeweiligen operativen Abteilung des MfS.

Verhaftungen und längere Inhaftierung operativ bearbeiteter Personen wurden auch ohne juristische Handhabe ausschließlich zu dem Zweck vorgenommen, den Inhaftierten zu einem bestimmten Verhalten zu bewegen. So schlug im März 1959 der Angeklagte die Verhaftung des in Leipzig wohnhaften Georg Angerer mit der Begründung vor:

„Es ist der dringende Verdacht gegeben, daß Angerer während der faschistischen Besetzung in Norwegen als Gestapoagent tätig gewesen ist und Beihilfe zum Totschlag geleistet hat. Die Verhaftung der Person erfolgt unter Berücksichtigung der Tatsache, daß Totschlag und Beihilfe zum Totschlag nach 15 Jahren verjährt ist, insbesondere deshalb, weil die Person während der

Emigration nach eigenen Angaben Verbindung zu Willy Brandt hatte und über dessen Verbindung zur Gestapo Aussagen machen kann“ (Dokument 44, Seite 67).

Nachdem Angerer mehrere Monate in Haft gehalten worden war und über seine Bekanntschaft mit Willy Brandt während des gemeinsamen norwegischen Exils berichtet hatte, bestätigte Minister Mielke in dem Entlassungsbeschluß vom 26. September 1959 (Dokument 45) den Vorschlag, „die über Willy Brandt bekannt gewordenen Tatsachen propagandistisch auszuwerten“ und Angerer anschließend „in Gegenwart des Genossen Hauptmann Müller von der HVA“ unter Verpflichtung zur Verschwiegenheit aus der Haft zu entlassen. {12}

3. [Sanktionen]

Der von jedem Mitarbeiter abgelegte „Fahneneid“ drohte Verrätern „die harte Strafe der Gesetze … und die Verachtung des werktätigen Volkes“ an (Dokument 54, Seite 21).

Gegenstand einer Sitzung des Kollegiums des MfS vom 19. Februar 1982, wahrend der auch der Angeklagte das Wort ergriff, war ein solcher Verratsfall – wahrscheinlich der des HVA-Mitarbeiters Dr. Teske. Der Minister für Staatssicherheit Mielke führte dazu unter anderen aus:

„Also solche Pannen dürfen natürlich im 3. Jahr, darum geht es, nicht mehr passieren!
Solche! Wir sind nicht gefeit, leider und darum habe ich auch den Felber so angesprochen, nicht wahr … wir ein Herz und eine Seele sind in dieser Frage, wir sind nicht gefeit, daß auch mal ein Schuft unter uns sein kann. Wir sind nicht gefeit dagegen leider. Wenn ich das schon jetzt wüßte, dann würde er ab morgen schon nicht mehr leben! … ganz kurz Prozeß. Weil ich Humanist hin, deshalb habe ich so'ne Auffassung.
Lieber Millionen Menschen vom Tode retten, als wie einen Banditen leben lassen, der uns dann also die Toten bringt. Damit wir mal richtig erklären, warum man so hart sein muß! …
Dieses Geschwafel von wegen und so weiter nicht hinrichten und nicht Todesurteil, alles Käse, Genossen. Die Schw…! Hinrichten die Menschen ohne Gesetze, ohne Gerichtsbarkeit und so weiter. Wenn ich gesehen hab, wie sie in Frankfurt am Main gehaust haben … die Friedenskämpfer da, wie man die behandelt hat, Genossen. Und wenn wir ein klein bißchen mal einen Strolch anfassen, da machen sie ein Geschrei als wenn irgendwas wäre, nicht wahr!
Also deshalb ist wichtig, also deshalb hat Genosse Wolf nicht umsonst hier gesprochen, Genossen. Man muß also jetzt die Schlußfolgerung aus dieser … meiner Bemerkung nehmen und doch prüfen, einige wichtige oder die wichtigsten Vorgänge zu prüfen, ob sie wirklich auf Sicherheit beruhen“.

II. [HVA]

Die aus der früheren Hauptabteilung XV hervorgegangene *Hauptverwaltung Aufklärung* (HVA) war eine Diensteinheit des MfS mit der speziellen Aufgabe der Ausspähung und Bekämpfung des „Feindes“ mit geheimdienstlichen Mitteln. {13}

1. [Aufklärung durch andere Hauptabteilungen]

Aufklärung unter Einsatz von Inoffiziellen Mitarbeitern im „Operationsgebiet“ betrieben daneben aber auch andere Hauptabteilungen des MfS, so die HA I (Sicherung der

Nationalen Volksarmee und der Militäraufklärung), HA II (Spionageabwehr, Bearbeitung westlicher Nachrichtendienste), HA VI (Sicherung des Reiseverkehrs), HA VII (Sicherung der Volkswirtschaft), HA VIII (Observation und Ermittlung), HA XIX (Sicherung des Verkehrswesens), HA XX (Bekämpfung politischer Untergrundtätigkeit und ideologischer Diversion), HA XXII (Terrorismus-Abwehr) sowie die mit der Bekämpfung des sogenannten „illegalen Menschenhandels" durch Fluchthilfeorganisationen betraute Zentrale Koordinierungsgruppe (ZKG). Eine im Mai 1985 von der Abteilung XII des MfS (Zentrale Kartei) erstellte Übersicht (Dokument 14) weist insgesamt 477 IM-Verbindungen verschiedener Hauptabteilungen und Abteilungen der Zentrale (ohne HVA und ohne Hauptabteilung II) in westdeutsche Bundesländer und nach West-Berlin aus. Auf eine Anfrage des Angeklagten im Mai 1985 benannte allein die Hauptabteilung VIII 65 solcher Verbindungen (Dokument 79).

2. [Umfang und Struktur der HVA]

a) Die HVA spielte indessen bei der Spionagetätigkeit gegen die Bundesrepublik die quantitativ und qualitativ bedeutendste Rolle.

Der Abschlußbericht über die Auflösung der ehemaligen HVA vom 25. Juli 1990 weist per Ende März 1990 die Einstellung von – noch – 540 aktiven Vorgängen im „Operationsgebiet" sowie den Quellen zugeordneten Verbindungen durch Instrukteure, Kuriere, Residenten, Gehilfen und technische Kräfte aus, nachdem die nachrichtendienstliche Tätigkeit in den meisten Positionen, vor allem in der Bundesrepublik, bereits wesentlich früher eingestellt worden sei. Die HVA hat danach – auch zu Zeiten ihrer Leitung durch den Angeklagten – mindestens so viele Quellen geführt wie die anderen Diensteinheiten zusammen. {14}

Von Quellen geliefertes Film- und Verratsmaterial wurde zentral in der Bildstelle der Abteilung VIII der HVA entwickelt; durchschnittlich handelte es sich dabei pro Tag um etwa 3700 Aufnahmen.

Am 28. Februar 1983 zählte die HVA – ohne die Offiziere im besonderen Einsatz (OibE) im Operationsgebiet (Dokument 15) und Hauptamtliche Inoffizielle Mitarbeiter (HIM) – 2484 Mitarbeiter. Am 31. Oktober 1989 belief sich der Mitarbeiterbestand der HVA einschließlich der OibE sowie der Bediensteten der Abteilungen XV der 15 Bezirksverwaltungen auf insgesamt 4128 Personen (Dokument 103).

Bezirksverwaltungen (BV) des MfS bestanden in Berlin, Cottbus, Dresden, Erfurt, Frankfurt/Oder, Gera, Halle, Karl-Marx-Stadt, Leipzig, Magdeburg, Neubrandenburg, Potsdam, Rostock, Schwerin, Suhl und – bis 1982 – in Wismut (Dokument 10); ihnen waren Kreisdienststellen (KD) nachgeordnet. Den Abteilungen XV der Bezirksverwaltungen oblagen wie der HVA unter anderem nachrichtendienstlich-operative Aufgaben. Sie unterstanden dem Leiter der HVA und wurden von dessen Stellvertreter angeleitet (Dokument 9).

b) Im Oktober 1986 – gegen Ende der Amtszeit des Angeklagten – war die HVA nach dem nachfolgenden Schaubild gegliedert, das auch die den Einheiten zugewiesenen Aufgaben bezeichnet: {15}

⊗ Es folgt das angekündigte Schaubild.[6] ⊗ {16}

Die Abteilungen setzten sich aus Referaten zusammen, die teilweise in Bereichen zusammengefaßt waren. Den Abteilungsleitern unterstanden Stellvertreter, denen wiederum in ihrem Anleitungsbereich Referatsleiter oder Bereichsleiter unterstellt waren. In den Referaten arbeiteten „Mitarbeiter“, denen im allgemeinen entsprechend der Dienstlaufbahnordnung des MfS (Dokumente 8, 52 und 53) die Aufgaben zufielen, „Quellen“, Instrukteure, Kuriere und sonstige Personen des nachrichtendienstlichen Verbindungswesens zu „führen“. Auf allen Ebenen galt der militärische Grundsatz von Befehl und Gehorsam.

c) Die Zuständigkeit der Abteilungen war im Befehl Nr. 48/59 des Ministers für Staatssicherheit vom 29. Januar 1959 (Dokument 62) grundlegend geregelt. Der anstelle der ursprünglich eigenständigen Abteilung V später eingerichtete „Sektor Wissenschaft und Technik“ (SWT), der später einem Stellvertreter des Angeklagten unterstellt und mit Wirtschaftsspionage befaßt war, wurde durch die Dienstanweisung Nr. HVA 2/83[7] (Dokument 70), die der Angeklagte in seiner Eigenschaft als Stellvertreter des Ministers am 1. Dezember 1983 erließ, auch mit der verantwortlichen Koordinierung der „Wirtschaftsaufklärung als zentrale Schwerpunktaufgabe für die operativen Diensteinheiten“ betraut.

3. [Hauptaufgaben und Hauptmethoden der HVA]

a) [Aufklärung und IM-Aufgaben der Leiter]

Die „Hauptaufgabe und die Hauptmethoden der operativen Diensteinheiten der Aufklärung des MfS“ waren in der Richtlinie Nr. 2/68[8] des Ministers (Dokument 64) umrissen, die zum 1. Januar 1980 durch die „Richtlinie Nr. 2/79[9] für die Arbeit mit Inoffiziellen Mitarbeitern im Operationsgebiet“ (Dokument 12) ersetzt wurde. In diesem 51 Seiten umfassenden Regelwerk wurden unter anderem die Anforderungen an IM, ihre Werbung – unter anderem die in „bestimmten Zwangssituationen“, zum Beispiel durch „Kompromate“ oder „unter falscher Flagge“ –, ihr Einsatz und Schutz, ihre Ausrüstungen sowie das Verbindungswesen im einzelnen beschrieben und vorgeschrieben. Nr. 9.3. der Richtlinie bestimmt, {17} daß

> „auf allen Leitungsebenen“ die Leiter persönlich an der Führung unter anderem solcher IM-Vorgänge teilzunehmen haben, die „von entscheidender Bedeutung für die Realisierung der festgelegten Schwerpunktaufgaben des Dienstbereiches“ oder „mit komplizierten Aufgaben verbunden sind und deshalb besonders hohe Anforderungen an die Vorgangsführung stellen“. „Die persönliche Teilnahme an der Führung der IM-Vorgänge ist sowohl durch die analytische und konzeptionelle Arbeit des Leiters des betreffenden IM-Vorgangs als auch durch die unmittelbare Beteiligung an allen Formen der Zusammenarbeit mit dem Werbungskandidaten bzw. dem IM zu realisieren“.

In einem Vortrag auf der erweiterten Kollegiumssitzung des MfS am 19. Februar 1982 (Dokument 98, Seite 8) unterstrich der Angeklagte die Verpflichtung der „Leiter“, beispielhaft zu wirken und in die wichtigsten Phasen der verschiedenen operativen Prozesse selbst einzugreifen. Er führte unter anderem aus:

> „Der Leiter muß ja, gerade was die qualifizierten Methoden angeht, durch die tägliche Arbeit am Vorgang mit den nachgeordneten Leitern, mit den Mitarbeitern wissen, wo er selber persönlich eingreifen muß. Für uns war das zum Beispiel ganz wichtig – eine wichtige Schlußfolge-

rung, die wir getroffen haben –, daß in einer verhältnismäßig frühen Phase der Kontaktarbeit, bei Beginn eines Kontaktes im Operationsgebiet eine entscheidende Leitungsentscheidung gefällt werden muß ...“

Auf allen Leitungsebenen zählte auch die Teilnahme an Treffs mit wichtigen Inoffiziellen Mitarbeitern der HVA zu den Pflichtaufgaben. Auch der Angeklagte unterzog sich, wie noch darzustellen sein wird, in zahlreichen Fällen dieser Pflicht.

b) [Unterstützung „progressiver junger Nationalstaaten der 3. Welt“]

Ziel der operativen Arbeit der Diensteinheiten war nach der Richtlinie Nr. 2/79 (Dokument 12) aber auch,

„die internationale Position des Sozialismus zu festigen und zu stärken, die offensive Friedenspolitik der sozialistischen Staatengemeinschaften zu unterstützen, antiimperialistische Bewegungen, Kräfte und Organisationen zu fördern und fortschrittlichen Regierungen in den Entwicklungsländern bei der Festigung ihrer {18} Macht zu helfen.“

Dementsprechend und gemäß der Dienstanweisung des Ministers für Staatssicherheit Nr. 2/80 vom 20. Juni 1980 (Dokument 50) sandte der Angeklagte Mitarbeiter der HVA zur Unterstützung der revolutionären Kräfte in „progressive junge Nationalstaaten“ der Dritten Welt.

c) [Einflußnahme auf die Friedensbewegung in der Bundesrepublik]

Das von der Abteilung II der HVA erarbeitete „Konzept für politisch aktive Maßnahmen zur Förderung der Friedensbewegung in der Bundesrepublik Deutschland“ vom 17. August 1981 (Dokument 72) forderte die Verstärkung des nachrichtendienstlichen Einflusses auf die sich in der BRD entwickelnde Friedensbewegung, diese zu „stimulieren und zu stärken“ und auch progressive Kräfte insbesondere in SPD und FDP zu unterstützen, wie dies bereits in der Vergangenheit praktiziert worden war.

So führte die Abteilung II unter Anleitung und persönlicher Mitwirkung des Angeklagten den Foto-Kaufmann Hannsheinz Porst zur Beeinflussung der Politik der FDP sowie den – am 2. September 1987 verstorbenen – Berliner FDP-Politiker William Borm als Informanten und Einflußagenten.

Auf Anweisung des Angeklagten beeinflußte die Abteilung II auch den Ausgang des konstruktiven Mißtrauensvotums gegen den damaligen Bundeskanzler Willy Brandt am 27. April 1972, indem sie den CDU-Bundestagsabgeordneten Julius Steiner veranlaßte, gegen Zahlung von 50.000,- DM für Willy Brandt und damit gegen den Vorsitzenden seiner Partei Rainer Barzel zu stimmen. Julius Steiner hatte seit etwa 1970/1971 bis 1972 der Abteilung II Informationen über die innenpolitische Situation in der Bundesrepublik vor Ratifizierung der Ost-Verträge geliefert. Der Plan, seine Stimmabgabe durch eine entsprechende Geldzuwendung zu beeinflussen, war von der Abteilung II entwickelt und dem Angeklagten zur Billigung vorgelegt worden. Nach Gesprächen mit dem Abteilungsleiter und dem Führungsoffizier Freyer entschied der Angeklagte, daß Steiner mit 50.000,- DM ein weit höherer {19} als der von der Abteilung vorgeschlagene Geldbetrag zu bieten sei. Freyer übergab das Geld noch vor der Abstimmung persönlich an Steiner, der daraufhin für Willy Brandt stimmte.

Ob der vom Angeklagten angeordnete Versuch, auch den FDP-Abgeordneten Dr. Mende zur Abgabe seiner Stimme für Willy Brandt zu veranlassen, mittels einer telefonischen Kontaktaufnahme tatsächlich unternommen worden ist, konnte nicht festgestellt werden.

„Aktive Maßnahmen" der HVA waren unter anderem darauf zu richten, „den Feind bzw. einzelne feindliche Kräfte und Institutionen zu entlarven, zu kompromittieren bzw. zu desorganisieren und zu zersetzen" (Nr. 1.4 der RL 2/79, Dokument 12). Diese Aufgabe oblag in erster Linie der der persönlichen Anleitung des Angeklagten unterstellten Abteilung X, deren Tätigkeit im einzelnen noch dargestellt wird.

d) [Politisch-ideologische Diversion]

Wie alle anderen Diensteinheiten des MfS war auch die HVA zur Bekämpfung der „politisch-ideologischen Diversion (PiD)" aufgerufen; nach dem ministeriellen Befehl Nr. 40/68 vom 2. Dezember 1968 (Dokument 33, Seite 19) hatte der Leiter der HVA zu garantieren,

„daß die Leiter der Hauptabteilungen II und X regelmäßig schriftliche Informationen und Hinweise, die für die Bekämpfung der gegnerischen Spionage, der verdeckten Kriegführung und den Kampf gegen Zentren und Einrichtungen der politisch-ideologischen Diversion wichtig sind, aus den bei der HVA, Abteilung VII vorhandenen Meldungen aller Linien und Diensteinheiten erhalten."

Die Richtlinie Nr. 1/79 des Ministers für Staatssicherheit vom 8. Dezember 1979[10] (Dokument 66, Seite 10) machte den Diensteinheiten zur Pflicht, bei der Arbeit mit IM und Gesellschaftlichen Mitarbeitern für Sicherheit (GMS) unter anderem auch Informationen über

„Erscheinungsformen politischer Untergrundtätigkeit in der DDR, über Verhalten, Auftreten, Verbindungen und Absichten von operativ inter-{20}essierenden Personen, die aus der Staatsbürgerschaft der DDR entlassen wurden ... und die sich ständig im Operationsgebiet befinden"

sowie über „staatsfeindlichen Menschenhandel und beabsichtigtes ungesetzliches Verlassen der DDR" zu erarbeiten. Damit war auch die HVA gehalten, an der Bekämpfung oppositioneller Kräfte im Innern der DDR sowie der sogenannten „Republikflucht" mitzuwirken. Der Angeklagte führte dazu in einem Referat auf dem Zentralen Führungsseminar des MfS vom 1. bis 3. März 1971[11] (Dokument 67) unter anderem aus:

„Man kann nicht qualifiziert im Operationsgebiet arbeiten, ohne dabei nicht gleichzeitig die Inneren Probleme, den Schutz und die Sicherung der DDR zu beachten.
Wir stellen deshalb an die Spitze die Forderung, daß Aufklärer abwehrmäßig denken und handeln müssen.
Durch die ständige Erziehungsarbeit auf diesem Gebiet ist die Anzahl der Operativinformationen an die Abwehrabteilungen von Jahr zu Jahr beträchtlich gestiegen, die z.T. von wesentlicher Bedeutung waren und zu Festnahmen von Agenten in der DDR führten.
Das zeugt insgesamt von einer stärkeren und besseren, allseitigen Nutzung des IM-Netzes im Operationsgebiet und in der DDR für die Sicherung der DDR und für eine bessere und qualifiziertere Zusammenarbeit mit den Abwehrlinien, insbesondere den Hauptabteilungen II, XVIII und XX.

Es steht aber ebenso fest, daß auf dem Gebiet der Beschaffung von Abwehrinformationen durchaus noch weitere Möglichkeiten und Reserven vorhanden sind, die unbedingt ausgeschöpft werden müssen."

Die Maßnahmen der HVA richteten sich unter anderem gegen den 1977 ausgebürgerten Schriftsteller Jürgen Fuchs. Das öffentliche Auftreten dieses Dissidenten im Mai 1978 in Stockholm wurde von IM der Abteilung III/HVA observiert, die darüber der HA XX berichtete. Am 4. Mai 1982 übersandte der Angeklagte dem Leiter der HA XX eine Studie „zur Unterstützung der operativen Bearbeitung von Eppelmann" (Dokument 110), der als Kontaktperson von Fuchs unter Beobachtung stand, und erhob darin den Vorwurf, {21} Fuchs und ein Dr. Bilke, Agent eines BRD-Geheimdienstes, organisierten gemeinschaftlich eine „Friedensbewegung in der BRD mit antisowjetischer Stoßrichtung" und träten zusammen auf „Hetzveranstaltungen" auf. Gegen Fuchs wurde daraufhin Haftbefehl erlassen (Dokument 111).

Dem speziellen Auftrag der HVA, Hinweise auf politische Untergrundtätigkeit in der DDR zu erarbeiten, entsprach es, Kräfte der Abteilungen XV der Bezirksverwaltungen zu operativen Sicherheitseinsätzen im Zusammenhang mit Veranstaltungen und Demonstrationen im Bezirk ihrer BV heranzuziehen.

4. Zusammenarbeit mit anderen Diensteinheiten

Zur Erfüllung ihrer Aufgaben konnte die HVA nicht nur auf die Arbeitsergebnisse ihrer eigenen Hauptamtlichen und Inoffiziellen Mitarbeiter zurückgreifen, sondern sich auch die von anderen Diensteinheiten des MfS gewonnenen Erkenntnisse zunutze machen.

a) [Hauptabteilung III]

Die *Hauptabteilung III* und die ihr „in Linie" nachgeordneten Diensteinheiten der Bezirksverwaltungen überwachten den gesamten zwischen der DDR und der Bundesrepublik einschließlich West-Berlin geführten drahtgebundenen Fernsprechverkehr und waren darüber hinaus in der Lage, die über große Teile der innerhalb des Bundesgebietes verlaufenden Richtfunkstrecken sowie über die Autotelefonnetze B und C geführten Gespräche abzuhören. Insgesamt wurden ständig etwa 30.000 bis 40.000 Telefonanschlüsse in der Bundesrepublik überwacht und jährlich mehr als 100.000 Gespräche auf Tonbandgeräten aufgezeichnet. Mehr als 50% der von den Diensteinheiten erteilten „Zielkontrollaufträge" kamen von der HVA, deren Leiter, bis 1986 also der Angeklagte, über den Leiter der Abteilung IX der HVA der HA III jährlich Informationsvorgaben zuleitete, in denen Angriffs-{22}bereiche für eine schwerpunktmäßige Abhörung bezeichnet wurden. Einzelaufträge aller Abteilungen der HVA wurden ebenfalls durch den Leiter der Abteilung IX an die HA III übermittelt, deren Arbeitsergebnisse über den Auswertungsbereich C der Abteilung IX an die jeweils auftraggebende Diensteinheit zurückflossen. Dem Angeklagten wurde täglich eine zusammenfassende Übersicht über die durch Funkaufklärung gewonnenen Erkenntnisse zur Entscheidung darüber vorgelegt, ob und gegebenenfalls durch welche Abteilung eine operative Nutzung in Betracht kam. Insbesondere die dem Angeklagten unmittelbar unterstellte Abteilung X stützte ihre Desinformationstätigkeit weitgehend auf solche Erkenntnisse.

b) [Abteilung M][12]

Der *Abteilung M* des MfS und den nachgeordneten Abteilungen M der Bezirksverwaltungen oblag die Kontrolle und Auswertung von Brief- und Paketsendungen. Sogenannte Postfahndungsaufträge wurden für die HVA durch den Angeklagten über den Leiter der HA II des MfS in Gestalt von Globalaufträgen erteilt, die zu kontrollierende Angehörige bestimmter Berufsgruppen oder Bevölkerungskreise der Bundesrepublik bezeichneten. Die Ergebnisse waren dem Angeklagten zu berichten. Einzelaufträge wurden von der Leitung der Abteilungen der HVA erteilt.

c) [Linie 26][13]

Die Abteilungen der *Linie 26* des MfS überwachten den Telefonverkehr innerhalb der DDR und waren ferner zuständig für die Akustische Raumüberwachung (Maßnahme B), die Optische Raumüberwachung (Maßnahme D) sowie die Kontrolle des Fernschreibverkehrs (Maßnahme T). Maßnahmen gemäß B und D konnten entsprechend der Dienstanweisung des Ministers für Staatssicherheit Nr. 10/62 vom 6. Juli 1960 (Dokument 74) von der HVA nur mit Genehmigung des Leiters der HVA, bis 1986 also des Angeklagten, beantragt werden. Auf dessen Anordnung erfolgte die optische Überwachung von Kontakten des Berliner CDU-Abgeordneten Heinrich Lummer bei seinen Besuchen in Ost-Berlin, wie noch darzustellen sein wird. {23}

d) [Hauptabteilung VI]

Die HVA konnte ferner, wie der Angeklagte in seiner Rede auf der erweiterten Kollegiumssitzung am 19. Februar 1982 (Dokument 98) hervorhob, auf Erkenntnisse zurückgreifen, die die für die Sicherung der Grenze der DDR, die Kontrolle des grenzüberschreitenden Reiseverkehrs und die Überwachung der Interhotels zuständige *HA VI* des MfS gewonnen hatte, und mußte sich bei Schleusungen von IM über die Grenzanlagen der Unterstützung der zuständigen Offiziere dieser Hauptabteilung bedienen.

e) [Hauptabteilung VIII]

Der *HA VIII* des MfS war es entsprechend der Ordnung des Ministers für Staatssicherheit Nr. 6/87 vom 3. Juli 1987 (Dokument 76) aufgegeben,

„zur Unterstützung der politisch-operativen Arbeit anderer Diensteinheiten operative Beobachtungen und Ermittlungen in der DDR und im Operationsgebiet sowie konspirative Durchsuchungen in der DDR, vor allem zur wirkungsvollen und planmäßigen Unterstützung der Bearbeitung operativer Vorgänge“

durchzuführen. Sie konnte sich dabei auf ein Netz von in der Bundesrepublik operierenden Agenten stützen. Der Hauptauftraggeber der HA VIII war die HVA, die sich der Hilfe dieser Hauptabteilung unter anderem bei der Versendung konspirativer Schreiben – Einwurf in Postbriefkästen bestimmter Orte im Bundesgebiet – sowie von der Abteilung X hergestellter Desinformationsschriften bediente (Dokument 106). Im Juni 1974 forderte der Angeklagte den damaligen Leiter der HA VIII, Generalmajor Dr. Schubert[14], auf, die an operativen Maßnahmen der Abteilung X der HVA beteiligten Mitarbeiter der HA VIII „für ihre umsichtige Arbeit und die gezeigte große Einsatzbereitschaft auszuzeichnen“ (Schreiben des Angeklagten vom 1. Juni 1974, Dokument 81). Die Inoffiziellen Mitarbeiter „Rennfahrer“ und „Karate“ führten im Oktober 1975 den Auftrag aus, für die Abteilung X HVA gefälschte Unterlagen im Raume Mainz in Umlauf zu bringen, mit denen der damalige CSU-Vorsitzende F.J. Strauß in der sogenannten „Fibag-Affäre“ diskreditiert werden sollte (Dokumente 89, 83). {24}

f) [Hauptabteilung XXII]

Eine Zusammenarbeit mit der für die operative Kontrolle des Terrorismus, insbesondere die Beobachtungen der westdeutschen Terroristenszene zuständigen *HA XXII* des MfS ergab sich im Fall „Taler“/„Beate Schäfer“.

Unter dem Decknamen „Taler“ wurde als IM seit Anfang 1981 der Rechtsanwalt Dr. Klaus Croissant geführt. Er berichtete unter anderem über Personen und Entwicklungen des „linken“ Spektrums der Bundesrepublik und führte dem MfS seine Lebensgefährtin Brigitte Heinrich zu, die ab Januar 1983 als IMB „Beate Schäfer“ zur Aufklärung von Personen der linken militanten Szene der „BRD/WB“ und teilweise auch im übrigen deutschsprachigen Ausland eingesetzt wurde und über „Taler“ fortlaufend entsprechende Berichte lieferte. Nach Verbüßung einer Reststrafe wurde ihr 1984 von den hessischen Grünen ein Listenplatz für die Wahl zum Europaparlament angeboten. Nach Rücksprache mit dem Führungsoffizier nahm sie das Angebot an und wurde nunmehr auch für die mit der Aufklärung der politischen Parteien befaßte Abteilung II der HVA interessant.

Im Mai 1984 wurde der Mitarbeiter des Referats II/6, Major Gebhardt, in die Führungsverantwortung einbezogen. Im August 1984 fand eine Aussprache zwischen dem für die Anleitung der HA XXII zuständigen Stellvertreter des Ministers, Generalleutnant Neiber[15], und dem Angeklagten statt, der die Verbindung zu „Beate Schäfer“ als „bedeutsam und perspektivvoll“ einstufte. Brigitte Heinrich wurde in das Europaparlament gewählt und lieferte ab Juli 1984 über Dr. Croissant Informationen zu internen Problemen der Grünen. Sie wurde fortan von der HA XXII des MfS und der Abteilung II der HVA gemeinsam genutzt.

Die Zielvorstellungen der HVA gingen dahin, daß Frau Heinrich eine Position erlangte, in der sie die Politik der Grünen beeinflussen und aus der sie über deren Absichten und Pläne in Bezug auf die DDR und andere sozialistische Länder berichten {25} konnte. Der Angeklagte und Generalleutnant Neiber kamen überein, „die politisch bedeutsame Perspektive der Quelle nicht durch spezifische eigene Aktivitäten oder Aufträge der Abteilung XXII“ zu gefährden. In einer von den Abteilungen XXII des MfS und II/6 HVA gemeinsam erarbeiteten „Konzeption zur Entwicklung der Vorgänge ‚Beate Schäfer‘ und ‚Taler‘“ vom 29. November 1984 wurde festgelegt, daß sich Dr. Croissant und Brigitte Heinrich „unbedingt aus dem terroristischen Umfeld zu lösen“ hätten. Brigitte Heinrich wurde aufgefordert, sich zunächst innerhalb der Partei der Grünen und der Friedensbewegung zu profilieren, um in führende Positionen oder erneut in das Europaparlament zu gelangen.

Der von dem Angeklagten und Neiber gemeinsam bestätigte Plan wurde in der Folgezeit konsequent durchgeführt. Unter Anleitung der HVA gelang es Brigitte Heinrich, ihre Einflußnahme bei den Grünen zu erweitern, so daß sie bis zu ihrem Tod Ende Dezember 1987 in regelmäßigen schriftlichen Berichten sowie bei mindestens acht Treffs mit den Führungsoffizieren ihre Auftraggeber mit einer Vielzahl von Informationen über die „Regenbogenfraktion" des Europaparlaments sowie die Bundestagsfraktion und den Bundesvorstand der Grünen beliefern konnte. Die persönliche Führung oblag dabei der Abteilung II der HVA und der HA XXII gemeinsam. Treffberichte wurden auch dem Angeklagten zur Kenntnis gebracht.

5. Zusammenarbeit mit dem KGB

a) [Grundlagen]

Die Zusammenarbeit mit dem KGB als dem immer wieder als „tschekistisches" Vorbild herausgestellten, „brüderlich verbundenen Sicherheitsorgan der UdSSR" und mit anderen Geheimdiensten der Länder des Warschauer Pakts erfolgte auf der Grundlage bilateraler Vertrage. In der am 6. Dezember 1973 vom Minister für Staatssicherheit Mielke und dem Vorsitzenden des {26} Komitees für Staatssicherheit beim Ministerrat der UdSSR (KfS = KGB) Andropow getroffenen „Vereinbarung über die Zusammenarbeit zwischen MfS und KfS" (Dokument 86) verpflichteten sich

„beide Seiten zum gegenseitigen Austausch unter anderem von politischen, militärischen, wirtschaftlichen und wissenschaftlich-technischen Aufklärungsinformationen über den Gegner sowie von Mustern seiner neuesten Technik, die von den Sicherheitsorganen beider Staaten beschafft werden."

Die Koordinierung der laufenden Zusammenarbeit, die Lösung operativer Fragen und die Gewährleistung der Verbindung zwischen beiden Seiten wurde der „Vertretung des KfS beim MfS" übertragen. Verbindungsoffiziere des KfS waren tätig unter anderem auf der Ebene des Ministers, des Leiters der HVA und bei deren Abteilungen. Auf turnusmäßigen Plenartagungen der Leiter der Sicherheitsorgane des Warschauer Pakts wurden fachspezifische Fragen erörtert, Informationen ausgetauscht und gemeinsame operative Aktionen geplant. Im übrigen erfolgten die Koordinierung der Zusammenarbeit zwischen HVA und KGB über den Stellvertreter B des Angeklagten und die Abstimmung „auf Linie" durch den zuständigen Abteilungsleiter (Dokument 70).

b) [Praxis]

Im Bereich der HVA wurde aufgrund einer Anweisung des Angeklagten die Zusammenarbeit unter anderem dahin gehandhabt, daß von den beschafften Eingangsinformationen (Berichte, Dokumentenmaterial) in der Regel jeweils ein Exemplar an das KGB (Verbindungsoffizier) gelangte und daneben der Abteilung VII bzw. dem Auswertungsbereich IX/C der HVA zur Auswertung zugeleitet wurde. Das Auswertungsergebnis wurde jedenfalls von der Abteilung VII regelmäßig auch dem Verbindungsoffizier des KGB zugeleitet, indem dieser in den formularmäßig vorgesehenen entsprechenden Verteiler („VO") aufgenommen wurde. Diese Verfügung wurde dem Angeklagten vorgelegt und bedurfte seiner Bestätigung. Materialien, Berichte, Analysen etc., die Personen oder Stellen außerhalb des MfS, etwa dem Staatsratsvorsitzenden, dem {27} ZK oder dem Befehlshaber der NVA zugeleitet wurden, bedurften nach Abzeichnung des Angeklagten der Bestätigung des Ministers für Staatssicherheit. Bei der Informierung des KGB durch die für die Bearbeitung gegnerischer Geheimdienste zuständige Abteilung IX wurde zurückhaltender verfahren; wichtige Informationen wurden gegebenenfalls auf Abteilungsebene weitergeleitet.

Aus besonderen Anlässen, etwa zu hohen kommunistischen Jahres- oder Feiertagen wurden auf Veranlassung des Ministers für Staatssicherheit oder Vorschlag des Angeklagten operativ beschaffte Informationen, mochten sie auch auf Arbeitsebene schon an das KGB gelangt sein, in besonderer Aufmachung oder in feierlicher Form den Repräsentanten des EGB übergeben, um den „Bruderdienst" zu ehren und auf eigene Erfolge im gemeinsamen „Kampf" gebührend hinzuweisen. Ein solches „Geschenk" bestand beispielsweise in einer von Minister Mielke am 5. März 1980 dem KGB-Chef Andropow übermittelten Liste aller in der Bundesrepublik Deutschland stationierten „Nuklearobjekte" der NATO-Verbündeten (Dokument 90). Auch von den Agenten „Peter" (Spuhler[16]) und „Topas" (Rupp[17]) geliefertes Material fand Eingang in solche „Geschenksendungen".

Zwar wurden bei den Informationen bestimmte Quellen nicht genannt. Der Inhalt der beschafften Erkenntnisse machte jedoch die agenturischen Positionen der HVA im Operationsgebiet weitgehend überschaubar und jedenfalls den Sitz einer Quelle aufklärbar. Eine vom Angeklagten weitergeleitete „Kurzauskunft" vom 18. Juni 1968 über den Stand der operativen Bearbeitung der Probleme des westdeutschen Panzers „Leopard" und der Gemeinschaftsentwicklung „Hauptkampfpanzer 70" (Dokument 91) nimmt ausdrücklich auf eine „von den sowjetischen Freunden" gestellte entsprechende Aufgabe Bezug. {28}

Als zur Nutzung durch alle Staaten des Warschauer Pakts (WP) bestimmtes zentrales „System der vereinigten Erfassung von Informationen über den Gegner" diente das am 1. Oktober 1979 geschaffene Informationssystem SOUD. In diesem in Moskau stationierten Datenspeicher wurden die personenbezogenen Daten von Angehörigen westlicher Abwehr- und Sicherheitsbehörden, von ehemaligen Agenten, mit denen die Zusammenarbeit eingestellt worden war, von sogenannten „Selbstanbietern" und von Angehörigen anderer, „gegnerischer" Personengruppen entsprechend der Benutzungsordnung der Vertragsstaaten für den SOUD-Speicher (Dokument 97) gespeichert. Die teilweise detaillierten, außer Namen, Adressen und Arbeitsstelle auch Hobbies und Familienverhältnisse, Gewohnheiten sowie die Zugehörigkeit zu Organisationen bezeichnenden Angaben wurden von der beschaffenden Abteilung aufbereitet und nach Beteiligung des Angeklagten oder seiner Stellvertreter zur Eingabe in den Datenspeicher gegeben.

Die Zahl der von den Abteilungen der HVA jährlich eingegebenen Daten war in den Plandokumenten der Diensteinheiten jeweils vorgeschrieben.

Sogenannte „Sicherungsvorgänge" in der Zentralkartei des MfS bezeichneten Personen, die ohne Genehmigung des KGB nachrichtendienstlich nicht angesprochen werden durften; es kam auch zur Umregistrierung bisher bei der HVA geführter Personen durch Übergabe an die „Freunde" (Dokument 93).

6. Das Planungswesen – Funktionen und Verantwortung des Angeklagten

Die gesamte Tätigkeit des MfS und speziell die nachrichtendienstliche Betätigung der HVA waren Gegenstand einer sorgfältigen, bis ins einzelne gehenden Planung, die zuletzt in der ministeriellen Richtlinie 1/80 (Dokument 9) im einzelnen geregelt war. {29}

a) [Zentrale Planvorgaben des Ministers für Staatssicherheit]

Jeweils zum 20. Oktober erließ der Minister für Staatssicherheit die *Zentralen Planvorgaben* (ZPV) für die „politisch-operative" Arbeit im MfS. Sie galten jeweils für das kommende Jahr sowie – als Perspektivpläne – für Zeiträume von insgesamt jeweils fünf Jahren und enthielten, ohne einzelne Planungsinhalte konkret vorzuschreiben, für den Bereich der HVA allgemeine strategisch-politische Programmsätze, eine Aufzählung verschiedener Aufgabenstellungen und Aufklärungsbereiche, die schwerpunktmäßig in den von der HVA zu erstellenden Plandokumenten zu berücksichtigen und anzusprechen waren. So führte etwa die ZPV für 1985 (Dokument 30) folgende Schwerpunkte der Aufklärung auf:

- Verbindungen zu Militärangehörigen und Zivilisten aus NATO-Objekten in der BRD ...
- Verbindungen von Persönlichkeiten des politischen und gesellschaftlichen Lebens der DDR in das Operationsgebiet, insbesondere aus Kreisen der Wissenschaft und Kultur, zur Nutzung ihrer Möglichkeiten zur Beeinflussung, Abschöpfung und Aufklärung von Personen,
- Verbindungen einreisender Persönlichkeiten des politischen und gesellschaftlichen Lebens aus dem Operationsgebiet in der DDR, darunter Funktionäre der Parteien, Abgeordnete der Parlamente u.ä. Personen,
- Hinweise auf Personen, die für die Aufklärung des inneren Regimes im Operationsgebiet von Bedeutung sind, u.a. Angehörige bzw. Mitarbeiter der Grenzschutzorgane, der Ausländerämter, der Paß- und Meldebehörden, der Staatsdruckereien und der EDV-Einrichtungen für Bevölkerungsregistratur,
- Hinweise auf Reisekorrespondenten und Journalisten, die aus touristischen oder privaten Gründen die DDR besuchen,
- Hinweise auf Mitarbeiter aus Forschungs- und Verwaltungsbereichen, technisches Personal aus Archiven und Vervielfältigungseinrichtungen interessierender Konzerne und anderer Wirtschaftsunternehmen,
- Hinweise auf Rechtsanwälte, Handelsvertreter und Angehörige anderer freier Berufe mit intensiver Reisetätigkeit,
- Hinweise auf Studenten der technischen Fachrichtungen, Jura- und Volkswirtschaftsstudenten, Dolmetscher und Übersetzer, die sich nicht in linken Gruppen exponiert haben,
- Hinweise auf Sekretärinnen,
- Erhöhung der Anzahl und Qualität der durch die Bezirksverwaltungen und Kreisdienststellen bereitzustellenden Einsatz- und Übersiedelungskandidaten für das Operationsgebiet, die ihre Treue zum sozialistischen Staat und zur {30} Partei unter Beweis gestellt haben und in der Abwehrarbeit allseitig überprüft sind,

- Erkundung vor allem derjenigen Forschungs- und Entwicklungsvorhaben der führenden kapitalistischen Industrieländer, die unserem eigenen Entwicklungsstand überlegen sind und die zur Stärkung des ökonomischen und wissenschaftlich-technischen Potentials der Volkswirtschaft der DDR und der anderen sozialistischen Länder beitragen können,
- Informationsbeschaffung über die politische und ökonomische Situation im Operationsgebiet, insbesondere in der BRD ...,
- Entlarvung der friedensfeindlichen Politik und des Vorgehens der BRD-Regierung,
- Unterstützung der in Opposition zur BRD-Regierung stehenden Kräfte, Organisationen und Bewegungen in der BRD,
- Festigung realistischerer Positionen in der Haltung der SPD und der Grünen. In enger Zusammenarbeit mit den zuständigen Diensteinheiten der Abwehr sind die von den Grünen und der Alternativen Liste ausgehenden antisozialistischen Aktivitäten zurückzudrängen und vorbeugend zu verhindern. Die Verbindungen solcher Personen zu feindlich-negativen Kräften in der DDR sind aufzuklären und in Abstimmung mit den Diensteinheiten der Abwehr operativ zu kontrollieren bzw. zu unterbinden,
- Prüfung der Nutzbarkeit sich aus der Abwehrarbeit ergebender Hinweise auf feindliche Aktivitäten der Zentren der politisch-ideologischen Diversion im Operationsgebiet
- verstärkte Fortsetzung der politisch-operativen Arbeit gegen ausgewählte evangelische und katholische Führungsgremien in der BRD,
- zielgerichtetere Erschließung operativ bedeutsamer Erkenntnisse der Aufklärung für die Abwehrarbeit,
- umfassenderer Beitrag der Aufklärung zur Aufspürung feindlicher Verbindungen und Kontakte in der DDR und damit Erhöhung des Anteils an der Klärung der Frage ‚Wer ist wer?‘, und
- weitere Vervollkommnung und Qualifizierung der politisch-operativen Arbeit und deren zentraler Führung und Leitung zur zielgerichteten Aufklärung, Kontrolle bzw. offensiven Bearbeitung der feindlichen Stellen und Kräfte im Operationsgebiet, vor allem jener, die eine besonders aktive subversive Tätigkeit gegen die DDR und andere sozialistische Staaten inspirieren, organisieren und durchführen.“

Grundlagen dieser vom Leiter der Zentralen Auswertungs- und Informationsgruppe (ZAIG) des Ministeriums erarbeiteten Planvorlagen waren schriftliche Zuarbeiten, die der Leiter der HVA, bis 1986 also der Angeklagte, bis zum 20. September eines jeden Jahres vorzulegen hatte. Sie wurden durch eine Umfrageaktion {31} innerhalb der HVA vorbereitet, bei der die einzelnen Diensteinheiten für ihren Bereich spezielle Schwerpunktwünsche äußerten, und hatten diejenigen Ziele und Aufgaben der Aufklärung zu bezeichnen, denen der Leiter der HVA für die bevorstehende Planungsperiode zentrale Bedeutung beimaß (Dokument 100).

b) [Planvorgaben und Planorientierungen des Leiters der HVA]

Auf der Grundlage der ministeriellen ZPV erließ der Leiter der HVA entsprechend der Richtlinie des Ministers für Staatssicherheit Nr. 1/80 (Dokument 9, Seite 19 ff) – sogenannte *Planvorgaben* und *Planorientierungen.*

Die *Planvorgaben* richteten sich an die ihm unterstellten Leiter, betrafen sowohl die Jahresplanung als auch längerfristige Planungen und waren

„auf die einheitliche Durchsetzung der zentralen dienstlichen Bestimmungen, Weisungen und Orientierungen ... im jeweiligen Verantwortungsbereich auszurichten und in konkrete Planfestlegungen umzusetzen".

Sie bedurften keiner ministeriellen Bestätigung und konnten auch mündlich erfolgen.

Die ebenfalls für die Jahresplanung und längerfristige Planung bestimmte Planorientierung wurde jährlich – nach der ZPV von 1985 am 5. November – erlassen und war bis zum 25. Oktober dem Minister für Staatssicherheit in schriftlicher Form zur Bestätigung vorzulegen. Sie richtete sich sowohl an alle Abteilungen der HVA als auch an die diesen nachgeordneten Abteilungen XV der insgesamt 16 (ab 1982: 15) Bezirksverwaltungen des MfS. Konkrete operative Vorgänge wurden darin zwar nicht aufgeführt. Sie hatten jedoch „konkrete, von den Diensteinheiten zu lösende Ziele und Aufgaben zur Durchsetzung der in der Zentralen Planvorgabe dargestellten sowie darüber hinaus notwendigen Aufgaben von zentraler Bedeutung zu enthalten" (Richtlinie 1/80 = Dokument 9). Die Jahresplanorientierungen hatten sich unter anderem über „Ziele und Aufgaben der schwerpunktmäßigen Entwicklung der politisch-operativen Arbeit im folgenden Jahr" sowie „ausgewählte politisch-operative Ziele und {32} Aufgaben, die unter persönlicher Kontrolle des Leiters stehen" zu verhalten. So wurde darin beispielsweise vorgegeben, die nachrichtendienstlichen Angriffe gegen die Geheimdienste der NATO zu verstärken, wissenschaftliche und technische Informationen auf bestimmten Gebieten des Militärwesens oder der Volkswirtschaft zu beschaffen und die nachrichtendienstliche Arbeit einschließlich des Verbindungswesens zunehmend in das sogenannte Operationsgebiet zu verlagern.

Die längerfristigen Planorientierungen galten für einen Zeitraum von jeweils fünf Jahren, der der Geltungsdauer der ZPV entsprach. Die letzte vom Angeklagten erlassene Orientierung betraf die Jahre 1986 bis 1990.

Auch den Planorientierungen lagen jeweils schriftliche Beiträge zugrunde, in denen die einzelnen Abteilungen, ohne bestimmte operative Vorgänge aufzuführen, die jeweils beabsichtigten programmatischen und methodischen Schwerpunktsetzungen umrissen.

c) [Jahresplan der HVA – Pläne der Abteilungen]

Der Leiter der HVA hatte bis zum 30. Dezember eines jeden Jahres den *Jahresplan der HVA* dem Minister für Staatssicherheit zur Bestätigung vorzulegen. Er erstellte diese Pläne, deren Inhalt im einzelnen nicht mehr festgestellt werden konnte, auf der Grundlage ihm vorgelegter *Pläne der Abteilungen*.

aa) Die Bestätigung dieser Pläne oblag ihm insoweit, als sie von den ihm unmittelbar – ohne Zwischenschaltung eines seiner Stellvertreter – unterstellten Abteilungsleiter stammten (Ziffer 5.3 der RL 1/80 = Dokument 9). Das waren in den Jahren von 1956 bis 1971, in denen der Angeklagte mit Generalmajor Fruck nur einen Stellvertreter hatte, alle Abteilungen mit Ausnahme der Abteilungen IV, VI und VIII, der AG-Grenze, des Büros der Leitung sowie der Linie XV in den Bezirksverwaltungen, die Fruck unterstanden. Als weitere Stellvertreter kamen im Februar 1971 Generalmajor Jänicke, dem die Abteilungen III, XI und XII {33} unterstellt wurden, im August 1977 Generalmajor Geyer, dem die Anleitung der Linie XV der Bezirksverwaltungen, des Stabes der HVA und der Abteilung Rückwärtige Dienste (RD) übertragen wurden, und im August 1983 die Generalmajore Prosetzky und Vogel hinzu, denen die Anleitung der Abteilung III bzw. des Sektors Wissenschaft und Technik (SWT) sowie der Abteilung VIII übertragen wurden.

Weiterer Stellvertreter war – kommissarisch ab November 1975, planmäßig ab dem 16. Dezember 1977 – der spätere Nachfolger des Angeklagten als Leiter der HVA Werner Großmann[18], der ab 1. April 1983 als Erster Stellvertreter des Angeklagten amtierte und ab 1975 unter anderem die Abteilungen I und II anleitete. Seine Bestellung zum Ersten Stellvertreter erfolgte auf einen an den .Minister für Staatssicherheit gerichteten, von Mielke bestätigten schriftlichen Vorschlag des Angeklagten vom 24. März 1983, der mit der Notwendigkeit begründet wurde, „dem Leiter der HVA eine stärkere Konzentration auf die Grundfragen der operativen Arbeit zu ermöglichen und zugleich die Kontinuität der Leitung der HVA für die Perspektive zu sichern". Weiter wurde in diesem Zusammenhang die Bestellung des Leiters des Sektors Wissenschaft und Technik der HVA (SWT), Vogel, zum Stellvertreter des Leiters der HVA mit der Begründung vorgeschlagen, diese „würde eine weitere Entlastung des Leiters der HVA bedeuten".

Ein vom Angeklagten vorgelegtes, an Minister Mielke gerichtetes Schreiben ohne Bestätigungsvermerk vom 23. Januar 1986 teilt die Abgrenzung der Verantwortungsbereiche innerhalb der HVA unter anderem wie folgt mit:

„Stellvertreter des Ministers, Generaloberst Wolf:
Grundsatzfragen
mit der Leitung der HVA beauftragt, Generalleutnant Großmann:
- Anleitung der Stellvertreter, {34}
- Abteilung VII (Information, operative Anleitung),
- Abteilung IX (Äußere Abwehr), Abteilung X (aktive Maßnahmen), Arbeitsgruppe ‚S' (Sicherheitsfragen),
- Bereich ‚K' (Basisnutzung ausgewählter zentraler Objekte und Koordinierung)".

Tatsächlich wurde Großmann erst am 1. Juni 1986 mit der Leitung der HVA beauftragt, worauf Mielke in seiner Rede zur Verabschiedung des Angeklagten und Einführung seines Nachfolgers hinwies.

Der Angeklagte war mithin für die unmittelbare Anleitung der folgenden Abteilungen zuständig:

- bis 1956 aller Abteilungen
- bis Februar 1971 der Abt. III (Residenturen westliches Ausland) bis November 1975 der Abteilungen I und II bis Frühjahr 1983 des Sektors Wissenschaft und Technik
- bis mindestens 1983 der seit Mai 1966 bestehenden Abteilung X und der am 1. Mai 1973 gegründeten Abteilung IX
  sowie
- bis zuletzt der Auswertungsabteilung VII.

bb) Die Jahrespläne der einzelnen Abteilungen gründeten ihrerseits auf Plänen der Bereiche (Referatsgruppen) sowie der Referate, innerhalb deren teilweise jeder einzelne Mitarbeiter seinen persönlichen Jahresplan vorlegen mußte. Die inhaltliche Gestaltung war durch die RL 1/80 (Ziffer 5. bis 5.2 = Dokument 9) vorgegeben. Ihr Aufbau folgte einem Gliederungsschema, das unter anderem Abschnitte zu folgenden Bereichen vorsah:

- Qualifizierungen laufender Quellenvorgänge in Operationsgebiet
- Schaffung von Perspektiv-IM im Operationsgebiet {35}
- Einschleusung von Perspektiv-IM in wichtige Funktionen im Operationsgebiet
- Schaffung von Einsatzkadern innerhalb der DDR
- Übersiedlung von Einsatzkadern in das Operationsgebiet und Schaffung von Doppelgängerdokumentationen.

Die Abteilung IX handelte unter dem Gliederungspunkt „Schwerpunkte der Informationsbeschaffung“ ab, welche Informationen durch welche Quellen im kommenden Jahr erlangt werden sollten. Unter dem Punkt „Bearbeitung der Hauptobjekte“ wurde dargestellt, wie einzelne bereits laufende Operativvorgänge weiter bearbeitet werden sollten und welche neuen Vorgänge wie entwickelt, zum Beispiel welche Quellen geworben werden sollten und welche Zielpersonen ins Auge gefaßt wurden. Trotz der vorgeschriebenen konspirativen Abfassung der Plandokumente (RL 1/80 = Dokument 9 Seite 43) war den Plänen zu entnehmen, gegen welches Objekt sich die beabsichtigte Tätigkeit richtete und wie diese im einzelnen vonstatten gehen sollte. So wurden beispielsweise Etappen und Termine festgelegt, einzusetzende nachrichtendienstliche Hilfsmittel bezeichnet und die in Aussicht genommenen Treffs mit einer Quelle aufgeführt.

Jedenfalls die besonders wichtigen Planungen der Mitarbeiter und Referatsleiter fanden Eingang in die dem Angeklagten zur Bestätigung vorgelegten Bereichs- und Abteilungspläne, so daß dieser einen umfassenden und zuverlässigen Überblick über die Tätigkeit und Absichten der ihm unterstellten Abteilungen besaß. Nach dem Studium der Plandokumente lud der Angeklagte die Abteilungsleiter einzeln zu Besprechungen, bei denen sie ihr Konzept zu „verteidigen“ hatten. Gelegentlich verwarf er auch einzelne Vorschläge oder änderte die vorgeschlagene Konzeption ab. {36}

cc) Die Leiter der Abteilungen XV der *Bezirksverwaltungen* erstellten Jahresarbeits- und Perspektivpläne, die – nach Gegenzeichnung durch den jeweiligen Leiter der BV – dem für die Anleitung zuständigen Vertreter des HVA-Leiters, zuletzt Generalmajor Geyer, zur Bestätigung vorgelegt wurden. Dieser übernahm die wichtigsten Zielstellungen in einen *Gesamtplan* für die Arbeit aller Abteilungen XV. Der Plan wurde dem Leiter der HVA zur Bestätigung vorgelegt, der mithin auch insoweit die Verantwortung für die beabsichtigten nachrichtendienstlichen Aktivitäten übernahm.

d) [Dienstbesprechungen und Fortbildungsveranstaltungen]

Bei Dienstbesprechungen und Fortbildungsveranstaltungen ermahnte der Angeklagte die ihm unterstellten Mitarbeiter immer wieder, ihre nachrichtendienstlichen Aktivitäten sinnvoll zu verstärken. So sprach er in einem auf dem Zentralen Führungsseminar vom 1. bis 3. März 1971 gehaltenen umfangreichen Referat (Dokument 67) „die inhaltlichen und methodischen Schwerpunkte der Arbeitspläne aller Linien der Aufklärung“ an, nannte die „Schaltstellen“ der Bundesrepublik, in die es einzudringen gelte, und forderte „hohe Qualität“ und „höhere Effektivität“ der operativen Arbeit unter „besserer Nutzung des Gesamtsystems des MfS“, vor allem die „Gewinnung neuer wertvoller Quellen“ sowie „geeigneter Perspektiv-IM“. Er bezeichnete die hierfür in Betracht kommenden Personenkreise, „besonders Studenten“ der „Studienrichtungen Jura, Politische Wissenschaften, Journalistik, Sprachwissenschaften, Naturwissenschaften usw.“, sowie „Sekretärinnen“, forderte die „Schaffung weiterer qualifizierter Werber aus dem Operationsgebiet“ und erklärte dazu: „Ledige Männer aller Altersstufen interessieren in diesem Zusammenhang besonders“.

e) [Finanzplanung und -wesen der HVA]

Neben der Verantwortlichkeit für die operative Planung oblag den Angeklagten die Finanzplanung der HVA. Sie richtete sich zuletzt nach der Planungs- und Bewirtschaftungsordnung des Ministers für Staatssicherheit vom 20. Dezember 1976 (Dokument 114) {37} nebst den dazu erlassenen Operativgeldordnungen Nr. 7/81 (Dokument 115) und später Nr. 3/83 (Dokument 116).

aa) Die einzelnen Abteilungen legten dem Angeklagten jährlich einen Kostenvoranschlag vor, in dem unter anderem sämtliche Operativgelder, d.h. Geldzuwendungen an Quellen, Kuriere, Instrukteure und andere Personen des nachrichtendienstlichen Verbindungswesens, aufgeführt waren, die im kommenden Planjahr *regelmäßig* ausgezahlt werden sollten, ferner die insoweit schon *voraussehbaren* Aufwendungen. Die Pläne der dem Angeklagten unmittelbar unterstellten Abteilungen, zuletzt noch VII, IX und X, wurden, bevor sie der Haushaltssachbearbeiterin zur Aufnahme in den Gesamthaushalt der HVA zugeleitet wurden, zunächst zusammen mit dem Operativplan den Angeklagten zur Bestätigung vorgelegt. Auf der Grundlage dieser Zuarbeiten wurden sodann ein Haushaltsplan – er enthielt die in Mark der DDR veranschlagten Kosten – sowie ein „Valuta-Dienstleistungsplan“ aufgestellt, der die in ausländischer Währung – in erster Linie Deutsche Mark – aufzuwendenden Beträge, insbesondere die Operativgelder, enthielt. Beide Pläne wurden vom Angeklagten bestätigt, bevor sie in die vom Minister zu genehmigenden Gesamtfinanzpläne des Ministeriums für Staatssicherheit einflossen. Der Angeklagte besaß mithin nicht nur einen zuverlässigen Überblick über die insgesamt aufzuwendenden Operativgelder, sondern übernahm schon im Planungsstadium durch seine entsprechende Bestätigung die Verantwortung für die bis Ende seiner Amtszeit regelmäßig wiederkehrenden Zahlungen der ihm unmittelbar unterstellten Abteilung IX an Bedienstete des öffentlichen Dienstes der Bundesrepublik Deutschland. Es handelt sich dabei um die Fälle Carolus, Balke, Schabronat, Zuber, „Maurer“, Spuhler und Kuron, die in ihrem jeweiligen Zusammenhang noch dargestellt werden.

bb) Die bereits im Valuta-Dienstleistungsplan und Jahresplan bestätigten Operativgelder konnte der Angeklagte als Leiter der HVA unbeschränkt zur Zahlung anweisen. Die Bestätigung von darin noch nicht berücksichtigten Zahlungen war nach der Opera{38}tivgeldanordnung Nr. 7/81 (Dokument 115) den Abteilungsleitern nur insoweit übertragen, als sie 1.000,-- Mark der DDR bzw. 500,-- DM nicht überstiegen, und im übrigen dem Angeklagten vorbehalten.

Von der dem Leiter der HVA hier wie auch nach der Operativgeldordnung Nr. 3/83 (Dokument 116) eingeräumten Befugnis einer abweichenden bzw. eigenständigen Regelung machte der Angeklagte in einer – schriftlich nicht erhaltenen – Finanzordnung der HVA Gebrauch. Danach durften Referatsleiter Beträge bis zunächst 2.000,-- DM, ab

Mitte der 80er Jahre bis zu 2.500,-- DM anweisen. Bis 3.000,-- DM, später 5.000,-- DM konnten die Abteilungsleiter und darüber hinaus bis 10.000,-- DM die Stellvertreter des Angeklagten bestätigen. Beträge über 10.000,-- DM und in seinem unmittelbaren, keinem Stellvertreter unterstellten Anleitungsbereich über 5.000,-- DM konnte nur der Angeklagte zur Zahlung anweisen.

cc) Jede Reise eines Hauptamtlichen Mitarbeiters zu einem nachrichtendienstlichen Treff außerhalb der DDR war Gegenstand einer eingehenden schriftlichen Planung, in der unter anderem auch die dem Treffpartner als Aufwendungsersatz und Agentenlohn zu übergebenden Geldmittel aufgeführt waren. Der Plan mußte ebenfalls in seinem Anleitungsbereich von Angeklagten bestätigt werden. Gleiches galt für die Treffreisen zumindest solcher wichtigen Inoffiziellen Mitarbeiter – Instrukteure und Kuriere –, die unter anderem den Auftrag hatten, hohe Geldbeträge zu übergeben. Wurden feste monatliche Bezüge in einer Summe ausgezahlt, die die oben aufgeführten Höchstbeträge überstiegen, bedurfte die Zahlung der Bestätigung des Angeklagten bzw. seines jeweils anleitungsbefugten Stellvertreters. Der Angeklagte hat mithin in einer Vielzahl von Fällen auch außerhalb des Valuta-Dienstleistungsplanes die Zahlung von Bestechungsgeldern konkret veranlaßt. Die einzelnen Bestechungsfälle werden in ihrem jeweiligen Zusammenhang dargestellt werden. {39}

7. Kontrollfunktionen des Angeklagten

Eine weitere wichtige Aufgabe des Angeklagten bestand in der Kontrolle der nachrichtendienstlichen Tätigkeit der HVA. Die Richtlinien des Ministers für Staatssicherheit Nr. 1/70 für die Planung der operativen Arbeit in den Organen des MfS vom 1. Juli 1970 (Dokument 13, Seite 17) machten ihm zur Pflicht, „durch kontinuierliche und schwerpunktorientierte Kontrolle einen ständigen aktuellen Überblick über den Stand der Planerfüllung … und das planvolle Vorgehen in der täglichen Arbeit zu sichern."

a) [Jahresbericht der HVA]

Der Angeklagte hatte selbst einen *Jahresbericht* der HVA zu erstellen, in dem die bei der Plandurchführung gewonnenen Erkenntnisse aus abgeschlossenen oder noch laufenden operativen Vorgängen darzustellen, zu analysieren und zu bewerten waren (RL Nr. 1/80 = Dokument 9, RL Nr. 1/76 = Dokument 13 sowie Dokument 99). Diesem Bericht lagen entsprechende Jahres- und Halbjahresberichte der Abteilungen zugrunde, die im einzelnen aufzeigten, welche Planziele erreicht und welche nicht verwirklicht worden waren.

b) [Erkenntnisse der Abteilung VII]

Weitere Erkenntnisse gewann der Angeklagte über die seiner Anleitung unterstellte Auswertungsabteilung VII. Hier liefen Erkenntnisse der anderen Abteilungen und auch von den Abteilungen XV der Bezirksverwaltungen beschaffte Informationen ein. So hatte beispielsweise die Bezirksverwaltung Leipzig, die eine Quelle im Kernenergiebereich führte, nicht nur den Sektor Wissenschaft und Technik (SWT) zu bedienen, sondern bei einem politischen oder wirtschaftlich-politischen Hintergrund die Information – nach entsprechender Rückfrage – auch der Abteilung VII zu übermitteln. {40}

c) [Anleitung der Stellvertreter]

Da seine Stellvertreter ihrerseits der Befehlsgewalt und Anleitung des Angeklagten unterlagen und ihm für ihren Anleitungsbereich verantwortlich waren, wurde der Angeklagte über alle wichtigen Vorgänge aus der operativen Tagesarbeit der von ihm nicht unmittelbar angeleiteten Abteilungen, etwa die eine besonders wichtige Quelle betreffenden Fragen, unterrichtet. Das gab ihm Gelegenheit, unmittelbar einzugreifen und zum Beispiel selbst an Treffs teilzunehmen oder Zuständigkeiten neu zu regeln.

Kompetenzabgrenzungen der unterschiedlichen Leitungsebenen waren allgemein in einer schriftlichen Dienstanweisung des Angeklagten geregelt. In Einzelfällen entschied der Angeklagte, wenn eine Änderung der Zuständigkeit geboten erschien: Die Führung der Brüder Spuhler (vgl. C IV 2d) oblag anfangs der Abteilung IV der HVA. Als deren verantwortlicher Leiter Oberst Schütt[19] 1977 Abteilungsleiter IX wurde, entschied der Angeklagte, daß dieser den Vorgang dort weiter zu bearbeiten habe. Die Quelle Dr. Gast[20] (vgl. C IV 2b) war von der Bezirksverwaltung Karl-Marx-Stadt geworben worden, deren Leiter Oberst Lorenz mit dem Angeklagten befreundet war. Als der vorgangsführende Mitarbeiter Stephan 1981 in die Abteilung IX der HVA versetzt wurde, ordnete der Angeklagte an, Vorgang und Mitarbeiter nicht zu trennen und an der Führung fortan auch die Abteilung IX zu beteiligen. Auch der unter f) dargestellte Vorgang „Taler“/ „Beate Schäfer“ zeigt eine derartige Leitungsentscheidung auf.

d) [Psychologische Betreuung der „Kundschafter“]

Die fachpsychologische Betreuung heimgekehrter „Kundschafter“ sowie die erforderliche mentale Motivierung und Festigung von Inoffiziellen Mitarbeitern erfolgte auf persönliche Anweisung des Angeklagten, der in einem Falle (Bretschneider; vgl. C II 2 f)) an mindestens einem Gespräch des MfS-Psychologen Dr. Lips mit der IM selbst teilnahm. {41}

e) [Teilnahme an operativer Arbeit]

In seinem Anleitungsbereich nahm der Angeklagte außer an der Planung an der täglichen operativen Arbeit regen Anteil. Er wurde regelmäßig jedenfalls über alle wichtigen Vorgänge, zum Beispiel den Plan der Werbung einer Quelle, unterrichtet, nahm Treffberichte zur Kenntnis und bestätigte die Reisen der Hauptamtlichen Mitarbeiter zu Auslandstreffs und in einzelnen Fällen, zum Beispiel im Fall Michels (vgl. C V 3 b), auch die Instrukteurreisen. Die Leiter der ihm unterstellten Abteilungen hielten dem Angeklagten regelmäßig Vortrag, der Abteilungsleiter X, Oberst Wagenbreth, zum Beispiel jede Woche.

Der Angeklagte verfügte mithin jederzeit über einen umfassenden, zuverlässigen Überblick über die nachrichtendienstlichen Betätigungen seiner Abteilungen.

f) [Beteiligung anderer Hauptabteilungen oder Abteilungen des MfS]

Zu den persönlichen Aufgaben des Angeklagten gehörte ferner, wie im einzelnen unter B II 4 dargestellt, die Heranziehung anderer Hauptabteilungen oder Abteilungen des MfS für spezielle Anliegen der HVA.

8. Praktiken der HVA

Ihre Erkenntnisse verschaffte die HVA sich im wesentlichen durch die Inoffiziellen Mitarbeiter (IM), deren Auswahl, Werbung und Führung in einer besonderen ministeriellen Richtlinie (zuletzt Nr. 2/68 = Dokument 64 und Nr. 2/79 = Dokument 12) geregelt waren. Bei der Gewinnung von Mitarbeitern oder Informanten, die auch die Ausnutzung von „bestimmten Zwangssituationen" vorsah, wurde, wie auch der bereits geschilderte Fall des Georg Angerer deutlich macht, nicht zimperlich, vielmehr auch unter Einsetzung von Entführung, Erpressung und Täuschung vorgegangen. {42}

a) [Der Fall Christa T.]

Anfang 1955 wurde in der Abteilung II der damaligen Hauptabteilung XV des SfS der Plan entwickelt, die in der Ostabteilung der US-High-Commission (HICOG) in West-Berlin als Sekretärin und Dolmetscherin beschäftigte, damals 26jährige Christa T. als Agentin für das SfS anzuwerben. Man erhoffte sich von ihr Informationen über Struktur und Personal der amerikanischen Mission sowie deren Einschätzung von aktuellen politischen Fragen. Dementsprechend hatte IM „Stein" Kontakt zu Frau T. aufgenommen, die zur Verbesserung ihrer finanziellen Verhältnisse hin und wieder Englisch-Unterricht gab. Unter dem Namen „Gerlach" war Stein an Christa T. mit den Wunsch herangetreten, „Business-Englisch" zu lernen, und hatte mittlerweile einige Unterrichtsstunden absolviert.

Der schriftliche Plan sah vor, Frau T., von der man annahm, daß sie den Ostsektor Berlins „freiwillig nicht betreten würde", mit List, notfalls auch mit Gewalt in den Ostsektor zu bringen. Dort sollte sie gegen die Zusicherung großzügiger finanzieller Vergütung zur nachrichtendienstlichen Mitarbeit für das SfS verpflichtet bzw. bei Ablehnung dieses Angebots mit der Androhung der Verhaftung „wegen aktiver Mitarbeit gegen die DDR" zur Agententätigkeit genötigt werden. Sämtliche Einzelheiten dieser Aktion:

Bereitstellung eines angeblichen Firmen-PKWs Gerlachs mit Fahrer und Westkennzeichen durch die HA VI des SfS, Abendessen Gerlachs mit Frau T. in einem Restaurant in Neukölln, Zudringlichkeiten des „Gerlach" auf der anschließenden Fahrt – angeblich zu einem Varieté-Besuch – zur Ablenkung Christa T.'s, Überqueren der Sektorengrenze an vorbestimmter Stelle unter Einsatz von Gewalt bei Gegenwehr von Frau T., Anhalten des PKW durch Volkspolizei entweder in der Lohmühlen- oder in der Bouché-Straße, Umstände und Inhalt der Erstansprache im Ostsektor, Ablauf des Werbegesprächs in der Volkspolizeiinspektion Treptow {43}

wurden in der Hauptabteilung XV des SfS von dem damaligen Leiter der Abteilung II, Major Jänicke (ab Februar 1971 einer der Stellvertreter des Angeklagten als Leiter der HVA) und dem Mitarbeiter Prosetzky (seit August 1983 ebenfalls stellvertretender Leiter der HVA) in einer detaillierten, auch den zeitlichen Ablauf exakt festlegenden Konzeption ausgearbeitet. Diese wurde am 23. März 1955 unter der „Arb. Tgb. Kr. 223/55" dem Angeklagten zur Billigung zugeleitet, der die geplante Aktion am 31. März 1955 mit einer Änderung hinsichtlich der Überquerung der Sektorengrenze und der Absicherung „Gerlachs", der im Ostsektor zum Schein verhaftet und abtransportiert werden sollte, schriftlich genehmigte.

Der Plan wurde dann tatsächlich, allerdings nicht wie vorgesehen am 2. April 1955, sondern erst am 16. Juni 1955 ausgeführt. „Gerlach" hatte an jenem 16. Juni nach mehrfachen vergeblichen Versuchen endlich Erfolg mit der Einladung von Frau T. zu einem Abendessen, nachdem er um eine Aussetzung des Englisch-Unterrichts wegen einer angeblichen Geschäftsreise gebeten hatte. Frau T. und ihre Mutter, auf deren Begleitung sie bestanden hatte, bestiegen gegen 19.00 Uhr gutgläubig den von einem Chauffeur gesteuerten „Firmen-PKW" und schöpften bei der vermeintlichen Fahrt zu einem Restaurant in der Fasanenstraße auch keinen Verdacht, als „Gerlach" unterwegs einen Umweg an seinem Büro vorbei ankündigte, wo er Geschäftspapiere vergessen habe. Erst als Frau T. plötzlich ein Schild mit der Aufschrift „You are leaving the American Sector" bemerkte, schrie sie auf und verlangte vergeblich, das Fahrzeug anzuhalten. Im Ostsektor wurde der PKW von der Volkspolizei gestoppt, Christa T., die registriert hatte, daß man in eine „Bouché-Straße" eingebogen war, von ihrer Mutter getrennt und mit einem anderen Fahrzeug zu einer Dienststelle der Volkspolizei gefahren. Als sie dort Fragen nach Einzelheiten ihrer beruflichen Tätigkeit nicht beantworten wollte, wurde sie in eine Privatvilla gebracht. An ihrer Haltung änderte sich zunächst auch nichts, als ihr eine andere männliche Person in höflichem Ton gute Bezahlung für ihre Mitarbeit, namentlich für die Lieferung von Infor-{44}mationen über ihr berufliches Umfeld und von Kopien der von ihr in ihrer Dienststelle zu schreibenden Berichte, versprach. Mehr Erfolg hatte ihr Gegenüber dann aber mit dem Hinweis, falls sie bei ihrer ablehnenden Haltung bleibe, werde sie ihre Mutter nicht mehr lebend wiedersehen. Nachhaltig beeindruckt durch diese Drohung, ging Frau T. am Ende dieses Gespräches schließlich zum Schein auf das Verlangen ihres Gesprächspartners ein, zumal ihr ihre und ihrer Mutter unverzügliche Freilassung für den Fall ihrer Mitarbeit versprochen worden war, und unterschrieb eine Verpflichtungserklärung. Man verlangte von ihr, Kopien der von der High Commission monatlich erstellten Berichte zu liefern, und drohte ihr an, bei mangelhafter Mitarbeit werde sie strafrechtlich verfolgt werden. Abschließend händigte der Gesprächspartner ihr einen 100,- DM Schein aus und ließ sie zu ihrer Mutter bringen. Die beiden Frauen kehrten mit der U-Bahn in den Westsektor zurück, wo sich Frau T. umgehend noch in den frühen Morgenstunden des 17. Juni 1955 ihrem Chef offenbarte. In der Folgezeit wurde Frau T. mehrfach telefonisch an die von ihr zugesagte Lieferung der Berichte erinnert. Die Anrufe wurden erst eingestellt, als der gesamte Vorfall auf Veranlassung der amerikanischen Mission in bundesdeutschen und amerikanischen Zeitungen veröffentlicht wurde. Christa T. verließ etwa ein Jahr später die Bundesrepublik und lebt seitdem in den USA.

b) [Der Fall Lummer]

Dem MfS war es in den 70er Jahren mit Hilfe seiner Agentin Susanne Rau gelungen, in persönlichen Kontakt mit dem Berliner CDU-Bundestagsabgeordneten Heinrich Lummer zu kommen. Auf ihre Veranlassung hin führte Lummer, der mit Susanne Rau ein intimes Verhältnis unterhielt, das er auch fortsetzte, nachdem er ihre Rolle durchschaut hatte, in der Folgezeit eine Reihe von politischen Gesprächen namentlich über die Berliner CDU mit angeblichen Vertretern des DDR-Ministerrates. Tatsächlich handelte es sich dabei, wie Lummer auch erkannte, um MfS-Mitarbeiter, darunter Oberst Wolfgang Lange, Chef der Abteilung XV der {45} Berliner Bezirksverwaltung des MfS, und Oberst Rolf Wagenbreth, den Leiter der Abteilung X der HVA. Lummer brach 1981, als er zum Innensenator West-Berlins ernannt wurde, den Kontakt zu diesen Gesprächspartnern ab, über den er nun auch den Berliner Verfassungsschutz unterrichtete.

Nachdem der Versuch des MfS gescheitert war, Lummer mit Hilfe eines auf seine bisherigen Ostkontakte anspielenden Briefes, dem – heimlich aufgenommene – intime Fotos von ihm und Susanne Rau beigefügt waren, zur Fortsetzung der Gespräche und der davon erwarteten Informationen zu bewegen, wurde nunmehr Dr. Brehmer von der Abteilung X mit dem Entwurf eines weiteren Briefes beauftragt. Der von ihm gefertigte, bewußt moderat gehaltene Entwurf wurde vom Angeklagten persönlich redigiert und erhielt hierdurch einen wesentlich schärferen Tonfall. Im Oktober 1982 mit Billigung des Angeklagten durch Boten an die Westberliner Wohnung Lummers abgesandt, hatte das Schreiben folgenden Wortlaut:

Berlin, Oktober 1982

„Ihr Verhalten liegt unter Ihrem Niveau. Sie selbst haben unsere Beziehungen herbeigeführt und lange Zeit akzeptiert. Über Jahre war Ihnen unsere Gastfreundschaft genehm; seit Monaten bemühen Sie sich unter Berufung auf Ihr neues Amt, unsere Geschäftsgrundlage zu unterlaufen. Sie versuchen einem weiteren Dialog auszuweichen und glauben, unter den Rockschößen eines Ehrenwerten Schutz suchen zu müssen.

Wir sehen aber keinen akzeptablen Grund, unsere Beziehungen ohne das mehrfach zugesagte Gespräch einfach einzustellen. Gegenseitigkeit war vereinbart, wir halten uns noch daran. Erfahrung und Klugheit lassen Sie gewiß nüchtern einschätzen, daß neben Ihren zahlreichen offenen Feinden immer mehr politischen ‚Freunden', von denen Sie nun noch abhängiger geworden sind, jeder Anlaß für Ihren Abschuß willkommen wäre. Ihre Leibjournalisten aus Berlin und Bonn und Ihre immer weniger werdenden echten politischen Freunde (gehört z.B. R. noch dazu?) werden Sie sicher über manches und auch darüber informieren, daß die Sie tragende Decke sehr dünn geworden ist. Auch daß Ihre stadtbekannten Gelage und Affären nicht mehr als schmückende Attribute eines vitalen Straußepigonen gedeckt werden. Sehen Sie wirklich nicht, daß sie {46} von Ihrem eigenen Apparat bearbeitet werden und von welcher Ecke her Sie erpreßbar gemacht werden sollen? Wenn es bisher möglich war, dafür zu sorgen, daß Menschen Ihrer früheren und heutigen Umgebung ihr Wissen um intensive Kontakte eines Prominenten nach der anderen Seite nicht vermarkten, so sollte diese Leistung gerade jetzt nicht als Wunder strapaziert werden. Es geht um Ihr politisches Überleben, um nichts anderes. Als Sie 1974 bei uns nach einem politischen Gesprächskreis suchten, erkannten Sie leider nicht die Chance und rutschten systematisch in zwielichtige Kneipenkreise ab. Nur unser Eingreifen hat Sie vor geplanten Erpressungsversuchen krimineller Elemente geschützt! Die persönliche Beziehung zu unserer Mitarbeiterin Susanne seit 1975, Ihre Einschätzungen politischer Prozesse und Personen schufen dann die Grundlage unseres direkten Kontaktes, wie er seit Prag besteht.

Neben den vielen belebenden Annehmlichkeiten, wie den zahlreichen Theaterbesuchen, Ausflügen und Mußestunden, die Sie als unser Gast erlebten, hatten Sie bei unseren letzten direkten politischen Gesprächen durchaus nicht den Eindruck erweckt, daß Ihnen die Atmosphäre nicht zusagt. Wir haben uns mit festen Absprachen verabschiedet!

Glauben Sie tatsächlich, daß sich all dies einfach aus der Welt schaffen läßt? Sie selbst haben bei unserer ersten Begegnung mit Nachdruck geäußert, daß Sie ein ‚toter Mann' seien, wenn die

Öffentlichkeit davon erfährt. Daran sind wir zuallerletzt interessiert. Sie haben uns als umgängliche Partner kennengelernt, wir haben uns im Gespräch verstanden und Gegenseitigkeit vereinbart. Unser Wort gilt. Die Chance, daraus Nutzen für Ihre weitere Tätigkeit zu ziehen, besteht weiter. Wir haben Ihnen und uns Zeit gelassen und große Geduld gezeigt. Durch den Gang der Dinge wird die Zeit knapp; Politik kennt keine Schonung, wie Sie wissen. Die Gründe liegen nicht bei uns, die Entscheidung bei Ihnen. Wie Sie uns erreichen, wissen Sie. Unser gemeinsamer Bekannter hat alle Vollmachten, die näheren Modalitäten zu vereinbaren.
Ihrer verbindlichen Antwort sehen wir mit besten Grüßen entgegen."

Weder dieser noch andere in den Jahren 1986 und 1987 an den CDU-Politiker gesandte Briefe des MfS zeigten jedoch Wirkung, so daß die Verbindung schließlich einschlief. {47}

c) [Einsatzkader für ganz spezifische Aufgaben der HVA im Operationsgebiet]

Daß der Angeklagte Gewalt als Mittel zur Durchsetzung der Ziele der HVA nicht verschmähte, zeigt sein am 7. Dezember 1981 vom Leiter der Abteilung IX der HVA, Oberst Schütt, „in direkten Auftrag" des Angeklagten mit dem damaligen Oberst Stöcker von der AGM/S (Arbeitsgemeinschaft des Ministers, Referat S) erörterter Plan über „die Bereitstellung, Ausbildung und ständige Gewährleistung der Einsatzbereitschaft einiger weniger vertrauensvoller Einsatzkader für ganz spezifische Aufgaben der HVA im Operationsgebiet". Die „Hauptrichtungen" der vorgesehenen Aufgaben, die nach diesem Gespräch durch Mitarbeiter der AGM/S und der HVA erarbeitet wurden und über deren Ergebnisse Oberst Stöcker unter dem 12. März 1982 den Leiter der AGM in einem Vermerk informierte, bestanden in

„– der Bekämpfung feindlicher Personen in der vollen Breite der möglichen Maßnahmen zu ihrer Bestrafung, Unschädlichmachung, ihrer Verbringung in sicheren Gewahrsam,
– der Sicherung und dem Schutz von Personen,
– der Sicherung bedeutsamer operativer Maßnahmen,
– der Sicherstellung, der Sicherung und dem Transport von Dokumenten, technischen Materialien und Ausrüstungen."

Damit betraut werden sollte als ständige Einsatzreserve „eine Gruppe von drei bis vier Mitarbeitern", die dann „als Einzelkämpfer oder als Einsatzgruppe gemeinsam mit speziell ausgebildeten Kadern der HVA" im Operationsgebiet eingesetzt werden und die neben „den wesentlichsten Persönlichkeitsmerkmalen eines Tschekisten" unter anderem über

„– hohe politisch-ideologische Standhaftigkeit, Treue zur Partei und zum MfS
– bedingungslose Einsatzbereitschaft und Befehlstreue
– ausgeprägte Verschwiegenheit und Konspiration
– hohe psychologische Belastbarkeit
– hohe psychische Belastbarkeit und Leistungsbereitschaft" {48}

verfügen sollten.

Während der AGM/S bei diesen Personen namentlich unter anderem die Zweikampf- und Schießausbildung sowie die Unterweisung in „ausgewählte operativ-technische Probleme, wie Sprengkampfmittel" zukommen sollte, waren für die HVA an Ausbildungsschwerpunkten insbesondere vorgesehen:

„– operative Grundsätze, operativ-taktisches Vorgehen und Verhalten der Einsatzkräfte
– operative Dokumente, operativ-technische Mittel und ihre Anwendung."

Die erforderlichen Maßnahmen der unmittelbaren Einsatzvorbereitung (Einweisung), des Einsatzes und der Nachbereitung sollten unter der Federführung der HVA erfolgen, zu der die „ausgewählten Kader" kommandiert werden sollten.

Der Leiter der AGM, General Geißler, reagierte auf diesen ihm vom Oberst Stöcker vorgelegten Vermerk unter anderem mit der Bemerkung, damit werde „ein heißes Eisen" angepackt, dessen Bewertung das „Problem Erfolg – Mißerfolg" aufwerfe; die Angelegenheit sei zudem abhängig „von Führungsüberlegungen der Leitung des MfS" (Gen.Minister – Leiter AGM)".

Ob diese ersten Überlegungen, die die Bildung eines Kommandos zur Vernichtung oder – zum Zwecke der Bestrafung – Entführung feindlicher Personen vorsahen, weiter verfolgt worden sind, hat sich nicht feststellen lassen.

d) [Sekretärinnen-Fälle]

Mittel zur Anwerbung von Inoffiziellen Mitarbeitern waren aber auch Täuschung, namentlich die in den IM-Richtlinien Nr. 2/68 und Nr. 2/79 erwähnte „Werbung unter falscher Flagge" und die Verstrickung von Frauen, insbesondere von an nachrichtendienstlich interessanten Stellen eingesetzten oder einzusetzenden {49} Sekretärinnen, worauf der Angeklagte in einer Dienstbesprechung vom 1. bis 3. März 1971 ausdrücklich hinwies.

aa) Der von Abteilung XV der BV Karl-Marx-Stadt geführte Inoffizielle Mitarbeiter Roland Gandt, Deckname „Venske", erhielt im Herbst 1961 von seinem Führungsoffizier Gotthard Schramm den Auftrag, an die bei SHAPE in Paris/Fontainebleau beschäftigte – ledige – Dolmetscherin Margarethe L. heranzutreten, um sie nachrichtendienstlich zu verstricken. Gandt, im „Zivilberuf" Schauspieler, der in der Vergangenheit bereits deren für das MfS tätige, in der Fernschreibzentrale eines Bonner Ministeriums beschäftigte Schwester Marianne L. kennengelernt und in deren nachrichtendienstlicher Anbindung auch Kurierdienste geleistet hatte, traf erstmals – vom MfS inszeniert – mit Margarethe L. in Wien zusammen, wo sie sich mit ihrer Schwester aufhielt.

In der Folgezeit ging Gandt, der sich Margarethe L. zunächst als dänischer Journalist mit Namen „Kai Petersen" vorgestellt hatte, mit ihr weisungsgemäß ein Liebesverhältnis ein, in dessen Verlauf er ihr alsbald „gestand", daß er tatsächlich Offizier der dänischen militärischen Aufklärung sei. Unter dieser „falschen Flagge" und der Mär, das kleine Land Dänemark würde von den übrigen NATO-Staaten, namentlich den USA, regelmäßig nur unzureichend informiert, gelang es Gandt, in den Jahren bis 1964 unter Ausnutzung des intimen Verhältnisses zu Frau L., mit der er sich noch im Jahre 1961 verlobt hatte, diese zur Preisgabe von mündlichen Informationen aus ihrem Arbeitsbereich zu veranlassen. Sie berichtete ihm unter anderem über die NATO-Übungen FALLEX und WINTEX/CIMEX sowie über Logistikfragen der Marine und des Heeres auf NATO-Ebene. {50}

Anläßlich eines gemeinsamen mehrtägigen Winterurlaubs 1962/1963 in Arosa/Schweiz wurde Frau L., wie bereits mehrfach in der Vergangenheit, von solch heftigen Gewissensbissen geplagt, daß sie, die streng katholisch geprägt war, nicht nur den dringenden Wunsch nach einer Beichte ihrer nachrichtendienstlichen Tätigkeit äußerte, sondern auch deren Fortsetzung in Frage stellte. Gandt schlug ihr daraufhin in Absprache mit seiner Führungsstelle vor, die Beichte in Kopenhagen abzulegen; bei dieser Gelegenheit könne sie auch seine Vorgesetzten kennenlernen. Tatsächlich arrangierte er, nachdem Frau L. eingewilligt hatte, mit Hilfe seiner Führungsstelle im Sommer 1963 eine „operative" Scheinbeichte in einer dänischen Kirche, um auf diese Weise Margarethe L. zur Fortsetzung ihrer Verratstätigkeit zu bewegen. Gandt hatte zu diesem Zweck absprachegemäß im Zentrum von Kopenhagen eine katholische Kirche ausgespäht, die in der Zeit zwischen 11.00 und 19.00 Uhr regelmäßig nicht besucht war, und Karl-Heinz H.– ebenfalls von der BV Karl-Marx-Stadt – als „Priester" und „Militärpfarrer" zugeteilt erhalten. Zum „Rahmenprogramm" dieser Aktion gehörte, daß Gandt, der in einem Schnellkurs dänisch gelernt hatte, Margarethe L. seiner „Mutter" und seinem „vorgesetzten General" – beides Emigranten und Angehörige der kommunistischen Partei – vorstellte, für die er eigens für einen Zeitraum von 14 Tagen Häuser angemietet hatte.

Wie erwartet, legte Frau L. vor dem vermeintlichen katholischen Priester und Militärpfarrer die Beichte ab und berichtete ihm neben ihrer vorehelichen Liebesbeziehung zu Gandt von ihrer Tätigkeit für den dänischen Militärischen Nachrichtendienst. H., der Gandt später über den Inhalt der Beichte informierte, gelang es, Margarethe L. zu beruhigen, indem er ihr erklärte, er könne ihr Verhalten zwar nicht ganz billigen, aber respektieren; von einer Offenbarung gegenüber den zuständigen Behörden rate er ihr ab. In der Folgezeit lieferte Frau L. dann weitere mündliche Informationen an „Kai Petersen", bis dieser sie 1964 mit der Begründung, er sei im geheimen {51} Auftrag der NATO nach Vietnam abkommandiert, in Berlin seinem Nachfolger aus dem MfS vorstellt.

Für die gelungene Aktion erhielt Gandt 1963 aus den Händen des Angeklagten, dem er bei dieser Gelegenheit ausführlich auch über die operative Scheinbeichte Bericht erstattete, und in Gegenwart von Oberst Lorenz, dem damaligen Leiter der Abteilung XV der BV Karl-Marx-Stadt, die Verdienstmedaille der DDR in Bronze.

bb) Etwa 1967 gelang es Volker Gusche, einem Mitarbeiter des Referats 2 der Abteilung I der HVA, mit der damaligen Sekretärin eines Botschaftsrates im Auswärtigen Amt, Helge Berger, eine Liebesbeziehung anzuknüpfen. Unter der Vorspiegelung, Angehöriger des britischen Geheimdienstes zu sein, veranlaßte er sie zur Lieferung einer Vielzahl von Informationen aus ihrem beruflichen Bereich, darunter die gesamte bundesdeutsche Verhandlungskonzeption für die deutsch-polnischen Verträge, zu der sie durch ihre zeitweilige Tätigkeit an der bundesdeutschen Botschaft in Warschau Zugang hatte. Erwin Mattauch, damals Mitarbeiter im Referat 2, reiste zur Entgegennahme dieses Materials nach Genehmigung durch den Angeklagten mehrfach nach Warschau.

Helge Berger wurde am 2. November 1977 durch den 5. Strafsenat des Oberlandesgerichts Düsseldorf wegen geheimdienstlicher Agententätigkeit zu einer Freiheitsstrafe von fünf Jahren verurteilt.

cc) Herbert Schröter, seit 1962 IM – später HIM – in der damals vom Angeklagten angeleiteten Abteilung I der HVA, wurde Anfang 1964 von seiner Führungsstelle mit Genehmigung des Angeklagten nach Paris zur Sprachenschule „Alliance Française" geschickt, zum einen, um französische Sprachkenntnisse zu erwerben, zum anderen, um nach nachrichtendienstlich geeigneten (weiblichen) {52} Personen Ausschau zu halten.

Schröters Wahl fiel auf die Fremdsprachensekretärin Gerda Ostenrieder, die zur selben Zeit einen Sprachenlehrgang in diesem Institut belegt hatte und die sich alsbald auf sein Werben hin zu einer Mitarbeit für das MfS bereit erklärte. Nach einer eingehenden nachrichtendienstlichen Schulung bewarb sie sich auf Veranlassung ihrer Führungsstelle im Herbst 1965 mit Erfolg beim Auswärtigen Amt in Bonn um eine Anstellung als Sekretärin. In der Folgezeit lieferte Gerda Ostenrieder, die Herbert Schröter 1968 heiratete, im Rahmen ihrer dienstlichen Verwendung im Auswärtigen Amt und in verschiedenen Auslandsvertretungen umfangreiches, ihr zugängliches Material, wobei ihr Ehemann bis 1973 als ihr Kurier und Instrukteur fungierte. Die Ehe wurde 1973 geschieden.

Gerda Ostenrieder offenbarte sich 1973 den westdeutschen Behörden. Der von ihr gewarnte Schröter setzte sich in die DDR ab. Frau Ostenrieder wurde am 23. September 1977 vom 5. Strafsenat des Oberlandesgerichts Düsseldorf zu einer Freiheitsstrafe von drei Jahren verurteilt.

dd) Herbert Schröter war es wieder, der noch im Jahre 1973 mit der Sekretärin Dagmar Kahlig-Scheffler, die er im August 1973 anläßlich seines Urlaubs an der Schwarzmeerküste in Bulgarien kennengelernt hatte, ein Liebesverhältnis einging und sie zur Mitarbeit für das MfS anwarb. Auf Veranlassung ihrer Führungsstelle in der Abteilung I der HVA bewarb sich Frau Kahlig-Scheffler bei verschiedenen Bundesbehörden. Im Dezember 1975 erhielt sie eine Anstellung im Bundeskanzleramt und lieferte in der Folgezeit bis zu ihrer Festnahme im Mai 1977 unter Anleitung Schröters eine Fülle von Informationen aus ihrem Arbeitsbereich als Vorzimmerdame eines Referats- und stellvertretenden Gruppenleiters in der politischen Abteilung 2 des Bundeskanzleramtes. Schröter, der während seiner langjährigen Tätigkeit für das MfS – seit 1977 als HIM – mit insgesamt 12 Medaillen bzw. Orden ausgezeichnet worden war, darunter zuletzt mit dem Vaterländischen Verdienstorden in Silber, heiratete {53} Frau Kahlig-Scheffler im Mai 1976. Diese „Eheschließung" war vom MfS fingiert und fand außerhalb der Dienstzeiten des Standesamtes in Berlin-Lichtenberg unter Beteiligung dreier MfS-Mitarbeiter, unter anderem Oberst Bernhard Schorm[21] als Trauzeugen statt. Eine Eintragung im Eheregister des Standesamtes erfolgte nicht.

Der 4. Strafsenat des Oberlandesgerichts Düsseldorf verurteilte Dagmar Kahlig-Scheffler am 4. Mai 1979 wegen geheimdienstlicher Agententätigkeit zu einer Freiheitsstrafe von vier Jahren und drei Monaten.

ee) Im Jahre 1968 ging ein namentlich nicht bekannter Agent aus der Abteilung I der HVA mit dem Decknamen „Heinrich Jeschke" ein Liebesverhältnis mit der etwa 12 Jahre älteren Studienreferendarin Edith D., einer ehemaligen Ordensschwester, ein und veranlaßte sie wenig später zur Mitarbeit für das MfS. Edith D., eine erkennbar willensschwache Frau, verkehrte in der Folgezeit nicht nur mit „Jeschke", der ihre „große Liebe" war und den sie „Cliff" nannte, sondern – auf Wunsch „Jeschkes" – bei Führungstreffs sexuell auch mit anderen Mitarbeitern der HVA. Nachdem Frau D. im Januar 1970 in den Bundesdienst eingetreten war, lieferte sie der HVA bis Ende 1989 anfangs als Verwaltungsangestellte in der Bundesstelle für Entwicklungshilfe, in den Jahren 1975 und 1976 aus dem Ministerium für wirtschaftliche Zusammenarbeit und ab Oktober 1976 als Regierungsrätin, später Oberregierungsrätin im Bundesministerium für Forschung und Technologie eine Vielzahl von Informationen und Unterlagen, zu denen sie im Rahmen ihrer verschiedenen dienstlichen Verwendungen Zugang hatte.

Als 1979 „Cliff" verschwand und mit Genehmigung des Angeklagten durch einen „Bernd" abgelöst wurde, unternahm sie einen vergeblichen Versuch, sich aus ihrer nachrichtendienstlichen Verstrickung zu lösen; ihre Führungsstelle lehnte eine Beendigung ihrer Tätigkeit ab. {54}

Angesichts erheblicher psychischer Probleme Frau D.'s, unter denen sie auch heute noch leidet, veranlaßte der Angeklagte im Jahre 1979 zu ihrer nachrichtendienstlichen Stabilisierung eine Begegnung mit dem im ZMD (Zentraler Medizinischer Dienst) der HA X tätigen Psychologen Dr. Lips.

Das gegen Edith D. eingeleitete Ermittlungsverfahren ist zwischenzeitlich nach Zahlung einer Geldbuße von 10.000,- DM nach § 153a StPO[22] endgültig eingestellt worden.

C. *Das strafbare Verhalten des Angeklagten im einzelnen*

In den folgenden, nach Anleitungsbereichen geordneten operativen Fällen steht für den Senat eine maßgebliche Beteiligung des Angeklagten fest.

Sie ergibt sich zunächst allgemein aus seiner Anleitungsbefugnis, die die Bestätigung sowohl der Jahresplanung und der längerfristigen Planungen als auch kurzfristig projektierter nachrichtendienstlicher Aktionen, die Genehmigung von Führungstreffs Hauptamtlicher Mitarbeiter, teilweise auch der Kurier- und Instrukteurreisen von IM der ihm unterstellten Abteilungen, die Bestätigung und Anweisung von Agentenlohn im bzw. aus dem jährlichen Valutadienstleistungsplan sowie höherer, 10.000,- DM bzw. 5.000,- DM übersteigender Geldbeträge an Quellen der HVA, die Weiterleitung von Informationen an Staatsapparat und KGB und die Teilnahme an der Vorgangsarbeit einschloß.

Über die maßgebende Steuerung der einzelnen Vorgänge hinaus schaltete sich der Angeklagte in zahlreichen Fällen durch persönliche Teilnahme auch in die Führungstreffs ein, sei es, um sich selber ein Bild von der Persönlichkeit der Quelle und ihrer nachrichtendienstlichen Perspektive zu machen, sei es, um {55} durch Dank, Auszeichnung, die Bekundung menschlicher Anteilnahme bzw. Ermahnungen des betreffenden IM, insbesondere einen schon schwankend gewordenen, zu weiterer, möglichst noch gesteigerter Mitarbeit zu motivieren. Die Teilnahme war dabei nicht auf den Bereich der Anleitungsbefugnis beschränkt, sondern erfolgte auch in Fällen, die unter Anleitung des Angeklagten eingeleitet worden waren, und allgemein in besonders wichtigen Fällen, die eine unmittelbare persönliche Mitwirkung des Leiters der HVA geboten erscheinen ließen.

I. *Abteilung I*

1. [Struktur, Aufgaben]

Zielobjekt der Abteilung I der HVA, die der Angeklagte bis November 1975 unmittelbar anleitete, war der „Staatsapparat der BRD". Die Aufgaben waren auf 9 Referate verteilt:

- Referat 1 – Bundeskanzleramt, Bundespräsidialamt, Bundespresseamt,
- Referat 2 – Auswärtiges Amt (Quellenführung)
- Referat 3 – Auswärtiges Amt (Werbung, Einschleusung)

- Referat 4 – Bundesministerium des Innern
- Referat 5 – Bundesministerium für innerdeutsche Beziehungen
- Referat 6 – Bundesministerien für Wirtschaft und wirtschaftliche Zusammenarbeit, Bundesministerium für Finanzen
- Referat 7 – Legale Residentur der Ständigen Vertretung
- Referat 8 – Nachwuchsgewinnung und -ausbildung
- Referat 9 – Auswertungs- und Informationsgruppe.

2. [Die einzelnen Fälle]

In dieser Abteilung der HVA wurden die unter B [II.] 8.d) abgehandelten Fälle

a) Helge Berger

b) Gerda Ostenrieder

c) Dagmar Kahlig-Scheffler

und {56}

d) Edith D.

bearbeitet. Der Angeklagte wirkte an diesen Vorgängen, die wegen ihrer Bedeutung u.a. Gegenstand der Jahresplanung der Abteilung waren, durch deren jeweilige Bestätigung verantwortlich mit, im Falle Schröter/Ostenrieder ferner durch die Genehmigung der Entsendung des IM Schröter nach Frankreich und im Falle D. durch die Vorstellung der Agentin bei dem MfS-Psychologen Dr. Lips.

Darüber hinaus wurden unter seiner Anleitung in der Abteilung die Agenten von Raussendorff, Dr. Blau, Gröndahl und Pauli geführt.

e) [von Raussendorff]

Der spätere Diplomat – zuletzt Vortragender Legationsrat im Auswärtigen Amt – Klaus Kurt von Raussendorff hatte sich im September 1957 noch während seines Studiums in Berlin aus politisch-ideologischer Überzeugung zu einer nachrichtendienstlichen Zusammenarbeit mit dem MfS verpflichtet. Im Sommer 1960 bewarb er sich, von seiner Führungsstelle bestärkt, erfolgreich um die Aufnahme in den Auswärtigen Dienst der Bundesrepublik Deutschland. Die HVA versprach sich von einer diplomatischen Laufbahn des für sie unter dem Decknamen „Brede" tätigen von Raussendorff auf längere Sicht Zugangsmöglichkeiten zu und Einblick in außenpolitische Vorhaben und Einschätzungen der Bundesrepublik sowie in die praktische Arbeit des Auswärtigen Amtes.

Entsprechend dieser Zielsetzung erfolgte in der HVA die Führung des am 4. April 1961 im Auswärtigen Amt als Attaché eingestellten von Raussendorff in der Folgezeit von Mitarbeitern des für die „operative Bearbeitung" des Auswärtigen Amtes zuständigen Referates 2 der Abteilung I unter der damaligen Leitung von Bernhard Schorm, dem späteren stellvertretenden Leiter dieser Abteilung. {57}

Als von Raussendorff im September 1962, nachdem er zuvor eine allgemeine Ausbildung im Auswärtigen Amt durchlaufen hatte und anschließend sechs Monate der Rechts- und Konsularabteilung der Deutschen Botschaft in Beirut zugeteilt war, im Pressereferat der Zentrale eingesetzt wurde, entschloß man sich in seiner Führungsstelle mit Genehmigung des Angeklagten zur Einrichtung einer Instrukteur- und Kurierverbindung, weil man jetzt nicht mehr nur mündliche Berichte, sondern die Lieferung schriftlicher Unterlagen von „Brede“ erwartete. Anläßlich eines Treffs in Ost-Berlin im Herbst 1962 wurde von Raussendorff – in Gegenwart von Bernhard Schorm und seinem damaligen Führungsoffizier Eberhard Fritsche – seinem künftigen Kurier und Instrukteur „Paul“ Draeger vorgestellt, der diese Aufgabe bis November 1989 wahrnahm. Von nun an traf er sich mit „Paul“ bis 1966 jährlich mindestens zweimal in Köln, aber auch in Essen, übergab ihm bei diesen Gelegenheiten jeweils zwei bis drei Filme von Dokumenten und kassierte im Gegenzug Agentenlohn, der bis Ende 1972, vom Angeklagten bewilligt, gleichbleibend 500,- DM pro Treff betrug. Bei dem Verratsmaterial handelte es sich namentlich um Berichte über den Inhalt und Gang seiner Ausbildung im Auswärtigen Amt. Aus dem Pressereferat, in dem er nach erfolgreicher Prüfung für den höheren Auswärtigen Dienst am 12. Mai 1964 wieder tätig war, lieferte er unter anderem sogenannte Sprachregelungen, offizielle, für die Presse bestimmte Stellungnahmen des Auswärtigen Amtes neben internen Vermerken, die Grundlage jener Sprachregelungen waren. Daneben überließ er seinem Instrukteur mehr oder minder regelmäßig bis 1989 von ihm selbst zusammengestellte Auszüge aus den sogenannten „Gelben Heften“ des Auswärtigen Amtes, welche mehrfach im Jahr mit einem Umfang von jeweils etwa 30 bis 40 Seiten erschienen und Berichte sowie Analysen der Auslandsvertretungen der Bundesrepublik enthielten, aus denen die im Auswärtigen Dienst gesetzten Schwerpunkte erkennbar waren. {58}

Anläßlich eines Treffs im Winter 1970/71 – von Raussendorff war zwischenzeitlich nach einer dreijährigen Tätigkeit an der Botschaft in Freetown/Sierra Leone 1969 an die Botschaft in Djakarta/Indonesien versetzt worden und befand sich im Heimaturlaub – kam er auf eine Krise in seiner Ehe zu sprechen. Seine Führungsstelle, der „Paul“ auftragsgemäß davon berichtet hatte, bestellte daraufhin von Raussendorff noch vor Ende seines Heimaturlaubes zu einem Führungstreff nach Ost-Berlin, weil sie in der möglichen Trennung der Eheleute ein Sicherheitsrisiko sah.

Zu diesem Führungstreff erschien neben Eberhard Fritsche und Bernhard Schorm, wie von Raussendorff bereits angekündigt worden war, auch der Angeklagte, der seine Betroffenheit über die Ehekrise von Raussendorffs nicht verbarg und diesen nachdrücklich bat, seine Ehe wieder in Ordnung zu bringen. Darüber hinaus unterhielt sich der Angeklagte, dem es neben einer intakten Ehe „Bredes“ namentlich darum ging, dessen nachrichtendienstliche Motivation zu stärken, mit ihm über außenpolitische Fragen und sein berufliches und familiäres Umfeld. Außerdem überreichte er ihm schließlich einen Verdienstorden. Die damit verbundene Geldprämie in Höhe von 1.000,- DM erhielt von Raussendorff an Ort und Stelle bar ausgezahlt.

Außer dieser Begegnung kam es in der Folgezeit 1980/1981 und 1985 mindestens zu zwei weiteren Zusammentreffen zwischen dem Angeklagten und „Brede“. Von seiner Führungsstelle war von Raussendorff in diesem Zusammenhang bereits bei seinem ersten Treffen mit dem Angeklagten bedeutet worden, er werde „den General“ stets sehen können, wann immer er, „Brede", zu einem Führungstreff in Ost-Berlin weile. Der Grund dieser von seiner Führungsstelle gezielt zum Ausdruck gebrachten besonderen Wertschätzung von Raussendorffs waren seine von der HVA und namentlich auch vom Angeklagten angenommenen vielversprechenden Perspektiven. {59}

Die Aufrechterhaltung der Ehe von Raussendorffs war dem Angeklagten so wichtig, daß er Bernhard Schorm nach dem Führungstreff anläßlich des Heimaturlaubs 1970/1971 zweimal nach Djakarta schickte, wo er sich vor allem über die aktuelle Situation in der Ehe „Bredes" informieren sollte. Die hohe nachrichtendienstliche Erwartungshaltung, die der Angeklagte mit der Person von Raussendorff verknüpfte, fand zudem ihren Ausdruck darin, daß Bernhard Schorm nach 1973, als er bereits stellvertretender Leiter der Abteilung I der HVA geworden war, weiterhin mit der persönlichen Führung von Raussendorffs beauftragt blieb.

Nachdem von Raussendorff am 1. Januar 1973 in das für die politischen Fragen der europäischen Einigung zuständige Referat 200 der Zentrale des Auswärtigen Amts versetzt worden war, lieferte er in der Folgezeit bei den nun mindestens drei- bis viermal jährlich stattfindenden Treffs mit „Paul" gegen Agentenlohn von nunmehr 1000-1300,- DM pro Treff u.a. eine Vielzahl von für seine Führungsstelle interessanten Unterlagen und Aufzeichnungen, die die bundesdeutsche Politik im Europarat und in der Westeuropäischen Union (WEU) betrafen. Bei einem Führungstreff in Ost-Berlin – zwei weitere fanden während seiner Tätigkeit im Referat 200 mit „Paul" und Bernhard Schorm nach Genehmigung durch den Angeklagten im Ausland (1975 in Semmering bei Wien und wenig später in Malmö/Schweden) statt – lernte „Brede" auch „Werner", den damals gerade neu ernannten Leiter des Referates 2, Dr. Werner Roitzsch, kennen, der etwa 1978 seine Führung übernahm.

Als die Abteilung X der HVA für eine von ihr geplante „aktive Maßnahme" ein angebliches Fernschreiben der bundesdeutschen Botschaft in einem westafrikanischen Land an das Auswärtige Amt herstellte, wurde dieses über den Instrukteur von Raussendorff zur Überprüfung auf einwandfreie, übliche diplomatische Diktion vorgelegt. {60}

Darüber hinaus leitete er seiner Führungsstelle seit Beginn seiner Tätigkeit im Referat 200 bis zum Jahre 1989 die etwa monatlich erscheinenden sogenannten „Blauen Dienste" zu, die in der Zentrale des Auswärtigen Amtes gefertigte Analysen und Bewertungen weltweiter politischer Ereignisse enthielten und „VS – Nur für den Dienstgebrauch" eingestuft waren.

Die persönliche Einflußnahme des Angeklagten auf den Vorgang endete nicht mit der Übertragung seiner Anleitungsfunktion auf seinen Stellvertreter Großmann im Jahre 1975. Er kümmerte sich vielmehr weiterhin um „Brede". 1980/1981 – hierzu konnten Einzelheiten nicht festgestellt werden – und 1985 kam es zu weiteren zwei Treffs des Angeklagten mit von Raussendorff.

Während seiner Tätigkeit in der ständigen Vertretung der Bundesrepublik bei der OECD in Paris von Juli 1977 bis Juni 1980, wo er Leiter des für Umwelt und Energiefragen zuständigen Referates 7 und außerdem Vorsitzender des Personalrats war, lieferte „Brede" bei den nach wie vor mindestens drei- bis viermal jährlich stattfindenden Treffs mit „Paul" jeweils zwei bis drei belichtete Minox-Filme mit den „Blauen Diensten" und ansonsten nachrichtendienstlich weniger ergiebiges Material ab und erhielt zunächst pro Treff weiter 1.000,- DM bis 1.300,- DM, von 1979 an dann 1.500,- DM. Anläßlich eines

Führungstreffs 1979/1980 in Odense/Dänemark erfuhr von Raussendorff in Anwesenheit von Bernhard Schorm und Major Siegfried Kern, seinem neuen Führungsoffizier, daß er bereits Anfang der 70er Jahre zum Offizier im besonderen Einsatz – „OibE“ – im MfS im Range eines Hauptmanns ernannt worden war. In Odense wurde dann seine Beförderung zum Major ausgesprochen.

Als Vertreter des Leiters des Referates 104 im Auswärtigen Amt, zuständig für die Vermittlung von deutschem Personal an internationale Organisationen lieferte „Brede“ in der Zeit von Juli 1980 bis März 1986 zu den mit gleichbleibender Häufigkeit stattfindenden Treffs mit „Paul“ jeweils drei bis vier belichtete Filme ab und kassierte 1.500,- DM pro Treff. Neben den „Blauen {61} Diensten“ gehörten zum Verratsmaterial unter anderem Namenslisten über die in internationalen Organisationen tätigen deutschen Bediensteten und das jährlich neu aufgelegte interne Telefonverzeichnis des Auswärtigen Amtes.

Die nachrichtendienstlich wenig ergiebige Substanz dieses Materials war Gegenstand der Gespräche bei einem Führungstreff im Sommer 1985 in Ost-Berlin. Der Angeklagte, der an diesem Treffen neben Siegfried Kern und Bernhard Schorm teilnahm, ließ durchblicken, daß er von „Brede“ in der Zukunft bessere Arbeitsleistungen erwarte. Von Raussendorff, der den Wunsch des Angeklagten nach einer „ergebnisreicheren weiteren Zusammenarbeit“ durchaus in diesem Sinne verstand, erhielt bei dieser Gelegenheit vom Angeklagten einen weiteren mit 1.000.- DM Sonderprämie verbundenen Verdienstorden verliehen.

Von Raussendorff, ab April 1986 als Vertreter des Botschafters an der ständigen Vertretung der Bundesrepublik Deutschland bei der UNESCO in Paris tätig, setzte seine Verratslieferungen auch über das Ende der Amtszeit des Angeklagten als Leiter der HVA fort. Noch im Sommer 1989 wurde er bei seinem letzten Führungstreff in Ost-Berlin zum Oberstleutnant im MfS befördert.

Am 20. Juni 1991 verurteilte der Senat von Raussendorff wegen geheimdienstlicher Agententätigkeit in Tateinheit mit Bestechlichkeit zu einer Freiheitsstrafe von sechs Jahren und ordnete den Verfall von 100.000,- DM Agentenlohn an.

f) [Dr. Blau]

Der ehemalige, heute 58jährige Diplomat – zuletzt Vortragender Legationsrat im Auswärtigen Amt – Dr. Hagen Blau wurde während des Studiums der Japanologie und Sinologie an der Freien Universität Berlin Ende der 50er Jahre von einem Mitarbeiter des MfS angesprochen und erklärte sich 1960 nach weiteren, vornehmlich in Ost-Berlin geführten Gesprächen zur geheimdienstlichen Mitarbeit für das MfS bereit. {62}

Obwohl Dr. Blau sich wegen seiner sozialistischen Einstellung nur geringe Chancen für eine Diplomatenlaufbahn ausrechnete, bewarb er sich im August 1960, ermuntert durch seinen MfS-Kontaktmann, um Aufnahme in den diplomatischen Dienst der Bundesrepublik Deutschland und wurde – wider Erwarten – im April 1961 in den Ausbildungslehrgang für den höheren Auswärtigen Dienst aufgenommen. Von diesem Zeitpunkt an erfolgte die nachrichtendienstliche Führung des Zeugen durch Mitarbeiter des für die „Bearbeitung“ des Außenministeriums der Bundesrepublik Deutschland zuständigen Referats 2 der bis November 1975 zum Anleitungsbereich des Angeklagten gehörenden Abteilung I der HVA.

Mit Beginn des Vorbereitungsdienstes im April 1961 kam es ca. zwei- bis dreimal im Jahr zu konspirativen Treffen in Bonn und Umgebung, bei denen Dr. Blau seinem jeweiligen Treffpartner über seinen Ausbildungsstand, die Sicherheitslage und bevorstehende Versetzungen sowie Veränderungen im privaten Bereich, z.B. seinen einjährigen Auslandseinsatz in Kairo, seine nach bestandener Prüfung im Mai 1964 erfolgte Versetzung in das Referat I A 2 sowie seine 1962 in Kairo erfolgte Eheschließung und die Geburt seiner beiden Söhne, berichtete.

Von Februar 1965 bis April 1968 war Dr. Blau als Hilfsreferent im Kultur- und Protokollreferat der deutschen Botschaft in Tokio eingesetzt. Während dieses Einsatzes kam es wegen der großen Entfernung zur Zentrale des MfS und wegen des für die MfS-Mitarbeiter bei der Einreise in Japan bestehenden Risikos nur zu zwei Treffs in Tokio, bei denen der Zeuge jeweils mündlich über seinen Arbeitsbereich berichtete.

Dr. Blau hatte das Angebot seiner Treffpartner, ihn für seine Informationen zu entlohnen, in der Vergangenheit mehrfach abgelehnt, weil er bei seiner nachrichtendienstlichen Tätigkeit unabhängig bleiben wollte. Gegen Ende seines Aufenthalts in Japan, möglicherweise auch erst nach seiner Rückkehr nach Bonn, erklärte er sich mit dem Vorschlag seines MfS-Kontaktmannes einverstanden, für ihn in der DDR ein Konto einzurichten, auf {63} das regelmäßig Geldbeträge eingezahlt wurden, über die er jederzeit verfügen könne.

Zu den Aufgaben des Zeugen Dr. Blau nach seiner im April 1968 erfolgten Versetzung in das Pressereferat des Auswärtigen Amtes gehörte zunächst bis zum Regierungswechsel Ende 1969 die pressemäßige Betreuung des damaligen parlamentarischen Staatssekretärs im Auswärtigen Amt Gerhard Jahn. Danach hatte er von 1970 bis Oktober 1971 normale Referatsarbeit zu leisten und bei Bedarf auch an Ministerreisen teilzunehmen; so begleitete er zur Unterstützung des Referatsleiters und als Kontaktperson zwischen Konferenzdelegation und Presse den damaligen Außenminister Scheel zu Sitzungen des Ministerrates der Europäischen Gemeinschaft (EG) nach Brüssel und Luxemburg, zu einer Sitzung des NATO-Rates in Brüssel und zur Konferenz über die Nichtverbreitung von Atomwaffen in Genf.

Die Erkenntnismöglichkeiten des Zeugen im Pressereferat waren für das MfS von ganz besonderer Bedeutung. Nach seiner Rückkehr in die Bonner Zentrale kam es schon bald zu regelmäßigen Treffs in Abständen von etwa 2 Monaten mit nunmehr stets demselben Kontaktmann, der als Instrukteur und Kurier fungierte, auf dem Platz vor dem Bonner Hauptbahnhof. Außerdem fand ein Führungstreff in Ost-Berlin – 1970 oder 1971 – mit dem Zeugen Dähne statt, der in der Zeit von 1970 bis 1974/75 mit der Führung des Vorgangs Dr. Blau betraut war. Während Dr. Blau bisher über sein dienstlich erlangtes Wissen nur mündlich berichtet hatte, übergab er nunmehr auch Filmmaterial, das er mit einer ihm vom MfS ausgehändigten Kamera belichtet hatte. Ihm wurden bei jedem Treff bis zu 10 Filme für jeweils 70 bis 75 Aufnahmen übergeben, die beim nächsten Zusammentreffen komplett ausgetauscht wurden.

Das MfS zeigte sich zwar grundsätzlich an allem interessiert, was Dr. Blau in Erfahrung bringen konnte. Der Zeuge traf jedoch selbst die Auswahl, wobei er einerseits das MfS durch die Lieferung nützlicher und interessanter Informationen zufrieden-{64}stellen, andererseits aber einen Schaden für die Bundesrepublik Deutschland nach Möglichkeit zu vermeiden suchte. So weigerte er sich, ihm zugängliche Verschlußsachen zu fotografieren oder mitzubringen sowie Kollegen und Vorgesetzte zu charakterisieren. Seine Führungsstelle akzeptierte diese Beschränkung, ohne jemals Druck auf ihn auszuüben, forderte ihn aber häufiger auf, mehr zu liefern, und zeigte sich gelegentlich über die gelieferten Informationen enttäuscht. Bei Gesprächen mit seinem Treffpartner legte Dr. Blau besonderes Gewicht auf die Darstellung der damaligen internen Meinungsbildung innerhalb der Bundesregierung und ihrer Zielvorstellung in der Ostpolitik, insbesondere im Zusammenhang mit den Verhandlungen über die „Ostverträge" mit der Sowjetunion, mit Polen und der DDR. Dabei berichtete er auch über Meinungsverschiedenheiten innerhalb der Regierung.

Während des ersten Jahres seines im November 1971 erfolgten Einsatzes in der deutschen Botschaft in London war Dr. Blau als Botschaftsrat persönlicher Referent des damaligen Botschafters von Hase. Anfang November 1972 wechselte er in das politische Referat der Botschaft, wo er in erster Linie für Fragen der britischen Europapolitik zuständig war, bei der es damals vor allem um den Beitritt Großbritanniens zur EG ging.

Während seiner Tätigkeit in der deutschen Botschaft in London von November 1971 bis Mai 1975 traf sich der Zeuge Dr. Blau mit seinem Kontaktmann alle 3 bis 4 Monate in London an wechselnden Orten. Seinem Treffpartner berichtete er jeweils mündlich vor allem über die Europapolitik und seine Erkenntnisse hinsichtlich der MBFR-Verhandlungen sowie der KSZE-Konferenz.

Mit dem Regierungswechsel in Bonn und nach Abschluß der Ostverträge waren die ideologischen Motive des Zeugen für die Fortsetzung seiner geheimdienstlichen Tätigkeit immer bedeutungsloser geworden. Während seines Einsatzes in der Londoner Botschaft spielte Dr. Blau vorübergehend ernsthaft mit dem Gedan-{65}ken, die nachrichtendienstliche Mitarbeit für das MfS abzubrechen und sich dem Botschafter zu offenbaren.

1973 oder 1971 wurde Dr. Blau zu einem Treff nach Ost-Berlin eingeladen, wo er mit mehreren MfS-Mitarbeitern zusammentraf. Auf dem Wege zu einem südlich von Berlin gelegenen See erfuhr er von seinen Begleitern, daß er den „General" (gemeint war der Angeklagte als damaliger Leiter der HVA) sehen werde. Der Angeklagte kam zu dem Treffen, das der Motivation des Zeugen dienen sollte, hinzu und unterhielt sich etwa 20 Minuten mit Dr. Blau. Er dankte dem „Genossen Blau" für die Mitarbeit und erklärte, die von Dr. Blau gelieferten Informationen aus dem Pressereferat hätten ihm sehr geholfen, seine Interessen gegenüber dem Politbüro durchzusetzen. Er bat ihn, auch weiterhin als „ihr Mann und Berater" zur Verfügung zu stehen. Er teilte dem Zeugen mit, daß diesem ein Verdienstorden der DDR verliehen worden sei. Den Orden konnte Dr. Blau später zusammen mit weiteren ihm bereits früher verliehenen Auszeichnungen auf einem Tisch im Nebenzimmer besichtigen. Unter den vier bis fünf Gesprächspartnern waren zwei dem Zeugen als „großer Werner" bzw. „kleiner Werner" vorgestellte MfS-Angehörige, bei denen es sich um den späteren Nachfolger des Angeklagten Werner Großmann sowie um Dr. Werner Roitzsch handelte, der bis 1983 das für Dr. Blau zuständige Referat 2 der Abteilung I HVA leitete. Beide nahmen in der Folgezeit regelmäßig an den Treffs mit Dr. Blau teil, soweit diese in Ost-Berlin stattfanden.

Nach der erneuten Versetzung des Zeugen Dr. Blau an die deutsche Botschaft in Tokio im Juni 1975 wurde er dort mit der Leitung des politischen Referats betraut. Sein Tätigkeitsbereich betraf allgemeine Fragen der japanischen Außenpolitik, die deutsch-japanischen Beziehungen im politischen Bereich und die Beziehungen Japans zu den

Vereinigten Staaten von Amerika und zur Sowjetunion sowie zu Osteuropa einschließlich der DDR. Über seine im Dienst gewonnenen Erkenntnisse berichtete er seinem Gesprächspartner vom MfS mündlich bei insgesamt vier Treffs in Tokio und einem weiteren Treffen in Hongkong, das er {66} mit einer Urlaubsreise verband, bei der ihn seine spätere zweite Ehefrau, eine Japanerin, begleitete. Zu diesem Treff nahm er Unterlagen – Drahtberichte und Vermerke – über China, Japan und USA mit, die sein Treffpartner im Hotel fotografierte und ihm anschließend zurückgab.

Ein weiteres Treffen, an dem auch Dr. Roitzsch und Werner Großmann teilnahmen, fand im Juli 1977 in Stockholm während des Heimaturlaubs des Zeugen in dem Haus statt, vor dem später der Angeklagte zusammen mit dem Zeugen Dr. Cremer fotografiert wurde.

An der deutschen Botschaft in Wien, an die Dr. Blau im Mai 1978 versetzt wurde, bearbeitete er das Referat für Presse und Öffentlichkeitsarbeit. Er nahm an allen wichtigen Besprechungen der Botschaft teil und war dadurch über den aktuellen Stand der deutsch-österreichischen Beziehungen, die Verhältnisse in den Ländern des Balkans und die in Wien geführten MBFR-Verhandlungen informiert. Ihm standen die zusammenfassenden, als Verschlußsachen eingestuften Berichte zur Verfügung, die dreimal im Jahr, jeweils nach Abschluß der dreimonatigen Verhandlungsperiode, der Botschaft in Wien von der MBFR-Delegation übermittelt wurden und über den Inhalt und den Stand der Verhandlungen Auskunft gaben.

In Wien kam es mit seinem neuen Kontaktmann (Instrukteur/Kurier) „Peter" an verschiedenen Orten zu etwa vier Treffen im Jahr. Später wurde „Peter" durch einen anderen MfS-Mitarbeiter namens „Volker" abgelöst, der bis zum Ende der nachrichtendienstlichen Verbindung der Kontaktmann des Zeugen Dr. Blau blieb. Außerhalb Wiens fand 1980 ein Treff des Zeugen mit MfS-Mitarbeitern in Zagreb statt.

Nach seiner Tätigkeit in Wien wurde Dr. Blau in die Bonner Zentrale zurückgerufen, wo er im Juli 1982 seine Arbeit als stellvertretender Leiter des Ostasien-Referats aufnahm, in dem er speziell für die Länder Japan sowie Nord- und Südkorea {67} zuständig war. In dieser Zeit verstärkten sich seine Kontakte mit „Volker". Treffen fanden nun alle zwei bis drei Monate, jeweils am Samstag, statt. Treffort war zunächst die Domplatte in Köln, später der dortige Barbarossaplatz oder der Platz vor dem Theater in Düsseldorf. Der Zeuge fotografierte – wiederum nur zu Hause – ihm für das MfS interessant erscheinende, nicht eingestufte Dokumente, insbesondere Unterlagen über die Volksrepublik China, über Japan und die Sowjetunion, sowie den wesentlichen Inhalt der von ihm selbst zur Vorbereitung von Staatsbesuchen zusammengestellten Gesprächsmappen. „Volker" sprach ihn auf seine 1982 erfolgte Ehescheidung und seine Wiederverheiratung Ende Januar 1983 an und fragte ihn, ob seine neue Ehefrau in die nachrichtendienstliche Tätigkeit einbezogen werden könne, was Dr. Blau jedoch ablehnte.

Von Mitte Juni 1986 bis Ende März 1990 war Dr. Blau an der deutschen Botschaft in Colombo (Sri Lanka) als ständiger Vertreter des Botschafters und Sicherheitsbeauftragter tätig und setzte auch während dieser Zeit seine Verratstätigkeit fort. Nach seiner Rückkehr in die Zentrale wurde Dr. Blau dem Planungsstab des Auswärtigen Amtes zugewiesen.

Durch Urteil des Senats vom 15. November 1990 wurde Dr. Blau wegen geheimdienstlicher Agententätigkeit in Tateinheit mit Bestechlichkeit zu einer Freiheitsstrafe von sechs Jahren verurteilt.

Der Angeklagte wirkte an dem operativen Vorgang Dr. Blau in den Jahren bis 1975, in denen die Abteilung II ihm zur Anleitung unmittelbar unterstellt war, durch Bestätigung des jährlichen u.a. Dr. Blau betreffenden Arbeitsplans der Abteilung einschließlich der im Plan vorgesehenen Instrukteurverbindung sowie des Angebots, für Dr. Blau Geld auf ein Konto einzuzahlen, ferner durch persönliche Teilnahme an einem Führungstreff, bei dem er Dr. Blau für seine wertvollen, gegenüber dem Politbüro verwendeten Informationen dankte, ihn auszeichnete und ihn zu weiterer Mitarbeit motivierte, verantwortlich mit. {68}

g) [Gröndahl]

Der heute 52jährige Regierungsdirektor Knut Gröndahl lernte während seiner Studienzeit in Freiburg 1966 einen angeblichen Wissenschaftsjournalisten namens „Wolfgang Salzmann“ kennen, der tatsächlich Wolfgang Hartmann hieß und Hauptamtlicher Inoffizieller Mitarbeiter (HIM) der Abteilung I der HVA mit dem internen Decknamen „Karl-Heinz“ war. Knut Gröndahl, seit 1966 SPD-Mitglied und ein engagierter Verfechter einer offensiven Ost-Politik, schätzte „Salzmann“, für den er auf dessen Bitten in der Folgezeit einige Bibliographien zur Hochschul- und Studienreform erstellte, als linken Intellektuellen und Diskussionspartner.

Die Verbindung zu Gröndahl, die „Salzmann“ in den nächsten Jahren aufrechterhielt, wurde enger, als Knut Gröndahl am 1. März 1972 nach bestandenem juristischem Assessor-Examen eine Anstellung als Hilfsreferent im Bundesministerium für innerdeutsche Beziehungen (BMB) in Bonn fand. Im Frühjahr 1973 – Gröndahl wurde mittlerweile in dem für die nachrichtendienstliche Bearbeitung des BMB zuständigen Referat 5 der Abteilung I unter der damaligen Leitung von Karl Stöckigt geführt – hielt Wolfgang Hartmann die Zeit für gekommen, seine Tarnung als angeblicher freier Journalist aufzugeben. Seine Eröffnung, er sei tatsächlich wissenschaftlicher Mitarbeiter des IPW (Institut für Politik und Wissenschaft beim ZK der SED), verstand Gröndahl, der sich bereits in der Vergangenheit über dessen uneingeschränkte Reisemöglichkeiten in den Westen gewundert hatte, zutreffend dahin, daß „Salzmann“ an das MfS angebunden war. Gleichwohl hielt er den Kontakt aufrecht und lieferte in der Folgezeit aus ideologischer Motivation und in der Hoffnung, zu einer Verbesserung des Verhältnisses der beiden deutschen Staaten beitragen zu können, bei drei- bis viermal jährlich stattfindenden Treffs mit „Salzmann“ in Köln und Bonn Verratsmaterial aus seinem beruflichen Umfeld. Dabei handelte es sich u.a. um Statistiken und Vermerke zu den Themen Reise-, Besuch- und Transitverkehr, mit denen Gröndahl als Mitarbeiter des Referates II 3 in der Abteilung II (politische Abteilung) des BMB anfänglich befaßt war. Neben eigenen Einschätzungen von {69} politischen Vorgängen, Jahresberichten des BMB und Presseveröffentlichungen des Ministeriums übermittelte er ab 1978/79, als er in das Referat II 1 gewechselt war, Material aus dessen Arbeitsbereich. Als Politisches Grundsatzreferat, dessen Leiter Gröndahl 1982 wurde, war es insbesondere zuständig für die Koordinierung der Verhandlungen zwischen der Bundesrepublik Deutschland und der DDR, für die Abstimmung zwischen den Fachreferaten der jeweils betroffenen Ministerien und dem Bundeskanzleramt sowie für die Öffentlichkeitsarbeit.

Als Gröndahl zur Vorbereitung des für 1984 geplanten Honecker-Besuchs den Auftrag erhielt, eine Themenmappe namentlich zur innenpolitischen, außenpolitischen und wirtschaftlichen Lage der DDR und zum allgemeinen Stand der Beziehungen zu ihr zu fertigen, lieferte er seinen nachrichtendienstlichen Auftraggebern Kopien von insgesamt etwa 15 von ihm zu diesen Themenbereichen in Abstimmung mit anderen Fachreferaten erarbeiteten Vermerken.

Im Sommer 1975 – Gröndahl war mehr und mehr unzufrieden mit dem Verlauf der politischen Diskussionen mit „Salzmann" – kam man in der Führungsstelle nach entsprechenden Berichten von „Karl-Heinz" zu dem Ergebnis, daß ein Treffen zwischen dem Angeklagten und Gröndahl ratsam sei, um diesen für eine weitere nachrichtendienstliche Mitarbeit zu motivieren. Eine solche Zusammenkunft mit dem Leiter der HVA sollte Gröndahl den Eindruck einer besonderen Wertschätzung seiner Auftraggeber vermitteln. Der Angeklagte billigte diesen ihm vom Leiter des Referats I/5, Karl Stöckigt, über Werner Gröndahl, den zuständigen Leiter der Abteilung, vorgelegten Plan und es kam im Sommer in der Nähe von Linz/Österreich in einem Bungalow zu dem geplanten Treffen, an dem auch „Karl-Heinz" und Karl Stöckigt teilnahmen.

Stöckigt, dem die organisatorische und sicherungsmäßige Vorbereitung zukam, war bereits einige Tage zuvor angereist und hatte zusammen mit dem Angeklagten den Bungalow in Augenschein genommen und dessen Eignung für das Treffen geprüft. Gröndahl, der mit dem Flugzeug über Wien angereist und dort von „Karl-{70}Heinz" und Stöckigt mit einem PKW abgeholt worden war, unterhielt sich während der etwa vierstündigen Zusammenkunft mit dem Angeklagten zunächst über literarische Themen, darunter auch über die vom Vater des Angeklagten verfaßten Bücher. Der Angeklagte, der auch Anekdoten aus der Nachkriegszeit und den Anfängen der DDR zum besten gab, verfiel in Funktionärsdeutsch, sobald Gröndahl auf Themen wie die Liberalisierung des Reiseverkehrs, Handhabung der Berlin-Regelung und die Pressefreiheit zu sprechen kam, und verwendete insoweit DDR-typische Vokabeln und Schlagworte. Daß der politische Teil des Gespräches mit dem Angeklagten für ihn eher frustrierend und enttäuschend gewesen sei, berichtete Gröndahl seinem Instrukteur „Karl-Heinz" bei einem einige Monate später durchgeführten Treff.

Die Führung Gröndahls war Gegenstand der Jahresarbeitspläne der Abteilung, die der Angeklagte bis 1975 bestätigte.

Etwa Ende 1978 Anfang 1979 wurde „Karl-Heinz" durch „Uli" abgelöst, mit dem sich Gröndahl in der Folgezeit nach bewährtem Muster traf. Zusätzlich kam es Anfang der 80er Jahre mit „Uli" zu Auslandstreffs in Venedig und Mailand. Ein in Wien verabredetes Treffen mußte „Uli" kurzfristig absagen. Gleichwohl fand sich Gröndahl in Wien ein; wie bei den Reisen nach Venedig und Mailand wurde er auch jetzt von seiner Ehefrau begleitet. Die Reisekosten in Höhe von jeweils etwa 2.000,- DM erhielt Gröndahl, der im übrigen keinen Agentenlohn, sondern – neben Weihnachts- und Geburtstagsgeschenken – nur Auslagenersatz kassierte, von seiner Führungsstelle ersetzt. Zu weiteren Auslandstreffs, die die nachrichtendienstliche Motivation Gröndahls stärken sollten, kam es 1983/84 in Paris und Kopenhagen, diesmal allerdings ohne dessen Ehefrau.

Von 1986 bis 1988, als Gröndahl auf sein Betreiben, aber gegen den Wunsch seiner Führungsstelle, an die Ständige Vertretung der Bundesrepublik in Ost-Berlin versetzt war und dort das Referat 11 (Politische Analyse/Innenpolitik) leitete, kam es zu gelegentlichen Treffs mit „Uli" entweder in West- oder Ost-{71}Berlin. Nach seiner Rückkehr ins BMB traf sich Gröndahl im Sommer 1989 noch zweimal mit „Uli" in Köln. Eine letzte Zusammenkunft fand im Frühjahr 1990 in Ost-Berlin statt.

h) [Pauli]

Aus dem diplomatischen Dienst der Bundesrepublik kam auch der Oberamtsrat Ludwig Pauli. Mitte der 50er Jahre geworben und fortan durch Mitarbeiter der Abteilung I unter dem Decknamen „Adler" geführt, belieferte er die HVA aus seinem jeweiligen Arbeitsbereich im Auswärtigen Amt sowie (General-)Konsulaten der Bundesrepublik in Edinburgh, Palermo und Liverpool mit Informationen.

Der Angeklagte, der an dem Vorgang bis 1975 durch Bestätigung der Jahresarbeitspläne der Abteilung mitgewirkt hat, nahm auch hier durch persönliche Teilnahme an einem Führungstreff Ende der 70er Jahre in Eichwalde Einfluß, bei dem er in Gegenwart von Dr. Werner Roitzsch, Leiter des für die Ausspähung des Auswärtigen Amtes zuständigen Referats I 2, Bernhard Schorm, dem stellvertretenden Leiter der Abteilung I, und Werner Großmann, stellvertretender Leiter der HVA, Pauli dankte und ihn zwecks Motivierung zu weiterer Mitarbeit durch Erzählungen über seine Jugendzeit im Exil, die literarischen Werke seines Vaters und die Filme seines Bruders auszeichnete.

II. Abteilung II

1. [Struktur, Aufgaben]

Diese bis 1975 der Anleitung des Angeklagten unterstellte Abteilung, die zuletzt nur noch für die Ausspähung der „Parteien und gesellschaftlichen Organisationen der BRD" zuständig war, bestand aus 7 Referaten:

Referat 1 – CDU/Kirchen
Referat 2 – FDP/Rep
Referat 3 – PiD/Landsmannschaften
Referat 4 – SPD {72}
Referat 5 – Gewerkschaften
Referat 6 – Grüne/AL
Referat 7 – OAG Kaderwerbung.

2. [Die einzelnen Fälle]

In dieser Abteilung wurde der bereits dargestellte nachrichtendienstliche Vorgang

a) Christa T.

(vgl. B II 8a) geführt, an dem der Angeklagte durch maßgebende Entscheidungen unmittelbar und verantwortlich mitwirkte. Darüber hinaus wurden von dieser Abteilung die Agenten Porst, Guillaume, Borm/Ru., Bretschneider/Dr. Meyer, Dr. Cremer und Olbrich geführt.

b) [Porst]

Der Nürnberger Fotokaufmann und Unternehmer Hannsheinz Porst geriet Anfang der 50er Jahre bei einer Reihe von Besuchen in Wandlitz bei seinem in Ost-Berlin in einem Ministerium beschäftigten Vetter Karl B. in Kontakt mit Mitarbeitern des IWF bzw. der HA XV des SfS. Karl B., ein überzeugter Kommunist, hatte diese Verbindung hergestellt, nachdem er in vielen politischen Gesprächen und Diskussionen mit seinem Vetter erkannt hatte, daß diesem besonders an einer Überwindung des Ost-West-Konflikts und einem besseren Miteinander beider deutscher Staaten gelegen war. Hannsheinz Porst erkannte bald, was ihm sein Vetter im übrigen ausdrücklich bestätigte, daß es sich bei den neuen Gesprächspartnern um Mitarbeiter des Staatssicherheitsdienstes handelte, ohne daran Anstoß zu nehmen. Nach einigen Treffs zwischen Porst, der in ideologischer Hinsicht durchaus Sympathie für das SED-Regime hegte, und den Mitarbeitern des IWF/SfS, die sich von Porst allgemeine Einblicke in die politischen und wirtschaftlichen Verhältnisse der Bundesrepublik versprachen, kam es Anfang 1955 im Hause seines Vetters in Wandlitz zu einer Begegnung mit dem Angeklagten, der ihm von Karl B. unter seinem Klarnamen als Leiter des Sicherheitsdienstes der DDR vorgestellt wurde. Anlaß dieses Treffens war der zuvor von {73} Porst geäußerte Wunsch nach einer Aufnahme als Kandidat in die SED, dem durch das Erscheinen des Angeklagten eine besondere Bedeutung verliehen werden sollte. Porst unterschrieb bei dieser Gelegenheit eine Erklärung, in der er sich verpflichtete, unter anderem für die Sicherung des Friedens einzutreten und den Faschismus zu bekämpfen.

Die Zusammenkunft benutzte der Angeklagte, Porst in dessen Absicht zu bestärken, in die FDP einzutreten. Porst sah in der FDP die bundesdeutsche Partei, von der er glaubte, daß sie seinen deutschlandpolitischen Vorstellungen am nächsten käme. Mit dem Angeklagten kam er überein, sich durch großzügige Parteienfinanzierung einen Namen als „Mäzen“ der FDP zu machen, auf diese Weise Beziehungen zu Spitzenpolitikern der FDP zu knüpfen, sich einen umfassenden Einblick in die Politik der FDP zu verschaffen und darüber zu berichten.

Absprachegemäß wurde Hannsheinz Porst im Februar 1955 Mitglied der FDP und begann seine Position in der Partei durch großzügige Unterstützungen, auch in Form von Begleichung der Büromieten für Geschäftsstellen der FDP und Bezahlung von Bürokräften, aufzubauen. Zu diesen Kräften gehörte der – zwischenzeitlich verstorbene – Manfred P., der, wie der Angeklagte und Porst bei ihrer Begegnung Anfang 1955 besprochen hatten, vom IWF einige Zeit später in die Bundesrepublik übergesiedelt und in einer der Porst-Firmengruppe angehörenden Druckerei in Nürnberg eingestellt wurde. Tatsächlich hatte Porst entsprechend der Absprache mit dem Angeklagten die alleinige Aufgabe, Porst die Parteiarbeit innerhalb der FDP abzunehmen, und erledigte dann für diesen auch bald sämtliche parteibezogenen Routinearbeiten. In der Folgezeit wurde Porst seiner Rolle als Mäzen der mittelfränkischen FDP auch dadurch gerecht, daß er FDP-Politikern wie Thomas und Klaus Dehler, von Loeffelholz und Dr. Haas 1958 als „Entschädigung“ für finanzielle Aufwendungen im Zusammenhang mit dem Bundestagswahlkampf 1957 Geldbeträge zwischen 1.000,- DM und 5.000,- DM zukommen ließ, die er später nach Bewilligung des Angeklagten von der HVA erstattet bekam. {74}

Beim zweiten Zusammentreffen Porsts mit dem Angeklagten am 2. Mai 1958, wieder im Hause Karl B.'s in Wandlitz, kam es, nachdem seine dreijährige Kandidatur abgelaufen war, zu seiner feierlichen Aufnahme in die SED. Seinen monatlichen Parteibeitrag zahlte er fortan an Manfred P., der ihn an das MfS weiterzuleiten hatte. P. kam auch die Aufgabe zu, schriftliches Verratsmaterial an die Führungsstelle zu übermitteln, während Porst selbst dem Angeklagten oder bei zusätzlichen Treffs anderen Mitarbeitern der HVA, darunter einem „Kurt", mündlich über seine Gespräche mit FDP-Politikern berichtete.

In der Folgezeit stieg Hannsheinz Porst in der Hierarchie der Partei auf und wurde im Juni 1959 zum stellvertretenden Vorsitzenden des FDP-Bezirksverbandes Mittelfranken in Nürnberg gewählt. Bei einem weiteren Treffen im Jahre 1960 in Ost-Berlin erhielt Porst aus der Hand des Angeklagten einen Orden; Gesprächsthema war mit Blick auf die Bundestagswahl 1961 die künftige parteipolitische Kräfteverteilung in der Bundesrepublik. Porst und der Angeklagte waren sich in ihrer Analyse einig, daß die CDU die absolute Mehrheit verlieren und einen Koalitionspartner brauchen werde, als der sich die FDP anböte. Innerhalb der FDP war nach ihrer übereinstimmenden Einschätzung Dr. Mende derjenige Politiker, dem beide am ehesten zutrauten, eine von ihnen favorisierte Politik der Anerkennung der Oder-Neisse-Linie und Aufgabe der Hallstein-Doktrin zu betreiben. Porst und der Angeklagte kamen daher überein, daß Porst sein finanzielles Engagement in der FDP noch verstärken und seinen seit einiger Zeit bestehenden persönlichen Kontakt zu Dr. Mende intensivieren sollte.

Gemäß dieser Absprache übernahm Hannsheinz Porst den Druck des gesamten Wahlkampfmaterials der FDP für die Bundestagswahl 1961 – Bruttokosten ca. 1 Million DM –, gewährte der Partei einen Nachlaß von 300.000,- DM, wovon ihm auf seinen Wunsch nach Bewilligung des Angeklagten ein Betrag von etwa 75.000,- DM durch die HVA erstattet wurde, und bemühte sich verstärkt und mit Erfolg um ein engeres Verhältnis zu Dr. Mende, mit dem er Anfang 1961 Duzfreundschaft schloß und den er gemäß dem Wunsch {75} des Angeklagten für die Übernahme eines Ministerpostens im Gesamtdeutschen Ministerium zu interessieren versuchte. Den Vorschlag des Angeklagten, sich selbst um ein Ministeramt zu bewerben, lehnte Porst ab.

Die guten Kontakte zu Dr. Mende, der 1963 als Vizekanzler und Minister für Gesamtdeutsche Fragen in das Kabinett Erhard eintrat, führten dazu, daß der FDP-Politiker Porst 1962 anläßlich eines privaten Besuches eine Studie des Journalisten Schollwer zeigte, die als Entwurf für eine neue politische Konzeption der Deutschlandpolitik der FDP gedacht war. Diese vertrauliche Studie, die unter anderem eine Anerkennung der DDR und der Oder-Neisse-Linie sowie für Berlin den Status einer Freien Stadt vorschlug, erschien Porst, mit dessen politischen Vorstellungen sie im wesentlichen übereinstimmte, für seine Gesprächspartner in der HVA so interessant, daß er sie insgeheim ablichtete und Manfred P. zur Weiterleitung übergab.

Außer über den Inhalt der Gespräche mit Dr. Mende berichtete Porst gegenüber dem Angeklagten bzw. dessen Mitarbeitern insbesondere über Diskussionen mit den FDP-Politikern Scheel, Flach, Doering und Dr. Starke, in deren Mittelpunkt unter anderem der Rapacki-Plan[23], der Mauerbau, Kultur- und Sportaustausch, Passierscheinverhandlungen, Gefangenenaustausch, [die] Generallinie der FDP und deren Haltung zur DDR standen.

Für seine zehnjährige Mitarbeit zeichnete der Angeklagte Hannsheinz Porst anläßlich eines Treffens in Budapest im März 1963 mit einem Orden aus. Eine zuvor für den

Sommer 1961 in Moskau verabredete Begegnung war wegen einer Verhinderung des Angeklagten nicht zustandegekommen; an seiner Stelle waren dazu „Herbert“ und „Kurt“, Mitarbeiter der HVA, erschienen. Eine letzte Zusammenkunft zwischen Porst und dem Angeklagten fand im Oktober 1965 in Berlin statt. Porst war inzwischen resignierend zu der Einsicht gelangt, daß seine politischen Wünsche, zu denen auch – demokratische – Veränderungen in der DDR gehörten, nicht zu realisieren seien. Bis dahin war es dem Angeklagten immer wieder gelungen, in Porst, der schon seit {76} geraumer Zeit Zweifel an der Durchführbarkeit seiner politischen Vorstellungen geäußert hatte und eigentlich die Zusammenarbeit mit dem MfS beenden wollte, stets neue Hoffnungen zu wecken und ihn so zur weiteren Mitarbeit zu bewegen.

Am 8. Juli 1969 verurteilte der Bundesgerichtshof Hannsheinz Porst wegen verräterischer Beziehungen (§ 100e Abs. 1 StGB a.F.[24]) zu einer Freiheitsstrafe von zwei Jahren und neun Monaten.[25]

c) [Guillaume]

aa) Im Mai 1956 wurde der gelernte Fotograf Günter Guillaume, seit September 1955 HIM der Abteilung II der damaligen HA XV des SfS, zusammen mit seiner Ehefrau Christel unter Federführung seines damaligen Führungsoffiziers Paul Laufer mit der vom Angeklagten bestätigten Aufgabe in die Bundesrepublik nach Frankfurt/Main übergesiedelt, die SPD auszuspähen. Konkret bestand sein operativer Auftrag zunächst darin, nach einer Eingewöhnungszeit und Anpassung an das Leben in der Bundesrepublik als Resident zwei in der Bundesrepublik wohnhafte, für die HVA im Bereich der SPD tätige Quellen zu führen. Zugleich sollte er seine Ehefrau, die sich alsbald weisungsgemäß und mit Erfolg um eine berufliche Anstellung bei der SPD im Bezirk Hessen-Süd bemühte und den jeweiligen SPD-Bezirksvorsitzenden in Hessen für die HVA abschöpfen sollte, als Instrukteur anleiten. Die Informationen, die Guillaume von beiden Quellen erhielt, sowie die Berichte seiner seit dem 1. Januar 1959 als Sekretärin für den Bezirksvorsitzenden Hessen-Süd tätigen Ehefrau leitete er über „tote Briefkästen“ (TBK) und Kuriere an die HVA weiter oder berichtete selbst anläßlich mehrerer Führungstreffs in Ost-Berlin seinem Führungsoffizier Laufer über die Erkenntnisse seiner Quellen und die Abschöpftätigkeit seiner Ehefrau. Mindestens zweimal, zuletzt Ende 1964, nahm an diesen in einem Gästehaus des Leiters der HVA in Berlin-Karolinenhof stattfindenden Treffs auch der Angeklagte teil. {77}

Neben seiner nachrichtendienstlichen Tätigkeit bemühte sich Guillaume, der zusammen mit seiner Ehefrau im September 1957 in die SPD eingetreten war, mit Erfolg, innerhalb der SPD des Bezirkes Hessen-Süd in ein leitendes Parteiamt zu gelangen, ohne hierzu von seiner Führungsstelle angewiesen worden zu sein. Am 1. April 1964 wurde er zum Geschäftsführer des Unterbezirks Frankfurt am Main bestellt. Die damit verbundene zeitliche Inanspruchnahme führte indes bald zu Schwierigkeiten bei der Wahrnehmung seiner nachrichtendienstlichen Aufgaben und war dann auch Gegenstand der Erörterung bei dem Ende 1964 in Anwesenheit des Angeklagten durchgeführten Führungstreff in Ost-Berlin. Gemeinsam überlegte man, wie die durch die Ernennung Guillaumes zum Geschäftsführer entstandene neue Situation mit größtmöglichem Nutzen für die HVA gestaltet werden könnte. Der Angeklagte kam bei der in diesem Zusammenhang von ihm vorgenommenen Analyse der aktuellen bundesdeutschen Politik zu dem Schluß, daß die Ära Adenauer sich dem Ende zuneige und in naher Zukunft damit zu rechnen sei, daß die SPD in Bonn Regierungsverantwortung übernehmen werde. Daran anknüpfend entwickelte er den Plan, Guillaume solle nähere Kontakte zu aussichtsreichen Aspiranten aus dem Unterbezirk Frankfurt für ein Ministeramt knüpfen. Diese Konzeption des Angeklagten zielte darauf ab, Guillaume möglichst in eine Position zu bringen, in der er Zugang zu geheimen Regierungsunterlagen und Staatsgeheimnissen der Bundesrepublik bekommen konnte. Seine Residententätigkeit sollte Guillaume, so beschied ihn Paul Laufer am Ende des Führungstreffs, von nun an nicht mehr wahrnehmen.

Entsprechend der vom Angeklagten aufgezeigten Perspektive begab sich Guillaume in der Folgezeit auf die Suche nach einem SPD-Politiker, in dessen Gefolge er in Bonner Regierungskreise aufrücken zu können hoffte. Seine Wahl fiel auf den von ihm auch persönlich geschätzten Bundestagsabgeordneten Georg Leber, in dessen Frankfurter Wahlkreis er alsbald – 1965 – mit Erfolg für das Amt des Wahlkreisbeauftragten kandidierte. Guillaume, der 1968 neben seiner Wahl in die Stadtverordnetenversammlung {78} auch zum hauptamtlichen Geschäftsführer der SPD in Frankfurt/Main bestellt worden war, erwartete, daß Georg Leber, der für seinen Wahlkreissprecher Sympathien hegte, seinen aktiven Einsatz für ihn honorieren und ihm bei einem Wahlsieg der SPD eine Anstellung in einem von ihm geführten Ministerium vermitteln werde, zum Beispiel in dem von ihm schon während der Zeit der Großen Koalition geleiteten Verkehrsministerium. Diese Zielvorstellung Guillaumes wurde von seiner Führungsstelle geteilt. Bereits während des Wahlkampfes begann Guillaume zielstrebig durch entschlossenes Eintreten für den als Vertreter des rechten Flügels der SPD geltenden Leber auf den geplanten beruflichen Übergang nach Bonn hinzuarbeiten. Durch seinen Einsatz für Leber setzte er sich in Widerspruch zu den Anhängern des linken Flügels der Partei im Frankfurter Raum, dessen exponiertester Vertreter damals Karsten Voigt war, mit der Folge, daß seine Stellung dort zunehmend schwieriger wurde. Dies ließ er sowohl gegenüber Leber als auch dem ihm seit 1964 bekannten und seit Herbst 1969 im Bundeskanzleramt tätigen, ebenfalls dem rechten Flügel der SPD zugerechneten Dr. Ehrenberg durchblicken. Seit seiner Ernennung zum Wahlkreisbeauftragen Georg Lebers wurden Führungstreffs in Ost-Berlin nicht mehr verabredet. Das von Guillaume beschaffte Verratsmaterial, darunter schriftliche Berichte über die Stimmungslage in der SPD Hessen-Süd sowie Parteitagsprotokolle, übermittelte er seiner Führungsstelle entweder weiterhin über tote Briefkästen oder übergab es einem von ihm per Postkarte – gerichtet an eine Deckadresse in Ost-Berlin – angeforderten Kurier/Instrukteur mit dem Decknamen „Heinz“ und ab 1970 dem Kurier-Ehepaar „Arno“ und „Nora“.

Nach der für die SPD und Leber erfolgreich verlaufenen Bundestagswahl 1969 kam dieser mit dem zum Abteilungsleiter im Bundeskanzleramt berufenen Dr. Ehrenberg überein, Guillaumes Einsatz im Wahlkampf dadurch zu honorieren, daß ihm innerhalb der von Dr. Ehrenberg geleiteten Abteilung III des Bundeskanzleramtes, zuständig für Wirtschafts-, Finanz- und Sozialpolitik, die Stelle eines Verbindungsreferenten zu den Gewerkschaften {79} und anderen gesellschaftlichen Gruppen übertragen werden sollte. Die zum 1. Januar 1970 vorgesehene Anstellung als Hilfsreferent, die von Guillaume und seiner Führungsstelle hocherfreut zur Kenntnis genommen worden war, verzögerte sich allerdings, als bei einer routinemäßigen Sicherheitsüberprüfung vom BND Bedenken wegen der früheren Tätigkeit Guillaumes im Ost-Berliner Verlag „Volk und Wissen“ geltend gemacht wurden. Erst nach einer Befragung durch den damaligen Chef des Bundeskanzleramtes, Prof. Dr. Ehmke, wurde Guillaume dann mit Anstellungsvertrag vom 28. Januar 1970 in das Bundeskanzleramt übernommen und im Sommer 1970 als selbständiger Referent in die Verbindungsstelle des Bundeskanzleramtes zu Parlament, Parteien, Kirchen und Verbänden versetzt. In Übereinstimmung mit seiner Führungsstelle verlegte er nunmehr zusammen mit seiner Ehefrau den Wohnsitz von Frankfurt/Main nach Bonn.

Als im September 1972 der damalige Parteireferent des Bundeskanzlers, Reuschenbach, sich für die Durchführung des Wahlkampfes für ein eigenes Bundestagsmandat von seiner Tätigkeit im Bundeskanzleramt beurlauben ließ, schlug er dem Bundeskanzler den Zeugen Guillaume als geeigneten Nachfolger vor, der in der Tat dann im Oktober 1972 in das Kanzlerbüro aufstieg, wo er sich neben seinem bisherigen Arbeitsbereich zusätzlich um die Aufgaben und Verbindungen des Bundeskanzlers in seiner Eigenschaft als Parteichef und Bundestagsabgeordneter zu Partei und Fraktion zu kümmern hatte. Als Parteireferent bildete Guillaume im Kanzlerbüro eine eigene „Arbeitseinheit“, die dem persönlichen Referenten des Bundeskanzlers und Leiter des Kanzlerbüros Dr. Wilke unterstand. Sein Arbeitsbereich umfaßte namentlich die Vorbereitung und technische Durchführung von Wahlkampf- und sonstigen Besuchsreisen, die der Bundeskanzler als Vorsitzender der SPD unternahm. Zudem hatte er den Bundeskanzler auf Informations- und Wahlkampfreisen sowie regelmäßig bei dessen Arbeitsbesuchen im Parteihaus zu begleiten und zusammen mit dem Kanzler an Sitzungen der Bundestagsfraktion und des Parteivorstandes teilzunehmen. Die Erkenntnisse und Informationen, die Guillaume durch seine Tätigkeit dabei zuflossen, {80} übermittelte er per Kurier an seine Führungsstelle. Sie gelangten wegen der Bedeutung der Quelle Guillaume und ihrer Plazierung im Kanzlerbüro auch zur Kenntnis des Angeklagten.

bb) Ende Juni 1973 trat der Bundeskanzler einen Urlaub in Hamar in Norwegen an. Da sein persönlicher Referent Dr. Wilke zur gleichen Zeit Urlaub nahm und dessen Stellvertreter Dr. Schilling im Kanzlerbüro nicht abkömmlich war, wurde für die Dauer des Urlaubsaufenthaltes des Bundeskanzlers in Norwegen dem Zeugen Guillaume die Wahrnehmung der Aufgaben des persönlichen Referenten übertragen. Davon erhielt auch der Angeklagte Kenntnis, nachdem Guillaume umgehend seiner Führungsstelle von dieser unerwarteten Gelegenheit Mitteilung gemacht hatte.

Einige Wochen zuvor, am 29. Mai 1973, hatte der Präsident des Bundesamtes für Verfassungsschutz (BfV), Dr. Nollau, den damaligen Bundesminister des Innern, Genscher, in Gegenwart von dessen Büroleiter Dr. Kinkel davon in Kenntnis gesetzt, daß gegen Günter Guillaume Verdachtsmomente vorlägen, die auf eine Agententätigkeit für die DDR schließen ließen. Zur Begründung dieses Verdachts nannte Dr. Nollau zum einen eine Lücke von fünf Monaten im Lebenslauf Guillaumes für eine Zeit vor seinem Übertritt in die Bundesrepublik; zum anderen verwies er auf bestimmte Erkenntnisse aus einer besonderen nachrichtendienstlichen Methode. Dahinter verbarg sich ein Erfolg der bundesdeutschen Behörden, denen es gelungen war, Funksprüche der HVA an ihre in der Bundesrepublik tätigen Agenten zu entschlüsseln, darunter zwei im Jahre 1960 aufgefangene Funksprüche, die Geburtstagsgrüße enthielten und zu den Geburtsdaten von Günter und Christel Guillaume paßten, sowie ein weiterer Funkspruch mit einem Geburtstagsglückwunsch für einen „zweiten Mann", passend zum Geburtstag des Sohnes der Guillaumes.

Alle drei Gesprächspartner waren sich in der Einschätzung einig, daß die von Dr. Nollau vorgetragenen Verdachtsmomente für die Einleitung eines Ermittlungsverfahrens nicht ausreichten, zumal sich kurz zuvor in einem gleichgelagerten Fall ein {81} aufgrund jener nachrichtendienstlichen Methode entstandener Verdacht als falsch erwiesen hatte. Gleichwohl entschloß sich Genscher aber entgegen dem Rat Dr. Nollaus, umgehend den Bundeskanzler zu informieren; er und sein Büroleiter Dr. Kinkel stimmten – wie auch Dr. Nollau – darin überein, daß der Verdacht ernstgenommen werden müsse, nicht zuletzt im Hinblick darauf, daß es sich bei dem Verdächtigen um einen engen Mitarbeiter des Bundeskanzlers handelte, auch wenn er nur für dessen Parteiangelegenheiten zuständig war.

Dr. Kinkel fertigte noch am selben Tag einen dreiseitigen „streng geheimen" Vermerk über die Unterredung mit Dr. Nollau, deponierte ihn in seinem Panzerschrank und gab Anweisung, daß der Umschlag nur von ihm oder Genscher geöffnet werden dürfe. Genscher selbst unterrichtete den Bundeskanzler am nächsten Tag vom Inhalt des Gesprächs mit Dr. Nollau und dessen Bitte, Guillaume und dessen Ehefrau observieren zu dürfen, im Arbeitsbereich Guillaumes und in dessen Zuständigkeiten aber keinerlei Veränderungen vorzunehmen, um bei Guillaume keinen Argwohn zu erregen. Der Bundeskanzler teilte die Auffassung seines Innenministers, daß es sich um eine ernste Angelegenheit handele, auch wenn bis zu diesem Zeitpunkt keine gerichtsverwertbaren Beweise vorlagen, und erklärte sein Einverständnis mit der von Dr. Nollau erbetenen Vorgehensweise. Gegen die vorgesehene Verwendung Guillaumes als Begleiter des Bundeskanzlers zu dessen Urlaubsdomizil, von der Genscher im Gespräch mit Brandt erfuhr und über die er den Präsidenten des BfV umgehend informierte, erhob Nollau keine Einwände. Dies teilte Genscher dem Bundeskanzler mit. Guillaume reiste am 30. Juni 1973 per PKW nach Norwegen, zusammen mit seiner Ehefrau, mit der er etwas abseits vom Landhaus des Kanzlers in einem Ferienhaus in Hamar untergebracht wurde. Er hatte sich namentlich um die ständige Verbindung zum Bundeskanzleramt zu kümmern und den gesamten Fernschreibverkehr, der von zwei Technikern des BND verschlüsselt mit dem Bundeskanzleramt geführt wurde, von der in der Nähe des Urlaubsdomizils des Bundeskanzlers eingerichteten Fernschreib-{82}stelle zu übernehmen, dem Bundeskanzler vorzulegen und dessen Entscheidungen entgegenzunehmen.

cc) Die Mehrzahl der während dieses Urlaubs nach Hamar übermittelten Verschlußsachen mit außenpolitischen Inhalten betraf Verhandlungen und Konsultationen zwischen den USA einerseits und den europäischen NATO-Partnern und Frankreich andererseits über eine sogenannte „Atlantische Erklärung" vor dem Hintergrund einer seit Anfang 1973 in Gang gekommenen Diskussion über die Neuordnung des NATO-Bündnisses. Die Entwicklungen in dieser Zeit, insbesondere der Abschluß eines Anti-Atomkriegsabkommens zwischen den USA und der Sowjetunion im Juni 1973, hatten bei den westlichen Verbündeten gewisse Befürchtungen über einen sowjetisch-amerikanischen Bilateralismus wachgerufen, wobei teilweise sogar vom Streben der beiden Supermächte nach einem Kondominium die Rede war. Um solchen Befürchtungen entgegenzuwirken und um das westliche Bündnis zu festigen und mit gemeinsamen Zukunftsperspektiven zu versehen, hatte Dr. Kissinger, der Sicherheitsberater Präsident Nixons, am 23. April 1973 in einer Grundsatzrede in New York 1973 als „das Jahr Europas" proklamiert und den Abschluß einer neuen „Atlantik-Charta" vorgeschlagen.

Die Diskussion zwischen den NATO-Partnern über den Inhalt einer solchen Atlantischen Erklärung trat während des Urlaubs des Bundeskanzlers in Hamar in eine entscheidende Phase. Von den während dieser Zeit in Hamar eingehenden, alle als „VS-geheim" eingestuften Fernschreiben waren u.a. die nachstehend aufgeführten von besonderer Bedeutung:

(1) Am 3. Juli 1973 übermittelte das Kanzlerbüro dem Bundeskanzler durch Fernschreiben *Nr. 59* den Wortlaut eines an ihn gerichteten Briefes des amerikanischen Präsidenten Nixon in englischer Sprache, der vom Absender als „Secret and Personal" gekennzeichnet worden war. In dem Schreiben berichtete Präsident Nixon u.a. zunächst über die Gespräche, die er und {83} Dr. Kissinger mit dem französischen Außenminister Jobert Ende Juni 1973 in San Clemente über die vorgeschlagene Neufassung der Atlantischen Charta geführt hatten. In dem Brief heißt es dazu u.a.:

„Ich glaube, daß meine Unterredung mit Herrn Jobert ebenso wie Dr. Kissingers längeres Gespräch mit ihm darauf hindeuten, daß unsere französischen Freunde bereit sind, sich aktiv an der Formulierung einer Reihe von Grundsätzen für die atlantischen Beziehungen während der kommenden Jahre zu beteiligen. Wir haben dem französischen Außenminister einige unserer Vorstellungen von dem Inhalt einer solchen Deklaration dargelegt, wobei wir besonders hervorhoben, daß wir bereit sind, die nachhaltige Unterstützung der europäischen Einheit und der Entwicklung einer europäischen Identität als eines Eckpfeilers der atlantischen Beziehungen zum Ausdruck zu bringen. Obwohl der Minister andeutete, er wolle diese Angelegenheit noch mit Präsident Pompidou überprüfen, versicherte er uns, daß er uns sehr bald einige französische Vorstellungen zum Inhalt einer Erklärung zukommen lassen werde. Er stellte sehr bestimmt klar, daß die Franzosen nicht daran interessiert seien, diese Bemühungen zu verzögern.
Was das einzuschlagende Verfahren angeht, so würden die Franzosen offensichtlich die Angelegenheit in den kommenden Wochen noch gern bilateral behandeln. Ich glaube, sie möchten Übereinstimmung in einigen Grundfragen auf bilateralem Wege erreichen, ehe multilaterale Mittel ins Spiel gebracht werden. Herr Jobert gab aber zu verstehen, daß es angemessen sei, multilateral vorzugehen, sobald Übereinstimmung in diesen allgemeinen Fragen erzielt sei. Die genaue Verfahrensweise wurde offengelassen. Ich selbst halte es für vorteilhaft, im gegenwärtigen Stadium bilateral vorzugehen, damit die Franzosen dann, wenn das multilaterale Stadium erreicht ist, voll an unseren gemeinsamen Bemühungen teilnehmen."

Weiter schlug Nixon die Benennung von Regierungsbeauftragten vor. Sein Beauftragter Dr. Kissinger könnte zu diesem Zweck später im Juli nach Europa kommen, bevor die Gespräche etwa {84} Anfang September etwa auf multilateraler Ebene fortgeführt würden. Nixon bat daher den Bundeskanzler, für diese Arbeit seinerseits einen Beauftragten zu benennen.

Die Geheimhaltungsbedürftigkeit dieser höchst vertraulichen Überlegungen und Vorschläge zur weiteren Behandlung der amerikanischen Initiative für eine Atlantische Erklärung folgte namentlich aus ihrem politisch besonders delikaten Inhalt, vor allem den Äußerungen Nixons über das beabsichtigte weitere Verfahren und über die den Verbündeten und der NATO zugedachte Rolle. Die Tatsache, daß die geplante Deklaration zunächst persönlich und im engen Kreis vorbereitet, die übrigen Verbündeten und die NATO also zunächst ausgeschlossen werden sollten, war besonders geeignet, unter den Bündnispartnern Zwietracht zu säen. Die Kenntnis dieser Informationen, die vom Präsidenten der Vereinigten Staaten persönlich stammten und damit höchste Autorität genossen, konnte eine fremde Macht in die Lage versetzen, einen Keil in die Bündnissolidarität zu treiben, die zugleich ein Hauptpfeiler deutscher Außen- und Sicherheitspolitik war. Ein potentieller Gegner hätte die Möglichkeit gehabt, durch gezielte Indiskretionen die Glaubwürdigkeit der deutschen Politik zu erschüttern.

(2) Am 17. Juli 1973 leitete das Kanzlerbüro dem Bundeskanzler mit Fernschreiben *Nr. 86* einen von Botschafter Brunner gefertigten 13-seitigen Bericht über die Gespräche zu, die Bundesaußenminister Scheel am 12. Juli 1973 in Washington mit dem amerikanischen Präsidenten Nixon und seinem Sicherheitsbeauftragten Dr. Kissinger geführt hatte. Hauptthema war die von den Amerikanern vorgeschlagene Atlantische Erklärung. Dazu erhielt Scheel zwei amerikanische Arbeitspapiere, die auch bereits der britischen Regierung übergeben worden waren. Nixon und Kissin-{85}ger erläuterten ausführlich die amerikanischen Motive für diese Erklärung. Kissinger betonte:

„Es gehe ... darum, neue Impulse zu geben. Die Sicherheitsfrage sei anders gelagert als früher. Die Sowjetunion verfüge über 1500 Raketen. Dies mache eine Anpassung des strategischen Denkens erforderlich. Außenpolitische Erfolge würden heutzutage in Europa und den USA identifiziert mit Bewegung in Richtung auf die SU. Was unter Freunden geschehe, werde nicht mehr verstanden. Deshalb habe man in Washington das ‚Year of Europe' in die Wege geleitet. Deshalb sei eine Atlantische Erklärung nötig. Die Politik der Entspannung müsse in Harmonie mit der Bündnispolitik gestellt werden. ... Großbritannien sei damit einverstanden, daß eine Deklaration ausgearbeitet werde. ... Frankreich habe Hemmungen aus innenpolitischen Gründen. ... Jobert habe aber versichert, Paris bewege sich, wolle helfen und arbeite an den Problemen der Deklaration.

... Die Verbündeten könnten ... versichert sein, daß er mit keinem Schritt ein sowjetisch-amerikanisches Kondominium fördern werde.

... Die Erklärung müsse Sicherheitsfragen, ökonomische Fragen, den Beitrag der Entspannung zur allgemeinen Stabilität, die Feststellung, daß Entspannungspolitik koordiniert geführt werden muß, und eine klare Beschreibung der neuen europäischen Identität enthalten. Auch müßten das Verhältnis zwischen Nuklear-Schirm und konventioneller Verteidigung, die Sicherheitsbeziehungen USA/Europa und das Verhältnis der atlantischen Politik zur Entspannungspolitik definiert werden. ... Die Deklaration sollte der Stimmung entgegenwirken, daß die Verbündeten sich zusehends voneinander entfernen."

Außenminister Scheel betonte bei diesen Gesprächen die Wichtigkeit der deutsch-französischen Zusammenarbeit und übergab einen vom Planungsstab des Auswärtigen Amtes erarbeiteten Entwurf über Gliederung und Inhalt der Erklärung. Kissinger bemerkte in diesem Zusammenhang: „Die Vereinigten Staaten seien bereit zu einer konkreten Erklärung auf der Linie der deutschen Vorstellungen." {86}

Zum Verfahren äußerte Nixon:

„Die Erklärung müsse in enger Verbindung zwischen den persönlichen Beauftragten der Regierungschefs zustande kommen. (Für die Bundesrepublik: Außenminister Scheel, für Großbritannien: Sir Burke Trend – Sekretär des Ministerrates, für Frankreich: Außenminister Jobert und für die Vereinigten Staaten: Dr. Kissinger)."

Kissinger ergänzte:

„Der Deklarationsentwurf dürfe nicht in die Nato-Maschinerie geraten. Sie würde ihn zu Tode diskutieren.

... In der Erklärung solle die spezielle Rolle der Europäischen Gemeinschaft zum Ausdruck kommen. Die Vereinigten Staaten würden es begrüßen, wenn die Neun als Einheit aufträten."

Weiter heißt es in dem Bericht Botschafter Brunners:

„Kissinger schlug vor, die Deklaration, wenn möglich, für den Nixon-Besuch fertigzustellen. Erfahrungsgemäß müssen solche Dinge in zwei bis drei Wochen fertiggestellt sein. Er bäte daher darum, das in dem Papier des Planungsstabes des Auswärtigen Amts enthaltene Gerüst möglichst bald in eine Prosafassung umzuwandeln. Dieser Text könnte dann vorweg zwischen Washington und uns besprochen werden."

Ein weiteres Thema des Gesprächs Scheel/Kissinger war das amerikanisch-sowjetische Anti-Atom-Abkommen von Washington. Kissinger erläuterte im einzelnen die Überlegungen seiner Regierung für den Abschluß dieses Abkommens sowie die amerikanische Interpretation bestimmter Vertragsartikel. Er betonte:

„Bei Kriegsausbruch würden die Vertragspflichten erlöschen... In Europa sei keine Situation denkbar, in der ein Angriff erfolge, ohne daß damit ein Bruch des Anti-Atom-Abkommens von Washington verbunden sei und damit ein Erlöschen der Vertragspflichten. Die NATO sei durch Artikel 6 des Abkommens (bestehende Verpflichtungen bleiben unberührt) völlig geschützt. Das Abkommen sei nur eine Bremse gegenüber Krisenbeginn in Friedenszeiten ... {87}
Es liege ... nicht im Interesse der Bundesrepublik, Theorien über das Abkommen zu entwickeln, die falsch seien und der Bundesrepublik schadeten. Das Abkommen schaffe zum ersten Mal ein Recht auf nukleare Verteidigung auch bei konventionellem Angriff."

Nixon unterstrich in diesem Zusammenhang:

„Für die Vereinigten Staaten hätten die atlantischen Beziehungen Vorrang vor denen zur Sowjetunion und zu China."

Außerdem äußerte sich Kissinger zu den MBFR-Verhandlungen und der NATO-Strategie:

„Die MBFR-Verhandlungen müssen dem Kongreß bis spätestens zum nächsten Jahr beweisen, daß die Truppenpräsenz der Vereinigten Staaten in Europa erforderlich ist. ... Nur wenn die NATO-Strategie durchdacht werde, wenn man aufhöre, mit abstrakten Zahlen zu operieren und stattdessen konkrete Massierungen von Truppen und Gerät an bestimmten Orten entlang der Grenzlinie berücksichtige, werde die ‚flexible response' wirklich flexibel sein."

Weiter gab Botschafter Brunner die Aussage Kissingers wieder:

„Eine neuere amerikanische Studie über die Stärke des Warschauer-Paktes werde gerade fertiggestellt. In ihrer vorläufigen Schlußwertung komme sie zu dem Schluß, daß der Warschauer Pakt überlegen sei. Dies könne die Grundhaltung der Vereinigten Staaten zu MFBR ändern.
Der Gedanke einer Verbindung der Reduzierung von stationierten Truppen und einheimischen Truppen sollte neu erwogen werden. ... Eine Verbindung von Reduzierungen einheimischer Truppen mit stationierten Truppen könne jedoch nur erfolgen, wenn zwischen den beiden Reduktionsprozessen mehrere Jahre lägen."

Die Äußerungen Nixons und Kissingers zur geplanten Atlantischen Erklärung, zum beabsichtigten Verfahren und zur Reaktion der Bündnispartner waren von besonderer Sensitivität. Neben der konkreten Absicht, die Vorarbeiten zunächst mit der Bundesrepublik Deutschland sowie mit Großbritannien und Frankreich zu {88} leisten, waren die amerikanischen Vorstellungen zum zeitlichen Ablauf dieser Vorarbeiten und des in Aussicht genommenen Besuchs des Präsidenten in Europa von hoher Bedeutung und Vertraulichkeit. Ferner waren die Angaben der amerikanischen Gesprächspartner zum Inhalt der Erklärung, insbesondere soweit sie die Sicherheitsbeziehungen USA/Europa und das Verhältnis der Atlantischen Politik zur Entspannungspolitik betrafen, von besonderem Interesse. Bei allen diesen Erwägungen waren die außen- und sicherheitspolitischen Belange der Bundesrepublik Deutschland unmittelbar berührt.

Die Äußerungen Nixons und Kissingers zu MBFR und NATO-Strategie waren unter dem Gesichtspunkt der äußeren Sicherheit der Bundesrepublik Deutschland von hoher Sensitivität. Das galt zum einen für die im einzelnen dargelegte Einschätzung des nuklearen Kräfteverhältnisses. Zum anderen betrafen – in Anbetracht der neuen MBFR-Verhandlungen – aber auch die amerikanischen Äußerungen über die Verbindung der Reduzierung von stationierten und einheimischen Truppen unmittelbar die äußere Sicherheit der Bundesrepublik Deutschland, die mit der Bundeswehr im vorgesehenen Reduzierungsraum sowohl das größte Kontingent von einheimischen Truppen als auch das Territorium für die große Masse der verbündeten Stationierungstruppen stellte. Der Status der Bundeswehr im Rahmen der MBFR-Verhandlungen war deshalb für die Bundesregierung ein besonders empfindliches Anliegen. Dem potentiellen Gegner bot sich mit solcher Information die Möglichkeit, seine eigenen Planungen auf eine mögliche Trennung der Reduzierung einheimischer und stationierter Truppen einzustellen und – insbesondere bei Berücksichtigung der aus dem Fernschreiben Nr. 94 (unten (3)) ersichtlichen abweichenden Beurteilung dieser Frage durch die Bundesregierung – die unterschiedlichen Positionen der Verbündeten in den Verhandlungen auszuspielen. {89}

Geheimhaltungsbedürftig war der Bericht des Botschafters unter außenpolitischen wie unter militärpolitischen und strategischen Aspekten. Die in diesem Bericht unter anderem wiedergegebenen Äußerungen Kissingers, außenpolitische Erfolge würden heutzutage in Europa und in USA identifiziert mit Bewegung in Richtung auf die Sowjetunion, was unter Freunden geschehe, werde nicht mehr verstanden, die Deklaration solle der Stimmung entgegenwirken, daß die Verbündeten sich zusehends voneinander entfernten, der Deklarationsentwurf dürfe nicht in die NATO-Maschinerie geraten, sie würden ihn zu Tode diskutieren, aber auch Präsident Nixons Äußerung, Heath habe Besorgnisse über einen möglichen Wettlauf nach Moskau ihm gegenüber geäußert, ließen einen schlechten Zustand der Solidarität und der Funktionstüchtigkeit des NATO-Bündnisses, eines Hauptpfeilers deutscher Außen- und Sicherheitspolitik, erkennen.

Die *Solidarität* der im Bündnis zusammengeschlossenen Staaten stellte eines von insgesamt drei Elementen der Abschreckung und damit der damals praktizierten äußeren Sicherheitspolitik dar. Außer den insoweit aufgezeigten Mängeln gab der Bericht Brunners auch Defizite bei den beiden übrigen Elementen wieder: Die Worte Kissingers gegenüber Bundesminister Scheel, das Ergebnis der technologischen Lage sei ein „substantial degree of parity“ sowie, eine neuere amerikanische Studie über die Stärke des Warschauer Paktes komme zu dem Schluß, daß der Warschauer Pakt überlegen sei, waren geeignet, mit höchster Authentizität den Zweifel der USA am *militärischen Gleichgewicht* dem potentiellen Gegner zu vermitteln und dadurch die abschreckende Wirkung auf ihn empfindlich herabzusetzen. Angesichts der Bedeutung des militärischen Gleichgewichts als eines weiteren Elements der Abschreckung für die äußere Sicherheit der Bundesrepublik mußte die Kenntnis von derart höchst authentischem Zweifel sich bereits allein als Gefahr von großem Gewicht auswirken. {90}

Die weiteren Äußerungen Kissingers,

„Heute gebe es 1.500 sowjetische Raketen. Das bedeute bei Ausbruch eines Nuklear-Krieges 90 Millionen Tote in einer Woche. Niemand, auch die Sowjets nicht, würde annehmen, daß irgendein amerikanischer Präsident leichtfertig eine solche Entscheidung treffen werde,“

gaben – in angemessener diplomatischer Form – in höchst zuverlässiger Weise zu erkennen, daß die europäischen Bundesgenossen nicht unbedingt auf einen frühzeitigen Einsatz bzw. eine frühzeitige Freigabe der amerikanischen nuklearen Mittel rechnen konnten, und waren geeignet, das dritte Element der Abschreckung, die glaubhafte *Entschlossenheit* zur Verteidigung, in Zweifel zu ziehen.

Andererseits relativierten die an anderer Stelle dieses Fernschreibens wiedergegebene Äußerung Nixons gegenüber Bundesminister Scheel, die Verbündeten könnten versichert sein, daß er keinen Schritt zu einem sowjetisch-amerikanischen Kondominium fördern würde, und der zitierte Ausspruch Kissingers, für die USA hätten die Atlantischen Beziehungen Vorrang vor denen der Sowjetunion und China, den Eindruck zweifelhafter Entschlossenheit der USA zur Verteidigung insbesondere Europas.

(3) Mit Fernschreiben *Nr. 94* vom 18. Juli 1973 übermittelte das Bundeskanzleramt dem Bundeskanzler zur Billigung die in der Abteilung II des Bundeskanzleramtes ausgearbeiteten Vorschläge für die Verhandlungsführung bei der für den 23. Juli in Kopenhagen vorgesehenen EG-Außenministerkonferenz. Die darin enthaltene Positionsbeschreibung beruhte auf einer telefonischen Abstimmung zwischen dem Bundeskanzler, dem Chef des Bundeskanzleramtes und Bundesminister Scheel und enthielt die deutsche Reaktion auf die bis dahin vorliegenden amerikanischen Vorschläge. Bemerkenswert war dabei die kritische deutsche Reaktion: {91}

„1. Die Erklärungen Kissingers und die Äußerungen des Präsidenten beweisen, daß die amerikanische Seite mit der vorgesehenen Atlantik-Erklärung im Zusammenhang mit dem Besuch Nixons in Europa einen Erfolg aufweisen möchte – der Inhalt ist hier weniger wichtig.
2. Die Interpretation der französischen Haltung bleibt weiterhin auf amerikanischer Seite zu optimistisch. Ich bezweifle nach wie vor, daß die Franzosen zur Festlegung eines multilateralen Treffens mit Präsident Nixon bereit sind, ehe der sachliche Inhalt der Erklärung geklärt ist.
3. Zum Inhalt der vorgesehenen Erklärung scheint sich die amerikanische Seite jetzt mit einer Sammlung allgemeiner Prinzipien abzufinden. Dies entspricht der Einschätzung der realen Lage. Erfreulich ist, daß Kissinger in Bedarfsfall sich auch mit einem Kommuniqué im Anschluß an ein multilaterales Treffen mit Nixon zufrieden erklärt, sofern darin eine Erklärung angekündigt wird.
4. Das vom AA-Planungsstab ausgearbeitete und Kissinger übergebene Gerüst einer Erklärung ist zwar verhältnismäßig allgemein gehalten, der Versuch der Konkretisierung der einzelnen Sachfragen dürfte jedoch die Schwierigkeiten mit den Franzosen erhöhen. Das Auswärtige Amt sollte bei der Ausfüllung dieses Gerüsts davon ausgehen, daß die Definition des Verhältnisses zwischen den Vereinigten Staaten von Amerika und dem Vereinigten Europa ein längerdauernder Prozeß sein wird, der erst zu dem Zeitpunkt einen gewissen Abschluß erreicht, zu dem Europa auf allen Gebieten handlungsfähig ist. In der Zwischenzeit sollte jede Erklärung dazu als ein Annäherungsschritt zu dem schließlichen Ergebnis betrachtet werden. Bei dieser Optik könnte der Versuch unterbleiben, bei der ersten Erklärung bereits zuviel fixieren zu wollen.
5. Das von Nixon vorgeschlagene Verfahren, nach dem die Erklärung zwischen persönlichen Beauftragten der Regierungschefs der USA, Großbritanniens, Frankreichs und der BRD vorbereitet werden soll, wird im Kreise der Neun zu Schwierigkeiten führen. {92} Das Auswär-

tige Amt sollte darauf dringen, daß die Außenminister der Neun beginnend mit der bevorstehenden Konferenz vom 23. Juli in die Prüfung der Texte eingeschaltet werden, selbst wenn im Verhältnis zu Amerika zunächst noch weiterhin die bilaterale Konsultation fortgeführt wird.
6. Die von Kissinger jetzt vorgeschlagene Dreiteilung der Treffen des Präsidenten bei seiner Europareise (ein Treffen mit NATO-Rat auf Ministerebene, ein Treffen mit EG-Rats- und Kommissionspräsident in Anwesenheit der Außenminister, eine ad hoc-Gipfelkonferenz in Paris) ist äußerst schwerfällig. Falls die übrigen Staaten und insbesondere Frankreich einverstanden sind, sollten wir aber keine Einwände dagegen haben. ...
7. In Übereinstimmung mit den Feststellungen sowohl von BM Scheel als auch von Präsident Nixon und Kissinger sollte unsere Abstimmung mit dem französischen Partner Vorrang haben."

Kritisch wurde in diesem Positionspapier ferner die amerikanische Interpretation des Anti-Atom-Abkommens gesehen:

„Die amerikanischen Äußerungen zum Abkommen mit der Sowjetunion bringen gegenüber dem ‚briefing' der ständigen NATO-Vertreter nichts Neues; der Unterschied zu den Äußerungen von Verteidigungsminister Schlesinger bleibt bestehen, der vor kurzem darauf hingewiesen hat, daß auch nach einem Kriegsausbruch die amerikanisch-sowjetischen Konsultationen nützlich sein könnten. In diesem Falle würden sie eindeutig das für diesen Fall vorgesehene NATO-Konzept überlagern."

Hinsichtlich MBFR heißt es:

„Zu MBFR ist die Äußerung Kissingers neu, daß die amerikanischen Studien zu dem Schluß kommen, der Warschauer Pakt sei überlegen. Hieraus und aus anderen Äußerungen ergibt sich – in diesem Fall in Übereinstimmung mit Verteidigungsminister Schlesinger –, daß die amerikanische Seite in der nahen Zukunft eine Erhöhung der westeuropäischen konventionellen Streitkräfte verlangen wird. {93}
Die Trennung der Reduzierung von stationierten Truppen und derjenigen einheimischer Truppen durch eine mehrjährige Pause ist für uns – insbesondere für BM Leber – nicht akzeptabel. Hier werden wir unseren Standpunkt noch hart vertreten müssen."

Dieser geheimhaltungsbedürftige Text enthüllte eine Reihe von gravierenden Unterschieden in den deutschen und amerikanischen Positionen zu wesentlichen inhaltlichen und prozeduralen Fragen. Die Kenntnis dieser Meinungsverschiedenheiten ermöglichte es einem potentiellen Gegner, zwischen den Verbündeten, insbesondere der Bundesrepublik Deutschland und den USA, Mißtrauen zu schüren und seine eigenen Verhandlungspositionen entsprechend anzupassen. Unter militärpolitischen und strategischen Aspekten waren von besonderer Bedeutung einmal die in diesem Fernschreiben mitgeteilte Äußerung des damaligen Verteidigungsministers Schlesinger, daß auch nach einem Kriegsausbruch die amerikanisch-sowjetischen Konsultationen nützlich sein könnten, sowie daran anknüpfend die Auffassung der deutschen Seite, daß diese Konsultationen eindeutig das für diesen Fall vorgesehene NATO-Konzept überlagern würden. Zum anderen folgerte das Positionspapier aus einer Äußerung Kissingers zu MBFR in Verbindung mit einer übereinstimmenden Aussage Schlesingers, daß die amerikanische Seite in der nahen Zukunft eine Erhöhung der westeuropäischen konventionellen Streitkräfte verlangen werde. Diese Passagen waren geeignet, den Eindruck zu verstärken, daß die USA zögern würden, im Konfliktsfall mit voller militärischer Entschlossenheit auf einen Angriff des Warschauer Pakts zu reagieren und stattdessen vielmehr bereit sein würden, auch danach die Konsultationen mit dem Angreifer fortzusetzen. Im Zusammenhang damit erlangte der Hinweis, die USA verlangten von den Europäern stärkere konventionelle Leistungen, die zusätzliche Bedeutung, daß ohne diese Voraussetzung die Entschlossen-{94}heit der USA zum Einsatz nuklearer Waffen noch weiter zweifelhaft erscheine.

Dieser aufkommende Eindruck von Zweifeln an der Entschlossenheit der USA zur Verteidigung Europas, wie er auch bereits an einigen Stellen des Fernschreibens Nr. 86 aufgetaucht war, wurde allerdings korrigiert durch den Inhalt zweier ebenfalls nach Hamar übermittelten Fernschreiben: Sowohl in dem am 4. Juli 1973 übersandten auszugsweisen Bericht des deutschen NATO-Botschafters Krapf über einen Besuch des NATO-Rates in San Clemente als auch in dem am 25. Juli 1973 übermittelten Bericht von Bundesverteidigungsminister Leber über Gespräche u.a. mit Kissinger in Washington wurde die entschlossene Bereitschaft der Amerikaner zum Schutze Europas hervorgehoben.

(4) Mit Fernschreiben *Nr. 99* vom 19. Juli 1973 übermittelte das Kanzlerbüro dem Bundeskanzler Berichte der deutschen Botschafter in Paris und London über Gespräche, die Botschafter Brunner am 17. bzw. 18. Juli mit den Außenministern Jobert und Douglas-Home geführt hatte. Beide Berichte spiegelten die Überlegungen der französischen bzw. britischen Regierung zum amerikanischen Vorschlag einer Atlantischen Erklärung wieder und enthielten kritische Bemerkungen zu dem begonnenen Verfahren.

Jobert äußerte den Eindruck:

„Es sehe ihm danach aus, daß die Sowjets mit den Amerikanern in ihrer Vorausplanung bereits ziemlich weitgehend handelseinig geworden seien und daß sie prozedural zumindest bis in das Jahr 1974 hinein Abreden getroffen hätten. Diese schienen ihm auch MBFR zu betreffen und dieses habe auf die Verteidigungslage Europas erhebliche Auswirkungen ... Die Amerikaner erschienen ihm jetzt wie Feuerwehrleute, die das Feuer selbst vorher gelegt hätten (‚des pompiers piromanes').“ {95}

Das Gespräch mit Sir Alec Douglas-Home und dessen hochrangigen Mitarbeitern bezog sich vor allem auf die Probleme, die sich aus dem amerikanischen Vorgehen ergeben würden. Dazu heißt es in dem Fernschreiben:

„Hierbei kristallisierte [sich] als Hauptschwierigkeit das Problem heraus, wie man die Auflage Kissingers, die beiden Entwürfe für eine Atlantische Erklärung nicht über den Kreis der Drei hinaus bekannt zu machen, mit der Gemeinschaftssolidarität der Neun vereinbaren könne. Die britischen Diskussionsteilnehmer vermittelten uns dabei den Eindruck, daß sie in den nur für die drei bestimmten Entwürfen Kissingers eher eine Erschwerung als eine Erleichterung sehen. (Ein britischer Gesprächsteilnehmer warnt in der Diskussion vor einem ‚Dreier-Direktorium' ...).“

(5) Am 20. Juli 1973 übermittelte das Kanzlerbüro in Ergänzung des Fernschreibens Nr. 99 dem Bundeskanzler mit Fernschreiben *Nr. 103* einen Bericht des deutschen Botschafters in London über ein längeres Gespräch seines Vertreters mit dem britischen Unterstaatssekretär Sir Thomas Brimelow über die Unterredungen zwischen Botschafter Brunner und Außenminister Douglas-Home sowie dessen Mitarbeitern vom Vortage.

Die im Fernschreiben Nr. 103 wiedergegebenen Äußerungen Brimelows verstärkten noch erheblich die britische Kritik am Vorgehen der amerikanischen Regierung:

„In der Substanz habe die Darstellung der amerikanischen Haltung durch Botschafter Brunner die britischen Sorgen ... erheblich vermehrt. Dies gelte schon für die von Kissinger gewählte Taktik bilateraler, vor anderen Alliierten geheimzuhaltender Kontakte. Unter Wiederholung der im Bezugsbericht bereits dargelegten Argumente, die gegen diese Taktik sprechen, meinte Bri-

melow, es gebe eigentlich nur noch den Weg, Kissinger – insbesondere unter Hinweis auf die den amerikanischen Papieren bereits von Jobert erteilte Absage – klarzumachen, daß {96} seine Vorstellungen nicht durchsetzbar seien, und ihn zu bitten, seine Papiere zurückzuziehen. Wenn er dies getan habe, sollten die übrigen Verbündeten von der Substanz der amerikanischen Vorstellungen und der französisch-deutsch-englischen Reaktion auf sie unterrichtet werden. (Bei diesem Vorschlag spielt wohl auch die Erwägung eine Rolle, daß die amerikanischen Avancen den anderen – durch Paris? – ohnehin bekannt würden).
Die amerikanischen Papiere, meinte Brimelow, seien auch für die Briten, abgesehen von ihrer ‚unverdaulichen' Länge, auch in der Substanz unannehmbar."

Weiter heißt es in dem Bericht des deutschen Botschafters:

„Mit einem bei ihm seltenen Ton emotionaler Beschwörung wies Brimelow darauf hin, daß es für eine echte europäische Initiative bereits fünf Minuten vor Zwölf sei. ... Die Hauptursache sieht Brimelow in der französischen Verschlossenheit. ... Sollten die Europäer ihre Chance wiederum verpassen und den geringen Zeitraum bis zum Herbst ungenutzt verstreichen lassen, so sei nicht auszuschließen, daß Nixon, den Mißerfolg seiner Mission scheuend, seine Europareise absage und ein doppelt (durch Nixon und Europa) verärgerter Kongreß zu unkalkulierbaren Entscheidungen käme."

Der Inhalt der Fernschreiben Nr. 99 und 103 beleuchtete und konkretisierte erneut die erheblichen Meinungsunterschiede zwischen den Amerikanern einerseits und der französischen und britischen Regierung andererseits. Es zeigte sich deutlich, daß das amerikanische Vorgehen als sehr problematisch empfunden wurde bis hin zu der Unterstellung Joberts, daß die Amerikaner hinter dem Rücken der Verbündeten bereits weitgehende Absprachen mit den Sowjets getroffen hätten und als Feuerwehrleute agierten, die selbst Brandstifter gewesen seien. Ähnlich schwerwiegend war die Feststellung Brimelows, daß die amerikanischen Vorstellungen unannehmbar seien und die Europäer – durch französisches Verschulden – die Chance einer eigenen Initiative verpassen könnten. {97}

Diese geheimhaltungsbedürftigen Informationen über den kritischen Zustand der Meinungsbildung der westlichen Verbündeten waren für einen potentiellen Gegner von großem Interesse. Sie versetzten ihn in die Lage, Maßnahmen zur Erosion des innerlich nicht mehr festen westlichen Bündnisses zu ergreifen, etwa durch gezielte Indiskretionen die NATO-Partner, vor allem die von den Verhandlungen zunächst auszuschließenden Staaten, gegeneinander auszuspielen und gegenseitiges Mißtrauen zu erzeugen. Das dem französischen Außenminister Jobert zugeschriebene Zitat über die Amerikaner, die „Feuerwehrleute, die das Feuer selbst vorher gelegt hätten", die im Fernschreiben Nr. 99 erwähnte Auflage Kissingers, die beiden Entwürfe für eine Atlantische Erklärung nicht über den Kreis der Drei bekannt zu machen sowie die Feststellung, daß dies nur schwer mit der Gemeinschaftssolidarität der Neun zu vereinbaren wäre, ließen erkennen, daß auch die einbezogenen Regierungen Frankreichs und Englands im Verfahren einen Nachteil für die Bündnissolidarität erblickten.

Die Äußerungen Brimelows, in der Substanz habe die Darstellung der amerikanischen Haltung durch Botschafter Brunner die britischen Sorgen erheblich vermehrt, unterstrichen mit deutlichen Worten die Gefahren für die Bündnissolidarität aus der Sicht eines hohen britischen Beamten.

(6) Am 19. Juli 1973 übermittelte das Kanzlerbüro dem Bundeskanzler mit Fernschreiben *Nr. 100* den Entwurf eines Briefes von Bundeskanzler Brandt an Außenminis-

ter Scheel, der von der Abteilung II des Bundeskanzleramtes erarbeitet und vom Chef des Bundeskanzleramts gebilligt war.

Mit diesem Brief gab der Bundeskanzler dem Außenminister Richtlinien für die Verhandlungsführung beim Treffen der EG-Außenmi-{98}nister am 23. Juli 1973 in Kopenhagen. Es handelte sich um die Darlegung von internen Überlegungen und deutschen Positionen mit der höchsten Autorität der Bundesregierung, zumal der Bundeskanzler selbst im Exemplar dieses Fernschreibens handschriftliche Änderungen vornahm.

In dem Entwurf hieß es u.a.:

„Ich begrüße es, daß offensichtlich die Aussicht für die Erarbeitung einer Atlantischen Erklärung inzwischen gewachsen ist. Nachdem die amerikanische Seite ihre Erwartungen über den Inhalt dieser Erklärung hinuntergeschraubt hat und es sich letztlich um eine Sammlung allgemein anerkannter Prinzipien handeln wird, dürfte eine Einigung auch unter den Europäern leichter geworden sein. Wenn die amerikanische Bewertung der französischen Haltung auch immer etwas zu optimistisch ist, so lehnen die Franzosen jedenfalls eine ‚gemeinsame westliche Willensbekundung', wie Jobert sagte, nicht mehr rundweg ab."

Die von Brandt eingefügten Änderungen waren aufschlußreich für das taktische Vorgehen, aber auch für die inhaltlichen Erwägungen der Bundesregierung zu einer Atlantischen Erklärung und der bevorstehenden Reise Präsident Nixons. Sie waren teils redaktioneller Art, teils bedeuteten sie eine Abweichung von der im Entwurf vorgeschlagenen Verhandlungslinie. In der handschriftlich geänderten Fassung blieb eine deutliche Zurückhaltung gegenüber den ursprünglichen amerikanischen Vorstellungen zu einer Atlantischen Erklärung erkennbar.

So fand die Anregung im Entwurf,

„wir sollten deshalb auch nicht mehr den Versuch unternehmen, allzu konkret zu werden ... wenn die Atlantische Erklärung des Herbstes 1973 in dem Sinne relativiert wird, daß ihr weitere ähnliche Erklärungen folgen werden, dann sollte die Redaktion in der Tat, wie Kissinger meint, innerhalb von zwei bis drei Wochen gemacht werden können," {99}

nicht die Zustimmung des Bundeskanzlers. Er wählte stattdessen die Formulierung,

„wir sollten unsererseits nicht den Versuch unternehmen, allzu konkret zu werden. Vor allem rate ich dazu, keine Ausflüge in ‚gesellschaftspolitisches' Gebiet zu unternehmen, die ... dazu führen würden, schlafende Hunde zu wecken".

Während der Entwurf von der

„Gefahr des von der französischen Seite erfundenen Bilateralismus"

sprach und die Einbeziehung aller Neun vorschlug, bevorzugte Brandt eine mehr allgemein gehaltene Ausdrucksweise:

„...einige Sorge bereitet mir die von Kissinger vorgeschlagene Prozedur. Die eingeleiteten Sondierungen mit uns, den Franzosen und Engländern sollten jedenfalls so betrieben werden, daß sich hieraus keine Belastungen in Kreise der Neun ergeben ...,"

und forderte

„einige wesentliche Feststellungen über das Verhältnis der Gemeinschaft zu den USA"

zu treffen.

Zur bevorstehenden Europareise Nixons ersetzte Brandt die konkretere Stellungnahme des Entwurfs, Kissinger habe

„völlig recht, wenn er eine atlantische Gipfelkonferenz vor einer KSZE-Gipfelkonferenz für unerläßlich bezeichnet“

durch die zurückhaltendere Formulierung,

„die amerikanische Seite hat recht, wenn sie eine atlantische Gipfelbegegnung vor einer etwaigen KSZE-Gipfelkonferenz für sehr erwünscht hält.“ {100}

Die Kenntnis des Inhalts dieses Fernschreibens war für einen potentiellen Gegner von außerordentlichem Wert, da er die persönliche Auffassung des Bundeskanzlers über Prozedur und Substanz einer Atlantischen Erklärung enthielt. Zugleich war damit die deutsche Verhandlungsposition auf dem wichtigen Außenministertreffen der Neun in Kopenhagen abgesteckt. Es handelte sich um geheimhaltungsbedürftige Informationen, versetzten sie doch einen potentiellen Gegner in die Lage, die einzelnen Bündnispartner gegeneinander auszuspielen. Die Forderung des Bundeskanzlers, Belastungen der Neun zu vermeiden, zeigte zudem, daß die Sorgen um den Erhalt der Bündnissolidarität auch vom Bundeskanzler selbst geteilt wurden.

Der vom Bundeskanzler überarbeitete Entwurf wurde am 21. Juli 1973 mit Fernschreiben Nr. 114 in der von ihm gewählten Fassung dem Kanzlerbüro zur weiteren Veranlassung übermittelt.

dd) Die Fernschreiben Nr. 59, 86, 94, 99, 103, 100 fielen in einen Zeitraum einer angespannten, kritischen Entwicklung im Atlantischen Bündnis und in der Europäischen Gemeinschaft. Die äußere Sicherheit der Bundesrepublik hing zu diesem Zeitpunkt in hohem Maße davon ab, daß sie in beiden Institutionen ihre vertrauensvolle und glaubwürdige Stellung erhalten und festigen konnte. Alle in den Fernschreiben wiedergegebenen Informationen stammten aus den höchsten Quellen der amerikanischen, französischen und britischen Regierungen sowie von den höchsten Stellen der deutschen Bundesregierung. Alle Schriftstücke enthielten Textteile, die erhebliche Meinungsverschiedenheiten zwischen den USA und ihren europäischen Bündnispartnern namentlich über den Inhalt und das Verfahren zur Vorbereitung der Atlantischen Erklärung erkennen ließen. Im Bereich der Ost-West-Politik wurde der Abschluß des amerikanisch-sowjetischen {101} Abkommens über die Verhinderung eines Atomkrieges als möglicher Schritt zu einem amerikanisch-sowjetischen Kondominium oder als Teil langfristiger bilateraler Absprachen der Supermächte betrachtet. Der Inhalt der Fernschreiben verdeutlichte zudem, daß zwischen den USA und den übrigen Bündnispartnern bei der Vorbereitung der KSZE und MBFR-Verhandlungen Meinungsunterschiede bestanden, von denen – vor allem im Falle von MBFR – die Bundesrepublik Deutschland besonders betroffen war.

Ein potentieller Gegner konnte Risse innerhalb des westlichen Bündnisses erkennen und zum Schaden der Bundesrepublik ausnutzen. Außer der Gefahr einer Schwächung der außen- und sicherheitspolitischen Handlungsfähigkeit der Bundesregierung, insbesondere innerhalb des westlichen Bündnisses und bei den für sie äußerst wichtigen Verhandlungsprozessen MBFR und KSZE und damit auch gegenüber der Sowjetunion, vermittelten die ausnahmslos authentischen Informationen unter militärpolitischen und strategischen Aspekten den Staaten des Warschauer Paktes, insbesondere der Sowjetunion, den verläßlichen Eindruck ungenügender Solidarität im NATO-Bündnis und konnten sie dadurch verleiten, dessen Abschreckungskraft nicht mehr im notwendigen Umfang in Rechnung zu stellen.

Die Fernschreiben mußten deshalb sowohl unter außen- und sicherheitspolitischen Gesichtspunkten als auch hinsichtlich der militärpolitischen und strategischen Aspekte vor einer fremden Macht geheimgehalten werden, um die Gefahr eines schweren Nachteils für die äußere Sicherheit der Bundesrepublik Deutschland abzuwenden.

Soweit die in den Fernschreiben aufgetauchten Zweifel an der glaubhaften *Entschlossenheit* zur Verteidigung, einem Element der damals praktizierten äußeren Sicherheitspolitik – jedenfalls teilweise – an anderer Stelle wieder relativiert wurden, führt dies nicht zu einem anderen Ergebnis. Denn bereits der Verrat der übrigen in den Fernschreiben enthaltenen, geheimzu-{102}haltenden Informationen über die verbleibenden beiden anderen Elemente der Abschreckung – *Solidarität* der Bündnispartner und militärisches *Gleichgewicht* zwischen den Blöcken – begründete die Gefahr eines schweren Nachteils für die äußere Sicherheit der Bundesrepublik.

Die von der Verteidigung vorgelegten und in der Hauptverhandlung erörterten 71 Blatt von Presseveröffentlichungen aus dem Zeitraum zwischen April und September 1973 stehen dem weder unter militärpolitischen und strategischen Aspekten noch unter außen- und sicherheitspolitischen Gesichtspunkten entgegen. Sie beschäftigen sich zwar auch mit der Thematik dieser Fernschreiben, nämlich mit dem amerikanischen Vorschlag einer Atlantik-Charta, der Reaktion der europäischen Regierungen, mit dem Verhältnis USA – Europa, mit den Bemühungen der beiden Supermächte USA und Sowjetunion im Lichte nuklearstrategischer Parität sowie mit den Verhandlungsprozessen bei KSZE und MBFR. Demgegenüber sind aber zum einen in keiner dieser Publikationen der Brief von Präsident Nixon an den Bundeskanzler (Fernschreiben Nr. 59) sowie der Wunsch der Amerikaner nach – zunächst – bilateralen Gesprächen erwähnt. Zum anderen sind sie in keiner Weise mit dem Erkenntniswert geheimer Berichte über vertrauliche und direkte Gespräche hoher und höchster Regierungsvertreter zu vergleichen, die schon wegen ihrer Authentizität absolut verläßliche Informationen darstellen und aus denen die Entwicklung der jeweiligen Zielvorstellungen und Sorgen der beteiligten Regierungen in allen Nuancen zuverlässig ablesbar waren.

ee) Die Zweitexemplare sämtlicher – nicht nur der vorstehend aufgeführten – in Hamar eingegangenen Fernschreiben leitete Guillaume, nachdem er sie dem Bundeskanzler vorgelegt hatte, nicht an die Fernschreibstelle zurück. Vielmehr bewahrte er sie in dem von ihm bewohnten Ferienhaus auf, wo er sich zusätzlich ihren Inhalt und u.a. auch den eines vom amerikanischen Bot-{103}schafter in Oslo persönlich überbrachten Briefes von Präsident Nixon an den Bundeskanzler notierte.

Guillaume hielt die darin enthaltenen Informationen für so bedeutungsvoll für seine nachrichtendienstlichen Auftraggeber, daß er sich zunächst mit dem Gedanken trug, dieses Material und seine Aufzeichnungen persönlich in die DDR, und zwar via Schweden und per Fähre nach Warnemünde, zu bringen. Seine in diesem Falle zu erwartende Enttarnung als HVA-Agent erschien ihm aber schließlich gerade im Hinblick auf seine exponierte Stellung in der Nähe des Bundeskanzlers und die damit verbundenen hervorragenden künftigen Informationsmöglichkeiten als ein zu hoher Preis. Er entschloß sich deshalb, auf bewährtem Wege – per Postkarte an eine Deckadresse in Ost-Berlin – einen

Kurier nach Schweden zur Entgegennahme des Verratsmaterials zu bestellen. Mit diesem wurde ein Treff in einem Hotel in Halmstad/Schweden während der Urlaubsrückreise Guillaumes Ende Juli 1973 verabredet. Zur Übergabe des Materials bediente sich Guillaume zweier gleich aussehender verschlossener Aktenkoffer; während er den einen dem Sicherheitsbeamten des Kanzlers mit der Anweisung übergab, ihn nach dem Rückflug vorübergehend in seinem Panzerschrank im Bundeskanzleramt einzuschließen – dieser Koffer enthielt tatsächlich nur Souvenirs –, nahm er den anderen Aktenkoffer mit den FS-Kopien und seinen schriftlichen Aufzeichnungen selbst mit und deponierte ihn während des Zwischenstops in Halmstad in seinem Hotelzimmer. Dem nach Schweden gereisten und im Hotel weilenden Kurier überließ er vorübergehend den Schlüssel zu seinem Zimmer, so daß dieser die Möglichkeit hatte, den Inhalt des Koffers zu fotografieren. Guillaume war sich dabei bewußt, daß die Dokumente geheimhaltungsbedürftig waren, und erkannte und billigte auch die durch ihren Verrat herbeigeführte Gefahr schwerer Nachteile für die äußere Sicherheit der Bundesrepublik Deutschland. Im Bundeskanzleramt angekommen, tauschte er alsdann beide Koffer wieder aus und brachte die Kopien der Fernschreiben zur Geheimregistratur. {104}

Der Kurier brachte die von ihm gefertigten Kopien zur HVA, wo sie dem Angeklagten vorgelegt wurden. Dieser erkannte, daß es sich um von der Bundesrepublik geheimgehaltene Informationen handelte, durch deren Weitergabe die Bundesrepublik der Gefahr eines schweren Nachteils für ihre äußere Sicherheit ausgesetzt wurde, und billigte diese Folgen. Wegen ihrer hochpolitischen Bedeutung leitete er sie sowohl der Regierungs- und Parteispitze der DDR als auch dem KGB zu. Durch den Verrat wurde die Gefahr eines schweren Nachteils für die äußere Sicherheit der Bundesrepublik Deutschland herbeigeführt.

ff) Nach mehreren Anfragen bei Dr. Nollau nach dem Stand des Verfahrens forderte Bundesinnenminister Genscher im Januar 1974 den Präsidenten des BfV auf, die Angelegenheit zu einem Abschluß zu bringen. Nach weiteren etwa vier Wochen unterrichtete Dr. Nollau den Bundeskanzler und Genscher von seiner Absicht, die Bundesanwaltschaft einzuschalten, nachdem jetzt ausreichendes Material gegen Guillaume vorliege. Der Generalbundesanwalt seinerseits veranlaßte in der Folgezeit noch einige zusätzliche Ermittlungen, bis am 24. April 1974 die Eheleute Guillaume festgenommen wurden.

Vom Oberlandesgericht Düsseldorf wurde Günter Guillaume am 15. Dezember 1975 wegen Landesverrats in einem besonders schweren Fall in Tateinheit mit Verletzung des Dienstgeheimnisses zu einer Freiheitsstrafe von 13 Jahren verurteilt. Christel Guillaume erhielt wegen Landesverrats in einem besonders schweren Fall in Tateinheit mit Beihilfe zur Verletzung des Dienstgeheimnisses eine Freiheitsstrafe von 8 Jahren.

Im Jahre 1981 vorzeitig aus der Strafhaft in die DDR entlassen, wurde Günter Guillaume dort von dem Angeklagten willkommen geheißen und in dessen Gegenwart durch Erich Mielke und Erich {105} Honecker[26] u.a. mit dem Karl-Marx-Orden ausgezeichnet. Kritik mußte sich Guillaume bei seiner Rückkehr in die DDR allerdings von dem Angeklagten gefallen lassen, weil er sich bei seiner Festnahme spontan als „Offizier des MfS“ bezeichnet und damit in den Augen des Angeklagten ein – von ihm nicht gebilligtes – Teilgeständnis abgelegt hatte.

d) [Borm und Ru.]

Das MfS wurde etwa 1957 auf den inzwischen am 2. September 1987 verstorbenen ehemaligen FDP-Politiker William Borm aufmerksam, als sich der FDP-Bundestagsabgeordnete Dr. Bucher um die Freilassung des Anfang der 50er Jahre in der DDR wegen „Kriegs- und Boykotthetze“ zu einer zehnjährigen Haftstrafe verurteilten Borm bemühte. Der damalige stellvertretende Leiter der Abteilung II der HVA, Fricke, sowie der Leiter des für die Bearbeitung der FDP zuständigen Referates 2 dieser Abteilung, Freyer, suchten daraufhin Borm in der Haftanstalt auf. Borm, der die politischen Bestrebungen der DDR nach völkerrechtlicher Anerkennung als berechtigt ansah, erklärte sich bald bereit, entsprechend dem Anliegen seiner Gesprächspartner Auskünfte über ihm bekannte Interna der FDP zu geben. In der Folgezeit kam es bis zur vorzeitigen Haftentlassung Borms, die etwa ein bis zwei Jahre später erfolgte, zu mehrfachen Gesprächen mit Fricke und Freyer, bei denen Borm seinen Besuchern von seinen Erkenntnissen über FDP-Politiker, darunter Walter Scheel, Thomas Dehler und Dr. Bucher, namentlich über deren Haltung zu politischen Fragen und ihrer Stellung in der Partei, berichtete.

Bevor William Borm nach seiner Haftentlassung aus der DDR nach West-Berlin zurückkehrte, nahm er eine Einladung seiner Gesprächspartner zu einem „Verabschiedungstreff“ in einem Lokal in Ost-Berlin an. Einen konkreten nachrichtendienstlichen Auftrag erhielt er dabei noch nicht; ihm wurde vielmehr freigestellt, von sich aus wieder Verbindung aufzunehmen, sobald er {106} sich im Westen eingelebt habe. 1969 kam dann Ingolf Freyer, mittlerweile stellvertretender Leiter der Abteilung II der HVA und dort verantwortlich für die Referate 1 bis 3, erneut in Berührung mit William Borm, der nicht nur seit 1960 Landesvorsitzender der FDP in Berlin, sondern auch seit 1965 (bis 1972) Bundestagsabgeordneter geworden war und später auch Mitglied des FDP-Bundesvorstandes wurde. Freyer erfuhr bei seinem Amtsantritt, daß Borm zwischenzeitlich wieder Kontakt mit dem MfS aufgenommen hatte und es zu mehreren Treffs mit dem Abteilungsleiter Fricke und dem Angeklagten auf der Transitstrecke gekommen war. In der Folgezeit nahm Freyer auf Weisung seines Abteilungsleiters bis Ende 1982 an sämtlichen Treffs mit Borm teil. Diese fanden – neben einer Instrukteurverbindung – in aller Regel in Anwesenheit des Angeklagten etwa alle drei bis vier Monate in der DDR auf der Transitstrecke oder in Ost-Berlin in einem konspirativen Objekt in der Liebermannstraße bzw. in einer dem Angeklagten zur Verfügung stehenden großzügigen Villa aus der Gründerzeit in der Rohrwallallee in Berlin-Karolinenhof statt. Vorbereitet wurden diese Zusammenkünfte durch Treffpläne, die Freyer gemeinsam mit Theodor Schönfelder, einem Mitarbeiter des Referates 2, erstellte und dann auf dem Dienstweg über den Abteilungsleiter dem Angeklagten zur Bestätigung vorlegte. Etwa die Hälfte der ihm in diesem Zeitraum vorgelegten Treffpläne erörterte der Angeklagte persönlich mit Freyer, wobei in der Regel im Mittelpunkt der Diskussion die Frage stand, hinsichtlich welcher Vorgänge des aktuellen Tagesgeschäfts William Borm befragt werden sollte.

Das vorrangige Interesse der HVA galt damals neben der Situation innerhalb der FDP und deren Bundesvorstandes insbesondere der Verhandlungsposition der FDP im Hinblick auf den Abschluß der Ostverträge. Die jeweiligen Gespräche zwischen dem Angeklagten und Borm, der im übrigen bis auf offizielle Parteiunterlagen zu keiner Zeit schriftliches Material lieferte, hatten {107} häufig den Charakter politischer Diskussionen, anläßlich derer es dem von Borm als Autorität anerkannten Angeklagten gelang, diesen zur Preisgabe von Informationen namentlich über die Position der FDP-Fraktion, des Bundesvorstandes der FDP und die Standpunkte einzelner Bundestagsabgeordneter zu den Ostverträgen und die Ausgestaltung des deutsch-deutschen Verhältnisses zu veranlassen. Daneben ließ der Angeklagte William Borm wissen, an welchen speziellen, beim nächsten Führungstreff zu erörternden Fragen und politischen Zusammenhängen seitens des MfS Interesse bestand.

Ab etwa Mitte der 70er Jahre gab Borm zusammen mit anderen linksliberalen Politikern einen „Pressedienst" heraus, in dem er zu aktuellen politischen Geschehnissen Stellung bezog. Für diesen „Pressedienst" wurde von der HVA, federführend von der dem Angeklagten unmittelbar unterstellten Abteilung X, eine Reihe von Manuskripten gefertigt und William Borm nach Billigung durch den Angeklagten zur Verfügung gestellt, denen er Anregungen für seine Veröffentlichungen entnahm. Zudem wurde er durch die Abteilung X vielfach mit Manuskripten und Argumentationshilfen für Parlaments- und andere Reden versorgt.

1982 wurde die nachrichtendienstliche Verbindung zu William Borm für die HVA wertlos, weil Borm aus Anlaß des Koalitionswechsels der FDP aus der aktiven Politik ausgeschieden war.

Noch 1978 hatte Borm in Absprache mit seiner Führungsstelle den Zeugen Jürgen Bernd Ru. als seinen wissenschaftlichen Mitarbeiter eingestellt. Ru., der über die nachrichtendienstliche Anbindung Borms nicht unterrichtet war, stand, was Borm wußte, ebenfalls in den Diensten des MfS und sollte als eine Art Führungsgehilfe die Führung Borms erleichtern. Ru., West-Berliner FDP-Mitglied, hatte sich anläßlich der Weltjugendfestspiele 1973 in Ost-Berlin gegenüber Offizieren der Abteilung IV auf ideologischer Basis zur nachrichtendienstlichen {108} Zusammenarbeit verpflichtet und wurde ab etwa 1975 von der Abteilung II geführt. Die Plazierung Ru.'s neben Borm erfolgte wegen des engen Zusammenhanges dieses vom Angeklagten bis zum Ausscheiden Borms aus dem politischen Leben 1982 ständig begleiteten Vorgangs mit Zustimmung des Angeklagten.

Nach seiner Anstellung am 1. Juli 1978 im Büro William Borms fertigte Ru., der von Theodor Schönfelder aus dem Referat 2 der Abteilung II geführt wurde, namentlich Redeentwürfe für Borm an, und übermittelte ihm jedenfalls in einem Fall im Herbst 1978 ein in der Abteilung X der HVA erstelltes Redemanuskript zur Unvereinbarkeit der deutschlandpolitischen Vorstellungen von CDU/CSU und FDP.

Etwa 1979-1980 traten bei Ru. erhebliche Depressionen auf, die ihn suizidgefährdet erscheinen ließen. Durch den auf Anweisung des Angeklagten hinzugezogenen Psychologen Dr. Lips von der Abteilung X des Zentralen Medizinischen Dienstes (ZMD) des MfS gelang es jedoch, den Agenten zu „stabilisieren". Diese Abteilung innerhalb des ZMD war etwa im Jahre 1979 gegründet worden, insbesondere um bei psychologischen Problemen der operativ tätigen Mitarbeiter des MfS helfen zu können. Der Einbeziehung eines Psychologen in operative Aktionen der HVA ging dabei in aller Regel eine entsprechende Entscheidung des Angeklagten voraus. Dessen Entscheidung war es auch, Ru. 1982/1983 nach politischen Kontroversen mit seiner Führungsstelle aus der Verantwortung gegenüber der HVA zu entlassen.

e) [Johanna Olbrich]

Die Zeugin Johanna Olbrich war von 1966 bis Ende August 1985 im Auftrag der HVA in der Bundesrepublik eingesetzt. Als Hauptreferentin für Deutsche Sprache, Literatur, Englisch, Französisch, Latein und Griechisch im Ministerium für Volksbildung in {109} Ost-Berlin tätig, erklärte sich die Zeugin Ende 1964 gegenüber einem MfS-Angehörigen bereit, zu operativen Zwecken in die Bundesrepublik eingeschleust zu werden. Bereits zuvor – etwa 1963/64 – hatte Frau Olbrich ihre Wohnung für die Abwicklung nachrichtendienstlicher Treffs zur Verfügung gestellt. Bei dem MfS-Angehörigen handelte es sich um einen namentlich nicht bekannten Mitarbeiter der HVA, der in dem für die Ausforschung der CDU zuständigen Referat 1 der dem Angeklagten damals unmittelbar unterstellten Abteilung II tätig war.

Zur Vorbereitung auf ihren Einsatz in der Bundesrepublik wurde die Zeugin umfassend nachrichtendienstlich geschult, und zwar u.a. im Ver- und Entschlüsseln geheimer Nachrichten, in der Dokumentenfotografie und im Empfang von Radiosendungen im einseitigen A-3-Funk. Darüber hinaus unternahm sie auftragsgemäß Reisen nach England, Schweden und Frankreich, um sich vor Ort mit den Lebensverhältnissen von Personen vertraut zu machen, die als sog. Legendenspenderinnen von der HVA in Betracht gezogen worden waren.

Etwa Ende 1966 wurde die Zeugin auf Veranlassung der Abteilung II unter Federführung der Abteilung VI unter den Personalien „Sonja Lüneburg“ über Frankreich in die Bundesrepublik eingeschleust. Bei der Legendenspenderin handelte es sich um eine psychisch auffällig gewordene Friseurmeisterin, die von West-Berlin nach Ost-Berlin übergesiedelt war und mit deren persönlichen Lebensverhältnissen sich die Zeugin bereits auftragsgemäß anläßlich eines Besuches in West-Berlin im Herbst 1966 vertraut gemacht hatte.

Auf Weisung ihrer Führungsstelle mietete Frau Olbrich, bei der HVA unter dem Decknamen „Anna“ geführt, Anfang 1967 in Offenbach ein möbliertes Zimmer und bewarb sich bei der Deutschen Automobil Schutz und Allgemeinen Rechtsschutz-Versicherungs-AG (DAS) in Frankfurt/M. Auftragsgemäß ließ sie sich nach einem {110} Vierteljahr in die Zweigstelle der DAS nach Hamburg versetzen, wo sie bis Anfang/Mitte 1969 blieb und Kontakt zu einem Ehepaar pflegen sollte, das ebenfalls mit der HVA zusammenarbeitete.

Wie von der HVA angeordnet, suchte die Zeugin Olbrich dann im ersten Halbjahr 1969 im Bonner Raum eine Anstellung als Sekretärin und erhielt aufgrund ihrer Zeitungsannonce mehrere Stellenangebote, die von ihrer Führungsstelle gesichtet wurden. Auftragsgemäß bewarb sie sich sodann bei dem FDP-Bundestagsabgeordneten und Europaparlamentarier William Borm, für den sie von Juli 1969 über dessen Ausscheiden aus dem Bundestag Ende 1979 hinaus bis Ende Februar 1973 die Aufgaben einer Sekretärin wahrnahm.

Der 1987 verstorbene FDP-Politiker gehörte in der Legislaturperiode 1969 bis 1972 als Mitglied des Deutschen Bundestages den Ausschüssen für innerdeutsche und auswärtige Angelegenheiten an, aber auch dem aus nur acht Abgeordneten bestehenden Gremium, das von der Bundesregierung fortlaufend vertraulich über die Vertragsverhandlungen mit der damaligen Sowjetunion, mit Polen und der damaligen DDR unterrichtet wurde. Borm – ebenfalls geheimdienstlicher Mitarbeiter der HVA – hatte jedoch keine Kenntnis davon, daß es sich bei der von ihm eingestellten Frau Olbrich um eine eingeschleuste Agentin des MfS handelte. Umgekehrt wußte auch die Zeugin Olbrich nichts über den nachrichtendienstlichen Hintergrund des FDP-Politikers.

Durch ihre berufliche Tätigkeit für Borm, insbesondere aufgrund der Sichtung und Bearbeitung der Post, konnte die Zeugin Olbrich uneingeschränkt von sämtlichen Vorgängen Kenntnis nehmen, mit denen Borm in seiner Eigenschaft als Mitglied des Deutschen Bundestages und des Europäischen Parlaments befaßt war. Aus zahlreichen Äußerungen des Politikers gewann sie darüber hinaus Erkenntnisse über die politischen Zielvorstellungen und das taktische Vorgehen der Bundesregierung bei den damals laufenden Verhandlungen mit der Sowjetunion und Polen, besonders aber mit {111} der DDR über das Transitabkommen, den Verkehrsvertrag und den sog. Grundlagenvertrag, mit denen Ende November 1970 begonnen worden war. Über die insoweit gewonnenen Erkenntnisse berichtete die Zeugin Olbrich ihrer nunmehr in dem für die Ausforschung der FDP zuständigen Referat 2 angesiedelten Führungsstelle möglichst aktuell. Zur zusätzlichen Informationsgewinnung nutzte sie Einladungen zu politischen Zirkeln sowie die Teilnahme an politischen Gesprächen zwischen Borm und FDP-Mitgliedern, die seine politischen Auffassungen teilten. Darüber hinaus sammelte die Zeugin Informationen über andere politisch exponierte Personen, insbesondere über Mitglieder und Mitarbeiter der FDP, sowie über politische Strömungen im Rahmen der Ostpolitik und über deren Stellenwert in dieser Partei. Schließlich ließ die Zeugin ihren nachrichtendienstlichen Auftraggebern auch Fotokopien von FDP-Vorstandsprotokollen und Niederschriften der verschiedenen FDP-Fachausschüsse zukommen.

Nach Ablauf ihrer Tätigkeit für William Borm war die Zeugin zunächst 2. Sekretärin des FDP-Generalsekretärs Karl-Hermann Flach und nach dessen Tod im August 1973 bis September 1974 des Bundesgeschäftsführers Harald Hofmann. Nachdem Dr. Martin Bangemann im Oktober 1974 zum Generalsekretär gewählt worden war, wurde Frau Olbrich von ihm als Chefsekretärin übernommen. In dieser Stellung kümmerte sie sich ebenfalls um die Bearbeitung der ein- und ausgehenden Post. Weiterhin war sie mit der Führung seines Terminkalenders und der gesamten Terminplanung beauftragt. Darüber hinaus fielen die organisatorische Vorbereitung seiner Besprechungen, die Betreuung seiner Pressekonferenzen, Arbeitsessen und Auslandsreisen, aber auch die Begleitung bei Präsidiums- und Bundesvorstandssitzungen sowie Bundesparteitagen in ihren Aufgabenbereich.

Frau Olbrich nutzte die aufgrund ihrer beruflichen Stellung umfassenden und nahezu unkontrollierten Zugangsmöglichkeiten, um alle nachrichtendienstlich bedeutsamen Erkenntnisse über {112} Personen und Vorgänge, vor allem über Meinungsbildungsprozesse und Entscheidungsabläufe im inneren Führungskreis der FDP, an ihre nachrichtendienstlichen Auftraggeber weiterzuleiten. Zu diesen übermittelten Informationen gehörten neben von ihr selbst erstellten mündlichen und schriftlichen Berichten Protokolle von Präsidiums- und Vorstandssitzungen der FDP und von Sitzungen des für Außen-, Deutschland-, Europa- und Sicherheitspolitik zuständigen Fachausschusses I dieser Partei. Außerdem verschaffte sie ihrer Führungsstelle parteiinternes Material, das der Generalsekretär für Präsidiums- und Vorstandssitzungen benötigte.

Als Dr. Bangemann Ende 1975 als Generalsekretär zurücktrat, jedoch in seiner Eigenschaft als Mitglied des Deutschen Bundestages nach wie vor eine Sekretärin benötigte, setzte Frau Olbrich ihre Arbeit für ihn fort. Ihr Aufgabenbereich blieb im wesentlichen gleich. Durch ihre Tätigkeit gewann die Zeugin in erster Linie Einblick in Vorgänge, mit denen sich Dr. Bangemann als Mitglied der Deutschen Bundestages zu befassen hatte. Von 1976 bis Herbst 1979 war Dr. Bangemann Vorsitzender des für Außen-, Deutschland-, Sicherheits- und Entwicklungspolitik zuständigen Arbeitskreises I der FDP-Fraktion, zu dessen Sitzungsprotokollen Frau Olbrich Zugang besaß. Ebenso konnte sie problemlos Einblick in Protokolle der Sitzungen des Bundesvorstandes, des Präsidiums und der Bundestagsfraktion der FDP nehmen, die Dr. Bangemann zugeleitet wurden. Des weiteren gehörte Dr. Bangemann damals verschiedenen Gremien der Friedrich-Naumann-Stiftung an, deren Sitzungsprotokolle Frau Olbrich ebenfalls zugänglich waren und von ihr an die Führungsstelle übermittelt wurden.

Als Dr. Bangemann, Mitte 1979 in das Europäische Parlament gewählt, Ende 1980 mit Ablauf der 8. Legislaturperiode aus dem Deutschen Bundestag ausschied, endete das Beschäftigungsverhältnis von Frau Olbrich als seiner persönlichen Mitarbeiterin {113} zum 31. Dezember 1980. Sie arbeitete aber weiterhin für Dr. Bangemann, und zwar nunmehr als Bürosekretärin des Europaparlaments. Während dieser bis Ende 1984 dauernden Tätigkeit beim Europaparlament fuhr die Zeugin, die Anfang 1980 nach Brüssel gezogen war, ihre Wohnung im Bundesgebiet jedoch beibehalten hatte, im Einvernehmen mit Dr. Bangemann regelmäßig donnerstags nach Bonn, um bei der dortigen Geschäftsstelle der FDP-Fraktion Angelegenheiten zu erledigen, die seine Parteiarbeit betrafen. Insoweit bestand ihre Hauptaufgabe darin, die für ihn in Bonn zahlreich eingehende Post zu sichten und teilweise selbständig zu beantworten.

In Brüssel war Frau Olbrich als 2. Sekretärin von Dr. Bangemann tätig, der 1979 den Vorsitz der Liberalen und Demokratischen Fraktion im Europäischen Parlament übernommen hatte. Im Rahmen dieses Tätigkeitsbereiches sammelte die Zeugin Material über die Funktionsweise und die zunehmende Bedeutung der Europäischen Gemeinschaft. Sie hatte problemlos Zugang zu den Sitzungsprotokollen des Parlaments, seines einfachen und erweiterten Präsidiums, der Liberalen und Demokratischen Fraktion sowie der Föderation der Liberalen und Demokratischen Parteien der Europäischen Gemeinschaft (ELD). Frau Olbrich verschaffte sich auch Kenntnis von Sitzungsprotokollen des Präsidiums und Vorstands der FDP, die Dr. Bangemann nach Brüssel übersandt wurden. Sämtliche Zugangs- und Informationsmöglichkeiten nutzte die Zeugin weitestgehend zu Verratszwecken aus.

Nach der Ernennung von Dr. Bangemann zum Bundesminister für Wirtschaft kehrte die Zeugin Olbrich nach Bonn zurück und nahm im Juli 1984 ihre Tätigkeit als 1. Vorzimmersekretärin des Ministers auf. Zu ihren Aufgaben gehörte, das Telefon zu bedienen, den Terminkalender zu führen sowie die an Dr. Bangemann persönlich gerichtete Post zu sichten und zu bearbeiten. Frau Olbrich hatte ferner Schreibarbeiten zu erledigen und Reisen des Ministers vorzubereiten. Darüber hinaus begleitete die {114} Zeugin Dr. Bangemann nach seiner Wahl zum Bundesvorsitzenden der FDP im Jahre 1985 zum Parteitag der FDP in Saarbrücken, zum Treffen der ELD-Führer in Kopenhagen und zum Jahreskongreß der ELD in Groningen/NL. Auch erhielt sie weiterhin die die Partei der FDP betreffenden Unterlagen. Zuletzt war Frau Olbrich im Ministerbüro seit Mai 1985 als Sachbearbeiterin für die Erledigung der sogenannten Bürgerpost zuständig. Im übrigen kümmerte sie sich – wie bereits zuvor – um die Erledigung der privaten

Angelegenheiten von Dr. Bangemann. Auch während ihrer Tätigkeit im Bundesministerium für Wirtschaft nutzte Frau Olbrich ihre Zugangsmöglichkeiten mehr oder weniger zu Verratszwecken aus. Unter den von ihr für die Führungsstelle fotografierten Unterlagen befanden sich Fernsprechverzeichnisse des Ministeriums, Strukturübersichten, Besetzungslisten und sogenannte Länderberichte, die für Dr. Bangemann im Zusammenhang mit Auslandsreisen oder mit dem Empfang ausländischer Besucher erarbeitet worden waren. Das Verratsmaterial bestand darüber hinaus aus der Zeugin interessant und wichtig erscheinenden Unterlagen, die auf dem Schreibtisch des Ministers lagen. Des weiteren berichtete sie über das, was sie im Rahmen der Veranstaltungen erfahren konnte, zu denen sie Dr. Bangemann in dessen Eigenschaft als FDP-Vorsitzender begleitet hatte. Insoweit ließ sie ihrer Führungsstelle auch die Tagungsprogramme und den Wortlaut von Beschlüssen und Entschließungen zukommen. Schließlich berichtete sie, wie von Anbeginn ihrer nachrichtendienstlichen Tätigkeit, über Personen, mit denen sie näheren oder auch nur entfernteren Umgang pflegte, und zwar vor allem über deren familiäre Verhältnisse, deren politische Einstellungen und Beziehungen zu wichtigen Persönlichkeiten sowie deren Schwachpunkte in ihrem persönlichen Verhalten.

Frau Olbrich wurde von Anfang an in der dem Angeklagten bis 1975 unmittelbar unterstellten Abteilung II/HVA geführt. Sie hatte mehrere Führungsoffiziere, unter anderem von 1969 bis {115} 1981/82 den inzwischen verstorbenen Major Theodor Schönfelder, Mitarbeiter im Referat 2 der Abteilung II. Führungstreffs fanden jährlich mindestens einmal statt, zumeist in Ost-Berlin, bisweilen auch an anderen Orten der DDR, und je einmal in Wien, Salzburg und Belgrad. Bei allen diesen Treffs, die mehrere Tage dauerten und unter anderem der Aktualisierung des Verbindungsplans dienten, berichtete Frau Olbrich entweder mündlich, diktierte ihre Informationen auf Tonband oder brachte sie zu Papier.

An einem dieser Führungstreffs nahm der Angeklagte, der Frau Olbrich kennenlernen wollte, persönlich teil. Er traf in den 70er Jahren mit der Zeugin in Ost-Berlin zusammen, unterhielt sich mit ihr über ihr berufliches und soziales Umfeld und sprach die durch ihre Agententätigkeit bedingte zusätzliche psychische Belastung in der von ihr ausgeübten beruflichen Tätigkeit an. Darüber hinaus berichtete er, um Frau Olbrich auszuzeichnen, von seiner Kindheit und Jugendzeit, erzählte von Vater und Bruder und unterhielt sich mit Frau Olbrich schließlich über Kochrezepte.

Neben diesen Führungstreffs traf sich die Zeugin während der ersten Jahre ihres Einsatzes in Bonn mit einer als Instrukteur/Kurier eingesetzten, namentlich nicht bekannten Person etwa zweimal im Monat, um schriftliche Unterlagen zu übergeben, die sie nach dem Fotografieren wieder zurückerhielt. Darüber hinaus erstattete Frau Olbrich anläßlich dieser Zusammenkünfte mündlich Bericht. Einer anschließend bis Mitte der 70er Jahre eingesetzten Kurierin übergab Frau Olbrich einmal im Monat Überstücke von Drucksachen oder zusätzlich angefertigte Fotokopien von Unterlagen der FDP. Seit 1975 fotografierte die Zeugin auf Anordnung ihrer Führungsstelle das Verratsmaterial einschließlich der von ihr handschriftlich oder maschinenschriftlich gefertigten Berichte ausschließlich selbst. Hierzu nahm sie die Verratsunterlagen {116} nach Dienstschluß mit nach Hause und fotografierte sie dort. Etwa zwei bis drei Filme à 36 Aufnahmen wurden dann mittels Zug-TBK, in dessen Beschickung die Zeugin zuvor unterrichtet worden war, monatlich einmal in die damalige DDR transportiert.

Ende Juli 1985 verlor Frau Olbrich in Rom den Falschausweis, unter dessen Personalien sie nach längerem Aufenthalt in der DDR – gegenüber ihrer Dienststelle als Griechenland-Urlaub deklariert – auf dem Luftweg über Athen zurückgereist war. Ihre Führungsstelle, von diesem Verlust informiert, konnte nicht ausschließen, daß der Ausweis einer bundesdeutschen Behörde zugeleitet werden und zu einer Enttarnung der Zeugin führen könnte. Aus diesem Grund ordnete der Angeklagte den Rückzug der Zeugin an, der am 3. August 1985 mit Hilfe von zwei MfS-Mitarbeitern durchgeführt wurde.

Nach ihrer Rückkehr berichtete Frau Olbrich ihren Führungsoffizieren im Rahmen gezielter Befragungen über Erkenntnisse, die sie während der letzten Zeit ihres Einsatzes in der Bundesrepublik gewonnen hatte. Der Angeklagte, der die Zeugin im Rahmen dieser Gespräche in einem Gästehaus des MfS aufsuchte, zeichnete sie für ihre Mitarbeit mit dem „Vaterländischen Verdienstorden" in Gold aus und belohnte Frau Olbrich zusätzlich mit einer Geldprämie von 10.000 Mark (DDR). Während der gesamten Dauer ihres Einsatzes in der BRD wurde auf Veranlassung der Führungsstelle zugunsten von Frau Olbrich auf ein Sperrkonto monatlich ein Betrag von 700 Mark (DDR) überwiesen. Das Guthaben belief sich im Jahre 1985 auf ca. 100.000 Mark (DDR) und wurde 1990 in 50.000 DM umgetauscht. Einen Teil dieser Geldzahlungen bestätigte der Angeklagte im Rahmen des jährlichen Planbestätigungsverfahrens, jedenfalls solange die Abteilung II in seinen unmittelbaren Anleitungsbereich fiel. Durch Bestätigung der operativen Auftragspläne sowie seine Teilnahme an einem Führungstreff, die der Auszeichnung und weiteren Motivierung der Zeugin diente, wirkte er an dem Vor-{117}gang, den er durch seine Anordnung des Rückzuges der Agentin im Jahre 1985 selbst abschloß, entscheidend mit.

Der Generalbundesanwalt hat im August 1992 beim Senat Anklage wegen geheimdienstlicher Agententätigkeit gegen Johanna Olbrich[27] erhoben.

f) [Dr. Meyer und Doris Bretschneider]

Anfang der 70er Jahre verpflichtete sich der damals an der Freien Universität (FU) in Berlin Psychologie studierende Hartmut Meyer aus ideologischen Gründen zur nachrichtendienstlichen Mitarbeit für die Abteilung II der HVA. Unter dem Decknamen „Rubinstein" übermittelte er – Mitglied im Kreisvorstand der SPD in Kreuzberg und im Landesvorstand Berlin der Jusos – seinem ersten Führungsoffizier „Rainer Schuldt" zunächst namentlich Stimmungsbilder aus dem Bereich der Jusos. Seine damalige Lebensgefährtin und spätere Ehefrau Doris Bretschneider, als Journalistin bei der „Stiftung Warentest" tätig und ebenfalls Mitglied in der SPD und bei den Jusos, nahm er nach einiger Zeit etwa 1971/1972 zu einem Treff mit „Rainer" in Ost-Berlin mit. Sie hatte von Rainers wahrer Identität zunächst keine Kenntnis, erkannte aber nach einigen weiteren Treffs jedenfalls noch 1972 in diesem Gesprächspartner zutreffend einen Angehörigen des MfS und willigte – wie bereits ihr Lebensgefährte – aus ideologischen Beweggründen in eine nachrichtendienstliche Zusammenarbeit ein. Unter dem Decknamen „Smaragd" lieferte sie von nun an mit Hartmut Meyer – beide mit einer Decktelefonnummer versehen, Meyer zusätzlich mit einer Deckadresse und beide später auch im Empfang von A-3-Funk ausgebildet – neben Stimmungsbildern insbesondere Unterlagen wie Sitzungsprotokolle der SPD und der Jusos Berlins sowie persönliche Einschätzungen zur

Politik der SPD in West-Berlin. Die Treffs mit „Rainer“, der nach etwa zwei bis drei Jahren von „Walther“ abgelöst wurde, fanden im Abstand von vier bis sechs Wochen in Ost-Berlin statt. Hartmut Meyer berichtete zudem bei diesen Treffs auftragsgemäß über die aktuelle Entwicklung innerhalb der SPD. {118}

Nach ihrem Umzug nach Köln 1975 und ein Jahr später nach Wachtberg/Niederbachem bei Bonn übermittelten die Eheleute bei dem zwei- bis viermal jährlich stattfindenden Treffs Stimmungsberichte und persönliche Einschätzungen aus den jeweiligen SPD-Ortsvereinen.

Hartmut Meyer hatte nach Abschluß des Studiums und der Promotion 1975 eine Anstellung bei der Bundeszentrale für gesundheitliche Aufklärung in Bonn gefunden; 1976 wechselte er in das Bundesministerium für Jugend, Familie und Gesundheit. Er lieferte aufgrund gezielter Aufträge seiner Führungsstelle interne Papiere aus der SPD-Bundesgeschäftsstelle („Baracke“) in Bonn, die sich mit aktuellen politischen Fragen befaßten und ihm wegen seiner Kontakte zu Mitarbeitern der Parteizentrale zugänglich waren. Darunter befanden sich auch Unterlagen und Informationen von Wolfgang Bi., der damals in der „SPD-Baracke“ im Bereich Deutschland- und Ostpolitik tätig war. Weiter versorgte Dr. Meyer seine nachrichtendienstlichen Hintermänner mit seinen Einschätzungen zu Persönlichkeit und den politischen Standpunkten seiner Mitarbeiter und den leitenden Beamten einschließlich Staatssekretären im Ministerium. Diese mündliche Berichterstattung sowie die Aushändigung schriftlichen Verratsmaterials erfolgte bei Instrukteur-/Kuriertreffs in Bonn, die im Abstand von mehreren Monaten stattfanden, ab 1987 in Düsseldorf, wo Dr. Meyer seitdem im Landesministerium für Arbeit, Gesundheit und Soziales als Ministerialrat tätig ist.

Etwa 1974/75 kam es zu einem Führungstreff an einem See in der Nähe Ost-Berlins, an dem zwecks weiterer Motivierung der Eheleute auch der Angeklagte teilnahm. Er kannte den Vorgang und war an der Führung mindestens durch Bestätigung des jeweiligen Jahresplans beteiligt. Weiter anwesend waren „Rainer“ und dessen Vorgesetzte „Werner“ und „Klaus“. Während einer etwa einstündigen Unterredung u.a. über politische, aber auch persönliche Dinge gab der Angeklagte namentlich der Hoffnung Aus{119}druck, daß Dr. Meyer in der SPD Karriere machen werde; dieser solle versuchen, in eine Position etwa beim Parteivorstand der Friedrich-Ebert-Stiftung oder in eine internationale Organisation bei der UNO zu gelangen. Dr. Meyer verstand dies, wie vom Angeklagten auch beabsichtigt, dahin, daß sich die HVA für diesen Fall ein entsprechendes Informationsaufkommen versprach.

Doris Bretschneider, die seit 1978 beim Deutschen Atomforum in Bonn beschäftigt und dort u.a. für die Öffentlichkeitsarbeit zuständig ist, lieferte seit dieser Zeit aus ihrem Arbeitsbereich Vorträge, Ausarbeitungen und anderes frei zugängliches Material. Nach der Trennung von ihrem Ehemann 1981 – zwei Jahre später wurde die Ehe geschieden – versuchte Frau Bretschneider vergeblich, sich aus der nachrichtendienstlichen Verstrickung zu lösen. Ihre Gesprächspartner „Walther“ und mittlerweile auch ein „Kurt“ – dabei handelte es sich um Oberst Dr. Kurt Gailat, den damaligen Leiter der Abteilung II – lehnten ihr entsprechendes Ansinnen ab. Doris Bretschneider entschloß sich aus diesem Grund, ihr fehlendes Engagement von nun an durch immer geringere bzw. geringwertigere Lieferungen zu den jährlich nur noch zweimal stattfindenden Treffs zu verdeutlichen. Nach einiger Zeit entschied daraufhin ihre Führungsstelle, sie zur „Motivationsauffrischung“ zu einem Führungstreff in die DDR zu bitten. Entweder Ende 1986 oder Anfang 1987 fand diese Zusammenkunft in einem Haus an einem See in der Nähe Neubrandenburgs in Anwesenheit des Angeklagten statt, der im Verlaufe des Treffens – zu diesem Zeitpunkt bereits offiziell nicht mehr Leiter der HVA – ein etwa zweistündiges Gespräch mit Doris Bretschneider führte. Durch menschliche Zuwendung, insbesondere durch Erzählungen über seinen Vater und Erlebnisse aus seiner Jugend, versuchte er, Frau Bretschneider zur weiteren nachrichtendienstlichen Mitarbeit zu motivieren. Anwesend war auch der Psychologe Dr. Lips aus der Abteilung X des Zentralen Medizinischen Dienstes (ZMD) des MfS, der hinzugezogen worden war, um die psychische Verfassung der immer noch unter der Scheidung leidenden Frau Bretschneider zu stabilisieren. {120}

Im Herbst 1988 erklärte Frau Bretschneider anläßlich eines Treffs mit Dr. Kurt Gailat endgültig das Ende ihrer nachrichtendienstlichen Mitarbeit. Dr. Meyer hatte sich noch 1989 vereinbarungsgemäß zu einer Zusammenkunft in der Düsseldorfer Altstadt eingefunden. Weder erschien sein Kurier, noch kam es in der Folgezeit zu weiteren Treffen mit seiner Führungsstelle.

Während ihrer nachrichtendienstlichen Tätigkeit wurde Doris Bretschneider zweimal, und zwar zunächst in den 70er Jahren und dann etwa Mitte der 80er Jahre, durch Dr. Kurt Gailat mit einem Orden, jeweils verbunden mit einer Geldprämie von 300,- Mark der DDR, ausgezeichnet. Dr. Meyer erhielt ebenfalls zwei Orden für seine nachrichtendienstliche Mitarbeit; damit verbunden waren Prämienzahlungen von jeweils 1.000,- DM. Im Verlauf ihrer Spionagetätigkeit für die HVA erhielten Doris Bretschneider und Dr. Meyer neben der Erstattung ihrer Unkosten Agentenlohn, der zunächst einige hundert Mark und seit ihrem Umzug nach Bonn für jeden wahrgenommenen Treff für beide zusammen 1.000,- DM betrug. Nach ihrer Trennung kassierte Frau Bretschneider pro Treff jeweils 1.000,- DM; Dr. Meyer erhielt von diesem Zeitpunkt ab Agentenlohn mindestens in gleicher Höhe.

g) [Dr. Cremer]

Der Arzt Dr. Friedrich Cremer zählte in den 70er Jahren zu den führenden Mitgliedern der Bayerischen SPD und war unter anderem von 1966 bis 1979 Abgeordneter des Bayerischen Landtages, gehörte dort dem sozialpolitischen Ausschuß und ab 1976 auch dem SPD-Fraktionsvorstand an. Zudem war er von 1975 Mitglied des Landesvorstandes und seit 1977 des Landespräsidiums der SPD in Bayern. Beide Mitgliedschaften endeten im Frühjahr 1979. {121}

Etwa im Oktober 1974 suchte ihn nach telefonischer Vereinbarung ein Mitarbeiter der Abteilung II der HVA auf, der sich als ein Dr. Hans Richter vorstellte und sich mit ihm angeblich über gesundheitspolitische Fragen unterhalten wollte. In der Folgezeit kam es zu zahlreichen Begegnungen, unter anderem einmal auch in der Gaststätte des Landtags in München, in deren Verlauf beide gesundheitspolitische, dann aber zunehmend auch allgemeine politische Fragen diskutierten. Nach der zweiten Zusammenkunft war Dr. Cremer klar geworden, daß der angebliche Dr. Richter, der ihm später dann auch Grüße von einem mit Dr. Cremer bekannten Bürgermeister aus einer ostdeutschen

Kleingemeinde bestellte, aus Ost-Berlin kam; ansonsten kannte er weder Adresse noch Telefonnummer seines Gesprächspartners.

Als Dr. Cremer von seiner Absicht erzählte, im Sommer 1978 mit seiner Sekretärin und damaligen Freundin Susanne T. eine Kurzreise nach Stockholm zu unternehmen, berichtete „Dr. Richter“ darüber seiner Führungsstelle, von der er alsdann Order erhielt, Dr. Cremer zu einem Treffen in Stockholm zu bewegen. Anlaß dazu war die Absicht des Angeklagten, Dr. Cremer bei dieser Gelegenheit persönlich kennenzulernen, um dessen nachrichtendienstliche Perspektive näher zu ergründen.

Dr. Cremer, der an sich diesen Urlaub allein mit seiner Sekretärin hatte verbringen wollen, willigte gleichwohl in den Vorschlag „Dr. Richters“ ein, sich mit ihm für etwa bis 3 Stunden zu treffen. Seiner Freundin verschwieg er die geplante Begegnung. Spätestens jetzt hielt Dr. Cremer nämlich einen nachrichtendienstlichen Hintergrund in der Bekanntschaft zu „Dr. Richter“ für möglich und billigte ihn. Tatsächlich erschien dann „Dr. Richter“ am 1. Juli 1978 zur vereinbarten Zeit in der Halle des Hotels Sheraton in Stockholm, um ihn zu einem Treffen mit einem „guten Bekannten“ – angeblich eine höhergestellte Person, dessen Wunsch, Dr. Cremer kennenzulernen, er sich nicht {122} habe entziehen können, – abzuholen. In einer Wohnung in Stockholm traf Dr. Cremer neben diesem „guten Bekannten“, bei dem es sich um den Angeklagten handelte, mit einem weiteren Mitarbeiter der HVA zusammen. „Dr. Richter“ stellte sie als „Dr. Werner“ und „Dr. Lenkeit“ vor. Ferner lernte Dr. Cremer eine Dame kennen, die ihm als Ehefrau des Angeklagten vorgestellt wurde. Bei dem mehrstündigen Gespräch auch zu persönlichen Dingen erörterte er mit dem Angeklagten namentlich zahlreiche außen- und innenpolitische Fragen. Bei Themen wie dem Einmarsch der Warschauer-Pakt-Truppen in die CSSR, der Ausbürgerung Biermanns, der Schriftsteller Bahro und Havemann, vertrat der Angeklagte, der seinem Gesprächspartner durch „Monologe“ auffiel, den offiziellen Standpunkt der DDR, wobei er manche Maßnahmen als Notwendigkeit darstellte.

Diese Begegnung erwähnte Dr. Cremer gegenüber seiner Freundin auch nach seiner Rückkehr ins Hotel nicht. Gegenüber „Dr. Richter“, mit dem er nach Stockholm noch zweimal, zuletzt im Frühwinter 1978, zusammentraf, äußerte er allerdings seinen Unmut über den Ablauf des Treffens und des Gesprächs.

Dr. Cremer wurde am 16. Mai 1980 vom Bayerischen Obersten Landesgericht wegen geheimdienstlicher Agententätigkeit zu einer Freiheitsstrafe von zwei Jahren und sechs Monaten verurteilt.

III. Abteilung III [– der Fall Rupp]

Die bis Februar 1971 vom Angeklagten unmittelbar angeleitete Abteilung III, später XII, deren nachrichtendienstliche Zielrichtung die mit der Bundesrepublik verbündeten westlichen Staaten und die NATO waren, führte den Agenten Rupp. {123}

1. Der heute 48-jährige Dipl.-Volkswirt Rainer Rupp lernte Ende 1967 anläßlich einer Demonstration zur Notstandsgesetzgebung an seinem Studienort in Mainz einen etwa 40 bis 45 Jahre alten Mann namens „Kurt“ kennen, der sich bei politischen Gesprächen wie Rupp als Verfechter „linker“ Positionen und engagierter Gegner der Notstandsgesetzgebung entpuppte. Auf Einladung „Kurts“ – tatsächlich handelte es sich um Heinz Sch., einen Mitarbeiter der Abteilung III der HVA, der in Mainz unter dem Decknamen

„Kurt T.“ wohnte – reiste Rupp Ende 1968 nach Ost-Berlin. Seine Bedenken, daß ihm in der DDR „etwas passieren“ könne, zerstreute „Kurt“ mit dem Hinweis, daß er unter dem Schutz des DDR-Geheimdienstes unbesorgt in die DDR reisen könne. Am Ende dieses Treffens, das ihn neben „Kurt“ auch mit einem „Dieter“ und einem „Jürgen“ zusammengebracht hatte, erklärte sich Rupp gegenüber seinen Gesprächspartnern Dieter Kutta und Jürgen Rogalla, die sich ihm bei einem Mittagessen als Mitarbeiter des MfS offenbart hatten, bereit, zur Friedenssicherung und im Interesse der gemeinsamen politischen Ideen für das MfS zu arbeiten, und unterschrieb eine entsprechende Verpflichtungserklärung.

Seine Führungsstelle in der Abteilung III entwickelte nunmehr den Plan, Rupp zur Fortsetzung seines Studiums in Brüssel zu veranlassen, wovon man sich eine Verbesserung der Chancen einer späteren Anstellung bei den dortigen Behörden, etwa der Europäischen Gemeinschaft (EG), versprach, ferner, ihn während des Studiums mit monatlich 300,- DM zu unterstützen. Der Angeklagte bestätigte diesen Plan. Nach einem weiteren Treff in Ost-Berlin immatrikulierte sich Rupp, der in der Folgezeit plangemäß unterstützt wurde, im Herbst 1969/Anfang 1970 an der Universität in Brüssel, wo er alsbald seine bei der NATO beschäftigte spätere Ehefrau kennenlernte, die er im April 1972 heiratete. Bis dahin hatte er sich etwa alle 6 bis 8 Wochen mit „Kurt“ abwechselnd in Brüssel und Düsseldorf getroffen und {124} dabei – neben politischen Gesprächen – auftragsgemäß über seinen beruflichen Werdegang und sein Umfeld in Brüssel berichtet. Dem Wunsch von „Kurt“, Charakteristiken von Kommilitonen und Personen zu fertigen, die zum Umfeld der EG-Kommission oder der NATO gehörten, entzog er sich allerdings. Dem Wunsch Rainer Rupps, sich einmal ein Bild von der Sowjetunion machen und eine Landwirtschaftliche Produktionsgenossenschaft (LPG) besuchen zu können, gab seine Führungsstelle statt. „Kurt“ überbrachte dem Ehepaar Rupp Falschausweise für die einwöchige Hochzeitsreise, die im August 1972 in die DDR und nach Leningrad führte. Beim Abschiedsabend in Ost-Berlin – am Vormittag und am Tag zuvor war Rupp nachrichtendienstlich geschult und unter anderem in der Dokumentenfotografie und im Empfang von Funksendungen unterwiesen worden – versicherte auch Rupps Ehefrau, die bis dahin die Tätigkeit ihres Mannes abgelehnt hatte, gegenüber Jürgen Rogall ihre Bereitschaft zur Zusammenarbeit mit dem MfS. Von ihr in der Folgezeit bei der NATO beschafftes Verratsmaterial fotografierte Rainer Rupp und übergab die Filme seinem Instrukteur „Kurt“ bei den jeweiligen Treffs.

2. Nach bestandenem Examen im Jahr 1974 und einer anschließenden Tätigkeit als wissenschaftlicher Mitarbeiter an einem Institut für Wirtschaftsforschung in Brüssel bewarb sich Rainer Rupp in der Folgezeit auf Wunsch seiner nachrichtendienstlichen Auftraggeber bei der NATO, wo er ab 15. Januar 1977 im Wirtschaftsdirektorat des Internationalen Stabes eine Anstellung als „Country Rapporteur“ fand.

a) Seine Tätigkeit, die ihm Zugang zu Verschlußsachen bis zum Geheimhaltungsgrad „NATO *Top Secret*“ gewährte, bestand im wesentlichen darin, wirtschaftliche Informationen, die von der Abteilung für Verteidigungsplanung und -politik stammten, für Verteidigungsplanungszyklen aufzuarbeiten und an das Direktorat für Streitkräfteplanung weiterzuleiten. Sein Zuständigkeits-{125}bereich betraf die NATO-Mitgliedsstaaten Bundesrepublik Deutschland, Griechenland, Türkei und Portugal und erlaubte ihm den Zugang zu allen einschlägigen Dokumenten für die Verteidigungsplanung dieser Länder. Etwa ab 1990 war er für sämtliche NATO-Länder zuständig. Darüber hinaus war er seit Anfang der 80er Jahre Sachbearbeiter für den Bereich „Sowjetische Rüstungsausgaben" und hatte die politisch-ökonomische Entwicklung in der Volksrepublik China zu analysieren. Ein wesentlicher Bestandteil seines Aufgabenbereiches war zudem die Analyse des sogenannten „*Burden Sharing*", d.h., der Aufteilung der Verteidigungslasten innerhalb der NATO. Ab Mitte der 80er Jahre hatte er sich verstärkt um die wirtschaftlichen Aspekte, zum Beispiel Überkapazitäten und Kostensteigerungen des europäischen Rüstungsmarktes zu kümmern.

b) Die Instrukteurtreffs fanden weiterhin nach bewährtem Muster in 6 bis 8-wöchigem Abstand mit „Kurt" statt, mit dem Rupp eine enge freundschaftliche Beziehung verband. Ab Mitte 1980 – bis dahin war „Kurt" mit Rainer Rupp 116-mal zusammengetroffen – kam es nach Genehmigung durch den Angeklagten zu einem Instrukteurwechsel. Ein „Heinz" sowie ein „Heinz Pfeifer" aus Luxemburg und dessen Ehefrau waren fortan die Personen, mit denen sich Rupp turnusmäßig traf. Außer diesen Instrukteur-/Kuriertreffs kam es nach der Eheschließung Rainer Rupps, der in dem für die operative Bearbeitung der NATO zuständigen Referat 7 der 1971 aus der Abteilung III hervorgegangenen Abteilung XII der HVA unter dem Decknamen „Mosel", später „*Topas*" geführt wurde, bis Mitte der 80er Jahre alle 2 Jahre und danach jährlich zu Führungstreffs insbesondere im Ausland in Schweden, Österreich, Griechenland und der Schweiz, an denen sein Führungsoffizier, der Leiter des Referates XII/7 und spätere stellvertretende Abteilungsleiter Karl Rehbaum sowie der Leiter der Abteilung XII, Dr. Klaus Rösler, teilnahmen. {126}

c) Bei den Instrukteur-/Kuriertreffs übergab Rupp zwischen 2 und 4 Filmdosen, die jeweils 2 bis 3 Filme abgelichteten Verratsmaterials, und zwar von ca. 30 bis 40 Dokumenten pro Lieferung, enthielten. Zuvor hatte er eine Auslese getroffen und das zusammengestellt, was ihm für seine nachrichtendienstlichen Auftraggeber als wissenswert und wichtig erschien. Im wesentlichen konzentrierte er sich dabei auf Endprodukte aus dem Bereich der Streitkräfteplanung der in seine Zuständigkeit fallenden NATO-Länder Bundesrepublik Deutschland, Griechenland, Türkei und Portugal mit jeweils einem Umfang von etwa 40 bis 50 Seiten, die er ab 1977/78 bis Ende 1989 regelmäßig und vollständig lieferte. Dies betraf unter anderem folgende Unterlagen:

– *Ministerial Guidance* (Ministerrichtlinien), *NATO-Confidential* eingestuft.
  Dabei handelte es sich um im Zweijahresrhythmus erstellte Weisungen der Verteidigungsminister der NATO-Staaten jeweils für den Planungszeitraum der nächsten zwei Jahre. Diesen Weisungen ging ein Entwurf des Streitkräfteplanungsdirektorats voraus, der sich neben einer eigenen Expertise auf einen militärischen Beitrag des Militärausschusses (MC) und einen wirtschaftlichen Beitrag des Wirtschaftsdirektorats stützte.
  Im *Defence Review Committee*, dann im *Defence Planning Committee* (DPC) auf Botschafterebene vorberaten, wurde der Entwurf schließlich dem DPC auf Ministerebene zur Entscheidung vorgelegt.
  Die Ministerrichtlinien waren verhältnismäßig abstrakt gefaßt und enthielten eine Zusammenfassung der wichtigsten politischen, militärischen und wirtschaftlichen Überlegungen, die die Verteidigungspläne und die Verteidigungspolitik der NATO bestimmten. Sie gaben zwar keine konkreten militärischen Einzelheiten wieder; mit

Hilfe {127} der angegebenen Haushaltsansätze erhielten jedoch die Gegner von NATO und Bundesrepublik die Möglichkeit, ihre Kenntnisse von den Vorhaben der NATO einzugrenzen und ihr dadurch verbessertes Bild den eigenen Rahmen- und Gesamtplanungen zugrundezulegen.

- *Force Goal Country Chapters* (Streitkräfteziele der jeweiligen Mitgliedsländer), *NATO-Secret*
  Ebenfalls im Zweijahresrhythmus erstellt, waren diese Plandokumente wesentlich konkreter und stellten als Länderkapitel (Country Chapters) für jedes Mitglied das möglichst zu erreichende Streitkräftepotential – Soll-Stärke – nach Umfang, Gliederung, Ausrüstung und Bereitschaft fest. Vorausgegangen waren Beratungen unter anderem im Militärausschuß über die von den NATO-Oberbefehlshabern nach Ermittlung der bisherigen Mängel unterbreiteten Vorschläge (force proposals) für die nächsten Streitkräfteziele, die endgültig vom DPC auf Ministerebene in der Form der force goals beschlossen wurden. Sie ließen durch die Festlegung der künftigen Soll-Werte die bisherigen Schwachstellen (Ist-Werte) erkennen und gaben dadurch dem Gegner außerordentlich wertvolle Hinweise sowohl in militärisch-operativer Hinsicht als auch für seine eigene Planung. In ihrer endgültigen Fassung stellten die *Force Goals* für jedes Mitglied einen Katalog von Planungszielen für die nächsten sechs Jahre dar. {128}
- *Force Coal General Report*, *NATO-Secret*
  In diesem ebenfalls alle zwei Jahre erstellten Bericht waren die wichtigsten Erkenntnisse und Überlegungen der Länderkapitel zusammengefaßt.
- *Annual Defence Review Country Chapters* (jährliche Verteidigungsüberprüfung der jeweiligen Mitgliedsländer) *NATO-Secret*
  Diese Überprüfung begann mit der Versendung eines umfangreichen, überwiegend standardisierten Fragebogens – *Defence Planning Questionnaire* (DPQ) – an die Mitgliedsstaaten, die darauf mit einem sogenannten „Reply" antworteten, in dem der jeweilige Ist-Zustand der Streitkräfte dargestellt wurde.
  Nach einer Auswertung und Analyse dieser Unterlagen durch das Generalsekretariat für jedes Mitglied samt Erörterungen mit den Militärbehörden und im *Defence Review Committee* wurde die endgültige Fassung zunächst im DPC auf Botschafterebene beraten und schließlich von den Ministern als „*Annual Defence Review*" mit den einzelnen *Country Chapters* verabschiedet. Diese Länderkapitel enthielten eine konzentrierte Darstellung der wesentlichen Elemente der jeweiligen nationalen Pläne, die sie an den FORCE GOALS, den gemeinsam verabschiedeten Planungszielen, maßen. Sie beinhalteten ferner eine militärische Bewertung durch die NATO-Oberbefehlshaber, eine Analyse der Verteidigungspolitik und der Verteidigungsausgaben sowie einen statistischen Annex, der unter anderem die der NATO zur Verfügung gestellten Streitkräfte tabellarisch auflistete. {129}
  Die Kenntnis der „*Annual Defence Review Country Chapters*" gab dem potentiellen Gegner annähernd alle für seine operationellen Planungen wesentlichen Aufschlüsse über die Streitkräfte des jeweiligen Mitgliedsstaates. Das Ergebnis dieser jährlichen Verteidigungsüberprüfung in den NATO-Mitgliedsländern vermittelte dem Gegner einen umfassenden Überblick über den aktuellen Stand der Streitkräfte in dem jeweiligen Mitgliedsstaat sowie deren kritische Schwachstellen.

- *Defence Planning General Report, NATO-Secret*
  Vergleichbar mit dem *Force Goal General Report* war dies ein die Ergebnisse der „*Annual Defence Review Country Chapters*" zusammenfassender Bericht für die gesamte Allianz.

Der fortlaufende Verrat der beiden vorstehend genannten, geheimzuhaltenden Endprodukte der Streitkräfteplanung

- *Force Goal Country Chapters*

und

- *Annual Defence Review Country Chapters*

betreffend die Bundesrepublik Deutschland brachte, wie sich Rupp bewußt war und von ihm gebilligt wurde, für diese die Gefahr eines schweren Nachteils für ihre äußere Sicherheit mit sich. Die Kenntnis dieser von Rupp regelmäßig und vollständig gelieferten Unterlagen versetzte den potentiellen Gegner in die Lage, das militärische Potential der Bundesrepublik sicher zu beurteilen, die erkannten Schwächen sowohl in operativer Hin-{130}sicht als auch bezüglich der eigenen Planung für sich zu nutzen, die zu erwartende Dauer der Beseitigung der Schwachstellen zu berücksichtigen, erkannten Stärken auszuweichen oder sich durch einen zutreffenden Kräfteansatz und zielgerechte Verfahren darauf verbessert einzustellen.

Zu dem weiteren von Rupp gelieferten Verratsmaterial gehörten namentlich

- Meldungen aus dem Lagezentrum (Situation Center – SITCEN) der NATO
  Dabei handelte es sich um Berichte politischer und militärischer Natur zur aktuellen Lage, die sich Rupp während seines alle 6 Wochen im SITCEN für 1 Woche zu leistenden Dienstes verschaffte, darunter beispielsweise die Auswertung der Aufnahmen von Satelliten und die Positionen sowjetischer Schiffe im Mittelmeer;
- Unterlagen aus dem SITCEN über das System der NATO zur Früherkennung eines Raketenkernwaffenangriffs (*Indication And Warning System*):
- Lageberichte zu den strategischen Übungen „WINTEX/CIMEX";
- ein von ihm auf Anforderung seiner Führungsstelle eigenhändig gefertigter Bericht über die voraussichtliche Nachfolge des NATO Generalsekretärs Lord Carrington;
- frühestens ab 1987 ein *NATO-Secret* eingestufter, jährlich erstellter Bericht MC 161 über das militärische Potential des Warschauer Paktes. {131}

3. „*Topas*" wurde in der HVA als außerordentlich wertvoll eingestuft. Er war nach dem Rückzug der HVA-Agentin Ursel Lorenzen im Jahre 1979 die einzige in einem Direktorat der NATO tätige Quelle mit Zugang zu geheimen militär- und sicherheitspolitischen, militärischen und rüstungstechnischen Dokumenten; zudem befand sich das von „*Topas*" gelieferte Material stets auf einem aktuellen Stand. Der Führungsoffizier Karl Rehbaum wollte mit dem Instrukteur auf das von Rupp übermittelte Material anstoßen und erklärte ihm: „Ein solches Material wie die von Rupp gelieferte Langzeitverteidigungsplanung bekommen wir nicht alle Tage". Rupp erfuhr von seiner Führungsstelle, daß man ihn „wie einen Augapfel" hüten werde. Erich Honecker, an den auf Weisung des Angeklagten die von „*Topas*" gelieferten Informationen weitergeleitet worden waren, brüstete sich etwa 1979 bei einer in Rundfunk und Fernsehen übertragenen Ansprache anläßlich eines Manövers in Wittstock zum Entsetzen der Führungsstelle Rupps damit, daß

die DDR im Besitz umfangreicher Dokumente zur Langzeitverteidigungsplanung der NATO sei.

Wegen der besonderen Bedeutung der Quelle „*Topas*“ und ihrer Lieferungen für die HVA interessierte sich der Angeklagte weiterhin für diesen Vorgang. Er ließ sich von seinem Stellvertreter laufend darüber unterrichten. Die Auswertungsergebnisse, die der jeweilige Sachbearbeiter der Abteilung VII mit einem – eng gehaltenen – Verteilervorschlag versah, erhielt er zur Kenntnis und zur Bestätigung des Verteilers. Wichtige Informationen etwa militärpolitischer Natur wie die *Force Goal Country Chapters* und die *Annual Defence Review Country Chapters* wurden von ihm allgemein, nach entsprechender Bestätigung durch den Minister für Staatssicherheit, an die Staatsführung, Politbüromitglieder, den Verteidigungsminister und das KGB weitergeleitet. Auf diese Weise gelangten auch die Informationen über {132} die Langzeitverteidigungsplanung an den Staats- und Parteichef Honecker. Bei dieser Weiterleitung war sich der Angeklagte aufgrund des ihm vorliegenden Auswertungsergebnisses bewußt, daß es sich um von der NATO geheimgehaltene Informationen handelte, die wegen der sich dem Warschauer Pakt bietenden Möglichkeiten für die betroffene Bundesrepublik Deutschland die Gefahr eines schweren Nachteils für ihre äußere Sicherheit begründeten. Die von Rupp in aller Regel im englischen Originaltext übermittelten Dokumente wurden auf Veranlassung der Führungsstelle, um eine Identifizierung dieser Spitzenquelle zu verhindern, zunächst von dafür besonders ausgewählten Kräften, zum Beispiel von Frau P., der Ehefrau eines der stellvertretenden Leiter der HVA Generalmajor Prosetzky, übersetzt. Erst danach wurde die deutsche Fassung an die für die Auswertung zuständige Abteilung VII der HVA weitergeleitet; ein Exemplar erhielt obligatorisch der Verbindungsoffizier des KGB ebenso wie eine Ausfertigung des späteren Auswertungsberichts. Die mehrfach geäußerte Bitte von Armeegeneral Krutschkow, dem Leiter der 1. Hauptverwaltung des KGB, um Überlassung der englischsprachigen Originalablichtungen lehnte der Angeklagte ab. Wohl erhielt das KGB aus Anlaß bevorstehender sowjetischer Staatsfeiertage auf Veranlassung oder Vorschlag des Angeklagten über den Minister für Staatssicherheit ausgewählte Ergebnisse der Arbeit der HVA in Form sogenannter „Geschenkpakete“. Darunter befanden sich auch übersetzte Fassungen des von „*Topas*“ gelieferten Verratsmaterials. Als die Lieferungen von „*Topas*“ immer umfangreicher wurden und die Übersetzungen immer länger auf sich warten ließen, mußte eine Prioritätenliste für die Übersetzung des Verratsmaterials in der Führungsstelle erstellt werden.

Ab etwa 1985 kam es – nach Absprache mit dem Angeklagten – auf Anordnung des stellvertretenden Leiters der HVA Generalleutnant Jänicke, zu dessen Anleitungsbereich die Abteilung XII gehörte, zu einer Ausnahmeregelung von dem Grundsatz, der Auswertung {133} nicht die englischsprachigen Originalablichtungen zukommen zu lassen. Diese Ausnahme betraf die von „*Topas*“ aus dem SITCEN 6 gelieferten Unterlagen betreffend das System der NATO zur Früherkennung eines Raketenkernwaffenangriffs, die der Abteilung VII im Original für einen Zeitraum von 6 bis 8 Wochen zur Verfügung gestellt werden durften. Diese Thematik war bereits seit 1982/83, nachdem sie Gegenstand einer Tagung der Leiter der sozialistischen Aufklärungsorgane des Warschauer Paktes gewesen war, vom Angeklagten innerhalb der HVA mehrfach unter anderem mit Vertretern der Abteilung VII erörtert worden. Dabei war – ohne Bezug auf operative Einzelheiten – die Erschließung der vorhandenen Möglichkeiten diskutiert worden. Auf Vorschlag des Angeklagten wurde die Problematik zur Bearbeitung einer besonderen Kommission übertragen, auf deren Arbeit der Angeklagte auch Einfluß nahm, sowie ein weiterer, Oberst Dr. Busch übertragener Stellvertreterbereich in der Abteilung VII eingerichtet.

4. Rainer Rupp wurde etwa im Jahre 1984 anläßlich eines Führungstreffs mit der Idee konfrontiert, sich ein Haus in Brüssel oder Umgebung zu kaufen. Anlaß dazu waren Überlegungen seiner nachrichtendienstlichen Auftraggeber, ihrer Spitzenquelle mit einer solchen örtlichen Festlegung größere Chancen für einen unbefristeten Vertrag bei der NATO zu verschaffen. Eine solche Entscheidung stand für Rupp nach mehreren befristeten Arbeitsverträgen mit Ablauf einer 10-jährigen Tätigkeit in absehbarer Zeit bevor. Rupp lehnte dieses Ansinnen zunächst ab. Seine Einstellung zu diesem Thema, das in der Folgezeit in unregelmäßigen Abständen wieder angesprochen wurde, änderte sich erst Anfang 1986, als feststand, daß seine Frau schwanger war. Nachdem er seinem Instrukteur bei einem nächsten Treff von seinem Entschluß berichtet hatte, in Brüssel seßhaft zu werden – zwischenzeitlich hatte er auch bereits ein Haus in die nähere Wahl genommen –, erfuhr er zunächst wenig später, daß seine Führungsstelle ihn dabei finanziell unterstützen werde, und {134} schließlich auch die Größenordnung dieser Unterstützung (200.000,- DM). Ob dieser Betrag – noch – vom Angeklagten vor Beendigung seiner Tätigkeit als Leiter der HVA bewilligt worden war, konnte nicht mit der erforderlichen Sicherheit festgestellt werden. Im August 1986, in unmittelbaren zeitlichen Zusammenhang mit der Geburt seiner jüngsten Tochter am 13. August, erwarb Rupp ein Haus in Tervuren, einem Vorort Brüssels, zum Preise von rund 380.000,- DM. Den ihm vom MfS zur Verfügung gestellten Betrag, der ihm in bar in einer Bierdose bei einem Instrukteurtreff übergeben wurde, akzeptierte er zunächst nur als Darlehen. Nachdem er noch im Dezember 1989 seinem Instrukteur „Heinz“ letztes Verratsmaterial übergeben hatte, erfuhr er in einem letzten Funkspruch seiner Führungsstelle Ende 1989, daß er den Darlehensbetrag in Hohe von 200.000,- DM behalten könne.

5. Seit seinem Besuch Ende 1968 in Ost-Berlin bis zum Abschluß seines Studiums war Rupp mit Genehmigung des Angeklagten mit monatlich 300,- DM unterstützt worden. Ab 1974 erhielt das Ehepaar Rupp von der Führungsstelle neben dem Ersatz von Reisekosten eine pauschalierte monatliche Aufwandsentschädigung von 2.000,- DM. Der mit der Auszahlung beauftragte Instrukteur führte dieserhalb und zur Abdeckung seiner eigenen Unkosten zu den jeweiligen Treffs Beträge zwischen 3.500,- und 4.000,- DM mit sich. Ob der Angeklagte auch an der Bewilligung dieser Gelder beteiligt war, nachdem seit 1971 die aus der Abteilung III hervorgegangene Abteilung XII ihm nicht mehr unmittelbar unterstellt war, konnte nicht festgestellt werden.

IV. Abteilung IX

1. [Struktur, Aufgaben]

Die Abteilung IX wurde am 1. Mai 1973 auf Befehl Nr. 14/73 des Ministers für Staatssicherheit (Dok. 104) als selbständige Abteilung innerhalb der HVA eingerichtet und mit der Aufklärung {135} gegnerischer Dienste betraut. Leiter dieser Abteilung, die dem Angeklagten von Anfang an direkt unterstand, war bis zum Herbst 1977 Oberst

Heinz Geyer, der danach als Generalmajor und Stellvertreter des Leiters der HVA vor allem für die Anleitung der Abteilungen XV der Bezirksverwaltungen zuständig war. Ab Herbst 1977 bis zur Auflösung der HVA im Frühjahr 1990 stand an der Spitze der Abteilung IX Oberst – später Generalmajor – Harry Schütt. In ihr waren ca. 200 hauptamtliche Mitarbeiter tätig. Gegliedert war sie in drei Arbeitsbereiche A, B und C.

Der *Bereich A* war zuständig für die operative Bearbeitung der gegnerischen Dienste und agierte vom Gebiet der DDR aus durch die Erschließung und Führung von Quellen. Bundesnachrichtendienst, Militärischer Abschirmdienst, Bundesamt für Verfassungsschutz, Landesämter für Verfassungsschutz, Staatsschutzdienststellen des Bundeskriminalamtes, der Landeskriminalämter und der nachgeordneten Polizeidienststellen, CIA und andere westliche Nachrichtendienste waren dabei innerhalb des Bereiches A als Zielobjekte jeweils einzelnen Referaten zugewiesen.

Der *Bereich B* war zuständig für die „Legalresidenturen", d.h. die Botschaften der DDR im Ausland und deren ständige Vertretung in der Bundesrepublik und war dazu in sechs Referate mit regional abgegrenzter Zuständigkeit aufgeteilt.

Die in den Bereichen A und B gewonnenen Erkenntnisse wurden im *Bereich C* ausgewertet, aufbereitet, gesammelt oder gespeichert. Informationen, die von anderen Hauptabteilungen des MfS, insbesondere der Hauptabteilung III (Funkaufklärung), über gegnerische Dienste gewonnen worden waren, wurden über den Leiter der Abteilung IX an den Bereich C zur Auswertung übermittelt und von dort an das zuständige Referat weitergeleitet.

Die Struktur der Abteilung IX ergibt sich im einzelnen aus nachfolgendem Schaubild: {136}

⊗ Es folgt das angekündigte Schaubild.[28] ⊗ {137}

Die politisch-operative Jahresplanung in der Abteilung IX wies bis 1988 die Besonderheit auf, daß es keinen einheitlichen Jahresplan der Abteilung gab, sondern statt dessen die Bereichsleiter A, B und C gesonderte Planentwürfe für ihren jeweiligen Anleitungsbereich nach Vorlage entsprechender Arbeitspläne durch die Referatsleiter erstellten, der Abteilungsleiter diese Konzepte mit eigenen Schwerpunktsetzungen ergänzte und sodann diese drei Planentwürfe dem Angeklagten zur Bestätigung vorlegte. Sobald dies – gegebenenfalls mit Änderungen – geschehen war, ging je ein Exemplar des Plans an den zuständigen Bereichsleiter zurück. Dieser leitete sodann den jeweiligen Referatsleitern die Teile des Planes, die sie betrafen, sowie deren eigene Pläne zurück. In gleicher Weise verfuhren die Referatsleiter gegenüber ihren Mitarbeitern.

2. [Die einzelnen Fälle]

Zu den nachrichtendienstlichen Operationen, die während der Amtszeit des Angeklagten in den von ihm bestätigten Arbeitsplänen des Bereiches IX/A entwickelt und gegen die Bundesrepublik durchgeführt wurden, gehörten die Verratsfälle Moitzheim, Dr. Gast, Schabronat, Spuhler, Zuber, Kloss, Balke, „Maurer" und Kuron, die bereits zu – rechtskräftigen – Verurteilungen geführt haben bzw. noch Gegenstand von Ermittlungs- und Strafverfahren sind.

a) [Moitzheim (R., Carolus)]

Der Zeuge Moitzheim arbeitete über einen Zeitraum von mehr als 30 Jahren mit dem MfS zusammen. Anläßlich einer vom MfS initiierten Zusammenkunft in Ost-Berlin im Oktober 1957 erklärte er sich mit einer nachrichtendienstlichen Tätigkeit einverstanden und unterzeichnete eine Verpflichtungserklärung. Bestimmendes Motiv für diesen Entschluß war neben der eröffneten Aussicht auf finanzielle Zuwendungen seine während der sowjetischen Kriegsgefangenschaft begründete ideologische Übereinstimmung mit den Zielen der kommunistischen Gesellschaftslehre. {138}

Im Auftrag seiner Führungsstelle warb Moitzheim, der den Decknamen „Wieland" erhalten hatte, zunächst den in der Abteilung Staatsschutz des Polizeipräsidiums Köln beschäftigten Kriminalhauptmeister Erich R. unter „falscher Flagge", nämlich der Legende, an Informationen und Erkenntnissen für das Ost-Büro der SPD interessiert zu sein. Moitzheim führte den Kriminalbeamten, in der HVA unter dem Decknamen „Erdmann" registriert, in der Folgezeit bis zu dessen Tod im Jahre 1976 als Resident und erhielt bis zur Pensionierung Erdmanns im Jahre 1972 von dieser Quelle Unterlagen aus dem polizeilichen Bereich, insbesondere die regelmäßig jeden Monat neu aufgelegten Fahndungsbücher des Bundeskriminalamtes, des Hauptzollamtes und des Bundesverwaltungsamtes. Die Weiterleitung dieses Materials nach Ost-Berlin übernahm der Zeuge, indem er bis etwa 1965 insbesondere die Fahndungsbücher monatlich in einem Koffer selbst nach Ost-Berlin brachte. Da es in der Folgezeit „Erdmann" nicht mehr möglich war, gefahrlos Exemplare der gewünschten Fahndungsbücher zu beschaffen, gingen er und Moitzheim dazu über, die etwa 1000 Seiten starken Fahndungsbücher in der Wohnung von „Erdmann" zu fotografieren. Die Filme, etwa 25 bis 30 pro Lieferung, versteckte Moitzheim sodann in einem TBK der in einem Waldstück in Köln-Königsforst angelegt war. Von etwa 1970 bis 1975 übergab Moitzheim dann das Verratsmaterial einer in der nachrichtendienstlichen Verbindung bereits zu einem früheren Zeitpunkt eingesetzten Kurierin namens „Dora", die zunächst unerkannt den TBK geleert hatte, sich dann jedoch mit Moitzheim persönlich monatlich im Raume Köln traf. Nach seiner Pensionierung im Jahre 1972 arbeitete „Erdmann" beim Werkschutz der Bayer Werke AG in Leverkusen. Aus diesem Bereich lieferte er bis zu seinem Tode im Jahre 1976 unter anderem Erkenntnisse über Werksbesucher, insbesondere Angehörige des Ostblocks, aus dem wissenschaftlichen und kaufmännischen Bereich an Moitzheim, der sie seiner Führungsstelle übermittelte. {139}

Nach dem Tode „Erdmanns" hatte Moitzheim vorübergehend keinen konkreten nachrichtendienstlichen Auftrag zu erfüllen. Er erhielt aber fortlaufend seine festen monatlichen Bezüge und traf sich auch – wie seit Beginn der nachrichtendienstlichen Verstrickung – jedes Vierteljahr mit seiner Führungsstelle, und zwar dreimal pro Jahr in Ost-Berlin und einmal pro Jahr im Ausland. Zur Wahrnehmung dieser Auslandsreisen, die ihn nach Budapest, Opatja, Rijeka, Bled, Zagreb, Ljubljana, Bratislava, Wien und Klagenfurt führten, benutzte Moitzheim bis 1985 einen ihm von der HVA zur Verfügung gestellten, total gefälschten Reisepaß. Der jährliche Turnus dieser Führungstreffen, von seinem ersten Führungsoffizier „Karl Kraus" festgelegt, wurde auch von den übrigen Führungsleuten bis 1985 beibehalten. Neben „Karl Kraus", bei dem es sich um den damaligen Abteilungsleiter der Abteilung I/HVA Heinrich Folk handelte, wurde Moitzheim etwa 1963/64 bis September 1967 auch von dem Zeugen Tilo Kretzschmar betreut, der sich ihm als „Exner“ vorstellte und in dem Sonderreferat SR der Abteilung I der HVA arbeitete. Bis 1970 von „Kraus“ geführt, erhielt Moitzheim von 1970 bis 1971 einen neuen Führungsoffizier mit dem Decknamen „Scharer“. Hierbei handelte es sich um den MfS-Angehörigen Gotthold Schramm. Dann wurden ab 1971 in den Vorgang der Leiter des oben bezeichneten Sonderreferates, der verstorbene Heinz Lerche, unter dem Decknamen „Lindner“ und der in diesem Referat ebenfalls tätige Bernd Trögel unter dem Decknamen „Bernd Lindenberg“ einbezogen. Während „Lindner“ bis etwa 1975 als Führungsoffizier fungierte, betreute Trögel, in der Zwischenzeit in die dem Angeklagten unmittelbar unterstellte Abteilung IX gewechselt, den Zeugen Moitzheim bis 1989. Etwa im Jahr 1975 lernte Moitzheim dann auch den damaligen Bereichsleiter für den Bereich A der Abteilung IX der HVA, Oberst Karl Großmann, unter dem Decknamen „Karl Franke“ und den Zeugen Dr. Stefan Engelmann unter dem Namen „Stefan“ kennen.

Noch im Jahre 1976 – nach dem Vorgang „Erdmann“ – erhielt Moitzheim von seinem Führungsoffizier „Bernd Lindenberg“ den {140} Auftrag, eine weibliche Bedienstete des BfV näher auszuforschen. Das MfS verfolgte mit diesem unter der Bezeichnung „Perle“ laufenden Vorgang das Ziel, belastendes Material über diese Frau zu sammeln, um sie zu einer nachrichtendienstlichen Zusammenarbeit nötigen zu können. Moitzheim beobachtete die BfV-Bedienstete weisungsgemäß sowohl an ihrem Wohnort in Köln als auch an ihrem Urlaubsort in der Steiermark, wohin der Zeuge ihr Ende 1976 für eine Woche gefolgt war. Dort brachte er in Erfahrung, daß die BfV-Bedienstete mit ihrem Freund – offensichtlich ohne entsprechende Genehmigung ihrer Dienststelle – nach Jugoslawien gereist war. Über diesen Umstand berichtete er seiner Führungsstelle.

Ende 1977 lernte Moitzheim den im BfV tätigen Amtsinspektor Carolus kennen. Nach Rücksprache mit seiner Führungsstelle wurde Moitzheim unter Hinweis auf einen Tagesbefehl des Angeklagten, unter allen Umständen in das BfV einzudringen, Ende 1978 beauftragt, Carolus „unter falscher Flagge“ für eine vermeintliche Tätigkeit für die CIA anzuwerben. In der Folgezeit lieferte Carolus, in der Abteilung IX/HVA unter dem Decknamen „Schmitz“ geführt, über seinen Residenten Moitzheim jedes Vierteljahr die im BfV-internen „Nadis“-Computer unter einem bestimmten Code-Satz gespeicherten Daten von etwa 40 in sicherheitsempfindlichen Bereichen tätigen Personen. Das Interesse der HVA an diesen Daten ging dahin, die gleichfalls übermittelten verschlüsselten Zahlenkombinationen zu dechiffrieren. Man versuchte daher, durch nochmalige gezielte Überprüfung bestimmter bereits von Carolus überprüfter Personen Aufschlüsse über die Art der Zahlenkombination zu gewinnen. Zu diesem Zweck erhielt Carolus in größeren Abständen von Moitzheim einzelne Namen genannt. Die Personaldaten, die Carolus bei seinen Treffs mit Moitzheim auf Notizzetteln mitbrachte, hatte das BfV zuvor auf ihre Unbedenklichkeit hinsichtlich einer Weitergabe an das MfS geprüft, da sich Carolus frühzeitig seiner Behörde offenbart hatte und das BfV den Vorgang nunmehr als Gegenoperation „Holzfäller“ führte. {141}

Im Februar 1980 wurde Moitzheim von den BfV-Angehörigen Tiedge und Kuron, die unter den Decknamen „Tappert“ und „Kluge“ auftraten, auf seine Tätigkeit für das MfS angesprochen, ohne daß allerdings Carolus enttarnt wurde. Vor die Alternative gestellt, den Strafverfolgungsbehörden übergeben zu werden oder als Doppelagent (CM) für das BfV zu arbeiten, wählte Moitzheim den letzteren Weg. Er räumte die Anwerbung von Carolus ein und berichtete von sich aus selbst über die nachrichtendienstlichen Vorgänge „Perle“ und „Erdmann“, von denen die Sicherheitsbehörden bis dahin keine Kenntnis hatten. Das BfV ließ den Vorgang als Gegenoperation „Keilkissen“ weiterlaufen. Moitzheim, der als CM „Keil“ geführt wurde, stellte man eine monatliche Bezahlung von 1.500 DM, die im zweiten Jahr der Zusammenarbeit auf 2000 DM erhöht werden sollte, ein dreizehntes Monatsgehalt und Beihilfen im Krankheitsfall in Aussicht. In der Folgezeit setzte Moitzheim seine wöchentlichen Treffs mit Carolus fort, traf sich darüber hinaus aber einmal im Monat mit dem Zeugen Kuron. Diesem berichtete er über die im Rahmen seiner Tätigkeit für das MfS gewonnenen Erkenntnisse, insbesondere über die von ihm kennengelernten Führungspersonen, Instrukteure und konspirativen Objekte.

Anläßlich des ersten der Überwerbung durch das BfV folgenden Treffs mit seiner Führungsstelle – etwa Ende Mai/Anfang Juni 1980 – berichtete Moitzheim seinen Führungsoffizieren „Karl Franke“, „Bernd Lindenberg“ und „Stefan“ über das Zusammentreffen mit „Kluge“ und „Tappert“ und über dessen Ergebnis. Dort entschloß man sich, den Vorgang weiterlaufen zu lassen. Moitzheim erhielt nunmehr den Auftrag, die Personen „Kluge“ und „Tappert“ auszuforschen, um deren Identität zu erfahren und eine nachrichtendienstliche Ansprache prüfen zu können.

Nachdem Kuron im Sommer 1982 dem MfS seine Mitarbeit angeboten sowie sein gesamtes Wissen preisgegeben hatte und in der Zukunft mit dem MfS zusammenarbeiten wollte, schwand das Interes-{142}se der HVA an den Informationen über ihn. Um Kuron vor einer möglichen Enttarnung zu schützen, hielt man jedoch den Auftrag, die Quelle „Schmitz“ im BfV abzuschöpfen, aufrecht, bis sich Tiedge im August 1985 in die damalige DDR absetzte.

Im Anschluß an diesen Übertritt schaltete das BfV den Zeugen Moitzheim als aktiven Mitarbeiter ab, zahlte aber das monatliche Gehalt weiter. Auch die HVA verlor das nachrichtendienstliche Interesse an dem Zeugen. Dieser hielt seine nachrichtendienstliche Verbindung zum MfS in der Folgezeit aufrecht und traf sich jährlich mit seinen Betreuungspersonen in Wien, Ost-Berlin und Zagreb.

Für die Überwerbung des BfV-Bediensteten Carolus bewilligte der Angeklagte eine Einstiegsprämie von 40.000 DM, von der allerdings nur 20.000 DM ausgezahlt wurden, sowie monatlichen Agentenlohn von 1.000 DM, der von Dezember 1978 bis einschließlich August 1985 über Moitzheim an Carolus gezahlt wurde, insgesamt also 101.000,- DM.

Ab Oktober 1957 bezog Moitzheim als Entgelt für seine Zusammenarbeit mit dem MfS ein monatliches Fixum von 300 DM, das ab 1958 auf monatlich 400 DM und ab 1959 auf monatlich 600 DM erhöht wurde. Von 1960 bis 1978 betrug das monatliche Entgelt 800 DM, von 1979 bis September 1985 1000 DM und von Oktober 1985 bis Dezember 1989 1200 DM. Während bis zum September 1985 Reisespesen und sonstige Auslagen vom MfS zusätzlich ersetzt wurden, mußte Moitzheim ab Oktober 1985 etwa die Hälfte des ihm jeweils zufließenden Agentenlohnes für die Fahrten zu Auslandstreffs, zu Treffs in Ost-Berlin oder für sonstige im Rahmen der nachrichtendienstlichen Tätigkeit entstehende Kosten aufwenden. Unter Berücksichtigung dieses Umstandes hat der Zeuge Moitzheim bis Ende 1989 einen Betrag von insgesamt 306.900 DM erhalten. Einen Teil dieser Geldzahlungen bestätigte der Angeklagte im Rahmen des jährlichen

Planbestätigungsverfahrens, jedenfalls solange die Abteilung I bzw. die Abteilung IX seiner unmittel-{143}baren Anleitung unterstellt waren. Darüber hinaus bestätigte er insoweit auch die Jahresarbeitspläne und die zur Durchführung der Auslandstreffs zwischen Moitzheim und seinen Führungsoffizieren erstellten Reisepläne.

Der Zeuge Moitzheim wurde durch Urteil des Senats vom 24. Februar 1993 wegen geheimdienstlicher Agententätigkeit rechtskräftig zu einer Freiheitsstrafe von zwei Jahren und sechs Monaten verurteilt, die er zur Zeit verbüßt.

b) [Dr. Gabriele Gast]

Der Fall „Dr. Gast“ zeigt auf, daß der Angeklagte nicht nur in den nachrichtendienstlichen Vorgängen, die in seinem unmittelbaren Anleitungsbereich entwickelt oder die ihm wegen des besonderen Gewichts aus anderen Abteilungen der HVA-Zentrale in Berlin unterbreitet wurden, persönlich Anteil nahm. Vielmehr erstreckte sich die Einflußnahme des Angeklagten auch auf Fälle, die von den Abteilungen XV der Bezirksverwaltungen entwickelt und bearbeitet wurden.

Im Frühjahr 1968 besuchte die Zeugin Dr. Gast auf Anregung ihres Doktorvaters Prof. Klaus Mehnert für eine Woche Chemnitz – das frühere Karl-Marx-Stadt –, um dort für ihre Dissertation mit dem Thema „Die politische Rolle der Frau in der DDR“ Material zu sammeln. Im Rahmen dieses Studienaufenthaltes lernte Frau Dr. Gast den im Status eines O.i.b.E. als Ausbilder, Techniker und Kurier für die operative Außengruppe der Abteilung XV der BV Karl-Marx-Stadt des MfS tätigen Karl-Heinz Schneider unter dem Namen „Karl-Heinz Schmidt“ kennen. Er begleitete als Fahrer einen Mitarbeiter der DDR-Gewerkschaft FDGB namens Müller zu einem Gespräch, das zwischen Vertreterinnen des „Demokratischen Frauenbundes Deutschland“ (DFD) und Frau Dr. Gast stattfand. Nach einer im Anschluß an dieses Gespräch gemeinsamen Fahrt nach Dresden trafen sich Schneider, {144} Müller und Frau Dr. Gast am Abend in einer Bar in Karl-Marx-Stadt, wo sich Schneider und die Zeugin persönlich näher kamen.

Da sie sich gegenseitig sympathisch fanden, vereinbarten Schneider und Frau Dr. Gast ein Wiedersehen.

Hierzu kam es im Spätsommer 1968, als Frau Dr. Gast wiederum zu Studienzwecken für zwei bis drei Wochen in Karl-Marx-Stadt weilte. Nachdem sich zwischen beiden eine Liebesbeziehung entwickelt hatte, setzte Schneider den inzwischen verstorbenen stellvertretenden Leiter der Abteilung XV der BV Karl-Marx-Stadt, Gotthard Schramm, hierüber in Kenntnis. Daraufhin wurde die Zeugin Dr. Gast Ende 1968/Anfang 1969 zu einem Treff nach Ost-Berlin eingeladen. Den in einem Hotel wartenden Schramm stellte Scheider als seinen Freund „Gotthard Schiefer“ vor. Entweder zu diesem Zeitpunkt oder anläßlich eines weiteren Treffs mit Schneider und Schramm im Frühjahr 1969 in Karl-Marx-Stadt wurde der Zeugin die MfS-Angehörigkeit dieser beiden Personen eröffnet. Gleichzeitig gab Schramm Frau Dr. Gast zu verstehen, daß weitere Zusammenkünfte mit Schneider nur möglich seien, wenn sie sich zu einer Zusammenarbeit mit dem MfS bereiterklärte. Um die Verbindung zu Schneider aufrechterhalten zu können, sagte Frau Dr. Gast zu und wurde fortan unter dem Decknamen „Gisela“ geführt.

In der Folgezeit fuhr die Zeugin etwa alle drei Monate nach Ost-Berlin, wo sie von Schneider erwartet und nach Karl-Marx-Stadt begleitet wurde. Für ihre Reisen benutzte die Zeugin einen total gefälschten Reisepaß mit ihrem Lichtbild, der ihr neben einer Handtasche mit einem Geheimfach unmittelbar nach ihrer Zusage, mit dem MfS zusammenzuarbeiten, ausgehändigt worden war. Diese Reisen dienten zum einen der Aufrechterhaltung und Intensivierung der persönlichen Beziehung zu Schneider. Zum anderen wurde Frau Dr. Gast, die zu dieser Zeit an der Technischen Hochschule in Aachen dem Studium der Politischen Wissenschaften nachging, nachrichtendienstlich geschult. Sie wurde über Verhaltensmaßregeln bei konspirativen Treffs unter-{145}richtet und erhielt eine Unterweisung im Abhören des einseitigen A-3-Funks und im Entschlüsseln der im Kurzwellenbereich gesendeten Zahlengruppen.

Anläßlich des Treffens im Frühjahr 1969 war auch Gesprächsgegenstand, wie Frau Dr. Gast für das MfS eingesetzt werden könne. Dabei erwähnte die Zeugin den Namen des Kommilitonen Klaus von Sch., der aktiver Offizier war und wie die Zeugin am Institut für Politische Wissenschaften an der TH Aachen arbeitete. Mit dem Ziel festzustellen, ob von Sch. als Zielperson für eine nachrichtendienstliche Ansprache in Frage käme, erhielt Frau Dr. Gast nunmehr den Auftrag, ihre bereits zu von Sch. und seiner Familie bestehenden lockeren Kontakte zu intensivieren. Zu diesem Zweck nahm die Zeugin ab Sommer 1969 bei Frau von Sch. für ein bis zwei Stunden pro Woche Privatunterricht in Französisch.

Ebenfalls im Sommer 1969 lernte Frau Dr. Gast bei einem Treffen in Karl-Marx-Stadt den Inoffiziellen Mitarbeiter des MfS Dr. Schmidt unter dem Namen „Eberhard Schreiner" kennen, den sie an von Sch. heranführen sollte. Hierzu vermittelte die Zeugin mehrere Zusammenkünfte zwischen Klaus von Sch. und Dr. Schmidt, den sie als ihren Freund einführte. Nachdem die Familie von Sch. etwa 1971 nach München verzogen war, verlor das MfS das Interesse an seiner Person.

Nachdem Frau Dr. Gast im Mai 1972 ihre Promotion abgeschlossen hatte, fand sie ab Mitte 1972 eine Anstellung als Politologin in dem von der Konrad-Adenauer-Stiftung getragenen „Forschungsinstitut für Sicherheit und internationale Fragen e.V." in München. Nach Verlegung des Wohnsitzes im August 1972 nach München wurde die Zeugin von Dr. Schmidt regelmäßig nunmehr in einem in Bad Tölz gelegenen Freizeitzentrum aufgesucht, um die ihr in dem Forschungsinstitut zugänglichen Unterlagen betreffend Fragen der Außen- und Sicherheitspolitik sowie der inneren Sicherheit der Bundesrepublik Deutschland in verfilmter Form {146} entgegenzunehmen. Die Treffdaten wurden Frau Dr. Gast, die nunmehr auch im Fotografieren von Dokumenten geschult war, über A-3-Funk bekanntgegeben.

Nachdem das Forschungsinstitut im Sommer 1973 aufgelöst worden war, bewarb sich Frau Dr. Gast beim Bundesnachrichtendienst (BND) und setzte hierüber ihre Führungsstelle in Kenntnis. Daraufhin wurde sie angewiesen, wegen der zu erwartenden Sicherheitsüberprüfung Fahrten in die DDR zu unterlassen und vorerst jeglichen Kontakt zum MfS einzustellen.

Am 1. November 1973 trat die Zeugin in den Dienst des BND. Dort absolvierte Frau Dr. Gast zunächst einen Intensivlehrgang für die russische Sprache und einen Grundlehrgang für die Einstellung in den höheren Dienst. Sodann war die Zeugin, von einer Abordnung in das Bundeskanzleramt von Dezember 1978 bis Ende Juni 1979 abgesehen, bis zu ihrer Festnahme am 30. September 1990 in der Abteilung „Auswertung" des BND tätig. Sie begann im Referat „Politik der Sowjetunion" und arbeitete dort in den

Gebieten „Sowjetische Westeuropa-Politik" und „Sowjetische Dritte-Welt-Politik". Im Februar 1983 wechselte die Zeugin in das Lagereferat, wo sie als Leiterin das Sachgebiet „Spitzenberichterstattung" übernahm, das zuständig war für die Ausgangsberichterstattung etwa an das Bundeskanzleramt, an Minister, Staatssekretäre und leitende Beamte der Ministerien, an Fraktionsvorsitzende und an Ministerpräsidenten. Frau Dr. Gast hatte im Rahmen ihrer Tätigkeit vor allem Ausarbeitungen der Fachbereiche Politik, Wirtschaft, Militär, Wissenschaft und Technik zu redigieren. Hierfür wurden ihr neben frei zugänglichem Material wie etwa Presseveröffentlichungen auch nachrichtendienstlich beschaffte Informationen zur Verfügung gestellt. Zugänglich waren Frau Dr. Gast u.a. Drahtberichte des Auswärtigen Amtes und Botschaftsberichte bis zum Verschlußsachengrad „Geheim", die Rohmeldungen der BND-Abteilung „Beschaffung", die tägliche Meldungsmappe der Abteilung „Auswertung" für den Präsidenten des BND und eine Ausarbeitung von dessen Lagevortrag, den er wöchentlich im Bundeskanzleramt zur Einschätzung der Sicherheitslage und zu dem wichtigsten aktuellen Meldeauf-{147}kommen des BND hielt. Von November 1987 bis zu ihrer Festnahme war Frau Dr. Gast wieder im Referat „Politik der Sowjetunion" tätig, diesmal im Bereich „Sowjetische Blockpolitik", der die Grundlagen der sowjetischen Außenpolitik einschloß. Zugleich wurde Frau Dr. Gast Stellvertreterin des Referatsleiters.

Nach Aufnahme ihrer Tätigkeit beim BND verriet Frau Dr. Gast an das MfS eine Fülle von Verschlußsachen des BND, eingestuft in die Geheimhaltungsgrade „Vertraulich" und „Nur für den Dienstgebrauch", zu deren Umgang sie ermächtigt war. Frau Dr. Gast wählte aus den ihr zugänglichen Unterlagen diejenigen aus, die ihr besonders wichtig erschienen, um das nachrichtendienstliche Interesse der HVA insbesondere an politisch aktuellen Informationen befriedigen zu können. Eine konkrete Weisung, bestimmtes Verratsmaterial zu liefern, erhielt die Zeugin nicht. Der größte Teil dieser über Kuriere an das MfS weitergeleiteten Informationen bestand aus Berichten des BND, die überwiegend an Bundesregierung und Bundestag gerichtet waren und als Unterlagen für Meinungsbildungsprozesse und Entscheidungsfindungen dienen sollten. Durch diese Berichte erfuhren das MfS und damit auch die politische Führung der damaligen DDR, welche Einsichten und Beurteilungen der BND insbesondere in den Fragen der sowjetischen Westeuropa-Politik besaß bzw. erstellte und der politischen Führung der Bundesrepublik zur Verfügung stellte.

Die nachrichtendienstliche Führung von Frau Dr. Gast erfolgte bis 1981 durch die Abteilung XV der BV Karl-Marx-Stadt. Der Leiter dieser Abteilung, der im Jahre 1989 verstorbene, mit dem Angeklagten eng befreundete Oberst Lorenz war gemeinsam mit seinem schon an der Anwerbung der Zeugin beteiligt gewesenen Stellvertreter Schramm für die Entwicklung des Vorgangs zuständig. Ihn lernte Frau Dr. Gast Anfang der 70er Jahre als „Hans Fritsch" anläßlich eines ihrer Besuche in der DDR kennen. Die aktenmäßige Sachbearbeitung erfolgte ab 1974 durch den Zeugen {148} Karlheinz Stephan, der als operativer Mitarbeiter der Abteilung XV der BV Karl-Marx-Stadt durch Lorenz und Schramm angeleitet wurde. Ihm oblag die organisatorisch-technische Abwicklung der Führungstreffs sowie ihre Absicherung.

Ab Sommer 1974 trafen sich die Zeugin Dr. Gast und Schneider durchschnittlich etwa vier- bis fünfmal im Jahr. Etwa zweimal jährlich verbrachten sie einen längeren Urlaub, sonst handelte es sich um verlängerte Wochenenden. Regelmäßig verbrachten sie mit einem im Jahr 1980 von Frau Dr. Gast als Pflegekind angenommenen spastisch gelähmten Jungen einen Winterurlaub in Bad Gastein. Auch die anderen Reiseziele lagen meistens in Österreich. Sie trafen sich aber auch in Holland, Griechenland, Italien, Spanien, Schweden und in der Schweiz.

Neben diesen Treffs, an denen nur Schneider beteiligt war, fanden alle ein bis zwei Jahre in Österreich, Griechenland, Jugoslawien und Ungarn „Führungstreffs" statt, an denen vom MfS neben Schneider auch Schramm und Lorenz teilnahmen. Der erste derartige Treff war im November 1974 in Innsbruck mit Schneider und Schramm. Für die Abwicklung dieser Treffs – wie auch für die nachrichtendienstlichen Verbindungswege – war der Zeuge Stephan verantwortlich. Er hatte nach Vorgaben von Lorenz Treffort, Treffzeit und Treffbedingungen vorzuschlagen, die nachrichtendienstlich günstigste Reiseroute herauszusuchen und die Treffs zu sichern. Seine Pläne hatte er den Vorgesetzten zur Genehmigung vorzulegen, zunächst Oberst Lorenz, ab 1981 dem damaligen Leiter der Abteilung IX/HVA, Schütt, in die er im Jahre 1981 versetzt wurde, und in der er innerhalb der Abteilung IX die Leitung des für den BND zuständigen Referates 1 übernahm. Diese Versetzung brachte allerdings keine Änderung in der Betreuung von Frau Dr. Gast mit sich. Der Angeklagte, der den nachrichtendienstlichen Vorgang mindestens seit 1975 kannte, entschied, den Fall von dem zuständigen Mitarbeiter nicht zu trennen, so daß der Zeuge Stephan weiterhin für die aktenmäßige Bearbeitung zuständig blieb. Fortan legte dieser die von {149} ihm in diesem Vorgang zu erstellenden Reisepläne zur Durchführung der Auslandstreffs zwischen Frau Dr. Gast und den Führungsoffizieren auch in der Abteilung IX vor, die von dem Angeklagten bestätigt wurden. Auch der vom Angeklagten genehmigte Jahresplan des Bereichs A der Abteilung IX bezog sich ab diesem Zeitpunkt auf die Entwicklung des Vorgangs Dr. Gast. Gleichwohl blieben Lorenz und Schramm bis zu ihrem Tod – 1989 bzw. 1983 oder 1984 – Führungsoffiziere von Frau Dr. Gast.

Über die ab 1981 im Planbestätigungsverfahren sich ergebenden Einflußmöglichkeiten hinaus nahm der Angeklagte ab September 1975 auch durch persönliche Treffs mit Frau Dr. Gast auf deren nachrichtendienstliche Führung Einfluß:

Das erste Zusammentreffen zwischen dem Angeklagten und der Zeugin fand im September 1975 in Rabac/Jugoslawien statt, wo Dr. Gast mit Schneider einen gemeinsamen Urlaub verbrachte. Der Angeklagte suchte Frau Dr. Gast und Schneider in deren Ferienhaus auf und führte mit der Zeugin über den ganzen Tag verteilt Gespräche, die die eigentliche berufliche Tätigkeit der Zeugin sowie ihr berufliches Umfeld betrafen. Hierbei kam es dem Angeklagten darauf an, der Zeugin, die bereits 1973/74 unmittelbar nach ihrer Einstellung beim BND Sicherheitsbedenken geäußert hatte, den Eindruck zu vermitteln, daß ihre persönliche Sicherheit durch die HVA gewährleistet werde. Er versicherte der Zeugin, daß sie innerhalb der HVA völlig abgeschirmt sei. Falls sie wider Erwarten doch einmal enttarnt werde, werde man sie austauschen. Im Sommer 1976 fand, wie bereits beim ersten Treffen angekündigt, im jugoslawischen Split eine weitere Zusammenkunft zwischen dem Angeklagten und der Zeugin Dr. Gast statt. An diesem Ort hielt sich Frau Dr. Gast gemeinsam mit Schneider zu einem einwöchigen Ferienaufenthalt auf. Die Gespräche, die an zwei oder drei Tagen in einem von Schneider und der Zeugin Dr. Gast gemieteten Ferienhaus stattfanden, behandelten den gleichen Themenbereich wie die ein Jahr zuvor geführten, wurden jedoch {150} in einer schon vertraulicheren Atmosphäre geführt, da der Angeklagte begann, Dinge aus seinem persönlichen Leben zu berichten. So sprach er über seinen Aufenthalt in der Sowjetunion und über die künstlerischen Betätigungen seines Vaters und seines Bruders.

Im Jahre 1978 traf der Angeklagte für zwei oder drei Tage in Hercegnovy/Jugoslawien mit der Zeugin Dr. Gast zusammen. Auch die während dieses Treffens geführten Gespräche hatten aktuelle tagespolitische Ereignisse, die berufliche Situation und das berufliche Umfeld von Frau Dr. Gast sowie die künstlerische Arbeit von Vater und Bruder des Angeklagten zum Gegenstand. Mit den übrigen an diesem Treffen Beteiligten, nämlich Schneider und Lorenz, unternahmen der Angeklagte und Frau Dr. Gast gemeinsame Tagesausflüge nach Kotor und zu anderen Orten.

Nachdem im Januar 1979 der HVA-Offizier Stiller in die Bundesrepublik übergetreten war, traf sich der Angeklagte mit der Zeugin Dr. Gast nur noch auf dem Gebiet der ehemaligen DDR. Zu diesem Zwecke reiste die Zeugin im Sommer 1979 nach Göteborg/Schweden, traf sich dort mit Schneider und fuhr mit ihm, versehen mit Falschpapieren, über Saßnitz nach Ost-Berlin, wo sie in einer Villa am Rande des Müggelsees mit dem Angeklagten zusammentraf. Die über den dreitägigen Aufenthalt verteilten Gespräche zwischen dem Angeklagten und der Zeugin berührten die bereits bekannten und geschilderten Themenbereiche. Dies gilt auch für die zunächst im Mai 1981 in Dresden, dann im November 1984 und Mai 1986 in Oberwiesenthal/DDR durchgeführten persönlichen Treffs zwischen dem Angeklagten und Frau Dr. Gast. Die Einreise zu diesen Zusammenkünften erfolgte jeweils in Begleitung von Schneider über Wien und die CSSR. Die Zeugin Dr. Gast benutzte jedesmal einen DDR-Diplomatenpaß. Ob bei diesen Gesprächen neben den bereits umschriebenen Themenbereichen auch die Sicherheitsfrage erörtert wurde, so wie dies anläßlich des ersten Treffs geschah, ließ sich nicht klären.

Die Zeugin hatte bereits anläßlich eines Treffens im Januar 1980 mit Schneider in Innsbruck angekündigt, ihre Tätigkeit für {151} die HVA zu reduzieren, später vielleicht ganz einzustellen, da sie sich ganz der Pflege des angenommenen Jungen widmen wolle; für eine Reduzierung beziehungsweise Beendigung sprächen auch Sicherheitsgründe, weil sie insbesondere wegen des Kindes Angst vor Enttarnung habe. Anläßlich eines Treffens im September 1980 in Bischofshofen konnte Oberst Lorenz Frau Dr. Gast unter Hinweis auf ihre Freundschaft zu Schneider jedoch dazu überreden, weiterhin für das MfS BND-Material zu liefern. Die gleichen Überlegungen und Bedenken hatte Frau Dr. Gast während eines gemeinsamen Urlaubs Ende August/Anfang September 1985 gegenüber Schneider nochmals vorgebracht. Auch dieses Mal gelang es Lorenz bei einem zusätzlichen Treff im Dezember 1985 in Zell am See, Frau Dr. Gast zu einer Fortsetzung ihrer nachrichtendienstlichen Tätigkeit zu überreden. Dies geschah unter nochmaligem Hinweis auf die Freundschaft zu ihm und zu Schneider, wegen der man sehr um die Sicherheit von Frau Dr. Gast und um die des Kindes besorgt sei.

Frau Dr. Gast wurde am 19. Dezember 1991 durch das Bayerische Oberste Landesgericht wegen geheimdienstlicher Agententätigkeit zu einer Freiheitsstrafe von sechs Jahren und neun Monaten rechtskräftig verurteilt, Karlheinz Stephan ebenfalls wegen geheimdienstlicher Agententätigkeit mit einer einjährigen Freiheitsstrafe belegt.[29]

c) [Schabronat]

Der Kriminalhauptkommissar Walter Schabronat, der beim 14. Kriminalkommissariat in Duisburg tätig war, hatte Anfang der 70er Jahre dem MfS aus materiellen Motiven seine Dienste angeboten. Im Referat IX/A/5 unter dem Decknamen „Luchs" geführt, erfolgte seine nachrichtendienstliche Anleitung durch Karl Großmann, später Oberst und Leiter des Bereichs IX/A. Gegen Entgelt, das jedenfalls ab 1984 in einem monatlichen Fixum zwischen 500,- bis 750,- DM bestand und das ihm bei den vierteljährlichen Treffs mit einem Instrukteur ausgezahlt {152} wurde, lieferte „Luchs" über eine Kurier-/Instrukteurverbindung bis Ende 1988 dienstliche Unterlagen und Informationen namentlich aus dem Bereich „Ausländerkriminalität", „Terrorismus" und der sogenannten „linken Szene". Der Angeklagte war auch an diesem operativen Vorgang durch Bestätigung der jeweiligen Jahresarbeitspläne des Bereichs IX/A und der im Valutadienstleistungsplan angesetzten Geldzuwendungen, die von 1984 bis Ende 1986 insgesamt mindestens 22.500,- DM betrugen, maßgeblich beteiligt.

Der Senat verurteilte Walter Schabronat am 25. November 1991 wegen geheimdienstlicher Agententätigkeit zu einer Freiheitsstrafe von 3 Jahren.

d) [Spuhler]

aa) Der seit dem 1. Oktober 1968 als Berufssoldat – zuletzt im Range eines Hauptmanns – im Bundesnachrichtendienst (BND) eingesetzte, heute 52jährige Alfred Spuhler nahm 1971 aus politisch-ideologischen Beweggründen über einen Funktionär der Deutschen Kommunistischen Partei (DKP) Kontakt zum MfS auf, um seine nachrichtendienstliche Mitarbeit anzubieten und im Rahmen seiner Möglichkeiten mitzuhelfen, eine friedenserhaltende militärische Balance zwischen den Machtblöcken in West und Ost herzustellen.

Alfred Spuhler war nach erfolgreich abgeschlossener Kfz-Mechanikerlehre 1958 als Zeitsoldat in die Bundeswehr eingetreten. Nachdem er bei einem Manöverunfall sein linkes Auge verloren hatte, bewarb er sich beim BND und wurde von diesem zum 1. Oktober 1968 im Range eines Oberfeldwebels übernommen. Er erhielt den Arbeitsnamen „Pergau" und wurde der Abteilung II zugeteilt. Von dort wurde er 1970 für ca. zwei bis drei Wochen zur BND-Außenstelle in Spanien und etwa Mitte 1971 für ein Jahr zur Abteilung III, Unterabteilung 33, abgeordnet, wo er sich {153} mit der Aufbereitung des Informationsmaterials aus dem Bereich DDR-Infrastruktur befaßte. Mitte 1972 kehrte er in die Abteilung II zurück und war hier bis Mitte 1980 als Sachbearbeiter beim Verbindungsoffizier und als dessen Vertreter überwiegend mit Verbindungsaufgaben, insbesondere mit der Koordinierung und Weiterleitung von Aufklärungsaufträgen aus allen Bereichen außerhalb des BND, betraut. Hierbei hatte er vor allem auch Zugang zu Unterlagen über die Örtlichkeiten, Ausrüstung, technischen Möglichkeiten, Ziele und Ergebnisse der Fernmelde- und Elektronischen Aufklärung der Bundeswehr, des BND und zum Teil auch der Partnerdienste. Auf seinen Wunsch wurde er im Jahre 1980 als Referent in die Abteilung I Unterabteilung 12 AB versetzt. Sein Aufgabenbereich umfaßte die Landstreitkräfte, später auch die Militärpolitik des Warschauer Pakts mit Ausnahme der DDR, aber einschließlich Jugoslawiens und Albaniens. Er hatte alle eingehenden Meldungen auf Wahrheitsgehalt, Aktualität und Weitergabewürdigkeit zu prüfen, die Meldungsinhalte vorläufig zu bewerten und die Meldungen unter Entfernung der Quellenhintergründe zu „neutralisieren“. Im Rahmen seiner Tätigkeit hatte er Zugang zu fast allen Quellenunterlagen, zu allen Meldungsbewertungen und zu den Ausarbeitungen, Analysen und Berichten der Abteilung „Auswertung“.

Im Spätherbst 1971 kam es in Ost-Berlin zu einem ersten, zwei Tage dauernden Kontakt mit Vertretern der HVA, als deren Gesprächsführer der – inzwischen verstorbene – Hauptamtliche Mitarbeiter des MfS Werner Reckling auftrat. Der Zeuge Harry Schütt, der damals Leiter der für die militärpolitische und militärstrategische Aufklärung der Bundesrepublik zuständigen Abteilung IV der HVA war, kam später hinzu. Alfred Spuhler legte zunächst seine Beweggründe für die Kontaktaufnahme dar und sah sich durch die anschließende Diskussion in seiner politisch-ideologischen Einstellung bestätigt; er berichtete sodann über seinen beruflichen Werdegang, über seine derzeitige Tätigkeit im BND und über seine privaten Verhältnisse. Er ließ seine Bereitschaft zur nachrichtendienstlichen Zusammenarbeit {154} erkennen und versprach, seinen Bruder Ludwig wegen einer Mitarbeit anzusprechen und sich unter einer ihm von Werner Reckling gegebenen Telefonnummer wieder zu melden. Nach seiner Rückkehr berichtete er seinem Bruder von seinem Treffen in Ost-Berlin und teilte Werner Reckling telefonisch mit, daß sein Bruder zur Zusammenarbeit bereit sei.

Einige Zeit später traf sich sein älterer, heute 64jähriger Bruder Ludwig, der nach abgeschlossener Feinmechanikerlehre seit 1961 im Max-Planck-Institut für Plasmaphysik in Garching als technischer Angestellter in der Lagerverwaltung arbeitete und in seiner politischen Grundeinstellung mit ihm übereinstimmte, in Ost-Berlin mit Werner Reckling und bestätigte diesem die Bereitschaft der Brüder Spuhler zur nachrichtendienstlichen Tätigkeit für die HVA.

Etwa im Frühjahr 1972 kam es in Ost-Berlin zu einem erneuten Treffen, an dem beide Brüder Spuhler und seitens des MfS u.a. Werner Reckling und Harry Schütt teilnahmen. Bei diesem Treffen wurde die Zusammenarbeit per Handschlag besiegelt. Eine schriftliche Verpflichtungserklärung brauchten die Brüder Spuhler nicht zu unterschreiben. Beide erhielten Decknamen; Alfred entschied sich für „Peter“ und Ludwig für „Florian“. Die zukünftigen Aufgaben wurden dahin festgelegt, daß Alfred Spuhler Materialien aus dem BND und über diesen beschaffen und Ludwig Spuhler sich um den Verbindungsweg kümmern sollte.

bb) Bis Ende des Jahres 1977 erfolgte die nachrichtendienstliche Führung des Vorgangs Spuhler in der Abteilung IV HVA.

Verantwortlich war in erster Linie der damalige Abteilungsleiter Harry Schütt, der hierbei zunächst der Anleitung durch Generalmajor Fruck, dem ersten Stellvertreter des Angeklagten als Leiter der HVA, unterstand. Wegen ihrer besonderen Bedeutung wurden die operative Verbindung „Peter“ und die eingehenden Informationen auch dem Angeklagten als Leiter der HVA zur Kenntnis gebracht. Als Harry Schütt gegen Ende 1977 die Leitung {155} der dem Angeklagten unmittelbar unterstellten Abteilung IX HVA übernahm, behielt er auf Anweisung des Angeklagten die Führung des Vorgangs Spuhler.

Mit der nachrichtendienstlichen Verbindung zwischen der Abteilung IV HVA und den Brüdern Spuhler und deren Betreuung war von Anfang an der Hauptamtliche MfS-Mitarbeiter Günter Böttger[30] als Offizier im besonderen Einsatz (OibE) – zuletzt im Range eines Oberstleutnants – beauftragt. Dieser war Ludwig Spuhler anläßlich eines Treffs etwa im September 1972 in Ost-Berlin als zukünftiger Verbindungsmann vorgestellt worden. Den damit verbundenen Aufgaben kam Böttger zunächst von Wien aus und, als er etwa im August/September 1976 aus Sicherheitsgründen von dort abgezogen werden mußte, fortan von Ost-Berlin aus nach. Ludwig Spuhler und Böttger trafen sich zunächst etwa alle sechs Wochen und ab ungefähr 1975 ca. viermal im Jahr, in der Regel jeweils über ein ganzes Wochenende. Die Trefforte lagen überwiegend in Österreich, aber auch in Ost-Berlin, Dresden, Italien, Jugoslawien, Ungarn, Griechenland und Zypern.

Schütt traf im Rahmen von regelmäßigen Absprachen mit dem Angeklagten die erforderlichen Entscheidungen, wies den Verbindungsmann Böttger entsprechend an und nahm persönlich an insgesamt etwa 10 Treffs mit den Brüdern Spuhler, u.a. in Klagenfurt/Villach, Bled/Ljubljana und Zagreb teil. Die Treffs dienten in erster Linie der Klärung offener Fragen und der Instruktion der Brüder Spuhler, die hierbei immer wieder Anerkennung für ihre nachrichtendienstliche Tätigkeit fanden. So überreichte Schütt den Brüdern Spuhler jeweils drei Kampforden und Alfred Spuhler auch den Vaterländischen Verdienstorden in Bronze.

cc) Der Angeklagte schaltete sich auch persönlich in die Operation „Peter" ein. So kam es sowohl 1984 mit Alfred in Dresden als auch 1985 im Raum Ost-Berlin mit Ludwig Spuhler zu Treffs, an denen der Angeklagte teilnahm. Dieser widmete Alfred Spuhler {156} fast einen ganzen Tag, lobte seine gute Arbeit, beförderte ihn zum Major – der letzte Rang war Oberstleutnant – und zeichnete ihn mit dem Vaterländischen Verdienstorden in Silber aus. Bei seinem Treff mit Ludwig Spuhler verbrachte der Angeklagte auch mit diesem nahezu einen ganzen Tag, äußerte seine Zufriedenheit über die von ihm und seinem Bruder geleistete Arbeit und bedachte ihn mit dem Vaterländischen Verdienstorden in Bronze.

Ebenso würdigte der Nachfolger des Angeklagten, Generaloberst Werner Großmann, im Frühjahr 1987 bei einem Wochentreff in Budapest das Engagement der Brüder Spuhler für die HVA und zeichnete Alfred Spuhler mit dem Vaterländischen Verdienstorden in Gold und Ludwig Spuhler mit dem Vaterländischen Verdienstorden in Silber aus.

dd) Etwa zwei Jahre lang erfolgte die Übergabe des Verratsmaterials bei den Treffs, danach in Abständen von ca. sechs bis sieben Wochen über „Tote Briefkästen" (TBKs), in die Ludwig Spuhler die zu übergebenden Filme legte. Etwa ab Herbst 1976 deponierte er das Verratsmaterial zu den festgesetzten Zeiten in einem markierten Schlafwagenabteil eines zwischen Wien und Ost-Berlin verkehrenden Fernzuges und ab Anfang der 80er Jahre auf der Toilette des Interzonenzuges München-Berlin. Mittels dieser „Rollenden TBKs" wurde das Verratsmaterial etwa sieben- bis achtmal im Jahr, letztmals im Oktober 1988, übersandt. In der Gegenrichtung wurden die „Rollenden TBKs" zur Übergabe des Agentenlohns und der nachrichtendienstlichen Hilfsmittel benutzt.

Bei Bedarf konnte Ludwig Spuhler seine Führungsstelle telefonisch erreichen. Zur Übermittlung verschlüsselter Anfragen oder Meldungen mittels eines Sony-Diktiergeräts und später eines Taschenrechners standen mehrere Telefonnummern zur Verfügung. Umgekehrt hielt die HVA mit Ludwig Spuhler über A-3-Funk ständigen Kontakt. Für den Fall, daß es Schwierigkeiten mit dem Empfang der Funksendungen geben sollte, wurde ihm etwa 1982 ein {157} Empfangsgerät für Morsefunk zusammen mit drei

Lernkassetten überlassen, das er, ohne es jemals einzusetzen, in seinem Ferienhaus aufbewahrte.

Die für die HVA bestimmten Unterlagen fotokopierte Alfred Spuhler entweder oder nahm sie im Original mit. Die Fotokopien wurden nur etwa zwei Jahre lang als solche weitergegeben, dann jedoch wie das übrige Material von Ludwig Spuhler – meist am Wochenende, zum Teil zu Hause, überwiegend jedoch im Ferienhaus im österreichischen Thiersee – mit einer ihm vom MfS zur Verfügung gestellten oder bezahlten Kleinbildkamera und einer Super-8-Filmkamera fotografiert. Während die Originaldokumente von Alfred Spuhler wieder in die Dienststelle zurückgebracht wurden, verbrannte Ludwig Spuhler anfangs die Ablichtungen und vernichtete sie später mit dem von ihm auf Kosten der HVA angeschafften Reißwolf.

ee) Die Brüder Spuhler erhielten nach Bewilligung des Angeklagten beträchtliche Geldzuwendungen.

Bei Alfred Spuhler beliefen sich die Bezüge auf insgesamt mehr als 200.000 DM. Ausgehend von einem monatlichen Fixum, das sich von anfangs 500,- DM ab 1980 auf 1.300,- DM, ab Mitte 1984 auf 2.300,- DM und ab Mitte 1987 auf 2.500,- DM steigerte, erhielt er allein vom Anfang seiner Tätigkeit für die Abteilung IX Anfang 1978 bis Ende 1986 151.200,- DM an laufenden Bezügen. Außerdem gewährte ihm die HVA Sonderzahlungen von mindestens 20.000,- DM. Neben einem Zuschuß von 5. 000,- DM für einen Wohnungsumzug bekam er anläßlich der Verleihung der drei Kampforden Prämien von jeweils 2.000,- DM sowie zusammen mit den Vaterländischen Verdienstorden in Bronze und Silber weitere Prämien von 3.000,- DM und 6.000,- DM. Die HVA, die bereits früher Zuschüsse für die Anschaffung von Pkws (2 x 10.000,- DM) und die Urlaubsfinanzierung (2 x 5.000,- DM) gezahlt hatte, übernahm 1987 auch Ehescheidungskosten in Höhe von 10.000,- DM. {158}

Sein Bruder Ludwig bekam ebenfalls über 200.000,-- DM von der HVA, wovon auf den Bewilligungszeitraum des Angeklagten (1978 bis 1986) insgesamt 72.000,- DM entfielen. Neben dem Fixum von zunächst 8.000,- DM, später 16.000,- DM im Jahr erhielt auch er Zuschüsse zum Erwerb von Pkws, zur Finanzierung seines Urlaubs und Prämien für die ihm verliehenen Orden. Auch in seinem Fall übernahm die HVA 1989 die Scheidungskosten, außerdem zahlte sie für eine finanzielle Abfindung der Ehefrau 25.000,- DM.

ff) Absprachegemäß lieferte Alfred Spuhler über seinen Bruder Ludwig während der gesamten sich bis in das Jahr 1988 erstreckenden Tätigkeit für die HVA im Rahmen seiner Erkenntnisse und Zugangsmöglichkeiten im BND fortwährend alles, was ihm für seine Auftraggeber von Interesse erschien, wobei die Tätigkeit der Brüder Spuhler in den Jahren 1974 und 1979 aus Anlaß der Enttarnung von Günter Guillaume bzw. der Flucht von Werner Stiller in den Westen sicherheitshalber jeweils für einige Monate eingestellt wurde. Zum Verratsmaterial gehörten Unterlagen über die organisatorische und personelle Struktur des BND, aus denen Funktion, Aufgabenbereich und Dienstbezeichnung der einzelnen Abteilungen, Unterabteilungen und Referate hervorgingen. Er offenbarte – soweit ihm bekannt – die jeweilige personelle Besetzung und die entsprechenden Klarnamen sowie die Arbeitsweisen, Sicherheitsvorkehrungen und Sicherheitsvorschriften. Er berichtete über die Verbindungen des BND zu Partnerdiensten und zur Bundeswehr sowie über Aufklärungsziele, -schwerpunkte und -ergebnisse des BND, insbesondere solche betreffend die sowjetische Militär- und Aufklärungstechnik sowie den sowjetischen Truppenaustausch im westlichen Vorfeld. Von der ihm durch den 1980 erfolgten Wechsel in das Sachgebiet 12 AB der Abteilung I eröffneten Möglichkeit, an die HVA Daten über menschliche Quellen des BND weiterzugeben, machte er im Hinblick auf die Zusage, diesen Quellen keinen Schaden zuzufügen, Gebrauch. So übermittelte er sämtliche in seinem Fachge-{159}biet aufbewahrten sog. B-Bögen über die militärischen Quellen des BND im Bereich des Warschauer Pakts, ausschließlich der DDR sowie in Jugoslawien und Albanien. Als ihm ab etwa Ende 1987/Anfang 1988 darüber hinaus zufällig der Ordner mit den „B-Bögen“ sämtlicher aktiven militärischen DDR-Quellen in die Hände fiel, leitete er auch diese „B-Bögen“ an die HVA weiter. Insgesamt berichtete er über ca. 300 Quellen des BND.

Das von Alfred Spuhler aus dem bzw. über den BND gelieferte Material war zu etwa 80% als „VS-Geheim“ bzw. „Geheim mit Schutzwort“, zu einem ganz geringen Teil als „Streng Geheim“ eingestuft. Bei dem genannten Schutzwort handelte es sich um einen vor allem in der Fernmelde- und Elektronischen Aufklärung üblichen Geheimhaltungsgrad.

gg) Neben zahlreichen die Aufklärungstätigkeit des BND im militärischen und elektronischen Bereich betreffenden Dokumenten beschafften die Brüder Spuhler der HVA ab 1974 sämtliche Wochen- und Jahresabschlußberichte „Militärischer Lagebericht Ost“, welche den gesamten Wissensstand des BND über die militärpolitische bzw. militärische Lage und entsprechende Entwicklungen in den Staaten des Warschauer Pakts, in Jugoslawien und Albanien, aber auch in Afghanistan, der Volksrepublik China, Nordkorea und Indochina dokumentierten und deshalb ausnahmslos als „Geheim“ eingestuft waren. Wegen der Möglichkeiten, die sich aus der Kenntnis der Jahresabschlußberichte „Militärischer Lagebericht Ost“ einem potentiellen Gegner wie dem Warschauer Pakt für eine Beeinträchtigung der militärischen Verteidigungsfähigkeit der Bundesrepublik ergaben, waren diese Berichte nur einem begrenzten Personenkreis zugänglich und mußten vor den Ostblock-Staaten geheimgehalten werden.

Die Wochenberichte lieferte Alfred Spuhler ab Anfang 1974 bis in das Jahr 1988; die Jahresabschlußberichte gab er beginnend mit dem Jahresbericht 1973 bis einschließlich des Berichts für das Jahr 1985 in der vollständigen Fassung, für die beiden {160} folgenden Jahre dagegen nur noch in einer „Kurzfassung“ weiter, die lediglich einen gedrängten Jahresüberblick bezüglich der angesprochenen Thematik gab.

Die Jahresabschlußberichte wurden ebenso wie die sonstigen von Alfred Spuhler gelieferten Unterlagen mit militärischem, militärtechnischem und -politischem Inhalt in neutralisierter Fassung der Abteilung VII HVA zur Auswertung zugeleitet. Wegen der besonderen Bedeutung des Verratsmaterials der Quelle „Peter“ war hiermit bereits vor 1975 auf Anweisung des Angeklagten nur ein einziger Auswerter beauftragt worden. Der enorme Umfang der Lieferungen machte aber ab 1980 die Hinzuziehung weiterer Auswerter erforderlich; auch wurde Alfred Spuhler aufgefordert, bei der Auswahl des Materials Prioritäten zu setzen. Nach erfolgter Auswertung wurde ein Exemplar des Auswertungsberichts an den Verbindungsoffizier des KGB, der – wie der Minister, andere hohe Vertreter der Staatspartei und Streitkräfte – auf dem vom Angeklagten zu bestätigenden Verteiler stand, weitergeleitet. Der Jahresabschlußbericht 1976 wurde aus

Anlaß des 60. Jahrestages der Oktoberrevolution der Leitung des KGB als „Geschenk" überreicht.

Die Jahresabschlußberichte waren nach einem in etwa gleichbleibenden Grundschema aufgebaut. Sie vermittelten den jeweiligen Wissensstand des BND über entsprechende Entwicklungen in dem genannten Bereich, enthielten bezüglich bedeutender Faktoren aber auch Bewertungen. Dabei wurde die militärische Thematik voll abgedeckt. Politische, wirtschaftliche und technisch-wissenschaftliche Gesichtspunkte flossen ebenfalls in die Berichte ein. Der Umfang der Jahresabschlußberichte, die jeweils aus einem Textband und einem Band „Anhang" bzw. „Anlagen" mit überwiegend Landkarten, Tabellen, Übersichtstafeln, Schaubildern, graphischen Darstellungen und Zeichnungen bestanden, war erheblich. Er schwankte zwischen 591 Seiten Textband und 393 Seiten sowie 10 Faltkarten im Anlagenband (Jahresabschlußbericht 1981) und {161} 226 Seiten Textband und 167 Seiten sowie 1 Faltkarte im Anlagenband (Jahresabschlußbericht 1982).

Bei Kenntnis des in den Jahresberichten dargelegten Wissenstandes und der entsprechenden Bewertungen war der potentielle Gegner in der Lage, die operativen Reaktionen der NATO-Staaten auf die erkannten militärischen Faktoren einschließlich eventueller Wandlungen abzuleiten. So ließen z.B. die der Karte C 7 im Anlagenband 1976 zu entnehmenden Erkenntnisse über die Dislozierung der sowjetischen Streitkräfte den verläßlichen Schluß zu, in welchen Teilen Europas die NATO bei einer möglichen Konfrontation mit Schwerpunkten eines eventuellen Angriffs rechne und welche Maßnahmen sie zu dessen Abwehr planen und vorbereiten werde.

Ebenso gaben die in den Jahresabschlußberichten (z.B. auf der Karte D 1 des Anlagenbandes 1976) wiedergegebenen Vorstellungen über die Luftkriegspotentiale des Warschauer Pakts und deren bis in Einzelheiten reichende Zuordnung zu bestimmten NATO-Abschnitten darüber Aufschluß, mit welchen Schwerpunkten und in welchen Räumen die NATO den Einsatz dieser Potentiale erwarte und wie sie sich darauf einstellen werde. Zwar konnten aus solchen Angaben jeweils nur Rückschlüsse auf die operative Planung der NATO gezogen werden. Jedoch gestattete die Vielzahl der Angaben und der Umstand, daß die Berichte den westlichen Kenntnisstand vollständig wiedergaben, eine weitgehende Eingrenzung der verschiedenen westlichen Reaktionsmöglichkeiten und erlaubten dem Gegner jedenfalls die Folgerung entsprechender „Eckwerte", d.h. entsprechender Grundpositionen. Hierdurch konnte der potentielle Gegner aus den zahlreichen Angaben über die Standorte genau bezeichneter militärischer, insbesondere auch logistischer, Einrichtungen im Gebiet des Warschauer Pakts einen Katalog wahrscheinlicher Bekämpfungsziele der NATO einschließlich diesbezüglicher Prioritäten und entsprechender Veränderungen ableiten. Dies ermöglichte es ihm, seine Schutzmaßnahmen entsprechend zu konzentrieren bzw. durch verstärkte {162} Nutzung noch nicht entdeckter oder durch die Errichtung neuer Anlagen die Zielplanung der NATO zu unterlaufen und dadurch in ihrer Wirksamkeit erheblich zu mindern.

hh) Weiter lieferte Alfred Spuhler der HVA die *BND-Studie* „Bundesnachrichtendienst 33 D Aufzeichnung MIL vom 13.1.1986" mit dem Titel *„Die militärische Bedeutung der DDR im Warschauer Pakt."* (TgbNr 90/86 Geheim). Diese 40 Seiten und 18 Anlagen mit insgesamt 36 Seiten umfassende Studie legte dar, daß und aus welchen Gründen die DDR in den operativ-strategischen Planungen des Warschauer Pakts eine herausragende Rolle spielte. So hatte sie aus sowjetischer Sicht durch ihre weit nach

Westen vorgeschobene Lage eine eminente geo-strategische Bedeutung und war der zentrale Basisraum im Schwerpunkt einer möglichen Konfrontation des Warschauer Pakts mit der NATO. Die in der DDR bereitgehaltenen Kräfte, die unter sowjetischer Führung die Land- und Luftstreitkräfte der Gruppe der sowjetischen Truppen in Deutschland (GSTD) und der NVA umfaßten und grundsätzlich auch zum nuklearen und chemischen Einsatz befähigt waren, bildeten die stärkste Front der 1. Staffel auf dem Hauptschauplatz von Kriegshandlungen (TVD) Mittel-/Westeuropa in der strategischen Richtung West. Diese „Westfront" sollte aus der DDR heraus den Hauptstoß im Schwerpunkt der Operationen auf dem für die Gesamtkriegsführung des Warschauer Pakts entscheidenden TVD Mittel-/Westeuropa führen, um als strategisches Ziel den Rheinabschnitt zu nehmen. In der Folge würden nachgestaffelte polnische und sowjetische Kräfte über die DDR je nach Lageentwicklung ins Gefecht geschickt werden, um den Stoß an den Atlantik zu führen. Ergänzend ging die Studie noch auf besondere Aspekte des inneren Zustands von NVA und GSTD sowie auf die unter nationaler Verantwortung der DDR-Führung verbliebenen Verteidigungsmaßnahmen in der DDR ein.

Im Rahmen der zur Begründung angeführten Details enthielt die Studie, vornehmlich in den Anlagen, Angaben über Art und Lage bestimmter militärischer Faktoren bzw. Einrichtungen in der {163} DDR, so zur Dislozierung der Fliegerregimenter der GSTD-Luftstreitkräfte (Anlage 6), der Geschwader der NVA-Luftstreitkräfte/Luftverteidigung (Anlage 7), der schwimmenden Verbände (Anlage 8) sowie der nuklearen Kampfmittel und der Sondermunitionslager (Anlagen 10 und 11).

Bei der Abhandlung der Thematik Luftstreitkräfte/Luftverteidigung kam zum Ausdruck, daß die Erfassung der Luftlage in sehr niedrigen Höhen durch die NVA-Frühwarnradarstellungen nicht vollständig sichergestellt sei und die WP-Jagdflugzeuge noch nicht die Fähigkeit hätten, in sehr niedrigen Flughöhen eindringende Luftfahrzeuge zu bekämpfen.

Die Studie, die nur einem begrenzten Personenkreis zugänglich war, war wegen ihrer erheblichen Bedeutung für die äußere Sicherheit der Bundesrepublik vor einer fremden Macht wie den Staaten des Warschauer Pakts geheimzuhalten.

Die Kenntnis der BND-Aufzeichnung vom 13.1.1986 versetzte den potentiellen Gegner in die Lage, aus den erkennbaren Schwerpunkten in den strategischen Operationen der DDR-Streitkräfte und der in der DDR stationierten sowjetischen Streitkräfte Hilfen für Rückschlüsse auf Verteidigungsplanungen der NATO zu gewinnen, die operativen Konzepte der NATO durch eine frühzeitige Einstellung hierauf zu unterlaufen und damit in ihrer Wirkung jedenfalls zu mindern.

Die Angaben über Art und Lage bestimmter militärischer Faktoren bzw. Einrichtungen in der DDR, insbesondere über die Standorte nuklearer Kampfmittel einschließlich der Sondermunitionslager, hätten es einem potentiellen Gegner möglich gemacht, auf vorrangige Ziele der NATO zu schließen, diese Ziele durch Verstärkung der Schutzmaßnahmen (Härtung) oder durch Verlegung einer erfolgreichen Bekämpfung zu entziehen und hierdurch eine aussichtsreiche Vorneverteidigung der NATO zu gefährden. Darin lag wegen der Vielzahl der Faktoren und ihres überwiegend über-{164}durchschnittlichen Gewichts für die Gegenseite ein bedeutsamer Vorteil.

ii) Die der Bundesrepublik hieraus erwachsenden Nachteile sind bei einer Gesamtschau der Jahresabschlußberichte, auch der erst ab 1978 bis 1985 gelieferten, unter Berücksichtigung der ebenfalls verratenen BND-Aufzeichnung vom 13.1.1986 wegen der dadurch ermöglichten erheblichen Machtverschiebungen im militärischen Kräfteverhältnis so gewichtig, daß ihr Verrat, wie nicht nur die Brüder Spuhler, sondern auch der Angeklagte zutreffend erkannte und billigte, die Gefahr eines *schweren* Nachteils für die äußere Sicherheit der Bundesrepublik herbeiführt.

Der Angeklagte wirkte an dem Verrat nicht nur durch Bestätigung der Jahresplanung der Abteilung IX, die Bewilligung des den Brüdern Spuhler von 1978 bis Ende 1986 gezahlten erheblichen Agentenlohns und die persönliche Teilnahme an Führungstreffs, sondern vor allem durch die von ihm verfügte Weitergabe der Informationen an Staats- und Streitkräfteführung sowie das KGB maßgeblich mit.

jj) Als der MfS-Mitarbeiter Stümer, der sich in den Westen absetzen wollte, am 24. November 1988 festgenommen wurde, räumte er u.a. ein, daß ein dem Verfassungsschutz in West-Berlin von ihm zugespieltes Negativ ein Dokument des BND betroffen habe. Auf Anweisung von Schütt wurde die nachrichtendienstliche Zusammenarbeit mit den Brüdern Spuhler daraufhin aus Sicherheitsgründen beendet.

Alfred und Ludwig Spuhler wurden am 29. November 1989 vorläufig festgenommen und durch Urteil des Bayerischen Obersten Landesgerichts vom 15. November 1991 wegen Landesverrats zu Freiheitsstrafen von zehn Jahren bzw. fünf Jahren und sechs Monaten verurteilt.[31] Während Alfred Spuhler gegenwärtig die Freiheitsstrafe im offenen Vollzug in der Justizvollzugsanstalt Strau-{165}bing verbüßt, wurde sein Bruder Ludwig am 28. August 1992 nach Verbüßung der Hälfte seiner Strafe auf Bewährung entlassen. Die Verurteilungen der Mitangeklagten Schütt und Böttger wegen Beihilfe zum Landesverrat zu zwei Jahren Freiheitsstrafe bzw. einem Jahr und zwei Monaten Freiheitsstrafe mit Strafaussetzung zur Bewährung sind unter Verwerfung der von diesen Angeklagten eingelegten Revisionen auf die Revision des Generalbundesanwalts durch das Urteil des Bundesgerichtshofes vom 30. Juli 1993[32] aufgehoben worden. Insoweit ist die Sache zur erneuten Verhandlung und Entscheidung an das Bayerische Oberste Landesgericht zurückverwiesen worden.[33]

e) [Karin Zuber]

Die Hausfrau Karin Zuber, die im Referat IX/A/6 unter dem Decknamen „Bussard“ geführt wurde, bewarb sich 1978 weisungsgemäß beim Bundeskriminalamt in Wiesbaden und wurde als zweite Bürokraft im Vorzimmer des damaligen Abteilungspräsidenten Sch. eingestellt. Nach dessen Pensionierung war sie bei einem Gruppenleiter als Sekretärin tätig. Für den öffentlichen Dienst besonders verpflichtet, lieferte sie über eine Kurier-/Instrukteurverbindung gegen ein monatliches, ihr bei den vierteljährlichen Instrukteurtreffs ausgezahltes Entgelt von 500,- DM bis 1989 u.a. Hausmitteilungen, Protokolle von Abteilungsbesprechungen, Übersichten über die Struktur des BKA und interne Telefonverzeichnisse. Die Zielvorstellung ihrer Führungsstelle, sie innerhalb des BKA in eine Position im Staatsschutzbereich mit entsprechend interessanten Zugangsmöglichkeiten zu bringen, realisierte sich allerdings nicht. Auch der Vorgang „Bussard“ einschließlich des gezahlten Agentenlohns war Gegenstand der vom Angeklagten bestätigten Jahrespläne: Im Zeitraum von 1978 bis 1986 bewilligte er für Karin Zuber Zahlungen von insgesamt 54.000,- DM.

Karin Zuber wurde am 13. August 1992 vom Oberlandesgericht Frankfurt wegen geheimdienstlicher Agententätigkeit zu einer Freiheitsstrafe von einem Jahr und neun Monaten mit Strafaussetzung zur Bewährung verurteilt. {166}

f) [Kloss]

Der Journalist Herbert Siegmar Kloss war Ende der 70er Jahre von Herbert Köhler, dem damaligen Leiter des für die Ausspähung des MAD zuständigen Referats 2 der Abteilung IX, Bereich A, angeworben worden. In der Folgezeit lieferte Kloss – im Referat IX/A unter dem Decknamen „Siegbert“ geführt – namentlich über eine Kurier-/Instrukteurverbindung bis Oktober 1989 unter Ausnutzung seiner beruflichen Kontakte zu Mitarbeitern des MAD neben gelegentlichen Kurzcharakteristiken von MAD-Angehörigen insbesondere Informationen über Personalien, Dienststellenwechsel, Um- und Neubesetzungen, sonstige Personalbewegungen und die Stimmungslage im MAD. Insgesamt übermittelte Kloss rund 250 solcher Informationen zu etwa 200 Mitarbeitern des MAD.

Nachdem es bis etwa Mitte der 80er Jahre trotz vielfältiger Abschöpfkontakte von Kloss der Abteilung IX nicht gelungen war, eine Quelle im MAD-Amt zu plazieren, reiften in der HVA Überlegungen, dem Vorgang „Siegbert“ unter längerfristigen perspektivischen Gesichtspunkten eine teilweise andere Richtung zu geben. Die Abteilung X der HVA, zu deren Aufgaben es, wie noch im einzelnen darzustellen sein wird, u.a. gehörte, durch sogenannte „Zersetzungsarbeit“, zum Beispiel mittels von ihr lancierter Publikationen, westliche Geheimdienste, politische Parteien etc. zu verunsichern, beabsichtigte in Absprache mit der Führungsstelle „Siegberts“ aus der Abteilung IX aus Anlaß des 30jährigen Jubiläums des MAD eine gegen diesen gerichtete „aktive Maßnahme“ durchzuführen. Diese sollte zunächst in einer publikumswirksamen Zusammenstellung von Skandalen und Fehlern des Dienstes bestehen. Später wurde dieser Plan durch einen anderen ersetzt:

Kloss sollte, von der Abteilung X mit von dieser ausgearbeitetem Thesen- und Faktenmaterial zu ausgewählten Themen über den MAD ausgestattet, als vermeintlich seriöser und kompetenter {167} Sachbuchautor offiziell an den MAD mit einem Vorhaben herantreten, über diesen Dienst ein Buch zu schreiben. Die Abteilung IX versprach sich von einem solchen Unternehmen eine erhebliche Erweiterung der bisherigen Abschöpfkontakte und Fortschritte auf dem Weg zu dem bislang nicht erreichten Ziel, eine Quelle im MAD-Amt zu gewinnen, während die Abteilung X sich langfristig einen Ausbau und die Festigung des journalistischen Renommees von „Siegbert“ und damit die Schaffung von Einflußpositionen in der Bundesrepublik erhoffte. Die – abteilungsübergreifende – Maßnahme, neben der Abteilung IX auch die Abteilung X in den operativen Vorgang einzubeziehen, erfolgte auf Weisung oder mit Genehmigung des Angeklagten, der auch die betreffenden Jahresarbeitspläne und – ab 1984 – die Ansätze im Valutadienstleistungsplan bestätigte.

Tatsächlich gelang es „Siegbert“, der für seine Verratstätigkeit zumindest von Anfang 1984 bis Oktober 1989 monatlich 500,- DM Agentenlohn kassierte, im Zusammenhang mit dem „Buchprojekt MAD“ bei einer Vielzahl von Gesprächen mit leitenden Mitarbeitern des MAD Informationen abzuschöpfen, ferner verschiedene hohe Offiziere zu veranlassen, Kapitel des Buches selbst zu verfassen bzw. von ihm fertiggestellte

Teile seines Buchmanuskripts auf ihre sachliche Richtigkeit hin zu überprüfen. Zu solchen, vom MAD-Amt „gegengelesenen“ und dann von Kloss an seine Führungsstelle weitergeleiteten gehörten u.a. die Kapitel

- „Auftrag, Organisation, Arbeitsweise, Kontrolle“,
- „Die Sicherheitsüberprüfung“,
- „Sabotageabwehr und materieller Geheimschutz“.

Diese Buchkapitel sowie die von dem MAD-Oberst Krase verfaßten Beitrage „Aus der Geschichte des MAD“ und die „Spionageabwehr“ sowie eine als Kapitel 5 vorgesehene, von Oberst Kluss aus dem MAD gefertigte Ausarbeitung zu dem Thema „Die Bedrohung der Bundeswehr durch sicherheitsgefährdende Kräfte“ wurden von dem {168} mit ihrer Auswertung betrauten Referat IX/C/4 in der Mehrzahl mit der Note „1“, im übrigen mit „2“ bewertet.

Kloss wurde am 28. Januar 1992 vom Senat wegen geheimdienstlicher Agententätigkeit zu einer Freiheitsstrafe von 3 Jahren und 6 Monaten verurteilt; zugleich wurde der Verfall eines Geldbetrages von 35.000,- DM angeordnet.

g) [Balke]

Bereits seit etwa Ende der 70er Jahre führte das Referat IX/A/4 unter dem Decknamen „Gräber“ als Quelle im Bereich des niedersächsischen Landesamtes für Verfassungsschutz den dort tätigen Ersten Kriminalhauptkommissar Wilhelm Balke. Er hatte sich aus materiellen Motiven verdingt und lieferte bis 1989 seinen nachrichtendienstlichen Auftraggebern namentlich Informationen über Gegenoperationen des Landesamtes für Verfassungsschutz Niedersachsen und die Methodik der Reisewegsuchmaßnahmen. Zu den von „Gräber“ namhaft gemachten vermeintlichen Doppelagenten gehörten Kurt L. und Kurt S., die beide in der DDR festgenommen und verurteilt wurden.

Das von Balke – nach Genehmigung durch den Angeklagten – kassierte nachrichtendienstliche Entgelt belief sich zunächst auf ein monatliches Fixum von 1.500,- DM und steigerte sich ab etwa Mitte der 80er Jahre auf einen monatlichen Betrag von 2.000,- DM. Der vom Angeklagten für „Gräber“ bewilligte Agentenlohn betrug für den Zeitraum von 1980-1986 insgesamt 132.000,- DM.

h) [„Maurer“]

Anfang der 80er Jahre bot ein Angehöriger eines westdeutschen Nachrichtendienstes dem Referat IX/A/4 der HVA seine Mitarbeit gegen entsprechendes Entgelt an. Er, der alsdann unter dem Decknamen „Maurer“ in diesem Referat geführt wurde und bei dem es sich um einen beamteten Angehörigen des LfV Niedersachsen handelte, lieferte in der Folgezeit bis 1989 {169} gegen ein im voraus zu zahlendes, vom Angeklagten bewilligtes monatliches Fixum von zunächst 2.000,- DM über dann 3.000,- DM und zuletzt 4.000,- DM Verratsmaterial, darunter insbesondere Informationen über den Inhalt sogenannter Reisewegsuchmaßnahmen, deren Zeitpunkt und die Örtlichkeit ihrer Durchführung. Hinweise auf Personen, die wegen des Verdachts nachrichtendienstlicher Tätigkeit ins Visier des westdeutschen Verfassungsschutzes geraten waren, ließ sich

„Maurer“, der sich bei Treffs mit seinem Instrukteur stets vermummte, um eine Identifizierung zu verhindern, gesondert mit Beträgen zwischen 3.000,- DM und 10.000,- DM honorieren, die – während seiner Amtszeit – ebenfalls vom Angeklagten bewilligt wurden. Zur Finanzierung des Erwerbs eines von ihm ins Auge gefaßten Urlaubsobjekts im Umfeld von Hannover erhielt er eine Zuwendung in Höhe von ca. 50.000,- DM. In dem Zeitraum bis Ende 1986, für den der Angeklagte die Zahlungen bestätigte, belief sich das nachrichtendienstliche Entgelt „Maurers“ auf mindestens 200.000,- DM.

i) [Kuron]

Der Fall Kuron zeigt exemplarisch auf, in welcher Art und Weise der Angeklagte sich in nachrichtendienstliche Vorgänge einschaltete, sie begleitete und kontrollierte und Entscheidungen von grundsätzlicher Bedeutung selbst traf.

aa) Klaus Kuron, in der für Spionage- und Sabotageabwehr zuständigen Abteilung IV des BfV als Regierungsamtsrat tätig, entschloß sich im September 1981 aus finanziellen Motiven, der HVA gegen hohen Agentenlohn eine nachrichtendienstliche Zusammenarbeit anzubieten. Er war mit den Aufgaben eines sog. Beschaffers betraut und in diesem Bereich mit Verdachtsfällen auf allen Gebieten der Spionage, die speziell das Ministerium für Staatssicherheit der DDR, insbesondere die Hauptverwaltung Aufklärung, betrafen, befaßt. Seine Aufgabe bestand darin, möglichst aktuelle Erkenntnisse über Struktur, Arbeitsweise und Zielrichtung der verschiedenen Gliederungen dieses Nachrichten-{170}dienstes zu gewinnen und dessen Operationen zu enttarnen, soweit sie sich gegen oberste Bundesbehörden, deren nachgeordnete Bereiche, Parteien oder Gewerkschaften richteten (sog. politische Spionage). Zu seinem Aufgabenbereich gehörte im Rahmen von sog. Gegenoperationen auch das Führen von Agenten, die ursprünglich für die DDR spioniert oder sich dazu bereit erklärt hatten, dann aber vom BfV überworben wurden (sog. Countermen, abgekürzt CM).

In Ausführung seines Plans fertigte Kuron Anfang/Mitte September 1981 ein Schreiben, das er an den Leiter der HVA, vertreten durch den Abteilungsleiter IX der HVA, richtete und in dem er sich unter anderem auf der Grundlage folgender wesentlicher Bedingungen zur Zusammenarbeit mit der HVA bereit erklärte

- finanzielle Absicherung der Familie im Falle einer Festnahme,
- Zahlung eines monatlichen Nettogehaltes in Höhe der derzeitigen Nettobezüge,
- anfängliche „Sicherheitszahlung“ in Höhe des dreifachen Jahresnettogehaltes,
- Zusage, keine exekutiven Maßnahmen gegen von ihm als geheime Mitarbeiter des BfV genannte Personen zu ergreifen.

Gleichzeitig gab sich Kuron als Angehöriger des BfV zu erkennen, ohne allerdings seinen Namen oder sein Arbeitsgebiet zu nennen.

Das Schreiben mit dem Angebot zur Zusammenarbeit erhielt der Angeklagte auf dem Dienstweg über die Ständige Vertretung (STÄV) in Bonn. Er erteilte der in seinem unmittelbaren Anleitungsbereich stehenden Abteilung IX den Auftrag, den von Kuron unterbreiteten Vorschlag auf seine Ernsthaftigkeit zu überprüfen. Dies geschah in der Folgezeit zunächst anläßlich eines Treffens am 24. Oktober 1981 in Brüssel, bei dem Kuron nicht angesprochen, sein Verhalten jedoch von Mitarbeitern der HVA {171} observiert wurde. Sodann führte der Zeuge Dr. Engelmann, Mitarbeiter im schwerpunktmäßig mit der Tätigkeit des BfV befaßten Referat 4 der Abteilung IX/HVA, bis Anfang Dezember 1981 mehrere Telefonate mit Kuron, bei denen es im wesentlichen darum ging, die HVA von der Ernsthaftigkeit seines Angebotes zu überzeugen. Während man von Kuron in diesem Zusammenhang als „Vertrauensbeweis" zunächst die Lieferung von Material erwartete, bestand dieser auf einer mündlichen Erörterung der Angelegenheit, um zuvor die grundsätzlichen Bedingungen einer Zusammenarbeit festzulegen. Da eine Einigung zunächst nicht erzielt werden konnte, wurden die Verhandlungen unterbrochen, um dann Mitte Januar 1982 fortgesetzt zu werden. In einem Schreiben von Ende April 1982 teilte Kuron, um die Ernsthaftigkeit seines Vorhabens zu unterstreichen, der HVA den Falschnamen eines vom BfV überworbenen DDR-Agenten, nämlich des Inoffiziellen Mitarbeiters (IM) „Wolfgang" mit, unter dem dieser zur damaligen Zeit ohne Wissen der HVA in London lebte. Gleichzeitig wies Kuron darauf hin, daß es sich bei diesem Fall um eine von ihm geführte Operation gegen die HVA (sog. Gegenoperation) handele. Nach Erhalt dieses Briefes zeigten sich seine Gesprächspartner zu einem persönlichen Treffen mit ihm bereit, das am 26. Juni 1982 in Wien stattfand.

Dort traf Kuron auf den unter dem Namen „Günther" auftretenden Zeugen Gunther Nehls, der sich als stellvertretender Bereichsleiter für den Bereich A der Abteilung IX der HVA vorstellte. Nehls teilte Kuron mit, daß er autorisiert sei, verbindliche Abmachungen zu treffen, die grundsätzliche Entscheidung jedoch dem Angeklagten vorbehalten sei. Dieser Treff diente seitens der HVA dazu, die Motive des Zeugen Kuron für seine Bereitschaft zur Mitarbeit zu ergründen und ein Vertrauensverhältnis aufzubauen. Kuron beschrieb sein Aufgabengebiet im BfV, schilderte die Zusammenarbeit mit Kollegen von der Beschaffung und Auswertung und berichtete über einige der von ihm selbst geführten Gegenoperation, unter anderem über die Fälle mit den BfV-internen Fallnamen {172}

1) „Schneiderwerkstatt",
2) „Martinszug",
3) „Holzfäller" und
4) „Keilkissen"

zu 1): Bei dem Fall „Schneiderwerkstatt" handelte es sich um eine Gegenoperation gegen die Abteilung VI der HVA und die Abteilung XV der MfS-Bezirksverwaltung Cottbus, an der Horst Garau, ein langjähriger Inoffizieller Mitarbeiter (IM) des MfS, beteiligt war. Dieser hatte sich im Oktober 1976 zu einer Zusammenarbeit mit dem BfV bereit erklärt und wurde als CM „Schneider" in dem Vorgang „Schneiderwerkstatt" geführt. Seinem von Kuron erteilten Auftrag, fortlaufend über den von ihm zu betreuenden, unter falscher Identität in London lebenden DDR-Bürger „Wolfgang" zu berichten, kam er nach, so daß der DDR-Agent „Wolfgang" alsbald mit seiner Wohnanschrift und seiner Arbeitsstelle identifiziert werden konnte.

Auch die Ehefrau Garaus, Gerlinde Garau, die seit Mitte der sechziger Jahre für das MfS tätig war, erklärte sich aus Gründen ihrer eigenen Sicherheit bereit, ebenfalls für das BfV zu arbeiten, wurde fortan – etwa ab 1977/1978 – von Kuron als CM „Dürer" geführt und in den Vorgang „Schneiderwerkstatt" als Material- und Geldkurier eingebunden. Da im Jahre 1978 im MfS die Entscheidung getroffen wurde, „Wolfgang" nach Argentinien zu schicken, ruhte diese Gegenoperation.

zu 2): Beim Fall „Martinszug“ handelte es sich um eine ebenfalls von Kuron geführte Gegenoperation gegen die Abteilung VI der HVA, die unmittelbaren Bezug zur Gegenoperation „Schneiderwerkstatt“ aufweist und in die der DDR-Agent „Wolfgang“ eingebunden war. Dieser kam in Argentinien seinem nachrichtendienstlichen Auftrag nach, auf Friedhöfen und an anderen Orten Personaldaten deutschstämmiger Verstorbener zu ermitteln, damit diese Daten zur Schaffung neuer Legenden für noch in die Bun-{173}-desrepublik einzuschleusende illegale Agenten der DDR benutzt werden konnten. Nach seiner Kontaktaufnahme im November 1978 zum BfV erklärte sich „Wolfgang“ gegenüber Kuron und dessen damaligem Vorgesetzten Tiedge bereit, als CM für das BfV in Argentinien weiterzuarbeiten, und kehrte – beim BfV unter dem Decknamen „Martin“ geführt – nach Buenos Aires zurück. Als CM „Martin“ im Frühjahr 1982 wegen des Falkland-Krieges vom MfS aus Sicherheitsgründen aus Argentinien abgezogen wurde, begab er sich, um sich von seinem nachrichtendienstlichen Auftrag zu lösen, ohne Erlaubnis des MfS, jedoch mit Zustimmung des BfV nach London, wo er in der Folgezeit unter einem Falschnamen lebte und arbeitete. Auch diese Gegenoperation mit dem BfV-internen Fallnamen „Martinszug“ ruhte.

zu 3) und 4): Hinter der Fallbezeichnung „Holzfäller“ verbarg sich eine von Kuron geführte Gegenoperation gegen die Abteilung IX der HVA, an der der Zeuge Moitzheim beteiligt war.

Dieser hatte – wie bereits dargestellt – im Jahr 1978 den BfV-Angehörigen Carolus kennengelernt und ihn auftragsgemäß für eine nachrichtendienstliche Tätigkeit unter falscher Flagge geworben. Nachdem sich Carolus unmittelbar nach der nachrichtendienstlichen Ansprache an Kuron gewandt hatte, führte dieser den Vorgang als Gegenoperation unter dem Namen „Holzfäller“, wobei Carolus als CM „Fäller“ Personaldaten aus der Datenbank „Nadis“ weitergab, deren Unbedenklichkeit Kuron zuvor überprüft hatte. Unmittelbar nach der Überwerbung durch das BfV offenbarte sich jedoch Moitzheim, der den BfV-Arbeitsnamen „Keil“ erhalten hatte, gegenüber dem MfS, ohne daß Kuron hiervon Kenntnis erhielt. Vielmehr führte dieser den Vorgang unter der Fallbezeichnung „Keilkissen“ als Gegenoperation gegen die Abteilung IX der HVA.

Als Kuron anläßlich seines ersten Treffens mit dem Zeugen Nehls am 26. Juni 1982 über den Komplex „Holzfäller/Keilkissen“ berichtete, erfuhr er, daß der Zeuge Moitzheim dem MfS seine {174} Überwerbung durch das BfV kurze Zeit danach mitgeteilt hatte und als sog. Tripel-Agent mit dem MfS-Arbeitsnamen „Wieland“ tätig war. Zwischen Kuron und Nehls wurde vereinbart, die Vorgänge weiterlaufen zu lassen.

bb) Am 12. Oktober 1982 traf sich Kuron in Wien vereinbarungsgemäß mit dem Zeugen Nehls, um von dort zu dem bereits im August in Klagenfurt vereinbarten Haupttreff mit dem Angeklagten nach Dresden weiterzureisen. Nachdem Nehls dem Zeugen Kuron einen DDR-Diplomatenpaß, ausgestellt auf den Namen „Gerhard Häusler“, ausgehändigt hatte, fuhren beide in einem Dienstwagen der DDR-Botschaft nach Bratislava. Dort wurden sie am Flugplatz von dem Zeugen Dr. Engelmann erwartet, der eine unkontrollierte Ausreise arrangiert hatte. Mit einer Sondermaschine der *Interflug*, in der sich keine anderen Passagiere befanden, flogen die Zeugen Kuron, Nehls und Dr. Engelmann nach Dresden, wo sie von dem damaligen Leiter des Referates 4 des Bereichs A der Abteilung IX, Bernd Trögel, dem Schwiegersohn des Angeklagten, empfangen und mit einem Fahrzeug zu einer Villa des MfS gebracht wurden.

Nach dem Eintreffen des Angeklagten, der von dem damaligen stellvertretenden Abteilungsleiter der Abteilung IX, Oberst Karl Großmann, begleitet wurde, fand eine Gesprächsrunde statt, an der neben dem Angeklagten auch Großmann, Nehls, Trögel und Kuron teilnahmen. Zeitweilig war auch der Zeuge Dr. Engelmann zugegen, der jedoch im übrigen mit der Absicherung dieses Treffs betraut war.

Zu Beginn der Besprechung befragte der Angeklagte den Zeugen Kuron nach seinen persönlichen und familiären Verhältnissen und nach seinem beruflichen Werdegang, um die Person von Kuron genauer einschätzen zu können. Angesichts der Bedeutung des Vorganges und der zu treffenden Entscheidung wollte er sich ein umfassendes Bild von der Person des BfV-Mitarbeiters machen. Im weiteren Verlauf des Gespräches nannte Kuron als Grundbedingung für eine Zusammenarbeit die einmalige Zahlung einer sog. Ein-{175}stiegssumme in Höhe seines dreifachen Jahreseinkommens und fortlaufende monatliche Zuwendungen in Höhe von 4.000,- DM, ein Betrag, der seinem abgerundeten monatlichen Nettogehalt beim BfV entsprach. Beide Forderungen wurden vom Angeklagten akzeptiert. Die Einstiegssumme von 150.000,- DM wurde in der Folgezeit in Raten gezahlt.

Im übrigen wiederholte Kuron die bereits brieflich gestellten und schon beim Wiener Treff gegenüber dem Zeugen Nehls genannten Bedingungen für eine nachrichtendienstliche Zusammenarbeit. Seine Familienangehörigen sollten nachrichtendienstlich nicht eingebunden und für den Fall seiner Festnahme finanziell versorgt werden. Kuron verlangte auch, daß die Informationen, die er liefern würde, ohne seine ausdrückliche Zustimmung nicht an andere Nachrichtendienste des Warschauer Paktes weitergegeben würden. Weiterhin sollte gegen die von ihm benannten geheimen Mitarbeiter des BfV seitens der HVA nicht vorgegangen werden. In diesem Zusammenhang erwähnte Kuron insbesondere die Eheleute Garau, die er vor einer exekutiven Maßnahme schützen wollte. Sämtliche von Kuron gestellten Forderungen wurden vom Angeklagten akzeptiert.

Sodann erläuterte der Angeklagte seine Grundvorstellungen für eine nachrichtendienstliche Zusammenarbeit. Hierbei wurden keine konkreten Aufgaben vorgegeben. Vielmehr sollte es Kuron als einem Fachmann auf dem Gebiet der Spionageabwehr selbst überlassen bleiben, welche konkreten Informationen er liefern würde. Allen Beteiligten war klar, daß das MfS mit wahllos herausgegriffenen Vorgängen nichts würde anfangen können, sondern an der Weitergabe aller bedeutenden Dinge, zu denen der Zeuge Zugang hatte, interessiert war. Kuron sollte Informationen über Vorhaben des BfV liefern, die darauf abzielten, das MfS selbst, seine Mitarbeiter, die nachrichtendienstichen Verbindungswege sowie die Logistik nachrichtendienstlich anzugreifen. Durch die Zusammenarbeit mit dem MfS sollte Kuron den Schutz und die Sicherheit der HVA gewährleisten. Von Interesse {176} in diesem Zusammenhang waren Informationen zu Doppelagenten bzw. vom BfV geführten Gegenoperationen, Informationen zur Bearbeitung von Verdachtsfällen und Offenbarungen, Informationen zur Struktur und zur Personalstärke des BfV, Informationen über die Zusammenarbeit des BfV mit den Landesämtern, mit anderen Diensten wie BND und MAD und mit befreundeten Diensten sowie die Übermittlungen von methodischen Erkenntnissen.

Hinsichtlich der nachrichtendienstlichen Verbindung legte der Angeklagte fest, daß der Zeuge Nehls Kuron als Führungsoffizier betreuen sollte, daß ein bis zwei Führungstreffs pro Jahr im westlichen Ausland stattfinden und daß Kuriertreffs auf Anforderung von Kuron zu allen Zeiten und an allen Orten durchgeführt werden sollten, daß eine Informationsübermittlung mittels der High-Density-Technik (HD-Technik) über das Telefonnetz vorbereitet werden und daß eine vorläufige Verständigung über Decktelefon erfolgen sollte. Die konkretere Ausgestaltung der nachrichtendienstlichen Zusammenarbeit, insbesondere Ort und Anzahl der Kuriertreffs, überließ der Angeklagte dem Führungsoffizier.

Eine schriftliche Verpflichtung zur Zusammenarbeit erfolgte nicht.

Wie von Nehls anläßlich des Treffens im Sommer gewünscht, lieferte Kuron bei diesem Treff Informationen über zurückliegende Gegenoperationen und Verdachtsfälle, die er in einem Taschenrechner mit Datenbank gespeichert hatte. Insbesondere die Fälle „Schneiderwerkstatt/Martinszug" und „Holzfäller/Keilkissen" wurden zwischen dem Angeklagten und Kuron erörtert. Wolf beruhigte Kuron, daß gegen die Eheleute Garau nicht vorgegangen werde. Wie zuvor bereits zwischen Kuron und Nehls erörtert, entschied der Angeklagte, daß Horst Garau als Instrukteur wieder Verbindung zu dem in London lebenden IM „Wolfgang" aufnehmen solle. {177}

Die Zusammenkunft mit dem Angeklagten an diesem Tage endete mit einem gemeinsamen Abendessen und einem anschließenden Lichtbildervortrag, in dem der Angeklagte auf landschaftliche Schönheiten der DDR aufmerksam machte.

Nach einem gemeinsamen Frühstück am nächsten Morgen wurden zwischen dem Angeklagten und Kuron keine nennenswerten Themenbereiche mehr erörtert. Allerdings wurde Kuron durch ein Angebot des Angeklagten überrascht, ihm als dem Leiter der HVA eine konkrete Frage zu stellen. Kuron wich auf ein allgemein-politisches Thema aus und unterhielt sich mit Wolf über die Solidarnosč-Bewegung in Polen und ihre Bedeutung für die DDR. Nachdem der Angeklagte den Wunsch geäußert hatte, alle zwei Jahre mit Kuron zusammenzutreffen, und das nächste Treffen für das Jahr 1984 festgelegt hatte, reiste Kuron auf die gleiche Weise, wie er nach Dresden gekommen war, zurück nach Wien.

cc) Fortan wurde Kuron bei der HVA unter dem Decknamen „Berger" geführt und registriert. HVA-intern wurde auch der Zeuge Dr. Engelmann als zweiter Führungsoffizier in diesen Vorgang eingebunden, ohne daß Kuron hierüber in Kenntnis gesetzt wurde.

In Ausführung des Vorhabens, den Komplex „Schneiderwerkstatt/Martinszug" wiederaufzunehmen, meldete sich Kuron in der Folgezeit telefonisch bei dem CM „Martin" und sandte Horst Garau (CM „Schneider") nach London. Keiner der beiden von Kuron geführten CM wußte von dem anderen, daß er sich dem BfV gegenüber offenbart hatte. Horst Garau betreute CM „Martin" als Instrukteur bei der Übersiedlung von England über die Schweiz nach Köln. Von der HVA war festgelegt, daß IM „Wolfgang" (CM „Martin") nach einer Legalisierungsphase nachrichtendienstliche Aufgaben übernehmen sollte. Konkret war vorgesehen, daß IM „Wolfgang" den Materialtransport einer in Bonn lebenden DDR-Agentin mit dem Alias-Namen „Ursula Richter" sicherstellen sollte. {178}

Der nächste Treff im Anschluß an den Haupttreff fand – außerplanmäßig – am 18. Februar 1983 zwischen Kuron und den Zeugen Nehls und Dr. Engelmann in Bregenz statt. Kuron hatte diesen Sondertreff verlangt, weil er über nachrichtendienstlich brisantes Material verfügte, das er auf dem schnellsten Weg der HVA zukommen lassen wollte.

Dieses Material stammte aus einem beim BfV unter der Fallbezeichnung „Platin“ geführten Vorgang. Hinter „Platin“ verbarg sich eine besonders abgeschottete Arbeitsgruppe, die Anfang Januar 1983 nach einem Hinweis der CIA auf einen KGB-Agenten gebildet worden war. Bereits Ende Januar 1983 tauchte bei Kuron der Verdacht auf, daß es sich bei dem gesuchten KGB-Agenten um Manfred R. handelte, einen seit den sechziger Jahren bei der Firma MBB tätigen Ingenieur. Da es zur weiteren operativen Bearbeitung erforderlich war, festzustellen, welches Kraftfahrzeug R. fuhr, wurde Kuron mit der Durchführung der entsprechenden Ermittlungen betraut. Von dem damaligen Leiter der Abteilung IV des BfV, Dr. v. Hoegen, erhielt er eine Liste mit dem Auftrag, beim Kraftfahrt-Bundesamt die amtlichen Kennzeichen der Fahrzeuge von insgesamt fünf auf der Liste verzeichneten Personen festzustellen. Auf dieser Liste befand sich auch der Name des Manfred R., der sich 1953 gegenüber dem KGB zur geheimdienstlichen Mitarbeit verpflichtet hatte. Der dem Zeugen Kuron erteilte Hinweis, die eigentliche Zielperson sei aus Sicherheitsgründen gemeinsam mit vier anderen Personen auf der Liste aufgeführt, da der Vorgang ähnliche Bedeutung habe wie der Fall „Schneiderwerkstatt“, ließ ihn aufhorchen. Nach Erledigung des Auftrages forderte Kuron, da er zu diesem Zeitpunkt weder über nachrichtendienstliche Hilfsmittel noch über sonstige nachrichtendienstliche Meldewege verfügte, bei seiner Führungsstelle den Sondertreff an, um die Namensliste mit den von ihm ermittelten Kraftfahrzeug-Kennzeichen zu übergeben. Dies führte dazu, daß die HVA, von Kuron auf die wahrscheinliche Anbindung einer der fünf Personen an einen sowjetischen Nachrichtendienst hingewiesen, auf höchster Ebene mit dem KGB {179} Verbindung aufnahm, der R. im März 1983 eine Warnung zukommen ließ.

Im Herbst 1983 wandte sich Horst Garau überraschend an Kuron, um diesem mitzuteilen, daß er nunmehr den Auftrag erhalten habe, die in Bonn lebende Illegale „Ursula Richter“ als Instrukteur zu betreuen. Garau bat Kuron, die Sicherheitslage genau zu beobachten und dafür Sorge zu tragen, daß nichts passiere. Diese Anbindung Garaus an eine im Bundesgebiet lebende DDR-Agentin war Teil des Plans der HVA, den Vorgang „Schneiderwerkstatt“ weiterlaufen zu lassen. Hierdurch sollte zugleich eine Festnahme der Quelle, die durch operative Tätigkeiten des BfV bereits im Groben eingekreist worden war, verhindert werden. Denn bei einer Festnahme dieser Quelle hätten der für das BfV tätige CM „Schneider“ als Instrukteur der Quelle und der auch in diesem Komplex eingebundene CM „Martin“ ebenfalls festgenommen werden müssen. Von einem Rückruf der „Ursula Richter“ in die DDR wurde abgesehen, um Kuron nicht zu gefährden.

dd) Wie vom Angeklagten festgelegt, fand ein zweites Treffen zwischen ihm und Kuron im Sommer 1984 statt. Zu diesem Zweck trafen sich Kuron und seine Ehefrau am 18. Juni 1984 in Braunlage mit dem mittlerweile in den Vorgang eingebundenen Instrukteur G., der sie unter Beachtung konspirativer Umstände über die innerdeutsche Grenze schleuste. Mit den sie erwartenden Dr. Engelmann und Bernd Trögel fuhren sie in einem PKW über Magdeburg zu einem in der Nähe von Colditz gelegenen Jagdhaus, in dem sich bereits der Zeuge Nehls eingefunden hatte. Nach Eintreffen des Angeklagten am nächsten Tag fand eine Besprechung mit Kuron statt, an der neben dem Angeklagten auch der ihn begleitende Karl Großmann sowie Gunther Nehls, Bernd Trögel und Dr. Engelmann teilnahmen. Auch bei diesem Treff berichtete Kuron über die Entwicklung laufender Gegenoperationen und lieferte ergänzende Informationen zu dem einen oder anderen Verratsvorgang. Der Angeklagte bedankte sich bei Kuron für die Informationen über die Vorgänge {180} um die Person Manfred R. Gegenstand weiterer Erörterungen bildete insbesondere der Komplex „Schneiderwerkstatt". Der Angeklagte hatte vor, sich von diesem Vorgang zu trennen. Die Gründe hierfür sind im Dunkeln geblieben. Jedenfalls wurden im Beisein von Kuron folgende Überlegungen angestellt:

Die Eheleute Garau sollten sich zu einem noch zu bestimmenden Zeitpunkt 1984 oder 1985 gleichzeitig im westlichen Ausland aufhalten, und zwar sollte Horst Garau zu einem Sprachstudium nach Spanien reisen und seine Ehefrau Gerlinde Garau zur Betreuung der Agentin „Ursula Richter" nach Bonn fahren. Beide sollten die Gelegenheit nutzen, auf Dauer im Westen zu bleiben.

Der Angeklagte erteilte dem Zeugen Kuron die Zusage, daß das Ehepaar Garau das Gebiet der DDR verlassen dürfe.

Das Treffen mit dem Angeklagten diente aus der Sicht der HVA dazu, nach zweijähriger intensiver Zusammenarbeit mit Kuron Bilanz zu ziehen und ihn für die in der Vergangenheit gelieferten Informationen auszuzeichnen. Nach einem längeren Spaziergang mit dem Angeklagten erhielt Kuron von jenem in einem feierlichen Akt den Vaterländischen Verdienstorden in Bronze verliehen. Diese Auszeichnung war mit einer Geldzuwendung in Höhe von 5.000,- DM verbunden. Bei dem sich anschließenden Grillfest, an dem auch Frau Kuron teilnahm, nutzte das Ehepaar Kuron die Gelegenheit, von Wolf die finanzielle Unterstützung in Höhe von 90.000,- DM für den Ankauf einer Ferienwohnung in Spanien zu erwirken.

Nach einem gemeinsamen Frühstück am 20. Juni 1984 wurden Kuron und seine Ehefrau auf dem gleichen Weg, den sie gekommen waren, zurückgeschleust.

ee) Bis zum Übertritt Hans-Joachim Tiedges am 19. August 1985 hielt sich der Angeklagte an seine Zusage, keine exekutiven Maßnahmen gegen die von Kuron benannten geheimen Mitarbeiter des BfV zu ergreifen. Dies geschah, um Kuron als eine der Spitzenquellen der HVA nicht zu gefährden. Nachdem sich der {181} ehemalige Vorgesetzte von Kuron jedoch in die DDR abgesetzt hatte und erwartet werden konnte, daß er sein ganzes dienstlich erworbenes Wissen preisgeben würde, entstand für die HVA eine gänzlich andere Situation. Ohne die Quelle Kuron zu gefährden, konnten nun etwa DDR-Bürger, die als CM für das BfV tätig waren, festgenommen werden. Denn alle Hinweise auf überworbene Agenten konnten nun der Offenbarung Tiedges zugeschrieben werden. Zur Verschleierung der wahren Quelle wurde zusätzlich – auch gegenüber Kuron – behauptet, Tiedge habe einen nachrichtendienstlichen „Vorlauf" von etwa zwei Monaten gehabt, obwohl dies nicht den Tatsachen entsprach. Gleichzeitig änderte die HVA auch die Registriernummer von Kuron. Die ursprünglich für ihn vorgesehene, unter dem Namen „Berger" gespeicherte Nummer wurde nunmehr Tiedge zugeordnet, um auch hierdurch zu dokumentieren, daß Tiedge die von der HVA im BfV geführte Quelle gewesen sei. Kuron wurde fortan unter dem Decknamen „Stern" geführt.

Im Fall „Schneiderwerkstatt" ergab sich für die HVA nunmehr die Möglichkeit, „Wolfgang" (pro forma) aufzufordern, in die DDR zurückzukehren, die Agentin „Richter" zu warnen und ebenfalls zum Rückzug aufzufordern und die Eheleute Garau festzunehmen. Tatsächlich hatte die HVA niemals die Absicht gehabt, die Eheleute Garau in den Westen übersiedeln zu lassen.

Horst Garau wurde im Dezember 1986 vom Militärobergericht in Berlin wegen Spionage zu lebenslanger Freiheitsstrafe verurteilt. Er kam am 12. Juli 1988 in der Strafvollzugsanstalt Bautzen II – angeblich durch Selbstmord mittels Erhängen – ums Leben. Gerlinde Garau wurde im Januar 1986 zu einer Freiheitsstrafe von dreieinhalb Jahren verurteilt und im April des gleichen Jahres wegen Haftunfähigkeit auf Bewährung entlassen.

Nach dem Übertritt Tiedges wurden sämtliche von Kuron bis dahin geführten Gegenoperationen, auch der Komplex „Holzfäller/Keilkissen", abgeschaltet. Kuron wurde vom BfV damit beauftragt, {182} alle CM in einer Kartei zusammenzustellen und diese geheimen Mitarbeiter des BfV unter Hinweis auf den Übertritt Tiedges vor Reisen in die DDR zu warnen.

Da Kuron als Beschaffer und Führer von CM zu diesem Zeitpunkt ein Tätigkeitsgebiet fehlte, stellte man im BfV Überlegungen an, ihn in eine andere Abteilung zu versetzen. Diesen Überlegungen wollte Kuron zuvorkommen, da er unbedingt in seinem alten Gebiet weiterarbeiten wollte. So schlug er seinem Vorgesetzten vor, ihn mit der operativen Bearbeitung der Ständigen Vertretung der DDR (STÄV) in Bonn und ihrer Handelspolitischen Abteilung (HPA) in Düsseldorf zu betrauen, die zum damaligen Zeitpunkt seitens des BfV keiner Bearbeitung unterzogen wurden. Dieser Vorschlag wurde aufgegriffen und Kuron ab Anfang 1986 als alleiniger Beschaffer für die Aufklärung einer von der STÄV und der HPA ausgehenden Spionagetätigkeit eingesetzt.

Zu dem für Sommer 1986 geplanten Treffen mit Kuron kam es infolge des Ausscheidens des Angeklagten aus dem Dienst nicht mehr.

ff) Im Verlauf seiner nachrichtendienstlichen Zusammenarbeit mit der HVA offenbarte der Zeuge Kuron grundsätzlich sein gesamtes dienstlich erworbenes Wissen. Nachdem die nachrichtendienstliche Zusammenarbeit besiegelt worden war, gab er Informationen über nahezu sämtliche in seinem Referat zwischen 1982 und Mitte 1990 bearbeiteten oder fachlich betreuten Vorgänge weiter. Auch unterrichtete er seine Führungsstelle über Maßnahmen und Fälle, die in diesem Referat vor 1982 gelaufen und bereits abgeschlossen waren. Soweit Kuron Kenntnis von Vorgängen erhielt, die in anderen Referaten bearbeitet wurden, gab er diese Informationen ebenfalls weiter. Betroffen waren in diesem Zusammenhang insbesondere die Nachbarreferate IV B 2 (Wirtschafts- und Militärspionage der DDR-Nachrichtendienste) und IV B 3 (Zuwanderer aus der DDR), aber auch der Bereich IV D (Sowjetische Nachrichtendienste), der Bereich der Abteilung III {183} des BfV (Linksextremismus) und das Referat S (Sicherheit).

Die HVA war mit der Arbeit ihres Agenten im BfV hoch zufrieden. Die von Tiedge nach seinem Übertritt in die DDR im August 1985 gemachten umfassenden Angaben über sein dienstlich erlangtes Wissen gingen nur in wenigen Details über die seitens des Zeugen Kuron übermittelten Informationen hinaus. Dieser hielt mit Informationen nicht zurück, sondern verschaffte der HVA seinen jeweils aktuellsten Wissens- und Erkenntnisstand. So war die Führungsstelle sowohl über die Aufgabenbereiche und die Methoden der Spionageabwehr als auch über die personelle Besetzung dieser Dienststelle informiert und kannte die persönlichen Verhältnisse und Eigenschaften zahlreicher Mitarbeiter. Kuron lieferte fortlaufend die jeweils gültigen Organigramme, aus denen die aktuelle Struktur der Abteilung IV des BfV zu entnehmen war, sowie ein internes Telefonverzeichnis des BfV. Auch erstellte er Charakteristiken von Mitarbeitern und Vorgesetzten. Neben der Information über bereits abgeschlossene Vorgänge erstattete Kuron zahlreiche Berichte über laufende Gegenoperationen, deren Entwicklung bei allen Treffs analysiert und deren Fortführung dann im einzelnen festgelegt wurde. Er übermittelte auch Informationen zu Verdachtsfällen, Anbahnungs- und Werbungsversuchen, zu Offenbarungen und Ermittlungsfällen. Kurzmitteilungen über all diese Vorgänge, an deren Erhalt die HVA nachhaltig interessiert war, erfolgten mittels der HD-Technik, um zeitliche Verzögerungen bei der Weitergabe zu minimieren. Als ab Anfang 1986 alleiniger Beschaffer für die Aufklärung der von den legalen Residenturen der DDR ausgehenden Spionage gab Kuron seine sämtlichen Erkenntnisse über Pläne zur Beobachtung und – wenn möglich – nachrichtendienstlichen Penetrierung an seine Führungsstelle weiter. Die Bearbeitung dieser Vorgänge machte eine Abstimmung zwischen der Abteilung IV und der Abteilung III des BfV erforderlich, die ebenfalls zum Aufgabengebiet des Zeugen gehörte. Ob diese Informationen allerdings die HVA zu einer Zeit erreichten, zu der der Angeklagte noch aktiv {184} seine Dienste versah, ließ sich im Rahmen der Hauptverhandlung nicht klären.

Bereits vor seiner „offiziellen“ Bearbeitung der Legalresidenturen hatte der Zeuge Kuron aber seine Führungsstelle über Vorgänge unterrichtet, die sich gegen Personen der STÄV richteten. Es handelt sich hierbei unter anderem um den Fall „Vogel“, der in der Abteilung III des BfV bearbeitet wurde. Betroffen war der I. Sekretär der politischen Abteilung der Ständigen Vertretung der DDR, der 1982/1983 dem BfV nach Hinweis auf kompromittierende Fotografien seine Bereitschaft zur Zusammenarbeit erklärte. Kuron, der dienstlich mit dem Vorgang befaßt wurde, unterrichtete seine Führungsstelle über die längerfristigen Bemühungen des BfV, die Zielperson anzuwerben. Die HVA kontrollierte zunächst den Vorgang, rief dann jedoch im Juni 1983 den Betroffenen zurück in die DDR. Etwa drei Jahre später, 1986, erfuhr Kuron näheres über die Ausgestaltung des Kompromates. Auch insoweit setzte er die HVA in Kenntnis.

Kuron vermittelte seiner Führungsstelle ferner methodische Erkenntnisse des BfV über das Erkennen von IM und Quellen des MfS:

Seit Ende der siebziger/Anfang der achtziger Jahre führten die Landesämter für Verfassungsschutz gemeinsam mit dem BfV planmäßig stattfindende Reisewegsuchmaßnahmen durch. Dabei ging es seit etwa 1983 vorwiegend um die Suche nach aus der DDR in das Bundesgebiet einreisenden sog. operativen Reisekadern. Unter dieser Bezeichnung waren besonders geschulte Inoffizielle Mitarbeiter der DDR-Nachrichtendienste zu verstehen, die zur Erfüllung nachrichtendienstlicher Aufträge einreisten. Solche Aufträge bezogen sich insbesondere auf das Gebiet des Führungs- und Verbindungswesens, wurden aber auch zur nachrichtendienstlichen Anbahnung bzw. Werbung von Personen, zu Ermittlungszwecken und zu Observationen von Personen und Objekten erteilt. Das Ziel der Reisewegsuchmaßnahmen bestand darin, die vom {185} Reisekader aufzusuchende Quelle im Bundesgebiet zu identifizieren oder seinen sonstigen Auftrag festzustellen, ggfs. exekutive Maßnahmen gegen ihn einzuleiten.

Der Zeuge Kuron verriet Tip- und Suchkriterien, nach denen an den Übergangsstellen von der DDR zur Bundesrepublik verdächtige Personen ins Blickfeld der Observationskräfte genommen wurden, um ihnen zu noch nicht erkannten Quellen im Bundesgebiet zu folgen. Als CM-Führer insbesondere des CM „Keil“ mußte Kuron wissen, ob der von ihm geführte CM die Grenze würde passieren können, ohne in laufende Suchmaßnahmen zu geraten. Durch Rückfragen bei dem zuständigen Referat IV A konnte er ohne weiteres Ort und Zeit derartiger Maßnahmen erfahren. In mindestens vier Fällen ließ Kuron über seinen eng mit ihm als Auswerter zusammenarbeitenden Kollegen R. derartige Informationen erfragen. Über methodische Erkenntnisse und Einzelheiten dieser Reisewegsuchmaßnahmen, die u.a. als konkrete Suchkonzepte „Krokus“ und „Wacholder“ in den Jahren 1984 bis 1986 durchgeführt wurden, berichtete Kuron ebenso wie über allgemeine methodische Vorgehensweisen bei der Überwachung von Grenzübergängen zu den westlichen Nachbarstaaten oder über Maßnahmen im westlichen Ausland selbst. So erfuhr die HVA etwa, daß auf dem Flughafen in Mailand entsprechende Überprüfungen vorgenommen wurden.

Der Zeuge übermittelte sein dienstlich erlangtes Wissen bis zur Auflösung des MfS. Das Schwergewicht seiner Verratstätigkeit lag jedoch in den ersten Jahren der Zusammenarbeit mit der HVA, da nach dem Übertritt Tiedges im August 1985 sämtliche bis dahin geführten Gegenoperationen abgeschaltet wurden und der Zeuge sich erst ein neues Tätigkeitsgebiet schaffen mußte.

gg) Kuron erhielt an nachrichtendienstlichem Entgelt zunächst die von ihm geforderte und von dem Angeklagten akzeptierte {186} Einstiegssumme von 150.000,- DM. Von diesem Betrag wurden ihm in den Jahren 1982/1983 100.000,- DM in Raten ausgezahlt. Die restlichen 50.000,- DM erhielt Kuron zu einem späteren Zeitpunkt.

Ab Oktober 1982 bezog Kuron als Entgelt für seine Zusammenarbeit mit dem MfS ein monatliches Fixum von 4.000,- DM, das ab Januar 1989 auf 4.500,- DM monatlich erhöht wurde. Mit Rücksicht auf den Erwerb der Ferienwohnung in Spanien wurde Kuron anläßlich des Magdeburger Treffs mit dem Angeklagten im Jahr 1984 ein Betrag von 90.000,- DM als Sonderleistung bewilligt, die Kuron auch erhielt. Aus Anlaß der Verleihung des „Vaterländischen Verdienstordens in Bronze“ wurden ihm weitere 5.000,- DM ausgezahlt.

Unter Berücksichtigung der in der Anbahnungsphase brieflich übersandten 5.000,- DM, der bei den Treffs in Wien und in Klagenfurt im Juni bzw. August 1982 ausgehändigten Gelder von insgesamt 8.000,- DM und der Auszahlung von insgesamt 20.000,- DM an Prämiengeldern erhielt Kuron als Lohn für seine nachrichtendienstliche Tätigkeit insgesamt mindestens 692.000,- DM. Hiervon hat der Angeklagte bis zu seinem Ausscheiden aus dem aktiven Dienst einen Betrag von 462.000,- DM bewilligt.

Außer der Bewilligung dieser Gelder und seiner persönlichen Teilnahme an Treffs wirkte der Angeklagte an dem Vorgang auch durch die entsprechenden operativen Jahrespläne der Abteilung IX und die zur Durchführung der Auslandstreffs erstellten Reisepläne mit, und zwar für die Treffen zwischen Nehls und Kuron im Juni 1982 in Wien und im August 1982 in Bad Kleinkirchheim bzw. Klagenfurt, zwischen Kuron, Nehls und Dr. Engelmann im Februar 1983 und im April 1983 in Bregenz, zwischen Kuron, Nehls und Karl Großmann im Juli 1983 in Hammamet/Tune-{187}sien, zwischen Nehls, Dr. Engelmann und Kuron im April 1984 in Dornbirn, im Juni 1985 in Seefeld/Österreich und im Dezember 1985 in Wels/Österreich.

Durch Urteil des Senats vom 7. Februar 1992 wurde Kuron wegen Landesverrats in Tateinheit mit Bestechlichkeit zu einer Freiheitsstrafe von 12 Jahren verurteilt, die er zur Zeit verbüßt.

Den gegen den Angeklagten im Falle Kuron erhobenen Anklagevorwurf hat der Senat in der Hauptverhandlung mit Zustimmung des Generalbundesanwalts auf den Vorwurf der geheimdienstlichen Agententätigkeit und der Bestechung beschränkt (§ 151a StPO).

V. Abteilung X

1. [Struktur, Aufgaben]

Auf Befehl Nr. 14/66 des Ministers für Staatssicherheit vom 28. Mai 1966 (Dokument 105) wurde nach einer bereits 1962/1963 eingeleiteten Strukturierungsphase in der HVA die Abteilung X eingerichtet, deren Aufgabe, ausgerichtet am Vorbild der Desinformationsabteilung im KGB, die Durchführung von Desinformationsmaßnahmen im Operationsgebiet war, die man als „aktive Maßnahmen" bezeichnete. Die Aufgabenstellung dieser Abteilung beschrieben die Zeugen Dr. Brehmer und Bohnsack, beides ehemalige Mitarbeiter dieser Abteilung, in ihrem 1992 erschienenen Buch „Auftrag Irreführung" mit einem Zitat des französischen Publizisten Jean-Françoise Revel:

„Desinformation ist nicht nur Lüge, Propaganda, intellektuelles Belämmern, Fabrikation falscher Nachrichten, Zensur oder Vergessen wichtiger Neuigkeiten. Sie umfaßt sicher all diese Techniken. Aber sie fügt noch eine raffinierte Eigenschaft hinzu: Sie gaukelt dem Gegner vor, sie macht ihm weis, daß die ihm schädliche Information aus seinem eigenen Hause stammt." {188}

Mit den Mitteln der Desinformation sollte die politische Strategie der SED, das politische System des „Klassenfeindes" zu destabilisieren, operativ umgesetzt werden.

Vor Gründung dieser neuen Abteilung war das Referat F der Informations- und Auswertungsabteilung VII der HVA mit der Durchführung von Desinformationsmaßnahmen betraut gewesen, nachdem bereits seit Anfang der 50er Jahre solche Maßnahmen als Instrument der Regierungspolitik der DDR verwandt wurden. Dazu gehörten sogenannte „Weiß-", „Grau-" und „Braunbücher", in denen unter Anleitung von Albert Norden, seit 1955 Sekretär für Agitation im ZK der SED, berechtigte Vorwürfe vermengt mit unberechtigten Diffamierungen zur Verunglimpfung von Repräsentanten der Bundesrepublik und deren Politik erhoben wurden. Diese vom ZK in der SED herausgegebenen Werke waren vom MfS in Zusammenarbeit mit Planern des ZK erstellt worden.

Der besondere Einfluß des ZK der SED in diesem Bereich setzte sich auch nach Gründung der Abteilung X fort: Für den Angeklagten und den Leiter dieser Abteilung, Oberstleutnant (später Oberst) Rolf Wagenbreth, gab es gerade hinsichtlich der Aufgabenstellung dieser neugegründeten Abteilung von Beginn an unmittelbare Ansprechpartner im ZK der SED, darunter den Leiter der ZK-Abteilung „Agitation und Propaganda" Heinz Gäggel.

Zu Beginn bestand die Abteilung X, die von Anfang an mit einem eigenen Netz von im Operationsgebiet Bundesrepublik vor allem in Parteizentralen, in Verlagen und zeitgeschichtlichen Instituten eingesetzten Inoffiziellen Mitarbeitern arbeitete, aus drei Referaten. {189}

Im Laufe der Jahre wurde die Abteilung um vier weitere auf insgesamt sieben Referate erweitert. Der vom ersten Stellvertreter des Abteilungsleiters, Oberst Wolfgang Mutz[34], geleitete Bereich umfaßte die Referate

1 – Dritte Welt
2 – Innenpolitik BRD, Parteien, politische Kräfte
5 – Geheimdienste
7 – Wirtschaftsbeziehungen/Handel

und war für aktive Maßnahmen im engeren Sinn zuständig.

Oberst Rolf Rabe[35], zweiter Stellvertreter des Abteilungsleiters, stand dem Bereich vor, in dem mehr im klassischen Sinne nachrichtendienstlich gearbeitet wurde und der aus den Referaten

3 – Schaffung und Steuerung von Einflußagenturen
4 – Einflußnahme unter legalen „Dächern"
6 – „Merkur" Gewinnung operativen Nachwuchses

bestand.

Der Angeklagte beschränkte sich nicht darauf, die Jahrespläne des ihm direkt unterstellten Leiters der Abteilung X zu bestätigen. Oberst Wagenbreth hatte vielmehr in regelmäßigen, wöchentlichen Abständen beim Angeklagten vorzutragen. Neben der Diskussion über in Betracht kommende Möglichkeiten der Desinformation und methodische Vorgehensweisen wurden namentlich aktuell laufende bedeutsame Einzeloperationen, darunter auch Zeit, Ort, Ablauf und Inhalt bevorstehender Führungstreffs erörtert. {190}

Das notwendige Hintergrundwissen für aktive Maßnahmen entstammte in der Regel zum einen dem eigenen IM-Netz und beruhte zum anderen insbesondere auf der Zusammenarbeit mit anderen operativen Diensteinheiten des MfS. Dabei spielten die dem Angeklagten täglich vorgelegten zusammenfassenden Notizen über die Funkaufklärungsergebnisse der Hauptabteilung III eine bedeutende Rolle. Sie wurden regelmäßig in der Abteilung X auf Anhaltspunkte für die Durchführung aktiver Maßnahmen hin ausgewertet. Zum Transport und zur Verbreitung von Desinformationsschriften, -briefen etc. in der Bundesrepublik arbeitete die Abteilung X der HVA eng mit der HA VIII des MfS und der AG Grenze zusammen.

2. [Methoden und Einzelfälle „aktiver Maßnahmen"]

Die bei der Durchführung aktiver Maßnahmen anzuwendende Methodik war ab 1976 in der ministeriellen RL Nr. 1/76 (Dok. 43) im Grundsatz festgelegt. Danach waren die einzelnen Aktionen, etwa solche zur „systematischen Diskreditierung des öffentlichen Rufes, des Ansehens und des Prestiges", „auf der Grundlage miteinander verbundener wahrer, überprüfbarer und diskreditierender sowie unwahrer, glaubhafter, nicht widerlegbarer und damit diskreditierender Angaben" zu entwickeln.

In der Hauptabteilung IX/11 des MfS waren zentral sämtliche Unterlagen aus der Zeit des sogenannten „Dritten Reiches" archiviert, darunter auch solche personenbezogenen, die Aufschluß über die Zugehörigkeit zu NS-Organisationen und Hinweise für eine Beteiligung an Taten des NS-Regimes gaben. Die dort aufbewahrten Unterlagen wurden, zum Teil inhaltlich verfälscht, über die Abteilung X im Rahmen von aktiven Maßnahmen an sogenannte „Multiplikatoren" innerhalb der Bundesrepublik zur Diskreditierung von Bundesbürgern verteilt. Bei diesen „Multiplikatoren", deren sich das MfS nicht nur im Zusammenhang mit angeblichem NS-Material bediente, handelte es sich nur in seltenen Fällen um Inoffizielle Mitarbeiter des MfS; in der Regel waren es vielmehr Politiker und Journalisten, zu denen {191} das MfS unter einer Legende Kontakt aufgenommen und gepflegt hatte. Zu diesem Zweck waren in der Abteilung X sogenannte Außenstellen eingerichtet worden, deren Mitarbeiter, durchweg Offiziere im besonderen Einsatz (OibE), nicht als Angehörige des MfS, sondern als solche dieser Institutionen auftraten. Zu diesen Einrichtungen gehörten das Presseamt beim Ministerrat der DDR, eine Abteilung im Journalistenverband der DDR, die Hauptabteilung „Information" im Außenministerium und die „Abteilung Publikationsanalyse" in der amtlichen Presseagentur ADN.

Die Zeitschrift „Stern" diente der Abteilung X Mitte der 60er Jahre als „Multiplikator", um den damaligen *Bundespräsidenten Heinrich Lübke* zu diskreditieren.

Eine in den Unterlagen über das „Dritte Reich" entdeckte, mit der Unterschrift des früher als Architekt tätigen Heinrich Lübke versehene Bauskizze für die Errichtung von Baracken, die tatsächlich in Konzentrationslagern errichtet wurden, wurde von der Abteilung X in der Weise mit drei verfälschten Deckblättern versehen, daß der – beabsichtigte – Eindruck entstehen mußte, Heinrich Lübke habe als Konstrukteur den vorbestimmten Verwendungszweck der Baracken unzweideutig gekannt. Mit diesen gefälschten Zusätzen versehen, wurde die Bauzeichnung dem „Stern" zugespielt, der sie, wie von der Abteilung X geplant, im Bundesgebiet veröffentlichte.

In den 70er Jahren berichtete der „Stern" aufgrund ihm von der Abteilung X übermittelten und teilweise verfälschten Materials über angebliche *„CDU-Seilschaften" im Bundesnachrichtendienst*. Diese gegen einen gegnerischen Dienst gerichtete aktive Maßnahme war, wie stets in solchen Fällen, mit der für die Aufklärung gegnerischer Dienste zuständigen Abteilung IX der HVA abgestimmt. Der Angeklagte selbst zeigte an dieser Operation mit der Zielrichtung BND besonderes Interesse: Die jeweiligen {192} Berichte des in der Abteilung X dafür zuständigen Mitarbeiters Dr. Brehmer über Treffs mit Journalisten des „Stern" ließ er sich grundsätzlich vorlegen und versah sie mit Randbemerkungen.

1972 war es erneut der „Stern", dessen sich die Abteilung X bediente, als die Zeitschrift *„Quick"* in einer vom DDR-Regime unerwünschten Weise über deutsch-deutsche Verhandlungen berichtete. Der Angeklagte entschloß sich, dem „Stern" Unterlagen über die Verbindung des damaligen Chefredakteurs der „Quick", van Nouhuys, zum MfS in den 50er Jahren zukommen zu lassen. Wie erwartet, veröffentlichte der „Stern" dieses von der Abteilung X mit einigen gefälschten Fotos angereicherte, im übrigen authentische Material.

Zur Arbeitsweise der Abteilung X gehörte ferner die Verfälschung von auf operativem Wege erlangten Fernschreiben. So erhöhte die Abteilung X in einem solchen von der Abteilung I der HVA etwa Mitte der 70er Jahre beschafften Fernschreiben der Botschaft der Bundesrepublik Deutschland in den USA an das Auswärtige Amt in Bonn, das die Lieferung von *Waffen der USA an die Türkei* betraf, das darin angegebene Potential der gelieferten Waffen erheblich und spielte das verfälschte Dokument der griechischen Regierung mit dem Ziel in die Hände, die Beziehungen Griechenlands zu den USA zu belasten. Die Fälschung von Fernschreiben hatte bereits in den Anfangsjahren der Abteilung X zu einem Erfolg geführt: In einem total gefälschten Fernschreiben, das der Zeuge von Raussendorff zuvor im Auftrag seiner Führungsstelle auf die übliche diplomatische Diktion hin überprüft hatte, berichtete angeblich die bundesdeutsche Botschaft in einem westafrikanischen Land der Zentrale in Bonn über erhebliche Mißstände in diesem Land. Der afrikanische Staat, dem die HVA dieses „Dokument“ zukommen ließ, brach daraufhin vorübergehend die diplomatischen Beziehungen zur Bundesrepublik ab. {193}

Als sich im Frühjahr 1979 Inge Goliath, persönliche Sekretärin des CDU-Bundestagsabgeordneten Dr. Werner Marx, nach über zehnjähriger Spionagetätigkeit für das MfS in die DDR abgesetzt hatte, erhielt der spätere Oberstleutnant Bohnsack, damals Mitarbeiter im Referat 1 der Abteilung X, vom Angeklagten über den Leiter der Abteilung, Oberst Wagenbreth, den Auftrag, die angeblichen Gründe für den Übertritt Inge Goliaths in die DDR insbesondere unter Hervorhebung der angeblichen „Aggressionspolitik“ der CDU/CSU publikumswirksam darzustellen. Das Manuskript fand jedoch nicht die Zustimmung des Angeklagten, der nunmehr den ersten Stellvertreter des Leiters der Abteilung X, Oberst Mutz, sowie den Leiter der Abteilung II der HVA, Oberst Gailat, beauftragte, zusammen mit Frau Goliath Druckschriften mit der Zielsetzung einer politischen Diffamierung des MdB Dr. Marx herzustellen. In den in der Folgezeit weisungsgemäß erstellten drei Broschüren, einem Produkt aus dem Verratsmaterial der Agentin Goliath und reinen Erfindungen der Verfasser, wurden dem CDU-Politiker unter anderem zweifelhafte Zusammenarbeit mit dem BND und persönliche Verfehlungen unterstellt. In teils dokumentarischer Aufmachung wurde namentlich behauptet, Dr. Marx unterhalte einen internen Geheimdienst, der Politiker der damaligen Regierungsparteien SPD/FDP mit nachrichtendienstlichen Mitteln ausspähe; er verfüge über Spitzel im Auswärtigen Amt, die ihn mit vertraulichen Materialien versorgten, mit deren gezielter Veröffentlichung der Abschluß der Ost-Verträge „torpediert“ werden sollte.

Diese Druckschriften wurden nach Billigung durch den Angeklagten auf einer Pressekonferenz vorgestellt, bei der, wie bereits in den Broschüren die Spionagetätigkeit Inge Goliaths verschwiegen wurde, und alsdann in der Bundesrepublik verbreitet. Etwa 1985 begann das Referat 1 der Abteilung X mit einer sogenannten „Aids-Kampagne“, die zuvor vom Angeklagten mit dem Leiter der Abteilung X, Oberst Wagenbreth, und dessen erstem Stellvertreter Oberst Mutz besprochen worden war. Unter Einschaltung des an der Humboldt-Universität in Ost-Berlin tätigen Biologen Prof. Dr. Segal wurde gezielt das Gerücht verbreitet, {194} in Maryland/USA sei im Zusammenhang mit Genforschungsmaßnahmen der AIDS-Virus abhanden gekommen und breite sich bereits in Afrika aus. Segal, der dieses Gerücht wissenschaftlich mit nicht ohne weiteres zu widerlegenden Argumenten untermauerte, führte im Auftrag der Abteilung X mit dem Schriftsteller Stefan Heym einen in der West-Berliner Tageszeitung „TAZ“ veröffentlichten Dialog. Auch der bundesdeutsche Autor Mario Simmel, dem ein Abdruck dieses Dialogs zugespielt worden war, griff dieses gezielt gestreute Gerücht auf und verwendete es in einem seiner Bücher.

Neben der Durchführung aktiver Maßnahmen der vorbeschriebenen Art befaßte sich die Abteilung X auch mit der Herausgabe von *Pressediensten* und ähnlichen mehr oder minder periodisch erscheinenden Druckschriften. So wurden in den Jahren von etwa 1970 bis 1976 innerhalb der Bundeswehr eine Publikation mit dem Namen „Der Bund“, in der SPD eine solche mit dem Namen „SPD-Intern“ und schließlich in der CDU eine Zeitung unter der Bezeichnung „Die Mitte“ als angeblich interne Oppositionsorgane zur

Beeinflussung der politischen Meinungsbildung für den Bereich der genannten drei Institutionen anonym verbreitet. Diese Druckwerke, aufgemacht wie normale Zeitungen, enthielten Kommentare, Nachrichten und Diskussionsbeiträge zu aktuellen politischen Themen, wobei auch Informationen verwertet wurden, die, auf operativem Wege beschafft, von der Abteilung VII der HVA ausgewertet worden waren. Der Vertrieb dieser Publikationen in der Bundesrepublik erfolgte über Mitarbeiter der Abteilung X.

Aufgabe dieser Abteilung war weiter das Entwerfen von Parlamentsreden und anderen Redemanuskripten für Politiker, die von anderen Abteilungen der HVA im Operationsgebiet als Agenten geführt wurden, so etwa im Fall des FDP-Politikers William Borm. {195}

3. [Eigenes IM-Netz]

Zu dem von der Abteilung X unterhaltenen *eigenen Netz von IM* in der Bundesrepublik, auf dessen ständige Verstärkung, namentlich im Bereich der Pressemedien der Bundesrepublik, nicht nur der Angeklagte, sondern auch sein Nachfolger Großmann drängten, gehörten neben dem bereits erwähnten, von der Abteilung IX geführten Journalisten Herbert Siegmar Kloss unter anderem die folgenden Personen:

a) [Fischer und Brocke]

Der heute 51 Jahre alte Dipl.-Soziologe Wolfgang Fischer und der jetzt 45jährige Dipl.-Politologe Rudolf Horst Brocke, beide seit dem Ende der 60er Jahre Mitglieder der SPD und damals Anhänger der Kasseler APO-Bewegung, waren 1969/1970 anläßlich der DDR-Filmtage in Kassel mit einem DDR-Bürger namens Fred M. in Kontakt gekommen, der diese Filmtage organisierte. Bei Gesprächen stellte man rasch einen politisch-ideologischen Gleichklang fest, der dazu führte, daß die Verbindung auch in der Folgezeit aufrechterhalten wurde und Fischer und Brocke auf Einladung Fred M.'s nach Ost-Berlin fuhren, um sich dort Filmmaterial für eine von ihnen beabsichtigte Veranstaltung von Vietnam-Filmtagen in Kassel zu besorgen.

Etwa 1971 – Fischer studierte mittlerweile Soziologie an der FU in Berlin – reisten beide auf erneute Einladung Fred Müllers nach Ost-Berlin und trafen dort auf Manfred Müller, damals Leiter des Referates 4 der Abteilung X der HVA, und Peter Koza, Mitarbeiter in diesem Referat. Manfred Müller, der in der Vergangenheit aufgrund seiner damaligen Tätigkeit im Presseamt beim Vorsitzenden des Ministerrats unter anderem auch mit der Pressearbeit anläßlich der Dokumentar- und Kurzfilmtage in Leipzig befaßt gewesen war, zeigte sich gerade vor diesem Hintergrund als ein kompetenter und beeindruckender Gesprächspartner für Fischer und Brocke. Tatsächlich verfolgte er mit dem Kontakt zu Personen wie Fischer und Brocke als Studenten aus dem linkspolitischen Lager den Zweck, diese als „Perspek-{196}tivagenten" durch Förderung ihrer Berufsausbildung und des weiteren Werdegangs in Positionen zu bringen, welche die Möglichkeit politischer Einflußnahme oder den Zugang zu operativ bedeutsamen Erkenntnissen eröffneten. Entsprechend dieser Zielsetzung wurden Fischer und Brocke, die zwischenzeitlich die wahre Identität ihrer Gegenüber erkannt und sich zur Zusammenarbeit bereit erklärt hatten – Fischer unter dem Decknamen „Heinrich Heine", während sich Brocke für „Thomas Müntzer“ entschied –, in der Folgezeit während ihres Studiums mit monatlichen „Stipendienzahlungen“ der Abteilung X unterstützt. Als Gegenleistung hatten Fischer und Brocke neben regelmäßigen Treffs mit ihrer Führungsstelle, bei denen die Erörterung der persönlichen Lebens- und Studienplanung im Vordergrund stand, im wesentlichen Einschätzungen und Charakteristiken über Personen aus ihrem Umfeld zu liefern. Das Ansinnen seiner Führungsstelle, in die CDU einzutreten und seine Lebensgefährtin mit in die nachrichtendienstliche Verbindung einzubeziehen, wies Brocke zurück.

1972 erhielten Brocke und Fischer von ihrer Führungsstelle den gemeinsam zu erfüllenden Auftrag, etwa 30 bis 50 Exemplare einer äußerlich als ro-ro-ro-Taschenbuch aufgemachten, tatsächlich aber von der Abteilung X der HVA verfaßten Biographie des CDU-Politikers Dr. Barzel nach einer ihnen vorgegebenen Adressenliste in der Bundesrepublik durch Einwurf in den jeweiligen Briefkasten des Adressaten zu verbreiten. In dieser Desinformationsschrift wurde Dr. Barzel politisch und persönlich verunglimpft. In der Folgezeit drängte die Führungsstelle aus Sicherheitsgründen auf eine Trennung von Brocke und Fischer. Brocke, der sich 1972 ebenfalls an der FU in Berlin im Fach Soziologie immatrikuliert hatte, wechselte Anfang 1974 nach Marburg und studierte dort Politische Wissenschaften. Während Manfred Müller zunächst weiter als Führungsoffizier von Wolfgang Fischer fungierte, wurde Brocke von anderen Mitarbeitern des Referates 4 der Abteilung X „betreut“, zunächst von Peter Koza {197} und später von Dr. Jürgen Gräschke. Zudem bestand über den Instrukteur/Kurier Dr. Tripoczky eine Verbindung zu seiner Führungsstelle. Die Aufgabe Manfred Müllers nahmen ab etwa 1975 ein „Peter“, ab ca. 1976 ein „Bodo“ und ab 1979 ein anderer „Peter“ wahr.

Nach dem jeweiligen Abschluß ihres Studiums nahm die weitere Entwicklung der beiden Agenten einen unterschiedlichen Verlauf:

Brocke erhielt Anfang der 80er Jahre an der Universität Marburg eine Anstellung als wissenschaftlicher Mitarbeiter bei Prof. von Bredow, die ihm Zugang zu Forschungsergebnissen und Manuskripten namentlich zu den Themenkomplexen Sicherheitspolitik, Wirtschaftsbeziehungen und amerikanische Außenpolitik verschaffte. Entsprechende Unterlagen, zum Teil in Kopie, übermittelte er seiner Führungsstelle bei regelmäßigen Treffs im Bundesgebiet, in der ehemaligen DDR und im europäischen Ausland.

Im Herbst 1986 wechselte Brocke zum Institut für Gesellschaft und Wissenschaft (IGW) in Erlangen und lieferte von dort insbesondere Materialien zur Deutschlandpolitik, darunter eigene Analysen und Arbeitsergebnisse des bei diesem Institut angesiedelten „Erlanger Arbeitskreises zur Deutschlandpolitik“. Nach dem Zusammenbruch der DDR erfuhr Brocke im Frühjahr 1990 bei einem Besuch seines damaligen Führungsoffiziers Dr. Jürgen Gräschke, daß gerade seine Analysen der Deutschlandpolitik eine außerordentliche Wertschätzung seiner nachrichtendienstlichen Auftraggeber genossen hätten und bis ins SED-Politbüro gelangt seien, sowie, daß zwischenzeitlich – nach der Wende – ein Interesse des KGB an einer Fortsetzung seiner nachrichtendienstlichen Tätigkeit für diesen Geheimdienst geäußert worden ist. {198}

Der Angeklagte wirkte auch an diesem Vorgang, ebenso wie bei Fischer, durch Bestätigung der jeweiligen Jahresplanung verantwortlich mit.

Wolfgang Fischer, der von 1979 bis April 1982 als gesellschaftspolitischer Berater im Auftrag der Friedrich-Ebert-Stiftung in Costa Rica tätig war, lieferte seiner Führungsstelle nach seiner Rückkehr einen Bericht über diese Arbeit sowie entwicklungspolitische Unterlagen der Stiftung. In der Folgezeit zumeist arbeitslos, suchte er mehr und mehr Distanz zu seinen nachrichtendienstlichen Auftraggebern, die ihm nach seiner Rückkehr von Costa Rica noch eine Auszeichnung verliehen hatten. Seine Materiallieferungen beschränkten sich im wesentlichen auf ein zufällig erlangtes Positionspapier der SPD zur Nachrüstungspolitik sowie einen Hinweis auf einen Offizier der Bundeswehr als einen möglichen Aspiranten für eine nachrichtendienstliche Mitarbeit, über den er seiner Führungsstelle allerdings statt des gewünschten Persönlichkeitsbildes nur ein personenbezogenes Horoskop übermittelte. Dem Ansinnen seiner nachrichtendienstlichen Auftraggeber, sich um eine Festanstellung bei der Friedrich-Ebert-Stiftung zu bemühen, kam er nicht nach. Auf den immer stärker werdenden Druck seines Führungsoffiziers, Personen aus der Bundesrepublik als mögliche Quellen zu „tippen" und an das MfS heranzuführen, nannte Fischer 1985 schließlich seinen bei der Kreditanstalt für Wiederaufbau in Frankfurt/Main beschäftigten Bekannten Werner N., von dem er – zutreffend – annahm, daß er sich Werbungsversuchen jeder Art widersetzen werde. Im Sommer 1985 mußte er seinem Führungsoffizier vom Scheitern des Plans berichten und einräumen, den ihm vom Angeklagten bewilligten Betrag von 20.000,- DM, wovon 10.000,- DM als „Vermittlungsprovision" für ihn und die andere Hälfte als „Einstiegsprämie" für N. bestimmt waren, abredewidrig voll für sich verbraucht zu haben. Die nachrichtendienstliche Zusammenarbeit mit ihm wurde darauf mit Genehmigung des Angeklagten für beendet erklärt. {199}

b) [Michels]

Anfang der 70er Jahre geriet der Journalist Bernd Michels damals unter anderem für die Zeitschrift „konkret" tätig, bei dem Versuch, Recherchen in der DDR durchzuführen, in das Blickfeld des MfS. Über einen in der DDR lebenden Cousin seiner Mutter fand eine erste Kontaktaufnahme durch Heinz Dornberger, einen Mitarbeiter des Referates 3 der Abteilung X der HVA, unter der Legende statt, die SED suche zum Zwecke des politischen Gedankenaustausches Gesprächskontakte zu Angehörigen der „linken Szene" in der Bundesrepublik.

Nach einer Reihe von Besuchen Michels' in der DDR kam es 1974 anläßlich der Frühjahrsmesse im Leipziger Presseclub zu einem Treffen zwischen Michels, dem zwischenzeitlich mit der Führung des Vorgangs beauftragten Peter Eberlein, Rolf Rabe, dem damaligen Leiter des Referates X/3 und späteren stellvertretenden Abteilungsleiter, einem weiteren Mitarbeiter der Abteilung X namens „Wolfgang" oder „Heinz" und dem IM Klaus-Peter Bigalke, der hauptberuflich Redaktionsleiter der CDU-nahen Tageszeitung „Die Union" in Leipzig und als Instrukteur vorgesehen war. Zur Einrichtung einer Instrukteurverbindung hatte man sich in der HVA entschlossen aus der Sorge, Michels, der sich bereits häufig in der DDR aufgehalten hatte, könne bei einer Fortsetzung dieser Besuche ins Blickfeld der bundesdeutschen Behörden geraten.

Mit Bigalke und ab 1982 zusätzlich mit einem Instrukteur namens Wolfgang Fischer traf sich Bernd Michels, der jedenfalls kurze Zeit nach der Zusammenkunft in Leipzig erkannte, daß er sich mit dem MfS eingelassen hatte, fortan bis 1988 regelmäßig zwei- bis dreimal jährlich in der Bundesrepublik, z.B. in Hamburg und Bremen, in Amsterdam und Zürich sowie überwiegend in skandinavischen Ländern, in Malmö, Göteborg, Helsinki und Kopenhagen. Daneben fanden jährlich mindestens einmal Führungstreffs in Helsinki, Stockholm, Göteborg, Wien, Zürich, Madrid, Griechenland und Jugoslawien statt, an denen neben dem Führungsof-{200}fizier – ab 1980 Dr. Jürgen Gräschke aus dem Referat X/3 – auch der Referatsleiter Rolf Rabe teilnahm. Diese Führungstreffs wurden durch Treffpläne des Führungsoffiziers mit Angaben zu Zeit, Ort, Ablauf und Inhalt des geplanten Treffs vorbereitet und über den Abteilungsleiter dem Angeklagten zur Genehmigung vorgelegt, der auch die Reisen des Instrukteurs zu bewilligen hatte.

Sowohl bei den Führungs- als auch bei den Instrukteurtreffs, die auf Anregung Michels teilweise im Anschluß an SPD-Parteitage durchgeführt wurden, berichtete er mündlich über SPD-Interna, zu denen er als Mitglied dieser Partei (seit 1971) und aufgrund seiner beruflichen Verwendungen als Referent für Öffentlichkeitsarbeit der SPD-Landesgeschäftsstelle in Kiel (1975 bis 1985) sowie als Redakteur des NDR in Kiel (ab 1. Oktober 1985 Zugang hatte. Als Referent für Öffentlichkeitsarbeit war Michels bei sämtlichen Sitzungen des Landesvorstandes der SPD Schleswig-Holstein zugegen. Daneben erlangte Michels in der von ihm ab 1977 ausgeübten Funktion des persönlichen Mitarbeiters von Günter Jansen, dem damaligen Landesvorsitzenden der SPD, weitreichende Kenntnisse über verschiedene hochgestellte Persönlichkeiten innerhalb der SPD Schleswig-Holsteins. Zudem betreute er von 1980 bis 1988, als Günter Jansen Mitglied des Deutschen Bundestages war, dessen Wahlkreis Ost-Holstein und erhielt während dieser Zeit auch Einblicke in die Arbeit der SPD-Bundestagsfraktion. Seinen Zugängen entsprechend lieferte er neben allgemeinen Informationen über aktuelle Positionen und Verhältnisse des SPD-Landesverbandes Schleswig-Holstein sowie der Bundespartei Berichte über SPD-Politiker, zu denen er persönliche Kontakte unterhielt, insbesondere über Jochen Steffen und Günter Jansen, Egon Bahr, Björn Engholm und Gerd Walter. Daneben übermittelte er zumeist in kopierter Form Protokolle von Sitzungen des Bundes- und Landesvorstandes, von Parteirat und Bundesgeschäftsstelle der SPD, Vermerke über die Auswertung von Gesprächen zwischen der SPD-Führung Schleswig-Holsteins und der SED sowie – teilweise mündlich – Charakteri-{201}stiken und Erkenntnisse aus dem persönlichen Bereich von Persönlichkeiten des öffentlichen Lebens sowie von mehreren Sekretärinnen.

Nicht festgestellt werden konnte, ob Michels die ihm in einigen Fällen von seiner Führungsstelle zur Beeinflussung der politischen Meinungsbildung in der Bundesrepublik übergebenen Schriftstücke, darunter Beiträge zur Kießling-Affäre und zu angeblichen Verbindungen Gerhard Stoltenbergs zur rechten Szene, weisungsgemäß in Umlauf gebracht hat.

Das von Michels gelieferte Material wurde von seiner Führungsstelle überwiegend mit der Note „2“ (wertvoll) bewertet, gelegentlich erhielt es die Note „1“ (besonders wertvoll).

Als Gegenleistung kassierte Michels außer Reisespesen von Mitte der 70er Jahre bis 1987 monatlichen Agentenlohn zwischen 500,- DM und 700,- DM; danach erhielt er bis Ende 1988 monatliche Zahlungen von 1.200,- DM. Neben diesen regelmäßigen, bis 1986 vom Angeklagten bewilligten Bezügen bekam er von seinen nachrichtendienstlichen Auftraggebern aus besonderen Anlässen, so für die Anschaffung eines Autos und einen Wohnungswechsel nach entsprechender Genehmigung des Angeklagten Beträge zwischen mindestens 5.000,- DM und 7.000,- DM. Zur Begleichung seiner Spielschulden empfing er schließlich vom MfS einen ebenfalls vom Angeklagten bewilligten Betrag in Höhe von 20.000,- DM. Auf Anweisung des Angeklagten mußte Michels zuvor auf einem Tonband die Gründe für seinen Geldwunsch darlegen und sich zur ratenweisen Rückzahlung verpflichten.

Anläßlich eines Führungstreffs in den 80er Jahren in Schweden erfuhr Bernd Michels, daß ihm der „Vaterländische Verdienstorden" in Bronze verliehen worden sei. Die damit verbundene Geldprämie in Höhe von 2.500,- Mark (Ost) hatte sein Führungsoffizier Dr. Gräschke zum Kauf einer antiken Taschenuhr in der {202} DDR verwandt, die Michels bei einem Führungstreff übergeben wurde. Während der gesamten Dauer der nachrichtendienstlichen Zusammenarbeit blieb es Zielvorstellung der HVA, Bernd Michels ab 1980 mit einem Weltempfänger für A-3-Funk und entsprechenden Verschlüsselungsunterlagen, danach auch mit einer Eurosignalverbindung und einem Schnellgebersystem[36] ausgerüstet war, zu einem „Spitzenagenten" zu entwickeln und ihn in einflußreiche Positionen innerhalb der SPD zu bringen. So regte Rolf Rabe 1979 bei einem Führungstreff in Göteborg oder Helsinki an, Michels solle sich zu dem SPD-Politiker Matthiesen orientieren, dem die HVA in der SPD gute Entwicklungschancen beimaß. Bei einem Führungstreff etwa im Jahre 1983 schlug man ihm als Alternative vor, sich um die Position des stellvertretenden Pressesprechers in Bonn zu bewerben. Ab Mitte der 80er Jahre bedrängte seine Führungsstelle Michels, dem sie angedeutet hatte, er solle zu einem „zweiten Guillaume" aufgebaut werden, sich verstärkt in die Nähe von Björn Engholm zu bringen, der als der kommende Mann in der SPD angesehen wurde. Durch diese Perspektive wurde die Tragfähigkeit der nachrichtendienstlichen Verbindung zu Bernd Michels überfordert. Um auszuschließen, in eine den Vorstellungen der HVA entsprechende Position zu gelangen, suchte Bernd Michels von sich aus um seine Entlassung aus der Anstellung beim Landesverband der SPD in Schleswig-Holstein nach und wechselte am 1. Oktober 1985 als Rundfunkjournalist zum NDR. Ab diesem Zeitpunkt beschränkte sich seine Verratstätigkeit im wesentlichen auf allgemeine mündliche Informationen über die Politik der SPD.

Ein letzter Führungstreff mit Rolf Rabe und Dr. Jürgen Gräschke fand im Sommer 1989 in Griechenland statt. Die nach der Wende über den stellvertretenden Abteilungsleiter Rolf Rabe an Dr. Gräschke herangetragene Anfrage des KGB nach einer Übernahme Bernd Michels' konnte Dr. Gräschke ebenso wie im Falle des von ihm geführten Rudolf Horst Brocke mit dem Hinweis abwehren, bei {203} beiden Quellen bestehe kein Interesse an einer Fortsetzung ihrer Tätigkeit.

D. [Einlassung und Beweiswürdigung]

Dieser Sachverhalt steht fest aufgrund der Angaben des Angeklagten, soweit diesen gefolgt werden konnte, der Bekundungen der in der Sitzungsniederschrift aufgeführten Zeugen, der Ausführungen der Sachverständigen sowie der verlesenen beziehungsweise in Augenschein genommenen Schriftstücke und sonstigen Gegenstände.

I. [Einlassungen des Angeklagten]

Der Angeklagte hat sich nur in jeweils zu Beginn der Hauptverhandlung und in seinem letzten Wort verlesenen Erklärungen zur Sache eingelassen und dabei unter anderem folgendes geäußert:

Er habe als Leiter der Hauptverwaltung A auf der Grundlage der Verfassung und der Gesetze der DDR gearbeitet und sich im Rahmen seiner Tätigkeit natürlich auch persönlich mit den Menschen getroffen, die in der Bundesrepublik für seinen Dienst gearbeitet hätten. Sein Handeln nach dem 2. Weltkrieg sei von dem Bestreben motiviert gewesen, die Wiederbelebung des Nazismus nie mehr zuzulassen. Die wichtigste Aufgabe des von ihm geleiteten Dienstes sei es gewesen, die DDR und das Vertragssystem der verbündeten Staaten vor überraschenden Angriffen von außen zu schützen. Verletzung von Menschenrechten, Anschläge, Morde oder Entführungen hätten den nachrichtendienstlichen Zielen der HVA nicht entsprochen, auch seien Gewalt, Druck und Erpressung nicht Methoden seines Dienstes gewesen. Zur Beurteilung dessen, was er getan oder unterlassen habe, seien allein die Verfassung und die Gesetze der DDR maßgebend; welches Land solle er denn verraten haben? Die Nachrichtendienste der DDR konnten dieselbe Legitimation beanspruchen wie die {204} entsprechenden Dienste der Bundesrepublik. Statt dessen stehe er als ehemaliger Leiter des Nachrichtendienstes des einen deutschen Staates als „Symbolträger" der ehemaligen DDR vor Gericht, während der ehemalige Leiter des gleichen Dienstes im anderen deutschen Staat das vereinigte Deutschland als Außenminister vertrete.

Der Prozeß gegen ihn sei zur „Farce" geworden, das Urteil gegen ihn werde ein politisches sein. Wenn er Schuld empfinde, dann nicht vor dem Gesetz, sondern durch die Begegnung mit den Menschen, die oft viele Jahre in der Bundesrepublik für die DDR tätig gewesen seien. Der Preis, den sie jetzt zu zahlen hätten, sei hoch, zu hoch für ein gescheitertes Experiment. Aber für den Frieden sei damals, wie auch jetzt, kein Preis zu hoch gewesen.

II. [Beweiswürdigung]

Nach dem Ergebnis der Beweisaufnahme steht zur Überzeugung des Senats fest, daß der Angeklagte spätestens seit Anfang 1955 (Fall T.) bis Ende 1986/Anfang 1987 (Fall Bretschneider) in der festgestellten Weise gegen die Bundesrepublik Deutschland nachrichtendienstlich tätig geworden ist.

1. Die Feststellungen zum persönlichen und beruflichen Werdegang des Angeklagten beruhen auf der auszugsweisen Verlesung des von dem Angeklagten verfaßten Buches „*Die Troika*", seiner Kaderkarteikarte, seinen Angaben beim Ermittlungsrichter des Bundesgerichtshofes am 24. September 1991 sowie der Inaugenscheineinnahme – durch Abspielen – eines Tonbandes mit einer Rede des Ministers für Staatssicherheit Mielke anläßlich der förmlichen Verabschiedung des Angeklagten am 12. November 1986.

Danach hat der Angeklagte die Geschicke der Hauptverwaltung Aufklärung und ihrer Vorgänger IWF und HA XV von Januar 1953 bis zum 31. Mai 1986 als Leiter verantwortlich gelenkt. {205}

Er will zwar, wie aus einem entsprechenden Beweisantrag der Verteidigung hervorgeht, unter Berufung auf ein von ihm verfaßtes und vorgelegtes Schreiben vom 23. Januar

1986 in Verbindung mit seinem von Mielke bestätigten Vorschlag vom 24. März 1983 zur künftigen Geschäftsverteilung zuletzt nur noch mit Grundsatzfragen betraut gewesen sein. Aus seinen Angaben beim Ermittlungsrichter des Bundesgerichtshofes sowie den Ausführungen des Ministers für Staatssicherheit Mielke anläßlich der förmlichen Verabschiedung des Angeklagten und der Einführung seines Nachfolgers Werner Großmann 1986 ergibt sich jedoch, daß er bis Mai 1986 tätig gewesen und daß Großmann mit der Leitung der HVA erst zum 1. Juni 1986 beauftragt worden ist.

Tatsächlich traf der Angeklagte noch im Mai 1986 in Oberwiesenthal mit der Agentin Dr. Gast zusammen; ein nachrichtendienstlicher Treff zur Stabilisierung der Agentin Bretschneider fand im Winter 1986/87 sogar noch nach dem Ausscheiden des Angeklagten statt, dem nach den Angaben des Zeugen Kretzschmar in der HVA weiterhin ein Zimmer und ein kleiner Arbeitsstab zur Verfügung standen. Mit den Brüdern Spuhler war er noch 1984 bzw. 1985 zusammengetroffen, mit Kuron im Sommer 1984. Bei einem Treff mit von Raussendorff im Sommer 1985 ermahnte er diesen zur Steigerung seiner Informationen. Ende Juli 1985 ordnete er den Rückzug der Agentin Johanna Olbrich alias Sonja Lüneburg an, die er anschließend empfing und auszeichnete. Auf die Entwicklung des Vorgangs Brigitte Heinrich hatte er noch im August 1984 Einfluß genommen. Alles dies betraf keine Grundsatzentscheidungen, sondern zeigt, daß der Angeklagte auch über das Jahr 1983 hinaus in konkrete nachrichtendienstliche Aktionen eingebunden war, über den Fortgang jedenfalls der wichtigen Vorgänge fortlaufend unterrichtet wurde und daran persönlichen und bestimmenden Anteil nahm, wie es vom Zeugen Dr. Busch als Aufgabe des Leiters der HVA beschrieben worden ist. {206}

Allerdings ist in dem von Mielke bestätigten, in der Hauptverhandlung verlesenen Vorschlag vom 24. März 1983 u.a. von einer Erweiterung der bisherigen „Bestätigungsrechte“ des Generalmajors Großmann die Rede. Einzelheiten werden dazu nicht mitgeteilt. Es kann deshalb nicht ausgeschlossen werden, daß Großmann auch in den vom Angeklagten bislang unmittelbar angeleiteten Abteilungen konkrete Führungsaufgaben übernommen hat. Dafür könnte auch die Aussage des Zeugen Nehls sprechen, wonach Fragen im Zusammenhang mit dem Übertritt Tiedges (1985) mit Großmann erörtert worden sind. An der funktionellen Zuständigkeit des Angeklagten als Leiter der HVA hat sich dadurch aber nichts geändert. Vor allem blieb der Angeklagte nach der Überzeugung des Senats zuständig für alle Entscheidungen, die dem Minister für Staatssicherheit vorzulegen waren. Dazu gehörte u.a. auch der jährliche Valutadienstleistungsplan. Ihn hatte der Angeklagte nach der Überzeugung des Senats letztmalig Ende 1985 für das Jahr 1986 bestätigt.

a) Die allgemeinen Feststellungen zu MfS und HVA, Geschichte, Status und Selbstverständnis, den Hauptaufgaben und -methoden, Zuständigkeiten, Organisation und Größe der HVA beruhen zunächst auf den im Text mit der Nummer des Beweismittelverzeichnisses der Anklageschrift jeweils bezeichneten Dokumenten, die im Wege des Selbstleseverfahrens (§ 249 Abs. 2 Satz 2 ff StPO) eingeführt und/oder in der Hauptverhandlung verlesen worden sind. Das Selbstverständnis des MfS ergibt sich unter anderem auch aus den – ebenfalls verlesenen – Reden des MfS-Ministers Erich Mielke aus Januar 1975 („Mit hoher Verantwortung für den zuverlässigen Schutz des Sozialismus“, Dokument 19), vom 15. Dezember 1977 („Mit den sowjetischen Tschekisten für immer brüderlich verbunden“, Dokument 16) und vom 9. Mai 1985 („In einer Reihe mit den sowjetischen Tschekisten“, Dokument 39). Das Feindbild ist am plastischsten einer dem Befehl des Ministers vom 15. Februar 1985 als Anlage beigefügten Aufstellung {207} zu bekämpfender „feindlicher Stellen und Kräfte im Operationsgebiet, die subversiv gegen die DDR und andere sozialistischen Staaten tätig sind“ (Dokument 32) zu entnehmen. Sie enthält von „Aktion Sühnezeichen/Friedensdienste e.V.“ bis „Zirndorf-Sammellager“ 225 Einrichtungen, darunter Amnesty International London, ARD, ZDF, Deutschlandfunk, Caritas-Betreuungs- und Rechtsberatungsstelle, Deutscher Akademischer Austauschdienst, Evangelische Kirche in Deutschland, Friedrich-Ebert-Stiftung, Friedrich-Naumann-Stiftung, Konrad-Adenauer-Stiftung, Goethe-Institut, Internationaler Pen-Club, Stern-Redaktion, Weltkirchenrat Genf, Zeugen Jehovas.

Zum Selbstverständnis der Mitarbeiter der HVA als unbedingt treue und zuverlässige Diener der SED als der Partei der Arbeiterklasse hat glaubhaft der Zeuge Kretzschmar ausgesagt, der von 1958 bis 1968 mit dem Angeklagten als dessen persönlicher Referent zusammengearbeitet und auch über das 1986 im MfS umlaufende Gerücht berichtet hat, der Angeklagte habe seine Stellung als Leiter der HVA auf Wunsch Mielkes räumen müssen.

Der *personelle Bestand* der HVA im Februar 1983 ergibt sich aus der Ministervorlage des Leiters der HA Kader und Schulung vom 28. Februar 1983 (Dok. 103). Zu den nach der „Wende“ noch eingesetzten Kräften hat auf Vorhalt des von ihm erstellten Abschlußberichts vom 25. Juni 1990 der Zeuge Bernd Fischer ausgesagt, der mit der Auflösung der HVA beauftragt war.

Der Zeuge I., langjähriger Mitarbeiter in der Bildstelle der Abteilung VIII der HVA, hat Angaben zu den durchschnittlich pro Tag entwickelten Aufnahmen des von Quellen gelieferten Filmmaterials gemacht. {208}

Die Feststellungen zu den Maßnahmen gegen Georg Angerer und Jürgen Fuchs beruhen auf den in diesen Zusammenhängen verlesenen Urkunden. Auszugsweise verlesen wurde auch die Niederschrift des vom Angeklagten am 19. Februar 1982 auf der erweiterten Kollegiumssitzung des MfS gehaltenen Vortrags. Die Reden Mielkes vom 19. Februar 1982 und vom 12. November 1986 – letztere im Umfang der Verabschiedung des Angeklagten und der Einführung seines Nachfolgers Großmann – waren Gegenstand des Augenscheins (Abhörens) der vorliegenden Tonbänder.

b) Die Feststellungen zur *Zusammenarbeit* der HVA mit anderen Hauptabteilungen oder Abteilungen des MfS beruhen zunächst auf den Angaben des ehemaligen Leiters der HA III, Dr. Männchen[37], sowie des letzten Leiters der Abteilung M, Strobel. Nachdem diese Zeugen sich auf ein Auskunftsverweigerungsrecht nach § 55 StPO berufen haben, sind ihre Angaben bei der polizeilichen bzw. staatsanwaltlichen Vernehmung von den Vernehmungsbeamten KHK E. bzw. Oberstaatsanwalt Dr. Sch. wiedergegeben worden. Der Zeuge Bohnsack, ehemaliger Mitarbeiter der Abteilung X, hat über die Inanspruchnahme der HA III berichtet. Die Feststellung, daß dem Angeklagten täglich eine zusammenfassende Übersicht über die durch Funkaufklärung gewonnenen Erkenntnisse vorgelegt worden ist, beruht auf den Angaben dieses Zeugen. Der Zeuge Nehls, zuletzt stellvertretender Leiter der Abteilung IX, hat über die Einschaltung dieser Abteilung bei der Zusammenarbeit mit der HA III ausgesagt. Über die Tätigkeit der Linie 26 haben die Zeugen Dobel von der Bezirksverwaltung Dresden und der wie Bohnsack in der Abteilung X eingesetzte Zeuge Dr. Brehmer, zur HA VI der Zeuge Frank Eberlein und zur

Zusammenarbeit mit der HA XXII im Fall Dr. Croissant/Brigitte Heinrich die damaligen Führungsoffiziere Jäckel und Gebhardt ausgesagt. Die Heranziehung von Mitarbeitern der HVA bei Kundgebungen und Demonstrationen ist aufgrund der Aussage des Zeugen Dobel festgestellt worden. {209}

c) Die Feststellungen zum Fall Steiner gründen auf den Bekundungen des Zeugen Ingolf Freyer, der bis 1982 zunächst als Referatsleiter und zuletzt als stellvertretender Abteilungsleiter der Abteilung II HVA den Vorgang selbst bearbeitet und auch den vom Angeklagten bewilligten Betrag von 50.000,- DM an Steiner ausgezahlt hat.

d) Die Feststellungen zur Zusammenarbeit von MfS und HVA mit dem *KGB* beruhen zunächst auf den insoweit verlesenen vertraglichen Vereinbarungen über deren praktische Handhabung haben die Zeugen Nehls, Kretzschmar, Mattauch, Kanis, Frank Eberlein, Dr. Roitzsch, Dr. Genschow, Dobel, Enk, Dr. Männchen (gegenüber KHK E.), Willenberg, Dr. Busch und Blanke ausgesagt. Übereinstimmend haben Enk, Dr. Busch und Blancke bekundet, daß die beschaffenden Abteilungen von den *Eingangs*informationen je ein Exemplar dem KGB und der Auswertungsabteilung VII zuleiteten, von der – so die in dieser Abteilung tätigen Zeugen Dr. Busch und Blancke – das jeweilige Auswertungs*ergebnis* über den Angeklagten regelmäßig auch an den Verbindungsoffizier des KGB übermittelt wurde. Dr. Busch, zuletzt stellvertretender Abteilungsleiter, hat dazu mit Bestimmtheit erklärt, ohne Beteiligung und Genehmigung des Angeklagten habe kein Auswertungsergebnis die HVA in Richtung KGB oder Staatsführung verlassen. Bezeichnend ist in diesem Zusammenhang seine Äußerung, er habe sich immer gefragt, ob nicht der „Oberzensor“ in Moskau aufgrund der ihm ja ebenfalls vorliegenden Eingangsinformationen deren Auswertung durch die Abteilung VII einmal kritisch würdigen werde. Nach den Angaben des Zeugen Nehls scheint von der Abteilung IX, die mit ihrem Bereich IX/C über eine eigene Auswertungseinheit verfügte, die Weiterleitung restriktiver – jedenfalls nicht in grundsätzlich allen Fällen – gehandhabt worden zu sein. Der Zeuge Willenberg, Mitarbeiter in IX/C, hat über die Weiterleitung von Informationen an den Datenspeicher „SOUD“ berichtet. Nach den Angaben des in der Abteilung I eingesetzten Zeugen Mattauch bestand allgemein „ein ungeschrie-{210}benes Gesetz“, den sowjetischen Verbindungsoffizier bei seinen Wünschen zu unterstützen.

e) *Die Feststellungen zum Planungs- und Berichtswesen* der HVA beruhen im wesentlichen auf den dazu verlesenen Anordnungen, insbesondere den Richtlinien des Ministers für Staatssicherheit Nummer 1/80 für die Planung der politisch-operativen Arbeit im MfS (Planungsrichtlinie, Dokument 9), der Planungs- und Bewirtschaftungsordnung des Ministers für Staatssicherheit vom 20. Dezember 1976 (Dokument 114) sowie den Operativgeldanordnungen des Ministers 7/81 und 3/83 (Dokumente 115, 116). Über die Handhabung dieser Vorschriften haben die Zeugen Enk, Nehls, Dr. Brehmer, Dr. Gräschke, Peter Eberlein und für den Bereich der der HVA nachgeordneten Abteilungen XV der Bezirksverwaltungen die Zeugen Schlaphof, Naumann und Frank Eberlein berichtet. Schlaphof und Frank Eberlein, ehemalige Mitarbeiter der Bezirksverwaltung Dresden, und Nehls haben die Schwerpunkte der Planung und die inhaltliche Ausgestaltung der auf den verschiedenen Ebenen erstellten Pläne anschaulich dargestellt.

Aus den Bekundungen der Zeugen Kretzschmar, Nehls und Enk ergibt sich, daß der Leiter der HVA über alle wichtigen Vorgänge unterrichtet wurde. Freyer hat bekundet, daß beispielsweise das Vorhaben, in einem wichtigen Objekt der Bundesrepublik einen

IM unterzubringen, bereits im Prozeß der Vorbereitung der Werbung auf dem Dienstweg dem Leiter der HVA zur Billigung mitgeteilt wurde. Dr. Gräschke, – ehemaliger Mitarbeiter der Abteilung X – und Kretzschmar haben über die regelmäßigen Vorträge der Abteilungsleiter beim Angeklagten berichtet, Kretzschmar auch über die engagierte Mitarbeit des Angeklagten jedenfalls in allen wichtigen Angelegenheiten („Wolf kümmerte sich um die Dinge. Es entsprach seinem Format, das Wesentliche zu erkennen"). {211}

Den Gang der *finanziellen Planungen* der HVA haben die Zeugen C. – Haushaltssachbearbeiterin der HVA – und O. – Referatsleiter in der Abteilung Finanzen des MfS –, die beide in nachrichtendienstlich-operative Aufgaben nicht eingebunden waren, näher erläutert.

Die Feststellungen zur Abgrenzung der Zuständigkeiten für die Bewilligung und Anweisung von *Operativgeldern* beruhen im wesentlichen auf den Aussagen der Zeugen Nehls und Enk. Danach konnte der Abteilungsleiter nur Beträge bis zu 5.000,- DM bestätigen; bei höheren Beträgen war der Leiter der HVA bzw. sein anleitungsberechtigter Stellvertreter zuständig, dieser jedoch – so Enk – nur bis zu einem Betrag von 10.000,- DM. Auch der Zeuge Dr. Gräschke hat ausgesagt, 10.000,- DM übersteigende Beträge habe nur der Leiter der HVA bestätigen können. Die Zeugen Dr. Roitzsch (zunächst Abteilung I, später Abteilung VI) und Freyer (Abteilung II) haben die Grenze, bis zu der ein Abteilungsleiter Operativgelder anweisen konnte, mit 2.000,- DM bzw. 4.000,- DM sogar noch niedriger angegeben.

Treffs von Hauptamtlichen Mitarbeitern mit Quellen im Ausland bedurften nach den Angaben des Zeugen Nehls der Genehmigung des Leiters der HVA. Sie wurden, wenn absehbar, schon in den Operativplänen vorgesehen, waren dann aber auch vor Durchführung des Treffs noch Gegenstand eines vom Leiter der HVA zu bestätigenden besonderen Reiseplans, wie der Zeuge Dr. Gräschke angegeben hat. Auch der Zeuge Dr. Roitzsch hat bestätigt, daß Auslandstreffs grundsätzlich vom Leiter der HVA, „mindestens" von seinem Stellvertreter bestätigt werden mußten; der Hinweis auf den Stellvertreter betrifft den Fall der Abwesenheit des Leiters, möglicherweise auch den Fall, daß die betreffende Abteilung durch einen Stellvertreter angeleitet wurde. Nach den Bekundungen des Zeugen Enk bedurfte auch die Treffreise eines wichtigen IM der Bestätigung des Angeklagten jedenfalls dann, wenn dieser für die Anweisung von Operativgeldern zuständig war. Daß der Angeklagte tatsächlich solche Reisen bestätigt {212} hat, ergibt sich aus den Bekundungen des Peter Eberlein zum Fall Michels.

f) Die Feststellungen zum *Anleitungsbereich* des Angeklagten gründen unter anderem auf den Aussagen der Zeugen Kretzschmar, Enk, Freyer, Dr. Busch, Nehls, Dr. Brehmer, Bohnsack und Dr. Gräschke. Die zuletzt genannten fünf Zeugen haben die Zuständigkeit des Angeklagten für die Abteilungen VII, IX und X bestätigt.

Der Zeuge Kretzschmar hat bekundet, bis etwa Mitte der 70er Jahre habe der Angeklagte nur einen Stellvertreter – Fruck – gehabt, dem die Abteilungen II, VI, VII, eventuell auch IV, die Abteilungen XV, die AG-Grenze und das Büro der Leitung unterstanden hätten; alle übrigen Abteilungen seien bis zur Einführung eines zweiten Stellvertreters – Jänicke – dem Angeklagten unmittelbar unterstellt gewesen. Fruck war ausweislich seiner verlesenen Karteikarte im Jahre 1956 zum Stellvertreter des Angeklagten berufen worden. Aus der ebenfalls verlesenen Kaderkarteikarte Jänickes ergibt sich, daß dieser schon 1971 zum Stellvertreter des Angeklagten bestellt worden ist. Auch der Zeuge Enk hat die Befugnis zur Anleitung der Abteilung II bis Mitte der 70er Jahre dem Generalmajor Fruck zugeschrieben.

Im Gegensatz zu Kretzschmar und Enk hat indessen der Zeuge Freyer bekundet, zuständig für die Anleitung der Abteilung II sei zunächst der Angeklagte gewesen, der dann in dieser Funktion von Großmann abgelöst worden sei. Großmann ist, wie sich aus seinen verlesenen Kaderunterlagen ergibt, im November 1975 – zunächst kommissarisch – zum Stellvertreter des Leiters der HVA ernannt worden. Bis zu diesem Zeitpunkt war danach außer der Abteilung I auch die Abteilung II dem Angeklagten unmittelbar unterstellt. Der Senat folgt insoweit den bestimmten Angaben des Zeugen Freyer, der in der Abteilung II von 1956 bis 1959, ab 1964 als Referatsleiter und von 1968/1969 bis Ende 1982 als stellvertretender Abteilungsleiter tätig war, mithin {213} die dortigen Verhältnisse und die Anleitung der Abteilung sozusagen „hautnah" erlebt hat. Die Zeugen Enk und Kretzschmar, die von 1958 bis 1968 bzw. von 1968 bis 1978 dem Angeklagten als persönliche Referenten gedient haben und im übrigen im Sonderreferat der Abteilung I (Kretzschmar) bzw. in den Abteilungen I und VI sowie ab 1981 im Stab der HVA (Enk) eingesetzt waren, sind nach Auffassung des Senats insoweit einem Irrtum erlegen. Für die Richtigkeit der Aussage Freyers spricht nicht zuletzt auch die verhältnismäßig große Zahl der Teilnahme des Angeklagten an Führungstreffs der Abteilung II.

Der Senat hat im übrigen keine Zweifel daran, daß die erwähnten Zeugen wahrheitsgemäß ausgesagt haben. Alle haben, zum Teil in hohen Positionen, der HVA lange Jahre angehört und – jeder in seinem weitestgehend abgeschotteten Bereich – ein zuverlässiges Bild gewinnen können. Infolge der Auflösung des Dienstes haben sie den Arbeitsplatz verloren; viele sind jetzt noch arbeitslos. Keiner von ihnen hat gern ausgesagt; bei vielen war eine gewisse Scheu, in Gegenwart ihres früheren Dienstvorgesetzten aussagen zu müssen, unverkennbar. Motive für eine Falschbelastung sind nicht hervorgetreten. Insbesondere schließt der Senat ein Bestreben der Zeugen aus, sich auf Kosten des Angeklagten selbst Straffreiheit zu „verdienen". Ihre Angaben verdienen deshalb Glauben.

g) Die Feststellungen zu den „*Werbemethoden der HVA*" (vgl. Abschnitt B II 8), beruhen im Fall Christa T. auf der Aussage von Frau T. sowie der Verlesung und Inaugenscheinnahme des Dokuments Nr. 106 (Vorlage vom 23. März 1955; Arb.Tgb.Nr. 223/55). Frau T. hat sicher, bestimmt und anschaulich im einzelnen geschildert, wie ein Mann namens „Gerlach" unter dem Vorwand, „Business-Englisch" zu lernen, mit ihr in Verbindung getreten ist und sie am Abend des 16. Juni 1955 statt, wie von ihm vorgespiegelt, zu einem Abendessen in ein Restaurant in der Fasanenstraße in West-Berlin auszuführen, zusammen mit ihrer {214} Mutter in den Ost-Sektor der Stadt entführt hat, wo sie unter massiven Druck zur Eingehung einer Mitarbeitsverpflichtung genötigt wurde. Die Zeugin hat trotz der inzwischen verstrichenen Zeit von 38 Jahren eine ausgezeichnete Erinnerung an diesen Vorfall bewahrt, der ihrem Leben eine entscheidende Wende gegeben und sie ein Jahr später veranlaßt hat, Deutschland auf Dauer zu verlassen und in die USA überzusiedeln. Der Senat glaubt ihren Angaben.

Das Dokument Nr. 106, an dessen Authentizität keine Zweifel bestehen, macht deutlich, daß der Angeklagte persönlich den von seinen damaligen Mitarbeitern Jänicke und Prosetzky ausgearbeiteten Entführungsplan geprüft und mit einigen handschriftlichen Änderungen dann auch genehmigt hat.

Die Feststellungen zu Heinrich Lummer beruhen auf den Bekundungen des Zeugen Dr. Brehmer und dem im Oktober 1982 an Lummer gesandten Brief, der in der Hauptverhandlung verlesen worden ist. Dr. Brehmer hat namentlich hervorgehoben, der von ihm im Auftrag seiner Führungsstelle gefertigte, von ihm bewußt moderat gehaltene Entwurf eines Schreibens, das Heinrich Lummer zur Fortsetzung der Gespräche mit dem MfS habe bewegen sollen, sei vom Angeklagten persönlich redigiert worden und habe einen wesentlich schärferen Tonfall erhalten. Im Oktober 1982 sei dann mit Billigung des Angeklagten der in der Hauptverhandlung verlesene Brief an Lummer abgesandt worden.

h) Die Feststellungen zur „*Bereitstellung ... einiger weniger vertrauensvoller Einsatzkader*" durch die AGM/S beruhen auf der Aussage des Zeugen Stöcker, soweit ihr gefolgt werden konnte, sowie einem von diesem Zeugen unter dem 12. März 1982 gefertigten, an den Leiter der AGM gerichteten Vermerk, der in der Hauptverhandlung verlesen worden ist. {215}

Stöcker, der bestätigt hat, daß dieser Vermerk von ihm stammt, hat unter anderem bekundet, bei den in dem Vermerk angesprochenen „Einsatzkader(n) für ganz spezifische Aufgaben der HVA im Operationsgebiet" habe es sich um eine polizeiliche Einsatzgruppe von drei bis fünf Mann zur Bekämpfung und Abwehr von terroristischen Anschlägen gegen Einrichtungen der DDR im Ausland und Flugzeugentführungen handeln sollen. Dem zugrunde gelegen habe der von der HVA aufgebrachte Gedanke einer „Einsatzfeuerwehr"; keinesfalls habe es sich um ein sogenanntes „Killerkommando" gehandelt, das etwa Republikflüchtige zurückholen oder unschädlich hätte machen sollen.

Diese Darstellung des Zeugen ist nicht glaubhaft. An keiner Stelle jenes Vermerks ist die Rede von der Abwehr terroristischer Anschläge gegen Einrichtungen der DDR im Ausland. Statt dessen sollte „eine Gruppe von drei bis vier Mitarbeitern" ... „als Einzelkämpfer oder als Einsatzgruppe ..." im Operationsgebiet „zur Bekämpfung feindlicher Personen in der vollen Breite der möglichen Maßnahme ..." eingesetzt werden. Wie eine solche zahlenmäßig kleine Gruppe oder gar ein „Einzelkämpfer" erfolgreich terroristische Anschläge oder Flugzeugentführungen im Ausland abwehren sollte, ist ebensowenig nachvollziehbar wie die Bezeichnung von Einrichtungen der DDR im Ausland als „Operationsgebiet". Genauso wenig hat der Zeuge erklären können, was eine solche Anti-Terrorgruppe mit der „Sicherung bedeutsamer operativer Maßnahmen" zu tun hatte und weshalb die HVA – entsprechend seinem Vermerk – diese angebliche „Anti-Terrorgruppe" schwerpunktmäßig unter anderem bezüglich „operativer Dokumente" ausbilden sollte. Für die Abwehr von terroristischen Aktionen war zudem die HA XXII zuständig, die im vorliegenden Fall nicht einmal beteiligt worden ist. Daß es vielmehr unter anderem tatsächlich um die Bekämpfung mißliebiger Personen ging, macht gerade auch die Reaktion des Leiters der AGM, General Geißler, deutlich, der den Vermerk des Zeugen Stöcker – wie von diesem in der Hauptverhandlung einge-{216}räumt – unter anderem mit der Bemerkung kommentierte, daß damit „ein heißes Eisen" angepackt werde.

Der Zeuge Stöcker ist auf wiederholte nachdrückliche Vorhalte bei seiner Darstellung geblieben und hat diese, da ein Vereidigungsverbot nach § 60 Nr. 2 StPO in Ermangelung einer bereits strafbaren Mitwirkung des Zeugen ausschied, auch beschworen. Sie verdient jedoch angesichts des klaren Wortlauts seines Vermerks keinen Glauben. Sein damaliger Gesprächspartner Schütt hat als Zeuge von seinem Auskunftsverweigerungsrecht nach § 55 StPO Gebrauch gemacht.

3. Die Feststellungen zu den „*Sekretärinnen-Fällen*" und Edith D. (vgl. Abschnitt B II 8 d) folgen hinsichtlich der Dolmetscherin Margarethe L. aus den Bekundungen des damaligen Mitarbeiters der Abteilung XV der BV Karl-Marx-Stadt Roland Gandt, in den Fällen der Sekretärinnen Gerda Ostenrieder und Dagmar Kahlig-Scheffler aus den Aussagen des HIM der Abteilung I der HVA, Herbert Schröter. Erwin Mattauch, in den 60er Jahren Mitarbeiter in dem für die Ausspähung des Auswärtigen Amtes zuständigen Referat 2 der Abteilung I der HVA, hat über den Fall der Sekretärin Helge Berger berichtet, Edith D. und Dr. Lips, der vom Angeklagten zur Behebung der psychischen Probleme von Frau D. eingeschaltet worden ist, haben zu diesem Komplex ausgesagt.

Bedenken gegen die Glaubwürdigkeit dieser Zeugen bestehen auch hier in keinem Fall. Frau D. hat sehr plastisch ihre nachrichtendienstliche Tätigkeit und ihr Unvermögen geschildert, sich gegenüber den Wünschen und Anordnungen ihrer Führungsstelle zur Wehr zu setzen. Sie, die heute zurückgezogen mit einer Vielzahl von Tieren allein auf einem ehemaligen Bauernhof lebt, leidet ersichtlich immer noch unter den etwa 20 Jahre lang dauernden Geschehnissen. {217}

Die Zeugen Roland Gandt, Herbert Schröter und Erwin Mattauch haben sicher und bestimmt die ihnen noch gut im Gedächtnis haftenden Vorfälle geschildert, wobei namentlich Gandt und Schröter selbst heute noch auf ihre „Erfolge" stolz zu sein scheinen.

Angesichts der Bedeutung der in wichtigen Objekten tätigen Quellen für die operative Arbeit der Abteilung I ist der Senat davon überzeugt, daß diese Fälle Gegenstand zumindest der Jahresplanung dieser Abteilung gewesen sind, die der Angeklagte bis 1975 bestätigt hat.

4. a) Die Feststellungen im Fall von Raussendorff beruhen auf dessen umfassenden Angaben. Über die Sorge der HVA, durch die erheblichen Schwierigkeiten von Raussendorffs könne die nachrichtendienstliche Verbindung mit diesem Zeugen gefährdet werden, hat der Zeuge Dr. Roitzsch glaubhaft berichtet, der auch an dem daraufhin anberaumten Führungstreff von Raussendorffs mit u.a. dem Angeklagten teilgenommen hat. Dr. Roitzsch hat ferner bestätigt, daß von Raussendorff im Rahmen einer von der Abteilung X durchgeführten „aktiven Maßnahme" den Entwurf eines gefälschten Fernschreibens einer deutschen Botschaft in einem afrikanischen Land auf einwandfreie diplomatische Diktion überprüft und überarbeitet hat.

b) Im Fall Dr. Blau gründen die Feststellungen auf dessen glaubhaften Bekundungen. Diese werden bestätigt bzw. ergänzt durch die Aussage des Zeugen Dr. Roitzsch, der bis 1983 das Referat 2 der Abteilung I der HVA geleitet und in der Regel an den Treffs des Zeugen in Ost-Berlin teilgenommen hat, und die Angaben des Zeugen Dähne, die dieser als Beschuldigter bei seiner polizeilichen Vernehmung am 23. Januar 1991 – nach der vom Senat geteilten Meinung des Zeugen W. glaubhaft – gemacht hat. Dieser Zeuge, der in der Hauptverhandlung unter Berufung {218} auf § 55 StPO die Auskunft verweigert hat, war danach in der Zeit von 1970 bis 1974/1975 mit der Führung des Vorgangs Dr. Blau betraut gewesen und hat während dieser Zeit – 1970 oder 1971 – an einem Führungstreff in Ost-Berlin teilgenommen.

c) Im Falle Gröndahl beruhen die Feststellungen auf den glaubhaften Bekundungen der Zeugen Gröndahl und Stöckigt. Knuth Gröndahl hat umfassend zu seiner nachrichtendienstlichen Tätigkeit und zu seinem Treffen mit dem Angeklagten in einem Bungalow in der Nähe von Linz/Österreich ausgesagt. Ergänzt wurde diese Darstellung durch die Schilderung von Karl Stöckigt, der insbesondere mitgeteilt hat, daß Berichte des Instrukteurs „Karl-Heinz" – Klarname „Wolfgang H." – Anlaß für die Zusammenkunft mit dem Angeklagten gewesen seien. Dieses Treffen habe Gröndahl für eine weitere nachrichtendienstliche Mitarbeit motivieren sollen. Er, Stöckigt, habe damals als Leiter des (Führungs-)Referates 5 der Abteilung I der HVA einen entsprechenden Treffplan ausgearbeitet, der über den Abteilungsleiter Werner Großmann dem Angeklagten vorgelegt und von diesem gebilligt worden sei. Mit der organisatorischen und sicherungsmäßigen Vorbereitung dieser Begegnung betraut, sei er, Stöckigt, einige Tage zuvor nach Österreich gereist und habe zusammen mit dem Angeklagten den Bungalow in Augenschein genommen und auf seine Eignung für das Treffen geprüft.

d) Die Feststellungen zum Fall „Pauli" gründen auf den glaubhaften Bekundungen des Zeugen Karch, eines langjährigen Mitarbeiters der Abteilung I der HVA, der ab 1966 als Instrukteur/Kurier von Pauli fungierte.

5. a) Die Feststellungen zu den *IM der Abteilung II* (Abschnitt C II) beruhen im Fall Porst auf dessen umfassenden und glaubhaften Angaben. Porst hat auf eine entsprechende Frage der Verteidigung nach der Bedeutung des Angeklagten für den Umfang {219} seiner nachrichtendienstlichen Mitarbeit ausdrücklich erklärt, ohne die stete Überzeugungsarbeit des Angeklagten würde er diese wesentlich früher eingestellt haben.

b) Die Feststellungen im Fall Guillaume gründen auf den glaubhaften Aussagen der Zeugen Günter Guillaume, Dr. Klaus Kinkel und Hans-Dietrich Genscher sowie auf den Ausführungen der Sachverständigen Kapitän zur See Auer und Botschafter a.D. Dr. Fredo Dannenbring, den verlesenen Eintragungen in dem in Hamar geführten Fernschreibquittungsbuch und den ebenfalls verlesenen Fernschreiben.

Guillaume hat detailliert und mit bemerkenswertem Erinnerungsvermögen seinen von langer Hand von der HVA vorbereiteten Aufstieg zum Mitarbeiter im Bundeskanzleramt geschildert. So habe der Angeklagte bereits Ende 1964 bei einem Führungstreff in Ost-Berlin die Situation der bundesdeutschen Politik dahingehend analysiert, daß in naher Zukunft mit der Regierungsverantwortung der SPD zu rechnen sei. Er, Guillaume, der im Mai 1956 zusammen mit seiner Ehefrau von der Abteilung II der HVA mit dem nachrichtendienstlichen Auftrag in die Bundesrepublik geschleust worden sei, die SPD auszuspähen, und es zwischenzeitlich zum Geschäftsführer des Unterbezirks Frankfurt an Main gebracht habe, habe deshalb auf Weisung des Angeklagten nähere Kontakte zu aussichtsreichen Aspiranten aus diesem Unterbezirk für ein Ministeramt knüpfen sollen, was ihm dann mit der Person Georg Lebers gelungen sei. Dessen Fürsprache sei es zu verdanken gewesen, daß er 1970 eine Anstellung im Bundeskanzleramt gefunden habe. Günter Guillaume hat weiter bekundet, daß er im Juli 1973 für die Dauer des Urlaubsaufenthaltes des Bundeskanzlers in Hamar/Norwegen dort die Aufgaben des persönlichen Referenten habe wahrnehmen und sich dabei namentlich um den gesamten Fernschreibverkehr habe kümmern müssen. Die Zweitexemplare insbe-{220}sondere der in den Feststellungen unter Abschnitt C II 2 c) genannten Fernschreiben Nr. 59, 86, 94, 99, 103 und 100 habe er nach Vorlage an den Bundeskanzler nicht an die Fernschreibstelle zurückgeleitet, sondern in dem von ihm bewohnten Ferienhaus aufbewahrt, wo er sich zusätzlich ihren Inhalt notiert habe. Wegen ihrer großen Bedeutung habe er zunächst erwogen, sie selbst in die DDR zu bringen, diese Lösung aber schließlich verworfen, weil sie für die HVA den Verlust einer wichtigen Quelle im Bundeskanzleramt zur Folge gehabt hätte. Auf der Rückreise nach Deutschland habe dann ein von ihm bestellter Kurier beim Zwischenaufenthalt in Halmstad/Schweden in seinem Hotelzimmer Gelegenheit erhalten, die von ihm, Guillaume, mitgeführten Kopien der Fernschreiben und seine persönlichen Aufzeichnungen zu fotografieren.

Anhaltspunkte für die Annahme, der Kurier könne mit diesem Material die HVA nicht erreicht haben, haben sich in keinerlei Hinsicht ergeben. Der Zeuge Guillaume hat auf eine entsprechende Frage glaubhaft erklärt, nach seiner Rückkehr in die DDR sei ihm von keiner Seite bedeutet worden, das Material aus Hamar sei bei der HVA nicht angekommen.

Die dem Zeugen nach seiner Entlassung aus der Strafhaft und seiner Rückkehr in die DDR erwiesenen Ehrungen ergeben sich aus seinen Angaben. Die Fotos von seinem Empfang durch Honecker, die außer den Eheleuten Guillaume auch den Angeklagten und Erich Mielke zeigen, waren Gegenstand des Augenscheins.

Der Senat ist im übrigen davon überzeugt, daß Guillaume seine Führungsstelle von dem „Glücksfall“ informiert hatte, im Urlaub des Bundeskanzlers die Funktion von dessen persönlichen Referenten wahrnehmen zu dürfen – bestand doch jetzt die Möglichkeit, an Informationen aus „erster Hand“ zu gelangen.

Bei den Fernschreiben handelte es sich um Material, das der Angeklagte unter keinen Umständen im Bereich seiner HVA behal-{221}ten und abschließend verwerten konnte. Wegen seines hochpolitischen, höchst authentischen Inhalts war es vielmehr für die Staats- und Parteiführung der DDR und der anderen Warschauer-Pakt-Staaten von eminenter Bedeutung. Für die Bundesrepublik Deutschland bedeutete sein Verrat, wie dem Angeklagten bewußt war, die Gefahr eines schweren Nachteils für ihre äußere Sicherheit. Der Senat hat deshalb keinen Zweifel, daß die betreffenden Informationen, wie bei wichtigen Erkenntnissen üblich, auf Weisung des Angeklagten über die Abteilung VII der HVA an sowohl die Spitzen von Partei und Staat als auch den KGB weitergeleitet worden sind.

Zu dem Aufkommen eines Verdachts gegen Guillaume haben die Zeugen Dr. Kinkel und Genscher ausgesagt. Sie haben übereinstimmend bekundet, Dr. Nollau, ehemaliger Präsident des BfV, habe sie am 29. Mai 1973 davon in Kenntnis gesetzt, daß gegen Günther Guillaume zwei Verdachtsmomente vorlägen, die auf seine Agententätigkeit für die DDR schließen lassen könnten. Sie seien aber alle drei zu der Einschätzung gelangt, daß die beiden Verdachtsmomente, nämlich eine Lücke im Lebenslauf von Guillaume und eine besondere nachrichtendienstliche Methode – die Entschlüsselung von im Jahre 1960 aufgefangenen Funksprüchen – zur Einleitung eines Ermittlungsverfahrens nicht ausreichten, zumal sich kurz zuvor in einem gleichgelagerten Fall ein aufgrund jener nachrichtendienstlichen Methode entstandener Verdacht gerade nicht bewahrheitet habe. Entgegen dem ursprünglichen Rat Dr. Nollaus habe er, so der damalige Bundesminister des Innern Genscher, Bundeskanzler Brandt am folgenden Tag informiert. Er sei sich mit seinem damaligen Büroleiter Dr. Kinkel darin einig gewesen, daß der Verdacht ernstgenommen werden müsse, nicht zuletzt im Hinblick darauf, daß es sich bei dem Verdächtigen um einen engen Mitarbeiter des Bundeskanzlers gehandelt habe. Dr. Kinkel hat seine gleiche Einschätzung wiedergegeben und weiter bekundet, er habe noch am Tage der {222} Unterredung mit Dr. Nollau einen dreiseitigen „streng geheimen“ Vermerk über deren Inhalt gefertigt, ihn in seinem Panzerschrank deponiert und die Anweisung gegeben, daß er nur von ihm oder Bundesminister Genscher geöffnet werden dürfe. Nachdrücklich hat der Zeuge Dr. Kinkel die Vermutung der Verteidigung zurückgewiesen, er habe jenen Vermerk erst im Jahre 1971 gefertigt und dann zurückdatiert. Der Umstand, daß jener Vermerk ein Geschäftszeichen aus dem Jahre 1974 trage, sei darauf zurückzuführen, daß er 1971, nachdem er mit Genscher in das Auswärtige Amt übergewechselt sei, den Vermerk offiziell über die Registratur des Auswärtigen Amtes habe laufen lassen, als dieser für den damals tagenden Untersuchungsausschuß des Deutschen Bundestages benötigt worden sei. Der von der Verteidigung geäußerte Verdacht, man habe seinerzeit den Bundeskanzler als „Lockvogel“ mißbraucht, sei „absurd“. Bei seinem Gespräch mit dem Bundeskanzler, so hat der Zeuge Genscher weiter berichtet, habe dieser die von Dr. Nollau erbetene Genehmigung zur Observation Guillaumes und dessen Ehefrau erteilt und sich auch damit einverstanden erklärt, im Arbeitsbereich Guillaumes und in dessen Zuständigkeiten keinerlei Veränderungen durchzuführen, um bei Guillaume keinen Argwohn zu erregen. Gegen die vorgesehene Verwendung Guillaumes als Begleiter des Bundeskanzlers zu dessen Urlaubsdomizil in Norwegen, von der er, Genscher, bei dieser Unterredung erfahren und umgehend den Präsidenten des BfV informiert habe, habe letzterer keine Einwände erhoben. Dies habe er, der Zeuge, dem Bundeskanzler alsbald mitgeteilt. Der Senat hat keinerlei Bedenken, den Zeugen Dr. Kinkel und Genscher zu folgen. Beide haben anschaulich und nachvollziehbar die damaligen Geschehnisse geschildert. Anhaltspunkte für die von der Verteidigung geäußerte Vermutung, es sei die Absicht {223} Dritter gewesen, „die nach der Mitreise Guillaumes geschaffene Lage zur Beschädigung des Ansehens des Bundeskanzlers mit dem Ziel seiner Ablösung zu nutzen“, haben sich in keiner Beziehung ergeben.

Die Bewertung der von Guillaume verratenen Fernschreiben als Staatsgeheimnis beruht auf den Ausführungen des Sachverständigen Auer, der unter militärpolitischen und strategischen Aspekten Stellung genommen hat, und Botschafter a.D. Dr. Dannenbring, der das Verratsmaterial unter außen- und sicherheitspolitischen Gesichtspunkten untersucht hat. Beide Sachverständige, die über langjährige einschlägige berufliche Erfahrungen verfügen, haben in überzeugender Weise, vom Senat nachvollzogen, die Qualität und Bedeutung der in Rede stehenden Fernschreiben gerade auch im Hinblick auf die damalige aktuelle politische Lage dargelegt. Kapitän zur See Auer war viele Jahre bei der NATO tätig, darunter von 1986-1989 beim Chef des Stabes im Hauptquartier in Brüssel, und hat danach zwei Jahre ein für die „militärischen Beziehungen zu NATO und WEU“ zuständiges Referat im Bundesverteidigungsministerium geleitet. Botschafter a.D. Dr. Dannenbring, seit 1955 im Auswärtigen Dienst, war von 1973-1979 Leiter von für die „Länderbeziehungen zu den USA“ sowie die „NATO und Verteidigungspolitik“ zuständigen Referaten im Auswärtigen Amt, danach u.a. Gesandter in Washington und ab 1986 Botschafter bei der NATO.

Kapitän zur See Auer hat namentlich überzeugend dargelegt, daß bereits der Verrat der in den Fernschreiben enthaltenen Informationen über zwei grundlegende Elemente der Abschreckung – Solidarität der Bündnispartner und militärisches Gleichgewicht zwischen den Blöcken – die Gefahr eines schweren Nachteils für die äußere Sicherheit der Bundesrepublik begründet haben. Auf die darüber hinaus erweckten, aber an anderen Stel-{224}len der Fernschreiben wieder relativierten Zweifel an der Entschlossenheit zur Verteidigung, dem dritten Element durch damals praktizierten Sicherheitspolitik, kommt es dafür mithin nicht an.

Beide Sachverständige haben ferner übereinstimmend und überzeugend ausgeführt, daß sich an ihrer Bewertung der Fernschreiben durch die von der Verteidigung vorgelegten, mit den Sachverständigen in der Hauptverhandlung im einzelnen erörterten 71 Blatt Presseveröffentlichungen aus dem Zeitraum zwischen April und September 1973 nichts ändere. Diese Artikel beschäftigten sich zwar auch mit der allgemeinen Thematik der Fernschreiben. Demgegenüber seien aber zum einen in keiner dieser Publikationen der Brief von Präsident Nixon an den Bundeskanzler (Fernschreiben Nr. 59) sowie der Wunsch der Amerikaner nach zunächst bilateralen Gesprächen erwähnt; zum anderen seien sie in keiner Weise mit der Erkenntnis von höchst vertraulichen und direkten Gesprächen hoher und höchster Regierungsstellen zu vergleichen, wie sie sich aus den Fernschreiben ergäben, die schon wegen ihrer Authentizität absolut verläßliche Informationen darstellten.

c) Die Feststellungen im Fall Borm/Ru. beruhen auf den glaubhaften Bekundungen der Zeugen Ru., Freyer und Dr. Lips. Ingolf Freyer, in den 50er Jahren Leiter des für die Ausspähung der FDP zuständigen Referates 2 der Abteilung II der HVA, hat detailreich und anschaulich geschildert, wie es zur nachrichtendienstlichen Mitarbeit des Anfang der 50er Jahre in der DDR wegen „Kriegs- und Boykotthetze“ zu einer zehnjährigen Haftstrafe verurteilten William Borm gekommen ist. Darüber hinaus hat Freyer namentlich berichtet, daß er von 1969 bis 1982 als stellvertretender Leiter der Abteilung II an sämtlichen Treffs teilgenommen habe, nachdem es bereits zuvor auf der Transitstrecke zu mehreren Zusammenkünften zwischen Borm einerseits {225} und dem Angeklagten sowie dem Leiter der Abteilung II, Fricke, andererseits gekommen sei. Die Treffs, die ab 1969 ca. alle drei bis vier Monate entweder auf der Transitstrecke oder in einem konspirativen Objekt in der Liebermannstraße bzw. einer Villa aus der Gründerzeit in der Rohrwallallee in Berlin-Karolinenhof stattgefunden hätten, seien von ihm, Freyer, gemeinsam mit Theodor Schönfelder, einem Mitarbeiter des Referats 2, erarbeitet worden. Der Angeklagte, dem diese Treffpläne zur Bestätigung vorgelegt worden seien, habe etwa jeden zweiten Plan mit ihm, Freyer, erörtert, wobei in der Regel von besonderem Interesse die Frage gewesen sei, hinsichtlich welcher Vorgänge des aktuellen Tagesgeschäfts William Borm habe abgeschöpft werden sollen. Das vorrangige Interesse der HVA habe damals neben der Situation innerhalb der FDP und des Bundesvorstandes insbesondere der Verhandlungsposition der FDP im Hinblick auf den Abschluß der Ostverträge gegolten. Dem von Borm als Autorität anerkannten Angeklagten sei es dann auch gelungen, Borm zur Preisgabe namentlich solcher Informationen zu veranlassen.

Für einen unter anderem von Borm ab Mitte der 70er Jahre herausgegebenen „Pressedienst“, aber auch für Parlaments- und andere Reden habe federführend die Abteilung X der HVA William Borm mit einer Reihe von Manuskripten und Argumentationshilfen versorgt. Dies hat neben Ingolf Freyer auch der frühere Oberstleutnant Bohnsack aus der Abteilung X bekundet. Von einem solchen Redemanuskript aus dem Jahre 1978, und zwar zur Unvereinbarkeit der deutschlandpolitischen Vorstellungen zwischen CDU/CSU und FDP, wußte auch der Zeuge Jürgen Bernd Ru. zu berichten, der nach seinen Bekundungen, selbst in den Diensten des MfS stehend, ab 1978 als wissenschaftlicher Mitarbeiter Borms fungiert hat, ohne von dessen nachrichtendienstlicher Verstrickung zu wissen. {226}

Der Zeuge Dr. Lips hat glaubhaft bekundet, er habe in seiner Eigenschaft als zuständiger Psychologe der Abteilung X des Zentralen Medizinischen Dienstes (ZMD) des MfS Ru. etwa 1979/1980, als bei ihm erhebliche Depressionen aufgetreten seien, auf Weisung des Angeklagten „stabilisiert".

d) Im Fall Olbrich („Sonja Lüneburg") steht der Sachverhalt fest aufgrund der umfassenden und glaubhaften Bekundungen der Zeugin Olbrich, des Zeugen Freyer, der als ehemaliger stellvertretender Abteilungsleiter der Abteilung II den Vorgang „Sonja Lüneburg" überblicken konnte, sowie der glaubhaften Angaben des Psychologen Dr. Lips insbesondere zu dem durch den Angeklagten angeordneten Rückzug der Zeugin Olbrich, von dem ihm Major Theodor Schönfelder, zeitweise Führungsoffizier von Frau Olbrich, berichtet hatte.

e) Die Feststellungen zum Fall Bretschneider/Dr. Meyer gründen auf den glaubhaften Aussagen der Zeugen Bretschneider, Dr. Meyer, Dr. Lips, E. und Hermann sowie der Inaugenscheinnahme zweier Fotos.

Während Doris Bretschneider ausführlich über ihre gesamte nachrichtendienstliche Tätigkeit, darunter auch zwei Treffen mit dem Angeklagten, berichtet hat – die Angaben zum zweiten Treff decken sich mit den Bekundungen des Psychologen Dr. Lips –, beschränkte sich Dr. Meyer insbesondere auf die Schilderung seines beruflichen Werdegangs, seines Decknamens „Rubinstein" und der Zusammenkunft mit dem Angeklagten während der „Berliner Zeit" etwa 1974/1975, anläßlich derer der Leiter der HVA namentlich der Hoffnung Ausdruck gegeben habe, daß er, Dr. Meyer, in der SPD Karriere machen werde; er solle dann versuchen, in eine Position etwa beim Parteivorstand oder der Friedrich-Ebert-Stiftung oder in eine internationale Organisation bei der UNO zu gelangen. Ihm, so der Zeuge, sei klar gewesen, {227} daß sich der Angeklagte von ihm dann auch entsprechendes Informationsaufkommen aus diesen Positionen versprochen habe.

Die Feststellungen zu dem von Dr. Meyer gelieferten Verratsmaterial, der Häufigkeit seiner Instrukteur-/Kuriertreffs, dem von ihm kassierten nachrichtendienstlichen Entgelt und seinen Auszeichnungen, zu denen der Zeuge unter Berufung auf § 55 StPO Angaben verweigert hat, hat der Senat aufgrund der Bekundungen des KHK H. vom BKA getroffen, der Dr. Meyer am 29. Juli 1993 als Beschuldigten vernommen hatte und dessen von ihm für glaubhaft erachteten Angaben in der Hauptverhandlung wiedergeben konnte. Auch der Senat hat keine Bedenken, diesen Angaben zu folgen.

KHK E. vom BKA, der Frau Bretschneider im Ermittlungsverfahren vernommen hat, hat als Zeuge glaubhaft bekundet, daß es sich bei den von der Zeugin auf zwei Lichtbildern wiedererkannten „Rainer" und „Kurt" um den HVA-Mitarbeiter Rainer Schuldt bzw. den ehemaligen Leiter der Abteilung II der HVA, Dr. Kurt Gailat, handele. Beide Lichtbilder hat der Senat in Augenschein genommen.

f) Die Feststellungen zum Fall Dr. Cremer beruhen auf der nach § 251 Abs. 1 Nr. 2 StPO in der Hauptverhandlung verlesenen Aussage des durch den beauftragten Richter vernommenen Zeugen Dr. Cremer, soweit ihr gefolgt werden konnte.

Entgegen der Darstellung des Zeugen, der den objektiven Sachverhalt wie festgestellt eingeräumt hat, dem die gesamten Umstände des Zusammentreffens mit dem Angeklagten in Stockholm aber erst im Nachhinein merkwürdig vorgekommen sein wollen, ist der Senat davon überzeugt, daß Dr. Cremer spätestens zum Zeitpunkt seiner Zustimmung zu einem Treffen in Stockholm mit „Dr. Richter“ einen nachrichtendienstlichen Hintergrund in seiner Bekanntschaft zu „Dr. Richter“, von dem er seit etwa 4 {228} Jahren trotz zahlreicher Besuche weder Adresse noch Telefonnummer kannte, sondern nur wußte, daß er aus Ost-Berlin kam, für möglich hielt und billigte. Nicht ohne Grund verschwieg er insbesondere seiner Freundin und Lebensgefährtin, mit der er einen Kurzurlaub in Stockholm verbringen wollte, die bereits vor Reiseantritt mit jenem „Dr. Richter“ verabredete Zusammenkunft und berichtete ihr auch nach dem mehrstündigen Treffen nicht von der Begegnung mit Dr. Richter und dem Angeklagten. Seine dafür aufgeführte Begründung, er habe diese für unwichtig und nicht erwähnenswert gehalten, vermag angesichts ihrer Einbettung in eine gemeinsame Auslandskurzreise nicht zu überzeugen.

6. Die Feststellungen zum *IM „Topas“ der Abteilung III, später XII,* (Abschnitt C III) beruhen auf den Aussagen der Zeugen Rupp, Dr. Rösler, Rehbaum, Heinz Schmidt und Dr. Busch sowie den Ausführungen des Sachverständigen Oberst i.G. Meyer.

Rainer Rupp hat freimütig seine gesamte nachrichtendienstliche Tätigkeit vom Beginn seiner Anwerbung durch den Zeugen Schmidt bis hin zu der – ursprünglich von ihm nur darlehensweise akzeptierten – Unterstützung in Höhe von 200.000,- DM zum Kauf eines Hauses geschildert.

Der Zeuge Schmidt, der nach seinen glaubhaften Angaben bis Mitte 1980 als Instrukteur und Kurier 116-mal mit dem Spitzenagenten *„Topas“* zusammengetroffen ist, hat die Darstellung des ihm in Freundschaft verbundenen Rupp bestätigt. Das von Rupp gelieferte, für seine nachrichtendienstlichen Auftraggeber gezielt ausgewählte und von ihm in der Hauptverhandlung im einzelnen bezeichnete Verratsmaterial sei, so der Zeuge Schmidt, von der Führungsstelle außerordentlich hoch eingeschätzt worden. Sogar Honecker habe sich etwa 1979 bei einer in {229} Rundfunk und Fernsehen übertragenen Ansprache anläßlich eines Manövers in Wittstock mit dem Besitz des – von Rupp gelieferten – Langzeitverteidigungsprogramms der NATO gebrüstet. Referatsleiter Rehbaum habe mit ihm, Schmidt, auf die Beschaffung des wertvollen Materials anstoßen wollen.

Auch Dr. Busch, stellvertretender Leiter der für die Auswertung zuständigen Abteilung VII der HVA, hat die besondere Qualität des von *„Topas“* – im englischen Originaltext – gelieferten Materials hervorgehoben. Um eine Identifizierung dieser Spitzenquelle zu verhindern, seien die Dokumente von dafür besonders ausgewählten Kräften übersetzt worden. Die Abteilung VII habe dann nur die deutsche Fassung erhalten. Auch dem KGB sei es nicht anders ergangen. Die mehrfach geäußerte Bitte von Armeegeneral Krutschkow, dem Leiter der 1. Hauptverwaltung des KGB, um Überlassung der englischsprachigen Originalablichtungen habe der Angeklagte abgelehnt. Neben den ihm obligatorisch überlassenen übersetzten Fassungen des von *„Topas“* gelieferten Verratsmaterials habe das KGB zudem ausgewählte Ergebnisse von *„Topas“* aus Anlaß bevorstehender sowjetischer Staatsfeiertage in der Form sogenannter „Geschenkpakete“

sowohl auf Veranlassung des Angeklagten als auch auf Weisung des Ministers für Staatssicherheit erhalten.

Die Auswertungsergebnisse der Lieferungen von „*Topas*" seien dem Angeklagten zur Kenntnisnahme und zur Bestätigung des vom Auswerter vorgeschlagenen – eng gehaltenen – Verteilers zugeleitet worden. Gravierende Informationen etwa militärpolitischer Natur seien vom Angeklagten über den Minister für Staatssicherheit zum Beispiel an Honecker, einige Politbüromitglieder, den Verteidigungsminister und den Leiter AGM weitergeleitet worden.

1985 seien auf Anweisung von Generalleutnant Jänicke, zu dessen Anleitungsbereich die Abteilung XII gehört habe, der Auswertungsabteilung für einen Zeitraum von 6 bis 8 Wochen ausnahms-{230}weise von „*Topas*" gelieferte englischsprachige Dokumente zur Verfügung gestellt worden, und zwar solche Unterlagen, die das System der NATO zur Früherkennung eines Raketenkernwaffenangriffs betroffen hätten. Diese Thematik sei bereits 1982/83, nachdem sie auch Gegenstand einer Tagung der Leiter der sozialistischen Aufklärungsorgane gewesen sei, vom Angeklagten mehrfach unter anderem mit Vertretern der Abteilung VII, darunter auch mit ihm, Dr. Busch, diskutiert worden. Auf Veranlassung des Angeklagten sei dann schließlich eine Kommission eingesetzt worden, die sich mit dieser Problematik befassen sollte; außerdem sei er, Dr. Busch, zum Leiter eines weiteren, aus diesem Grunde eingerichteten Stellvertreterbereichs in der Abteilung VII ernannt worden.

Der Zeuge Dr. Rösler, ehemaliger Leiter der für die operative Bearbeitung der NATO und der EG zuständigen Abteilung XII der HVA, hat bestätigt, daß „*Topas*" von dieser Abteilung geführt worden sei, und sich im übrigen wie der Zeuge Rehbaum, der seit Anfang der 80er Jahre Leiter des Referats 7 der Abteilung XII und ab 1984/85 als stellvertretender Abteilungsleiter für den Bereich „NATO" zuständig war, auf ein Auskunftsverweigerungsrecht gemäß § 55 StPO berufen.

Die Darstellung des Streitkräfteplanungsverfahrens in der NATO und die Bewertung der von Rainer Rupp gelieferten Unterlagen, namentlich der sogenannten *Force Goal Country Chapters* und der *Annual Defence Review Country Chapters*, beruht auf den überzeugenden, vom Senat nachvollzogenen Ausführungen des Sachverständigen Oberst i.G. Meyer, der seit 1985 im Bundesministerium der Verteidigung zunächst als Referent, nunmehr als Leiter des für das NATO-Planungsverfahren und die militärpolitischen Interessen in der WEU und den Europagremien zuständigen sogenannten NATO-Referats tätig ist. Den Gang des Verfahrens hat auch der Zeuge Rupp geschildert. {231}

Der Senat ist davon überzeugt, daß der Angeklagte die Anwerbung Rupps für die damals seiner unmittelbaren Anleitung unterstellte Abteilung III ebenso bestätigt hat wie dessen von der Führungsstelle gewünschte Immatrikulation an der Universität Brüssel und – jedenfalls bis zum Ende seiner Anleitungsbefugnis im Jahre 1971 – auch die monatlichen Unterstützungszahlungen. Der mit laufenden Geldzuwendungen verbundene Einsatz eines IM in Brüssel mit der aussichtsreichen Perspektive, in dortige Behörden, etwa die EG, einzudringen, war ein wichtiger Vorgang und sicher Gegenstand der dem Angeklagten zur Bestätigung vorgelegten Arbeits- und Valutadienstleistungspläne.

Nach der Überzeugung des Senats hat der Angeklagte den Vorgang aber auch nach 1971 nicht aus den Augen verloren, sondern an diesem Verratsfall weiter persönlich mitgewirkt. Zwar ist nicht geklärt, ob er an der Bewilligung der, wie vom Zeugen Sch. geschildert, den Eheleuten Rupp ab 1974 gezahlten monatlichen Aufwandsentschädigung von 2.000,- DM beteiligt war, zumal nicht sicher ist, ob der von ihm im Rahmen der Bestätigung des Finanzjahresplanes der HVA zu genehmigende Vorschlag der Abteilung XII spezifiziert die einzelnen IM zu zahlenden Beträge enthielt. Ungeklärt ist weiter auch, ob der Angeklagte die Zahlung eines Betrages zum Hauskauf des Zeugen Rupp noch veranlaßt hat. Nach der Aussage Rupps ist das Angebot, ihn bei einem Hauskauf finanziell zu unterstützen, erst 1986 erfolgt, nachdem er sich Anfang dieses Jahres entgegen früheren Weigerungen entschlossen hatte, doch ein Haus zu erwerben. Es läßt sich deshalb nicht mit der erforderlichen Sicherheit feststellen, daß der Beitrag der HVA bereits Gegenstand eines früheren Planes, sei es im Jahresplan, sei es wegen seiner Höhe durch die dem Angeklagten als Leiter der HVA vorbehaltene Einzelfallentscheidung, gewesen war. Der Hauskauf fand im August 1986 statt; der Angeklagte war zum 1. Juni 1986 von der Leitung der {232} HVA entbunden worden. Wann genau Rupp die Unterstützung zugesagt worden ist, ist ebenso ungewiß wie der Zeitpunkt, in dem er den Betrag von 200.000,- DM, zunächst als Darlehen, von dem Kurier in Empfang genommen hat. Es ist danach nicht ausgeschlossen, daß der Angeklagte mit Bewilligung und Anweisung dieses Geldes nicht mehr befaßt war.

Der Angeklagte hat indessen, wie die Vernehmung des Zeugen Dr. Busch ergeben hat, mit den Auswertungsergebnissen der ihm direkt unterstellten Abteilung VII auch vom Inhalt der von Rupp gelieferten Informationen Kenntnis erlangt und jedenfalls bei ihrer Weiterleitung an den Minister für Staatssicherheit und über diesen an den Staatsratsvorsitzenden Erich Honecker mitgewirkt, der sich 1979 öffentlich über die von Rupp gelieferte Langzeitverteidigungsplanung geäußert hat. Dabei war dem Angeklagten gerade bei Dokumenten wie den *Force Goal Country Chapters* und den *Annual Defence Review Country Chapters* angesichts ihres fachkundig ausgewerteten Inhalts und ihrer Sekretur bewußt, daß deren Verrat für die Bundesrepublik Deutschland die Gefahr eines schweren Nachteils für ihre äußere Sicherheit mit sich brachte.

Dr. Busch hat glaubhaft bekundet, alles, was die HVA an Auswertungsergebnissen verlassen habe, habe am Angeklagten nicht vorbeilaufen dürfen und können. Die von „*Topas*" gelieferten Erkenntnisse waren nach Dr. Busch ferner Gegenstand von an das KGB gerichteten „Geschenksendungen"; auch hierbei mußte der Angeklagte mitwirken. Angesichts der enormen Bedeutung der Quelle „*Topas*", nach der Angabe Dr. Buschs schließlich *die* Spitzenquelle der HVA bei der NATO, ist der Senat davon überzeugt, daß der Angeklagte den unter seiner Anleitung eingeleiteten Vorgang auch dadurch verantwortlich begleitet hat, daß er sich von seinem Stellvertreter Jänicke fortlaufend hat berichten lassen. Dies umso mehr, als „*Topas*" für das vom {233} Angeklagten 1982/83 initiierte und gesteuerte Projekt zur Erforschung des von der NATO praktizierten Systems zur frühzeitigen Erkennung eines Raketenkernwaffenangriffs, das neben der Einrichtung eines weiteren, dem Zeugen Dr. Busch übertragenen Stellvertreterbereichs in der Abteilung VII auch zur Einsetzung einer besonderen Kommission führte, eine außerordentlich wichtige Quelle darstellte. Es liegt mehr als nahe, daß sich der Angeklagte über die Arbeit der Kommission zu diesem von ihm selbst ins Gespräch gebrachten wichtigen Thema auf dem laufenden hielt. Als 1980 die für einen Vorgang wie diesen besonders wichtige, wenn nicht sogar lebenswichtige Person des Instrukteurs ausgewechselt wurde, konnte dies schwerlich von Jänicke allein, ohne Genehmigung des Angeklagten, geschehen. Gleiches gilt für die zeitweilige Durchbrechung der Regelung, wonach die von Rupp beschafften Dokumente der Abteilung VII nur in deutscher Übersetzung überlassen werden durften, zumal die Ausnahme vom dieser Grundsatzregelung gerade jene von „*Topas*" gelieferten Unterlagen zum System der NATO zur Früherkennung eines Raketenkernwaffenangriffs betraf. Der Angeklagte war es schließlich auch, der nach den Angaben Dr. Buschs die mehrfach geäußerte Bitte von Armeegeneral Krutschkow, dem Leiter der 1. Hauptverwaltung des KGB, nach Überlassung der von „*Topas*" gelieferten englischsprachigen Originalablichtungen ablehnte.

7. a) Die Feststellungen zur *Abteilung IX* der HVA, ihrer Gründung, Struktur und ihrem besonderen Planungswesen (Abschnitt C IV) beruhen auf den Bekundungen des Zeugen Nehls, ehemaliger Leiter des Bereiches A dieser Abteilung im Range eines Oberst.

b) Auf seinen Angaben gründen weiter die Feststellungen zu den von der Abteilung IX geführten Agenten Schabronat und Zuber. Zu den Fällen „Maurer" und Balke („Gräber") hat der Zeuge Trenkmann, {234} der ab 1978 Mitarbeiter der Abteilung IX, zunächst im Bereich A und ab 1983 im Bereich C, zuletzt im Range eines Oberstleutnants Leiter des Referates C 1 war, die Bekundungen Nehls' namentlich zum Verratsmaterial, das ihm aufgrund seiner Tätigkeit im Auswertungsbereich der Abteilung IX bekannt war, ergänzt und konkretisiert. Zudem wußte er zu berichten, daß zu den von „Gräber" genannten vermeintlichen Doppelagenten Kurt L. und Kurt S. gehörten, die beide in der DDR festgenommen und verurteilt worden seien.

Im Falle Schabronat konnten Feststellungen zur Höhe des Agentenlohnes erst für den Zeitraum ab 1984 getroffen werden. Er hat mindestens von Anfang 1984 bis Ende 1986 monatlich 500,- DM bis 700,- DM kassiert. Bei einem Durchschnittsbetrag von 625,- DM ergibt dies insgesamt 22.500,- DM.

Im Falle „Maurer" hat der Zeuge Nehls, auf dessen Aussage sich die jeweiligen Feststellungen zum gezahlten Agentenlohn gründen, das gesamte an diesen Agenten bis 1989 gezahlte Entgelt auf mindestens 500.000,- DM beziffert. Angesichts der weiteren Bekundungen dieses Zeugen, „Maurer" habe von Anfang der 80er Jahre an regelmäßige monatliche Beträge von zunächst 2.000,- DM über 3.000,- DM bis hin zuletzt 4.000,- DM sowie Sonderzahlungen zwischen 3.000,- DM und 10.000,- DM Zuwendung in Höhe von 50.000,- DM erhalten, ist der davon überzeugt, daß sich die vom Angeklagten bis zu seiner Amtszeit bewilligten Gelder auf mindestens 200.000,- DM belaufen.

Balke hat mindestens von 1980 bis 1985 monatlich 1.500,- DM = 108.000,- DM und 1986 monatlich 2.000,- DM = 24.000,- DM, insgesamt also 132.000,- DM, erhalten, während Zuber von 1978 bis 1986 500,- DM monatlich = 54.000,- DM entgegengenommen hat. {235}

c) Der Sachverhalt im Fall Moitzheim/R./Carolus steht fest aufgrund der glaubhaften Bekundungen des Zeugen Moitzheim, seines früheren Führungsoffiziers und des Zeugen Kuron, soweit dieser Angaben zum Vorgang „Holzfäller/Keilkissen" gemacht hat. Nach Angaben Moitzheims hat Carolus von Dezember 1978 bis einschließlich August 1985 monatlich 1.000,- DM, insgesamt also 81.000,- DM sowie 20.000,- DM „Einstiegsprämie" bekommen.

d) Der Sachverhalt in Fall Dr. Gast steht zur Überzeugung des Senats fest aufgrund der umfassenden und glaubhaften Angaben der Zeugin Dr. Gabriele Gast, die insbesondere auch zu ihren Treffs mit dem Angeklagten ausgesagt hat. Der Zeuge Karlheinz Stephan als der für die Planung und Organisation der Führungstreffs in den Vorgang eingebundene Nachrichtenoffizier und der Zeuge Kanis, ehemaliger Mitarbeiter der Abteilung XV der Bezirksverwaltung Karl-Marx-Stadt, haben u.a. über die Umstände der Versetzung Stephans in die HVA-Zentrale und die Anordnung des Angeklagten, den Vorgang nicht von dem aktenführenden Fallführer zu trennen, berichtet. Der Zeuge Nehls hat bestätigt, daß der Vorgang „Gisela" (Dr. Gast) mit der Versetzung Stephans in die vom Angeklagten bestätigten Jahrespläne der Abteilung IX aufgenommen wurde.

e) Im Fall Spuhler beruhen die Feststellungen zu dem persönlichen und beruflichen Werdegang sowie der Verratstätigkeit der Brüder Spuhler auf deren rückhaltlosen und voll übereinstimmenden Zeugenaussagen. Alfred Spuhler hat zudem Angaben zur Höhe der von ihm empfangenen Bestechungsgelder gemacht, nämlich 1978 und 1979 monatlich 500,- DM = 12.000,- DM, von 1980 bis Mitte 1984 monatlich 1.300,- DM = 70.200,- DM und danach bis Ende 1986 monatlich 2.300,- DM = 69.000,- DM, mithin insgesamt 151.200,- DM. {236}

Die die HVA betreffenden Feststellungen, insbesondere bezüglich der Führung und Bearbeitung des Vorgangs „Peter" in den Abteilungen IV und – ab 1978 – IX der HVA, der Auswertungstätigkeit der Abteilung VII HVA und der Zusammenarbeit mit dem KGB, ergeben sich aus den glaubhaften Bekundungen der Zeugen Dr. Busch und Blancke, die als stellvertretender Leiter der Abteilung VII bzw. dort tätiger Auswerter einen ausgezeichneten Überblick über die von der Quelle „Peter" gelieferten Dokumente hatten. Dr. Busch hat auch die Verwendung von aus dieser Quelle stammenden Informationen zu „Geschenksendungen" an das KGB bestätigt.

Den wesentlichen Inhalt der teilweise verlesenen und zum Teil auch in Augenschein genommenen Jahresabschlußberichte „Militärischer Lagebericht Ost" und der BRD-Studie vom 13.1.1986 hat der Zeuge und Sachverständige Hennings vor allem am Beispiel des Jahresberichts 1976 eindrucksvoll vermittelt. Angesichts der spezifischen Bedeutung insbesondere der „Militärischen Lageberichte Ost" und der Studie vom 13.01.1986 für die Staats- und Militärführung der DDR und des Warschauer Pakts ist der Senat weiter überzeugt, daß diese Erkenntnisse auf Weisung des Angeklagten jedenfalls an die Spitze von Staat und Partei und die Führung der NVA sowie an das KGB weitergeleitet worden sind.

In seiner Bewertung und Beurteilung dieser Dokumente, vor allem im Hinblick auf die durch ihren Verrat herbeigeführte Gefahr eines schweren Nachteils für die äußere Sicherheit der Bundesrepublik, die gerade angesichts der Sekretur und des Inhalts dieser Dokumente auch vom Angeklagten erkannt und gebilligt worden war, sieht sich der Senat durch die überzeugenden und nachvollziehbaren Ausführungen des Sachverständigen Hennings bestätigt. {237}

f) Die Feststellungen zum Fall Kloss beruhen auf den Aussagen der Zeugen Nehls, Willenberg und Dr. Brehmer.

Während Nehls Angaben zur nachrichtendienstlichen Anwerbung von Kloss, zu seiner Führungsstelle, dem Agentenlohn, seinen Verratslieferungen und – insoweit bestätigt durch die Bekundungen des Zeugen Dr. Brehmer – zu dem mit der Abteilung X gemeinsam erarbeiteten Plan eines „Buchprojekts“ gemacht hat, hat der Zeuge Willenberg als der für die Auswertung von MAD-Material zuständige Mitarbeiter im Referat IX/C/4 zur Art und Bewertung des von Kloss gelieferten Materials ausgesagt. Dr. Brehmer hat diese Angaben, soweit sie die im Zusammenhang mit dem „Buchprojekt“ übermittelten, in seine Zuständigkeit fallenden Materialien betraf, unterstrichen und hinsichtlich der von ihm im einzelnen bezeichneten, von MAD-Mitarbeitern auf ihre sachliche Richtigkeit überprüften Buchkapitel ergänzt.

g) Im Fall Kuron steht der Sachverhalt zur Überzeugung des Senats fest aufgrund der Bekundungen der Zeugen Kuron, Nehls, Dr. Engelmann, Trenkmann, Moitzheim, Manfred Schmidt, Fetten, Goll und Gerhards.

aa) Die Feststellungen zur nachrichtendienstlichen Verstrickung des Zeugen Kuron, zu Ausgestaltung und Verlauf der nachrichtendienstlichen Verbindung mit dem MfS sowie zum Inhalt des Verratsmaterials beruhen auf seinen umfassenden Angaben.

Allerdings hat der Zeuge bestritten, Charakteristiken von Vorgesetzten und Mitarbeitern aus dem BfV erstellt zu haben. Wohl habe er in einigen Fällen die ihm von seiner Führungsstelle vorgelegten Personenbeschreibungen bestätigt. Die Konzeption der Reisewegsuchmaßnahmen sei ihm nicht bekannt gewesen, insbesondere habe er das Raster, mit dem verdächtige Personen durch das BfV ins Blickfeld genommen worden seien, nicht gekannt. Er {238} habe sich allerdings Vorstellungen über das Suchmuster und den Suchort gemacht. Die Bezeichnungen „Krokus“ und „Wacholder“ seien ihm als Deckbezeichnungen auch bekannt gewesen. Er habe bei der Führung des CM „Keil“ aufpassen müssen, daß dieser in keine Suchmaßnahme laufe, und deshalb über seinen Auswerter abklären lassen, ob und gegebenenfalls wo derartige Aktionen durchgeführt wurden. Dies sei etwa einmal im Jahr geschehen. Die hierbei gewonnenen Erkenntnisse habe er seiner Führungsstelle nicht übermittelt. Hinsichtlich des empfangenen Agentenlohns hat der Zeuge Kuron behauptet, als Bedingung für eine nachrichtendienstliche Zusammenarbeit mit dem MfS eine Einstiegssumme in Höhe seines nur eineinhalbfachen Jahresgehaltes gefordert und nur diesen Betrag – 100.000,- DM – erhalten zu haben. Auch habe er nicht mit dem Angeklagten über die finanzielle Zuwendung für den Ankauf einer Ferienwohnung in Spanien gesprochen, den Geldbetrag allerdings erhalten.

bb) Der Verratsumfang und die Höhe des von Kuron empfangenen Agentenlohns ergeben sich demgegenüber im wesentlichen aus den Aussagen seiner früheren Führungsoffiziere Nehls und Dr. Engelmann. Der Zeuge Nehls war nach seiner Versetzung von Rostock nach Berlin seit 1978 in der Abteilung IX der HVA tätig. Er war zunächst Referatsleiter des damaligen Verfassungs- und Staatsschutzreferates, ab 1981 für ein Jahr Offizier für Sonderaufgaben im – operativen – Bereich A der Abteilung IX und dann stellvertretender Leiter dieses Bereichs. Als der damalige Bereichsleiter Karl Großmann 1986 aus der Abteilung IX ausschied, wurde Nehls zunächst kommissarisch als Bereichsleiter und ab 1987 als stellvertretender Abteilungsleiter und Bereichsleiter eingesetzt. Dr. Engelmann war zunächst Sachbearbeiter im Referat 4 des Bereichs A der Abteilung IX der HVA und wurde 1988 zum stellvertretenden Referatsleiter ernannt. {239}

Beide Zeugen haben ihre Überzeugung wiedergegeben, daß Kuron der HVA sein gesamtes dienstliches Wissen über die Arbeitsweise und Zielrichtung des BfV im Bereich der Spionageabwehr der HVA übermittelt hat. Die Frage, ob sie nach ihrem Eindruck als Nachrichtenoffiziere der HVA in der Abteilung IV B des BfV „voll drin“ gewesen seien, haben sie ohne Zögern und bestimmt bejaht. Nach dem Übertritt Tiedges konnten sie anhand seiner Angaben die des Zeugen Kuron überprüfen und sich von deren Richtigkeit und Vollständigkeit überzeugen. Nach ihren Bekundungen sind von Kuron u.a. auch Erkenntnisse darüber angefallen, auf welche Art und Weise die Spionageabwehr Inoffizielle Mitarbeiter oder Quellen des MfS aufgespürt und weiter beobachtet hat. Die Zeugen haben in diesem Zusammenhang insbesondere auf die Übermittlung wesentlicher methodischer Suchkonzepte des BfV, nämlich der Reisewegsuchmaßnahmen, hingewiesen und u.a. die Suchmaßnahmen „Krokus“ und „Wacholder“ benannt. Die Zeugen haben sich ferner auch an von Kuron übermittelte Personenbeschreibungen von BfV-Mitarbeitern erinnern können, ohne allerdings konkrete Namen anzugeben.

Nach den Bekundungen des Zeugen Dr. Engelmann hat das Ehepaar Kuron anläßlich des Treffens im Sommer 1984 von dem Angeklagten die Zusage einer finanziellen Unterstützung in Höhe von 90.000,- DM für den Ankauf einer Ferienwohnung in Spanien erhalten. Den Angaben des Zeugen Nehls zufolge sind dem Zeugen Kuron insgesamt 150.000,- DM als Einstiegsprämie ausgezahlt worden. Zudem hat Kuron nach eigenen Angaben von Oktober 1982 bis Ende 1986 4.000,- DM monatlich = 204.000,- DM, bei Treffs weitere 8.000,- DM, zu Beginn seiner nachrichtendienstlichen Tätigkeit 5.000,- DM sowie im Zusammenhang mit der Verleihung von Orden 5.000,- DM, insgesamt also 462.000,- DM kassiert. {240}

Die Aussagen der beiden Zeugen sind glaubhaft und verdienen den Vorrang vor den teilweise einschränkenden Bekundungen des Zeugen Kuron. Beide haben ruhig, sachlich und zurückhaltend, in dem erkennbaren Bemühen ausgesagt, den Angeklagten nicht über Gebühr zu belasten. Anhaltspunkte dafür, daß die früher in der HVA tätigen Zeugen falsche Angaben gemacht haben könnten, um sich selbst Straffreiheit zu verdienen – gegen beide ist das Verfahren mittlerweile nach § 153e StPO[38] eingestellt worden – sind nicht ersichtlich. Sie haben auf den Senat einen positiven und zuverlässigen Eindruck gemacht. Die Bekundungen von Nehls und Dr. Engelmann insgesamt decken sich hinsichtlich der Verbindung Kurons zum MfS sowie zum Inhalt des Verratsmaterials weitestgehend mit der Darstellung dieses Zeugen.

Hinsichtlich eines Teilbereiches des Verratsmaterials werden die Angaben der Zeugen Dr. Engelmann und Nehls im übrigen durch die Bekundungen der Zeugen Manfred Schmidt und Trenkmann ergänzt bzw. präzisiert.

Dem Zeugen Schmidt gegenüber hat Kuron am 8. Oktober 1990 Einzelheiten seiner nachrichtendienstlichen Tätigkeit offenbart. Insbesondere hat er diesem Zeugen eine Reihe von BfV-Mitarbeitern benannt, über die er Charakteristiken erstellt und seiner Führungsstelle übermittelt habe.

Den Angaben des früher in der Abteilung IX C eingesetzten Zeugen Trenkmann zufolge hat Kuron über einen längeren Zeitraum „allgemeine Beschreibungen“ der Reisewegsuchmaßnahmen übermittelt, die sich nicht nur auf die Stadt Berlin, sondern auch auf andere Grenzübergänge der Bundesrepublik zum westlichen Ausland erstreckt und auch Maßnahmen des BfV im westlichen Ausland selbst beinhaltet hätten. So habe die HVA z.B. über Kuron in Erfahrung gebracht, daß auf dem Mailänder Flughafen aus dem damaligen kommunistischen Machtbereich, insbesondere aus der DDR, eintreffende Passagiere überprüft würden. Die Mitteilungen des Zeugen Kuron seien von ebenso entscheidender Bedeutung für die HVA gewesen wie die Hinweise von anderen Quellen auf kon-{241}krete Daten und Orte von Überwachungsmaßnahmen. Durch die von Kuron gewonnenen Erkenntnisse habe sich die HVA auf die grundsätzliche Vorgehensweise des BfV einstellen und beispielsweise bestimmte Grenzübergänge oder Orte im westlichen Ausland umgehen können.

Auch die Zeugen Schmidt und Trenkmann haben ruhig, sachlich, vorsichtig und zurückhaltend ausgesagt. Anhaltspunkte für ein Bestreben des Zeugen Trenkmann, sich als ehemaliger Angehöriger des MfS durch zu weit gehende Angaben selbst Straffreiheit zu verdienen, sind zu keiner Zeit hervorgetreten. Der Senat hat deshalb keine Bedenken, ihnen wie auch den übrigen Zeugen zu vertrauen und zu folgen.

Um sich ein eigenes Bild von der Spionageabwehr des BfV, der Bedeutung des Zeugen Kuron in der Abteilung IV B sowie vom Gewicht der Verratstätigkeit zu verschaffen, hat der Senat mehrere Zeugen aus diesem Bereich vernommen.

Nach den Bekundungen der Zeugen Fetten, Gerhards und Goll war das Referat B 1 aufgrund der Erfahrungen und Erfolge des Zeugen Kuron das Spitzenreferat im Bereich IV B, in dem die wichtigsten Gegenoperationen liefen. Zuständigkeitsregelungen seien, so die Zeugen, nicht in allen Fällen eingehalten worden. Vielmehr seien dem Zeugen Kuron, der den Ruf eines „Starbeschaffers" genossen habe, unabhängig von Zuständigkeitsfragen Sonderfälle übertragen worden, z.B. Fälle, in denen das Sicherheitsreferat des BfV berührt worden sei. Aufgrund seiner fachlichen Qualifikation sei der Rat des Zeugen Kuron von Kollegen gesucht und geschätzt gewesen. Man habe dem stets hilfsbereiten Kuron uneingeschränktes Vertrauen entgegengebracht. Ein Erfahrungsaustausch mit jüngeren, unerfahrenen Mitarbeitern sei seitens der Vorgesetzten erwünscht gewesen. Bei schwierigen Fragen, etwa der Bewertung eines Falles unter operativen Gesichtspunkten oder seiner Einschätzung unter sicherheitsrele-{242}vanten Aspekten, sei es üblich gewesen, Kuron hinzuzuziehen. Der Zeuge Gerhards hat zusätzlich darauf hingewiesen, der Zeuge Kuron sei auch den Landesämtern für Verfassungsschutz bekannt gewesen, bei denen die Möglichkeiten von Gegenoperationen günstiger gewesen seien als im BfV. In wichtigen Fällen sei er von dort ebenfalls um Rat befragt worden.

Der Senat glaubt den Bekundungen der Zeugen Fetten, Goll und Gerhards. Auch diese Zeugen haben sachlich und ruhig ausgesagt.

Der Wert der von Kuron gelieferten Informationen war nach den Bekundungen des Zeugen sehr hoch: Durch die Zusammenarbeit mit diesem Zeugen habe man von den eigenen offiziellen und Inoffiziellen Mitarbeitern, den Reisekadern und Agenten Gefahren abwenden können. Man habe sie vor Doppelagenten schützen sowie gezielte Desinformationen verbreiten und nachrichtendienstliche Aktionen steuern können. Im übrigen habe die durch die nachrichtendienstliche Zusammenarbeit mit Kuron einen genauen Überblick über die Spionageabwehrtätigkeit und die Spionageabwehrmethoden des BfV gehabt und z.B. durch die Tätigkeitsbeschreibungen einzelner Sachbearbeiter gewußt, wer in einem Verratsfall sofort zu exekutiven Maßnahmen greifen werde und wer den Vorgang zunächst unter Kontrolle werde weiter laufen lassen.

8. a) Die Feststellungen zur *Abteilung X* der HVA beruhen auf der Verlesung der Dokumente 105 (Befehl Nr. 14/66 vom 28. Mai 1966 des Ministers für Staatssicherheit) und 43, Seite 47-49 (Richtlinien des Ministers für Staatssicherheit Nr. 1/76 zur Entwicklung und Bearbeitung operativer Vorgänge vom 1. Januar 1976) sowie den Bekun-

dungen der Zeugen Bohnsach, Dr. Brehmer, Dr. Gräschke, Fischer, Brocke, W., Michels, Bigalke und Peter Eberlein. {243}

Dr. Herbert Brehmer und Günter Bohnsack, beides langjährige Mitarbeiter in der Abteilung X, zuletzt jeweils im Range eines Oberstleutnants, haben übereinstimmend entsprechend den Feststellungen Angaben zur Vorgeschichte, Gründung und Struktur dieser Abteilung gemacht. Der besondere Einfluß des ZK der SED in der Abteilung X, den Dr. Brehmer erwähnte, ist auch von dem Zeugen Peter Eberlein, einem Mitarbeiter im Referat 3, bestätigt worden, der als unmittelbaren Ansprechpartner für den Abteilungsleiter Rolf Wagenbreth im ZK der SED den Leiter der ZK-Abteilung „Agitation und Propaganda", Heinz Geggel, nannte.

Dr. Jürgen Gräschke, ebenfalls Mitarbeiter im Referat 3, wußte wie auch Peter Eberlein davon zu berichten, daß der Leiter der Abteilung X in regelmäßigen, wöchentlichen Abständen beim Angeklagten vorzutragen hatte; bei diesen Begegnungen seien neben den aktuell laufenden bedeutsamen Einzeloperationen, künftigen Desinformationsmaßnahmen und methodischen Vorgehensweisen, so Dr. Gräschke, in wichtigen Fällen auch Details bevorstehender Führungstreffs erörtert worden, was der Zeuge Eberlein bestätigt hat. Peter Eberlein erinnerte sich in diesem Zusammenhang konkret, daß unter anderem im Falle des Agenten Bernd Michels, dessen Führungsoffizier er zeitweise – bis 1980 – gewesen sei, die von ihm erarbeiteten Treffpläne mit Angaben zu Zeit, Ort, Ablauf und Inhalt des geplanten Treffs zunächst dem Abteilungsleiter Rolf Wagenbreth und dann dem Angeklagten zur Genehmigung hätten vorgelegt werden müssen.

Die Feststellungen zum eigenen IM-Netz der Abteilung X, der Zusammenarbeit dieser Abteilung mit anderen Diensteinheiten des MfS und zum Einsatz von sogenannten „Multiplikatoren" beruhen auf den Bekundungen von Günter Bohnsack. Peter Eberlein hat dessen Angaben zu den „Multiplikatoren" dahin ergänzt, daß zu deren Kontaktpflege in der Abteilung X sogenannte Außenstellen eingerichtet gewesen seien, deren Mitarbeiter – durchweg Offi-{244}ziere im besonderen Einsatz (O.i.b.E.) – nicht als Angehörige des MfS, sondern als solche dieser Institutionen aufgetreten seien. Zu diesen Einrichtungen habe das Presseamt beim Ministerrat der DDR, eine Abteilung im Journalistenverband der DDR, die Hauptabteilung „Information" im Außenministerium und die Abteilung „Publikationsanalyse" in der offiziellen Nachrichtenagentur ADN gehört.

Die Feststellungen zu den Desinformationsmaßnahmen gründen hinsichtlich des früheren Bundespräsidenten Heinrich Lübke, der Funktion des „Stern", den angeblichen „CDU-Seilschaften" im Bundesnachrichtendienst, der Zeitschrift „Quick" und der Verfälschung zweier Fernschreiben auf den Aussagen des Zeugen Dr. Brehmer. Günter Bohnsack, der die Angaben zu einem Fernschreiben bezüglich „Waffenlieferungen der USA an Türkei" aus eigener Kenntnis bestätigen konnte, hat seinerseits die Einzelfälle „Inge Goliath" und „Aids-Kampagne" wie in den Feststellungen dargestellt geschildert.

Übereinstimmend haben Dr. Brehmer und Günter Bohnsack weiter über die „Pressedienste" in der Abteilung X berichtet.

b) Die Feststellungen zu den einzelnen *IM der Abteilung X* beruhen in den Fällen der Agenten „Fischer" und „Brocke" jeweils auf deren umfassenden, detaillierten und glaubhaften Angaben. Zudem hat KHK Karl W. als Zeuge dem Senat über seine Vernehmung des Manfred Müller berichtet, nachdem dieser sich in der Hauptverhandlung auf ein Auskunftsverweigerungsrecht gemäß § 55 StPO berufen hatte. Danach war Müller

Leiter des Referates 4 der Abteilung X, nachdem er zuvor aufgrund seiner Beschäftigung im Presseamt beim Vorsitzenden des Ministerrates unter anderem mit der Pressearbeit anläßlich der Dokumentar- und Kurzfilmtage in Leipzig befaßt gewesen war. Bei ihrem ersten Besuch in Ost-Berlin hat er sich Fischer und Brocke unter seinem Klarnamen vorgestellt, wie diese beiden Zeugen übereinstimmend bekundet haben. {245}

c) Die Feststellungen zum Fall des Agenten Bernd Michels beruhen auf dessen eigenen Angaben sowie auf den Aussagen der Zeugen Dr. Gräschke, Bigalke und Eberlein.

Bernd Michels hat namentlich geschildert, wie es zur ersten Kontaktaufnahme mit ihm Anfang der 70er Jahre gekommen ist. Dr. Gräschke wußte zu berichten, daß der Kontakt durch Heinz Dornberger, einen Mitarbeiter des Referates 3 der Abteilung X, hergestellt worden ist. Später wurde Peter Eberlein im Referat X/3 mit der Führung des Vorgangs Michels, Deckname „Bernhard", betraut, wie Eberlein selbst und Dr. Gräschke angegeben haben. Klaus Peter Bigalke hat über das 1974 anläßlich der Frühjahrsmesse im Leipziger Presseclub stattgefundene Treffen zwischen Michels, Eaaberlein, Rolf Rabe, dem damaligen Leiter des Referates IX/3, einem „Wolfgang" oder „Heinz" sowie ihm selbst berichtet: Hauptberuflich Redaktionsleiter der CDU-nahen Tageszeitung „Die Union" in Leipzig, sei er, Bigalke, von der Führungsstelle als künftiger Instrukteur Michels' ausersehen worden. Zu einer solchen Instrukteurverbindung habe sich die Führungsstelle aus der Sorge heraus entschlossen, Michels könne bei einer Fortsetzung seiner häufigen Besuche in der DDR in das Blickfeld der bundesdeutschen Behörden geraten.

Die Feststellungen zu den in der Folgezeit durchgeführten Instrukteurtreffs ergeben sich aus den Angaben des Zeugen Bigalke, der keinen Zweifel daran gelassen hat, daß jedenfalls kurze Zeit nach der Zusammenkunft auf der Leipziger Frühjahrsmesse für Michels klar gewesen sei, daß er sich mit dem MfS eingelassen habe, während Michels seine „Bösgläubigkeit" erst etwa im Jahre 1979 angenommen wissen möchte und behauptet hat, bis dahin seinen Gesprächspartner für einen Vertreter der SED gehalten zu haben. Dr. Gräschke, ab 1980 Nachfolger von Peter Eberlein, hat über den zweiten Instrukteur Wolfgang Fischer und {246} die Führungstreffs berichtet, deren Anzahl und Ablauf bis 1980 sein Vorgänger Peter Eberlein geschildert hat.

Die Angaben Dr. Gräschkes und die damit übereinstimmenden Angaben Bigalkes rechtfertigen die Feststellungen zum Verratsmaterial, dessen Umfang und Bedeutung Michels abzuschwächen versuchte. Demgegenüber hat Dr. Gräschke darauf verwiesen, daß das von Michels gelieferte Material von der Führungsstelle überwiegend mit der Note „2" (wertvoll), gelegentlich auch mit „1" (besonders wertvoll), bewertet worden sei. Bernd Michels hat dann auch bei der Frage nach der Wertschätzung seiner Person durch die HVA eingeräumt, seine Führungsstelle habe ihm, was Dr. Gräschke bestätigt hat, angedeutet, er solle zu einem zweiten Guillaume aufgebaut werden. Rolf Rabe, so Michels, habe zunächst 1979 bei einem Führungstreff angeregt, er solle sich zu Matthiesen orientieren, dem die HVA in der SPD gute Entwicklungschancen zugetraut hätte; ab Mitte der 80er Jahre sei er bedrängt worden, sich in die Nähe von Björn Engholm zu bringen.

Dagegen hat Michels in Abrede gestellt, die ihm nach den Angaben Dr. Gräschkes in einigen Fällen von seiner Führungsstelle zur Beeinflussung der politischen Meinungsbildung in der Bundesrepublik übergebenen Schriftstücke, zum Beispiel Beiträge zur

Kießling-Affäre und zu angeblichen Verbindungen Gerhard Stoltenbergs zur rechten Szene, weisungsgemäß in Umlauf gebracht zu haben.

Bernd Michels, der nur von sechs Treffs im Ausland mit Rolf Rabe und Dr. Gräschke wissen und weder einen „Peter Eberlein“ kennen noch von einem ihm von seiner Führungsstelle zur Begleichung von Spielschulden übergebenen Betrag in Höhe von 20.000,- DM wissen wollte, hat im übrigen nach Vorhalt anderslautender Zeugenaussagen unter Berufung auf sein Auskunftsverweigerungsrecht gemäß § 55 StPO weitere Angaben zum nachrichtendienstlichen Entgelt, zur Anzahl der Instrukteur- und Füh-{247}rungstreffs, zur Person des „Peter Eberlein“ und zu seinem Decknamen „Bernhard“ verweigert.

Die Feststellungen über den monatlichen Agentenlohn Michels’ beruhen auf den übereinstimmenden Bekundungen Bigalkes und Dr. Gräschkes. Klaus-Peter Bigalke erinnerte sich zudem an Sonderzahlungen aus besonderen Anlässen, so für die Anschaffung eines Autos und einen Wohnungswechsel in einer Größenordnung zwischen mindestens 5.000,- bis 7.000,- DM; Dr. Gräschke sprach darüber hinaus von einem Michels ausgezahlten Betrag in Höhe von 15.000,- DM für den Kauf eines Autos – allesamt Beträge, deren Auszahlung von der Genehmigung des Angeklagten abhängig war, wie der Zeuge Dr. Gräschke bestätigt hat. Sowohl Dr. Gräschke als auch dem Zeugen Bigalke war darüber hinaus in Erinnerung, daß Bernd Michels zur Begleichung von Spielschulden ein höherer Betrag gezahlt worden sei, zwischen „20.000,- bis 25.000,- DM“, so Dr. Gräschke, oder „über 10.000,- DM“, so Klaus-Peter Bigalke. Peter Eberlein hat diese Darstellung ergänzt und berichtet, wie ihm Rolf Rabe mitgeteilt habe, habe Bernd Michels auf Anweisung des Angeklagten zunächst die Gründe für den Wunsch nach 20.000,- DM auf einem Tonband darlegen und sich zur ratenweisen Rückzahlung verpflichten müssen. Erst danach habe er diesen Betrag zur Abdeckung seiner Spielschulden erhalten.

Schließlich beruhen auch die Feststellungen zu den Bernd Michels verliehenen Orden, seine nachrichtendienstlichen Hilfsmittel und einen Übernahmewunsch des KGB auf den glaubhaften Bekundungen des Zeugen Dr. Gräschke.

Soweit Bernd Michels den Zeitpunkt seiner „Bösgläubigkeit“ erst im Jahre 1979 angenommen wissen möchte, folgt der Senat den Angaben seines Instrukteurs Klaus-Peter Bigalke, der eher zurückhaltend, aber detailreich seine Verbindung zu Michels geschildert hat, während dieser auffällig bestrebt war, sein Verhalten herunterzuspielen und sich schließlich – vom Senat nachdrücklich mit anderslautenden Zeugenaussagen konfrontiert – {248} auf sein Auskunftsverweigerungsrecht gemäß § 55 StPO berufen hat.

Die Verurteilung Peter Eberleins durch das Militärobergericht Berlin Anfang der 80er Jahre unter anderem wegen „Devisenvergehen“ zu einer Freiheitsstrafe von 5 Jahren und 6 Monaten, die der Zeuge freimütig eingeräumt hat – es handelte sich um von ihm zur Verwendung einer geplanten Flucht in die Bundesrepublik veruntreute, für Michels bestimmte Operativgelder in Höhe von ca. 20.000,- DM, – ist nicht geeignet, seine Glaubwürdigkeit in Zweifel zu ziehen. Dies umso weniger, als sich seine Angaben in wesentlichen Punkten mit den Bekundungen Dr. Gräschkes decken, der den Senat durch sein ruhiges, sachliches Auftreten beeindruckt hat. Eine Belastungstendenz hat der Senat bei beiden Zeugen nicht feststellen können. Peter Eberlein versuchte vielmehr zunächst, hinsichtlich der Rolle des Angeklagten bei der Gewährung des an Michels zur

Begleichung von Spielschulden gewährten Darlehens abzuschwächen. Erst auf Vorhalt seiner polizeilichen Aussage machte er die wie festgestellten Angaben.

E. Rechtliche Würdigung

I. [Völker- und verfassungsrechtliche Fragen]

Der Senat hat geprüft, ob völkerrechtliche oder verfassungsrechtliche Einwände der Strafverfolgung des Angeklagten entgegenstehen und Veranlassung geben, das Verfahren auszusetzen und eine Entscheidung des Bundesverfassungsgerichts nach Art. 100 Abs. 1 und 2 GG einzuholen oder mit dem Verfahren bis zur Entscheidung dieses Gerichts auf die bereits erfolgten Vorlagen des Kammergerichts vom 22. Juli 1991[39] und 27. August 1993[40] innezuhalten. Beide Fragen sind zu verneinen; der Aussetzungsantrag der Verteidigung ist daher abzulehnen. {249}

Der Senat hält an seiner u.a. bereits im Verfahren Popp/Lippold[41] (Urteil vom 23. Dezember 1991 – IV-22/91 –, vgl. dazu auch BGH Beschluß vom 24. September 1993 – 3 StR 199/92 –) vertretenen Auffassung fest, daß sich an der grundsätzlichen Anwendbarkeit der Vorschriften der §§ 93 ff StGB[42] durch den Beitritt der früheren DDR zur Bundesrepublik nichts geändert hat. Er sieht sich darin bestätigt durch die eingehenden und überzeugenden Ausführungen des Bundesgerichtshofes im Urteil gegen Schütt und Böttger vom 30. Juli 1993 (3 StR 347/92).[43]

Daß Führungsoffiziere eines Staates, die von ihrem Staatsgebiet aus die geheimdienstliche Agententätigkeit eines Mitarbeiters auf dem Gebiet der Bundesrepublik Deutschland gesteuert haben, sich diese Tätigkeit als Mittäter oder Teilnehmer zurechnen lassen müssen und deshalb nach den §§ 9 in Verbindung mit 3 StGB, jedenfalls aber nach § 5 Nr. 4 StGB dem Strafrecht der Bundesrepublik unterworfen sind, ist in Rechtsprechung und Schrifttum (vgl. die Nachweise in dem o.a. BGH-Urteil) allgemein anerkannt und wird auch vom Kammergericht nicht in Zweifel gezogen. Völkerrechtliche oder verfassungsrechtliche Bedenken bestehen hiergegen, wie der Bundesgerichtshof (a.a.O.) überzeugend ausgeführt hat, nicht.

An der Zulässigkeit der Strafverfolgung hat sich durch den Einigungsvertrag und das entsprechende Einigungsvertragsgesetz vom 23. September 1990 (BGBl II. S. 885 ff) nichts geändert. Darin und in dem auf ihnen beruhenden Art. 315 Abs. 4 EG StGB sind die §§ 93 ff StGB im Gegensatz zu anderen Strafbestimmungen von der Geltung im Beitrittsgebiet gerade *nicht* ausgenommen. Insoweit liegt eine von den Vertragschließenden und dem Gesetzgeber bewußt getroffenene Regelung vor, die der Senat entgegen der Auffassung der Verteidigung auch im Wege einer korrigierenden Auslegung nicht abändern kann. Zwar mögen bei den Vertragsverhandlungen die Verhandlungsführer, auch auf westdeutscher Seite, an eine Amnestie gedacht und die östliche Seite der {250} Regelung zugestimmt haben, um das Zustandekommen der deutschen Einheit nicht zu gefährden. Zur Bedingung oder „Geschäftsgrundlage“ ist eine Amnestie jedoch ersichtlich nicht gemacht worden. Sie wäre mit Sicherheit im Vertrag oder in einer Begleitnote schriftlich fixiert worden. Im übrigen zeigt der von mehreren Fraktionen des Bundestages vorgelegte Entwurf eines Amnestiegesetzes vom 2. September 1990 (BT-Drucksache 11/7762), daß an eine *allgemeine* Amnestie auch von westdeutscher Seite nicht gedacht wurde; nach der in § 4 des Entwurfs vorgesehenen Regelung – Straferwartung nicht über 3 Jahre – wäre der Angeklagte nicht in den Genuß der Straffreiheit gekommen.

Allgemeine Regeln des Völkerrechts oder des Verfassungsrechts stehen der Gültigkeit der getroffenen Regelung nicht entgegen. Der Senat folgt auch insoweit den Darlegungen des Bundesgerichtshofes, der insbesondere ein Strafverfolgungsverbot aus Art. 31 der Haager Landkriegsordnung (HLKO)[44] oder einer dieser Vorschrift zu entnehmenden Rechtsgedanken überzeugend mit dem Hinweis verneint hat, insoweit handele es sich um eine Sondernorm des *Kriegs*völkerrechts, die sich in ihren tatbestandlichen Voraussetzungen wie in ihren Rechtsfolgen vom vorliegenden Sachverhalt derart unterscheide, daß sich auch eine entsprechende Anwendung verbiete.

Der Gleichbehandlungsgrundsatz des Art. 3 GG verpflichtet den Gesetzgeber nicht, die ehemaligen Angehörigen der HVA straffrei zu stellen. Es kann ihm von Rechts wegen nicht verwehrt sein, die in seinem Rechtsgebiet von *jeher* bestehende Strafbarkeit eines bestimmten Verhaltens beim Beitritt eines anderen Staatsgebildes beizubehalten und dabei einen Wertunterschied zu machen zwischen der *für* die Bundesrepublik ausgeübten, nicht mit Strafe bedrohten Tätigkeit etwa des BND und den *gegen* die Bundesrepublik gerichteten Angriffen der HVA, die ausweislich der zu den „aktiven Maßnahmen" ihrer Abteilung X getroffenen Feststellungen über die nachrichtendienstliche Ausspähung der Bundesrepublik hinaus auf Zersetzung und Destabilisierung deren {251} politischen Systems angelegt war. Dies umso weniger, als im Einzelfall die Möglichkeit besteht und – unter Mitwirkung des Senats – weitestgehend genutzt wird, Verfahren nach den §§ 153 ff StPO[45] einzustellen oder den veränderten politischen Verhältnissen nach dem Wegfall der Ost-West-Konfrontation durch Berücksichtigung bei der Strafzumessung ausreichend Rechnung zu tragen, wie es im vorliegenden Fall auch geschehen ist.

Angesichts der von jeher bestehenden Strafbarkeit einer gegen die Bundesrepublik ausgeübten Spionagetätigkeit kann von einer gegen Art. 103 GG verstoßenden rückwirkenden Anwendung der §§ 93 ff StGB keine Rede sein. Ein rechtlich beachtlicher Vertrauenstatbestand ist für die Angehörigen der DDR-Geheimdienste nicht geschaffen worden. Zwar konnten deren Angehörige vor einer Auslieferung an die Bundesrepublik sicher sein und sich vor deren Zugriff schützen, indem sie sich an das strikte Verbot hielten, sich ins „Operationsgebiet" zu begeben. Eine von der Bundesrepublik zu beachtende rechtliche Schutzgarantie auch für den Fall erweiterter Zugriffsmöglichkeiten konnte die DDR hingegen nicht geben. Die Erwägungen des Kammergerichts hierzu vermögen nicht zu überzeugen.[46]

II. [Die einzelnen Tatbestände]

1. In der rechtlichen Würdigung stellt sich das Verhalten des Angeklagten zunächst als landesverräterische und geheimdienstliche Agententätigkeit nach den §§ 98 Abs. 1 Nr. 1, 99 Abs. 1 StGB dar. Der Angeklagte hat von März 1955 (Fall T.) bis Ende 1986/Anfang 1987 (Fall Bretschneider) bewußt und gewollt eine geheimdienstliche Tätigkeit gegen die Bundesrepublik Deutschland ausgeübt, die auf die Mitteilung und Lieferung von Tatsachen und Erkenntnissen – in den Fällen Guillaume, Spuhler und Rupp. Staatsgeheimnissen – gerichtet war. Der Angeklagte wird dabei nicht wegen seiner – unüberschaubaren – Gesamttätig-{252}keit als Leiter der HVA, sondern nur in den Fäl-

len belangt, in denen seine konkrete Beteiligung feststeht. Es handelt sich um die Fälle T., Lummer, Berger, Ostenrieder, Kahlig-Scheffler, D., von Raussendorff, Dr. Blau, Gröndahl, Pauli, Porst, Guillaume, Borm, Ru., Olbrich, Bretschneider, Dr. Meyer, Dr. Cremer, Rupp, Moitzheim, Dr. Gast, Schabronat, Spuhler, Kloss, Balke, „Maurer", Kuron, Fischer, Brocke und Michels.

Die unter C V 2. dargestellten „aktiven Maßnahmen" der Abteilung X der HVA werfen ein bezeichnendes Licht auf die Aufgaben der HVA, erfüllen jedoch nicht den Tatbestand der §§ 98, 99 StGB. Gleiches gilt für die Einwirkung des Angeklagten auf die Abstimmung des Bundestages im Fall Steiner. Was die sonstige Tätigkeit dieses Inoffiziellen Mitarbeiters für die Abteilung II HVA angeht, steht nicht fest, ob und inwieweit der Angeklagte diesen – offensichtlich nicht besonders bedeutenden – Fall persönlich begleitet hat. Im Fall „Taler" (Dr. Croissant)/„Beate Schäfer" (Brigitte Heinrich) hat er zwar die Abteilung II eingeschaltet, sich an der Weisung zum Rückzug der Agenten aus der „linken Szene" beteiligt und auch Treffberichte gelesen. Da die Abteilung II ihm nicht mehr unmittelbar unterstellt war, sind jedoch weitergehende Leitungsentscheidungen, etwa Genehmigungen der Arbeitspläne dieser Abteilung, nicht nachgewiesen. Der Senat legt deshalb auch diesen Fall dem Angeklagten nicht zur Last.

Soweit die Tat des Angeklagten vor dem am 1. August 1968 erfolgten Inkrafttreten der §§ 98 und 99 StGB begangen wurde, erfüllt sie die Voraussetzungen der bis dahin geltenden Strafvorschrift des § 100e Abs. 1 a.F. StGB. Da es sich bei dem strafbaren Verhalten des Angeklagten um ein Dauerdelikt handelt, sind gemäß § 2 Abs. 2 StGB einheitlich die Vorschriften der §§ 98, 99 StGB als das bei Beendigung der Tat geltende Gesetz anzuwenden. {253}

2. In den Fällen Guillaume, Spuhler und Rupp hat der Angeklagte an dem Verrat von Staatsgeheimnissen im Sinne des § 93 StGB mitgewirkt und dadurch jeweils die Gefahr eines schweren Nachteils für die äußere Sicherheit der Bundesrepublik Deutschland herbeigeführt (§ 94 Abs. 1 Ziff. 1 StGB). Im Falle Guillaume stellten die in den Fernschreiben Nr. 59, 86, 94, 99, 103, 100 enthaltenen Informationen ein Staatsgeheimnis dar. Sämtlich geheim eingestuft, waren sie nur einem begrenzten Personenkreis zugänglich und mußten aus den im Sachverhalt festgestellten Gründen vor einer fremden Macht wie der damaligen DDR und vor anderen Staaten des Warschauer Paktes geheimgehalten werden, um die Gefahr eines schweren Nachteils für die äußere Sicherheit der Bundesrepublik abzuwenden.

Im Fall Rupp waren jedenfalls die regelmäßig gelieferten „NATO-*Secret*" eingestuften, die Streitkräfteplanungen der Bundesrepublik Deutschland betreffenden Endprodukte *Force Goal Country Chapters* und die *Annual Defence Review Country Chapters* ein Staatsgeheimnis im Sinne des § 93 StGB.

Im Fall Spuhler gilt dies für die Gesamtheit der Jahresabschlußberichte 1973 bis 1985 unter Einbeziehung der BND-Aufzeichnung vom 13. Januar 1986.

Der Angeklagte hat auch insoweit vorsätzlich gehandelt. Hatte er den Agenten Guillaume schon von vornherein bewußt auf Bereiche angesetzt, in denen Staatsgeheimnisse zu erlangen waren, hat er in allen 3 Fällen die ihm vorgelegten Informationen als für die äußere Sicherheit der Bundesrepublik höchst gefährlich erkannt und den dieser insoweit drohenden schweren Nachteil für die äußere Sicherheit gebilligt.

Anders als möglicherweise im Fall Kuron war der Angeklagte in den drei Fällen des Landesverrats auch nicht Repräsentant der fremden Macht DDR, der als Endempfänger der Staatsgeheimnisse Landesverrat nicht mehr hätte begehen können (BGH, Urteil vom {254} 30. Juli 1993, S. 24 ff.[47]). Die von Guillaume, Spuhler und Rupp beschafften Informationen konnten nicht innerhalb der HVA oder des MfS umgesetzt werden, sondern bedurften dazu der Weiterleitung an die dafür zuständigen Stellen der DDR, etwa an ZK und Politbüro bzw. die oberste Führung der NVA sowie an das KGB. Durch ihre festgestellte Weiterleitung an diese Repräsentanten des fremden Staates hat der Angeklagte sich als Mittelsmann an dem Verratsgeschehen aufgrund seines bestimmenden Einflusses und seines persönlichen Interesses an einer zuverlässigen Unterrichtung der zur Auswertung und politischen Umsetzung berufenen Stellen (vgl. BGH a.a.O.) maßgeblich beteiligt. Ein Treueverhältnis des Täters zu dem von ihm gefährdeten Staat Bundesrepublik setzt der Tatbestand des Landesverrats nicht voraus (BGH a.a.O.).

3. In den Fällen Carolus, Balke, Schabronat, Zuber, „Maurer“, Alfred Spuhler und Kuron (C IV 2) – sämtlich geführt von der Abteilung IX – erfüllt das Verhalten des Angeklagten den Tatbestand der Bestechung nach § 334 StGB. Hier sind mit Beträgen von insgesamt 1.122.700,- DM Amtsträger bzw. für den öffentlichen Dienst besonders Verpflichtete für ihre gegen die Dienstpflichten verstoßende Verratstätigkeit fortlaufend entlohnt und zum Teil mit Sonderzahlungen bedacht worden. Verantwortlich dafür war der Angeklagte, der seine Planungsverantwortlichkeit und Bewilligungsmacht zuletzt Ende 1985 – bei Carolus Ende 1984 – für den Zeitraum bis Ende 1986 bzw. 1985 bei Carolus ausgeübt hat. Insbesondere wenn er den jährlichen Valutadienstleistungsplan bestätigte, wußte er bei den ihm unmittelbar unterstellten Abteilungen genau, für welche Agenten die Zahlungen gedacht waren. Dies gilt nach der Überzeugung des Senats auch für den Fall, daß 1983 mit der Bestellung Großmanns zum ersten Stellvertreter hinsichtlich der Unterstellungsverhältnisse Änderungen eingetreten sein sollten. Denn die Existenz der genannten Quellen war ihm noch aus der Zeit seiner unmittelbaren Anleitung genau bekannt. {255}

Im Fall Carolus scheitert die Strafbarkeit wegen Bestechung nicht daran, daß Carolus seiner Dienststelle von den Bestechungszahlungen Mitteilung gemacht und mit deren Wissen „mitgespielt“ hat. Für die Vollendung des § 334 StGB genügt es, daß der Täter den Amtsträger zu Pflichtverletzungen zu bestimmen versucht (vgl. Dreher/Tröndle, StGB, 45. Aufl., Anm. 10 zu § 334).

Soweit die Bestechungen vor dem 1. Januar 1975 begangen wurden, ergibt sich ihre Strafbarkeit aus § 333 StGB a.F., wobei auch hier einheitlich das neue Recht anzuwenden ist (§ 2 Abs. 2 StGB).

Verjährung ist nicht eingetreten, auch nicht im Falle Carolus, der aufgrund der Bewilligung durch den Angeklagten Ende 1984 letztmalig im August 1985 Bestechungsgelder kassierte. Die fünfjährige Verjährungsfrist (§ 78 Abs. 3 Nr. 4 StGB) ist durch den Haftbefehl des Ermittlungsrichters des Bundesgerichtshofes vom 20. Juni 1989 unterbrochen worden (§ 78c Abs. 1 Nr. 5 StGB). In diesem auf den Vorwurf der geheimdienstlichen Agententätigkeit gestützten Haftbefehl sind „alle … gegen Einrichtungen der Bundesrepublik Deutschland gerichteten nachrichtendienstlichen Aktionen“ und damit auch die dem Straftatbestand der Bestechung zugrundeliegenden Lebenssachverhalte miterfaßt (vgl. auch Beschluß des Ermittlungsrichters des Bundesgerichtshofes vom 24. September 1991, Seite 10; Leipziger Kommentar, StGB, 10. Aufl., Anm. 15 zu § 78c m.w.N.).

4. Der Angeklagte war Mittäter (§ 25 Abs. 2 StGB) und nicht nur Anstifter oder Gehilfe bei der geheimdienstlichen und landesverräterischen Tätigkeit. In bewußtem und gewolltem Zusammenwirken mit den in der Bundesrepublik gegen diese tätigen Agenten und den sie unmittelbar führenden Offizieren der HVA hat er wichtige, teilweise unverzichtbare Tatbeiträge geleistet, indem er, wie im einzelnen festgestellt, Aufgabenstellung von Inoffiziellen Mitarbeitern und deren Einsatz in den Jahresarbeitsplä-{256}-nen der Abteilungen durch deren Bestätigung genehmigte, den Agenten regelmäßigen Agentenlohn und Sonderzahlungen bewilligte, Treffreisen von Hauptamtlichen Mitarbeitern, teilweise auch von Instrukteuren ins Ausland bzw. ins Operationsgebiet genehmigte, dem Austausch von Instrukteuren zustimmte und sich zur weiteren Motivierung wichtiger Informanten an zahlreichen Führungstreffs beteiligte. Als für die HVA persönlich verantwortlicher Leiter hatte er ein unmittelbares eigenes Interesse an einer möglichst effizienten, erfolgreichen Spionagetätigkeit seines Dienstes, insbesondere der ihm unmittelbar unterstellten Abteilungen.

III. [Konkurrenzen]

1. Die Vergehen gegen §§ 98, 99 StGB treten hinter den Verbrechen des Landesverrates nach § 94 StGB in den Fällen Guillaume, Spuhler und Rupp zurück; sie behalten allerdings ihre Bedeutung für die Strafzumessung.

2. Die drei Fälle des Landesverrats stehen zueinander im Verhältnis der Tatmehrheit.

Der Senat teilt die von der Verteidigung unter Hinweis auf die Rechtsprechung des Bundesgerichtshofes geäußerten Bedenken gegen die Annahme einer einzigen – fortgesetzten – Tat. Zwar ist nicht zu verkennen, daß der Angeklagte mit der HVA eine Institution aufgebaut und geleitet hat, die von vornherein planmäßig darauf angelegt war, das Rechtsgut Sicherheit der Bundesrepublik Deutschland durch Ausspähung u.a. bestimmter Behörden, politischer Parteien und sonstiger Einrichtungen immer wieder anzugreifen und nach Möglichkeit auch Staatsgeheimnisse zu erfahren. Der zu fordernde Gesamtvorsatz muß indessen sämtliche Teile der geplanten Handlungsreihe in den wesentlichen Grundzügen ihrer künftigen Gestaltung umfassen. Er muß auf einen Gesamterfolg gerichtet sein und den späteren {257} Verlauf der mehreren Teilakte zwar nicht in allen Einzelheiten, aber mindestens insoweit vorwegbegreifen, als das zu verletzende Rechtsgut und seine Träger, ferner Ort, Zeit und ungefähre Art der Tatbegehung in Betracht kommen (vgl. BGH 3 StR 513/92, Beschluß vom 20. Januar 1993[48]). Nach der Rechtsprechung des Bundesgerichtshofes darf beim Täter nicht nur eine allgemeine, unbestimmte Tatbereitschaft bestehen; er muß vielmehr entschlossen sein, „dieselbe konkrete Handlung in engem zeitlichen Zusammenhang immer wieder zu begehen" (BGHSt 26, 4 ff).

Schon objektiv sprechen hier die großen zeitlichen Abstände (vgl. dazu auch BGH 3 StR 208/93, Beschluß von 11. Juli 1993[49]) zwischen den drei Verratsfällen gegen eine fortgesetzte Handlung. Der Fall Guillaume war mit dessen Verhaftung im Jahre 1974 abgeschlossen. Spuhler lieferte die „Militärischen Lageberichte Ost" erstmals 1974. Eine Mittäterschaft des Angeklagten kommt hier zudem erst ab 1978 in Betracht. Rupp gelangte an Staatsgeheimnisse erst nach seiner Einstellung bei der NATO 1977. Darüber hinaus waren aber auch die Personen der Mittäter und die konkreten Angriffsziele verschieden. Von einem sämtliche Teile der geplanten Handlungsreihe in den wesentlichen Grundzügen ihrer künftigen Gestaltung umfassenden Gesamtvorsatz kann keine Rede sein. Der allgemeine Entschluß oder die Bereitschaft, fortan eine Reihe gleichartiger Straftaten zu begehen, reicht nicht aus.

Auch soweit die Rechtsprechung – ersichtlich aus praktischen Erwägungen (vgl. BGH 3 StR 561/92 Beschluß vom 16. Dezember 1992[50]) – bei unerlaubtem Handeltreiben mit Betäubungsmitteln zur Annahme eines Gesamtvorsatzes ausnahmsweise die Feststellung eines eingespielten Bezugs- und Vertriebssystems hat ausreichen lassen, führt dies bei den in Rede stehenden drei Verratsfällen nicht zur Annahme von Tateinheit. Es handelt sich dabei nicht um einen vergleichbaren Sachverhalt, sondern um in sich {258} abgeschlossene, zeitlich voneinander trennbare und jeweils einzeln organisierte und durchgeführte Sachverhalte.

3. Die fortlaufende Bestechung eines jeden Amtsträgers stellt sich als fortgesetzte Handlung dar. Hier liegt die Annahme eines jeweiligen Gesamtvorsatzes nahe. Zwar kann darüber hinaus die Bestechung der genannten insgesamt sieben Personen nicht als *eine* fortgesetzte Handlung angesehen werden. Die Entscheidung, ob überhaupt und gegebenenfalls in welcher Höhe Zahlungen erfolgten, wurde nämlich jeweils von Fall zu Fall getroffen und orientierte sich u.a. an den jeweiligen operativen Ergebnissen, aber auch an der Persönlichkeitsstruktur des betreffenden Agenten. Jedoch werden die sieben Fälle dadurch zur Tateinheit verbunden, daß sie bei der jährlichen Bestätigung des Valutadienstleistungsplanes in *einem* Akt eingeleitet wurden. Die mehrfache, insgesamt siebenmalige Verletzung des Tatbestandes des § 334 StGB ist dabei im Tenor zum Ausdruck zu bringen (vgl. Leipziger Kommentar, Vogler, StGB, 10. Aufl., Anm. 39 zu § 52 m.w.N.).

Das Dauerdelikt des § 99 StGB verbindet die drei Fälle des Landesverrats mit der Bestechung jeweils zur Tateinheit; als Vergehen ist die geheimdienstliche Agententätigkeit allerdings nicht geeignet, die drei Verbrechen des § 94 StGB zu einer einzigen Tat zu verbinden.

IV. [Strafrechtliche Verantwortlichkeit]

Bedenken gegen die volle strafrechtliche Verantwortlichkeit des Angeklagten bestehen nicht.

F. [Strafzumessung]

Die Strafe ist, da ein besonders schwerer Fall des Landesverrats im Sinne des § 94 Abs. 2 StGB aus den noch darzustellenden {259} Milderungsgründen nicht vorliegt, dem Rahmen des § 94 Abs. 1 StGB zu entnehmen, der Freiheitsstrafe von 1 Jahr bis zu 15 Jahren vorsieht. Bei ihrer Bemessung hat der Senat sich von folgenden Erwägungen leiten lassen:

Zugunsten des Angeklagten ist zunächst zu berücksichtigen, daß er nicht vorbestraft ist. Er wurde Opfer der nationalsozialistischen Gewaltherrschaft, die ihn schon als Kind mit den Eltern ins Exil nötigte und später ausbürgerte. Bereits im Elternhaus mit kommunistischem Gedankengut vertraut gemacht, erfuhr er in den wichtigen Jahren der Persönlichkeitsentwicklung in der Sowjetunion, deren Bürger er lange war, seine weltanschauliche Prägung. Zur Bundesrepublik hatte er demgegenüber nie innere Bindungen. Es verwundert daher nicht, daß er sich nach dem Kriege voll zur Sache der neugegründeten DDR bekannte und in ihr den besseren deutschen Staat zu erkennen glaubte, wenn auch schwer vorstellbar ist, daß ein Mann seiner Intelligenz und seiner Erkenntnismöglichkeiten als stellvertretender Minister für Staatssicherheit nicht später erkannt haben sollte, welchem Regime er da diente. Er mag geglaubt haben, mit seiner Arbeit für den Frieden wirken zu können, wenngleich die HVA konkrete Anhaltspunkte für die auch vom Angeklagten wiederholt beschworenen Aggressionsgelüste der NATO nicht hatte.

Als Deutscher war er den Anforderungen zweier einander widersprechender Rechtsordnungen ausgesetzt: denen der DDR, die seine Tätigkeit nicht nur nicht bestrafte, sondern sie erwartete und mit hohen Auszeichnungen belohnte, und der der Bundesrepublik, die zu ihrem Schutz selbst einen Nachrichtendienst unterhält, aber gegen sie gerichtete Spionage unter Strafe stellt. Daß der Ost-West-Konflikt beendet, die DDR in der Bundesrepublik aufgegangen und er jetzt deren tatsächlichem Zugriff ausgesetzt ist, konnte er nicht voraussehen. Im Gegensatz zu den von ihm im Operationsgebiet eingesetzten Agenten war seine Schreibtischtätigkeit ungefährlich; eine Hemmschwelle {260} brauchte er deshalb schwerlich zu überwinden. Einige Agenten – Spuhler, Kuron, Schabronat – haben dem Angeklagten ihre Dienste angeboten. Bei anderen, die sich aus ideologischen Gründen zur Mitarbeit bereitgefunden haben, hat es größerer Werbeanstrengungen möglicherweise nicht bedurft.

Im Fall Guillaume muß dem Angeklagten zugutekommen, daß der Verrat aus Gründen, die von damaligen Repräsentanten der Bundesrepublik zu vertreten sind, außerordentlich leicht gemacht worden ist. Zwar hat die Beweisaufnahme Anhaltspunkte für die Annahme, man habe seinerzeit den Bundeskanzler Brandt bewußt „ins Messer laufen lassen“, nicht ergeben. Offensichtlich haben aber Repräsentanten des Staates fahrlässig an der Gefährdung der Bundesrepublik mitgewirkt. Das mindert zwar nicht die Schuld des Angeklagten, muß sich jedoch bei der Bewertung von Unrecht und Schaden zu seinen Gunsten auswirken.

Der Angeklagte ist ferner in die Bundesrepublik zurückgekehrt und hat sich dem Ermittlungsverfahren gestellt, nach seinen Angaben beim Ermittlungsrichter des Bundesgerichtshofes allerdings in der sicheren Erwartung, daß es zu seinen Gunsten ausgehen werde. Er ist auch zur Hauptverhandlung erschienen, in der er sich – wenn auch pauschal – zu seiner Verantwortung und „Schuld“ gegenüber den von ihm eingesetzten Inoffiziellen Mitarbeitern bekannt hat. Seine Tat liegt jetzt sieben Jahre zurück. Sie hat den Untergang der DDR nicht verhindern können, von deren aufgelösten Geheimdiensten Gefahren für die Bundesrepublik nicht mehr drohen. Die siebenmonatige Hauptverhandlung hat ihn sicherlich belastet. Bei seinem Alter von 70 Jahren ist der Angeklagte zudem mehr als ein junger Mensch strafempfindlich.

Dem steht indessen eine Reihe von erschwerenden Umständen gegenüber: {261}

Der Angeklagte hat über mehr als 30 Jahre an einer großen Zahl – insgesamt 30 – nachrichtendienstlicher Tätigkeiten verantwortlich mitgewirkt und die Bundesrepublik in besonders großem Maße gefährdet. Das gilt vor allem für die drei Fälle, die sich als

Landesverrat darstellen, in der Summe aber auch für die übrigen, durch die eine Vielzahl von Behörden und Einrichtungen der Bundesrepublik angegriffen worden sind. In mehreren Fällen der Werbung – Borm, T. und Lummer – wurden eine Inhaftierung ausgenutzt bzw. Zwang und Nötigung eingesetzt, in den Fällen der verstrickten Sekretärinnen (vgl. C.I.2 a)-c)), Edith D. und Dr. Gast Liebesbeziehungen planmäßig herbeigeführt oder schamlos ausgenutzt.

Erhebliches Gewicht kommt ferner den tateinheitlich verwirklichten sieben Bestechungen zu. Die an Amtsträger aufgrund der Bewilligung des Angeklagten gezahlten Agentenlöhne summieren sich zu einem Betrag von 1.122.700,- DM. Der Senat hat allerdings diesen Umstand nur einmal, im Fall des selbst bestochenen Offiziers Alfred Spuhler, schärfend berücksichtigt.

Dem trotz aller Milderungsgründe hohen Unrechts- und Schuldgehalt werden nach Auffassung des Senats nur fühlbare Strafen gerecht. Folgende Einzelstrafen erscheinen angemessen:

im Fall Rupp 4 Jahre,
im Fall Spuhler 4 Jahre
und
im Fall Guillaume 3 Jahre. {262}

Hieraus hat der Senat unter nochmaliger Abwägung aller für und gegen den Angeklagten sprechenden Umstände gemäß § 54 Abs. 1 S. 2 StGB eine

Gesamtfreiheitsstrafe von 6 Jahren

gebildet. Sie erscheint insbesondere bei einem Vergleich mit den gegen Mittäter des Angeklagten verhängten Strafen gering, wird aber nach Auffassung des Senats im Hinblick auf die durch die deutsche Wiedervereinigung eingetretene Lage den Strafzwecken noch gerecht.

Auf die erkannte Strafe ist die erlittene Polizei- und Untersuchungshaft anzurechnen. Ein Grund, von dieser Regel gemäß § 51 Abs. 1 Satz 2 StGB abzuweichen, besteht nicht.

Anmerkungen

1 Der Geheimschutz wurde nach Auskunft des Generalbundesanwalts mittlerweile aufgehoben.

2 DDR-GBl. 1950, S. 95.

3 Die in eckige Klammern gesetzen Zwischenüberschriften stammen aus einem dem Urteil beigefügten Inhaltsverzeichnis.

4 Das Statut ist abgedruckt in Judt, Matthias (Hg.): DDR-Geschichte in Dokumenten. Beschlüsse, Berichte, interne Materialien und Alltagszeugnisse, Berlin 1997, S. 467f.

5 Die Richtlinie ist abgedruckt bei Fricke, Karl Wilhelm: MfS intern, Köln 1991, S. 93ff.

6 Zur Struktur der HVA vgl. auch Schaubild 1 im Anhang auf S. 1015.

7 Die Dienstanweisung Nr. HVA 2/83 ist vollständig abgedruckt in Knabe, Hubertus: West-Arbeit des MfS. Das Zusammenspiel von „Aufklärung" und „Abwehr", Berlin 1999, S. 424ff.

8 Die Richtlinie ist vollständig abgedruckt in Müller-Enbergs, Helmut (Hg.): Inoffizielle Mitarbeiter des Ministeriums für Staatssicherheit, Teil 2: Anleitungen für die Arbeit mit Agenten, Kundschaftern und Spionen in der Bundesrepublik Deutschland, Berlin 1998, S. 352ff.

9 Die Richtlinie ist vollständig abgedruckt in Müller-Enbergs, IM (vgl. Anm. 8), S. 471ff.

10 Die Richtlinie ist vollständig abgedruckt in Müller-Enbergs, Inoffizielle Mitarbeiter des Ministeriums für Staatssicherheit, Richtlinien und Durchführungsbestimmungen, Berlin 1996, S. 305ff.

11 Der Redebeitrag ist vollständig abgedruckt in Knabe, West-Arbeit (vgl. Anm. 7), S. 316ff.

12 Zur Postkontrolle durch das MfS vgl. auch den geplanten Dokumentationsband zu MfS-Straftaten.

13 Zur Telefonüberwachung durch das MfS vgl. auch den geplanten Dokumentationsband zu MfS-Straftaten.

14 Albert Schubert wurde gemeinsam mit Karli Coburger, Hans Kusche und Heinrich Peter Schneider am 14.12.1992 vom Generalbundesanwalt unter dem Az. 3 StE 16/92-4 wegen Mordversuchs sowie wegen Verabredung zu einem Verbrechen (Mord) angeklagt. Das Verfahren gegen Schubert wurde abgetrennt und vom Landgericht Berlin durch Beschluss vom 14.11.1994 – Az. (529) 1 Kap Js 711/93 (29/93) – zum Verfahren gegen Josef T. und Anna B. hinzuverbunden. Bei den Letztgenannten handelt es sich um diejenigen Personen, die nach den Ermittlungen der Staatsanwaltschaft die Mordpläne ausführen sollten. Nachdem Schubert verhandlungsunfähig geworden war, wurde das Verfahren gegen ihn erneut abgetrennt, zunächst vorläufig ausgesetzt und schließlich durch Beschluss des Landgerichts Berlin vom 23.10.1996 – Az. 529 - 29/93 – wegen dauernder Verhandlungsunfähigkeit gem. § 206a StPO eingestellt. T. und B. wurden vom Landgericht Berlin durch Urteil vom 10.7.1996 – Az. (529) 1 Kap Js 711/93 Ks (29/93) – aus tatsächlichen Gründen rechtskräftig freigesprochen. Zum weiteren Verlauf des Verfahrens gegen Coburger u.a. vgl. lfd. Nr. 8.

15 Gerhard Neiber wurde in mehreren Verfahren in Zusammenhang mit seiner Tätigkeit beim MfS angeklagt. So warf ihm die StA bei dem KG Berlin in ihrer Anklageschrift vom 29.10.1993 – Az. 29/2 Js 228/90 – vor, die Verschleppung und Tötung des NVA-Soldaten Werner Weinhold geplant zu haben. Das LG Berlin lehnte durch Beschluss vom 26.4.1994 – Az. (532) 29/2 Js 228/90 (12/93 – die Eröffnung des Hauptverfahrens aus tatsächlichen Gründen ab. Gegenstand der Anklage der StA II bei dem LG Berlin vom 7.4.1995 – Az. 29/2 Js 231/90 – war das Gewähren von Unterschlupf von Angehörigen der Roten-Armee-Fraktion in der DDR (Strafvereitelung). Auch hier kam es aus rechtlichen und tatsächlichen Gründen nicht zur Eröffnung des Hauptverfahrens (LG Berlin, Beschluss vom 18.6.1998 – Az. 522-52/96 in 522-21/95). (Diese beiden Verfahren sind zum Abdruck in dem geplanten Dokumentationsband zu den MfS-Straftaten vorgesehen.) In einem weiteren Verfahren (Anklage der StA II bei dem LG Berlin vom 23.2.1994 – Az. 29/2 Js 1196/92) wurde Neiber Anstiftung zum Mord vorgeworfen. Nachdem das Verfahren zunächst zu dem Verfahren gegen Josef T. und Anna B. (vgl. hierzu Anm. 14) hinzuverbunden worden war, die nach dem Stand der Ermittlungen die Mordpläne ausführen sollten, erfolgte schließlich die Einstellung des Verfahrens gegen Neiber wegen Verhandlungsunfähigkeit (Beschluss des LG Berlin vom 15.7.1996 – Az. 529-29/93).

16 Zu Spuhler vgl. auch lfd. Nr. 3.

17 Zu Rupp vgl. auch lfd. Nr. 10.

18 Zu Großmann vgl. auch lfd. Nr. 2.

19 Zu Schütt vgl. lfd. Nr. 3.

20 Zu Gast vgl. auch lfd. Nr. 11.

21 Zu Schorm vgl. auch lfd. Nr. 2.

22 Vgl. Anhang S. 1026f.

23 Bei diesem Plan handelte es sich um einen Abrüstungsvorschlag des polnischen Außenministers Adam Rapacki, den er am 2.10.1957 der Generalversammlung der Vereinten Nationen präsentierte. Der Plan sah im Kern die Einrichtung einer atomwaffenfreien Zone in Mitteleuropa (Polen, Tschechoslowakei, Bundesrepublik Deutschland und DDR) vor. Er wurde von den Westmächten abgelehnt.

24 Vgl. Anhang S. 1022.

25 Die gegen diese Verurteilung gerichtete Verfassungsbeschwerde Porsts wurde zurückgewiesen, vgl. BVerfGE 28, 175.

26 Zu Honecker vgl. den Dokumentationsband zu Amtsmissbrauch und Korruption, lfd. Nr. 8.

27 Anklage des Generalbundesanwalts vom 30.7.1993 – Az. 3 StE 4/92 - 2(3). Johanna Olbrich wurde zunächst am 25.2.1994 vom OLG Düsseldorf unter dem Az. IV - 34/92 (16/92 VS-Vertr.) zu einer Freiheitsstrafe von zwei Jahren und sechs Monaten verurteilt. Der Bundesgerichtshof verwarf am 3.8.1994 – Az. 3 StR 328/94 – ihre hiergegen gerichtete Revision. Daraufhin erhob Olbrich Beschwerde zum Bundesverfassungsgericht, das die Veruteilung am 16.6.1995 – Az. 2 BvR 1839/94 –

aufhob. Schließlich wurde Olbrich am 16.1.1996 vom OLG Düsseldorf – Az. VIII - 17/95 (6/95 VS-Vertr.) – rechtskräftig zu einer Freiheitsstrafe von einem Jahr und neun Monaten verurteilt.

28 Zur Struktur der Abteilung IX vgl. auch Schaubild 2 im Anhang auf S. 1016.

29 Vgl. lfd. Nr. 11-1.

30 Zu Böttger vgl. lfd. Nr. 3.

31 Vgl. lfd. Nr. 3-1.

32 Vgl. lfd. Nr. 3-2.

33 Mittlerweile liegt eine Entscheidung vor, vgl. lfd. Nr. 3-3.

34 Zu Mutz vgl. lfd. Nr. 4.

35 Zu Rabe vgl. lfd. Nr. 4.

36 So genannte Schnellgeber ermöglichten es, einen Funkspruch in wenigen Sekunden an die Zentrale zu übermitteln.

37 Zu Männchen vgl. lfd. Nr. 7.

38 Vgl. Anhang S. 1028.

39 Vgl. lfd. Nr. 2-3.

40 Vgl. lfd. Nr. 6-2.

41 Klaus Lippold und Dieter Popp wurden vom Generalbundesanwalt am 13.6.1991 – Az. 3 StE 8/91 - 2 – wegen Landesverrats angeklagt. Das OLG Düsseldorf verurteilte Popp zu einer Freiheitsstrafe von sechs Jahren und Lippold zu einer Freiheitsstrafe von zwei Jahren, die auf Bewährung ausgesetzt wurde. Der Bundesgerichtshof verwarf am 22.7.1992 bzw. am 24.9.1993 – jeweiliges Az. 3 StR 199/92 – die Revisionen der Angeklagten als unbegründet. Das Bundesverfassungsgericht hob auf die Verfassungsbeschwerde von Lippold hin am 15.5.1995 – Az. 2 BvL 19/91 u.a. – (= lfd. Nr. 2-4) die Verurteilung auf. Im Anschluss daran nahm der Generalbundesanwalt die Anklage gegen Lippold zurück und stellte das Verfahren ein. Die Verfassungsbeschwerde von Popp wurde vom Bundesverfassungsgericht durch Beschluss vom 23.5.1995 – Az. 2 BvR 1404/92 – nicht zur Entscheidung angenommen. Die von Popp erhobene Beschwerde zum Europäischen Gerichtshof für Menschenrechte hatte ebenfalls keinen Erfolg (vgl. Beschluss vom 25.2.2000 – Az. 29357/95 – (= lfd. Nr. 11-2). Popp wurde am 11.5.1994 nach Verbüßung von zwei Dritteln seiner Strafe aus der Haft entlassen.

42 Vgl. Anhang S. 1022ff.

43 Vgl. lfd. Nr. 3-2.

44 Vgl. Anhang S. 1020.

45 Vgl. Anhang S. 1026ff.

46 Vgl. Anm. 39 und 40.

47 Vgl. lfd. Nr. 3-2.

48 Vgl. StV 1993, 243-244 (red. Leitsatz und Gründe) sowie BGHR StGB vor § 1/fortgesetzte Handlung Auswirkung, nachteilige 10 (Gründe).

49 Vgl. u.a. BGHR StGB vor § 1/fortgesetzte Handlung Objektive Voraussetzungen 1 (Gründe), BGHR StPO § 344 Abs 1 Beschränkung 7 (Gründe), NStZ 1994, 47 (red. Leitsatz und Gründe).

50 Vgl. BGHR StPO § 267 Abs 1 S 1 Sachdarstellung 7 (Gründe).

Inhaltsverzeichnis
Revisionsurteil des Bundesgerichtshofs vom 18.10.1995, Az.: 3 StR 324/94

Bundesgerichtshof 18. Oktober 1995
Az.: 3 StR 324/94

URTEIL

Im Namen des Volkes

In der Strafsache gegen

Markus Wolf aus Berlin,
geboren 1923 in H.,

wegen Landesverrats u.a. {2}

Der 3. Strafsenat des Bundesgerichtshofs hat aufgrund der Verhandlung vom 11. Oktober 1995 in der Sitzung am 18. Oktober 1995, an denen teilgenommen haben:

⊗ Es folgt die Nennung der Verfahrensbeteiligten. ⊗

für Recht erkannt: {3}

Auf die Revision des Angeklagten wird das Urteil des Oberlandesgerichts Düsseldorf vom 6. Dezember 1993[1] mit den Feststellungen aufgehoben.
Die Sache wird zu neuer Verhandlung und Entscheidung, auch über die Kosten des Rechtsmittels, an einen anderen Strafsenat des Oberlandesgerichts zurückverwiesen.

Von Rechts wegen

Gründe

Das Oberlandesgericht hat den Angeklagten wegen Landesverrats in drei Fällen jeweils in Tateinheit mit Bestechung von insgesamt sieben Personen zu einer Gesamtfreiheitsstrafe von sechs Jahren verurteilt. Mit seiner Revision rügt der Angeklagte die Verletzung formellen und materiellen Rechts. Das Rechtsmittel hat Erfolg.

Der Angeklagte begann seine nachrichtendienstliche Tätigkeit am 1. September 1951 als Leiter des für Auslandsaufklärung tätigen „Instituts für Wirtschaftswissenschaftliche Forschung“, das zunächst dem Außenministerium der DDR unterstand, im September 1953 als Hauptabteilung XV in das „Staatssekretariat für Staatssicherheit“ des Ministeriums des Inneren eingegliedert und im Juni 1965 nach Wiedererrichtung des Ministeriums für Staatssicherheit in dieses als „Hauptabteilung Aufklärung“ (HVA) übernommen wurde. Bis zu {4} seiner förmlichen Verabschiedung am 12. November 1986 blieb der Angeklagte ihr verantwortlicher Leiter, ab 1980 im Rang eines Generalobersten. Als Leiter der HVA war er zugleich einer der Stellvertreter des Ministers für Staatssicherheit. Im Rahmen seiner dienstlichen Tätigkeit beging der Angeklagte die abgeurteilten Straftaten.

I. [Verfassungsrechtliche Einwände und Verfahrensrügen]

Auf den von der Revision geltend gemachten verfassungsrechtlichen Einwand gegen die Strafverfolgung, das Fehlen der Verfahrensvoraussetzung der zulässigen öffentlichen Klage im Fall Rupp[2] sowie auf die darüber hinaus erhobenen Verfahrensrügen kommt es nicht an, weil das Urteil aufgrund der Sachrüge aufzuheben ist.

II. [Die Verurteilung wegen Landesverrats]

Das Oberlandesgericht hat den Angeklagten in den Fällen Guillaume, Spuhler[3] und Rupp verurteilt, weil er an dem Verrat von Staatsgeheimnissen im Sinne des § 93 StGB mitgewirkt und dadurch jeweils die Gefahr eines schweren Nachteils für die äußere Sicherheit der Bundesrepublik Deutschland herbeigeführt hat (§ 94 Abs. 1 Nr. 1 StGB). Hinter diesen Verbrechen treten die Vergehen der landesverräterischen (§ 98 Abs. 1 Nr. 1 StGB) und der geheimdienstlichen Agententätigkeit (§ 99 Abs. 1 StGB) zurück,[4] die der Angeklagte in dem Zeitraum vom März 1955 (Fall T.) bis Ende 1986/Anfang 1987 (Fall Bretschneider) begangen hat.

1. [Konsequenzen aus der Entscheidung des Bundesverfassungsgerichts]

Nach der Entscheidung des Bundesverfassungsgerichts vom 15. Mai 1995 (NJW 1995, 1811) kann der Angeklagte nur verurteilt werden, soweit festgestellt werden kann, daß ein von Verfassungs wegen bestehendes Verfolgungshindernis nicht {5} besteht. Insoweit gibt der Senat seine entgegenstehende Auffassung in BGHSt 39, 260[5] auf. Das Bundesverfassungsgericht hat ausgeführt (NJW aaO S. 1816):

„Aus dem Übergewicht der Gründe, die gegen eine weitere strafrechtliche Verfolgung derjenigen Personen sprechen, die als Staatsbürger der DDR Spionagestraftaten gegen die Bundesrepublik Deutschland oder deren Verbündete allein vom Boden der DDR aus begangen haben und im Zeitpunkt des Wirksamwerdens der Einheit Deutschlands dort ihren Lebensmittelpunkt hatten, ergibt sich unmittelbar von Verfassungs wegen ein Verfolgungshindernis. Es kommt allen Angehörigen dieser Gruppe zugute: Das Ergebnis der Abwägung des Interesses an der Verwirklichung des bestehenden Strafanspruchs mit jenen Bedingungen, die bei ihnen in gleicher Weise der Strafverfolgung in ihrem Zusammenwirken eine besondere Schärfe verleihen, trifft für jeden dieser Täter gleichermaßen zu und läßt insoweit keinen Raum mehr für eine Wertung und Gewichtung von besonderen Umständen des Einzelfalles.

Dieselben Gründe gelten darüber hinaus für Bürger der DDR, die im Zeitpunkt der Wiedervereinigung ihren Lebensmittelpunkt in der DDR hatten, wenn sie Spionagestraftaten gegen die Bundesrepublik Deutschland nicht ausschließlich vom Boden der DDR aus, sondern auch in anderen Staaten begangen haben, in denen sie vor Strafverfolgung wegen solcher Taten aus Rechtsgründen sicher waren und diese Sicherheit auch für sie erst durch die Wiedervereinigung entfallen ist. Das trifft für die Fälle zu, in denen der jeweilige Staat Verdächtige, denen Spionage-{6}taten gegen einen fremden Staat vorgeworfen werden, nicht an diesen ausliefert und auch nicht nach seinem eigenen Strafrecht Spionagetaten bestraft, die auf seinem Boden gegen die Bundesrepublik Deutschland begangen werden. Mußten die Täter hingegen mit ihrer Auslieferung an die Bundesrepublik Deutschland und infolgedessen auch mit ihrer Bestrafung wegen der gesamten gegen diese gerichteten Spionagetätigkeit rechnen, so treffen die Gründe, auf denen das Strafverfolgungshindernis beruht, für sie insgesamt nicht zu. Im übrigen stehen die genannten Gründe einer Strafverfolgung nur insoweit nicht entgegen, als der dritte Staat die Spionagetätigkeit dieser Personen selbst mit Strafe bedroht; wegen einer anderweitig – etwa vom Boden der DDR aus – gegen die Bundesrepublik Deutschland betriebenen Spionagetätigkeit greifen die Gründe für das Verfolgungshindernis auch bei dieser Fallkonstellation durch, weil die Täter insoweit vor Strafverfolgung sicher sein konnten."

Nach den Feststellungen des angefochtenen Urteils hat der Angeklagte seine gegen die Bundesrepublik Deutschland gerichtete Spionage sowohl vom Boden der DDR als auch in einigen Fällen von anderen Staaten aus geleitet und organisiert (Österreich Sommer 1975, UA S. 69; Schweden Juli 1978, UA S. 121, 122; Jugoslawien September 1975 und Sommer 1976, UA S. 149, 150; Ungarn März 1963, UA S. 75). Ob der Angeklagte darüber hinaus noch von weiteren Staaten aus gehandelt hat, hat das Oberlandesgericht nicht festgestellt. Aus seiner Sicht kam es im Zeitpunkt seiner Entscheidung darauf nicht an. Der Senat kann nicht ausschließen, daß insoweit noch weitere Feststellungen getroffen werden können. Bei {7} mehreren Agententreffs wird im Urteil nur mitgeteilt, daß sie stattgefunden haben, ohne daß – im Gegensatz zu anderen Treffs (vgl. z.B. UA S. 68, 120, 149, 150, 75) – eine Ortsangabe erfolgt. Die neuen Feststellungen können zum einen dazu führen, daß weitere spionagebedingte Auslandsaufenthalte des Angeklagten – auch, soweit es den Vorwurf des Landesverrats betrifft – nachgewiesen werden. Zum anderen werden sie belegen müssen, ob – was eher fernliegt – ein Drittstaat den Angeklagten wegen seiner Agententätigkeit an die Bundesrepublik Deutschland ausgeliefert hätte oder ob sich der Angeklagte in einem oder mehreren Staaten nach dem dort geltenden Strafrecht strafbar gemacht hat. Von solchen Feststellungen hängt es ab, ob und gegebenenfalls inwieweit das zugunsten von Geheimdienstmitarbeitern der DDR bestehende verfassungsrechtliche Verfolgungshindernis eingreift. Die angefochtene Verurteilung ist deshalb aufzuheben und die Sache zur erneuten Prüfung an das Oberlandesgericht zurückzuverweisen. Von der Aufrechterhaltung der zur Spionage getroffenen Feststellungen hat der Senat abgesehen, um im Hinblick auf die vom Bundesverfassungsgericht entwickelten Grundsätze eine neue tatrichterliche Beurteilung zu ermöglichen. In gleicher Weise ist das Bundesverfassungsgericht bei der Entscheidung über Verfassungsbeschwerden von früheren Geheimdienstmitarbeitern der DDR verfahren (vgl. a.a.O. S. 1817; Kammerbeschlüsse vom 16. Juni 1995 – 2 BvR 204/94[6] – und vom 26. Mai 1995 – 2 BvR 1724/93 und 2 BvR 1130/94[7]).

2. [Der Entführungsfall T.]

Entgegen dem Antrag des Generalbundesanwalts waren auch die zum Entführungsfall T. getroffenen Feststellungen aufzuheben; diese sind vom Oberlandesgericht nicht zum Zwecke der Aburteilung einer Freiheitsberaubung, einer Nöti-{8}gung, einer Erpressung, eines Menschenhandels, einer Verschleppung oder eines ähnlichen Delikts, sondern zum Zwecke der Aburteilung einer geheimdienstlichen Agententätigkeit (UA S. 251) getroffen worden. Sie sind dem Abschnitt der Urteilsgründe „Das strafbare Verhalten des Angeklagten im einzelnen" vorangestellt und mit „Praktiken der HVA" überschrieben. An die Aufklärung solcher Handlungen zum Zwecke der Erhellung des Tathintergrunds und zur Beschreibung des Tatumfelds oder des Randgeschehens werden nicht immer die gleichen strengen Anforderungen gestellt, wie sie hinsichtlich der Tat geboten sind, die dem Schuldspruch zugrunde gelegt werden soll. Schon deshalb können die Feststellungen zur Entführung von Christa T. – ebenso wie die zur Nötigung von Heinrich Lummer und zur Freiheitsberaubung von Georg Angerer – nicht bestehen bleiben, um sie in der neuen Hauptverhandlung zur Grundlage eines entsprechenden Schuldspruchs zu machen.

Für die neue Hauptverhandlung weist der Senat darauf hin, daß die Entführung von Christa T. nicht Gegenstand der gegen den Angeklagten erhobenen Anklage ist, so daß es zur Aburteilung dieser – nach dem StGB verjährten, aber möglicherweise nach dem StGB-DDR noch verfolgbaren – Tat einer neuen Anklage bedarf. Festgestellt hat das Oberlandesgericht insoweit folgendes:

Anfang 1955 wurde in der Hauptabteilung XV des „Staatssekretariats für Staatssicherheit" (SfS) der Plan entwickelt, die in der Ostabteilung der US-High-Commission in Westberlin als Sekretärin und Dolmetscherin tätige Christa T. als Agentin für das SfS anzuwerben. Ein detailliert {9} ausgearbeiteter Plan, der vorsah, daß Frau T. mit List, notfalls mit Gewalt, in den Ostsektor Berlins gebracht und dort unter Zusicherung einer großzügigen Vergütung zur nachrichtendienstlichen Tätigkeit für das SfS verpflichtet, oder bei Ablehnung unter Androhung ihrer Verhaftung genötigt werden sollte, wurde dem Angeklagten als Leiter der Hauptabteilung zugeleitet und von diesem am 31. März 1955 mit Änderungen schriftlich gebilligt. Der Plan, dessen Verwirklichung ursprünglich für den 2. April 1955 vorgesehen war, wurde erst – mit weiteren Änderungen – am 16. Juni 1955 durchgeführt. Den Grundzügen dieser Planung entsprechend wurden die Zeugin T. und – abweichend von dem Plan – ihre Mutter unter Vorspiegelung einer Einladung zum Abendessen von einem Mitarbeiter des SfS, der ihr Vertrauen erschlichen hatte, mit einem von einem Chauffeur gesteuerten „Firmen-Pkw" abgeholt und in den Ostsektor entführt. Man verlangte von ihr, Kopien der von der High-Commission monatlich erstellten Berichte zu liefern (UA S. 44). Als die Zeugin eine nachrichtendienstliche Tätigkeit für das SfS ablehnte, wurde ihr mit der Tötung ihrer Mutter gedroht. Daraufhin ging Frau T. zum Schein auf das ihr gemachte Angebot ein, lieferte jedoch in der Folgezeit, nachdem sie sich bereits am folgenden Tag ihrem Vorgesetzten gegenüber offenbart hatte, keine Berichte.

Die Entführung von Frau T. und ihrer Mutter im Juni 1955 und die angeklagte Spionagetätigkeit des Angeklagten bilden nicht dieselbe Tat (§ 264 StPO). Der verfahrensrechtliche Tatbegriff umfaßt den von der zugelassenen Anklage betroffenen geschichtlichen Vorgang, innerhalb dessen der Angeklagte einen Straftatbestand verwirklicht haben soll {10} (BGHSt 35, 60, 61; 32, 215, 216 m.w.N.). Den Rahmen der Untersuchung bildet also zunächst das tatsächliche Geschehen, wie es die Anklage beschreibt. Unter diesem Gesichtspunkt ist wesentlich, daß in dem Anklagesatz zwar die Billigung des Operativplans T. durch den Angeklagten in einem über eine bloße Erwähnung zum besseren Verständnis oder sonstigem strafrechtlichen Hintergrund hinausgehenden Sinne (vgl. BGHSt 13, 21, 25; Kleinknecht/Meyer-Goßner StPO 42. Aufl. § 264 Rdn. 3) dargestellt wird. Auf die darin liegende geheimdienstliche Agententätigkeit bezog sich auch der Verfolgungswille der Staatsanwaltschaft (vgl. BGHSt 16, 200; Hürxthal in KK StPO 3. Aufl. § 264 Rdn. 9). Daß er sich dagegen aber nicht auf das später stattgefundene Entführungsgeschehen erstreckte, folgt daraus, daß es im Anklagesatz weder geschildert wird noch insoweit die gesetzlichen Merkmale dieser Straftat und die auf sie anzuwendenden Strafvorschriften bezeichnet sind und sich zudem aus dem wesentlichen Ergebnis der Ermittlungen ergibt, daß der Staatsanwaltschaft im Zeitpunkt der Anklageerhebung (September 1992) noch nicht bekannt war, ob die Entführung überhaupt stattgefunden hatte. Auch während der Hauptverhandlung, als sich durch die Vernehmung der Zeugin T. das tatsächliche Geschehen herausstellte, wurde kein Verfolgungswille – etwa durch Erhebung einer Nachtragsanklage oder Beantragung eines Hinweises nach § 265 StPO, wie es im abgeurteilten Verratsfall Rupp geschehen ist – insoweit erkennbar. Vielmehr gingen Bundesanwaltschaft und Oberlandesgericht davon aus, daß insoweit nach dem Strafrecht der Bundesrepublik Verjährung eingetreten sei; ein sich auf die über die Spionagetätigkeit des Angeklagten hinausgehende Entführung beziehender Verfol-{11}gungswille des Generalbundesanwalts wurde erstmalig während des Revisionsverfahrens in dessen Antragsschrift vom 12. Juli 1995 deutlich.

Aus alledem folgt, daß der im Anklagesatz erwähnte Operativplan T. nur insoweit aus der Sicht der Anklagebehörde Verfahrensgegenstand sein sollte, als in ihm strafwürdiges Unrecht unter dem Gesichtspunkt einer geheimdienstlichen oder landesverräterischen Agententätigkeit zum Ausdruck kommt.

Diese Begrenzung unter dem Blickwinkel des § 264 StPO würde freilich als solche nicht ausreichen; denn die Tat als Prozeßgegenstand ist nicht nur der in der Anklage umschriebene und dem Angeklagten dort zur Last gelegte Geschehensablauf; vielmehr gehört zu ihr das gesamte Verhalten des Angeklagten, soweit es mit dem durch die Anklage bezeichneten geschichtlichen Vorkommnis nach der Auffassung des Lebens einen einheitlichen Vorgang bildet (BGHSt 13, 320; st. Rspr.). Ist nach diesen Maßstäben ein einheitlicher Vorgang gegeben, so sind die Einzelgeschehnisse, aus denen er sich zusammensetzt, auch insoweit Bestandteil der angeklagten Tat, als sie keine Erwähnung in der Anklage finden (BGHSt 32, 215, 216).

So liegt es hier aber nicht. Allerdings war die Billigung des Operativplans durch den Angeklagten Voraussetzung dafür, daß später die Entführung stattfinden konnte; auch wäre sie isoliert betrachtet eine – straflose – Vorbereitungshandlung zu einem Freiheitsberaubungsdelikt im weitesten Sinne (und nicht zu einem Menschenhandel nach § 132 {12} StGB-DDR, denn diese Vorschrift ist erst später in Kraft getreten). Im Hinblick auf das tatsächlich erfolgte Entführungsgeschehen könnte vorbehaltlich näherer Feststellungen in ihr auch der im Vorbereitungsstadium geleistete Tatbeitrag des Angeklagten zu einem solchen Delikt liegen.

Gleichwohl vermag die im Anklagesatz erwähnte Abzeichnung des Operativplans durch den Angeklagten nicht eine verfahrensrechtliche Tat mit der im Anklagesatz nicht erwähnten und später durchgeführten Entführung zu begründen. Denn eine – nach dem Tatort-StGB straflose – Vorbereitungshandlung zu einer Freiheitsberaubung, die lediglich unter dem rechtlichen Gesichtspunkt der – in der Bundesrepublik strafbaren – jahrzehntelang ausgeübten Spionagetätigkeit strafrechtlich relevant sein kann, stellt jedenfalls dann nicht dieselbe Tat wie die Freiheitsberaubung dar, wenn diese erst Monate später ins Werk gesetzt wird und zwischen Planung und Ausführung eine deutliche Zäsur besteht.

Im Tatsächlichen ist bereits unklar, warum die terminlich schon festgesetzte Durchführung des Planes um zweieinhalb Monate verschoben wurde und ob die Entführung mit der Billigung definitiv beschlossen war oder ob von ihrer Durchführung bei Hinzutreten weiterer Umstände Abstand hätte genommen werden sollen; der eigentliche Tatentschluß also erst später gefaßt werden sollte (vgl. BGHSt 36, 151, 153, 154; BGH, Beschluß vom 30. Juni 1982 – 3 StR 44/82). Zwischen der Bestätigung des Plans und seiner Verwirklichung lag eine deutliche zeitliche Zäsur. Überdies unterschieden sich neben im Urteil näher dargelegten Punkten Plan und Durchführung {13} wesentlich dadurch, daß nun auch noch die Mutter der Zeugin T. nach Ostberlin verschleppt und als zusätzliches Druckmittel gegen die Zeugin eingesetzt wurde.

Von unterschiedlichem Gewicht und unterschiedlicher Art der Gefährlichkeit der Bedrohung sind auch die geschützten Rechtsgüter: nämlich die äußere Sicherheit der Bundesrepublik Deutschland auf der einen Seite und die persönliche Freiheit und körperliche Unversehrtheit der Zeugin T. und ihrer Mutter auf der anderen Seite. Im Gegensatz zu den „typischen" Begleitdelikten einer Spionagetätigkeit wie zum Beispiel Bestechung und Urkundenfälschung, die zur Durchführung der Spionagetätigkeit begangen werden, kommt einer Entführung aus West- nach Ostberlin schon deshalb eine damit nicht vergleichbare, sondern darüber hinausreichende strafrechtliche Unrechtsbedeutung bei, weil es sich dabei um eine Gewalt- und Willkürmaßnahme handelt, für die kennzeichnend ist, daß mit dem Opfer nach den Zwecken und Vorstellungen des fremden Regimes verfahren wird, ohne daß sich dieses an die Grundsätze der Gerechtigkeit und Menschlichkeit hält (vgl. BGHSt 30, 1, 2; 1, 391 f.; Eser in Schönke/Schröder StGB 47. Aufl. § 234a Rdn. 12 m.w.Nachw.). Deshalb bedroht das Strafgesetzbuch eine solche Handlung in § 234a als Verbrechen mit Freiheitsstrafe bis zu 15 Jahren. Die Strafklage wegen eines solchen schwerwiegenden Delikts würde nicht dadurch verbraucht, daß der Angeklagte wegen der ihm in der Anklage als eine Tat zur Last gelegten mehr als 30 Jahre währenden Spionagetätigkeit verurteilt würde. {14}

Aus alledem folgt, daß die innere Verknüpfung der Operativplanung und der zweieinhalb Monate später erfolgten Entführung nicht so ist, daß ihre getrennte Aburteilung in verschiedenen erstinstanzlichen Verfahren einen einheitlichen Lebensvorgang unnatürlich aufspalten würde. Vielmehr verlangen auch hier die natürliche Betrachtung und der Grundsatz gerechter Gesetzesanwendung (BVerfGE 56, 22, 33, 34; BGHSt 23, 141, 148 f.) eine getrennte Würdigung und Aburteilung.

Für die neue Hauptverhandlung weist der Senat darauf hin, daß sich der Angeklagte, soweit ihm wegen der Billigung des Entführungsplans T. geheimdienstliche Agententätigkeit vorgeworfen wird, entgegen der Auffassung des Oberlandesgerichts nicht nach der Vorschrift des § 100e StGB a.F.[8] strafbar gemacht hat. Diese durch das Strafrechtsänderungsgesetz vom 30. August 1951 (BGBl. I S. 739) eingeführte Vorschrift galt zwar im Tatzeitraum auch in Westberlin, nachdem das Land Berlin gemäß Artikel 87 Abs. 2 seiner Verfassung mit Wirkung vom 11. November 1952 die Anwendung dieses Gesetzes in Berlin beschlossen hatte (Art. 1 des Gesetzes zur Übernahme des Strafrechtsänderungsgesetzes vom 30. Oktober 1952). Sie stellte aber nur eine gegen die Bundesrepublik Deutschland oder eines ihrer Länder gerichtete Spionagetätigkeit unter Strafdrohung. Ziel der nachrichtendienstlichen Anbahnung war aber die Erlangung von Kopien der monatlich erstellten Berichte der US-High-Commission; es handelte sich also – weitere Feststellungen dazu sind nicht getroffen – um eine gegen die Vereinigten Staaten von Amerika gerichtete, {15} nach § 100e StGB a.F. straflose Spionagetätigkeit. Art. 7 des 4. Strafrechtsänderungsgesetzes greift ebenfalls nicht ein, dieses Gesetz trat erst später in Kraft.

III. [Die Verurteilung wegen Bestechung]

Das Oberlandesgericht hat den Angeklagten wegen Bestechung in sieben Fällen (Carolus, Balke, Schabronat, Zuber, „Maurer", Spuhler und Kuron) gemäß § 334 StGB verurteilt, weil er in der Zeit von Anfang der siebziger Jahre bis 1986 sieben Amtsträger bzw. für den Öffentlichen Dienst besonders Verpflichtete für ihre gegen die Dienstpflichten verstoßende Verratstätigkeit – insbesondere durch Bestätigung des jährlichen Valuta-Dienstleistungsplans – mit insgesamt 1.122.700 DM fortlaufend entlohnt und zum Teil mit Sonderzahlungen bedacht hat. Auch diese Verurteilung kann nicht bestehen bleiben.

Insoweit liegt allerdings ein verfassungsrechtliches Strafverfolgungshindernis nicht vor. Das ergibt sich zwar nicht aus dem Wortlaut der Entscheidung des Bundesverfassungsgerichts, das seine Ausführungen auf „die hier allein zu beurteilenden Tatbestände der §§ 94, 99 StGB" beschränkt. Es folgt aber aus der Anwendung der Grundsätze dieser Entscheidung, die sich auf den Vorlagebeschluß des Kammergerichts[9] und auf drei Verfassungsbeschwerden bezog, in denen neben Spionagestraftaten auch Bestechungsdelikte Gegenstand des Anklagevorwurfs oder der Verurteilung waren. Ausdrücklich erklärt das Bundesverfassungsgericht „andere aus Anlaß der oder im Zusammenhang mit der Spionagetätigkeit verwirklichte eigenständige Straftatbestände blieben unberührt" (BVerfG NJW 1995, 1811, 1815). Diese Straftaten weisen nicht die der Strafbarkeit der Spionage eigene Besonderheit aus: {16} Sie besteht darin, daß im Gegensatz zu anderen strafrechtlichen Handlungen, die einem ethischen Minimum widersprechen, Spionagehandlungen „rechtlich ambivalent" sind (BVerfG NJW a.a.O. S. 1815), weil sie der Staat, der sie mit Strafe bedroht, gegen den spionierenden Staat selbst organisiert und organisieren darf. Allein diese Eigentümlichkeit führt im Hinblick auf die durch die Wiedervereinigung entstandene außergewöhnliche Situation zur Annahme des verfassungsrechtlichen Verfolgungshindernisses. Eine solche Besonderheit weisen die einem allgemeinen sozialethischen Unwerturteil unterliegenden Bestechungsdelikte nicht auf. Zwischen ihnen und den Spionagestraftaten besteht auch kein so enger tatsächlicher und rechtlicher Zusammenhang, als daß ein unabweisbares Bedürfnis bestünde, sie an dem erwähnten Verfolgungshindernis teilhaben zu lassen.

Die Verurteilung wegen Bestechung ist jedoch aufzuheben, weil die tateinheitlichen Verurteilungen wegen Landesverrats entfallen (vgl. Pikart in KK, 3. Aufl. § 353 Rdn. 12). Im übrigen hat das Oberlandesgericht die Konkurrenzverhältnisse der einzelnen Bestechungsakte rechtsfehlerhaft beurteilt, so daß auch die zugrunde liegenden Feststellungen nicht bestehen bleiben können. Es hat sieben fortgesetzte Bestechungen angenommen, die untereinander zur Tateinheit verbunden sind (UA S. 258). Diese Beurteilung ist nach der zwischenzeitlich ergangenen Entscheidung des Großen Senats des Bundesgerichtshofs für Strafsachen vom 3. Mai 1994 (BGHSt 40, 138) nicht mehr möglich. Danach kommt eine Verbindung mehrerer Bestechungshandlungen zu einer fortgesetzten Handlung nicht in Betracht. Das hat der Bundesgerichtshof zum Tatbestand der (Angestellten-)Bestechlichkeit {17} bereits entschieden (vgl. BGH NStZ 1995, 92). Die Erwägungen dieser Entscheidung sind auf die Bestechung nach § 334 StGB übertragbar. Jede Tathandlung ist also grundsätzlich eine rechtlich selbständige Straftat. Eine tatbestandliche Handlungseinheit liegt jedoch vor, wenn die Entlohnung auf eine Unrechtsvereinbarung zurückgeht, die den zu leistenden Vorteil genau festlegt, mag er auch in bestimmten Teilleistungen zu erbringen sein. Anders ist es hingegen, wenn die zu gewährende Entlohnung von der zukünftigen Entwicklung abhängt, insbesondere, wenn die Vorteilsgewährung „open-end“ Charakter trägt. Jedenfalls dann hat die Vorteilsgewährung zu großes, selbständiges Gewicht, als daß sie zusammen mit der Unrechtsabrede nur eine Tat bilden kann. Jede Bestechungshandlung unterliegt nunmehr einer selbständigen Verjährung. Dies im einzelnen zu prüfen, ist Sache des neu entscheidenden Tatrichters.

Anmerkungen

1 Vgl. lfd. Nr. 1-1.
2 Zu Rupp vgl. auch lfd. Nr. 10.
3 Zu Spuhler vgl. auch lfd. Nr. 3.
4 Die betreffenden Normen sind im Anhang auf S. 1022ff abgedruckt.
5 Vgl. lfd. Nr. 3-2.
6 Der genannte Beschluss erging im Verfahren gegen Köhler (lfd. Nr. 5), vgl. Anm. 1 auf S. 616.
7 Vgl. lfd. Nr. 8-3.
8 Vgl. Anhang S. 1022.
9 Vgl. lfd. Nr. 2-2.

Inhaltsverzeichnis
Urteil nach Zurückverweisung des Oberlandesgerichts Düsseldorf vom 27.5.1997, Az.: VII - 1/96 (1/96 VS-Geheim); 3 StE 14/92 - 3 (3) - Ref. 4; 3 StE 4/96 - 4 (1); 3 StE 9/96 - 4 (2)

Oberlandesgericht Düsseldorf 27. Mai 1997
Az.: VII-1/96 (1/96 VS-Geheim); 3 StE 14/92-3 (3) - Ref. 4; 3 StE 4/96 - 4 (1);
3 StE 9/96 - 4 (2)

URTEIL

Im Namen des Volkes

In der Strafsache *gegen*

den Generaloberst a.D. Markus Wolf,
geboren 1923 in H.,
verheiratet, Deutscher,

wegen Freiheitsberaubung u.a.

hat der 7. Strafsenat des Oberlandesgerichts Düsseldorf in der vom 7. Januar bis 27. Mai 1997 dauernden Hauptverhandlung, an der teilgenommen haben: {2}

⊗ Es folgt die Nennung der Verfahrensbeteiligten. ⊗

am 27. Mai 1997

für *Recht* erkannt:

Der Angeklagte wird wegen Freiheitsberaubung in vier Fällen, davon in zwei Fällen in Tateinheit mit Nötigung, und in zwei weiteren Fällen in Tateinheit mit vorsätzlicher Körperverletzung, zu einer Gesamtfreiheitsstrafe von zwei Jahren kostenpflichtig verurteilt.
Die Vollstreckung der Strafe wird zur Bewährung ausgesetzt.

Angewendete Vorschriften:
Art. 315 Abs. 1 Satz 1 EGStGB, § 2 Abs. 3 StGB;
§§ 223, 239 Abs. 1 und 2, 240 Abs. 1, 25 Abs. 2, 52, 53 Abs. 1, 56 Abs. 1 und 2 StGB;
§§ 115 Abs. 1, 129 Abs. 1, 131 Abs. 1 und 2, 22 Abs. 2 Nr. 2, 63 Abs. 2 StGB-DDR. {3}

Gründe

(abgekürzt gemäß § 267 Abs. 4 StPO)

A. Feststellungen

I. [Zur Person des Angeklagten]

⊗ Es folgt eine Zusammenfassung der erstinstanzlichen Feststellungen. ⊗

Der Angeklagte ist nicht vorbestraft. Das Urteil vom 6. Dezember 1993,[1] durch das ihn der 4. Strafsenat des Oberlandesgerichts Düsseldorf nach einer sieben Monate dauernden Hauptverhandlung wegen Landesverrats und Bestechung zu einer Gesamtfreiheitsstrafe von sechs Jahren verurteilte, wurde nach der Entscheidung des Bundesverfassungsgericht vom 15. Mai 1995 (BVerfGE 92, 277)[2] durch Urteil des Bundesgerichtshofs vom 18. Oktober 1995 (BGHSt 41, 292)[3] aufgehoben und das Verfahren an das {5} Oberlandesgericht Düsseldorf zurückverwiesen. Insoweit hat der erkennende Senat das Verfahren gegen den Angeklagten gemäß § 154 Abs. 2 StPO im Laufe der Hauptverhandlung eingestellt und ihm eine Entschädigung u.a. für die vom 24. September bis 4. Oktober 1991 erlittene Untersuchungshaft zugesprochen.

II. [Das Ministerium für Staatssicherheit und die HV A]

⊗ Es folgt eine Zusammenfassung der erstinstanzlichen Sachverhaltsfeststellungen. ⊗

III. [Die Einzelfälle]

1. Der Fall Christa T.

Der Angeklagte war im Jahr 1955 innerhalb des SfS Leiter Hauptabteilung XV (HA XV). Zu den Angriffszielen der HA XV gehörte die Dienststelle des amerikanischen Hohen Kommissars in Berlin (HICOG), die im Mai 1955 den Status einer U.S.-Mission hatte. Sie war dafür zuständig, den amerikanischen Stadtkommandanten verwaltungsmäßig bei der Wahrnehmung der alliierten Befugnisse gegenüber dem Senat von Berlin zu unterstützen. Die HA XV verfügte zu diesem Zeitpunkt bereits in Heinz B. über einen Informanten unter den Mitarbeitern dieser Behörde.

Seit Anfang der 50er Jahre war die zur Tatzeit 26 Jahre alte Christa T. als Dolmetscherin, Übersetzerin und Sekretärin in der Ostabteilung von HICOG in Berlin beschäftigt. Sie wohnte mit ihrer Mutter im amerikanischen Sektor in Berlin-Dahlem und gab nebenberuflich Privatschülern Englischunterricht. Sie war spätestens im Jahr 1954 in das Blickfeld der HA XV geraten und als Ziel eines Anwerbeversuchs ausgewählt worden. Vorgangsfüh-{8}render Mitarbeiter in der Abteilung II der HA XV war der Zeuge Prosetzky, damals im Rang eines Hauptmanns, später einer der Stellvertreter des Angeklagten. Der Zeuge ging davon aus, daß Christa T. unterhalb der Verschlußstufe „Streng geheim" Zugang zu allen politischen und wirtschaftlichen Berichten der auch mit Fragen der Entwicklung in der DDR befaßten Ostabteilung ihrer Dienststelle hatte und aufgrund ihrer Tätigkeit „wertvolle Informationen und interessante operative Hinweise liefern" könne. Zur Umsetzung dieses Planes wurden unter Einsatz einer in der Nachbarschaft der Zeugin wohnenden Agentin mit dem Decknamen „Gisela" ihre Persönlichkeit, ihre Lebensumstände und wirtschaftlichen Verhältnisse ausgespäht und ein weiterer Agent, ein geheimer Mitarbeiter (GM) der HV A mit dem Decknamen „Stein", an sie herangespielt. Er trat unter dem Namen „Gerlach" auf und gab vor, Handelsenglisch lernen zu wollen. Bereits diese Aktion war entsprechend den streng beachteten Verfahrensweisen innerhalb des SfS vorab mit dem Angeklagten abgestimmt. „Gerlach" bemühte sich, die Beziehungen zur Zeugin T. auf persönlicher Basis zu intensivieren. Ihm gelang es mit einiger Mühe, daß die Zeugin im Februar 1955 in Begleitung ihrer Mutter ein erstes Mal mit ihm essen ging.

Im März 1955 erarbeiteten der Zeuge Prosetzky und sein Vorgesetzter, der Leiter der Abteilung II der HA XV, der Zeuge Jänicke, damals noch im Rang eines Majors, später ebenfalls einer der Stellvertreter des Angeklagten, eine „Werbevorlage". Da die Zeugen

Prosetzky und Jänicke auf Grund ihrer Einschätzung zutreffend annahmen, die Zeugin T. werde den sowjetischen Sektor Berlins freiwillig nicht betreten, schlugen sie vor, Frau T. mit List, notfalls auch mit Gewalt, in den Ostteil der Stadt zu bringen. Dort sollte sie gegen die Zusicherung großzügiger finanzieller Vergütung zur nachrichtendienstlichen Mitarbeit für das SfS gewonnen werden. Für den Fall einer Ablehnung dieses Angebots sah die Vorlage vor, Frau T. mit ihrer Verhaftung „wegen aktiver Mitarbeit gegen die DDR" zu drohen und sie so zur Agententätigkeit zu zwingen. Sämtliche Einzelheiten dieser ursprünglich für den 2. April 1955 geplanten Aktion, die {9} Bereitstellung eines angeblichen Firmen-Pkw für „Gerlach" mit Fahrer und Westkennzeichen durch die Hauptabteilung VI des SfS, sein Abendessen mit Frau T. in einem Restaurant in Berlin-Neukölln, seine Zudringlichkeiten auf der anschließenden Fahrt zur Ablenkung der Zeugin, das Überqueren der Sektorengrenze an vorbestimmter Stelle notfalls unter Einsatz von Gewalt bei Gegenwehr, das Anhalten des Pkw durch die Volkspolizei entweder in der Lohmühlen- oder in der Bouchéstraße, die Umstände und der Inhalt der Erstansprache im Ostsektor und der Ablauf des Werbegesprächs in der Volkspolizeiinspektion Treptow, wurden detailliert und auch hinsichtlich des zeitlichen Ablaufs exakt festgelegt. Für den Fall, daß der Grenzübertritt wider Erwarten vor 22.00 Uhr nicht gelingen sollte, sollte „Stein" versuchen, Christa T. nach einer Kabarett-Veranstaltung in den „demokratischen Sektor" zu bringen. Die Vorlage schloß mit dem Satz: „Sollte auch dies nicht gelingen, aber T. noch keinen Verdacht geschöpft haben, wird die Vorlage zu einem späteren Zeitpunkt durchgeführt".

Die Werbevorlage wurde dem Angeklagten am 23. März 1955 zur Billigung zugeleitet. Er bestätigte am 31. März 1955 schriftlich die geplante Aktion und setzte den Operativplan zur Durchführung in Kraft, ordnete aber durch von ihm selbst verfaßte Randbemerkungen Änderungen hinsichtlich der Überquerung der Sektorengrenze und der Absicherung „Gerlachs" an.

Mehrfache Versuche „Gerlachs", die Zeugin T. zu einem gemeinsamen Abendessen zu bewegen, blieben zunächst ohne Erfolg. Erst als er ankündigte, er werde Berlin in Kürze verlassen müssen, nahm die Zeugin mit ihrer Mutter die Einladung zu einem Abschiedsessen am 16. Juni 1955 an. An diesem Abend fuhr „Gerlach" mit dem von einem anderen Mitarbeiter des SfS gesteuerten Pkw bei der Zeugin T. in Berlin-Dahlem vor. Christa T. und ihre Mutter stiegen in den Wagen ein. Sie schöpften bei der Fahrt in Richtung Berlin-Charlottenburg, angeblich zu einem Restaurant in der Fasanenstraße, auch keinen Verdacht, als „Gerlach" unterwegs einen Umweg zu seinem Büro ankündigte, {10} wo er Geschäftsunterlagen vergessen habe. Erst als Christa T. plötzlich ein Schild mit der Aufschrift „You are leaving the American Sector" bemerkte, schrie sie auf und verlangte vergeblich, das Fahrzeug anzuhalten. Der Wagen wurde jedoch trotz der wegen der Sektorengrenze auf der Fahrbahn vorhandenen Sperren und Schwellen noch beschleunigt. Im Ostsektor wurde der Pkw von Volkspolizisten gestoppt, „Gerlach" rannte weg, Christa T. und ihre Mutter versuchten, in Richtung Sektorengrenze zu flüchten, wurden jedoch von den Polizisten mit dem Zuruf „Halt oder wir schießen!" daran gehindert und zu einer Dienststelle der Volkspolizei gebracht. Dort wurden Christa T. und ihre Mutter getrennt.

Ein Mitarbeiter des SfS begann die Zeugin zu vernehmen. Sie weigerte sich, Fragen nach Einzelheiten ihrer beruflichen Tätigkeit zu beantworten und verlangte, mit ihrer

Mutter nach West-Berlin zurückkehren zu dürfen. Sie wurde aber nach ihrer Weigerung in eine Villa des SfS gebracht, wo der Werbeversuch durch einen anderen Mitarbeiter des SfS, vermutlich den Zeugen Jänicke, fortgesetzt wurde. Die ablehnende Haltung der Zeugin änderte sich auch nicht durch das Versprechen guter Bezahlung für eine Zusammenarbeit, die in der Lieferung von Kopien der von ihr in ihrer Dienststelle zu schreibenden Berichte und von Informationen aus ihrem berufliche Umfeld bestehen sollte. Erst die Drohung ihres Gegenüber, falls sie bei ihrer ablehnenden Haltung bleibe, werde sie wohl ihre Mutter nie wiedersehen, ließ Christa T. die Ausweglosigkeit ihrer Situation erkennen. Als ihr versprochen wurde, sie und ihre Mutter unverzüglich freizulassen, falls sie sich zu einer Zusammenarbeit bereit fände, entschloß sie sich, zum Schein auf das Ansinnen des SfS-Offiziers einzugehen. Nach längerem Sträuben unterschrieb sie auch eine Verpflichtungserklärung. Man verlangte von ihr, Kopien der von der HICOG monatlich erstellten Berichte zu liefern, drohte ihr bei mangelhafter Mitarbeit ernsthafte Nachteile an und vereinbarte ein Folgetreffen. Abschließend händigte der Gesprächspartner ihr einen 100-DM-Schein aus und ließ sie zu ihrer Mutter bringen. Die beiden Frauen kehrten in den frü-{11}hen Morgenstunden des 17. Juni 1955 mit der U-Bahn in den Westsektor zurück, wo sich Frau T. umgehend ihrem Chef offenbarte.

In der Folgezeit wurde Christa T. mehrfach telefonisch an die von ihr zugesagte Lieferung der Berichte erinnert. Die Anrufe wurden eingestellt, als der gesamte Vorfall auf Veranlassung der amerikanischen Mission in bundesdeutschen und amerikanischen Zeitungen veröffentlicht worden war. Christa T., die sich in West-Berlin nicht mehr sicher fühlte, wanderte etwa ein Jahr später mit ihrer Mutter in die USA aus.

2. Der Fall Georg Angerer

Der 1903 geborene Schriftsetzer Georg Angerer, Mitglied der Sozialistischen Arbeiterpartei (SAP), emigrierte 1933 von Leipzig nach Norwegen. Dort engagierte er sich unter dem Decknamen „Edgar Löwe“ in der norwegischen Emigrantengruppe der SAP und hatte dabei auch zeitweilig Kontakt mit dem damals ebenfalls der SAP angehörenden späteren Regierenden Bürgermeister von West-Berlin und Bundeskanzler Willy Brandt. Nach einem politischen Zerwürfnis trennten sich 1935/36 ihre Wege. Nach der Besetzung Norwegens durch die deutsche Wehrmacht im April 1940 flüchtete Willy Brandt nach Schweden. Angerer blieb zunächst in Oslo. Im August 1940 wurde er im Hauptquartier des Befehlshabers der deutschen Sicherheitspolizei (Sipo) als Dolmetscher dienstverpflichtet und in dem für die Bekämpfung der norwegischen Widerstandsbewegung zuständigen Referat insbesondere bei Vernehmungen inhaftierter norwegischer Widerstandskämpfer eingesetzt. Anfang 1942 wurde er einem anderen Referat zugewiesen und fortan als Dolmetscher und Übersetzer in die Zusammenarbeit des Sicherheitsdienstes (SD) mit drei norwegischen Gewährs- und Vertrauensleuten des SD eingebunden. Ende Oktober 1943 flüchtete Angerer nach Schweden. Er wurde dort interniert und im Oktober 1945 der norwegischen Justiz überstellt. Diese führte gegen ihn wegen Verdachts schwerwiegender Straftaten im Zusammenhang {12} mit seiner Tätigkeit für die deutsche Besatzungsmacht ein strafrechtliches Ermittlungsverfahren, das mit einer Anklage der Staatsanwaltschaft Oslo vom 23. Juni 1948 abschloß. Er wurde jedoch aus nicht geklärten Gründen am selben Tag nach Deutschland entlassen, ohne daß es noch zu einer Verhandlung gegen ihn gekommen wäre. Ob die Vorwürfe dieser Anklage zutrafen, Angerer habe sich zwischen August 1940 und Oktober 1943 als Mitarbeiter der Gestapo in zahlreichen Fällen bei Vernehmungen an schweren Folterungen beteiligt, ist bis heute ungeklärt. Im Mai 1949 kehrte Angerer zu seiner Ehefrau nach Engelsdorf bei Leipzig zurück und nahm seinen Beruf als Schriftsetzer wieder auf.

1958 war der HV A durch eine Zeitungsmeldung bekannt geworden, daß möglicherweise in der DDR eine Person namens „Edgar Löwe" lebte, die ab etwa 1933/34 in Norwegen Kontakte zu emigrierten SPD-Mitgliedern und auch zu Willy Brandt unterhalten hatte. Diese Person sollte sich während des Krieges in Norwegen auch als Denunziant und Gehilfe der Gestapo betätigt haben. Der an diesem Sachverhalt interessierten HV A gelang es zunächst nicht, „Edgar Löwe" ausfindig zu machen.

Im Sommer 1958 dolmetschte Georg Angerer für Sportler aus Norwegen, die an der Ostseewoche in Rostock teilnahmen. Der Journalist Leif K. Nielsen aus Oslo, der während des Krieges als Widerstandskämpfer von der deutschen Besatzungsmacht inhaftiert gewesen war, erkannte in Georg Angerer den Dolmetscher „Edgar Löwe" wieder, der ihm damals als Mitarbeiter der Sipo bekannt geworden war. In einem Schreiben an das Ostseewoche-Komitee kritisierte die norwegische Delegation den Einsatz des „Gestapomannes" Angerer. Die HV A machte Georg Angerer in Leipzig ausfindig. Sie ließ seine Lebensumstände durch die KD Leipzig des MfS in einem „Überprüfungsvorgang Ostseewoche" umfassend aufklären.

Spätestens am 2. Februar 1959 erfuhr der Angeklagte durch ein Anschreiben der KD Leipzig vom 30. Januar 1959 von den Vorgängen und übertrug die Bearbeitung dem Zeugen Jänicke, damals {13} Leiter der dem Angeklagten unmittelbar unterstehenden Abteilung III der HV A. Die Sachbearbeitung in der Abteilung III oblag dem inzwischen verstorbenen stellvertretenden Abteilungsleiter Knaust und dessen Referatsleiter, dem Zeugen Günter Müller. Dem Angeklagten wurde laufend über den Fortgang der Sache berichtet.

Um abzuklären, welche operativen Maßnahmen gegen Angerer in Betracht kamen, wurde im Februar 1959 die Hauptabteilung IX (HA IX), das strafprozessuale „Untersuchungsorgan" des MfS, beauftragt, den „Überprüfungsvorgang Ostseewoche" aus strafrechtlicher Sicht zu bewerten. In einer „Einschätzung" vom 13. Februar 1959 faßte der Zeuge Voigt, damals kommissarischer Leiter der Abteilung 2 der HA IX, das Ergebnis seiner Prüfung wie folgt zusammen:

> „Nach vorliegendem Tatbestand ist der dringende Verdacht gegeben, daß Angerer während der faschistischen Besetzung in Norwegen als Gestapospitzel tätig gewesen ist und Beihilfe zum Totschlag geleistet hat. Aufgrund der Tatsache, daß Totschlag und Beihilfe zum Totschlag nach 15 Jahren verjährt ist und daß wegen diesen während der Nazizeit verübten Delikten zahlreiche Personen bereits amnestiert wurden, ist die Festnahme dieser Person nur deshalb von Bedeutung, um von ihr Angaben über die Haltung und Tätigkeit des Brandt in der norwegischen Emigration zu erhalten."

Die Nachforschungen der KD Leipzig hatten ergeben, daß Angerer während der Zeit seiner Emigration in Norwegen mit Willy Brandt zusammengetroffen und im Januar 1943 in Uniform bei einer Gestapo-Vernehmung in Oslo zugegen gewesen war, in deren Verlauf der verhörte Widerstandskämpfer geschlagen wurde, und daß Angerer nach dem Kriege in Norwegen wegen seiner Dienste für die deutsche Sicherheitspolizei strafrechtlich verfolgt, 1948 jedoch aus norwegischer Internierung nach Deutschland entlassen worden war. Dieser Sachverhalt wurde im Februar 1959 Mitarbeitern der HV A vorgetragen. In einem Maßnahmeplan der KD Leipzig {14} vom 26. Februar 1959 wird als Einschätzung der HV A festgehalten:

„Nach Angaben der Hauptverwaltung A enthält der Vorgang wichtiges Material, um den Vorsitzenden der Westberliner SPD, Willy Brandt zu überführen, daß er mit der Gestapo zusammengearbeitet hat."

In einem Sachstandsbericht vom 4. März 1959 wurden von der KD Leipzig die gesammelten Erkenntnisse der HV A zugeleitet. In der abschließenden „Einschätzung des Materials" heißt es in dem Bericht:

„Mit Klärung des Vorganges besteht die Möglichkeit, den westberliner Vorsitzenden der SPD, Willy Brandt, zu überführen, daß er während seiner Emigration mit der Gestapo zusammengearbeitet hat."

Am 12. März 1959 fertigte der Zeuge Müller für die weitere Bearbeitung eine vom Zeugen Jänicke gegengezeichnete Vorlage und legte diese dem Angeklagten vor. Darin wurde die sofortige Verhaftung Angerers mit der Begründung empfohlen, er sei in Norwegen als Gestapo-Agent tätig gewesen und es bestehe die Gefahr, daß Angerer gewarnt und möglicherweise flüchten werde. Außerdem sei „nach der bisherigen Kenntnis des Angerer kaum zu erwarten, daß eine bloße Befragung ohne Verhaftung das gewünschte Resultat zeitigen wird". Ober das Ziel der weiteren Bearbeitung heißt es:

„Die politische Bedeutung des Vorganges besteht darin, daß hier eine gute Möglichkeit vorhanden ist, die Verbindung Brandts zur Gestapo über den Gestapo-Agenten A. bzw. seine Tätigkeit für die Gestapo, nachzuweisen. Wenn es gelingt, die Zusammenarbeit Brandts mit der Gestapo nachzuweisen, so dürfte dies das politische Todesurteil von Brandt bedeuten. Sollte dieser Nachweis nicht lückenlos gelingen, so ist doch allein die Tatsache einer engen Verbindung zu einem Gestapo-Agenten schon von stark kompromittierender Wirkung. Außerdem besteht die Möglichkeit, die nach der Ver-{15}haftung des A. von ihm erlangten Aussagen in maximal kompromittierender Form gegen Brandt auszuwerten bzw. A. selbst in geeigneter Form in der Öffentlichkeit in Erscheinung treten zu lassen."

Der Angeklagte billigte die ihm vorgetragenen Überlegungen seiner Untergebenen und bestätigte am 14. März 1959 den von den Zeugen Müller und Jänicke vorbereiteten und unterzeichneten Haftbeschluß durch seine Unterschrift. Der Haftbeschluß nennt als Begründung für die Festnahme:

„Es ist der dringende Verdacht gegeben, daß Angerer während der faschistischen Besetzung in Norwegen als Gestapo-Agent tätig gewesen ist und Beihilfe zum Totschlag geleistet hat. Die Verhaftung der Person erfolgt unter Berücksichtigung der Tatsache, daß Totschlag und Beihilfe zum Totschlag nach 15 Jahren verjährt ist, insbesondere deshalb, weil die Person wahrend der Emigration nach eigenen Angaben Verbindung zu Willy Brandt hatte und über dessen Verbindung zur Gestapo Aussagen machen kann."

Um dem Vorgehen gegen Angerer den Anschein eines gesetzmäßigen Verfahrens zu geben, wurde am selben Tag bei dem Stadtbezirksgericht Berlin-Mitte der Erlaß eines Haftbefehls beantragt. Durch Haftbefehl vom 16. März 1959 wurde Georg Angerer allerdings lediglich eine „Körperverletzung im Amt" zur Last gelegt. Erst am 6. April 1959 wurde der Haftbefehl durch einen „erfahreneren Richter", so der Zeuge Müller, berichtigt und ergänzt und Angerer beschuldigt,

„in noch unbestimmter Zeit, zumindestens aber in den Jahren von 1933 bis 1945 an verschiedenen Orten Deutschlands und des Auslandes in gemeinschaftlicher Handlung und aus niedrigen Beweggründen und mit gemeingefährlichen Mitteln bei der Tötung von Menschen, nämlich von in- und ausländischen Widerstandskämpfern, mitgewirkt zu haben".

Es bestehe „sogar der dringende Verdacht, daß er sich unmittelbar an Mißhandlungen, die zum Tode der Betroffenen führten, beteiligte." {16}

Weder dem Angeklagten noch seinen Mitarbeitern in diesem Vorgang waren konkrete Umstände bekannt, die solche Beschuldigungen hätten rechtfertigen können. Ob die Justiz durch die Mitarbeiter der HV A in den ausschließlich operativen Zweck der Untersuchung eingeweiht war oder über die Verdachtslage getäuscht wurde, ist ungeklärt geblieben. Am 14. März 1959 wurde Georg Angerer von Kräften der HV A unter Mitwirkung des Zeugen Müller festgenommen und am Tag darauf in die Haftanstalt II des MfS in Berlin eingeliefert.

Der Zeuge Beer, ein Mitarbeiter der Abteilung 2 der HA IX, wurde zum Untersuchungsführer bestimmt. Er begann unmittelbar nach der Festnahme Angerers mit dessen Vernehmung. Den von der HV A angelegten Vorgang erhielt der Zeuge offiziell am 1. April 1959 durch den Zeugen Müller.

Auch der Zeuge Beer und die anderen Mitarbeiter der Hauptabteilung IX akzeptierten, daß die Untersuchung auf Grund der Interessenlage der HV A und auf Anweisung des Angeklagten mit dem Ziel zu führen war, die Verbindungen Georg Angerers „zu Brandt und anderen rechten SPD- und Gewerkschaftsführern, die ab 1933 in norwegischer Emigration lebten", aufzuklären. In dem vom Zeugen Beer verfaßten Bearbeitungskonzept der HA IX vom 18. März 1959 wurde ausdrücklich festgelegt, daß ein Hauptschwerpunkt der Untersuchung sein müsse,

„die Verbindungen von Brandt zu Trotzkisten und Gestapo-Leuten herauszuarbeiten", „da dadurch Partei und Regierung Material gegeben werden kann, um entsprechende politische und publizistische Maßnahmen zur Entlarvung von Brandt alias Frahm als Feind der Arbeiterklasse und der Verständigung einleiten und durchführen zu können".

Die zahlreichen und lang dauernden Vernehmungen Angerers über seine Tätigkeit als Dolmetscher für die Gestapo in Norwegen und zu seinem Wissen über Willy Brandt führten zu keinen wesentlichen Erkenntnissen, insbesondere nicht zu konkreten Willy Brandt belastenden Feststellungen. {17}

Auch die weiteren Ermittlungen der HA IX und der Abteilung III der HV A ergaben keine weiteren Angerer belastenden Umstände, sondern erbrachten eher entlastendes Material durch norwegische Verfahrensunterlagen und Zeitungsberichte, die Angerers Ehefrau zu den Akten gereicht hatte. Hierauf wurde durch den Zeugen Beer bereits in Zwischenberichten vom 28. März und 16. April 1959 hingewiesen. Diese Berichte führten allerdings nicht zur Freilassung Angerers. Er wurde vielmehr weiter vernommen; seine Untersuchungshaft wurde auf Antrag der Hauptabteilung IX durch Beschlüsse des Stadtbezirksgerichts Berlin-Mitte mehrfach, zuletzt bis zum 30. September 1959 verlängert.

Georg Angerer blieb in seinen Vernehmungen nicht bei seiner Willy Brandt anfangs kaum belastenden Darstellung. Er erkannte alsbald nach Beginn der Vernehmungen, was das eigentliche Ziel seiner Inhaftierung und Vernehmungen war, was von ihm erwartet wurde und daß er seine Freilassung nur erreichen konnte, wenn er willfährig den Zielvorgaben der HV A entsprach. Mit fortschreitender Dauer der Inhaftierung zeichneten die Vernehmungsprotokolle und Niederschriften Angerers von Willy Brandt ein zunehmend negatives Bild und kulminierten in Brandt in den Mund gelegten, geradezu grotesken Äußerungen zu Mitgliedern der SPD, die Angerer nicht wiedergeben wollte, „da hier die primitivsten Anstandsregeln von Brandt verletzt und mit Füßen getreten wurden".

Trotz aller Bemühungen des Zeugen Beer gelang es aber nicht, das ihm vorgegebene negative Bild von Willy Brandt entscheidend mit konkreten Angaben zu unterlegen. Am 14. Mai 1959 legte der Zeuge deshalb in einem von dem Leiter der HA IX, Oberst Richter, abgezeichneten Bericht dar, es sei nicht gelungen, dem Beschuldigten zu beweisen, daß er durch seine Tätigkeit in der Sipo und im SD Hilfe bei der Ermordung norwegischer Widerstandskämpfer geleistet habe; das Beweisergebnis deute vielmehr darauf hin, daß Angerer während seiner Tätigkeit für die deutsche Besatzungsmacht in Norwegen „den inhaftierten Widerstandskämpfern in jeder Weise behilflich war, ihre Lage zu verbessern {18} und außerdem in Freiheit befindliche Widerstandskampfer bei Gefahr einer Inhaftierung warnte". Er schlug vor, „den Beschuldigten nach der propagandistischen Auswertung des erarbeiteten Materials über Brandt aus der Haft zu entlassen" und den Vorgang Angerer danach abzuschließen.

Der Angeklagte und seine Mitarbeiter waren mit diesem Vorschlag jedoch nicht einverstanden. Die Verhöre Angerers wurden deshalb fortgesetzt. Angerer wurde zu einer eigenhändigen 54 Seiten langen „Niederschrift" über Willy Brandt mit dem Fazit veranlaßt, Brandts Gewissen sei entweder in frühester Jugend korrumpiert worden oder Brandt sei „überhaupt ohne Gewissen zur Welt gekommen". Auch diese Ausführungen, die damit schlossen, daß „der Zorn des Volkes Brandt schon lange von der Bildfläche hinweggefegt haben müßte", verhalfen Angerer nicht zur Freiheit. Die Bedingungen seiner Einzelhaft blieben unverändert, die Vernehmungen wurden fortgesetzt.

Am 27. Juli 1959 entwarf der Zeuge Beer unter ausführlicher Schilderung des Ermittlungsergebnisses einen „Entlassungsbeschluß" und legte diesen über den Leiter der HA IX der Leitung des MfS zur Bestätigung vor. Die Beweislage faßte er dahingehend zusammen, daß Angerer keine strafbaren Handlungen nachzuweisen seien. Er regte an, das „zur publizistisch-agitatorischen Auswertung geeignete" Material über Willy Brandt propagandistisch zu verwerten und Georg Angerer anschließend aus der Haft zu entlassen.

Auch diese Ausarbeitung des Zeugen Beer führte zunächst nicht zur Freilassung des Gefangenen. In weiteren Vernehmungen unterschrieb Angerer zusätzliche Angaben über angebliche norwegische Kollaborateure und andere Sipo-Helfer und über die „enge Verbindung" zwischen Willy Brandt zu einem österreichischen Emigranten, dem späteren Canaris-Agenten N.

Am 1. September 1959 nahm der Angeklagte in einem von ihm unterzeichneten, durch den Zeugen Müller vorbereiteten Schreiben an den Minister Erich Mielke zum Entlassungsvorschlag des Zeu-{19}gen Beer Stellung: Das vorgelegte Material biete zwar „Anhaltspunkte", an die angeknüpft werden könne. Die von Angerer „bisher gemachten Aussagen über negative Äußerungen des B., die führende Persönlichkeiten der SPD in WD sowie Persönlichkeiten im Ausland betreffen", seien „jedoch noch zu allgemein und oberflächlich". Sie seien „zu präzisieren und weiter auszubauen". Mit diesem Ziel sei Angerer weiter zu vernehmen. Dabei müßten „der konkrete Zusammenhang, Ort, Zeit, genauer Inhalt der Äußerungen konstruiert und festgehalten werden". Anschließend habe die Hauptabteilung IX mit Angerer „eine von ihm handgeschriebene Erklärung über B." zu erarbeiten. „Nach Abgabe der Erklärung und Zustimmung durch die HV A konnte Angerer aus der Haft entlassen werden. Auf Angerers angebliche Straftaten in Norwegen ging diese Stellungnahme nicht ein. Der Angeklagte schlug vor, „nach Bestätigung durch das ZK Ende Oktober/Anfang November 1959 eine Aktion zur Entlarvung des B." einzuleiten.

Mit der Zielrichtung, die bis dahin erarbeiteten Formulierungen noch zu übertreffen, setzte der Zeuge Beer die Vernehmungen Georg Angerers fort. Mit Begleitschreiben vom 12. September 1959 legte Oberst Richter, der Leiter der HA IX, ein am 1. September 1959 begonnenes Protokoll dem Angeklagten mit der Anfrage vor, ob es nun reiche, oder welche Wünsche die HV A insoweit noch habe.

Den Angeklagten stellte jedoch das vorgelegte Material noch immer nicht zufrieden. Der Zeuge Müller bemängelte am 23. September 1959, daß die Niederschrift „in ihrer ganzen Anlage zu breit" sei. Die Darstellung der Verbindungen Brandts zu Gestapoagenten und Kollaborateuren müsse „weiter ausgebaut werden". Auch komme „die verbrecherische Tätigkeit des B. nicht kräftig genug zum Ausdruck". Der Häftling solle – gegebenenfalls mit Hilfestellung der HV A – „die Niederschrift noch einmal gründlich überarbeiten".

Dieser von dem Angeklagten gebilligte Vorschlag seines Sachbearbeiters Müller fand jedoch bei dem Minister Erich Mielke kein Gehör mehr. Der Einschätzung der Hauptabteilung IX folgend, daß {20} die Möglichkeiten des strafrechtlichen Untersuchungsvorganges ausgeschöpft seien, bestätigte er am 26. September 1959 den am 27. Juli 1959 vom Zeugen Beer entworfenen Entlassungsbeschluß, strich dabei aber den Passus, daß die Freilassung erst nach Durchführung der öffentlichen Kampagne gegen Brandt erfolgen solle.

Am 30. September 1959, 200 Tage nach seiner Festnahme, wurde Georg Angerer aus MfS-Haft entlassen. Mit ersichtlich zittriger Handschrift – kaum leserlich – verpflichtete er sich, über den Inhalt seiner Vernehmungen, insbesondere bezüglich Brandt, gegenüber jedermann Stillschweigen zu bewahren. Er kehrte psychisch angeschlagen nach Hause zurück. Seiner Ehefrau erzählte er, er habe in Stasi-Haft „eine Wendung gemacht, 5 Tage rum", ohne die er nicht entlassen worden wäre. Diese Äußerung wurde von der HV A belauscht, die seine Wohnung mit „operativer Technik" versehen hatte und noch längere Zeit abhörte.

Auch nach der Freilassung Georg Angerers hielt der Angeklagte an dem Plan weiterhin fest, Angerer in eine Diffamierungskampagne gegen Willy Brandt einzuspannen. Mit einer „Vorlage" vom 16. Dezember 1959 machte der mit dieser Aufgabe betraute Leutnant Knaust Vorschläge über die „weitere Arbeit mit dem G. Angerer im Vorgang Brandt": Angerer müsse zum Thema „Beziehungen und Verbindungen zwischen B. und Agenten der Gestapo" weiter befragt und für ein öffentliches Auftreten vorbereitet werden. Günstig sei es, wenn Angerer sein Engagement damit begründe, daß er sich wegen seiner früheren persönlichen Bekanntschaft zu Brandt für dessen Politik besonders interessiert und dabei festgestellt habe, daß jener „heute ein noch größerer Verräter an den

Interessen der Arbeiterklasse ist, als er damals schon war". Um Angerer als Kronzeugen gegen Brandt öffentlich präsentieren zu können, sei es erforderlich, „ihm ausdrücklich die verbrecherische Rolle Brandts zu erläutern". Damit der Verdacht ausgeschlossen werde, „daß es sich bei Angerers Auftreten um eine während seiner Haftzeit festgelegte Maßnahme handelt", werde Georg Angerer „in Zukunft bei allen Gelegenheiten in Wort und {21} Tat – soweit ihm körperlich möglich – betont positiv auftreten".

Am 13. Januar 1960 billigte der Angeklagte diese Vorschläge. Neben den Vermerk „Einverstanden" notierte er: „Hauptaufgabe: Ausarbeitung einer qualifizierten Erklärung, die zu beliebiger Zeit an beliebige Adresse verwendet werden kann".

Auch die weiteren Bemühungen der Abteilung III der HV A, die sich bis in das Jahr 1963 hinzogen, führten nicht zu einem verwertbaren Ergebnis. Georg Angerer unterstand noch mehrere Jahre der Kontrolle der HV A. Er verstarb 1988.

3. Der Fall Walter Thräne/Ursula S.

1956 war innerhalb des MfS die Arbeitsgruppe Wissenschaftlich-Technische Auswertung (AG WTA) als selbständige Diensteinheit eingerichtet worden. Ihre Aufgabe bestand darin, die durch Agenten des MfS, insbesondere der HV A, in der Bundesrepublik Deutschland und anderen westlichen Ländern nachrichtendienstlich beschafften Informationen über westliche Produkte, technische Verfahren und Forschungsvorhaben auszuwerten und für die DDR nutzbar zu machen. Geleitet wurde die AG WTA durch den Zeugen Paul Bilke, der Generalleutnant Otto Walter unterstand, einem der Stellvertreter des Ministers Erich Mielke. Stellvertreter Bilkes war 1961 und noch in der ersten Hälfte des Jahres 1962 der damals 35 Jahre alte Hauptmann Walter Thräne, ein ehemaliger Lehrer, der seit 1956 in der AG WTA eingesetzt war.

Im Januar 1962 lernte Walter Thräne bei einer Tanzveranstaltung in Karl-Marx-Stadt die damals 21 Jahre alte Säuglingspflegerin Ursula S., die Zeugin Ursula D., kennen. In der Folgezeit traf er auf Dienstreisen und an Wochenenden häufig mit ihr zusammen. Zwischen beiden entwickelte sich ein Liebesverhältnis. Walter Thräne, der verheiratet war und zwei Töchter hatte, wollte sich scheiden lassen. Er stellte Ursula S. seinen {22} Eltern schon als seine zukünftige Frau vor. Sie machte Walter Thräne als ihren Verlobten mit ihren Eltern bekannt.

Walter Thräne erzählte Ursula S., er arbeite im Ministerium für Volksbildung. Als sie durch einen Zufall seinen Dienstausweis zu Gesicht bekam, gab er zu, als Offizier für das MfS in der Abteilung „Wissenschaftlich-Technische Auswertung" beschäftigt zu sein. Er nannte ihr die Namen von Vorgesetzten und Kollegen und beschrieb seine Tätigkeit. Er nahm sie auch mit auf Dienstreisen nach Leipzig zu Treffen mit geheimen Mitarbeitern des MfS.

Das MfS überprüfte im Frühjahr 1962 auf Grund eines Hinweises der Ehefrau den Lebenswandel von Walter Thräne. Man stieß auf seine Beziehungen zu Ursula S. Durch einen Befehl des Ministers Erich Mielke vom 30. Juni 1962 wurde er wegen Verstoßes „gegen Befehle und Anordnungen über die Konspiration" sowie wegen „Vernachlässigung seiner Dienstpflichten" vom Hauptmann zum Oberleutnant degradiert und vom stellvertretenden Abteilungsleiter zum Hauptsachbearbeiter zurückgestuft. Gleichzeitig wurde er in die Hauptabteilung XIII versetzt, wo durch „ein starkes Kollektiv" erzieherisch auf ihn eingewirkt werden sollte. Als neues Aufgabengebiet wurde ihm die operative Bearbeitung der „Weißen Flotte", der Fahrgastschiffahrt im Bereich von Ost-Berlin, zugewiesen. Er sollte als Spitzel arbeiten und Informelle Mitarbeiter (IM) in jenem Bereich bei deren Spitzeltätigkeit anleiten.

Walter Thräne mißfiel sein neues Einsatzgebiet. Außerdem sah er in der DDR für sich und Ursula S. keine Perspektive für eine gemeinsame Zukunft. Deshalb schlug er ihr vor, miteinander die DDR zu verlassen und nach West-Berlin zu flüchten. Nach kurzer Bedenkzeit erklärte Ursula S. sich damit einverstanden. Am 11. August 1962, einem Sonnabend, gelang es beiden, durch Ausnutzung der Dienststellung von Walter Thräne die Grenzbeamten der DDR am Bahnhof Friedrichstraße zu täuschen und nach West-Berlin zu entkommen. {23}

Als Walter Thräne am folgenden Montagmorgen nicht zum Dienst erschien, wurde im MfS die „operative Fahndung" nach ihm eingeleitet. Am selben Tag wurde bekannt, daß Thräne sich durch Täuschung der Grenzbeamten eine Berechtigungskarte zum Betreten des Westbahnsteigs des Bahnhofs Friedrichstraße erschlichen hatte und zusammen mit Ursula S. nach West-Berlin gefahren war.

Mit dem Bekanntwerden seiner Flucht galt Walter Thräne innerhalb des MfS als fahnenflüchtiger Verräter, dessen schnelle Festnahme zur Verhütung weiteren Schadens geboten war. Auch Walter Thräne ging davon aus, daß das MfS versuchen würde, seiner habhaft zu werden. Eine Chance, diesen Versuchen zu entgehen, sah er nur dann als gegeben, wenn es ihm gelänge, Kontakte zu westlichen Geheimdiensten zu vermeiden. Er war deshalb bestrebt, für sich und seine Begleiterin unter Umgehung des regulären Aufnahmeverfahrens westdeutsche Ausweispapiere zu beschaffen und in der Bundesrepublik unterzutauchen. Mit der Bitte, ihm dabei zu helfen, wandte er sich am 12. August 1962 in West-Berlin an Manfred Homann. Dieser arbeitete als GM unter dem Decknamen „Max" für die WTA. Thräne war bis zu seiner Strafversetzung sein Führungsoffizier gewesen und vertraute ihm.

Homann befürchtete, die Flucht Thränes könne zu seiner Enttarnung führen. Er beschloß darum, den Geflüchteten zu helfen unterzutauchen, das MfS aber dabei zu unterstützen, sie unter seine Kontrolle zu nehmen und „unschädlich" zu machen.

Homann sagte Walter Thräne und Ursula S. seine Hilfe zu und flog am 13. August 1962 nach Frankfurt/Main. Dort traf er mit den Eheleuten Arthur und Anna-Maria Tyroller zusammen. Diese arbeiteten gleichfalls als IM für das MfS und waren Thräne als Geschäftspartner Homanns bekannt. Homann erörterte mit ihnen die Möglichkeit, die Geflüchteten im Raum Frankfurt unterzubringen und beschaffte für diese am selben Tag durch Bestechung eines städtischen Bediensteten westdeutsche Personalausweise. Er flog nach West-Berlin zurück, händigte Walter Thräne und Ur-{24}sula S. die Personalausweise aus und verabredete für den 15. August 1962 einen gemeinsamen Flug nach Frankfurt. Er überredete Thräne, ihm seinen MfS-Dienstausweis und den Bahnhofspassierschein zu überlassen.

Wegen der Flucht von Walter Thräne gab es im MfS am 13. August 1962 eine Beratung unter Leitung des Ministers Erich Mielke, an der zwei seiner inzwischen verstorbenen Stellvertreter, die Generäle Walter und Beater, und möglicherweise auch Oberst Scholz von der für Spionageabwehr zuständigen HA II teilnahmen. General Beater war damals u.a. für den Bereich Abwehr zuständig. Erörtert wurden die Fragen, wie die

Flucht hatte gelingen können, welcher Schaden eingetreten war und wie Thräne gegebenenfalls zurückzuholen sei, sobald dessen Aufenthaltsort bekannt sein wurde.

Der Angeklagte nahm an dieser Besprechung nicht teil. Er fertigte aber an diesem Tage auf Anordnung Mielkes einen Bericht über die aus dem Informationsstand Thränes resultierende Gefährdung operativer Verbindungen des MfS und des KGB zu Informanten in der Bundesrepublik. Der Angeklagte ging in seiner Schadensanalyse davon aus, daß Walter Thräne durch die Auswertung des von der HV A operativ beschafften Materials indirektes Wissen über die Plazierung zahlreicher „Quellen" erlangt hatte, dessen Verrat an westliche Dienste zur Enttarnung der Agenten und erheblichem Schaden für die HV A würde führen können.

Am 14. August 1962 schickte Homann seinen Schwiegervater Paul P. unter Mitgabe der von Thräne erlangten MfS-Ausweise zum Zeugen Bilke nach Ost-Berlin. P. übergab die Ausweise und berichtete, daß Thräne in West-Berlin sei, sich hilfesuchend an Homann gewandt habe und daß dieser keine Kontakte zu westlichen Diensten aufnehmen wolle. Der Zeuge hatte bis zu diesem Zeitpunkt von der Flucht seines ehemaligen Mitarbeiters Thräne keine Kenntnis. Er unterrichtete umgehend seinen Vorgesetzten, Generalleutnant Walter. Homann wurde veranlaßt, zur Berichterstattung nach Ost-Berlin zu kommen. Dort informierte er über das bisherige Geschehen und Thränes Absichten. Er wurde {25} von Generalleutnant Walter angewiesen, Thräne nicht mehr aus den Augen zu lassen, ihn vorübergehend bei Tyroller unterzubringen und sodann entweder zu Verwandten von Frau Tyroller nach Österreich zu locken oder ihn zu überreden, freiwillig in die DDR zurückzukehren. Homann verknüpfte den Gedanken, Thräne nach Österreich zu bringen, mit der Vorstellung, daß das MfS ihn von dort leichter als aus der Bundesrepublik in die DDR würde zurückholen können. Diese Vorstellung wurde im MfS aufgegriffen und geteilt.

Generalleutnant Walter fertigte am 14. August 1962 im Anschluß an sein Treffen mit Homann für den Minister Erich Mielke einen detaillierten Bericht über den dienstlichen Werdegang Thränes, dessen Kenntnisse über „politisch-operative" Zusammenhänge, die Umstände der Flucht, die eingeleitete operative Fahndung und deren Ergebnis. Als „Maßnahme zur weiteren Sicherung" schlug er vor, die AG WTA „umzubauen" und in die HV A einzugliedern.

Am 14. oder 15. August 1962 gab es eine zweite Beratung bei Minister Erich Mielke, an der auch der Angeklagte teilnahm. Bei dieser zweiten Besprechung beim Minister fielen unter Mitwirkung des Angeklagten folgende Entscheidungen.

Weil Homann das Vertrauen Thränes hatte und als IM bei WTA angebunden war, wurden der Zeuge Bilke und die WTA ausgewählt, Walter Thräne und Ursula S. so zu steuern, daß es zu keinen Kontakten mit westlichen Geheimdiensten kam und ein Zugriff des MfS möglich wurde.

Auf Vorschlag von Generalleutnant Beater wurde Oberst Heinrich Folk, seit dem 1. Februar 1959 Leiter der Abteilung I der HV A und damit der unmittelbaren Anleitung des Angeklagten unterstehend, mit der Planung und Leitung der Festnahme der Geflüchteten betraut. Oberst Folk hatte bis 1956 unter Beater in der für Spionageabwehr zuständigen HA II des MfS gedient und besaß Erfahrung mit Festnahmen im Ausland.

Der Anregung General Walters vom 14. August 1962 folgend wurde die WTA in die HV A eingegliedert und dem Leiter des Sektors {26} Wissenschaftlich-Technische Auswertung (Abteilung V) der HV A – Oberst Weiberg – unterstellt. Dieser wiederum unterstand ebenfalls unmittelbar dem Angeklagten. Damit ging zugleich die Verantwortung für die Weiterführung der Rückholaktion in den Anleitungsbereich des Angeklagten über. Die Eingliederung sollte zum 1. September 1962 wirksam werden. Der Zeuge Bilke wurde aber bereits am 17. August 1962 der HV A unterstellt und übernahm weisungsgemäß seine Rolle bei der Rückführung Walter Thränes.

In einer dritten Besprechung im MfS am 16. oder 17. August 1962 wurde unter der Leitung des Ministers Erich Mielke durch dieselben Personen über das weitere Vorgehen entschieden:

Unter Mitwirkung von Richard Buchhorn aus Ost-Berlin, einem GM der HA II des MfS, der mit Arthur Tyroller, Gottfried Schreiber und Walter Thräne bekannt war, sollte eine zweite Verbindungslinie zu Thräne aufgebaut werden. Gottfried Schreiber wohnte in der Nähe von Mannheim. Er unterhielt als KPD-Mann intensive Kontakte in die DDR und war ebenfalls als IM für die HA II des MfS tätig. Er war ein Bekannter Tyrollers und mit Buchhorn befreundet. Buchhorn wurde der Anleitung von Folk und Bilke unterstellt. Den Offizieren der HA II wurden Kontakte zu ihren informellen Mitarbeitern Buchhorn, Tyroller und Schreiber bis auf weiteres untersagt. Auf diese Weise waren alle an der Lenkung der Schritte Thränes und Ursula S.'s beteiligten IM der Anleitung der HV A und ihres Leiters, des Angeklagten, unterstellt.

Damit war die Aktion „B" zur Rückführung Walter Thräne/Ursula S. angelaufen. Sie wurde unter ständiger Aufsicht des Angeklagten durch Oberst Folk geplant und ausgeführt. Der Plan sah vor, Walter Thräne und Ursula S. auch unter der als unvermeidlich erwarteten Anwendung von Gewalt aus Österreich in die CSSR zu verschleppen und von dort nach Ost-Berlin zu bringen. Der Minister Erich Mielke billigte den von Oberst Folk mit dem Angeklagten abgestimmten Plan und stellte in Absprachen mit Behörden der CSSR deren Mithilfe bei der Grenzöffnung und Unter-{27}bringung der Gefangenen sicher. Oberst Folk wählte aus dem Bestand der seiner Leitung unterstehenden Abteilung I der HV A Mitarbeiter aus, die nach seiner Einschätzung die für eine solche Aktion erforderlichen Qualifikationen aufwiesen. Die Identität dieser Mitarbeiter konnte nicht festgestellt werden, obwohl Folk sie dem Angeklagten gegenüber benannte. Der Angeklagte verließ sich auf Folks Urteil und billigte die vorgeschlagene Zusammensetzung der Einsatzgruppe. Der Angeklagte schickte Oberst Folk nach der Genehmigung Mielkes in die CSSR, wo dieser zusammen mit den tschechoslowakischen Behörden eine günstige Stelle für den Grenzübergang auswählte und die Aktion weiter vorbereitete. Oberst Folk unterrichtete den Angeklagten laufend telefonisch vom weiteren Ablauf der Operation, der so die Kontrolle über das Vorgehen seiner Untergebenen in den Händen behielt.

Am 15. August 1962 hatte Homann, Walter Thräne und Ursula S. zu den Eheleuten Tyroller in Westdeutschland gebracht. Auch Gottfried Schreiber wurde in das Geschehen eingeweiht und hatte in dieser Angelegenheit Kontakte zu Buchhorn. Er bestärkte die Eheleute Tyroller, Thräne und S. unter Kontrolle zu halten, um zu verhindern, daß Thräne ihm bekannte Verbindungen des Staatssicherheitsdienstes zu Bundesbürgern an westliche Geheimdienste verriet. Über Buchhorn bestellte die HV A Arthur Tyroller zu einem Treffen mit dem Zeugen Bilke am 18. August 1962 in Ost-Berlin. Der Zeuge Bilke wies Tyroller an, Walter Thräne und Ursula S. nach Österreich zu bringen, akzeptierte aber schließlich den Gegenvorschlag, Schreiber damit zu betrauen. Am 19. August 1962 kehrte Arthur Tyroller mit einem „Parteiauftrag“ für Schreiber zurück, Walter Thräne und Ursula S. zu den Verwandten Frau Tyrollers nach Kremsmünster in Österreich zu locken. Sogleich nach seiner Rückkehr überredeten Arthur Tyroller und seine Frau Walter Thräne und dessen Begleiterin, nach Österreich weiterzureisen, wo bei den Verwandten von Frau Tyroller angeblich Aussicht auf Arbeit und Wohnung bestand. Walter Thräne ging auf diesen Vorschlag bereitwillig ein, weil {28} er annahm, in Österreich vor Nachstellungen des MfS sicherer zu sein als in der Bundesrepublik.

Am 22. August 1962 machten sich Walter Thräne und Ursula S. auf Anregung der Eheleute Tyroller mit der Bahn auf den Weg nach Österreich. Sie trennten sich vor dem Grenzübertritt und trafen erst am 4. September 1962 in Kufstein wieder zusammen. Thräne hielt sich schon seit dem 27. August 1962 unter der Aufsicht Schreibers in Österreich auf, der in Begleitung von Frau Tyroller mit seinem Pkw vorausgefahren war.

Am Abend des 5. September 1962 fuhren Walter Thräne und Ursula S. von Kufstein mit der Bahn nach Kremsmünster. Dort wurden sie gegen Mitternacht am Bahnhof von Schreiber mit seinem PKW abgeholt. Zwischen Schreiber und dem Anführer der für die Aktion „B“ von Oberst Folk zusammengestellten Einheit war abgesprochen, daß Schreiber die beiden unter dem Vorwand, er bringe sie zu ihrem neuen Zuhause, in einen nahe bei Kremsmünster gelegenen Steinbruch fahren sollte. Schreiber wurde aber nicht in die Einzelheiten der geplanten Festnahme eingeweiht, die dort erfolgen sollte. Im Vertrauen auf die von Schreiber bei ihrem Zusammentreffen gemachten Ankündigungen stiegen Walter Thräne und Ursula S. in seinen Wagen. Der fuhr sie unter Hinweis auf eine Abkürzung in den in der Nähe der Hauptstraße gelegenen Steinbruch, wo die Einsatzgruppe der HV A eine Falle aufgebaut hatte. Im Lichte aufgeblendeter Scheinwerfer eines den Weg blockierenden Wagens hielt Schreiber seinen PKW an. Die Wagentür wurde aufgerissen; Walter Thräne wurde unter vorgehaltenen Schußwaffen aus dem Fahrzeug gezerrt und zu einem in der Nähe bereitgehaltenen Fahrzeug geschleppt. Dort wurde er niedergeschlagen. Ursula S. stieg aus und lief schreiend hinterher. Auch sie wurde ergriffen und niedergeschlagen. Beide wurden bewußtlos in die CSSR verbracht, wo sie inhaftiert wurden. Ob ihnen auch betäubende Mittel verabreicht wurden, konnte nicht sicher festgestellt werden, obwohl die lange Zeit ihrer Bewußtlosigkeit dafür spricht. Am 6. September 1962 wurden sie unter der Aufsicht des Zeugen Pätzel aus der Hauptabteilung IX und {29} dessen Vorgesetzten Haberkorn von Prag nach Ost-Berlin geflogen.

Nach der erfolgreichen Beendigung der Entführungsaktion wurden mehrere der an ihr beteiligten Bediensteten der HV A durch Geldprämien und Orden geehrt. Oberst Folk z.B. erhielt aus den Händen Mielkes wegen Lösung einer „äußerst schwierigen Aufgabe, deren erfolgreicher Abschluß von Bedeutung für unsere Republik war“, den Vaterländischen Verdienstorden in Bronze verliehen, der Zeuge Bilke wurde mit 1000,- M ausgezeichnet, dessen Mitarbeiter Hesse mit 500,- M. Der Angeklagte zeichnete mehrere Mitarbeiter persönlich aus, so u.a. die Zeugen L. und W., die im Zusammenhang mit einer Vernehmung eingesetzt worden waren.

Walter Thräne und Ursula S. wurden während der Untersuchungshaft in der Untersuchungshaftanstalt des MfS in Berlin-Hohenschönhausen vorwiegend durch den Zeugen Pätzel intensiv verhört. Auf sein Ersuchen erstellte die Abteilung V der HV A am

25. Oktober 1962 einen Überprüfungsbericht über angeblich zur Fluchtvorbereitung verübte Finanzmanipulationen Thränes sowie am 31. Oktober 1962 ein Gutachten über die von Thräne mitgenommenen dienstlichen Unterlagen und die Auswirkungen eines potentiellen Geheimnisverrats.

Mit Anklageschrift vom 8. Januar 1963 wurde Walter Thräne der Fahnenflucht, der Spionage, des Geheimnisverrats und der Untreue beschuldigt. Ursula S. wurde angeklagt, die DDR illegal verlassen und Walter Thräne bei dessen Fahnenflucht unterstützt zu haben. Von dieser Anklage und der bereits auf den 24. Januar 1963 anberaumten Hauptverhandlung erfuhren beide frühestens am 18. Januar 1963. Der 1. Strafsenat des Bezirksgerichts Neubrandenburg verurteilte am 24. Januar 1963 nach einer etwa einstündigen Geheimverhandlung Walter Thräne zu einer Gesamtzuchthausstrafe von fünfzehn Jahren und Ursula S. zu vier Jahren Gefängnis. {30}

Beide verbüßten ihre Strafen in der Untersuchungshaftanstalt des MfS in Berlin-Hohenschönhausen. Ursula S. wurde nach drei Jahren und vier Monaten Haft am 30. Dezember 1965 entlassen. Parallel zu dem vor dem Bezirksgericht Neubrandenburg laufenden Strafverfahren betrieb die hiervon nicht in Kenntnis gesetzte Staatsanwaltschaft des Kreises Hohenstein-Ernstthal ein Ermittlungsverfahren gegen sie, in dem sie zur Fahndung ausgeschrieben war und blieb. Es wurde einen Tag vor ihrer Entlassung aus der Strafhaft unter der Legende eingestellt, sie sei freiwillig in die DDR zurückgekehrt. Walter Thräne konnte das Gefängnis nach einer Amnestie im Januar 1973 nach jahrelanger Einzelhaft verlassen und lebte dann unter der Aufsicht des MfS in Eisenhüttenstadt. Sowohl Walter Thräne als auch Ursula S. wurden nach der Wiedervereinigung durch Beschlüsse der Kammer für Kassationsverfahren des Landgerichts Neubrandenburg rehabilitiert.

Walter Thräne ist am 9. November 1993 gestorben.

Durch Urteil des 3. Strafsenats des Bundesgerichtshofs vom 14. Oktober 1968 (7 StE 2/68) sind Arthur Tyroller und Gottfried Schreiber wegen Verschleppung zu je vier Jahren, Anna Maria Tyroller wegen Beihilfe zur Verschleppung zu zwei Jahren und drei Monaten Gefängnis verurteilt worden.

B. Beweiswürdigung

Dieser Sachverhalt steht als Ergebnis der Beweisaufnahme fest, insbesondere auch aufgrund der zum Teil geständnisgleichen Einlassung des Angeklagten.

I. [Zum Werdegang des Angeklagten]

Die Feststellungen zum persönlichen und beruflichen Werdegang des Angeklagten, insbesondere auch zu seiner Tätigkeit als verantwortlicher Leiter der HV A und ihrer Vorläufer IWF und HA XV {31} von 1953 bis Mai 1986, seinen Stellvertretern und den ihm und diesen jeweils unterstellten Anleitungsbereichen, beruhen auf seinen Angaben, dem mit ihm erörterten und von ihm bestätigten Inhalt seiner Kaderkarteikarte sowie der Rede des ehemaligen Ministers für Staatssicherheit Erich Mielke, gehalten aus Anlaß der förmlichen Verabschiedung des Angeklagten am 12. November 1986, von deren Inhalt der Senat durch Abspielen einer Tonbandaufzeichnung Kenntnis genommen hat.

II. [Zum MfS und zur HV A]

Auch die Feststellungen zur Geschichte und Organisation von MfS und HV A beruhen, soweit sie nicht allgemeinkundig sind, weitgehend auf den Angaben des Angeklagten, ergänzt durch die Bekundungen der Zeugen Enk und Kretzschmar, die ihm von 1958 bis 1968 beziehungsweise von 1969 bis 1979 als persönliche Referenten zuarbeiteten, und den zahlreichen zur Geschichte und den Organisationsstrukturen dieser Diensteinheiten verlesenen Urkunden wie etwa den Statuten des SfS vom 15. Oktober 1953 und des MfS vom 30. Juli 1969[4].

III. [Zu den Einzelfällen]

1. Der Fall Christa T.

Die Feststellungen im Fall Christa T. beruhen auf den Angaben des Angeklagten, den Bekundungen der Zeugin T. in ihrer konsularischen Vernehmung am 18. April 1997, der Aussage des Zeugen Dr. G. und der Verlesung und Inaugenscheinnahme der Vorlage vom 23. März 1955.

Zum Fall Christa T. läßt sich der Angeklagte ein, er könne sich weder an die Planung noch an die Ausführung des lange zurückliegenden Falles erinnern. Er wolle aber weder die Authentizität der Vorlage vom 23. März 1955 anzweifeln, noch abstreiten, Urheber des mit seiner Paraphe abgezeichneten Bestäti-{32}gungsvermerks sowie der Anmerkung in bezug auf die Absicherung des GM „Stein" zu sein. Die Unterzeichner der Vorlage, die Zeugen Jänicke und Prosetzky, später zwei seiner Stellvertreter, seien damals Mitarbeiter der seiner Anleitung unterstellten Abteilung II der HA XV gewesen, die für die Bearbeitung der USA zuständig gewesen sei. Er sei in dieser Anfangszeit der HV A mit allen Vorgängen befaßt worden und habe alle Mitarbeiter noch persönlich gekannt. Diesen traue er die von Frau T. geschilderten Drohungen nicht zu.

Aufgrund dieser Einlassung und des Inhalts der Vorlage vom 23. März 1955 steht zunächst fest, daß der Angeklagte in der schließlich durchgeführten Aktion den bestimmenden Part inne hatte. Ihm unterstanden die planenden und unmittelbar ausführenden Mitarbeiter. Seine Bestätigung war Voraussetzung für die Umsetzung der Vorlage, auf die er, wie die Urkunde ausweist, schon im Planungsstadium in Details Einfluß nahm.

Daß das in der vom Angeklagten bestätigten Vorlage detailliert geplante Vorhaben, die Zeugin Christa T. durch eine Entführung nach Ostberlin und auch unter Einsatz von Drohungen als Mitarbeiterin zu gewinnen, in die Tat umgesetzt wurde, steht aufgrund der glaubhaften Bekundungen der Zeugin Christa T. und des Zeugen Dr. G. fest. Die Zeugin hat im einzelnen die Umstände ihrer Entführung am Abend des 16. Juni 1955 in den Ostteil von Berlin und des Anwerbeversuchs in der Nacht zum 17. Juni 1955 glaubhaft geschildert. Der Senat ist überzeugt, daß die detaillierte und bestimmte Aussage der Zeugin trotz der verstrichenen 42 Jahre das Geschehen zuverlässig beschreibt. Sie entspricht in zahlreichen und wesentlichen Punkten den Vorgaben der Vorlage vom 23. März 1955 und wird in bezug auf die Beschreibung der Position der Zeugin bei HICOG und ihr Verhalten nach ihrer Rückkehr aus Ost-Berlin durch die Aussage des Zeugen Dr. G. bestätigt. {33}

2. Der Fall Georg Angerer

Die Feststellungen im Fall Georg Angerer beruhen auf der Einlassung des Angeklagten, den Bekundungen der Zeugen Beer, Müller, Voigt und W. und auf den in diesem Zusammenhang verlesenen und in Augenschein genommenen Urkunden.

Zum Fall Angerer läßt sich der Angeklagte ein, einziger Grund für die Inhaftierung Angerers seien Beschuldigungen skandinavischer Antifaschisten gewesen, Angerer habe sich als Folterknecht der Gestapo in Norwegen betätigt. Er könne aber nicht sagen, ob die Anklage der Staatsanwaltschaft Oslo vom 23. Juni 1948 in der HV A bekannt gewesen sei. Er und seine Mitarbeiter aus der HV A seien nur im Zusammenhang mit Ermittlungen zur Vergangenheit von Willy Brandt mit der Angelegenheit befaßt gewesen. Ziel der HV A in diesem Vorgang sei es gewesen, mit Hilfe Angerers Willy Brandts Verhalten in Norwegen aufzuklären und nicht etwa, irgend etwas gegen Willy Brandt zu konstruieren.

Diese Einlassung, mit der der Angeklagte versucht, die unter seiner ständigen Anleitung und Einflußnahme geführte Unternehmung, unter Mißbrauch strafprozessualer Zwangsmittel von Angerer kompromittierendes Material über Willy Brandt zu beschaffen, als für die Inhaftierung Angerers belanglos hinzustellen, ist aufgrund der Beweisaufnahme widerlegt.

Schon der Inhalt der in der Hauptverhandlung zu diesem Fall verlesenen Urkunden aus dem Bestand des MfS belegt, daß Ermittlungen nach der „faschistischen Vergangenheit“ Angerers für den Angeklagten und seine ihm unterstellten Mitarbeiter nicht nur nicht von Interesse waren, sondern dem mit Nachdruck verfolgten Ziel widersprachen, Angerer als „Antifaschisten“ aufzubauen, um ihn wirkungsvoll in einer Diffamierungskampagne gegen Willy Brandt einsetzen zu können. Diese Urkunden, deren Echtheit der Angeklagte, wenn auch nur verklausuliert, bestätigt hat, erweisen vielmehr, daß jedenfalls zur Zeit der Haft Angerers im Jahr 1959 weder der Angeklagte noch seine ihm in dieser Angelegenheit zuarbeitenden Mitarbeiter Müller und Knaust davon ausgin-{34}gen oder davon ausgehen konnten, Angerer ließe sich eine seine Inhaftierung rechtfertigende Straftat nachweisen.

Die zur Unterzeichnung des Haftbeschlusses durch den Angeklagten führende Vorlage des Zeugen Müller vom 12. März 1959 führt als Verdachtsmomente gegen Angerer nur an, dieser sei bei der Besetzung Norwegens in Oslo als Gestapomann aufgetaucht und sei bei einer Vernehmung eines GM mit dem Decknamen „Verlag“ zugegen gewesen, der sich nicht erinnern könne, ob Angerer ihn ebenfalls geschlagen habe. Der dieser Feststellung folgende Satz „Die politische Bedeutung des Vorgangs besteht darin, daß hier eine gute Möglichkeit vorhanden ist, die Verbindung Brandts zur Gestapo über den Gestapoagenten Angerer bzw. seine Tätigkeit für die Gestapo, nachzuweisen“ und die als Begründung für den Inhaftierungsvorschlag geäußerte Besorgnis, eine bloße Befragung ohne Verhaftung werde das gewünschte Resultat nicht zeitigen, belegen, welche Gründe für den Angeklagten und seine Mitarbeiter in Wahrheit ausschlaggebend waren. Sogar der vom Angeklagten unterzeichnete Haftbeschluß vom 13./14. März 1959 nennt offen diese Gründe. Auch das zweifelsfrei authentische Schreiben des Angeklagten vom 1. September 1959 an den Minister für Staatssicherheit Erich Mielke stellt die Inhaftierung Angerers nur in einen Zusammenhang mit der Beschaffung kompromittierenden Materials gegen Willy Brandt. In diesem Dokument wird die Entlassung Angerers aus der Haft auch nicht etwa von dem Ermittlungsergebnis in bezug auf ihm vorgeworfene Straftaten, sondern ausdrücklich nur davon abhängig gemacht, daß Angerer eine den Vorstellungen der HV A entsprechende Erklärung über Willy Brandt niederschreibe. Auch die Reaktion darauf in Form der an den Angeklagten gerichteten Anfrage der HA IX vom 12. September 1959 nach den Wünschen der HV A in bezug auf Inhalt und Form der von Angerer zu fertigenden Niederschrift, läßt deutlich erkennen, welche Zwecke mit dessen Inhaftierung für alle Beteiligten erkennbar von der HV A verfolgt wurden. Das Schreiben vom 1. September 1959 widerlegt auch die Einlassung des Angeklagten, er sei bereits durch die Niederschrift Angerers vom 8. Juli 1959 zur Erkenntnis gelangt, mit den aus Angerer {35} herausgeholten Informationen sei die Kampagne gegen Willy Brandt nicht zu führen, das ganze Projekt sei sinnlos. Zum selben Schluß führt die handschriftliche Einverständniserklärung des Angeklagten vom 13. Januar 1960 auf der Vorlage vom 18. Dezember 1959, in der ein öffentlicher Auftritt Angerers zur Entlarvung Willy Brandts mit dem Tenor, „daß B. heute ein noch größerer Verräter an den Interessen der Arbeiterklasse ist, als er damals schon war“ und die Präsentation Angerers als Widerstandskämpfer geplant wurde.

Auch der Zeuge Müller, offenkundig bestrebt, die Person Angerers in den schwärzesten Farben zu zeichnen, hat dem Senat durch seine oft widersprüchlichen Angaben nicht glaubhaft vermitteln können, daß ihm oder dem Angeklagten in der Zeit vor und während der Inhaftierung Angerers irgendwelche tatsächlichen Umstände bekannt waren, die den Verdacht hätten rechtfertigen können, dieser habe sich als Mitarbeiter der Gestapo wahrend der Besetzung Norwegens ab April 1940 bis zu seiner Flucht nach Schweden im Oktober 1943 an Folterungen oder noch schwerer wiegenden Straftaten beteiligt. So hat er einerseits bekundet, es hätten Erkenntnisse vorgelegen, Angerer habe in Norwegen Häftlinge zu Tode geprügelt, andererseits aber angegeben, auch nach der Haftentlassung Angerers sei nichts bekannt gewesen, was die erneute Verhaftung Angerers hätte rechtfertigen können. So hat er weiter zunächst bekundet, in die von ihm unterzeichnete Vorlage vom 12. März 1959 sei alles hineingeschrieben worden, was sie von Angerer belastenden Umständen damals gewußt hätten. Auf den Vorhalt der Dürftigkeit der dort aufgeführten Belastung ist der Zeuge mit der Ausrede ausgewichen, vielleicht sei wegen der großen Eile einiges doch nicht hineingeschrieben worden. Daß der schwerwiegende Vorwurf, Angerer habe Widerstandskämpfer zu Tode geprügelt, aus Zeitmangel nicht in die Vorlage vom 12. März 1959 aufgenommen wurde, jedoch ausreichend Zeit war, umfangreiche Erwägungen anzustellen, mit Hilfe von Angerer an Informationen zu gelangen, die „das politische Todesurteil von Brandt bedeuten“ würden, ist nicht nachvollziehbar. Gegen die Richtigkeit der Aussage des Zeugen, er und auch {36} der Angeklagte seien überzeugt gewesen, Angerer habe in Norwegen schwerwiegende Verbrechen begangen, die man ihm wegen der Isolierung der DDR nur nicht habe nachweisen können, spricht nicht zuletzt der noch gegen Ende der Inhaftierung und auch nach der Entlassung Angerers aus der Haft betriebene Plan, mit Hilfe eines als Widerstandskämpfer aufgebauten Angerer Brandt diskreditieren zu wollen: bei der gegen Brandt vorgesehenen Kampagne hätte stets die Gefahr bestanden, daß Angerer als der Gestaposcherge entlarvt worden wäre, der er nach Überzeugung des Zeugen angeblich war. Im übrigen hält es der Senat auch für schwer vorstellbar, der Angeklagte, der mit seiner Familie aus Hitlerdeutschland fliehen mußte, habe in Kenntnis von Naziverbrechen Angerers diesen als Antifaschisten in der Öffentlichkeit präsentieren wollen. Daß die Planung einer Diffamierungskampagne gegen Brandt nicht aufgegeben wurde, räumte der Zeuge Müller erst nach eindringlichem Vorhalt der von ihm verfaßten Urkunden ein. Der Zeuge, der zunächst abstritt, das Schreiben vom 1. September 1959 zu kennen, gab schließlich zu, er habe dieses Schreiben verfaßt und die handschriftlichen Zusätze in die aus Gründen der Konspiration für die Personennamen gelassenen Lücken selbst geschrieben; auch der Einverständnisvermerk auf der Vorlage vom 18. Dezember 1959 stamme von ihm. Angesichts der vom Zeugen verantworteten Urkunden und seinen Bekundungen schließt der Senat aus, daß dem Angeklagten und dem Zeugen Müller vor oder während der Inhaftierung Angerers oder in der Zeit bis zur Aufgabe der Bearbeitung der Aktion durch die HV A im Jahre 1963 die Anklageschrift der Staatsanwaltschaft Oslo vom 23. Juni 1948 mit ihren massiven Vorwürfen bekannt gewesen ist oder anderes Verdachtsmaterial zur Verfügung stand, das die vom Angeklagten in seiner Einlassung vorgebrachten Beschuldigungen gegen Angerer hätte rechtfertigen können.

Das bestätigen auch die „Einschätzung“ des Zeugen Voigt vom 13. Februar 1959 und die kaum zu übertreffende Unbestimmtheit des Haftbefehls in der Fassung durch den „erfahreneren Richter“ vom 6. April 1959, der keine konkrete Beschuldigung gegen Angerer beinhaltete. {37}

Auch dem Zeugen Beer waren solche schwerwiegenden Vorwürfe unbekannt. Der Zeuge hat nach seinen glaubhaften Angaben als Untersuchungsführer in der HA IX die Untersuchung gegen Angerer nach dessen Festnahme aufgrund des Haftbeschlusses vom 13./14. März 1959 geführt und den Häftling bis zur dessen Entlassung am 30. September 1959 mehr als dreißig Mal auch zu dem Vorwurf vernommen, in Norwegen Agent der Gestapo gewesen zu sein; an weitergehende, konkrete Vorwürfe konnte er sich nicht erinnern. An Beweismaterial hatten eine Information von der Ostseewoche und Zeitungsausschnitte vorgelegen. Die Zeitungsausschnitte seien für Angerer aber eher entlastend gewesen. Es sei für ihn nahezu von Anfang an klar gewesen, daß Angerer kein strafbares Verhalten nachzuweisen gewesen sei. Das habe er in seinen Sachstandsberichten vom 28. März und 16. April 1959 sowie seinem Entlassungsvorschlag vom 14. Mai 1959 deutlich gemacht. Wäre die „Geschichte mit Willy Brandt“ nicht gewesen, wäre der Vorgang seiner Meinung nach nicht von der HV A bearbeitet worden. Der Vorwurf wegen der Taten in Norwegen sei wie gerufen gekommen, um von Angerer etwas über Willy Brandt in Erfahrung zu bringen. Angerer habe keinen Grund gehabt zu fliehen, da er bereits in Norwegen vor Gericht gestellt und die Vorwürfe dort zu seinen Gunsten geklärt worden seien.

Daß Georg Angerer nicht verborgen blieb, welches Ziel mit seiner Inhaftierung verfolgt wurde und was vor einer Haftentlassung von ihm erwartet wurde, ergibt sich zum einen aus der Aussage des Zeugen Beer, zum anderen aus der Entwicklung der immer detaillierter und heftiger werdenden, von Georg Angerer unter dem Druck der andauernden Haft gelieferten Beschimpfungen Willy Brandts, nicht zuletzt auch aus der von ihm gegenüber seiner Frau nach der Haftentlassung gegebenen, vom MfS abgehörten und dokumentierten Erklärung, er habe in der Stasihaft „eine Wendung gemacht, 5 Tage rum“, ohne die er nicht entlassen worden wäre.

Der Senat hat dagegen nicht zuverlässig feststellen können, daß bei Georg Angerer als Folge der 200 Tage wahrenden Inhaftierung {38} gesundheitliche Schäden verblieben sind. Weder der Zeuge Beer noch der Zeuge W., der die inzwischen verstorbene Ehefrau Angerers vernommen hat, haben derartiges zur Überzeugung des Senats bekunden können. Zwar soll, so der Zeuge W., Angerers Ehefrau angegeben haben, ihr Ehemann sei vor seiner Inhaftierung gesund gewesen, jedoch als gebrochener Mann und krank zu ihr zurückgekommen. Der Zeuge stellte allerdings bei Frau Angerer erhebliche, altersbedingte Erinnerungslücken fest. Zwar zeigt die Handschrift Angerers gegen Ende der Haftzeit deutliche Veränderungen bis hin zur Fahrigkeit. Bemerkenswert ist auch, daß Angerer durch die HV A zu einem Kuraufenthalt verholfen wurde. Diese Umstände reichen jedoch nicht aus festzustellen, daß die Belastungen der langen Inhaftierung bei Angerer, der nach seiner Entlassung noch fast dreißig Jahre gelebt hat, bleibende gesundheitliche Schaden, seien sie psychisch oder physisch, verursacht haben.

3. Der Fall Walter Thräne/Ursula S.

Die Feststellungen zum Fall Walter Thräne/Ursula S. beruhen auf der Einlassung des Angeklagten, den Bekundungen der Zeugen Bilke, C., D., Fi., Dr. F., Hinz, K., Kretzschmar, L., Li., Mielke, Dr. Pätzel, Schramm, Schreiber, Sp. und T. sowie dem Inhalt der insoweit verlesenen Urkunden.

Im diesem Fall bestreitet der Angeklagte, irgendwelche Entscheidungen und Anordnungen in bezug auf die Festnahme und Rückholung von Walter Thräne und Ursula S. in die DDR getroffen zu haben. Die entsprechenden Befehle habe der Minister für Staatssicherheit Erich Mielke erteilt, der seinen Vertrauten und Stellvertreter General Beater mit der Gesamtleitung und Koordinierung der Operation betraut habe. Er selbst habe von der Flucht Thränes am 13. August 1962 erfahren, als ihn der Minister beauftragt habe, aus der Sicht der HV A den Schaden abzuschätzen, den Thräne gegebenenfalls durch Preisgabe seines {39} Wissens als Mitarbeiter der WTA an gegnerische Geheimdienste hätte verursachen können. Diese Aufgabe habe er mit dem Bericht vom selben Tage erfüllt. Unmittelbar nach Thränes Fahnenflucht habe es in der Zeit zwischen dem 13. und 20. August 1962 drei Beratungen beim Minister gegeben, an denen die inzwischen verstorbenen Generäle Beater und Walter sowie, falls ihn seine Erinnerung nicht trüge, Oberst Scholz teilgenommen hätten. Er selbst habe an der zweiten und dritten Beratung ebenfalls teilgenommen. In der zweiten oder dritten Beratung habe Beater vorgeschlagen, Oberst Folk im Hinblick auf dessen Erfahrung aus der Zeit seiner früheren Tätigkeit in der Abwehr und das ihm als Leiter der Abteilung I der HV A zugängliche Wissen der HV A über das voraussichtliche Operationsgebiet mit der Durchführung der Aktion zur Verhinderung eines Verrats durch Walter Thräne und dessen Festnahme zu betrauen. Diesem Vorschlag sei der Minister gefolgt, habe Oberst Folk für die Dauer der Aktion der Anleitung durch General Beater unterstellt und ihn, den Angeklagten, angewiesen, Oberst Folk jede erforderliche Unterstützung zu gewähren. Das habe er pflichtgemäß zugesagt. In die weitere Aktion „B“, an diesen Arbeitsnamen könne er sich erinnern, sei er nicht eingebunden gewesen; er hätte über deren Ablauf auch nichts erfahren, hätte nicht Oberst Folk als Offizier der HV A ihm aus Loyalität telefonisch oder persönlich, manchmal erst im Nachhinein, berichtet und seine Fragen beantwortet. An die ihm damals von Oberst Folk genannten Namen der für die Festnahme von Walter Thräne und Ursula S. in Kremsmünster ausgewählten drei Mitarbeiter der Abteilung I der HV A könne er sich nicht mehr erinnern. Erfahren habe er, daß die Festnahme nicht unter Anwendung von Gewalt abgelaufen sei, sondern daß Walter Thräne und Ursula S. in Kremsmünster freiwillig in den Wagen eingestiegen seien, der sie in die CSSR gebracht habe. Beiden sei vorgetäuscht worden, bei den Mitarbeiter der HV A handle es sich um Beamte eines westdeutschen Dienstes. Gewalt habe erst eingesetzt werden müssen, als Walter Thräne einen Fluchtversuch unternommen habe. Auch mit dem sich an die Festnahme anschließenden Ermittlungs- und Strafverfahren und der Strafvollstreckung habe er nichts zu tun gehabt. Er sei wohl {40} über die Höhe der verhängten Strafe unterrichtet gewesen, die wohl nur deshalb so überraschend mild ausgefallen sei, weil es zu einem vollendeten Verrat durch Thräne nicht gekommen sei.

Diese Einlassung ist, soweit sie mit dem festgestellten Sachverhalt nicht im Einklang steht, widerlegt.

Aufgrund der Beweisaufnahme steht zur Überzeugung des Senats fest, daß der Angeklagte mit der Festnahme von Walter Thräne und Ursula S. in Österreich von Minister Mielke beauftragt wurde und diesen Auftrag in Zusammenarbeit mit Oberst Folk und der Hilfe einer Vielzahl zum Teil unbekannt gebliebener Mitarbeiter der HV A planend und organisatorisch leitend ausgeführt hat.

Nicht festgestellt werden konnte jedoch, daß der Angeklagte auf das weitere Schicksal der beiden Festgenommenen nach ihrer erzwungenen Rückkehr in die DDR durch von ihm selbst oder von ihm angeleiteter Mitarbeiter veranlaßte Maßnahmen während des Ermittlungs- und Strafverfahrens und in der Zeit danach in zurechenbarer Weise Einfluß genommen hat.

Über die AG WTA, insbesondere über deren Arbeitsbereich und deren Eingliederung in die HV A unmittelbar nach der Flucht von Walter Thräne und Ursula S., haben der Angeklagte und der Zeuge Bilke glaubhafte Angaben gemacht. Die Feststellungen zu den persönlichen Lebensumständen von Walter Thräne und seinem beruflichen Lebensweg als Mitarbeiter des MfS, seinen Beziehungen zu Manfred Homann (IM „Max“) und seiner Degradierung zum Oberleutnant am 30. Juni 1962 beruhen auf seinen Angaben in den gemäß § 251 Abs. 2 Satz 2 StPO verlesenen Niederschriften über seine Vernehmungen am 4. und 16. September 1991 und dem Inhalt des verlesenen Degradierungsbefehls vom 30. Juni 1962. {41}

Zu den Umständen des Kennenlernens von Walter Thräne und Ursula S., zur Entwicklung ihrer Beziehungen und der Planung einer gemeinsamen Zukunft, ihrem Entschluß, nach West-Berlin zu fliehen und der Umsetzung dieses Vorhabens am 11. August 1962 in die Tat, hat die Zeugin D. glaubhaft ausgesagt.

Wie Walter Thräne und Ursula S. und mit welcher und wessen Hilfe von Westberlin in die Bundesrepublik, weiter nach Österreich in den Steinbruch bei Kremsmünster gelangten und wie dort ihre Gefangennahme unter Einsatz von Gewalt durch Mitarbeiter des MfS erfolgte, wie sie im Gewahrsam in Prag wieder zu sich kamen und dann mit einem Flugzeug der NVA von Prag unter Aufsicht des Zeugen Dr. Pätzel und dessen inzwischen verstorbenen Vorgesetzten Max Haberkorn nach Ostberlin geflogen und von dort in die Untersuchungshaftanstalt des MfS in Berlin-Hohenschönhausen gebracht wurden, steht zunächst fest aufgrund der schon genannten Angaben Walter Thränes, insbesondere aber auch aufgrund der Bekundungen der Zeugin D. Die Zeugin hat nüchtern und bestimmt ihren Weg von Ost- nach West-Berlin und über die Bundesrepublik nach Kremsmünster sowie das Geschehen im Steinbruch geschildert. Sie hat glaubhaft den Überfall durch die Einsatzgruppe der HV A beschrieben und wie sie und Walter Thräne niedergeschlagen wurden.

Das Geschehen im Steinbruch bei der Festnahme wird zusätzlich bestätigt durch das gemäß § 251 Abs. 1 Nr. 1 StPO verlesene Geständnis des Gottfried Schreiber in der Hauptverhandlung vor dem 3. Strafsenat des Bundesgerichtshofs am 24. und 25. September 1968 in dem Verfahren 7 StE 2/68.

Dieses Geständnis und die ebenfalls gemäß § 251 Abs. 1 Nr. 1 StPO verlesenen geständigen Einlassungen der in jenem Verfahren ebenfalls wegen Verschleppung beziehungsweise Beihilfe dazu zu Freiheitsstrafen verurteilten Arthur und Anna-Maria Tyroller belegen ferner, wie diese drei als für das MfS tätige informelle Mitarbeiter unter der Anleitung der HV A unter Mitwirkung von Oberst Folk, des Zeugen Bilke, der GM Homann und Buchhorn und anderer Mitarbeiter der HV A, deren Identität nicht festge-{42}stellt werden konnte, Walter Thräne und Ursula S. nach Österreich in die im Steinbruch bei Kremsmünster schließlich gestellte Falle der HV A dirigierten. Belege finden sich dafür auch in der gemäß § 251 Abs. 2 Satz 2 StPO verlesenen Niederschrift über die Befragung des Manfred Homann vom 21. August 1962 durch das MfS und den Bekundungen des Zeugen Dr. F. zu dieser Vernehmung.

Die Feststellungen über den Gang des Ermittlungs- und Strafverfahrens gegen Walter Thräne und Ursula S. beruhen zum einen auf deren eigenen Angaben, zum anderen auf den Bekundungen des Zeugen Dr. Pätzel – damals Mitarbeiter der HA IX – auch zu zahlreichen ihm vorgehaltenen Vernehmungsniederschriften, Berichten und sonstigen Urkunden aus den Ermittlungsakten der HA IX. Wie der Zeuge bekundet hat, hat er als Untersuchungsführer das Ermittlungsverfahren gegen Walter Thräne und Ursula S. in der Untersuchungshaftanstalt Berlin-Hohenschönhausen betrieben und in einer Vielzahl von Vernehmungen von beiden Beschuldigten immer detailliertere und von noch größerer Reue getragene Geständnisse erzielt.

Über den Inhalt der Anklageschrift vom 8. Januar 1963, den Eröffnungsbeschluß des Bezirksgerichts Neubrandenburg vom 16. Januar 1963, den Zugang der Anklage und Ladung zur Hauptverhandlung am 18. Januar 1963 und über das nahezu der Anklageschrift wörtlich entsprechende Urteil des Bezirksgerichts Neubrandenburg vom 24. Januar 1963 hat sich der Senat durch Verlesung der entsprechenden Urkunden Gewißheit verschafft.

Daß die Strafhaft gegen beide entgegen der üblichen Verfahrensweise in der Untersuchungshaftanstalt des MfS in Berlin-Hohenschönhausen vollstreckt wurde, gegen Walter Thräne in der Form der Einzelhaft, hat der Zeuge Dr. Pätzel bestätigt, der auch die Umstände, die Zeitpunkte der Entlassung von Walter Thräne und Ursula S. aus der Haft bekundet hat.

Daß gegen Ursula S. parallel zu dem vor dem Bezirksgericht Neubrandenburg laufenden Strafverfahren ein Ermittlungsverfah-{43}ren durch die Staatsanwaltschaft Hohenstein-Ernstthal betrieben wurde, belegen die verlesenen Unterlagen aus der Ermittlungsakte.

Aus folgenden Gründen sieht der Senat es als bewiesen an, daß der Angeklagte und nicht General Beater vom Minister für Staatssicherheit Erich Mielke den Auftrag erhielt, Walter Thräne und Ursula S. festzunehmen und zu verhindern, daß Walter Thräne einen Verrat gegenüber feindlichen Diensten beging, ferner, daß der Angeklagte diesen Auftrag durchführte und durch die in dem Steinbruch bei Kremsmünster erfolgte gewaltsame Festnahme von Walter Thräne und Ursula S. und deren Rücktransport über die CSSR nach Ostberlin erfolgreich abschloß:

Sicher ist die Angabe des Angeklagten zutreffend, daß der Zeuge Erich Mielke, dessen Vernehmung keine Aufklärung bringen konnte, in der vom Angeklagten wiederholt beschriebenen Heftigkeit bereits in der ersten Besprechung, an der jedenfalls zwei Stellvertreter des Ministers, die Generale Walter und Beater teilnahmen, angeordnet hat, die flüchtigen Walter Thräne und Ursula S. zurückzuholen. Die Umsetzung dieses Befehls konnte aber noch nicht – auch nicht ansatzweise – geplant werden, weil zu diesem Zeitpunkt im MfS nicht bekannt war, wo sich beide aufhielten.

Daß zu diesem Zeitpunkt der Aufenthalt von Walter Thräne und Ursula S. noch nicht bekannt war, belegt die offensichtlich von General Walter verfaßte „Einschätzung des Besuches des GM Max" vom 15. August 1962: der Schwiegervater des GM Manfred Homann war erst am 14. August 1962 gegen 11.00 Uhr in Ost-Berlin erschienen und hatte den Zeugen Bilke und den von diesem verständigten General Walter über das Auftauchen von Walter Thräne und Ursula S. in Homanns Wohnung in West-Berlin unterrichtet. Diesen Ablauf bestätigt auch der Zeuge Bilke, der von der Flucht Walter Thränes durch den Schwiegervater Homanns erfuhr, von diesem die MfS-Ausweise Thränes erhielt und seinen Vorgesetzten Generalleutnant Walter hinzu zog. Eine andere Quelle {44} über den Aufenthalt der Geflüchteten stand dem MfS zu diesem Zeitpunkt nicht zur Verfügung.

Nachvollziehbar und sicher zutreffend ist, daß der Angeklagte durch den ihm vorgesetzten Minister beauftragt wurde abzuschätzen, welcher Schaden der HV A bei einem Verrat Walter Thränes gegenüber feindlichen Diensten würde entstehen können. Walter Thräne hatte als Auswerter des von der HV A operativ beschafften Materials Kenntnisse darüber erlangt, wo die Lieferanten des Materials im Operationsgebiet gefunden werden konnten. Der Angeklagte hat diese Schadensabschätzung in seinem Bericht an Minister Mielke vom 13. August 1962 vorgenommen. In diesem Bericht wird aber deutlich, daß die HV A des Angeklagten diejenige Diensteinheit des MfS war, die ein vorrangiges Interesse hatte, Walter Thränes habhaft zu werden, ehe er die Möglichkeit hatte, sein Wissen einem gegnerischen Dienst preiszugeben. In der zweiten oder dritten Ministerbesprechung, an denen auch der Angeklagte, also ein weiterer Stellvertreter des Ministers für Staatssicherheit, teilgenommen hat, stand bereits aufgrund der von Homann über den Zeugen Bilke an das MfS gelangten Informationen fest, daß Walter Thräne und Ursula S. nicht mehr aus West-Berlin, sondern aus der Bundesrepublik, der Schweiz oder Österreich zurückgeholt werden mußten. Damit war diesem – aus dem Minister und dreien seiner Stellvertreter, nämlich Beater, Walter und dem Angeklagten bestehenden – Leitungsgremium des MfS klar, daß die operativen Möglichkeiten des Auslandsnachrichtendienstes, also der dem Angeklagten unterstellten HV A, zur Durchführung einer Festnahme im Ausland eingesetzt werden mußten. So hat es der Angeklagte in seiner Einlassung bestätigt. Aus diesem Grunde ist nicht nachvollziehbar, daß zwar

Einigkeit in der Besprechung mit dem Minister erzielt wurde, Oberst Folk mit der Durchführung der notwendigen Maßnahmen zu betrauen, zugleich aber Oberst Folk, der als Leiter der Abteilung I der HV A der unmittelbaren Anleitung des Angeklagten unterstand und so ohne weiteres auf das operative Potential der HV A zurückgreifen konnte, der Anleitung des Angeklagten entzogen und der Befehlsgewalt von General Beater unterstellt worden {45} sein soll, der keine Befehlsgewalt innerhalb der HV A ausübte. Diese vom Angeklagten vorgebrachte Konstruktion verliert weiter dadurch an Glaubwürdigkeit, daß im Zusammenhang mit der bereits erwähnten zweiten und dritten Besprechung beim Minister die auch vom Angeklagten als überfällig bezeichnete Entscheidung getroffen wurde, die WTA, deren stellvertretender Leiter Thräne früher gewesen war, in den Anleitungsbereich des Angeklagten einzugliedern und den bei der Planung der Rückholaktion wegen der Anbindung Homanns an ihn unentbehrlichen Leiter der WTA, den Zeugen Bilke, bereits am 17. August 1962 Oberst Weiberg und damit dem Angeklagten zu unterstellen. Deshalb bestand keinerlei Veranlassung, das Prinzip der Konspiration und die Befehlsstrukturen des MfS durch die Unterstellung von Oberst Folk unter die Befehlsgewalt von General Beater zu durchbrechen und die Aktion „B“ an dem Angeklagten vorbeilaufen zu lassen. Nicht glaubhaft ist die vom Angeklagten in seiner Einlassung dafür gegebene Begründung, der Minister Erich Mielke habe ihm und der HV A ein erfolgreiches Vorgehen in diesem Fall nicht zugetraut. Oberst Folk und die von ihm für die Aktion „B“ ausgewählten Mitarbeiter waren Angehörige der HV A. Der Angeklagte war bereits damals, wie sich aus seiner Einlassung und aus der aus Anlaß seiner Entlassung im November 1986 gehaltenen Rede Mielkes und aufgrund der verlesenen Urkunden festgestellten Entwicklung in SfS und MfS ergibt, seit langen Jahren (1953) Stellvertreter des Ministers für Staatssicherheit und zudem Leiter eines mit „tschekistischer Meisterschaft“ erfolgreich geführten Nachrichtendienstes mit weitreichenden Operativmöglichkeiten in der Bundesrepublik und in Österreich – auch mit Erfahrungen auf dem Gebiet gewaltsamer Entführungen, wie der Fall Christa T. belegt.

Die Beweisaufnahme hat zudem eine Vielzahl von Hinweisen ergeben, die belegen, daß der Angeklagte der für die Rückholung von Walter Thräne und Ursula S. in Organisation und Durchführung entscheidende Mitarbeiter des MfS war, und daß er die Aktion „B“ zur notfalls mit Gewalt auszuführenden Verschleppung von Walter Thräne und Ursula S. aus Österreich über Prag in {46} die DDR steuerte. Einen solchen Anhaltspunkt sieht der Senat bereits in dem völligen Fehlen eines Hinweises für eine Einbindung von General Beater in die Aktion „B“, sieht man von der Einlassung des Angeklagten und einer zusammenhanglos und unmotiviert gemachten Andeutung des Zeugen Dr. F. ab, der seine Aussagezuverlässigkeit mit der Anmerkung selbst in Zweifel zog, im Falle eines Widerspruches seiner Aussage zur Einlassung des Angeklagten seien selbstverständlich immer die Angaben des Angeklagten zutreffend.

Dagegen ist die ständige Unterrichtung des Angeklagten über den Fortgang der Aktion „B“ durch Oberst Folk, sogar durch Anrufe aus der CSSR, ein deutliches, durch die Einlassung des Angeklagten belegtes Indiz dafür, daß er mit der Leitung der Aktion betraut war. Für abwegig hält der Senat die Erklärung des Angeklagten, diese Unterrichtung sei lediglich der Form halber erfolgt und Folk habe parallel dazu General Beater und den Minister informiert. Anhaltspunkte für die bestimmende Mitwirkung des Angeklagten an der Aktion „B“ sind auch dem Schreiben des Zeugen Bilke vom 1. Oktober 1962 an den Leiter der HA II, das auch die Unterschrift des Angeklagten trägt, zu entnehmen. Darin wird durch den Angeklagten eine Auszeichnung des Genossen Buchhorn für dessen wertvollen Einsatz in der Zeit vom 17. August bis 11. September 1962 in der Aktion „B“ vorgeschlagen. Es schließt mit dem Hinweis, daß sofort die Verbindung zu Buchhorn gelöst werde. Dies ist ein deutlicher Hinweis darauf, daß der Genosse Buchhorn in dem genannten Zeitraum für die Aktion „B“ der HV A und damit dem Anleitungsbereich des Angeklagten unterstellt war.

Der Zeuge Hinz hat bekundet, das genannte Schreiben sei mit Sicherheit an ihn gerichtet gewesen: Er sei 1962 auch der Führungsoffizier von Buchhorn gewesen, bis dieser für einen gewissen Zeitraum von Genossen der WTA übernommen worden sei. Die in diesem Schreiben angeführten Geschenke für Buchhorn ließen auf eine besonders wichtige Tätigkeit Buchhorns in der im Schreiben genannten Aktion „B“ schließen. {47}

Der Zeuge Bilke hat gegenüber dem Vernehmungsbeamten C. bekundet, daß der GM Buchhorn für die Aktion „B“ von der HA II „an uns“, also an die HV A, „ausgeliehen“ war und sein Schreiben vom 1. Oktober 1962 als „Dankschreiben“ bezeichnet. In dieser Vernehmung hat der Zeuge Bilke auch nicht ausschließen wollen, daß die von ihm in der Aktennotiz vom 5. November 1962 erwähnte „Anweisung des Generalmajor Wolf“ zur Vernichtung von Unterlagen mit Bezug auf die Aktion „B“ tatsächlich durch den Angeklagten selbst gegeben worden sei. Der Zeuge Bilke hat in seiner Vernehmung durch den Senat als Befehlsgeber in der Aktion „B“ nur Oberst Folk genannt, also einen dem Angeklagten unterstellten Angehörigen der HV A, nicht aber General Beater oder sonstige Mitarbeiter anderer Diensteinheiten des MfS.

Aufschlußreich ist auch der Vermerk des 1996 verstorbenen Major Benno Scharf vom 7. September 1962, damals stellvertretender Referatsleiter der HA IV des MfS. In diesem Vermerk wird als Antwort des Zeugen Bilke auf die Beschwerde, daß unter Verletzung der Strukturen des MfS und unter Umgehung der HA IV unmittelbar Auftrage an die dieser Diensteinheit unterstellten Mitarbeiter „Alfred“ und „Gottfried“ (Arthur Tyroller und Gottfried Schreiber), erteilt worden seien, festgehalten, „er habe nur auf Anweisung von Genossen Generalmajor Wolf gehandelt“.

Auch hier fehlt jeder Hinweis auf eine Einbindung von General Beater.

Auch die im Verantwortungsbereich des Angeklagten festgestellten Maßnahmen, mit denen Hinweise auf seine Beteiligung an der Aktion „B“ verschleiert werden oder durch die Tatbeteiligte belohnt werden sollten, sind Indizien für seine Täterschaft. Zu nennen sind in diesem Zusammenhang auch die durch die Angaben von Arthur Tyroller belegten weiteren Aufträge der in der HV A aufgegangenen WTA an ihn, durch die er für sein Mitwirkung an der Aktion „B“ belohnt wurde, die schon genannten Belohnungen für Buchhorn und die auf Anordnung des Ministers für Staatssicherheit erfolgte Auszeichnung des Leiters der Abteilung I der HV A, Oberst Folk, mit dem „Vaterländischen Verdienstorden“ in {48} Bronze im Dezember 1962. Weiter ist zu erwähnen die bereits angeführte „Notiz“ des Zeugen Bilke vom 5. November 1962, die die weitere Betreuung von an der Aktion „B“ Beteiligten durch die HV A dokumentiert und ausdrücklich den Angeklagten als Urheber der Anordnung bezeichnet, die vorliegenden Unterlagen zu vernichten.

Nicht feststellbar ist, daß der Angeklagte in zurechenbarer Weise auf das weitere Schicksal von Walter Thräne und Ursula S. nach deren erzwungener Rückkehr in die

DDR durch Eingriffe in das Ermittlungs- und Strafverfahren und den von diesen erlittenen Strafvollzug Einfluß genommen hat.

Zwar sind durch die vom Angeklagten zu verantwortende völkerrechtswidrige Festnahme die tatsächlichen Grundlagen für die Strafverfolgung durch die Justiz der DDR geschaffen worden. Auch ist dem vom Angeklagten bekundeten Erstaunen über die milde Bestrafung insbesondere von Walter Thräne zu entnehmen, daß er sich bei der Aktion „B" durchaus bewußt war, daß beide nach Überstellung an das „Untersuchungsorgan" ein beklagenswertes Geschick erwartete. Es ist aber in der höchstrichterlichen Rechtsprechung anerkannt, daß die völkerrechtswidrige Festnahme eines Straftäters im Ausland, für sich genommen, keinen Einfluß auf die Durchsetzung eines innerstaatlichen Strafanspruchs hat (vergl. BGHSt 41, 317, 343). Das hat zur Konsequenz, daß die „justizförmige" Fortdauer der in Österreich begonnenen Freiheitsberaubungen durch Untersuchungs- und Strafhaft in der DDR jedenfalls dann dem Angeklagten nicht objektiv zurechenbar ist, wenn die die Haftfortdauer anordnenden Entscheidungen der Justiz nicht als Rechtsbeugung beurteilt werden können (vergl. BGH NJW 1997, 1317).

Die Behandlung von Walter Thräne und Ursula S. im Ermittlungsverfahren und durch die Justiz der DDR war zweifellos äußerst hart. Der Senat vermag aber in der Anordnung der Untersuchungshaft, der Aburteilung und der anschließenden Strafvoll{49}streckung keine insgesamt willkürliche, rechtsstaatswidrige Verfolgung in einer zwischen der Justiz der DDR und der von dem Angeklagten angeleiteten HV A *abgestimmten Aktion* festzustellen. Walter Thräne hatte sich jedenfalls einer Fahnenflucht im Sinne von § 4 Abs. 2a und b Militärstrafgesetz der DDR vom 25. Januar 1962 und Ursula S. der Beihilfe hierzu schuldig gemacht. Die für die Fahnenflucht eines Offiziers angedrohte Strafe von zwei bis fünfzehn Jahren Zuchtbaus ist zwar, vergleicht man sie mit der im Wehrstrafgesetz der Bundesrepublik für Fahnenflucht angedrohten Freiheitsstrafe von bis zu fünf Jahren, als außerordentlich hoch anzusehen. Die Anordnung der Untersuchungshaft gegen Walter Thräne und Ursula S. durch den Haftbefehl vom 27. August 1962 und die im Urteil des Bezirksgerichts Neubrandenburg vom 24. Januar 1963 für die Fahnenflucht beziehungsweise die Beihilfe hierzu festgesetzten Strafen können – für sich genommen – noch nicht als Rechtsbeugung gewertet werden.

Der Nachweis einer manipulativen Abstimmung zwischen dem Angeklagten und der Justiz im Fall Walter Thräne und Ursula S. ist auch nicht dadurch geführt, daß die HV A aufgrund des auf Ersuchen des Untersuchungsführers Dr. Pätzel vom Zeugen Bilke und von Oberleutnant Werner Hesse gefertigten Berichts vom 25. Oktober 1962 über Finanzmanipulationen von Walter Thräne und das von ihnen erstattete Gutachten vom 31. Oktober 1962 über die von Walter Thräne bei seiner Flucht mitgeführten Unterlagen sowie über den im Falle eines Verrats damit verbundenen Schaden in das Ermittlungsverfahren einbezogen wurde. Die Beweisaufnahme hat nicht ergeben, daß die durch die genannten Urkunden in das Ermittlungsverfahren einbezogenen Umstände nicht den Tatsachen entsprachen. Immerhin bestehen aufgrund der Angaben des Manfred Homann in seiner Befragung durch das MfS im August 1962 durch den Zeugen Dr. F. Anhaltspunkte dafür, daß Walter Thräne tatsächlich die von ihm in seinen Vernehmungen eingestandenen Finanzmanipulationen zum Nachteil des MfS durch Zugrundelegung eines überhöhten Umrechnungskurses zugunsten von „Max" zu vertreten hatte. {50}

Die Beweisaufnahme hat aber nichts dafür erbracht, daß dem Untersuchungsorgan und der Justiz von Seiten des Angeklagten oder der HV A Vorgaben über die Behandlung von Walter Thräne und Ursula S. gemacht wurden. Der Angeklagte durfte sich darauf verlassen, daß beiden gegenüber entsprechend der „sozialistischen Gesetzlichkeit" verfahren wurde.

C. Rechtliche Würdigung

I. [Freiheitsberaubung und Nötigung sowie Körperverletzung]

Aufgrund des festgestellten Sachverhalts ist der Angeklagte als Mittäter zu bestrafen

im Fall Christa T.
wegen Freiheitsberaubung in Tateinheit mit Nötigung,
im Fall Georg Angerer
wegen Freiheitsberaubung in Tateinheit mit Nötigung,
in den Fällen Walter Thräne und Ursula S.
wegen Freiheitsberaubung in zwei Fällen, jeweils in Tateinheit mit vorsätzlicher Körperverletzung.

Der Angeklagte hat in vier Fällen gemeinschaftlich mit anderen einen Menschen widerrechtlich eingesperrt oder auf andere Weise des Gebrauchs der persönlichen Freiheit beraubt, wobei im Fall Georg Angerer die Freiheitsentziehung über eine Woche gedauert hat, in zwei Fällen, nämlich bezüglich Christa T. und Georg Angerer, zugleich ein anderer rechtswidrig durch Drohung mit einem empfindlichen Übel zu einer Handlung genötigt und in den {51} zwei anderen Fallen, nämlich bezüglich Walter Thräne und Ursula S., zugleich vorsätzlich ein Mensch körperlich mißhandelt worden ist, §§ 223, 239 Abs. 1 und 2, 240, 25 Abs. 2, 52, 53 StGB.

Die Taten waren zur Tatzeit und auch danach in der Bundesrepublik und in der DDR unter den Gesichtspunkten der Freiheitsberaubung, der Nötigung und der Körperverletzung strafbares Unrecht. Die wegen der erforderlichen Unrechtskontinuität im Sinne von Entsprechensnormen vergleichbaren Vorschriften des Strafgesetzes der DDR sind die §§ 115 Abs. 1, 129 Abs. 1, 131 Abs. 1 und 2, 22 Abs. 2 Nr. 2, 63 Abs. 2 StGB-DDR.

Die Rechtsfolgen sind gemäß Art. 315 Abs. 1 Satz 1 EGStGB, § 2 Abs. 3 StGB den §§ 223, 239 Abs. 1 und 2, 240, 25 Abs. 2, 52, 53 StGB zu entnehmen. Denn das StGB ist das mildeste Gesetz, weil es die dem Angeklagten günstigste Beurteilung zuläßt. Dies ergibt ein Gesamtvergleich unter Berücksichtigung der konkreten Umstände des vorliegenden Sachverhalts.

Stellt man nur auf die Sanktionsdrohungen ab, sind zwar die §§ 115 Abs. 1, 129 Abs. 1, 131 Abs. 1 und 2, 22 Abs. 2 Nr. 2 StGB-DDR im Vergleich zu den zu den Tatzeiten geltenden Strafvorschriften für Körperverletzung, Nötigung und Freiheitsberaubung des in der DDR damals noch weitgehend geltenden RStGB und des StGB als milderes Gesetz anzusehen. Gleichwohl sind die Rechtsfolgen in ihren konkreten Auswirkungen für den Angeklagten ungünstiger, werden seine Taten nach dem StGB-DDR beurteilt.

Der Senat erachtet unter Berücksichtigung der Person des Angeklagten und der Gesamtumstände der zu beurteilende Sachverhalte zwar die Verhängung von Freiheitsstrafen für geboten; im Fall Georg Angerer ist sie bei Anwendung von § 131 Abs. 2 StGB-DDR sogar zwingend. Gleichwohl hält der Senat es nicht für gerechtfertigt, auf eine Freiheitsstrafe zu erkennen, deren Vollstreckung nicht zur Bewährung ausgesetzt werden kann. {52}

Bei Anwendung des StGB-DDR wäre der Senat jedoch gehindert, die Vollstreckung einer als tat- und schuldangemessen angesehenen Freiheitsstrafe (Hauptstrafe) zur Bewährung auszusetzen. Das StGB-DDR kennt nur eine Verurteilung auf Bewährung, also eine solche unter Strafvorbehalt (§ 33 StGB-DDR), die hier ersichtlich nicht in Frage kommt, nicht aber die Verurteilung zu einer Freiheitsstrafe, deren Vollstreckung zur Bewährung ausgesetzt wird. § 45 StGB-DDR läßt nur die Vollstreckung einer Restfreiheitsstrafe nach Teilverbüßung zu. Der bei der Anwendung des milderen Gesetzes im Sinne von § 2 Abs. 3 StGB zu beachtende Grundsatz der strikten Alternativität verbietet auch, bei verschiedenen Schritten der Rechtsfindung die dem Angeklagten jeweils günstigere Regelung zugrunde zu legen. Deshalb kann die Vollstreckung einer nach dem StGB-DDR erkannten Freiheitsstrafe auch nicht gemäß § 56 StGB zur Bewährung ausgesetzt werden (vergl. BGHR StGB § 2 Abs. 3 Stichwort: „Mildere Strafe" Nr. 2 und DDR-StGB Nr. 10 und 11).

Folge des sich aus § 2 Abs. 3 StGB ergebenden Prinzips der strikten Alternativität ist auch, daß nur im Fall Georg Angerer im Hinblick auf ihre lange Dauer die Freiheitsberaubung als schwerer Fall im Sinne von § 239 Abs. 2 StGB bewertet werden kann. Die gewaltsame und völkerrechtswidrige Festnahme von Walter Thräne und Ursula S., die angesichts der Tatumstände ebenfalls als auf die Menschenwürde besonders verletzende Art und Weise begangene Freiheitsberaubungen und damit jeweils als besonders schwere Fälle im Sinne von § 131 Abs. 2 StGB-DDR zu werten sind, sind keine schweren Fälle im Sinne von § 239 Abs. 2 StGB. Dieser Tatbestand läßt die Annahme eines schweren Falles nur dann zu, wenn die Freiheitsentziehung über eine Woche gedauert hat oder wenn eine schwere Körperverletzung des der Freiheit Beraubten durch die Freiheitsentziehung oder durch die während derselben widerfahrenen Behandlung verursacht worden ist. Diese Voraussetzungen liegen in den Fällen Walter Thräne und Ursula S. nicht vor, weil die Fortdauer der Freiheitsentziehung während der Untersuchungs- und Strafhaft – wie ausgeführt – dem Angeklagten nicht zugerechnet werden kann. Dem {53} Angeklagten kommt in bezug auf das von Walter Thräne und Ursula S. auf dem Boden der DDR durch die dortige Justiz zugefügte Unrecht die sogenannte Sperrwirkung der Rechtsbeugung zugute.

II. [Mittäterschaft]

Der Senat bewertet die Beteiligung des Angeklagten an den Taten als Mittäterschaft, § 25 Abs. 2 StGB.

Der Angeklagte hat in allen Fallen gemeinschaftlich mit anderen gehandelt und nicht nur fremdes Tun als Gehilfe gefördert oder durch Anstiftung in Gang gesetzt (vergl. BGHSt 33, 50; 37, 289, 231).

Wie die Feststellungen belegen, hat der Angeklagte in den zu beurteilenden Fällen aufgrund der aus seiner Position als Leiter der HV A herrührenden Anordnungskompetenz entschieden, diese Taten mit den ihm untergebenen Mitarbeitern durch gemeinsames, arbeitsteiliges Handeln auszuführen. Sein Tatbeitrag erschöpfte sich dabei nicht in einer durch Befehl angeordneten Vorgabe des zu erreichenden konkreten Taterfolges, die die Umsetzung den ihm unterstellten Mitarbeitern überließ. Die Umsetzung folgte vielmehr stets dem in der HV A – aber auch in anderen Diensteinheiten des MfS – geradezu institutionalisierten Muster: Zielvorgabe, Vorlage eines detaillierten Ausführungsplanes durch die Mitarbeiter, Überprüfung, Korrektur und Bestätigung der Vorlage durch den Angeklagten, Beginn der Umsetzung der Vorlage, während des Fortschreitens der Umsetzung wiederholte Berichterstattung an den Angeklagten mit der Möglichkeit zum korrigierenden Eingriff in die Tatausführung. Durch diese Verschränkung der Anordnung, Planung und der die Ausführung kontinuierlich begleitenden Kontrolle entstand zwischen dem Angeklagten und seinen bei der Umsetzung beteiligten Mitarbeitern das für die Mittäterschaft konstitutive Einverständnis, die hier zu beurteilenden Taten durch gemeinsames, arbeitsteiliges Handeln zu begehen. {54}

An dieser Beurteilung der Beiträge des Angeklagten zu den hier in Rede stehenden Taten als Mittäterschaft – auch wenn feststeht, daß der Angeklagte kein objektives Tatbestandsmerkmal verwirklichte – ist der Senat nicht durch die in der DDR herrschende, abweichende – weder vom Wortlaut noch der Systematik gebotene – Auslegung der § 47 RStGB bzw. § 22 Abs. 2 Nr. 2 StGB-DDR gehindert. Das Rückwirkungsverbot verbietet eine solche Änderung der Auslegung nicht (vergl. Roxin in LK 11. Auflage 1993, § 25 Rdn. 224).

III. [Rechtswidrigkeit]

Der in den beiden Nötigungsfällen gegenüber Christa T. und Georg Angerer eingesetzte Zwang war rechtswidrig im Sinne von § 129 StGB-DDR und § 240 Abs. 2 StGB. Der Angeklagte war auch nach der Rechtsordnung der DDR nicht befugt, durch Zwangsmittel zu versuchen, Christa T. zu einer nachrichtendienstlichen Tätigkeit für die HV A oder Georg Angerer zu kompromittierenden Äußerungen über Willy Brandt zu bewegen. Das wußte er.

Gleiches gilt für Rechtswidrigkeit der Freiheitsberaubungen. Keine Rechtsordnung gab dem Angeklagten die Befugnis, Christa T. und Georg Angerer der persönlichen Freiheit zu berauben, die genannten Ziele zu verfolgen oder Walter Thräne und Ursula S. unter Verstoß gegen völkerrechtliche Regeln in Österreich unter Einsatz körperlicher Gewalt festzunehmen und damit ihrer persönlichen Freiheit zu berauben.

IV. [Keine Verfolgungshindernisse aus Amnestien oder Verjährung]

Einer Bestrafung des Angeklagten stehen auch keine Verfolgungshindernisse entgegen.

In der Rechtsprechung ist geklärt, daß in den Fällen staatlich veranlaßter Kriminalität, wie sie hier zu beurteilen sind, eine strafrechtliche Verfolgung nicht durch in der DDR erlassene Am-{55}nestien ausgeschlossen ist: Die Amnestien sollten sich gerade nicht auf ein Verhalten beziehen, das in der DDR ohnehin nicht verfolgt wurde (vergl. BGH NJW 1997, 1317[5]). In der Rechtsprechung ist auch geklärt (BVerfG – 2 BvR 1130/95 – Beschluß vom 13. November 1996; BGH a.a.O.), daß eine Verfolgung derartiger Taten, soweit deren Strafbarkeit nach dem Strafrecht der DDR zu beurteilen ist, selbst dann nicht wegen Verjährung ausgeschlossen ist, wenn ein auf der Grundlage der Rechtsordnung der Bundesrepublik bestehender Strafanspruch zweifelsfrei verjährt ist. Soweit die Strafbarkeit derartiger Alttaten im Zeitpunkt des Beitritts der DDR nicht durch Eintritt der Strafverfolgungsverjährung entfallen war mit der Folge, daß die Strafverfolgungskompetenz auf die Bundesrepublik übergegangen ist, ist auch bei der Bestimmung des milderen Gesetzes gemäß § 2 Abs. 3 StGB die Verjährungsfrage auszuklammern (vergl. BGHSt 40, 48[6]).

Gemäß Art. 1 VerjährungsG, § 83 Nr. 2 StGB-DDR hat die Verjährung der vom Angeklagten begangenen Taten in der DDR bis zum 2. Oktober 1990 aufgrund eines quasigesetzlichen Verfolgungshindernisses geruht. Bei den dem Angeklagten vorzuwerfenden Taten handelt es sich um Straftaten, die bis zu diesem Zeitpunkt unter Mißachtung rechtsstaatlicher Maßstäbe deswegen nicht verfolgt wurden, weil sie von den Machthabern der DDR veranlaßt, gefördert und geduldet wurden.

Der Senat sieht in keinem der hier zu beurteilenden Sachverhalten einen Fall von lang zurückliegender minderer Kriminalität, in dem ein Ruhen der Verjährung im Interesse des Rechtsfriedens ausgeschlossen sein kann. Unabhängig von der Dauer der Freiheitsentziehung, der Intensität der eingesetzten Nötigungsmittel oder körperlichen Gewalt, erhielten die zu beurteilenden Sachverhalte von vornherein deswegen ein besonderes Gewicht, weil die „Staatsmacht" die Täter stützte und schützte. Die Opfer erlebten sich schon bei Beginn der Freiheitsentziehung als recht- und hilflose Objekte staatlicher Willkür, weil die rechtswidrigen Eingriffe in die freie Selbstbestimmung durch {56} Staatsorgane in der DDR von der Staatsführung gedeckt wurden. Die Opfer sahen sich in einer ausweglosen Lage, ohne die Möglichkeit sich zu wehren oder mit Hilfe Außenstehender auf ihr Schicksal Einfluß zu nehmen.

Das gilt auch für die Festnahmen in Kremsmünster. Der Senat läßt hierbei nicht außer acht, daß Walter Thräne durch seine Fahnenflucht nach der Rechtsordnung der DDR eine schwerwiegende Straftat begangen und Ursula S. ihn dabei, in Kenntnis der Umstände, unterstützt hat. Ihre Festnahme, wären sie auf dem Boden der DDR betroffen worden, wäre durch die Rechtsordnung der DDR gedeckt gewesen. Auch dieser Umstand macht jedoch die völkerrechtswidrige, mit massiver Gewalt konspirativ durchgeführte nächtliche Festnahme im neutralen Ausland nicht zu einer Bagatelle.

V. [Kein Verfolgungshindernis aus BVerfGE 92, 277]

Der Senat sieht sich an einer Verurteilung des Angeklagten auch nicht deswegen aus verfassungsrechtlichen Gründen gehindert, weil der Angeklagte die hier zu beurteilenden Straftaten in seiner Funktion als Leiter der HV A, des Auslandsnachrichtendienstes der DDR, begangen hat. Das Bundesverfassungsgericht hat in seiner Entscheidung vom 15. Mai 1995 (BVerfGE 92, 277, 330)[7] ein Verfolgungshindernis ausdrücklich nur für Spionagestraftaten statuiert, nicht aber für andere Straftaten aus dem Bereich sonstiger Kriminalität, selbst wenn sie im Zusammenhang mit einer Spionagestraftat begangen sein mögen.

VI. [Konkurrenzen]

Die vom Angeklagten zu verantwortenden vier Fälle von Freiheitsberaubung stehen zueinander im Verhältnis der Tatmehrheit, § 53 Abs. 1 StGB. In Tateinheit hierzu stehen jeweils die mit diesen zugleich verwirklichten Nötigungen (Fälle Christa T. {57} und Georg Angerer) beziehungsweise vorsätzlichen Körperverletzungen (Fälle Walter Thräne und Ursula S.), § 52 Abs. 1 StGB.

VII. [Schuld]

Bedenken gegen die strafrechtliche Verantwortlichkeit des Angeklagten bestehen nicht.

D. Strafzumessung

I. [Generelle Strafmilderungs- und -schärfungsgründe]

Bei der Strafzumessung hat der Senat zugunsten des Angeklagten berücksichtigt, daß er bislang unbestraft ist und die Taten wenigstens teilweise eingestanden hat, soweit ihm dies angesichts einer inzwischen erkennbar verinnerlichten Rechtfertigungsstrategie, jede persönliche Verantwortung für das unter seiner Anleitung geschehene Unrecht zurückzuweisen, möglich war. Das Gericht hat auch bedacht, daß der Angeklagte – wie sicherlich auch seine Ehefrau – durch seine etwa vierzehntägige Untersuchungshaft, die fühlbaren Beschränkungen durch die Auflagen aus dem Haftverschonungsbeschluß und die außerordentlich lange Dauer des Verfahrens psychisch, physisch, aber auch finanziell erheblich belastet wurde. Auch die außerordentlich lange Zeit, die seit den Taten vergangen ist, hat das Strafbedürfnis reduziert. Sämtliche Taten geschahen zu einer Zeit, als der „Kalte Krieg“ auf seinem Höhepunkt angelangt war, als sich beide Machtblöcke feindselig und voller Mißtrauen gegenüberstanden. In diesem Zusammenhang hat der Senat auch bedacht, daß der Angeklagte schon im Elternhaus mit kommunistischem Gedankengut vertraut gemacht und, nachdem er mit seiner Familie durch die nationalsozialistische Gewaltherrschaft in das Exil getrieben worden war, durch seine Erziehung in der UdSSR unter Stalin {58} weltanschaulich entscheidend geprägt wurde. Ferner ist ihm zugute zu halten, daß er ein gewisses Bedauern für die Opfer Christa T. und Ursula S. zum Ausdruck gebracht hat.

Gegen den Angeklagten sprach vor allem, mit welcher Gleichgültigkeit gegenüber dem Schicksal der Opfer er als Stütze und Nutznießer eines von ihm mitgeschaffenen totalitären Apparates für sich das Recht in Anspruch nahm, Menschen ihrer Freiheit zu berauben und unter Druck zu setzen, um die Ziele seines Dienstes zu fördern. Die Berufung des Angeklagten auf Antifaschismus sowie angebliches kriminelles Verhalten der Leiter anderer Nachrichtendienste können seine persönliche Schuld nicht mindern. Insoweit erachtet der Senat die von ihm vorgenommene Unterscheidung zwischen einer für ihn folgenlosen Verantwortung als Leiter der HV A und einer ihm nicht vorwerfbaren, seine persönliche Integrität berührenden Schuld für das von seinen Mitarbeitern unter seiner Anleitung verübte Unrecht, als ein Ausweichen vor der ihn treffenden strafrechtlichen Verantwortung. Das Vertrauen des Angeklagten in den Fortbestand der „sozialistischen Gesetzlichkeit“, die ihn als hohen Funktionsträger davor schützte, für ein auch nach der Rechtsordnung der DDR strafbares Verhalten zur Verantwortung gezogen zu werden, verdient keinen Schutz und rechtfertigt keine Milderung der festzusetzenden Strafen.

II. [Strafzumessung im Einzelnen]

Bei den einzelnen Fällen ist strafschärfend zu berücksichtigen, daß Christa T. zur Tatzeit eine erst 26 Jahre alte Frau war, die auch heute noch durch den schon lange zurückliegenden Anwerbeversuch traumatisiert ist.

Bei Georg Angerer fällt besonders die lange Dauer der Freiheitsberaubung ins Gewicht: er wurde 200 lange Tage ohne Kontakte zur Außenwelt und unter dem Druck ständiger, langer Vernehmungen in Einzelhaft festgehalten. {59}

Walter Thräne und Ursula S. wurden bereits kurz nach ihrer Flucht aus der DDR wie an der Schnur gezogene Marionetten nach Kremsmünster dirigiert und dort in einen Hinterhalt gelockt. Dabei wurde ihr Vertrauen, das die beiden den an sie herangespielten geheimen Mitarbeitern, den Eheleuten Tyroller und Gottfried Schreiber entgegenbrachten, in perfider Weise ausgenutzt. Hier fällt insbesondere das von langer Hand geplante und hinterhältige Vorgehen ins Gewicht. Als beide sich schon in Sicherheit wähnten, eine gemeinsame glückliche Zukunft greifbar nahe vor Augen, wurden sie im Steinbruch nahe Kremsmünster hinterrücks überfallen, bewußtlos geschlagen und festgenommen.

In jedem der zu beurteilenden Falle kam angesichts der den Unrechtsgehalt der Taten prägenden staatlichen Willkür nur die Verhängung einer Freiheitsstrafe als angemessene Sanktion in Betracht.

Im Fall Christa T. hält der Senat ausgehend von dem gemäß § 239 Abs. 1 StGB bei Freiheitsstrafe vorgegebenen Strafrahmen bis zu fünf Jahren angesichts der Kürze der Freiheitsentziehung eine Einzelstrafe von einem Jahr für tat- und schuldangemessen. Das Gericht hat dabei berücksichtigt, daß tateinheitlich zudem eine Nötigung mit dem Ziel begangen worden ist, das Opfer zu einer strafbaren nachrichtendienstlichen Tätigkeit zu veranlassen.

Im Fall der schweren Freiheitsberaubung zum Nachteil Georg Angerers war der Strafrahmen § 239 Abs. 2 Satz 1 StGB zu entnehmen, der Freiheitsstrafe von einem Jahr bis zu zehn Jahren vorsieht. Ein minder schwerer Fall im Sinne von § 239 Abs. 2 Satz 2 StGB liegt nicht vor. Strafschärfend war zu berücksichtigen, daß Georg Angerer durch die mit der Freiheitsberaubung zugleich verwirklichte Nötigung zu verleumderischen Aussagen gegen einen politischen Gegner bewegt werden sollte. Für diese Tat hat der Senat eine Einzelstrafe von einem Jahr und sechs Monaten als tat- und schuldangemessen festgesetzt. {60}

Auch hinsichtlich der Taten zum Nachteil von Walter Thräne und Ursula S. hat der Senat das Schwergewicht in den Freiheitsberaubungen gesehen. Erhebliches Gewicht kommt bei der Festsetzung der Einzelstrafen dem Umstand zu, daß die tateinheitlich verwirklichten beiden Körperverletzungen mittels eines hinterlistigen nächtlichen Überfalles und von mehreren gemeinschaftlich begangen wurden. Unter Berücksichtigung der vorgenannten Umstände und ausgehend von dem gemäß § 239 Abs. 1 StGB vorgegebenen Strafrahmen bis zu fünf Jahren Freiheitsstrafe hat der Senat Einzelstrafen von jeweils einem Jahr und sechs Monaten als tat- und schuldangemessen festgesetzt.

III. [Bildung der Gesamtstrafe]

Aus den Einzelstrafen von dreimal einem Jahr und sechs Monaten und einmal einem Jahr Freiheitsstrafe hat der Senat gemäß § 54 StGB unter Erhöhung der verwirkten höchsten Einzelstrafe unter nochmaliger und zusammenfassender Würdigung sämtlicher für und gegen den Angeklagten sprechender Umstände eine Gesamtfreiheitsstrafe von zwei Jahren gebildet. Auch unter Berücksichtigung des Schicksals der Opfer hält das Gericht im Hinblick auf die lange Zeit, die seit den Taten verstrichen ist, eine solche Gesamtstrafe für insgesamt noch schuld- und tatangemessen.

IV. [Aussetzung der Strafvollstreckung zur Bewährung]

Der Senat hat die Vollstreckung der Strafe gemäß § 56 Abs. 1 und 2 StGB zur Bewährung ausgesetzt.

Angesichts des Alters und der Persönlichkeit des Angeklagten ist zu erwarten, daß er in Zukunft auch ohne die Verbüßung einer Freiheitsstrafe keine weiteren Straftaten mehr begehen wird. Besondere Umstände im Sinne von § 56 Abs. 2 StGB sieht der Senat zum einen in der außerordentlich langen Zeit, die seit den Taten verstrichen ist, zum anderen in dem Umstand, daß {61} der durch eine kommunistische Erziehung geprägte Angeklagte die Taten aus einer Stellung heraus begangen hat, durch die er, wenn auch in herausgehobene Position, in das Herrschaftssystem eines totalitären Staates eingebunden war.

Schließlich gebietet auch die Verteidigung der Rechtsordnung die Vollstreckung der Strafe nicht (§ 56 Abs. 3 StGB).

Anmerkungen

1 Vgl. lfd. Nr. 1-1.
2 Vgl. lfd. Nr. 2-4.
3 Vgl. lfd. Nr. 1-2.
4 Das Statut des MfS ist abgedruckt in Judt, Matthias (Hg.): DDR-Geschichte in Dokumenten. Beschlüsse, Berichte, interne Materialien und Alltagszeugnisse, Berlin 1997, S. 467f.
5 BGH, Urteil v. 3.12.1996 – Az. 5 StR 67/96 (BGHSt 42, 332). Das Verfahren ist zum Abdruck im Dokumentationsband MfS-Straftaten vorgesehen.
6 Vgl. den Dokumentationsband zu den Gewalttaten an der deutsch-deutschen Grenze, lfd. Nr. 11-2.
7 Vgl. lfd. Nr. 2-4.

Lfd. Nr. 2

Die Leitung der Hauptverwaltung A
– Verfahren gegen Großmann u.a. –

Inhaltsverzeichnis
Anklage des Generalbundesanwalts vom 10.6.1991, Az.: 3 BJs 290/90 - 4; 3 StE 9/91 - 4

Der Generalbundesanwalt beim Bundesgerichtshof 10. Juni 1991
Az.: 3 BJs 290/90 - 4; 3 StE 9/91 - 4

ANKLAGE[1]

1. Den Generaloberst a.D.
   Werner Arno Großmann,
   geboren 1929,
   Deutscher, verheiratet, nicht vorbestraft,
   in dieser Sache in Untersuchungshaft gewesen am 3. und 4. Oktober 1990 aufgrund des Haftbefehls des 3. Strafsenats des Bundesgerichtshofs vom 17. September 1990 – StB 13/90 –, seit dem 4. Oktober 1990 vom Vollzug der Untersuchungshaft verschont aufgrund Beschlusses des Ermittlungsrichters des Bundesgerichtshofs vom {2} selben Tage – II BGs 546/90 –, neu gefaßt durch Beschluß des Ermittlungsrichters vom 23. April 1991 – II BGs 129/91 –
   Verteidiger: Rechtsanwälte Dr. Friedrich Wolff und Dr. Gunter Widmaier,
2. den Oberst a.D.
   Ralf-Peter Rüdiger Devaux,
   geboren 1940,
   Deutscher, verheiratet, nicht vorbestraft
   Verteidiger: Rechtsanwalt Dr. Martin Hirschfelder, {3}
3. den Oberst a.D.
   Bernd Jürgen Fischer,
   geboren 1940,
   Deutscher, verheiratet, nicht vorbestraft,
   in dieser Sache vorläufig festgenommen am 3. Oktober 1990, vom Vollzug der Untersuchungshaft aufgrund des Haftbefehls des Ermittlungsrichters des Bundesgerichtshofs vom 4. Oktober 1990 – II BGs 548/90 – seit dem 4. Oktober 1990 verschont aufgrund Beschlusses des Ermittlungsrichters vom selben Tage – II BGs 549/90 –
   Verteidiger: Rechtsanwalt Udo Motzeck,
4. den Oberst a.D.
   Bernhard Anton Gustav Schorm, {4}
   geboren 1931,
   Deutscher, verheiratet, nicht vorbestraft,
5. den Oberstleutnant a.D.
   Siegfried Johann Michel Kern,
   geboren 1944,
   Deutscher, verheiratet, nicht vorbestraft,

klage ich an,

Großmann seit mindestens 1. September 1967 bis zum 31. März 1990,

Devaux seit mindestens 15. April 1984 bis zum 31. März 1990,

Fischer seit mindestens 1. April 1987 bis Anfang Dezember 1989,

Schorm seit mindestens 19. April 1960 {5} bis zum 28. Februar 1990,

Kern seit mindestens 1. Oktober 1977 bis zum 31. März 1990

in Berlin (Ost), Bonn, Köln, München und an anderen Orten des In- und Auslandes

jeweils fortgesetzt und gemeinschaftlich

Großmann

im Verlauf seiner in dem vorgenannten Zeitraum für den Geheimdienst einer fremden Macht gegen die Bundesrepublik Deutschland ausgeübten und auf Mitteilung oder Lieferung von Tatsachen, Gegenständen oder Erkenntnissen gerichteten geheimdienstlichen Tätigkeit

zu nicht näher feststellbaren Zeitpunkten im Verlauf des Jahres 1981

Staatsgeheimnisse einer fremden Macht oder einem ihrer Mittelsmänner mitgeteilt und dadurch die Gefahr eines schweren Nachteils für die äußere Sicherheit der Bundesrepublik Deutschland herbeigeführt zu haben, {6}

Devaux, Fischer, Schorm und Kern,

Devaux und Schorm in einem besonders schweren Fall,

für den Geheimdienst einer fremden Macht eine geheimdienstliche Tätigkeit gegen die Bundesrepublik Deutschland ausgeübt zu haben, die auf die Mitteilung oder Lieferung von Tatsachen, Gegenständen oder Erkenntnissen gerichtet war,

und durch dieselbe Handlung alle Angeschuldigten

Amtsträgern oder für den öffentlichen Dienst besonders Verpflichteten einen Vorteil als Gegenleistung dafür angeboten, versprochen und gewährt zu haben, daß er eine Diensthandlung vorgenommen hat und künftig vornehme und dadurch seine Dienstpflichten verletzt hat oder verletzen würde.

Verbrechen und Vergehen

strafbar
bezüglich des Angeschuldigten Großmann
nach §§ 93, 94 Abs. 1 Nr. 1, 334 Abs. 1, § 5 Nr. 4, §§ 9, 25 Abs. 2, 45 Abs. 2 und 5, 52, 101 StGB, {7}

bezüglich der Angeschuldigten Devaux, Fischer, Schorm und Kern
nach §§ 99 Abs. 1 Nr. 1, 334 Abs. 1, § 5 Nr. 4, §§ 9, 25 Abs. 2, 45 Abs. 2 und 5, 52, 101 StGB,

bezüglich der Angeschuldigten Devaux und Schorm außerdem nach § 99 Abs. 2 StGB, bezüglich des Angeschuldigten Schorm außerdem nach § 2 Abs. 2 StGB, § 100e StGB a.F. {8}

Der Angeschuldigte Großmann war im Range eines Generaloberst vom 15. November 1986 bis zum 31. März 1990 letzter Leiter des Auslandsaufklärungsdienstes – Hauptverwaltung Aufklärung (HVA) – im Ministerium für Staatssicherheit (MfS) der ehemaligen DDR. Er hat in dieser Funktion Umfang, Zielrichtungen und methodische sowie inhaltliche Schwerpunkte der gesamten gegen die Bundesrepublik Deutschland gerichteten Agententätigkeit der Bediensteten der HVA, der Abteilungen XV der Bezirksverwaltungen (BV) des MfS und der etwa 500 bis 600 Quellen, die mit Spionageaufträgen für die DDR gegen die Bundesrepublik Deutschland tätig waren, durch dienstliche Vorschriften und jährliche Planorientierungen im vorhinein festgelegt. Er hat Werbung und Einsatz von Agenten in wichtigen Ausforschungsobjekten der Bundesrepublik Deutschland angeordnet, deren nachrichtendienstliche Führung verantwortlich geleitet und überwacht und war teilweise in die konspirative Bearbeitung operativer Vorgänge selbst unmittelbar eingebunden, so z.B. in die Führung der Quellen Spuhler[2] und Dr. Blau, mit denen er persönlich zusammengetroffen ist. Er hat ferner durch Bestätigung jährlicher Haushalts- und Valutadienstleistungspläne die Bereitstellung der für die Auslandsaufklärung benötigten Mittel aus dem Staatshaushalt der DDR sichergestellt und {9} durch jährliche Informationsvorgaben an den Leiter des Bereichs „Elektronische Aufklärung" der Hauptabteilung (HA) III[3] des MfS eine Vielzahl von Abhörmaßnahmen gegen die Bundesrepublik Deutschland veranlaßt.

Als Leiter der HVA unterstand dem Angeschuldigten Großmann unmittelbar die für Aufklärung der Polizei- und Nachrichtendienststellen u.a. der Bundesrepublik Deutschland zuständige Abteilung IX[4] der HVA. Durch Bestätigung der Jahrespläne des Leiters dieser Abteilung sowie der Neuanlegung operativer Vorgänge übernahm er die Verantwortung für sämtliche von dieser Abteilung in den Jahren 1987 bis 1990 durchgeführten nachrichtendienstlichen Operationen hinsichtlich aller wesentlichen Grundzüge ihrer konkreten Ausgestaltung einschließlich des an Angehörige des öffentlichen Dienstes der Bundesrepublik Deutschland fortlaufend gezahlten Agentenlohns. Diese Verantwortlichkeit umfaßt z.B. die Spionagefälle Kuron, „Maurer", Balke, Zuber, Moitzheim, Schabronat und Spuhler.

Darüber hinaus hat der Angeschuldigte Großmann als Leiter der HVA sämtliche Geldzuwendungen persönlich bewilligt, die bei Treffs außerhalb des Staatsgebie-{10}-tes der ehemaligen DDR an dem öffentlichen Dienst der Bundesrepublik Deutschland angehörige Agenten, z.B. die Quellen Dahms, von Raussendorff, Pauli, Dr. Blau, Kemper und Alfred Spuhler, geleistet worden sind.

Bevor der Angeschuldigte Großmann die Leitung der HVA übernahm, war er vom 1. November 1975 bis Mitte November 1986 einer der Stellvertreter des Leiters der HVA. Sein Nachfolger in dieser Position war vom 1. August 1987 bis zum 31. März 1990 im Dienstrang eines Oberst der Angeschuldigte Devaux.

Als stellvertretenden Leitern der HVA unterstanden den Angeschuldigten Großmann und Devaux jedenfalls die Abteilungen I, die für die geheimdienstliche Ausspähung der als „Staatsapparat der BRD" bezeichneten Regierungsstellen der Bundesrepublik Deutschland zuständig war, und II, deren Ausforschungsauftrag sich auf die politischen Parteien der Bundesrepublik Deutschland bezog. Zum Anleitungsbereich des Angeschuldigten Devaux gehörten ferner die Abteilungen XVI, zuständig für die operative Nutzung offizieller Kontakte, und XVIII, zuständig für die Erkundung von Sabotagemöglichkeiten in der Bundesrepublik Deutschland. {11}

Durch Bestätigung der Jahrespläne und Neuanlegungen operativer Vorgänge der genannten Abteilungen übernahmen die Angeschuldigten die Verantwortung für sämtliche aus diesen Anleitungsbereichen in den Jahren von 1976 bis 1986 (Großmann) bzw. in den Jahren von 1988 bis 1990 (Devaux) durchgeführten nachrichtendienstlichen Operationen hinsichtlich aller wesentlichen Grundzüge ihrer konkreten Ausgestaltung einschließlich fortlaufend an Angehörige des öffentlichen Dienstes der Bundesrepublik Deutschland gezahlten Agentenlohns. Diese Verantwortlichkeit umfaßt hinsichtlich beider Angeschuldigten in den jeweils angegebenen Zeiträumen die Spionagefälle Dr. Blau, von Raussendorff, Dahms, Pauli, Kemper und Biesenbaum, hinsichtlich des Angeschuldigten Großmann überdies die Fälle Schwenke, Kahlig-Scheffler, Berger, Schröder, Ostenrieder und Sonja Lüneburg, die mit der Vorlage des Bundesministers der Verteidigung vom 30. Januar 1981 an den Bundessicherheitsrat und dem Protokoll über die im März 1981 im Bundesministerium der Verteidigung durchgeführte Klausurtagung neben anderem Material auch Staatsgeheimnisse der Bundesrepublik Deutschland verraten hat. Diesen Verrat hat der Angeschuldigte Großmann durch seine Einbindung in die konzeptionelle Führung der Agentin mit Täterwillen ermöglicht und gefördert. Er hat darüber hinaus als Stellvertreter {12} des Leiters der HVA auch mehrfach an Führungstreffs mit Sonja Lüneburg wie auch mit den Agenten Dr. Blau und Dahms teilgenommen und auf diese Weise die operative Bearbeitung der Vorgänge unmittelbar persönlich beeinflußt. Auch der Angeschuldigte Devaux ist als stellvertretender Leiter der HVA persönlich mit Quellen seines Anleitungsbereichs zusammengetroffen, so z.B. im Sommer 1989 mit dem Agenten von Raussendorff, dem er dabei dessen Beförderung zum Oberstleutnant im MfS aussprach.

Bevor die Angeschuldigten Großmann und Devaux zu Stellvertretern des Leiters der HVA ernannt wurden, haben sie – Großmann vom 1. September 1967 bis zum 31. Oktober 1975, Devaux vom 15. August 1984 bis zum 31. August 1986 – die Abteilung I der HVA geleitet. Auch der Angeschuldigte Fischer war vom 1. April 1987 bis Anfang Dezember 1989 im Dienstrang eines Oberst Leiter dieser Abteilung.

Als Abteilungsleiter haben die Angeschuldigten Großmann, Devaux und Fischer die gesamte gegen Regierungsstellen der Bundesrepublik Deutschland gerichtete operative Tätigkeit der HVA in allen wesentlichen Grundzügen ihrer konkreten Ausge-{13}staltung, ihrer Entwicklungsziele und methodischen Vorgehensweisen einschließlich fortlaufend an Angehörige des öffentlichen Dienstes der Bundesrepublik Deutschland gezahlten Agentenlohns durch Aufstellung jährlicher Finanz- und Arbeitspläne, wie auch im Stadium der Planerfüllung unmittelbar persönlich gesteuert. Diese Verantwortlichkeit umfaßt hinsichtlich aller drei Angeschuldigten in den jeweils angegebenen Zeiträumen die Spionagefälle Dr. Blau, von Raussendorff, Dahms, Pauli und Kemper, hinsichtlich des Angeschuldigten Großmann ferner die Fälle Schwenke, Berger, Schröder und Ostenrieder.

Als Abteilungsleiter haben die Angeschuldigten Großmann, Devaux und Fischer an wichtigen Treffs mit den Quellen der Abteilung I persönlich teilgenommen, so z.B. Großmann an Führungstreffs mit Schröder, Dr. Blau und Ostenrieder. Darüber hinaus haben sie sämtliche Operativreisen von inoffiziellen und hauptamtlichen Mitarbeitern der Abteilung I in das „Operationsgebiet BRD" durch Bestätigung entsprechender Reise- und Treffpläne ermöglicht, eingehendes Verratsmaterial der Auswertungsabteilung und – in Zweitschrift – den Verbindungsoffizieren des KGB zugeleitet und angeordnet, mit welchen Zielstellungen operative Vorgänge innerhalb der Abteilung I neu anzulegen und an {14} welcher Stelle mit welcher Aufgabe welcher IM zu gewinnen und wie er konkret einzusetzen war.

Der Angeschuldigte Schorm war – zuletzt im Dienstrang eines Oberst – vom 1. September 1973 bis zum 28. Februar 1990 einer der Stellvertreter des Leiters der Abteilung I der HVA. In dieser Funktion unterstanden ihm durchgängig die Referate 1, zuständig für die Ausspähung des Bundeskanzleramtes, und 2, zuständig für die Führung von Quellen im Auswärtigen Amt. Darüber hinaus war ihm jedenfalls bis Juli/August 1988 das Referat 3 nachgeordnet, dem die Schaffung von Quellen im Auswärtigen Amt der Bundesrepublik Deutschland oblag. Als stellvertretender Abteilungsleiter war der Angeschuldigte Schorm mit allen operativen Vorgängen und Einzelaktionen seines Anleitungsbereiches verantwortlich befaßt. Durch Bestätigung der Jahrespläne der Referatsleiter und sämtlicher operativen Einsatzpläne der Referatsmitarbeiter übernahm der Angeschuldigte Schorm die Verantwortung für die gesamten nachrichtendienstlichen Operationen der genannten Referate hinsichtlich aller wesentlichen Einzelheiten ihrer konkreten Ausgestaltung einschließlich an Angehörige des öffentlichen Dienstes der Bundesrepublik Deutschland fortlaufend oder als {15} Prämien bei besonderen Anlässen gezahlten Agentenlohns. Diese Verantwortlichkeit umfaßt die Verratsfälle Schwenke, Berger, Schröder, Dr. Blau, von Raussendorff, Dahms, Ostenrieder, Pauli, Kemper und Kahlig-Scheffler. Als stellvertretender Leiter der Abteilung I hat der Angeschuldigte Schorm in einer Vielzahl von Fällen unmittelbar persönlich an Führungstreffs mit Quellen seines Anleitungsbereichs teilgenommen, so z.B. mit den Agenten Schröder, von Raussendorff, Dahms, Pauli und Kahlig-Scheffler.

Bevor der Angeschuldigte Schorm zum stellvertretenden Leiter der Abteilung I der HVA ernannt wurde, war er vom 19. April 1960 bis zum 31. Februar 1972 Leiter des Referates 2 dieser Abteilung. Auch der Angeschuldigte Kern hat vom 1. März 1988 bis zum 31. März 1990 im Dienstrang eines Oberstleutnants dieses Referat geleitet.

Als Referatsleiter haben die Angeschuldigten Schorm und Kern die gesamte gegen das Auswärtige Amt der Bundesrepublik Deutschland unter Einsatz vorhandener Quellen gerichtete operative Ausforschungstätigkeit in allen wesentlichen Details ihrer konkreten Ausgestaltung einschließlich an Bedienstete des Auswärtigen Amtes gezahlten Agentenlohns durch Aufstellung von Jah-{16}res- und Operativplänen, wie auch im Stadium der Planerfüllung unmittelbar persönlich gesteuert. Diese Verantwortlichkeit umfaßt hinsichtlich beider Angeschuldigten in den jeweils angegebenen Zeiträumen die Spionagefälle Dr. Blau, von Raussendorff, Dahms, Pauli und Kemper, hinsichtlich des Angeschuldigten Schorm ferner die Fälle Berger, Schröder und Ostenrieder, die mit dem Fernschreiben der deutschen Botschaft in Paris an das Auswärtige Amt in Bonn vom 1. Juni 1966 sowie dem Fernschreiben der NATO-Vertretung in Paris an das Auswärtige Amt vom 30. Januar 1967 neben anderem Material auch Staatsgeheimnisse der Bundesrepublik Deutschland verraten hat.

Im übrigen haben die Angeschuldigten Schorm und Kern als Referatsleiter die besonders wichtigen Quellen des Referates 2 – der Angeschuldigte Schorm die Agenten von Raussendorff, Dahms und Pauli – unmittelbar persönlich geführt und entsprechend vielfach selbst Führungstreffs mit diesen wahrgenommen, so z.B. der Angeschuldigte Schorm mit von Raussendorff wiederholt u.a. in Indonesien, mit Dahms in Ost-Berlin und Helsinki und mit Pauli in Belgrad, West- und Ost-Berlin sowie zwei- oder dreimal auf dem Gebiet der Bundesrepublik in Köln. {17}

Daneben haben die Angeschuldigten Schorm und Kern als Leiter des Referats 2 in Fällen, in denen die Vorgangsführung nicht ihnen selbst oblag, die Mitarbeiter ihres Referats bei deren Vorgangsführung angeleitet, überwacht, ihre operative Tätigkeit durch Weisungen gesteuert und an Treffs mit den von ihnen geführten Quellen teilgenommen, so z.B. der Angeschuldigte Schorm an Treffs mit dem Agenten Schröder, der Angeschuldigte Kern im Sommer 1989 an einer Zusammenkunft mit dem Agenten von Raussendorff.

Bevor der Angeschuldigte Kern zum Leiter des Referats I/2 der HVA ernannt wurde, war er jedenfalls ab 1. Oktober 1977 bis zum 30. September 1983 operativer Mitarbeiter, vom 1. Oktober 1983 bis zum 29. Februar 1988 Stellvertreter des Leiters dieses Referats. Während dieser Zeiträume hat der Angeschuldigte die Vorgänge Kemper und von Raussendorff unmittelbar selbst geführt und letzteren in diesem Zusammenhang bei einer zur Steigerung der „Arbeitsleistung" durchgeführten Zusammenkunft im Sommer 1985 auch persönlich getroffen. {18}

Die Verwendungen und Zuständigkeiten der Angeschuldigten innerhalb der HVA und die Zuordnung der einzelnen vorgenannten Agenten zu Führungsstellen innerhalb der HVA ergeben sich auch aus nachfolgendem Schaubild. {19}

⊗ Es folgt das angekündigte Schaubild.[5] {20}

Beweismittel

⊗ Es folgt eine Auflistung der Beweismittel, darunter Einlassungen der Angeschuldigten, 52 Zeugen, eine sachverständige Zeugin, Gutachten des Bundesamtes für Verfassungsschutz und des Militärischen Abschirmdienstes sowie Urkunden, Augenscheinsobjekte und Beiakten. ⊗ {46}

⊗ Gliederungsübersicht ⊗ {50}

Wesentliches Ergebnis der Ermittlungen

I. Persönliche Verhältnisse und beruflicher Werdegang der Angeschuldigten

1. Der Angeschuldigte Werner Großmann

Der Angeschuldigte wurde am 9. März 1929 als Sohn des Zimmermanns Arno G. und dessen Ehefrau, der Küchenhelferin Martha G., geborene S., in O. geboren. Er besuchte von 1935 bis 1940 die Volksschule in Ebenheit, anschließend bis März 1945 – ohne einen Abschluß zu erlangen – die Oberschule für Jungen in Pirna. Nach Aufenthalt in einem Wehrertüchtigungslager in den Monaten März und April 1945 diente er bis Kriegsende beim Volkssturm in Pirna. Vom 1. Juni bis Oktober 1945 war der Angeschuldigte in seiner Geburtsstadt als Landhelfer tätig, besuchte sodann bis Jahresende 1945 für kurze Zeit nochmals die Oberschule in Pirna und begann im Januar 1946 dort eine Maurerlehre, die er im September 1947 ohne Abschlußprüfung abbrach. Ebenfalls im Jahr 1947 verstarb der Vater des Angeschuldigten. Von September 1947 bis Juli 1949 besuchte der Angeschuldigte die Vorstudienanstalt in Dresden und legte dort das Abitur ab. Anschließend studierte er – ohne einen Abschluß zu erlangen – bis August 1951 vier Semester an der Pädagogischen Fakultät der Technischen Hochschule in Dresden, übte zugleich Funktionen als FDJ-Fakultätsgruppenleiter bzw. in der FDJ-Hochschulgruppen-{51}leitung aus, und war sodann bis Ende März 1952 an der Technischen Hochschule in Dresden als hauptamtlicher FDJ-Sekretär tätig. Bereits während seiner Maurerlehre war der Angeschuldigte am 1. März 1946 der KPD/SED beigetreten.

Am 1. April 1952 begann der Angeschuldigte seinen Dienst im MfS, wo er zunächst bis Ende August 1953 als Kursant die Schule des MfS in Berlin besuchte. Am 1. September 1953 wurde er als Sachbearbeiter der damaligen Hauptabteilung I der HVA zugewiesen, wechselte am 1. Januar 1954 zur Hauptabteilung II und wurde dort am 1. Januar 1955 im Dienstrang eines Oberleutnants zum Referatsleiter ernannt. Die Aufgabenbereiche des Angeschuldigten in den damaligen Hauptabteilungen I und II der HVA (zu jener Zeit bezeichnet als Abt. XV des MfS) sind nicht bekannt. In diese Zeit fällt ein am 16. Mai 1955 dem Angeschuldigten erteilter Verweis wegen Verletzung der Konspiration.

Am 1. Juli 1956 wurde der Angeschuldigte Stellvertreter des Leiters der Abteilung IV HVA, in welcher er – unterbrochen durch eine kurzfristige Abordnung zur Abteilung II vom 15. Oktober 1958 bis zum 28. Januar 1959 – bis zum 31. März 1966 Dienst verrichtete. Der nachrichtendienstliche Auftrag der Abteilung IV HVA ist in dem Befehl des Ministers für Staatssicherheit Nr. 48/59 vom 29. Ja-{52}nuar 1959 als „Bearbeitung der militärischen Zentren der Bundesrepublik und der NATO“ bezeichnet.

Am 15. Juni 1962 wurde der Angeschuldigte, der im Februar 1960 zum Major befördert worden war, zum Leiter der Abteilung IV ernannt, die er kommissarisch bereits seit 19. Februar 1962 geführt hatte.

Vom 1. April 1966 bis Ende Juli 1967 besuchte der Angeschuldigte die Parteihochschule beim ZK der KPdSU in Moskau und wurde nach seiner Rückkehr am 1. September 1967 kommissarisch mit der Leitung der Abteilung I HVA beauftragt.

Der weitere dienstliche Werdegang des Angeschuldigten in der HVA wird unter Gliederungspunkt II.2. des Wesentlichen Ergebnisses der Ermittlungen dargestellt.

Während der Angeschuldigte die Abteilung I der HVA leitete, nahm er vom 1. April 1969 bis Oktober 1971 als Externer an einem Lehrgang der Juristischen Hochschule des MfS in Potsdam teil und erlangte am 22. März 1972 den Abschluß „Diplom-Jurist“.

Parallel zum Aufstieg des Angeschuldigten in der HVA vollzog sich sein Aufstieg innerhalb der SED: Nachdem er im November 1975 zum Stellvertreter des Leiters der HVA ernannt worden war, wurde er zu Beginn des Jahres 1976 Mitglied der Lei-{53}-tung der Parteiorganisation der HVA und nach seiner Ernennung zum Leiter der HVA am 15. November 1986 im Dezember desselben Jahres Mitglied der Kreisleitung der SED. Die Parteiorganisation „A“ der SED in Berlin hat am 12. Mai 1989 durch die Sekretäre Le. und L. eine „Beurteilung“ über den Angeschuldigten abgegeben. Diese lautet wie folgt:

„Genosse Großmann wuchs in einer Arbeiterfamilie auf. Schon sehr früh fand er 1946 den Weg in die Reihen unserer Partei. Er hat seit dieser Zeit stets seine Treue zur Partei, seine Klassenverbundenheit und Zuverlässigkeit unter Beweis gestellt. In verschiedenen Leitungsfunktionen zeichneten ihn hohes politisches Verantwortungsbewußtsein und initiativreiches Handeln aus. Als Leiter der HVA genießt er hohe Achtung und Autorität.

Genosse Großmann versteht es, aus den Parteibeschlüssen die richtigen Schlußfolgerungen und Aufgabenstellungen abzuleiten und die Kollektive für deren Umsetzung zu motivieren und zu mobilisieren. Ein klares politisches Einschätzungsvermögen, Umsicht und Konzentration auf die Lösung der Schwerpunktaufgaben sowie Konsequenz und Zielstrebigkeit bestimmen wesentlich seine erfolgreiche Führungs- und Leitungstätigkeit. Genosse Großmann leistet eine überzeugende Arbeit, die in wertvollen Arbeitsergebnissen der von ihm geführten Kollektive ihren Ausdruck findet.
Bei der Lösung der vielfältigen Aufgaben stützt er sich auf die Kraft der Parteikollektive. In seiner Tätigkeit sowohl als Mitglied der Kreisleitung als auch der Parteiorganisations-Leitung kommen seine reichen Parteierfah-{54}rungen zum Tragen. Er gibt dem Inhalt der Parteiarbeit entscheidende Impulse, arbeitet mit den Parteifunktionären konstruktiv zusammen und versteht es, die Politik unserer Partei überzeugend zu erläutern.
Seine Parteilichkeit, Bescheidenheit, Geradlinigkeit und Sachlichkeit werden in der Parteiorganisation hoch geschätzt und tragen zu einem festen Vertrauensverhältnis der Genossen zu ihm bei.
Genosse Großmann leistet einen hohen persönlichen Beitrag zur Entwicklung und Festigung der engen Kampfgemeinschaft und Zusammenarbeit mit den sowjetischen Tschekisten und den anderen Bruderorganen.
Genosse Großmann lebt in geordneten familiären Verhältnissen. Seine Kinder sind – wie seine Frau – Genossen unserer Partei und leisten in ihrer beruflichen Tätigkeit eine wertvolle Arbeit.“

Der Angeschuldigte hat während seiner Dienstzeit in der HVA eine Vielzahl von Orden und Auszeichnungen, darunter den „Kampforden für Verdienste um Volk und Vaterland“ in Gold (1979), den „Vaterländischen Verdienstorden“ in Gold (1980), die „Medaille der Waffenbrüderschaft“ in Gold (1986) und den „Orden der Oktoberrevolution“ (am 28. September 1989) erhalten.

Der Angeschuldigte ist seit dem 10. Juni 1950 mit Brigitte G., geborene A., verheiratet. Aus der Ehe sind eine heute 41 Jahre {55} alte Tochter sowie zwei heute 38 und 35 Jahre alte Söhne hervorgegangen, die beide ebenfalls dem MfS angehört haben.

⊗ Es folgen Angaben zu den finanziellen Verhältnissen des Angeschuldigten. ⊗

Laut Auskunft aus dem Bundeszentralregister ist er unbestraft.

2. *Der Angeschuldigte Ralf-Peter Rüdiger Devaux*

Der Angeschuldigte wurde am 22. Mai 1940 als Sohn des Musikers Karl D. und dessen Ehefrau, der Lehrerin Gerda D., geborene S., in S. geboren. Im Januar 1952 ließen die Eltern des Angeschuldigten sich scheiden; der Vater verzog im Februar 1960 in die Bundesrepublik. Von 1946 bis 1954 besuchte der Angeschuldigte die Grundschule in Dresden, Erfurt und Berlin sowie anschließend bis zum Abitur im Jahr 1958 die Erste Oberschule in Berlin-Mitte. Nach kurzfristiger Tätigkeit als Transportarbeiter in den Monaten Juli und August 1958 studierte er ab September 1958 an der Juristischen Fakultät der Humboldt-Universität in Berlin und schloß sein Studium im Juli 1962 als „Diplom-Jurist“ ab. {56}

Im Juni 1959 war der Angeschuldigte der SED beigetreten und diente seit 1. Januar 1960 mit unbekanntem Auftrag dem MfS als Inoffizieller Mitarbeiter (IM).

Am 1. August 1962 begann der Angeschuldigte seine hauptamtliche Tätigkeit im MfS, absolvierte von September 1963 bis Juli 1964 einen operativen Grundlehrgang an der Schule der HVA und wurde am 1. August 1964 im Rang eines Unterleutnant der

Abteilung I HVA als Sachbearbeiter zugewiesen. Innerhalb der Abteilung I war der Angeschuldigte ab 1. Oktober 1967 als Hauptsachbearbeiter, ab 1. Juli 1971 als operativer Mitarbeiter, ab 1. Oktober 1977 als stellvertretender Referatsleiter und ab 1. September 1981 als Referatsleiter tätig, wobei seine Verwendung von Januar 1972 bis Dezember 1976 bei der Botschaft der DDR in Moskau und von Januar 1977 bis Juli 1981 bei der Ständigen Vertretung der DDR in Bonn erfolgte. Der nachrichtendienstliche Auftrag des Angeschuldigten in den Jahren von 1964 bis 1984 ist im einzelnen den Ermittlungsbehörden nicht bekannt. Am 15. August 1984 wurde der Angeschuldigte, der inzwischen den Dienstrang eines Oberstleutnant erreicht hatte, mit der Leitung der Abteilung I der HVA beauftragt. Der weitere dienstliche Werdegang des Angeschuldigten wird unter Gliederungspunkt II.2. des Wesentlichen Ergebnisses der Ermittlungen dargestellt. {57}

Der Angeschuldigte hat während seiner Dienstzeit in der HVA eine Vielzahl von Orden und Auszeichnungen, darunter die „Verdienstmedaille der NVA" in Gold (1975), den „Kampforden für Verdienste um Volk und Vaterland" in Bronze (1980), Gold (1981) und Silber (1984), die „Medaille für Festigung der Kampfgemeinschaft" des KfS der UdSSR (1985) und den „Vaterländischen Verdienstorden" in Bronze (1988) erhalten.

Der Angeschuldigte ist seit dem 13. Juli 1963 mit Annemargret D., geborene Z., verheiratet. Seine Ehefrau war als Medizinische Assistentin ebenfalls Angehörige des MfS. Aus der Ehe sind zwei heute 26 und 17 Jahre alte Söhne hervorgegangen, von denen der ältere gleichfalls dem MfS angehört hat.

Der Angeschuldigte war nach der Auflösung des MfS im Amt für Nationale Sicherheit (AfNS) und anschließend bis Ende Juni 1990 im Komitee zur Auflösung des AfNS tätig. ⊗ Es folgen Angaben zu den finanziellen Verhältnissen des Angeschuldigten. ⊗

Laut Auskunft aus dem Bundeszentralregister ist er unbestraft. {58}

3. Der Angeschuldigte Bernd Jürgen Fischer

Der Angeschuldigte wurde am 20. Mai 1940 als Sohn des Lithographen Walter F. und dessen Ehefrau Johanne F., geborene B., in C. geboren. Ab 1946 bis 1954 besuchte er die dortige Grundschule, von 1954 bis 1957 die Oberschule in Zwickau und anschließend bis Sommer 1958 die Arbeiter- und Bauernfakultät in Halle an der Saale, wo er das Abitur ablegte. Anschließend wurde der Angeschuldigte für eine sechswöchige Reservistenausbildung zum Militärdienst eingezogen.

Im Jahr 1959 wurde der Angeschuldigte Mitglied der SED und begab sich nach Moskau, wo er am Institut für Internationale Beziehungen unter Spezialisierung auf die Länder des Nahen und Mittleren Ostens eine diplomatische Ausbildung für den Auswärtigen Dienst absolvierte. Im Juli 1965 schloß er sein Staatswissenschaftliches Studium mit der Diplomprüfung ab. Während des Studiums hatte er zusätzlich Staatsexamina in den Sprachen Arabisch, Russisch und Englisch abgelegt und war in der Parteiorganisation der SED für Studenten in Moskau als Sekretär beschäftigt gewesen.

Am 1. August 1965 begann der Angeschuldigte seine Tätigkeit in der HVA, wo er innerhalb der Abteilung III entsprechend seinem Studienschwerpunkt bis zum 31. März 1987 durchgängig {59} für den Arbeitsbereich „Arabische Staaten" zuständig war. Hierbei erfolgte seine Verwendung anfangs als Sachbearbeiter und Hauptsachbearbeiter, ab Juli 1969 bis Ende 1974 als legaler Resident bei der Botschaft der DDR in Kairo und anschließend – nach Ernennung zum Stellvertretenden Referatsleiter am 1. September 1974 – ab 1. Mai 1975 als Referatsleiter wiederum in der Zentrale in Berlin.

Vom 17. Januar bis zum 28. Juli 1977 absolvierte der Angeschuldigte einen politisch-operativen Qualifikationslehrgang an der Schule der HVA und wurde am 1. März 1979 im Dienstrang eines Oberstleutnant zu einem der Stellvertreter des Leiters der Abteilung III ernannt, wobei sein Verantwortungsbereich die arabischen Staaten und die Länder Asiens insgesamt umfaßte. Vom 1. Februar 1984 bis zum 31. März 1987 – ab 1. Oktober 1984 im Dienstrang eines Oberst – war der Angeschuldigte Erster Stellvertreter des Leiters der Abteilung III mit Verantwortung für den bereits vorher von ihm geleiteten Länderbereich und zusätzlich für die Bereiche Afrika und Lateinamerika. Außerdem absolvierte er von September 1984 bis Juni 1985 einen Lehrgang am Institut für Marxistisch/Leninistische Weiterbildung des Ministeriums des Inneren der DDR.

Während der Zeit, in welcher der Angeschuldigte in Abteilung III der HVA tätig war, führte er in den Jahren von 1965 bis 1969 und von {60} 1974 bis Ende März 1987 aus im Näheren nicht bekanntem Grund den Arbeitsnamen „Roscher", unter dem er auch in der Hauptabteilung Kader und Schulung des MfS erfaßt war.

Vom 1. April 1987 bis Anfang Dezember 1989 war der Angeschuldigte Leiter der Abteilung I der HVA.

Nachdem im November 1989 das MfS mit Volkskammerbeschluß zum „Amt für Nationale Sicherheit" (AfNS) umgebildet worden war, bestand unter den Angehörigen der HVA die Vorstellung, daß bei Fortbestand der DDR mit eigenstaatlicher Souveränität auch die nachrichtendienstliche Tätigkeit fortgesetzt werden würde. Entsprechend beschloß der Ministerrat der DDR am 14. Dezember 1989, das AfNS in zwei selbständige Ämter für Verfassungsschutz einerseits und (Auslands-)Nachrichtendienst andererseits aufzuteilen. Der Angeschuldigte, der in dem neuen Nachrichtendienst als Leiter mehrerer Abteilungen vorgesehen war, wurde beauftragt, den Aufbau dieses Dienstes organisatorisch vorzubereiten und gleichzeitig die nachrichtendienstliche Tätigkeit der alten HVA abzuwickeln. {61}

Am 23. Februar 1990 wurde durch die „Arbeitsgruppe Sicherheit" des Zentralen Runden Tisches unter Aufgabe des Gedankens der Fortführung der Auslandsaufklärung beschlossen, die HVA bis zum 30. Juni 1990 vollständig aufzulösen. Die Leitung des Auflösungsprozesses wurde dem Angeschuldigten übertragen. Nachdem der Angeschuldigte am 25. Juni 1990 einen Abschlußbericht über die Auflösung der HVA vorgelegt hatte, wurde er zusammen mit neun weiteren ehemaligen Angehörigen der HVA in das Komitee zur Auflösung des MfS übernommen. Über weitere berufliche Tätigkeiten des Angeschuldigten über den Monat Oktober 1990 hinaus liegen den Ermittlungsbehörden keine Erkenntnisse vor.

Der Angeschuldigte hat während seiner Dienstzeit in der HVA eine Vielzahl von Orden und Auszeichnungen, darunter die „Verdienstmedaille der NVA" in Gold (1973), das Abzeichen zum Titel „Ehrenmitarbeiter des KfS der UdSSR" (1974), den „Kampforden" in Bronze (1978) und Silber (1987), den „Vaterländischen Verdienstorden" in Bronze (1982) und die „Medaille der Waffenbrüderschaft" in Silber (1981) und Gold (1987) erhalten.

Der Angeschuldigte ist seit 1. August 1962 mit der Diplom-Ökonomin Dr. Hella F., geborene B., verheiratet, die im Ministerium für Auswärtige Angelegenheiten der ehemaligen DDR {62} als wissenschaftliche Mitarbeiterin tätig war. Aus der Ehe sind zwei heute 27 und 25 Jahre alte Töchter hervorgegangen.

Laut Auskunft aus dem Bundeszentralregister ist der Angeschuldigte unbestraft.

4. Der Angeschuldigte Bernhard Anton Gustav Schorm

Der Angeschuldigte wurde am 1. Mai 1931 als Sohn des Buchhalters Gustav S. und dessen Ehefrau Frida S., geborene T., in H. geboren. Über Kindheit und Schulzeit des Angeschuldigten liegen nähere Erkenntnisse nicht vor; er soll die Mittelschule besucht haben.

Im Jahr 1946 trat der Angeschuldigte der FDJ bei und begann eine Maurerlehre in Ermsleben/Harz, die er nach drei Jahren abschloß, ohne den Beruf danach weiter auszuüben.

Im Jahr 1949 wurde der Angeschuldigte als Sekretär hauptamtlicher FDJ-Funktionär in der Kinderabteilung der Kreisleitung Hettstedt. Im Jahr 1950 absolvierte er einen 13-wöchigen Lehrgang an der Zentralschule der FDJ in Schwante und war von Oktober 1950 bis August 1951 Sektorenleiter des Landesvorstandes der FDJ in Halle an der Saale. Anschließend wurde {63} er nach Salzwedel/Altmarkt versetzt, wo er bis September 1953 als Stellvertretender Leiter des „Hauses der Jungen Pioniere" tätig war.

Am 1. Oktober 1953 begann der Angeschuldigte im Rang eines Unterleutnants als Sachbearbeiter in der Bezirksverwaltung (BV) Magdeburg seinen Dienst im MfS und wurde zunächst mit Aufgaben betraut, die sich auf den Staatsapparat der DDR bezogen. Nachdem im Jahr 1954 im Bereich der BV Magdeburg dieser nachgeordnet die Kreisdienststelle (KD) Magdeburg gegründet worden war, wurde der Angeschuldigte, der am 28. Juni 1954 der SED beigetreten war, unter Beibehaltung seiner Aufgabenzuweisung im August 1954 als Referatsleiter zu dieser Dienststelle versetzt.

Als im Jahr 1955 in den Bezirksverwaltungen des MfS allgemein die zunächst der Hauptabteilung XV des MfS, später der HVA unterstellten Aufklärungs-Abteilungen XV eingerichtet wurden, wurde der Angeschuldigte am 28. Mai 1955 im Dienstrang eines Leutnant als Referatsleiter in die Abteilung XV der BV Magdeburg versetzt. Vom 2. Mai 1956 bis zum 8. Juni 1957 absolvierte der Angeschuldigte einen Lehrgang an der Schule der HVA in Berlin und wurde am 26. Juni 1957 zum Stellvertretenden Leiter der Abteilung XV der BV Magdeburg ernannt. Sein Verantwortungsbereich umfaßte die Schaffung und Führung von Quellen im westlichen Operationsgebiet. {64}

Am 15. Februar 1960 wurde der Angeschuldigte, der im Oktober 1957 zum Oberleutnant befördert worden war, zum Leiter der Abteilung XV der BV Magdeburg ernannt und kurze Zeit später, am 19. April 1960, zur Zentrale der HVA in Berlin versetzt.

Der weitere dienstliche Werdegang des Angeschuldigten in der HVA wird unter Gliederungspunkt II.2. des Wesentlichen Ergebnisses der Ermittlungen dargestellt.

Der Angeschuldigte hat während seiner Dienstzeit in der HVA eine Reihe von Orden und Auszeichnungen, darunter die „Verdienstmedaille der NVA" in Silber (1962) und Gold (1968), den „Vaterländischen Verdienstorden" in Bronze (1974) und Silber (1984) und den „Kampforden für Verdienste um Volk und Vaterland" in Silber (1978) und Gold (1981) erhalten.

Der Angeschuldigte ist seit Oktober 1957 in zweiter Ehe mit Ursula S., geborene W., verheiratet. Aus der Ehe ist eine heute 26-jährige Tochter hervorgegangen. Aus erster Ehe hat der Angeschuldigte einen heute 39 Jahre alten Sohn.

Laut Auskunft aus dem Bundeszentralregister ist der Angeschuldigte unbestraft. {65}

5. Der Angeschuldigte Siegfried Johann Michel Kern

Der Angeschuldigte wurde am 21. Juni 1944 als Sohn des Kürschners Karl K. und dessen Ehefrau Luise, geborene W., in M. geboren. Er wuchs bei seinen Eltern in N. auf, besuchte von 1950 bis 1958 die Grundschule in Trinwillershagen und anschließend die Oberschule in Ribnitz-Damgarten, die er 1962 mit dem Abitur abschloß.

Vom 11. November 1962 bis zum 29. Oktober 1965 diente der Angeschuldigte als Unterfeldwebel in der NVA, wurde als Feldwebel aus der Armee entlassen und studierte anschließend bis Januar 1970, unterbrochen durch einen mehrmonatigen Aufenthalt bei einer Studentenbrigade in der UdSSR im Sommer 1967, an der Juristischen Fakultät der Humboldt-Universität in Berlin, die er mit dem Abschluß „Diplom-Jurist" verließ.

Während seines Studiums war der Angeschuldigte, der am 21. März 1966 der SED beigetreten war, zur Vorbereitung seiner späteren Berufstätigkeit vom 1. Januar 1968 bis Januar 1970 mit unbekanntem Auftrag für das MfS als Inoffizieller Mitarbeiter (IM) tätig.

Am 1. Februar 1970 begann der Angeschuldigte im Dienstrang eines Leutnant als Sachbearbeiter seine hauptamtliche Tätigkeit im MfS. {66}

Er wurde von Anbeginn der Abteilung I der HVA zugewiesen, der er bis zu seinem Ausscheiden am 31. März 1990 ohne Unterbrechung angehörte. Der nachrichtendienstliche Auftrag des Angeschuldigten in den Anfangsjahren seiner Tätigkeit ist nicht bekannt. Er absolvierte von September 1972 bis Mai 1973 einen Lehrgang an der Schule der HVA und wurde in der Folgezeit als operativer Mitarbeiter verwendet. Im Oktober 1974 wurde er zum Oberleutnant befördert.

Der dienstliche Werdegang des Angeschuldigten in der Zeit ab 1. Oktober 1977 wird unter Gliederungspunkt II.2. des Wesentlichen Ergebnisses der Ermittlungen dargestellt.

Der Angeschuldigte hat während seiner Dienstzeit in der HVA mehrere Orden und Auszeichnungen, darunter die „Verdienstmedaille der NVA" in Bronze (1976), Silber (1979) und Gold (1984) und den „Kampforden für Verdienste um Volk und Vaterland" in Bronze (1979) erhalten.

Er ist seit dem 19. Juli 1969 mit der Diplom-Juristin Gundel K., geborene M., verheiratet. Aus der Ehe sind zwei heute 21 und 16 Jahre alte Söhne hervorgegangen.

⊗ Es folgen Angaben zur derzeitigen beruflichen Situation des Angeschuldigten. ⊗ Laut Auskunft aus dem Bundeszentralregister ist er unbestraft. {67}

II. Die Straftaten der Angeschuldigten

1. Grundsätze der Verantwortlichkeiten in der Hauptverwaltung Aufklärung des Ministeriums für Staatssicherheit

Vorläufer der späteren Hauptverwaltung Aufklärung (HVA) als Auslandsaufklärungsdienst der DDR war das dem Außenministerium unterstellte „Institut für wirtschaft[swissenschaft]liche Forschung“ (IWF). Im Zusammenhang mit der Auseinandersetzung in der SED-Führung um den 17. Juni 1953 und der „Abrechnung“ mit der sog. parteifeindlichen Gruppe Zaisser/Herrnstadt setzte sich die SED-Spitze durch und betonte ihre bestimmende Rolle mit der strukturellen Einordnung des IWF als Hauptabteilung XV – im Jahr 1956 umbenannt in Hauptverwaltung A – in das Ministerium für Staatssicherheit (MfS). Für alle Zeiten sollte sichergestellt sein, daß sich die Sicherheitsorgane der DDR als „Schild und Schwert der Partei“ zu verstehen hatten.

Das MfS seinerseits war mit Gesetz vom 8. Februar 1950,[6] welches mit seiner Verkündung durch den damaligen Präsidenten Pieck am 18. Februar 1950 in Kraft getreten ist, als „ausführendes Organ der Diktatur des Proletariats“ gegründet worden. Vorläufer des MfS waren die Kommissariate 5, die auf Befehl der sowjetischen Besatzungsmacht vom 16. August 1947 eingerichtet worden waren. {68}

Ein schriftliches Statut über die Stellung des Ministeriums innerhalb des Regierungsapparates der ehemaligen DDR, seine Hauptaufgaben und innere Organisationsstruktur gab es in den Anfangsjahren nicht.

Auch das später erlassene, am 30. Juli 1969 durch Erich Honecker[7] bestätigte „Statut des Ministerium für Staatssicherheit“[8] verzichtete auf eine Darstellung der internen Leitungsebenen und Zuständigkeitsbereiche, benannte als Funktionsträger ausdrücklich allein den Minister und seine Stellvertreter und beschränkte sich darüber hinaus insofern auf die Feststellung, das MfS gliedere sich „in Diensteinheiten entsprechend der bestätigten Struktur“. Hierbei handelte es sich – unverändert bis zur Auflösung des MfS im November 1989 – in erster Linie um Hauptabteilungen (HA), Hauptverwaltung Aufklärung (HVA), Abteilungen und Referate der Zentrale in Berlin sowie um Bezirksverwaltungen (BV) und diesen nachgeordnete Kreisdienststellen (KD). Dabei ist bemerkenswert, daß bereits in der Gründungsphase der Abwehr- und Nachrichtenorgane der DDR die Bemühung bestand, diese an die formalen Strukturen des KGB anzugleichen. Die Sicherheitsorgane der DDR haben sich stets als Kampf-Formation der internationalistischen, antiimperialistischen Bewegung unter der Führung der Sowjetunion und der KPdSU verstanden. Aus diesem Selbstverständnis wurde {69} das KGB als „tschekistisches Vorbild“ und als Kontroll- und Aufsichtsorgan akzeptiert, wobei anfangs die Dominanz der Sowjetunion und ihres Nachrichtendienstes im MfS durch sowjetische Instrukteure gewährleistet wurde.

Hinsichtlich der Aufgaben, die den Diensteinheiten des MfS zur Erfüllung übertragen waren, unterschied das Statut vom 30. Juli 1969 zwischen den Bereichen „Abwehr“ und „Aufklärung“, definierte als Hauptaufgabe der Aufklärung unter anderem die Durchführung „politisch-operativer Maßnahmen gegen die Zentren des Feindes“ und stellte klar, daß damit „das Eindringen in politische, militärische, ökonomische und wissenschaftliche Zentren des Feindes“ „mit spezifischen Mitteln und Methoden“ gemeint war.

Zuständig für die Wahrnehmung dieser Aufgabe waren innerhalb des MfS Berlin seit 1955 die HA XV (ab 1956: die HVA) mit ihren Abteilungen und nachgeordneten Referaten sowie innerhalb der 15 (einschließlich des Objektes Wismut/Aue 16) Bezirksverwaltungen des MfS die dortigen Abteilungen XV[9].

Diese waren seit 1955 als Diensteinheiten der HA XV (ab 1956: der HVA) nachgeordnet, ihre Leiter dem Leiter der HVA hierarchisch unterstellt. {70}

Dabei ist bemerkenswert, daß die Führungsebene der HVA, die aus dem alten KP-Apparat kam oder in sowjetischer Kriegsgefangenschaft von den sowjetischen Sicherheitsorganen geworben worden war, von vornherein ein besonders enges Verhältnis zur UdSSR unterhielt und dafür Sorge trug, daß der Gedanke des „tschekistischen Kampfbündnisses“ in der praktischen Arbeit aller Diensteinheiten durchgesetzt wurde.

Die Aufgabenverteilung der Abteilungen XV der Bezirksverwaltungen im Verhältnis zueinander sowie zur Zentrale der HVA war dergestalt geregelt, daß den einzelnen Bezirksverwaltungen auf dem Territorium der Bundesrepublik Deutschland geographische Zielräume und als zusätzliche Bearbeitungsschwerpunkte einzelne Operative Zielobjekte zur Ausforschung zugewiesen waren.

Bis zum Beginn der Auflösung Ende 1989 hatte die Zentrale der HVA in Berlin die aus nachstehendem Schaubild ersichtliche Gesamtstruktur. {71}

⊗ Es folgt das angekündigte Schaubild. ⊗ {72}

Der Mitarbeiterbestand der HVA betrug per 31. Oktober 1989 einschließlich der Bediensteten der Linie XV der Bezirksverwaltungen sowie der „Offiziere im besonderen Einsatz“ (OibE) insgesamt 4.128 Personen. Dabei ist bemerkenswert, daß Mitarbeiter im MfS und in der HVA nur sein konnte, wer der SED angehörte. Eine leitende Position war ohne ein entsprechendes „Parteiprofil“ undenkbar. Die dominierende Rolle der SED wurde in ihrer Integration in die Leitungs- und Kontrollmechanismen des Aufklärungsdienstes deutlich: Das MfS hatte eine eigene Kreisleitung der SED, die dem ZK der SED direkt unterstellt war. Damit war sie in ihrer Stellung einer Bezirksleitung der SED gleichgestellt. Der erste Sekretär der SED-Kreisleitung gehörte nicht nur dem „Kollegium“ des Ministeriums an, sondern war zugleich Mitglied des ZK der SED. Auch der Angeschuldigte Großmann gehörte seit Dezember 1986 der Kreisleitung der SED im MfS an. In allen Diensteinheiten der HVA bestanden Grundorganisationen (GO) und Abteilungsparteiorganisationen (APO). Die Parteisekretäre waren stets in eine enge Zusammenarbeit mit dem dienstlichen Leiter einbezogen oder gehörten selbst der jeweiligen dienstlichen Leitung an. Umgekehrt gehörten die verantwortlichen dienstlichen Leiter der Parteileitung ihres jeweiligen Verantwortungsbereichs an. Regelmäßige Parteiversammlungen, das Parteilehrjahr und sog. Par-{73}teiaktivtagungen sicherten zusätzlich eine umfassende Einwirkungs- und Kontrollmöglichkeit des Parteiapparates der SED.

Die Tätigkeit der Angehörigen der HVA – ebenso wie die der Mitarbeiter anderer Hauptabteilungen des MfS – wurde im einzelnen durch allgemein verbindliche „Rechtsvorschriften“, „Dienstvorschriften“, „Befehle“ und andere „dienstliche Bestimmungen“ des Ministeriums (Mielke) reglementiert, wobei eine einheitliche Nomenklatur nicht bestand, die verschiedenen Erlasse vielmehr auch als „Richtlinien“, „Dienstanweisungen“, „Anweisungen“, „Ordnungen“, „Durchführungsbestimmungen“ und „Schreiben (mit Weisungscharakter)“ bezeichnet wurden.

Dabei ist zu beachten, daß das MfS seinerseits, das in der Tradition des sowjetischen Vorbildes als „außerordentliches Organ der Arbeiter- und Bauernmacht" eigenständig und weitgehend unabhängig war, alle entscheidenden richtungweisenden Vorgaben unmittelbar von der Abteilung Sicherheit im ZK oder dem Politbüro des ZK der SED erhielt, dem der Minister für Staatssicherheit als Mitglied angehörte. Die durch die Verfassung festgelegte Zugehörigkeit des MfS zum Ministerrat der DDR war eine staatsrechtliche Formalität. {74}

Innerhalb des MfS war die HVA als Aufklärungsnachrichtendienst weitgehend autark. Sie organisierte ihre Tätigkeit selbst und war auch logistisch weitgehend unabhängig. Gleichwohl kann von einer strikten Trennung des Staatssicherheitsdienstes der DDR in einen Inlandssicherheitsapparat und einen Auslandsnachrichtendienst nicht ausgegangen werden. Die gegen Ende der staatlichen Existenz zunehmenden Repressionsmaßnahmen im Innern der DDR und die wachsenden Aktivitäten des MfS im westlichen Ausland entsprechen in wechselseitiger Abhängigkeit einer politischen Strategie, zu welcher das SED-Regime sich unter dem Eindruck der KSZE-Folgekonferenz und teilweisen Öffnung der DDR zum Westen hin veranlaßt sah. Auslandsaufklärung wurde zunehmend Mittel zur Stabilisierung des SED-Regimes in der DDR. Umgekehrt wurden die Mittel und Möglichkeiten des Staatssicherheitsdienstes innerhalb der DDR genutzt, um Ansätze für die operative Auslandsaufklärung zu gewinnen.

Neben den innerdienstlichen Vorschriften des MfS bestanden zwischenstaatliche „Vereinbarungen" und „Protokolle", welche die Zusammenarbeit des MfS mit Geheimdiensten anderer Länder des Warschauer Paktes betrafen und – unter anderem hinsichtlich des Austauschs nachrichtendienstlicher Aufklärungsinformationen – ebenfalls verbindliche Regelungen für die HVA und deren Diensteinheiten enthielten. Dabei ist für die strafrechtliche Gewichtung der geheim-{75}dienstlichen Tätigkeit der Angehörigen der HVA bedeutsam, daß auf Anweisung des HVA-Leiters Wolf[10] – fortgesetzt unter der Amtsleiterschaft Großmann – die zwischen Mielke einerseits und dem KfS der UdSSR andererseits getroffenen Kooperations- und Informationsvereinbarungen in der Praxis dahingehend gehandhabt wurden, daß regelmäßig ein Exemplar der Berichte der vorgangsführenden Sachbearbeiter über nachrichtendienstlich gewonnene Eingangsinformationen, die zur Auswertung der dafür zuständigen Abteilung VII HVA zugeleitet wurden, über den jeweiligen Abteilungsleiter an die Verbindungsoffiziere des KfS gelangte. Zwar war damit nicht verbunden, daß dem sowjetischen Geheimdienst jede Quelle der HVA im „Operationsgebiet BRD" offenbart worden wäre; inhaltlich waren die Spionageergebnisse dem KfS der UdSSR jedoch vollen Umfangs bekannt.

Unterhalb der Ebene ministerieller Erlasse wurde die Tätigkeit der HVA – abgesehen von mündlichen Anordnungen – durch dienstliche Bestimmungen des Leiters der HVA reglementiert, welche – teils auf der Grundlage entsprechender Vorschriften für das gesamte MfS – im Stab der HVA entworfen und ausgearbeitet wurden. Derartige schriftliche Bestimmungen der Leiter der HVA (Wolf und Großmann) liegen den Ermittlungsbehörden indes nicht vor; sie dürften in der Zeit von November 1989 bis Juni 1990 vollständig vernichtet worden sein. {76}

Als grundsätzliche Führungsregel innerhalb des MfS insgesamt wie auch innerhalb der HVA galt das Prinzip der Einzelleitung. Damit gemeint ist der militärische Grundsatz von Befehl und Gehorsam, verbunden mit der uneingeschränkten Verantwortung des Vorgesetzten.

Die Befehle und Anweisungen des Ministers richteten sich an die Leiter der Hauptabteilungen und der HVA, deren Anordnungen an die Leiter der Abteilungen, die ihrerseits Befehlsgewalt gegenüber den Leitern der Referate ausübten.

Dabei ist zu beachten, daß innerhalb der Führungsebenen den Stellvertretern der jeweiligen Leiter überwiegend eigene Führungsfunktionen übertragen worden waren, diese also nicht lediglich den Leiter bei dessen Abwesenheit zu vertreten, sondern – als zwischengeschaltete Leitungsebene – in selbständiger Verantwortung nachgeordnete Diensteinheiten anzuleiten hatten.

Jeder Leiter einer Diensteinheit war seinem Vorgesetzten im Rahmen seines Zuständigkeitsbereichs für die Lösung der Aufgaben der HVA verantwortlich. {77}

Ab Ende 1989 – abgeschlossen Ende Februar 1990 – wurde die nachrichtendienstliche Tätigkeit der HVA sowie der Linie XV der Bezirksverwaltungen eingestellt.

Lediglich Einzelaktionen zur Abwicklung und Absicherung der Beendigung dieser Tätigkeit sowie zur Regelung „humanitärer Fragen“ sollen in Ausnahmen noch bis Ende Juni 1990 stattgefunden haben.

Geleitet wurde die HVA in dieser Zeit (1. April bis 30. Juni 1990) unter der Bezeichnung „HVA – in Auflösung“ von dem Angeschuldigten Fischer. Dabei oblag es ihm, auf der Grundlage eines Beschlusses des „Zentralen Runden Tisches“ vom 23. Februar 1990 entsprechend den Vorgaben des Ministerrats und des Leiters des AfNS dafür Sorge zu tragen, daß die Plandokumente des Leiters der HVA, die operativen Jahrespläne der Abteilungs- und Referatsleiter, die Operativakten und Karteien der HVA, mit deren „radikaler Reduzierung“ bereits Ende Oktober 1989 begonnen worden war, planmäßig und vollständig vernichtet wurden. Abgesehen von Karteimaterial geringen Umfanges aus der Zentrale in Berlin und einigen Schriftstücken aus Abteilungen XV der Bezirksverwaltungen des MfS haben die Ermittlungen nicht zur Auffindung derartiger Unterlagen der HVA geführt. {78}

2. *Funktionsbedingte Verantwortlichkeiten der Angeschuldigten*

Die Angeschuldigten Großmann, Devaux, Fischer, Schorm und Kern waren auf verschiedenen Leitungsebenen an der Steuerung der gegen die Bundesrepublik Deutschland gerichteten Spionagetätigkeit der HVA beteiligt.

Der Angeschuldigte Großmann war vom 15. April 1968 bis zum 31. Oktober 1975 – anfangs im Dienstrang eines Oberstleutnants, später im Dienstrang eines Oberst – Leiter der Abteilung I der HVA. Kommissarisch war er schon seit 1. September 1967 mit der Leitung der Abteilung betraut gewesen.

Anschließend war der Angeschuldigte Großmann vom 1. November 1975 bis Mitte November 1986 durchgängig einer der Stellvertreter, seit 1. Oktober 1983 1. Stellvertreter des Leiters des HVA.

Vom 15. November 1986 bis zum 31. März 1990 hat der Angeschuldigte Großmann – anfangs im Rang eines Generalleutnants, seit 7. Oktober 1989 im Rang eines Generaloberst – die HVA geleitet und war in dieser Funktion zugleich einer der Stellvertreter des Ministers für Staatssicherheit. {79}

Der Angeschuldigte Devaux war vom 1. April 1985 (kommissarisch beauftragt schon seit 15. August 1984) bis zum 31. August 1986 – anfangs im Dienstrang eines Oberstleutnants, ab 1. Februar 1986 im Dienstrang eines Oberst – Leiter der Abteilung I der HVA.

Anschließend – nach Absolvierung eines knapp einjährigen Lehrganges an der Parteihochschule der SED in Berlin – war Devaux vom 1. August 1987 bis zum 31. März 1990 unter dem Angeschuldigten Großmann einer der Stellvertreter des Leiters der HVA.

Der Angeschuldigte Fischer war vom 1. April 1987 bis Anfang Dezember 1989 im Dienstrang eines Oberst Leiter der Abteilung I der HVA.

Der Angeschuldigte Schorm war vom 1. Oktober 1960 (kommissarisch beauftragt schon seit 19. April 1960) bis zum 31. März 1972 – zunächst als Oberleutnant, ab 7. Oktober 1961 als Hauptmann, ab 7. Oktober 1964 als Major und ab 1. Oktober 1971 im Rang eines Oberstleutnants – Leiter des Referats 2 der Abteilung I der HVA (Referat I/2).

Anschließend – nach Absolvierung eines gut einjährigen Lehrganges an der Parteihochschule der KPdSU in Moskau – war Schorm vom 1. September 1973 bis zum 28. Februar 1990 – seit {80} 1. Februar 1979 im Dienstrang eines Oberst einer der in früherer Zeit zwei, ab Mitte 1988 drei Stellvertreter des Leiters der Abteilung I der HVA.

Daneben war Schorm vom 1. September 1986 bis zum 31. März 1987 kommissarisch mit der Leitung der Abteilung I beauftragt. Nähere Einzelheiten zu seiner Stellung und Amtsführung in dieser Zeit sind indes nicht festgestellt worden.

Der Angeschuldigte Kern war jedenfalls ab 1. Oktober 1977 bis 30. September 1983 – anfangs als Hauptmann, seit 1. Februar 1982 als Major – operativer Mitarbeiter im Referat I/2 der HVA.

Anschließend war Kern vom 1. Oktober 1983 bis 29. Februar 1988 – seit 1. Februar 1988 im Dienstrang eines Oberstleutnants – stellvertretender Leiter, vom 1. März 1988 bis zum 31. März 1990 Leiter des Referats I/2 der HVA.

Die konkrete Form der Tatbestandsverwirklichung durch die einzelnen Angeschuldigten ergibt sich in erster Linie aus den Zuständigkeiten, Kompetenzen und Verantwortlichkeiten, {81} die nach den Bestimmungen des MfS an ihre jeweiligen Leitungsfunktionen im Aufklärungsapparat geknüpft waren, sowie aus der praktischen Handhabung dieser Bestimmungen in der alltäglichen Arbeit der HVA. Dabei ist von wesentlicher Bedeutung, daß der gesamten Tätigkeit des MfS – abgeleitet von den Beschlüssen der Parteitage der SED – periodische Konzeptionen zugrundegelegt wurden, und die Aufgabenzuweisungen innerhalb der Planungsprozesse wie auch hinsichtlich der Planverwirklichungen auf allen Ebenen präzise festgelegt waren.

Im einzelnen haben die Ermittlungen dazu folgendes ergeben: {82}

a) Verantwortlichkeiten des Leiters der HVA

Nach dem dargestellten Führungsprinzip war der Leiter der HVA für die gesamte gegen die Bundesrepublik Deutschland gerichtete Agententätigkeit der Mitarbeiter der HVA verantwortlich. Er hatte Umfang und Zielrichtungen der operativen Tätigkeit im vorhinein festzulegen, die planentsprechende Durchführung dieser Tätigkeit zu kontrollieren und trug die Verantwortung für die Planung des diesbezüglichen finanzökonomischen Bedarfs.

Die konzeptionelle Steuerung der nachrichtendienstlichen Tätigkeit der HVA im „Operationsgebiet BRD“ erfolgte durch den Leiter der HVA auf verschiedene Weise.

aa) [Zuarbeiten zu Planvorgaben des Ministers]

Schon die Planvorgaben des Ministers für Staatssicherheit, die für das jeweils bevorstehende Jahr sowie – als Perspektivpläne – für Zeiträume von jeweils fünf Jahren erstellt wurden, waren inhaltlich, soweit sie Bereiche der Aufklärung betrafen, durch den Leiter der HVA beeinflußt. Die Beeinflussung erfolgte im Wege schriftlicher „Zuarbeiten“, die dem Minister bis zum 20. September eines jeden Jahres vorzulegen waren, und in welchen der Leiter der HVA – abgestellt auf Schwerpunkte und Schwerpunktbereiche – diejenigen Ziele und Aufgaben der Aufklärung darzulegen hatte, denen er {83} für die bevorstehende Planperiode zentrale Bedeutung beimaß. Diese Vorlage an den Minister wurde innerhalb der HVA durch eine „Umfrageaktion“ vorbereitet, bei welcher die einzelnen Diensteinheiten ihrerseits die Schwerpunktwünsche für ihren Aufgabenbereich formulierten.

Daneben hatte der Leiter der HVA – praktisch in Form eines Jahresberichts, dem entsprechende Berichte der einzelnen Abteilungen zugrunde lagen – die bei der Plandurchführung im laufenden Jahr gewonnenen Erkenntnisse über Entwicklungen und Ergebnisse andauernder oder abgeschlossener operativer Vorgänge darzustellen, zu analysieren und mit einer politisch-operativen Lageeinschätzung zu verbinden.

Auf der Grundlage dieser und entsprechender „Zuarbeiten“ aus den übrigen Hauptabteilungen des MfS sowie der Aufgabenstellungen der Parteitage der SED an das MfS wurden die zentralen Planvorgaben des Ministers für Staatssicherheit für die politisch-operative Arbeit im MfS erlassen.

Sie enthielten speziell für den Bereich der HVA – ohne einzelne Planungsinhalte konkret vorzuschreiben – eine Aufzählung verschiedener Aufklärungsbereiche und Aufgabenstellungen, die schwerpunktmäßig in den Plandokumenten der HVA Berücksichtigung zu finden hatten. {84}

bb) [Planvorgaben und Planorientierungen des Leiters der HVA]

Formell auf der Grundlage dieser Planvorgaben, inhaltlich davon jedoch unabhängig, erließ sodann der Leiter der HVA seinerseits Planvorgaben und Planorientierungen für die Jahresplanung wie auch längerfristig für Zeiträume von jeweils fünf Jahren.

Aus strafrechtlicher Sicht können die Planvorgaben weitestgehend außer Betracht bleiben, weil sie inhaltlich auf die einheitliche Durchsetzung der Dienstvorschriften des MfS ausgerichtet waren und daher nicht primär als Instrumente der Steuerung der operativen Agententätigkeit zu werten sind.

Demgegenüber stellten die Planorientierungen praktisch das Rahmenprogramm für die nachrichtendienstliche Tätigkeit der Abteilungen der HVA wie auch der Abteilungen XV der Bezirksverwaltungen dar.

Ob der Angeschuldigte Großmann während seiner Amtszeit als Leiter der HVA eine längerfristige Planorientierung im Sinne Ziffer 3.4. der RL Nr. 1/80 erlassen hat, ist nicht bekannt. Der Umstand, daß der letzte Perspektivplanzeitraum für die zentrale

Planvorgabe des Ministers für Staatssicherheit die Jahre 1986 bis 1990 umfaßte, spricht eher dafür, daß auch die letzte längerfristige, noch zur Anwendung gelangte Planorientierung des Leiters der HVA im Jahre 1985, mithin noch von Generaloberst {85} Wolf, erlassen worden ist. Im Vordergrund der hiesigen Betrachtung stehen daher die Jahresplanorientierungen im Sinne Ziffer 3.5 der RL Nr. 1/80, die jeweils zum 25. Oktober dem Minister für Staatssicherheit zur Bestätigung vorzulegen und zum 5. November an die Leiter der Abteilungen der HVA sowie die Leiter der Bezirksverwaltungen herauszugeben waren.

Inhaltlich wurden in den Planorientierungen methodische Schwerpunkte dargestellt sowie Ziele und Aufgaben der politisch-operativen Arbeit aufgezeigt, die schwerpunktmäßig im kommenden Planjahr von den Diensteinheiten der Aufklärung (Abteilungen der HVA Berlin und Abteilungen XV der Bezirksverwaltungen) anzugehen waren.

Dabei wurden zwar einzelne operative Vorgänge nicht erwähnt; Angriffsziele und Sachgebiete, auf welche die nachrichtendienstliche Agententätigkeit zu konzentrieren war, wurden jedoch ebenso wie operative Vorgehensweisen, die bevorzugt angewendet werden sollten, konkret bezeichnet.

So wurde beispielsweise vorgegeben, die Angriffe gegen Geheimdienste der NATO-Staaten zu verstärken, die Beschaffung wissenschaftlich-technischer Informationen auf bestimmten Gebieten der Militär- und Volkswirtschaft zu intensivieren oder Treffen mit Quellen aus Sicherheitsgründen vorrangig innerhalb des „Operationsgebietes BRD“ durchzuführen. {86}

Ausgearbeitet wurden die Planorientierungen im Stab der HVA. Dabei wurde zunächst den einzelnen Abteilungen der Zentrale in Berlin sowie der Linie XV Gelegenheit gegeben, eigene Schwerpunktvorstellungen für den anstehenden Planzeitraum entsprechend den jeweils zugewiesenen Angriffsrichtungen und -objekten zu entwickeln und zur möglichen Aufnahme in die Gesamtorientierung zu unterbreiten.

Die letztlich vom Leiter der HVA erlassene, vom Minister für Staatssicherheit bestätigte Planorientierung war die Grundlage, auf welcher sodann die eigentlichen Arbeitspläne für das bevorstehende Jahr in den einzelnen Abteilungen der HVA und der Linie XV der Bezirksverwaltungen erstellt wurden.

Damit war die gesamte nachrichtendienstliche Agententätigkeit der Mitarbeiter der Auslandsaufklärung schon im Anfangsstadium der Planung in ihren schwerpunktmäßigen Richtungen der Steuerung des Leiters der HVA unterworfen.

Darüber hinaus hat der Leiter der HVA auch auf außerhalb des Verantwortungsbereichs der HVA durchgeführte operative Tätigkeiten des MfS Einfluß genommen: Gemäß Ziffer 1.3. der Informationsordnung Nr. 5/87[11] war der Leiter der HVA gehalten, jährliche Informationsvorgaben an den für den Bereich „Elektronische Aufklärung“ {87} zuständigen Leiter der Hauptabteilung III des MfS zu richten. Nach Angaben des letzten Leiters dieser Hauptabteilung, Generalmajor Horst Männchen[12], haben die Informationsvorgaben des Leiters der HVA letztlich dazu geführt, daß jährlich etwa 45000 durch Abhörmaßnahmen erlangte Informationen an die HVA weitergeleitet wurden.

Die bestimmende Einflußnahme des Leiters der HVA auf Umfang, Zielrichtungen und Vorgehensweisen der Auslandsspionage setzte sich im weiteren Planverfahren und in der praktischen Planverwirklichung in unterschiedlichen Ausübungsformen fort.

cc) [Bestätigung der Jahrespläne der Abteilung IX HVA]

Zunächst oblag es dem Leiter der HVA gemäß Ziffer 5.3. der RL Nr. 1/80, die auf der Grundlage seiner Planorientierung entworfenen Jahrespläne derjenigen Abteilungsleiter, die ihm unmittelbar – ohne Zwischenschaltung eines seiner Stellvertreter – unterstellt waren, zu prüfen und, soweit sie eine Billigung fanden, förmlich zu bestätigen.

In diesem Zusammenhang wurden dem Leiter der HVA auch solche Pläne vorgelegt, die operative Maßnahmen innerhalb der Bundesrepublik Deutschland zum Gegenstand hatten, nämlich diejenigen der Abteilungen IX und X der HVA. {88}

Die Abteilung X befaßte sich mit Desinformation und Zersetzungsmaßnahmen im Operationsgebiet.

Dem direkten Unterstellungsverhältnis entsprechend waren die Operativpläne zur Durchführung von Zersetzungsmaßnahmen gegen einzelne Personen im Operationsgebiet, beispielsweise solche zur

„systematischen Diskreditierung des öffentlichen Rufes, des Ansehens und des Prestiges auf der Grundlage miteinander verbundener wahrer, überprüfbarer und diskreditierender sowie unwahrer, glaubhafter, nicht widerlegbarer und damit ebenfalls diskreditierender Angaben“

(RL Nr. 1/76, Ziffer 2.6.2.[13]) dem Leiter der HVA bzw. in besonders bedeutsamen Fällen über diesen dem Minister selbst zur Bestätigung vorzulegen.

Für den Tatbestand des § 99 StGB[14] bedeutsamer ist die Bestätigung der Jahrespläne der Abteilung IX durch den Leiter der HVA.

Die Abteilung IX war im Jahr 1973 zur Aufklärung gegnerischer Dienste gegründet worden. Ihr erster Leiter war Oberst Heinz Geyer, dessen Nachfolge im Herbst 1977 der in dem Verfahren 3 StE 4/91-3 des Generalbundesanwalts vor dem Bayerischen Obersten Landesgericht (3 St 4/91 a, b) angeklagte Oberst – spätere Generalmajor – Harry Schütt[15] antrat. {89}

Die Abteilung hatte etwa 200 bis 300 hauptamtliche Mitarbeiter und war im wesentlichen in die drei Arbeitsbereiche A, B und C aufgegliedert.

Der Bereich A – seit 1985 von dem gesondert verfolgten Gunther Nehls und zuvor von dem Zeugen Karl-Christoph Großmann geleitet – war zuständig für die Bearbeitung der gegnerischen Dienste und operierte vom Gebiet der DDR aus durch Gewinnung und Führung von Quellen. Die gegnerischen Dienste (Bundesnachrichtendienst, militärischer Abschirmdienst, Bundesamt für Verfassungsschutz, Landesämter für Verfassungsschutz, Staatsschutzdienststellen des Bundeskriminalamts, der Landeskriminalämter und der nachgeordneten Polizeidienststellen, CIA und andere westliche Nachrichtendienste) waren dabei jeweils einzelnen Referaten zugewiesen.

Der Bereich B, der zuletzt von dem gesondert verfolgten Oberst Heinz Mrowitzki geleitet wurde, hatte die Legalresidenturen zu bearbeiten. Er war in sechs oder sieben Referate aufgeteilt, die jeweils regional abgegrenzte Zuständigkeitsbereiche hatten.

Dem Bereich C oblag die Auswertung der gewonnenen Erkenntnisse. {90}

Die weitere Untergliederung der Bereiche ergibt sich aus nachstehendem Schaubild. {91}

⊗ Es folgt das angekündigte Schaubild.[16] ⊗ {92}

Einige Beispiele von nachrichtendienstlichen Operationen, die im Zuständigkeitsbereich der Abteilung IX in dem Zeitraum, in welchem dem Angeschuldigten Großmann als

Leiter der HVA die Abteilung unmittelbar unterstellt war, gegen die Bundesrepublik Deutschland geführt worden sind, sind Gegenstand der nachstehend aufgeführten Ermittlungs- und Strafverfahren:

- Ermittlungsverfahren des Generalbundesanwalts gegen den ehemaligen ROAR Klaus Kuron (3 BJs 398/90-2) wegen Verdachts geheimdienstlicher Agententätigkeit[17];
- Ermittlungsverfahren des Generalbundesanwalts gegen einen noch unbekannten Bediensteten des LfV Niedersachsen mit Decknamen „Maurer“ (der Tatverdacht richtet sich gegen den Ersten Polizeihauptkommissar Hans-Joachim A.) (3 BJs 472/90-1) wegen Verdachts geheimdienstlicher Agententätigkeit;
- Ermittlungsverfahren des Generalbundesanwalts gegen Wilhelm Balke (3 BJs 471/90-1) wegen Verdachts geheimdienstlicher Agententätigkeity[18];
- Ermittlungsverfahren des Generalbundesanwalts gegen Karin Gabriele Zuber u.a. (3 BJs 561/90-3) wegen Verdachts geheimdienstlicher Agententätigkeit[19]; {93}
- Ermittlungsverfahren des Generalbundesanwalts gegen Joachim M[20]. (3 BJs 141/90-2) wegen Verdachts geheimdienstlicher Agententätigkeit;
- Ermittlungsverfahren des Generalstaatsanwalts in Düsseldorf gegen Walter Schabronat (3 OJs 76/90) wegen Verdachts geheimdienstlicher Agententätigkeit[21] und
- Strafverfahren gegen die Brüder Alfred und Ludwig Spuhler wegen Landesverrats, in welchem der Generalbundesanwalt Anklage vor dem Bayerischen Obersten Landesgericht erhoben hat (3 StE 1/90-3), welche mit Eröffnungsbeschluß vom 11. März 1991 zur Hauptverhandlung vor dem 3. Strafsenat des Bayerischen Obersten Landesgerichts zugelassen worden ist (3 St 1/91 a, b).[22]

Der Schaden, der durch Mitarbeiter der Abteilung IX – teils im Zusammenwirken mit der für elektronische Aufklärung zuständig gewesenen Hauptabteilung III des MfS – dem Militärischen Abschirmdienst der Bundesrepublik Deutschland zugefügt wurde, ist in dem Gutachten des MAD (Petersen) vom 18. Februar 1991 dargestellt. Der Gutachter gelangt zu dem Schluß, daß die Diensteinheiten der HVA bei Ausnutzung ihres durch Ausspähungsmaßnah-{94}men erlangten Wissens in der Lage gewesen seien, Abwehrmaßnahmen und vorbeugende Maßnahmen des MAD zu unterlaufen und in nachrichtendienstliche Operationen des MAD einzudringen. Dementsprechend sei davon auszugehen, daß in den Jahren ab etwa 1983 der MAD, bezogen auf die Nachrichtendienste der ehemaligen DDR und der UdSSR, seinen Abwehrauftrag nicht mehr ausreichend habe erfüllen können.

Die inhaltliche Gestaltung der Jahrespläne, die dem Leiter der HVA durch den Leiter der Abteilung IX und die übrigen ihm direkt unterstellten Abteilungsleiter zur Bestätigung vorgelegt wurden, sowie ebenso derjenigen Pläne, die den Stellvertretern des Leiters der HVA vorzulegen waren, war unter Ziffern 5. bis 5.2. der RL Nr. 1/80 im einzelnen vorgegeben. Sämtliche operativen Vorgänge von Bedeutung (so auch die vorstehend bezeichneten), die im bevorstehenden Planjahr weiterverfolgt oder angelegt werden sollten, waren darin konkret beschrieben.

Zwar wurden die Klarnamen von Quellen und auszuforschenden Personen in den Plandokumenten nicht genannt und Hinweise, die zu ihrer Enttarnung hätten führen können, vermieden. Im übrigen wurden jedoch die wesentlichen Einzelumstände der Vorgänge, Registriernummern, Decknamen und Objekte (teils unter Angabe der beruflichen Ebene), in denen Quellen tätig waren, bisherige Vorgangsentwicklungen – verbun-{95}den mit analytischer Einschätzung –, angestrebte Entwicklungsziele und Entwicklungsmöglichkeiten (beispielsweise aufgrund persönlicher oder beruflicher Veränderungen einer Quelle), Gegenstände der Informationsbeschaffung sowie Arbeitsschritte und methodische Vorgehensweisen zu ihrer Erlangung einschließlich personeller Verantwortlichkeiten in Kurzfassung dargelegt. Dabei ging die Darstellung in ihrer Detailliertheit so weit, daß einzusetzende nachrichtendienstliche Hilfsmittel bezeichnet und die wichtigsten Quellentreffs unter Angabe von Zeit, Ort und daran teilnehmenden Mitarbeitern vorbestimmt wurden.

Durch die Bestätigung dieser Pläne übernahm daher der Leiter der HVA die Verantwortung für die durchzuführenden nachrichtendienstlichen Operationen nicht nur allgemein, sondern hinsichtlich aller wesentlichen Grundzüge ihrer konkreten Ausgestaltung.

Die bestätigten Pläne waren innerhalb des jeweiligen Jahres die Arbeitsgrundlage der gesamten operativen Tätigkeit der betreffenden Abteilung.

dd) [Bestätigung von Haushalts- und Valutadienstleistungsplänen]

Neben der Bestätigung operativer Jahrespläne oblag dem Leiter der HVA die Prüfung und Bestätigung der jährlichen Haushalts- und Valutadienstleistungspläne. Diese wurden für den gesamten Bereich der HVA zentral in dem der Abteilung Rückwärtige Dienste nachgeordne-{96}ten Referat Finanzen von einem „Haushaltsbearbeiter" entworfen und über den Abteilungsleiter „Rückwärtige Dienste" – nach Bestätigung durch diesen – dem Leiter der HVA vorgelegt.

Die Haushalts- und Valutadienstleistungspläne waren für den Umfang der nachrichtendienstlichen Agententätigkeit insofern von entscheidender Bedeutung, als sie die Gesamtsumme der benötigten Operativgelder zu erfassen und damit deren Sicherstellung aus dem Staatshaushalt der DDR zu gewährleisten hatten.

Inhalt und Reichweite des Begriffs „Operativgeld" ergeben sich aus Ziffern 1. und 2.1.2. der Operativgeldordnung Nr. 3/83 sowie der Aufgliederung in Teil III des Sachkontenrahmens vom 1. Januar 1981 zur Sachkontenklasse 6. Danach gehörten beispielsweise auch Prämienzahlungen an Quellen als „Treffauslagen" zu den Operativgeldern, wurden mithin nicht dem Prämienfonds entnommen, der gemäß Prämienordnung Nr. 20/85 zur Verteilung an hauptamtliche Mitarbeiter des MfS zur Verfügung stand.

Die Zuordnung der Operativgelder zu den beiden unterschiedlichen Planarten war daran geknüpft, in welcher Währung die Gelder benötigt wurden: Im Haushaltsplan waren die in Mark der {97} DDR, im Valutadienstleistungsplan die in ausländischen Währungen aufzubringenden Operativgelder enthalten.

Für das Haushaltsjahr 1989 standen den Diensteinheiten der HVA an Operativgeldern planmäßig 16.200.000,-- Mark – von denen bis zum 30. November 1989 ein Betrag von 13.479.100,-- Mark ausgegeben worden war – und 14.000.000,-- DM zur Verfügung.

ee) [Jahrespläne des Leiters der HVA]

Weiteres konzeptionelles Instrument zur Steuerung der nachrichtendienstlichen Agententätigkeit der HVA (neben Zuarbeiten zur ministeriellen Planvorgabe, Planorientierungen und Planbestätigungen) waren eigene Jahrespläne, die der Leiter der HVA zu erstellen und jeweils zum 30. Dezember dem Minister für Staatssicherheit zur Bestätigung vorzulegen hatte. Darin waren diejenigen politisch-operativen Ziele und Aufgaben aufzunehmen, die in den Schwerpunktbereichen der Aufklärung von entscheidender Bedeutung und deshalb durch den Leiter der HVA selbst oder seine Stellvertreter anzuleiten und zu kontrollieren waren. Auch die dazu im einzelnen vorgesehenen Maßnahmen der eigenen Leitungstätigkeit waren in den Plandokumenten darzulegen.

Als Leiter der HVA hat der Angeschuldigte Großmann Jahrespläne dieser Art erarbeitet und vorgelegt. Einzelheiten dazu sind nur insoweit {98} darstellbar, daß jedenfalls die im einzelnen noch darzulegenden Verratsfälle Spuhler und Dr. Blau, in denen unmittelbare persönliche Teilnahmehandlungen Großmanns an der Führung der Agenten belegt sind, Eingang in seine Jahrespläne gefunden haben.

ff) [Planung des Kaderbedarfs in Auslandsvertretungen]

Eine weitere Planungszuständigkeit des Leiters der HVA bestand im Hinblick auf den Einsatz operativer Mitarbeiter des MfS in den Auslandsvertretungen der DDR.

Der Leiter der HVA hatte den entsprechenden Kaderbedarf langfristig für einen Zeitraum von fünf Jahren zu konzipieren, diese Planung jährlich bis zum 31. Mai für das folgende Jahr zu konkretisieren und zusätzlich für die Bereitstellung der diesbezüglich erforderlichen operativ-technischen Mittel Sorge zu tragen.

gg) [Einflußnahmen auf die Planverwirklichung]

Neben der Steuerung der Agententätigkeit im Planungsprozeß standen Steuerungsmaßnahmen des Leiters der HVA in bezug auf die praktische Planverwirklichung.

Allgemein war der Leiter der HVA gehalten, „durch kontinuierliche und schwerpunktorientierte Kontrolle einen ständigen aktuellen Überblick über den Stand der Planerfüllung“ im Gesamtbereich der Aufklärung zu gewährlei-{99}sten. Sämtliche bedeutsamen Spionageergebnisse und Entwicklungen in Agentenvorgängen wurden ihm auf dem Dienstwege berichtet.

Auch jedes Vorhaben, in einem wichtigen Ausforschungsobjekt der Bundesrepublik Deutschland einen Inoffiziellen Mitarbeiter unterzubringen oder anzuwerben, ist dem Leiter der HVA grundsätzlich schon im Prozeß der Vorbereitung der Werbung auf dem Dienstwege unterbreitet worden.

Darüber hinaus ist für die strafrechtliche Verantwortlichkeit von Bedeutung, daß innerhalb des dem Leiter der HVA unmittelbar unterstellten Anleitungsbereichs – insbesondere also der Abteilung IX – sowie dann, wenn die Lage ein Zusammenarbeiten mehrerer Diensteinheiten verschiedener Anleitungsbereiche erforderte, jede Neuanlegung eines operativen Vorganges der Bestätigung des Leiters der HVA bedurfte, dem dazu „der Beschluß zum Anlegen, der Eröffnungsbericht und der erste Operativplan“ vorzulegen waren.

Auch die Einstellung hauptamtlicher inoffizieller Mitarbeiter (HIM) im Planstellenbereich einer Abteilung, die dem Leiter der HVA unmittelbar unterstand, war von diesem auf ihre operative Notwendigkeit zu prüfen und bedurfte seiner Bestätigung. {100}

hh) [Bewilligungskompetenzen im Hinblick auf Operativgeld]

Weitere Kompetenzzuweisungen, die eine bestimmende Einflußnahme des Leiters der HVA auf die gegen die Bundesrepublik Deutschland gerichtete Agententätigkeit der HVA gewährleisteten, bestanden im Hinblick auf den Einsatz von Operativgeld. Hierbei wurde einerseits auf die Höhe des Betrages, andererseits auf den konkreten Verwendungszweck abgestellt.

Generell galt, daß die Ausgabe von Einzelbeträgen über 10.000,-- Mark aus Haushaltsmitteln der HVA der Bewilligung durch den Leiter der HVA bedurfte.

Unabhängig von der Höhe des Betrages konnte die Bereitstellung von Reisezahlungsmitteln für eine Dienstreise ins Ausland, die vom Leiter der jeweiligen Diensteinheit, in der Regel dem Abteilungsleiter, per Vordruck (Anlage 1 zur Ordnung Nr. 13/86) angefordert wurden, seit 1. September 1986 für den Bereich der HVA nur über deren Leiter beim Leiter der Abteilung Finanzen des MfS beantragt werden. Berücksichtigt man, daß zu den Reisekosten in diesem Zusammenhang auch das im Rahmen der Reise auszugebende Operativgeld gehörte, und daß dieses wiederum auch die bei einem Treff an den Agenten geleisteten Zahlungen (Prämien und Agentenlohn) umfaßte, so ergibt sich, daß sämtliche in den noch darzustellenden Verratsfällen von Raussendorff, Dahms, Pauli, Dr. Blau, Kemper und Alfred Spuhler seit Mitte November 1986 in Zusam{101}menhang mit außerhalb der DDR durchgeführten Treffs gezahlten Bestechungsgelder auch von dem Angeschuldigten Großmann als Leiter der HVA zu verantworten sind.

Der Agent von Raussendorff hat bei vierteljährlich auf dem Gebiet der Bundesrepublik Deutschland durchgeführten Treffs mit seinem dazu aus Ost-Berlin angereisten Instrukteur Draeger regelmäßige Geldzahlungen erhalten. Bis Frühjahr 1988 ist insoweit von Einzelbeträgen in Höhe von mindestens 2400,- bis 2700,-- DM, ab Frühjahr 1988 bis November 1989 von Einzelbeträgen in Höhe von 5000,-- DM auszugehen.

Der Agent Dahms hat bis Herbst 1989 einen monatlichen Agentenlohn in Höhe von 1000,-- DM erhalten, der bei jährlich vier bis fünf innerhalb der Bundesrepublik Deutschland durchgeführten Treffs von dem Instrukteur K. ausgezahlt wurde. Zusätzlich erhielt Dahms pro Treff einen Betrag von etwa 500,-- DM als Aufwandsentschädigung.

Der Agent Pauli hat bis einschließlich 1989 einen jährlichen Agentenlohn in Höhe von etwa 6000,-- DM erhalten, der ihm bei jährlich etwa drei durchgeführten Treffs mit seinem Instrukteur „Hans" – bis August 1987 in Salzburg, danach im Köln-Bonner Raum – ausgezahlt wurde. {102}

Der Agent Dr. Blau hat bei zwei Treffs mit seinem Führungsoffizier „Volker" am 24. Oktober 1986 bzw. am 8. Dezember 1989 im Hotel „Galle Face" in Colombo als Agentenlohn jeweils eine Prämienzahlung in Höhe von 6000,-- US-Dollar erhalten.

Der Agent Kemper hat bis Dezember 1989 einen monatlichen Agentenlohn in Höhe von 1000,-- DM erhalten, der bei jährlich etwa vier Treffen in Stockholm, Wien und in der Bundesrepublik Deutschland von den Instrukteuren Harald L. und Fritz T. ausgezahlt wurde. Die letzte Zahlung (2000,-- DM) erfolgte am 6. Dezember 1989.

Der Agent Alfred Spuhler, der sein nachrichtendienstliches Entgelt ansonsten über einen „rollenden toten Briefkasten" erhielt, wurde im Juli/August 1987 in Budapest anläßlich der Verleihung des „vaterländischen Verdienstordens" der DDR in Gold mit einer Prämienzahlung von 10.000,-- DM entlohnt. Diese Bestechungszahlung ist dem Angeschuldigten Großmann im übrigen schon deshalb zuzurechnen, weil er selbst – wie noch darzustellen sein wird – die Auszahlung vorgenommen hat.

Neben der Beantragungskompetenz in bezug auf die Bereitstellung von Reisezahlungsmitteln für eine Dienstreise ins Ausland, die unabhängig davon bestand, ob die fraglichen Mittel im {103} Valutadienstleistungsplan berücksichtigt waren, stand die Bewilligungskompetenz für die Ausgabe außerplanmäßiger Gelder in Fremdwährung: Jede operative Maßnahme, deren Durchführung den Einsatz von Valutamitteln erforderte, die vom Valutadienstleistungs-Jahresplan nicht erfaßt war, bedurfte der Bestätigung durch den Leiter der HVA.

ii) [Umfang der gegen die Bundesrepublik Deutschland gerichteten geheimdienstlichen Aktivitäten der HVA]

Der genaue Umfang der gesamten geheimdienstlichen Agententätigkeit, die während der dreijährigen Amtsleiterschaft unter der Verantwortung Großmanns gegen die Bundesrepublik Deutschland durchgeführt worden ist, insbesondere die Anzahl der innerhalb der Bundesrepublik Deutschland geführten Quellen, ist nicht aufgeklärt und im nachhinein wohl auch nicht mehr zu ermitteln, nachdem – wie bereits dargelegt – die Operativakten und diesbezüglichen Karteien der HVA ab Ende Oktober 1989 planmäßig vernichtet wurden.

Die Angabe des Angeschuldigten Fischer in seinem „Abschlußbericht über die Auflösung der ehemaligen HVA" vom 25. Juni 1990, der Auflösungsprozeß habe „sich in seinem Wesen auf die Einstellung von 540 aktiven (per Ende März 1990) Vorgängen im Operationsgebiet" sowie die den Quellen zugeordneten Kuriere, Instrukteure, Residenten, Gehilfen und technischen Kräfte gerichtet, nachdem die nachrichtendienstliche Tätigkeit „in den meisten Positio-{104}nen, vor allem in der BRD" bereits wesentlich früher, teilweise Ende 1989 eingestellt gewesen sei, vermittelt immerhin eine Vorstellung.

Darüber hinaus bieten folgende Umstände Anhaltspunkte für die in Frage stehende Größenordnung:

Unter der Führung des Referats 2 der Abteilung XV der Bezirksverwaltung Leipzig waren im Jahr 1989 „für die Erarbeitung von Informationen für die HVA" insgesamt vier „operative Positionen" (eine Quelle, zwei Werber, ein Perspektiv-IM) im Operationsgebiet eingesetzt und befanden sich darüber hinaus vier weitere Quellenvorgänge im Stadium des Vorlaufs.

Allein von den Angehörigen der Abteilung IV der HVA, die mit militärpolitischem Aufklärungsschwerpunkt für die Ausspähung des Bundesverteidigungsministeriums und von Einrichtungen der Bundeswehr zuständig war, wurden etwa 40 bis 50 Quellen in Zielobjekten der Bundesrepublik Deutschland geführt.

Berücksichtigt man ferner, daß darüber hinaus jedenfalls auch für die Abteilungen I (Staatsapparat der Bundesrepublik Deutschland), II (Parteien und Organisationen der Bundesrepublik Deutschland), IX (Gegenspionage) und SWT (Sektor Wissenschaft und Technik) sowie die Referate {105} der Abteilungen XV sämtlicher Bezirksverwaltungen Quellen innerhalb des Gebiets der Bundesrepublik Deutschland im Einsatz waren, so dürfte die Annahme, unter der Verantwortung des Angeschuldigten Großmann als Leiter der HVA seien im Bundesgebiet etwa 500 bis 600 Quellen mit Spionageaufträgen gegen die Bundesrepublik Deutschland tätig gewesen, nicht zu hoch gegriffen sein.

b) Verantwortlichkeiten der Stellvertreter des Leiters der HVA

Die Verantwortlichkeiten der – seit 1. August 1987 insgesamt fünf, vorher vier – Stellvertreter des Leiters der HVA entsprachen im Prinzip teilweise denen des Leiters der HVA, waren in ihrer Reichweite innerhalb der HVA jedoch auf bestimmte Anleitungsbereiche, die jeweils mehrere Abteilungen umfaßten, beschränkt.

aa) [Zuarbeiten zu Planvorgaben des Ministers]

„Zuarbeiten" zu den zentralen Planvorgaben des Ministers für Staatssicherheit leisteten die Stellvertreter des Leiters der HVA in der Weise, daß sie die Jahresberichte über die zurückliegende Tätigkeit der ihnen unterstellten Abteilungen und deren Schwerpunktvorstellungen für die bevorstehende Planperiode, soweit diese ihre Billigung fanden und im Rahmen der Aufgabenstellungen des jeweiligen Anleitungs-{106}bereichs inhaltlich aufeinander abgestimmt waren, an den Leiter der HVA zur Erstellung der Gesamtvorlagen weiterleiteten.

bb) [Zuarbeiten zu Planorientierungen des Leiters der HVA]

In entsprechender Weise wurde der Inhalt der Planorientierungen des Leiters der HVA durch „Vorfiltern" der diesbezüglichen Plankonzepte der Abteilungen des jeweiligen Anleitungsbereichs durch die Stellvertreter des Leiters der HVA beeinflußt, die auf dem Dienstweg mit der Weiterleitung dieser Konzepte befaßt waren.

cc) [Bestätigung der Jahrespläne nachgeordneter Abteilungen]

Von wesentlicher Bedeutung ist der Umstand, daß die Stellvertreter des Leiters der HVA – ebenso wie der Leiter der HVA für die ihm unmittelbar unterstellten Abteilungen – für die Prüfung und gegebenenfalls Bestätigung der Jahrespläne der ihrem jeweiligen Anleitungsbereich zugehörigen Abteilungsleiter zuständig waren. Wegen der Gleichartigkeit der Sachverhalte und Auswirkungen wird insoweit hinsichtlich der inhaltlichen Gestaltung und der Bedeutung der Jahrespläne für die praktische Agententätigkeit sowie hinsichtlich der Bewertung der Bestätigungskompetenz auf die Ausführungen unter Gliederungspunkt II.2.a) cc) des Wesentlichen Ergebnisses der Ermittlungen zur Bestätigung von operativen Jahresplänen durch den Leiter der HVA Bezug genommen. {107}

Im übrigen ist darauf hinzuweisen, daß der Prozeß der Planbestätigung nicht allein im schriftlichen Verfahren erfolgte; vielmehr hatten die vorlegenden Abteilungsleiter ihre Pläne zusätzlich in mündlicher Beratung gegenüber dem jeweiligen Stellvertreter des Leiters der HVA – einzelne Vorgaben gegebenenfalls auch gegenüber dem Leiter der HVA selbst – zu „verteidigen".

Nicht nur Jahrespläne, sondern auch Dienstanweisungen der Abteilungsleiter, in welchen Aufgabenzuweisungen und Kompetenzabgrenzungen innerhalb der Abteilung im Verhältnis der Referate und deren Mitarbeiter zueinander festgelegt wurden, bedurften zu ihrer Wirksamkeit der Bestätigung des vorgesetzten Stellvertreters der Leiters der HVA.

dd) [Einflußnahmen auf die Planverwirklichung]

Neben der Steuerung der nachrichtendienstlichen Agententätigkeit im Planverteidigungs- und Bestätigungsverfahren bestand wie für den Leiter auch für die stellvertretenden Leiter der HVA die Verpflichtung zu steuernden Eingriffen in die praktische Planverwirklichung. Die Pflicht zur ständigen Überwachung der Planerfüllung gemäß Ziffer 2.7. der RL Nr. 1/80 bestand auch für sie. Der Angeschuldigte Devaux bestellte nicht nur die Abteilungsleiter, sondern auch die Referatsleiter seines Zuständigkeitsbereichs von Zeit zu Zeit zum Sachvortrag. {108}

Ebenso wie bei direkter Unterstellung unter den Leiter der HVA dessen Bestätigung für die Einstellung eines HIM oder die Neuanlegung eines operativen Vorganges einzuholen war (zum Beispiel bei Vorgängen der Abteilung IX), war im Anleitungsbereich der stellvertretenden Leiter deren Bestätigung zur Einstellung von HIM und Neuanlegung von Vorgängen erforderlich, wozu im letzteren Fall ein entsprechender Beschluß, der Eröffnungsplan und der erste Operativplan vorzulegen waren.

Da im übrigen innerhalb der HVA Vorlagen und Berichte grundsätzlich auf dem Dienstwege erfolgten, war auch dann, wenn die letzte Entscheidung dem Leiter der HVA oblag, bei entsprechender Anleitungszuständigkeit die Mitwirkung des stellvertretenden Leiters der HVA gewährleistet. Die Entschließung beispielsweise, in einem wichtigen Objekt der Bundesrepublik Deutschland eine Quelle anzuwerben, war auch durch den zuständigen stellvertretenden Leiter der HVA zu tragen.

Eine besondere Kompetenzzuweisung bestand im Hinblick auf die Bewilligung von Operativgeld: Zahlungsanweisungen an die Finanzabteilung, welche Beträge in einer Größenordnung zwischen 5000,-- und 10.000,-- DM betrafen, bedurften der Bestätigung durch den zuständigen stellvertretenden Leiter der HVA. Dies bedeutet, daß die Prämienzahlungen von jeweils {109} 6000,-- US-Dollar, die am 24. Oktober 1986 und am 8. Dezember 1989 in Colombo als Agentenlohn an den anderweitig verfolgten Dr. Blau[23] geleistet wurden, auch von den Angeschuldigten Großmann bzw. Devaux zu verantworten sind.

ee) [Anleitungsbereiche der Angeschuldigten Großmann und Devaux als stellvertretende Leiter der HVA]

Welche Anleitungsbereiche dem Angeschuldigten Großmann in seiner Funktion als Stellvertreter des Leiters der HVA unterstanden, welche Abteilungspläne pp. mithin in der Zeitspanne vom 1. November 1975 bis Mitte November 1986 von ihm bestätigt worden sind, hat durch die Ermittlungen nicht erschöpfend festgestellt werden können.

Aus dem Umstand, daß der Angeschuldigte Großmann sich seinerzeit – wie im einzelnen noch dargestellt wird – persönlich mit den Quellenvorgängen Dr. Blau, Dahms, von Raussendorff, Kemper und Sonja Lüneburg befaßt hat, die sämtlich im Referat I/2 bzw. (Lüneburg) innerhalb der Abteilung II geführt wurden, ist jedoch zu schließen, daß ihm jedenfalls die Abteilungen I und II (deren damalige genaue Struktur im einzelnen nicht bekannt ist) unterstanden.

Sämtliche in den Jahresplänen dieser Abteilungen konzipierten operativen Vorgänge, die in den Jahren 1976 bis 1986 gegen die Bundesrepublik Deutschland geführt worden sind, sind dem Angeschuldigten Großmann daher zuzurechnen. {110}

Der Angeschuldigte Devaux war als stellvertretender Leiter der HVA zuständig für die Anleitung der Abteilungen I, II, XVI und XVIII. Hinsichtlich der Aufgabenstellungen und letzten bekannten inneren Strukturen der Abteilungen I (zuständig für die Ausforschung des Staatsapparates der Bundesrepublik Deutschland) und II (zuständig für die Ausforschung westdeutscher Parteien und Organisationen) wird auf nachstehende Schaubilder Bezug genommen. {111}

⊗ Es folgen die angekündigten zwei Schaubilder. ⊗ {113}

Die Spionagetätigkeit der Abteilung I wird nachfolgend unter den Gliederungspunkten c) cc) und 3. des Wesentlichen Ergebnisses der Ermittlungen näher dargestellt.

Die Führung der operativen Tätigkeit der Abteilung II, die durch Oberst Kurt Gailat geleitet wurde, erfolgte aus zwei Bereichen: Zum Bereich 1 – geleitet durch Oberst Wolfgang Gemeinhardt – gehörten die Referate 1 (zuständig für die Bearbeitung der CDU/CSU einschließlich zugehöriger Jugendverbände und Stiftungen sowie kirchlicher, insbesondere katholischer Kreise), 2 (zuständig für die Bearbeitung der FDP einschließlich Jugendorganisation und Naumannstiftung, von Wirtschaftsverbänden, der Europa-Union, der NPD, der Republikaner und neonazistischer Kreise) und 3 (zuständig für alle sonstigen als „rechts“ eingestuften Organisationen, z.B. der Landsmannschaften und Vertriebenenverbände, der FAP und der Europäischen Arbeiterpartei, wobei hinsichtlich der Republikaner gelegentlich Kompetenzstreitigkeiten zwischen den Referaten 2 und 3 bestanden).

Zum Bereich 2 – geleitet durch Oberst Werner Groth – gehörten die Referate 4 (zuständig für die Bearbeitung der SPD und der Friedrich-Ebert-Stiftung – hierbei handelte es sich um das zahlenmäßig größte Referat der Abteilung –), 5 (zuständig für die Ausforschung der {114} Gewerkschaften) und 6 (zuständig für die Bearbeitung der Alternativen Liste in West-Berlin, der Grünen im Bundestag und für die Beschaffung von Informationen über die strategische Linie der Friedensbewegung).

Daneben bestanden weitere Referatszuständigkeiten für Kaderwerbung und Auswertung.

Über die Anzahl der aus Abteilung II in den Jahren ab 1987 geführten Quellen sowie darüber, wo im einzelnen Quellen tätig waren, und über Ausforschungsergebnisse eingesetzter Reisekader liegen umfassende Ermittlungsergebnisse nicht vor.

Das Ermittlungsergebnis zu dem Referat 2 ist für den Zeitraum, in welchem der Angeschuldigte Devaux stellvertretender Leiter der HVA war, derzeit nicht gefestigt; Quellen sollen innerhalb der Republikaner, nicht hingegen in der FDP tätig gewesen sein. Durch das Referat 4 sind die Agenten Robert und Doris Biesenbaum geführt worden, denen in dem Verfahren 3 BJs 114/91-1 des Generalbundesanwalts mit Haftbefehlen des Ermittlungsrichters des Bundesgerichtshof vom 21. März 1991 ihren Geständnissen entsprechend vorgeworfen wird, von 1975 bis 1989 in erheblichem Umfang Material aus der SPD-Parteizentrale in Bonn an das MfS geliefert zu haben. {115}

Generell soll die Zusammenarbeit mit den Quellen der Abteilung II Ende September 1989 beendet worden sein.

Methodisch war die nachrichtendienstliche Agententätigkeit der Mitarbeiter der Abteilung II schwerpunktmäßig darauf ausgerichtet, im Basisbereich der Parteien und Organisationen Personen zu gewinnen oder dorthin einzuschleusen, denen eine mögliche Perspektive als Spitzenpolitiker bzw. -funktionär zugetraut wurde.

Aufgabe der Abteilung XVI, die im Jahr 1987 oder 1988 aus einer Arbeitsgruppe mit entsprechender Aufgabenstellung hervorgegangen war und durch Oberst Rudolf Genschow geleitet wurde, war die nachrichtendienstliche Nutzung offizieller Kontakte von Institutionen, Einrichtungen und einzelnen Funktionsträgern (auch Wissenschaftlern und Wirtschaftsfunktionären) der DDR. Ziel der Tätigkeit war es, unter Ausnutzung der durch die politische Entwicklung eröffneten Möglichkeiten über legale politische, wirtschaftliche und wissenschaftliche Verbindungen (z.B. Teilnahme an Konferenzen und Tagungen, Auswertung frei zugänglicher West-Publikationen pp.) Informationen aus dem Operationsgebiet zu erlangen. Hierbei sollen der Aufgabenstellung entsprechend Quellen im Operationsgebiet durch Mitarbeiter der Abteilung XVI nicht geführt worden sein. {116}

Aufgabe der Abteilung XVIII, die durch Befehl Nr. 21/86 des Ministers für Staatssicherheit mit Wirkung vom 1. Januar 1987 eingerichtet worden war und durch Oberst Gotthold Schramm geleitet wurde, war die Ausforschung von Einrichtungen und Gegebenheiten (auch infrastruktureller Art sowie solcher, die das Zusammenwirken ziviler und militärischer Verteidigungsorgane betrafen) in der Bundesrepublik Deutschland, die im Kriegs- oder Spannungsfall als Angriffsobjekte für Sabotagehandlungen in Betracht kamen. Dieser Ausspähungsauftrag erfaßte naturgemäß einen weiten Bereich. Er betraf spezielle Fragen wie etwa die nach Lage und Beschaffenheit von Sonderlandeplätzen auf Autobahnen ebenso wie allgemeine Maßnahmen des Straßenbaus und Straßenwesens oder beispielsweise die Personalstrukturen ziviler Verteidigungseinrichtungen.

Die gesamte in den Jahresplänen der Abteilungen I, II, XVI und XVIII der HVA konzipierte nachrichtendienstliche Agententätigkeit, welche nach Planbestätigung in den Jahren 1988 und 1989 gegen die Bundesrepublik Deutschland durchgeführt worden ist, ist dem Angeschuldigten Devaux strafrechtlich vorzuwerfen. {117}

Jedenfalls in der Endphase oblag dem Angeschuldigten Devaux neben der Anleitung der genannten ihm nachgeordneten Abteilungen als stellvertretendem Leiter der HVA offenbar auch die Wahrnehmung der nachrichtendienstlichen Kontaktpflege zum KfS der UdSSR, die bereits in der zwischenstaatlichen Vereinbarung vom 6. Dezember 1973 und dem Zusatzprotokoll vom 29. März 1978 als ständige Aufgabe u.a. der Leitung der HVA zugewiesen worden war.

Im Januar 1989 leitete der Angeschuldigte Devaux eine Konsultationsgruppe der HVA, welcher auch der Angeschuldigte Fischer angehörte, bei der Abstattung eines Besuches bei der 1. Hauptverwaltung des KfS in Minsk/UdSSR. {118}

c) Verantwortlichkeiten der Abteilungsleiter der HVA

Die Leiter der Abteilungen der HVA und gleichermaßen die Leiter der Abteilungen XV der Bezirksverwaltungen haben die gesamte operative Tätigkeit, welche aus ihren Abteilungen geführt worden ist, im Planungsstadium wie auch während der Planerfüllung unmittelbar gesteuert und hatten darüber hinaus im Grundsatz die Möglichkeit, schon die Planvorgaben des Ministers für Staatssicherheit und die Planorientierungen des Leiters der HVA durch Zuarbeiten (Jahresberichte, Analysen und die Formulierung von Schwerpunktvorstellungen), die auf dem Dienstwege weitergeleitet wurden, inhaltlich zu beeinflussen.

aa) [Jahresarbeitspläne, Haushalts- und Valutadienstleistungspläne der Abteilungsleiter]

Das umfassendste Steuerungsinstrument der Abteilungsleiter waren die jährlich nach Maßgabe der ministeriell bestätigten Planorientierungen des Leiters der HVA für ihre jeweilige Abteilung erstellten Arbeitspläne. Deren inhaltliche Gliederung war in Ziffer 5. der RL Nr. 1/80 vorgegeben. Grundlage dieser Jahrespläne waren Arbeitspläne und rückblickende Tätigkeitsberichte der einzelnen Referate, die auf dem Dienstweg – also über den jeweils zuständigen Vertreter des Abteilungsleiters, der die Pläne „seiner" Referate nach Bestätigung zu einem Gesamtplan seines Anleitungsbereichs zusammenfaßte – dem Abteilungsleiter zur {119} Entscheidung darüber vorgelegt wurden, welche der einzelnen Operativvorgänge aufgrund ihrer Bedeutung in den Jahresplan der Abteilung aufgenommen werden sollten.

Durch diesen Ablauf des Planverfahrens war gewährleistet, daß die Abteilungsleiter über jeden wichtigen Vorgang, der im bevorstehenden Jahr entwickelt oder fortgeführt werden sollte, im vorhinein ein ausformuliertes Konzept erhielten, welches eine kurze Darstellung des Sachstandes, eine konkrete Bezeichnung der Zielsetzung und eine detaillierte Schilderung der einzelnen daraus sich ergebenden operativen Maßnahmen einschließlich diesbezüglicher Terminstellungen beinhaltete. Dazu gehörte es auch, daß Geldzuwendungen an Quellen, Kuriere und andere Personen des nachrichtendienstlichen Verbindungswesens, die in gleichbleibenden Zeitabständen gezahlt werden sollten, sowie alle weiteren voraussehbaren Operativgelder zur Aufnahme in den Gesamtfinanzplan der Abteilung dem Abteilungsleiter zu unterbreiten waren.

Auf der Grundlage dieser Vorlagen erstellten sodann die Abteilungsleiter die Haushalts- und Valutadienstleistungspläne und die Jahrespläne für die politisch-operative Tätigkeit ihrer Abteilungen, leiteten diese in jeweils zwei Stücken ihrem Vorgesetzten zu und erhiel-{120}ten von diesem nach Planbestätigung eines der Exemplare als Arbeitsgrundlage für das bevorstehende Planjahr zurück.

Wegen der inhaltlichen Gestaltung der politisch-operativen Jahrespläne, die durch Ziffern 5. bis 5.2. der RL Nr. 1/80 vorgegeben war, wird zur Vermeidung von Wiederholungen auf die Ausführungen unter Gliederungspunkt II.2. a) cc) des Wesentlichen Ergebnisses der Ermittlungen Bezug genommen.

Letztlich wurde die gesamte nachrichtendienstliche Agententätigkeit, die aus den Abteilungen der HVA und der Linie XV der Bezirksverwaltungen gegen die Bundesrepublik Deutschland geführt worden ist, durch die Jahrespläne der Abteilungsleiter gesteuert, welche schon durch die Aufnahme der regelmäßigen Operativgeldausgaben in die Haushalts- und Valutadienstleistungspläne der Abteilung auch die Verantwortung für Bestechungszahlungen übernahmen, die an Quellen im Operationsgebiet im Planjahr laufend geleistet wurden.

Für das vorliegende Verfahren bedeutet letzteres, daß das nachrichtendienstliche Entgelt, welches den Agenten von Raussendorff, Dahms, Pauli und Kemper laufend gezahlt wurde, dem Angeschuldigten Großmann für die Jahre bis einschließlich 1975, dem Angeschuldigten De-{121}vaux für die Jahre 1985 bis 1986 und dem Angeschuldigten Fischer für die Jahre 1988 und 1989 zuzurechnen ist.

Außer der Erarbeitung eigener Pläne oblag den Abteilungsleitern der HVA die förmliche Bestätigung der Jahrespläne derjenigen Referatsleiter, die ihnen unmittelbar unterstellt waren. Für das vorliegende Verfahren kann diese Zuständigkeitszuweisung indes weitestgehend außer Betracht bleiben, da innerhalb der Abteilung I, welche den Angeschuldigten Großmann, Devaux und Fischer unterstanden hat, die *unmittelbare* Anleitung der nachgeordneten Referate vorwiegend den stellvertretenden Abteilungsleitern übertragen war. Lediglich für das Referat 7, welchem die Bearbeitung der Ständigen Vertretung (StäV) der DDR in Bonn zugewiesen war, ist bekannt, daß dieses jedenfalls in der Zeit, in welcher der Angeschuldigte Devaux die Abteilung geleitet hat, keinem der Stellvertreter nachgeordnet war, sondern unmittelbar dem Abteilungsleiter selbst unterstand. Diese Sonderstellung wurde damit begründet, daß die Arbeit im Referat 7 – im Gegensatz zu der in den anderen Referaten – auf „legaler Schiene“ erfolgte. {122}

bb) [Einflußnahmen auf die Planverwirklichung]

Auch die Abteilungsleiter der HVA haben die operative Tätigkeit nicht nur im Planungsprozeß gesteuert, sondern auch in die praktische Arbeit der Planerfüllung lenkend eingegriffen.

Wesentliche Aufgabe in diesem Zusammenhang war die Teilnahme der Abteilungsleiter an wichtigen Treffs mit den Quellen ihrer Abteilungen.

Darüber hinaus waren den Abteilungsleitern umfassende Kontroll- und Anleitungspflichten auferlegt.

Ziffer 8. der RL Nr. 1/80 schrieb vor, daß die Abteilungsleiter für ihren Anleitungsbereich eine laufend zu aktualisierende Übersicht über den Stand der Planverwirklichung und die Einhaltung diesbezüglicher Festsetzungen und Terminsvorgaben zu führen hatten. Sie waren verpflichtet, die ihnen unterstellten Mitarbeiter bei der Lösung bestimmter Aufgaben persönlich anzuleiten und sich zur Kontrolle über die operative Vorgangsarbeit berichten zu lassen.

Hierbei hatten sie auch darauf zu achten, daß jeder Vorgang zu jeder Zeit auf der Grundlage eines dem aktuellen Stand seiner Bearbeitung entsprechenden Operativplanes geführt wurde. {123}

Praktisch kamen die Abteilungsleiter ihren Kontrollpflichten dadurch nach, daß sie sich auf dem Dienstwege von ihren Untergebenen grundsätzlich über alle wichtigen Einzelheiten und Entwicklungen sich anbahnender oder laufender Operativvorgänge berichten, sich sämtliche durch Quellen gewonnenen Eingangsinformationen vorlegen ließen und in der Regel selbst darüber entschieden, welche dieser Informationen zur

Auswertung der Abteilung VII HVA – und regelmäßig zugleich in Kopie dem Verbindungsoffizier des KGB – zugeleitet wurden.

Reisen von IM und hauptamtlichen Mitarbeitern in das Operationsgebiet waren durch Reise- und Treffpläne vorzubereiten und bedurften der Billigung des Abteilungsleiters, dem anschließend auch das Ergebnis der Fahrt in einem Reisebericht darzustellen war.

Außer der Kontrolle der operativen Tätigkeit oblag den Abteilungsleitern in erster Linie die Anleitung der ihnen unterstellten Mitarbeiter. Diese erfolgte teils durch schriftliche Kompetenz- und Aufgabenzuweisungen, die teilweise der Bestätigung durch den Vorgesetzten bedurften, in der Regel jedoch durch mündliche Vorgaben.

So wurde beispielsweise im Jahr 1984 oder 1985 der seinerzeit als Werber für die Abteilung I eingesetzte Herbert Schröter durch den Angeschuldigten Devaux angewiesen, sich {124} nach Moskau zu begeben und dort in Zusammenarbeit mit dem sowjetischen Geheimdienst KGB das Botschaftspersonal der Bundesrepublik Deutschland und anderer NATO-Staaten daraufhin abzuklären, welche Personen für eine nachrichtendienstliche Zusammenarbeit in Betracht kamen.

Beispiel für eine unmittelbar vorgangsbezogene Anweisung ist die Intervention des Angeschuldigten Großmann im August 1973, die dazu führte, daß das erste Verpflichtungsgespräch mit der Agentin Kahlig-Scheffler – deren Wunsch entsprechend, jedoch gegen den Willen der vorgangsführenden Mitarbeiter der Abteilung I – in Ost-Berlin stattfand.

Im einzelnen war es Aufgabe der Abteilungsleiter, konkrete Vorgaben darüber zu erteilen, welche Ausgangsmaterialien der Anlegung eines operativen Vorganges zugrunde zu legen waren, an welcher Stelle mit welcher Aufgabe welcher IM zu gewinnen und wie er konkret einzusetzen war. Auch die Anwendung der erfolgversprechendsten Werbemethode war durch den Abteilungsleiter zu gewährleisten. Im übrigen waren die Abteilungsleiter berechtigt, im Rahmen der ihnen bestätigten Haushalts- und Valutadienstleistungspläne von der Abteilung Finanzen des MfS sogenannte „ständige Abschläge" anzufordern und aus diesen Mitteln – in Ausnahmefällen durch Anforderung zusätzlicher sogenannter „kurzfristiger Abschläge" auch darüber hinaus – bis zu einer Größenordnung von {125} 5000,-- DM (bis etwa Mitte der 80er Jahre lag die Grenze bei 3000,-- DM) die Auszahlung einzelner Operativgeldbeträge anzuweisen bzw. zu bestätigen.

Ein ständiger Überblick der Abteilungsleiter über die Einhaltung der Haushaltspläne und die nachprüfbare kassenmäßige Durchführung in ihrem Bereich war schließlich dadurch gewährleistet, daß sie für die Führung von Kassenbüchern mit monatlichen und jährlichen Abrechnungen Sorge zu tragen und der Abteilung Finanzen des MfS periodisch zu feststehenden Terminen in Quartalsberichten, Halbjahres- und Jahresanalysen eine zweckentsprechende Verwendung der Haushaltsmittel nachzuweisen hatten.

cc) [Anleitungsbereiche der Angeschuldigten Großmann, Devaux und Fischer als Abteilungsleiter I HVA]

Der nachrichtendienstliche Auftrag der Abteilung I, welcher in der dargestellten Weise der Anleitung der Angeschuldigten Großmann, Devaux und Fischer unterstanden hat, war ursprünglich durch Befehl Nr. 48/59 vom 29. Januar 1959 festgelegt. Danach oblag der Abteilung „die Bearbeitung des westdeutschen Staatsapparates (außer militärischen Objekten und Geheimdiensten)". Dies bedeutet, daß die drei genannten Angeschuldigten in den der Anklage zugrundeliegenden Zeiträumen für die gesamte nachrichtendienstliche Aufklärung der Politik der Bun-{126}desregierung, praktisch also für die Beschaffung von Informationen aus Ministerien und zentralen Bundesbehörden verantwortlich waren.

Bis zum Jahr 1975 war die nachrichtendienstliche Tätigkeit der Abteilung aufgabenmäßig auf insgesamt sechs Referate verteilt. Hierbei waren das Referat 1 für die Bearbeitung von Bundeskanzleramt, Bundespräsidialamt und Bundespresseamt, die Referate 2 (anfangs „B") und 3 für das Auswärtige Amt zuständig.

Die Aufgabenbereiche der Referate 4, 5 und 6 zu jener Zeit sind nicht eindeutig festgestellt. Im Jahre 1975 wurde neu das Referat 7 geschaffen, welches die im Jahr zuvor eingerichtete StäV der DDR in Bonn zu bearbeiten hatte.

Bis in das Jahr 1986 war die Abteilung I in insgesamt sieben Referate untergliedert.

Erst im Laufe des Jahres 1986 wurde – mit dem Aufgabenbereich, innerhalb der DDR mögliche neue Kader auf Eignung für eine operative Tätigkeit in der Abteilung zu prüfen – eine zuvor konspirativ geführte operative Außengruppe als neu geschaffenes Referat 8 hinzugenommen. {127}

Die Aufgabenverteilung auf die übrigen Referate war, bezogen auf verschiedene Bearbeitungsobjekte, wie folgt geregelt:

Referat 1: Bundeskanzleramt
Referat 2: Führung von Quellen im Auswärtigen Amt
Referat 3: Schaffung von Quellen im Auswärtigen Amt
Referat 4: Bundesinnenministerium
Referat 5: Ministerium für innerdeutsche Beziehungen
Referat 6: Bundeswirtschaftsministerium
Referat 7: Legalresidentur in der StäV

Dabei ist zu beachten, daß die Aufzählung lediglich das jeweilige Hauptbearbeitungsobjekt der einzelnen Referate bezeichnet, der Ausforschungsauftrag jedoch auch andere, mit dem Zielobjekt in sachlichem Zusammenhang stehende Institutionen und Organisationen in der Bundesrepublik Deutschland umfaßte.

So sind beispielsweise in der Anweisung vom 15. Februar 1985 als weitere durch Abteilung I HVA zu bearbeitende Einrichtungen genannt: {128}

- Bundesinstitut für ostwissenschaftliche und internationale Studien in Köln
- Bundeszentrale für politische Bildung in Bonn
- Deutscher Akademischer Austauschdienst in Bonn-Bad Godesberg
- Forschungsinstitut der deutschen Gesellschaft für auswärtige Politik e.V. in Bonn
- Forschungsstelle für gesamtdeutsche, wirtschaftliche und soziale Fragen in West Berlin
- Gesamtdeutsches Institut – Bundesanstalt für gesamtdeutsche Aufgaben in Bonn
- Gesellschaft für Deutschlandforschung in West-Berlin
- Goethe-Institut für Pflege der deutschen Sprache im Ausland und zur Förderung der internationalen kulturellen Zusammenarbeit e.V. in München
- Informationsstelle für DDR-Forschung in Bonn

- Institut für Ostrecht der Universität Köln
- Inter Nationes e.V. in Bonn {129}
- Johann-Gottfried-Herder-Institut in Marburg
- Ostkolleg der Bundeszentrale für politische Bildung in Köln
- Seminar für politische Wissenschaften an der Universität Bonn
- Ständiges Sekretariat für die Koordinierung der bundesgeförderten Osteuropaforschung in Bonn
  und die
- Stiftung Wissenschaft und Politik – Forschungsinstitut für internationale Politik und Sicherheit in Ebenhausen.

Der Gesamtpersonalbestand der Abteilung I war im Strukturplan geregelt.

Er umfaßte etwa 70 bis 80 Personen – einschließlich Sekretärinnen pp., jedoch ohne Berücksichtigung von Außengruppen.

Dabei waren die einzelnen Referate in der Regel mit einem Leiter und fünf bis sieben weiteren operativen Mitarbeitern besetzt. {130}

Das Referat 7 unterstand – wie oben bereits dargelegt – bis Mitte 1988 unmittelbar dem Abteilungsleiter. Die Anleitung der übrigen Referate teilten sich auf zwischengeschalteter Leitungsebene die zwei stellvertretenden Abteilungsleiter Harald Fischer (Referate 4, 5, 6 und 8) und Bernhard Schorm (Referate 1, 2 und 3), der als 1. Stellvertreter zugleich Abwesenheitsvertreter des Abteilungsleiters war.

Ab Juli/August 1988 wurde die Zahl der stellvertretenden Abteilungsleiter auf drei erhöht.

Begründet wurde die Maßnahme mit der vorgesehenen „Berentung" Schorms. Weiterer – und zugleich erster – Stellvertreter des Abteilungsleiters wurde Oberstleutnant Gerd Müller.

Diesem wurden – unter Aufhebung des Prinzips der unmittelbaren Anleitung durch den Abteilungsleiter – das Referat 7 (Legalresidentur StäV) sowie die Referate 3 und 5 unterstellt. Ferner wurde im Lauf des Jahres 1989 die ehemalige Informations- und Auswertungsgruppe (IAG) der Abteilung I zum selbständigen Referat 9 erhoben und gleichfalls dem Verantwortungsbereich Müllers zugewiesen {131}

Hinsichtlich der Referate 4 und 6 verblieb es bei der Zuständigkeit Harald Fischers, dem außerdem die operativen Außengruppen (OAG) der Abteilung I unterstellt waren.

Der Angeschuldigte Schorm behielt allein die Verantwortung für die Referate 1 und 2.

d) Verantwortlichkeiten der stellvertretenden Abteilungsleiter der HVA

aa) [Bestätigung von Jahres- und Operativplänen der nachgeordneten Referate]

Die Aufgabe der stellvertretenden Abteilungsleiter der HVA bestand in der Anleitung einzelner ihnen zugewiesener Referate. Sie hatten deren Jahrespläne zu prüfen und ggf. zu bestätigen, Gesamtjahrespläne für die Referate ihres Anleitungsbereichs zu erstellen und diese ebenso wie die Jahresberichte über Entwicklungen und Ergebnisse der zurückliegenden Zeit dem vorgesetzten Abteilungsleiter vorzulegen. Da außerdem Berichte, Meldungen und Vorlagen innerhalb der HVA grundsätzlich auf dem Dienstweg erfolgten, waren die stellvertretenden Abteilungsleiter als zwischengeschaltetes Glied – mit den daraus sich ergebenden Einwirkungsmöglichkeiten – in der Regel an allen Entscheidungen und Festlegungen der Abteilungsleiter beteiligt, die auf Ergebnissen der Tätigkeit ihnen nachgeordneter Referate beruhten. {132}

Das Schwergewicht ihrer Arbeit und Verantwortung lag jedoch bei der anleitenden Steuerung der einzelnen Operativvorgänge der ihnen unterstellten Referate.

Zwar oblag es den stellvertretenden Abteilungsleitern nicht grundsätzlich, eigene Quellen im Operationsgebiet und diesbezügliche Vorgangsakten zu führen. In weit größerem Ausmaß als die Abteilungsleiter waren sie jedoch gehalten, persönlich – zusammen mit dem jeweiligen Führungsoffizier – an Treffs mit Quellen teilzunehmen und für deren „tiefgründige und umfassende Abschöpfung“ Sorge zu tragen.

Im übrigen bestand die wesentliche Aufgabe der stellvertretenden Abteilungsleiter in der Prüfung und ggf. Bestätigung sämtlicher Operativpläne, die innerhalb ihres Anleitungsbereichs zu den einzelnen Vorgängen geführt und ständig der aktuellen Lage angepaßt wurden.

Jede Quelle, jede Deckadresse und jedes Glied des Verbindungswesens waren den stellvertretenden Abteilungsleitern dadurch geläufig. Sie kannten die Einsatzziele, die verwendeten operativen Mittel und die Trefftermine, mußten jede operativ-taktische Vorgehensweise und Aktion im vorhinein billigen und die Durchführung überwachen. Hierbei oblag es den stellvertretenden Abteilungsleitern auch, die Abrechnungen verwende-{133}ter Operativgelder zu kontrollieren, die von den ihnen nachgeordneten Referatsleitern vorgelegt wurden.

Im übrigen war schon die erste Entscheidung darüber, ob eine vorgeschlagene operative Maßnahme (mit dem späteren Ziel der Anlegung eines Vorganges) aufgenommen werden sollte, im Regelfall von dem jeweiligen stellvertretenden Abteilungsleiter zu treffen. Dieser hatte auch die karteimäßige Erfassung der Neuvorgänge zu überwachen und nach Gegenzeichnung die entsprechenden Karteikarten zur letztlichen Erkenntnis-Speicherung in der Zentralen Personendatenbank des MfS an die „Vorverdichtungs-, Such- und Hinweiskartei“ seiner Diensteinheit sowie zum Zweck der zentralen Nachweisführung an die Abteilung XII des MfS weiterzuleiten.

Zusammenfassend ist festzustellen, daß die stellvertretenden Abteilungsleiter der HVA an sämtlichen Operativvorgängen ihres Anleitungsbereichs in verschiedenen Regelungszusammenhängen beteiligt waren.

bb) [Anleitungsbereich des Angeschuldigten Schorm als Stellvertreter des Leiters der Abteilung I HVA]

Während der Zeitspanne, in welcher der Angeschuldigte Schorm stellvertretender Leiter der Abteilung I der HVA war (1. September 1973 bis 28. Februar 1990), haben ihm durch-{134}gängig die Referate 1 und 2, jedenfalls bis Juli/August 1988 auch das Referat 3 unmittelbar unterstanden.

Aus diesem Anleitungsbereich sind in der genannten Zeitspanne jedenfalls folgende Agenten gegen die Bundesrepublik Deutschland eingesetzt worden:

– Helge Berger, Tatzeit bis März 1976, verurteilt zu fünf Jahren Freiheitsstrafe durch Urteil des OLG Düsseldorf (V-32/77-7) vom 2. November 1977

- Dagmar Kahlig-Scheffler, Tatzeit bis Mai 1977, verurteilt zu einer Freiheitsstrafe von vier Jahren und drei Monaten durch Urteil des OLG Düsseldorf (IV-1/79-4) vom 4. Mai 1979
- Helga Schwenke, Tatzeit bis 1976, ehemals Sekretärin des Staatssekretärs Lahnstein im Bundeskanzleramt sowie im Bundesministerium für Finanzen
- Diethelm Schröder, Tatzeit ab etwa 1956, anhängiges Ermittlungsverfahren 3 OJs 71/90 des Generalstaatsanwalts in Düsseldorf
- Herbert Kemper, Tatzeit ab 1968, anhängiges Ermittlungsverfahren 3 BJs 262/90-2 des Generalbundesanwalts[24] {135}
- Klaus von Raussendorff, Tatzeit ab 1961, anhängiges Strafverfahren IV-2/91 (1/91 VS-Geh.) OLG Düsseldorf[25]
- Ludwig Pauli, Tatzeit ab 1966, angeklagt in dem Ermittlungsverfahren 3 StE 1/91-2 mit Anklageschrift des Generalbundesanwalts vom 15. Januar 1991, über deren Zulassung noch nicht entschieden ist
- Alexander Dahms, Tatzeit ab 1963, in dem Strafverfahren 3 StE 4/90-1 am 6. Februar 1991 durch das OLG Koblenz zu einer Freiheitsstrafe von sechs Jahren und sechs Monaten verurteilt; das Urteil ist nicht rechtskräftig[26]
- Dr. Hagen Blau, Tatzeit ab 1960, durch das OLG Düsseldorf (IV-12/90-3/90 VS-Vertr.) am 15. November 1990 zu einer Freiheitsstrafe von sechs Jahren verurteilt; das Urteil ist nicht rechtskräftig. {136}

e) Verantwortlichkeiten der Referatsleiter der HVA

Die Referatsleiter der HVA haben die gesamte nachrichtendienstliche Tätigkeit einzelner Referate durch Jahrespläne, Operativpläne, Vorgangsführung und Anleitung ihnen unterstellter operativer Mitarbeiter unmittelbar gesteuert.

aa) [Erarbeitung von Jahresplänen]

Die Jahrespläne der politisch-operativen Arbeit, welche auf dem Dienstweg dem Abteilungsleiter zur Erarbeitung des Gesamtabteilungsplans vorzulegen waren, stellten nach Bestätigung durch den unmittelbaren Dienstvorgesetzten das Arbeitsprogramm des Referats für das bevorstehende Planjahr dar. Die inhaltliche Gliederung war durch Ziffer 5. der RL Nr. 1/80 vorgegeben, welche zusätzlich zu den allgemeingültigen Regelungen einen speziellen Absatz für die Referatspläne enthielt. Abgesehen vom Umfang unterschieden sich die Jahrespläne der Referatsleiter von denen der Abteilungsleiter dadurch, daß die einzelnen operativen Vorhaben darin noch detaillierter und in weitere Arbeitsschritte aufgeteilt dargestellt waren.

Neben den Jahresplänen fertigten die Referatsleiter als Zuarbeiten für die vom Abteilungsleiter zu erstellenden Jahresberichte und Analysen ihrerseits Tätigkeits- und Er-{137}gebnisberichte über die Entwicklung der operativen Referatsarbeit im zurückliegenden Jahr. In diesen Berichten wurden sämtliche Quellen (mit Decknamen) und Führungsoffiziere des Referats aufgeführt, die nachrichtendienstlich gewonnenen Materialien bezeichnet, Arbeitseinsatz und -ergebnisse der IM analysiert und die Leitungstätigkeiten der Führungsoffiziere bewertet.

bb) [Erarbeitung von Operativplänen]

Auf der Grundlage der bestätigten Jahrespläne und zur Realisierung der darin im einzelnen aufgeführten Zielsetzungen erstellten die Referatsleiter – teils allein, teils im Wege der Gegenzeichnung persönlicher Pläne der Vorgangsführer – die eigentlichen Operativpläne ihres Referats.

Hierin wurden sämtliche End- und Etappenziele, notwendige Ausgangsinformationen, die legendiert einzusetzenden Kräfte (insbesondere IM) und operativen Mittel, die operativ-taktischen Vorgehensweisen und eventuelle Zusammenarbeit mit anderen Diensteinheiten unter Angaben von Terminen und personellen Verantwortlichkeiten konkret im vorhinein festgelegt und unter aktueller Fortschreibung den Lagebedingungen angepaßt. {138}

cc) [Führung eigener Vorgänge und Anleitung operativer Mitarbeiter]

Neben der Erarbeitung der Operativpläne bestand die Hauptaufgabe der Referatsleiter in der Führung eigener Vorgänge und der Anleitung ihrer Mitarbeiter bei deren Vorgangsführung.

Als Grundsatz ist davon auszugehen, daß entsprechend der Richtlinie Nr. 2/79[27] besonders wichtige Quellen eines Referats durch den Referatsleiter selbst geführt worden sind. Der Umstand, daß der Angeschuldigte Kern mit Übernahme der Leitung des Referats 2, in welchem er zuvor als operativer Mitarbeiter tätig gewesen war, die Führung der Agenten von Raussendorff und Kemper an den ihm unterstellten Axel T. übergab, ist in gewichtiges Indiz dafür, daß er die Führung wenigstens einer anderen Quelle mit entsprechender oder höher eingestufter Wertigkeit behielt oder anstelle der Vorgänge von Raussendorff und Kemper übernahm.

Im übrigen beinhaltete die Bearbeitung eines IM-Vorganges sowohl die Wahrnehmung von Verpflichtungs- und Abschöpfungstreffs als auch die Führung der Vorgangsakten (bestehend aus Personal- und Arbeitsteil sowie bei wichtigen Quellen einer sog. „Mobilisierungsakte“) und war insgesamt durch die Richtlinien Nr. 1/76 und 2/79 weitgehend reglementiert. Darin waren die verschiedenen Entwicklungsstadien operativer Vorgänge, die jeweils zugehörigen Bearbeitungsschwerpunkte und ei-{139}ne Vielzahl in Betracht kommender taktischer Vorgehensweisen – bis hin zur Überwerbung unter „falscher Flagge“ oder unter Nutzung kompromittierender Materialien und Umstände – eingehend dargelegt.

Im übrigen waren die Vorgangsführer gehalten, die Wirksamkeit der operativen Kräfte und Mittel, insbesondere der IM, einer ständigen analytischen Einschätzung zu unterziehen, vor jeder Fahrt eines IM in das Operationsgebiet dessen Ausrüstung zu kontrollieren und die Mittel und Möglichkeiten anderer Diensteinheiten des MfS (Abteilungen M und 26, Postzollfahndung und Spezialfunkdienste) in die Operativarbeit einzubeziehen.

Auch dann, wenn die Referatsleiter nicht selbst die Führung einer Quelle übernahmen, waren sie an der Vorgangsführung beteiligt. Sie bestätigten – nach karteimäßiger Abklärung – die Decknamen, waren berechtigt, Operativgeldanweisungen bis zu einer Höhe von 2500,-- Mark (Grenzbetrag bis Mitte der 80er Jahre: 2000,-- Mark) zu bestätigen, nahmen an wichtigen Quellentreffs teil, entschieden, welche gewonnenen Eingangsinformationen auf dem Dienstweg den Vorgesetzten zugeleitet wurden, und waren insgesamt befugt, die operative Tätigkeit der Mitarbeiter ihres Referats durch mündliche Weisungen zu steuern. Da hierfür ein umfassender Überblick über sämtliche Referatsvorgänge erfor-{140}derlich war, lagen den Referatsleitern Personalblätter über alle im Referat geführten IM vor, die Auskunft über Namen, Decknamen, Wohnort, berufliche Tätigkeit und Zugangsmöglichkeiten der IM enthielten.

dd) [Personalstruktur des Referats I/2]

Das Referat 2 der Abteilung I der HVA, welches für die Bearbeitung des Auswärtigen Amtes in Bonn und der Auslandsvertretungen der Bundesrepublik Deutschland zuständig war, wurde vom 1. Oktober 1960 bis zum 31. März 1972 durch den Angeschuldigten Schorm, anschließend bis 1983 durch Dr. Roitzsch, anschließend durch Uwe B. und danach vom 1. März 1988 bis zum 31. März 1990 durch den Angeschuldigten Kern geleitet.

An operativen Mitarbeitern des Referats sind bekannt:

Bis jedenfalls 1972 R., W. und Eberhard F.,
von Mai 1970 bis 1975 Ingo D. und
für die letzte Zeit vor Auflösung des Referats
Major Hans-Hermann Kohlhagen,
Hauptmann Mathias V.,
Hauptmann Udo R. und
Oberleutnant Axel T. {141}

Einen Stellvertreter gab es unter dem Angeschuldigten Kern, der zuvor selbst stellvertretender Referatsleiter gewesen war, nicht.

3. *Unmittelbare persönliche Teilnahme der Angeschuldigten an einzelnen Spionagefällen*

Die Anzahl der Fälle von Landesverrat und geheimdienstlicher Agententätigkeit, an welchen die Angeschuldigten funktionsgemäß mittelbar oder unmittelbar beteiligt waren, ist nicht bekannt. Nur wenige Fälle, in denen die Angeschuldigten als Sachbearbeiter (Kern) bzw. als Referatsleiter (Schorm und Kern) oder in höheren Dienststellungen (Schorm, Devaux und Großmann) unmittelbar persönlich eine Quelle geführt oder entsprechend der Verpflichtung der Leitungskader zur Teilnahme an der Führung besonders bedeutsamer IM-Vorgänge auf die Führung eines Quellenvorganges unmittelbar persönlich Einfluß genommen haben, sind belegt:

a) Der Fall Schröder

Der Journalist Diethelm Schröder wird durch den Angeschuldigten Kern sowie die Zeugen {142} Dr. Roitzsch, G., B. und Kohlhagen der geheimdienstlichen Agententätigkeit gegen die Bundesrepublik Deutschland bezichtigt. Danach war er im Oktober 1956 als Perspektivagent mit der Legende „Republikflucht" aus der DDR in die Bundesrepublik Deutschland übergesiedelt und hatte seinerzeit den Auftrag des MfS, sich in der Bundesrepublik eine berufliche Position aufzubauen, die eine operative Tätigkeit ermöglichte. In den folgenden Jahren lieferte Schröder unter dem Decknamen „Schrammel“ dem MfS vorwiegend selbstgefertigte Berichte über Gespräche mit westdeutschen Politikern und Journalisten, eigene Bewertungen der aktuellen politischen Lage, denen journalistische Recherchen zugrunde lagen, und in zwei Fällen Berichte über NATO-Mänover, bei denen er anwesend gewesen war. Nachdem Schröder im Jahr 1963 bei westdeutschen Behörden in Verdacht geraten und im Februar 1964 vorläufig festgenommen, verhört, dann wieder freigelassen worden war, wurde der Vorgang innerhalb der HVA, Referat I/2, zunächst für einige Zeit „konserviert“, bis auf Anweisung des Angeschuldigten Schorm (damals Referatsleiter I/2) der Kontakt durch den Instrukteur Werner G. Ende 1964 oder im Laufe des Jahres 1965 wieder aufgenommen wurde. In der Folgezeit fanden bis 1970/1971 jährlich etwa acht, ab 1972 bis etwa September/Oktober 1982 jährlich etwa zwei Treffs zwischen Schröder und seinen Instrukteuren an verschiedenen Orten der Bun-{143}desrepublik Deutschland sowie in Ost-Berlin statt, wobei Schröder für seine Berichtslieferungen anfangs eine Aufwandsentschädigung von jeweils 400,-- DM pro Treff, später ein jährliches Fixum von 1200,-- DM erhielt. Sowohl der Angeschuldigte Großmann (damals Abteilungsleiter I) als auch der Angeschuldigte Schorm (damals Referatsleiter I/2) haben in den Jahren bis 1971 an jeweils mindestens einem der in Ost-Berlin durchgeführten Treffs mit Schröder teilgenommen, der dabei durch den Angeschuldigten Großmann mit dem Vaterländischen Verdienstorden der DDR in Gold ausgezeichnet wurde. Ein weiterer Treff (der letzte in Ost-Berlin), an welchem neben dem Führungsoffizier B. sowie dem Instrukteur „Weinert“ der Angeschuldigte Schorm (als stellvertretender Leiter der Abteilung I) persönlich teilnahm, erfolgte im November 1983. Zweck des Treffs war es, Schröder, der sich während der gesamten Zeit der nachrichtendienstlichen Zusammenarbeit als wenig zuverlässig gezeigt hatte, zu disziplinieren und gleichzeitig mit ihm zu klären, inwiefern im Rahmen seiner journalistischen Tätigkeit beim „Spiegel“ am sinnvollsten eine Nutzung als „Abschöpfungsquelle“ zu Hintergrundinformationen in Betracht kam. Obwohl Schröder sich bei diesem Treff bereiterklärte, zukünftig wieder ein bis zwei Treffen pro Jahr wahrzunehmen, kam es zu weiteren Materiallieferungen Schröders an seine Auftraggeber in der Folgezeit nicht. Zwar {144} fand im April 1986 ein weiteres – und zugleich letztes – Treffen Schröders mit seinem Instrukteur in der Nähe des Westberliner Bahnhofs Zoo statt; hierbei wurde jedoch lediglich eine weitere Zusammenkunft vereinbart, zu welcher indes Schröder nicht erschien, so daß innerhalb der HVA Ende 1987 beschlossen wurde, den Vorgang Schröder abzuschließen und zu archivieren.

b) Der Fall Dr. Blau

Dem Vortragenden Legationsrat Dr. Hagen Blau wird mit Anklageschrift des Generalbundesanwalts (3 StE 2/90-1) vom 14. August 1990 vorgeworfen, sich in der Zeit von 1960 bis April 1990 der geheimdienstlichen Agententätigkeit in einem besonders schweren Fall in Tateinheit mit Bestechlichkeit schuldig gemacht zu haben. Im einzelnen lautet der Tatvorwurf wie folgt:

„Der Angeschuldigte Dr. Blau gehört seit 1961 dem Auswärtigen Dienst der Bundesrepublik Deutschland an. Nach Beendigung seiner Attaché-Ausbildung hatte er folgende Verwendungen:

Botschaft Tokio (Kulturreferat) von Februar 1965 bis Januar 1968, Auswärtiges Amt (Pressereferat) von Februar 1968 bis Oktober 1971, Botschaft London (Persönlicher Referent des Botschafters (politisches Referat)) von November 1971 bis Mai 1975, Botschaft Tokio (politisches Referat) von Juni 1975 bis April 1978, Botschaft Wien (Pressereferat, Vertreter des Gesand-{145}ten) von Mai 1978 bis Mai 1982, Auswärtiges Amt (Ost-Asien-Referat) von Juli 1982 bis Juni 1986 und Botschaft Colombo (Leiter des Wirtschaftsdienstes, Ständiger Vertreter des Botschafters) von Juni 1986 bis März 1990.

Der Angeschuldigte, der sich während seiner Studienzeit in Berlin sozialistischen Ideen zuwandte und die Deutschlandpolitik der DDR befürwortete, hat sich bereits 1960, also vor seinem Eintritt in den Auswärtigen Dienst, gegenüber einem Mitarbeiter des Ministeriums für Staatssicherheit (MfS) der DDR zu einer geheimdienstlichen Agententätigkeit verpflichtet. Ab seinem Eintritt in das Auswärtige Amt berichtete er fortlaufend seiner nachrichtendienstlichen Führungsstelle über ihm dienstlich bekannt gewordene Vorgänge aus dem Bereich der deutschen Außenpolitik. Seine geheimdienstliche Tätigkeit war dabei, bedingt durch den jeweiligen Einsatzort und Tätigkeitsbereich, von unterschiedlicher Intensität. Während seiner Ausbildung im Auswärtigen Amt kam es nur zu gelegentlichen Treffs, bei denen er seine persönliche und berufliche Situation mit seinem Führungsoffizier erörterte. Seine erste Auslandsverwendung im Kulturreferat der Deutschen Botschaft in Tokio war nachrichtendienstlich wenig ergiebig; deshalb und wegen der großen Entfernung hat es in dieser Zeit lediglich zwei Treffs in Japan gegeben. Großes Interesse seiner geheimdienstlichen Auftraggeber fand dagegen die nachfolgende Tätigkeit des Angeschuldigten im Pressereferat des Auswärtigen Amtes. Dort hatte Dr. Blau nämlich Zugang zu allen für die deutsche Außenpolitik wesentlichen Informationen, insbesondere zu solchen über die Ostpolitik der damals amtierenden Bundesregierungen. Er wurde daher mit einer Kleinstbildkamera ausgestattet, mit {146} der er dienstliche Unterlagen fotografierte. Die belichteten Filme übergab er bei den in Bonn etwa alle zwei Monate stattfindenden Treffs seinem Führungsoffizier, dem er dabei ausführlich über sein dienstlich erlangtes Wissen berichtete.

Auch in London hatte er Zugang zu allen wesentlichen bei der Botschaft anfallenden Informationen. Dazu gehörten vor allem die Konsultationen der westlichen Verbündeten über eine gemeinsame Position bei den MBFR-Gesprächen sowie über die Verhandlungen über den EG-Beitritt Großbritanniens. Dr. Blau fotografierte entsprechende dienstliche Unterlagen. Die Filme übergab er bei Treffs in London, die in vierteljährlichem Rhythmus abgewickelt wurden. Bei den Zusammenkünften berichtete er ausführlich über die genannten Themen und gab dazu politische Bewertungen und Analysen, wobei ihm sein hervorragendes Gedächtnis und seine analytische Begabung zustatten kamen.

Während seiner nachfolgenden Verwendung im politischen Referat der Deutschen Botschaft in Tokio kam es lediglich zu sechs Treffs, bei denen er mündlich aus seinem Arbeitsbereich berichtete, insbesondere über die deutsche Haltung und die anderer westlicher Länder zur Volksrepublik China. In Wien war er sodann als Pressereferent mit allen wesentlichen bei der Botschaft anfallenden Informationen vertraut; er kannte auch die zusammenfassenden Berichte der deutschen Delegation bei den MBFR-Verhandlungen. Sein dienstlich erlangtes Wissen hierüber und über andere Bereiche der deutschen Außenpolitik vermittelte er mündlich seinen Führungsoffizieren, mit denen er sich alle drei Monate traf. {147}

In der Zeit der Tätigkeit von Dr. Blau in Ost-Asien-Referat des Auswärtigen Amtes war ein Schwerpunkt des Interesses des MfS die deutsche Politik gegenüber der Volksrepublik China. Der Angeschuldigte, nunmehr wieder mit einer Kleinstbildkamera ausgestattet, fotografierte entsprechende Unterlagen und berichtete detailliert mündlich seinem Führungsoffizier, mit dem er etwa vierteljährlich in Köln oder in Düsseldorf zusammenkam.

Im Verlauf seines Einsatzes in Colombo gab Dr. Blau bei insgesamt sieben Treffen, davon fünf in Colombo, einem in Berlin (Ost) und einem in Zürich, Auskunft über seinen Tätigkeitsbereich. Ferner übergab er belichtete Filme. Ein Anfang Dezember 1989 für den 5. Mai 1990 in Köln festgelegter weiterer nachrichtendienstlicher Treff ist nicht mehr zustande gekommen. Der Angeschuldigte erhielt von seinem Führungsoffizier bei dem ersten und bei dem letzten Treffen in Colombo jeweils 6000,- US-Dollar als Agentenlohn."

Das Oberlandesgericht Düsseldorf hat den Angeklagten Dr. Blau wegen dieser Tat am 15. November 1990 erstinstanzlich zu einer Freiheitsstrafe von sechs Jahren verurteilt (IV-12/90-8/90 VS-Vertraulich). Das Urteil ist nicht rechtskräftig.

Der Angeschuldigte Großmann war seit 1. September 1967 mit dem in Referat I/2 geführten Vorgang vertraut, beobachtete diesen während der gesamten Dauer der langjährigen Verbindung mit besonderem, in der Zuverlässigkeit Dr. Blaus und dessen analytischen Fähig-{148}keiten begründetem Interesse und behielt sich bis zuletzt – auch noch nach seiner Ernennung zum Leiter der HVA – vor, durch persönliche Entscheidungen auf die Führung Dr. Blaus Einfluß zu nehmen.

Zu einem nicht näher bekannten Zeitpunkt zwischen 1971 und 1975 traf der Angeschuldigte Großmann (damals Abteilungsleiter I) im Gefolge des damaligen Leiters der HVA Markus Wolf in der Nähe von Ost-Berlin mit Dr. Blau zusammen, dem dabei in etwa 20-minütiger Unterredung für seine Verratstätigkeit gedankt wurde.

In der Folgezeit hat der Angeschuldigte Großmann bis zum Jahr 1983 als einer der Stellvertreter des Leiters der HVA zusammen mit dem seinerzeit als Referatsleiter I/2 ihm unterstehenden Führungsoffizier Dr. Roitzsch insgesamt drei- bis viermal, teils verbunden mit der Verleihung von Auszeichnungen, an Treffen teilgenommen, die auf dem Gebiet der DDR oder im neutralen Ausland mit Dr. Blau stattfanden.

Eine der Zusammenkünfte erfolgte während eines Heimaturlaubs Dr. Blaus etwa im Juli 1977 in Stockholm. Zu jener Zeit hatte Dr. Blau als Leiter des Referats Politik an der Deutschen Botschaft in Tokio Zugang zu Informationen insbesondere über die außenpo-{149}litischen Beziehungen der Bundesrepublik Deutschland zu Japan und der Volksrepublik China.

Die konspirative Durchführung des Treffs, welcher an einem Sonntag stattfand, wurde durch zwei Instrukteure Dr. Blaus vorbereitet. Großmann und Dr. Roitzsch reisten mit Diplomatenpässen über Helsinki nach Stockholm, wo sie im übrigen zur Abdeckung der Reise am Tage nach dem Treffen mit Dr. Blau in der Gesandtschaft der DDR einen offiziellen Besuch abstatteten. Während des Treffs war Gegenstand der Unterredung neben Eheproblemen Dr. Blaus insbesondere die weitere Perspektive der nachrichtendienstlichen Zusammenarbeit, vorrangig die Frage, ob eine Änderung der dienstlichen Verwendung Dr. Blaus im Auswärtigen Amt mit dem Ziel einer Rückversetzung nach Europa erreicht werden konnte.

Die letzte bekannte Zusammenkunft des Angeschuldigten Großmann (zu dieser Zeit bereits Leiter der HVA) mit Dr. Blau kam am 23. September 1987, in einen Heimaturlaub Dr. Blaus fallend, zustande. Zu jener Zeit hatte Dr. Blau als Leiter des Wirtschaftsdienstes und Ständiger Vertreter des Botschafters an der Deutschen Botschaft in Colombo Zugang zu Informationen über die Politik der Bundesregierung gegenüber Ländern Ost- und Südostasiens. {150}

Im Rahmen des ganztägigen Zusammentreffens vom 23. September 1987 offenbarte Dr. Blau dem Angeschuldigten Großmann seine Enttäuschung über die innenpolitische Entwicklung in der DDR, insbesondere über die repressiven Maßnahmen der Regierung der DDR gegenüber Bürgerrechtsbewegungen. Hierauf reagierte Großmann, der den Stellenwert der Tätigkeit des Dr. Blau für das MfS hoch einschätzte und betonte, ihn als Quelle nicht verlieren zu wollen, indem er versuchte, Zweifel an der Richtigkeit der Politik der DDR auszuräumen und die innenpolitischen repressiven Maßnahmen als vorübergehende, bald überwundene Mängel darzustellen.

c) Der Fall von Raussendorff

Dem Diplomaten Klaus Kurt von Raussendorff wird mit Anklageschrift des Generalbundesanwalts (3 StE 3/91-3 Geheim) vom 14. Januar 1991 vorgeworfen, sich in der Zeit von 1960 bis Ende des Jahres 1989 der geheimdienstlichen Agententätigkeit in einem besonders schweren Fall in Tateinheit mit Bestechlichkeit schuldig gemacht zu haben. Im einzelnen lautet der Tatvorwurf wie folgt:

„Der Angeschuldigte von Raussendorff verpflichtete sich im Jahre 1960 zu einer geheimdienstlichen Agententätigkeit für die Hauptverwaltung Aufklärung (HVA) des ehemaligen Ministeriums für Staatssicherheit (MfS) der ehema-{151}ligen DDR. Führungsoffizier des Angeschuldigten war der damalige Leiter des für die Ausspähung des Auswärtigen Amts der Bundesrepublik Deutschland zuständigen Referats I/2 der HVA, Oberst Schorm. Auch als Schorm im Jahre 1973 zum stellvertretenden Leiter der für den – wie es in der Sprachregelung des ehemaligen MfS hieß – Bonner Staatsapparat der BRD zuständigen Abteilung I der HVA aufrückte, hielt er an der Führung von Raussendorffs fest.
Auf seine Bewerbung vom August 1960 wurde der Angeschuldigte zum 1. April 1961 in den höheren Auswärtigen Dienst der Bundesrepublik Deutschland eingestellt. Als er seinen Dienst als Attaché antrat, war er von vornherein entschlossen, seinen Amtseid und seine Treuepflicht dem Dienstherrn gegenüber durch Fortsetzung der geheimdienstlichen Agententätigkeit für das MfS zu brechen.
Im Herbst des Jahres 1962 lernte der Angeschuldigte bei einem konspirativen Treff mit Bernhard Schorm im damaligen Ostteil Berlins den MfS-Mitarbeiter Karl Draeger kennen. Draeger – von Beruf Lehrer – wurde ihm als künftiger Instrukteur vorgestellt, dessen Aufgabe es war, den Angeschuldigten in der Bundesrepublik Deutschland regelmäßig zu treffen, ihn in der Verratstätigkeit anzuleiten und zu unterstützen. Von 1963 bis 1972 traf der Angeschuldigte sich mit seinem Instrukteur jährlich etwa zweimal unter konspirativen Vorkehrungen in Düsseldorf, Köln und in Essen. Bei jedem dieser Treffen übergab der Angeschuldigte zwei bis fünf belichtete Minox-Filme, auf denen er mittels einer vom MfS zur Verfügung gestellten Kleinstkamera Dokumente des Auswärtigen Amts fotografisch gesichert hatte. Darüber hinaus erstattete er seinen Auftraggebern auch mündliche Berichte über seinen jeweiligen {152} dienstlichen Aufgabenbereich und über von ihm für nachrichtendienstlich wichtig gehaltene Themen und Zusammenhänge.
Während der Auslandsverwendung des Angeschuldigten an der Botschaft in Djakarta in Indonesien von März 1969 bis November 1972 reiste Oberst Schorm wiederholt nach Indonesien, um sich dort mit von Raussendorff zu treffen. Nach der Rückkehr des Angeschuldigten zur Zentrale des Auswärtigen Amts in Bonn Ende 1972 wurde die Instrukteurverbindung aufgewertet und intensiviert. Das MfS übernahm Karl Draeger im Jahre 1972 als sogenannten Hauptamtlichen Inoffiziellen Mitarbeiter (HIM) und bezahlte ihn entsprechend seinem bisherigen Lehrergehalt; Draeger blieb auch weiterhin ausschließlich für die nachrichtendienstliche Anleitung und Unterstützung des Angeschuldigten von Raussendorff zuständig.
Der Angeschuldigte traf sich fortan bis zum Jahr 1989 etwa in vierteljährlichen Abständen mit seinem Instrukteur. Dabei wurde als zusätzlicher Treffort der Raum Stade gewählt, der dem

MfS für eine Legitimierung des Angeschuldigten günstig erschien, weil die Eheleute von Raussendorff dort ein Ferienhaus erworben hatten. Weiterhin spielte der Angeschuldigte dem MfS Minox-Filme, ab 1985 im sogenannten WEGA II-Verfahren belichtete Dokumentenfilme in die Hände, auf denen er Unterlagen aus seinen jeweiligen Arbeitsbereichen sowie auch die sogenannten Blauen Dienste, die internen politischen Lagebeurteilungen des Auswärtigen Amts, abgelichtet hatte. Letztmals übergab der Angeschuldigte anläßlich eines Instrukteurtreffs im Oktober 1989 in Köln zwei Dokumentenfilme, auf denen er Verratsmaterial gesichert hatte. {153}
Welche konkreten Vorgänge von Raussendorff dem MfS zugespielt hat, konnte im einzelnen nicht ermittelt werden. Die wichtigsten Verratsthemen entsprachen seinen dienstlichen Aufgaben auf den Gebieten der europäischen Sicherheits- und Wirtschaftspolitik. Die Auswertungsabteilung der HVA benotete das von dem Angeschuldigten gelieferte Material regelmäßig mit „befriedigend“ bis „gut“, in wenigen Fällen auch mit der Bestnote „sehr gut“. Danach hat der Angeschuldigte seinen Auftraggebern interne, aktuelle und – regelmäßig – sekretierte Vorgänge des Auswärtigen Amts verraten.
Im Jahre 1972 und erneut im Sommer 1985 traf der Angeschuldigte in Ost-Berlin mit dem damaligen Leiter der HVA, Markus Wolf, zusammen. Anläßlich dieser nachrichtendienstlichen Führungstreffs wurde von Raussendorff mit Auszeichnungen und Geldprämien bedacht. Bereits Anfang der 70er Jahre war der Angeschuldigte als MfS-Offizier „attestiert“ worden. Anläßlich eines Führungstreffs mit dem damaligen stellvertretenden Leiter der HVA, Oberst Ralf Devaux, im Sommer 1989 in Ost-Berlin wurde von Raussendorff zum Oberstleutnant im MfS befördert.
Als Gegenleistung für seine Verratstätigkeit nahm der Angeschuldigte vom MfS ein nachrichtendienstliches Entgelt in Höhe von insgesamt mindestens 100.000,-- DM entgegen.
Nach einem Instrukteurtreff am 20. November 1989 in Essen, bei dem der Angeschuldigte seine letzte Geldprämie empfing, wurde die nachrichtendienstliche Verbindung beiderseits beendet.“ {154}

Durch Beschluß vom 22. März 1991 (IV2/91-1/91 VS-Geheim) hat das Oberlandesgericht Düsseldorf die Anklage des Generalbundesanwalts zur Hauptverhandlung zugelassen.[28]

Wie in dem vorstehend zitierten Anklagesatz teilweise bereits angesprochen, waren die Angeschuldigten Großmann, Devaux, Schorm und Kern an der Führung des Agenten von Raussendorff unmittelbar persönlich beteiligt, wobei hinsichtlich des Angeschuldigten Großmann allerdings nur eine rein aktenmäßige Einflußnahme – Abzeichnen von Vorlagen – belegt ist.

Von Anbeginn der Spionagetätigkeit des von Raussendorff, bis zu deren Beendigung hat der Angeschuldigte Schorm intensiv an der Vorgangsführung teilgenommen:

Im Juni 1961 hatte Eberhard Fritsche, der zu jener Zeit als operativer Mitarbeiter des Referats I/2 dem Angeschuldigten Schorm (damals Referatsleiter I/2) unterstand, den Zeugen Karl Draeger, der damals als Lehrer in Ost-Berlin tätig war, nachrichtendienstlich angebahnt, indem er ihn dafür gewonnen hatte, seine Anschrift als Deckadresse, angeblich für die Verbindungen des Nationalrats und der Nationalen Front der damaligen DDR zur Friedensbewegung in der Bundesrepublik Deutschland, zur Verfügung zu stellen. {155}

Nachdem Draeger diesen Probeauftrag offenbar zur Zufriedenheit seiner Auftraggeber erfüllt hatte und daraufhin als adäquater Partner für die nachrichtendienstliche Anleitung und Unterstützung des von Raussendorff ausgewählt worden war, wurde er im Frühjahr 1962 durch den Angeschuldigten Schorm als Kurier und Instrukteur des von Raussendorff verpflichtet. Hierbei erklärte der Angeschuldigte Schorm dem Draeger, er solle im Auftrage der Partei (SED) in der Verbindung zu einem in der Bundesrepublik Deutschland tätigen, für die Partei sehr wichtigen Mann eingesetzt werden, und bereitete ihn sodann im Rahmen mehrerer Treffen gezielt auf die nachrichtendienstliche Zusammenarbeit mit dem Agenten von Raussendorff vor.

Im Herbst 1962 wurden Draeger und von Raussendorff in einer konspirativen Wohnung durch Fritsche und den Angeschuldigten Schorm miteinander bekannt gemacht.

Auch in den folgenden Jahren ist der Angeschuldigte Schorm verschiedentlich mit von Raussendorff persönlich zusammengetroffen. Als von Raussendorff seitens des Auswärtigen Amts von März 1969 bis November 1972 an der Deutschen Botschaft in Djakarta verwendet wurde, reiste der Angeschuldigte Schorm wiederholt nach Indonesien, um dort Führungstreffs mit von Raussendorff wahrzunehmen. {156}

Abgesehen von einer weiteren Zusammenkunft in Stockholm, die zeitlich nicht genau eingeordnet werden kann, ist ein Treff im Jahr 1975 in Semmering bei Wien bekannt, an welchem für die HVA der Instrukteur Draeger, der damalige Führungsoffizier Klaus Wengler und der Angeschuldigte Schorm teilnahmen, der inzwischen zum stellvertretenden Leiter der Abteilung I HVA aufgestiegen war. Das Gespräch, in dessen Verlauf von Raussendorff aufgefordert wurde, die Informationsbeschaffung zu verbessern, diente der Festigung der Zusammenarbeit.

Im Sommer 1985 kam es zu einem Zusammentreffen zwischen von Raussendorff, Markus Wolf (seinerzeit Leiter der HVA), Draeger und den Angeschuldigten Schorm und Kern in Ost-Berlin. Kern hatte im Jahr 1978 als operativer Mitarbeiter des Referats I/2 die Führung des Vorganges von Raussendorff übernommen. Im Verlauf der Zusammenkunft wurde von Raussendorff mit einer Verdienstmedaille ausgezeichnet und mit einer Geldprämie bedacht, gleichzeitig aber aufgefordert, seine „Arbeitsleistung“ zu steigern.

Als der Angeschuldigte Kern im Frühjahr 1988 zum Referatsleiter I/2 aufstieg, übertrug er die Führung des Agenten von Raussendorff auf Axel T., der zu dieser Zeit als operativer Mitarbeiter in das Referat 2 abkom-{157}mandiert wurde. Gleichwohl nahm Kern in der Folgezeit auch an dem letzten Führungstreff teil, welcher im Jahr 1989 in Ost-Berlin stattfand. Schon seit etwa 1984 hatte von Raussendorff dem Instrukteur Draeger zu verstehen gegeben, daß er prinzipiell dazu neige, die illegale Kundschaftertätigkeit zugunsten eines offenen politischen Meinungsaustausches aufzugeben. Da von Raussendorff in der Verfechtung dieser Position nicht nachließ, wurde im Sommer 1989 ein „moralischer Aufbautreff“ auf höchster Ebene für erforderlich erachtet, an welchem neben Draeger, T. und dem Angeschuldigten Kern auch die Angeschuldigten Schorm und Devaux teilnahmen. Im Verlauf der Zusammenkunft, deren weitere Einzelheiten nicht bekannt sind, wurde von Raussendorff durch den Angeschuldigten Devaux zum Oberstleutnant im MfS befördert und erklärte sich im Ergebnis bereit, die nachrichtendienstliche Zusammenarbeit fortzusetzen.

Entsprechend hat von Raussendorff bei seinem nächsten, Anfang Oktober 1989 in Köln durchgeführten Treff mit seinem Instrukteur Draeger nochmals Verratsmaterial (zwei Dokumentenfilme) übergeben und Agentenlohn entgegengenommen.

Nachdem von Raussendorff, letztmals im November 1989 in Essen mit Draeger zusammengetroffen war und dabei Agentenlohn, Weihnachts-{158} und Geburtstagsgratifikation erhalten hatte, suchte der Angeschuldigte Kern den Instrukteur Draeger zum

Jahresende 1989 in dessen Wohnung auf und fragte an, ob Draeger bereit sei, im Januar 1990 einen weiteren Treff mit von Raussendorff wahrzunehmen. Draeger lehnte dies indes ab. Damit war – soweit bekannt – die nachrichtendienstliche Zusammenarbeit der HVA mit Klaus von Raussendorff beendet.

d) Der Fall Dahms

Dem Polizeidirektor im Bundesgrenzschutz Alexander Andreas Wolfgang Dahms wird mit Anklageschrift des Generalbundesanwalts (3 StE 4/90-1) vom 21. November 1990 vorgeworfen, sich in der Zeit von Februar 1963 bis Januar 1990 der geheimdienstlichen Agententätigkeit in einem besonders schweren Fall in Tateinheit mit Bestechlichkeit und mit Verletzung des Dienstgeheimnisses schuldig gemacht zu haben. Im einzelnen lautet der Tatvorwurf wie folgt:

„Der Angeschuldigte Dahms verpflichtete sich anläßlich eines Besuches in Berlin (Ost) im Februar 1963 gegenüber zwei Mitarbeitern des Ministeriums für Staatssicherheit (MfS) der DDR zu einer gegen die Bundesrepublik Deutschland gerichteten geheimdienstlichen Agententätigkeit. Bei nachfolgenden Treffen in einer konspirativen Wohnung am Stadtrand von Berlin (Ost) wurde er unter anderem im A3-Funk sowie im Ge-{159}heimschreibverfahren nachrichtendienstlich geschult und entsprechend ausgerüstet. Ab 1964 empfing er regelmäßig verschlüsselte Funksendungen seiner nachrichtendienstlichen Führungsstelle. Treffabsprachen und andere nachrichtendienstliche Mitteilungen übermittelte Dahms in latenter Schrift über eine Ost-Berliner Deckadresse. Mit seinem Instrukteuer und Führungsoffizier traf er sich unter Beachtung konspirativer Regeln an Orten in der Bundesrepublik (Bonn, Köln, Koblenz, Bad Neuenahr und Bad Kreuznach), im Ausland (Bournemouth, Genf, Helsinki, Athen, Mailand, Wien) und in Berlin (Ost).

Der Angeschuldigte studierte ab Wintersemester 1963/1964 – entsprechend einer Abrede mit dem MfS – Jura. Als berufliche Perspektive war von seiner Führungsstelle der höhere diplomatische Dienst der Bundesrepublik Deutschland vorgesehen. Während seiner juristischen Ausbildung berichtete Dahms fortlaufend über den Gang seines Studiums und seiner Referendarausbildung, aber auch über seine ehrenamtliche Tätigkeit beim „Zentralverband demokratischer Widerstandskämpfer und Verfolgtenorganisationen e.V." in Bonn von Dezember 1963 bis Januar 1970 sowie über seine Mitarbeit bei dem Bundestagsabgeordneten Elmar Pieroth (CDU) von September 1970 bis Februar 1973. Ferner gab er Charakteristiken von Personen aus seinem Bekanntenkreis.

Nach Abschluß seiner juristischen Ausbildung bewarb er sich für den Auswärtigen Dienst der Bundesrepublik Deutschland, bestand aber die Eignungsprüfung nicht. Im Frühjahr 1973 wurde er bei der Grenzschutzdirektion in Koblenz eingestellt, wo er – abgesehen von kurzzeitigen Abordnungen – bis zu seiner vorläufigen Festnahme beschäftigt gewesen ist. {160}

Der Angeschuldigte, der seit dem 1. Juli 1973 zum Umgang mit Verschlußsachen bis zum Verschlußsachengrad „Geheim – amtlich geheimgehalten" ermächtigt gewesen und regelmäßig belehrt worden ist, verriet ihm dienstlich zugängliche Unterlagen, sofern sie ihm für das MfS von Bedeutung erschienen oder er insoweit einen Beschaffungsauftrag seiner nachrichtendienstlichen Führungsstelle hatte. Zu den von ihm preisgegebenen Vorgängen gehörten unter anderem Unterlagen zur Bekämpfung von Urkundsdelikten, Unterlagen über Sonderkontrollen im Grenzschutzeinzeldienst, Ergebnisberichte von Amtsleitertagungen, Erkenntnisse zum neuen Bundespersonalausweis, das jeweils aktualisierte Handbuch für die Kontrolle des grenzüberschreitenden Verkehrs, Amtshilfeersuchen von Bundesnachrichtendienst und Verfassungsschutzbehörden und Fahndungsunterlagen.

Das Verratsmaterial fotografierte er und übergab die belichteten Filme bei in der Regel alle drei Monate stattfindenden Treffen seinem Instrukteur. Gelegentlich übergab er auch Kopien dienstlicher Unterlagen, einmal auch Mikrofiches von Fahndungsunterlagen, die der Instrukteur kopierte. Das letzte Treffen hatte der Angeschuldigte mit seinem Instrukteur im Januar 1990. Das vom Angeschuldigten verratene Material war für das MfS von herausgehobener Bedeutung. Es gab diesem Nachrichtendienst die Möglichkeit, sich kurz- und langfristig auf Grenzkontrollen und Fahndungsmaßnahmen einzustellen. Die herausragende Stellung, die der Angeschuldigte für das MfS hatte, ergibt sich auch daraus, daß Dahms dort zuletzt als Oberstleutnant geführt wurde und an einem Treffen in Berlin (Ost) – etwa im Jahre 1980 – nicht nur der damalige stellvertretende Leiter der für den Angeschuldigten {161} zuständigen Abteilung I der Hauptverwaltung Aufklärung Dr. Roitzsch, teilnahm, sondern auch der damalige zweite Stellvertreter des Leiters der HVA und spätere Nachfolger von Markus Wolf, Generalmajor Werner Großmann.
Der Angeschuldigte hat für seine langjährige geheimdienstliche Agententätigkeit ein nachrichtendienstliches Entgelt von etwa 50.000,-- DM erhalten."

Wegen dieser Tat wurde der Angeklagte Dahms am 6. Februar 1991 durch das Oberlandesgericht Koblenz zu einer Freiheitsstrafe von sechs Jahren und sechs Monaten verurteilt. Das Urteil, welches in schriftlicher Form noch nicht vorliegt, ist nicht rechtskräftig.[29]

An der Führung des Agenten Dahms waren die Angeschuldigten Schorm und Großmann unmittelbar persönlich beteiligt:

Die erste Zusammenkunft zwischen Dahms und dem Angeschuldigten Schorm (damals Referatsleiter I/2) erfolgte im Sommer 1963 in einer konspirativen Wohnung in Ost-Berlin und diente dem Zweck, Dahms mit seinem Instrukteur Werner P. bekannt zu machen, der ihn in den folgenden Jahren bis Herbst 1984 nachrichtendienstlich betreute. Während der gesamten Zeit der Zusammenarbeit bis zu deren Beendigung im Januar 1990 hielt der Angeschuldigte Schorm zu dem Agenten Dahms engen Kontakt. Er nahm an Führungs- und Ausbildungstreffs teil, die in den Jahren bis {162} 1979/1980 – anfangs zwei- bis dreimal jährlich, später weniger häufig – in einer konspirativen Wohnung in Ost-Berlin stattfanden, und reiste verschiedentlich zu Treffen ins Ausland, die dazu dienten, die Zusammenarbeit mit Dahms allgemein zu festigen und ihn „ideologisch und psychologisch aufzurüsten". Bei einer der Zusammenkünfte in Ost-Berlin, die der Erörterung der operativen Arbeitslage diente und etwa im Jahr 1974 stattgefunden haben dürfte, erläuterte Dahms dem Angeschuldigten Schorm, wie es entgegen der von der HVA angestrebten Verwendung Dahms im Auswärtigen Amt zu seiner Bewerbung und Einstellung bei der Grenzschutzdirektion Koblenz gekommen war.

An Auslandstreffs zwischen Dahms und dem Angeschuldigten Schorm sind im einzelnen Zusammenkünfte in Helsinki (vor 1972), Jugoslawien (etwa 1974), Wien zwischen 1974 und 1981), Mailand (1981) und Athen (1983) bekannt, wo die 20-jährige MfS-Zugehörigkeit Dahms gefeiert, diesem ein Orden verliehen und ihm durch den Angeschuldigten Schorm seine Beförderung zum Oberstleutnant im MfS mitgeteilt wurde.

Als im November 1984 der Instrukteur P. bei der Vorbereitung eines Treffs mit Dahms in Lahnstein/Köln bemerkte, daß er offenbar observiert wurde, erstellte der Angeschuldig-{163}te Schorm eine Schadensanalyse, die dazu führte, daß P. für die Zukunft aus der Verbindung zu Dahms gelöst und insoweit durch einen Instrukteur mit [dem] Decknamen „Gerhard König" ersetzt wurde.

In Ost-Berlin trafen Dahms und der Angeschuldigte Schorm letztmals 1979 oder 1980 zusammen. An diesem Treffen, welches neben der Erörterung der operativen Arbeitslage dem Zweck diente, das persönliche Verhältnis zu Dahms sowie die Vertrauensgrundlage der Zusammenarbeit zu festigen und die gesamte Vorgangsproblematik auf Leitungsebene vertiefend zu besprechen, nahm auch der Angeschuldigte Großmann (damals Stellvertreter des Leiters der HVA) persönlich teil. Dies zeigt die herausgehobene Bedeutung, die Großmann dem von Dahms verratenen Material beimaß, welches der HVA die Möglichkeit eröffnete, für die Reisekader des MfS Sicherheitsvorkehrungen zu treffen, die einer Enttarnung durch westdeutsche Abwehrdienste und den Grenzschutz entgegenwirkten.

Der nachrichtendienstliche Auftrag, mit dieser Zielrichtung tätig zu werden, ist in der Dienstanweisung Nr. 1/88 des Ministers für Staatssicherheit formuliert; danach hat der Leiter der HVA für die „Übermittlung von Erkenntnissen zum Fahndungssystem des Gegners, zu seinen Kräften, Mitteln und Methoden an den Leiter der HA VII“ des MfS Sorge zu tragen. Wie detailliert das MfS über {164} Fahndungsmaßnahmen westdeutscher Sicherheitsorgane unterrichtet war, zeigt beispielsweise das Schreiben des Leiters der ZAIG vom 8. September 1977 an die Leiter der Diensteinheiten, in welchem der Umfang der Grenzalarmfahndung aus Anlaß des Entführungsfalles Dr. Schleyer im einzelnen dargelegt wird.

Die letzte nachgewiesene Zusammenkunft zwischen Dahms und dem Angeschuldigten Schorm erfolgte im Jahr 1987 in Wien. Dahms war seinerzeit zu der Erkenntnis gelangt, daß die Verwirklichung des Sozialismus in der DDR gescheitert sei. Dem Angeschuldigten Schorm gelang es gleichwohl, Dahms zu weiterer nachrichtendienstlicher Zusammenarbeit zu bewegen.

Im Januar 1990 traf sich Dahms letztmals mit einem Instrukteur des MfS. „Gerhard“ erklärte ihm, daß seine Personalunterlagen vernichtet worden seien, und richtete ihm von dem Angeschuldigten Schorm die Nachricht aus, daß er sich nicht zu beunruhigen brauche, da es sich um einen „geordneten Rückzug“ handele.

e) Der Fall Ostenrieder

Die Fremdsprachensekretärin Gerda Ostenrieder war im Laufe des Jahres 1964 durch den MfS-{165}Agenten Herbert Schröter für eine nachrichtendienstliche Zusammenarbeit mit der HVA angeworben worden. Schröter seinerseits war als HIM der Abteilung I HVA damit beauftragt, im Ausland nach Angehörigen von NATO-Staaten Ausschau zu halten, die als mögliche Quellen für die HVA in Betracht kamen.

Ende Juli 1964 reisten Schröter und Ostenrieder erstmals gemeinsam nach Ost-Berlin und erörterten dort mit Vorgesetzten des Schröter, welche berufliche Perspektive der Ostenrieder aus nachrichtendienstlicher Sicht von Interesse war. Es wurde angeregt, daß die Ostenrieder einen begonnenen Sprachkurs absolvieren und sich hernach bei einer Bundesbehörde in Westdeutschland um eine Anstellung bemühen sollte. Mit dieser Vorgabe wurde Gerda Ostenrieder unter der Zusage finanzieller Unterstützung schriftlich zur Zusammenarbeit verpflichtet, bewarb sich in der Folgezeit bei verschiedenen Stellen und wurde entsprechend zu Vorstellungsgesprächen – unter anderem ins Auswärtige Amt – geladen. Nachdem sie durch ihre Führungsstelle die Weisung erhalten hatte, eine ihr beim Auswärtigen Amt angebotene Anstellung anzunehmen, begann sie dort am 2. Februar 1965 als Fremdsprachenstenotypistin ihren Dienst.

In den folgenden Jahren bis Ende Mai 1983 lieferte Gerda Ostenrieder ihrer Führungsstelle in der Abteilung I HVA über den als Kurier und Instrukteur eingesetzten Herbert {166} Schröter, den sie zwischenzeitlich geheiratet hatte, in Form von Durchschriften, Abschriften und Notizen eine Vielzahl von Verschlußsachen der Geheimhaltungsstufen „VS-NfD“ bis „Geheim“, die ihr im Rahmen ihrer verschiedenen dienstlichen Verwendungen zugänglich wurden. Als Gegenleistung erhielt Gerda Ostenrieder einen Agentenlohn in Höhe von wenigstens 32.200,-- DM.

Unter den insgesamt mindestens 500 Vorgängen, welche die Ostenrieder verriet, befanden sich ein Fernschreiben der Deutschen Botschaft in Paris an das Auswärtige Amt in Bonn vom 1. Juni 1966 und ein Fernschreiben der NATO-Vertretung in Paris an das Auswärtige Amt vom 30. Januar 1967, die beide jeweils Staatsgeheimnisse im Sinne des § 94 StGB[30] beinhalteten. Im übrigen waren die Verratslieferungen der Gerda Ostenrieder als geheimdienstliche Agententätigkeit im Sinne des § 99 StGB[31] zu werten.

Durch Urteil des Oberlandesgerichts Düsseldorf vom 23. September 1977 wurde das dargelegte Verhalten der Gerda Ostenrieder als Landesverrat in Tateinheit mit Verletzung des Dienstgeheimnisses und mit Bestechlichkeit mit einer Freiheitsstrafe von drei Jahren geahndet. Wegen der Einzelheiten der Tatausführung und des Verratsumfanges wird auf die schriftlichen Urteilsgründe Bezug genommen. {167}

Im Rahmen ihres Dienstverhältnisses beim Auswärtigen Amt wurde Gerda Ostenrieder von Mitte April bis Ende Juni 1968 als Fernmeldesekretärin an der Deutschen Botschaft in Washington eingesetzt. Bei ihrer Rückkehr von dort führte sie in ihrem Reisegepäck umfangreiches Verratsmaterial – teilweise der Geheimhaltungsstufen „VS-Vertraulich“ und „Geheim“ – bei sich, welches Herbert Schröter noch am Tage der Ankunft in Deutschland direkt dem Angeschuldigten Großmann überbrachte.

Dieser erhob zunächst wegen des weisungswidrigen Transportverhaltens heftige Vorwürfe. Nachdem er jedoch die Unterlagen gesichtet und deren Hochrangigkeit erkannt hatte, wurden Schröter und Ostenrieder für die Verratslieferung belobigt. Als im Juni 1972 ein Führungstreff in Hvar/Jugoslawien stattfand, der allgemein der Festigung der nachrichtendienstlichen Zusammenarbeit diente, nahm der Angeschuldigte Großmann an der Zusammenkunft teil.

f) Der Fall Pauli

Dem Oberamtsrat im Auswärtigen Amt Ludwig Pauli wird mit Anklageschrift des Gene-{168}ralbundesanwalts (3 StE 1/91-2) vom 15. Januar 1991 vorgeworfen, sich in der Zeit von 1966 bis Anfang 1990 der geheimdienstlichen Agententätigkeit in Tateinheit mit Bestechlichkeit schuldig gemacht zu haben. Im einzelnen lautet der Tatvorwurf wie folgt:

„Der Angeschuldigte Pauli erklärte sich im ersten Halbjahr 1966 während seiner Tätigkeit an der Belgrader Schutzmachtvertretung für deutsche Interessen gegenüber einem unter dem Namen ‚Werner‘ auftretenden Angehörigen der Hauptverwaltung Aufklärung (HVA) des Ministeriums für Staatssicherheit (MfS) der damaligen DDR zur geheimdienstlichen Mitarbeit bereit. Alsbald danach übergab er ihm erstmals dienstinterne Unterlagen. Seine nachrichtendienstliche

Schulung, die unter anderem den Empfang von einseitigem Agentenfunk, die Dokumentenfotografie und das Geheimschreibverfahren umfaßte, erhielt er einige Monate später in Ost-Berlin. Dabei wurde ihm der Deckname ‚Adler' zugeteilt.
In den folgenden 23 Jahren machte der Angeschuldigte seiner Führungsstelle eine Vielzahl von zum Teil als Verschlußsache eingestuften Schriftstücken zugänglich, mit denen er im Rahmen seiner verschiedenen dienstlichen Verwendungen befaßt war, und zwar zunächst ab Mitte 1966 in der Zentrale des Auswärtigen Amtes als Sachbearbeiter in einem vornehmlich für Verkehrsfragen zuständigen Referat, sodann als Leitender Mitarbeiter des Generalkonsulats in Edinburgh, anschließend als Kanzler des Konsulats in Palermo und der Generalkonsulate in Liverpool und Salzburg, zuletzt seit 1987 wieder in der Bonner Zentrale als Dezernent für die Sachgebiete Post- und Fernmeldewesen, Luftverkehr und Tourismus. {169}
Das Verratsmaterial übergab er bei Treffs, die an den jeweiligen Einsatzorten jährlich mindestens dreimal abgewickelt wurden, Mittelsmännern der HVA entweder kurzfristig im Original zum Fotografieren oder in Form von Filmen, die er in seiner Wohnung angefertigt und dort zum Teil auch entwickelt hatte. Zeitweise wurden solche Filme von ihm an eine Deckadresse geschickt. Bei den konspirativen Zusammentreffen, die bis 1967 mit dem HVA-Angehörigen ‚Bernhard', danach hauptsächlich mit einem gewissen ‚Hans' erfolgten, gab der Angeschuldigte außerdem dienstlich erlangte Informationen mündlich weiter und beantwortete nach Möglichkeit ihm zu seiner Tätigkeit gezielt gestellte Fragen.
Treffs fanden zusätzlich etwa alle zwei Jahre in Ost-Berlin statt. Sie dienten neben der Erteilung von Instruktionen vor allem der Stabilisierung der nachrichtendienstlichen Verbindung. Beim letzten Treff im Oktober/November 1989 erklärte sich der Angeschuldigte bereit, seine Agententätigkeit auch für eine nicht mehr von der SED regierte DDR fortzusetzen. Verabredungsgemäß suchte er in der Folgezeit an bestimmten Tagen eine in Bonn-Duisdorf gelegene Zeichenstelle auf, an der jedoch wider Erwarten keine für ihn bestimmten Signale angebracht waren, weshalb er Anfang 1990 damit aufhörte, diese Stelle besonders in Augenschein zu nehmen.
Neben Sachgeschenken erhielt der Angeschuldigte für seine Agententätigkeit ein Entgelt in Höhe von insgesamt mindestens 100.000,-- DM."

Über die Zulassung der Anklage ist durch das Oberlandesgericht Düsseldorf noch nicht entschieden worden. {170}

Der Angeschuldigte Schorm ist von Anbeginn der Spionagetätigkeit Paulis bis zum November 1989 in einer Vielzahl von Fällen in Jugoslawien, auf dem Gebiet der Bundesrepublik Deutschland und in Ost-Berlin persönlich mit Pauli zusammengetroffen.

Der erste Treff erfolgte im Sommer 1966 unmittelbar nach der nachrichtendienstlichen Anbahnung des Pauli in Belgrad/Jugoslawien und diente aus Sicht des Angeschuldigten Schorm dem Zweck, sich als Führungsoffizier dem Pauli vorzustellen. Die nächste Zusammenkunft erfolgte in der zweiten Jahreshälfte 1966 und diente der Festigung der Vertrauensbasis.

Schon um Weihnachten 1966 trafen sich Pauli und der Angeschuldigte Schorm ein weiteres Mal. Die Kontaktaufnahme erfolgte auf dem Kurfürstendamm in West-Berlin, von wo aus der Angeschuldigte Schorm den Agenten Pauli durch einen Seitengang des Bahnhofs Friedrichstraße in den Ostteil der Stadt geleitete. Bei dieser Zusammenkunft, die im übrigen der nachrichtendienstlichen Schulung Paulis diente, veranlaßte der Angeschuldigte Schorm den Pauli, sich schriftlich zur Zusammenarbeit mit der HVA zu verpflichten. Ferner wurde durch Schorm ein Verbindungsplan erstellt, der zukünftige Trefftermine und Anga-{171}ben über die von Pauli zu beschaffenden Materialien aus seinem dienstlichen Zugangsbereich enthielt.

Im folgenden Jahr (1967) trafen sich Pauli und der Angeschuldigte Schorm zwei- oder dreimal unter Einhaltung konspirativer Verhaltensregeln in Köln. Die Zusammenkünfte dienten der Übergabe nachrichtendienstlicher Hilfsmittel an Pauli, der Entgegennahme von Verratsmaterial durch Schorm und der Erteilung weiterer Instruktionen.

Weitere Reisen des Angeschuldigten Schorm in das Gebiet der Bundesrepublik Deutschland sind nicht bekannt. Die Rolle des Instrukteurs übertrug er auf „Hans", der sie in den folgenden Jahren wahrnahm. Führungstreffs des Angeschuldigten Schorm mit dem Agenten Pauli, die allgemein der Festigung der Zusammenarbeit dienten, in deren Rahmen Schorm den Pauli aber auch bedrängte, Versuche zu unternehmen, an eine Botschaft innerhalb eines NATO-Landes versetzt zu werden, erfolgten in der Zeit von 1970 bis 1987 regelmäßig alle zwei bis drei Jahre in Ost-Berlin.

Die letzte Zusammenkunft dieser Art, bei welcher der Angeschuldigte Schorm auch die Frage weiterer nachrichtendienstlicher Zusammenarbeit über den Untergang des SED-Staates hinaus zur Sprache brachte, fand im November 1989 in Ost-Berlin statt. {172}

g) Der Fall Kemper

Der Amtsinspektor im Auswärtigen Amt Herbert Kemper wurde im Jahre 1968 in Prag unter falscher Flagge durch die OibE Fritz T. (alias Siegfried Brodak) und Harald L. (alias Günther Schmidt), die dabei vorgaben, Angestellte der Fa. ITT und als solche weltweit als Geschäftsreisende unterwegs zu sein, für eine nachrichtendienstliche Zusammenarbeit mit der HVA angeworben. Kemper ist geständig, seit seiner Anwerbung bis in das Jahr 1989 fortlaufend Berichte überwiegend wirtschaftlicher Art und andere Unterlagen, zu denen er als Bediensteter im Registraturbereich der deutschen Handelsvertretung in Prag, der Botschaften in Daressalam/Tansania, Accra/Ghana, Stockholm und Wien, des Fernmeldereferats der Zentrale des Auswärtigen Amts in Bonn und bei der ständigen Vertretung der NATO in Brüssel Zugang hatte, gegen Entgelt an „Siegfried" und „Günther" (T. und L.) geliefert zu haben. Treffs zur Materialübergabe seien ab 1984 etwa alle drei Monate, vorher auch in größeren Zeitabständen durchgeführt worden. Sein Lohn habe zuletzt 1.000,-- DM monatlich, früher 500,-- DM pro Lieferung betragen. Unwiderlegt hat Kemper sich eingelassen, bis zum letzten Treff am 6. Dezember 1989 davon ausgegangen zu sein, Empfänger seiner Lieferungen sei die Fa. ITT. {173}

Wegen des vorbeschriebenen Verhaltens ist gegen Kemper das Ermittlungsverfahren 3 BJs 262/90-2 des Generalbundesanwalts wegen Verdachts geheimdienstlicher Agententätigkeit anhängig.

Persönliche Zusammentreffen Kempers mit einem der Angeschuldigten des vorliegenden Verfahrens sind nicht bekannt und dürften auch nicht stattgefunden haben. Bezüglich der Angeschuldigten Großmann und Kern sind jedoch aktenmäßige Einflußnahmen auf die Vorgangsführung belegt: Etwa zum Jahreswechsel 1976/1977 veranlaßte der Angeschuldigte Großmann (damals Stellvertreter des Leiters der HVA), daß der Vorgang Kemper, der bis dahin in Referat I/1 durch Günter A. geführt worden war, innerhalb der Abteilung I an das Referat 2 übergeben wurde. Im Referat I/2 wurde die Vorgangsführung durch den Angeschuldigten Kern übernommen, der sie seinerseits bei seiner Ernennung zum Leiter des Referats im Frühjahr 1988 dem damals neu zur Dienststelle versetzten Axel T. übertrug.

h) Der Fall Lüneburg

Zu Beginn des Jahres 1967 wurde eine namentlich nicht bekannte Agentin[32], die sich der {174} biographischen Daten der am 7. Dezember 1924 in Berlin-Friedrichshain geborenen Sonja Lydia Lüneburg bediente, mit der Perspektive des Eindringens in die Leitungsebene einer westdeutschen politischen Partei durch die HVA in die Bundesrepublik Deutschland eingeschleust, wo sie am 25. Januar 1967 in Offenbach/Main zur Anmeldung gelangte. Unter Verwertung von Erkenntnissen, welche durch Abschöpfung des angeblich ebenfalls als IM für die HVA eingesetzten FDP-Politikers William Borm erlangt worden sein sollen, gelang es der Führungsstelle der Agentin (Abteilung II HVA), diese ohne entsprechende Einweihung des Borm über eine offizielle Bewerbung zum 1. Juni 1968 als Sekretärin bei Borm zu plazieren.

Die weitere nachrichtendienstliche Tätigkeit der Agentin, die im Hinblick auf den Inhalt verratener Verteidigungsunterlagen vom 30. Januar und aus dem Monat März 1981 rechtlich als Landesverrat zu bewerten ist, ist in der Antragsschrift des Generalbundesanwalts vom 10. Juli 1989 (6 BJs 62/85-2), welcher das Oberlandesgericht Düsseldorf durch Beschluß vom 15. August 1989 (IV-10/89-1) entsprochen hat, zusammenfassend wie folgt dargestellt:

„Vom 1. Juli 1968 bis 28. Februar 1973 war sie Sekretärin von William Borm, der dem Deutschen Bundestag und dem Europäischen Parlament als gewähltes Mitglied angehörte. Nach seinem Ausscheiden aus dem Bundestag arbeite-{175}te sie als Angestellte der FDP-Bundesgeschäftsstelle im Sekretariat von Generalsekretär Karl-Hermann Flach, nach dessen Tod im August 1973 als Sekretärin von Bundesgeschäftsführer Hofmann, auf seine Empfehlung wurde sie im Oktober 1974 von Dr. Martin Bangemann nach dessen Wahl zum FDP-Generalsekretär als Chefsekretärin übernommen.
Nach seinem Rücktritt von diesem Amt war die Beschuldigte ab 1. Januar 1976 für Dr. Bangemann in seiner Eigenschaft als Mitglied des Deutschen Bundestages als persönliche Mitarbeiterin tätig. Als er im Jahre 1980 aus dem Bundestag ausschied, blieb sie seine Sekretärin, nunmehr in seiner Funktion als Mitglied des Europäischen Parlaments in Brüssel. Dr. Martin Bangemann führte dort den Vorsitz der Liberalen und Demokratischen Fraktion und besaß in der Föderation der Liberalen und Demokratischen Parteien der Europäischen Gemeinschaft maßgeblichen Einfluß. Die Beschuldigte war vornehmlich für den Bereich seiner Parteiarbeit zuständig und hielt sich deshalb auch häufig in den Räumen der FDP-Fraktion in Bonn auf. Nach der Ernennung von Dr. Bangemann zum Bundesminister für Wirtschaft übernahm sie ab 2. Juli 1984 die Stelle der ersten Vorzimmersekretärin des Ministers. Am 17. Mai 1985 wurde sie zur Sachbearbeiterin ernannt und vornehmlich mit der selbständigen Erledigung der Post allgemeinen politischen Inhalts beauftragt.
Durch ihre verschiedenen Tätigkeiten gewann die Beschuldigte umfangreiche Erkenntnisse über interne Vorgänge der Freien Demokratischen Partei, über vorzubereitende und zu treffende Entscheidungen, politische Positionen ihrer führenden Mitglieder sowie Richtungen und Strömungen in der Partei. Ähnliche Erkenntnisse gewann sie in Brüssel auch bezüglich der Liberalen und Demokratischen Fraktion im Europä-{176}ischen Parlament sowie der Föderation der Liberalen und Demokratischen Parteien der Europäischen Gemeinschaft. Sie verstand es, ihre ohnehin kaum begrenzten Erkenntnis- und Zugangsmöglichkeiten dadurch zu erweitern, daß sie im nachrichtendienstlichen Auftrag zahlreiche Kontakte zu Abgeordneten, Mitgliedern und Mitarbeitern der FDP anknüpfte und teilweise auf enger freundschaftlicher Basis unterhielt. Das Vertrauen, das sie nicht nur bei Dr. Martin Bangemann, sondern auch sonst in ihrer Umgebung genoß, erleichterte ihr die Ausforschungstätigkeit.

Die nachrichtendienstlich interessierenden Dokumente, zu denen die Beschuldigte in ihren jeweiligen Arbeitsbereichen Zugang hatte oder die sie sich unerlaubt verschaffte, wurden von ihr abgelichtet oder fotografiert. Das Verratsmaterial übergab sie bei regelmäßigen Treffs an Mitarbeiter ihrer nachrichtendienstlichen Führungsstelle. Auf diese Weise und möglicherweise auch auf anderen nachrichtendienstlichen Verbindungswegen übermittelte sie ihren Auftraggebern vom Zeitpunkt ihrer Einschleusung bis zu ihrer Flucht am 3. August 1985 eine Vielzahl von Erkenntnissen und Unterlagen. Darunter befanden sich nur einem begrenzten Kreis von Geheimnisträgern zugängliche Verschlußsachen, deren Verrat die konkrete Gefahr einer empfindlichen Schwächung der Verteidigungsfähigkeit der Bundesrepublik Deutschland herbeigeführt hat. Dies gilt für eine Vorlage des Bundesministers der Verteidigung vom 30. Januar 1981 an den Bundessicherheitsrat, die Aufschluß über die für den Ernstfall vorgesehene Verstärkung der Streitkräfte der USA und deren Unterstützung durch die Bundeswehr gibt, und für ein Protokoll über eine im Bundesministerium der Verteidigung im März 1981 durchgeführte Klausurtagung, das ei-{177}nen vollständigen Überblick über personelle und materielle Schwächen der Bundeswehr und ihrer wichtigsten NATO-Partner vermittelt.
Die Beschuldigte erhielt für ihre Tätigkeit einen Agentenlohn, der im Hinblick auf die Dauer ihrer Verratstätigkeit und die Bedeutung der von ihr vermittelten Informationen mindestens 60.000,-- DM betragen hat.
Die Beschuldigte hat somit ein Staatsgeheimnis einer fremden Macht oder einem ihrer Mittelsmänner mitgeteilt und dadurch die Gefahr eines schweren Nachteils für die äußere Sicherheit der Bundesrepublik Deutschland herbeigeführt."

An dieser Tat hat der Angeschuldigte Großmann – abgesehen von funktionsbedingten Verantwortlichkeiten – durch die Teilnahme an verschiedenen Führungstreffs, welche zu nicht bekannten Zeiten mit der Agentin durchgeführt wurden, persönlich mitgewirkt.

i) Der Fall Spuhler

Den Brüdern Alfred und Ludwig Spuhler wird mit Anklageschrift des Generalbundesanwalts (3 StE 1/90-3) vom 17. Januar 1991 vorgeworfen, sich des gemeinschaftlichen Landesverrats – Alfred Spuhler in Tateinheit mit Bestechlichkeit und Verletzung des Dienstgeheimnisses, Ludwig Spuhler in Tateinheit mit Beihilfe zur Verletzung des Dienstgeheimnisses – schuldig gemacht zu haben. Im einzelnen lautet der Tatvorwurf wie folgt: {178}

„Der Angeschuldigte Alfred Spuhler ist als Soldat der Bundeswehr seit dem 1. Oktober 1968 Angehöriger des Bundesnachrichtendienstes (BND); zuletzt bekleidete er den Rang eines Hauptmanns. Bis zum 1. Juli 1980 war der Angeschuldigte innerhalb der für die technische Aufklärung zuständigen Abteilung 2 des BND eingesetzt und dabei überwiegend mit Verbindungsaufgaben zur Bundeswehr befaßt. Danach gehörte er bis zu seiner vorläufigen Festnahme der Unterabteilung 12 der Abteilung 1 des BND an, deren Aufgabe es ist, geheime Nachrichten mit menschlichen Quellen aus dem kommunistischen Machtbereich (Europa und Sowjetunion) zu beschaffen. Dabei oblagen ihm einerseits die Bearbeitung, Prüfung und vorläufige Bewertung eingehender Quellenmeldungen und deren „Neutralisierung", zum anderen das Sammeln und Sichten von Quellenunterlagen zwecks Beurteilung der Kompetenz und Zugangsmöglichkeiten der Quelle, die Beratung der Quellenführer und das Entwerfen von Einzelaufträgen für bestimmte Quellen. Diese Tätigkeit vermittelte dem Angeschuldigten Zugang zu Quellenunterlagen und Meldungsbewertungen sowie zu Ausarbeitungen, Analysen und Berichten der Abteilung „Auswertung" des BND, soweit sie die Streitkräfte des Warschauer Paktes sowie Jugosla-

wiens und Albaniens betrafen und einen Bezug zu militärischer Thematik einschließlich Abrüstungsverhandlungen hatten.
Der Angeschuldigte ist seit Beginn seiner Tätigkeit im BND zum Umgang mit Verschlußsachen (VS) bis zu den Geheimhaltungsgraden „Geheim“ und „Streng Geheim“ ermächtigt und nach dem Verpflichtungsgesetz förmlich verpflichtet gewesen. {179}
Ende 1971 oder Anfang 1972 hat er sich gegenüber dem seinerzeitigen Ministerium für Staatssicherheit (MfS) der ehemaligen DDR erboten und verpflichtet, ihm dienstlich bekannt gewordene und künftig bekannt werdende Vorgänge aus seinem Arbeitsbereich mitzuteilen. Ab diesem Zeitpunkt lieferte er seinen nachrichtendienstlichen Auftraggebern Fotokopien und Fotografien einer Vielzahl von Unterlagen, zu denen er im Rahmen seiner jeweiligen dienstlichen Tätigkeiten Zugang hatte.
Da es für den Angeschuldigten Alfred Spuhler wegen seiner beruflichen Stellung im BND zu gefährlich war, das von ihm beschaffte Verratsmaterial an Kuriere des MfS weiterzuleiten, bediente er sich hierfür im Einvernehmen mit seinen nachrichtendienstlichen Auftraggebern während der gesamten Dauer seiner Agententätigkeit seines Bruders, des zuletzt beim Max-Planck-Institut für Plasmaphysik in Garching im Angestelltenverhältnis beschäftigten Angeschuldigten Ludwig Spuhler, mit dem er bereits im Verlauf des Jahres 1970 übereingekommen war, gemeinschaftlich für das MfS tätig zu werden. Ludwig Spuhler, der sich seinerseits Ende 1971 oder Anfang 1972 gegenüber dem MfS förmlich zur Mitarbeit verpflichtet hatte, leitete in der Folgezeit das ihm von Alfred Spuhler übergebene Verratsmaterial an die gemeinsame nachrichtendienstliche Führungsstelle weiter. In den ersten beiden Jahren ihrer Agententätigkeit erfolgte dies ausschließlich bei persönlichen Treffs mit dem Führungsoffizier der Angeschuldigten; später wurde das Verratsmaterial auch in Toten Briefkästen oder in Fernzügen für Kuriere des MfS deponiert.
Zu dem auf diesem Weg in den Besitz des MfS gelangten Verratsmaterial gehörten – neben einer Vielzahl weiterer geheimer Unterlagen aus den jewei-{180}ligen Arbeitsbereichen des Angeschuldigten Alfred Spuhler – auch die sogenannten Militärischen Lageberichte Ost des BND der Jahre 1973 bis 1986. Diese enthalten jeweils das zusammengefaßte Jahresergebnis der militärischen Auswertearbeit der Ost-Referate des BND. In den Lageberichten sind jeweils alle wichtigen im Berichtsjahr angefallenen Aufklärungsergebnisse ausgewertet und systematisch im Sinne einer Jahresbilanz dargestellt. Die Berichte waren jeweils nur einem begrenzten Personenkreis zugänglich und mußten vor einer fremden Macht zur Abwendung eines schweren Nachteils für die äußere Sicherheit der Bundesrepublik Deutschland geheimgehalten werden. Die durch deren Verrat verursachte Gefahr eines schweren Nachteils für die äußere Sicherheit der Bundesrepublik Deutschland nahmen die Angeschuldigten zumindest billigend in Kauf.
Zu dem von den Angeschuldigten an das MfS gelieferten Verratsmaterial gehörte auch die Fotografie der 25. Ausfertigung der Aufzeichnung 33 DTgb. Nr. 90/86 Geheim vom 13. Januar 1986 des BND. Diese Aufzeichnung enthält eine umfassende Darstellung der militärischen Leistungsfähigkeit und Bedeutung der DDR für das Warschauer-Pakt-Bündnis, bewertet die Einsatzbereitschaft der Nationalen Volksarmee (NVA) und beschreibt auf der Grundlage nachrichtendienstlicher Erkenntnisse die Einbindung der NVA in die operativ-strategischen Kriegsplanungen der sowjetischen Streitkräfte in der DDR. Auch insoweit wußten die Angeschuldigten, daß diese Aufzeichnung nur einem begrenzten Personenkreis zugänglich war und daß sie vor einer fremden Macht zur Abwendung eines schweren Nachteils für die äußere Sicherheit der Bundesrepublik Deutschland geheimgehalten werden mußte. Auch die durch deren Verrat verursachte Gefahr eines schweren Nachteils für die äußere Sicher-{181}heit der Bundesrepublik Deutschland nahmen die Angeschuldigten zumindest billigend in Kauf.
Der Verrat dieser Aufzeichnung führte schließlich zur Enttarnung beider Angeschuldigten. Dem Landesamt für Verfassungsschutz Berlin ist im Herbst 1988 durch Vermittlung der Zeugin E. von einem übertrittswilligen ehemaligen Mitarbeiter des MfS der DDR, dem Zeugen Stümer,

als sogenannter „Echtheitsbeweis“ neben anderen Unterlagen, mit denen dieser während seiner aktiven Dienstzeit befaßt war, ein Filmnegativ vom Deckblatt der vorgenannten BND-Aufzeichnung vom 13. Januar 1986 zugeleitet worden. Frau E. und der Zeuge Stümer wurden am 24. November 1988 in der DDR festgenommen und später wegen Spionage zu langjährigen Freiheitsstrafen verurteilt. Unmittelbar nach ihrer Festnahme haben beide gegenüber den zuständigen Ermittlungsbehörden der DDR ihre Aktivitäten eingeräumt und auch Angaben über die gelieferten „Echtheitsbeweise“ gemacht. Da die Führungsstelle der Angeschuldigten innerhalb der HVA des MfS daraufhin folgerichtig deren erhebliche Gefährdung erkannte, wurde der Angeschuldigte Ludwig Spuhler unmittelbar nach dem 24. November 1988 von seinem Führungsoffizier telefonisch gewarnt und aufgefordert, „bestimmte“ Aktivitäten zunächst einzustellen. Seine Warnung hat der Führungsoffizier mit der Nachricht verbunden, daß er die Gesamtsituation alsbald im neutralen Ausland im Rahmen eines persönlichen Zusammentreffens mit Ludwig Spuhler allein – d.h. ohne den durch eine solche Begegnung besonders gefährdeten Angeschuldigten Alfred Spuhler – erörtern wolle. Dieses Zusammentreffen hat wenige Tage später in Wörgl stattgefunden. {182}
Nachdem Ludwig Spuhler im Sommer 1989 zufällig Kenntnis davon erhalten hatte, daß deutsche Dienststellen offenbar Verdacht gegen ihn geschöpft hatten und der Frage nachgingen, ob er Post aus der DDR erhalte oder erhalten habe, reiste er nach vorheriger telefonischer Verabredung mit seinem Führungsoffizier in der Zeit vom 15. bis 19. September nach Athen, um sich dort weitere Verhaltensmaßregeln seiner nachrichtendienstlichen Führungsstelle im MfS zu verschaffen. Zu dem verabredeten Treff ist es jedoch nicht gekommen.
Beide Angeschuldigten wurden vom MfS für ihre Agententätigkeit fortlaufend entlohnt. Alfred Spuhler hat einen Agentenlohn von insgesamt ca. 330.000,-- DM, Ludwig Spuhler einen solchen von mindestens 100.000,-- DM erhalten; daneben wurden den Angeschuldigten sämtliche ihnen aus ihrer Agententätigkeit entstandenen Unkosten erstattet. Die Angeschuldigten sind auf Veranlassung ihrer nachrichtendienstlichen Führungsstelle ferner mit verschiedenen hohen Orden ausgezeichnet worden.“

Durch Beschluß vom 11. März 1991 (3 St 1/91a, b) hat das Bayerische Oberste Landesgericht die Anklage des Generalbundesanwalts zur Hauptverhandlung zugelassen.

Der Angeschuldigte Großmann hat sich als Leiter der HVA an der Führung der Agenten Spuhler, die ursprünglich von sich aus ihre Dienste dem MfS angeboten hatten, unmittelbar persönlich beteiligt: {183}

Im Juli/August 1987 wurde ein Treffen zwischen Großmann und den Brüdern Spuhler, die zur Anreise mit DDR-Diplomatenpässen ausgestattet wurden, in einem Gästehaus des ungarischen Nachrichtendienstes in Budapest durchgeführt.

Die Zusammenkunft erstreckte sich über eineinhalb Tage. Der Angeschuldigte Großmann sichtete das mitgebrachte Verratsmaterial, belobigte die Agenten wegen der hohen Qualität ihrer Arbeit und verlieh beiden Geldprämien sowie den „Vaterländischen Verdienstorden“ der DDR.

j) Der Fall Kahlig-Scheffler

Die Sekretärin Dagmar Kahlig-Scheffler war im August 1973 in Bulgarien durch den MfS-Agenten Herbert Schröter angeworben worden und verpflichtete sich noch im selben Jahr zu einer nachrichtendienstlichen Zusammenarbeit mit der HVA. Bezüglich der Intervention des Angeschuldigten Großmann, die zur Durchführung des ersten Verpflichtungsgespräches in Ost-Berlin führte, wird auf die Ausführungen unter Gliederungspunkt II.2.c) bb) des Wesentlichen Ergebnisses der Ermittlungen Bezug genommen.

Seitens der HVA bestand die Absicht, zu versuchen, die Kahlig-Scheffler als Sekretärin im Auswärtigen Amt der Bundesrepublik Deutschland unterzubringen. {184}

Entsprechend erfolgte die Vorgangsführung zunächst innerhalb des Referates I/2. Die Bewerbung der Kahlig-Scheffler im Auswärtigen Amt etwa Juni 1974 war jedoch letztlich nicht erfolgreich. Nachdem sie auf Anraten Schröters vorübergehend eine Stelle als Sekretärin an der Universität in Bonn angenommen hatte, die als „Sprungbrett" für einen späteren Wechsel in eine Bundesbehörde genutzt werden sollte, gelang es der Kahlig-Scheffler im Dezember 1975, eine Anstellung im Bundeskanzleramt zu erhalten.

In der Folgezeit lieferte die Agentin Kahlig-Scheffler bis zu ihrer Festnahme am 4. Mai 1977 ihrer Führungsstelle (Referat I/1 HVA) über ein Residentenehepaar eine Fülle von Informationen bis zur Geheimhaltungsstufe „VS-Geheim" aus ihrem Arbeitsbereich als Vorzimmerdame eines Referats- und stellvertretenden Gruppenleiters in der politischen Abteilung 2 des Bundeskanzleramtes. Dabei unterrichtete sie das Residentenehepaar G. teils in mündlicher Form über gewonnene Erkenntnisse aus Schriftstücken und mitgehörten Gesprächen, teils übergab sie selbstgefertigte Ablichtungen, besprochene Diktierkassetten und benutzte Schreibmaschinenbänder, die es ermöglichten, den geschriebenen Text im nachhinein sichtbar zu machen. Wegen des Umfanges der Verratstätigkeit wird auf die Ausführungen unter Ziffer III.1. der schriftlichen Gründe des Urteils des Oberlandesgerichts Düsseldorf vom 4. Mai 1979 Bezug {185} genommen. Das Gericht verurteilte die Agentin Kahlig-Scheffler, die innerhalb der HVA als „Spitzenquelle" galt, wegen geheimdienstlicher Agententätigkeit in einem besonders schweren Fall in Tateinheit mit Verletzung des Dienstgeheimnisses und mit Bestechlichkeit zu einer Freiheitsstrafe von vier Jahren und drei Monaten.

Der Angeschuldigte Schorm ist im Jahr 1976 als Stellvertretender Leiter der Abteilung I HVA im Rahmen der Führung der Agentin Kahlig-Scheffler mehrfach mit dieser persönlich zusammengetroffen: Ende Februar 1976 wurde die Kahlig-Scheffler in Genf durch den Angeschuldigten Schorm mit dem Residenten Peter G. bekanntgemacht. Bei diesem Treff wurden darüber hinaus die Verbindungswege zwischen Kahlig-Scheffler und den Eheleuten G. im Raum Bonn und Düsseldorf für die weitere Zusammenarbeit abgestimmt.

Im Mai 1976 arrangierte das MfS für Kahlig-Scheffler und Herbert Schröter, die davon ausgingen, rechtsgültig miteinander verheiratet zu werden, in Ost-Berlin eine Trauungszeremonie. In Wahrheit handelte es sich um die „operative Schließung einer Scheinehe", die aus Sicht der Führungsstelle offenbar allein zu dem Zweck erfolgte, die Anbindung der Agentin Kahlig-Scheffler an {186} die HVA zu festigen. Bei dieser Veranstaltung trat der Angeschuldigte Schorm als „Trauzeuge" auf.

III. Einlassungen der Angeschuldigten

Die Angeschuldigten haben ihre funktionalen Zuständigkeiten innerhalb der HVA sowie die ihrem Aufgabenbereich entsprechenden Verantwortlichkeiten für die gegen die Bundesrepublik Deutschland gerichtete geheimdienstliche Agententätigkeit nicht in Abrede gestellt. Die Angeschuldigten Fischer und Schorm haben darüber hinaus die personellen und aufgabenmäßigen Strukturen ihres jeweiligen Anleitungsbereichs teilweise dargelegt. Der Angeschuldigte Kern hat sich zeugenschaftlich zum Fall Schröder sowie gegenüber dem Bundesamt für Verfassungsschutz umfassend zum Fall von Raussendorff geäußert.

Weitergehende Angaben haben die Angeschuldigten verweigert. Zur Begründung haben sie vorgetragen, sie seien der Meinung, für ihren damaligen Staat DDR eine legitime Aufklärungstätigkeit ausgeübt zu haben. Zwar haben die Angeschuldigten nicht bestritten, sich des Umstandes bewußt gewesen zu sein, daß ihre Tätigkeit gegen die Strafgesetze der Bundesrepublik Deutschland verstieß. Ihre Straf-{187}verfolgung sei jedoch durch den Gleichheitsgrundsatz des Art. 3 Abs. 1 GG und ein völkerrechtliches Bestrafungsverbot verwehrt.

IV. Rechtliche Würdigung

Das Verhalten der Angeschuldigten erfüllt den Tatbestand der geheimdienstlichen Agententätigkeit des § 99 Abs. 1 Nr. 1 StGB sowie hinsichtlich der Zeit vor dessen Inkrafttreten am 25. Juni 1968[33] (BGBl. I S. 741) – mithin hinsichtlich der Angeschuldigten Großmann und Schorm – die Voraussetzungen des § 100e StGB a.F.[34]

Die Einlassung der Angeschuldigten, sie hätten eine legitime Tätigkeit ausgeübt, ihre Strafverfolgung verstoße gegen den Gleichheitsgrundsatz des Art. 3 Abs. 1 GG, im übrigen bestehe ein völkerrechtliches Bestrafungsverbot, vermag sie nicht zu entlasten. Der Ermittlungsrichter des Bundesgerichtshofes hat sich auf die Beschwerde des Angeschuldigten Großmann ausführlich mit dieser Argumentation der Angeschuldigten auseinandergesetzt; er gelangt zu dem Ergebnis, daß das den Angeschuldigten vorgeworfene Verhalten nach § 99 StGB strafbar ist. Dieser Rechtsansicht entspricht zudem die ständige Rechtsprechung des 3. Strafsenats des Bundesgerichtshofes, die in mehreren Beschwerdeverfahren zum Ausdruck gebracht worden ist (vgl. {188} die Entscheidung vom 17. September 1990 – StB 13/90). Die Rechtsprechung hat im Schrifttum Unterstützung erfahren (Simma und Volk in NJW 1991 S. 871f.).

Obwohl die Angeschuldigten bis auf den Angeschuldigten Schorm nach dem Ergebnis der getätigten Ermittlungen – jedenfalls in den hier in Rede stehenden Zeiträumen – bei Begehung der ihnen zur Last gelegten Taten nicht selbst auf dem Gebiet der Bundesrepublik Deutschland tätig waren, unterlag ihr Tun den Strafvorschriften der §§ 93ff. StGB, da gemäß § 5 Nr. 4 StGB das Strafrecht der Bundesrepublik Deutschland unabhängig vom Recht des Tatortes auch für die in der ehemaligen DDR gegangenen Straftaten des Landesverrats und der Gefährdung der äußeren Sicherheit (§§ 93 bis 100a StGB[35]) gilt. Durch den am 3. Oktober 1990 erfolgten Beitritt der DDR zur Bundesrepublik Deutschland hat sich an dieser Rechtslage nichts geändert: Art. 8 des Einigungsvertrages (Gesetz zu dem Vertrag vom 31. August 1990 zwischen der Bundesrepublik Deutschland und der DDR über die Herstellung der Einheit Deutschlands und der Vereinbarung vom 18. September 1990 in der Fassung des Gesetzes vom 23. September 1990) bestimmt die generelle Geltung des Rechts der Bundesrepublik für die frühere DDR. Die den {189} Angeschuldigten zur Last gelegten Straftatbestände sind in den Ausnahmebestimmungen des Vertrages nicht aufgeführt.

Die Angeschuldigten Großmann und Schorm haben sich zudem des Landesverrats schuldig gemacht. Bezüglich des Angeschuldigten Schorm ist dieses Delikt allerdings verjährt, seine Begehung allein im Rahmen der Bestrafung wegen geheimdienstlicher Agententätigkeit erschwerend zu berücksichtigen. Hinsichtlich des Angeschuldigten Großmann tritt das Vergehen des § 99 StGB hinter das Verbrechen des § 94 StGB zurück; lediglich für die Strafzumessung bleiben Dauer und Umfang der geheimdienstlichen Agententätigkeit bedeutsam.

Der Angeschuldigte Großmann hat im Fall Lüneburg, der Angeschuldigte Schorm im Fall Ostenrieder maßgebend daran mitgewirkt, daß Staatsgeheimnisse der Bundesrepublik Deutschland an die DDR offenbart wurden. Das Zusammenwirken zwischen den meldenden Quellen und dem Nachrichtendienst war arbeitsteilig, wie es für die Mittäterschaft kennzeichnend ist. Die Angeschuldigten hatten die Tatherrschaft und wollten nicht lediglich fremdes Tun fördern.

Im Bereich des Landesverrats gibt es keine Sonderregelungen für die Abgrenzung zwischen Täterschaft und Teilnahme. Zwar stellt {190} § 94 StGB nicht die fremde Macht als Empfänger des Staatsgeheimnisses unter Strafe, so daß sich die Frage stellen kann, ob die Empfänger der verratenen Staatsgeheimnisse, wenn sie Repräsentanten der fremden Macht sind, Täter des Landesverrats sein können (verneinend offensichtlich das Bayerische Oberste Landesgericht in dem Strafverfahren gegen Harry Schütt). Die bisherige Rechtsprechung hat keinerlei persönliche Merkmale des Täters als die Täterschaft begründend oder eine solche ausschließend anerkannt. Die Anklage geht daher davon aus, daß im Einzelfall zu prüfen ist, ob die Angeschuldigten dazu beigetragen haben, den Tatbestand des § 94 StGB mit Täterwillen zu verwirklichen. Gelangt das Staatsgeheimnis in einer nachrichtendienstlichen Operation aus seinem geschützten Bereich an die fremde Macht, so können alle Personen Täter des Landesverrats sein, die bewußt in diese Operation eingebunden waren – von der meldenden Quelle über nachrichtendienstliche Hilfskräfte bis zu nachrichtendienstlichen Führungskräften.

Dies gilt unabhängig davon, ob deren Planungen von vornherein konkret auf die Erlangung des fraglichen Verratsmaterials – im Fall Ostenrieder des Fernschreibens der deutschen Botschaft in Paris an das Auswärtige Amt in Bonn vom 1. Juni 1966 und des Fernschreibens der NATO-Vertretung in Paris an das Auswärtige Amt vom 30. Januar 1967, im Fall Lüne-{191}burg der Vorlage des Bundesministers der Verteidigung vom 30. Januar 1981 an den Bundessicherheitsrat und des Protokolls über die im März 1981 im Bundesministerium der Verteidigung durchgeführte Klausurtagung – gerichtet waren. Die Zugangsmöglichkeiten der Quellen Ostenrieder und Lüneburg waren den Angeschuldigten Schorm bzw. Großmann bekannt. Die Beschaffung der fraglichen Unterlagen war jeweils Teil einer nachrichtendienstlichen Gesamtoperation, deren Rahmen durch die Angeschuldigten Schorm bzw. Großmann vorgegeben war und bis hin zu Treff- und Übergabemodalitäten nach deren Maßgaben ausgefüllt wurde. Danach war beiden Angeschuldigten die Möglichkeit bewußt, daß die von ihnen in ihrem Ablauf gesteuerte Verratstätigkeit zur Offenbarung von Staatsgeheimnissen der Bundesrepublik Deutschland führen werde. Dieser Erfolg war von ihnen auch beabsichtigt.

Der Landesverrat der anderweitig verfolgten Alfred und Ludwig Spuhler kann als solcher dem Angeschuldigten Großmann nach dem derzeitigen Erkenntnisstand nicht angelastet werden; ob die Agenten über die Militärischen Lageberichte Ost des BND für die Jahre 1973 bis 1986 und die Fotografie der 25. Ausfertigung der Aufzeichnung 33 DTgb. Nr. 90/86 Geheim vom 13. Januar 1986 des BND hinaus auch nach Mitte November 1986 Staatsgeheimnisse der Bundesrepublik Deutschland verraten haben, ist bislang nicht bekannt. Stehen der {192} Einstufung des Verratsmaterials als „Staatsgeheimnis" Gründe entgegen, die außerhalb der Wertigkeit des Materials als solcher liegen, beispielsweise mit entsprechender Offenbarungsbedeutung früherer Lieferungen zusammenhängen, so kommt bezüglich des Angeschuldigten Großmann insoweit versuchter Landesverrat in Betracht. Die Ermittlungen dazu, ob in den Spionagefällen Kuron und Balke nach Mitte November 1986 Staatsgeheimnisse verraten wurden, dauern in den zugrundeliegenden Verfahren 3 BJs 398/90-2 und 3 BJs 471/90-1 des Generalbundesanwalts an.

Die Taten der Angeschuldigten Devaux und Schorm tragen jeweils nach ihrem gesamten Erscheinungsbild die allgemeinen Merkmale des besonders schweren Falles der geheimdienstlichen Agententätigkeit nach § 99 Abs. 2 Satz 1 StGB. Entscheidend hierfür ist bezüglich Devaux der mit seinen herausgehobenen Positionen – insbesondere ab 1. August 1987 – verbundene Umfang seines nachrichtendienstlichen Verantwortungsbereichs, bezüglich Schorm der Umstand seiner Einbindung in eine Vielzahl schwerwiegender Verratsfälle, wobei hinsichtlich beider Angeschuldigten die Dauer ihrer gegen die Bundesrepublik Deutschland gerichteten Tätigkeit von insgesamt mehr als fünfeinhalb (Devaux) bzw. nahezu 30 Jahren (Schorm) erschwerend hinzukommt. {193}

Soweit der Angeschuldigte Schorm Tatbeiträge vor dem 25. Juni 1968 – mithin unter der Geltung des § 100e StGB a.F. – begangen hat, richtet sich gemäß § 2 Abs. 2 StGB auch insoweit die Strafbarkeit nach § 99 StGB.

Das Verhalten der Angeschuldigten erfüllt zugleich den Tatbestand der Bestechung nach § 334 StGB. Die Agenten von Raussendorff, Dahms, Ostenrieder, Pauli, Berger, Lüneburg, Kemper, Kahlig-Scheffler und Alfred Spuhler sind als Amtsträger bzw. für den öffentlichen Dienst besonders Verpflichtete für ihre Verratstätigkeit seitens des MfS fortlaufend entlohnt worden. Diese Zahlungen sind – unabhängig von speziellen Bewilligungskompetenzen – hinsichtlich der Agenten von Raussendorff, Dahms, Pauli und Kemper allen fünf Angeschuldigten, hinsichtlich der Agenten Ostenrieder, Berger und Kahlig-Scheffler den Angeschuldigten Großmann und Schorm sowie hinsichtlich der Agenten Lüneburg und Spuhler dem Angeschuldigten Großmann allein aufgrund ihrer Planverantwortung zuzurechnen. Dabei umfaßt die Verantwortlichkeit jeweils den Zeitraum, in welchem die Angeschuldigten für die Erarbeitung oder Bestätigung entsprechender Jahrespläne zuständig waren.

Darüber hinaus sind dem Angeschuldigten Großmann als Leiter der HVA aufgrund seiner Bewilligungskompetenz für Reisezahlungsmittel sämtliche Bestechungszahlungen (unabhän-{194}gig von deren Erfassung in Jahresplänen) zuzurechnen, die ab Mitte November 1986 bei Treffs außerhalb des Staatsgebietes der ehemaligen DDR an Agenten geleistet worden sind.

Da die Angeschuldigten selbst ihre Tatbeiträge nicht auf dem Gebiet der Bundesrepublik Deutschland erbracht haben, beschränkt sich der Tatvorwurf gemäß § 9 Abs. 1 und 2 StGB auf diejenigen Bestechungsfälle, in denen von Kurieren oder anderen Hilfskräften des nachrichtendienstlichen Verbindungswesens, die als Mittäter der Angeschuldigten anzusehen sind, auf dem Gebiet der Bundesrepublik Deutschland an dem öffentlichen Dienst zugehörige Agenten Geldzahlungen übergeben worden sind. Wurden Bestechungszahlungen im Rahmen fortgesetzter Begehung geleistet, so reicht es für die Strafbarkeit sämtlicher Tatakte aus, wenn zumindest eine dieser Zahlungen auf dem Gebiet der Bundesrepublik Deutschland erfolgte.

Soweit der Agent Alfred Spuhler über einen „rollenden toten Briefkasten" entlohnt wurde, ist der tatbestandsmäßige Erfolg der Bestechungshandlung im Sinne des § 9 Abs. 1 StGB in der Bundesrepublik Deutschland eingetreten. Die im Juli/August 1987 in Budapest geleistete Prämienzahlung in Höhe von 10.000,- DM unterliegt als Teilakt der fortgesetzten Handlung ebenfalls hiesiger Strafgewalt. {195}

Die Vergehen nach § 334 StGB stehen zu den Vergehen der geheimdienstlichen Agententätigkeit bzw. dem Verbrechen des Landesverrats im Verhältnis der Tateinheit (§ 52 StGB).

Wegen des Verlustes der Amtsfähigkeit, der Wählbarkeit und des Stimmrechts wird auf die §§ 45, 101 StGB verwiesen.

Ich beantrage,

a) das Hauptverfahren zu eröffnen und
b) Termin zur Hauptverhandlung vor dem 1. Strafsenat des Kammergerichts Berlin zu bestimmen.

Anmerkungen

1 Die Anklage enthielt größtenteils mit Verweisen auf die Beweismittelordner versehene Anmerkungen. Von einem Abdruck dieser Anmerkungen wurde abgesehen. Der Anklage war weiterhin eine Gliederung mit Überschriften beigegeben, die im Text selbst nicht auftauchen. Diese Überschriften wurden im Text ergänzt und durch eckige Klammern ausgewiesen.

2 Zu Spuhler vgl. auch lfd. Nr. 3.

3 Zur HA III des MfS vgl. auch lfd. Nr. 7.

4 Zur Abteilung IX der HVA vgl. auch lfd. Nr. 3.

5 Zum Aufbau der HVA vgl. auch Schaubild 1 im Anhang auf S. 1015.

6 DDR-GBl. 1950, S. 95.

7 Zu Honecker vgl. den Dokumentationsband zu Amtsmissbrauch und Korruption, lfd. Nr. 8.

8 Das Statut ist abgedruckt in Judt, Matthias (Hg.): DDR-Geschichte in Dokumenten. Beschlüsse, Berichte, interne Materialien und Alltagszeugnisse, Berlin 1997, S. 467f.

9 Zur Abteilung XV der BV Dresden vgl. lfd. Nr. 5.

10 Zu Wolf vgl. lfd. Nr. 1.

11 Die Informationsordnung Nr. 5/87 ist vollständig abgedruckt in Knabe, Hubertus: West-Arbeit des MfS. Das Zusammenspiel zwischen „Aufklärung" und „Abwehr", Berlin 1999, S. 466ff.

12 Zu Männchen vgl. auch lfd. Nr. 7.

13 Die Richtlinie ist abgedruckt bei Fricke, Karl Wilhelm: MfS intern, Köln 1991, S. 93ff.

14 Vgl. Anhang S. 1024f.

15 Zu Schütt vgl. lfd. Nr. 3.

16 Zum Aufbau der Abteilung IX vgl. auch Schaubild 2 im Anhang auf S. 1016.

17 Klaus Kuron wurde durch Urteil des OLG Düsseldorf vom 7.2.1992 wegen Landesverrats in Tateinheit mit Bestechlichkeit zu einer Freiheitsstrafe von 12 Jahren verurteilt.

18 Wilhelm Balke wurde durch Urteil des OLG Celle aus dem Januar 1994 zu einer Freiheitsstrafe von neun Jahren verurteilt.

19 Karin Zuber wurde am 13.8.1992 vom OLG Frankfurt/Main wegen geheimdienstlicher Agententätigkeit zu einer Freiheitsstrafe von einem Jahr und neun Monaten mit Strafaussetzung zur Bewährung verurteilt.

20 Joachim M. wurde vom OLG Düsseldorf im Februar 1992 zu einer Freiheitsstrafe von zwei Jahren und sechs Monaten verurteilt.

21 Das OLG Düsseldorf verurteilte Walter Schabronat am 25.11.1991 wegen geheimdienstlicher Agententätigkeit zu einer Freiheitsstrafe von drei Jahren.

22 Vgl. lfd. Nr. 3.

23 Hagen Blau wurde durch Urteil des OLG Düsseldorf vom 15. November 1990 wegen geheimdienstlicher Agententätigkeit in Tateinheit mit Bestechlichkeit zu einer Freiheitsstrafe von sechs Jahren verurteilt.

24 Herbert Kemper wurde im Januar 1993 vom OLG Düsseldorf zu 3 Jahren und 6 Monaten Freiheitsstrafe verurteilt.

25 Am 20.6.1991 verurteilte das OLG Düssendorf Klaus von Raussendorff unter dem Az. IV-2/91 wegen geheimdienstlicher Agententätigkeit in Tateinheit mit Bestechlichkeit zu einer Freiheitsstrafe von sechs Jahren und ordnete den Verfall von 100.000,- DM Agentenlohn an.

26 StV 1991, 464-465 (red. Leitsatz und Gründe). Das Urteil ist mittlerweile rechtskräftig geworden, nachdem die von Dahms eingelegte Verfassungsbeschwerde vom BVerfG am 15.5.1995 zurückgewiesen wurde (vgl. lfd. Nr. 2-4).

27 Die Richtlinie ist vollständig abgedruckt in Müller-Enbergs, Helmut (Hg.): Inoffizielle Mitarbeiter des Ministeriums für Staatssicherheit, Teil 2: Anleitungen für die Arbeit mit Agenten, Kundschaftern und Spionen in der Bundesrepublik Deutschland, Berlin 1998, S. 471ff.

28 Mittlerweile wurde von Raussendorff verurteilt, vgl. Anm. 25.

29 Vgl. Anm. 26.

30 Vgl. Anhang S. 1023.

31 Vgl. Anhang S. 1024f.

32 Es handelt sich um Johanna Olbrich.

33 Das genannte Gesetz trat nicht am 25.6., sondern am 1.8.1968 in Kraft (vgl. Art. 10 Abs. 1 des 8. StrÄndG vom 25. Juni 1968 – BGBl. I S. 741, 755).

34 Vgl. Anhang S. 1022.

35 Vgl. Anhang S. 1022ff.

Inhaltsverzeichnis
Beschluss (Vorlage) des Kammergerichts Berlin vom 22.7.1991,
Az. (1) 3 StE 9/91 – 4 – (13/91)

Kammergericht Berlin 22. Juli 1991
Az.: (1) 3 StE 9/91 - 4 - (13/91)

BESCHLUSS

In der Strafsache gegen

1. den Generaloberst a.D.
   Werner Arno Großmann,
   geboren 1929 in O.,
2. den Oberst a.D.
   Ralf-Peter Rüdiger Devaux
   geboren 1940 in S.
3. den Oberst a.D.
   Bernd Jürgen Fischer
   geboren 1940 in C.
4. den Oberst a.D.
   Bernhard Anton Gustav Schorm
   geboren 1931 in H. {2}
5. den Oberstleutnant a.D.
   Siegfried Johann Michel Kern
   geboren 1944 in M.,

wegen Verdachts des Landesverrats und der geheimdienstlichen Agententätigkeit

hat der 1. Strafsenat des Kammergerichts in Berlin in der Sitzung vom 22. Juli 1991 beschlossen:

Das Verfahren wird ausgesetzt.
Das Bundesverfassungsgericht wird angerufen zur Entscheidung über folgende Rechtsfragen:

1. Verstößt Artikel 315 Abs. 4 EGStGB in der Fassung des Einigungsvertrages insoweit gegen Artikel 3 Abs. 1 GG, als er die Strafverfolgung wegen geheimdienstlicher Agententätigkeit, im Verlauf damit verübten Landesverrats und der mit der geheimdienstlichen Tätigkeit in Zusammenhang stehenden Bestechung gegen solche Personen beibehält, die ihre Handlungen vom Boden der ehemaligen DDR aus begangen haben und die im Zeitpunkt des Wirksamwerdens der Einheit Deutschlands am 3. Oktober 1990 ihre Lebensgrundlage in der ehemaligen DDR hatten? {3}
2. Kann die für den Kriegsfall geltende allgemeine Regel des Völkerrechts des Artikel 31 der Landkriegsordnung, wonach der zu seinem Heer zurückgekehrte Spion für früher begangene Spionage nicht verantwortlich gemacht werden darf, auf den unter 1 genannten Personenkreis entsprechend angewendet werden?

Gründe

Auf die Beschwerde des Generalbundesanwalts gegen den Beschluß des Ermittlungsrichters des Bundesgerichtshofs vom 11. September 1990 hat der 3. Strafsenat des Bundesgerichtshofs durch Beschluß vom 17. September 1990 – StB 13/90 – gegen den Beschuldigten Werner Großmann, den letzten Leiter der Hauptverwaltung Aufklärung (HVA) im Ministerium für Staatssicherheit (MfS) der ehemaligen DDR, einen Haftbefehl wegen des Verdachts der geheimdienstlichen Agententätigkeit (§ 99 Abs. 1 Nr. 1 StGB[1]) erlassen. Großmann ist am 3. Oktober 1990 festgenommen worden. Durch Beschluß vom 4. Oktober 1990 – II BGs 546/90 – hat der Ermittlungsrichter des Bundesgerichtshofs den Vollzug des Haftbefehls unter Auflagen ausgesetzt. Durch Beschluß vom 23. April 1991 – 2 BGs 129/91 – hat der Bundesgerichtshofs die Meldeauflage von einmal wöchentlich auf einmal monatlich herabgesetzt und von der Anordnung, daß die Personalpapiere einzubehalten sind, den Personalausweis ausgenommen; ihn hat Großmann inzwischen zurückerhalten. Die Weisungen an Großmann, {4} jede Änderung des Wohnortes und jeden Wohnungswechsel der zuständigen Strafverfolgungsbehörde und der zuletzt zuständig gewesenen Polizeidienststelle unverzüglich mitzuteilen sowie das Gebiet der Bundesrepublik Deutschland nicht ohne Zustimmung der zuständigen Strafverfolgungsbehörde zu verlassen, sind bestehen geblieben.

Mit der Anklageschrift vom 10. Juni 1991[2] hat der Generalbundesanwalt vor dem 1. Strafsenat des Kammergerichts die Anklage gegen Großmann wegen Landesverrats (§ 94 Abs. 1 Nr. 1 StGB[3]) – begangen im Verlauf einer geheimdienstlichen Tätigkeit – und vier weitere ehemalige Angehörige der Hauptverwaltung Aufklärung wegen geheimdienstlicher Agententätigkeit (§ 99 Abs. 1 Nr. 1 StGB), jeweils in Tateinheit mit Bestechung (§ 334 Abs. 1 StGB), erhoben. Die weiteren Angeschuldigten sind Ralf-Peter Devaux (zuletzt Stellvertreter Großmanns), Bernd-Jürgen Fischer (zuletzt Leiter der Abteilung I), Bernhard Schorm (zuletzt Stellvertreter des Leiters der Abteilung I) und Siegfried Kern (zuletzt Leiter des Referats 2 der Abteilung I). Den Angeschuldigten Devaux und Schorm wird ein besonders schwerer Fall der geheimdienstlichen Agententätigkeit vorgeworfen.

Gleichzeitig mit der Erhebung der Anklage hat der Generalbundesanwalt beantragt, den Haftverschonungsbeschluß betreffend Großmann aufzuheben und den Haftbefehl gegen diesen Angeschuldigten wieder in Vollzug zu setzen sowie gegen die Angeschuldigten Devaux und Schorm Haftbefehle nach Maßgabe der Anklagevorwürfe zu erlassen. Zur Begründung ist ausgeführt:

Die Angeschuldigten Großmann, Dovaux und Schorm seien der ihnen vorgeworfenen Taten dringend verdächtig. Die Fluchtgefahr ergebe {5} sich daraus, daß die Angeschuldigten für den Fall des Schuldnachweises mit der Verhängung einer mehrjährigen Freiheitsstrafe zu rechnen hätten. Die Straferwartung leite sich bei Großmann und Devaux aus deren herausgehobener Position mit entsprechender Verantwortlichkeit und bei Schorm aus langjähriger Einbindung in schwerwiegende Spionagefälle zum Nachteil der Bundesrepublik Deutschland ab.

A. [Vorlage gem. Art. 100 GG]

Der Senat hält die Strafverfolgung der Angeschuldigten wegen der ihnen mit der Anklage zur Last gelegten Taten mit dem Verfassungsgrundsatz der Gleichheit vor dem Gesetz (Art. 3 Abs. 1 GG) für unvereinbar und beabsichtigt, die Haftanträge abzulehnen, den Haftbefehl und den Haftverschonungsbeschluß betreffend Großmann aufzuheben und die Eröffnung des Hauptverfahrens abzulehnen. Hieran sieht er sich durch Art. 315 Abs. 4 EGStGB in der Fassung der Anlage I Kapitel III Sachgebiet C Abschnitt II Nr. 1 Buchst. b zu dem Vertrag zwischen der Bundesrepublik Deutschland und der Deutschen Republik über die Herstellung der Einheit Deutschlands – Einigungsvertrag – (BGBl. II 1990 S. 954) gehindert. Er hält die genannte Vorschrift insofern für verfassungswidrig, als sie die Strafverfolgung von Personen beibehält, die ihre nachrichtendienstliche Tätigkeit gegen die Bundesrepublik Deutschland und das damit in Zusammenhang stehende Vergehen der Bestechung vom Boden der ehemaligen DDR aus entfaltet haben und im Zeitpunkt des Wirksamwerdens der Einheit Deutschlands am 3. Oktober 1990 ihren Lebensmittelpunkt in der ehemaligen DDR hatten. {6}

Der Senat setzt daher das Verfahren gemäß Art. 100 Abs. 1 Satz 1 GG aus und holt die Entscheidung des Bundesverfassungsgerichts zu der in der Beschlußformel gestellten Rechtsfrage zu 1. ein.

I. [Sachverhalt]

⊗ Es folgt eine kurze Zusammenfassung des Sachverhalts nach dem Ergebnis der Ermittlungen (vgl. lfd. Nr. 2-1). ⊗ {19}

II. [Einlassungen der Angeschuldigten]

⊗ Es folgt eine kurze Zusammenfassung der Einlassungen der Angeschuldigten (vgl. lfd. Nr. 2-1). ⊗ {20}

III. [Anzuwendendes Recht]

Das den Angeschuldigten vorgeworfene Tun fällt bezüglich Großmann unter die Vorschrift des Landesverrats (§ 94 Abs. 1 Nr. 1 StGB) und bezüglich der Angeschuldigten Devaux, Fischer, Schorm und Kern unter die Bestimmung der geheimdienstlichen Agententätigkeit (§ 99 Abs. 1 Nr. 1 StGB), jeweils in Tateinheit (§ 52 StGB) mit Bestechung (§ 334 Abs. 1 StGB).

1. [Deutsches Strafrecht]

Das deutsche Strafrecht findet Anwendung, wenn die Tat im Inland begangen worden ist (§ 3 StGB). Dem Inlandsbegriff unterfiel die DDR nach den entsprechend anwendbaren Regeln des internationalen Strafrechts nicht (vgl. BGHSt 30, 1; 32, 293, 298; BGH StV 1990, 157 mit weit. Nachw.), so daß die Angeschuldigten, die nur außerhalb des früheren Gebiets der Bundesrepublik Deutschland tätig geworden sind, strafrechtlich als Ausländer anzusehen waren.

Begangen ist eine Tat aber nicht nur dort, wo der Täter gehandelt hat. Tatort ist nach § 9 Abs. 1 StGB auch der Ort, an dem der zum Tatbestand gehörende Erfolg eingetreten ist. Beim Straftatbestand des Landesverrats (§ 94 Abs. 1 StGB), der die Herbeiführung der konkreten Gefahr eines schweren Nachteils für die äußere Sicherheit der Bundesrepublik Deutschland voraussetzt, ist der Eintritt der Gefahr bereits ein Erfolg im Sinne des § 9 Abs. 1 StGB (vgl. BayObLG NJW 1957, 1327; Tröndle in LK, StGB 10. Aufl., § 9 Rdn. 4; Eser in Schönke/Schröder, StGB 23. Aufl., § 9 Rdn. 4; Dreher/Tröndle, StGB 45. Aufl., § 9 Rdn. 3), so daß der Tatort insoweit auch in der Bundesrepublik Deutschland begründet war. Für die Anwendungsvorschrift ist unerheblich, ob {21} der Angeschuldigte Großmann als Mittäter (§ 25 Abs. 2 StGB) oder lediglich als Gehilfe (§ 27 Abs. 1 StGB) eines Landesverrats anzusehen ist. Denn dem im Ausland handelnden Mittäter wird das Verhalten des Tatbeteiligten im Inland zugerechnet mit der Folge, daß auch für ihn der Tatort in der Bundesrepublik lag (vgl. BGH – Beschluß vom 29. Mai 1991 – StB 11/91[4] – mit Hinweisen auf RGSt 57, 144, 145; Tröndle in LK § 9 StGB Rdn. 3; aaO § 9 StGB Rdn. 4); die Teilnahme ist, nach § 9 Abs. 2 StGB auch am Begehungsort der Haupttat – nämlich in der Bundesrepublik Deutschland – begangen worden.

Für den Straftatbestand der geheimdienstlichen Agententätigkeit (§ 99 Abs. 1 StGB) bestimmt § 5 Nr. 4 StGB, daß das deutsche Strafrecht unabhängig vom Tatort gilt. Auf die Angeschuldigten Devaux, Fischer, Schorm und Kern ist daher das Strafrecht der Bundesrepublik Deutschland anzuwenden.

2. [Einigungsvertrag]

An dieser Rechtslage, wie sie sich vor dem Beitritt der DDR zur Bundesrepublik Deutschland am 3. Oktober 1990 ergab, hat sich hinsichtlich der Anwendbarkeit deutschen Strafrechts nichts geändert (vgl. BGH NJW 1991, 929, 930; Simma/Volk NJW 1991, 871, 873). Gemäß Art. 8 des Einigungsvertrages ist – abgesehen von den in Anlage I aufgeführten Bestimmungen – Bundesrecht in Kraft getreten. Unter den Vorschriften des StGB, die auf dem Gebiet der ehemaligen DDR keine Anwendung finden, sind die Vorschriften des § 5 Nr. 4 StGB, des Landesverrats und der geheimdienstlichen Agententätigkeit nicht genannt (vgl. Anlage I Kapitel III Sachgebiet C Abschnitt III Nr. 1). Art. 315 Abs. 4 EGStGB in der Fassung der Anlage 1 Kapitel III Sachgebiet C Abschnitt II Nr. 1 Buchst. b des Einigungsvertrages bestätigt vielmehr die Fort-{22}geltung der Rechtslage, indem die in den Absätzen 1 bis 3 genannten Änderungen keine Anwendung finden, wenn für die Tat das Strafrecht der Bundesrepublik Deutschland schon vor dem Wirksamwerden des Beitritts gegolten hat.

3. Strafbarkeit des Angeschuldigten Großmann

a) Das Verhalten des Angeschuldigten Großmann ist nach § 94 Abs. 1 Nr. 1 StGB strafbar. Hiernach wird bestraft, wer ein Staatsgeheimnis einer fremden Macht oder einem ihrer Mittelsmänner mitteilt und dadurch die Gefahr eines schweren Nachteils für die äußere Sicherheit der Bundesrepublik Deutschland herbeiführt. Diese Voraussetzungen liegen vor.

Die Agentin „Sonja Lüneburg“ hat mit der Vorlage des Bundesministers der Verteidigung vom 30. Januar 1981 an den Bundessicherheitsrat und dem Protokoll über die Klausurtagung im Bundesministerium der Verteidigung vom März 1981 Staatsgeheimnisse verraten. Staatsgeheimnisse sind nach § 93 StGB[5] Gegenstände, die nur einem begrenzten Personenkreis zugänglich sind und vor einer fremden Macht geheimgehalten werden müssen, um die Gefahr eines schweren Nachteils für die äußere Sicherheit der Bundesrepublik Deutschland abzuwenden. Dieser Begriffsbestimmung unterliegen die vorbezeichneten Unterlagen. Die Vorlage an den Bundessicherheitsrat befaßte sich mit der Durchführung militärischer Maßnahmen in Krisenzeiten; das Ergebnisprotokoll gab Auskunft über den Stand der Rüstung. Die Dokumente waren nur einem begrenzten Personenkreis zugänglich und mußten wegen ihres Inhalts, der die militärische Sicherheit der Bundesrepublik berührte, wegen der für den Fall ihres Bekanntwerdens drohenden {23} nachteiligen Folgen vor einer fremden Macht geheimgehalten werden. Das Ministerium für Staatssicherheit der DDR war eine solche Macht; hinzu kommt, daß die nachrichtendienstlichen Erkenntnisse nicht nur beim MfS verblieben, sondern auch dem sowjetischen Geheimdienst zugeleitet wurden.

Die Mitteilung der Unterlagen an das MfS und die mit der DDR kooperierenden Staaten des Warschauer Paktes bedeutete die konkrete Gefahr eines schweren Nachteils für die Bundesrepublik Deutschland.

Am Vorliegen der Merkmale des inneren Tatbestandes lassen die Ermittlungen keine Zweifel. Der Angeschuldigte Großmann hat die Tatumstände gekannt und wollte sie verwirklichen. Ob er die Unterlagen auch selbst als Staatsgeheimnisse eingeordnet hat, ist rechtlich unerheblich. Es kommt allein darauf an, daß er gewußt oder zumindest billigend in Kauf genommen hat, daß die Unterlagen nicht allgemein zugänglich, sondern geheimhaltungsbedürftig waren und daß der in ihnen verkörperte Inhalt, wenn er bekannt wurde, einen schweren Nachteil für die äußere Sicherheit der Bundesrepublik Deutschland herbeizuführen geeignet war (vgl. Träger in LK, § 93 StGB Rdn. 19; Stree in Schönke/Schröder aaO, § 94 StGB Rdn. 16). Als professioneller Geheimdienstler hat der Angeschuldigte Großmann die Bedeutung der Unterlagen in diesem Sinne eingestuft. Das ergibt sich auch daraus, daß er die Agentin wegen der Wichtigkeit der gelieferten Erkenntnisse belobigt hat.

b) Das Verhalten des Angeschuldigten Großmann ist ferner als geheimdienstliche Agententätigkeit zu werten; denn Großmann hat als Abteilungsleiter, Stellvertreter des Leiters der HVA und {24} schließlich als Leiter der HVA für den Geheimdienst einer fremden Macht vorsätzlich eine auf die Mitteilung und Lieferung von Tatsachen, Gegenständen und Erkenntnissen gerichtete geheimdienstliche Tätigkeit ausgeübt (§ 94 Abs. 1 Nr. 1 StGB). Erfaßt von der Vorschrift werden alle Personen, die in irgendeiner Weise an der Ausspähung oder der Mitteilung von Ausforschungsergebnissen mitgewirkt haben, ohne daß eine Eingliederung in den organisatorischen Apparat des fremden Geheimdienstes vorgelegen haben muß (vgl. BGHSt 24, 369, 372; Träger aaO, § 99 StGB Rdn. 3; Stree aaO, § 99 StGB Rdn. 22). Hier lag eine solche Eingliederung sogar vor.

Daß die Tätigkeit gegen die Bundesrepublik Deutschland gerichtet war, ergibt sich ohne weiteres aus den konkreten Ausforschungsbemühungen (vgl. BGHSt 32, 104, 107; 29, 325, 327).

§ 99 StGB hat mit Wirkung vom 1. August 1968 (vgl. Art. 10 Abs. 1 des 8. StrÄndG vom 25. Juni 1968 – BGBl. I S. 741, 755 –) den früheren § 100e StGB[6] abgelöst, der denjenigen mit Strafe bedrohte, der zu einer Einrichtung außerhalb der Geltung des StGB Beziehungen aufnahm oder unterhielt, welche die Mitteilung von Staatsgeheimnissen zum Gegenstand hatte. Diese Voraussetzung trifft bei dem umfassenden Ausforschungsauftrag, den die Hauptverwaltung Aufklärung des MfS hatte, auf den Angeschuldigten Großmann zu. Nach §§ 1, 2 Abs. 1 StGB ist daher einheitlich das neue Recht anzuwenden (vgl. Träger aaO, § 99 StGB Rdn. 22).

Die geheimdienstliche Agententätigkeit des Angeschuldigten Großmann tritt allerdings wegen der in § 99 Abs. 1 StGB enthaltenen Subsidiaritätsklausel hinter § 94 Abs. 1 StGB zurück. {25}

c) Das Verhalten des Angeschuldigten Großmann erfüllt ferner den Tatbestand der Bestechung (§ 334 Abs. 1 StGB).

Die Agenten Dr. Blau, von Raussendorff, Dahms, Pauli und Kemper, Ostenrieder, „Lüneburg“ und Alfred Spuhler waren Amtsträger (§ 11 Abs. 1 Nr. 2 StGB), denen für ihre Verratstätigkeit, mit der sie ihre Dienstpflichten verletzten, nachrichtendienstliche Entgelte gezahlt worden sind. Die Zahlungen hat der Angeschuldigte Großmann aufgrund seiner Befugnisse bei der Aufstellung und Bestätigung der Haushalts- und Valutadienstleistungspläne zu verantworten.

d) Die als Landesverrat und Bestechung zu würdigenden Verhaltensweisen des Angeschuldigten Großmann stehen miteinander in Tateinheit (§ 52 StGB).

4. Strafbarkeit der Angeschuldigten Devaux, Fischer, Schorm und Kern

a) Die Angeschuldigten Devaux (als Leiter der Abteilung 1 und als Stellvertreter des Leiters der HVA), Fischer (als Leiter der Abteilung I), Schorm (als Referatsleiter und Stellvertreter des Leiters der Abteilung I) sowie Kern (als Mitarbeiter, stellvertretender Referatsleiter und Referatsleiter) haben in den jeweiligen Zeiträumen vorsätzlich für den Geheimdienst einer fremden Macht eine geheimdienstliche Tätigkeit ausgeübt, die auf die Mitteilung und Lieferung von Tatsachen, Gegenständen und Erkenntnissen gerichtet war (§ 99 Abs. 1 Nr. 1 StGB). {26}

Soweit dem Angeschuldigten Schorm eine solche Tätigkeit vor dem 1. August 1968 vorgeworfen wird, gelten für die Strafbarkeit seines Tuns und die einheitliche Anwendung neuen Rechts die gleichen Erwägungen wie bei dem Angeschuldigten Großmann.

Wegen der Beteiligung an dem von der Agentin Gerda Ostenrieder verübten Landesverrat, der in der Weiterleitung der als Staatsgeheimnisse einzuordnenden Fernschreiben der Deutschen Botschaft in Paris vom 1. Juni 1966 und der NATO-Vertretung der Bundesrepublik Deutschland in Paris vom 30. Januar 1967 liegt, kann der Angeschuldigte Schorm wegen der Verjährung der Tat (§ 78 Abs. 3 Nr. 2 StGB) nicht mehr verfolgt werden (§ 78 Abs. 1 StGB)

b) Soweit die Angeschuldigten Devaux, Fischer, Schorm und Kern die Zahlungen von Agentenlöhnen an von Raussendorff, Dahms, Pauli und Kemper, der Angeschuldigte

Devaux zusätzlich an Dr. Blau und der Angeschuldigte Schorm zusätzlich an Gerda Ostenrieder zu verantworten haben, stellt sich ihr Tun ebenfalls als Bestechung (§ 334 Abs. 1 StGB) dar.

c) Die geheimdienstliche Agententätigkeit und die Bestechung stehen miteinander in Tatmehrheit (§ 52 StGB).

5. [Inlandslösung]

Der von Samson (NJW 1991, 335, 337) vertretenen Inlandslösung, wonach es für die Strafbarkeit darauf ankäme, ob ein Strafanspruch der DDR mit deren Beitritt im Wege der Rechtsnachfolge auf die Bundesrepublik Deutschland übergegangen ist, vermag sich der Senat nicht anzuschließen. Sie würde dazu führen, daß die den Angeschuldigten vorgeworfenen Handlungen keinen {27} Straftatbestand erfüllen, weil die §§ 97 bis 100 StGB/DDR[7] eine nachrichtendienstliche Tätigkeit nur zum Nachteil, aber nicht zum Vorteil der DDR unter Strafe stellten. Diese Rechtsfolge wäre unvereinbar mit dem eindeutigen Wortlaut des Art. 315 Abs. 4 EGStGB (abl. auch Simma/Volk aaO S. 874 re. Sp.).

IV. [Verstoß gegen das Gleichheitsgebot]

Nicht die Strafbarkeit der Taten, sondern die durch den Beitritt der DDR tatsächlich erst ermöglichte Strafverfolgung der Angeschuldigten (vgl. BGH NJW 1991, 929, 932 li. Sp.; Simma/Volk aaO S. 874 li. Sp.) steht nach Auffassung des Senats nicht in Einklang mit Art. 3 Abs. 1 GG.

1. Entsprechend den Regelungen des StGB verfügte auch die ehemalige DDR über Vorschriften, die die Tätigkeit für einen fremden Geheimdienst mit Strafe bedrohten. Nach dem Spionagetatbestand des § 97 Abs. 1 StGB/DDR wurde bestraft, wer Nachrichten oder Gegenstände, die geheimzuhalten waren, zum Nachteil der Interessen der DDR für eine fremde Macht, deren Einrichtungen oder Vertreter oder für einen Geheimdienst oder für ausländische Organisationen sowie deren Helfer sammelte, an sie verriet, ihnen auslieferte oder in sonstiger Weise zugänglich machte. In gleicher Weise wurde bestraft, wer sich von den in § 97 Abs. 1 StGB/DDR genannten Stellen oder Personen zum Zwecke der Sammlung, des Verrats oder der Auslieferung von geheimzuhaltenden Nachrichten zum Nachteil der DDR anwerben ließ (§ 98 StGB/DDR). Der Tatbestand der landesverräterischen Nachrichten-{28}übermittlung (§ 99 Abs. 1 StGB/DDR) erfaßte die Übergabe, die Sammlung oder das Zugänglichmachen von nicht der Geheimhaltung unterliegenden Nachrichten an die in § 97 Abs. 1 StGB/DDR genannten Stellen oder Personen. Unter den Tatbestand der landesverräterischen Agententätigkeit (§ 100 StGB/DDR) fiel, wer zu den in § 97 Abs. 1 StGB/DDR genannten Stellen oder Personen Verbindung aufnahm oder sich zur Mitarbeit anbot oder diese Stellen oder Personen in sonstiger Weise unterstützte, um die Interessen der DDR zu schädigen.

Diese Bestimmungen fanden Anwendung nicht nur auf Taten, die auf dem Gebiet der ehemaligen DDR begangen wurden (§ 80 Abs. 1 StGB/DDR). Sie galten nach § 80 Abs. 3 Nr. 3 StGB/DDR auch für Ausländer (z.B. die in der Bundesrepublik Deutschland lebenden Deutschen), wenn der Täter durch ein Verbrechen die Rechte der DDR oder ihrer Bürger erheblich beeinträchtigt hatte. Taten nach den §§ 97 bis 100

StGB/DDR waren Verbrechen. Das ergibt sich aus § 1 Abs. 3 Satz 1 StGB/DDR („Verbrechen sind … Straftaten gegen die Deutsche Demokratische Republik …“) und der Überschrift des 2. Kapitels des Besonderen Teils des StGB/DDR. Die Rechtslage eröffnete somit die Möglichkeit, Mitarbeiter und Agenten der Aufklärungsdienste der Bundesrepublik Deutschland zur Verantwortung zu ziehen, falls sie sich dem Zugriff der Strafverfolgungsbehörden der DDR aussetzten.

Der Wegfall des StGB/DDR (von den in Art. 9 Abs. 2 in Verbindung mit Anlage II des Einigungsvertrages aufgeführten Ausnahmen abgesehen) und das Inkrafttreten des StGB der Bundesrepublik Deutschland in dem Beitrittsgebiet (Art. 8 des Einigungsvertrages) hat dazu geführt, daß die gegen Bundesrepublik Deutschland ausgeübten nachrichtendienstlichen Tätigkeiten {29} strafbar bleiben; die Angehörigen und Agenten der Aufklärungsdienste der Bundesrepublik Deutschland sind dagegen straflos.

2. Schon diese Ergebnis stellt eine Ungleichbehandlung im Sinne des Art. 3 Abs. 1 GG dar. Unterschiedliche Folgen in der Rechtsanwendung auf nachrichtendienstliche Tätigkeiten, die von der ehemaligen DDR und der Bundesrepublik Deutschland worden sind, finden nach der Rechtsprechung des Bundesgerichtshofs (vgl. Beschluß vom 29. Mai 1991 – StB 11/91 –) ihre Rechtfertigung darin, daß

„die Nachrichtendienste der Bundesrepublik, auch wenn sie operativ Auslandsaufklärung betreiben, letztlich zu deren Schutz tätig wurden und werden, während die gegen die Bundesrepublik gerichtete Tätigkeit der Nachrichtendienste der DDR zur konkreten oder doch abstrakten der äußeren Sicherheit dieses Staates führte mit unter Umständen bis in die Gegenwart reichenden, im einzelnen jedoch nicht genau faßbaren und abschätzbaren Folgen, die sich aus der Weitergabe von nachrichtendienstlichen Informationen und Informanten an andere Staaten des früheren ‚Ostblocks‘ ergeben können.“

Diese Ausführungen entsprechen denen in der Entscheidung des BGH NJW 1991 929, 932. Sie greifen jedoch nicht durch.

Die Bewertung, ob eine Spionagetätigkeit „offensiv“ oder „defensiv“ ausgeübt worden ist, läßt sich rechtlich nicht fassen. Maßgebend ist allein der Inhalt der nachrichtendienstlichen Tätigkeit. Unter Beachtung dieses Maßstabs haben die Angeschuldigten nach dem Ergebnis der Ermittlungen keine Tätigkeiten entfaltet, die sich von denen anderer Geheimdienste unterscheiden. {30}

3. Für im Grundsatz zutreffend erachtet der Senat die Auffassung, daß es der vertraglichen Gestaltungsfreiheit der Bundesrepublik Deutschland und der DDR unterlag, Regelungen auszuhandeln, „um den Schutz derjenigen Personen zu erreichen, die Staatsaufgaben wahrgenommen und aus der Sicht des (untergehenden) Staates legitim gehandelt haben“ (so BGH aaO S. 931 li. Sp.; BGH Beschluß vom 29. Mai 1991 – StB 11/91; Simma/Volk aaO S. 873).

a) Der Regelungsgehalt im Bereich der von der ehemaligen DDR und der Bundesrepublik Deutschland ausgeübten nachrichtendienstlichen Tätigkeiten bezieht sich im Einigungsvertrag einseitig nur auf die von den Aufklärungsdiensten der Bundesrepublik Deutschland ausgegangenen Tätigkeiten. Der ersatzlose Wegfall der einschlägigen Strafvorschriften des StGB/DDR hat die Mitarbeiter und Angehörigen dieser Dienste straflos gestellt.

b) Für den Bereich der von der DDR ausgeübten Spionage liegt dagegen keine Regelung vor. Es gibt einerseits zwar keine Anhaltspunkte dafür, daß die derzeitige Rechtslage auf einem Versehen der vertragschließenden Staaten beruht. Entgegen der Auffassung des 3. Strafsenats des BGH in dem Beschluß vom 29. Mai 1991 – StB 11/91 – liegt aber auch keine bewußte Entscheidung des Gesetzgebers dahingehend vor, daß diese Personen zu verfolgen seien. Es ist vielmehr davon auszugehen, daß eine entsprechende vertragliche Regelung ausgeklammert worden ist. Das ergibt sich aus der politischen Situation, in der die Bundesrepublik Deutschland und die DDR den Einigungsvertrag ausgehandelt und ihn schließlich durch die gesetzgebenden Gremien {31} verabschiedet haben (vgl. Gesetz zu dem Vertrag vom 31. August 1990 zwischen der Bundesrepublik Deutschland und der Deutschen Demokratischen Republik über die Herstellung der Einheit Deutschlands und der Vereinbarung vom 18. September 1990 in der Fassung des Gesetzes vom 23. September 1990 – BGBl. II S. 885 –). Wären Gegenstand der Vereinbarung auch Regelungen über den strafrechtlichen Schutz von Angehörigen und Agenten der Hauptverwaltung Aufklärung gewesen, so hätte angesichts der Tatsache, daß das MfS mit seinem auf Unterdrückung und Bespitzelung der Bevölkerung ausgerichteten Inlandsapparat vielfältiges Leid über die Bewohner der früheren DDR gebracht hat, eine Erörterung in der Öffentlichkeit eingesetzt, die den Ablauf der Verhandlungen und den für den 3. Oktober 1990 ins Auge gefaßten Zeitpunkt der Herstellung der Einheit Deutschlands ernsthaft hätte in Frage stellen können. Die Zurückstellung des Regelungsbereichs eröffnete dagegen die Möglichkeit des Fortgangs des Einigungsprozesses. Nur so erklärt sich, daß der Gesetzgeber die Probleme, die mit der Verfolgung der von der DDR ausgegangenen nachrichtendienstlichen Tätigkeiten in Zusammenhang stehen, mit einem besonderen Gesetz lösen wollte (vgl. Entwurf vom 2. September 1990 eines Gesetzes über Straffreiheit bei Straftaten des Landesverrats und der Gefährdung der äußeren Sicherheit, BT-Drucks. 11/7762 – neu –). Die strafrechtliche Verfolgung der Angeschuldigten wegen Landesverrats und geheimdienstlicher Agententätigkeit beruht somit nicht auf einer mit der Ausgestaltung der Einheit Deutschlands verbunden Entscheidung des Gesetzgebers, sondern ist das Ergebnis des Umstandes, daß der in Rede stehende Bereich von einer Regelung gerade ausgenommen worden ist. {32}

4. Ein entsprechender Regelungsbedarf ist aber vorhanden. Denn die zu beachtenden Umstände sind so bedeutsam, daß die Anwendung der formalen Rechtslage als mit dem in Art. 3 Abs. 1 GG zum Ausdruck kommenden Gerechtigkeitsgedanken unvereinbar ist.

a) Bei der Bewertung des den Angeschuldigten vorgeworfenen Geschehens kann entscheidend nicht darauf abgestellt werden, daß die Angeschuldigten Angehörige des MfS gewesen sind, dessen Tätigkeit in erster Linie mit Unterdrückungsmaßnahmen in Verbindung gebracht wird. Die dem früheren Ministerium für Staatssicherheit zugeordneten Sicherheitsorgane verlangen eine unterschiedliche Betrachtung. So läßt sich der in der Bevölkerung verhaßte Inlandsapparat nicht mit dem Nachrichtendienst der Hauptverwaltung Aufklärung vergleichen, der eine weitgehend autonome Stellung hatte und eine Tätigkeit entfaltet hat, wie sie von fast allen Staaten betrieben wird. Daß die Angeschuldigten als Angehörige des MfS in Bereiche eingebunden gewesen wären, in denen es zu Menschenrechtsverletzungen oder zu ähnlich schwerwiegenden strafbaren Handlungen gekommen ist, oder daß sie durch die Weiterleitung von Erkenntnissen an den Inlandsapparat des MfS dessen Unterdrückungsmaßnahmen *strafrechtlich* zu verantworten hätten, haben die Ermittlungen nicht ergeben.

b) Ihre Lebensgrundlage hatten die Angeschuldigten in der ehemaligen DDR. Von dort aus entfalteten sie ihre nachrichtendienstlichen Tätigkeiten, ohne den Boden der Bundesrepublik Deutschland in dem vor dem Beitritt maßgebenden Gebiet zu betreten. Dem Zugriff der Strafverfolgungsbehörden sind sie erst dadurch ausgesetzt, daß sich das Gebiet der Bundesrepublik Deutschland auf das der ehemaligen DDR ausgedehnt hat. Dieser {33} Entwicklung hätten sie sich nur entziehen können, wenn sie sich in das Ausland begeben hätten. Ihre Entscheidung, in der Bundesrepublik Deutschland zu verbleiben, ist aber zu respektieren (vgl. Art. 16 Abs. 1 GG); denn auch nach dem Abschluß des Grundlagenvertrages vom 21. Dezember 1972 (BGBl. 1973 II S. 421) sind sie staatsrechtlich Deutsche im Sinne des Art. 116 Abs. 1 GG geblieben (vgl. BGHSt 30, 1, 5).

c) Unter der Eigenstaatlichkeit der DDR waren die Angeschuldigten vor Strafverfolgung durch die Bundesrepublik Deutschland geschützt. Ungeachtet der Tatsache, daß ihre nachrichtendienstliche Tätigkeit hier strafbar war, konnten sie vor Strafverfolgung sicher sein, solange sie sich nicht in die Hoheitsgewalt der Bundesrepublik Deutschland begaben. Erst dadurch, daß sich die Hoheitsgewalt der Bundesrepublik Deutschland auf das Gebiet der DDR ausgedehnt hat, ohne daß dies von ihnen zu beeinflussen gewesen wäre, haben sie diesen Schutz verloren. Auf dessen Wirksamkeit durften sie aber vertrauen. Der Vertrag vom 21. Dezember 1972 hatte die Beziehungen zwischen der Bundesrepublik Deutschland und der DDR auf eine andere Grundlage gestellt. Nach Art. 6 des Grundlagenvertrages hatte jeder der beiden Staaten seine Hoheitsgewalt auf sein Staatsgebiet beschränkt und die Unabhängigkeit und Selbständigkeit des anderen Staates in seiner inneren und äußeren Angelegenheiten respektiert. Der Wegfall das Schutzes entkleidet die Angeschuldigten einer Rechtsposition, deren Bedeutung bei der Gesamtbetrachtung abzuwägen ist.

d) Unter dem Gesichtspunkt des Vertrauensschutzes rückt der Fall in die Nähe einer unechten Rückwirkung. Eine unechte Rückwirkung liegt vor, wenn ein Gesetz auf gegenwärtige, noch nicht abgeschlossene Rechtsbeziehungen für die Zukunft einwirkt und damit {34} zugleich betroffene Rechtspositionen nachträglich ändert (vgl. BVerfGE 68, 287, 306). Solche unechten Rückwirkungen sind zwar grundsätzlich zulässig. Bei entwertenden Eingriffen, mit denen der Betroffene nicht zu rechnen brauchte und die er somit bei seinen Dispositionen nicht berücksichtigen konnte, ergeben sich aber verfassungsrechtliche Schranken (vgl. BVerfGE 68, 287, 307).

Die Verfolgung der Angeschuldigten beruht zwar nicht auf einem Gesetz, sondern auf einer Veränderung der tatsächlichen Verhältnisse. Diese Veränderung der Verhältnisse ist aber nicht nur das Ergebnis eines rein tatsächlichen Vorgangs, auf den der Gesetzgeber keinen Einfluß gehabt hätte und an dem er unbeteiligt gewesen wäre. Die Veränderungen sind die Folge auch einer Entscheidung des Gesetzgebers, der mit dem Regelungswerk des Einigungsvertrages den Einigungsprozeß übernommen und in gesetzliche Form gebracht hat. Aus der Sicht der Angeschuldigten sind die tatsächlichen und rechtlichen Veränderungen, die in der Ausdehnung des Hoheitsgebietes der Bundesrepublik Deutschland liegen, so einschneidend, daß sie sich bei der Aufnahme und der Fortführung ihrer nachrichtendienstlichen Tätigkeit darauf nicht einstellen konnten und auch nicht einzustellen brauchten.

e) Die Strafverfolgung der Angeschuldigten läßt sich überzeugend nicht mit der Erwägung rechtfertigen, daß die Aufklärung von Art und Umfang der durch die Hauptverwaltung Aufklärung gegen die Bundesrepublik Deutschland ausgeübten Spionagetätigkeit auch im Hinblick auf die an die Staaten des Warschauer Paktes vermittelten Erkenntnisse ein erhebliches Interesse bestehe (vgl. BGH NJW 1991, 929, 932). Ein derartiges Aufklärungsinteresse ist zwar berechtigt; die Durchführung eines Strafverfahrens ist aber {35} nicht geeignet, dieses Interesse durchzusetzen. Denn der Beschuldigte braucht sich nicht zu äußern (§§ 163a Abs. 4 Satz 2, 136 Abs. 1 Satz 2, 243 Abs. 4 Satz 1 StPO). Von diesem Recht, die Angaben zur Sache zu verweigern, haben die Angeschuldigten weitgehend Gebrauch gemacht. Sie waren insbesondere nicht bereit, Namen und Erkenntnisse zu offenbaren, an denen die Strafverfolgungsbehörden gerade interessiert sind. Der Versuch, die seit dem 3. Oktober 1990 eröffnete Zugriffsmöglichkeit als Mittel einzusetzen, um auf eine Änderung in der Einstellung der Angeschuldigten hinzuwirken, ließe die Angeschuldigten in der Rolle lediglich eines Objekts des Strafverfahrens erscheinen und wäre nicht hinnehmbar.

f) Unter Berücksichtigung dieser Umstände gelangt der Senat trotz der Gefährlichkeit der von der Hauptverwaltung Aufklärung betriebenen Spionage zu der Überzeugung, daß das Vertrauen der Angeschuldigten in die Lage vor dem 3. Oktober 1990 den Vorrang genießt und daß Art. 315 Abs. 4 EGStGB insoweit gegen Art. 3 Abs. 1 GG verstößt, als er die Möglichkeit der Strafverfolgung wegen Landesverrats und geheimdienstlicher Agententätigkeit gegen solche Personen beibehält, die ihre Tätigkeit vom Boden der ehemaligen DDR aus entfaltet haben und die im Zeitpunkt des Wirksamwerdens der Einheit Deutschlands am 3. Oktober 1990 ihre Lebensgrundlage in der ehemaligen DDR hatten.

Das gleiche gilt für die Verfolgung wegen des Verdachts der Bestechung. Denn dieses Delikt ist im Rahmen der vorgenannten Tätigkeiten begangen worden und steht in untrennbarem Zusammenhang mit ihnen. {36}

V. [Entscheidungserheblichkeit]

Auf die Frage der Verfassungsmäßigkeit des Art. 315 Abs. 4 EGStGB kommt es aus zwei Gründen an.

1. Der Senat hat über die Haftanträge des Generalbundesanwalts zu entscheiden. Ist eine Strafverfolgung der Angeschuldigten unzulässig, so wäre kein dringender Tatverdacht im Sinne des § 112 Abs. 1 Satz 1 StPO gegeben (vgl. Boujong in KK, 2. Aufl., § 112 Rdn. 4; Kleinknecht/Meyer, StPO 39. Aufl., § 112 Rdn. 5). Das hätte zur Folge, daß die Anträge, bezüglich des Angeschuldigten Großmann den Haftbefehl wieder in Vollzug zu setzen und bezüglich der Angeschuldigten Devaux und Schorm Haftbefehle zu erlassen, abzulehnen sind.

2. Ferner ist über die Eröffnung des Hauptverfahrens zu entscheiden. Schon in dem Zwischenstadium kommt es auf die Gültigkeit der in Betracht kommenden Strafnorm an (vgl. Kleinknecht/Meyer, § 203 StPO Rdn. 2).

B. [Anwendbarkeit des Art. 31 HLKO]

Der Senat legt dem Bundesverfassungsgericht gemäß Art. 100 Abs. 2 GG ferner die Rechtsfrage zu 2. zur Entscheidung vor.

Nach Art. 31 der Haager Landkriegsordnung[8] darf ein Spion, der nach der Rückkehr zu seinem Heer vom Feind gefangen genommen wird, für die früher begangene Spionage nicht verantwortlich gemacht werden. Er genießt insoweit Straffreiheit. Die entspre-{37}chende Anwendung der genannten Bestimmung auf die hier gegebene Sachlage ist in Rechtsprechung (vgl. BGH aaO S. 931; Beschluß vom 29. Mai 1991 – StB 11/91 –) und Schrifttum (vgl. Simma/Volk aaO S. 873) mit der Begründung abgelehnt worden, daß es sich um eine Sonderregelung handele, die nur für den Fall kriegerischer Auseinandersetzungen gelte.

Es trifft zu, daß die Vorschrift ihrem Wortlaut nach nur den Kriegsfall betrifft. Nach Auffassung des Senats ist ihr jedoch ein übergeordneter Gedanke zu entnehmen, der auch für den friedlichen und vertraglichen Beitritt des einen Staates zu einem anderen Staat Geltung beansprucht. Die persönliche Straffreiheit wird zugesichert ohne Unterschied darauf, ob sich der Spion nach der Rückkehr zu seinem Heer an Kampfhandlungen beteiligt und im Zuge dieser Kampfhandlungen in Kriegsgefangenschaft gerät oder ob er, ohne in Kampfhandlungen verwickelt zu sein, sonst dem Zugriff des anderen Staates ausgesetzt ist. Die Regelung erfaßt daher den Fall, daß sich der Spion ohne sein Zutun in einem anderen staatlichen Hoheitsverhältnis wiederfindet, auf dessen Entwicklung er keinen Einfluß gehabt hat, und nunmehr dem Zugriff des anderen Staates ausgesetzt ist. In dieser Situation befinden sich die Angeschuldigten durch den Beitritt der DDR zur Bundesrepublik Deutschland und durch die Ausdehnung des Hoheitsgebietes der Bundesrepublik Deutschland auf das Gebiet der ehemaligen DDR.

Der Senat beabsichtigt daher, die Vorschrift des Art. 31 der Haager Landkriegsordnung auf den hier zu beurteilenden Sachverhalt entsprechend anzuwenden und die Angeschuldigten von der Verfolgung wegen ihrer nachrichtendienstlichen Tätigkeit freizustellen. {38}

Mit diesem Ergebnis befindet sich der Senat in Übereinstimmung mit Grünwald (StV 1991, 31, 32), Samson (NJW 1991, 335, 339), Simma/Volk (aaO S. 874) und Widmaier (NJW 1990, 3169, 3173; ferner Schriftsatz vom 10. Juli 1991), die sich allerdings unterschiedlicher Begründungen bedienen.

C. [Besetzung des Gerichts]

Über die Aussetzung des Verfahrens und die Anrufung des Bundesverfassungsgerichts entscheidet der Senat in seiner vollen Besetzung (vgl. BVerfGE 1, 80).

D. [Keine Entscheidung über Haftanträge]

Über die Haftanträge des Generalbundesanwalts entscheidet der Senat nicht. Abgesehen davon, daß die Entscheidung über die Haftanträge von der Klärung der Frage abhängt, ob die Angeschuldigten wegen der ihnen vorgeworfenen Taten verfolgt werden dürfen, verbietet die Anrufung des Bundesverfassungsgerichts nach Art. 100 Abs. 1 GG jede das Verfahren weiterführende Entscheidung (vgl. BVerfG NJW 1973, 1319, 1320).

Anmerkungen

1 Vgl. Anhang S. 1024f.
2 Vgl. lfd. Nr. 1-1.
3 Vgl. Anhang S. 1023.
4 Vgl. NStZ 1991, 429; StV 1991, 415; NJW 1991, 2498; MDR 1991, 882; BGHR StGB § 94 Beihilfe 1; NZWehrr 1991, 257.
5 Vgl. Anhang S. 1022.
6 Vgl. Anhang S. 1022.
7 Vgl. Anhang S. 1020f.
8 Vgl. Anhang S. 1020.

Inhaltsverzeichnis

Verfügung des Generalbundesanwalts (teilweise Anklagerücknahme) vom 28.4.1994, Az. (1) 3 StE 9/91 (19/91)

Der Generalbundesanwalt beim Bundesgerichtshof 28. April 1994
Az.: 3 StE 9/91 - 4

VERFÜGUNG[1]

An den
Vorsitzenden des 1. Strafsenats
des Kammergerichts Berlin
Herrn Vorsitzenden Richter am
Kammergericht K.

Betrifft: Strafsache gegen Werner Großmann,
Ralf-Peter Devaux,
Bernd Fischer,
Bernhard Schorm und
Siegfried Kern
wegen Verdachts geheimdienstlicher Agententätigkeit u.a.
hier: I. Stellungnahme zum Antrag des Verteidigers des Angeschuldigten Großmann vom 10. März 1994, ergänzt durch Schriftsatz vom 30. März 1994,
II. Zurücknahme der öffentlichen Klage des Generalbundesanwalts vom 10. Juni 1991, soweit diese gegen die Angeschuldigten Bernd Fischer und Siegfried Kern gerichtet ist

⊗ Es folgt eine Bezugnahme auf vorangegangenen Schriftverkehr sowie eine Aufzählung der Anlagen. ⊗

I. [Haftbefehl gegen Großmann]

⊗ Hier folgt eine Begründung, warum einer Aufhebung des Haftbefehls gegen den Angeschuldigten Großmann seitens der Bundesanwaltschaft nicht zugestimmt wird. ⊗ {5}

II. [Anklagerücknahme bzgl. Fischer und Kern]

Bezüglich der Angeschuldigten

Bernd Jürgen Fischer und
Siegfried Johann Michel Kern

wird die öffentliche Klage des Generalbundesanwalts vom 10. Juni 1991 hiermit zurückgenommen.

Begründung

a) Der gegen Bernd Fischer erhobene Anklagevorwurf beschränkt sich im Kern auf die Feststellung, daß Fischer wegen der ihm nachgewiesenen Funktionen und Zuständigkeiten als Leiter der Abteilung I HVA für alle aus dieser Diensteinheit in der Zeit vom 1. April 1987 bis Anfang Dezember 1989 gegen die Bundesrepublik Deutschland geführten nachrichtendienstlichen Operationen verantwortlich sei. Die Ausführungen des 3. Strafsenats des Bundesgerichtshofes in der Revisionsentscheidung vom 30. Juli 1993 (Strafsache gegen Schütt und Böttger, vgl. S. 9 der Urteilsgründe) geben Anlaß zu der Wertung, daß der Nachweis einer solchen Organisationsverantwortlichkeit allein für eine Bestrafung wegen geheimdienstlicher Agententätigkeit nach § 99 StGB[2] nicht genügt. Die Bundesanwaltschaft ist daher dazu übergegangen, Offiziere aus nachrichtendienstlich tätigen Organisationseinheiten des MfS nur dann anzuklagen, wenn sie in konkrete geheimdienstliche {6} Operationen in der Weise eingebunden waren, daß nach den Grundsätzen mittäterschaftlicher Zurechnung des Verhaltens dritter Personen (§ 25 Abs. 2 StGB) ihr eigenes Verhalten zusammen mit der operativen Tätigkeit von ihnen geführter Agenten im Bundesgebiet eine Einheit bildet, welche die Tat insgesamt nach der Vorschrift des § 9 StGB in Verbindung mit § 3 StGB als Inlandstat erscheinen läßt – so daß es für die Begründung der Strafbarkeit auch einer Heranziehung von § 5 Nr. 4 StGB nicht bedarf.

Entsprechend hat auch der 4. Strafsenat des Oberlandesgerichts Düsseldorf dem Angeklagten Wolf nur solche Verratsfälle zur Last gelegt, die er nachweislich selbst durch persönliche Einflußnahmen begleitet hat. Ein derartiges Tatgeschehen ist in Bezug auf den Angeschuldigten Bernd Fischer nicht ermittelt.

Ein wesentliches Ziel der im Juni 1991 beschleunigt erhobenen Anklage war die Auslotung des Unwerts der Taten auf den unterschiedlichen Entscheidungsebenen der HVA vom Generaloberst als Chef des Dienstes bis zum Hauptmann als einfachem operativen Mitarbeiter eines Referats. Mit der Vorlage der Sache an das Bundesverfassungsgericht war absehbar, daß wegen der darin begründeten Verzögerung des Verfahrens die erstrebte Klärung alsbald nicht zu erreichen war. Der Bedeutung des Zeitabstandes als Strafmilderungsgrund Rechnung tragend ist deshalb die Bundesanwaltschaft frühzeitig dazu übergegangen, von Anklagen gegen operative Mitarbeiter und {7} Referatsleiter der HVA und der anderen nachrichtendienstlich tätig gewesenen Organisationseinheiten des MfS grundsätzlich abzusehen. Ausgangspunkt hierfür ist die Überlegung, daß in der Regel die Schuld der Offiziere umso geringer einzuschätzen ist, je niedriger die Betreffenden im Befehlsgefüge der HVA eingestuft waren. Die Änderung der §§ 153, 153a StPO[3] und die damit verbundene Vereinfachung, Ermittlungsverfahren in dem angesprochenen Verantwortungsbereich einzustellen, hat zu einer Praxis der Bundesanwaltschaft und der zuständigen Staatsanwaltschaften in den Bundesländern geführt,, die im Ergebnis auf eine weitgehende Straffreistellung der nachrichtendienstlich gegen die Bundesrepublik Deutschland tätig gewesenen Offiziere des MfS hinausläuft.

Der Angeschuldigte Kern hat sich zu seinem Tatverhalten als operativer Mitarbeiter bzw. Leiter des Referats I/2 der HVA geäußert. Mit der Zurücknahme der gegen ihn gerichteten Klage soll eine der dargelegten Praxis der Bundesanwaltschaft entsprechende Verfahrenseinstellung ermöglicht werden, die im gegenwärtigen Verfahrensstadium nicht erreicht werden kann, weil sich der dortige Senat auf der Grundlage seiner im Vorlagebeschluß zum Ausdruck kommenden Rechtsansicht an einer Einstellung nach § 153 StPO gehindert sieht. {8}

Da meine Ausführungen zum Haftgrund der Fluchtgefahr und die teilweise Zurücknahme der Klage die Entscheidungsgrundlage des Bundesverfassungsgerichts in der anhängigen Vorlagesache berühren, bitte ich darum, das beigefügte Zweitstück meines Schreibens nebst einem Satz der Anlagen dem Bundesverfassungsgericht als Bestandteil der Verfahrensakten 3 StE 9/91-4 zu übersenden.

Anmerkungen

1 Es handelt sich um die Reinschrift.
2 Vgl. Anhang S. 1024f.
3 Vgl. Anhang S. 1026f.

Inhaltsverzeichnis
Beschluss des Bundesverfassungsgerichts vom 15.5.1995, Az. 2 BvL 19/91; 2 BvR 1206/91; 2 BvR 1584/91; 2 BvR 2601/93

Bundesverfassungsgericht 15. Mai 1995
Az.: 2 BvL 19/91; 2 BvR 1206/91; 2 BvR 1584/91; 2 BvR 2601/93

BESCHLUSS

1. Eine allgemeine Regel des Völkerrechts als Bestandteil des Bundesrechts (Art. 25 GG), nach der die strafrechtliche Ahndung nachrichtendienstlicher Tätigkeiten ausgeschlossen ist, die im Auftrag und vom Territorium eines Staates aus begangen wurden, der danach dem ausgespähten Staat friedlich und einvernehmlich beigetreten ist, kann nicht festgestellt werden.
2. Zur Frage der Strafbarkeit und Verfolgbarkeit früherer Mitarbeiter und Agenten des Ministeriums für Staatssicherheit (MfS) und des militärischen Nachrichtendienstes der Deutschen Demokratischen Republik (DDR) nach der Vereinigung Deutschlands wegen ihrer zuvor gegen die Bundesrepublik Deutschland oder deren NATO-Partner gerichteten Spionagetätigkeit.

In den Verfahren

I. zur Prüfung, ob

1. Art. 315 Abs. 4 Einführungsgesetz zum Strafgesetzbuch (EGStGB) in der Fassung des Einigungsvertrages insoweit gegen Art. 3 Abs. 1 GG verstößt, als er die Strafverfolgung wegen geheimdienstlicher Agententätigkeit, im Verlauf damit verübten Landesverrats und der mit der geheimdienstlichen Tätigkeit in Zusammenhang stehenden Bestechung gegen solche Personen beibehält, die ihre Handlungen vom Boden der ehemaligen Deutschen Demokratischen Republik aus begangen haben und die im Zeitpunkt des Wirksamwerdens der Einheit Deutschlands am 3. Oktober 1990 ihre Lebensgrundlage in der ehemaligen Deutschen Demokratischen Republik hatten,
2. die für den Kriegsfall geltende allgemeine Regel des Völkerrechts des Art. 31 der Haager Landkriegsordnung, wonach der zu seinem Heer zurückgekehrte Spion für früher begangene Spionage nicht verantwortlich gemacht werden darf, auf den unter 1. genannten Personenkreis entsprechend angewendet werden kann

– Aussetzungs- und Vorlagebeschluß des Kammergerichts in Berlin vom 22. Juli 1991 – (1) 3 StE 9/91 – 4 – (13/91) –[1]

– 2 BvL 19/91 –, {2}

II. über die Verfassungsbeschwerden

1. des Herrn Lippold[2],
   – Bevollmächtigter: Rechtsanwalt Klaus Rüther –
   gegen
   a) den Beschluß des Bundesgerichtshofs vom 24. September 1993 – 3 StR 199/92 –
   b) das Urteil des Oberlandesgerichts Düsseldorf vom 23. Dezember 1991 – IV – 22/91 – (17/91 VS-Vertr.) –

   – 2 BvR 2601/93 –,
2. des Herrn K.,
   – Bevollmächtigter: Rechtsanwalt Harry Boog, –
   gegen
   a) den Beschluß des Bundesgerichtshofs vom 3. Juli 1991 – 3 StR 226/91 –,
   b) das Urteil des Oberlandesgerichts Stuttgart vom 28. Februar 1991 – 4 OJs 11/90 –

   – 2 BvR 1206/91 –,
3. des Herrn Dahms,
   – Bevollmächtigter: Rechtsanwalt Dr. Gunter Widmaier –
   gegen
   a) den Beschluß des Bundesgerichtshofs vom 18. September 1991 – 3 StR 193/91 –,
   b) das Urteil des Oberlandesgerichts Koblenz vom 5. Februar 1991 – 3 StE 4/90-1 –[3]

   – 2 BvR 1584/91 – {3}

hat das Bundesverfassungsgericht – Zweiter Senat – unter Mitwirkung der Richterinnen und Richter

⊗ Es folgt die Nennung der Verfahrensbeteiligten. ⊗

am 15. Mai 1995 beschlossen:

1. Die Vorlage des Kammergerichts ist insoweit unzulässig, als sie Artikel 315 Absatz 4 des Einführungsgesetzes zum Strafgesetzbuch zur verfassungsrechtlichen Prüfung vorlegt.
2. Eine allgemeine Regel des Völkerrechts, nach der die strafrechtliche Ahndung nachrichtendienstlicher Tätigkeiten ausgeschlossen ist, die im Auftrag und vom Territorium eines Staates aus begangen wurden, der danach dem ausgespähten Staat friedlich und einvernehmlich beigetreten ist, ist nicht Bestandteil des Bundesrechts.
3. Das Urteil des Oberlandesgerichts Düsseldorf vom 23. Dezember 1991 – IV – 22/91 – (17/91 VS-Vertr.) – und der Beschluß des Bundesgerichtshofs vom 24. September 1993 – 3 StR 199/92 – verletzen den Beschwerdeführer zu II.1. in seinen Grundrechten aus Artikel 2 Absatz 2 Satz 2, Artikel 33 Absatz 2 und Artikel 38 Absatz 2 des Grundgesetzes in Verbindung mit dem im Rechtsstaatsprinzip wurzelnden Grundsatz der Verhältnismäßigkeit.
   Die Entscheidungen werden aufgehoben. Die Sache wird an das Oberlandesgericht Düsseldorf zurückverwiesen.[4] {4}
   Die Bundesrepublik Deutschland hat dem Beschwerdeführer zu II.1. seine notwendigen Auslagen zu erstatten.
4. Das Urteil des Oberlandesgerichts Stuttgart vom 28. Februar 1991 – 4 OJs 11/90 – verletzt den Beschwerdeführer zu II.2. im Rechtsfolgenausspruch in seinem Grundrecht aus Artikel 2 Absatz 2 des Grundgesetzes in Verbindung mit dem im Rechtsstaatsprinzip wurzelnden Grundsatz der Verhältnismäßigkeit. Der Beschluß des Bundesgerichtshofs vom 3. Juli 1991 – 3 StR 226/91 – verletzt den Beschwerdeführer ebenfalls in diesem Grundrecht, soweit dessen Revision in bezug auf den Rechtsfolgenausspruch verworfen wurde.
   Die Entscheidungen werden insoweit aufgehoben. Die Sache wird im Umfang der Aufhebung an das Oberlandesgericht Stuttgart zurückverwiesen.
   Die Bundesrepublik Deutschland hat dem Beschwerdeführer zu II.2. seine notwendigen Auslagen zur Hälfte zu erstatten.
5. Die Verfassungsbeschwerde des Beschwerdeführers zu II.3. wird zurückgewiesen.

Gründe

A. [Hintergrund des Vorlageverfahrens und der Verfassungsbeschwerden]

Die zu gemeinsamer Entscheidung verbundenen Verfahren betreffen die Frage, ob und inwieweit Verfassungsrecht oder allgemeine Regeln des Völkerrechts es verbieten, frühere Mitarbeiter und Agenten des Ministeriums für Staatssicherheit (MfS) oder des militärischen Nachrichtendienstes der Deutschen Demokratischen Republik (DDR) nach der Vereinigung Deutschlands aufgrund ihrer zuvor gegen die Bundesrepublik Deutschland oder deren NATO-{5}Partner gerichteten Spionagetätigkeit wegen Landesverrats oder geheimdienstlicher Tätigkeit und damit zusammenhängender Straftaten zu bestrafen.

I. [Rechtsgrundlagen]

1. a) Das Strafgesetzbuch der Bundesrepublik Deutschland bedroht in § 94 StGB den Landesverrat und in § 99 StGB die geheimdienstliche Agententätigkeit mit Strafe; beide Vorschriften erhielten ihre bis heute geltende Fassung durch das Achte Strafrechtsänderungsgesetz vom 25. Juni 1968 (BGBl I S. 741). Die Vorschriften des Strafgesetzbuchs gelten nach § 3 StGB für Inlandstaten, die §§ 94 und 99 StGB darüber hinaus gemäß § 5 Nr. 4 StGB (in der Fassung des Einführungsgesetzes zum Strafgesetzbuch) auch für im Ausland begangene Taten. Der Begehungsort einer Tat wird dabei durch § 9 StGB (in der Fassung des 2. Strafrechtsreformgesetzes vom 4. Juli 1969, BGBl I S. 717) bestimmt. Die Vorschriften haben folgenden Wortlaut (vgl. die Bekanntmachung der Neufassung des Strafgesetzbuchs vom 10. März 1987, BGBl I S. 945 ‹954 f., 980 f.›):

„§ 3
Geltung für Inlandstaten

Das deutsche Strafrecht gilt für Taten, die im Inland begangen werden.

§ 5
Auslandstaten gegen inländische Rechtsgüter

Das deutsche Strafrecht gilt, unabhängig vom Recht des Tatorts, für folgende Taten, die im Ausland begangen werden:
1. bis 3. ...; {6}
4. Landesverrat und Gefährdung der äußeren Sicherheit (§§ 94 bis 100a);
5. bis 14. ...

§ 9
Ort der Tat

(1) Eine Tat ist an jedem Ort begangen, an dem der Täter gehandelt hat oder im Falle des Unterlassens hätte handeln müssen oder an dem der zum Tatbestand gehörende Erfolg eingetreten ist oder nach der Vorstellung des Täters eintreten sollte.
(2) Die Teilnahme ist sowohl an dem Ort begangen, an dem die Tat begangen ist, als auch an jedem Ort, an dem der Teilnehmer gehandelt hat oder im Falle des Unterlassens hätte handeln müssen oder an dem nach seiner Vorstellung die Tat begangen werden sollte. Hat der Teilnehmer an einer Auslandstat im Inland gehandelt, so gilt für die Teilnahme das deutsche Strafrecht, auch wenn die Tat nach dem Recht des Tatorts nicht mit Strafe bedroht ist.

§ 94
Landesverrat

(1) Wer ein Staatsgeheimnis
1. einer fremden Macht oder einem ihrer Mittelsmänner mitteilt oder
2. sonst an einen Unbefugten gelangen läßt oder öffentlich bekanntmacht, um die Bundesrepublik Deutschland zu benachteiligen oder eine fremde Macht zu begünstigen,

und dadurch die Gefahr eines schweren Nachteils für die äußere Sicherheit der Bundesrepublik Deutschland herbeiführt, wird mit Freiheitsstrafe nicht unter einem Jahr bestraft.
(2) In besonders schweren Fällen ist die Strafe lebenslange Freiheitsstrafe oder Freiheitsstrafe nicht unter fünf Jahren. Ein besonders schwerer Fall liegt in der Regel vor, wenn der Täter
1. eine verantwortliche Stellung mißbraucht, die ihn zur Wahrung von Staatsgeheimnissen besonders verpflichtet, oder {7}
2. durch die Tat die Gefahr eines besonders schweren Nachteils für die äußere Sicherheit der Bundesrepublik Deutschland herbeiführt.

§ 99
Geheimdienstliche Agententätigkeit

(1) Wer
1. für den Geheimdienst einer fremden Macht eine geheimdienstliche Tätigkeit gegen die Bundesrepublik Deutschland ausübt, die auf die Mitteilung oder Lieferung von Tatsachen, Gegenständen oder Erkenntnissen gerichtet ist, oder
2. gegenüber dem Geheimdienst einer fremden Macht oder einem seiner Mittelsmänner sich zu einer solchen Tätigkeit bereit erklärt,

wird mit Freiheitsstrafe bis zu fünf Jahren oder mit Geldstrafe bestraft, wenn die Tat nicht in § 94 oder § 96 Abs. 1, in § 97a oder in § 97b in Verbindung mit § 94 oder § 96 Abs. 1 mit Strafe bedroht ist.

(2) In besonders schweren Fällen ist die Strafe Freiheitsstrafe von einem Jahr bis zu zehn Jahren. Ein besonders schwerer Fall liegt in der Regel vor, wenn der Täter Tatsachen, Gegenstände oder Erkenntnisse, die von einer amtlichen Stelle oder auf deren Veranlassung geheimgehalten werden, mitteilt oder liefert und wenn er
1. eine verantwortliche Stellung mißbraucht, die ihn zur Wahrung solcher Geheimnisse besonders verpflichtet, oder
2. durch die Tat die Gefahr eines schweren Nachteils für die Bundesrepublik Deutschland herbeiführt.

(3) § 98 Abs. 2 gilt entsprechend.“

§ 98 Abs. 2 StGB sieht im Falle tätiger Reue vor, die Strafe zu mildern oder von Strafe abzusehen; in bestimmten Fällen ist Straffreiheit zu gewähren.

b) Art. 7 des Vierten Strafrechtsänderungsgesetzes vom 11. Juni 1957 (BGBl I S. 597 ‹601›) in der Fassung des Achten Strafrechtsänderungsgesetzes vom 25. Juni 1968 (BGBl I S. 741) erstreckt den Schutz der §§ 93 ff. StGB[5] auf die nichtdeutschen {8} Vertragsstaaten des Nordatlantikpaktes und ihre in Deutschland stationierten Truppen (BGBl I S. 741 ‹750 f.›). Diese Vorschrift gilt indessen nur für Straftaten, die im Gebiet der Bundesrepublik nach dem Stand vor dem 3. Oktober 1990 ohne Berlin (West) begangen werden. Sie lautet, soweit hier von Interesse, wie folgt:

„(1) Zum Schutz der nichtdeutschen Vertragsstaaten des Nordatlantikpaktes, ihrer in der Bundesrepublik Deutschland stationierten Truppen und der im Land Berlin anwesenden Truppen einer der Drei Mächte gelten die §§ 93 bis 97 und 98 bis 100 in Verbindung mit den §§ 101 und 101a des Strafgesetzbuches mit folgender Maßgabe:
1. Den Staatsgeheimnissen im Sinne des § 93 des Strafgesetzbuches entsprechen militärische Geheimnisse der Vertragsstaaten. Militärische Geheimnisse im Sinne dieser Vorschrift sind Tatsachen, Gegenstände oder Erkenntnisse, welche die Verteidigung betreffen und von einer im räumlichen Geltungsbereich dieses Gesetzes oder im Land Berlin befindlichen Dienststelle eines Vertragsstaates mit Rücksicht auf dessen Sicherheit, die Sicherheit seiner in der Bundesrepublik Deutschland stationierten Truppen oder die Sicherheit der im Land Berlin anwesenden Truppen einer der Drei Mächte geheimgehalten werden. Ausgenommen sind Gegenstände, über deren Geheimhaltung zu bestimmen Angelegenheit der Bundesrepublik Deutschland ist, sowie Nachrichten darüber.
2. In den Fällen des § 94 Abs. 1 Nr. 2 des Strafgesetzbuches tritt an die Stelle der Absicht, die Bundesrepublik Deutschland zu benachteiligen, die Absicht, den betroffenen Vertragsstaat, seine in der Bundesrepublik Deutschland stationierten Truppen oder die im Land Berlin anwesenden Truppen einer der Drei Mächte zu benachteiligen.
3. In den Fällen der §§ 94 bis 97 des Strafgesetzbuches tritt an die Stelle der Gefahr eines schweren Nachteils für die äußere Sicherheit der Bundesrepublik Deutschland die Gefahr eines

schweren Nachteils für die Sicherheit des betroffenen Vertragsstaates, seiner in der Bundesrepublik Deutschland stationierten Truppen oder der im Land Berlin anwesenden Truppen einer der Drei Mächte.

4. In den Fällen des § 99 des Strafgesetzbuches tritt an die Stelle der gegen die Bundesrepublik Deutschland ausgeübten geheimdienstlichen Tätigkeit eine gegen den betroffenen Vertragsstaat, seine in der Bundesrepublik {9} Deutschland stationierten Truppen oder die im Land Berlin anwesenden Truppen einer der Drei Mächte ausgeübte geheimdienstliche Tätigkeit.
5. …
6. In den Fällen der §§ 94 bis 97 des Strafgesetzbuches ist die Strafverfolgung nur zulässig, wenn die oberste militärische Dienststelle der in der Bundesrepublik Deutschland stationierten Truppen des betroffenen Vertragsstaates oder der im Land Berlin anwesenden Truppen der betroffenen Macht oder der Leiter ihrer diplomatischen Vertretung erklärt, daß die Wahrung des Geheimnisses für die Sicherheit des Vertragsstaates, seiner in der Bundesrepublik Deutschland stationierten Truppen oder der im Land Berlin anwesenden Truppen der betroffenen Macht zur Zeit der Tat erforderlich war.
7. …

(2) und (3) …

(4) Die Absätze 1 bis 3 gelten nur für Straftaten, die im räumlichen Geltungsbereich dieses Gesetzes begangen werden."

c) Diese Vorschriften gelten auch für Spionagetaten, die im Dienste der DDR begangen worden sind.

2. Das Strafgesetzbuch der DDR enthielt ebenfalls Vorschriften über Spionage und landesverräterische Straftaten zum Nachteil der DDR oder eines mit ihr verbündeten Staates.[6] Diese richteten sich auch gegen eine nachrichtendienstliche Tätigkeit für die Bundesrepublik Deutschland.

3. Der Vertrag zwischen der Bundesrepublik Deutschland und der Deutschen Demokratischen Republik über die Herstellung der Einheit Deutschlands vom 31. August 1990 – Einigungsvertrag (EV) – (BGBl II 1990, S. 885) setzte mit Wirkung vom 3. Oktober 1990 das Strafrecht der DDR – von einigen hier nicht interessierenden Ausnahmen abgesehen – außer Kraft und erstreckte – mit verschiedenen Einschränkungen und Maßgaben – den Geltungsbereich {10} des Strafrechts der Bundesrepublik auf das Gebiet der früheren DDR. Im Rahmen der in Kapitel III des Vertrages geregelten Rechtsangleichung bestimmt Artikel 8 „Überleitung von Bundesrecht":

„Mit dem Wirksamwerden des Beitritts tritt in dem in Artikel 3 genannten Gebiet Bundesrecht in Kraft, soweit es nicht in seinem Geltungsbereich auf bestimmte Länder oder Landesteile der Bundesrepublik Deutschland beschränkt ist und soweit durch diesen Vertrag, insbesondere dessen Anlage I, nichts anderes bestimmt wird."

Gemäß Anlage I des Vertrages, Kapitel III, Sachgebiet C, Abschnitt II Nr. 1 b erhielt Art. 315 EGStGB folgende Fassung:

„Artikel 315

Geltung des Strafrechts für in der Deutschen Demokratischen Republik begangene Taten

(1) Auf vor dem Wirksamwerden des Beitritts in der Deutschen Demokratischen Republik begangene Taten findet § 2 des Strafgesetzbuches mit der Maßgabe Anwendung, daß das Gericht von Strafe absieht, wenn nach dem zur Zeit der Tat geltenden Recht der Deutschen Demokratischen Republik weder eine Freiheitsstrafe noch eine Verurteilung auf Bewährung noch eine Geldstrafe verwirkt gewesen wäre. Neben der Freiheitsstrafe werden die Unterbringung in der Sicherungsverwahrung sowie die Führungsaufsicht nach § 68 Abs. 1 des Strafgesetzbuches

nicht angeordnet. Wegen einer Tat, die vor dem Wirksamwerden des Beitritts begangen worden ist, tritt Führungsaufsicht nach § 68f des Strafgesetzbuches nicht ein.
(2) Die Vorschriften des Strafgesetzbuches über die Geldstrafe (§§ 40 bis 43) gelten auch für die vor dem Wirksamwerden des Beitritts in der Deutschen Demokratischen Republik begangenen Taten, soweit nachfolgend nichts anderes bestimmt ist. Die Geldstrafe darf nach Zahl und Höhe der Tagessätze insgesamt das Höchstmaß der bisher angedrohten Geldstrafe nicht übersteigen.
Es dürfen höchstens dreihundertsechzig Tagessätze verhängt werden.
(3) Die Vorschriften des Strafgesetzbuches über die Aussetzung eines Strafrestes sowie den Widerruf ausgesetzter Strafen finden auf Verurteilungen auf Bewährung (§ 33 des Strafgesetzbuches der Deutschen Demokratischen Republik) sowie auf Freiheitsstrafen Anwen-{11}dung, die wegen vor dem Wirksamwerden des Beitritts in der Deutschen Demokratischen Republik begangener Taten verhängt worden sind, soweit sich nicht aus den Grundsätzen des § 2 Abs. 3 des Strafgesetzbuches etwas anderes ergibt.
(4) Die Absätze 1 bis 3 finden keine Anwendung, soweit für die Tat das Strafrecht der Bundesrepublik Deutschland schon vor dem Wirksamwerden des Beitritts gegolten hat."

In den Erläuterungen zu den Anlagen zum Einigungsvertrag (BTDrucks. 11/7817, S. 51) heißt es dazu:

„Die Art. 315 bis 315c EGStGB enthalten notwendige Übergangsregelungen. In Art. 315 Abs. 1 ist festgelegt, daß auf vor dem Wirksamwerden des Beitritts begangene, aber noch nicht abgeurteilte Straftaten § 2 StGB Anwendung findet. Außerdem enthält die Vorschrift die Maßgabe, daß das Gericht von Strafe absieht, wenn weder eine Freiheitsstrafe noch eine Verurteilung auf Bewährung noch eine Geldstrafe verwirkt sein würde. Von dieser Regelung sind Strafsanktionen erfaßt, die im Recht der Bundesrepublik Deutschland so nicht bekannt waren und Fälle einfacher Kriminalität betrafen."

Gemäß Kapitel III, Abschnitt III Nr. 1 des Sachgebiets C traten im Beitrittsgebiet insbesondere die §§ 3, 5 Nr. 4, 9, 94 und 99 StGB in Kraft.

4. a) Während der Verhandlungen zwischen der Bundesrepublik Deutschland und der Deutschen Demokratischen Republik über den Einigungsvertrag erwogen die Verhandlungsführer, in den Vertrag ein Straffreiheitsgesetz für die gegen die Bundesrepublik Deutschland gerichtete Spionagetätigkeit der DDR aufzunehmen (vgl. Kinkel, Wiedervereinigung und Strafrecht, JZ 1992, S. 485 ‹486›; Schäuble, Der Vertrag, Stuttgart 1991, S. 268 bis 272). Diese Bestrebungen scheiterten an Vorbehalten in der Bevölkerung beider Teile Deutschlands und in den Parlamenten der Vertragspartner gegen eine „Stasi-Amnestie". Außerdem drohte der Vertrag in der Bundesrepublik Deutschland die für die vorgesehenen Ver-{12}fassungsänderungen notwendigen Mehrheiten in Bundestag und Bundesrat zu verfehlen, weil über die Forderung der SPD nach einer erweiterten Amnestie auch für Sitzblockaden und ähnliche in der Bundesrepublik im Zusammenhang mit den Auseinandersetzungen um den Vollzug des NATO-Doppelbeschlusses begangene Straftaten keine Einigung unter den im Bundestag vertretenen Parteien erzielt wurde (vgl. Schäuble, a.a.O., S. 271 f.).

b) Im Hinblick auf das Zusammenwachsen der beiden deutschen Staaten brachten die Koalitionsfraktionen von CDU/CSU und FDP am 2. September 1990 (BTDrucks. 11/7762 ‹neu›) und die Bundesregierung am 13. September 1990 (BTDrucks. 11/7871) den gleichlautenden „Entwurf eines Gesetzes über Straffreiheit bei Straftaten des Landesverrats und der Gefährdung der äußeren Sicherheit" ein, der differenzierte Regelungen für eine Amnestierung im Dienste der DDR begangener Spionagestraftaten vorsah. Beide Entwürfe wurden nicht Gesetz, weil der Gedanke der Amnestie nach wie vor keine hinreichend breite Akzeptanz fand.

c) Am 7. Dezember 1993 brachte die Gruppe der PDS/Linke Liste im Deutschen Bundestag den Entwurf eines Gesetzes über Straffreiheit bei Straftaten des Landesverrats und der Gefährdung der äußeren Sicherheit – Spionageamnestiegesetz – (BTDrucks. 12/6370) ein, der, über die früheren Entwürfe hinausgehend, eine umfassende Straffreiheit sowohl für Einwohner der Deutschen Demokratischen Republik als auch der Bundesrepublik Deutschland vorsah. Am 15. Juni 1994 beschlossen sowohl der Innen- als auch der Rechtsausschuß einstimmig, die Ablehnung des Gesetzentwurfs zu empfehlen. Ein Vertreter der Gruppe PDS/Linke Liste nahm an den Ausschußsitzungen nicht teil. Durch die Wahl des 13. Deut-{13}schen Bundestages fiel der Gesetzentwurf der Diskontinuität anheim.

II. [Zugrunde liegende Sachverhalte]

Den verbundenen Verfahren liegen folgende Sachverhalte zugrunde:

1. Das Vorlageverfahren 2 BvL 19/91[7]

Der Generalbundesanwalt erhob in dem Ausgangsverfahren am 10. Juni 1991 Anklage vor dem Kammergericht in Berlin gegen die ehemaligen Offiziere der Hauptverwaltung Aufklärung (HVA) des Ministeriums für Staatssicherheit (MfS) Großmann, Devaux, Schorm, Fischer und Kern wegen des Vorwurfs des Landesverrats, der geheimdienstlichen Agententätigkeit und der Bestechung. Gleichzeitig beantragte er, wegen Fluchtgefahr den Haftverschonungsbeschluß betreffend Großmann aufzuheben, den Haftbefehl gegen ihn wieder in Vollzug zu setzen und gegen die Angeschuldigten Devaux und Schorm Haftbefehle nach Maßgabe der Anklage zu erlassen.

Das Kammergericht (NJW 1991, S. 2501 ff. = JR 1991, S. 426 ff.) setzte das Eröffnungsverfahren sowie das Verfahren über die beantragten Haftanordnungen aus und legte die Sache dem Bundesverfassungsgericht gemäß Art. 100 Abs. 1 Satz 1 GG zur Prüfung vor, ob Art. 315 Abs. 4 EGStGB in der Fassung des Einigungsvertrages insoweit gegen Art. 3 Abs. 1 GG verstoße, als er die Strafverfolgung wegen geheimdienstlicher Agententätigkeit, in deren Verlauf verübten Landesverrats und mit der geheimdienstlichen Tätigkeit in Zusammenhang stehender Bestechung gegen solche Personen beibehält, die ihre Handlungen vom Boden der ehemaligen Deutschen Demokratischen Republik aus begangen haben und die im Zeitpunkt des Wirksamwerdens der Einheit Deutschlands am 3. Ok-{14}tober 1990 ihre Lebensgrundlage in der ehemaligen Deutschen Demokratischen Republik hatten.

Zugleich legte das Kammergericht die Sache dem Bundesverfassungsgericht auch gemäß Art. 100 Abs. 2 GG mit der Frage zur Entscheidung vor, ob die für den Kriegsfall geltende allgemeine Regel des Völkerrechts des Art. 31 der Haager Landkriegsordnung, wonach der zu seinem Heer zurückgekehrte Spion für früher begangene Spionage nicht verantwortlich gemacht werden darf, auf den oben genannten Personenkreis entsprechend angewendet werden könne.

Das Haager „Abkommen, betreffend die Gesetze und Gebräuche des Landkriegs" vom 18. Oktober 1907 (RGBl 1910 S. 107, 143 f.) bestimmt im Zweiten Kapitel des Zweiten Abschnittes der dazugehörenden „Anlage zum Abkommen – Ordnung und Gebräuche des Landkrieges" – *Haager Landkriegsordnung* – (HLKO) unter der Überschrift „Spione":

„Artikel 29

Als Spion gilt nur, wer heimlich oder unter falschem Vorwand in dem Operationsgebiet eines Kriegführenden Nachrichten einzieht oder einzuziehen sucht in der Absicht, sie der Gegenpartei mitzuteilen.
Demgemäß sind Militärpersonen in Uniform, die in das Operationsgebiet des feindlichen Heeres eingedrungen sind, um sich Nachrichten zu verschaffen, nicht als Spione zu betrachten. Desgleichen gelten nicht als Spione: Militärpersonen und Nichtmilitärpersonen, die den ihnen erteilten Auftrag, Mitteilungen an ihr eigenes oder an das feindliche Heer zu überbringen, offen ausführen. Dahin gehören ebenfalls Personen, die in Luftschiffen befördert werden, um Mitteilungen zu überbringen oder um überhaupt Verbindungen zwischen den verschiedenen Teilen eines Heeres oder eines Gebiets aufrechtzuerhalten. {15}

Artikel 30

Der auf der Tat ertappte Spion kann nicht ohne vorausgegangenes Urteil bestraft werden.

Artikel 31

Ein Spion, welcher zu dem Heere, dem er angehört, zurückgekehrt ist und später vom Feinde gefangen genommen wird, ist als Kriegsgefangener zu behandeln und kann für früher begangene Spionage nicht verantwortlich gemacht werden."

Der Generalbundesanwalt nahm mit Schreiben vom 28. April 1994 die Anklage bezüglich der Angeschuldigten Fischer und Kern zurück; mit Beschluß vom 26. September 1994 hob das Kammergericht seinen Vorlagebeschluß insoweit auf.

⊗ Es folgt eine Zusammenfassung des Vorlagebeschlusses des Kammergerichts (vgl. lfd. Nr. 2-2). ⊗ {25}

2. Die Verfassungsbeschwerde 2 BvR 2601/93

a) Der Beschwerdeführer zu II.1. wurde durch Urteil des Oberlandesgerichts Düsseldorf vom 23. Dezember 1991 wegen geheimdienstlicher Agententätigkeit (§ 99 Abs. 1 Nr. 1 StGB) zu einer Freiheitsstrafe von zwei Jahren verurteilt, deren Vollstreckung zur Bewährung ausgesetzt wurde. Außerdem erkannte das Gericht dem Beschwerdeführer für die Dauer von zwei Jahren die Fähigkeit ab, öffentliche Ämter zu bekleiden und Rechte aus öffentlichen {26} Wahlen zu erlangen, sowie das Recht, in öffentlichen Angelegenheiten zu wählen oder zu stimmen.

aa) Nach den Urteilsfeststellungen war der im Gebiet der DDR geborene und aufgewachsene Beschwerdeführer bis zum 30. September 1990 Offizier, zuletzt im Rang eines Oberstleutnants, der Verwaltung für strategische Agenturaufklärung (VA) der Nationalen Volksarmee (NVA). Als Mitglied der für die Ausspähung des Bundesministeriums der Verteidigung in Bonn zuständigen Abteilung führte er seit 1969 eine Agentengruppe, bestehend aus zwei miteinander befreundeten, in Bonn wohnhaften Bürgern der Bundesrepublik Deutschland mit den Arbeitsnamen „Asriel" und „Aurikel". „Asriel" war bereits etwa 1968 angeworben und der Führung des Beschwerdeführers unterstellt worden und hatte 1969 seinen Freund dem militärischen Nachrichtendienst der DDR zugeführt.

„Aurikel“ bewarb sich im Auftrag seiner Führungsstelle um eine Einstellung als Angestellter im Bundesministerium der Verteidigung (BMV) und wurde dort ab 1. Dezember 1970 als Hilfssachbearbeiter im Geschäftszimmer des Planungsstabes verwendet. Der Planungsstab ist unmittelbar dem Bundesminister der Verteidigung unterstellt und arbeitet ihm als staatspolitisches Büro zu. Zu den vorrangigen Aufgaben der Mitarbeiter des zentralen Geschäftszimmers gehörte neben der Bearbeitung des Posteingangs und der Führung und Ablage der aus den Reden des Ministers und der Staatssekretäre sowie den Leitungsvorlagen bestehenden Akten die Überprüfung der Verschlußsachen anhand der zweimal im Jahr erstellten Resteliste über die im Stab vorhandenen Verschlußsachen. „Aurikel“ war vorrangig mit Registraturarbeit befaßt. Er war vom 10. Mai 1971 bis zum 11. Juli 1988 zum Umgang mit Ver-{27}schlußsachen (VS) bis zum Geheimhaltungsgrad „Streng geheim/NATO secret/US-Top Secret“, später hinsichtlich der US-Geheimhaltungsstufe nur noch bis „US-Secret“, ermächtigt. Außerdem wirkte „Aurikel“ bei der Erstellung der in unregelmäßigen Zeitabständen von der Bundesregierung herausgegebenen Weißbücher zur Sicherheit der Bundesrepublik Deutschland und zur Entwicklung der Bundeswehr mit. Am 22. August 1989 verstarb „Aurikel“.

Während seiner Beschäftigungszeit im BMV verschaffte sich „Aurikel“ eine Vielzahl von Informationen und Unterlagen aus seinem Dienstbereich. „Asriel“ hielt den Kontakt zur Führungsstelle und leitete das von „Aurikel“ beschaffte Verratsmaterial an den Beschwerdeführer weiter. Zu diesem Zweck wurde spätestens seit 1974 ein in der DDR wohnhafter Mitarbeiter des militärischen Nachrichtendienstes als Kurier und Instrukteur eingesetzt, der den internen Arbeitsnamen „Akropolis“ führte.

Der Beschwerdeführer traf „Asriel“ und „Aurikel“ regelmäßig anläßlich von Führungstreffs, die in Ostberlin, Schweden, Österreich, Italien, Ungarn und in der Schweiz stattfanden.

Das von „Asriel“ und „Aurikel“ gelieferte Material betraf u.a. die Streitkräfteplanung der Bundeswehr und der NATO, Studien über die Einführung neuer Waffensysteme, etwa des neuesten NATO-Gewehrs und der Panzerung von Kraftwagen, sowie Planungsunterlagen über Manöver und Stabsrahmenübungen wie Wintex/Cimex nebst den dazu gehörenden Auswertungen, deutschlandpolitische Konzeptionen der Bundesregierung, Ausarbeitungen für internationale Konferenzen und Rüstungsfragen (KSZE, MBFR, SALT II, SDI, INF), sicherheitspolitische Lagebeurteilungen und Grundsatzfragen der Allianzpolitik. Das Verratsmaterial wurde von der Führungsstelle {28} an die Informationsabteilung weitergeleitet und dort ausgewertet. Dabei wurden von dieser Abteilung die aus allen Agenturverbindungen gewonnenen wesentlichen nachrichtendienstlichen Erkenntnisse zu regelmäßigen Berichten zusammengefaßt und an einen Verbindungsoffizier des Sowjetischen Militärischen Nachrichtendienstes (GRU) und an die übrigen Geheimdienste der Warschauer Paktstaaten weitergegeben. Insgesamt nahmen die Informationen von „Asriel“ und „Aurikel“ in der Führungsstelle einen hohen Rang ein. Beide Agenten wurden für ihre Tätigkeit entlohnt. „Asriel“ erhielt insgesamt mindestens 70.000,- DM.

Er wurde gemeinsam mit dem Beschwerdeführer als dessen Mittäter ebenfalls wegen geheimdienstlicher Agententätigkeit zu einer Freiheitsstrafe von sechs Jahren verurteilt.

Außerdem wurde zu seinen Lasten der Verfall eines Geldbetrags von 70.000,- DM angeordnet und ihm die Fähigkeit, öffentliche Ämter zu bekleiden und Rechte aus öffentlichen Wahlen zu erlangen, sowie das Recht, in öffentlichen Angelegenheiten zu wählen oder zu stimmen, für die Dauer von vier Jahren aberkannt.

bb) Das Oberlandesgericht wertete das Verhalten des Beschwerdeführers als gemeinschaftlich begangene geheimdienstliche Agententätigkeit im Sinne des § 99 Abs. 1 StGB. Zwar habe der Beschwerdeführer seine Tatbeiträge außerhalb der Bundesrepublik in der DDR und im Ausland erbracht; er müsse sich aber die in der Bundesrepublik begangenen Verratshandlungen seiner Mittäter zu rechnen lassen. Er sei deshalb nicht nur gemäß § 5 Nr. 4 StGB, sondern auch nach § 3 StGB bundesdeutschem Strafrecht unterworfen und nach § 99 StGB als der sowohl zur Tatzeit als auch im Zeitpunkt der Verurteilung maßgeblichen Vorschrift zu verurtei-{29}len. Durch den im Einigungsvertrag geregelten Beitritt der DDR zur Bundesrepublik sei in der Strafbarkeit und Verfolgbarkeit des dem Beschwerdeführer zur Last gelegten Verhaltens keine Änderung eingetreten, wie sich den Bestimmungen des Einigungsvertrages und auch des Art. 315 Abs. 4 EGStGB entnehmen lasse. Insoweit hätten die vertragschließenden Staaten und der Gesetzgeber eine bewußte Entscheidung getroffen, die nicht gegen höherrangiges Recht, insbesondere nicht gegen das Völkerrecht oder gegen Grundrechte verstoße.

cc) Zur Strafzumessung hat das Oberlandesgericht ausgeführt, die Tat des Beschwerdeführers beziehe ihr Gewicht aus den Tatbeiträgen seiner Mittäter, die er sich zurechnen lassen müsse. Er habe für seinen Dienst gute und wertvolle Arbeit geleistet und über einen überdurchschnittlich langen Zeitraum gegen die Bundesrepublik gearbeitet und maßgebend an der Gefährdung der Sicherheit der Bundesrepublik mitgewirkt. Auf der anderen Seite ließen gewichtige Umstände die Schuld des Beschwerdeführers in milderem Licht erscheinen. In diesem Zusammenhang hebt das Oberlandesgericht hervor, der Beschwerdeführer habe die Jahre, die für die Ausprägung der Persönlichkeit eines Menschen und für sein Weltbild von entscheidender Bedeutung seien, in einem Staatsgebilde verbracht, das sich als Feind der Bundesrepublik gefühlt und planmäßig alles unternommen habe, um der hinter Mauer und Stacheldraht weitgehend isolierten Bevölkerung ein entsprechendes Feindbild zu verschaffen, und zwar auch und in erster Linie den Angehörigen ihrer Streitkräfte. Es sei nicht auszuschließen, daß der Beschwerdeführer, der als Mitarbeiter eines Geheimdienstes über eine gefestigte positive Einstellung zum so-{30}zialistischen Staat und zur gesellschaftlichen Entwicklung in der DDR verfügt haben müsse, unter dem Einfluß ständiger Indoktrination von der Notwendigkeit einer Spionage gegen den westlichen Gegner überzeugt gewesen sei und seine Mitarbeit nicht nur als staatsbürgerliche, sondern vor allem als soldatische Pflicht verstanden habe. In seinem damaligen Staat sei eine solche Tätigkeit nicht nur nicht strafbar, sondern erwünscht und ehrenvoll gewesen, so daß er keine Hemmschwelle habe überwinden müssen. Zur Bundesrepublik habe er keine gefühlsmäßigen Bindungen gehabt; sie sei nicht seine Heimat gewesen. Eine strafrechtliche Verfolgung habe er nicht befürchten müssen, solange er sich weisungsgemäß vom Territorium der Bundesrepublik ferngehalten habe. Eine Wiedervereinigung der beiden Teile Deutschlands, deren Verhinderung im Interesse des SED-Regimes gelegen habe, sei nicht zu erwarten gewesen. Unter diesen Umständen sei ihm der Entschluß, für seinen Staat und gegen die Bundesrepublik zu arbeiten, nicht schwergefallen. Dem sich hieraus ergebenden vergleichsweise geringen Schuldgrad des Beschwerdeführers sei bei der Strafzumessung angemessen Rechnung zu tragen.

Die Vollstreckung der danach zu verhängenden Strafe könne gemäß § 56 Abs. 2 StGB zur Bewährung ausgesetzt werden. Der Beschwerdeführer sei nicht vorbestraft und lebe in geordneten Verhältnissen. Die Nachrichtendienste der DDR seien aufgelöst, so daß keine Wiederholungsgefahr bestehe. Es könne deshalb erwartet werden, daß der Beschwerdeführer sich schon die Verurteilung zur Warnung dienen lasse und künftig keine Straftaten mehr begehen werde. Besondere Umstände im Sinne des § 56 Abs. 2 StGB seien in der zuvor aufgezeigten besonderen Situation zu sehen, in der der {31} Beschwerdeführer sich bei Beginn und Durchführung seiner nachrichtendienstlichen Tätigkeit befunden habe. Diese lasse es als vertretbar erscheinen, ihm das Einleben in den nunmehr einheitlichen deutschen Staatsverband durch eine Strafaussetzung zu erleichtern.

b) Die Revision des Beschwerdeführers wurde durch Beschluß des Bundesgerichtshofs vom 24. September 1993 als unbegründet unter Hinweis darauf verworfen, daß der Strafsenat die verfassungsrechtlichen Fragen bereits in seinem Urteil vom 30. Juli 1993[8] – 3 StR 347/92 – entschieden habe.

c) Mit der Verfassungsbeschwerde wendet sich der Beschwerdeführer gegen die vorgenannten Entscheidungen des Oberlandesgerichts und des Bundesgerichtshofs. Er rügt einen Verstoß gegen Art. 3 Abs. 1 GG. Gegen die DDR eingesetzte Spione der Bundesrepublik Deutschland würden wegen der Aufhebung des Strafgesetzbuchs der DDR im Einigungsvertrag nicht strafrechtlich belangt. Demgegenüber seien Bürger der DDR wegen der gegen die Bundesrepublik ausgeübten nachrichtendienstlichen Tätigkeit nach dem Einigungsvertrag strafbar geblieben, obwohl sich die Tätigkeit der Geheimdienste beider Staaten nicht voneinander unterschieden habe. Eine unterschiedliche politische Bewertung der Staaten, denen die Nachrichtenorganisationen gedient hätten, vermöge ebensowenig wie die unterschiedlichen Ziele, die die beiderseitigen Geheimdienste verfolgt hätten, die ungleiche Behandlung zu begründen. Die Differenzierung lasse sich auch nicht damit rechtfertigen, daß die operativ tätigen Bediensteten der DDR-Spionagedienste dafür mitverantwortlich seien, daß von ihnen angeworbene Bürger der Bundesrepublik Deutschland auch nach der Wieder-{32}vereinigung der Strafverfolgung ausgesetzt seien und langjährige Freiheitsstrafen verbüßen müßten.

Außerdem verstoße seine Verurteilung sowie die Aberkennung seiner bürgerlichen Ehrenrechte gegen seine Rechte aus Art. 2 Abs. 2 Satz 2, Art. 33 Abs. 2 und 3 sowie Art. 38 Abs. 2 GG, weil der Strafausspruch gegen zwingende Normen des Völkerrechts verstoße. Zu seinen Gunsten sei im Wege eines „Erst-recht-Schlusses“ Art. 31 HLKO anzuwenden, weil er im Frieden Militärspionage für die NVA betrieben habe. Schließlich sei auch Art. 103 Abs. 2 GG verletzt, weil das Strafrecht der Bundesrepublik, nach dem er verurteilt worden sei, zur Tatzeit in der DDR nicht gegolten habe. Zumindest liege in der Anwendung dieses Strafrechts eine unzulässige unechte Rückwirkung.

3. Die Verfassungsbeschwerde 2 BvR 1206/91

a) Der Beschwerdeführer zu II.2. wurde durch Urteil des Oberlandesgerichts Stuttgart vom 28. Februar 1991 wegen geheimdienstlicher Agententätigkeit zu einer Freiheitsstrafe von zwei Jahren und vier Monaten verurteilt.

aa) Nach den Feststellungen des Oberlandesgerichts wurde der im Gebiet der ehemaligen DDR geborene und aufgewachsene Beschwerdeführer bereits während seines Studiums zum „Diplom-Wirtschaftler" von der HVA angeworben und für einen Einsatz als Agentenwerber in der Bundesrepublik Deutschland ausgebildet. Im Frühjahr 1987 reiste er unter dem Namen und mit gefälschten Papieren eines österreichischen Staatsangehörigen in die Bundesrepublik Deutschland ein. Er hatte den Auftrag, einen Bediensteten des Auswärtigen Amtes in Bonn als Agenten anzuwerben. Trotz {33} seiner Bemühungen gelang es ihm nicht, in nähere Beziehungen zu dieser Person zu treten.

Ende des Jahres 1987 erhielt er den Auftrag, Kontakte zu Mitarbeitern der amerikanischen Streitkräfte in Heidelberg herzustellen. Im Frühjahr 1988 lernte er in einer Gaststätte einen amerikanischen Staatsangehörigen kennen, der als Zivilangestellter bei den amerikanischen Streitkräften beschäftigt war. Im Mai 1989 machte er diesem den Vorschlag, durch Informationen über die amerikanischen Streitkräfte zusätzlich Geld zu verdienen. Der Zivilangestellte unterrichtete hiervon unverzüglich den amerikanischen Sicherheitsdienst und fand sich in dessen Einvernehmen zum Schein zu einer Zusammenarbeit bereit. Im Zeitraum vom 8. Juni 1989 bis 26. März 1990 kam es zwischen dem Beschwerdeführer und dem Zivilangestellten zu insgesamt zehn Zusammenkünften. Dabei händigte der Zivilangestellte dem Beschwerdeführer – teils als „secret" gekennzeichnete – Dokumente aus, die ihm von dem Sicherheitsdienst übergeben worden waren und bei denen es sich in Wirklichkeit um Scheinmaterial handelte. Im Gegenzug leistete der Beschwerdeführer an den Zivilangestellten Zahlungen in Höhe von insgesamt mehr als 25.000,- DM.

Im Jahre 1989 versuchte der Beschwerdeführer vergeblich, in Heidelberg zwei US-Amerikaner – einen Studenten sowie dessen Freund, der bei einer Abwehreinheit der amerikanischen Marine in Italien stationiert war – anzuwerben.

bb) Das Oberlandesgericht sah in diesem Verhalten eine geheimdienstliche Agententätigkeit nach § 99 Abs. 1 Nr. 1 StGB in Verbindung mit Art. 7 Abs. 1 Nr. 4 des Vierten Strafrechtsänderungsgesetzes. Die vom Beschwerdeführer ausgeübte geheimdienst-{34}-liche Agententätigkeit habe sich gegen die Bundesrepublik Deutschland (Fall des Bediensteten des Auswärtigen Amtes), gegen in der Bundesrepublik Deutschland stationierte Truppen eines NATO-Vertragsstaates (Fall des Zivilangestellten) und gegen einen NATO-Vertragsstaat (Fall des Studenten und seines Freundes) gerichtet. Der Beitritt der DDR wirke sich nicht auf die Strafbarkeit der auf dem damaligen Staatsgebiet der Bundesrepublik Deutschland begangenen geheimdienstlichen Agententätigkeit aus.

Bei der Strafzumessung berücksichtigte das Oberlandesgericht zugunsten des Beschwerdeführers, daß er nicht vorbestraft sei und aus der Überzeugung gehandelt habe, einen Beitrag zur Stärkung und Erhaltung seines Staates und zur Friedenssicherung zu leisten. Dagegen seien Dauer und Intensität der nachrichtendienstlichen Tätigkeit strafschärfend ins Gewicht gefallen. Im Rahmen schuldangemessener Bestrafung sei ferner der Gedanke der Generalprävention berücksichtigt worden, um mögliche andere Agenten von einer Tätigkeit zum Nachteil der Bundesrepublik Deutschland und der NATO-Vertragsstaaten wirksam abzuschrecken.

b) Die von dem Beschwerdeführer gegen dieses Urteil eingelegte Revision wurde durch Beschluß des Bundesgerichtshofs vom 3. Juli 1991 nach § 349 Abs. 2 StPO als unbegründet verworfen.

c) Mit der Verfassungsbeschwerde wendet sich der Beschwerdeführer gegen die vorgenannten Entscheidungen des Oberlandesgerichts und des Bundesgerichtshofs. Er rügt, ebenso wie der Beschwerdeführer zu II.1., einen Verstoß gegen Art. 3 Abs. 1 GG. Außerdem sei Art. 31 HLKO als allgemeine Regel des Völkerrechts gemäß Art. 25 GG zu seinen Gunsten analog anzuwenden. {35}

4. Die Verfassungsbeschwerde 2 BvR 1584/91

a) Der Beschwerdeführer zu II.3. wurde durch Urteil des Oberlandesgerichts Koblenz vom 5. Februar 1991 wegen geheimdienstlicher Agententätigkeit in Tateinheit mit Bestechlichkeit (§ 332 Abs. 1 StGB) und Verletzung des Dienstgeheimnisses (§ 353b Abs. 1 StGB) zu einer Freiheitsstrafe von sechs Jahren und sechs Monaten verurteilt.

aa) Nach den Urteilsfeststellungen trat der in der Bundesrepublik aufgewachsene Beschwerdeführer nach Ablegung der beiden juristischen Staatsprüfungen 1973 als Beamter in den Geschäftsbereich des Bundesministers des Innern ein. Er wurde in der Grenzschutzdirektion Koblenz eingesetzt. Im Jahre 1974 wurde er zum Regierungsrat ernannt, im Jahre 1976 zum Oberregierungsrat und im Jahre 1982 zum Regierungsdirektor befördert. Bis zu seiner Festnahme am 10. April 1990 war er in der Grenzschutzdirektion ausschließlich dem Dezernat I „Grenzpolizeiwesen" zugewiesen, zunächst als Hilfsdezernent und ab dem Jahre 1979 als Dezernatsleiter. Seit 1973 war er zum Umgang mit Verschlußsachen der Geheimhaltungsstufe „VS-Vertraulich" und „Geheim" ermächtigt.

Im Jahre 1962 reiste der Beschwerdeführer, der sich zum sozialistischen Gedankengut hingezogen fühlte, in die DDR, um dort den „real existierenden Sozialismus" kennenzulernen. Durch die Vermittlung eines Redakteurs der Zeitschrift „Junge Welt" kam er im Jahre 1963 mit Angehörigen der HVA in Kontakt. Bei früherer Gelegenheit hatte er den Wunsch nach einer Übersiedlung in die DDR geäußert, um als Journalist aktiv beim Aufbau der sozialistischen Gesellschaft mitwirken zu können. Die Mitarbeiter der HVA beglückwünschten ihn zu diesem Vorhaben, meinten aber, daß er für eine andere, äußerst ehrenvolle Aufgabe bestimmt sei. Er {36} solle „an vorderster Front" in der Bundesrepublik Deutschland geheimdienstlich tätig werden und könne auf diese Weise seinen Einsatz für den Sozialismus unter Beweis stellen. Der Beschwerdeführer erklärte sich hiermit einverstanden und ließ sich ab dem Jahre 1963 nachrichtendienstlich schulen.

In der Folgezeit berichtete er als Student und Referendar dem MfS aus seinem Umfeld. Nach seiner Einstellung bei der Grenzschutzdirektion Koblenz wurde ihm eröffnet, daß er im MfS im Range eines Majors geführt werde. Seit 1973 fanden zwischen ihm und Angehörigen der HVA vielfach Zusammenkünfte im In- und Ausland statt, die der Übergabe von Material sowie der Festigung der Zusammenarbeit dienten. Im Jahre 1983 wurde ihm in Athen bei einer Feier aus Anlaß seiner 20jährigen Mitarbeit seine Beförderung zum Oberstleutnant mitgeteilt.

Zu dem Verratsmaterial, das der Beschwerdeführer dem MfS seit dem Dienstantritt bei der Grenzschutzdirektion Koblenz verschaffte, gehörten zahlreiche Ablichtungen von Verschlußsachen. Unter anderem übergab er dem MfS Unterlagen über das Aufgabengebiet der Grenzschutzdirektion, Richtlinien über die Grenzkontrolle, den aus dem deutschen Fahndungsbuch auf Microfiches übertragenen Gesamtbestand der Fahndung und Sachinformationen über die Regelung von Amtshilfeersuchen des Bundesnachrichtendienstes und der Verfassungsschutzbehörden, ferner Informationen über die Organisation der Bekämpfung von Illegalen, Erkenntnisse über den fälschungssicheren Personalausweis sowie unvollständige Unterlagen zum zivilen Alarmplan. In einem Zeitraum von 16 Jahren stellte er seinen Instrukteuren bei 80 Treffen insgesamt mindestens 5.500 DIN-A-4-Seiten aus dem Bereich der Grenzschutzdirektion in Form von belichteten Filmen zur Verfügung. Für sei-{37}ne Agententätigkeit erhielt er finanzielle Zuwendungen in Höhe von insgesamt mindestens 60.000,- DM.

bb) Das Oberlandesgericht beurteilte das Verhalten des Beschwerdeführers als besonders schweren Fall des § 99 Abs. 1 Nr. 1 StGB: Das Regelbeispiel des § 99 Abs. 2 Satz 2 Nr. 1 StGB sei gegeben, weil der Beschwerdeführer von einer amtlichen Stelle geheimgehaltene Tatsachen mitgeteilt und dabei als Angehöriger des höheren Dienstes eine verantwortliche Stellung mißbraucht habe. Darüber hinaus seien die Voraussetzungen eines unbenannten besonders schweren Falles nach § 99 Abs. 2 Satz 2 StGB erfüllt; die Agententätigkeit des Beschwerdeführers rage nach Dauer, Verratsumfang und Wertigkeit des Verratsmaterials aus dem Durchschnitt der erfahrungsgemäß vorkommenden Fälle in einem solchen Maße heraus, daß die Anwendung des höheren Strafrahmens des § 99 Abs. 2 StGB geboten erscheine. Außerdem sei er der Bestechlichkeit (§ 332 StGB) und der Verletzung des Dienstgeheimnisses (§ 353b Abs. 1 StGB) schuldig. Die von ihm begangenen Taten stünden im Verhältnis der Tateinheit.

Bei den Strafzumessungserwägungen sei zu berücksichtigen, daß der Beschwerdeführer im Laufe seiner rund 25jährigen Agententätigkeit trotz wiederholter Anlässe nie den ernsthaften Versuch unternommen habe, sich aus seiner geheimdienstlichen Verstrickung zu lösen. Vielmehr habe er sich im Laufe der Jahre zu einem Spion in herausgehobener Stellung entwickelt. In den durch seine Schuld gesetzten Grenzen sei auch dem Strafzweck der Generalprävention Rechnung zu tragen. Dieser Erwägung stehe der Beitritt der DDR nicht entgegen, weil auch in Zukunft Straftaten zum Schaden des eigenen Staates und zum Vorteil fremder Nachrichtendienste möglich seien. {38}

Sein umfassendes Geständnis sei als gewichtigster Milderungsgrund zu bewerten. Ihm sei auch zugute zu halten, daß er als junger Mensch in die geheimdienstliche Verstrickung geraten sei und nicht aus Geldgier gehandelt habe. Allerdings könne seine ideologische Überzeugung eine mildere Bestrafung nicht rechtfertigen. Die einem Überzeugungstäter möglicherweise und einem Gewissenstäter in aller Regel zu gewährende Vergünstigung könne er nicht für sich in Anspruch nehmen.

b) Gegen dieses Urteil legte der Beschwerdeführer Revision ein, mit der er neben einer fehlerhaften Beurteilung der Konkurrenzverhältnisse der ihm zur Last gelegten Straftaten den Strafausspruch beanstandete. Unter anderem rügte er, das Oberlandesgericht habe die sich aus der Vereinigung Deutschlands zu seinen Gunsten ergebenden Bewertungsumstände bei der Strafzumessung nicht beachtet. Zwar könnten sich Bürger der Bundesrepublik Deutschland, die für die DDR einer Agententätigkeit nachgegangen seien, nicht mit Blick auf Art. 3 Abs. 1 GG darauf berufen, ebenso wie Bürger der DDR, die im Interesse der Bundesrepublik Deutschland eine Agententätigkeit ausgeübt hätten, gänzlich von Strafverfolgung freigestellt zu werden. Indessen sei für diese unterschiedliche Behandlung bei der Strafzumessung ein angemessener Ausgleich zu gewähren.

Durch Beschluß des Bundesgerichtshofs vom 18. September 1991 wurde die Revision des Beschwerdeführers nach § 349 Abs. 2 StPO als unbegründet verworfen.

c) Der Beschwerdeführer wendet sich mit seiner Verfassungsbeschwerde gegen die vorgenannten Entscheidungen des Oberlandesgerichts und des Bundesgerichtshofs. Er rügt, es stelle einen mit Art. 3 Abs. 1 GG und dem Rechtsstaatsprinzip des Grundgesetzes {39} nicht zu vereinbarenden Wertungswiderspruch dar, als Agenten des MfS tätig gewordene Bürger der Bundesrepublik Deutschland nach wie vor voller Bestrafung zu unterwerfen, während vom Bundesnachrichtendienst als Agenten angeworbene Bürger der DDR mit der Vereinigung Deutschlands Straffreiheit erlangt hätten. Diese Ungleichbehandlung müsse jedenfalls im Bereich der Strafzumessung durch eine nachdrückliche Strafmilderung ausgeglichen werden. Mit dem Beitritt der Deutschen Demokratischen Republik zur Bundesrepublik Deutschland habe sich deren Identität als Staat und völkerrechtliches Rechtssubjekt nicht geändert. In ihrem „inneren Gehalt" habe sie jedoch durch die Wiedervereinigung eine grundlegende quantitative wie qualitative Änderung erfahren. Die dem Gleichheitssatz und dem Rechtsstaatsprinzip verpflichtete Rechtsprechung der wiedervereinigten Bundesrepublik Deutschland müsse dieser veränderten Sach- und Rechtslage Rechnung tragen.

III. [Stellungnahmen]

Zu den Verfahren haben das Bundesministerium der Justiz namens der Bundesregierung, der Thüringer Ministerpräsident und die Angeschuldigten des Verfahrens vor dem Kammergericht Stellung genommen. Das Bundesministerium der Justiz hat ferner einen Zwischenbericht des Generalbundesanwalts über die strafrechtliche Aufarbeitung der DDR-Spionage mit Aktenmaterial vorgelegt.

1. Das Bundesministerium der Justiz hält die Vorlage und die Verfassungsbeschwerden für nicht begründet.

Gegenstand der Vorlage sei die Frage, ob die §§ 94, 99 StGB in Verbindung mit §§ 3, 5 und 9 StGB mit dem Grundgesetz vereinbar seien, soweit sie Personen mit Strafe bedrohten, die Landesver-{40}rat oder geheimdienstliche Agententätigkeit vom Boden der ehemaligen DDR aus begangen und die im Zeitpunkt des Wirksamwerdens der Einheit Deutschlands am 3. Oktober 1990 ihre Lebensgrundlage in der ehemaligen DDR gehabt hätten. Der durch den Einigungsvertrag eingefügte Art. 315 Abs. 4 EGStGB begründe keine Strafbarkeit, sondern weise lediglich klarstellend auf eine nach bundesdeutschem Recht bereits gegebene Strafbarkeit hin.

a) Die unterschiedliche Behandlung von Agenten des MfS und solchen Agenten, die im Dienst der Bundesrepublik Deutschland gestanden hätten, folge mit Blick auf Art. 3 Abs. 1 GG aus der grundsätzlich verschiedenen Zielrichtung der Aufklärungsdienste. Während die Nachrichtendienste der Bundesrepublik Deutschland zu deren Schutz tätig seien, habe die gegen die Bundesrepublik gerichtete Aufklärungstätigkeit der DDR die Bundesrepublik gefährdet. Die äußere Sicherheit der Bundesrepublik Deutschland und ihr politischer Freiraum seien durch das Grundgesetz legitimierte Schutzgüter, nicht aber die inzwischen untergegangene DDR. Die Gleichsetzung der für beide Staaten tätigen Geheimdienste beruhe auf einer vordergründigen Betrachtung der Handlungen von Agenten, beachte aber die verfassungsrechtlichen Wertentscheidungen nicht. Eine Gleichsetzung sei auch im Tatsächlichen verfehlt. Das MfS habe die Funktionen eines DDR-internen Sicherheitsdienstes mit denen eines Aufklärungsdienstes vereinigt. Die Aufgabe der HVA habe – wie näher dargelegt wird – in der Unterwanderung, Aufklärung und letztlich Beeinflussung des gesellschaftlichen Systems der Bundesrepublik Deutschland bestanden.

Durch die Auflösung des MfS seien die allgemeinen Strafzwecke nicht entfallen. So verlange der Gesichtspunkt der generellen {41} Prävention gegenüber Spionageaktivitäten gegen die Bundesrepublik Deutschland weiter Beachtung. Insbesondere könne die fortbestehende Strafbarkeit für bisher nicht entdeckte Agenten den Anstoß geben, sich im Blick auf § 153e StPO[9] zu offenbaren. Es sei Sache des Gesetzgebers, zwischen dem fortbestehenden Interesse an einer Strafverfolgung und den für ein Straffreiheitsgesetz sprechenden Gesichtspunkten abzuwägen.

Eine verfassungsrechtliche Pflicht zur Amnestiegewährung bestehe nicht, weil ein legitimes Strafbedürfnis fortbestehe. Sie folge auch nicht aus dem Wiedervereinigungsgebot, selbst wenn man dieses zu einem verfassungsrechtlichen Integrationsgebot weiter entwickle. Die integrative Kraft einer Amnestie sei jedenfalls zur Zeit sehr fraglich, wie das Scheitern früherer Amnestiebestrebungen zeige. Die Aufrechterhaltung der Strafbarkeit für MfS-Agenten verstoße auch nicht gegen Art. 103 Abs. 2 GG. Die Handlungen der Täter seien nach bundesdeutschem Strafrecht zur Tatzeit strafbar gewesen. Aus dem rechtsstaatlich verbürgten Vertrauensschutz und dem Gesichtspunkt einer nachwirkenden dienstrechtlichen Fürsorge- und Schutzpflicht für Bedienstete der DDR ergebe sich ebenfalls kein Hindernis für eine Bestrafung. Nachwirkende dienstrechtliche Fürsorge- und Schutzpflichten für ehemalige Agenten des MfS bestünden nicht.

b) Eine allgemeine Regel des Völkerrechts (Art. 25 GG), die einer Bestrafung vom Gebiet der ehemaligen DDR aus begangener nachrichtendienstlicher Tätigkeiten entgegenstehe, existiere nicht.

Art. 31 HLKO und der dieser Bestimmung entsprechende Art. 46 Abs. 4 des Zusatzprotokolls zu den Genfer Abkommen vom 12. Au-{42}gust 1949 über den Schutz der Opfer internationaler Konflikte (Protokoll I) diene dem Schutz von Kombattanten. Art. 31 HLKO sei nicht auf Spionage in Friedenszeiten anwendbar. Im Kriegsvölkerrecht würden häufig Sonderregelungen getroffen, die wegen ihrer speziellen Ausrichtung auf Gegebenheiten des Krieges nicht auf den Friedensfall übertragen werden könnten. Ein Analogieschluß oder gar ein Erst-Recht-Schluß vom Kriegs- auf das Friedensvölkerrecht sei im Zusammenhang mit Art. 31 HLKO nicht möglich.

Art. 15 des Internationalen Pakts über bürgerliche und politische Rechte (IPbürgR) und Art. 7 der Europäischen Menschenrechtskonvention (EMRK) garantierten das Verbot rückwirkender Strafnormen. Die Täter hätten sich noch in der Zeit der Existenz der DDR nach dem auf sie anwendbaren bundesdeutschen Strafrecht strafbar gemacht. Art. 15 IPbürgR und Art. 7 EMRK forderten nicht, daß die Strafbarkeit aus dem Recht des Tatorts folgen müsse.

2. Auch nach Auffassung des Thüringer Ministerpräsidenten stehen der strafrechtlichen Verfolgung von Mitarbeitern der HVA weder verfassungsrechtliche noch völkerrechtliche Schranken entgegen. Die Begründung entspricht im wesentlichen der Stellungnahme des Bundesministeriums der Justiz.

3. Die Angeschuldigten Großmann, Devaux und Schorm treten der Ansicht des Kammergerichts bei, die gegen sie gerichtete Strafverfolgung sei mit Verfassungsrecht und Völkerrecht nicht zu vereinbaren. In Ergänzung zu der Begründung des Vorlagebeschlusses machen sie darüber hinaus geltend, Art. 103 Abs. 2 GG, Art. 11 Nr. 2 der Allgemeinen Erklärung der Menschenrechte, {43} Art. 7 EMRK und Art. 15 IPbürgR würden verletzt, weil sie sich nach dem für sie maßgeblichen Recht der DDR nicht strafbar gemacht hätten und sie rückwirkend dem Strafrecht der Bundesrepublik unterstellt würden. Bei den Verhandlungen über den Einigungsvertrag seien beide Seiten davon ausgegangen, daß ein Regelungsbedürfnis für ein Straffreiheitsgesetz lediglich für im Dienst des MfS stehende Agenten bestanden habe, die ihre Lebensgrundlage im Gebiet der damaligen Bundesrepublik Deutschland gehabt hätten. Demgegenüber habe Übereinstimmung darüber bestanden, daß die hauptamtlichen, in der ehemaligen DDR ansässigen Bediensteten der HVA keiner Strafverfolgung ausgesetzt seien. Insoweit werde angeregt, zum Beweis dieses Vorbringens zeugenschaftliche Erklärungen der damaligen Verhandlungsführer einzuholen.

IV. [Völkerrechtliches Gutachten]

Zur Vorbereitung der Entscheidung hat der Senat vom Max-Planck-Institut für ausländisches öffentliches Recht und Völkerrecht in Heidelberg ein Rechtsgutachten[10] zu folgenden Fragen eingeholt:

1. Gibt es eine allgemeine Regel des Völkerrechts (Art. 25 GG), die einer Strafverfolgung oder einer Bestrafung von Bediensteten oder Agenten des ehemaligen Ministeriums für Staatssicherheit der DDR wegen einer gegen die Bundesrepublik Deutschland oder gegen NATO-Vertragsstaaten (vgl. Art. 7 des Vierten Strafrechtsänderungsgesetzes vom 11. Juni 1957 – BGBl I S. 597 – mit Änderungen) ausgeübten geheimdienstlichen Agententätigkeit (§ 99 StGB), wegen Landesverrats (§ 94 StGB) oder einer anderen Straftat nach dem Zweiten Abschnitt des Besonderen Teils des Strafgesetzbuchs entgegensteht? {44}
   a) Ergibt sich eine solche Regel
      (1) aus einer entsprechenden Anwendung des Art. 31 HLKO?,
      (2) aus dem Grundsatz der Immunität für staatliches Handeln?,
      (3) aus Grundsätzen über die Staatensukzession, insbesondere aus einer Nachfolge der Bundesrepublik Deutschland in eine Schutzpflicht der DDR gegenüber den Bediensteten und Agenten des Ministeriums für Staatssicherheit?,
      (4) aus einer anderen allgemeinen Regel des Völkerrechts?
   b) Macht es für die Beurteilung einen Unterschied,
      (1) ob ein Bediensteter des Ministeriums für Staatssicherheit ausschließlich auf dem Gebiet der DDR oder eines ausländischen Staates tätig geworden ist,
      (2) ob er seine Agententätigkeit (auch) auf dem Gebiet der Bundesrepublik Deutschland ausgeübt hat – sei es anläßlich von Agententreffs, sei es, daß er

unter einer falschen Identität seinen Wohnsitz in der Bundesrepublik Deutschland genommen und hier spioniert hat –,

(3) ob ein Bürger der Bundesrepublik Deutschland sich für eine Agententätigkeit hat anwerben lassen und diese hier ausgeübt hat?

c) Widersprechen die Vorschriften des § 5 Nr. 4 und des § 9 StGB, soweit sie die oben bezeichneten Straftatbestände betreffen, einer allgemeinen Regel des Völkerrechts?

d) Aus welcher Rechtsquelle ergibt sich eine etwa einschlägige allgemeine Regel des Völkerrechts (Vertragsrecht, Gewohnheitsrecht, allgemeine Rechtsgrundsätze)?

e) Auf welche Hilfsmittel gründet sich die Feststellung einer etwa einschlägigen völkerrechtlichen Regel? Inwieweit werden insbesondere gerichtliche Entscheidungen oder Lehrmeinungen von Völkerrechtlern der verschiedenen Nationen zugrunde gelegt (vgl. Art. 38 Abs. 1 Buchst. d. IGH-Statut)? {45}

2. Steht eine allgemeine Regel des Völkerrechts auch einer Strafverfolgung oder einer Bestrafung wegen Bestechung (§ 334 StGB) oder wegen anderer Straftaten entgegen, die im Rahmen der Agententätigkeit begangen wurden? Kommt es dafür darauf an, ob durch diese Straftaten individuelle Rechtsgüter (z.B. Leib, Leben, Freiheit der Person, Eigentum oder Vermögen eines anderen) verletzt wurden?

B. [Zulässigkeit des Vorlagebeschlusses und der Verfassungsbeschwerden]

Die Vorlage des Kammergerichts nach Art. 100 Abs. 1 GG ist unzulässig (I.), die Vorlage nach Art. 100 Abs. 2 GG (II.) und die Verfassungsbeschwerden sind hingegen zulässig.

I. [Unzulässigkeit der Vorlage nach Art. 100 Abs. 1 GG]

1. Die Vorlage gemäß Art. 100 Abs. 1 GG betrifft die Verfassungsmäßigkeit des Art. 315 Abs. 4 EGStGB in der Fassung des Einigungsvertrages. Gegenstand der Normenkontrolle ist danach das Zustimmungsgesetz zu diesem Vertrag (Art. 59 Abs. 2 GG; vgl. BVerfGE 12, 281 ‹288›; 36, 1 ‹13›) – das Einigungsvertragsgesetz vom 23. September 1990 (BGBl II S. 885) –, soweit es die Zustimmung zur Neufassung des Art. 315 Abs. 4 EGStGB enthält.

2. Die Vorlage genügt nicht den Begründungsanforderungen des § 80 Abs. 2 Satz 1 BVerfGG. Das Kammergericht hat zwar hinreichend dargelegt, mit welcher übergeordneten Rechtsnorm die zur Prüfung gestellte Rechtsvorschrift unvereinbar sein soll. Das vorlegende Gericht muß aber auch begründen, inwiefern seine Entscheidung von der Gültigkeit der Vorschrift abhängt. Dazu hat das vorlegende Gericht die rechtlichen Erwägungen erschöpfend darzulegen, nach denen es für die von ihm zu treffende Entscheidung auf die Gültigkeit der gesetzlichen Vorschrift ankommt {46} (vgl. BVerfGE 22, 175 ‹176 f.›; 78, 1 ‹5›; stRspr). Es muß sich mit der Rechtslage auseinandersetzen, die in Literatur und Rechtsprechung vertretenen Auffassungen zu denkbaren Auslegungsmöglichkeiten erörtern (vgl. BVerfGE 85, 329 ‹333›) und gegebenenfalls auch die Entstehungsgeschichte der Norm berücksichtigen (vgl. BVerfGE 78, 201 ‹204›). Dem entspricht die Begründung des Vorlagebeschlusses nicht.

a) Nach den Ausführungen zu Beginn des Abschnitts A. sowie unter A. IV. des Vorlagebeschlusses richten sich die verfassungsrechtlichen Bedenken des Kammergerichts nicht gegen die Strafbarkeit der Taten, die den Angeschuldigten des Ausgangsverfahrens zur Last gelegt werden, sondern gegen die durch die Herstellung der deutschen Einheit „tatsächlich erst ermöglichte Strafverfolgung". Das Gericht sieht mithin in der zur Prüfung gestellten Vorschrift die Rechtsgrundlage für die prozessuale Verfolgbarkeit der den Angeschuldigten vorgeworfenen Taten, also für eine Verfahrensvoraussetzung. Es begründet indessen nicht, inwiefern Art. 315 Abs. 4 EGStGB die Strafverfolgung regelt, und setzt sich vor allem nicht mit naheliegenden anderen Auslegungsmöglichkeiten auseinander.

Art. 315 EGStGB stellt eine Übergangsvorschrift dar, die angibt, welches Strafrecht auf vor dem Wirksamwerden des Beitritts in der DDR begangene Taten Anwendung findet. Sie grenzt für sogenannte „Alttaten" den *zeitlichen* Geltungsbereich des mit dem Wirksamwerden des Beitritts im Gebiet der ehemaligen DDR in Kraft getretenen Strafrechts der Bundesrepublik gegen den *zeitlichen* Anwendungsbereich des im Tatzeitpunkt geltenden, mit dem Wirksamwerden des Beitritts außer Kraft getretenen Strafrechts der DDR ab. Während die Regelung in den Absätzen 1 bis 3 des {47} Art. 315 EGStGB dabei mit gewissen Modifikationen von den Grundsätzen des § 2 StGB – vor allem also vom Vorrang des mildesten Gesetzes (§ 2 Abs. 3 StGB) – ausgeht, bestimmt der Absatz 4 der Vorschrift, daß dies nicht gilt, soweit für eine Alttat das bundesdeutsche Strafrecht – aufgrund der Vorschriften über seinen räumlichen und persönlichen Anwendungsbereich (§§ 3 ff. StGB) schon *vor* dem Wirksamwerden des Beitritts gegolten hat. Die Vorschrift ist mithin dem materiellen Strafanwendungsrecht zuzurechnen. Sie betrifft die materielle Strafbarkeit, nicht die prozessuale Verfolgbarkeit einer Tat. Davon geht auch das Kammergericht in anderem Zusammenhang aus; es führt nämlich in Abschnitt A.III.3. und 5. der Beschlußgründe sinngemäß aus, Art. 315 Abs. 4 EGStGB bestätige das Fortbestehen der Rechtslage, nach der sich die Angeschuldigten in Anwendung des bundesdeutschen Strafrechts strafbar gemacht hätten.

b) Auch bei einem materiell-rechtlichen Verständnis ist die Entscheidungserheblichkeit des Art. 315 Abs. 4 EGStGB nicht ausreichend dargetan.

Die Auffassung, daß die Vorschrift für die den Angeschuldigten zur Last gelegten Taten die Maßgeblichkeit des Strafrechts der Bundesrepublik Deutschland konstitutiv anordne, hätte näherer Begründung bedurft. Diese Auslegung ergibt sich keineswegs zwingend aus dem Wortlaut des Gesetzes (vgl. Wilke, Das Kammergericht im Irrgarten des Ostwestrechts, NJW 1991, S. 2465; im Anschluß daran Gribbohm in: Leipziger Kommentar, StGB, 11. Aufl., § 2, Rn. 60a). Art. 315 EGStGB betrifft vor dem Wirksamwerden des Beitritts „in der Deutschen Demokratischen Republik begangene Taten". Abgesehen davon, daß das Kammergericht nicht zu der Frage Stellung nimmt, welche Bedeutung die Bestimmung für dieje-{48}nigen Teile der geheimdienstlichen Tätigkeit hat, die die Angeschuldigten bei Agententreffen außerhalb der DDR auf dem Boden von Drittstaaten, der Angeschuldigte Schorm nach dem Inhalt der Anklageschrift auch in Köln und Berlin (West), ausgeübt haben, hätte es durch Auslegung ermitteln müssen, ob „in der Deutschen Demokratischen Republik begangene Taten" auch solche sind, die schon zur Tatzeit *nur* nach dem Recht der Bundesrepublik Deutschland strafbar waren. Würden sich nämlich die Vorschriften des Art. 315 Abs. 1 bis 3 EGStGB nur auf solche

Sachverhalte beziehen, die zur Tatzeit nach dem Recht der DDR strafbar waren, das mit der deutschen Vereinigung gemäß Art. 8 EV durch das Recht der Bundesrepublik abgelöst worden ist, so wäre Art. 315 EGStGB – insgesamt – also einschließlich des Absatzes 4 – für die hier strafrechtlich zu beurteilenden Sachverhalte, die auch zur Tatzeit *nur* nach dem Recht der Bundesrepublik strafbar waren, von vornherein bedeutungslos. Die Prüfung dieser Frage drängte sich im Hinblick auf die Regelungsmaterie geradezu auf. Angesichts einer zunächst noch fehlenden rechtswissenschaftlichen Diskussion hätte eine Auseinandersetzung mit den Vertragserläuterungen nahegelegen.

Nach Art. 8 des Einigungsvertrages in Verbindung mit dessen Anlage I Kapitel III Sachgebiet C Abschnitt III ist am 3. Oktober 1990 im Beitrittsgebiet das Strafgesetzbuch der Bundesrepublik Deutschland mit wenigen Ausnahmen in Kraft getreten. Aus den Erläuterungen zu den Anlagen zum Einigungsvertrag (BTDrucks. 11/7817, S. 51) ergibt sich, daß Art. 315 EGStGB notwendige Übergangsregeln, die auf den Grundsätzen des § 2 StGB beruhen, für vor dem Wirksamwerden des Beitritts in der DDR begangene, aber noch nicht abgeurteilte Straftaten enthält. Diese {49} Grundsätze betreffen die zeitliche Abfolge verschiedener Strafgesetze, also die Frage, welches Gesetz angewendet werden soll, wenn die zur Tatzeit geltende strafrechtliche Regelung eines Verhaltens später geändert worden ist. Sie sind dagegen nicht auf den Fall zugeschnitten, daß ein Verhalten bereits zur Tatzeit unterschiedlichen strafrechtlichen Regelungen konkurrierender Rechtsordnungen unterliegt. Demgemäß erklärt Art. 315 Abs. 4 EGStGB die Absätze 1 bis 3 der Vorschrift für unanwendbar, soweit für die Tat das Strafrecht der Bundesrepublik bereits vor Wirksamwerden des Beitritts gegolten hat. Für diese Fälle soll stets das Strafrecht der Bundesrepublik maßgebend sein, auch wenn es im Vergleich zum konkurrierenden Strafrecht der DDR nicht das mildere Gesetz ist.

Dies legt die Frage nahe, ob die in Art. 315 Abs. 1 EGStGB für anwendbar erklärten Grundsätze des § 2 StGB überhaupt den hier zu beurteilenden Sachverhalt erfassen, daß Handlungen, die auf dem Gebiet der DDR vorgenommen wurden, zur Tatzeit nur nach dem Recht der Bundesrepublik strafbar waren (und dies in der Folgezeit geblieben sind), nach dem Recht des Handlungsortes dagegen nicht mit Strafe bedroht waren. In diesem Zusammenhang hätte überdies geprüft werden müssen, ob es für die Strafbarkeit der Angeschuldigten einen Unterschied macht, daß Art. 315 Abs. 4 EGStGB vorhanden ist, ob also der Vorschrift hier ein eigenständiger Regelungsgehalt zukommt. Es läßt sich sehr wohl die Ansicht vertreten, daß der Vorschrift für die hier zu beurteilenden Sachverhalte allenfalls deklaratorische, klarstellende Bedeutung zukommt, die Rechtslage aber insoweit nicht anders wäre, wenn es die Vorschrift nicht gäbe. Eine ausreichende Erörterung dieser Fragen fehlt. {50}

II. [Zulässigkeit der Vorlage gem. Art. 100 Abs. 2 GG]

Soweit das Kammergericht die entsprechende Anwendung des Art. 31 HLKO zur Nachprüfung stellt, ist die Vorlage gemäß Art. 100 Abs. 2 GG zulässig.

Nach dieser Vorschrift hat ein Gericht die Entscheidung des Bundesverfassungsgerichts einzuholen, wenn in einem Rechtsstreit zweifelhaft ist, ob eine Regel des Völkerrechts Bestandteil des Bundesrechts ist und ob sie unmittelbar Rechte und Pflichten für den Einzelnen erzeugt (vgl. BVerfGE 23, 288 ‹315 f.›). Das ist auch der Fall, wenn

Zweifel an Umfang und Tragweite einer bestehenden allgemeinen Regel des Völkerrechts auftreten (vgl. BVerfGE 15, 25 ‹31 ff.›; 23, 288 ‹319›; 64, 1 ‹13›).

Das Kammergericht vertritt die Ansicht, daß dem für den Kriegsfall geltenden Art. 31 HLKO als allgemeine Regel des Völkerrechts ein übergeordneter, der Strafverfolgung der Angeschuldigten entgegenstehender Gedanke zu entnehmen sei, der über den Wortlaut der Vorschrift hinaus im Ausgangsverfahren Geltung beanspruche. Diese Auffassung über die Tragweite des Art. 31 HLKO begegnet objektiven Zweifeln. Mit seiner Rechtsmeinung setzt sich das Kammergericht in Widerspruch zur Auffassung der Bundesregierung und zu Entscheidungen des Bundesgerichtshofs (vgl. etwa BGHSt 37, 305; BGH, NJW 1991, S. 2498).

Auch die Entscheidungserheblichkeit dieser Vorlagefrage hat das Kammergericht ausreichend begründet.

C. [Vereinbarkeit der angegriffenen Normen mit dem Grundgesetz]

Die Vorschriften des Strafgesetzbuchs, die den mit den Verfassungsbeschwerden angegriffenen Entscheidungen zugrunde liegen, {51} sind auch nach Herstellung der deutschen Einheit mit dem Grundgesetz insoweit vereinbar, als sie in Verbindung mit den §§ 3, 5 Nr. 4 und 9 StGB für die im Dienste der DDR betriebene Spionage gegen die Bundesrepublik Deutschland weiterhin eine Bestrafung vorsehen. Das gilt auch, wenn Spionagehandlungen vom Boden der DDR aus von solchen Personen begangen wurden, die Staatsbürger der DDR waren und bis zum Wirksamwerden des Beitritts der DDR zur Bundesrepublik Deutschland ihre Lebensgrundlage in der DDR hatten; in solchen Fällen verstößt jedoch die Strafverfolgung nach den Vorschriften über Landesverrat (§ 94 StGB) oder geheimdienstliche Agententätigkeit (§ 99 StGB), die Gegenstand der Verfassungsbeschwerden sind und Anlaß zu der Vorlage gegeben haben, gegen Art. 2 GG in Verbindung mit dem im Rechtsstaatsprinzip wurzelnden Grundsatz der Verhältnismäßigkeit.

I. [Erstreckung der Strafbarkeit auf Auslandstaten]

Die Straftatbestände des Landesverrats (§ 94 StGB) und der geheimdienstlichen Agententätigkeit (§ 99 StGB) schränken die Freiheitsrechte des Art. 2 Abs. 1 und Abs. 2 Satz 2 GG in verfassungsrechtlich zulässiger Weise ein. Das Bundesverfassungsgericht hat in dem Beschluß vom 26. Mai 1981 den § 99 Abs. 1 Nr. 1 StGB für mit dem Grundgesetz vereinbar erklärt (vgl. BVerfGE 57, 250 ‹262 ff.›) und ist im Beschluß vom 15. April 1970 allgemein von der Verfassungsmäßigkeit der Vorgängervorschrift des § 100e StGB a.F.[11] sowie des § 99 StGB ausgegangen (vgl. BVerfGE 28, 175 ‹183 ff.›). Ebenso ist das Bundesverfassungsgericht von der Vereinbarkeit des § 94 StGB mit dem Grundgesetz ausgegangen (vgl. BVerfGE 25, 69 ‹78 ff.›; 25, 88 ‹98›; 45, 363 ‹370 ff.›). Von dieser Rechtsprechung abzugehen, besteht kein Anlaß. {52}

Das gilt auch, soweit die genannten Strafvorschriften aufgrund des strafrechtlichen Schutzprinzips (§ 5 Nr. 4 StGB) oder der Vorschriften über den Tatort (§ 9 StGB) die Strafbarkeit der Spionagetätigkeit von Mitarbeitern der Geheimdienste der DDR gegen die Bundesrepublik Deutschland auch dann begründeten, wenn diese Mitarbeiter ausschließlich im Gebiet der DDR oder im Ausland handelten. Die Erstreckung der Strafbarkeit derartiger Taten, bei denen der Täter ausschließlich im Ausland gehandelt hat, verstößt weder gegen das Grundgesetz noch gegen allgemeine Regeln des Völkerrechts, die nach Art. 25 GG zu beachten wären. Vor dem Grundgesetz, insbesondere den darin verbürgten Grundrechten, legitimiert sich die Erstreckung der Strafbarkeit auf Auslandstaten dadurch, daß die §§ 93 ff. StGB dem Schutz der freiheitlich verfaßten Bundesrepublik Deutschland nach außen dienen und damit den Freiraum verbürgen sollen, der Grundrechtsgarantien überhaupt erst ermöglicht und sich entfalten läßt (vgl. BVerfGE 57, 250 ‹268 f.›). Abgesehen davon, daß die Bundesrepublik Deutschland gerade in der Zeit, in der die hier in Rede stehenden Taten begangen wurden, aufgrund ihrer exponierten Lage und Bedeutung im westlichen Bündnis in besonderer Weise den Operationen gegnerischer Nachrichtendienste mit all ihren Gefahren ausgesetzt war, ist es ganz allgemein angesichts der länderüberspannenden Organisationsformen moderner Geheimdienste und ihrer Ausforschungstätigkeit, die alle Angelegenheiten eines anderen Staates betrifft, gerechtfertigt, die Sicherheit des eigenen Staates umfassend auch gegen vom Ausland ausgehende Operationen fremder Geheimdienste strafrechtlich zu schützen. Bei der Verfolgung dieses legitimen Schutzzwecks gehen die genannten Strafvorschriften weder in der Abgrenzung ihrer Tatbestände noch {53} in ihren Strafdrohungen über die durch den Verhältnismäßigkeitsgrundsatz gezogenen verfassungsrechtlichen Grenzen hinaus. Näherer Erörterung bedarf jedoch die Frage, ob wegen des Beitritts der DDR zur Bundesrepublik Deutschland eine neue verfassungsrechtliche Bewertung geboten ist, zumal für diejenigen Spionagehandlungen, die vom Boden der DDR aus durch Personen begangen wurden, die Staatsbürger der DDR waren und bis zum Wirksamwerden des Beitritts ihre Lebensgrundlage in der DDR hatten. Bei dieser Prüfung hat das Bundesverfassungsgericht die Verfassungsmäßigkeit der angegriffenen Regelung unter allen in Betracht kommenden Gesichtspunkten zu untersuchen.

II. [Verstoß gegen das Gleichbehandlungsgebot]

Es verstößt nicht gegen Art. 3 Abs. 1 GG, daß die Spionage im Dienst der ehemaligen DDR weiterhin strafbar ist, während die Strafvorschriften der DDR gegen die Mitarbeiter und Agenten des Nachrichtendienstes der Bundesrepublik durch den Einigungsvertrag aufgehoben wurden.

Der allgemeine Gleichheitssatz des Art. 3 Abs. 1 GG gestattet es dem Gesetzgeber, mehrere Personengruppen ungleich zu behandeln, wenn zwischen ihnen Unterschiede von solcher Art und solchem Gewicht bestehen, daß sie die Ungleichbehandlung rechtfertigen können (vgl. BVerfGE 82, 126 ‹146› und öfter). Solche Unterschiede bestehen zwischen Personen, die im Dienste der DDR Spionage gegen die Bundesrepublik betrieben haben, und solchen, die für einen Geheimdienst der Bundesrepublik die DDR ausgespäht haben. Sie ergeben sich aus der Eigenart der geregelten Materie als Staatsschutzrecht. {54}

Der Schutz der Bundesrepublik Deutschland erfordert es, geheimdienstliche Tätigkeiten für eine fremde Macht unter Strafe zu stellen (vgl. BVerfGE 57, 250 ‹262 ff.›). Dem Schutz der Bundesrepublik dient auch die Tätigkeit ihres Auslandsnachrichtendienstes. Der Staat, der diesen Dienst geschaffen hat und unterhält, kann nicht zugleich dessen Mitarbeiter und Agenten wegen ihrer dienstlichen Tätigkeit mit Strafe bedrohen. Für Mitarbeiter und Agenten des Geheimdienstes einer fremden Macht gelten diese Gesichtspunkte nicht, vor allem wenn ihre Tätigkeit gegen die Bundesrepublik gerichtet ist. Es entspricht demzufolge der Sachgesetzlichkeit des Staatsschutzrechts, daß es stets nur den eigenen Staat gegen fremde Spionage schützt und in diesen Schutz allenfalls noch gewisse Verbündete einbezieht, dagegen die dem Schutz und den Interessen des eigenen Staates dienende Tätigkeit der eigenen Geheimdienste nicht als strafbar ansieht (vgl. BGHSt 37, 305 ‹312 f.›).

Diese dem Staatsschutzrecht aller Staaten immanente Sachgesetzlichkeit stellt auch nach der deutschen Vereinigung einen hinreichenden Differenzierungsgrund vor Art. 3 Abs. 1 GG dar. Die Aufhebung der Vorschriften des DDR-Strafrechts für Mitarbeiter des Bundesnachrichtendienstes entspricht der Rechtsordnung der Bundesrepublik Deutschland. Andererseits hat durch den Beitritt die in der Vergangenheit für die DDR betriebene Spionage ihren Charakter als gegen die Bundesrepublik Deutschland gerichtete, sie schädigende oder doch gefährdende Tätigkeit nicht geändert. Dies rechtfertigt nach wie vor die unterschiedliche strafrechtliche Regelung. {55}

III. [Verstoß gegen Völkerrecht]

Es läßt sich nicht feststellen, daß die Ahndung im Auftrag der ehemaligen DDR ausgeübter nachrichtendienstlicher Tätigkeiten durch die Bundesrepublik Deutschland nach der Vereinigung der beiden Teile Deutschlands gegen eine allgemeine Regel des Völkerrechts und damit gegen Art. 25 GG verstößt. Dies ergibt sich, gestützt auf das Gutachten des Max-Planck-Instituts, aus folgenden Gründen:

1. Die DDR war im Sinne des Völkerrechts ein Staat und als solcher Völkerrechtssubjekt. Diese Feststellung gilt unabhängig von einer völkerrechtlichen Anerkennung der DDR durch die Bundesrepublik Deutschland (vgl. BVerfGE 36, 1 ‹22›). Unbeschadet der Frage, ob zwischen den beiden deutschen Staaten besondere staatsrechtliche Beziehungen bestanden haben, können für die Beurteilung der hier vorliegenden Sachverhalte die allgemeinen Regeln des Völkerrechts im Sinne des Art. 25 GG herangezogen werden (vgl. BVerfGE 36, 1 ‹23 f.›). Diese Regeln müssen auf einer allgemeinen, gefestigten Übung der Staaten beruhen, der die Rechtsüberzeugung zugrunde liegt, daß dieses Verhalten Rechtens sei (vgl. BVerfGE 66, 39 ‹64 f.›; 68, 1 ‹83›).

2. Die bereits vor der Vereinigung der beiden Teile Deutschlands geltenden und danach fortbestehenden Strafbestimmungen der Bundesrepublik Deutschland über Landesverrat, geheimdienstliche Agententätigkeit und damit in Zusammenhang stehende Straftaten sowie über deren räumlichen Geltungsbereich widersprechen nicht den allgemeinen Regeln des Völkerrechts. Diese Regeln stehen auch nach Herstellung der deutschen Einheit der Strafbarkeit von Mitarbeitern und Agenten der Nachrichtendienste der DDR wegen ihrer früheren Spionagetätigkeit nicht entgegen. {56}

a) Grundsätzlich sind die Staaten von Völkerrechts wegen in der Gestaltung ihres Strafrechts frei. Die völkerrechtlich anerkannte und abgesicherte Gebietshoheit behält es jedem Staat vor, auf seinem Hoheitsgebiet Rechtsgüterschutz gegen Inlandstaten zu gewähren, indem er den Rechtsbruch strafrechtlich ahndet (Territorialitätsprinzip; vgl. Knut Ipsen, Völkerrecht, 3. Aufl., 1990, § 38 Rn. 2). Darüber hinaus räumt das völkerrechtlich allgemein anerkannte Schutzprinzip den Staaten die Befugnis ein, im Ausland von In- oder Ausländern begangene Delikte zu bestrafen, welche die Existenz oder andere wichtige Rechtsgüter des Staates bedrohen (vgl. BGH, NJW 1991, S. 2498 f.; Oehler, Internationales Strafrecht, 2. Aufl., 1983, Rn. 111; Schuster, ZaöRV Bd. 51 ‹1991›, S. 651 ‹653 f.›; Verdross/Simma, Universelles Völkerrecht, 3. Aufl., 1984, §§ 1183 f.; Dahm/Delbrück/Wolfrum, Völkerrecht, 2. Aufl., 1989, Bd. I/1, S. 322; Jescheck, „Strafrecht, Internationales“, in: Strupp/Schlochauer, Wörterbuch des Völkerrechts, Dritter Band, 1962, S. 396 ‹397›; Langkau, Völker- und landesrechtliche Probleme der Kriegs- und Friedensspionage – unter besonderer Berücksichtigung der Ausspähung aus dem Luft-, See- und Weltraum –, 1970, S. 289; Wengler, Völkerrecht Bd. II, 1964, S. 938 Fußn. 2, S. 939 Fußn. 1, S. 941 Fußn. 1; Herrmann, Die Anwendbarkeit des politischen Strafrechts auf Deutsche im Verhältnis zwischen der Bundesrepublik Deutschland und der Deutschen Demokratischen Republik, 1959, S. 93; Eser in: Schönke/Schröder, StGB, 24. Aufl., 1991, Vorbem. §§ 3 bis 7, Rn. 3; Oxman, „Jurisdiction of States“, in: Bernhardt ‹ed.›, Encyclopadia of Public International Law, Inst. 10, 1987, S. 277 ‹280›). Das gilt insbesondere für die vom Ausland aus betriebene Friedensspionage. Für diese läßt sich daher dem Völkerrecht auch {57} kein allgemeiner Rechtfertigungsgrund zugunsten der Spione entnehmen.

b) Es besteht keine allgemeine Regel des Völkerrechts, nach der sich Spione, die von dem von der Spionage betroffenen Staat strafrechtlich verfolgt werden, auf die Grundsätze der Staaten-Immunität berufen könnten (zusammenfassend Steinberger, State Immunity, in: Bernhardt ‹ed.›, Encyclopedia of Public International Law, Inst. 10, 1987, S. 428 ff.). Eine Ausnahme gilt nur, wenn sie als Diplomaten den Schutz der Wiener Übereinkommen über diplomatische Beziehungen vom 18. April 1961 (Art. 29 ff.) oder über konsularische Beziehungen vom 24. April 1963 (Art. 41 ff.) oder besonderer Übereinkommen genießen.

c) Die „Act of State“-Doktrin ist, soweit erkennbar, bisher in keinem Falle auf Spionageaktivitäten angewandt worden. Sie beschränkt sich typischerweise auf Enteignungen, die nicht von fremden Gerichten überprüft werden sollen. Außerdem kann sie nicht als allgemeine Regel des Völkerrechts im Sinne des Art. 25 GG angesehen werden, da sie außerhalb des angloamerikanischen Rechtskreises nicht als solche anerkannt ist (vgl. Fonteyne, „Acts of State“, in: Bernhardt ‹ed.›, Encyclopedia of Public International Law, Vol. I, 1992, S. 17 ‹19›; Verdross/Simma, a.a.O., S. 775 f.).

d) Es besteht auch keine allgemeine Regel des Völkerrechts, wie ein Staat, nachdem ihm ein anderer Staat beigetreten ist, mit Personen verfahren kann, die Straftaten des Landesverrats oder der geheimdienstlichen Agententätigkeit – und im Zusammenhang damit unter Umständen auch weitere Straftaten – der Bestechung zugunsten des beigetretenen Staates begangen haben. {58}

aa) Das völkerrechtliche Sukzessionsrecht enthält keine allgemeine Regel, die im Falle des friedlichen und vereinbarten Beitritts eines Staates zu einem anderen den fortbestehenden Staat verpflichtete, Spione, die für den beitretenden Staat gegen ihn tätig waren, straflos zu stellen (vgl. BGHSt 37, 305 ‹311 f.›). Die Feststellungen, die das Max-Planck-Institut in seinem Gutachten über die Praxis der Staaten bei friedlichen Vereinigungen, Beitritten und Gebietsabtretungen – von der Vereinigung Englands und Schottlands im Jahre 1707 an bis hin zu der Vereinigung der beiden Jemen im Jahre

1990 – trifft, lassen erkennen, daß die Staaten keine allgemeine, gefestigte Übung begründet, sondern unterschiedliche, jeweils auf den Einzelfall abgestimmte Regelungen getroffen haben. Solche Regelungen enthielt auch der anläßlich des Beitritts des Saarlandes zur Bundesrepublik Deutschland abgeschlossene deutsch-französische Saarvertrag vom 27. Oktober 1956 (vgl. Art. 2 des Vertrages in Verbindung mit dessen Anlage 1 – BGBl II S. 1589 ‹1593, 1639 ff.› und § 1 Abs. 1 Satz 2 des Gesetzes über die Eingliederung des Saarlandes vom 23. Dezember 1956 – BGBl I S. 1011).

bb) Das Fehlen einer allgemeinen Staatenpraxis steht auch der Annahme entgegen, Art. 31 HLKO sei im Fall einer friedlichen und im Wege eines Vertrages vereinbarten Staatenverbindung analog anzuwenden.

Die Haager Landkriegsordnung ist Sonderrecht des Krieges und kodifiziert die bis 1904/5 gewohnheitsrechtlich entwickelten Kriegsgebräuche (vgl. Schneider, Haager Friedenskonferenzen von 1899 und 1907, in: Strupp/Schlochauer, Wörterbuch des Völkerrechts, Erster Band, 1960, S. 739 ff.). Das Bundesverfassungsgericht hat nicht allgemein darüber zu entscheiden, ob und inwie-{59}weit eine analoge Anwendung dieser Vorschriften auf die Friedensspionage möglich ist. Es hat nur darüber zu befinden, ob es eine allgemeine Regel des Völkerrechts im Sinne des Art. 25 GG gibt, die eine solche analoge Anwendung zu ihrem Inhalt hat. Das setzte voraus, daß die analoge Anwendung des Art. 31 HLKO einer durch die Staatenpraxis bestätigten allgemeinen Rechtsüberzeugung der Staaten entspräche. Dafür gibt es keinen Beleg; auch das Kammergericht und die Beteiligten der Ausgangsverfahren zeigen einen solchen nicht auf.

cc) Das für die Bundesrepublik Deutschland aus Art. 15 IPbürgR und Art. 7 EMRK begründete Verbot rückwirkender Strafgesetze geht in seinen Anforderungen nicht über Art. 103 Abs. 2 GG hinaus. Diesen völkerrechtlichen Vorschriften läßt sich insbesondere nicht entnehmen, daß die Strafbarkeit zur Tatzeit durch das Recht des Handlungsortes bestimmt sein müsse. Diese Auslegung verbietet sich wegen der allgemeinen völkerrechtlichen Anerkennung des Schutzprinzips, das es den Staaten erlaubt, Auslandstaten mit Strafe zu bedrohen, auch wenn die Tat nach dem Recht des Handlungsortes nicht strafbar ist. Auch die DDR hat sich durch Art. 15 IPbürgR nicht gehindert gesehen, gegen sie gerichtete Auslandstaten, die am Handlungsort nicht strafbar waren, mit Strafe zu bedrohen (vgl. § 80 in Verbindung mit §§ 97 ff. StGB/DDR[12]).

IV. [Verstoß gegen das Rückwirkungsverbot]

Das in Art. 103 Abs. 2 GG verankerte Verbot rückwirkender Strafgesetze (vgl. BVerfGE 63, 343 ‹357›) ist nicht dadurch verletzt, daß die Strafbarkeit der Spionage im Dienst der ehemali-{60}gen DDR durch das zur Tatzeit geltende Recht der Bundesrepublik Deutschland bestimmt wird.

Art. 103 Abs. 2 GG enthält verfassungsrechtliche Gewährleistungen für das Strafrecht unter dem Grundgesetz. Dieses bezeichnet die Grenzen der Strafgewalt der Bundesrepublik Deutschland. Ob die Strafbarkeit einer Tat gesetzlich bestimmt war, bevor die Tat begangen wurde, ist darum in erster Linie aufgrund des Strafrechts der Bundesrepublik Deutschland zu beurteilen. Das gilt auch für die Fälle, in denen dieses Strafrecht im Hinblick auf denselben Sachverhalt mit anderen Rechtsordnungen konkurriert (vgl. Eser in: Schönke/Schröder, StGB, 24. Aufl., 1991, Vorbem. §§ 3 bis 7, Rn. 90).

Art. 103 Abs. 2 GG ist danach nicht verletzt, wenn die fremde Rechtsordnung eine dem konkurrierenden Recht der Bundesrepublik Deutschland entsprechende Strafvorschrift nicht enthält oder das nach dem Recht der Bundesrepublik strafbare Verhalten sogar ausdrücklich rechtfertigt. Auch soweit sich der Anwendungsbereich des Strafrechts der Bundesrepublik Deutschland auf Sachverhalte erstreckt, die hinsichtlich des Tatorts, des Täters oder des Verletzten internationale Bezüge aufweisen, ist die Beachtung des Verbots rückwirkender Strafgesetze grundsätzlich auf der Grundlage des innerstaatlichen Rechts zu beurteilen.

Den räumlichen Anwendungsbereich der Vorschriften über Landesverrat und geheimdienstliche Agententätigkeit bestimmen – soweit hier von Interesse – die §§ 3, 5 Nr. 4 und 9 StGB. Diese Bestimmungen sind Teil des sachlichen Strafrechts. Sie geben an, ob ein Sachverhalt, der zwischenstaatliche Bezüge aufweist, der innerstaatlichen Strafgewalt unterliegt; sie betreffen nicht die {61} verfahrensrechtliche Frage, auf welches Gebiet sich die Strafgerichtsbarkeit der Bundesrepublik erstreckt (vgl. BGHSt 20, 22 ‹25›). Die genannten Bestimmungen waren bereits vor dem 3. Oktober 1990 zu den hier in Betracht kommenden Tatzeiten in Kraft. Danach war nicht nur der aus der DDR eingereiste Agent, der in der Bundesrepublik seine geheimdienstliche Tätigkeit entfaltete, gemäß § 3 StGB nach dem Recht der Bundesrepublik strafbar. Auch die Mitarbeiter der Geheimdienste der DDR, die vom Gebiet der DDR oder eines anderen Staates aus die Spionage gegen die Bundesrepublik betrieben, unterlagen, wenn etwa beim Landesverrat (§ 94 StGB) der tatbestandliche Erfolg ihres Handelns in der Bundesrepublik eintrat oder wenn sie Teilnehmer einer Spionagetat waren, die ein anderer in der Bundesrepublik beging, nach § 9 StGB, im übrigen bei Straftaten nach den §§ 94 und 99 StGB unabhängig vom Tatort gemäß § 5 Nr. 4 StGB dem materiellen Strafrecht der Bundesrepublik.

An dieser Rechtslage hat sich durch den Beitritt der DDR zur Bundesrepublik Deutschland nichts geändert. Die oben bezeichneten strafrechtlichen Vorschriften sind aus diesem Anlaß nicht aufgehoben oder verändert worden. Daß sie nunmehr auch von Gerichten, die im Gebiet der früheren DDR liegen, anzuwenden sind und die Strafverfolgung der in diesem Gebiet lebenden Täter nach dem Wirksamwerden des Beitritts möglich wurde, ist nicht eine Folge rückwirkenden Inkrafttretens des materiellen Strafrechts der Bundesrepublik im Gebiet der DDR – dieses Recht galt, wie dargelegt, für die hier in Rede stehenden Taten schon zur Tatzeit –, sondern der durch den Beitritt und den Einigungsvertrag {62} bewirkten Erstreckung der Jurisdiktion der Bundesrepublik Deutschland auf das Gebiet der früheren DDR.

V. [Verstoß gegen den Verhältnismäßigkeitsgrundsatz]

Die Wirkungen dieser Erstreckung der Jurisdiktion der Bundesrepublik Deutschland sind am Rechtsstaatsprinzip (Art. 20 Abs. 3, 28 Abs. 1 Satz 1 GG) zu messen. Dabei kann offen bleiben, ob die Erstreckung der Jurisdiktion auf das Gebiet der DDR sich für die davon Betroffenen als ein Fall tatbestandlicher Rückanknüpfung (vgl. BVerfGE 72, 200 ‹242›) begreifen läßt. Diese wäre zwar grundsätzlich zulässig (vgl. BVerfGE 30, 392 ‹402›; stRspr), stieße jedoch – je nach dem Gewicht der gegenläufigen schutzwürdigen Interessen – auf durch Abwägung zu ermittelnde Grenzen (vgl. etwa BVerfGE 76, 256 ‹356›; 78, 249 ‹284›), die sich letztlich aus dem – verfassungsrechtlich ebenfalls im

Rechtsstaatsprinzip verankerten – Grundsatz der Verhältnismäßigkeit herleiten. Dieser Grundsatz wird aber in jedem Fall verletzt, wenn in der mit der Überwindung der deutschen Teilung entstandenen einzigartigen Situation der auf die Tatbestände der §§ 94, 99 StGB gegründete Strafanspruch gegenüber Bürgern der DDR durchgesetzt wird, die im Zeitpunkt des Wirksamwerdens der Einheit Deutschlands vom 3. Oktober 1990 ihren Lebensmittelpunkt in der ehemaligen DDR hatten und allein vom Boden der DDR oder solcher Staaten aus gehandelt haben, in denen sie wegen dieser Taten sowohl vor Auslieferung als auch vor Bestrafung sicher waren. Für solche Personen besteht deshalb ein unmittelbar verfassungsrechtlich begründetes Verfolgungshindernis. Ein solches Hindernis ist unabhängig von der Möglichkeit einer Amnestierung durch Gesetz geltendes Recht; seine Prüfung und Anwendung wird {63} nicht dadurch ausgeschlossen, daß ein in die gleiche Richtung weisendes Amnestievorhaben des Gesetzgebers nicht verwirklicht worden ist.

1. Staatliches Strafen ist auf mehreren Ebenen der aus dem Rechtsstaatsprinzip geforderten Verhältnismäßigkeitsprüfung unterworfen: auf der Normebene die Strafbewehrung als solche und das angedrohte Strafmaß, auf der Ebene des Straferkenntnisses die Zumessung der Strafe nach dem Maß der Schuld und der Strafbedürftigkeit. Auch die dazwischenliegende Entscheidung über die Strafverfolgung ist einer solchen Verhältnismäßigkeitsprüfung zu unterziehen.

Die Geeignetheit und Erforderlichkeit der Strafverfolgung im Hinblick auf die Erreichung des Strafzwecks ergibt sich allerdings grundsätzlich daraus, daß ein Straftatbestand seinen Zweck nur erfüllen kann, wenn er auch durchgesetzt wird. Eigene Bedeutung kommt indes der Prüfung der dritten Stufe der Verhältnismäßigkeit zu, der sogenannten Verhältnismäßigkeit im engeren Sinn. Wie vom Senat in anderem Zusammenhang ausgeführt, hat diese dritte Stufe gerade den Sinn, die als geeignet und erforderlich erkannten Maßnahmen einer gegenläufigen Kontrolle im Blick darauf zu unterwerfen, ob die eingesetzten Mittel der Strafverfolgung und Bestrafung unter Berücksichtigung der davon ausgehenden Grundrechtsbeschränkungen für den Betroffenen noch in einem angemessenen Verhältnis zu dem dadurch erreichbaren Rechtsgüterschutz stehen. Dies kann dazu führen, daß unter Umständen der an sich in legitimer Weise angestrebte Schutz zurückstehen muß, wenn das eingesetzte Mittel zu einer unangemessenen Beeinträchtigung der Rechte des Betroffenen führen würde (vgl. BVerfGE 90, 145 ‹185›). {64}

Der Verhältnismäßigkeitsgrundsatz im engeren Sinne verlangt eine Abwägung zwischen Gemeinwohlbelangen, zu deren Wahrnehmung es erforderlich ist, in Grundrechte einzugreifen, und den Auswirkungen auf die Rechtsgüter der davon Betroffenen. Die Gewichtung der miteinander in Verbindung zu setzenden und abzuwägenden widerstreitenden Interessen macht es erforderlich, die für das jeweilige Interesse erheblichen Bedingungen und Auswirkungen der Eingriffsregelung in ihrem Zusammenwirken zu würdigen. Der Grundsatz der Verhältnismäßigkeit im engeren Sinne enthält als solcher aber keine inhaltlichen Aussagen darüber, welche Auswirkungen und Bedingungen eines staatlichen Eingriffs in die Abwägung einzubeziehen sind und wann ein Mittel verhältnismäßig ist und wann nicht (vgl. Ress in: Rechtsstaat in der Bewährung, Band 15, Der Grundsatz der Verhältnismäßigkeit in Europäischen Rechtsordnungen, 1985, S. 5 ‹21 f.›; Hanack, Leipziger Kommentar zum Strafgesetzbuch, 11. Aufl., 1992, § 62 Rn. 8). Insoweit bedarf es einer wertenden verfassungsrechtlichen Entscheidung im jeweiligen

Einzelfall. Das gilt auch für staatliche Eingriffe im Bereich des Strafrechts. Soweit es um die Beurteilung der Verhältnismäßigkeit einer Strafandrohung oder der Höhe einer Strafe geht, deckt sich zwar der insoweit maßgebliche Schuldgrundsatz, der verlangt, daß die einen Täter treffenden Folgen einer strafbaren Handlung zur Schwere der Rechtsgutverletzung und des individuellen Verschuldens in einem gerechten Verhältnis stehen, in seinen die Strafe begrenzenden Auswirkungen mit dem Verfassungsgrundsatz des Übermaßverbotes (vgl. BVerfGE 50, 205 ‹215›). Hingegen müssen bei anderen strafrechtlichen Maßnahmen andere Bedingungen in die Beurteilung einbezogen werden (vgl. etwa § 62 StGB, § 121 Abs. 1 StPO; vgl. auch Dreher/Tröndle, Kommentar zum {65} StGB, 47. Aufl., 1995, § 62 Rn. 1). Das gilt zumal, wenn ein bestimmtes Ereignis, wie die im Zuge der Wiedervereinigung entstandene singuläre staats- und strafrechtliche Situation, die ohne Vorbild ist und sich so nicht wiederholen kann, die Frage aufwirft, ob eine – an sich zur Durchsetzung des Strafzwecks weiterhin geeignete und erforderliche – Verfolgung bestimmter strafbarer Handlungen zu einer so starken Beeinträchtigung rechtlicher Positionen der davon Betroffenen führt, daß dies den durch die Strafverfolgung erreichbaren Rechtsgüterschutz deutlich überwiegt.

Zu solchen Erwägungen der Verhältnismäßigkeit gibt der besondere Charakter von Spionagestraftaten Anlaß, soweit diese von Bürgern der ehemaligen DDR auf deren Gebiet begangen wurden, und die Bundesrepublik Strafgewalt über diese Täter nur infolge der Erstreckung ihrer Staatsgewalt auf das Gebiet der ehemaligen DDR erlangt hat. Eine Strafverfolgung dieser – in ihrer Eigenart von anderen strafbaren Delikten abgegrenzten – Spionagetaten kann zu Bedingungen führen, die – in ihrem Zusammenwirken – für die Betroffenen so schwer wiegen, daß demgegenüber das Interesse der Bundesrepublik an der Verfolgung der gegen sie gerichteten Spionagetaten zurücktreten muß.

2. a) Die Strafbarkeit der Spionage weist eine Eigentümlichkeit auf, die sie von anderen strafbaren Delikten unterscheidet (vgl. Doehring, Spionage im Friedensvölkerrecht, in: Bundesamt für Verfassungsschutz ‹Herausgeber›, Verfassungsschutz in der Demokratie, 1990, S. 307 ff. ‹308, 311›; Schünemann, Strafrechtliche Verantwortlichkeit für die DDR-Spionage gegen die Bundesrepublik Deutschland nach der Wiedervereinigung, in: Lampe ‹Herausgeber›, Deutsche Wiedervereinigung, Band II, 1993, S. 173 {66} ff. ‹189›; Loos/Radtke, MfS-Offiziere als [Mit-]Täter des Landesverrats [§ 94 StGB]?, Strafverteidiger 1994, S. 565 ‹571›; Ignor/Müller, Spionage und Recht, Strafverteidiger 1991, S. 573 ‹574›). Es ist das Besondere der Spionage, daß das Völkerrecht sie einerseits nicht verbietet, ihre Bestrafung durch den ausspionierten Staat aber andererseits selbst dann zuläßt, wenn der Spion ausschließlich außerhalb dieses Staates gehandelt hat. Auch wird Spionage für eine Macht, die letztlich andere unterdrücken will, völkerrechtlich nicht anders bewertet als Spionage für eine Macht, deren Zwecke in der Wahrung freiheitlicher Rechtsstaatlichkeit zu sehen sind (vgl. Doehring a.a.O. S. 311). In nahezu allen Staaten der Welt – so auch in der Bundesrepublik Deutschland und in der ehemaligen DDR – wird Spionage nur insoweit als strafbares Unrecht geahndet, als sie sich gegen den eigenen oder auch gegen einen verbündeten Staat richtet. Für sich selbst sehen die Staaten hingegen Spionage als ein legitimes Mittel zur Erlangung von Erkenntnissen für die Lagebeurteilung und die Entscheidungsfindung im politischen Bereich (vgl. Gesetzentwurf der Bundesregierung, BTDrucks. 11/7871, S. 6). Dabei nehmen sie in Kauf, daß der Spion im fremden Staat mit Strafe bedroht ist. Voraussetzung

für die Tätigkeit des Spions ist deshalb, daß der eigene Staat ihn vor Strafverfolgung im Ausland schützt: Spione werden nicht an den fremden Staat ausgeliefert; ist ein Spion im Ausland gefaßt worden, wird häufig versucht, ihn gegen einen Spion des anderen Staates auszutauschen.

Im allgemeinen ahndet der Staat mit dem Strafrecht Handlungen, die einem ethischen Minimum widersprechen. Spionagehandlungen sind demgegenüber rechtlich ambivalent (vgl. Gesetzentwurf der Bundesregierung, BTDrucks. 11/7871, S. 6): Dem aufklärenden {67} Staat nützen sie; für ihn stellen sie eine erlaubte Tätigkeit dar, ohne daß er an dieser Bewertung durch allgemeine, international anerkannte Grundsätze der Rechtsstaatlichkeit oder der Menschenrechte gehindert wird. Dem ausgespähten Staat schadet die Spionage; für ihn ist sie strafbares Unrecht. Da er selbst Spionage betreibt, rechtfertigt sich sein Strafanspruch gegenüber ausländischen Spionen nicht aus einem allgemeinen sozialethischen Unwerturteil über die Spionagehandlungen als solche, sondern allein aus dem – freilich sozialethisch nicht indifferenten – Schutz des eigenen Staates (vgl. Ignor/Müller a.a.O.; Loos/Radtke a.a.O.).

b) Diese Eigentümlichkeit haftet auch der Spionage an, die von der ehemaligen DDR gegen die Bundesrepublik Deutschland und ihre Verbündeten betrieben wurde.

Auch dort war Spionage nur mit Strafe bedroht, wenn sie zum Nachteil des eigenen oder eines verbündeten Staates begangen wurde (§§ 97 bis 100, 108 des Strafgesetzbuches der DDR in der Fassung vom 14. Dezember 1988, GBl 1989, S. 33). Die Angehörigen der Geheimdienste der DDR hatten – wie die Geheimdienste aller Staaten der Welt – eine nach dem Recht ihres Staates erlaubte und von ihm sogar verlangte Tätigkeit ausgeübt (BGH Ermittlungsrichter, Beschluß vom 30. Januar 1991, NJW 1991, S. 929 ‹932›). Der Senat verschließt sich dabei nicht der Tatsache, daß die Spionage der DDR – ähnlich der der anderen Ostblockstaaten – im besonderen Maße aggressiv betrieben wurde und auch auf die Destabilisierung der Ordnung der Bundesrepublik zielte. Daraus folgt indes in bezug auf die hier allein zu beurteilenden Tatbestände der §§ 94, 99 StGB nicht ein Unterschied gegenüber sonst staatenüblicher geheimdienstlicher Tätigkeit. Andere aus Anlaß {68} der oder im Zusammenhang mit der Spionagetätigkeit verwirklichte eigenständige Straftatbestände bleiben unberührt.

3. Stellt sich Spionage für den Staat, in dessen Interesse sie betrieben wird, als eine rechtmäßige, nützliche und zu schützende Tätigkeit dar, so kann diese – auch der Tätigkeit der DDR-Spione anhaftende – Eigentümlichkeit im Prozeß der Wiedervereinigung, in dessen Verlauf im Gebiet der ehemaligen DDR die Staatsgewalt von der Bundesrepublik Deutschland übernommen wurde, bei den Tätern, die vom Gebiet der DDR aus gehandelt haben, nicht übergangen werden. Zwar waren die dort zuvor gegen die Bundesrepublik Deutschland oder deren Verbündete begangenen Spionagestraftaten nach den im Einklang mit dem Grundgesetz stehenden §§ 94, 99 i.V.m. §§ 9, 5 Nr. 4 StGB von Anfang an strafbares Unrecht; dabei ist es auch geblieben. Wohl aber führen der Untergang der DDR – und damit auch der Wegfall des ihren Spionen gewährten Schutzes – bei gleichzeitiger Ablösung ihrer Rechtsordnung durch die der Bundesrepublik Deutschland und die damit erst möglich gewordene strafrechtliche Verfolgung zu einer besonderen Beeinträchtigung des Täterkreises, der seine Spionagetätigkeit zugunsten der DDR allein von deren Boden aus betrieben und den Bereich der Schutzmächtigkeit dieses Staates nicht verlassen hat. Der einmalige staatsrechtliche Vorgang der Wiedervereinigung

hat gleichzeitig auf der anderen Seite die Strafdrohung der DDR für die gegen sie von der Bundesrepublik Deutschland betriebene Spionage entfallen lassen. Mit der Vereinigung der beiden wechselseitig Spionage betreibenden und erleidenden deutschen Staaten tritt die den Spionagestraftatbeständen latent innewohnende, ihren Unrechtsgehalt charakterisierende Eigentümlichkeit zu Tage und fordert Konsequenzen. {69}

a) Spione der DDR waren, solange sie sich in deren Staatsgebiet aufhielten, vor der Verfolgung durch Organe der Strafrechtspflege der Bundesrepublik Deutschland sicher. Dort war die Verfolgung nicht nur, wie etwa bei einem sich versteckt haltenden Täter, tatsächlich, sondern auch rechtlich gehindert. Im Vertrag vom 21. Dezember 1972 zwischen der Bundesrepublik Deutschland und der Deutschen Demokratischen Republik über die Grundlagen der Beziehungen zwischen der Bundesrepublik Deutschland und der Deutschen Demokratischen Republik (BGBl II 1973, S. 421) sind die Vertragsteile übereingekommen, von dem Grundsatz auszugehen, daß die Hoheitsgewalt jedes der beiden Staaten sich auf sein Staatsgebiet beschränkt. Auch respektierten sie die Unabhängigkeit und Selbständigkeit jedes der beiden Staaten in seinen inneren und äußeren Angelegenheiten (Art. 6 des Vertrages). Danach war es den Strafverfolgungsorganen der Bundesrepublik Deutschland verwehrt, auf dem Gebiet der ehemaligen DDR tätig zu werden.

Auch konnten Personen, die im Interesse der DDR Spionage betrieben haben, als Bürger der DDR nicht nur gemäß Art. 33 Abs. 2 der Verfassung der Deutschen Demokratischen Republik vom 7. Oktober 1974 (GBl I S. 432), sondern auch nach der Staatspraxis der DDR vor Auslieferung sicher sein. Auch ein Spion, der nicht Bürger der DDR war und deshalb nicht unter dem Schutz des Art. 33 Abs. 2 der Verfassung stand, wurde nicht ausgeliefert. Die DDR hat insoweit die staatenübliche Verpflichtung anerkannt, eine durch eigene Aktivität in eine Spionagetätigkeit verstrickte Person vor der Strafgewalt fremder Staaten zu schützen.

b) Hiernach konnten Mitarbeiter der gegen die Bundesrepublik und ihre Verbündeten tätigen Geheimdienste der DDR, deren Tätig-{70}keitsbereich ausschließlich in deren Hoheitsgebiet lag, sowohl ihr Verhalten als auch die Einschätzung der ihnen daraus drohenden Gefahr, in die Strafgewalt des gegnerischen Staates zu geraten, entscheidend daran ausrichten, daß ihr Staat ihre Tätigkeit – in Übereinstimmung mit der Völkerrechtsordnung – rechtfertigte, sie förderte und belohnte und alles daransetzen würde, sie vor einer Bestrafung durch den ausspionierten Staat zu schützen. Konnten sie sich vor strafrechtlicher Verfolgung sicher fühlen, so verloren bei ihnen wegen des Fehlens einer Verfolgungsgefahr die Straftatbestände der §§ 94, 99 i.V.m. §§ 9, 5 Nr. 4 StGB weitgehend ihre verhaltenssteuernde Kraft – anders als bei Agenten, die im Staatsgebiet des gegnerischen Staates unter Verletzung seiner Hoheitsgewalt tätig wurden, sich dort durch Täuschung tarnen mußten und ständig der Gefahr ausgesetzt waren, ergriffen zu werden. Finden sich mithin Täter, die ihr Verhalten und die Einschätzung des ihnen daraus erwachsenden Risikos ganz an der – nach dem Völkerrecht nicht verbotenen und in vielen Staaten der Welt so bewerteten – Rechtfertigung durch den eigenen Staat ausgerichtet hatten, infolge der Vereinigung ohne ihr Zutun als Bürger des Staates wieder, gegen den ihre nach dem Recht ihres Staates rechtmäßige und schutzwürdige Tätigkeit gerichtet war, so werden sie durch eine Strafverfolgung, die ihnen gegenüber nur möglich wird, weil die Strafgewalt der Bundesrepublik auf das Gebiet ihres bisherigen Lebensmittelpunktes erstreckt wird, in besonderem Maße betroffen.

Der offenkundige, in der Eigenart von Spionagetaten begründete Wertungskonflikt zwischen den beiden Rechtsordnungen des ausspähenden und ausgespähten Staates verwirklicht sich für diese Täter als Wertungswiderspruch. Obwohl sie sich im eigenen Land {71} aufgehalten und nur dort betätigt und damit einen Sachverhalt erfüllt haben, bei dem – trotz Strafbarkeit gemäß §§ 94, 99 i.V.m. §§ 9, 5 Nr. 4 StGB – für Bewertung und Folgen ihres Verhaltens nur die eine rechtliche Seite der Spionagetätigkeit (Recht im eigenen Staat) zum Tragen kommen konnte, werden sie nunmehr Bürger eines Staates, der nur noch die andere rechtliche Seite der Spionagetätigkeit (Unrecht im fremden ausgespähten Staat) gelten läßt. Dieser Staat, der nunmehr auch ihr eigener ist, handelt weiter als für sie „fremde Macht", wenn er seine materiellen Spionagestraftatbestände auf die von ihnen vor der Vereinigung verwirklichten Handlungen anwendet. Eine solchermaßen gespaltene rechtliche Behandlung erfahren im Gesamtstaat auch nur die Spione des untergegangenen Staates, nicht aber die Agenten, die gegen diesen tätig wurden. Für letztere gibt es den im Zeitpunkt ihres Handelns „fremden" Staat nicht mehr; sie werden uneingeschränkt als Bürger des eigenen Staates behandelt. Den Spionen, die nur im für sie eigenen, untergegangenen Staat gehandelt haben, wird hingegen eine vergleichbare Behandlung versagt. Das verleiht der Strafverfolgung dieses Täterkreises eine besondere Schärfe.

Die Strafverfolgung der so betroffenen DDR-Spione ist auch darum unangemessen, weil es der Gestaltung der staatlichen Einheit entgegenwirkt, wenn die Staatsgewalt des vereinten Deutschland gegenüber jenen Personen, die zuvor für die DDR tätig waren, den Anspruch auf Bestrafung wegen der gegen die Bundesrepublik noch als „fremden" Staat gerichteten Spionage wie vor der Vereinigung durchsetzen will. Anders dagegen ist eine Strafverfolgung zu bewerten, die zwar auch erst durch die staats- und strafrechtliche Situation der Wiedervereinigung möglich geworden {72} ist, die aber Bürger wegen strafbarer Handlungen zur Verantwortung zieht, die ihren Unrechtsgehalt nicht allein aus dem Schutz des strafenden Staates und seiner Verbündeten herleiten, sondern aus einem allgemeinen sozialethischen Unwerturteil.

c) Die Gründe, die in der durch die Vereinigung der beiden deutschen Staaten entstandenen besonderen Situation eine weitere Strafverfolgung der hier zu beurteilenden Gruppe von Tätern als unangemessen erscheinen lassen, müssen sich gegenüber dem Interesse an einer Verwirklichung des bestehenden Strafanspruchs durchsetzen.

Diese Gründe werden nicht durch den Hinweis auf einen außerhalb nachweisbarer Straftatbestände liegenden zusätzlichen „Stasi-Unwert" der DDR-Spionage ausgeräumt. Ebensowenig kommt hier dem Einwand ein erhebliches Gewicht zu, wonach gerade die Gruppe der für die Organisation der Geheimdienste der DDR verantwortlichen Täter besondere Schuld auf sich geladen habe, weil ihr vorzuwerfen sei, daß durch ihr Handeln andere Personen in strafbares Unrecht verstrickt wurden. Jede Organisation geheimdienstlicher Tätigkeit ist nach allgemeiner Staatenpraxis darauf angelegt, Agenten zu gewinnen, die – unter Verletzung jedenfalls der Landesverrats- und Spionagestraftatbestände im Recht des auszuspähenden Staates – gewünschte Informationen liefern und – anders als die Verantwortlichen der Geheimdienstbehörden – das Risiko der Enttarnung und Bestrafung bewußt eingehen und tragen. Der Gesichtspunkt der Verstrickung anderer in Schuld ist mithin staatlich organisierter geheimdienstlicher Tätigkeit immanent und teilt deshalb die rechtliche Ambivalenz der Spionagestraftatbestände selbst. {73}

Schließlich steht der Annahme eines Übergewichts der Interessen des betroffenen Täterkreises auch nicht entgegen, daß dieser der Sicherheit der Bundesrepublik einen – mit der Wiedervereinigung nicht ausgeräumten – Schaden zugefügt, daher nicht unbeträchtliche Schuld auf sich geladen hat und die Bestrafung dieser Taten damit auch heute noch nicht ungeeignet wäre, ihren Zweck zu erfüllen. Der strafrechtliche Rechtsgüterschutz, der trotz der Wiedervereinigung durch eine Strafverfolgung des betroffenen Täterkreises für die Sicherheit des Staates und seiner Institutionen noch erreichbar sein mag, wird aber deutlich überwogen von dem Gewicht aller der Bedingungen, die – wie dargestellt – in ihrem Zusammenwirken der Strafverfolgung eine besondere Schärfe verleihen. Auch diese Wertung beruht wiederum auf der Eigenart von Spionagetaten, die der Staat nur bestraft, soweit er deren Opfer ist, die er andererseits aber zu seinen Gunsten selbst organisiert. Dies hat zur Folge, daß es für den Bereich dieser Delikte nicht als geboten angesehen wird, Rechtsgüterschutz gerade durch Bestrafung konsequent zu verwirklichen. So verzichten die Staaten häufig auf Rechtsgüterschutz durch Strafverfolgung, wenn sich ihnen die Möglichkeit eröffnet, den von ihnen enttarnten Agenten, der gegen sie Spionage betrieben hat, gegen einen solchen auszutauschen, der ihnen selbst wertvolle Informationen geliefert hat.

Der Gesetzgeber der Bundesrepublik hat dementsprechend in der Strafprozeßordnung das Legalitätsprinzip über die allgemeinen Einstellungsvorschriften (§§ 153 ff.[13]) hinaus bei Spionagetaten durch nur für diese geltende Sonderregelungen auf breiter Front durchbrochen: Danach kann der Generalbundesanwalt von der Verfolgung absehen und in jeder Lage des Verfahrens die Klage zu-{74}rücknehmen und das Verfahren einstellen, wenn dessen Durchführung die Gefahr eines schweren Nachteils für die Bundesrepublik Deutschland herbeiführte oder der Verfolgung sonstige überwiegende öffentliche Interessen entgegenstünden (§ 153d StPO); ferner kann im Zusammenwirken von Generalbundesanwalt und zuständigem Oberlandesgericht von Verfolgung abgesehen oder das Verfahren eingestellt werden, wenn der Täter nach der Tat, bevor ihm deren Entdeckung bekannt geworden ist, dazu beigetragen hat, eine Gefahr für den Bestand oder die Sicherheit der Bundesrepublik Deutschland oder die verfassungsmäßige Ordnung abzuwenden, oder wenn er sein Spionagewissen offenbart hat (§ 153e StPO). Diese Regelungen in Verbindung mit den allgemeinen Einstellungsvorschriften (insbesondere § 153c StPO) zeigen, daß der Strafanspruch bei Spionagedelikten generell nachgiebig ist gegenüber überwiegenden, der Verfolgung entgegenstehenden öffentlichen Interessen. Ein solches Interesse ergibt sich hier aus den Anforderungen, die der Rechtsstaat an die Verhältnismäßigkeit seiner Strafverfolgung stellt. Die Sicherheit des Staates und seiner Institutionen als Gegenstand des strafrechtlichen Rechtsgüterschutzes bleibt davon unberührt.

4. Aus dem Übergewicht der Gründe, die gegen eine weitere strafrechtliche Verfolgung derjenigen Personen sprechen, die als Staatsbürger der DDR Spionagestraftaten gegen die Bundesrepublik Deutschland oder deren Verbündete allein vom Boden der DDR aus begangen haben und im Zeitpunkt des Wirksamwerdens der Einheit Deutschlands dort ihren Lebensmittelpunkt hatten, ergibt sich unmittelbar von Verfassungs wegen ein Verfolgungshindernis. Es kommt allen Angehörigen dieser Gruppe zugute: Das

Ergebnis der Abwägung des Interesses an der Verwirklichung des bestehenden {75} Strafanspruchs mit jenen Bedingungen, die bei ihnen in gleicher Weise der Strafverfolgung in ihrem Zusammenwirken eine besondere Schärfe verleihen, trifft für jeden dieser Täter gleichermaßen zu und läßt insoweit keinen Raum mehr für eine Wertung und Gewichtung von besonderen Umständen des Einzelfalles.

Dieselben Gründe gelten darüber hinaus für Bürger der DDR, die im Zeitpunkt der Wiedervereinigung ihren Lebensmittelpunkt in der DDR hatten, wenn sie Spionagestraftaten gegen die Bundesrepublik Deutschland nicht ausschließlich vom Boden der DDR aus, sondern auch in anderen Staaten begangen haben, in denen sie vor Strafverfolgung wegen solcher Taten aus Rechtsgründen sicher waren und diese Sicherheit auch für sie erst durch die Wiedervereinigung entfallen ist. Das trifft für die Fälle zu, in denen der jeweilige Staat Verdächtige, denen Spionagetaten gegen einen fremden Staat vorgeworfen werden, nicht an diesen ausliefert und auch nicht nach seinem eigenen Strafrecht Spionagetaten bestraft, die auf seinem Boden gegen die Bundesrepublik Deutschland begangen werden. Mußten die Täter hingegen mit ihrer Auslieferung an die Bundesrepublik Deutschland und infolgedessen auch mit ihrer Bestrafung wegen der gesamten gegen diese gerichteten Spionagetätigkeit rechnen, so treffen die Gründe, auf denen das Strafverfolgungshindernis beruht, für sie insgesamt nicht zu. Im übrigen stehen die genannten Gründe einer Strafverfolgung nur insoweit nicht entgegen, als der dritte Staat die Spionagetätigkeit dieser Personen selbst mit Strafe bedroht; wegen einer anderweitig – etwa vom Boden der DDR aus – gegen die Bundesrepublik Deutschland betriebenen Spionagetätigkeit greifen die Gründe für das Verfolgungshindernis auch bei dieser Fallkon-{76}stellation durch, weil die Täter insoweit vor Strafverfolgung sicher sein konnten.

Die einer weiteren Strafverfolgung uneingeschränkt entgegenstehende Gewichtung der Interessen gilt so auch nicht für Bürger der DDR, die im Gebiet der Bundesrepublik Deutschland Spionagestraftaten gegen diese oder deren Verbündete begangen haben. Bei ihnen wirken zum einen die zuvor dargestellten Bedingungen nicht stets in gleicher Weise zusammen. Zum anderen können die von ihnen auf dem Staatsgebiet der Bundesrepublik Deutschland – etwa innerhalb ihrer Regierungsorgane – begangenen Taten in einzelnen Fällen dem Interesse des Staates an ihrer Verfolgung ein sehr unterschiedliches Gewicht verleihen. Die Handlungen dieser Spione können – anders als die der im Staatsgebiet der DDR in deren Geheimdienstbehörden agierenden Personen – unmittelbar vom Mißbrauch der staatlichen Ordnung der Bundesrepublik Deutschland, insbesondere etwa der allen Deutschen gewährleisteten Ausreisefreiheit und Freizügigkeit im Bundesgebiet gekennzeichnet gewesen sein. Für diese Personengruppe bedarf es daher jeweils einer Abwägung der Umstände des Einzelfalles, ob und inwieweit die Verfolgung oder Bestrafung ihrer Taten nach dem Untergang der DDR angesichts der damit endgültig bewirkten Beendigung geheimdienstlicher Gegnerschaft mit dem Verbot des Übermaßes staatlicher Eingriffe in Einklang steht.

Auch für diese Täter liegen allerdings – ebenso wie für diejenigen, die ihre Spionagetätigkeit auch in einem dritten Staat ausübten, ohne dort vor Auslieferung und Bestrafung sicher gewesen zu sein – regelmäßig Auswirkungen einer sie treffenden Strafverfolgung vor, die ihre Schärfe gerade durch die einmalige staatsrechtliche Situation der Wiedervereinigung gewinnen und {77} die sich daher insoweit zu ihren Gunsten auswirken müssen. Dazu gehört zunächst, daß für diese Täter, die zwar das Risiko, im damals fremden Staat enttarnt und strafverfolgt zu werden, bewußt eingegangen sind, die Aussicht, vor langjährigem Freiheitsentzug durch den Schutz des eigenen Staates bewahrt zu werden – etwa durch den Austausch von Spionen –, durch den Untergang er DDR verlorengegangen ist. Des weiteren mögen auch diese Täter – ungeachtet der für sie bei ihrem Handeln stets gegenwärtigen Rechtsordnung der Bundesrepublik Deutschland – ihr Unrechtsbewußtsein vorwiegend an der Rechtsordnung ihres Staates orientiert haben. Vor allem aber gilt auch für diese Tätergruppe, daß sie nunmehr von der Strafverfolgung durch den *eigenen* Staat betroffen sind, die aber solchen Taten gilt, die gegen jenen – damals für sie fremden – Staat gerichtet waren. Führen diese Umstände im Zusammenwirken mit weiteren Bedingungen zwar nur hinsichtlich der Personen, die als Staatsbürger der DDR dort geheimdienstliche Tätigkeit organisiert haben, zur Annahme eines Verfolgungshindernisses, so muß die für diese Tätergruppe daraus folgende Straflosigkeit doch bei den im Gebiet der Bundesrepublik als Spione tätig gewesenen Staatsbürgern der DDR, auch wenn für sie diese Bedingungen so nicht zutreffen, im Rahmen der im Einzelfall zu treffenden Entscheidung über die weitere Strafverfolgung oder Höhe einer Strafe maßgebliche Berücksichtigung finden.

D. [Anwendbarkeit des Art. 31 HLKO]

Für die Vorlage nach Art. 100 Abs. 2 GG ergibt sich aus den vorstehenden Darlegungen zu Art. 25 GG: Eine allgemeine Regel des Völkerrechts, nach der in entsprechender Anwendung des {78} Art. 31 HLKO Personen, die vom Boden der ehemaligen DDR aus Spionage gegen die Bundesrepublik Deutschland betrieben haben und im Zeitpunkt des Wirksamwerdens der Einheit Deutschlands am 3. Oktober 1990 ihre Lebensgrundlage in der ehemaligen DDR hatten, für die frühere Spionage nicht strafrechtlich verantwortlich gemacht werden dürfen, ist nicht feststellbar.

E. [Begründetheit der Verfassungsbeschwerden]

Nach dem oben dargestellten Maßstab ist die Verfassungsbeschwerde des Beschwerdeführers zu II.1. begründet und die des Beschwerdeführers zu II.2. zum Teil begründet; die Verfassungsbeschwerde des Beschwerdeführers zu II.3. ist dagegen unbegründet.

I. [Verfassungsbeschwerde zu II.1]

Die von dem Beschwerdeführer zu II.1. angegriffenen Entscheidungen verletzen ihn in seinem Grundrecht aus Art. 2 Abs. 2 Satz 2 GG, soweit er wegen geheimdienstlicher Agententätigkeit (§ 99 Abs. 1 StGB) zu Freiheitsstrafe verurteilt worden ist, und in seinen verfassungsmäßigen Rechten aus Art. 33 Abs. 2 und Art. 38 Abs. 2 GG, soweit auf die in § 101 in Verbindung mit § 45 Abs. 2 und 5 StGB vorgesehenen Nebenfolgen erkannt worden ist. Die Strafgerichte haben bei der Verurteilung des Beschwerdeführers die Tragweite des sich aus dem verfassungsrechtlichen Verhältnismäßigkeitsgrundsatz ergebenden Verfolgungshindernisses für Straftaten nach § 99 StGB, die vom Boden der DDR oder solcher Staaten aus begangen wurden, in denen dem Beschwerdeführer weder Auslieferung an die Bundesrepublik Deutschland noch Bestrafung wegen seiner Agententätigkeit drohte, nicht berücksichtigt. Der Beschwerdeführer hat nach den Urteilsfeststellungen {79} seine geheimdienstliche Tätigkeit überwiegend im Gebiet der DDR entfaltet. Allerdings hat er sich auch zu Agententreffs nach Schweden, Österreich, Italien, Ungarn und in die Schweiz begeben. Die angegriffenen Entscheidungen enthalten jedoch keine Feststellungen, ob diese Staaten den Beschwerdeführer wegen seiner Agententätigkeit an die Bundesrepublik Deutschland ausgeliefert hätten oder ob sich der Beschwerdeführer in einem oder mehrerer dieser Staaten – etwa aufgrund von Strafvorschriften, die gemäß Art. VII Abs. 11 des NATO-Truppenstatuts erlassen wurden, oder aufgrund des § 319 des Österreichischen Strafgesetzbuchs – strafbar gemacht hat. Von solchen Feststellungen hängt es ab, ob und gegebenenfalls inwieweit das zugunsten von Geheimdienstmitarbeitern der DDR bestehende verfassungsrechtliche Verfolgungshindernis zugunsten des Beschwerdeführers eingreift.

Die angegriffenen Entscheidungen sind deshalb gemäß § 95 Abs. 2 BVerfGG aufzuheben; die Sache ist zur erneuten Prüfung an das Oberlandesgericht zurückzuverweisen. Sofern sich bei der erneuten tatrichterlichen Prüfung ergeben sollte, daß dem Beschwerdeführer in mehreren Drittstaaten, in denen er sich zu Agententreffs aufgehalten hat, Auslieferung oder Strafe drohte, ist es Sache der Strafgerichte, unter Heranziehung einschlägiger strafrechtlicher und strafprozessualer Grundsätze zu bestimmen, in welcher Weise die Rechtslage in den verschiedenen in Betracht kommenden Staaten das verfassungsrechtliche Verfolgungshindernis im vorliegenden Fall entfallen läßt oder einschränkt. Ebenso bleibt es der Prüfung der Strafgerichte überlassen, ob der Beschwerdeführer wegen der angeklagten Tat nach anderen Strafvorschriften, für die das verfassungsrechtliche Verfolgungshinder-{80}nis von vornherein nicht in Betracht kommt, verurteilt werden kann.

II. [Verfassungsbeschwerde zu II.2]

Den vom Beschwerdeführer zu II.2. angegriffenen Entscheidungen fehlt es an der im Hinblick auf das Übermaßverbot gebotenen Abwägung (vgl. unter C.V.4.). Auf diesem Verstoß gegen Art. 2 Abs. 2 Satz 2 des Grundgesetzes in Verbindung mit dem im Rechtsstaatsprinzip wurzelnden Grundsatz der Verhältnismäßigkeit können die Entscheidungen beruhen. Es ist nicht auszuschließen, daß das Oberlandesgericht, wenn es die von Verfassungs wegen gebotene Abwägung vorgenommen hätte, zu einem dem Beschwerdeführer günstigeren Ergebnis, sei es zu einer milderen Strafe oder – was eher ferner liegt – zu einer Einstellung (§§ 153 ff. StPO), gekommen wäre.

Das Urteil des Oberlandesgerichts ist danach im Rechtsfolgenausspruch aufzuheben, ebenso der Beschluß des Bundesgerichtshofs, soweit die Revision des Beschwerdeführers in bezug auf den Rechtsfolgenausspruch verworfen wurde. Die Sache wird im Umfang der Aufhebung an das Oberlandesgericht zurückverwiesen. Durch die Rechtskraft des Schuldspruchs ist das Oberlandesgericht nicht gehindert zu prüfen, ob im Blick auf die gebotene Abwägung eine Einstellung des Verfahrens nach §§ 153 ff. StPO in Betracht zu ziehen ist.

III. [Verfassungsbeschwerde zu II.3]

Die vom Beschwerdeführer zu II.3. angegriffenen Entscheidungen sind von Verfassungs wegen nicht zu beanstanden.

Wie bereits dargelegt, ist auch nach dem Beitritt der DDR die Strafverfolgung derjenigen Personen wegen geheimdienstlicher Agententätigkeit uneingeschränkt mit dem Grundgesetz vereinbar, {81} die nicht Angehörige der DDR waren. Der Beschwerdeführer gehört nicht zu dem Personenkreis, für den von Verfassungs wegen ein Verfolgungshindernis besteht oder für den jedenfalls eine Milderung der Rechtsfolgen seiner Spionagetaten in Betracht zu ziehen wäre. {82}

Abweichende Meinung der Richter Klein, Kirchhof und Winter zum Beschluss des Zweiten Senats vom 15. Mai 1995

– 2 BvL 19/91, 2 BvR 1206/91, 2 BvR 1584/91, 2 BvR 2601/93 –

Wir können dem Beschluß insoweit nicht zustimmen, als er unmittelbar aus der Verfassung ein Verfolgungshindernis für den vom Senat näher umschriebenen Kreis derjenigen Täter ableitet, die Straftaten nach den §§ 94, 99 i.V.m. §§ 9, 5 Nr. 4 StGB begangen haben.

I. [Kompetenzüberschreitung]

1. Dieses allgemeine Verfolgungshindernis kommt in seinen Wirkungen einer Amnestie und für die anhängigen Verfahren deren Niederschlagung (Abolition) gleich, was von den Partnern des Einigungsvertrages – der demokratisch gewählten Volkskammer unmittelbar vor der Wiedervereinigung und dem Deutschen Bundestag – als eine der Voraussetzungen der Einigung erwogen, aber ausdrücklich abgelehnt worden ist. Insoweit verfehlt der Beschluß die Grenzen zwischen gestaltender Gesetzgebung und kontrollierender Rechtsprechung. Die Berufung auf den Verhältnismäßigkeitsgrundsatz dient unseres Erachtens dem Senat nur als begriffliche Hülle für Überlegungen, die mit den gefestigten rechtlichen Maßstäben für die Anwendung dieses Prinzips nicht zu erfassen sind und seine Konturen verschwimmen lassen. Damit verknüpft werden Erwägungen, die ihrem sachlichen Gehalt nach eher bei dem Gleichheitssatz, dem Grundsatz des Vertrauensschutzes, dem Verbot rückwirkender Unterwerfung unter die Jurisdiktion einer „fremden Macht“ oder der Nachfolge der Bundes-{2}republik Deutschland in Schutzpflichten der DDR anzusiedeln wären. Angesichts des Fehlens prägnanter rechtlicher Voraussetzungen für die Anwendung jener Verfassungsrechtssätze werden einzelne Elemente derselben in unklarer Weise miteinander zu einer neuen, dem Grundsatz der Verhältnismäßigkeit zugeordneten rechtlichen Aussage verknüpft, die auf keinen anderen Fall übertragbar sein soll und damit letztlich injustitiabel ist. Die tragende Begründung der Entscheidung verfehlt die eigentliche Aufgabe des Strafrechts, dem Schutz von Rechtsgütern der Allgemeinheit und des Einzelnen zu dienen, schon im Ansatz, weil sie – letztlich aus Billigkeitsgründen – dem Rechtsgut der Sicherheit des Staates und der Vertraulichkeit seiner Daten den Schutz verweigert.

2. Mit der Herleitung eines allgemeinen, für einen ganzen Täterkreis geltenden Verfolgungshindernisses unmittelbar aus dem Verhältnismäßigkeitsgrundsatz und damit aus dem Rechtsstaatsprinzip geht der Senat einen entscheidenden Schritt über die Grenzen hinaus, die das Bundesverfassungsgericht bei der Anwendung dieser Prinzipien bisher beachtet hat. In der vom Senat herangezogenen Cannabis-Entscheidung (BVerfGE 90, 145 ff.) war u.a. Gegenstand der Prüfung, ob das „einfache“ Gesetzesrecht hinreicht, bei sehr weit gefaßten abstrakten Gefährdungstatbeständen den Anforderungen des Verhältnismäßigkeitsgrundsatzes auch in Fällen eines geringen Unrechts- und Schuldgehalts der Tat zu genügen; nur dies hat der Senat auf der Grundlage einer an der Verfassung ausgerichteten Auslegung von Einstellungs- und Strafzumessungsvorschriften bejaht. Vorprüfungsausschüsse und Kammern des Bundesverfassungsgerichts haben {3} es darüber hinaus für möglich erachtet, daß eine Verletzung des rechtsstaatlichen

Beschleunigungsgebots, die zu einer überlangen Verfahrensdauer führt, in Extremfällen ein verfassungsrechtliches Verfolgungshindernis begründet. Dies setzt indessen eine Abwägung aller straf- und strafverfahrensrechtlich relevanten Umstände des Einzelfalls, insbesondere die Berücksichtigung des Unrechts- und Schuldgehalts der einzelnen Tat voraus (vgl. BVerfG ‹Vorprüfungsausschuß›, NJW 1984, S. 967; BVerfG ‹Kammer›, NJW 1992, S. 2472 ‹2473›; NJW 1993, S. 3254 ‹3255›). Wir meinen, daß es ein wesentlicher Unterschied ist, ob das geltende Gesetzesrecht an Hand des Verhältnismäßigkeitsgrundsatzes auf seine Eignung geprüft wird, den Umständen des Einzelfalls gerecht zu werden, oder ob – wie vorliegend – das Bundesverfassungsgericht rechtsschöpferisch selbst ein generelles Verfolgungshindernis aus der Verfassung herleitet.

II. [Tatbestandliche Rückanknüpfung und Vertrauensschutz]

Der Senat läßt offen, ob die Erstreckung der Jurisdiktion der Bundesrepublik Deutschland auf das Gebiet der DDR sich für die davon Betroffenen als ein Fall tatbestandlicher Rückanknüpfung darstellt. Er meint, so verfahren zu können, weil sich die verfassungsrechtlichen Grenzen einer solchen Rückanknüpfung letztlich aus dem gleichen, ebenfalls im Rechtsstaatsprinzip wurzelnden, Grundsatz der Verhältnismäßigkeit ergäben, aus dem er seine Entscheidung ableitet. Auf diese Weise vermeidet es der Senat, sich einem erprobten, durch die Rechtsprechung des Gerichts ausgeformten verfassungsrechtlichen Maßstab zu stellen. Stattdessen weicht er auf eine unspezifische, weil auf ein konkretes äußeres Ereignis bezogene {4} Variation des Grundsatzes der Verhältnismäßigkeit im engeren Sinne (Übermaßverbot) aus, die sich unseres Erachtens als verfassungsgerichtliche Grenzüberschreitung in das Gebiet der Politik darstellt.

1. Ein Fall der tatbestandlichen Rückanknüpfung liegt vor. Nach der Rechtsprechung des Senats ist einer Norm eine tatbestandliche Rückanknüpfung insoweit eigen, als sie den Eintritt ihrer Rechtsfolgen von Gegebenheiten aus der Zeit vor ihrer Verkündung abhängig macht (vgl. BVerfGE 72, 200 ‹242›).

Der Einigungsvertrag hat für die Spione der DDR, die ihre Lebensgrundlage in der DDR hatten, zu einer Veränderung der vor Inkrafttreten des Vertrages bestehenden verfahrensrechtlichen Lage geführt. Sie besteht darin, daß die Jurisdiktion der Bundesrepublik Deutschland sich nunmehr auch auf das Gebiet der früheren DDR erstreckt und dadurch die Strafverfolgung wegen noch nicht geahndeter „Alttaten“ auch dort ermöglicht worden ist. Diese Veränderung betrifft jedoch nicht einen in der Vergangenheit abgeschlossenen Sachverhalt; bei der Verfolgbarkeit der Spionagestraftaten handelt es sich vielmehr um eine in Gegenwart und Zukunft hineinreichende Rechtswirkung.

Bei diesem Sachverhalt läßt sich von einer tatbestandlichen Rückanknüpfung des Gesetzes zum Einigungsvertrag sprechen, das zwar nicht die schon vor dem 3. Oktober 1990 bestehende materielle Strafbarkeit der vor diesem Zeitpunkt von der DDR gegen die Bundesrepublik betriebenen Spionage neu begründete (so zutr. BGHSt 39, 260 ‹268 ff.›), wohl aber die {5} Strafverfolgung dieser Taten im Gebiet der ehemaligen DDR tatsächlich und rechtlich ermöglicht hat. Der Eintritt dieser Rechtsfolgen hängt von Gegebenheiten ab, die der Verkündung der Norm zeitlich vorausgingen.

2. Die Zulässigkeit einer solchen tatbestandlichen Rückanknüpfung ist vorrangig an den Grundrechten zu messen, die mit der Verwirklichung des jeweiligen Tatbestands-

merkmals vor Verkündung der Norm „ins Werk gesetzt“ worden sind. In die damit erforderliche grundrechtliche Bewertung fließen freilich die allgemeinen rechtsstaatlichen Grundsätze des Vertrauensschutzes, der Rechtssicherheit, aber auch der Verhältnismäßigkeit (hier beschränkt auf den Gesichtspunkt der Vergangenheitsanknüpfung) in der Weise ein, wie dies allgemein bei der Auslegung und Anwendung von Grundrechten im Hinblick auf die Fragen des materiellen Rechts geschieht (BVerfGE 72, 200 ‹242 f.›). Mit anderen Worten: Die Einwirkung eines Gesetzes auf in der Vergangenheit begründete, aber noch nicht abgeschlossene Sachverhalte für die Zukunft unterliegt anderen und im Ergebnis weniger strengen Beschränkungen als die Rückbewirkung von Rechtsfolgen auf einen vor der Verkündung der Norm liegenden Zeitpunkt (vgl. BVerfGE 88, 384 ‹406 f.› m.N.). Dabei ist das Vertrauen in den Fortbestand verfahrensrechtlicher Regelungen von Verfassungs wegen im allgemeinen weniger geschützt als das Vertrauen in die Aufrechterhaltung materieller Rechtspositionen (vgl. BVerfGE 87, 48 ‹63›).

3. Mit den durch §§ 94, 99 StGB mit Strafe bedrohten Handlungen mag – der Senat enthält sich insoweit einer Aussage – {6} eine grundrechtlich gewährleistete Freiheit „ins Werk gesetzt“ worden sein. Die zu beantwortende Frage ist also dahin zu stellen, ob die durch das Gesetz zum Einigungsvertrag bewirkte Erstreckung der Jurisdiktionsgewalt der Bundesrepublik Deutschland auf das in Art. 3 EV genannte Gebiet den Kreis der betroffenen Täter in einem seiner Grundrechte verletzt.

Dabei ist in erster Linie auf den Grundsatz des Vertrauensschutzes zurückzugreifen; denn es liegt auf der Hand, daß die Spione der DDR, soweit sie dem vom Senat ins Auge gefaßten Täterkreis angehören, darauf „vertraut“ haben, dem Zugriff der Strafverfolgungsbehörden der Bundesrepublik Deutschland entgehen zu können. Die sich aus dem Grundsatz des Vertrauensschutzes ergebenden Beschränkungen der tatbestandlichen Rückanknüpfung einer Norm gelten jedoch dort nicht, wo sich kein Vertrauen auf den Bestand des geltenden Rechts bilden konnte oder wo dieses Vertrauen nicht schutzwürdig ist. So liegt es hier.

Aus der Rechtsordnung der Bundesrepublik Deutschland ergab sich zu keinem Zeitpunkt ein Tatbestand, der das Vertrauen der für die DDR geheimdienstlich Tätigen hätte rechtfertigen können, nicht der Strafverfolgung ausgesetzt zu sein, falls sie in den Jurisdiktionsbereich der Bundesrepublik gerieten. Denn das materielle Strafrecht der Bundesrepublik bedrohte gerade die gegen sie gerichtete Spionage der DDR mit Strafe, auch soweit sie vom Boden der DDR oder eines anderen Staates aus, in dem sich die Täter vor Verfolgung sicher glauben konnten, betrieben wurde; demgemäß waren diese Taten in der {7} Bundesrepublik auch verfolgbar. Vertrauen konnten die Täter allenfalls darauf, daß die DDR sie vor einer Strafverfolgung durch Organe der Bundesrepublik schützen werde, solange sie sich im Geltungsbereich ihrer Rechtsordnung befanden, oder daß dritte Staaten, in denen sie ihrer Tätigkeit nachgingen, sie weder ihrerseits verfolgen noch an die Bundesrepublik ausliefern würden. Dabei handelte es sich aus der Sicht der Bundesrepublik lediglich um ein Vertrauen auf den Fortbestand der Grenzen, die aufgrund der staatsrechtlichen Verhältnisse der Gerichtsbarkeit der Bundesrepublik durch die Staatsgewalt der DDR gezogen waren. Nach der Verfassungsordnung der Bundesrepublik war dieses Vertrauen nicht schutzwürdig. Ob Spionage für die DDR im Falle der Wiedervereinigung von Strafverfolgung freigestellt werden, ob auch die DDR bei einer derartigen politischen Entwicklung willens und in der Lage sein würde, „ihre“ Spione weiterhin vor Strafverfolgung zu schützen, war vor Abschluß des Einigungsvertrages offen. Das Vertrauen der Betroffenen bestand also im Kern in der Erwartung, daß es zur Herstellung der deutschen Einheit auf absehbare Zeit nicht kommen werde. Diese Erwartung bezeichnet indessen keinen verfassungsrechtlich schutzwürdigen Vertrauenstatbestand.

III. [Verhältnismäßigkeitsprüfung]

Die den Beschluß tragende Auffassung, der Verhältnismäßigkeitsgrundsatz in seiner Ausprägung als Übermaßverbot könne für eine ganze nach generellen Merkmalen abgegrenzte Gruppe von Fällen und Tätern unabhängig von einer Bewertung des Einzelfalls „zu Bedingungen führen, die – in ihrem Zusammenwirken – {8} für die Betroffenen so schwer wiegen, daß demgegenüber das Interesse der Bundesrepublik an der Verfolgung der gegen sie gerichteten Spionagetaten zurücktreten muß" (C.V.1. a.E.), steht nach unserer Auffassung mit der bisherigen Rechtsprechung des Bundesverfassungsgerichts nicht im Einklang, soweit danach auch Umstände entscheidungserheblich sein können, die weder den Unrechts- und Schuldgehalt der Tat berühren noch das Erreichen der gesetzlich anerkannten Strafzwecke ausschließen noch die Rechtsstaatlichkeit des Strafverfahrens in Frage stellen. Hierzu ist vor allem auf den Beschluß des Senats vom 9. März 1994 (BVerfGE 90, 145) zu verweisen.

1. Nach dem dort entwickelten Maßstab kommt es darauf an, ob bei einer Gesamtabwägung zwischen der Schwere des Eingriffs und dem Gewicht sowie der Dringlichkeit der ihn rechtfertigenden Gründe die im Gesetz vorgesehene Rechtsfolge auch im Blick auf die gesetzlich anerkannten Strafzwecke angemessen und nicht übermäßig ist. Ein Sachverhalt ist personenbezogen daraufhin zu bewerten, ob die fragliche Maßnahme aus objektiver Sicht – und nicht etwa nach der Vorstellung des – Betroffenen – für diesen tragbar ist.

a) Ein solcher Sachverhalt kann – wie in dem damals zu entscheidenden Fall – dann vorliegen, wenn der Unrechts- oder Schuldgehalt der Tat so gering ist, daß die Verhängung von Kriminalstrafe eine unangemessene und unverhältnismäßige Reaktion wäre. Soweit es also um die Zulässigkeit der Verfolgung einer – auch nach der Auffassung des Senats – rechtswidrig und schuldhaft begangenen Straftat geht, deckt sich das Übermaßver-{9}bot in seinen Strafe begrenzenden Auswirkungen mit dem Schuldprinzip (vgl. BVerfGE 50, 205 ‹215›; s.a. BVerfGE 90, 145 ‹184 ff.›). Der Gesetzgeber ist dann von Verfassungs wegen gehalten, daraus auf der normativen Ebene Folgerungen zu ziehen, sei es, daß er den Anwendungsbereich der allgemeinen Strafvorschrift einschränkt oder spezielle Sanktionen für Fälle der Bagatellkriminalität ermöglicht (materiellrechtliche Lösung), sei es, daß er den Verfolgungszwang begrenzt und auflockert (prozessuale Lösung). Das verfassungsrechtliche Übermaßverbot gestattet prinzipiell beide Lösungen (vgl. BVerfGE 50, 205 ‹213 ff.›; 90, 145 ‹191›).

Eine Strafverfolgung verstieße freilich des weiteren auch dann gegen den verfassungsrechtlichen Grundsatz der Verhältnismäßigkeit, wenn feststünde, daß durch die Anwendung der einschlägigen Strafvorschriften keiner der gesetzlich anerkannten Strafzwecke mehr zu erreichen ist; Strafverfolgung wäre in einem solchen Falle sinnentleert und als ein Instrument zur Bekämpfung von Unrecht schon nicht (mehr) geeignet.

Schließlich wird Strafverfolgung für den Täter unter Umständen in besonders gelagerten Ausnahmefällen unzumutbar, so etwa dann, wenn die Strafe aus den in § 60 StGB oder § 455 Abs. 4 Nr. 1 StPO genannten Gründen von vornherein ihr Ziel verfehlen müßte, gerechter Schuldausgleich zu sein.

b) Keine dieser Voraussetzungen ist hier gegeben.

aa) Auch nach Auffassung des Senats sind die Vorschriften der §§ 94 und 99 StGB nicht als solche – etwa wegen ihrer tatbestandlichen Reichweite – verfassungsrechtlichen Bedenken {10} ausgesetzt, also in vollem Umfang auch mit dem Grundsatz der Verhältnismäßigkeit vereinbar. Das vom Senat postulierte Verfolgungshindernis wird nicht mit einem geringen Unrechts- oder Schuldgehalt der Straftaten begründet, die der ins Auge gefaßte Täterkreis begangen hat. Ausschlaggebend ist vielmehr – im Zusammenwirken mit der rechtlichen Eigentümlichkeit der Spionage und dem Vertrauen der Täter auf Sicherheit vor strafrechtlicher Verfolgung durch die Bundesrepublik Deutschland – eine unabhängig von ihrem Zutun eingetretene Veränderung der Verhältnisse nach Begehung der Straftat, die aus der Sicht des Senats eine weitere Strafverfolgung dieser Täter unangemessen, also im verfassungsrechtlichen Sinne unverhältnismäßig, erscheinen lassen soll. Daß diese Änderung der Verhältnisse den Unrechtsgehalt der begangenen Straftaten oder die individuelle Schuld der Täter rückwirkend gemindert habe oder auch nur im nachhinein in milderem Licht erscheinen lasse, wird vom Senat nicht behauptet und ist auch nicht ersichtlich. Der Unrechts- und Schuldgehalt dieser Straftaten ist also – darüber besteht im Senat Einigkeit – von der Veränderung der Verhältnisse unberührt geblieben.

bb) Die gesetzlich anerkannten Strafzwecke lassen sich auch nach der Wiedervereinigung noch erreichen. Auch der Senat stellt das nicht in Frage, mißt diesem Umstand jedoch im Rahmen seiner Abwägung zwischen den Interessen der Täter und dem Interesse an einer Verwirklichung des bestehenden Strafanspruchs keine ausschlaggebende Bedeutung bei, weil er, ohne dieses zu belegen, die These vertritt, die Sicherheit des Staates und seiner Institutionen als Gegenstand des strafrechtlichen {11} Rechtsgüterschutzes bleibe von seinem Abwägungsergebnis unberührt. Dem Strafverfolgungsinteresse der Bundesrepublik Deutschland wird dadurch jedoch unseres Erachtens ein zu geringes Gewicht beigemessen.

Auch nach der Herstellung der deutschen Einheit verstößt die strafrechtliche Ahndung dieser Spionagetaten nicht gegen das Gebot sinnvollen Strafens. Die Bundesrepublik Deutschland, gegen die sich die Straftaten richteten, besteht nach Herstellung der deutschen Einheit als Staat fort. Der Beitritt der auf dem Boden der früheren DDR gebildeten neuen Länder zum Geltungsbereich des Grundgesetzes (vgl. Art. 23 GG a.F.) hat die staatliche Identität der Bundesrepublik Deutschland unberührt gelassen. Die DDR, für die der hier betroffene Täterkreis seine Spionagetätigkeit entfaltete, ist zwar untergegangen; es läßt sich jedoch, wie auch der Senat einräumt, nicht feststellen, daß damit auch der der Bundesrepublik durch die Spionage zugefügte – wie sich immer deutlicher zeigt: erhebliche – Schaden entfallen sei. Die anläßlich der Auflösung der Hauptverwaltung Aufklärung ausgesprochenen Warnungen vor Enthüllungen, die auf die politische Ordnung der Bundesrepublik Deutschland und ihre Beziehungen zu befreundeten Staaten destabilisierend wirken könnten (vgl. das vom Generalbundesanwalt im Vorlageverfahren 2 BvL 19/91 vorgelegte Schreiben der Leitung der Hauptverwaltung Aufklärung – in Auflösung – vom 11. Juli 1990 an den Innenminister der DDR sowie die diesem beigefügten Standpunkte zur Bewertung der Tätigkeit des aufgelösten Ministeriums für Staatssicherheit und Vorschläge für die Verhandlungen zum Vereinigungsvertrag sowie zur rechtspolitischen Bewertung der {12} Tätigkeit des ehemaligen AfNS/MfS), sprechen dafür, daß die durch die Spionagetätigkeit gewonnenen Erkenntnisse früherer Geheimdienstmitarbeiter der DDR auch heute noch eine Gefährdung für die Sicherheit der Bundesrepublik Deutschland darstellen. Im übrigen würde der nachträgliche Wegfall eines durch eine Straftat verursachten Schadens im allgemeinen keinen Strafaufhebungsgrund darstellen.

Auch die im Strafrecht der Bundesrepublik Deutschland anerkannten Strafzwecke sind durch die Herstellung der deutschen Einheit nicht allgemein unerreichbar geworden. Haben die Täter – was der Senat nicht in Abrede stellt – strafrechtlich erhebliche Unrechtshandlungen begangen und Schuld auf sich geladen, wird der Hauptzweck staatlichen Strafens, der Ausgleich strafrechtlicher Schuld, bei angemessener Bestrafung allemal erreicht. Die mit den Strafvorschriften gegen Spionage bezweckte Generalprävention ist zwar in bezug auf die untergegangene DDR hinfällig geworden; nach wie vor aber vermag die Bestrafung früherer Spione der DDR der Spionagetätigkeit anderer Staaten gegen die Bundesrepublik Deutschland generalpräventiv entgegenzuwirken. Schließlich können auch spezialpräventive Strafzwecke weiterhin in Betracht kommen. Zwar ist es ausgeschlossen, daß die dem betroffenen Täterkreis zuzurechnenden Personen erneut für die DDR spionieren. Nicht allgemein ausgeschlossen werden kann aber, daß ein Teil von ihnen versucht sein könnte, eine geheimdienstliche Tätigkeit gegen die Bundesrepublik Deutschland zugunsten einer anderen fremden Macht aufzunehmen; dem wirkt das Strafrecht in verfassungsrechtlich unbedenklicher {13} Weise entgegen. Das Interesse des Staates an weiterer Strafverfolgung ist nach alledem von erheblichem Gewicht.

c) Weitere Fallgestaltungen, bei deren Vorliegen das Übermaßverbot dazu zwänge, Straftäter von Strafe freizustellen, sind nicht ersichtlich. Der Senat unternimmt es auch nicht, einen solchen Sachverhalt nach allgemeinen Merkmalen zu umschreiben; die Frage nach der Verhältnismäßigkeit einer Maßnahme wird nicht auf einen verallgemeinerungsfähigen Maßstab hin konkretisiert. Von dieser Notwendigkeit sieht sich der Senat – zu Unrecht, wie wir meinen – offenbar durch die Einmaligkeit und Unwiederholbarkeit des Vorgangs der Wiedervereinigung in ihrem Zusammentreffen mit weiteren Besonderheiten des Sachverhalts entbunden. Die Herstellung der deutschen Einheit läßt sich indes nur aus der Sicht der Bundesrepublik Deutschland als „einzigartig und unwiederholbar" bezeichnen. Wie das Gutachten des Max-Planck-Instituts anhand von 12 Beispielen der Staatenpraxis bei Vereinigungen und Beitritten zeigt, kennt die Geschichte durchaus Fälle, die zum Vergleich herangezogen werden können. Die Staaten haben indessen keine allgemeine Regel über die strafrechtliche Behandlung nachrichtendienstlicher Tätigkeit in derartigen Fällen entwickelt, sondern jeweils auf den Einzelfall abgestimmte Vereinbarungen getroffen. So sind auch die Vertragspartner des Einigungsvertrages verfahren.

Vor allem hält der Senat es aber für zulässig, bei der Prüfung des Übermaßes Umstände zu berücksichtigen, die weder für den Unrechts- und Schuldgehalt der Tat von Bedeutung sind noch das Erreichen der gesetzlich anerkannten Strafzwecke ausschlie-{14}ßen noch die Rechtsstaatlichkeit des Strafverfahrens in Frage stellen.

aa) Damit besteht die Gefahr, daß das Übermaßverbot zu einer – für beliebige „Bedingungen“ im Sinne von äußeren Umständen offenen – verfassungsrechtlichen Generalklausel ausgeweitet wird. Gerade weil der Verhältnismäßigkeitsgrundsatz zu seiner Anwendung der Ergänzung durch materiale Wertungsprinzipien bedarf, die die notwendigen Abwägungen erst ermöglichen, stellt es eine unabweisbare Begrenzung der rechtsprechenden und nicht rechtsetzenden Tätigkeit des Bundesverfassungsgerichts dar, daß es die im Rahmen der Verhältnismäßigkeitsprüfung abzuwägenden Gesichtspunkte nicht nach eigenem Gutdünken auswählt, sondern sich dabei von den in der Rechtsordnung bereits enthaltenen übergeordneten Wertungsentscheidungen für den jeweils betroffenen Rechtsbereich – hier das Straf- und Strafverfahrensrecht – leiten läßt. Andernfalls wächst letztlich dem Bundesverfassungsgericht – und nicht mehr dem Gesetzgeber – die Kompetenz zu, über die Verfolgbarkeit und damit auch über die strafrechtliche Ahndung bestimmter Taten oder Tätergruppen zu entscheiden. Dies zeigt der vorliegende Fall besonders deutlich: Der Senat stellt bei seiner Prüfung auf eine durch äußere Umstände – die Wiedervereinigung und den durch sie ausgelösten Wegfall der Verfolgungssicherheit – geprägte Sonderlage ab. Nun können allerdings veränderte Umstände den Gesetzgeber durchaus veranlassen, eine Amnestie zu gewähren. Besonders bedeutsame Ereignisse im Leben eines Volkes, wie es die Herstellung der staatlichen Einheit Deutschlands nach jahrzehntelanger Teilung oder in der Verfassungsgeschichte das Inkrafttreten einer neuen {15} Verfassung gewesen sind, aber auch die Absicht einer Rechtsgemeinschaft, unter eine Zeit gestörten Rechtsbewußtseins einen Schlußstrich zu ziehen (vgl. BVerfGE 10, 234 ‹241›), oder in Zukunft möglicherweise die Vereinbarung einer gemeinsamen Sicherheitspolitik in der Zuständigkeit der Europäischen Gemeinschaft, mögen politische Erwägungen über eine Amnestie und ihre Ausgestaltung nahelegen. Derartige Entscheidungen sind jedoch dem Gesetzgeber vorbehalten, wenn anders nicht – worauf die Entscheidung des Senats hinausläuft – das Bundesverfassungsgericht darüber zu befinden haben soll, ob einer Gruppe von Tätern für bestimmte Straftaten aus diesem oder jenem äußeren Anlaß Straffreiheit zu gewähren ist. Der Gesetzgeber hat, wie im Beschluß dargelegt, diesen Gedanken im zeitlichen Zusammenhang mit der Herstellung der deutschen Einheit erwogen und ihn auch seither nicht aus dem Blick verloren. Wir können nicht erkennen, daß die Entscheidung, (bisher) von einer allgemeinen Amnestie Abstand zu nehmen, sei es auch nur im Blick auf die hier in Rede stehende Tätergruppe, unter verfassungsrechtlichen Mängeln litte. Das Bundesverfassungsgericht hat sie vielmehr, so meinen wir, als im Rahmen des Gestaltungsspielraums des Gesetzgebers gelegen zu respektieren.

bb) Auch die vom Senat so deutlich hervorgehobene Eigenart von Spionagetaten, die vom ausspähenden Staat erlaubt, vom ausgespähten Staat hingegen verboten werden, begründet keine Besonderheit, die es der Rechtsprechung gestatten würde, diesen bisher ungelösten Wertungskonflikt zu entscheiden. Landesverrat und geheimdienstliche Agententätigkeit begründen eine konkrete Gefahr für die Sicherheit des angegriffenen Staates und die {16} Vertraulichkeit seiner Daten. Daß der angegriffene Staat selbst Spionage betreibt, läßt die Verwerflichkeit, Strafwürdigkeit und Verfolgbarkeit gegen ihn gerichteter Spionagetaten prinzipiell unberührt. Es gibt hier kein Prinzip der Gegenseitigkeit, das die Staaten im Sinne eines friedlichen Ausgleichs zum gleichen Schutz gleicher Rechtsgüter im jeweils anderen Staat verpflichtete. Eine derartige Harmonisierung des

Rechtsgüterschutzes unter den Staaten herzustellen, wäre Sache der Völkerrechtsgemeinschaft und innerstaatlich des Gesetzgebers. Die Aufgabe, den bloßen Eigenschutz des jeweiligen Staates durch ein umfassendes, auch den fremden Staat einbeziehendes Schutzprinzip zu ersetzen, fällt jedoch weder in den Auftrag zur Herstellung der inneren Einheit in Deutschland noch in die Kompetenz der Gerichtsbarkeit. Der völkerrechtlich noch ungelöste Wertungskonflikt betrifft die Strafbarkeit aller Spione und kann deshalb nur generell gelöst werden.

d) Eine andere Frage ist es, ob der Grundsatz der Verhältnismäßigkeit es im Einzelfall geboten erscheinen lassen kann, daß die Strafverfolgungsorgane in Anwendung der dafür vorgesehenen Bestimmungen des Strafrechts und des Strafprozeßrechts in Würdigung der konkreten Umstände von Tat und Täter von Strafe oder Strafverfolgung derjenigen Mitarbeiter der Geheimdienste der DDR absehen, die sich strafbarer Handlungen im Sinne der §§ 94 und 99 i.V.m. §§ 9, 5 Nr. 4 StGB schuldig gemacht haben (dazu unter IV.).

2. Nach unserem Dafürhalten verbietet mithin das verfassungsrechtliche Übermaßverbot eine Strafverfolgung in den vorliegenden Fällen nicht generell. Unabhängig davon halten wir {17} aber auch die vom Senat angeführten Erwägungen nicht für geeignet, die allgemeine Unangemessenheit einer Strafverfolgung des betroffenen Täterkreises zu begründen.

a) Von seinem im wesentlichen normativen Ansatz aus hat der Senat zwar viele Eigentümlichkeiten der Spionage zutreffend dargestellt, jedoch nach unserer Ansicht nicht richtig bewertet. Der Senat bezieht im Ergebnis die Sicherheit des Staates und die Vertraulichkeit seiner Daten nicht oder doch nicht mit dem gebotenen Gewicht in den strafrechtlichen Rechtsgüterschutz ein. Dieser Schutz wird in aller Regel nur dem eigenen Staat zuteil. Grundsätzlich hat kein Staat Veranlassung, einen fremden Staat zu schützen. Von daher ist es keine Besonderheit, daß jeder Staat in der Regel nur die gegen ihn gerichtete Spionage mit Strafe bedroht. So hat auch hinsichtlich der Strafbarkeit der Spionage das Verhältnis der Bundesrepublik Deutschland zur DDR keine Unterschiede zu dem Verhältnis der Bundesrepublik zu anderen Staaten aufgewiesen. Da der besondere Charakter der Spionagetatbestände aber deren Verfassungsmäßigkeit und folglich auch den Unrechts- und Schuldgehalt der Spionagetaten nach Auffassung des Senats nicht in Frage stellt, ist nicht zu sehen, wie die beschriebenen Eigentümlichkeiten, sei es auch im Zusammenwirken mit der Wiedervereinigung und dem Vertrauen der Täter auf ihre Sicherheit vor strafrechtlicher Verfolgung, ein allgemeines verfassungsrechtliches Verfolgungshindernis begründen können.

Zu Unrecht mißt der Senat auch der – von ihm als „Stasi-Unwert“ bezeichneten – Tatsache kein Gewicht bei, daß die {18} vordergründig der Informationsbeschaffung dienende Tätigkeit der Hauptverwaltung Aufklärung in einer im einzelnen nicht immer durchschaubaren Weise in den Unterdrückungsapparat des Ministeriums für Staatssicherheit einbezogen gewesen ist (vgl. OLG Stuttgart, NJW 1993, S. 1406[14] mit Anm. Lampe). Soweit die Ausspähung Personen und Organisationen in der Bundesrepublik zum Gegenstand hatte, läßt sie sich – sofern nicht spezifischere Straftatbestände eingreifen – allenfalls mittels des Straftatbestandes der geheimdienstlichen Agententätigkeit (§ 99 StGB) erfassen (vgl. dazu etwa BGHSt 29, 325 – Exilorganisationen; KG, NJW 1989, S. 1372 ‹1374› – Fluchthilfeorganisationen); die den Erwägungen des Senats zugrundeliegende Annahme, die etwa gegen Kirchen, karitative Organisationen, Gewerkschaften, Flüchtlingsverbände, flüchtige Sportler oder Wissenschaftler gerichtete Ausspähungstätigkeit werde stets einen anderen Straftatbestand erfüllen, trifft in dieser Allgemeinheit nicht zu.

b) Daß sich aus den Eigentümlichkeiten des „Landesverratsstrafrechts" im Zusammenwirken mit der Herstellung der deutschen Einheit eine allgemeine, eine „besondere Schärfe" bewirkende Unangemessenheit der Strafverfolgung des betroffenen Täterkreises ergäbe, können wir nicht erkennen:

aa) Der Umstand, daß nach dem Grundlagenvertrag vom 21. Dezember 1972 die Strafverfolgungsorgane der Bundesrepublik Deutschland (nicht nur tatsächlich, sondern auch rechtlich) gehindert waren, auf dem Gebiet der ehemaligen DDR tätig zu werden, begründet keine wie immer geartete Besonderheit für den hier in Rede stehenden Täterkreis. Von Ausnahmefällen abgese-{19}hen, die es nach Völkerrecht, zumal nach Vertragsvölkerrecht, geben mag, kann kein Staat seine Hoheitsgewalt auf dem Gebiet eines anderen rechtens ausüben.

bb) Gleiches gilt für den Hinweis auf Art. 33 Abs. 2 der Verfassung der DDR, der bestimmte, daß kein Bürger der DDR einer auswärtigen Macht (worunter auch die Bundesrepublik Deutschland zu verstehen war) ausgeliefert werden darf. Der Senat sieht in dieser Bestimmung einen Beleg für die Sicherheit des fraglichen Täterkreises vor strafrechtlicher Verfolgung durch die von ihm ausgespähte Bundesrepublik und damit ein vertrauensschützendes Element. Warum dieses Vertrauen keinen Schutz verdient, ist oben (II.3.) ausgeführt. Es kommt hinzu, daß nur schwer zu erkennen ist, warum ein so begründetes Vertrauen nicht auch anderen DDR-Bürgern zugute gehalten werden müßte, die in der DDR in staatlichem Auftrag Straftaten begingen, die der Staat, statt sie zu verfolgen, rechtfertigte, förderte und belohnte, so daß die Täter sich vor strafrechtlicher Verfolgung sicher wähnen durften. Dabei fiel kaum ins Gewicht, ob ein bestimmtes Verhalten, sei es auch unter Strafdrohung, durch Gesetz verboten war. Das Recht war in der DDR, entsprechend den Lehren des Marxismus-Leninismus, ausnahmslos Mittel und Moment der Politik. Die Rechtspflege war nach dem Prinzip der sozialistischen Gesetzlichkeit (Art. 19 Abs. 1 Satz 2, 90 Abs. 1 DDR-Verfassung) an eine ideologiegerechte Rechtsanwendung gebunden, wobei über die Frage der Ideologiegerechtigkeit nicht der Richter selbst, sondern die Partei entschied, als Sachwalterin und autoritative Interpretin der Ideologie. In allen Fällen also, in denen auf Geheiß der obersten {20} Staats- und Parteiführung an sich strafbare Handlungen begangen wurden – und also nicht nur für die hier in Rede stehenden Spionagetaten –, gilt, daß die Straftatbestände ihre verhaltenssteuernde Kraft weitgehend verloren. Für viele dieser Täter gilt auch, daß sie, die ihr Verhalten und die Einschätzung des ihnen daraus erwachsenden Risikos ganz an der Rechtfertigung durch den eigenen Staat ausgerichtet hatten, sich infolge der Vereinigung ohne ihr Zutun als Bürger des Staates wiederfinden, gegen den oder gegen dessen Bürger ihre nach der in der DDR geübten Praxis rechtmäßige und schutzwürdige Tätigkeit gerichtet war.

Schließlich kann die Berufung auf das Auslieferungsverbot des Art. 33 Abs. 2 der Verfassung der DDR zur – sei es auch nur teilweisen – Begründung eines schutzwürdigen Vertrauenstatbestandes auch deshalb nicht überzeugen, weil die Staatsorgane der DDR im Zuge der Vorbereitung des Beitritts nach Art. 23 GG a.F. durchaus sehenden Auges davon Abstand genommen haben, einem Zugriff der deutschen Strafverfolgungsbehörden auf die Spione der DDR nach dem Beitritt vorzubeugen. Daraus kann sich für die nunmehr zuständigen deutschen Behörden keine aus dem Grundgesetz abzuleitende Verpflichtung ergeben, gerade in bezug auf diesen Täterkreis von einer Strafverfolgung abzusehen.

cc) Der Senat verweist weiter darauf, daß der offenkundige, in der Eigenart von Spionagetaten begründete Wertungskonflikt zwischen den beiden Rechtsordnungen des ausspähenden und des ausgespähten Staates sich für diesen Täterkreis als ein Wertungswiderspruch verwirkliche. Einen Wertungskonflikt erfahren {21} auch andere, die nach dem 3. Oktober 1990 für Straftaten zur Verantwortung gezogen werden, die sie im Dienst und im Auftrag der ehemaligen DDR begangen haben und für deren Begehung sie von der politischen Führung dieses Staates belobigt und ausgezeichnet wurden. Auch hier bleibt zur Erklärung und Rechtfertigung der auch vom Senat gewollten Ungleichbehandlung eines bestimmten Täterkreises einerseits und sonstiger Straftäter andererseits nur der immer wieder hervorgekehrte – aber keineswegs nur für die im Beschluß angesprochene (Teil-)Gruppe der Spione einschlägige – Umstand, daß die Rechtsordnungen der Staaten Straftatbestände stets nur für die gegen sie gerichtete, nicht aber für die in ihren Diensten geübte Spionage kennen. Unseres Erachtens macht es jedoch für die Frage der Angemessenheit der Strafverfolgung keinen ins Gewicht fallenden Unterschied, ob eine Rechtsordnung für ein bestimmtes Verhalten schon keinen Straftatbestand vorsieht oder aber es zwar tatbestandsmäßig mit Strafe bedroht, jedoch als gerechtfertigt ansieht, oder ob – wie es in totalitären Staaten möglich ist – das Gesetz ein solches Verhalten zwar verbietet, der Staat aber das Verbot dieses Verhaltens, weil es seinen Zwecken dient, punktuell außer Kraft setzt. Jedenfalls für die gewissermaßen typischen Begleittaten der Spionage gilt, daß ein solcher Unterschied dem einer solchen Rechtsordnung Unterworfenen schwerlich begreiflich zu machen sein dürfte. Im übrigen sind es nicht die Spione der ehemaligen DDR allein, auf die der Staat der Bundesrepublik Deutschland, der nunmehr auch ihr eigener ist, seine materiellen Straftatbestände hinsichtlich der vor der Vereinigung verwirklichten Handlun-{22}gen anwendet (C.V.3.b). Dies gilt vielmehr, wie Art. 315 Abs. 4 EGStGB zeigt, etwa auch in allen Fällen, in denen nach § 5 StGB – unter den dort genannten Voraussetzungen – das (bundes-)deutsche Strafrecht, unabhängig vom Recht des Tatorts, auf Taten anzuwenden ist, die im Ausland begangen werden, oder in denen gemäß § 9 StGB der Ort der Tat im Gebiet der Bundesrepublik belegen war, mag auch die Tathandlung in der DDR begangen worden sein. Daß diese Rechtslage gerade die Spione mit besonderer Schärfe trifft, ist also nicht zu sehen.

dd) Der Senat berücksichtigt außerdem die subjektive Erwartung der ehemals für die DDR tätigen Spione, der Staat werde sie vor einer Strafe durch den ausspionierten Staat schützen, gebe ihnen also ein Gefühl der Sicherheit vor strafrechtlicher Verfolgung. Dem ist entgegenzuhalten, daß jeder Spion, der solches Vertrauen in den ihn beauftragenden Staat setzt, zugleich das Risiko der Strafverfolgung kennt, wenn der ausgespähte Staat seiner habhaft wird. Der Schutzanspruch der DDR-Spione gegenüber ihrem Staat kollidierte mit dem Schutzprinzip des Staatsschutzrechts der Bundesrepublik, wonach gerade auch die Spionagetätigkeit der DDR gegen die Bundesrepublik Deutschland mit Strafe bedroht war. Wie dieser Konflikt im Falle einer Wiedervereinigung gelöst werden würde, war gerade ungewiß.

Im Verhältnis der Bundesrepublik Deutschland zur ehemaligen DDR kommt noch hinzu, daß die Bundesrepublik an dem verfassungsrechtlichen Wiedervereinigungsgebot stets festgehalten (vgl. BVerfGE 36, 1) und dies auch und besonders in dem der Regierung der DDR unmittelbar vor der Unterzeichnung des Grund-{23}lagenvertrags zugegangenen Brief zur deutschen Einheit vom 21. Dezember 1972 (BGBl 1973 II S. 425) hervorgehoben hat; daraus folgt, daß die Spione der DDR sich jenes Risikos in besonderer Weise bewußt sein mußten. Daß die Bundesrepublik, die auf diese Weise den Ernst ihres politischen Anliegens mit unübersehbarem Nachdruck unterstrichen hat, nun von ihrer Verfassung gehalten sein könnte, das – von ihr in keiner Weise genährte – Vertrauen der DDR-Spione in die fortdauernde Schutzfähigkeit und einen fortbestehenden Schutzwillen ihres Staates durch die Gewährung von Straffreiheit zu honorieren, ist nicht ersichtlich und wird vom Senat so auch nicht behauptet. Dann sind solche Überlegungen aber auch ungeeignet, die generelle Unzumutbarkeit strafrechtlicher Verfolgung gerade dieses Täterkreises im Sinne des verfassungsrechtlichen Übermaßverbotes zu begründen.

ee) Wir vermögen auch der Erwägung keine verfassungsrechtlich durchgreifende Bedeutung beizumessen, es widerstreite dem im Grundgesetz vorgezeichneten Auftrag der Wiederherstellung der deutschen Einheit, wenn bei deren Gestaltung die Staatsgewalt des vereinten Deutschland gegenüber jenen Personen, die zuvor für die DDR tätig waren, den Anspruch auf Bestrafung wegen der gegen die Bundesrepublik noch als „fremden" Staat gerichteten Spionage wie vor der Vereinigung durchsetzen wolle. Wie nach der staatlichen die sogenannte innere Einheit Deutschlands herzustellen sei, ist jedenfalls in der konkreten Frage, um die es in diesem Verfahren geht, vom Grundgesetz nicht beantwortet. Gerade hier läßt sich mit Fug auch der bisher von den politisch Verantwortlichen sowohl in der ehemaligen DDR als {24} auch vor und nach der Wiedervereinigung in der Bundesrepublik Deutschland überwiegend eingenommene Standpunkt vertreten, daß eine Verfolgung begangener Straftaten weiterhin geboten sei. Für diese Entscheidung sind legitimerweise vielschichtige politische Einschätzungen und Bewertungen vorzunehmen, etwa die, wie der Rechtsstaat mit dem im kommunistischen Staat der DDR begangenen Unrecht im Vergleich mit den unter dem nationalsozialistischen Regime begangenen Unrechtshandlungen umgehen soll, welche Rücksichtnahmen die Opfer dieses Unrechtes erwarten dürfen und welche Auswirkungen ein Verzicht auf Strafverfolgung auf die Glaubwürdigkeit des Rechtsstaates haben wird. Die Meinung, das Grundgesetz zeichne hier einen einzigen, allein gangbaren, vom Bundesverfassungsgericht im Wege der Verfassungsauslegung vorzugebenden Weg zur „inneren Einigung" vor, können wir nicht teilen.

ff) Schließlich konstatiert der Senat zwar ein Übergewicht der Gründe, die gegen eine weitere strafrechtliche Verfolgung des fraglichen Täterkreises sprechen. Die Auseinandersetzung mit den für sie sprechenden Gründen fällt indessen bemerkenswert knapp aus. Das Verdikt der Unangemessenheit weiterer Strafverfolgung kann nach dem zugrundeliegenden Maßstab des Übermaßverbots jedoch nur das Ergebnis eines Abwägungsvorganges sein, bei dem auch der Gestaltungsspielraum des Gesetzgebers gebührend in Rechnung zu stellen ist (vgl. BVerfGE so, 145 ‹173 f.›); es ist nur zulässig, wenn sich feststellen läßt, daß der Gesetzgeber seine Einschätzungsprärogative – hier mit dem Verzicht auf eine allgemeine Freistellung der in Rede stehenden Tätergruppe von Strafe – nicht mehr „in {25} vertretbarer Weise" gehandhabt hat (vgl. BVerfGE 88, 203 ‹262›).

Die Erwägungen, die der Senat hierzu anstellt (C.V.3.c), erscheinen uns nicht tragfähig. Er mißt dem Umstand keine wesentliche Bedeutung bei, daß die vom Boden der DDR oder von einem anderen „sicheren" Territorium aus operierenden Angehörigen der DDR-Geheimdienste die außerhalb der DDR tätigen Agenten in Unrecht und Schuld verstrickt haben und letztlich die Verantwortung dafür tragen, daß diese Agenten unabhängig von der Wiedervereinigung weiterhin der Strafverfolgung ausgesetzt sind und unter Umständen langjährige Freiheitsstrafen verbüßen müssen. Er verweist darauf, jede Organisation geheimdienstlicher Tätigkeit sei darauf angelegt, Agenten zu gewinnen, die – anders als die Verantwortlichen der Geheimdienstbehörden – das Risiko der Enttarnung und Bestrafung bewußt eingehen und tragen; der Gesichtspunkt der Verstrickung anderer in Schuld sei mithin im Bereich staatlich organisierter geheimdienstlicher Tätigkeit rechtlich ebenso ambivalent wie der Spionagestraftat bestand selbst. Dies mag zutreffen. Es wird dadurch jedoch nicht begründet, warum die Einschätzung des Gesetzgebers, angesichts der fortbestehenden Straf- und Verfolgbarkeit jener Agenten seien auch diejenigen weiterhin zu verfolgen, die sie zu ihrem Tun anleiteten, verfassungsrechtlich nicht vertretbar sei. Der Maßstab von Gleichmaß und Übermaßverbot, dem in einer Abwägung wie der hier vorzunehmenden eine wesentliche erkenntnisleitende Bedeutung zukommt, scheint hier dem Senat aus dem Blick geraten zu sein; jedenfalls gibt er keine durchgreifenden {26} Gründe dafür an, daß die der seinen entgegenstehende Wertung des Gesetzgebers unvertretbar ist.

3. Auch andere Fragen bleiben offen. Zwar ist es nach den Vorgaben des Senats gedanklich nachvollziehbar, wenn jene Täter weiterhin verfolgbar bleiben, die zwar am 3. Oktober 1990 in der DDR ihren Lebensmittelpunkt hatten, ihre Taten aber teilweise in der Bundesrepublik Deutschland oder in einem dritten Staat begangen haben, in dem sie vor Verfolgung nicht sicher waren. Nach – dem Gleichheitsgedanken verpflichteten – strafrechtlichen Wertungsprinzipien einleuchtend ist es jedoch kaum, die mehr oder weniger zufällige Auswahl der Orte für Agententreffs darüber entscheiden zu lassen, ob das Verfolgungshindernis die durch einen Geheimdienstmitarbeiter verwirklichten Spionagetatbestände vollen Umfangs ergreift oder nicht. Zwei der Beschuldigten, die von ihnen geführte Agenten in der Bundesrepublik Deutschland aufgesucht oder sich mit ihnen in einem dritten Staat, der möglicherweise nicht „sicher" war, getroffen haben, unterfallen auch nach Ansicht des Senats nicht dem von ihm angenommenen verfassungsrechtlichen Strafverfolgungshindernis.

IV. [Materiell- und prozessrechtliche Lösungsmöglichkeiten bei Wertungskonflikten]

1. Ist nach alledem davon auszugehen, daß das Grundgesetz der vom Gesetzgeber gewollten Verfolgung jeder vom Boden der DDR aus gegen die Bundesrepublik Deutschland betriebenen Spionage kein generelles Verfolgungshindernis entgegenstellt, so ist doch anzuerkennen, daß unbeschadet des vom Gesetzgeber grundsätzlich aufrechterhaltenen Strafverfolgungsanspruchs bei {27} Spionage im Zuge der Wiedervereinigung im Einzelfall eine Strafminderung oder Straffreistellung einzelner Täter angezeigt sein kann. Die durch die Herstellung der staatlichen Einheit Deutschlands entstandene Lage

gibt Anlaß, bei Würdigung des Unrechtsgehalts einer Tat und der individuellen Schuld auch jenen „Wertungskonflikten" Rechnung zu tragen, die sich aus der prinzipiellen Gegensätzlichkeit der Rechtsordnungen der Bundesrepublik Deutschland und der DDR vor der revolutionären Entwicklung ergeben haben, welche sich in der ehemaligen DDR in den Jahren 1989 und 1990 zugetragen hat. Es ist in der Tat möglich, daß Bürger der ehemaligen DDR, die in deren Dienst und Auftrag strafbare Handlungen begangen haben, diese Wertungskonflikte als nachträgliche Umwertung ihres Verhaltens erfahren, nun da das wiedervereinigte Deutschland es unternimmt, im Auftrag des „SED-Unrechts-Regimes" (Art. 17 Satz 2 EV) begangene – teils nach dem Recht der DDR schon nicht tatbeständsmäßige, teils jedenfalls nach dem auch rechtlich maßgebenden Willen der Staatsmacht nicht rechtswidrige oder nicht verfolgbare – Straftaten nach rechtsstaatlichen Prinzipien zu verfolgen. Von Verfassungs wegen obliegt den Organen der Bundesrepublik Deutschland dabei die Pflicht, bei der Anwendung ihrer Rechtsordnung und der Ausübung ihrer Gerichtsbarkeit in bezug auf Handlungen, die unter dem totalitären Regime der DDR begangen wurden, auf die besonderen Verhältnisse der damaligen Staatsordnung und deren konkrete Auswirkungen auf das Verhalten des Einzelnen Bedacht zu nehmen. Die Anwendung des auf dem Boden einer ganz anderen Gesellschaftsordnung gewachsenen Rechtssystems der Bundesrepublik Deutschland auf solche Sachverhalte fordert in {28} besonderem Maße Fairneß gegenüber den Menschen, die ihr Verhalten in erster Linie nach den rechtlichen Verhältnissen der DDR ausrichten mußten und die Rechtsordnung der Bundesrepublik Deutschland als für sie mehr oder weniger belanglos ansahen. Das kann dazu führen, daß das Maß der individuellen Schuld erheblich hinter der Schwere des objektiven Unrechts zurückbleibt.

Diese allgemeinen Erwägungen gelten grundsätzlich auch für die Anwendung der Strafvorschriften der §§ 94, 99 StGB auf die hier betroffene Gruppe von Tätern, die Spionage gegen die Bundesrepublik Deutschland betrieben haben. Freilich ist gerade für sie die aus der Existenz zweier unterschiedlicher Staats- und Rechtsordnungen erwachsene Folge, daß die für die Bundesrepublik Deutschland gegen die DDR tätig gewesenen Spione keiner Strafdrohung mehr ausgesetzt sind, während die für die DDR gegen die Bundesrepublik Deutschland ausgeübte Spionage eine Straftat bleibt, nicht überraschend; sie war vielmehr die gerade ihnen ständig vor Augen stehende Rahmenbedingung ihrer Tätigkeit. Gerade weil die Staaten nur die gegen sie (und ihre Verbündeten), nicht die für sie betriebene Spionage mit Strafe bedrohen, war es für jene Täter eine Selbstverständlichkeit, daß ihr aus der Sicht der ehemaligen DDR rechtmäßiges Handeln von der Bundesrepublik Deutschland, der sie nach Kräften zu schaden suchten, als rechtswidrig und strafbar bewertet wurde.

Die Statuierung eines generellen Verfolgungshindernisses für diese Tätergruppe führt den Senat zu dem Ergebnis, daß eine Bestrafung für die Inhaber der Organisationsgewalt – diejeni-{29}gen, die eine konkrete Tat planen, veranlassen und ihren Vollzug verantworten – ohne Rücksicht auf den konkreten Unrechtsgehalt ihrer Tat und das Maß ihrer individuellen Schuld entfällt, während die diesen Plan im auszuspähenden Staat vollziehenden Spione weiterhin der Strafverfolgung ausgesetzt sind. Nach unserer Auffassung kann die Tatsache, daß Mitarbeiter der Geheimdienste der DDR als deren frühere Staatsbürger von ihrem Boden oder anderweitig „sicherem" Territorium aus Spionage gegen die Bundesrepublik betrieben haben und sich jetzt ohne ihr Zutun der für sie bis zum 3. Oktober 1990 „fremden“ Strafgewalt der Bundesrepublik ausgesetzt sehen, nur im Einzelfall, wenn es die konkreten Umstände im Blick auf den Unrechtsgehalt der Tat und das Maß der Schuld gebieten, strafmildernd oder als ein zur Einstellung des Verfahrens Anlaß gebender Umstand berücksichtigt werden. Diese Spione können, gerade wenn man die Gruppe von Tätern vor Augen hat, die in der Bundesrepublik als deren Bürger gegen sie Spionage betrieben haben, nicht denen gleichgestellt werden, die für die Bundesrepublik andere Staaten einschließlich der DDR ausgespäht haben. In den Kategorien des Gleichheitssatzes gesprochen: Die richtige Vergleichsgruppe sind nicht die Agenten der Bundesrepublik, sondern diejenigen, die im Auftrag der DDR nicht von deren Boden oder sonst „sicherem“ Gebiet aus Spionage gegen die Bundesrepublik betrieben haben.

2. Den Anforderungen, die sich danach aus dem Verhältnismäßigkeitsgrundsatz für die strafrechtliche Verfolgung und Ahndung derartiger Spionagetaten ergeben, genügen die strafrechtlichen und strafprozessualen Vorschriften des geltenden Rechts, {30} in die die zur Prüfung gestellten Strafvorschriften eingebettet sind.

a) In den §§ 153 ff. enthält die Strafprozeßordnung verschiedene Vorschriften, die es den Strafverfolgungsorganen ermöglichen, von einer Strafverfolgung abzusehen. Generell besteht diese Möglichkeit für Vergehen, wenn die Schuld des Täters gering ist (§§ 153, 153a StPO), sowie dort, wo das Strafgesetz ausdrücklich eine solche Entscheidung zuläßt, z.B. in den Fällen der §§ 98 Abs. 2, 99 Abs. 3 StGB (§ 153b StPO). Für Auslandstaten gilt § 153c Abs. 1 StPO, für Distanztaten (vgl. § 9 StGB) setzt § 153c Abs. 2 StPO voraus, daß besondere staatliche Interessen der Durchführung des Strafverfahrens entgegenstehen. § 153d StPO dehnt diese Regelung für *Staatssschutzstrafsachen* auf Inlandstaten im engeren Sinne aus. In solchen Verfahren gilt zudem § 153e StPO, der bei tätiger Reue (Gefahrenabwendung, Offenbarung) das Absehen von der Verfolgung ermöglicht. Insbesondere § 153c StPO kommt im vorliegenden Zusammenhang erhebliche Bedeutung zu, da er ein Absehen von Strafverfolgung bei entsprechender Interessenlage auch in den Fällen erlaubt, in denen der Täter einerseits einer anderen Rechtsordnung untersteht – oder wie hier: zur Zeit der Tat unterstand –, andererseits nach dem Strafgesetzbuch strafbar ist und dadurch Konfliktsituationen auftreten (vgl. Kleinknecht/Meyer-Goßner, Strafprozeßordnung, 42. Aufl., 1995, § 153c Rn. 3, 13). Sinn der Gesamtregelung ist ersichtlich, eine flexible, rechtstaatlichen Grundsätzen entsprechende Eingrenzung des die Strafverfolgung beherrschenden, Gleichbehandlung gewährleistenden Legalitätsprin-{31}zips zu erreichen, gleichzeitig aber den strafrechtlichen Rechtsgutschutz mit seinen Besonderheiten nicht zu vernachlässigen. Die These des Senats, der Strafanspruch sei bei Spionagedelikten „generell“ nachgiebig gegenüber überwiegenden, der Verfolgung entgegenstehenden öffentlichen Interessen, läßt sich daraus nicht ableiten. Gerade die auf spezielle Fallgestaltungen zugeschnittenen Vorschriften der §§ 153c, 153d, 153e StPO zeigen vielmehr deutlich, daß es hier immer darum geht, das Ziel des Schutzes für die Sicherheit des Staates zu erreichen und dieses Ziel auch bei der Anwendung des Staatsschutzstrafrechts selbst stets im Auge zu behalten. Aus dieser Sicht erklärt sich, daß das Gesetz bei derartigen Straftaten die Befugnis der Staatsanwaltschaft, von der Strafverfolgung abzusehen, dem Generalbundesanwalt zuweist und vorbehält, um eine gleiche, rechtsstaatlichen Anforderungen gerecht werdende Rechtsanwendung und eine sachgerechte, regelmäßig des Zusammenwirkens mit der zuständigen politischen Instanz bedürftige Berücksichtigung der staatlichen Interessen zu gewährleisten. Diese Garantie geht bei der vom Senat vertretenen Auffassung für die Verfolgung der von dem betroffenen Täterkreis neben der Spionagetätigkeit, aber im Zusammenhang mit ihr begangenen Straftaten verloren.

Der Grundsatz der Verhältnismäßigkeit erfordert es, die oben dargelegten besonderen Umstände bei der Entscheidung zu berücksichtigen, ob von der Strafverfolgung nach einer dieser Vorschriften abzusehen ist. Ein bestimmtes Ergebnis ist damit von Verfassungs wegen nicht vorgegeben. Die Entscheidung darüber, welches Gewicht den genannten Umständen im Einzelfall zukommt {32} und wie diese Umstände in der Abwägung mit anderen für und gegen eine Strafverfolgung sprechenden Gesichtspunkten letztlich zu bewerten sind, ist eine Frage der Anwendung des Strafprozeßrechts, deren Entscheidung in erster Linie den dafür zuständigen Strafverfolgungsorganen obliegt.

Wie der durch das Bundesministerium der Justiz mit Schreiben vom 14. September 1994 übermittelte Zwischenbericht des Generalbundesanwalts über die strafrechtliche Aufarbeitung der DDR-Spionage ausweist, entspricht die Einstellungspraxis des Generalbundesanwalts – mag sie auch teilweise auf anderen rechtlichen Überlegungen beruhen – im allgemeinen diesen Anforderungen des Verhältnismäßigkeitsgrundsatzes.

b) Soweit ein Absehen von Strafverfolgung nicht in Betracht kommt, geben die Vorschriften des Strafgesetzbuchs über die Strafzumessung (vgl. insbesondere § 46 StGB) und die Strafaussetzung zur Bewährung (§§ 56 ff. StGB) eine genügende Grundlage, den genannten Besonderheiten der zu beurteilenden Straftaten bei der Bestimmung der Rechtsfolgen Rechnung zu tragen. Auch insoweit handelt es sich bei der den Gerichten gestellten Abwägungsaufgabe um die Anwendung „einfachen“ Strafrechts, die das Bundesverfassungsgericht nur begrenzt nachprüfen kann. Die im Verfahren vorgelegten Urteile gegen Mitarbeiter der Hauptverwaltung Aufklärung und des militärischen Nachrichtendienstes der DDR sprechen dafür, daß die Strafgerichte sich dieser Aufgabe stellen. {33}

V. [Zusammenfassung]

Die Entscheidung des Senats kommt, wie dargelegt, der Amnestierung einer ausgewählten Tätergruppe gleich, die das Grundgesetz nach unserer Auffassung dem Gesetzgeber vorbehält. Da nur der Gesetzgeber, nicht aber das Bundesverfassungsgericht mit seinem im wesentlichen auf die anhängigen Verfahren bezogenen Kenntnisstand die Vielfalt der für eine Amnestierung in Betracht kommenden mit Strafe bedrohten Handlungen zu überblicken vermag, obliegt ihm auch die Einschätzung und Entscheidung darüber, welche dieser Handlungen im einzelnen in eine etwaige Amnestie einzubeziehen wäre. Dafür spricht auch, daß sich dem Gesetzgeber im Zusammenhang damit die Gelegenheit böte, dem gerade bei dem hier betroffenen Täterkreis naheliegenden Gedanken Geltung zu verschaffen, daß von demjenigen, dem der Staat mit Nachsicht begegnet, indem er ihn von strafrechtlicher Verfolgung freistellt, füglich – weil Loyalität auf Gegenseitigkeit beruht – die Offenbarung des aus seiner früheren Tätigkeit stammenden Wissens erwartet werden kann. Auch diese Möglichkeit wird von der Lösung des Senats verschüttet.

Anmerkungen

1 Vgl. lfd. Nr. 2-3.

2 Klaus Lippold und Dieter Popp wurden vom Generalbundesanwalt am 13.6.1991 – Az. 3 StE 8/91 - 2 – wegen Landesverrats angeklagt. Das OLG Düsseldorf verurteilte Popp zu einer Freiheitsstrafe von sechs Jahren und Lippold zu einer Freiheitsstrafe von zwei Jahren, die auf Bewährung ausgesetzt wurde. Der Bundesgerichtshof verwarf am 22.7.1992 bzw. am 24.9.1993 – jeweiliges Az. 3 StR 199/92 – die Revisionen der Angeklagten als unbegründet. Mit der vorliegenden Entscheidung hob das Bundesverfassungsgericht auf die Verfassungsbeschwerde von Lippold hin die Verurteilung auf. Im Anschluss daran nahm der Generalbundesanwalt die Anklage gegen Lippold zurück und stellte das Verfahren ein. Die Verfassungsbeschwerde von Popp wurde vom Bundesverfassungsgericht durch Beschluss vom 23.5.1995 – Az. 2 BvR 1404/92 – nicht zur Entscheidung angenommen. Die von Popp erhobene Beschwerde zum Europäischen Gerichtshof für Menschenrechte hatte ebenfalls keinen Erfolg (vgl. Beschluss vom 25.2.2000 – Az. 29357/95 – (= lfd. Nr. 11-2). Popp wurde am 11.5.1994 nach Verbüßung von zwei Dritteln seiner Strafe aus der Haft entlassen.

3 Vgl. StV 1991, 464.

4 Nach der vorliegenden Entscheidung nahm der Generalbundesanwalt die Anklage gegen Lippold zurück und stellte das Verfahren am 14.2.1996 – Az. 3 StE 8/91 - 2 (3) – gem. § 153c StPO ein. Zur Begründung führt der Generalbundesanwalt an, Lippold könne zwar das vom Bundesverfassungsgericht in seinem Beschluss vom 15.5.1995 (= lfd. Nr. 2-4) ehemaligen Führungsoffizieren zugebilligte Verfolgungshindernis in Anspruch nehmen, allerdings habe er auch an Treffs außerhalb Deutschlands teilgenommen und sei zudem weiterer Straftaten außerhalb des § 99 StGB wie etwa der Bestechung verdächtig, für die das Verfolgungshindernis nicht greife. Insoweit wären weitere Ermittlungen durchzuführen. Jedoch stehe das öffentliche Interesse an der Aufklärung der Tätigkeit des Militärischen Nachrichtendienstes der ehemaligen DDR einer weiteren Strafverfolgung entgegen. Auch habe der Angeklagte in der Annahme gehandelt, seinem eigenen Staat und dessen Rechtsordnung pflichtgemäß zu dienen. Die Interessenabwägung führe deshalb zu einer Einstellung des Verfahrens.

5 Vgl. Anhang S. 1022ff.

6 Vgl. Anhang S. 1020f.

7 Vgl. lfd. Nr. 2.

8 Vgl. lfd. Nr. 3-2.

9 Vgl. Anhang S. 1028.

10 Das Gutachten wurde veröffentlicht, vgl. Frowein, Jochen Abr./Rüdiger Wolfrum/Gunnar Schuster (Hg.): Völkerrechtliche Fragen der Strafbarkeit von Spionen aus der ehemaligen DDR. Gutachten erstattet im Auftrag des Bundesverfassungsgerichts und Beschluß des Gerichts vom 15. Mai 1995, Berlin u.a. 1995.

11 Vgl. Anhang S. 1022.

12 Vgl. Anhang S. 1020f.

13 Vgl. Anhang S. 1026ff.

14 Vgl. lfd. Nr. 5.

Inhaltsverzeichnis

Verfügung des Generalbundesanwalts vom 24.7.1995, Az.: 3 StE 9/91-4

Der Generalbundesanwalt beim Bundesgerichtshof 24. Juli 1995
Az.: 3 StE 9/91 - 4

VERFÜGUNG

Betrifft: Strafsache gegen
Werner Großmann,
Ralf Devaux und
Bernhard Schorm
wegen geheimdienstlicher Agententätigkeit u.a.

1. Vermerk

I.-III. [Sachverhalt und Verfahrensgeschichte]

⊗ Es folgt eine Zusammenfassung des Sachverhalts sowie des bisherigen Verfahrensverlaufs. ⊗

IV. [Kein Verfahrenshindernis von Verfassungs wegen]

Hinsichtlich des Angeschuldigten Großmann liegen Anhaltspunkte, daß er seine operative Tätigkeit auch auf dem Gebiet der alten Bundesländer ausgeübt hat, nicht vor.

Soweit der Angeschuldigte Devaux als Resident der HVA in Bonn operativ gegen die Bundesrepublik Deutschland gearbeitet hat (1977 bis 1981), liegt eine verfolgbare Inlandstat nicht vor, weil er als Mitglied der StäV gemäß § 11 Abs. 1 der Verordnung über die Gewährung von Erleichterungen, Vorrechten und Befreiungen an die Ständige Vertretung der DDR vom 24. April 1974 (BGBl. I 1023) von der Strafgerichtsbarkeit befreit war.

Gleichwohl besteht in bezug auf die Angeschuldigten Großmann und Devaux das vom Bundesverfassungsgericht den Führungsoffizieren zugebilligte generelle Verfolgungshindernis bei der Strafverfolgung nicht:

Beide Angeschuldigten haben sich bei ihrer geheimdienstlichen Agententätigkeit auch außerhalb des Schutzbereichs der DDR in Drittstaaten begeben, wo ihnen Strafverfolgung drohte.

Der Angeschuldigte Großmann ist im Sommer 1977 zu einem Führungstreff mit dem Agenten Dr. Blau in Stockholm zusammengetroffen.

Der Angeschuldigte Devaux hat in den Jahren 1983, 1984, 1985 und 1989 Führungstreffs mit der Agentin Lilli Pö. in Rom, auf Kreta, in Valencia und Madrid sowie in Innsbruck durchgeführt.

Nach dem Beschluß des Bundesverfassungsgerichts vom 15. Mai 1995[1] (S. 75) hat dies zur Folge, daß insoweit, als die genannten Staaten jene opera-{7}tive Tätigkeit – sei es etwa aus gemeinsamem NATO-Interesse oder zum Schutze ihrer Neutralität – mit Strafe bedrohen, auch die Verfolgung der Tat gemäß § 99 StGB[2] nicht gehindert ist.

Zum zweiten sind die Angeschuldigten verdächtig, Straftaten außerhalb der §§ 94/99 StGB[3] begangen zu haben, auf die sich nach der Entscheidung des Bundesverfassungsgerichts das generelle Verfolgungshindernis von vornherein nicht bezieht. Gemeint sind die unter III. angeführten Bestechungsfälle sowie hinsichtlich des Angeschuldigten Devaux der Vorwurf der Nötigung z.N. J.

Hinzu kommen Urkundendelikte gemäß § 267 StGB, soweit im Zusammenhang mit der Führung von Agenten in den Anleitungsbereichen der Angeschuldigten gefälschte Personalausweise und andere Falschdokumente eingesetzt wurden, was insbesondere zur Abdeckung von Instrukteur- und Kurierreisen weitgehend operativer Praxis entsprach.

V. [Voraussetzungen für eine Verfahrenseinstellung bzgl. der Angeklagten Großmann und Devaux]

Hinsichtlich der nach den Vorstellungen des Bundesverfassungsgerichts – entsprechend den Darlegungen unter IV. – verfolgbaren Straftaten der Angeschuldigten Großmann und Devaux liegen die Voraussetzungen für ein Absehen von der Verfolgung gemäß § 153c Abs. 2, 3 StPO[4] vor:

Die Vorschrift des § 153c Abs. 2 StPO knüpft an die Regelung des § 9 StGB an und gilt für Straftaten, bei denen der Tätigkeitsort außerhalb, der Erfolgsort, d.h. das betroffene Rechtsgut, innerhalb des Geltungsbereichs des StGB liegen (Kleinknecht/Meyer-Goßner, § 153c RdNr. 13). In Betracht kommen neben Verbrechen des Landesverrats und Vergehen der geheimdienstlichen Agententätigkeit die als Begleittaten begangenen Delikte der Bestechung, Nötigung und Urkundenfälschung. {8}

Nach § 153c Abs. 3 StPO i.V.m. § 153c Abs. 2 StPO kann die Staatsanwaltschaft die Klage zurücknehmen und das Verfahren einstellen, wenn

1. die Straftat im Geltungsbereich der StPO durch eine Tätigkeit außerhalb dieses Bereichs begangen wurde und
2. der Verfolgung überwiegende öffentliche Interessen entgegenstehen.

Zu 1.:

Im Minderheitenvotum der Entscheidung des Bundesverfassungsgerichts (S. 30f.)[5] ist ausgeführt, daß die Lage des Führungsoffiziers, der eine geheimdienstliche Operation im Auftrag der DDR leitete, die von diesem Staat als nützlich und von der Bundesrepublik als strafbar bewertet wurde, grundsätzlich dem Interessenwiderstreit entspricht, dem § 153c StPO mit der Einstellungsmöglichkeit Rechnung tragen will. Diese überzeugende Überlegung gilt grundsätzlich auch für die Verfolgung der Straftaten, die der Führungsoffizier bei seiner geheimdienstlichen Agententätigkeit mehr oder weniger notwendigerweise mitbeging – Bestechung durch Bezahlung des Agenten; Urkundenfälschung durch Bereitstellen von Reisedokumenten – und für Individualrechtsverletzungen wie Nötigungen und Beleidigungen minderer und mittlerer Schwere, die vor dem Hintergrund des tschekistischen Selbstverständnisses des MfS als systemtypische Mittel zur Erreichung operativer Ziele anzusehen sind.

Sie gilt ferner auch dann, wenn der Führungsoffizier sich zu Führungstreffs gelegentlich ins Operationsgebiet, namentlich in neutrale oder westliche Nachbarstaaten der Bundesrepublik begeben hat.

§ 153c Abs. 2 StPO erlaubt eine Einzelfallbetrachtung und Beschränkung der Einstellung der Verfahren auf die Fälle, in denen die „Begleitkriminalität“ und das „Drittlandverhalten“ des Führungsoffiziers der Tat kein wesentlich anderes Gepräge geben, als es vom Bundesverfassungsgericht bei Zubilligung des generellen Verfolgungshindernisses gesehen wurde.

Zu 2.:

In die geforderte Interessenabwägung sind alle der Strafverfolgung entgegenstehenden öffentlichen Interessen einzubeziehen. {9}

An erster Stelle sind insoweit all jene Gesichtspunkte anzuführen, die das Bundesverfassungsgericht veranlaßt haben, bei allein vom Territorium der DDR aus handelnden Führungsoffizieren ein generelles Verfolgungshindernis anzunehmen (S. 73 ff. des Beschlusses vom 15. Mai 1995):

Die durch die Herstellung der staatlichen Einheit Deutschlands entstandene Lage gibt in besonderem Maße Anlaß, bei Würdigung des Unrechtsgehalts einer Tat und der individuellen Schuld den Wertungskonflikten, die sich aus der prinzipiellen Gegensätzlichkeit der Rechtsordnungen der Bundesrepublik Deutschland und der DDR ergaben, Rechnung zu tragen (Minderheitsvotum zum Beschluß vom 15. Mai 1995, S. 27, 30; Beschluß S. 77).

Ein Absehen von Strafverfolgung bei ehemaligen hauptamtlichen Mitarbeitern des MfS dient der Verwirklichung der staatlichen Einheit Deutschlands sowie dem weiteren Zusammenwachsen der ehemaligen beiden deutschen Staaten (Beschluß S. 71) und trägt dem sich auch aus dem Legalitätsprinzip ergebenden Grundsatz der Gleichbehandlung aller ehemaligen hauptamtlichen Angehörigen des MfS Rechnung (Minderheitsvotum S. 30f.).

Das einer weiteren Strafverfolgung entgegenstehende öffentliche Interesse ergibt sich auch aus dem Bedürfnis nach vollständiger Aufklärung von Art und Umfang der nachrichtendienstlichen Verstrickung von IM/West, der Aufdeckung weiterer Straftaten und der gerichtlichen Ahndung dieser sowie bereits bekannter Fälle. Für die Bundesrepublik Deutschland ist eine umfassende Aufklärung der vom MfS durch Spionage erlangten und eventuell an Drittstaaten weitergegebenen Informationen von erheblicher Bedeutung. Das Legalitätsprinzip sowie das Verfassungsgebot der effektiven Strafverfolgung (BVerfGE 46, 214, 222 m.w.N.) fordern eine Ahndung derjenigen Spionagetaten, die von Bürgern der Bundesrepublik Deutschland gegen ihren eigenen Staat für das MfS begangen wurden.

Die Nichtverfolgung der Straftaten der Angeschuldigten Großmann und Devaux eröffnet diesen die Möglichkeit zur umfassenden Offenbarung ihres Wis-{10}sens gegenüber Ermittlungsbehörden und Gerichten, ohne eine weitere eigene Strafverfolgung besorgen zu müssen (vgl. BGH, Beschluß vom 6. Dezember 1955, 5 StR 452/55; KK-Pelchen, § 55 RdNr. 4).

Die unter diesen Gesichtspunkten vorzunehmende Interessenabwägung führt bei den Angeschuldigten Großmann und Devaux zur Anwendbarkeit des § 153c Abs. 2, 3 StPO und damit zur Einstellung des Verfahrens.

Beide Angeschuldigten haben ihre nachrichtendienstliche Tätigkeit als Bürger der ehemaligen DDR durch eine außerhalb der Bundesrepublik Deutschland ausgeübte Tätigkeit begangen. Sie handelten ersichtlich in der Annahme, ihrem eigenen Staat und dessen Rechtsordnung pflichtgemäß zu dienen. Allein der historische Umstand der Wiedervereinigung ermöglicht eine Ahndung ihrer Straftaten.

Es wird nicht verkannt, daß die Angeschuldigten innerhalb des MfS herausgehobene Positionen einnahmen und maßgeblich in eine Vielzahl nachrichtendienstlicher Operationen gegen die Bundesrepublik Deutschland eingebunden waren.

Auch wird nicht außer acht gelassen, daß die ihnen zur Last zu legenden Bestechungen sich teilweise über lange Zeiträume hinzogen und von erheblichem Umfang waren. Die Zahlung von Agentenlöhnen war allerdings notwendige Begleiterscheinung der Spionage. Entsprechendes gilt für andere Begleittaten, wie z.B. Urkundsdelikte. Bei einer Gesamtbetrachtung unter Einbeziehung der nicht verfolgbaren Tatakte, die eindeutig das Schwergewicht der gegen die Bundesrepublik geführten operativen Angriffe der Angeschuldigten ausmachen, erhöhen diese Begleitdelikte den Unwert der Taten und die persönliche Schuld der Angeschuldigten nicht nennenswert. Dies gilt auch für die dem Angeschuldigten Devaux zusätzlich anzulastende Nötigung.

Dem – aus vorstehenden Überlegungen geminderten – Strafverfolgungsbedürfnis steht das erhebliche öffentliche Interesse an der Aufklärung mehrerer bedeutsamer Agentenfälle gegenüber, in denen die Angeschuldigten mit herausragender Kompetenz aussagefähig sind. Beide haben sich bislang gegenüber {11} Ermittlungsbehörden und Gerichten auf ihr Schweige- und Auskunftsverweigerungsrecht aus §§ 163a Abs. 4, 136 Abs. 1 Satz 2, 55 StPO berufen und Angaben zu ihnen bekannten Spionagestraftaten verweigert. Nach der Einstellung des vorliegenden Verfahrens sind sie verpflichtet, zur Aufklärung bedeutender Agentenfälle aus ihren Anleitungsbereichen beizutragen, in welchen mitunter Personen des öffentlichen Lebens betroffen sind.

Auf der Grundlage dieser Interessenabwägung ist das Verfahren bezüglich der Angeschuldigten Großmann und Devaux nach Rücknahme der Anklage gemäß § 153c Abs. 3 StPO einzustellen.

VI. [Voraussetzungen für eine Verfahrenseinstellung bzgl. des Angeklagten Schorm]

Die vorstehenden Erwägungen treffen weitgehend auch auf den Angeschuldigten Bernhard Schorm zu. Jedoch liegen bei ihm die formalen Voraussetzungen für eine Verfahrenseinstellung gemäß § 153c StPO nicht vor. Es kommt in Betracht, das Strafverfahren gegen Bernhard Schorm gemäß § 153a Abs. 2 StPO[6] einzustellen:

⊗ Es folgt eine Zusammenfassung der Sachverhaltsfeststellungen bzgl. des Angeklagten Schorm. {13}

3. Das vom Bundesverfassungsgericht den Führungsoffizieren zugebilligte generelle Verfolgungshindernis besteht in bezug auf den Angeschuldigten Schorm schon deshalb nicht, weil er sich zu Führungstreffs mit dem Agenten Ludwig Pauli in den Jahren 1966 und 1967 nach West-Berlin und Köln begeben hat (vgl. Anklageschrift des Generalbun-

desanwalts vom 10. Juni 1991, S. 170/171 und die Ausführungen des Bundesverfassungsgerichts auf S. 68 ff. des Beschlusses vom 15. Mai 1995, insbesondere S. 70). Dies bedeutet zugleich, daß die geheimdienstliche Agententätigkeit des Angeschuldigten Schorm insgesamt keine Auslandstat im Sinne des § 153c StPO darstellt.

Allerdings sind die Erwägungen, die bezüglich der Angeschuldigten Großmann und Devaux die Verfahrenseinstellung gemäß § 153c Abs. 3 StPO erlauben, auch in bezug auf den Angeschuldigten Schorm von Gewicht. Das Bundesverfassungsgericht führt in seinem Beschluß vom 15. Mai 1995 ausdrücklich aus, daß hinsichtlich der im Gebiet der Bundesrepublik als Spione tätig gewesenen Staatsbürger der DDR im Rahmen der im Einzelfall zu treffenden Entscheidung über die weitere Strafverfolgung maßgebliche Berücksichtigung finden müsse, daß auch für diese Täter die vormals gegebene Aussicht, durch den Schutz des eigen Staates – etwa durch Austausch von Spionen – vor langjährigem Freiheitsentzug bewahrt zu werden, nur durch den Untergang der DDR verlorengegangen ist. Ebenso sei zu berücksichtigen, daß auch diese Täter ihr Unrechtsbewußtsein vorwiegend an der Rechtsordnung ihres eigenen Staates (DDR) orientiert haben dürften und daß die sie treffende Strafverfolgung besondere Schärfe dadurch gewinne, daß sie nunmehr durch den eigenen Staat wegen solcher Taten zur Rechenschaft gezogen werden, die gegen eben diesen – damals für sie fremden – Staat gerichtet waren (a.a.O. S. 76/77).

Diese Umstände in ihrer Gesamtheit mindern die Schuld des Angeschuldigten Schorm so weit, daß das verbleibende öffentliche Interesse an seiner Verfolgung durch die Zahlung eines der Höhe nach an seinem Einkommen orientierten Geldbetrages zugunsten der Staatskasse beseitigte {14} werden könnte (§ 153a StPO). Auch in diesem Zusammenhang fällt ins Gewicht, daß die Aufklärung der unter seiner Beteiligung von Bürgern der alten Bundesländer entfalteten Spionagewirksamkeit ein öffentliches Anliegen ist, dessen Durchsetzung zu fördern Bernhard Schorm nach Einstellung des Strafverfahrens als Zeuge verpflichtet wäre.

Anmerkungen

1 Vgl. lfd Nr. 2-4
2 Vgl. Anhang S. 1024f.
3 Vgl. Anhang S. 1023 bzw. 1024f.
4 Vgl. Anhang S. 1026.
5 Vgl. lfd. Nr. 2-4, S. 320ff.
6 Vgl. Anhang S. 1026f.

Lfd. Nr. 3

Die Abteilung IX HVA
– Aufklärung gegnerischer Nachrichtendienste –
– Verfahren gegen Schütt u.a. –

Inhaltsverzeichnis
Erstinstanzliches Urteil des BayObLG vom 15.11.1991, Az. 3 St 1/91 a-d; 3 StE 1/90 - 3; 3 StE 4/91

Bayrisches Oberstes Landesgericht 15. November 1991
Az.: 3 St 1/91 a-d; 3 StE 1/90-3; 3 StE 4/91-3

URTEIL[1]

Im Namen des Volkes

Der 3. Strafsenat des Bayerischen Obersten Landesgerichts hat in dem Strafverfahren gegen

1. Spuhler Alfred
2. Spuhler Ludwig
3. Schütt Harry
4. Böttger Günter

wegen Landesverrats u.a. {2}

in der öffentlichen Sitzung vom 15. November 1991,

aufgrund der teilweise nichtöffentlichen Hauptverhandlung vom 3., 4., 5., 13., 20. und 27. Juni 1991, 1., 2., 3., 4., 5., 8., 9., 10., 11., 12., 15., 16., 17., 18., 19., 22., 23., 24., 25., 26., 29. und 30. Juli 1991, 9. August 1991, 9., 19. und 30. September 1991, 10., 14., 21., 23. und 24. Oktober 1991, 4., 5., 7., 8. und 15. November 1991,

an der teilgenommen haben

⊗ Es folgt die Nennung der Verfahrensbeteiligten. ⊗ {4}

für Recht erkannt:

I. Die Angeklagten
Spuhler Alfred Hans Peter,
geb. 1940 in M., deutscher Staatsangehöriger, geschieden, Hauptmann, zur Zeit in dieser Sache in Untersuchungshaft in der Justizvollzugsanstalt München-Stadelheim,
und
Spuhler Ludwig,
geb. 1928 in M., deutscher Staatsangehöriger, verheiratet, technischer Angestellter, zur Zeit in dieser Sache in Untersuchungshaft in der Justizvollzugsanstalt München-Stadelheim,
sind je des Landesverrats schuldig.
Die Angeklagten
Schütt Harry Willi Egon,
geb. 1930 in S., deutscher Staatsangehöriger, verheiratet, Generalmajor a.D.,
und
Böttger Günter Rudolf,
geb. 1939 in S., deutscher Staatsangehöriger, verheiratet, Lehrer und Diplomlandwirt,
sind je der Beihilfe zum Landesverrat schuldig. {5}

II. Es werden deswegen verurteilt
der Angeklagte Spuhler Alfred zu einer Freiheitsstrafe von zehn Jahren,
der Angeklagte Spuhler Ludwig zu einer Freiheitsstrafe von fünf Jahren sechs Monaten,[2]
der Angeklagte Schütt zu einer Freiheitsstrafe von zwei Jahren
und
der Angeklagte Böttger zu einer Freiheitsstrafe von einem Jahr zwei Monaten.

III. Die Vollstreckung der gegen die Angeklagten Schütt und Böttger erkannten Freiheitsstrafen wird zur Bewährung ausgesetzt.

IV. Den Angeklagten Spuhler Alfred und Spuhler Ludwig wird jeweils für die Dauer von vier Jahren das Recht aberkannt, in öffentlichen Angelegenheiten zu wählen oder zu stimmen.

V. Zu Lasten des Angeklagten Spuhler Alfred wird der Verfall eines Geldbetrags von 60 000 DM (in Worten: sechzigtausend Deutsche Mark), zu Lasten des Angeklagten Spuhler Ludwig wird der Verfall eines Geldbetrags von 40 000 DM (in Worten: vierzigtausend Deutsche Mark) angeordnet. {6}
Den Angeklagten wird jeweils eine Zahlungsfrist von zwei Jahren ab Rechtskraft der sie betreffenden Entscheidung bzw. – falls sie sich zu diesem Zeitpunkt noch in Haft befinden – ab ihrer Entlassung aus der Haft bewilligt.

VI. Die Angeklagten tragen die Kosten des Verfahrens.

Angewendete Vorschriften:

1. Bei dem Angeklagten Spuhler Alfred:
§ 93 Abs. 1, § 94 Abs. 1 Nr. 1, Abs. 2 Satz 1, Satz 2 Nrn. 1 und 2, § 25 Abs. 2, § 101, 45 Abs. 1 und 5, § 73 Abs. 1 Satz 1, § 73a Satz 1, 73b, § 73c, § 42 Satz 1 StGB;
2. bei dem Angeklagten Spuhler Ludwig:
§ 93 Abs. 1, § 94 Abs. 1 Nr. 1, § 25 Abs. 2, § 101, § 45 Abs. 1 und 5, § 73 Abs. 1 Satz 1, § 73a Satz 1, § 73b, § 73c, § 42 Satz 1 StGB;
3. bei dem Angeklagten Schütt:
§ 93 Abs. 1, § 94 Abs. 1 Nr. 1, § 27, § 49 Abs. 1, § 45 Abs. 1, § 56 StGB;
4. bei dem Angeklagten Böttger:
§ 93 Abs. 1, § 94 Abs. 1 Nr. 1, § 27, § 49 Abs. 1, § 45 Abs. 1, § 56 StGB. {7}

Gründe

⊗ Inhaltsverzeichnis ⊗ {11}

1. Die persönlichen Verhältnisse

1.1 [Die persönlichen Verhältnisse] des Angeklagten Alfred Spuhler

Alfred Spuhler wurde am 13. Dezember 1940 in München geboren. Sein Vater Alfred S. war Kraftfahrer, seine Mutter Berta S., geb. H., war Hausfrau.

Zusammen mit seinem älteren Bruder, dem Angeklagten Ludwig Spuhler, zu dem er seit jeher ein herzliches Verhältnis hat, wuchs Alfred Spuhler bei den Eltern auf, die in ärmlichen Verhältnissen lebten. In seiner Entwicklung mitgeprägt hat ihn, daß die Familie im 2. Weltkrieg zweimal ausgebombt wurde und daß sein Vater, der zu keiner Zeit Mitglied der NSDAP war, einmal von SA-Leuten zusammengeschlagen wurde und auch im KZ Dachau vorübergehend inhaftiert war.

Der Vater verstarb etwa 1962/63, die Mutter im Jahre 1974.

Von September 1946 bis Sommer 1954 besuchte Alfred Spuhler die Volksschule. Anschließend begann er bei der Firma A. in München eine Lehre als Kfz-Mechaniker. Nach deren erfolgreichem Abschluß blieb er bei dieser Firma noch bis September 1958.

Am 16. September 1958 trat er – zunächst als Soldat auf Zeit – in die Bundeswehr ein. Dort absolvierte er bis 7. Januar 1959 beim Luftwaffenausbildungsregiment 1 in A. die Grundausbildung. {12}

Daran anschließend wurde er beim Jagdbomber-Geschwader 34 in M. als Nachschubspezialist eingesetzt. Während dieser Zeit nahm er an einem Unteroffiziersanwärter- und an einem Nachschubspezialistenlehrgang teil und wurde schließlich zum Unteroffizier befördert. Ab 1. November 1960 war er beim Luftlande-Pionier-Bataillon in B., das 1963 nach S. verlegt und später in Pionier-Bataillon 12 umbenannt wurde, als Ausbilder tätig. In diese Zeit fallen der Besuch der Bundeswehrfachschulen G I in K. und G II in B., die Teilnahme an weiteren Lehrgängen (Lehrgang für Minenkampf; Fallschirmspringerausbildung; Einzelkämpferlehrgang; Absetzerlehrgang für Noratlas und H-34 Sikorsky; Feldwebellehrgang) und die Beförderungen zum Stabsunteroffizier (Herbst 1961) sowie zum Feldwebel (1965).

Im Oktober 1965 wurde Alfred Spuhler auf seinen Wunsch zur Fernspähkompanie 300 nach F. bzw. H. versetzt. Hier verlor er kurz darauf bei einem Manöverunfall sein linkes Auge. Gleichwohl setzte er zunächst die Ausbildung zum Fernspäher fort, erklärte sich dann aber bereit, Sicherheitsoffizier zu werden. Nach einer entsprechenden Schulung im Jahre 1967 war er fortan bei der genannten Kompanie als S 2-Offizier und Mobilmachungsbearbeiter tätig. Etwa 1967/68 wurde er zum Oberfeldwebel befördert.

Im Rahmen seiner Entscheidung, Berufssoldat zu werden, bewarb sich Alfred Spuhler beim Bundesnachrichtendienst (BND) und wurde von diesem ab 1. Oktober 1968 übernommen. Während seiner Zugehörigkeit zu dieser Behörde wur-{13}de er ca. 1969 zum Hauptfeldwebel, ca. 1971 zum Leutnant, ca. 1973 zum Oberleutnant und 1980 zum Hauptmann befördert. ⊗ Es folgen Angaben zu den finanziellen Verhältnissen des Angeklagten. ⊗

Aus der am 19. Oktober 1962 geschlossenen Ehe mit Ingrid M. gingen die Kinder A., geb. am 10. April 1967, und S., geb. am 30. Januar 1972, hervor. Ab 1. Juni 1984 lebten die Ehegatten getrennt. Am 10. Dezember 1987 wurde die Ehe geschieden. Seit Juni 1989 bis zu seiner Festnahme am 29. November 1989 lebte Alfred Spuhler mit Frau Hannelore K. in nichtehelicher Lebensgemeinschaft zusammen.

Alfred Spuhler leidet an keiner ernsthaften Krankheit und ist nicht vorbestraft.

1.2 Die persönlichen Verhältnisse des Angeklagten Ludwig Spuhler

Ludwig Spuhler wurde am 8. Oktober 1928 in München geboren.

Nach dem Besuch der Volksschule begann er 1943 eine Lehre als Feinmechaniker, die er 1946 mit der Gesellenprüfung abschloß. Anschließend arbeitete er bei der Firma R. in M. in dem erlernten {14} Beruf. 1961 wechselte er zum M.-Institut in G., wo er bis etwa 1967 als Labormechaniker tätig und seitdem als technischer Angestellter mit Aufgaben der Lagerverwaltung betraut war. Von etwa 1965 an war er für zehn Jahre wegen seiner Funktionen im Betriebsrat von seiner eigentlichen Tätigkeit freigestellt. ⊗ Es folgen Angaben zu den finanziellen Verhältnissen des Angeklagten. ⊗

1968 heiratete Ludwig Spuhler Frau Dorrit C. Ab 1978 lebten die Ehegatten getrennt. Im August 1989 wurde die Ehe, die kinderlos geblieben war, geschieden. Seit 5. Juli 1991 ist der Angeklagte mit Frau Heidi W., die seit etwa 1985 seine Lebensgefährtin war, verheiratet.

Im Laufe des Jahres 1990 erkrankte Ludwig Spuhler an ⊗ es folgt die Bezeichnung der Krankheit ⊗. Die Krankheit wurde zwar mit Erfolg behandelt, hat ihn aber erheblich geschwächt.

Der Angeklagte ist nicht vorbestraft. {15}

1.3 Die persönlichen Verhältnisse des Angeklagten Harry Schütt

Harry Schütt kam am 4. November 1930 als drittes Kind der Eheleute Willi und Hedwig S., geb. P., zur Welt und wuchs zusammen mit fünf Geschwistern im Elternhaus auf. Der Vater war Lagerist, die Mutter zunächst Verkäuferin, später Hausfrau.

Im Frühjahr 1937 kam Schütt in die Volksschule.

Im August 1944 verlor er bei einem Bombenangriff seine Eltern und seine vier Brüder. Dieses Ereignis prägte sein weiteres Leben entscheidend mit. So trat er in dem Bestreben, an der Entstehung einer besseren Gesellschaft mitzuwirken, zunächst (1945) in die „Antifaschistische demokratische Jugend" ein.

Nach Abschluß der Volksschule im Frühjahr 1945 verbrachte er die folgenden Monate bei einer Tante auf einem Bauernhof in Mecklenburg. Anschließend absolvierte er von Herbst 1945 bis Herbst 1948 in G. eine Lehre als Einzelhandelskaufmann und arbeitete sodann bis 31. Dezember 1948 in der genannten Stadt als Verkäufer und in der Folgezeit in U. und S. als Verkaufsleiter.

Im Herbst 1950 trat er in die Seepolizei/Volksmarine ein. In der Überzeugung, durch einen militärischen Dienst mithelfen zu können, den Frieden zu sichern, verpflichtete er sich auf Lebenszeit. Das erste Jahr besuchte er die See-Offiziersschule in P. Anschließend war er in der Hauptabteilung Militärabwehr tätig, bis er im November 1956 zur Hauptverwaltung Aufklärung (HVA) des Ministeriums für Staatssicherheit (MfS) der ehemali-{16}gen Deutschen Demokratischen Republik (DDR) versetzt und dort mit dem Dienstgrad Hauptmann übernommen wurde. Im Rahmen der politischen Veränderungen in der DDR schied er Ende März 1990 aus dem Dienst der Aufklärung aus und ist seitdem erwerbslos.

Seit 5. Juni 1954 ist der Angeklagte mit Hanna S., geb. G., verheiratet. Die aus der Ehe hervorgegangenen Kinder K., geb. 1954, und B., geb. 1963, sind selbständig. Der Angeklagte, der zu seiner Familie eine enge Bindung hat, betreut in seinem Haushalt zusammen mit seiner Ehefrau deren über 90 Jahre alte Mutter. ⊗ Es folgen Angaben zu den finanziellen Verhältnissen des Angeklagten. ⊗

Schütt leidet an keiner ernsthaften Krankheit und ist nicht vorbestraft.

1.4 Die persönlichen Verhältnisse des Angeklagten Günter Böttger

Günter Böttger wurde am 19. Januar 1939 als Sohn der Irmgard B. in S. geboren. Bereits kurz danach kam er zu Pflegeeltern, bei denen er sechszehn Jahre lang lebte. {17}

Von Herbst 1945 bis Herbst 1953 besuchte er die Grundschule. Anschließend nahm er eine zweijährige Lehre als landwirtschaftlicher Facharbeiter auf und besuchte sodann die Fachschule für Landwirtschaft, die er 1958 als staatlich geprüfter Landwirt abschloß.

Von Herbst 1958 bis Frühjahr 1961 leistete er bei der Nationalen Volksarmee (NVA) den Grundwehrdienst ab und schied dort mit dem Dienstgrad eines Unteroffiziers aus.

In der Folgezeit arbeitete er beim Rat des Kreises R., Abt. Volksbildung, im Bereich Ausbildung Landwirtschaft als Bereichsleiter. Gleichzeitig machte er ein Fernstudium und legte ca. 1963/64 die erste Lehrerprüfung ab.

Als er schließlich für eine Mitarbeit im MfS geworben wurde, trat er dort im September 1965 den Dienst an und erreichte zuletzt den Rang eines Oberstleutnants. ⊗ Es folgen Angaben zu den finanziellen Verhältnissen des Angeklagten. ⊗

Am 22. Juli 1961 schloß Böttger mit Margarete Sofie N. die Ehe, aus der keine Kinder hervorgegangen sind. Zusammen mit seiner Ehefrau bewohnt er in B. ein eigenes Haus.

Böttger leidet an keiner ernsthaften Krankheit und ist nicht vorbestraft. {18}

2. Der Sachverhalt

2.1 Der Angeklagte Alfred Spuhler als Mitarbeiter im Bundesnachrichtendienst

2.1.1 Der Bundesnachrichtendienst

Der BND, in den Alfred Spuhler am 1.10.1968 übernommen wurde, ist durch Kabinettsbeschluß als Hilfsorgan der Bundesregierung errichtet worden und dem Chef des Bundeskanzleramts unterstellt. Seine Aufgabe ist die Sammlung und Auswertung von Informationen, die darüber Aufschluß geben, ob, gegebenenfalls wodurch und in welchem Ausmaß, die Bundesrepublik von außen bedroht wird.

2.1.1.1 Der Warschauer Pakt als Aufklärungsziel des Bundesnachrichtendienstes

Gegenstand der Aufklärungstätigkeit des BND war in der Zeit des sog. „Kalten Krieges“ vor allem die militärpolitische und militärische Entwicklung im Osten, insbesondere in dem der multilateralen Defensivallianz NATO gegenüberstehenden Warschauer Pakt. {19}

Dieses Militärbündnis war mit dem am 14. Mai 1955 in Warschau von Albanien, Bulgarien, der DDR, Polen, Rumänien, der Sowjetunion, der Tschechoslowakei und Ungarn unterzeichneten „Vertrag über Freundschaft, Zusammenarbeit und gegenseitigen Beistand“ gegründet und durch Truppenstationierungsverträge der UdSSR mit Polen (1956), mit der DDR (12.3.1957), mit Rumänien (1957), mit Ungarn (1957) und mit der CSSR (1968) ergänzt worden. 1968 schied Albanien aus dem Pakt wieder aus.

Der Vertrag verpflichtete die betreffenden Staaten u.a. zur gegenseitigen Konsultation „in allen wichtigen internationalen Fragen, die ihre gemeinsamen Interessen berühren“ (Art. 3), zu gegenseitigem, auch militärischem Beistand bei einem bewaffneten Überfall in Europa auf einen oder mehrere Teilnehmerstaaten (Art. 4) und zur Unterstellung von

Streitkräften unter ein Vereintes Kommando (Art. 5). Bezüglich der „bewaffneten Kontingente" der NVA der DDR erfolgte diese Unterstellung auf der ersten Tagung des Politischen Beratenden Ausschusses des Warschauer Pakts vom 27./28. Januar 1956 in Prag.

Der Gewährleistung der Funktionsfähigkeit des Warschauer Pakts dienten zwei Hauptorgane. Während im Politischen Beratenden Ausschuß allgemeine und grundsätzliche Fragen politischen und militärpolitischen Charakters des gesamten Bündnisses erörtert werden sollten, wurde die Koordinierung der militärischen Angelegenheiten dem Vereinten Kommando als dem militärischen Hauptorgan der Streitkräfte übertragen, dem die nationalen Kontingente unter eigenem Befehl in Friedenszeiten unterstellt waren. {20}

Von Anfang an war im Warschauer Pakt die UdSSR die führende Macht. Nach außen trat dies dadurch in Erscheinung, daß alle wichtigen Führungsgremien der Paktorganisation ihren Sitz in Moskau hatten und an der Spitze des Vereinten Kommandos als Oberbefehlshaber stets ein sowjetischer Offizier stehen sollte. Die militärstrategische Dominanz der Sowjetunion gegenüber der DDR wurde u.a. auch durch die Präsenz eines starken sowjetischen Streitkräftekontingents in der DDR sichtbar.

Zugunsten der Angeklagten geht der Senat davon aus, daß die DDR selbst niemals die Absicht hatte, die Bundesrepublik Deutschland oder ein anderes Mitgliedsland der NATO anzugreifen, und daß auch ihre Verteidigungspolitik stets defensiv angelegt war.

2.1.1.2 Die Organisation des Bundesnachrichtendienstes und die Aufgaben einzelner Abteilungen

⊗ Dieser Textabschnitt unterliegt dem Geheimschutz. ⊗ {24}

2.1.2 Die Tätigkeiten des Angeklagten Alfred Spuhler im Bundesnachrichtendienst

⊗ Dieser Textabschnitt unterliegt dem Geheimschutz. ⊗ {26}

2.2 Die nachrichtendienstliche Verstrickung der Angeklagten Alfred und Ludwig Spuhler

In die Gliederung, Stärke und Ausrüstung der Streitkräfte des Warschauer Pakts erhielt Alfred Spuhler Einblick ab seiner Schulung und Tätigkeit als Sicherheitsoffizier in der Fernspähkompanie 300. Aufgrund der im Laufe der Zeit hierüber erworbenen Kenntnisse gewann er zunehmend den Eindruck, daß die vom Westen proklamierte militärische Überlegenheit des Warschauer Pakts in Wirklichkeit nicht bestehe, dieser dem westlichen Bündnis, insbesondere wegen dessen Techno-{27}logievorsprungs vielmehr deutlich unterlegen sei. Die Informationspolitik der Bundesrepublik und anderer westlicher Staaten bezüglich des militärischen Kräfteverhältnisses Ost-West hielt er für bewußt falsch. Vor dem Hintergrund seiner Kindheitserinnerungen führte dies schließlich zu dem Entschluß, im Rahmen seiner Möglichkeiten mitzuhelfen, eine friedenserhaltende militärische Balance herzustellen.

Der aus seiner Sicht unheilvolle Einfluß der Rüstungsindustrie auf die Militärpolitik des Westens wie auch sonstige nach seiner Auffassung nicht zu verantwortende Entwicklungen in den kapitalistischen Gesellschaftsordnungen ließen Alfred Spuhler ferner in zunehmendem Maße mit sozialistischem Gedankengut sympathisieren.

Anfangs diskutierte Alfred Spuhler die gesamte Thematik nur mit seinem Bruder Ludwig. Obwohl Alfred Spuhler der jüngere war, war er aufgrund seiner höheren Intelligenz und seiner größeren Gewandtheit der Dominierende. So machte sich Ludwig Spuhler die Gedanken und Erwägungen seines Bruders ohne weiteres zu eigen.

In der Absicht, über seinen politischen Standort und darüber Klarheit zu gewinnen, wie er seine Vorstellungen am besten realisieren könne, nahm Alfred Spuhler etwa 1970 Kontakt mit der Deutschen Kommunistischen Partei (DKP) auf. Die folgenden zahlreichen Gespräche mit einem Funktionär dieser Partei vermochten zwar seine Bedenken hinsichtlich der sozialistischen Planwirtschaft und der unverkennbaren Unfreiheit der Menschen in den sozialistischen Ländern nicht auszuräumen. {28}

Sie begründeten in ihm aber gleichwohl die Hoffnung, daß sich aus dem sozialistischen Gesellschaftssystem eine gerechtere Gesellschaftsordnung entwickeln würde, weshalb er sich entschloß, sich hierfür aktiv einzusetzen.

Einen geeigneten Weg, für die geschilderten Ziele möglichst effizient tätig zu werden, sah Alfred Spuhler in einer Zusammenarbeit mit dem MfS der ehemaligen DDR, weshalb er darauf einging, mit diesem in Verbindung zu treten, als sein Gesprächspartner von der DKP ihm vorschlug und sich erbot, ein entsprechendes Treffen zu vermitteln.

Für die Spionage war im MfS die Hauptverwaltung Aufklärung zuständig. Diese war 1954/55 als Hauptabteilung XV des MfS aus dem 1951 eingerichteten „Institut für Wirtschaftswissenschaftliche Forschung" (IWF) hervorgegangen, im Spätfrühjahr 1956 in Hauptverwaltung Aufklärung umbenannt und dem Minister für Staatssicherheit unmittelbar unterstellt worden. Ihr Leiter war von den Tagen ihrer Gründung an bis 1986 Markus Wolf[3] und ab diesem Zeitpunkt Werner Großmann[4]. Innerhalb des MfS war die HVA weitgehend autark.

Im Spätherbst 1971 kam es in Ost-Berlin zu einem ersten, zwei Tage dauernden Kontakt von Alfred Spuhler mit Vertretern der HVA. Als Gesprächsführer der letzteren trat Werner Reckling auf. Der Angeklagte Schütt stieß zu diesem Gespräch später hinzu. Alfred Spuhler, der zunächst seine Beweggründe für die Kontaktaufnahme darlegte und sich durch die anschließende Diskussion in seiner Einstellung bestätigt sah, berichtete sodann über seinen beruflichen Werdegang, über seine derzeitige Tätigkeit im BND und über seine privaten Verhältnisse. Abschließend erklärte er, daß er mit aller {29} Wahrscheinlichkeit für die HVA arbeiten und seinen Bruder Ludwig fragen würde, ob er bereit sei, ihm hierbei zu helfen. Für den Rückflug nach München erhielt Alfred Spuhler einen gefälschten Reisepaß, dessen er sich auch bediente, und ein auf den Falschnamen lautendes Ticket. Die Unkosten für den Hinflug wurden ihm erstattet. Für eine erneute Kontaktaufnahme gab man ihm eine Telefonnummer.

Nachdem Alfred Spuhler seinen Bruder über das Treffen unterrichtet und dieser sich zur Mitarbeit bereit erklärt hatte, stand der Entschluß Alfred Spuhlers, für die HVA tätig zu werden, endgültig fest. Hierüber informierte er Werner Reckling telefonisch.

Einige Zeit später stellte sich Ludwig Spuhler in Ost-Berlin Werner Reckling vor und bestätigte seines Bruders und seine Bereitschaft zur nachrichtendienstlichen Tätigkeit für die HVA.

Etwa im Frühjahr 1972 kam es in Ost-Berlin zu einem Treffen, an dem beide Brüder Spuhler und seitens der HVA außer Werner Reckling der Angeklagte Schütt und ein oder zwei weitere Personen teilnahmen. Bei diesem Treffen wurde die Zusammenarbeit per Handschlag besiegelt, wobei den Angeklagten Spuhler freigestellt wurde, diese jederzeit zu beenden. Eine schriftliche Verpflichtungserklärung hatten die Brüder Spuhler nicht zu unterschreiben. Alfred Spuhler entschied sich für den Decknamen „Peter", Ludwig Spuhler für den Decknamen „Florian". Die zukünftigen Aufgaben wurden dahin festgelegt, daß Alfred Spuhler Materialien aus dem BND und über diesen beschaffen und Ludwig Spuhler sich um den Verbindungsweg {30} kümmern sollte. Dabei wurde zu erkennen gegeben, daß man in erster Linie an Material interessiert sei, das die DDR betreffe, ferner aber auch an Material über den Warschauer Pakt sowie über die innere Struktur und die Arbeitsweise des BND.

Beim nächsten Treff ca. im September 1972 in Ost-Berlin stellte Werner Reckling in Anwesenheit von Generalmajor Fruck, dem damaligen Stellvertreter des Leiters der HVA, dem Angeklagten Ludwig Spuhler den Angeklagten Böttger als zukünftigen Verbindungsmann vor. Dessen Einsatz in dieser Funktion wurde jedoch davon abhängig gemacht, daß beide Brüder Spuhler mit seiner Person einverstanden seien, was dann auch der Fall war.

2.3 Die nachrichtendienstliche Ausstattung und Unterweisung der Angeklagten Spuhler

2.3.1 Die nachrichtendienstliche Ausstattung des Angeklagten Alfred Spuhler

Damit Alfred Spuhler unbemerkt Material aus dem BND herausschaffen konnte, wurde ihm eine Sporttasche mit doppeltem Boden zur Verfügung gestellt, die Anfang der 80er Jahre durch eine ähnliche Tasche und ca. 1986 durch einen präparierten Diplomatenkoffer ersetzt wurde. Zu Beginn der 80er Jahre erhielt er zusätzlich eine Aktentasche mit Container, die er ebensowenig benützte wie einen ihm überlassenen präparierten Rucksack. Zum Fotografieren von Dokumenten rüstete ihn die HVA mit einer MINOX sowie mit einer Mikratkamera (nebst Spraydose als Container) aus, die Anfang der 80er Jahre gegen ein verbessertes Modell ausgetauscht {31} wurde. Für die Filme war ein Feuerzeug als Container präpariert. Ferner versah die HVA Alfred Spuhler im Rhythmus von ca. drei Jahren mit gefälschten Reisedokumenten, die von seinem Bruder Ludwig in dessen Ferienhaus in Thiersee versteckt wurden und deren sich Alfred Spuhler zur Wahrnehmung von Treffs zum Teil auch bediente.

2.3.2 Die nachrichtendienstliche Ausstattung des Angeklagten Ludwig Spuhler

Ludwig Spuhler wurde für seinen Aufgabenbereich umfassend ausgerüstet.

Damit er das ihm von seinem Bruder übergebene Material sicherer von München zu seinem Ferienhaus in Thiersee transportieren konnte, erhielt er eine Reisetasche und einen Rucksack, die jeweils ein Geheimfach besaßen. Diese Container benützte er jedoch nur selten.

Zur Dokumentenfotografie gab man ihm zunächst eine MINOX-Kamera mit einer Spraydose als Container. Zum Aufbewahren der Filme dienten präparierte Spraydosen und ein Holzklotz, der mit einem durch einen Riegelmechanismus gesicherten Hohlraum versehen war. Etwa zwei bis drei Jahre später wurde ihm eine Super-8-Filmkamera Braun S 600 zur Verfügung gestellt, mit der er Einzelbildaufnahmen machen konnte. Neben dieser Kamera bediente er sich einer Canon-Kleinbildkamera, die er etwa 1985/86 absprachegemäß selbst gekauft hatte und deren Preis ihm erstattet wurde. Die erforderlichen Filme wurden ihm je nach Bedarf zugeleitet. {32}

Zur Übermittlung der belichteten Filme an die HVA hatte er anfangs Spezialpapier, mit dem er die Filme auf eine vorgeschriebene Art und Weise verpackte. Im weiteren Verlauf konnte er sich für den Transport der belichteten Super-8-Filme einer Aluminiumkassette bedienen, die derart präpariert war, daß bei unsachgemäßem Öffnen ein Blitzlicht die Aufnahmen vernichtete. Später wurde diese Aluminiumkassette durch ein anderes, ebenfalls mit einem Blitzlichtmechanismus versehenes Behältnis ersetzt, in dem nicht nur Super-8-Filme, sondern auch Kleinbildfilme untergebracht werden konnten.

Für die Vernichtung des fotokopierten Materials, soweit es sich hierbei nicht um Originaldokumente handelte, schaffte sich Ludwig Spuhler etwa Mitte der 70er Jahre einen Reißwolf an, dessen Kosten die HVA übernahm. Wie sein Bruder wurde Ludwig Spuhler im Laufe der Zeit mit insgesamt etwa sieben bis acht gefälschten Reisedokumenten ausgestattet, die er in einem präparierten Bordcase transportierte, in einem Versteck seines Ferienhauses in Thiersee aufbewahrte und bei Bedarf benutzte.

Für den telefonischen Kontakt mit der HVA wurden ihm nacheinander verschiedene Telefonnummern angegeben, darunter etwa 1985/86 für Notfälle die Nummer 2124421, unter der er den Angeklagten Böttger jederzeit erreichen konnte und von der er insgesamt etwa 25mal Gebrauch machte. Weitere Telefonnummern dienten dem Übermitteln verschlüsselter Anfragen oder Meldungen mittels eines Sony-Diktiergeräts und später eines Taschenrechners. Bei Verwendung des Diktiergeräts wurde der in Fünfer-Zahlengruppen umgesetzte Text erst in einen Klein-{33}rechner eingegeben und von diesem mit Hilfe eines Verbindungskabels auf das Diktiergerät übertragen. Der so aufbereitete Text konnte nun über ein mit dem Diktiergerät durch ein Kabel verbundenes und auf die Sprechmuschel des Telefonhörers aufsetzbares Mikrofon zeitlich gerafft weitergegeben werden. Bei dem Taschenrechner bedurfte es der Zwischenschaltung eines Diktiergeräts nicht mehr. Dieses Verbindungswegs bediente sich Ludwig Spuhler insgesamt 25-30mal.

Schließlich wurden Ludwig Spuhler zur Übermittlung verschiedener vorrangiger Informationen etwa fünf Eurosignalnummern zugeteilt, deren jede ihre eigene Bedeutung hatte, wie z.B. „wünsche Treff“, „Sendung erhalten“ usw.

Für den Empfang von A3-Funk-Sendungen wurde Ludwig Spuhler mit einem Radiogerät der Marke Sony ausgerüstet, das er in seiner Wohnung aufstellte. Um die Sendungen auch in seinem Ferienhaus empfangen zu können, kaufte er ein zweites Gerät des gleichen Typs, das von der HVA bezahlt wurde. Für den Fall, daß es Schwierigkeiten mit dem Empfang der A3-Funk-Sendungen geben sollte, wurde ihm etwa 1982 ein Empfangsgerät für Morsefunk überlassen, das er in seinem Ferienhaus verwahrte, das jedoch nie zum Einsatz kam. Mit dem Gerät hatte Ludwig Spuhler drei Lernkassetten erhalten.

Zum Ent- bzw. Verschlüsseln der ausgetauschten Informationen wurde Ludwig Spuhler je nach Bedarf mit entsprechenden Schlüsselunterlagen versehen, für die ihm ein speziell präparierter Container zur Verfügung stand. {34}

2.3.3 Die nachrichtendienstliche Unterweisung der Angeklagten Alfred und Ludwig Spuhler

Bei Aufnahme ihrer Tätigkeit für die HVA wurden beide Brüder Spuhler allgemein dahin belehrt, ihren bisherigen Lebensstil beizubehalten und im Falle einer Festnahme keine Angaben zur Sache zu machen. Bei strafrechtlicher Verfolgung würden sie durch einen vom MfS bestellten Rechtsanwalt unterstützt werden, gegebenenfalls würden sie auch ausgetauscht werden.

Ludwig Spuhler wurde darüber hinaus speziell in die für seinen Aufgabenbereich relevanten nachrichtendienstlichen Tätigkeiten und Verhaltensregeln eingewiesen, so u.a. in die Handhabung der einzelnen Hilfsmittel, in das Bestücken und Entleeren „Toter Briefkästen", in das Chiffrieren von Texten, in das Dechiffrieren von A3-Funk-Sendungen und verschlüsselten Mitteilungen sowie in das Abschütteln möglicher Observanten. Durchgeführt wurden diese Unterweisungen von dem Angeklagten Böttger und von Spezialisten des MfS in der DDR, insbesondere in Ost-Berlin, oder im westlichen Ausland.

2.4 Das von den Angeklagten Spuhler gelieferte Material

2.4.1 Das vom Angeklagten Alfred Spuhler gelieferte Material

Zu Beginn seiner Agententätigkeit fertigte Alfred Spuhler für die HVA auf Wunsch einen schriftlichen Bericht über seine bisherige Beschäftigung beim BND und über die hierbei gewonnenen Erkenntnisse. Ferner verschaffte er der HVA einen Überblick über die Struktur des BND und über dessen Verbindungen zur Bundeswehr und zu Partnerdiensten, wie auch {35} – gemäß einer Absprache mit Werner Reckling – darüber, zu welchem Material er aufgrund seiner Tätigkeit beim Verbindungsoffizier Zugang hatte. In gleicher Weise verfuhr er nach seinem Wechsel in das Sachgebiet 12 AB.

Dementsprechend instruierte ihn die HVA, an welchem Material sie Interesse habe und an welchem nicht. Großen Wert legte der Angeklagte Schütt hierbei von Anfang an auf die Beschaffung der militärischen Lageberichte Ost. Wünsche zur Lieferung speziellen Materials, die an Alfred Spuhler ansonsten kaum herangetragen wurden, betrafen z.B. Erkenntnisse des BND zur Entwicklung in Polen, zur Verbindung des Vatikans zu Polen oder zu den Wiener Abrüstungsverhandlungen.

Im Rahmen seiner Erkenntnisse und Zugangsmöglichkeiten lieferte Alfred Spuhler während der ganzen sich bis in das Jahr 1988 erstreckenden Tätigkeit für die HVA fortlaufend alles, was ihm als für seine Auftraggeber von Interesse erschien, wobei die Tätigkeit der Brüder Spuhler in den Jahren 1974 und 1979 aus Anlaß der Enttarnung von Günter Guillaume bzw. der Flucht von Werner Stiller[5] in den Westen zur Sicherheit jeweils kurzzeitig eingestellt wurde.

2.4.1.1 Der Gegenstand des vom Angeklagten Alfred Spuhler aus dem bzw. über den Bundesnachrichtendienst gelieferten Materials

⊗ Dieser Textabschnitt unterliegt dem Geheimschutz. ⊗ {55}

2.4.1.2 Zugänglichkeit, Aktualität und Umfang des vom Angeklagten Alfred Spuhler aus dem bzw. über den Bundesnachrichtendienst gelieferten Materials

Das von Alfred Spuhler aus dem bzw. über den BND gelieferte Material war zu etwa 80% als Geheim bzw. Geheim mit Schutzwort, zu einem ganz geringen Teil als Streng Geheim eingestuft. Bei dem genannten „Schutzwort" handelt es sich um einen Zusatz zu einem Geheimhaltungsgrad, um sicherzustellen, daß Angelegenheiten der Fernmelde- und Elektronischen Aufklärung nur entsprechend verpflichteten Personen zugänglich gemacht werden.

Material von aktueller Bedeutung übermittelte Alfred Spuhler ohne größere Verzögerung. So gab er z.B. aktuelle Flugplanungen der Aufklärungsflugzeuge Breguet-Atlantic noch rechtzeitig vor den Flügen weiter. {56}

Die Menge des in bezug auf den BND gelieferten Materials war sehr groß. Vereinzelt erreichte das zur Weitergabe an die HVA in einer einzigen Woche aufbereitete Schriftgut bis zu 400 Blatt. Dies gab der HVA schließlich Anlaß, Alfred Spuhler Anfang der 80er Jahre zu bitten, Prioritäten zu setzen. Danach sollte über die DDR und über aktuelle militärische bzw. militärpolitische Ereignisse nach wie vor alles, im übrigen jedoch nur noch solches Material geliefert werden, das die UdSSR, den Warschauer Pakt oder die NATO allgemein betraf oder bezüglich der westlichen und übrigen Welt einen sehr hohen Informationswert hatte. Darüber hinaus sollten Dokumente, soweit sie lediglich in Teilbereichen von Bedeutung waren, der HVA nicht mehr vollständig, sondern nur noch in den betreffenden Passagen zugeleitet werden. Dieser Bitte kam Alfred Spuhler nach. So selektierte er insbesondere bei den Wochenberichten „Militärischer Lagebericht *Ost*" sowie bei den Monatsberichten „Militärischer Lagebericht *West* und *übrige Welt*" nach diesen Grundsätzen. Bei den Jahresabschlußberichten wählte er nur bei den Anlagen entsprechend aus. Waren von einem Dokument nur Teile an die HVA weiterzugeben, informierte er seinen Bruder für dessen Arbeit durch geeignete Hinweise.

Als im BND Anfang der 80er Jahre eine Umstellung auf EDV anstand, drängte Alfred Spuhler auf eine möglichst schnelle Durchführung dieser Maßnahme, weil er dadurch u.a. auch leichter an für die HVA interessantes Informationsmaterial gelangen konnte. {57}

2.4.1.3 Das vom Angeklagten Alfred Spuhler über seinen Privatbereich gelieferte Material

Schließlich gab Alfred Spuhler, da ihm gesagt worden war, dies sei zu seiner Absicherung erforderlich, auch die Namen, Wohnanschriften und Telefonnummern seiner Ehefrau, seiner Lebensgefährtin, seiner engsten Freunde und Bekannten wie auch von Nachbarn weiter. Soweit es sich bei diesen Personen um Arbeitskollegen aus dem BND handelte, offenbarte er zusätzlich deren Tätigkeit und Decknamen.

2.4.1.4 Die Aufbereitung des vom Angeklagten Alfred Spuhler gelieferten Materials

Die Unterlagen, von denen Alfred Spuhler der HVA Kenntnis geben wollte, fotokopierte er entweder oder nahm sie im Original mit. Dabei war weder das Ablichten noch das Verbringen aus dem Dienstbereich mit einem besonderen Risiko verbunden. Das Anfertigen von Kopien wurde nicht überwacht, das an sich vorgeschriebene sog. „Vier-

Augen-Prinzip“ wurde nicht eingehalten. Die Kontrollen am Tor waren äußerst selten und ziemlich oberflächlich, zudem rechtzeitig zu erkennen und von Alfred Spuhler ohne weiteres dadurch zu umgehen, daß er im Dienstgelände in Richtung Tankstelle abbog und das Herausschmuggeln des Materials verschob.

Die von Alfred Spuhler gefertigten Fotokopien wurden nur etwa zwei Jahre lang als solche weitergegeben, dann jedoch, wie das übrige Material, von Ludwig Spuhler fotografiert. Das Fotografieren des Verratsmaterials geschah meist über das Wochenende, zum Teil zu Hause, überwiegend jedoch in Thiersee, und zwar bis etwa Mitte der 70er Jahre in einem dort angemieteten Zimmer, anschließend im Ferienhaus. Geriet Ludwig Spuhler dabei in Zeitdruck, entlastete ihn Alfred {58} Spuhler, indem er Material auch selbst fotografierte. Darüber hinaus half Alfred Spuhler seinem Bruder auch dann, wenn das Fotografieren, wie etwa bei den Faltkarten der Jahresberichte, technisch schwierig war.

Während Originaldokumente von Alfred Spuhler wieder in die Dienststelle zurückgebracht wurden, wurden die Ablichtungen von Ludwig Spuhler anfangs verbrannt und später mit dem von ihm angeschafften Reißwolf vernichtet.

Eigene handschriftliche Aufzeichnungen gab Alfred Spuhler seinem Bruder nur am Anfang in dieser Form zum Fotografieren. Später, als General Wolf dies aus Sicherheitsgründen wünschte, übertrug er sie zuvor in Maschinenschrift und vernichtete sie sodann.

2.4.2 Sonderaufträge für den Angeklagten Ludwig Spuhler

Im Verlauf seiner Agententätigkeit für die HVA erhielt Ludwig Spuhler etwa 1982/83 zusätzlich Sonderaufträge, die das Ausspionieren von Anwesen in München-Borstei, München-Grünwald und Seeshaupt am Starnberger See zum Gegenstand hatten. Was das erstgenannte Objekt betrifft, sollte er auch eine ihm näher bezeichnete Person beobachten. Auftragsgemäß fertigte Ludwig Spuhler von den betreffenden Häusern Fotos und leitete sie jeweils zusammen mit einem Bericht über die gewonnenen Informationen der HVA zu. {59}

2.5 Das Führungs- und Verbindungswesen

2.5.1 Die Abteilungen IV und IX der Hauptverwaltung Aufklärung

Als die Angeklagten Alfred und Ludwig Spuhler sich bereit erklärten, für die HVA tätig zu werden, geschah dies gegenüber Vertretern der Abteilung IV. In dieser Abteilung, die für die militärpolitische und militärstrategische Aufklärung der Bundesrepublik Deutschland zuständig und seinerzeit dem stellvertretenden Leiter der HVA, Generalmajor Fruck, direkt unterstellt war, wurden die Brüder Spuhler dann bis etwa Anfang 1978 geführt.

Verwaltet wurde die Quelle „Peter“ unter der Registriernummer XV 96/72.

Ab etwa Anfang 1978 wurden die Brüder Spuhler auf Anordnung von Markus Wolf von der Abteilung IX geführt, die 1973 zur Aufklärung gegnerischer Dienste gegründet und dem Leiter der HVA unmittelbar unterstellt worden war.

Die Abteilung IX gliederte sich in mehrere Bereiche mit jeweils mehreren Referaten.[6] Der Bereich A war zuständig für die gegen die gegnerischen Dienste, u.a. den BND, gerichteten operativen Vorgänge. Dem Bereich C oblag, zentral für das gesamte MfS, die Auswertung sämtlicher Informationen, die die gegnerischen Dienste betrafen. {60}

2.5.2 Mit der Führung der Angeklagten Spuhler bzw. mit dem Verbindungswesen befaßte Personen

2.5.2.1 Der Angeklagte Böttger

Damit, die Verbindung zwischen der HVA und den Brüdern Spuhler zu gewährleisten und diese zu betreuen, insbesondere den menschlichen Kontakt zu pflegen, war von Anfang an der Angeklagte Böttger beauftragt.

Dieser war im September 1965 zusammen mit seiner Ehefrau in die Dienste des MfS getreten. Dort wurde er zunächst etwa ein Jahr lang nachrichtendienstlich geschult, anschließend in die Abteilung IV der HVA übernommen und hier bis etwa Frühjahr 1967 auf einen späteren Einsatz in der Bundesrepublik Deutschland vorbereitet, u.a. mit einem etwa achttägigen Aufenthalt in Ahrweiler. Nachdem er im März 1967 mit gefälschten, auf „Günter Arthur Seiler, geb. am 4.5.1939 in Dresden", lautenden Papieren in die Bundesrepublik eingeschleust worden war, lebte und arbeitete er hier zunächst in Ingolstadt, ab April 1968 in Wiesbaden-Niedernhausen und ab Anfang 1971 in Stuttgart. Am 20.3.1968 heiratete er seine unter dem falschen Namen Ruth Weiße eingeschleuste Ehefrau vor dem Standesamt Ingolstadt erneut.

Etwa Mitte 1972 wurde Böttger von Stuttgart nach Wien beordert, wo er zunächst bei einer Papierfabrik als Angestellter und dann bei der Raiffeisenbank als Kassierer Arbeit fand. Im Herbst desselben Jahres wurde er dazu bestimmt, im Verbindungswesen zwischen der HVA und den Angeklagten Spuhler als Offizier im besonderen Einsatz (OibE) die zentrale Rolle, allerdings ohne wesentliche Entscheidungskompetenzen, {61} zu übernehmen. Den damit verbundenen Aufgaben kam er zunächst von Wien aus und, als er etwa im August/September 1976 aus Sicherheitsgründen von dort abgezogen werden mußte, fortan von einer konspirativen Wohnung in Ost-Berlin aus nach. Aus dieser Tätigkeit entwickelte sich zwischen den Brüdern Spuhler und ihm schließlich ein gutes freundschaftliches Vertrauensverhältnis.

2.5.2.2 Werner Reckling und Manfred Fleischhauer

Innerhalb der Abteilung IV der HVA war Werner Reckling der Sachbearbeiter der Operation „Peter". Reckling war seit 1960 Mitarbeiter in der genannten Abteilung, ab etwa 1965 Referatsleiter und ab Oktober 1974 stellvertretender Abteilungsleiter. Er hatte die Anbahnungsgespräche mit den Angeklagten Spuhler geführt, deren zukünftige Aufgaben mit festgelegt, den Angeklagten Böttger als Verbindungsmann ausgewählt und – bis zur Übernahme der Quelle „Peter" durch die Abteilung IX – auch im übrigen die erforderlichen Arbeitsprozesse in organisatorisch-technischer Hinsicht bestimmt.

Außer Werner Reckling war auch Manfred Fleischhauer als dessen Stellvertreter mit der Führung der Brüder Spuhler befaßt.

Mit der Zuweisung der Quelle „Peter" an die Abteilung IX schieden Werner Reckling und Manfred Fleischhauer aus dieser Operation aus. {62}

2.5.2.3 Der Angeklagte Schütt

Leiter der Abteilung IV der HVA war, als die Operation „Peter“ anlief, der Angeklagte Schütt.

Dieser war im November 1956 zur HVA versetzt und dabei erneut auf die Verfassung der DDR vereidigt worden.

In der HVA wurde ihm im Bereich der militärischen Aufklärung zunächst die Leitung des Referats 1 der Abteilung 2 in der Hauptabteilung II übertragen. 1960 wurde er stellvertretender Leiter der Abteilung 2 in der Hauptabteilung II, im Herbst 1965 kommissarischer Leiter der genannten Hauptabteilung, die inzwischen zur Abteilung IV geworden war, und im Herbst 1967 deren Leiter.

Nachdem er ab Ende 1965 ein Abendstudium absolviert und dieses im Juli 1967 mit der Reifeprüfung abgeschlossen hatte, bildete er sich von September 1967 bis Anfang 1971 im Wege eines Fernstudiums in Kriminalistik aus. Von September 1975 bis Juli 1976 besuchte er im Anschluß an einen Sprachkurs in Russisch an der Hochschule der KPdSU in Moskau einen Lehrgang für Marxismus/Leninismus.

Am 1.8.1977 wurde ihm die Leitung der Abteilung IX übertragen.

Befördert wurde Schütt ca. 1958 zum Major, ca. 1964 zum Oberstleutnant, 1972 zum Oberst und am 1.2.1988 zum Generalmajor. {63}

Als Leiter der Abteilung IV schaltete sich Schütt bereits in die Anbahnungsphase der Operation „Peter“ mit ein, nahm insbesondere an dem Treff teil, bei dem die Zusammenarbeit der Brüder Spuhler mit der HVA per Handschlag besiegelt, die Aufgabenverteilung festgelegt und dem Angeklagten Alfred Spuhler zu erkennen gegeben wurde, an welchem Material man in erster Linie interessiert war. Darüber hinaus war er in der genannten Funktion für die weitere inhaltlich-perspektivische Ausgestaltung und den weiteren ordnungsgemäßen Ablauf der Operation mit verantwortlich. In Wahrnehmung dieser Verantwortung traf er mit den Brüdern Spuhler wiederholt persönlich zusammen. Die Entscheidungen in wichtigen Fragen wurden jedoch von Generalmajor Fruck getroffen.

Nachdem der Vorgang „Peter“ etwa Anfang 1978 der Abteilung IX übertragen worden war, wurde er nicht dem an sich zuständigen Bereich A zugewiesen. Vielmehr behielt sich Schütt insoweit die Federführung selbst vor, traf – im Rahmen der regelmäßigen Absprachen mit dem Leiter der HVA – die erforderlichen Entscheidungen, wies den Angeklagten Böttger entsprechend an und nahm Treffs mit den Brüdern Spuhler zum Teil persönlich mit wahr. Dagegen lag die administrative Aktenführung in Händen von Siegfried Schlegel.

Was die finanzielle Seite der Operation angeht, durfte Schütt als Abteilungsleiter einmalige Zahlungen bis 5 000 DM und laufende Zahlungen bis zu 18 000 DM im Jahr selbst bewilligen. Die Genehmigung darüber hinausgehender Beträge fiel in die Zuständigkeit des Leiters der HVA und seiner Stellvertreter. {64}

Aus den persönlichen Kontakten mit den Angeklagten Spuhler entwickelte sich ein freundschaftliches Verhältnis mit uneingeschränktem gegenseitigen Vertrauen. Ab 1987 duzten sich Schütt und Alfred Spuhler.

2.5.3 Der Führungs- und Verbindungsweg

Die HVA stand mit den Angeklagten Alfred und Ludwig Spuhler über Treffs, mittels „Toter Briefkästen" sowie über Telefon und A3-Funk in ständiger Verbindung.

2.5.3.1 Treffs

2.5.3.1.1 Treffzeiten, Trefforte und an den Treffs Beteiligte

Ludwig Spuhler und Böttger trafen sich zunächst etwa alle sechs Wochen und ab ungefähr 1975 ca. drei- bis viermal im Jahr, in der Regel jeweils über ein ganzes Wochenende.

Die Trefforte lagen überwiegend in Österreich. Im einzelnen handelte es sich hierbei um Bad Gastein, Bludenz, St. Gilgen, Innsbruck, St. Johann, Kitzbühel, Klagenfurt/Villach, Kufstein, Linz, Lofer, Salzburg, Seefeld, Thiersee, Wien und Wörgl. Darüber hinaus gab es Treffs auch in Ost-Berlin, Dresden, Bozen, Malcèsine, Meran, Bled/Ljubljana, Zagreb, Budapest, auf Santorini und in Larnaka. Alfred Spuhler nahm an etwa fünfzehn Treffs teil, traf sich jedoch, als sein Bruder krank war, mit Böttger ein- oder zweimal auch allein. {65}

Der erste eigentliche „Arbeitstreff" der Brüder Spuhler mit Böttger fand am 7. Oktober 1972 in Salzburg, der letzte im August 1988 in Kufstein statt.

Werner Reckling und an seiner Stelle ab 1978 Siegfried Schlegel waren lediglich bei einigen wenigen Treffs dabei. Schütt beteiligte sich an insgesamt etwa zehn Treffs, u.a. an den Treffs in Klagenfurt/Villach, Bled/Ljubljana und Zagreb, an den Treffs von Generaloberst Markus Wolf 1984 in Dresden mit Alfred Spuhler und 1985 im Raum Ost-Berlin mit Ludwig Spuhler sowie an dem Treff von Generaloberst Werner Großmann im Frühjahr 1987 in Budapest mit beiden Brüdern.

2.5.3.1.2 Gegenstand der Treffs

Bei den Treffs wurde etwa zwei Jahre lang regelmäßig Verratsmaterial übergeben, danach nur noch in Einzelfällen. Ebenso wurden die Treffs nur zum Teil zur Aushändigung von nachrichtendienstlichen Hilfsmitteln bzw. von Geldbeträgen an die Angeklagten Spuhler benützt.

In erster Linie dienten die Treffs der Klärung offener Fragen und der Instruktion der Angeklagten Spuhler, die allerdings in der Lage waren, weitgehend selbständig zu arbeiten. Entsprechende Themen waren u.a. der von Alfred Spuhler gewünschte Wechsel von der Abteilung II des BND in die Abteilung I, die bei der Auswahl des Verratsmaterials zu beachtenden Prioritäten und die Beschränkung des Umfangs des Verratsmaterials, der Wunsch von General Wolf, handschriftliche Aufzeichnungen vor ihrer Weitergabe an die HVA in Maschinenschrift zu übertragen, ferner Rückfragen, die sich aus der {66} Auswertung des gelieferten Materials ergeben hatten, oder Einzelheiten zum Verbindungsweg, wie etwa die Daten zur Bestückung der in Betrieb genommenen „Toten Briefkästen". Als Alfred Spuhler sich Mitte 1984 von seiner Ehefrau trennte und wegen der für diese und seine beiden Kinder zu leistenden Unterhaltszahlungen in einen finanziellen Engpaß geriet, war auch dieser Umstand Gegenstand eines Gesprächs mit dem Angeklagten Schütt.

Schließlich fanden Alfred und Ludwig Spuhler bei den Treffs immer wieder Anerkennung für ihre nachrichtendienstliche Tätigkeit. Insbesondere überreichte Schütt den Brüdern Spuhler je drei Kampforden und dem Angeklagten Alfred Spuhler auch den Vaterländischen Verdienstorden in Bronze. General Wolf widmete Alfred Spuhler bei dem Treff in Dresden einen ganzen Tag, lobte seine gute Arbeit, beförderte ihn zum Major und zeichnete ihn mit dem Vaterländischen Verdienstorden in Silber aus. Bei seinem Treff mit Ludwig Spuhler im Raum Ost-Berlin verbrachte Wolf auch mit diesem einen ganzen Tag, äußerte seine Zufriedenheit über die von ihm und seinem Bruder geleistete Arbeit und bedachte ihn mit dem Vaterländischen Verdienstorden in Bronze. Ebenso würdigte Werner Großmann bei dem Wochenendtreff in Budapest das Engagement der Brüder Spuhler für die HVA und zeichnete Alfred Spuhler mit dem Vaterländischen Verdienstorden in Gold und Ludwig Spuhler mit dem Vaterländischen Verdienstorden in Silber aus. Diese Anerkennungen erfüllten die Brüder Spuhler mit Stolz und motivierten sie immer wieder aufs neue. {67}

2.5.3.1.3 Absprache der Treffs

Vereinbart wurden die Treffs grundsätzlich zwischen Böttger und Ludwig Spuhler. Während zunächst immer nur der folgende Treff festgelegt wurde, ging man später dazu über, zu Beginn eines Jahres bereits sämtliche für dieses Jahr vorgesehenen Treffs grob abzusprechen. Als Ludwig Spuhler etwa Mitte der 80er Jahre wegen eines Oberschenkelhalsbruchs nicht in der Lage war, Treffs wahrzunehmen, verabredete sich Alfred Spuhler einige Male selbst mit dem Angeklagten Böttger.

2.5.3.2 „Tote Briefkästen"

Nach einer Anfangsphase von etwa zwei Jahren erfolgte die Weitergabe von Verratsmaterial in der Regel nicht mehr bei den Treffs, sondern in Abständen von ca. sechs bis sieben Wochen über sog. „Tote Briefkästen" (TBKs).

Als solche dienten zwei Telefonzellen in Wien, die sich in der Nähe des Hotels Hilton (TBK „Baum") bzw. in der Nähe des Südbahnhofs (TBK „Favorit") befanden. Die zu übergebenden Filme wurden von Ludwig Spuhler auf eine bestimmte Art und Weise verpackt und zu den festgelegten Zeiten in dem betreffenden TBK hinterlegt.

Ab Herbst 1976 deponierte Ludwig Spuhler das Verratsmaterial zu den festgesetzten Zeiten in einem zwischen Wien und Ost-Berlin verkehrenden Fernzug unter dem Kopfkissen des oberen Bettes desjenigen Schlafwagenabteils, das mit einem Aufkleber markiert war. Von dort nahm es der seitens der HVA als Kurier eingesetzte Schaffner K. an sich und übergab es in Ost-Berlin dem Angeklagten Böttger. Ab Anfang der 80er Jahre bediente man sich aus Sicherheitsgründen anstelle des {68} Fernzugs der Interzonenzüge München-Nürnberg-Berlin bzw. München-Regensburg-Berlin. In diesen deponierte Ludwig Spuhler die Container mit den belichteten Filmen zunächst in einem Hohlraum unter dem Waschbecken und später hinter der Leuchtröhre einer von ihm dann auf die vereinbarte Art gekennzeichneten Toilette. Mittels dieser „Rollenden TBKs" wurde Verratsmaterial etwa sieben- bis achtmal im Jahr, letztmals im Oktober 1988 übersandt.

„Rollende TBKs" wurden in der Gegenrichtung dazu benutzt, Ludwig Spuhler nachrichtendienstliche Hilfsmittel und Geldbeträge zukommen zu lassen.

2.5.3.3 Telefon, A3-Funk

Bestand hierzu Anlaß, trat Ludwig Spuhler mit der HVA über Telefon in Verbindung. Auf diesem Weg bestätigte er etwa den Erhalt an ihn gerichteter Sendungen, teilte mit, daß er Material aus aktuellen Gründen außerhalb der Reihe übermitteln wolle, oder äußerte den Wunsch nach einem außerordentlichen Treff.

Umgekehrt stand die HVA mit Ludwig Spuhler über A3-Funk in ständigem Kontakt. In den wöchentlichen Durchsagen gab sie ihm etwa die genauen Daten für Materialsendungen oder für Treffs bekannt, bestätigte den Erhalt von Material, nahm zu dessen technischer Aufbereitung (z.B. „schlecht ausgeleuchtet") oder Qualität (z.B. „sehr wertvoll") Stellung bzw. übermittelte spezielle Rückfragen der Abteilung Auswertung. {69}

2.6 Die Auswertung des von der Hauptverwaltung Aufklärung operativ beschafften Meldungsaufkommens

2.6.1 Die Auswertung des von den Angeklagten Spuhler gelieferten Materials

Die von Ludwig Spuhler gelieferten Fotokopien bzw. Filme gelangten zunächst unmittelbar in die Abteilung IV der HVA.

Nachdem Böttger etwa im August/September 1976 nach Ost-Berlin zurückbeordert worden war, wurde das über die „Rollenden TBKs" antransportierte Material zunächst ihm ausgehändigt.

Jedenfalls ab Anfang 1978 sortierte Böttger die von den entwickelten Filmen gefertigten Abzüge mit Hilfe seiner Ehefrau und reichte – über Schlegel – das ihm wichtig erschienene Material an den Angeklagten Schütt, das übrige Material an den Leiter des Bereichs C der Abteilung IX weiter.

Soweit das Material nicht den BND als solchen betraf, sondern militärische oder militärpolitische Belange zum Gegenstand hatte, wurde es von der Abteilung IX zur Auswertung der Abteilung VII zur Verfügung gestellt. Diese war das zentrale Auswertungs- und Informationsorgan der HVA. Ihr oblag die Auswertung offener Informationen und geheimen Quellenmaterials auf politischem, militärischem und wirtschaftlichem Gebiet und die entsprechende Unterrichtung der Spitzen von Partei, Regierung, Streitkräften und Bündnis. {70}

Zugunsten der Angeklagten geht der Senat davon aus, daß der ehemalige Verteidigungsminister der DDR Heinz Keßler[7] wie auch alle anderen, die in der DDR Verantwortung für die Verteidigungspolitik trugen, aufgrund der Auswertungen der Aufklärung, denen u.a. von der Quelle „Peter" geliefertes Material zugrunde lag, den Schluß zogen, daß die subjektiv ohnehin nicht gewollte Planung oder gar Durchführung eines Angriffskriegs gegen die Bundesrepublik Deutschland oder die NATO auch objektiv nicht mit Erfolg durchführbar sei und für die DDR und den Warschauer Pakt nur in einer Katastrophe enden könne.

Ergaben sich bei der Auswertung des Verratsmaterials Unklarheiten, z.B. hinsichtlich fachspezifischer Begriffe, oder Lücken, wurde Alfred Spuhler zum Teil um entsprechende Aufklärung oder Ergänzung gebeten. Rückfragen zu von ihm preisgegebenen Quellen gab es nur selten.

2.6.2 Die Zusammenarbeit des Ministeriums für Staatssicherheit bzw. der Hauptverwaltung Aufklärung mit dem Komitee für Staatssicherheit beim Ministerrat der UdSSR

Ob Material der Quelle „Peter", gegebenenfalls welches und in welcher Form an das Komitee für Staatssicherheit beim Ministerrat der UdSSR (KfS bzw. KGB) weitergeleitet wurde, blieb ungeklärt. Das MfS bzw. die HVA arbeiteten mit dem KGB jedoch eng zusammen. {71}

So hatten der Minister für Staatssicherheit der DDR Mielke und der Vorsitzende des KGB Andropow „in Übereinstimmung mit den Verpflichtungen der Union der Sozialistischen Sowjetrepubliken und der Deutschen Demokratischen Republik aus dem Warschauer Vertrag über Freundschaft, Zusammenarbeit und gegenseitigen Beistand" am 6. Dezember 1973 eine Vereinbarung über die Zusammenarbeit zwischen dem MfS und dem KGB geschlossen und am 29. März 1978 ein diesbezügliches Protokoll unterzeichnet. Die Vereinbarung hatte u.a. folgenden Inhalt:

„Artikel I

Beide Seiten verpflichten sich zum gegenseitigen Austausch
- von ... militärischen ... Aufklärungsinformationen über den Gegner ...;
- von operativen Materialien und Informationen über die Arbeitsformen und -methoden der Aufklärungsdienste des Gegners ... sowie über die operative Lage in den von beiden Seiten aufzuklärenden Ländern;

...
- von Informationen über Machenschaften ... feindlicher Geheimdienste gegen Bürger der UdSSR und der DDR, ... sowie von Informationen über verdächtige Kontakte von Bürgern der UdSSR und der DDR zu Vertretern und Bürgern kapitalistischer Staaten;

...

...

Artikel VII

Beide Seiten erachten es für notwendig, die Zusammenarbeit zu festigen und ihre Tätigkeit zur rechtzeitigen Aufdeckung und Vereitelung der feindlichen Pläne und Aktionen imperialistischer Staaten vom Territorium der BRD und Westberlins zu aktivieren, ... {72}
Zur Lösung dieser Aufgaben haben beide Seiten vereinbart, daß in der DDR eine Vertretung des Komitees für Staatssicherheit beim Ministerrat der Union der Sozialistischen Sowjetrepubliken beim Ministerium für Staatssicherheit der Deutschen Demokratischen Republik (Vertretung des KfS beim MfS der DDR) in Berlin und in den Bezirken tätig sein wird, deren Stationierung und zahlenmäßige Stärke entsprechend der operativen Notwendigkeit festgelegt wird.

Artikel VIII

Beide Seiten werden bei der Absicherung von Maßnahmen, die vom Oberkommando der Vereinigten Streitkräfte des Warschauer Vertrages durchgeführt werden, zusammenarbeiten und die vorhandenen operativen Möglichkeiten dafür ausnutzen.

..."

Entsprechend der genannten Vereinbarung fanden zur Erörterung und Abstimmung der wesentlichen Fragen der äußeren Abwehr regelmäßige Konsultationen statt. Ferner gab es zwischen dem MfS bzw. der HVA und dem KGB einen geregelten Informationsaustausch, wobei dem KGB vornehmlich Erkenntnisse übermittelt wurden, die die Sowjetunion betrafen.

Bei Bedarf, insbesondere im Krisen- bzw. Konfliktfall, hätten das MfS bzw. die HVA dem KGB die Erkenntnisse aus dem Meldungsaufkommen der Quelle „Peter" in dem gebotenen Umfang zur Verfügung gestellt. {73}

2.7 Die möglichen Auswirkungen des Verrats der Angeklagten Spuhler

2.7.1 [Die möglichen Auswirkungen des Verrats der Angeklagten Spuhler] auf die militärische Landesverteidigung der Bundesrepublik Deutschland

Zwar hatte die Sicherheitspolitik des Westens, insbesondere auch der Bundesregierung, mit zum Inhalt, Wissen über den Osten diesem gegenüber offenzulegen, wie z.B. in sog. Weißbüchern.

Ferner konnten die in den Jahresabschlußberichten enthaltenen Informationen zum Teil auch aus allgemein zugänglichen Quellen entnommen werden, so insbesondere aus Veröffentlichungen in der einschlägigen Fachliteratur oder aus Publikationen z.B. des Londoner International Institute for Strategic Studies.

Gleichwohl vermittelten erst die Jahresabschlußberichte, die der HVA nur über die Quelle „Peter" zugingen, einen zuverlässigen Einblick, von welchem Bedrohungsbild die Bundesrepublik Deutschland und die NATO jeweils ausgingen, wobei die in den Jahresberichten auf alle Staaten des Warschauer Pakts bezogene Darstellung durch die BND-Aufzeichnung vom 13.1.1986 für den Raum der DDR noch weiter konkretisiert wurde.

Einerseits wirkte der Umstand, daß aus diesen Dokumenten entnommen werden konnte, welche weitreichenden Erkenntnisse der Westen über den Warschauer Pakt hatte, abschreckend. Andererseits ermöglichte die in den genannten Dokumenten enthaltene detaillierte Darlegung des Bedrohungsbildes einem potentiellen Gegner wie dem Warschauer Pakt jedoch, die Grundpositionen der operativen Reaktionen der NATO abzuleiten und sich hierauf in den eigenen Planungen für {74} einen Konfliktfall frühzeitig einzustellen. Des weiteren konnte der Warschauer Pakt aus der Darstellung der militärischen, insbesondere auch logistischen Einrichtungen jeweils zeitgerecht auf wahrscheinliche Bekämpfungsziele der NATO und diesbezügliche Prioritäten schließen, seine Schutzmaßnahmen entsprechend konzentrieren bzw. die Zielplanung der NATO dadurch unterlaufen, daß er die erkannten Anlagen verlegte oder nicht entdeckte Anlagen verstärkt nutzte.

Ob und inwieweit Erkenntnisse aus den in Rede stehenden Dokumenten zu Maßnahmen geführt haben, die der militärischen Landesverteidigung der Bundesrepublik nachteilig waren, ließ sich nicht feststellen. Im Ernstfall wären die durch sie eröffneten Möglichkeiten jedoch je nach Bedarf ausgeschöpft worden.

2.7.2 Die möglichen Auswirkungen des Verrats der Angeklagten Spuhler auf die Funktionsfähigkeit des Bundesnachrichtendienstes

Durch das von der Quelle „Peter" gelieferte Material wurde es dem potentiellen Gegner ferner wesentlich erleichtert, die Aufklärungstätigkeit des BND im militärischen Bereich bei Bedarf, insbesondere in einem Konfliktfall, zu stören bzw. in bedeutenden Teilbereichen gänzlich lahmzulegen.

So waren die Mitarbeiter von Alfred Spuhler, deren Klardaten er weitergegeben hatte, der Gefahr von Werbungsversuchen ausgesetzt. {75}

Die zuverlässige Kenntnis des Standorts, der Aufgaben und der technischen Parameter von Einrichtungen der Fernmelde- und Elektronischen Aufklärung verschaffte wichtige Hilfen nicht nur für das Senden simulierter Signale, mit denen in Wirklichkeit nicht gegebene militärische Faktoren vorgetäuscht werden konnten, oder von Störsignalen, durch die sich die Wahrnehmung seitens aufzuklärender Stellen gesendeter Nutzsignale verhindern ließ, sondern auch für direkte Angriffe.

Die preisgegebenen Daten geheimer menschlicher Quellen, die für den BND arbeiteten, förderten deren Einkreisung und ermöglichten es, etwa 100 von ihnen zu enttarnen. Über sie konnte man fingiertes Material an den BND heranspielen und so Aufklärungsergebnisse verfälschen. Ferner war es möglich, diese Quellen umzudrehen und gegen den BND einzusetzen oder sie bei Bedarf gänzlich stillzulegen.

Die Kenntnis der Sicherheitsbestimmung des BND machte es möglich, sie mit größerer Aussicht auf Erfolg zu unterlaufen.

Ob und inwieweit über die Enttarnung von Quellen hinaus aufgrund des in Rede stehenden Meldungsaufkommens des Angeklagten Alfred Spuhler der Aufklärungstätigkeit des BND nachteilige Maßnahmen getroffen wurden, blieb ungeklärt. Im Krisen- bzw. Konfliktfall wäre von den insoweit eröffneten Möglichkeiten jedoch nach Bedarf Gebrauch gemacht worden. {76}

2.8 Die den Angeklagten Spuhler erwachsenen Vorteile

Für die HVA waren die Brüder Spuhler Agenten von herausragender Bedeutung.

Von der Abteilung VII erhielt das von der Quelle „Peter“ gelieferte Material innerhalb der von I bis V reichenden Skala überwiegend das Prädikat I (besonders wertvoll), im übrigen in der Regel das Prädikat II (wertvoll).

Welch hohen Wert die HVA dem Meldungsaufkommen beimaß, kam den Brüdern Spuhler gegenüber nicht nur dadurch zum Ausdruck, daß man Material wiederholt als „hochwertig“ bzw. „sehr wertvoll“ bezeichnete, sondern zeigte sich auch sonst auf vielfältige Weise.

So wurde Alfred Spuhler zum Offizier der NVA sowie zum hauptamtlichen Mitarbeiter der HVA ernannt und als solcher bis zum Oberstleutnant befördert. Für den Fall seiner Enttarnung wurde ihm die finanzielle Unterstützung seiner Familie zugesichert.

Ferner wurden Alfred und Ludwig Spuhler nicht nur wiederholt ausdrücklich belobigt und mit Orden ausgezeichnet, sondern auch für würdig befunden, mit den Leitern der HVA, Markus Wolf und Werner Großmann, einen ganzen Tag bzw. ein Wochenende zu verbringen.

Schließlich wurden die Brüder Spuhler mit beträchtlichen materiellen Vergünstigungen bedacht.

Für Alfred Spuhler beliefen sich diese auf insgesamt mindestens 289 800 DM. Im einzelnen handelte es sich hierbei um folgende Beträge: {77}

Monatliches Fixum:		
84 Monate à 500 DM	42 000 DM	
60 Monate à 1 200 DM	72 000 DM	
30 Monate à 2 300 DM	69 000 DM	
16 Monate à 2 500 DM	40 000 DM	
Zuschüsse für die Anschaffung von 2 PKWs in Höhe von je 10 000 DM	20 000 DM	
Zuschuß für den Umzug von Bad Heilbrunn nach Lenggries im Jahre 1984	5 000 DM	
Erstattung von Kosten für den in Form eines Kurzurlaubs abgewickelten Treff auf Santorini (14. bis 21. September 1986)	1 300 DM	
Finanzierung eines Urlaubs auf Amrum	5 000 DM	
Übernahme der Scheidungskosten	10 000 DM	
Prämien für drei Kampforden	6 000 DM	
Prämien für den Vaterländischen Verdienstorden in Bronze	3 000 DM	
in Silber	6 000 DM	
in Gold	10 000 DM	
Einmalige Weihnachtsprämie als Anerkennung für die Lieferung der Jahresberichte	500 DM	{78}

In dem Betrag von 289 800 DM nicht enthalten ist, abgesehen von den 1 300 DM bezüglich des Treffs auf Santorini, die Erstattung bzw. Übernahme der sonst durch die Wahrnehmung von Treffs angefallenen Unkosten.

Die materiellen Vergünstigungen des Angeklagten Ludwig Spuhler beliefen sich auf insgesamt mindestens 266 900 DM.

Insoweit kommen im einzelnen in Betracht:

Fixum:		
12 Jahre à 8 000 DM	96 000 DM	
4 Jahre à 16 000 DM	64 000 DM	
Zuschüsse für die Anschaffung von 6 PKWs in Höhe von je 10 000 DM	60 000 DM	
Erstattung von Kosten für die jeweils in Form eines Kurzurlaubs abgewickelten Treffs in Malcèsine	1 300 DM	
auf Santorini (14. bis 21. September 1986)	1 300 DM	
und in Larnaka (20. bis 27. September 1988; hier mit dem Bemerken, man wolle Ludwig Spuhler aus Anlaß seines 60. Geburtstags „etwas Gutes tun“	1 300 DM	
Übernahme der Scheidungskosten	3 000 DM	
Übernahme der finanziellen Abfindung der Ehefrau	25 000 DM	
Prämien für drei Kampforden	6 000 DM	
Prämien für den Vaterländischen Verdienstorden in Bronze	3 000 DM	
in Silber	6 000 DM	{79}

In dem Betrag von 266 900 DM nicht enthalten sind die Erstattung von Auslagen für die Anschaffung nachrichtendienstlicher Hilfsmittel (Canon-Kleinbildkamera, Reißwolf, Sony-Radiogerät), die Erstattung der Auslagen für das in Thiersee vorübergehend angemietete Zimmer sowie die Erstattung bzw. Übernahme sonst durch die Wahrnehmung von Treffs angefallener Unkosten.

Zusätzlich zu diesen finanziellen Vergünstigungen wurde für beide Brüder beim MfS in Ost-Berlin ein Gehaltskonto angelegt und geführt.

Empfangene Geldbeträge brauchten Alfred und Ludwig Spuhler zu keiner Zeit zu quittieren.

Soweit durch die Gelder nicht Aufwendungen abgedeckt wurden, die durch die nachrichtendienstliche Tätigkeit bedingt waren, verbrauchten die Brüder Spuhler sie für ihren Lebensunterhalt. Zum Teil verwendete Ludwig Spuhler die Mittel für Reparaturen an seinem Ferienhaus in Thiersee.

2.9 Die Enttarnung der Angeklagten Spuhler

Im Rahmen der Planung einer Flucht in den Westen fertigte der Zeuge Stümer, der ab Oktober 1984 in der HVA damit befaßt war, von bereits entwickelten operativ beschafften Filmen Abzüge herzustellen, vom Deckblatt oder Inhaltsverzeich-{80}nis ihm wichtig erschienener Dokumente Negativaufnahmen. So fotografierte er u.a. das Deckblatt der BND-Aufzeichnung vom 13.1.1986 und spielte das Negativ etwa Anfang Oktober 1988 über die Mutter eines früheren Freundes seiner Ehefrau dem Verfassungsschutz in Westberlin zu. Als er am 24. November 1988 festgenommen wurde, legte er bei dem Verhör, dem er am folgenden Tag unterzogen wurde, ein volles Geständnis ab und räumte u.a. ein, daß das von ihm gelieferte Negativ ein Dokument des BND betroffen habe.

Auf Anweisung von Schütt rief daraufhin Böttger den Angeklagten Ludwig Spuhler Ende November 1988 an dessen Arbeitsplatz an und flocht dabei in das Gespräch das Stichwort „Bergverein“ ein. Damit brachte er gegenüber Ludwig Spuhler in verklausulierter Form zum Ausdruck, daß für seinen Bruder und ihn Gefahr bestand, sowie, daß alle nachrichtendienstlichen Tätigkeiten eingestellt und sämtliche Hilfsmittel vernichtet werden sollten.

Bereits kurz darauf trafen sich Böttger und Ludwig Spuhler, der nunmehr den Decknamen „Georg“ erhalten hatte, in Wörgl. Hierbei berichtete Böttger, daß den deutschen Sicherheitsbehörden ein Papier aus dem Verratsmaterial in die Hände gefallen sei, das möglicherweise zu einer Enttarnung der Brüder Spuhler führen könne. Gleichzeitig wies er Ludwig Spuhler an, sie sollten sich ruhig verhalten und alle nachrichtendienstlichen Hilfsmittel vernichten. Dieser Weisung kamen Alfred und Ludwig Spuhler nach. {81}

Etwa im April/Mai 1989 trafen sich Schütt und Böttger mit Ludwig Spuhler in Wien. Bei diesem Treff wurde erneut die Gefahr einer Enttarnung der Brüder Spuhler erörtert und vom Angeklagten Schütt darauf hingewiesen, daß der BND im Arbeitsbereich von Alfred Spuhler bereits Ermittlungen durchführe. Darüber hinaus eröffnete Schütt dem Angeklagten Ludwig Spuhler, daß die nachrichtendienstliche Tätigkeit für die HVA aus Sicherheitsgründen nicht wieder aufgenommen werden solle.

In der Folgezeit bemerkten sowohl Alfred als auch Ludwig Spuhler, daß sie observiert wurden. Sie gerieten deshalb zunehmend unter psychischen Druck.

Dieser Druck verstärkte sich, als der für Mitte September 1989 in Athen vereinbarte Treff zwischen Ludwig Spuhler und Böttger scheiterte, weil dieser die auf Ludwig Spuhler angesetzten Observanten entdeckt hatte und, ohne den Treff wahrzunehmen, nach Ost-Berlin zurückgekehrt war, wo ihn Ludwig Spuhler dann lediglich telefonisch kurz erreichte.

Bei einem Telefonanruf des Angeklagten Ludwig Spuhler etwa Mitte Oktober 1989 bat Böttger ihn, sich im Dezember wieder zu melden.

Dazu kam es jedoch nicht mehr, da die Angeklagten Spuhler infolge des Ergebnisses der zwischenzeitlichen Ermittlungen am 29. November 1989 vorläufig festgenommen worden waren. {82}

2.10 Die Folgen des „Falles Alfred Spuhler" für den Bundesnachrichtendienst

Für den BND hatte der „Fall Alfred Spuhler" gravierende Folgen. In der Organisation und im Einsatz des Personals mußten Veränderungen vorgenommen werden. Die Zusammenarbeit der Angehörigen des Dienstes wurde vorübergehend dadurch stark beeinträchtigt, daß diese sich in erhöhtem Maße mit Mißtrauen begegneten. Die Gewinnung neuer Mitarbeiter war erschwert. Der Umstand, daß der BND nicht mehr als sicher galt, störte die Kooperation mit den Partnerdiensten empfindlich. In der Aufklärungstätigkeit kam es zu einem Leistungseinbruch. Wegen des Vertrauensverlustes stößt der BND auch bei der Quellenwerbung auf größere Schwierigkeiten.

2.11 Der subjektive Tatbestand

2.11.1 [Der subjektive Tatbestand] beim Angeklagten Alfred Spuhler

Der Angeklagte Alfred Spuhler handelte willentlich und in Kenntnis aller wesentlichen Tatumstände.

Ihm war namentlich klar, daß das MfS bzw. die HVA mit dem KGB eng zusammenarbeiteten und daß Erkenntnisse aus seinem Meldungsaufkommen dem KGB bei Bedarf zur Verfügung gestellt würden.

Die Tatsache, daß die Jahresberichte wie auch die BND-Aufzeichnung vom 13.1.1986 für die Erarbeitung des der Militärpolitik und der militärstrategischen Planung der Bundesrepublik Deutschland bzw. der NATO zugrunde gelegten Bedrohungsbildes mit herangezogen wurden und insoweit von maßgeblicher Bedeutung waren, war ihm geläufig. {83}

Dessen, daß die von ihm weitergegebenen Unterlagen, soweit sie förmlich sekretiert waren, nicht jedermann offenstanden, daß dies ungeachtet der hohen Zahl von Ausfertigungen auch für die Jahresberichte galt, daß die einzelnen Abteilungen des BND im Interesse eines möglichst wirksamen Quellenschutzes gegeneinander grundsätzlich streng abgeschottet sind, sowie, daß der BND – entsprechend den die Arbeit von Geheimdiensten allgemein kennzeichnenden Regeln – die seine Tätigkeit bestimmenden Faktoren gezielt nach außen verschleiert, war er sich stets bewußt.

Darüber, daß solche Unterlagen bzw. Gegebenheiten, um nicht erhebliche Nachteile für die militärische Landesverteidigung und die Funktionsfähigkeit des BND heraufzubeschwören, vor der HVA bzw. dem Warschauer Pakt geheimgehalten werden mußten, hatte er eine ebenso zutreffende Vorstellung wie über die Möglichkeiten, die dem Warschauer Pakt durch das von ihm gelieferte Material insoweit konkret eröffnet wurden.

Schließlich war Alfred Spuhler bei seinem Handeln stets gegenwärtig, daß ihm sowohl als Sachbearbeiter beim Verbindungsoffizier bzw. als dessen Vertreter wie auch als Referent im Sachgebiet 12 AB bzw. als Vertreter des Leiters dieses Sachgebiets wegen der Sicherheitsempfindlichkeit dieser Bereiche besonderes Vertrauen entgegengebracht wurde.

Über die Unrechtmäßigkeit seines Tuns hatte er keinerlei Zweifel.

Die sich durch seinen Verrat für den BND möglicherweise ergebenden Folgen nahm er billigend in Kauf. {84}

2.11.2 Der subjektive Tatbestand beim Angeklagten Ludwig Spuhler

Ludwig Spuhler wußte, für welchen Geheimdienst er tätig war. Von der konkreten Ausgestaltung der Beziehungen zwischen dem MfS bzw. der HVA und dem KGB hatte er keine Kenntnis, war aber mit einem als möglich erkannten Austausch von Aufklärungsinformationen einverstanden.

Die lediglich eingeschränkte Zugangsmöglichkeit war ihm bei den förmlich sekretierten Unterlagen klar, bei dem übrigen Material rechnete er damit und nahm dies ebenso billigend in Kauf, wie ein eventuelles, durch das Interesse der Bundesrepublik an Gewährleistung ihrer äußeren Sicherheit begründetes Bedürfnis, bestimmte Gegebenheiten vor der HVA bzw. dem Warschauer Pakt geheimzuhalten.

Den effektiven Wert des Verratsmaterials für die HVA bzw. den Warschauer Pakt konnte er zwar nicht einschätzen, hielt es aber für möglich und billigte es, daß sich darunter auch solches befand, das dem Warschauer Pakt Möglichkeiten eröffnete, die militärische Verteidigungsfähigkeit der Bundesrepublik bzw. die Funktionsfähigkeit des BND nachhaltig zu beeinträchtigen.

Der Unrechtmäßigkeit seines Tuns war er sich stets bewußt. {85}

2.11.3 Der subjektive Tatbestand bei den Angeklagten Schütt und Böttger

Die Angeklagten Schütt und Böttger handelten willentlich und in Kenntnis aller wesentlichen Tatumstände.

Sie wußten um alle die Tat der Brüder Spuhler kennzeichnenden Faktoren. Insbesondere blieb ihnen nicht verborgen, welche Erkenntnisse das Verratsmaterial vermittelte und welche Möglichkeiten, die militärische Verteidigungsfähigkeit der Bundesrepublik Deutschland bzw. die Funktionsfähigkeit des BND zu beeinträchtigen, es eröffnete.

Ihnen war schließlich auch klar, daß von der Bundesrepublik Deutschland für die DDR keine Gefährdung ausging, daß sie mit ihrer Tätigkeit im Rahmen der Operation „Peter“ in die Rechtssphäre der Bundesrepublik eingriffen und daß dies nach deren Recht mit Strafe bedroht war.

2.12 Der Beitritt der ehemaligen DDR und das Ende des „Kalten Krieges“

Die grundlegenden Veränderungen in den Ländern des ehemaligen Ostblocks ermöglichten nicht nur, daß in der DDR ein Demokratisierungsprozeß begann, das MfS und die HVA aufgelöst wurden und die DDR am 3. Oktober 1990 der Bundesrepublik beitrat, sondern führten auch zur Beendigung des „Kalten Krieges“. So beschloß der Politische Beratende Ausschuß auf seiner letzten Tagung am 1. Juli 1991 in Prag offiziell die

Auflösung des Warschauer Paktes. Der Abzug der sowjetischen Truppen aus der CSFR wurde im Juni 1991 abgeschlossen. Die in Polen stationierten sowjetischen Einheiten sollen das Land bis Ende 1992 verlassen. Der vollständige {86} Abzug der sowjetischen Streitkräfte aus dem Gebiet der ehemaligen DDR und Berlins ist gemäß Art. 4 des Zwei-Plus-Vier-Vertrags vom 12. September 1990 bis Ende des Jahres 1994 vorgesehen. Darüber hinaus sind in einigen Staaten Ostmitteleuropas inzwischen Veränderungen in der Struktur und Dislozierung der eigenen Streitkräfte erkennbar. So kam es in Polen und in der CSFR zu einer erheblichen Senkung des Streitkräfteumfangs. Die CSFR begann zudem mit der Auflösung des bisherigen operativen Schwergewichts der Armee gegenüber Süddeutschland und mit einer gleichmäßigen Verteilung der Verbände entlang der Landesgrenzen. In Polen geschieht Ähnliches. Diese Veränderungen geben wiederum der NATO Anlaß zur Entwicklung einer neuen Verteidigungskonzeption, die insbesondere auch eine Änderung der operativen Planung zum Gegenstand hat.

2.13 Zur Strafverfolgung der Angeklagten

Die Angeklagten Alfred und Ludwig Spuhler befinden sich seit 30. November 1989 in dieser Sache ununterbrochen in Untersuchungshaft, zunächst aufgrund Haftbefehls des Ermittlungsrichters des Bundesgerichtshofs vom selben Tage, inzwischen aufgrund Haftbefehls des Senats vom 11. März 1991.

Die ihnen zur Last gelegte nachrichtendienstliche Tätigkeit für die HVA stellten die Brüder Spuhler anfangs in Abrede, legten dann jedoch, nicht zuletzt im Hinblick auf die Veränderung der politischen Verhältnisse, ab 17. bzw. 18. Oktober 1990 umfassende Geständnisse ab, wobei die {87} Initiative hierzu von Ludwig Spuhler ausging. Auf Anraten seines damaligen Verteidigers kündigte Ludwig Spuhler sein Arbeitsverhältnis, wodurch er die zu erwartende Betriebsrente verlor.

Mit Beschluß des Senats vom 15. Juli 1991 wurde die Verfolgung der Angeklagten Alfred und Ludwig Spuhler mit Zustimmung des Generalbundesanwalts beim Bundesgerichtshof auf das ihnen zur Last gelegte Verbrechen des Landesverrats beschränkt (§ 154a Abs. 2, Abs. 1 Satz 1 Nr. 1 StPO).

Aufgrund des Beitritts der DDR waren nunmehr auch die Angeklagten Schütt und Böttger dem Zugriff der Strafverfolgungsbehörden der Bundesrepublik Deutschland ausgesetzt.

Deswegen führten die Verteidiger des Angeklagten Schütt, die Rechtsanwälte Dr. Peter D. und Michael B., mit dem Ziel einer Einstellung des gegen ihren Mandanten eingeleiteten Ermittlungsverfahrens am 23. Oktober 1990 in Karlsruhe mit Generalbundesanwalt Alexander von Stahl ein Gespräch, an dem auf dessen Seite noch die Bundesanwälte Dr. M. und Ga. sowie die Oberstaatsanwälte K. und P. teilnahmen. Bei dem Gespräch stand die Erörterung einer Sachbehandlung nach § 153e StPO[8] im Mittelpunkt. Dabei wurde von Seiten der Bundesanwaltschaft darauf hingewiesen, daß diese Bestimmung nur Anwendung finden könne, wenn Schütt sich umfassend offenbare und sein gesamtes dienstliches Wissen enthülle. Dann wolle man die Frage des Absehens von einer Strafverfolgung großzügig prüfen. Da in diesem Zusammenhang der Aufdeckung noch nicht enttarnter {88} Quellen zentrale Bedeutung beigemessen und für die von den Verteidigern vorgebrachten Hemmungen ihres Mandanten, über seine ehemaligen Mitarbeiter in der HVA auszusagen, Verständnis gezeigt wurde, informierten die Rechtsanwälte Dr. D. und B. den Angeklagten Schütt anschließend dahin, daß er mit der Einstellung des gegen ihn eingeleiteten Ermittlungsverfahrens rechnen könne, wenn er die ihm bekannten Quellen der HVA in der Bundesrepublik benenne.

Dementsprechend legte Schütt in der Folgezeit seine diesbezüglichen Kenntnisse offen, wodurch vier Agenten identifiziert werden konnten. Darüber hinaus verschaffte er dem BND, insbesondere bezüglich einer möglichen Gefährdung eigener Quellen, Erkenntnisse, die für dessen Sicherheitslage von Bedeutung waren. Dagegen machte er in dem gegen ihn betriebenen Ermittlungsverfahren keine näheren Angaben zur Struktur der HVA, zu seiner beruflichen Tätigkeit dort, zu den gegen die Brüder Spuhler erhobenen Beschuldigungen bzw. zu seiner eigenen diesbezüglichen Beteiligung. Ferner verweigerte er unter Berufung auf seine Fürsorgepflicht bis zuletzt Angaben über ehemalige Mitarbeiter, sofern diese im Rahmen ihres Diensteides tätig gewesen seien und ihm nicht Belege dafür vorgelegt würden, daß sie Menschenrechte verletzt oder andere schwere Verbrechen begangen hätten.

Aufgrund Haftbefehls des Senats vom 2. April 1991 befand sich Schütt, der als erster hochrangiger hauptamtlicher Mitarbeiter der HVA angeklagt worden war, vom 3. April bis zum 17. September 1991 in dieser Sache in Untersuchungshaft. {89}

Am 20. Februar 1991 beschränkte der Generalbundesanwalt beim Bundesgerichtshof die Verfolgung der Angeklagten Schütt und Böttger gemäß § 154a StPO auf die Straftaten, welche sie im Zeitraum von 1972 bis November 1989 im Zusammenhang mit der nachrichtendienstlichen Führung der Brüder Spuhler begingen, wobei insoweit ferner von der Verfolgung eines in Betracht kommenden Vergehens des § 334 StGB und der Anstiftung zum Vergehen des § 353b StGB abgesehen wurde.

3. *Die Beweiswürdigung*

Die Feststellungen sind das Ergebnis der Hauptverhandlung.

Sie beruhen weitestgehend auf den Angaben der Angeklagten.

Zum Sachverhalt legten die Angeklagten Alfred Spuhler, Ludwig Spuhler und Böttger, soweit sie zu den einzelnen Komplexen Angaben machen konnten, umfassende Geständnisse ab.

Der Senat sieht keinen Anlaß, an deren Wahrheitsgehalt zu zweifeln. Sowohl die Brüder Spuhler als auch Böttger waren ersichtlich bestrebt, nach besten Kräften und ohne sich zu schonen zur Aufklärung der Tat beizutragen. Soweit sie sich an die eine oder andere Einzelheit nicht mehr erinnerten, gereicht ihnen dies in Anbetracht der Länge des in Rede stehenden Zeitraums, der Vielzahl der mit der Tat zusammenhängenden Geschehnisse und der Fülle des gelieferten Materials {90} nicht zum Vorwurf. Die vereinzelten Widersprüche ließen sich durch entsprechende Vorhalte durchweg ausräumen. Hinzu kommt, daß die Angaben der genannten Angeklagten, soweit andere Beweismittel zur Verfügung standen, durch diese grundsätzlich bestätigt wurden. Nicht zuletzt beurteilte der in nachrichtendienstlichen Belangen erfahrene Sachverständige Nowak die Einlassung der Brüder Spuhler als grundsätzlich nachvollziehbar, schlüssig und umfassend.

Einschränkend zog der Sachverständige Nowak die Darstellung des Angeklagten Alfred Spuhler allerdings insofern in Zweifel, als dieser vorgebracht hatte, er sei sowohl zu Beginn als auch am Ende seines ersten Besuchs in Ost-Berlin noch unentschlossen gewesen, ob und in welchem Umfang es zu einer Zusammenarbeit mit dem MfS kommen würde. Dieser Zweifel beruhe darauf, daß für Alfred Spuhler als Angehörigem des BND das Risiko einer Festnahme bei einem für das MfS unbefriedigenden Verlauf des Gesprächs unkalkulierbar gewesen sei. Ferner falle auf, daß man Alfred Spuhler schon damals einen Falschpaß ausgehändigt habe. Der Senat teilt diese Bedenken nicht. Wenn sich Alfred Spuhler seinerzeit zu einer Zusammenarbeit mit dem MfS auch noch nicht „endgültig" entschlossen hatte, so rechnete er aufgrund der vorangegangenen Überlegungen und der wiederholten intensiven Gespräche mit einem Funktionär der DKP ersichtlich nicht mehr mit einem Hindernis. Die ihm schon bei dem ersten Treff entgegengebrachten Vertrauensbeweise können ihren Grund darin haben, daß er der HVA seitens der DKP bereits seit längerem avisiert worden war und die HVA sich aufgrund zwischenzeitlich gewonnener Erkenntnisse in der Lage sah, ihn zutreffend einzuschätzen. {91}

Soweit der Sachverständige Nowak zum Ausdruck brachte, in Anbetracht der Höhe der finanziellen Zuwendungen stehe er ferner der Version vom reinen Überzeugungstäter sehr kritisch gegenüber, zieht der Senat in Betracht, daß die HVA stets bestrebt war, auch materiell nicht interessierte Agenten aus führungstaktischen Gründen mit finanziellen Zuwendungen zu motivieren.

Der Angeklagte Schütt schilderte zunächst im wesentlichen lediglich seinen beruflichen Werdegang in der HVA. In einer erst gegen Ende der Hauptverhandlung abgegebenen Erklärung knüpfte er daran an, bestätigte, was die Zusammenarbeit mit den Brüdern Spuhler anging, deren Ausführungen, betonte, daß er für die gesamte Operation gegenüber der Leitung der HVA die Verantwortung getragen und auch wahrgenommen habe, und äußerte sich zusätzlich zu einzelnen Gesichtspunkten.

Dem Urteil liegt auch die Einlassung des Angeklagten Schütt zugrunde, da dieser sichtlich bestrebt war, das Gericht mit der Wahrheit zu bedienen, und seine Darstellung mit den sonst aus der Hauptverhandlung gewonnenen Erkenntnissen in Einklang steht.

Allgemeinkundig sind die Feststellungen zur Aufgabe des BND, zum Warschauer Pakt und zur Gründung der HVA, ferner die Feststellung, daß die Sicherheitspolitik des Westens, insbesondere auch der Bundesregierung, mit zum Inhalt hatte, Wissen über den Osten diesem gegenüber offenzulegen, wie z.B. in sog. Weißbüchern, sowie die Feststellungen zum Beitritt der ehemaligen DDR und zum Ende des „Kalten Krieges". {92}

Soweit es sich bei den verlesenen Urkunden bzw. anderen als Beweismittel dienenden Schriftstücken nicht um die Originale handelte, haben sich dafür, daß sie diesen nicht entsprachen, weder Anhaltspunkte ergeben noch wurden von irgendeiner Seite entsprechende Bedenken geltend gemacht. Ebenso sieht der Senat keinen Grund, an der Objektivität der verlesenen, ein Zeugnis oder ein Gutachten enthaltenden Erklärungen des BND bzw. des Bundesamts für Verfassungsschutz zu zweifeln.

Die vernommenen Zeugen hält der Senat grundsätzlich für glaubwürdig. Sie waren sämtlich unvoreingenommen und machten ihre Aussagen ruhig und bestimmt. Ihre Schilderungen waren konkret, anschaulich und in sich frei von Widersprüchen.

Die Darstellung der Organisation und der Aufgaben einzelner Abteilungen des BND sowie der Tätigkeiten des Angeklagten Alfred Spuhler in dieser Behörde stützt sich zusätzlich zu dessen Angaben auf die Auskünfte des BND vom 26.1.1990, 26.3.1990 und 12.4.1990 sowie auf die Aussagen der Zeugen Ru., C., Ro. und B. Während Ru. als

Angehöriger des Stabes der Abteilung II deren Aufgabengebiet und die Tätigkeit von Alfred Spuhler in diesem Bereich darlegte, beschrieben C. und Ro. als Leiter des Sachgebiets 12 AB die Zuständigkeit dieses Sachgebiets und den Aufgabenbereich von Alfred Spuhler während seiner Zugehörigkeit zu ihm. Der Zeuge B. erläuterte eingehend die Funktion der sog. „vermittelnden Zwischenstelle“. {93}

Zur dargestellten Bedeutung der Jahresabschlußberichte „Militärischer Lagebericht *Ost*“ für die Erarbeitung des der Militärpolitik und der militärstrategischen Planung der Bundesrepublik Deutschland bzw. der NATO zugrunde gelegten Bedrohungsbildes bekundeten die Zeugen Dr. Ge., W. und L. übereinstimmend, daß die Jahresberichte als verläßliche Quelle betrachtet worden, sowohl in die Information und Beratung des Bundeskanzlers zu Fragen der Verteidigungspolitik, Militärstrategie und Abrüstung als auch in die Streitkräfteplanung eingeflossen und wegen der in ihnen enthaltenen Verdichtung der Gesamtinformation von herausragendem Wert gewesen seien. Der Zeuge Schwander erklärte zu dieser Thematik, die Jahresberichte seien stets auch für die Belange der Elekronischen Kampfführung und für die Rüstungsplanung von erheblicher Bedeutung gewesen. Der Zeuge Engelmayer legte schließlich dar, daß nicht nur die Jahresberichte, sondern auch die BND-Aufzeichnung vom 13.1.1986 dazu gedient hätten, die militärischen Planungsvorschläge der Bundesrepublik an die NATO zu begründen.

Der Senat hält diese Angaben für glaubhaft. So hatten die Zeugen Dr. Ge., W. und L. als Leiter der Gruppe Sicherheitspolitik im Bundeskanzleramt und die Zeugen Schwander und Engelmayer aufgrund ihrer Tätigkeit im Führungsstab des Bundesministeriums der Verteidigung jeweils einen tiefgehenden Einblick in die betreffende Thematik. Obgleich Schwander und Engelmayer zeitweise dem BND angehörten und Engelmayer dabei sechs Jahre lang an der Erstellung der Lageberichte mitwirkte, erschienen sie dem Senat unvoreingenommen. {94}

Der Zeuge Dr. Stützle, der ab Januar 1973 als Referent im Büro des Bundesministers für Verteidigung und von Februar 1974 bis Oktober 1976 als Leiter dieses Büros dem Verteidigungsminister zuarbeitete sowie von November 1976 bis Oktober 1982 als Leiter des Planungsstabs für die Beratung des Ministers in wichtigen Fragen der Landesverteidigung verantwortlich war, brachte zwar vor, er selbst habe die Lageberichte nicht zum Gegenstand von Empfehlungen gemacht, räumte andererseits aber ein, daß auf militärischer Ebene mit diesen Berichten gearbeitet worden sei und daß sie auch zur militärstrategischen Planung der NATO beigetragen hätten.

Soweit der Senat schließlich zugunsten der Angeklagten als wahr unterstellt hat, Dr. Andreas von Bülow sei in seiner Funktion als Staatssekretär im Bundesministerium der Verteidigung von 1976 bis 1980 maßgeblich an der Formulierung der Verteidigungs- und Sicherheitspolitik der Bundesrepublik beteiligt gewesen, Erkenntnisse des BND über den Warschauer Pakt in den jährlichen Lageberichten Ost hätten auf seine Tätigkeit aus tatsächlichen Gründen keinen Einfluß gehabt, er habe sich bei der Gestaltung der Sicherheitspolitik vor allem auf öffentlich zugängliche Quellen, insbesondere die Berichte des Londoner Instituts für Strategische Studien, gestützt, sieht der Senat in dieser Behauptung keinen Widerspruch zu den Angaben der vorgenannten Zeugen. {95}

Dessen, daß im Verhältnis der Brüder Spuhler zueinander Alfred Spuhler der Dominierende war, ist sich der Senat nicht nur aufgrund des von beiden in der Hauptverhandlung gewonnenen Eindrucks, sondern auch in Anbetracht der Aussage der Zeugin H.

sicher, die Ludwig Spuhler seit langem kennt und glaubhaft bekundete, Alfred Spuhler sei die „führende" Persönlichkeit gewesen.

Was die Feststellungen dazu betrifft, welches Material, insbesondere welche speziellen Dokumente, Alfred Spuhler an die HVA lieferte, bildete der Senat sich ungeachtet der Angaben der Zeugen Blancke, Dr. Busch und S. eine entsprechende Überzeugung nur dann, wenn sich der Angeklagte Alfred Spuhler seinerseits sicher war. Der Senat trug damit dem Umstand Rechnung, daß sich angesichts der Fülle des in der Abteilung VII der HVA ausgewerteten Materials und der Länge des in Frage stehenden Zeitraums ein Irrtum der genannten Zeugen, soweit sie der Quelle „Peter" auch weitere Materialien zuordneten, nicht gänzlich ausschließen läßt.

Die Zeugen B. und C. erläuterten Zweck und Inhalt der über die menschlichen Quellen des BND angelegten „B-Bögen" so, wie im Sachverhalt festgestellt, wobei ersterer darauf hinwies, daß in Einzelfällen aus Gründen des Schutzes einer Quelle deren Daten zur Person unrichtig eingetragen worden seien. {96}

Soweit Alfred Spuhler keine zuverlässige Erinnerung mehr daran hatte, welchen Jahresabschlußbericht er als ersten übermittelte, hat der Senat keinen Zweifel, daß dies der zu Beginn des Jahres 1974 erstellte Abschlußbericht für das Jahr 1973 war. So bekundete der Zeuge Dr. Busch glaubhaft, als er im Juli 1975 seine Tätigkeit als Leiter des Referats 4 (militärische Auswertung) der Abteilung VII der HVA aufgenommen habe, sei ihm vorgetragen worden, der erste Jahresbericht sei 1974 gekommen. Die Erinnerung des Zeugen Blancke, der seit 1969 als Auswerter in der genannten Abteilung arbeitete, deckt sich mit dieser Zeitangabe. Hinzu kommt, daß die Brüder Spuhler mit der Lieferung von Material bereits im Herbst 1972 begonnen hatten und der Angeklagte Schütt auf die Beschaffung der Militärischen Lageberichte *Ost* von Anfang an großen Wert gelegt hatte.

Zu der Überzeugung, daß Alfred Spuhler Material von aktueller Bedeutung ohne größere Verzögerung weiterleitete, gelangte der Senat aufgrund der die dahingehenden Angaben des Angeklagten Alfred Spuhler teils bestätigenden, teils konkretisierenden Aussage des Zeugen Dr. Busch, der bekundete, er sei über die Aktualität des Materials der Quelle „Peter" erstaunt gewesen, in diesem Zusammenhang den Begriff „druckfrisch" gebrauchte und dies mit dem Beispiel der Flugplanungen der Aufklärungsflugzeuge Breguet-Atlantic belegte.

Die Feststellungen zu den Abteilungen IV und IX der HVA haben ihre Grundlage in entsprechenden Angaben des Angeklagten Schütt, des Zeugen Nehls, der der Abteilung IX ab 1978 angehörte, und der Kriminalbeamtin A. {97}

An die Registriernummer der Quelle „Peter" konnten sich die Zeugen Blancke und Dr. Busch erinnern.

Für die Feststellungen zum beruflichen Werdegang des Angeklagten Schütt verwendete der Senat ergänzend dessen Personalbogen, der nach Angaben der Zeugin A. der Bundesanwaltschaft von der Dienststelle Gauck zur Verfügung gestellt worden war.

Der Zeuge Nehls, ab 1982 innerhalb der Abteilung IX stellvertretender Bereichsleiter A und ab 1986 kommissarischer Leiter dieses Bereichs, betonte glaubhaft, die Quelle „Peter" sei nicht dem an sich zuständigen Bereich A der Abteilung IX eingegliedert gewesen.

Soweit in einem Beweisantrag der Verteidiger des Angeklagten Schütt die Behauptung aufgestellt worden war, nach Eingliederung der Quelle „Peter" in die Abteilung IX habe nunmehr der Leiter der HVA, Markus Wolf, Schütt gegenüber die gleiche Führungstätigkeit ausgeübt wie zuvor Generalmajor Fruck, wurde diese Behauptung durch den Zeugen Wolf widerlegt. Dieser bekundete glaubhaft, die Abteilung IX sei ihm zwar direkt unterstellt gewesen, er habe insoweit aber nicht eine Funktion ausgeübt wie Generalmajor Fruck gegenüber dem Leiter der Abteilung IV, vielmehr habe es sich um ein normales Unterstellungsverhältnis gehandelt, wenn wichtige Quellen auch Gegenstand regelmäßiger Absprachen gewesen seien. Schütt selbst machte die angeführte Beweisbehauptung dann auch nicht zum Gegenstand seiner bereits erwähnten Erklärung. {98}

Der Sachverständige Nowak legte zu dieser Thematik überzeugend dar, es wäre falsch, Schütt als Führungsoffizier zu bezeichnen. Nach seinem Verständnis von den organisatorischen Abläufen im MfS seien die eigentlichen Führungsoffiziere/Fallsachbearbeiter, die die verwaltungstechnische Verantwortung für den Vorgang gehabt hätten, zunächst Reckling und dann Schlegel gewesen. Schütt habe sich jedoch – unter Umgehung des zuständigen Bereichs A – die Entscheidung über Fortgang und inhaltliche Ausgestaltung der Operation „Peter" vorbehalten und sei damit direkt verantwortlich gewesen.

Die Kompetenzen eines Abteilungsleiters bezüglich des finanziellen Teils einer Operation legte der Zeuge Nehls dar.

Die festgestellte Funktion der Abteilung VII der HVA schilderten übereinstimmend die Zeugen Blancke und Dr. Busch.

Zu der Überzeugung, daß es zwischen dem MfS bzw. der HVA und dem KGB einen geregelten Informationsaustausch gab, gelangte der Senat zum einen im Hinblick darauf, daß ein solcher ausdrücklich vereinbart war, zum anderen aber auch aufgrund entsprechender Angaben des Angeklagten Schütt sowie der Zeugen Wolf, Nehls, Dr. Busch, Blancke und S. Der Zeuge Wolf betonte in diesem Zusammenhang, die HVA sei in das Bündnissystem Warschauer Pakt eingebunden gewesen, und zwar mit allen Verpflichtungen. Es habe sich um eine Partnerschaft auf Gegenseitigkeit gehandelt. Ein wichtiger Punkt sei hierbei der Informationsaustausch gewesen. In der Abteilung IX sei dieser zwar besonders restriktiv gehandhabt wor-{99}den, gleichwohl habe generell eine feste Verbindung zum KGB bestanden. Militärische bzw. militärpolitische Erkenntnisse seien in verallgemeinerter Form über die Zentrale Informations- und Auswertungsgruppe (ZIAG) weitergegeben worden.

Die Frage, ob Material der Quelle „Peter", gegebenenfalls welches und in welcher Form, dem KGB zur Verfügung gestellt wurde, ließ der Senat ungeklärt, da sie rechtlich ohne Bedeutung ist. Daran, daß das MfS bzw. die HVA dem KGB bei Bedarf, insbesondere im Krisen- bzw. Konfliktfall, die Erkenntnisse aus dem Meldungsaufkommen der Quelle „Peter" in dem gebotenen Umfang zur Verfügung gestellt hätten, hat der Senat in Anbetracht der Verpflichtungen keinen Zweifel, die für die DDR aufgrund des Warschauer Vertrags und für das MfS aufgrund der mit dem KGB getroffenen Vereinbarung bestanden.

Aufgrund der dahingehenden Angaben der Zeugen Blancke und Dr. Busch ist sich der Senat sicher, daß die Jahresabschlußberichte „Militärischer Lagebericht *Ost*" der HVA nur über die Quelle „Peter" zugingen.

Soweit der Angeklagte Schütt sich darauf berief, bedeutsame Institute, wie z.B. das Internationale Institut für Strategische Studien, hätten mehr Informationen veröffentlicht, als die Lageberichte enthalten hätten, betonten hierzu die Zeugen Engelmayer, Dr. Ge., W. und L. übereinstimmend und teils unter Anführung konkreter Beispiele glaubhaft, daß die allgemein zugänglichen Veröffentlichungen {100} in vielen Fällen bei weitem nicht den Detaillierungsgrad der Jahresberichte erreicht hätten und daß besonders sensitive Komplexe dort überhaupt nicht zu finden gewesen seien. Dies stellte auch der Zeuge Dr. Stützle nicht in Abrede.

Was den weiteren Einwand des Angeklagten Schütt angeht, die HVA habe die Aufklärungsmöglichkeiten des potentiellen Gegners gekannt und es sei ihr grundsätzlich möglich gewesen, auch ohne Lageberichte festzustellen, was dieser wußte oder nicht wußte, ist der Senat der Überzeugung, daß den Jahresberichten für den Osten gleichwohl ein hoher Informationswert zukam. Dies deshalb, weil sie – worauf die Zeugen Blancke, Dr. Busch und S. übereinstimmend hinwiesen – in Form einer verdichteten Analyse das Gesamtergebnis der Erkenntnisse über den Warschauer Pakt in militärischer Hinsicht darlegten, aus diesen Erkenntnissen zusätzlich mögliche zukünftige Entwicklungen ableiteten und einen zuverlässigen Einblick gewährten, von welchem Bedrohungsbild die Bundesrepublik Deutschland und die NATO jeweils ausgingen. Unabhängig davon, daß sich dies dem Senat schon aus der Konzeption und dem Inhalt der Berichte erschloß, betonten dies auch die Sachverständigen Engelmayer und Hennings. Schließlich sieht der Senat ein entsprechendes Indiz in dem Umstand, daß Schütt auf die Beschaffung dieser Berichte von Anfang an großen Wert gelegt hatte.

Die möglichen Auswirkungen des Verrats der Jahresberichte sowie der BND-Aufzeichnung vom 13.1.1986 auf die militärische Landesverteidigung der Bundesrepublik sowie die möglichen Auswirkungen der Weitergabe des die Aufklärungstätigkeit des BND tangierenden Materials auf dessen Funktionsfähigkeit vermag der Senat aufgrund eigener Sachkunde zu beur-{101}teilen. Das insoweit erforderliche Wissen – es handelt sich um keine schwierigen Fragen – erlangte er als der für Staatsschutzsachen zuständige Senat des Bayerischen Obersten Landesgerichts aus früheren, die äußere Sicherheit der Bundesrepublik betreffenden Verfahren.

Bestätigt sieht sich der Senat in seinem Urteil durch die Gutachten der Sachverständigen Engelmayer und Schwander.

⊗ Dieser Textabschnitt unterliegt dem Geheimschutz. ⊗ {106}

Die Ausführungen der Sachverständigen Engelmayer und Schwander sind überzeugend. Beide verfügen über große praktische Erfahrung. Engelmayer war von 1977 bis 1982 und von 1984 bis 1990 beim BND mit Angelegenheiten der militärischen Auswertung befaßt. Darüber hinaus verschafften ihm insbesondere seine Ausbildung als Generalstabsoffizier und seine Zuständigkeit für den Bereich „Wehrlage Ost“ im Führungsstab des Bundesministeriums der Verteidigung umfassendes Spezialwissen in militärischen Belangen. Schwander arbeitete von 1976 bis 1978 beim BND in der militärischen Auswertung und war anschließend bis 1981 bei dieser Behörde in der technischen Aufklärung eingesetzt. Zusätzliches Fachwissen vermittelte ihm insbesondere seine Tätigkeit im Bereich Elektronische Kampfführung im Führungsstab des Bundesministeriums der Verteidigung. Die zeitweilige Zugehörigkeit beider Sachverständigen zum BND, wobei Engelmayer in der Phase von 1984 bis 1990 durch die Abfassung entsprechender Unterkapitel über die sowjetische Militärdoktrin und die Bedrohung durch den Warschauer Pakt auch an der Erstellung der Lageberichte mitwirkte, nimmt den Gutachten nichts von ihrer Überzeugungskraft. Sowohl bei Engelmayer als auch bei Schwander gewann der Senat den Eindruck, daß der genannte Umstand ihre Objektivität und Unvoreingenommenheit in keiner Weise beeinträchtigte, zumal {107} von ihnen nicht die inhaltliche Qualität der betreffenden Dokumente zu bewerten, sondern vielmehr die Frage zu beurteilen war, welche Auswirkungen deren Mitteilung an die HVA für die äußere Sicherheit der Bundesrepublik Deutschland haben konnte.

Auf der Hand liegt, daß die durch das Meldungsaufkommen der Quelle „Peter" eröffneten Möglichkeiten im Ernstfall je nach Bedarf ausgeschöpft worden wären.

Zur Einstufung des von der Quelle „Peter" gelieferten Materials durch die Abteilung VII der HVA machten die Zeugen Blancke, Dr. Busch und S. entsprechende Angaben.

Zur Bedeutung der Angeklagten Spuhler aus Sicht der HVA führte der Sachverständige Nowak überzeugend aus: Der herausragende Wert der Brüder Spuhler für die HVA ergebe sich aus ihrer kompletten und hochwertigen Ausstattung, aus der hohen Qualität des durch eine sehr persönliche Prägung und den geballten Einsatz technischer Mittel (Funklinie, Eurosignalnummern, konspirative Telefonnummern, Schnellgeber[9]) gekennzeichneten Verbindungswesens, aus dem Umfang der finanziellen Zuwendungen und den sonstigen Gesten der Anerkennung (Treffs mit den Leitern der HVA, viel Lob, Ordensverleihungen, Ernennung von Alfred Spuhler zum Major bzw. Oberstleutnant). {108}

Die Hintergründe der Enttarnung der Angeklagten Spuhler schilderte der Zeuge Stümer. Über die festgestellten Folgen, die sich aus dem „Fall Alfred Spuhler" für den BND ergaben, berichtete der Zeuge B.

Die Feststellungen zur subjektiven Tatseite bei dem Angeklagten Alfred Spuhler stützen sich in erster Linie auf dessen eigene Einlassung. In Anbetracht der dem Angeklagten geläufigen Zusammenarbeit westlicher Geheimdienste ist sich der Senat sicher, daß er bezüglich einer entsprechenden Praxis zwischen dem MfS bzw. der HVA und dem KGB keine Zweifel hatte. Über die Bedeutung der Jahresberichte bzw. der BND-Aufzeichnung vom 13.1.1986 für die Planungen des Westens, über die festgestellte beschränkte Zugänglichkeit und Geheimhaltungsbedürftigkeit des von ihm gelieferten Materials sowie über die möglichen Auswirkungen seines Verrats auf die äußere Sicherheit der Bundesrepublik Deutschland hatte Alfred Spuhler zur Überzeugung des Senats schon aufgrund seiner einschlägigen Ausbildung und Tätigkeit im BND zutreffende Vorstellungen. Der Umstand, daß er sowohl als Sachbearbeiter beim Verbindungsoffizier als auch als Referent im Sachgebiet 12 AB eine besondere Vertrauensstellung bekleidete, wurde ihm nicht zuletzt aus den wiederholten Belehrungen bezüglich der zu beachtenden Sicherheitsbestimmungen immer wieder bewußt.

Die Feststellungen zur subjektiven Tatseite des Angeklagten Ludwig Spuhler haben ihre Grundlage in dessen eigenen Angaben und in den Begleitumständen. {109}

So wußte Ludwig Spuhler schon aufgrund des ersten gemeinsam mit seinem Bruder wahrgenommenen Treffs, daß die HVA in besonderem Maße an Material interessiert war, das die DDR, den Warschauer Pakt bzw. die innere Struktur und die Arbeitsweise des BND betraf. Wenn er sich um den Inhalt des von ihm zur Weitergabe aufbereiteten Materials auch nicht weiter kümmerte, hatte er davon gleichwohl eine annähernde Vorstellung. Ihm war bekannt, daß, und in welchen Funktionen sein Bruder im BND tätig war und welche Thematik das ihm von Alfred Spuhler übergebene Material zum Gegenstand hatte.

Der Senat hat keinen Zweifel, daß Ludwig Spuhler mit einer lediglich eingeschränkten Zugangsmöglichkeit auch nicht förmlich sekretierter Unterlagen, mit der eventuellen Geheimhaltungsbedürftigkeit weitergegebenen Materials, mit der Möglichkeit einer Zusammenarbeit zwischen dem MfS bzw. der HVA und dem KGB, sowie mit möglicherweise weitreichenden Konsequenzen des begangenen Verrats für die äußere Sicherheit der Bundesrepublik Deutschland rechnete. Ludwig Spuhler verfügt jedenfalls über eine durchschnittliche Intelligenz. Mit seinem Bruder hielt er ständig engen Kontakt. Die auf Verratsmaterial bezogenen Nach- bzw. Rückfragen liefen über ihn. Schließlich kam die Bedeutung des übermittelten Materials auch in dem Maß der Anerkennung zum Ausdruck, das seine Arbeit fand. Die Billigung der betreffenden von ihm erkannten Möglichkeiten entnimmt der Senat dem Umstand, daß es Ludwig Spuhler darum ging, mit seiner Tätigkeit für die HVA dazu beizutragen, das nach seiner Meinung zuungunsten des Warschauer Pakts gestörte Kräfteverhältnis zwischen den beiden militärischen Machtblöcken herzustellen. {110}

Daran, daß die Angeklagten Schütt und Böttger willentlich und in Kenntnis aller wesentlichen Tatumstände handelten, besteht kein Zweifel.

Aufgrund ihrer Einbindung in die Operation „Peter“ wußten sie um alle diesen Vorgang prägenden Umstände. Der Senat ist überzeugt, daß Schütt über den wesentlichen Inhalt des Meldungsaufkommens der Quelle „Peter“ stets zutreffend informiert war, da dies zu seinen Aufgaben als Abteilungsleiter gehörte. Böttger erhielt zwar erst, nachdem er aus Wien abgezogen worden war, Einblick in das Verratsmaterial, hatte von dessen Inhalt aber schon zuvor jedenfalls eine grobe Vorstellung, da er von der Tätigkeit des Angeklagten Alfred Spuhler im BND wußte und ihm nicht verborgen geblieben war, worauf es der HVA im wesentlichen ankam.

Was die begrenzte Zugangsmöglichkeit und die Geheimhaltungsbedürftigkeit des von Alfred Spuhler gelieferten Materials angeht, hatte nicht nur Schütt, sondern aufgrund seiner beruflichen Erfahrung auch Böttger eine zutreffende Vorstellung.

Schließlich waren beide in Anbetracht ihrer Kenntnisse in der Lage, die möglichen Auswirkungen des von den Brüdern Spuhler begangenen Verrats auf die militärische Verteidigungsfähigkeit der Bundesrepublik Deutschland bzw. auf die Funktionsfähigkeit des BND zutreffend zu beurteilen. Ihre berufliche Erfahrung ließ sie darüber hinaus nach der Überzeugung des Senats erkennen, daß von der Bundesrepublik Deutschland für die DDR keine Gefährdung ausging. {111}

Das Wissen der Angeklagten Schütt und Böttger darum, daß sie mit ihrer Tätigkeit im Rahmen der Operation „Peter“ in die Rechtssphäre der Bundesrepublik eingriffen und daß dies nach deren Recht mit Strafe bedroht war, läßt sich schon daraus ersehen, daß sie es während der ganzen Aktion vermieden, sich auf das Hoheitsgebiet der Bundesrepublik zu begeben.

Die Feststellungen über den Gegenstand, den Verlauf und das Ergebnis des Gesprächs vom 23.10.1990 beim Generalbundesanwalt in Karlsruhe beruhen auf den Angaben der Zeugen Dr. D., B., Alexander von Stahl, Dr. M. und Ga. Sämtliche Zeugen bekundeten übereinstimmend, daß bei diesem Gespräch die Erörterung einer Sachbehandlung nach § 153e StPO im Mittelpunkt gestanden sei. Soweit hierfür nach den sich deckenden

Aussagen der Vertreter der Bundesanwaltschaft eine „umfassende“ Offenbarung gefordert wurde, räumte Rechtsanwalt Dr. D. ein und konnte Rechtsanwalt B. nicht ausschließen, daß in diesem Zusammenhang die Formulierung gebraucht worden war, ihr Mandant, der Angeklagte Schütt, müsse „die Hosen runterlassen“. Ferner betonten beide Rechtsanwälte, daß der Aufdeckung noch nicht enttarnter Quellen zentrale Bedeutung beigemessen worden sei, konnten aber nicht bestätigen, daß die verlangte Offenbarung auf diesen Gesichtspunkt beschränkt wurde.

Über die Angaben, die der Angeklagte Schütt in der Folgezeit zu Quellen der HVA in der Bundesrepublik Deutschland machte, berichtete der Zeuge Kr. {112}

4. Die rechtliche Würdigung

4.1 [Die rechtliche Würdigung] der Tat der Angeklagten Alfred und Ludwig Spuhler

Die Angeklagten Alfred und Ludwig Spuhler sind aufgrund des festgestellten Sachverhalts eines in Mittäterschaft begangenen Verbrechens des Landesverrats schuldig. Sie haben gemeinschaftlich Staatsgeheimnisse, nämlich Tatsachen, Gegenstände und Erkenntnisse, die nur einem begrenzten Personenkreis zugänglich waren und vor einer fremden Macht geheimgehalten werden mußten, um die Gefahr eines schweren Nachteils für die äußere Sicherheit der Bundesrepublik Deutschland abzuwenden, einer fremden Macht mitgeteilt und dadurch die Gefahr eines schweren Nachteils für die äußere Sicherheit der Bundesrepublik Deutschland herbeigeführt (§ 93 Abs. 1, § 94 Abs. 1 Nr. 1,[10] § 25 Abs. 2 StGB).

Ein Staatsgeheimnis in diesem Sinne bildete zum einen die Gesamtheit der Jahresabschlußberichte „Militärischer Lagebericht *Ost*“ einschließlich der BND-Aufzeichnung vom 13.1.1986 über „Die militärische Bedeutung der DDR im *Warschauer Pakt*“.

Ein weiteres Staatsgeheimnis war die Gesamtheit der von den Angeklagten preisgegebenen, die Aufklärungstätigkeit des BND im militärischen Bereich betreffenden Faktoren, wie die organisatorische und personelle Struktur des BND, dessen Zusammenarbeit mit der Bundeswehr und mit Partnerdiensten, die {113} Aufklärungsziele und Aufklärungsschwerpunkte, die der Aufklärung dienenden technischen und sonstigen Einrichtungen, die geheimen menschlichen Quellen des BND und dessen den Bereich „Beschaffung“ betreffende Arbeitsweise.

Sowohl die erstgenannten Dokumente als auch die angeführten, die Aufklärungstätigkeit des BND betreffenden Faktoren waren nur einem begrenzten Personenkreis zugänglich.

Wegen ihrer Einstufung als „Geheim“ durften von den Jahresberichten und der BND-Aufzeichnung nur diejenigen Personen Kenntnis erhalten, die sie aufgrund ihrer Dienstpflicht und Ermächtigung einsehen, bearbeiten oder verwalten mußten (§ 1 der VS-Anweisung für die Bundesbehörden i.d.F. vom 8. Juni 1956). Dafür, daß diese Dokumente gleichwohl jedermann offenstanden (BGH NJW 1965, 1187/1191; LK/Träger StGB 10. Aufl. § 93 Rn. 3), liegen Anhaltspunkte nicht vor. Ungeachtet der hohen Zahl von Ausfertigungen der Jahresberichte hielt sich der Personenkreis, der von ihnen Kenntnis hatte oder erlangen konnte, noch in einem Rahmen, der ein allgemeines Bekanntwerden nicht erwarten ließ (LK/Träger § 93 Rn. 3; Dreher/Tröndle StGB 45. Aufl. § 93

Rn. 3). Auch bei einer Weitergabe der Berichte an den Dienst der Republik Österreich ist von ihrer Geheimhaltung durch diesen auszugehen.

Die beschränkte Zugänglichkeit der die Aufklärungstätigkeit des BND bestimmenden Faktoren ergab sich daraus, daß der BND sie entsprechend den die Arbeit von Geheimdiensten allgemein kennzeichnenden Regeln nach außen gezielt verschleiert. {114}

Die Geheimhaltungsbedürftigkeit des in Rede stehenden Verratsmaterials erhellt aus den Möglichkeiten, die sich einem potentiellen Gegner wie dem Warschauer Pakt daraus für eine Beeinträchtigung der militärischen Verteidigungsfähigkeit der Bundesrepublik Deutschland bzw. der Funktionsfähigkeit des BND eröffneten.

Der äußeren Sicherheit der Bundesrepublik dient nicht nur die Landesverteidigung im weitesten Sinne, sondern auch die nachrichtendienstliche Aufklärung im militärischen Bereich, da die Bundeswehr wie die NATO ihren Verteidigungsauftrag nur erfüllen können, wenn ihre Führung über die Absichten und Möglichkeiten des potentiellen Gegners zeitgerecht, zutreffend und umfassend unterrichtet ist (BT-Drucksache V/2860 S.16; BGHSt 24, 72/74 f.; Laufhütte GA 1974, 52/56; Lüttger JR 1969, 121/126).

Die aus einem Verrat des genannten Materials für die äußere Sicherheit der Bundesrepublik zu besorgenden Nachteile hält der Senat jedenfalls bezüglich der Gesamtheit der Jahresabschlußberichte (unter Einbeziehung der BND-Aufzeichnung vom 13.1.1986) einerseits und der Gesamtheit des die Aufklärungstätigkeit des BND betreffenden Verratsmaterials andererseits wegen der möglichen erheblichen Machtverschiebung im militärischen Kräfteverhältnis jeweils für so gewichtig, daß sie das Merkmal „schwer" im Sinne der gesetzlichen Definition eines Staatsgeheimnisses erfüllen.

Zwar kommt im Hinblick auf die Gutachten der Sachverständigen Engelmayer und Schwander in Betracht, daß innerhalb der beiden Komplexe „militärische Verteidigungsfähigkeit der Bundesrepublik Deutschland" und „Funktionsfähigkeit des BND" {115} isoliert betrachtet bestimmten Verratsmaterialien schon für sich allein die für die Annahme eines Staatsgeheimnisses erforderliche Bedeutung (BGHSt 24, 72/75; LK/Träger § 93 Rn. 14) zukam. Zu berücksichtigen ist insoweit jedoch, daß in den Jahresabschlußberichten in der Regel in größerem Umfang Erkenntnisse und Bewertungen wiedergegeben wurden, die bereits in früheren Berichten enthalten waren. Ferner ließen sich bestimmte Einsichten erst aus einem Vergleich verschiedener Jahresberichte gewinnen, so insbesondere in bezug auf Veränderungen in der Zielrichtung der Aufklärung oder in der Beurteilung des Bedrohungsbildes. Die BND-Aufzeichnung vom 13.1.1986 stand – worauf der Sachverständige Hennings hinwies – mit den Jahresabschlußberichten insofern in einem inneren Zusammenhang, als sie deren umfassende und auf alle Staaten des Warschauer Pakts bezogene Darstellung für den Raum der DDR konketisierte, während andererseits die in ihr enthaltenen Angaben durch die Jahresberichte in einen größeren Rahmen gestellt wurden. Was das die Aufklärungstätigkeit des BND betreffende Meldungsaufkommen angeht, schienen relevante Daten auch hier vielfach nicht nur in einer einzigen Unterlage auf und wurden außerdem häufig durch die in anderen Materialien enthaltenen Angaben präzisiert oder in ihrem Erkenntniswert ergänzt.

Die fremde Macht, der die Staatsgeheimnisse mitgeteilt wurden, war der Warschauer Pakt.

Zwar übermittelten die Brüder Spuhler das betreffende Verratsmaterial einem Geheimdienst der DDR. Dies geschah {116} jedoch ersichtlich in deren Funktion als Bündnisstaat des Warschauer Pakts. So wollten Alfred und Ludwig Spuhler mit ihrer nachrichtendienstlichen Tätigkeit von Anfang an dazu beitragen, das aus ihrer Sicht zuungunsten des Warschauer Pakts gestörte Gleichgewicht im militärischen Kräfteverhältnis Ost-West herzustellen. Beide Staatsgeheimnisse hatten militärische Belange zum Gegenstand. Gerade im militärischen Bereich war die DDR aber nicht autonom, sondern in den Warschauer Pakt eingebunden.

Fremde Macht im Sinne der §§ 93, 94 StGB sind Institutionen, die der Bundesrepublik Deutschland nicht angehören und öffentliche Gewalt ausüben. Als solche kommen in erster Linie einzelne ausländische Staaten, darüber hinaus aber auch zwischen- oder überstaatliche Organisationen mit selbständiger, von mehreren Staaten abgeleiteter Gewalt in Betracht (LK/Träger § 93 Rn. 10; SK/Rudolphi StGB 4. Aufl. § 93 Rn. 21; Dreher/Tröndle § 93 Rn. 6; Lackner StGB 19. Aufl. § 93 Rn. 3). Der ehemalige Warschauer Pakt stellte eine derartige Institution dar, da die an ihm beteiligten Staaten dadurch, daß sie Teile ihrer Streitkräfte einem gemeinsamen Oberkommando unterstellt hatten, militärische Macht über das Bündnis als gemeinschaftliche Einrichtung ausübten.

Unabhängig davon, ob Verratsmaterial der Quelle „Peter" von der HVA in irgendeiner Form an das KGB weitergegeben wurde, wurde es mit seiner Zuleitung an die HVA auch dem Warschauer Pakt mitgeteilt. Maßgeblich hierfür ist, daß es sich, sobald es in die Hände der HVA gelangte, im Hinblick auf die Bünd-{117}nispflichten der DDR, speziell die Verpflichtungen des MfS bzw. der HVA gegenüber dem KGB, unmittelbar auch im Herrschaftsbereich und in der Verfügungsgewalt des Warschauer Pakts befand.

Die durch den Verrat der beiden Staatsgeheimnisse herbeigeführte Gefährdung der äußeren Sicherheit der Bundesrepublik Deutschland war jeweils konkreter Natur.

An der Beurteilung des für die militärische Verteidigungsfähigkeit der Bundesrepublik zu besorgenden Nachteils als „schwer" ändert nichts, daß von der Information, welche weitreichenden Erkenntnisse der Westen über den Warschauer Pakt hatte, auch eine für die äußere Sicherheit der Bundesrepublik günstige abschreckende Wirkung ausging. Zwar sind in diesem Zusammenhang neben den möglichen negativen Auswirkungen auch positive Folgen zu berücksichtigen, die das Bekanntwerden eines Staatsgeheimnisses bei allgemeiner Betrachtung für die äußere Sicherheit der Bundesrepublik haben kann (LK/Träger § 93 Rn. 17). Durch die genannte abschreckende Wirkung wurde jedoch die Möglichkeit eines militärischen Konflikts zwischen den beiden Machtblöcken angesichts der Vielzahl und Unkalkulierbarkeit der in Betracht kommenden Ursachen keineswegs gänzlich ausgeschlossen. {118}

Die Umstände, daß inzwischen das Gebiet der ehemaligen DDR Teil der Bundesrepublik Deutschland geworden, der Warschauer Pakt aufgelöst und der „Kalte Krieg" beendet worden ist, lassen die Verwirklichung des objektiven Tatbestands des § 94 Abs. 1 Nr. 1 StGB nicht nachträglich wieder entfallen, da es insoweit auf den Handlungszeitpunkt ankommt (LK/Träger 93 Rn. 14).

Während – gemäß den Feststellungen – Alfred Spuhler mit direktem Vorsatz handelte, war bei Ludwig Spuhler lediglich bedingter Vorsatz gegeben. Dieser reicht jedoch aus (Dreher/ Tröndle § 94 Rn. 5). Nicht notwendig ist, daß die Angeklagten das betreffende Verratsmaterial ihrerseits jeweils als „Staatsgeheimnis" bewerteten. Vielmehr genügt die Kenntnis bzw. das Fürmöglichhalten der diesen Begriff tragenden tatsächlichen Umstände und deren Wollen bzw. Billigung (LK/Träger § 93 Rn. 19).

Alfred und Ludwig Spuhler begingen den Landesverrat in Mittäterschaft im Sinne des § 25 Abs. 2 StGB. Der gemeinsam gefaßte Entschluß, die von Alfred Spuhler aus dem BND bzw. über diesen beschafften Unterlagen und Erkenntnisse der HVA zur Auswertung zur Verfügung zu stellen, ließ sich am effektivsten durch die einvernehmlich abgesprochene und durchgeführte Arbeitsteilung verwirklichen. So verstand jeder der beiden Angeklagten von Anfang an seinen Tatbeitrag als Teil der übereinstimmend gewollten Gesamttätigkeit und den Tatbeitrag des anderen als Ergänzung seines eigenen (Dreher/Tröndle § 25 Rn. 5 ff.). {119}

Obwohl zwei Staatsgeheimnisse verraten wurden, ist weder Tatmehrheit noch eine fortgesetzte Handlung noch eine gleichartige Tateinheit gegeben. Vielmehr bildet die kontinuierliche und in relativ kurzen Zeitabständen erfolgte Lieferung von Material, das jeweils erst in seiner Gesamtheit die erforderliche Bedeutungsebene erreichte, eine natürliche Handlungseinheit, da dieses Gesamtgeschehen durch einen solch unmittelbaren räumlichen und zeitlichen Zusammenhang gekennzeichnet war, daß es bei natürlicher Betrachtungsweise auch für einen Dritten als ein einheitlich zusammengefaßtes Tun erkennbar wurde (BGHSt 24, 72/77; BGH bei Wagner GA 1963, 291; Dreher/Tröndle Vor § 52 Rn. 2 m.w.N. und § 94 Rn. 1). Dadurch, daß sich die Gefahr für die äußere Sicherheit der Bundesrepublik durch die eine Handlung auf zweifache Weise konkretisierte, ist das einheitliche, durch § 94 StGB geschützte Rechtsgut lediglich in einem größeren Umfang betroffen. Soweit die Brüder Spuhler in den Jahren 1974 und 1979 „abgeschaltet" waren, stellt sich die jeweilige Wiederaufnahme ihrer Tätigkeit nicht als selbständiger Akt dar, da Alfred und Ludwig Spuhler ihre Arbeit in beiden Fällen aus Sicherheitsgründen und bei unverändert fortbestehendem Vorsatz lediglich kurzzeitig eingestellt hatten.

An der vollen strafrechtlichen Verantwortlichkeit der Angeklagten Spuhler bestehen keine Zweifel. {120}

4.2 Die rechtliche Würdigung der Taten der Angeklagten Schütt und Böttger

Die Angeklagten Schütt und Böttger sind gemäß den getroffenen Feststellungen je eines Verbrechens der Beihilfe zu einem Verbrechen des Landesverrats schuldig, da sie vorsätzlich anderen, nämlich den Brüdern Spuhler, zu deren vorsätzlich begangener rechtswidriger Tat Hilfe geleistet haben (§ 93 Abs. 1, § 94 Abs. 1 Nr. 1, § 27 Abs. 1 StGB).

Der Angeklagte Schütt förderte die Tat der Brüder Spuhler auf vielfältige Weise. So schaltete er sich als seinerzeitiger Leiter der Abteilung IV der HVA bereits in die Anbahnungsphase der Operation „Peter" mit ein, nahm insbesondere an dem Treff teil, bei dem die Zusammenarbeit der Brüder Spuhler mit der HVA per Handschlag besiegelt wurde, die zukünftigen Aufgaben festgelegt wurden und dem Angeklagten Alfred Spuhler zu erkennen gegeben wurde, an welchem Material man in erster Linie interessiert war. In der Folgezeit traf Schütt die in seine Kompetenz als zuständiger Abteilungsleiter fallenden Entscheidungen zur inhaltlich-perspektivischen Ausgestaltung und zum weiteren ordnungsgemäßen Ablauf der Operation und wirkte an der Führung der Brüder Spuhler insbesondere dadurch mit, daß er sich mit ihnen persönlich traf, dabei einzelne Fragen bzw. Probleme mit ihnen besprach und sie für ihre nachrichtendienstliche Tätigkeit belobigte und mit Orden auszeichnete.

Der Angeklagte Böttger unterstützte die Tat, indem er Ludwig Spuhler in für seinen Aufgabenbereich relevante nachrichtendienstliche Tätigkeiten und Verhaltensregeln einwies, vornehmlich aber dadurch, daß er gemäß der ihm übertragenen Funktion die Angeklagten Spuhler mit der erforderlichen nachrichtendienstlichen Ausstattung versorgte, das Verrats-{121}material in Empfang nahm und weiterleitete, die Brüder Spuhler entsprechend den ihm vom Angeklagten Schütt erteilten Weisungen instruierte und ihnen die angeführten Geldbeträge zukommen ließ.

Ungeachtet dessen, ob das bewußte und gewollte Zusammenwirken aller vier Angeklagten nach den allgemeinen Regeln über die Abgrenzung von Täterschaft und Teilnahme eine Mittäterschaft der Angeklagten Schütt und Böttger begründen könnte, kommt eine solche im vorliegenden Fall nicht in Betracht. Im Tatbeitrag der Angeklagten Schütt und Böttger liegt kein „Mitteilen" der betreffenden Staatsgeheimnisse, da sie nicht selbst innerhalb des sicherheitsempfindlichen Bereichs BND mit tätig wurden. Ferner müssen sie sich die Verwirklichung des genannten Tatbestandsmerkmals durch die Angeklagten Spuhler nicht zurechnen lassen, da sie die fremde Macht Warschauer Pakt repräsentierten und die fremde Macht sich ein deutsches Staatsgeheimnis begrifflich nicht selbst mitteilen kann. Das Tatbestandsmerkmal „mitteilen" erfordert notwendig einen Adressaten. Die bloße Entgegennahme eines Staatsgeheimnisses durch die fremde Macht als Adressat ist jedoch durch § 94 Abs. 1 Nr. 1 StGB nicht unter Strafe gestellt (Schönke/Schröder/Stree StGB 24. Aufl. § 94 Rn. 20; AK/Sonnen StGB § 94 Rn. 24). {122} Schütt und Böttger repräsentierten den Warschauer Pakt, weil sie als hauptamtliche Mitarbeiter der HVA und aufgrund ihrer jeweiligen Funktion in der Operation „Peter" derart in die HVA integriert waren, daß mit der Entgegennahme des betreffenden Verratsmaterials durch sie die HVA selbst und gleichzeitig – wie bereits dargelegt – auch der Warschauer Pakt die unmittelbare Verfügungsgewalt darüber erlangte.

Unter diesen Umständen waren Schütt und Böttger ferner keine „Mittelsmänner" der HVA, der DDR, des KGB oder des Warschauer Pakts. „Mittelsmann" im Sinne des § 94 Abs. 1 Nr. 1 StGB kann nur sein, wer die fremde Macht nicht selbst repräsentiert. Im vorliegenden Fall stellte ein die verratenen Staatsgeheimnisse betreffender Informationsfluß innerhalb der HVA bzw. aus dieser zu Bedarfsträgern der DDR oder des Warschauer Pakts aus den aufgezeigten Gründen nur noch einen internen Vorgang dar. Davon abgesehen wurde hierdurch keine Gefahr eines schweren Nachteils für die äußere Sicherheit der Bundesrepublik Deutschland mehr herbeigeführt, da diese Gefahr bereits mit der Übergabe des betreffenden Verratsmaterials an Böttger in vollem Umfang eingetreten war.

Das Ausscheiden einer Täterschaft der Angeklagten Schütt und Böttger ändert jedoch nichts daran, daß strafbare Beihilfe vorliegt, soweit ihre Tätigkeit über das bloße Inempfangnehmen der Staatsgeheimnisse hinausging (Schönke/Schröder/Cramer Vorbem. §§ 25 ff. Rn. 46; BGH bei Herlan GA 1967, 265 zu § 283c StGB; LK/Tiedemann § 283c Rn. 35). {123}

Nach den getroffenen Feststellungen unterstützten Schütt und Böttger die Angeklagten Spuhler bei deren Tat vorsätzlich. Auch bei ihnen ist unerheblich, ob sie das den Landesverrat begründende Meldungsaufkommen jeweils als Staatsgeheimnis bewerteten, da es ausreicht, daß sie um die diesen Begriff konstituierenden Umstände wußten.

Rechtfertigungsgründe liegen nicht vor.

Insbesondere läßt sich aus den allgemeinen Regeln des Völkerrechts (Art. 25 GG) eine zugunsten der Angeklagten Schütt und Böttger wirkende Rechtfertigung nicht ableiten. Dabei kann dahingestellt bleiben, ob Friedensspionage im Ausland völkerrechtlich „erlaubt“ ist (so BGH NJW 1991, 929/930; Hinz in Strupp-Schlochauer Wörterbuch des Völkerrechts 2. Aufl. Stichwort „Spionage“), da die geheimdienstliche Nachrichtenbeschaffung gleichwohl einen Eingriff in die Gebietshoheit des betroffenen Staates darstellt und diesem durch das Völkerrecht zugestanden wird, sich dagegen mit den Mitteln des innerstaatlichen Strafrechts zur Wehr zu setzen (BGH NJW 1991, 929/930, 2498 f.; Classen JZ 1991, 717; Geppert JK 91 StGB § 99/1; Simma/Volk NJW 1991, 871 f.). Wird der betroffene Staat eines Spions habhaft, kann sich dieser nicht darauf berufen, daß das Völkerrecht die Friedensspionage nicht verbiete, da der betroffene Staat völkerrechtlich nicht verpflichtet ist, gegen ihn gerichtete nachrichtendienstliche Aktivitäten zu dulden.

Ferner stand der DDR kein Recht zur Selbstverteidigung zu, da von der Bundesrepublik Deutschland – objektiv gesehen – keine Gefährdung für sie ausging, insbesondere auch die Aufklärungstätigkeit des BND letztlich dem Schutz der Bundesrepublik diente (BGH NJW 1991, 2498/2499). {124}

Schließlich können die Angeklagten Schütt und Böttger weder mit Erfolg geltend machen, daß eine gegen die Bundesrepublik Deutschland gerichtete nachrichtendienstliche Tätigkeit nach dem zur Tatzeit geltenden Recht der DDR legitim gewesen sei, noch können sie sich auf Amts- und Dienstpflichten berufen, da insoweit allein das wegen des inländischen Tatorts anwendbare Recht der Bundesrepublik bestimmend ist (BGH NJW 1991, 2498/2499; LK/Tröndle Vor § 3 Rn. 98; Widmaier NJW 1990, 3169/3170; Arndt NJW 1991, 2466/2467).

An der vollen strafrechtlichen Verantwortlichkeit der Angeklagten Schütt und Böttger bestehen keine Zweifel. Soweit die Verteidigung des Angeklagten Schütt vorbrachte, die HVA-Angehörigen hätten u.a. deshalb ohne Schuld gehandelt, weil sie nicht Staatsbürger der Bundesrepublik und damit nicht Teilhaber von deren Rechtsgemeinschaft gewesen seien, ist dem entgegenzuhalten, daß Schütt und Böttger durch ihre gegen die Bundesrepublik Deutschland ausgeübte nachrichtendienstliche Tätigkeit in eine Rechtsbeziehung zur Bundesrepublik getreten sind und – wie sie wußten – eine Beziehung zu ihrer Strafgewalt hergestellt haben (Jescheck Lehrbuch des Strafrechts – Allgemeiner Teil – 4. Aufl. S.151). Entschuldigungsgründe sind nicht ersichtlich. Insbesondere kommen die Grundsätze der entschuldigenden Pflichtenkollision oder der Unzumutbarkeit normgemäßen Handelns nicht zum Tragen, weil Schütt und Böttger subjektiv nicht unter dem Druck widerstreitender Pflichten tätig wurden (BGH NJW 1991, 2498/2499 f.). {125}

Ungeachtet der Vielzahl der Hilfeleistungen stellen diese sich angesichts ihres engen Zusammenhangs und des sie alle gleichermaßen tragenden Entschlusses, den reibungslosen Ablauf der Operation zu gewährleisten, bei natürlicher Betrachtungsweise bei beiden Angeklagten jeweils als insgesamt eine einheitliche Beihilfe dar (BGH bei Holtz MDR 1978, 803; Lackner Vor § 52 Rn. 22).

5. Die Rechtsfolgen

5.1 [Die Rechtsfolgen] für den Angeklagten Alfred Spuhler

Der Senat verurteilt den Angeklagten Alfred Spuhler zu einer Freiheitsstrafe von zehn Jahren.

Die Strafe für die von Alfred Spuhler begangene Tat ist einem Strafrahmen zu entnehmen, der Freiheitsstrafe von fünf bis fünfzehn Jahren vorsieht, aber auch lebenslange Freiheitsstrafe zuläßt (§ 94 Abs. 2, § 38 Abs. 2 StGB).

Der von Alfred Spuhler begangene Landesverrat stellt einen besonders schweren Fall im Sinne des § 94 Abs. 2 Satz 1 StGB dar.

Alfred Spuhler mißbrauchte eine verantwortliche Stellung, die ihn zur Wahrung von Staatsgeheimnissen besonders verpflichtete (§ 94 Abs. 2 Satz 2 Nr. 1 StGB). {126}

Als Sachbearbeiter beim Verbindungsoffizier bzw. als dessen Vertreter und später als Referent im Sachgebiet 12 AB bzw. als Vertreter des Leiters dieses Sachgebiets war Alfred Spuhler mit qualifizierten Aufgaben im Kernbereich einer Institution betraut, die eine für die äußere Sicherheit der Bundesrepublik Deutschland wichtige Funktion erfüllt, und zur geschäftsmäßigen Behandlung von Verschlußsachen sämtlicher Geheimhaltungsgrade bzw. zum Zugang zu Angelegenheiten der Fernmelde- und Elektronischen Aufklärung ermächtigt. Aus dem Umstand, daß er in beiden Tätigkeitsbereichen im Rahmen seiner Dienstgeschäfte zwangsläufig auch mit Vorgängen befaßt war bzw. von Sachverhalten Kenntnis erhielt, die ein Staatsgeheimnis darstellten, erwuchs für ihn die gesteigerte Verpflichtung, diese Staatsgeheimnisse zu wahren. Ihren sichtbaren Ausdruck fand die hohe Eigenverantwortung in den Sicherheitsüberprüfungen, denen Alfred Spuhler unterzogen worden war, und in den regelmäßigen entsprechenden Belehrungen.

Das ihm durch die Übertragung der betreffenden dienstlichen Aufgaben entgegengebrachte besondere Vertrauen mißbrauchte Alfred Spuhler durch die festgestellte Verratstätigkeit gröblich.

Darüber hinaus führte Alfred Spuhler durch seine Tat die Gefahr eines besonders schweren Nachteils für die äußere Sicherheit der Bundesrepublik Deutschland herbei (§ 94 Abs. 2 Satz 2 Nr. 2 StGB).

Das Merkmal „besonders schwerer Nachteil“ setzt ein Erfolgsunrecht von außergewöhnlichem Gewicht voraus (BGH NStZ 1984, 165). Dieses sieht der Senat darin, daß der Warschauer Pakt durch den Verrat der zwei (s. hierzu LK/Träger § 94 Rn. 17) Staatsgeheimnisse außerordentliche strategische Vorteile er-{127}langen konnte, nicht zuletzt dadurch, daß es ihm ermöglicht wurde, die in einem Konfliktfall besonders wichtige Aufklärung seiner konkreten Absichten und diesbezüglichen Fähigkeiten in entscheidenden Teilbereichen gänzlich lahmzulegen. Die hierdurch insgesamt bewirkte massive Verschiebung des militärischen Kräfteverhältnisses hätte sich im Konfliktfall äußerst verhängnisvoll auswirken können. Sie ließ besorgen, daß eine erfolgreiche Verteidigung der Bundesrepublik ausnehmend erschwert worden und mit enormen Verlusten, insbesondere auch an Menschenleben, verbunden gewesen wäre.

Die indizielle Bedeutung der beiden Regelbeispiele wird durch die sonstigen Strafzumessungsfaktoren nicht entkräftet, da diese bei einer Gesamtabwägung das Unrecht oder die Schuld von Alfred Spuhler nicht in einem Maße mindern, daß die Anwendung des erschwerten Strafrahmens unangemessen erschiene (BGH bei Detter NStZ 1991, 178 f.; BGH NStZ 1982, 425).

So sprechen für Alfred Spuhler seine sonst untadelige Lebensführung wie auch der Umstand, daß er seine ursprünglichen beruflichen Pläne wegen des Verlusts eines Auges nicht verwirklichen konnte.

Die Beweggründe für seine nachrichtendienstliche Verstrickung waren idealistisch, wobei er in seiner Haltung durch die HVA psychologisch geschickt bestärkt wurde. Wesentlich erleichtert wurde ihm seine Tätigkeit für die HVA dadurch, daß ihm für den Fall der Enttarnung ein Austausch in Aussicht gestellt wurde, daß die Sicherheitsvorkehrungen im BND unzulänglich waren und daß die HVA es verstand, sein Selbstwertgefühl durch die auf vielfache Weise zum Ausdruck gebrachte Anerkennung beträchtlich zu heben. {128}

Günstig wirkt sich für ihn ferner aus, daß die zunächst geschaffene Gefahr eines besonders schweren Nachteils für die äußere Sicherheit der Bundesrepublik durch die Beendigung des „Kalten Krieges“ inzwischen stark relativiert ist.

Seit November 1988 war Alfred Spuhler einer zunehmenden psychischen Belastung ausgesetzt. Ferner befand er sich am Ende der mehrmonatigen Hauptverhandlung bereits zwei Jahre in Untersuchungshaft.

Des weiteren hat er seinen Irrtum inzwischen erkannt. Mit seinem von Einsicht getragenen Geständnis, mit dem er den vollen Umfang des sonst lediglich zu einem Teil nachweisbaren Verrats offenlegte, ermöglichte er nicht zuletzt Maßnahmen zum Schutz gefährdeter menschlicher Quellen des BND. In seinem Schlußwort bat er im Hinblick darauf, daß er der eigentliche Initiator gewesen sei, um Nachsicht für seinen Bruder.

Schließlich bezieht der Senat in seine Erwägungen zugunsten von Alfred Spuhler ein, daß dieser aufgrund der Verurteilung seine Rechtsstellung als Berufssoldat und damit auch seine Versorgungsrechte verlieren wird (§ 48 Satz 1 Nr. 1, § 38 Abs. 1 Nr. 1, § 49 Abs. 3 Soldatengesetz), sowie, daß der anzuordnende Verfall eines Teils des aus der Tat erlangten Vermögensvorteils für ihn eine zusätzliche Belastung bedeutet. Sein Alter begründet eine erhöhte Strafempfindlichkeit.

All dem steht aber gegenüber, daß Alfred Spuhler sich dem MfS selbst als Agent anbot und seinen Bruder in die nachrichtendienstliche Verstrickung mit hineinzog, daß seine {129} Tätigkeit für die HVA sich über einen Zeitraum von mehr als sechzehn Jahren erstreckte, daß er hierbei einen besonderen Eifer entwickelte, zwei Regelbeispiele verwirklichte und der HVA über die beiden Staatsgeheimnisse hinaus weiteres wertvolles Material zukommen ließ. Die Alfred Spuhler zuteil gewordenen materiellen Vergünstigungen erreichten eine beträchtliche Höhe. Schließlich waren die Folgen des „Falles Alfred Spuhler“ für den BND gravierend.

Wenn die aufgeführten Strafmilderungsgründe die indizielle Wirkung der Regelbeispiele des § 94 Abs. 2 Satz 2 StGB auch nicht zu entkräften vermögen, lassen sie es doch zu, die zu erkennende Strafe nicht dem oberen Bereich des erhöhten Strafrahmens zu entnehmen, sondern Alfred Spuhler zu einer Freiheitsstrafe von zehn Jahren zu verurteilen.

Hierbei trägt der Senat auch dem Strafzweck der Generalprävention in den Grenzen, die von der Schuld des Angeklagten gesetzt werden, Rechnung (BGHSt 28, 318/326). Zwar ist es im Ost-West-Verhältnis zu einer weitgehenden Entspannung gekommen und hat mit der HVA ein für die Bundesrepublik besonders gefährlicher Nachrichtendienst aufgehört zu existieren. Gleichwohl besteht die Gefahr gegen die Bundesrepublik gerichteter Ausspähungsversuche fremder Nachrichtendienste weiter.

Auf die verhängte Freiheitsstrafe wird die erlittene Untersuchungshaft angerechnet (§ 51 Abs. 1 StGB). {130}

Bei einer Entscheidung, ob schon nach einer Verbüßung der Hälfte der Strafe die Vollstreckung des Restes zur Bewährung ausgesetzt werden kann (§ 57 Abs. 2 Nr. 2 StGB), wird den dargelegten Milderungsgründen erhebliches Gewicht beizumessen sein.

Die Verurteilung des Angeklagten hat zur Folge, daß er für die Dauer von fünf Jahren die Fähigkeit verliert, öffentliche Ämter zu bekleiden und Rechte aus öffentlichen Wahlen zu erlangen (§ 45 Abs. 1 StGB). Die Aberkennung des Rechts, in öffentlichen Angelegenheiten zu wählen oder zu stimmen, für die Dauer von vier Jahren beruht auf § 101, § 45 Abs. 5 StGB.

Die Anordnung des Verfalls eines Geldbetrags von 60 000 DM stützt sich auf § 73 Abs. 1 Satz 1, § 73a Satz 1 StGB. Der Senat schätzt den reinen Gewinn des Angeklagten aus den ihm zugeflossenen materiellen Vergünstigungen von insgesamt mindestens 289 800 DM auf jedenfalls 200 000 DM (§ 73b StGB), erklärt diesen jedoch nicht in voller Höhe für verfallen. Die Zuwendungen sind im Vermögen des Angeklagten nicht mehr vorhanden. In Anbetracht der Höhe der Verfahrenskosten würde der Verfall eines höheren Geldbetrags die Wiedereingliederung von Alfred Spuhler unangemessen erschweren (§ 73c Abs. 1 Satz 2 StGB). Die Zahlungserleichterung wird gemäß § 73c Abs. 2, § 42 Satz 1 StGB bewilligt.

5.2 Die Rechtsfolgen für den Angeklagten Ludwig Spuhler

Die Tat des Angeklagten Ludwig Spuhler ahndet der Senat mit einer Freiheitsstrafe von fünf Jahren sechs Monaten. {131}

Auszugehen ist von dem Strafrahmen des § 94 Abs. 1 StGB, der Freiheitsstrafe von einem Jahr bis zu fünfzehn Jahren (§ 38 Abs. 2 StGB) vorsieht.

Die Voraussetzungen eines besonders schweren Falles (§ 94 Abs. 2 Satz 1 StGB) sind nicht gegeben.

§ 94 Abs. 2 Satz 2 Nr. 1 StGB kommt nicht zur Anwendung, da der Mißbrauch einer entsprechenden verantwortlichen Stellung durch Alfred Spuhler dem Angeklagten Ludwig Spuhler nach § 28 Abs. 2 StGB nicht zugerechnet werden kann (SK/Rudolphi § 94 Rn. 18).

Dagegen führte auch er durch die Tat die Gefahr eines besonders schweren Nachteils für die äußere Sicherheit der Bundesrepublik Deutschland herbei (§ 94 Abs. 2 Satz 2 Nr. 2 StGB). Bei einer Gesamtabwägung der sonstigen Strafzumessungsfaktoren wird die indizielle Bedeutung dieses Regelbeispiels jedoch kompensiert (BGH bei Detter NStZ 1991, 178 f.).

Weiter zuungunsten von Ludwig Spuhler spricht zwar, daß auch er sich dem MfS selbst als Agent anbot, für die HVA mit Eifer über sechzehn Jahre lang tätig war, dieser über die beiden Staatsgeheimnisse hinaus weiteres wertvolles Material übermittelte und materielle Vergünstigungen in beträchtlicher Höhe erhielt.

Andererseits fallen jedoch eine Reihe von Umständen zugunsten von Ludwig Spuhler erheblich ins Gewicht. {132}

So führte er, von seiner nachrichtendienstlichen Verstrickung abgesehen, ein ordentliches Leben, ging insbesondere stets einer geregelten Arbeit nach und ist nicht vorbestraft.

Der Entschluß, zusammen mit seinem Bruder für das MfS tätig zu werden, beruhte entscheidend darauf, daß er sich aufgrund des bestimmenden Einflusses seines Bruders dessen Erwägungen und Absichten ohne weiteres zueigen gemacht hatte. Ohne die Verführung durch seinen Bruder wäre Ludwig Spuhler nicht zum Landesverräter geworden. In der Folgezeit trugen die psychologisch einfühlsame Führung durch die HVA und die Inaussichtstellung eines Austauschs für den Fall der Enttarnung maßgeblich mit dazu bei, an dem einmal gefaßten Entschluß festzuhalten.

Ferner kommt Ludwig Spuhler zugute, daß er den Tatbestand des § 94 Abs. 1 Nr. 1 StGB nur mit bedingtem Vorsatz verwirklichte und daß sich die durch den Verrat zunächst herbeigeführte Gefahr eines besonders schweren Nachteils für die äußere Sicherheit der Bundesrepublik durch die grundlegende Veränderung der politischen und militärischen Verhältnisse im Osten beträchtlich reduziert hat. Der psychische Druck, unter dem Ludwig Spuhler seit dem Telefonanruf des Angeklagten Böttger Ende November 1988 in zunehmendem Maße stand, die lange Untersuchungshaft und die verhältnismäßig lange Dauer der Verhandlung haben ihn nicht zuletzt wegen seiner angegriffenen Gesundheit stark belastet.

Seine nachrichtendienstliche Verstrickung hat Ludwig Spuhler als Irrtum erkannt. Der Anstoß dazu, daß beide Brüder Spuhler ein umfassendes Geständnis ablegten, ging von ihm aus. Aufgrund seines fortgeschrittenen Alters und seiner beeinträchtigten Gesundheit ist er in erhöhtem Maße strafempfind-{133}lich. Ferner hat sich seine wirtschaftliche Lage infolge der durch den seinerzeitigen Verteidiger veranlaßten Kündigung seines Arbeitsplatzes deutlich verschlechtert. Der anzuordnende Verfall eines Teils des aus der Tat erlangten Vermögensvorteils belastet ihn zusätzlich.

Bei einer Gesamtabwägung aller für die Strafzumessung wesentlichen Faktoren und unter Berücksichtigung des Bedürfnisses einer Abschreckung anderer möglicher Täter entspricht dem Unrechts- und Schuldgehalt der Tat des Angeklagten Ludwig Spuhler eine Freiheitsstrafe von fünf Jahren sechs Monaten.

Auf die verhängte Freiheitsstrafe wird die erlittene Untersuchungshaft angerechnet (§ 51 Abs. 1 StGB).

Ebenso wie bei seinem Bruder wird bei Ludwig Spuhler im Rahmen einer Prüfung, ob schon nach Verbüßung der Hälfte der Strafe die Vollstreckung des Restes zur Bewährung ausgesetzt werden kann (§ 57 Abs. 2 Nr. 2 StGB), den zahlreichen für ihn sprechenden Milderungsgründen wesentliches Gewicht beizumessen sein.

Die Verurteilung des Angeklagten hat zur Folge, daß er für die Dauer von fünf Jahren die Fähigkeit verliert, öffentliche Ämter zu bekleiden und Rechte aus öffentlichen Wahlen zu erlangen (§ 45 Abs. 1 StGB). Die Aberkennung des Rechts, in öffentlichen Angelegenheiten zu wählen oder zu stimmen, für die Dauer von vier Jahren beruht auf § 101, § 45 Abs. 5 StGB. {134}

Die Anordnung des Verfalls eines Geldbetrags von 40 000 DM beruht auf § 73 Abs. 1 Satz 1, § 73a Satz 1 StGB. Der Senat schätzt den reinen Gewinn des Angeklagten aus den ihm zugeflossenen materiellen Vergünstigungen von insgesamt mindestens 266 900 DM angesichts der mit seinem Tatbeitrag verbundenen relativ hohen Aufwendungen auf lediglich 80 000 DM. Gemäß § 73c Abs. 1 Satz 2 StGB erklärt der Senat, insbesondere im Hinblick auf die Höhe der Verfahrenskosten, davon nur die Hälfte für verfallen. Die Zahlungserleichterung entspricht § 73c Abs. 2, § 42 Satz 1 StGB.

5.3 Die Rechtsfolgen für die Angeklagten Schütt und Böttger

5.3.1 Die strafrechtliche Verfolgbarkeit der Angeklagten Schütt und Böttger

Einer Bestrafung der Angeklagten Schütt und Böttger stehen Hindernisse nicht entgegen.

Insbesondere ergeben sich solche nicht aus dem Grundgesetz oder aus dem Völkerrecht.

Ungeachtet des Umstands, daß Schütt und Böttger nur außerhalb des Gebiets der Bundesrepublik tätig wurden und in zumindest entsprechender Anwendung der Regeln des sog. Internationalen Strafrechts als Ausländer anzusehen waren (BGH NJW 1991, 929/930), waren die betreffenden Bestimmungen zur Tatzeit auf sie anwendbar, weil die Haupttat im Inland begangen wurde (§ 3, § 9 Abs. 1 StGB) und nach § 9 Abs. 2 Satz 1 StGB die Teilnahme u.a. auch am Begehungsort der Haupttat begangen ist. {135}

Aus den allgemeinen Grundsätzen des Friedensvölkerrechts ergibt sich keine Straffreiheit für Spione. Unabhängig davon, ob Friedensspionage im Ausland als solche keinen Bruch des Völkerrechts darstellt, ist – wie bereits an anderer Stelle ausgeführt – dem betroffenen Staat nach gemeinsamer Rechtsüberzeugung der Staatengemeinschaft durch das Völkerrecht nicht untersagt, gegen den mit der geheimdienstlichen Nachrichtenbeschaffung verbundenen Eingriff in seine Gebietshoheit mit den Mitteln des innerstaatlichen Strafrechts vorzugehen.

Die Verfolgbarkeit der Angeklagten Schütt und Böttger ist durch den Beitritt der DDR zur Bundesrepublik nicht entfallen.

Das Rückwirkungsverbot wurde durch den Beitritt bzw. durch den Einigungsvertrag (BGBl 1990 II 885, 889) nicht tangiert (Lüderssen StV 1991, 482/483; a.A. Classen JZ 1991, 717 ff.; Widmaier NJW 1991, 2460 ff.; Arndt NJW 1991, 2466/2467). Art. 103 Abs. 2 GG (wie auch Art. 15 des Internationalen Pakts vom 19.12.1966 über bürgerliche und politische Rechte – BGBl 1973 II 1533 i.V.m. BGBl 1976 II 1068) verbietet, zuungunsten eines an einer Tat Beteiligten ein Gesetz anzuwenden, das zum Zeitpunkt der Handlung noch nicht in Kraft war (BVerfGE 81, 132/135). Die Tat der Angeklagten Schütt und Böttger war nach dem Recht der Bundesrepublik jedoch schon vor dem Beitritt der DDR strafbar. Soweit Art. 315 Abs. 4 EGStGB von dem Grundsatz, daß auf die von Bürgern der ehemaligen DDR vor dem 3. Oktober 1990 begangene Taten das im Vergleich der beiden Strafrechtsordnungen mildere Gesetz anzuwenden ist, diejenigen Taten ausnimmt, für die das Strafrecht der Bundesrepublik schon vor dem Wirksamwerden {136} des Beitritts gegolten hat, wird damit eine entsprechende Strafbarkeit gerade nicht erst rückwirkend begründet. Der Umstand, daß der Beitritt der DDR den tatsächlichen Zugriff der Verfolgungsbehörden der Bundesrepublik ermöglicht hat, ist kein unter Art. 103 Abs. 2 GG fallender Sachverhalt (BGH B. v. 4.10.1991 – StB 22/91[11]).

Soweit Schütt und Böttger davon ausgingen, die DDR werde in ihrer Eigenstaatlichkeit fortbestehen und sie seien deshalb vor einer Strafverfolgung durch die Bundesrepublik sicher, solange sie sich nicht in deren Hoheitsbereich begäben, war ein durch das Rechtsstaatsprinzip verfassungsrechtlich garantierter Vertrauenstatbestand nicht gegeben. Auf den Fortbestand der DDR konnten sie sich schon im Hinblick darauf nicht verlassen, daß – wie die Geschichte zeigt – Staatsgebilde nicht unvergänglich sind (Wilke NJW 1991, 2465/2466). Im Falle der DDR kommt hinzu, daß die Politik der Bundesrepublik – was Schütt und Böttger wußten – seit jeher zum Ziel hatte, die deutsche Einheit wiederherzustellen.

Eine entsprechende Anwendung des Art. 31 der Haager Landkriegsordnung vom 18. Oktober 1907[12] (RGBl 1910, 107/144), wonach ein vom Feind gefangengenommener Spion, der zu seinem Heer zurückgekehrt war, als Kriegsgefangener zu behandeln ist und für die früher begangene Spionage nicht verantwortlich gemacht werden kann, scheidet aus, weil es sich bei dieser Regelung um eine Sonderregelung des Kriegsvölkerrechts handelt und ein Staat, der sich – wie die DDR – freiwillig in einen anderen Staat eingliedert, einen Schutz derjenigen Personen aushandeln kann, die Staatsaufgaben wahrge-{137}nommen und aus seiner Sicht legitim gehandelt haben (BGH NJW 1991, 929/930 f., 2498/2500; OLG Koblenz U. v. 5.2.1991 – 3 StE 4/90-1[13]; Geppert JK 91 StGB § 99/1; Simma/Volk NJW 1991, 871/873).

Dadurch, daß die DDR solches unterließ, mag sie zwar ihre dienstrechtlichen Pflichten verletzt haben (Volk JR 1991, 431/433). Dies begründete jedoch nicht eine Verpflichtung der Bundesrepublik, im Wege der „Wiedergutmachung" von der Strafverfolgung dieser Personen abzusehen. Eine dahingehende Pflicht läßt sich weder aus den allgemeinen Regeln des Völkerrechts zur Staatennachfolge noch aus dem Grundgesetz ableiten. Sie ergibt sich auch nicht aus dem Rechtsstaatsprinzip, da die Bundesrepublik auf die betreffende Entscheidung der DDR nicht in einer diesem Prinzip zuwiderlaufenden Weise Einfluß genommen, insbesondere den Verhandlungsführern der DDR eine Amnestierung nicht zugesagt hat.

Dadurch, daß die Bundesrepublik auf die strafrechtliche Verfolgung von Bediensteten der HVA wegen von diesen begangener Taten nach §§ 94 bis 100a StGB nicht verzichtete, während eine Strafverfolgung der Mitarbeiter des BND und seiner Agenten nach den entsprechenden Strafbestimmungen der ehemaligen DDR ausscheidet, ist Art. 3 Abs. 1 GG nicht verletzt (BGH NJW 1991, 929/930 ff., 2498/2500; a.A. KG NJW 1991, 2501/2502 ff.[14]; Widmaier NJW 1990, 3169/3171 ff.). Zwar bindet der Gleichheitsgrundsatz auch den Gesetzgeber (BVerfGE 1, 14/52) und hält diesen an, unter steter Orientierung am Gerechtigkeitsgedanken Gleiches gleich und Ungleiches seiner Eigenart entsprechend verschieden zu behandeln (BVerfGE 3, 58/135; 71, 255/271). Die Grenzen der dem Gesetzgeber insoweit zur Verfügung stehenden sehr weiten Gestaltungsfreiheit {138} (BVerfGE 17, 319/330; 80, 109/118) sind jedoch nicht überschritten. Sachliche Gründe für das Unterbleiben einer entsprechenden Strafbefreiung ergeben sich daraus, daß die Mitarbeiter und Agenten des BND zum Schutz der Bundesrepublik tätig waren und sind, während die Tätigkeit der HVA gegen die ihrer Identität nach fortbestehende Bundesrepublik gerichtet war und zu einer abstrakten bzw. auch konkreten Gefährdung der äußeren Sicherheit dieses Staates führte (BGH NJW 1991, 929/931, 2498/2500). Ferner sind die Auswirkungen der Tätigkeit der HVA auf die Belange, insbesondere die äußere Sicherheit der Bundesrepublik angesichts des zwischen dem MfS und dem KGB vereinbarten und praktizierten Austausches von Aufklärungsinformationen durch den Beitritt der DDR jedenfalls nicht gänzlich entfallen (BGH NJW 1991, 929/932). Demgegenüber ist das entsprechende Schutzbedürfnis der DDR durch deren

Beitritt erloschen, wobei dieser einen einseitigen Akt darstellte, der unabhängig vom Willen der Bundesrepublik allein aufgrund der betreffenden Entscheidung der DDR wirksam wurde (Maunz-Dürig-Herzog-Scholz GG Art. 23 Rn. 40). Schließlich kann verbleibender Unbilligkeit durch die Regeln des Opportunitätsprinzips bzw. bei der Strafzumessung ausreichend Rechnung getragen werden.

Letztendlich steht das Gespräch vom 23.10.1990 beim Generalbundesanwalt einer Strafverfolgung des Angeklagten Schütt nicht entgegen. Die Grundsätze des fairen Verfahrens sind schon deshalb nicht verletzt, weil den Rechtsanwälten Dr. D. und B. bei diesem Gespräch eine bindende Zusage, unter bestimmten Voraussetzungen von der Verfolgung der Tat nach § 153e StPO abzusehen, nicht gemacht wurde und Schütt sich auch nicht im geforderten Umfang offenbarte. {139}

5.3.2 Die Rechtsfolgen für den Angeklagten Schütt

Gegen den Angeklagten Schütt erkennt der Senat auf eine Freiheitsstrafe von zwei Jahren.

Für die Ahndung der Tat dieses Angeklagten steht ein Strafrahmen von drei Monaten Freiheitsstrafe bis zu elf Jahren drei Monaten Freiheitsstrafe zur Verfügung (§ 94 Abs. 1, § 27 Abs. 2, § 49 Abs. 1 StGB).

Das Verhalten des Angeklagten Schütt erfüllt nicht die Voraussetzungen einer Beihilfe in einem besonders schweren Fall (§ 94 Abs. 2 StGB). Insoweit ist nicht allein auf die Haupttat abzustellen. Vielmehr kommt es darauf an, ob sich – bei Berücksichtigung des Gewichts der Haupttat – gerade Handlung und Rolle des Teilnehmers bei einer seine persönliche Lage und seinen Tatbeitrag einschließenden Gesamtbetrachtung als besonders schwerer Fall darstellen (BGH NJW 1991, 2498/2499; Dreher/Tröndle § 46 Rn. 49). Dem ist bei dem Angeklagten Schütt nicht so.

Zwar wußte er, daß Alfred Spuhler eine verantwortliche Stellung, die ihn zur Wahrung von Staatsgeheimnissen besonders verpflichtete (§ 94 Abs. 2 Satz 2 Nr. 1 StGB), mißbrauchte und darüber hinaus durch die Tat die Gefahr eines besonders schweren Nachteils für die äußere Sicherheit der Bundesrepublik Deutschland herbeiführte (§ 94 Abs. 2 Satz 2 Nr. 2 StGB). Ferner fällt zu Lasten von Schütt ins Gewicht, daß er die Angeklagten Spuhler über den ganzen Zeitraum {140} ihrer Tätigkeit für die HVA intensiv unterstützte, indem er in seiner Funktion und mit seinen Kompetenzen als Abteilungsleiter die inhaltlich-perspektivische Ausgestaltung und den ordnungsgemäßen Ablauf der Operation „Peter“ steuerte, mit den Angeklagten Spuhler insbesondere wiederholt persönlich zusammentraf.

Bei Berücksichtigung der zahlreichen zugunsten von Schütt sprechenden Umstände ergibt sich jedoch, daß die Anwendung des Regelstrafrahmens angemessen ist.

So ist sein ansonsten straffreier Lebensweg im privaten Bereich durch eine enge Bindung zu seiner Familie gekennzeichnet und in beruflicher Hinsicht durch das Bestreben bestimmt gewesen, den Frieden zu sichern und an der Entstehung einer besseren Gesellschaft mitzuwirken.

Erheblich zu seinem Vorteil wirkt sich aus, daß sich Alfred und Ludwig Spuhler dem MfS von sich aus als Agenten angeboten hatten, sowie, daß das von ihnen gelieferte Material wegen der zwischenzeitlichen Beendigung des „Kalten Krieges“ stark an Gewicht eingebüßt hat.

Darüber hinaus wurde Schütt in seinen Erwartungen über die gesellschaftliche Entwicklung in der DDR enttäuscht, hat mit der Folge finanzieller Einbußen seinen Beruf verloren und hat ferner mit versorgungsrechtlichen Konsequenzen zu rechnen. {141}

In besonderem Maße trägt der Senat zu Gunsten Schütts dem Umstand Rechnung, daß die DDR es unterlassen hat, im Rahmen der Wiedervereinigung eine Strafbefreiung der in ihrem Auftrag tätig gewordenen Angehörigen ihrer Auslandsnachrichtendienste wegen Taten nach §§ 94 bis 100a StGB sicherzustellen, und Schütt sich deshalb vor einem Gericht der Bundesrepublik verantworten muß, während die Mitarbeiter und Agenten des BND wegen ihrer gegen die ehemalige DDR gerichteten Spionagetätigkeit unbehelligt bleiben. Hinzu kommt, daß Schütt, nachdem sich seine Hoffnung auf eine Einstellung des gegen ihn eingeleiteten Ermittlungsverfahrens nicht erfüllt hatte, sich in besonderem Maße dadurch bloßgestellt sah, daß er als erster „Stasi-General" mit einer Hauptverhandlung überzogen und in Untersuchungshaft genommen wurde.

Schütt bekennt sich zu seiner Rolle in dem in Rede stehenden operativen Vorgang, legte seine Kenntnisse über Quellen der HVA in der Bundesrepublik offen, wodurch vier Agenten identifiziert werden konnten, und verschaffte dem BND Erkenntnisse, die für dessen Sicherheitslage von Bedeutung waren.

Die Untersuchungshaft und die verhältnismäßig lange Dauer der Hauptverhandlung haben ihn erheblich belastet.

Sein fortgeschrittenes Alter macht ihn in erhöhtem Maße strafempfindlich.

Einer Milderung des Regelstrafrahmens des § 94 Abs. 1 StGB gemäß § 27 Abs. 2 Satz 2, § 49 Abs. 1 StGB steht § 50 StGB nicht entgegen, da es in Anbetracht des Gewichts der zugunsten des Angeklagten zu berücksichtigenden Umstände des gesetzlich vertypten Milderungsgrundes des § 27 Abs. 2 {142} Satz 2 StGB zur Verneinung eines besonders schweren Falles der Beihilfe nicht bedarf.

Die Bestimmung des § 99 Abs. 2 StGB[15] wirkt sich auf den Strafrahmen nicht aus.

Zwar erfüllte Schütt auch den objektiven und subjektiven Tatbestand des § 99 Abs. 1 Nr. 1 StGB, da er für den Geheimdienst einer fremden Macht eine geheimdienstliche Tätigkeit gegen die Bundesrepublik Deutschland ausübte, die auf die Mitteilung oder Lieferung von Tatsachen, Gegenständen oder Erkenntnissen gerichtet war.

Ferner bleibt für die Wahl des Strafrahmens ein verdrängtes Gesetz – § 99 StGB tritt hinter § 94 StGB zurück – insofern von Bedeutung, als das Mindestmaß der darin angedrohten Strafe nicht unterschritten werden darf (Dreher/Tröndle Vor § 52 Rn. 23).

Ein besonders schwerer Fall geheimdienstlicher Agententätigkeit, für den § 99 Abs. 2 StGB eine Mindeststrafe von einem Jahr vorsieht, hält der Senat jedoch nicht für gegeben. Die Regelbeispiele des § 99 Abs. 2 Satz 2 StGB konnte Schütt nicht verwirklichen, da er als Repräsentant der HVA bzw. des Warschauer Pakts die in dieser Bestimmung angesprochenen Tatsachen, Gegenstände oder Erkenntnisse begrifflich nicht sich selbst „mitteilen" bzw. „liefern" konnte. Insoweit gelten die Ausführungen zur Verneinung einer Mittäterschaft des Angeklagten an dem von den Brüdern Spuhler begangenen Landesverrat entsprechend. Aus denselben Gründen, aus denen der Senat einen besonders schweren Fall der Beihilfe zum Landesverrat nicht als gegeben sieht, hält er auch sonst die Anwendung des erhöhten Strafrahmens des § 99 Abs. 2 StGB für nicht angemessen. {143}

Nach nochmaliger Abwägung aller relevanten Umstände entspricht eine Freiheitsstrafe von zwei Jahren dem Unrechtsgehalt der Tat und der Schuld des Angeklagten Schütt.

Auf diese Strafe wird die erlittene Untersuchungshaft angerechnet (§ 51 Abs. 1 StGB).

Die Vollstreckung der Strafe setzt der Senat zur Bewährung aus (§ 56 StGB).

Im Hinblick auf seine sonst straffreie Lebensführung und in Anbetracht der besonderen Situation, in der Schütt gegen die Strafrechtsordnung der Bundesrepublik verstieß, nämlich als Amtsträger der DDR und aus deren Sicht legitim handelnd, hat der Senat an der erforderlichen günstigen Sozialprognose keinen Zweifel (§ 56 Abs. 1 StGB).

Nach einer Gesamtwürdigung der Tat des Angeklagten und seiner Persönlichkeit liegen ferner besondere Umstände im Sinne des § 56 Abs. 2 StGB vor. Trotz des erheblichen Gewichts von Unrecht und Schuld, wie es in der gegen Schütt erkannten Strafe zum Ausdruck kommt, lassen die dargelegten Milderungsgründe – jedenfalls in ihrer Gesamtheit – eine Strafaussetzung nicht als unangemessen und nicht als den vom Strafrecht geschützten Interessen zuwiderlaufend erscheinen. Von durchgreifender Bedeutung ist insoweit insbesondere, daß die Brüder Spuhler Selbstanbieter waren, daß in der früheren politischen und militärischen Konfrontation zwischen Ost und West ein grundlegender Wandel eingetreten ist, daß die DDR ihrer Schutzpflicht gegenüber dem Angeklagten nicht nachgekommen ist, daß Schütt durch entsprechende Angaben zur Abwendung von Gefahren für die äußere Sicherheit der Bundesrepublik beigetragen hat, und nicht zuletzt, daß er sich in dieser Sache fünfeinhalb Monate in Untersuchungshaft befand. {144}

Schließlich gebietet auch die Verteidigung der Rechtsordnung die Vollstreckung der verhängten Freiheitsstrafe nicht (§ 56 Abs. 3 StGB). Aufgrund der bereits wiederholt angesprochenen, die Straftat des Angeklagten Schütt kennzeichnenden Besonderheiten, insbesondere aber in Anbetracht der von ihm erlittenen Untersuchungshaft erscheint eine Strafaussetzung für das allgemeine Rechtsempfinden nicht schlechthin unverständlich und ist nicht zu befürchten, daß dadurch das Vertrauen der Bevölkerung in die Unverbrüchlichkeit des Rechts und den Schutz der Rechtsordnung vor kriminellen Angriffen erschüttert werden könnte. Nicht zuletzt hatte die Bundesregierung in dem im Bundestag eingebrachten Entwurf zur Amnestierung der „typischen Taten der Angehörigen der Auslandsnachrichtendienste der Deutschen Demokratischen Republik“ zur Begründung ausgeführt, daß es für den Rechtsfrieden und damit für die Zukunft des geeinten Deutschland sinnvoll erscheine, unter die mit der früheren Frontstellung der beiden deutschen Staaten verbundenen Straftaten einen befriedenden Schlußstrich zu ziehen (BT-Drucksache 11/7871).

Kraft Gesetzes bewirkt die Verurteilung des Angeklagten, daß er für die Dauer von fünf Jahren die Fähigkeit verliert, öffentliche Ämter zu bekleiden und Rechte aus öffentlichen Wahlen zu erlangen (§ 45 Abs. 1 StGB). Dagegen besteht kein Anlaß, dem Angeklagten auch das Recht abzuerkennen, in öffentlichen Angelegenheiten zu wählen oder zu stimmen (§ 101, § 45 Abs. 5 StGB), da Schütt seinerzeit als Bürger der DDR in keinem Treueverhältnis zur Bundesrepublik stand. {145}

5.3.3 Die Rechtsfolgen für den Angeklagten Böttger

Den Angeklagten Böttger belegt der Senat mit einer Freiheitsstrafe von einem Jahr zwei Monaten.

In seinem Fall erstreckt sich der Strafrahmen von drei Monaten bis zu elf Jahren drei Monaten Freiheitsstrafe (§ 94 Abs. 1, § 27 Abs. 2, § 49 Abs. 1 StGB).

Ein besonders schwerer Fall der Beihilfe zum Landesverrat (§ 94 Abs. 2 StGB) ist nicht gegeben.

Gegen den Angeklagten spricht zwar, daß der Haupttäter Alfred Spuhler beide Regelbeispiele des § 94 Abs. 2 Satz 2 StGB verwirklichte, daß Böttger den Angeklagten Ludwig Spuhler in die für dessen Aufgabenbereich relevanten nachrichtendienstlichen Tätigkeiten und Verhaltensregeln einwies sowie mehr als sechzehn Jahre lang die Brüder Spuhler betreute und die Verbindung zwischen der HVA und ihnen gewährleistete.

Die zahlreichen Milderungsgründe lassen die Anwendung des Regelstrafrahmens jedoch angemessen erscheinen.

Böttger ist nicht vorbestraft.

In der Operation „Peter" verfügte er über keine wesentlichen Entscheidungskompetenzen.

Wie bei Schütt fällt zu seinen Gunsten erheblich ins Gewicht, daß die Brüder Spuhler von sich aus für das MfS tätig wurden und in der Lage waren, weitgehend selbständig zu arbeiten, daß die durch den Verrat der Staatsgeheimnisse {146} begründete Gefahr für die äußere Sicherheit der Bundesrepublik Deutschland infolge der zwischenzeitlichen tiefgreifenden Veränderungen im Verhältnis zwischen Ost und West erheblich geringer geworden ist, sowie, daß die DDR im Rahmen der Wiedervereinigung für die Tat des Angeklagten Strafbefreiung nicht erwirkte und es dadurch zu der Asymetrie bezüglich der Situation von hauptamtlichen Mitarbeitern der HVA einerseits und Angehörigen bzw. Agenten des BND andererseits kam.

Ferner hat Böttger seinen Beruf verloren, dadurch wirtschaftliche Nachteile erlitten und darüber hinaus versorgungsrechtliche Konsequenzen zu erwarten.

Schließlich legte Böttger ein vollständiges Geständnis ab und wurde durch die verhältnismäßig lange Dauer der Hauptverhandlung erheblich belastet.

Gemäß § 27 Abs. 2 Satz 2, § 49 Abs. 1 StGB ist der Regelstrafrahmen des § 94 Abs. 1 StGB zu mildern, da es unter den dargelegten Umständen nicht erforderlich ist, zur Verneinung eines besonders schweren Falles der Beihilfe auf den gesetzlich vertypten Milderungsgrund des § 27 Abs. 2 Satz 2 StGB zurückzugreifen.

Entsprechend den Erwägungen bei dem Angeklagten Schütt entfaltet § 99 Abs. 2 StGB auch bei Böttger keine Sperrwirkung.

Nach nochmaliger Abwägung aller für die Strafzumessung wesentlichen tat- und täterbezogenen Umstände ist eine Freiheitsstrafe von einem Jahr zwei Monaten zur Abgeltung der Tat des Angeklagten Böttger angemessen. {147}

Die Vollstreckung dieser Strafe setzt der Senat zur Bewährung aus (§ 56 StGB). Die Erwartung zukünftiger straffreier Führung gründet sich darauf, daß Böttger nicht vorbestraft ist und nur deshalb nach der Rechtsordnung der Bundesrepublik straffällig wurde, weil er in der Zeit des „Kalten Krieges" in die Dienste des MfS getreten war. Eine Gesamtwürdigung seiner Tat und seiner Persönlichkeit ergibt besondere Umstände gemäß § 56 Abs. 2 StGB. Die dargelegten, zugunsten Böttgers sprechenden Umstände fallen jedenfalls in ihrer Gesamtheit so stark ins Gewicht, daß eine Aussetzung der Strafe, obwohl diese ein Jahr übersteigt, nicht als unangebracht und nicht als den vom Strafrecht geschützten Interessen zuwiderlaufend erscheint. Besonders zum Tragen kommt hierbei, daß die Brüder Spuhler Selbstanbieter waren, daß Böttger in der Operation „Peter“ kaum Spielraum für eigenverantwortliche Entscheidungen hatte, daß die ursprünglich möglichen Auswirkungen des von den Angeklagten Spuhler begangenen Verrats auf die äußere Sicherheit der Bundesrepublik Deutschland infolge der Beendigung des „Kalten Krieges“ wesentlich an Bedeutung verloren haben, sowie, daß die DDR, obwohl Böttger in ihrem Auftrag handelte, beim Beitritt zur Bundesrepublik nicht für seinen Schutz vor strafrechtlicher Verfolgung sorgte.

Die Verteidigung der Rechtsordnung erfordert die Vollstreckung der Strafe nicht (§ 56 Abs. 3 StGB). Wenn sich Böttger im Unterschied zu Schütt auch nicht in Untersuchungshaft befand, geht der Senat gleichwohl davon aus, daß die Strafaussetzung im Rechtsempfinden der über die Besonderheiten des Falles aufgeklärten Bevölkerung nicht auf Unverständnis stößt. Von Bedeutung ist insofern vor allem, daß Böttger in {148} der seinerzeit besonderen politischen Situation als Amtsträger der DDR tätig, von dieser jedoch der Strafverfolgung durch die Bundesrepublik ausgeliefert wurde, obwohl auch sie Auslandsaufklärung betrieben hat und betreibt.

Aufgrund der Verurteilung verliert Böttger kraft Gesetzes für die Dauer von fünf Jahren die Fähigkeit, öffentliche Ämter zu bekleiden und Rechte aus öffentlichen Wahlen zu erlangen (§ 45 Abs. 1 StGB). Davon, ihm auch das Recht abzuerkennen, in öffentlichen Angelegenheiten zu wählen oder zu stimmen (§ 101, § 45 Abs. 5 StGB), sieht der Senat ab, da Böttger als Bürger der DDR zur Tatzeit gegenüber der Bundesrepublik keine Treuepflicht hatte.

Anmerkungen

1 Das Urteil unterliegt teilweise dem Geheimschutz. Es trägt den Vermerk: „*Geheim* amtlich geheimgehalten – ohne Nrn. 2.1.1.2, 2.1.2, 2.4.1.1. und die Gutachten der Sachverständigen Engelmayer und Schwander offen –“. Die entsprechenden Textpassagen sind deshalb ausgelassen.

2 Ludwig Spuhler wurde am 28.8.1992 nach Verbüßung der Hälfte seiner Strafe auf Bewährung entlassen.

3 Vgl. lfd. Nr. 1.

4 Vgl. lfd. Nr. 2.

5 Der im Referat XIII/1 des SWT der HVA tätige Oberleutnant Werner Stiller war 1979 in die Bundesrepublik übergelaufen.

6 Zur Struktur der Abteilung IX vgl. auch Schaubild 2 im Anhang auf S. 1016.

7 Zu Keßler vgl. den Dokumentationsband zu den Gewalttaten an der deutsch-deutschen Grenze, lfd. Nr. 15.

8 Vgl. Anhang S. 1028.

9 So genannte Schnellgeber ermöglichten es, einen Funkspruch in wenigen Sekunden an die Zentrale zu übermitteln.

10 Vgl. Anhang S. 1022f.

11 Vgl. DtZ 1992, 62; BGHR StGB § 99 Agent 2; BGHR StPO § 116 Agent 2; BGHR GG Art 103 Abs 2 Rückwirkung 2.

12 Vgl. Anhang S. 1020.

13 Vgl. StV 1991, 464. Die Verfassungsbeschwerde des Angeklagten Dahms gegen dieses Urteil wurde vom BVerfG zurückgewiesen, vgl. lfd. Nr. 2-4.

14 Vgl. lfd. Nr. 2-2.

15 Vgl. Anhang S. 1024f.

Inhaltsverzeichnis
Revisionsurteil des Bundesgerichtshofs vom 30.7.1993, Az. 3 StR 347/92

Bundesgerichtshof
Az.: 3 StR 347/92

30. Juli 1993

URTEIL

Im Namen des Volkes

in der Strafsache gegen

1. Harry Willi Egon Schütt aus B., geboren 1930 in S.,
2. Günter Rudolf Böttger aus B., geboren 1939 in S.,

wegen Landesverrats {2}

Der 3. Strafsenat des Bundesgerichtshofs hat auf Grund der Hauptverhandlung vom 28. Juli 1993 in der Sitzung vom 30. Juli 1993, an denen teilgenommen haben:

⊗ Es folgt die Nennung der Verfahrensbeteiligten. ⊗

für Recht erkannt: {3}

I. Auf die Revision des Generalbundesanwalts wird das Urteil des Bayerischen Obersten Landesgerichts vom 15. November 1991, soweit es die Angeklagten Schütt und Böttger betrifft, mit den Feststellungen aufgehoben.
In diesem Umfang wird die Sache zu neuer Verhandlung und Entscheidung, auch über die Kosten dieses Rechtsmittels, an einen anderen Strafsenat des Bayerischen Obersten Landesgerichts zurückverwiesen.

II. Die Revisionen der Angeklagten Schütt und Böttger gegen das genannte Urteil werden verworfen.
Jeder dieser Beschwerdeführer trägt die Kosten seines Rechtsmittels.

Von Rechts wegen

Gründe

I. [Sachverhaltsfeststellungen der Strafkammer]

Das Bayerische Oberste Landesgericht hat die Angeklagten Harry Schütt und Günter Böttger der Beihilfe zum Landesverrat der früheren Mitangeklagten Alfred und Ludwig Spuhler schuldig gesprochen und auf jeweils zur Bewährung ausgesetz-{4}te Freiheitsstrafen von zwei Jahren gegen Schütt und von einem Jahr und zwei Monaten gegen Böttger erkannt.[1] Die gleichzeitige Verurteilung der Brüder Spuhler zu Freiheitsstrafen von zehn Jahren und von fünf Jahren und sechs Monaten ist rechtskräftig.

⊗ Es folgt eine Zusammenfassung der erstinstanzlichen Sachverhaltsfeststellungen. ⊗

Die Angeklagten Schütt und Böttger greifen ihre Verurteilung jeweils mit der auf Verfahrensrügen und die Sachbeschwerde gestützten Revision an. Mit seiner zum Nachteil dieser Angeklagten eingelegten Revision beanstandet der Generalbundesanwalt als sachlich-rechtlich fehlerhaft, daß sie nur wegen Beihilfe und nicht wegen Mittäterschaft am Landesverrat verurteilt worden sind.

Die Rechtsmittel der Angeklagten bleiben ohne Erfolg. Dagegen führt die Revision des Generalbundesanwalts im Umfang der Anfechtung zur Aufhebung des Urteils und zur Zurückverweisung der Sache. {6}

II. [Völker- und verfassungsrechtliche Einwände gegen die Strafverfolgung]

Vorab hatte der Senat zu prüfen, ob völkerrechtliche und verfassungsrechtliche Einwände, welche die Angeklagten im Anschluß an die Auffassung des Kammergerichts in der eine vergleichbare Sache betreffenden Normenkontrollvorlage vom 22. Juli 1991 (NJW 1991, 2501)[2] und Stimmen im Schrifttum gegen ihre Strafverfolgung erhoben haben, Veranlassung geben, das Verfahren auszusetzen und ebenfalls eine Entscheidung des Bundesverfassungsgerichts nach Artikel 100 Abs. 1 und 2 GG einzuholen. Dies ist nicht der Fall (vgl. Wilke NJW 1991, 2465).

Der Senat hat bereits in früheren Haftentscheidungen ebenso wie der Ermittlungsrichter des Bundesgerichtshofs (BGHSt 37, 305) die Meinung vertreten, daß die Strafverfolgung von hauptamtlichen HVA-Angehörigen wegen Landesverrats oder geheimdienstlicher Agententätigkeit (§§ 94, 99 StGB[3]) auch dann nicht gegen allgemeine, in innerstaatliches Recht übernommene Regeln des Völkerrechts (Art. 25 GG) und gegen das Grundgesetz verstößt, wenn diese Personen nur außerhalb des früheren Gebiets der Bundesrepublik Deutschland gehandelt haben (BGHR StGB § 94 Beihilfe 1 = NJW 1991, 2498; BGHR StGB § 94 Beihilfe 2 und § 99 Agent 2; Senatsbeschluß vom 15. Juni 1992 – StB 10/92; im Ergebnis ebenso: Gribbohm in LK StGB 11. Aufl. § 2 Rdn. 60a und 70; Laufhütte in LK StGB 11. Aufl. Rdn. 39, 40 vor § 80; Dreher/Tröndle StGB 46. Aufl. § 99 Rdn. 1a; Lackner StGB 20. Aufl. § 2 Rdn. 23; Lippold NJW 1992, 18; Renzikowski JR 1992, 270, 272; Schuster ZaöRV Bd. 51 [1991] S. 651; Starck VVDStRL Heft 51 (1992 S. 7, 30). Daran hält er fest. {7}

1. Für den (Tat-)Zeitraum vor dem Beitritt der DDR zur Bundesrepublik Deutschland folgt die grundsätzliche Anwendbarkeit der Landesverratsvorschriften schon aus § 9 StGB in Verbindung mit § 3 StGB (BGHR StGB § 94 Beihilfe 1 = NJW 1991, 2498; BGHR StGB § 99 Agent 2; vgl. auch BGHR StGB § 9 I Tatort 1, zum Abdruck in BGHSt 39, 88 bestimmt[4]), jedenfalls aber aus § 5 Nr. 4 StGB (so BGHSt 37, 305, 307), ohne daß dem völkerrechtliche oder verfassungsrechtliche Bedenken entgegenstehen. Auch die Verfolgbarkeit entsprechenden Verhaltens war rechtlich nicht ausgeschlossen (vgl. Senatsbeschluß vom 17. September 1990 – StB 13/90). Das wird selbst von den Vertretern der Auffassung überwiegend anerkannt, nach der die Strafverfolgung (jetzt) unzulässig sein soll, und entspricht nicht nur der Rechtsvorstellung, die § 153c Abs. 2 und § 153d Abs. 1 StPO[5] zugrunde liegt, sondern auch der rechtlichen Beurteilung, von welcher der später nicht weiterverfolgte Entwurf eines Gesetzes über Straffreiheit von MfS-Angehörigen bei Straftaten des Landesverrats und der Gefährdung der äußeren Sicherheit vom 13. September 1990 (BT-Drucks. 11/7871) ausgegangen ist.

Die Angeklagten Schütt und Böttger hätten sich im Falle ihrer Ergreifung vor der Wiedervereinigung insbesondere nicht mit Erfolg auf einen aus der sogenannten *Staaten-*

immunität abgeleiteten Schutz vor Strafverfolgung berufen können. Nach diesem völkerrechtlichen Grundsatz sind fremde Staaten und ihre Organe im Falle hoheitlichen Handelns inländischer Gerichtsbarkeit entzogen (sog. sachliche oder funktionelle Immunität; vgl. BVerfGE 15, 25 ff.; 16, 27 ff.; 46, 342 ff.; 64, 1 ff.; BGH NJW 1979, 1101; Dahm/Delbrück/Wolfrum, Völkerrecht 2. Aufl. Bd. I 1 S. 453 f.; Ver-{8}dross/ Simma, Universelles Völkerrecht 3. Aufl. S. 772 ff.; Ipsen, Völkerrecht 3. Aufl. S. 338 ff., jeweils m.w.Nachw.). Diese allgemeine, gewohnheitsrechtlich begründete Regel betrifft in erster Linie den Bereich des Zivilprozeßrechts. Ob sie im Sinne der Anerkennung durch die weitaus größere Zahl der Staaten (vgl. BVerfGE 15, 25, 34; 16, 27, 33) mit gleicher Geltungskraft auch für die Strafverfolgung Bedeutung hat und fremde Staatsorgane über den Kreis der sogenannte persönliche Immunität genießenden Personen (Staatsoberhäupter, Diplomaten) hinaus schützt, kann auf sich beruhen. Nach allgemeiner Meinung erfährt das Prinzip der Staatenimmunität nämlich im Falle der Spionage eine Ausnahme (Verdross/Simma, Universelles Völkerrecht 3. Aufl. S. 774 Fn. 52; Damian, Staatenimmunität und Gerichtszwang, 1985, S. 80; Albrecht/Kadelbach NJ 1992, 137, 140; Berg ZaöRV Bd. 42 [1982] S. 295, 317; Bothe ZaöRV Bd. 31 [1971] S. 246, 252, 257; Herdegen ZaöRV Bd. 47 [1987] S. 221, 224; Mössner NJW 1982, 1196, 1198; Schuster ZaöRV Bd. 51 [1991] S. 651, 657 f.; Simma/Volk NJW 1991, 873). Zwar wird diese Ausnahme im Schrifttum einschränkend auf Fälle der Spionagetätigkeit auf dem Territorium des verfolgenden Staates bezogen und Spionage vom Heimatstaat aus, ohne daß dies in der Staatenpraxis ausreichend belegt ist (vgl. die Übersichten bei Bothe aaO S. 251; Albrecht/Kadelbach NJ 1992, 137, 140 Fn. 71, 72; Kasper NJ 1992, 432, 433/434), dem Immunitätsschutz unterstellt (Wengler, Völkerrecht II 1964 S. 938 Fn. 2; Kasper NJ 1992, 432, 433/434; Bothe ZaöRV Bd. 31 [1971] S. 246, 263; a.A. Schuster ZaöRV Bd. 51 [1991] S. 651, 657 f.; vgl. auch Schünemann in Lampe [Hrsg.], Deutsche Wiedervereinigung Bd. II, Die Verfolgung von Regierungskriminalität der DDR nach der Wiedervereinigung – im folgenden: Regierungskrimi-{9}nalität – 1993, S. 173, 180). Jedenfalls für diejenigen fremden Personen ist diese Einschränkung der Verfolgbarkeit jedoch nicht gerechtfertigt, die eingebunden in die konkrete nachrichtendienstliche Operation auch außerhalb ihres Heimatstaates derart eng mit unmittelbar handelnden – zudem noch durch die Verleihung von Offiziersrängen vereinnahmten (UA S. 66, 76) – Staatsbürgern des betroffenen Staates insgeheim zusammenarbeiten und deren Vorgehen bestimmend beeinflussen, wie dies den Angeklagten Schütt und Böttger zur Last gelegt wird. Ihr Verhalten ist einer Tätigkeit auf dem Gebiet des verfolgenden Staates sachlich gleichzustellen. Es bedeutet seinen materiellen Auswirkungen nach wegen der rechtlichen Zurechnung der unmittelbaren Spionagehandlungen eine vergleichbare Beeinträchtigung der territorialen und personellen Hoheit des betroffenen Staates. Durch die unterschiedslose Gewährung von Immunitätsschutz für die Spionagetätigkeit fremder Staatsorgane vom Ausland aus würde der völkerrechtlich anerkannten, aus dem Schutzprinzip abgeleiteten Befugnis eines Staates, gegen ihn gerichtete Spionagehandlungen auch dann strafrechtlich zu verfolgen, wenn sie von Ausländern im Ausland begangen werden, ihre praktische Bedeutung weitgehend wieder entzogen.

2. Die Zulässigkeit der Strafverfolgung ist von dem Beitritt der DDR zur Bundesrepublik Deutschland unberührt geblieben. Die unveränderte Anwendbarkeit der Bestim-

mungen über Landesverrat und Gefährdung der äußeren Sicherheit ergibt sich aus Art. 315 Abs. 4 EGStGB in der Fassung des Einigungsvertragsgesetzes vom 23. September 1990 (BGBl. II S. 885 ff.) und aus den übrigen in innerstaatliches Recht übernommenen Regelungen des Einigungsvertrages vom 31. Au-{10}gust 1990 mit seinen Anlagen (Anlage I zum Einigungsvertrag, unter B Kapitel III Sachgebiet C Abschnitt III 1), wo die §§ 93 ff. StGB[6] und die entsprechenden Rechtsanwendungsvorschriften von der Geltung im Beitrittsgebiet gerade nicht ausgenommen sind (vgl. BGHR StGB § 94 Beihilfe 1 = NJW 1991, 2498; BGHR StGB § 99 Agent 2; Lackner StGB 20. Aufl. § 2 Rdn. 22 und 23 m.w.Nachw.). Allgemeine Regeln des Völkerrechts (a) und Verfassungsrecht (b) stehen nicht entgegen.

a) Zur Staatensukzession durch vertragliche und damit einverständliche Eingliederung eines Staates in einen anderen, wie sie durch die nach Art. 23 GG a.F. vollzogene Wiedervereinigung geschehen ist, haben sich keine allgemeinen, gewohnheitsrechtlich geltenden Regeln des Völkerrechts entwickelt, welche die Verfolgung der vom Gebiet des beitretenden Staates aus durch dessen Organe begangenen Straftaten gegen den aufnehmenden Staat ausschließen würden (vgl. BGHSt 37, 305, 310 f.; Schuster ZaöRV Bd. 51 [1991] S. 651, 666; Albrecht/Kadelbach NJ 1992, 137, 141; Dahm/Delbrück/ Wolfrum, Völkerrecht 2. Aufl. Bd. I 1 S. 157 ff.). Auch aus völkerrechtlichen Verträgen, die für die Bundesrepublik unmittelbar oder in Rechtsnachfolge zur DDR (Art. 12 des Einigungsvertrages) gelten, folgen keine Pflichten, aus denen sich ein völkerrechtliches Verbot der Strafverfolgung ableiten ließe. Art. 15 des Internationalen Pakts über bürgerliche und politische Rechte vom 19. Dezember 1966 (BGBl. 1973 II S. 1534) und Art. 7 Abs. 1 Satz 1 der Europäischen Konvention der Menschenrechte und Grundfreiheiten vom 4. November 1950 (BGBl. 1952 II S. 685) gehen über den nachfolgender Erörterung vorbehaltenen Schutz des Art. 103 Abs. 2 GG nicht hinaus (vgl. BGHSt 39, 1, 27). {11}

Auch sind die Gründe, die vom Kammergericht in seinem erwähnten Vorlagebeschluß (NJW 1991, 2501) und von Teilen des Schrifttums für eine entsprechende Anwendung des Art. 31 der Haager Landkriegsordnung (RGBl. 1910, 107 – HLKO)[7] oder doch eines darin zum Ausdruck kommenden Rechtsgedankens dargelegt worden sind (vgl. Luther NJ 1991, 395, 396; Lüderssen, Der Staat geht unter – das Unrecht bleibt? 1992 S. 18, 150; Widmaier NJW 1990, 3169, 3172 f.), nicht geeignet, ein Strafverfolgungsverbot zu begründen (BGHSt 37, 305, 309; Dreher/Tröndle StGB 46. Aufl. § 99 Anm. 1a; Albrecht/Kadelbach NJ 1992, 137, 139 ff.; Lippold NJW 1992, 18, 20; Schuster ZaöRV Bd. 51 [1991] S. 651, 667; Schünemann in Lampe [Hrsg.] Regierungskriminalität S. 173, 180 f.; Spies, Amnestiemaßnahmen und deren Verfassungsmäßigkeit in Frankreich und Deutschland, 1991, S. 215/216). Art. 31 HLKO, der vorsieht, daß der zu seinem Heer zurückgekehrte Spion im Falle seiner Ergreifung wegen früherer Spionage nicht verantwortlich gemacht werden kann, sondern als Kriegsgefangener zu behandeln ist, betrifft als Sondernorm des Kriegsvölkerrechts sowohl in seinen tatbestandlichen Voraussetzungen als auch in seiner Rechtsfolge einen Sachverhalt, der von dem hier in Frage stehenden derart verschieden ist, daß sich eine entsprechende Anwendung verbietet. Grundsätzlich sind einer analogen Anwendung völkerrechtlicher Vertragsregelungen ohnehin enge Grenzen gesetzt. Sie hängt davon ab, daß im Vertrag selbst oder in der Anwendungspraxis Hinweise zu finden sind, die eine Ausweitung nahe legen. Solche lassen sich für Art. 31 HLKO nicht feststellen.

b) Ein generelles Strafverfolgungsverbot läßt sich aus grundgesetzlichen Regelungen ebenfalls nicht ableiten. {12}

aa) Die Realisierung der schon vorher zulässigen Strafverfolgung nach der Wiedervereinigung verstößt nicht etwa deswegen gegen den *Gleichbehandlungsgrundsatz* des Art. 3 Abs. 1 GG, weil für BND-Angehörige in vergleichbarer Stellung die Strafbarkeit nach den Bestimmungen des Strafgesetzbuches der DDR (§ 80 Abs. 3 Nr. 3 in Verbindung mit §§ 97 bis 100 StGB-DDR[8]) entfallen ist (so jedoch KG NJW 1991, 2501 und Widmaier NJW 1990, 3169; NJW 1991, 2460). Die nach der Wiedervereinigung fortbestehende Strafbarkeit von HVA-Angehörigen wegen zuvor begangenen Landesverrats, oder geheimdienstlicher Agententätigkeit unterläge im Hinblick auf die trotz formaler Vergleichbarkeit der Tätigkeiten eingetretene Straffreiheit von BND-Angehörigen nach DDR-Strafrecht nur dann Bedenken nach Art. 3 Abs. 1 GG, wenn sich dafür keine oder nur sachwidrige Gründe finden ließen. Dies ist nicht der Fall (im Ergebnis ebenso: Laufhütte in LK StGB 11. Aufl. Rdn. 39, 40 Fn. 8 vor § 80: Albrecht/Kadelbach NJ 1992, 137, 142; Jakobs in Isensee [Hrsg.] Vergangenheitsbewältigung durch Recht? 1992 S. 37, 61; Lippold NJW 1992, 18, 20; Schuster ZaöRV Bd. 51 [1991] S. 651, 669; Schünemann in Lampe [Hrsg.] Regierungskriminalität S. 173, 182; Starck VVDStRL Heft 51 [1992] S. 7, 30; Volk – Anmerkung – JR 1991, 431, 432). Rechtliche Ausgestaltung und Vollzug des von der DDR frei ausgehandelten Beitritts zur Bundesrepublik Deutschland hatten zur Folge, daß das Schutzgut der Staatsschutzvorschriften des StGB-DDR weggefallen ist, während die Bundesrepublik, wenn auch erweitert um die sogenannten neuen Bundesländer, als Schutzobjekt der §§ 93 ff. StGB fortbesteht und bei abstrakter Betrachtung auch möglichen fortwirkenden Gefahren ausgesetzt ist, die sich auf Grund der früheren Ausspähungstätigkeit der HVA aus der festgestellten Einbin-{13}dung in das System der Nachrichtendienste des Warschauer Pakts ergeben (BGHSt 37, 305, 315; BGHR StGB § 94 Beihilfe 1 = NJW 1991, 2498). Zudem haben die operativ tätigen HVA-Bediensteten mindestens unter dem Gedanken der Unrechtsteilhabe letztlich mitzuverantworten, daß von ihnen eingesetzte Bürger der Bundesrepublik Deutschland unabhängig von der Wiedervereinigung *weiterhin* der Strafverfolgung ausgesetzt sind und unter Umständen langjährige Freiheitsstrafen verbüßen müssen. Dagegen trifft die BND-Angehörigen im Hinblick auf die mit der Wiedervereinigung insoweit auch für DDR-Bürger eingetretene Straffreiheit nach DDR-Strafrecht eine vergleichbare Verantwortlichkeit nicht. Bereits diese aus der Eigengesetzlichkeit des Beitritts der DDR zur Bundesrepublik Deutschland folgenden Gründe sind ausreichend und sachbezogen genug, um die Differenzierung in den Rechtsfolgen zu rechtfertigen. Bei der Entscheidung der sachlich hier betroffenen Frage, ob und in welchem Umfang Strafnormen wegen nachträglich eingetretener rechtlicher und tatsächlicher Veränderungen für einen Teilbereich ihrer Anwendung „zurückzunehmen" sind, muß dem Gesetzgeber ähnlich wie bei der Entschlußfassung über eine Amnestie (BVerfGE 10, 234, 241, 246; Spies, Amnestiemaßnahmen und deren Verfassungsmäßigkeit in Deutschland und Frankreich, 1991, S. 193 ff.) auch unter dem Gesichtspunkt des Gleichbehandlungsprinzips ein grundsätzlich weiter Spielraum eingeräumt werden (vgl. dazu Albrecht/Kadelbach NJ 1992, 137, 144).

bb) Die Bestrafung von ehemaligen HVA-Bediensteten wegen Verhaltensweisen, wie sie den Angeklagten Schütt und Böttger zur Last gelegt werden, hat infolge der

Wiedervereinigung ihre innere Rechtfertigung nicht verloren und ver-{14}stößt nicht gegen das verfassungsrechtlich abgesicherte *Übermaßverbot* (vgl. dagegen Kasper NJ 1992, 432, 434/435; ferner Jakobs in Isensee [Hrsg.] Vergangenheitsbewältigung durch Recht, 1992, S. 37, 61 f.; Schünemann in Lampe [Hrsg.] Regierungskriminalität S. 173, 189 ff.). Die DDR besteht zwar nicht mehr, so daß von ihr keine neuen Gefährdungen für die äußere Sicherheit der Bundesrepublik Deutschland ausgehen können. Davon wird jedoch die Geltung der Strafzwecke, die auch den Normen des Staatsschutzstrafrechts zugrunde liegen, insbesondere die des gerechten Schuldausgleichs und der sogenannten positiven und negativen Generalprävention, grundsätzlich nicht berührt (vgl. Albrecht/Kadelbach NJ 1992, 137, 144). Allerdings kann im Ausschluß neuer Gefährdung ein Strafzumessungsgesichtspunkt liegen, der im Rahmen der dem Einzelfall vorzubehaltenden Gesamtabwägung Bedeutung erlangt.

cc) Verfassungsrechtliche Bedenken folgen auch nicht aus dem *Rückwirkungsverbot* des Art. 103 Abs. 2 GG (so jedoch Classen – Anmerkung – JZ 1991, 713, 717; vgl. auch Neumann in Lampe [Hrsg.] Regierungskriminalität S. 161, 168 ff.; Widmaier NJW 1991, 2460; Arndt NJW 1991, 2466). Eine auf den Tatzeitraum zurückbezogene, nachträgliche Bewertung des Verhaltens der Angeklagten findet nicht statt. Die materiellen Voraussetzungen der Strafbarkeit in Tatbestand, Rechtswidrigkeit und Schuld standen auf Grund der durch § 9 in Verbindung mit § 3 StGB, jedenfalls aber durch § 5 Nr. 4 StGB begründeten Geltung des insoweit ausschließlich maßgebenden Strafrechts der Bundesrepublik Deutschland bereits im Zeitpunkt der Tatbegehung abschließend fest. Die durch den Einigungsvertrag vereinbarte Erstreckung des materiellen Straf-{15}rechts der Bundesrepublik auf das Beitrittsgebiet ist daher für die Angeklagten unter dem Gesichtspunkt des Rückwirkungsverbots rechtlich unerheblich. Die Anwendung der §§ 93 ff. StGB hätte Rückwirkung, wenn die Regelungen des § 9 StGB (sog. Ubiquitätsprinzip) und des § 5 StGB (sog. Schutzprinzip) – dann aber nicht nur im Verhältnis zur DDR und nicht erst auf Grund der infolge des Einigungsvertrages eingetretenen Änderungen – nichtig wären. Darauf laufen die als Verletzung des sog. Schuldgrundsatzes geltend gemachten Bedenken des Angeklagten Schütt letzten Endes hinaus. Sie sind indes unbegründet. Daß Strafnormen bindende Wirkung auch über das eigene Staatsgebiet hinaus haben können, gehört zur notwendigen Grundlage der Regelungen des internationalen Strafrechts, die ihrerseits, jedenfalls in dem hier interessierenden Bereich, mit den allgemeinen Regeln des Völkerrechts im Einklang stehen. Die Kenntnis von Geltung und Inhalt der Strafvorschriften des Landesverrats und der Gefährdung der äußeren Sicherheit zur Tatzeit ist für die Angeklagten festgestellt. Die Vorstellung, den angedrohten Sanktionen tatsächlich auch ausgesetzt zu sein, ist nicht Bestandteil der Schuld, wie sie nach dem durch Art. 20 Abs. 3 GG gewährleisteten Schuldgrundsatz für eine Bestrafung vorausgesetzt wird.

Die Tatsache, daß durch den Beitritt der DDR und die daraus folgende Ausdehnung der Hoheitsgewalt der Bundesrepublik die Zugriffsmöglichkeit erweitert und die von Anfang an zulässige Strafverfolgung verwirklicht worden ist, wird von dem Schutzbereich des Artikel 103 Abs. 2 GG nicht erfaßt (BGHR StGB 99 Agent 2; vgl. auch Gribbohm in LK StGB 11. Aufl. § 2 Rdn. 60a; Dreher/Tröndle StGB 46. Aufl. § 99 {16} Rdn. 1; Albrecht/Kadelbach NJ 1992, 137, 144; Lippold NJW 1992, 18, 23; Schünemann in Lampe [Hrsg.] Regierungskriminalität S. 173, 184 ff.; Starck VVDStRL Heft 51 [1992] S. 7, 30).

dd) Die Angeklagten sind bei ihrem gegen die Bundesrepublik Deutschland gerichteten Handeln ersichtlich von dem Fortbestand der DDR und des durch sie gewährleisteten Schutzes vor Strafverfolgungsmaßnahmen der Bundesrepublik ausgegangen. Daraus folgt jedoch selbst bei Berücksichtigung der Rechtsprechung des Bundesverfassungsgerichts zur Frage der Wirksamkeit von Gesetzen mit sogenannter *unechter Rückwirkung* und zu dem aus dem Rechtsstaatsprinzip (Art. 20 Abs. 3 GG) abgeleiteten *Vertrauensschutz* nicht die Unzulässigkeit der Strafverfolgung (vgl. jedoch KG NJW 1991, 2501; Albrecht/Kadelbach NJ 1992, 137, 146).

Zwar kann auch gesetzlichen Regelungen ohne echte Rückwirkung die verfassungsrechtliche Anerkennung zu versagen sein, wenn sie auf gegenwärtige, noch nicht abgeschlossene Tatbestände oder Rechtsbeziehungen in der Weise einwirken, daß Umstände und Sachverhalte, die für das in seinen Wirkungen noch andauernde Handeln des Einzelnen die Entscheidungsgrundlagen bildeten, für die Zukunft anders als erwartet gewertet oder rechtlich gestaltet werden (vgl. u.a. BVerfGE 30, 392, 402 f.; 25, 142, 154; 25, 269, 290; 22, 241, 248). Bezogen auf das Verhalten der Angeklagten liegt aber kein Fall unechter Rückwirkung vor (Renzikowski JR 1992, 270, 272; vgl. auch das KG selbst aaO). Denn die durch den Einigungsvertrag und den Vollzug der Wiedervereinigung ermög-{17}lichte Verwirklichung der von Anfang an zulässigen Strafverfolgung bedeutet keine rechtliche Neubewertung eines noch nicht abgeschlossenen Sachverhalts.

Auch wenn unabhängig von den besonderen Bedingungen unechter Rückwirkung von Gesetzen auf die für alle geltenden Grundsätze der Rechtssicherheit und des Vertrauensschutzes (vgl. BVerfGE 87, 48, 63; 51, 356, 362; 30, 367, 386) als verfassungsrechtlichen Prüfungsmaßstab unmittelbar zurückgegriffen wird, ist das nicht geeignet, ein Strafverfolgungsverbot zu Gunsten aller mit der Außenspionage gegen die Bundesrepublik Deutschland befaßten HVA-Angehörigen und damit auch der Angeklagten zu rechtfertigen (BGHR StGB § 99 Agent 2; Lippold NJW 1992, 18, 24 f.; Renzikowski JR 1992, 270, 272; Schünemann in Lampe [Hrsg.] Regierungskriminalität S. 173, 187).

Der Schutz vor fremder Strafverfolgung, der sich aus Rechtsordnung und Hoheitsgewalt der DDR für die HVA-Bediensteten ergab, ist ihnen bereits von ihren eigenen, durch demokratische Wahlen legitimierten Hoheitsträgern mit dem Abschluß des Einigungvertrages und dessen Vollzug in einer der Bundesrepublik Deutschland nicht zurechenbaren Weise entzogen worden. Davon abgesehen kann Vertrauensschutz unter rechtsstaatlichen Gesichtspunkten nur auf Grund normativer Betrachtung gewährt werden. Vertrauen in den Fortbestand einer hoheitlich geschaffenen günstigen Sach- und Rechtslage wird nicht generell geschützt (vgl. BVerfGE 14, 288, 289; 75, 246, 280; 76, 256, 349 f.), sondern nur unter der Voraussetzung, daß eine Wertung aller sachbezogenen Umstände dessen Schutzwürdigkeit ergibt (BGHSt 26, 228, 231). Die {18} demnach gebotene Gesamtabwägung muß aber auf der Grundlage des Grundgesetzes und der übrigen Rechtsordnung der Bundesrepublik Deutschland vorgenommen werden. Aus dieser Sicht kann das Vertrauen von Tätern (auch) im Ausland begangener Taten, der Strafverfolgung wegen der eben durch diese Rechtsordnung begründeten Strafbarkeit zu entgehen, nicht als schutzwürdig anerkannt werden, soll damit nicht zugleich den Regelungen des internationalen Strafrechts ein wesentlicher Teil ihrer inneren

Rechtfertigung entzogen werden. Daß die einmal begründete Strafbarkeit nach der Logik gleichmäßiger Strafrechtsanwendung (Legalitätsprinzip, § 152 Abs. 2 StPO) grundsätzlich die Strafverfolgung nach sich zieht und sich in Sanktionen realisiert, wird gerade durch das Rechtsstaatsprinzip gewährleistet, aus dem auch die Grundsätze der Rechtssicherheit und des Vertrauensschutzes abgeleitet werden. Gleiches gilt für den Gesichtspunkt materieller Gerechtigkeit, unter dem eine Freistellung aller HVA-Angehörigen von Strafe bei gleichzeitiger Aufrechterhaltung der von der Verletzung staatsbürgerlicher Treuepflichten nicht abhängigen Strafbarkeit wegen Landesverrats (vgl. BGHSt 13, 46, 50) und geheimdienstlicher Agententätigkeit für die von der HVA eingesetzten „Bundesbürger" Bedenken ausgesetzt sein könnte (BGHR StGB § 99 Agent 2; vgl. dazu auch Spies, Amnestiemaßnahmen und deren Verfassungsmäßigkeit in Frankreich und Deutschland, 1991, S. 217).

ee) Schließlich bietet auch der von der Verteidigung des Angeklagten Böttger geltend gemachte Rechtsgedanke *innerstaatlicher Rechtsnachfolge* weder unter dem Aspekt etwaigen Übergangs von Fürsorgepflichten zu Gunsten von HVA-Angehörigen noch unter dem Gesichtspunkt eines aus dem Rechts-{19}staatsprinzip abgeleiteten Verbots widersprüchlichen Verhaltens (Gedanke des venire contra factum proprium; vgl. auch Zuck MDR 1991, 1009) eine tragfähige Grundlage für ein allgemein wirkendes Strafverfolgungsverbot (vgl. BGHSt 37, 305, 313).

Angesichts der Tatsache, daß die DDR mit den frei vereinbarten Regelungen des Einigungsvertrags den HVA-Angehörigen den Schutz vor Strafverfolgung selbst entzogen hat, ist für die Annahme kein Raum, die Bundesrepublik Deutschland habe, anders als vom früheren Dienstherrn, der DDR, selbst für notwendig erachtet, (nachwirkende) Pflichten dienstrechtlichen Ursprungs übernehmen *wollen*, die den Schutz vor Strafverfolgung zum Inhalt haben könnten. Die im arbeits- und dienstrechtlichen Bereich für die Bundesrepublik Deutschland grundsätzlich zu bejahende Rechtsnachfolge gegenüber der DDR (vgl. BVerfGE 84, 133, 147; 85, 360, 373) steht dem nicht entgegen, zumal für MfS-Angehörige auf diesem Gebiet insofern Besonderes gilt, als ihre Dienst- und Arbeitsverhältnisse einem außerordentlichen Kündigungsrecht unterliegen, wenn deren Fortsetzung wegen der früheren Tätigkeit unzumutbar erscheint (Anlage I zum Einigungsvertrag unter C Kapitel XIX Sachgebiet A Abschnitt III Nr. 1 Abs. 5 Ziff. 2; vgl. dazu BAG NJ 1993, 92, 94; Pieroth VVDStRL Heft 51 [1992] S. 91, 110 f.; Lansnicker/Schwirtzek MDR 1991, 202 und DtZ 1993, 106). Zwar kann die nach dienst- und arbeitsrechtlichen Maßstäben zu beurteilende Fortführung von Dienstverhältnissen mit der Frage des möglicherweise für eine Strafverfolgung erheblichen Übergangs von Fürsorgepflichten nicht gleichgesetzt werden. Als zusätzliches Indiz für einen mangelnden Übertragungs- und Übernahmewillen in bezug {20} auf Pflichten zum Schutz vor Strafverfolgung darf der vereinbarte Unzumutbarkeitsvorbehalt jedoch nicht außer Betracht bleiben.

Die darüber hinausgehende Beurteilung, ob sich die Bundesrepublik Deutschland das Verhalten des früheren Dienstherrn, der DDR, als sachlogische und damit *willensunabhängige* Folge der Übernahme der Hoheitsgewalt im Gebiet der DDR zurechnen lassen muß und deswegen eine Strafverfolgung der HVA-Bediensteten als widersprüchlich und unter Umständen als Verstoß gegen den aus dem Rechtsstaatsprinzip abgeleiteten Grundsatz fairen Verfahrens erscheint, kann ohne Berücksichtigung der Schwere von

Unrecht und Schuld der jeweiligen Taten nicht sachgerecht vorgenommen werden. Eine solche abwägende, letztlich auf den Fall bezogene Wertung läßt aber die verallgemeinernde Rechtsfolge eines absolut geltenden Strafverfolgungsverbots nicht zu. Auch insoweit gilt es zu beachten, daß bei der Weite und Unbestimmtheit des Rechtsstaatsprinzips und der in ihm angelegten Gegenläufigkeiten unterschiedslose verfahrensrechtliche Sanktionen für etwaige Verletzungen grundsätzlich fernliegen (BGHSt 32, 345, 350 f. mit Nachweisen aus der Rechtsprechung des Bundesgerichtshofs; vgl. auch BGHSt 35, 137, 140; BGH NJW 1990, 1000).

3. Bedeutung kann den geltend gemachten Gesichtspunkten selbst bei einer Gesamtschau – nur unterhalb der Schwelle zur Verfassungswidrigkeit zukommen. Ein gewisses Gewicht ist ihnen insofern nicht abzusprechen, als sie sich der Sache nach darauf beziehen, daß die in der Außenspionage tätigen HVA-Angehörigen den Anforderungen zweier sich widersprechender Rechtsordnungen ausgesetzt waren und ihr formal der {21} nachrichtendienstlichen Tätigkeit anderer Staaten entsprechendes Handeln wesentlich durch die im Bereich beider deutscher Staaten besonders ausgeprägte, nunmehr aber entfallene Konfrontation zwischen Ost und West bestimmt war. Ihnen wird jedoch durch Berücksichtigung bei der Strafzumessung und durch großzügig anzuwendende Maßnahmen nach den §§ 153 ff. StPO[9] regelmäßig ausreichend Rechnung getragen werden können. Darüber hinaus könnte ergänzend auch eine – von verschiedener Seite befürwortete, bisher aber unterbliebene – Amnestieregelung[10] für bestimmte Täterkreise in Betracht kommen (vgl. u.a. BGHSt 37, 305, 315; Schuster ZaöRV Bd. 51 [1991] S. 651, 676 f.; Volk JR 1991, 431, 433 Fn. 21; Simma/Volk NJW 1991, 871, 875; vgl. auch Spies, Amnestiemaßnahmen und deren Verfassungsmäßigkeit in Deutschland und Frankreich, 1991, S. 215 ff.; Starck VVDStRL Heft 51 [1992] S. 7, 30; kritisch: Quaritsch, Der Staat, Bd. 31 [1992] S. 389 ff.). Doch kann dies auf sich beruhen; denn ein Fall, in dem eine mildernde Berücksichtigung bei der Strafzumessung nicht genügend wäre, liegt nicht vor.

III. Die Revisionen der Angeklagten

Die verfahrensrechtlichen Beanstandungen dringen nicht durch; auch in sachlich-rechtlicher Hinsicht decken die Rechtsmittel keine Rechtsfehler zum Nachteil der Angeklagten auf. Dies hat der Generalbundesanwalt in seinem schriftlichen Verwerfungsantrag im einzelnen zutreffend dargelegt. Anlaß zu weiterer Erörterung geben lediglich die auf die {22} Verletzung des § 74 StPO gestützten, inhaltlich im wesentlichen übereinstimmenden Verfahrensrügen beider Angeklagter sowie nachträgliches Vorbringen des Angeklagten Böttger, mit dem er die tatrichterliche Wertung angreift, die weitergegebenen Jahresabschlußberichte des BND „Militärische Lageberichte Ost“ stellten in ihrer Gesamtheit ein Staatsgeheimnis im Sinne des § 93 Abs. 1 StGB dar.

1. Die Zurückweisung der Ablehnung dreier Sachverständiger, die sich in der Hauptverhandlung zur Frage der Bedeutung der Preisgabe bestimmter militärpolitischer und militärstrategischer Erkenntnisse für die äußere Sicherheit der Bundesrepublik Deutschland geäußert hatten, ist rechtlich nicht zu beanstanden. Das Bayerische Oberste Landesgericht hat in den angegriffenen Beschlüssen, die der Senat nur in rechtlicher, nicht aber in tatsächlicher Hinsicht zu überprüfen hatte (BGHSt 8, 226, 232 f.), Besorgnis der

Befangenheit zu Recht verneint. Gerade aus der Sicht der in nachrichtendienstlichen Dingen besonders erfahrenen Angeklagten ergab sich daraus, daß die Sachverständigen Engelmayer und Schwander als Offiziere der Bundeswehr früher zum BND abgeordnet gewesen waren, daß Engelmayer zeitweise sogar an der Erstellung der „Militärischen Lageberichte Ost“ selbst mitgearbeitet hatte und daß der Sachverständige Hennings beide in Kenntnis dieser Umstände zu seiner Unterstützung zugezogen hatte, bei verständiger Würdigung kein Grund, der Unparteilichkeit dieser Sachverständigen zu mißtrauen. Zwar mag ein in nachrichtendienstlichen Fragen unerfahrener Laie das Verhältnis gegeneinander arbeitender Nachrichtendienste als erbitterte Feindschaft verstehen und daraus die Besorgnis der Befangenheit ableiten, wenn ein Sachverständiger dem {23} „gegnerischen“ Nachrichtendienst angehörte. Eine solche Vorstellung liegt jedoch bei einem Angeklagten fern, der – wie die geheimdienstlich besonders geschulten Angeklagten Schütt und Böttger – mit der Arbeitsweise des für ihn fremden Nachrichtendienstes sowie mit den Erkenntnissen, um die es geht, vertraut und dem Sachverständigen an Sachkunde zumindest ebenbürtig ist. Er wird vor allem beachten, daß das Wissen um seine – des Angeklagten – gleichwertigen Sachkenntnisse den Sachverständigen von vornherein von Unsachlichkeiten abhalten wird, um nicht Gefahr zu laufen, von ihm, dem sachkundigen Angeklagten, bloßgestellt zu werden. Unter diesen Umständen besteht im vorliegenden Fall kein Anlaß davon abzuweichen, daß es regelmäßig keinen Ablehnungsgrund bedeutet, wenn ein Sachverständiger als Beamter oder in beamtengleicher Stellung für den durch die Straftat geschädigten Staat tätig ist und ein Gutachten über Fälle seines eigenen (früheren) Tätigkeitsbereichs abgeben soll (vgl. Dahs in Löwe/Rosenberg StPO 24. Aufl. § 74 Rdn. 14; Paulus in KMR – StPO 7. Aufl. § 74 Rdn. 11; Kleinknecht/Meyer StPO 46. Aufl. § 74 Rdn. 7).

2. Die mit der Revision des Angeklagten Böttger geltend gemachten Zweifel an der tatsächlichen Geheimhaltung der Jahresabschlußberichte des BND „Militärische Lageberichte Ost“ gegenüber dem Warschauer Pakt beruhen auf Annahmen, die in den Urteilsgründen keine ausreichende Grundlage finden, und stellen Angriffe gegen die tatrichterlichen Feststellungen sowie die zugrundeliegende Beweiswürdigung dar. Diese weisen auch insoweit keine die Angeklagten benachteiligenden Rechtsfehler auf. {24}

IV. Die Revision des Generalbundesanwalts.

Das Bayerische oberste Landesgericht hat die Möglichkeit einer (mit-)täterschaftlichen Begehung des Landesverrats durch die Angeklagten Schütt und Böttger zu Unrecht aus Rechtsgründen von vornherein ausgeschlossen. Nach seiner Meinung müssen sie sich die Verwirklichung des Tatbestandes durch die früheren Mitangeklagten Spuhler deshalb nicht zurechnen lassen, weil sie die fremde Macht „Warschauer Pakt“, an welche die Mitteilung der Staatsgeheimnisse gerichtet gewesen sei, „repräsentierten“ und diese fremde Macht sich ein deutsches Staatsgeheimnis begrifflich nicht selbst mitteilen könne. Diese Beurteilung ist zwar in ihrem rechtlichen Ausgangspunkt, daß sich eine fremde Macht ein deutsches Staatsgeheimnis nicht selbst mitteilen kann, zutreffend (vgl. Dreher/Tröndle StGB 46. Aufl. § 94 Rdn. 2 und 5; Lackner StGB 20. Aufl. § 94 Rdn. 2); die Anwendung des Rechtsgedankens im konkreten Fall unterliegt jedoch durchgreifenden Bedenken.

1. Daß die „bloße“ Entgegennahme eines Staatsgeheimnisses durch die fremde Macht für die Personen, derer sie sich als Staat oder vergleichbare Einrichtung notwendigerweise bedienen muß, durch § 94 Abs. 1 Nr. 1 StGB nicht unter Strafe gestellt wird, entspricht allgemeiner Meinung (vgl. Stree in Schönke/Schröder StGB 24. Aufl. § 94 Rdn. 20; Sonnen in AK-StGB § 94 Rdn. 24; Dreher/Tröndle aaO § 94 Rdn. 5; Lackner aaO § 94 Rdn. 2). Richtig ist auch die der rechtlichen Wertung letztlich zugrundeliegende Vorstellung, daß es aus sachlogischen Gründen einen Kreis von Personen innerhalb der {25} Organisation der fremden Macht geben muß, die als letzte Empfänger der Mitteilung des Staatsgeheimnisses anzusehen sind und in diesem Sinne die fremde Macht „repräsentieren“. Für diese Personen, aber auch nur für sie, trifft rechtlich zu, daß sie sich ein Staatsgeheimnis nicht selbst mitteilen können und deshalb, vom Fall der Weitergabe des Staatsgeheimnisses an eine andere fremde Macht abgesehen, als Täter des Landesverrats ausscheiden. Zwar ist der Landesverrat weder ein echtes Sonderdelikt noch setzt er eigenhändige Begehung voraus. Die allgemeinen Regeln mittäterschaftlicher Zurechnung des Verhaltens Dritter finden daher grundsätzlich auch auf ihn Anwendung (vgl. Träger in LK StGB 10. Aufl. § 94 Rdn. 13/14; Stree in Schönke/Schröder StGB 24. Aufl. § 94 Rdn. 20/21; Wagner ZStW Bd. 80 [1968], 283, 317). Für die Repräsentanten der fremden Macht als letzte Adressaten der Mitteilung eines Staatsgeheimnisses muß jedoch Besonderes gelten. Rechnete man ihnen das Verhalten ihrer Mittelsmänner und derjenigen zu, die das Staatsgeheimnis unmittelbar auskundschaften und weiterleiten, so würde die Tatbestandshandlung in ihrer Person einen inhaltlichen Bedeutungswandel erfahren: Aus dem Mitteilen eines Staatsgeheimnisses würde das „Sichverschaffen“ eines Staatsgeheimnisses, das für § 94 Abs. 1 StGB nicht ausreicht. Eine Gleichstellung wäre nur im Wege einer vom Wortlaut nicht mehr gedeckten analogen Anwendung zum Nachteil des Täters möglich. Diese Repräsentanten der fremden Macht sind von strafrechtlicher Haftung nach dem Landesverratstatbestand allerdings nur frei, wenn sie sich auf eine bloße Entgegennahme des Staatsgeheimnisses beschränken. Geht ihr Verhalten darüber hinaus, machen sie sich, wie im angefochtenen Urteil zutreffend ausgeführt, der Teilnahme am Landesverrat ihrer Zuträger schul-{26}dig. Insoweit gilt Ähnliches wie bei anderen Delikten, deren Handlung die Beteiligung eines anderen denknotwendig voraussetzt, ohne daß dessen Mitwirkung unter Strafe gestellt ist (vgl. zu § 283c StGB: BGH bei Herlan GA 1967, 265; BGH NStZ 1993, 239; zu § 356 StGB: RGSt 71, 114; vgl. ferner Sowada, Die „notwendige Teilnahme“ als funktionales Privilegierungsmodell im Strafrecht, 1992, S. 124 ff., 161 ff., 208 ff.).

2. a) Das Bayerische Oberste Landesgericht hat jedoch den Kreis der „Repräsentanten“ einer fremden Macht, für die eine täterschaftliche Begehung des Landesverrats (vom Fall der Weitergabe an eine andere fremde Macht abgesehen) nicht in Betracht kommt, mit der Erfassung der Angeklagten zu weit ausgedehnt. Wie es in einer späteren Entscheidung (NStZ 1992, 543) ergänzend verdeutlicht hat, rechnet es zu den Repräsentanten alle diejenigen für eine fremde Macht tätigen, jedoch nicht selbst „an der Beschaffung des Materials im sicherheitsempfindlichen Bereich des Ausspähungsobjekts“ beteiligten Personen, zu deren dienstlichen Aufgaben die Entgegennahme von Mitteilungen über für sie fremde Staatsgeheimnisse gehört, vorausgesetzt sie sind derart eng in die Organisation der fremden Macht – hier: des Warschauer Pakts – eingebunden, daß bei natürlicher Betrachtungsweise der Empfang durch sie als Zugang der Mitteilung an die

fremde Macht anzusehen ist. Mit dem Empfang des Verratsmaterials durch solche Personen soll das Mitteilen abgeschlossen sein, weil durch die Weitergabe innerhalb der Organisation der fremden Macht eine zusätzliche neue Gefahr eines schweren Nachteils für die äußere Sicherheit der Bundesrepublik Deutschland nicht herbeigeführt werde. {27}

Diese begriffliche Abgrenzung der von der Täterschaft ausgeschlossenen Repräsentanten einer fremden Macht kann sich der Senat nicht zueigen machen. Sie bedeutet der Sache nach eine dem Sinn und Zweck des Landesverratstatbestandes nicht gerecht werdende Übernahme zivilrechtlicher Grundsätze über den Zugang von Willenserklärungen und hat zur Folge, daß der Kreis der in § 94 Abs. 1 Nr. 1 StGB genannten, zu Mittäterschaft fähigen „Mittelsmänner" einer fremden Macht bis zur praktischen Bedeutungslosigkeit eingeengt wird.

b) Wortlaut und engere Entstehungsgeschichte der §§ 93, 94 StGB geben keinen unmittelbaren Aufschluß darüber, wie der Kreis der für eine fremde Macht tätigen Personen festzulegen ist, die im dargelegten Sinne von der Täterschaft ausgeschlossen sind. In den Gesetzesmaterialien, die, soweit ersichtlich, auf diese Frage nicht eingehen, findet sich lediglich eine Gegenüberstellung der „Organe" und der „Mittelsmänner" einer fremden Macht (vgl. Entwurf eines 8. StrÄndG, BT-Drucks. V/898 S. 31; Schriftl. Bericht des Sonderausschusses für die Strafrechtsreform vom 9. Mai 1968, BT-Drucks. V/2860 S. 17), die im Ergebnis nicht weiterführt. Nach Meinung des Senats muß der Kreis der „Repräsentanten", die bei der Entgegennahme der Mitteilung eines Staatsgeheimnisses mit der Folge an die Stelle der fremden Macht treten, daß für sie als letzte Adressaten der Mitteilung eine täterschaftsbegründende Weiterleitung (an dieselbe fremde Macht) nicht in Betracht kommt, ausgehend von dem Begriffsmerkmal der fremden Macht in den §§ 93, 94 StGB und unter Berücksichtigung des Sinns und Zwecks des Landesverratstatbestandes bestimmt werden. Der Begriff der fremden Macht ist mit der Neufassung der Staatsschutzvorschriften durch das {28} 8. StrÄndG an die Stelle des in § 99 Abs. 1 StGB a.F. genannten Merkmals der „fremden Regierung" getreten (ähnlich auch schon der Begriff der „ausländischen Regierung" in § 1 des Gesetzes gegen den Verrat militärischer Geheimnisse v. 3. Juni 1914 – RGBl. S. 195 – sog. Spionagegesetz). Eine inhaltliche Änderung, die im vorliegenden Zusammenhang wesentlich sein könnte, war damit nicht beabsichtigt (vgl. BT-Drucks. V/898 S. 38; Prot. d. Sonderausschusses für die Strafrechtsreform V S. 1269). Von daher liegt es nahe, den Kreis der Personen, durch die eine fremde Macht als an sich handlungsunfähige Institution bei Empfang und Verwertung der für sie fremden Staatsgeheimnisse notwendigerweise handelt, mit denjenigen gleichzusetzen, die der Leitung der Exekutive auf höchster Ebene angehören. Sie sind die Repräsentanten der fremden Macht. Wer dazu im einzelnen zu rechnen ist, hängt von der rechtlichen und tatsächlichen Struktur und Machtverteilung im jeweiligen Staat (oder in der gleichzustellenden Einrichtung) ab. In aller Regel wird es sich um die Mitglieder der Regierung oder um die Leiter vergleichbarer zentraler Exekutivstellen handeln müssen (vgl. auch schon Stenglein, Strafrechtliche Nebengesetze des Deutschen Reiches 5. Aufl. Bd. II S. 420 zu § 1 des Spionagegesetzes v. 3. Juni 1914). Auch der hohe Bedeutungsgehalt, der dem Verratsmaterial als Staatsgeheimnis zukommen muß, spricht dafür, daß es auf seiten der durch den Verrat begünstigten fremden Macht besonders herausgehobene Exekutivstellen sind, die sich mit den auf Grund der Kenntnis vom Staatsgeheimnis notwendigen Entscheidungen befassen.

Von ihrem Handeln gehen letztlich die Nachteile für die äußere Sicherheit der Bundesrepublik Deutschland aus, denen § 94 StGB entgegenwirken will. Erst wenn die verratenen Erkenntnisse zu diesen für {29} die Handlungsentscheidung zuständigen „letzten" Adressaten innerhalb der fremden Macht gelangen, ist die mit der Bekanntgabe an sogenannte Mittelsmänner der fremden Macht begonnene Konkretisierung der Sicherheitsgefahr abgeschlossen, und die Verwirklichung des schweren Nachteils für die äußere Sicherheit der Bundesrepublik setzt ein.

c) Die Begrenzung des Kreises der von der Täterschaft ausgeschlossenen Repräsentanten auf die für die jeweilige Handlungsentscheidungen zuständigen Personen, die der Leitung der Exekutive auf höchster Ebene angehören, ermöglicht es, zugleich auch den Begriff der Mittelsmänner im Sinne des § 94 Abs. 1 Nr. 1 StGB so festzulegen, daß ihm praktische Bedeutung zukommt. Darunter sind alle Personen zu verstehen, die in einem – nicht notwendig rechtlich zu qualifizierenden – Dienst- oder Auftragsverhältnis zur fremden Macht in der Weise tätig sind, daß von ihnen die Weitergabe der Staatsgeheimnisse (gegebenenfalls über weitere Mittelsmänner) an die Repräsentanten dieser fremden Macht zu erwarten ist (Träger in LK StGB 10. Aufl. § 94 Rdn. 2; Rudolphi in SK-StGB 4. Aufl. § 94 Rdn. 5; Sonnen in AK-StGB § 94 Rdn. 14; Dreher/Tröndle StGB 46. Aufl. § 94 Rdn. 2; vgl. auch Stree in Schönke/Schröder StGB 24. Aufl. § 94 Rdn. 5). Diese Mittelsmänner nehmen zwar die Mitteilung eines Staatsgeheimnisses für die fremde Macht in dem Sinn in Empfang, daß der einzelne Landesverrat mit der Mitteilung an den ersten Mittelsmann formell vollendet ist, weil damit regelmäßig schon eine konkrete Sicherheitsgefährdung für die Bundesrepublik Deutschland eingetreten ist (vgl. Träger aaO § 94 Rdn. 12). Sie können jedoch durch ihre Mitwirkung an der Zuleitung des jeweiligen Staatsgeheimnisses an die Re-{30}präsentanten der für die Bundesrepublik Deutschland fremden Macht auch selbst Landesverrat als Täter begehen (vgl. Träger aaO § 94 Rdn. 2; Sonnen in AK-StGB § 94 Rdn. 14). Auf sie sind die Grundsätze mittäterschaftlicher Zurechnung des Verhaltens dritter Personen uneingeschränkt anwendbar. Ob ihre Beteiligung an dem Gesamtgeschehen vom ersten Zugriff auf das einzelne Staatsgeheimnis bis zur Kenntniserlangung durch die Repräsentanten der für die Bundesrepublik fremden Macht als Mittäterschaft oder als Teilnahme zu beurteilen ist, hängt – wie auch sonst – von einer wertenden Betrachtung der Gesamtumstände, insbesondere des Einflusses auf den Geschehensablauf und des Tatinteresses ab. Würden diese Mittelsmänner von der Täterschaft notwendig ausgeschlossen, ließe sich der besondere Unwert, der in der Weiterleitung auch innerhalb der Organisation der fremden Macht liegen kann, nur unvollkommen erfassen. Dadurch, daß verratenes Material in den Besitz der Mittelsmänner gelangt, verlieren diese Erkenntnisse nicht notwendig ihre Eigenschaft als Staatsgeheimnis. Der nicht selten langwierige und schwierige Vorgang der Bewertung und Auswertung belegt, daß die Mitteilung an den ersten Mittelsmann nicht zwangsläufig bedeutet, daß die fremde Macht damit voll verwertbare Kenntnis von dem Staatsgeheimnis hätte. Der vorliegende Fall, in dem ein Staatsgeheimnis in der Gesamtheit nacheinander gelieferter Unterlagen zu sehen ist (vgl. BGHSt 24, 72, 76 f.), macht dies besonders deutlich. Die fortschreitende Konkretisierung der Sicherheitsgefahr, die durch die Weiterleitung innerhalb der Organisation der fremden Macht eintritt, stellt die Phase der sich an die formelle Deliktsvollendung anschließenden {31} Deliktsbeendigung dar. In diesem Stadium ist mittäterschaftliche Beteiligung grundsätzlich noch möglich (vgl. Eser in Schönke/Schröder StGB 24. Aufl. Rdn. 10 vor § 22 m. Nachw.).

d) Zu den „Repräsentanten“ gehören die Angehörigen der für die fremde Macht tätigen Nachrichtendienste in aller Regel nicht. Ihre Aufgabe ist es grundsätzlich nicht, die maßgeblichen Entscheidungen darüber zu treffen, wie sich die ihnen zugehörige fremde Macht auf Grund der durch den Verrat gewonnenen Erkenntnisse zu verhalten hat, insbesondere welche Maßnahmen zu treffen sind, in denen sich der schwere Nachteil für die äußere Sicherheit der Bundesrepublik Deutschland verwirklicht. Wie das Bayerische Oberste Landesgericht für die HVA als organisatorisch verselbständigter, „autarker“ Einheit selbst dargelegt hat, obliegt es den Geheimdienstangehörigen „nur“, die Erkenntnisse zu gewinnen und nach entsprechender Auswertung und Aufbereitung an die Regierung und die Leitung vergleichbarer höchster Exekutivstellen weiterzuleiten. Die Bediensteten fremder Nachrichtendienste sind daher bei entsprechendem Einsatz in der Regel zum Kreis der in § 94 Abs. 1 Nr. 1 StGB genannten Mittelsmänner der fremden Macht zu rechnen, die als Täter eines Landesverrats in Betracht kommen (Träger in LK StGB 10. Aufl. § 94 Rdn. 2; Sonnen in AK-StGB § 94 Rdn. 24; vgl. auch Dreher/Tröndle StGB 46. Aufl. § 94 Rdn. 2). Damit steht in Einklang, daß sie, wie der Bundesgerichtshof bereits entschieden hat (BGHSt 24, 369, 377), auch Täter der geheimdienstlichen Agententätigkeit nach § 99 Abs. 1 StGB sein können. Es würde einen Wertungswiderspruch bedeuten, wäre dieser Personenkreis durch eine Qualifizierung als Repräsentanten einer fremden Macht zwar von der täterschaftlichen {32} Begehung des Landesverrats nach § 94 Abs. 1 Nr. 1 StGB, nicht aber von der täterschaftlichen Verwirklichung des § 99 Abs. 1 StGB, einer subsidiären „Vorfeldschutzvorschrift“ im Verhältnis zum Landesverratstatbestand (BGHSt 24, 72, 80), generell ausgeschlossen. Dem Umstand, daß im Rahmen der gesetzgeberischen Vorarbeiten die Angehörigen fremder Nachrichtendienste und die „Mittelsmänner“ der fremden Macht in anderem Zusammenhang gelegentlich nebeneinander genannt worden sind (BT-Drucks. V/898 S. 31), kann demgegenüber keine ausschlaggebende, den Ausschluß täterschaftlicher Begehung rechtfertigende Bedeutung zukommen.

Eine Abweichung von der Regel, daß selbst die Personen in der Leitung eines fremden Geheimdienstes nicht als Repräsentanten der ihm zugehörigen Macht anzusehen sind, erscheint entsprechend den dargelegten Abgrenzungskriterien allerdings dann geboten, wenn die verratenen Erkenntnisse in der Weise auf den nachrichtendienstlichen Bereich begrenzt sind, daß die dadurch veranlaßten Entscheidungen in die ausschließliche Zuständigkeit der Leitung des Nachrichtendienstes fallen und höherrangige Exekutivstellen damit nicht befaßt sind, gleichwohl aber die Wertung des Verratsmaterials als Staatsgeheimnis der Bundesrepublik Deutschland ausnahmsweise zu bejahen ist. Dies könnte der Fall sein, wenn die verratenen – als Staatsgeheimnis gewerteten – Erkenntnisse *nur* die Nachrichtendienste der Bundesrepublik Deutschland betreffen und *nicht* auch in die Zuständigkeit anderer Stellen der fremden Macht fallende Fragen – etwa militärstrategischer und militärpolitischer Art – erfassen, so daß allein Maßnahmen auf dem Gebiet der Gegenspionage durch den fremden Geheimdienst veranlaßt sind. {33}

3. Da das Bayerische Oberste Landesgericht der Beurteilung, ob die Angeklagten Schütt und Böttger den Landesverrat als (Mit-)Täter begangen haben, demnach zu enge

rechtliche Grenzen zugrunde gelegt hat, bedarf die Frage der Täterschaft neuer tatrichterlicher Prüfung.

Im weiteren Verfahren wird Gelegenheit gegeben sein, dem zusätzlichen Bedenken Rechnung zu tragen, daß die Verratstätigkeit und die Beurteilung der Angeklagten als Repräsentanten im angefochtenen Urteil ausschließlich auf den Warschauer Pakt als der begünstigten Macht bezogen worden sind. Zwar kann grundsätzlich auch eine zwischenstaatliche Organisation wie der frühere Warschauer Pakt, die wegen ihrer von mehreren Staaten abgeleiteten, gleichwohl aber verselbständigten Gewalt zu eigenem, die Bundesrepublik Deutschland gefährdendem Verhalten in der Lage ist, die begrifflichen Voraussetzungen einer fremden Macht im Sinne der §§ 93, 94 StGB erfüllen (vgl. Entwurf eines 8. StrÄndG, BT-Drucks. V/898 S. 38; Träger in LK StGB 10. Aufl. § 93 Rdn. 10). Aufgrund ihrer Eingliederung in das Bündnissystem des Warschauer Pakts und der darin eingeschlossenen Übertragung von Hoheitsbefugnissen auf diese von der ehemaligen {34} UdSSR dominierten zwischenstaatlichen Organisation hatte die DDR jedoch ihre Selbständigkeit nicht so weitgehend verloren, daß von ihr keine eigenständigen Gefahren für die äußere Sicherheit der Bundesrepublik hätten ausgehen können und daß sie deshalb aus dem Kreis möglicher fremder Mächte im Sinne des Landesverratstatbestandes ausgeschieden wäre.

Anmerkungen

1 Vgl. lfd. Nr. 3-1.
2 Vgl. lfd. Nr. 2-2.
3 Vgl. Anhang S. 1023 bzw. 1024f.
4 Mittlerweile ebd. veröffentlicht.
5 Vgl. Anhang S. 1026.
6 Vgl. Anhang S. 1022ff.
7 Vgl. Anhang S. 1020.
8 Vgl. Anhang S. 1020f.
9 Vgl. Anhang S. 1026ff.
10 Vgl. die Angaben zu den verschiedenen Gesetzentwürfen in der Auswahlbibliografie auf S. 1033.

Inhaltsverzeichnis
Urteil des Bayerischen Obersten Landesgerichts vom 17.3.1994, Az. 6 St 1/93 a, b

Bayerisches Oberstes Landesgericht 17. März 1994
Az.: 6 St 1/93 a, b; 3 StE 1/90-3; 3 StE 4/91-3

URTEIL[1]

Im Namen des Volkes

Der 6. Strafsenat des Bayerischen Obersten Landesgerichts hat in dem Strafverfahren gegen

a) Schütt, Harry

b) Böttger, Günter

wegen Landesverrats

in der öffentlichen Sitzung vom 17. März 1994 {2}

aufgrund der teilweise nichtöffentlichen Sitzungen vom 22., 23., 24., 25. Februar 1994, 01., 02., 03., 08., 09., 10., 11., 16., 17. März 1994,

an der teilgenommen haben

⊗ Es folgt die Nennung der Verfahrensbeteiligten. ⊗ {3}

für Recht erkannt:

I. Die Angeklagten
Schütt Harry Wilhelm Egon,
geb. 1930 in S., deutscher Staatsangehöriger, verheiratet, Generalmajor a.D.,
und
Böttger Günter Rudolf,
geb. 1939 in S., deutscher Staatsangehöriger, verheiratet, Oberstleutnant a.D.,
sind je des Landesverrats schuldig.

II. Es werden verurteilt
der Angeklagte Schütt zu einer Freiheitsstrafe von zwei Jahren,
und
der Angeklagte Böttger zu einer Freiheitsstrafe von einem Jahr und zwei Monaten.

III. Die Vollstreckung der gegen die Angeklagten Schütt und Böttger erkannten Freiheitsstrafen wird zur Bewährung ausgesetzt.

IV. Die Angeklagten tragen die Kosten des Verfahrens einschließlich der Kosten des Revisionsverfahrens, soweit über diese nicht bereits entschieden worden ist. {4}

Angewendete Vorschriften bei beiden Angeklagten:
§ 93 Abs. 1, § 94 Abs. 1 Nr. 1, § 25 Abs. 2, § 45 Abs. 1, § 56 StGB. {5}

Gründe

⊗ Inhaltsverzeichnis ⊗ {10}

A. Die persönlichen Verhältnisse [der Angeklagten]

⊗ Es folgt die angekündigte Darstellung der persönlichen Verhältnisse der Angeklagten (vgl. hierzu bereits lfd. Nr. 3-1, S. 350 f.). ⊗

B. Der Sachverhalt

I. Allgemeine Feststellungen

1.1 Der Bundesnachrichtendienst (BND)

⊗ Es folgt eine kurze Zusammenfassung der Aufgabenstellung und des Aufklärungsziels des BND (vgl. hierzu bereits lfd. Nr. 3-1, S. 351 f.). Ein weiterer Gliederungspunkt beschäftigt sich mit dem Aufbau des BND und den Aufgaben der einzelnen Abteilungen. Dieser Textabschnitt unterliegt dem Geheimschutz. ⊗ {16}

1.2 Das Ministerium für Staatssicherheit (MfS)

Gegründet durch Gesetz vom 8.2.1950 (GBl DDR vom 21. Februar 1950 Nr. 15), war das MfS formal Teil der Regierung der DDR und damit dem Ministerrat unterstellt. Nach dem DDR-Staatsverständnis zählte es jedoch zu den bewaffneten Organen der Republik und war insoweit dem Nationalen Verteidigungsrat nachgeordnet. Faktisch unterlag die politische Anleitung und Kontrolle dem für den Bereich Sicherheit verantwortlichen Sekretär des Zentralkomitees der SED. Folgerichtig bestimmte § 1 Abs. 2 des Statuts des MfS vom 30.7.1969,[2] daß es {17} seine Aufgaben primär auf der Grundlage des Programms der SED und den Beschlüssen des Zentralkomitees der SED zu verwirklichen habe. Als einheitliches Aufklärungs- und Abwehrorgan oblag es dem MfS, mit geheimdienstlichen Methoden die äußeren und inneren Sicherheitsinteressen der DDR wahrzunehmen (§§ 2, 4 Abs. 1 des Statuts). Seine „wissenschaftliche Führungs- und Leitungstätigkeit richtet sich primär auf die Arbeit am Feind und auf das Eindringen in politische, militärische, ökonomische und wissenschaftliche Zentren des Feindes" (§ 7 Abs. 1 des Statuts). Damit stellt sich das MfS als eines der wichtigsten Herrschaftsinstrumente in der DDR dar, weil es die Sicherung der Parteiherrschaft nach innen mit der Spionage nach außen verband.

1.3 Die Zuständigkeit der Hauptabteilung Aufklärung (HVA) innerhalb des MfS

Seine umfassende Aufgabenstellung nahm das MfS durch eine Vielzahl von Hauptabteilungen und anderen Abteilungen wahr. So befaßten sich im nachrichtendienstlichen Bereich die Hauptabteilung II[3] mit dem Komplex der Gegenspionage und die Hauptabteilung III[4] mit dem gesamten Bereich der elektronischen Funkaufklärung der Bundesrepublik Deutschland einschließlich der Überwachung des Telefonnetzes. Der HVA hingegen war, unbeschadet der Zuständigkeit auch anderer Spionagedienste der DDR, etwa des Militärischen Nachrichtendienstes der Nationalen Volksarmee[5], die nachrichtendienstliche Aufklärung des westlichen Auslandes in militärischer, politischer, wirtschaftlicher und wissenschaftlich-technischer Hinsicht übertragen. Sie war in erster Linie für die Spionage gegen die Bundesrepublik Deutschland zuständig. Hervorgegangen 1954/1955 als Hauptabteilung XV des MfS aus dem 1951 eingerichteten „Institut für wirtschaftswissenschaftliche Forschung (IWF)", umbenannt im Frühjahr 1956 in Hauptverwaltung A, war die HVA dem Minister für Staatssicherheit unmittelbar unterstellt worden. Ihr Leiter war von dem Tag ihrer {18} Gründung an bis 1986 Markus Wolf[6] und ab diesem Zeitpunkt Werner Großmann[7]. Als Auslandsnachrichtendienst war die HVA zwar weitgehend autark. Andererseits waren alle Diensteinheiten des MfS gehalten, eng zusammenzuarbeiten, um die operativen Potenzen des Ministeriums voll zu nutzen (Ziffer 9.4 der Richtlinie Nr. 2/79[8] für die Arbeit mit Inoffiziellen Mitarbeitern im Operationsgebiet).

1.3.1 Die Abteilung IV der HVA

Innerhalb der operativen Abteilungen der HVA war die Abteilung IV für die Bearbeitung der militärischen Zentren der Bundesrepublik Deutschland und der NATO zuständig. Zu ihrem Aufgabenbereich gehörte folglich die militärische, militärpolitische und militärstrategische Spionage gegen die Bundesrepublik Deutschland und gegen Schlüsselbereiche der im NATO-Kommandobereich Europa-Mitte stationierten Streitkräfte. Leiter der Abteilung IV war vom 1.10.1967 bis 1.9.1977 der Angeklagte Schütt. In diesem Zeitraum war die Abteilung dem Leiter der HVA nicht unmittelbar unterstellt. Sie gehörte vielmehr zum Anleitungsbereich des damaligen Generalmajors Fruck, der von 1955 bis 1977 stellvertretender Leiter der HVA war.

1.3.2 Die Abteilung VII der HVA

Die von der Abteilung IV beschafften Materialien sind von der Abteilung VII, die dem Leiter der HVA unmittelbar unterstellt war, ausgewertet worden. Als eine von mehreren Auswertungseinheiten der HVA, der unter anderem ausschließlich die Auswertung operativen Materials mit militärischem Bezug oblag, war sie auch für die Auswertung jenes militärischen Materials zuständig, das in Beschaffungsabteilungen mit eigener Auswertung, etwa der Abteilung IX, anfiel. Unter den Auswertungsabteilungen war die Abteilung VII das zentrale Auswertungs- und Informationsorgan der HVA zur Auswertung offener Informationen und geheimen Quellenmaterials. Ihre Aufgabe war es, poli-{19}-tische, militärpolitische und wirtschaftspolitische Informationen für die Partei- und Staatsführung der DDR sowie für die militärischen Bedarfsträger zu erarbeiten. Zuständig für die militärische Auswertung war in erster Linie das Referat 4. Leiter dieses Referats war vom 1.7.1975 bis 1.4.1987 Oberstleutnant Dr. Busch. Dieser fungierte seit 1.4.1987 auch als stellvertretender Abteilungsleiter.

Die von den Abteilungen IV und IX beschafften Materialien mit militärischem Bezug gelangten mit einem vom jeweiligen Abteilungsleiter abgezeichneten Begleitschreiben und mit einem Informationsdeckblatt versehen auf der Abteilungsleiterebene in die

Abteilung VII. Dort wurde das Material als Eingangsinformation dokumentiert und sodann über den Referatsleiter dem jeweiligen Sachbearbeiter zugeleitet. Aus dem Informationsdeckblatt ließen sich regelmäßig die beschaffende Abteilung, der jeweilige Führungsoffizier und der Deckname oder die Registriernummer der Quelle entnehmen. Ebenso waren hieraus Quellenschutzvorbehalte erkenntlich sowie der jeweilige Verteiler, das heißt, es war ersichtlich, welche weiteren Stellen das Material erhalten sollten oder es bereits erhalten hatten. Sämtliches „agenturisch" beschaffte Material war von der Beschaffungsabteilung bereits administrativ vorbehandelt worden. Dies bedeutete, daß der vorgangsführende Mitarbeiter der Beschaffungsabteilung von sämtlichen an die Auswertung gelieferten Kopien alle Hinweise entfernt hatte, die Rückschlüsse auf Standort und Position sowie Klar- oder Arbeitsnamen der Quelle zuließen. Alle von der Abteilung VII erarbeiteten Ausgangsinformationen wurden mit einem entsprechenden Verteilervorschlag über den Leiter der Abteilung an den Leiter der HVA und von dort aus an den Minister für Staatssicherheit weitergeleitet. Grundsätzlich mußte sämtliches ausgewertete Material, das für Bedarfsträger außerhalb des MfS bestimmt war, diesem vorgelegt werden. Erst aufgrund eines von diesem bestätigten Verteilers konnten Ausarbeitungen der Abteilung VII über die Zentrale Auswertungs- und Informationsgruppe (ZIAG) des MfS etwa an den Staatsratsvorsitzenden {20} und Vorsitzenden des Nationalen Verteidigungsrates, an den Sekretär für Sicherheit beim Politbüro, an den Minister für Verteidigung, an den Chef des Hauptstabes der Nationalen Volksarmee, an den Chef der Militärischen Abwehr der Nationalen Volksarmee oder an weitere Bedarfsträger gelangen. Die Beschaffungsabteilung wurde von der Abteilung VII auf dem Dienstweg jeweils informiert, wenn das beschaffte Material von besonderer Wertigkeit war, erstmals neue Erkenntnisse enthielt oder wenn eine Rückmeldung erwünscht war.

1.3.3 Die Abteilung IX der HVA

Zur Aufklärung gegnerischer Dienste (äußere Abwehr) wurde durch Befehl Nr. 14/73 des Ministers für Staatssicherheit vom 23.4.1973 die Abteilung IX (Gegenspionage) gegründet und dem Leiter der HVA unmittelbar unterstellt. Der Angeklagte Schütt wurde am 1.8.1977 Leiter dieser Abteilung.

Die Abteilung IX gliederte sich in die drei Arbeitsbereiche A, B und C. Der Bereich A war unter anderem zuständig für die gegen gegnerische Aufklärungs- und Nachrichtendienste, unter anderem den BND, gerichteten operativen Vorgänge. Entsprechend dem Ziel der umfassenden Ausspähung staatlicher Einrichtungen der Bundesrepublik Deutschland beschränkte sich die HVA hierbei nicht auf das Ausspionieren von Diensten, die – wie der BND – durch Erschließung und Führung von Quellen in die DDR hineinwirkten. Zum Aufgabenbereich der Abteilung IX gehörte vielmehr auch das Eindringen in reine Abwehrdienste wie in den MAD (Referat 2) und in die Verfassungsschutzämter der Bundesrepublik Deutschland und ihrer Länder sowie die Infiltration von Polizeibehörden des Bundes und der Länder (Referate 4 und 6).

Die im Bereich A und im Bereich B, zuständig für die Absicherung der DDR-Auslandsvertretungen, gewonnenen Erkenntnisse wurden im Bereich C ausgewertet, aufbereitet, gespeichert oder weitergegeben. Informationen, die von anderen Abteilungen über gegnerische Dienste gewonnen wurden, sind vom Leiter {21} der Abteilung

IX an den Bereich C zur Auswertung weitergegeben worden. In gleicher Weise wurden Informationen, die von Quellen der Abteilung IX beschafft wurden, aber nicht in den Zuständigkeitsbereich der Abteilung IX fielen, etwa Materialien mit militärischem Bezug, zur Auswertung an die Abteilung VII gegeben.

1.4 Führungsgrundsätze, Leiterverantwortlichkeit und Planorientierung

Grundlegendes Führungsprinzip im MfS war die sogenannte Einzelleitung (§ 8 des Statuts und Abschnitt 4 der Grundsätze für den Dienst im Ministerium für Staatssicherheit (Dienstordnung). Demgemäß verstand sich das MfS als eine nach dem militärischen Grundsatz von Befehl und Gehorsam geführte Behörde (Abschnitte 2 und 3 der Dienstordnung). Hiernach war jeder Mitarbeiter für den ihm unterstellten Bereich gegenüber seinem Vorgesetzten verantwortlich; Befehle wurden stets dem unmittelbaren Untergebenen erteilt. Jeder Leiter einer Diensteinheit war im Rahmen seines Zuständigkeitsbereichs seinem jeweiligen Vorgesetzten für die Lösung gestellter Aufgaben verantwortlich. Für die Führung wichtiger Inoffizieller Mitarbeiter (Agenten) im Operationsgebiet (westliches Ausland) war der Leiter einer Diensteinheit unmittelbar verantwortlich. Ihm war aufgegeben (Ziffer 9.3 Abschnitt 2 der Richtlinie Nr. 2/79), persönlich an der Führung solcher IM-Vorgänge teilzunehmen und die erforderlichen Entscheidungen rechtzeitig mit hoher Sachkenntnis und Verantwortung zu treffen.

Das Prinzip der uneingeschränkten Leiterverantwortlichkeit korrespondierte wiederum mit dem Prinzip der Bindung an politisch-operative Planvorgaben (vgl. die Richtlinie Nr. 1/80 vom 16.6.1980 für die Planung der politisch-operativen Arbeit im Ministerium für Staatssicherheit – Planungsrichtlinie). Diese bestimmte die volle Verantwortung der Leiter für die {22} Planung in ihrem Verantwortungsbereich (Planungsrichtlinie Präambel S. 6 unten), insbesondere für die Entwicklung, Bearbeitung und den Abschluß operativer Vorgänge (Planungsrichtlinie Ziffer 2.4 Seite 13 oben).

1.5 Die Inoffiziellen Mitarbeiter (IM)

1.5.1 Grundlagen

Einen Kernbereich der Tätigkeit des MfS bildete die Erschließung und Führung sogenannter Inoffizieller Mitarbeiter (IM). Hierzu bestimmte Ziffer 9 Satz 1 der Richtlinie Nr. 2/79, daß die Arbeit mit Inoffiziellen Mitarbeitern auf allen Leitungsebenen in den Mittelpunkt der Führungs- und Leitertätigkeit zu rücken sei. Ziffer 2.1 dieser Richtlinie definierte die Inoffiziellen Mitarbeiter als Bürger der DDR oder anderer Staaten, die auf der Grundlage ihrer objektiven und subjektiven Voraussetzungen Aufträge des MfS konspirativ erfüllen. Als wichtigste Form der IMs wurden Quellen angesehen. Sie werden in Ziffer 2.3 der Richtlinie Nr. 2/79 als Personen bezeichnet, die über geheime feindliche Absichten, Pläne und Aktionen, über das feindliche Potential sowie über interne Lagebedingungen informieren können. Quellen waren gezielt in „feindlichen“ Organisationen, etwa in einem westlichen Nachrichtendienst, tätig. Von ihnen wurde eine gesellschaftliche oder berufliche Position erwartet, die ihnen den Zugang zu geheimen Informationen bzw. den vertraulichen Kontakt zu Geheimnisträgern ermöglichte.

Ausgehend von seiner Erkenntnis, daß die „Effektivität und Sicherheit der Bearbeitung feindlicher Zentren und Objekte die arbeitsteilige Organisation der Arbeit mit IMs erforderte“, arbeitete das MfS mit einer Vielzahl unterschiedlicher IM-Kategorien. {23}

So konnte ein IM als „Resident“ in das Operationsgebiet übersiedeln, um dort, legalisiert durch ständigen Wohnsitz und falsche Personalien, neben dem Führungsoffizier in der DDR einen Agenten zu führen.

Ein IM als Instrukteur hatte als Beauftragter der Zentrale (Führungseinheit im MfS) einen IM im Operationsgebiet anzuleiten, die Erfüllung festgelegter Aufgaben zu sichern und die Zentrale zu informieren.

Kuriere wiederum hatten als IM Informationen, operativ-technische und finanzielle Mittel zwischen dem MfS und dem IM konspirativ zu transportieren. Aufenthalt und Bewegung im Operationsgebiet hatten unter den gleichen Bedingungen und Anforderungen wie beim Instrukteur zu erfolgen.

1.5.2 Führung

Bei der Führung von IM im Operationsgebiet war zwischen der verwaltungsmäßigen und technischen Betreuung einerseits und der inhaltlich-perspektivischen Ausgestaltung des Agentenverhältnisses andererseits zu unterscheiden. Soweit Ziffer 9.3 der Richtlinie Nr. 2/79 die unmittelbare Teilnahme und Verantwortung des Leiters an der Vorgangsarbeit festschreibt, wird die inhaltliche Leitung der IM-Beziehung angesprochen. Die perfekte Ausgestaltung des Agentenverhältnisses in logistischer Hinsicht wird hierbei vorausgesetzt. {24}

1.5.3 Treffs als Führungsmittel

Eine zentrale Funktion im Führungs- und Verbindungswesen stellen die Treffs zwischen dem IM-führenden Mitarbeiter und dem IM dar (Ziffern 4.1 und 5 der Richtlinie Nr. 2/79). Hierunter verstand das MfS die vertraulich-konspirative Zusammenkunft zur Übermittlung von Informationen und Material. Im Hinblick auf die Möglichkeit der konkreten personen- und sachbezogenen Auftragserteilung, Instruktion, Berichterstattung und Überprüfung der Zuverlässigkeit des IM war diese Form der Zusammenarbeit von besonderem Wert für die IM-führende Stelle. Häufigkeit, Dauer und Ausgestaltung der Treffs bringen die Wichtigkeit des Agentenverhältnisses zum Ausdruck. Da Treffs dem Leiter der vorgangführenden Stelle die unmittelbare Einflußnahme zur Anleitung, Kontrolle und Festigung des Vertrauensverhältnisses ermöglichen (Ziffer 9.3 Absatz 1 der Richtlinie Nr. 2/79), bilden sie ein herausgehobenes Führungsmittel. Sie waren verbindlich zu planen und zu dokumentieren (Ziffer 5.4 letzter Absatz der Richtlinie Nr. 2/79).

1.5.4 Offizier im besonderen Einsatz (OibE)

Für besonders bedeutsame Aufgaben konnte ein IM zum Offizier im besonderen Einsatz ernannt werden (Ziffer 2.3 der Richtlinie Nr. 2/79). Als solchen bezeichnete man einen hauptamtlichen MfS-Angehörigen, der aufgrund besonderer Qualifikation und unter Beibehaltung seines Status aus dem MfS herausgelöst wurde, unter Legendierung ein normales Arbeitsverhältnis einnahm und sodann konspirativ für das MfS tätig wurde. Der Einsatz von OibE konnte insbesondere „zur Erarbeitung von Informationen erfolgen, um jene Bereiche, Prozesse, Personen und Personenkreise im Verantwortungsbereich zu erkennen und zu sichern, die für die allseitige Erfüllung der sicherheitspolitischen Aufgaben von besonderer Bedeutung sind" (Ordnung {25} Nr. 6/86 vom 17.3.1986 über die Arbeit mit Offizieren im besonderen Einsatz des MfS – OibE-Ordnung).

Abschnitt 2.4 der OibE-Ordnung führte hierzu aus:

Der politisch-operative Arbeitsauftrag und die besonderen Einsatzbedingungen stellen hohe Anforderungen an die Persönlichkeit der OibE.
Sie müssen
- sich durch bewiesene Treue und Ergebenheit zur Partei, der Arbeiterklasse und feste Verbundenheit mit dem MfS auszeichnen;
- die Fähigkeit zur selbständigen politisch-operativen Lageeinschätzung und zur eigenverantwortlichen Lösung aller gestellten Aufgaben außerhalb tschekistischer Kollektive besitzen;
- durch hohe politische und fachliche Qualifikation und ihre Persönlichkeit die Gewähr dafür bieten, den politisch-operativen Auftrag wirkungsvoll im Interesse der Gesamtaufgabenstellung des MfS mit den im Einsatzobjekt gestellten Aufgaben zu verbinden und zu realisieren;
- charakterlich-moralisch gefestigt und unter allen Lagebedingungen persönlich unantastbar sein.

Für den Einsatz als OibE waren nur Angehörige des MfS auszuwählen, die den genannten Persönlichkeitsanforderungen entsprachen und über langjährige politisch-operative Erfahrungen verfügten bzw. gezielt auf ihre Einstellung in das MfS und den Einsatz als OibE planmäßig und schwerpunktorientiert als Perspektivkader in der inoffiziellen Zusammenarbeit vorbereitet waren (Ziffer 4.1 der OibE-Ordnung).

Folgerichtig stand an der Spitze einer Residentur als höchster Organisationsform der Führung eines IM in der Regel ein Offizier im besonderen Einsatz (Ziffer 5.3 der Richtlinie Nr. 2/79).

1.6 Die Zusammenarbeit des MfS mit dem KGB

Das MfS arbeitete mit dem KGB eng zusammen. {26}

So hatten der Minister für Staatssicherheit der DDR Mielke und der Vorsitzende des KGB Andropow „in Übereinstimmung mit den Verpflichtungen der Union der Sozialistischen Sowjetrepubliken und der Deutschen Demokratischen Republik aus dem Warschauer Vertrag über Freundschaft, Zusammenarbeit und gegenseitigen Beistand" am 6. Dezember 1973 eine Vereinbarung über die Zusammenarbeit zwischen dem MfS und dem KGB geschlossen und am 29. März 1978 ein diesbezügliches Protokoll unterzeichnet. Die Vereinbarung hatte u.a. folgenden Inhalt:

„*Artikel I*
Beide Seiten verpflichten sich zum gegenseitigen Austausch
– von … militärischen … Aufklärungsinformationen über den Gegner …;
– von operativen Materialien und Informationen über die Arbeitsformen und -methoden der Aufklärungs…dienste des Gegners … sowie über die operative Lage in den von beiden Seiten aufzuklärenden Ländern;

…

– von Informationen über Machenschaften ... feindlicher Geheimdienste gegen Bürger der UdSSR und der DDR, ... sowie von Informationen über verdächtige Kontakte von Bürgern der UdSSR und der DDR zu Vertretern und Bürgern kapitalistischer Staaten;

...

Artikel VII

Beide Seiten erachten es für notwendig, die Zusammenarbeit zu festigen und ihre Tätigkeit zur rechtzeitigen Aufdeckung und Vereitelung der feindlichen Pläne und Aktionen imperialistischer Staaten vom Territorium der BRD und Westberlins zu aktivieren, ...

Zur Lösung dieser Aufgaben haben beide Seiten vereinbart, daß in der DDR eine Vertretung des Komitees für Staatssicherheit beim Ministerrat der Union der Sozialistischen Sowjetrepubliken beim Ministerium für Staatssicherheit der Deutschen Demokratischen Republik (Vertretung des KfS beim MfS der DDR) in Berlin und in den Bezirken tätig sein wird, deren Stationierung und zahlenmäßige Stärke entsprechend der operativen Notwendigkeit festgelegt wird. {27}

...

Artikel VIII

...

Beide Seiten werden bei der Absicherung von Maßnahmen, die vom Oberkommando der Vereinigten Streitkräfte des Warschauer Vertrages durchgeführt werden, zusammenarbeiten und die vorhandenen operativen Möglichkeiten dafür ausnutzen.

...“

Im übrigen bestimmte S. 6 des Statuts des MfS vom 30.7.1969:

Das MfS wirkt auf der Grundlage internationaler Verträge und Vereinbarungen im Kampf gegen den gemeinsamen imperialistischen Feind mit den Sicherheitsorganen sozialistischer Staaten zusammen.

Dementsprechend fanden zur Erörterung und Abstimmung der wesentlichen Fragen der äußeren Abwehr regelmäßige Konsultationen statt. Ferner gab es zwischen dem MfS bzw. der HVA und dem KGB einen geregelten Informationsaustausch, wobei dem KGB vornehmlich Erkenntnisse übermittelt wurden, die die Sowjetunion betrafen.

1.7 Der Beitritt der DDR und das Ende der Ost/West-Konfrontation

Die grundlegenden Veränderungen in den Ländern des ehemaligen Ostblocks ermöglichten es nicht nur, daß in der DDR ein Demokratisierungsprozeß begann, das MfS und die HVA aufgelöst wurden und die DDR am 3. Oktober 1990 der Bundesrepublik beitrat, sondern führten auch zur Beendigung des „Kalten Krieges“. So beschloß der Politische Beratende Ausschuß des Warschauer Paktes auf seiner letzten Tagung am 1. Juli 1991 in Prag offiziell die Auflösung des Warschauer Paktes. Der Abzug der sowjetischen Truppen aus der CSFR wurde im Juni 1991 abgeschlossen. Die in Polen stationierten sowjetischen Einheiten haben inzwischen das Land verlassen. Der vollständige Abzug der sowjetischen Streitkräfte aus dem Gebiet der ehemali-{28}gen DDR und Berlins ist gemäß Art. 4 des Zwei-Plus-Vier-Vertrags vom 12. September 1990 bis Ende des Jahres 1994 vorgesehen. Darüber hinaus sind in einigen Staaten Osteuropas inzwischen Veränderungen in der Struktur und Dislozierung der eigenen Streitkräfte erkennbar. So kam es in Polen und in der CSFR zu einer erheblichen Senkung des Streitkräfteumfangs. Die CSFR begann zudem mit der Auflösung des bisherigen operativen Schwergewichts der Armee gegenüber Süddeutschland und mit einer gleichmäßigen Verteilung der Verbände entlang der Landesgrenzen. In Polen geschieht Ähnliches. Diese Veränderungen geben dem Westen wiederum Anlaß zur Entwicklung einer neuen Verteidigungskonzeption. Sie wird entscheidend dadurch beeinflußt werden, daß eine Reihe früherer Ostblockstaaten inzwischen vertragliche Abmachungen mit der NATO mit dem Fernziel getroffen hat, dieser Verteidigungsallianz beizutreten.

2. *Die Straftat der von den Angeklagten geführten Gebrüder Alfred und Ludwig Spuhler*

⊗ Der folgende Abschnitt beschäftigt sich zunächst mit dem beruflichen Werdegang, der nachrichtendienstlichen Verstrickung sowie der Ausstattung und Unterweisung der Gebrüder Spuhler. Anschließend wird das von ihnen gelieferte Material, seine Weitergabe, Verarbeitung und Bewertung durch die der HVA beschrieben. (Diese Textpassagen unterliegen teilweise dem Geheimschutz.) Daraufhin werden die materiellen Vorteile sowie die möglichen Auswirkungen der Verratstätigkeit der Gebrüder Spuhler dargestellt. Abschließend wird die Beendigung des Agentenverhältnisses und die Verurteilung der Gebrüder Spuhler geschildert. Zu den genannten Punkten vgl. bereits lfd. Nr. 3-1, S. 348 f. bzw. S. 352 ff. ⊗

3. *Die Straftat des Angeklagten Schütt*

3.1 Beruflicher Werdegang und Aufgabenbereich in der HVA

Nach seiner Versetzung zur HVA im November 1956 wurde der Angeklagte erneut auf die Verfassung der DDR vereidigt. Ihm wurde im Bereich der militärischen Aufklärung zunächst die Leitung des Referats 1 der Abteilung II in der Hauptabteilung II übertragen.

1960 wurde er stellvertretender Leiter der Abteilung II in der Hauptabteilung II, im Herbst 1965 kommissarischer Leiter der genannten Abteilung, die inzwischen zur Abteilung IV geworden war, und im Herbst 1967 deren Leiter.

Nachdem er ab Ende 1965 ein Abendstudium absolviert und dieses im Juli 1967 mit der Reifeprüfung abgeschlossen hatte, bildete er sich von September 1967 bis Anfang 1971 im Wege eines Fernstudiums in Kriminalistik aus. Von September 1975 bis Juli 1976 besuchte er im Anschluß an einen Sprachkurs in Russisch an der Hochschule der KPdSU in Moskau einen Lehrgang für Marxismus/Leninismus.

Am 1.8.1977 wurde ihm die Leitung der Abteilung IX übertragen. {67}

Befördert wurde Schütt ca. 1958 zum Major, ca. 1964 zum Oberstleutnant, 1972 zum Oberst und am 1.2.1988 zum Generalmajor. Während der Zeit seiner Tätigkeit als Leiter der Abteilungen IV und IX wurde er u.a. 1973 mit dem sowjetischen Orden des Roten Sterns, dem Vaterländischen Verdienstorden in Silber (1977) und Gold (1980), einer Medaille für die Stärkung der Kampfgemeinschaft mit der Sowjetunion (1984) und dem sowjetischen Rotbannerorden (1985) ausgezeichnet.

3.2 Tätigkeit im Fall Spuhler

Als die Operation „Peter" in der Abteilung IV der HVA anlief, war Schütt Abteilungsleiter. In dieser Funktion wie auch später in seiner Stellung als Leiter der Abteilung IX der HVA führte er die Quelle „Peter" persönlich bis zu deren Abschaltung im November 1988 im Sinne der inhaltlich-perspektivischen Ausgestaltung des Agentenverhältnisses. Gegenüber seinen Vorgesetzten in der HVA, Fruck und Wolf, war er nicht nur wegen seiner formalen Stellung als Abteilungsleiter, sondern aufgrund seiner unmittelbaren Anleitung der Quelle „Peter" für deren effektive Führung voll verantwortlich. So wurde auch, nachdem die Quelle „Peter" zum Jahresbeginn 1978 formell der Abteilung IX übertragen worden war, mit deren Führung nicht etwa der an sich zuständige Leiter des dortigen Bereichs A oder einer seiner Mitarbeiter in dem für die Bearbeitung des BND zuständigen Referat 1 betraut. Die Quelle „Peter" wurde vielmehr auf Weisung von Markus Wolf weiter vom nunmehrigen Abteilungsleiter Schütt geführt.

3.2.1 Die Tätigkeit des Angeklagten Schütt in der Anbahnungsphase

Bereits beim ersten Kontaktgespräch, das Mitarbeiter der Abteilung IV im Spätherbst 1971 mit Alfred Spuhler führten, schaltete sich der Angeklagte ein. Er war auch anwesend, als beim ersten gemeinsamen Zusammentreffen der Gebrüder Spuhler {68} mit Mitarbeitern der HVA im Frühjahr 1972 in Ostberlin die beiderseitige Zusammenarbeit durch Handschlag besiegelt und die Aufgabenverteilung festgelegt wurde. Durch die Wünsche seitens der Gesprächspartner der HVA, an welchem Material man in erster Linie interessiert war, bestimmte er die Richtung, in der die Quelle „Peter" abzuschöpfen war. So legte der Angeklagte Schütt von Anfang an großen Wert auf die Beschaffung der Militärischen Lageberichte Ost. Wünsche zur Lieferung speziellen Materials, die an Alfred Spuhler ansonsten kaum herangetragen wurden, betrafen z.B. Erkenntnisse des BND zur Entwicklung in Polen, zur Verbindung des Vatikans zu Polen oder zu den Wiener Abrüstungsverhandlungen.

3.2.2 Die Tätigkeit des Angeklagten in der Durchführungsphase

3.2.2.1 Inhaltliche Führung

Unbeschadet der Selbständigkeit, mit der Alfred Spuhler aufgrund seines Fachwissens und seines Bestrebens tätig war, der HVA alles aus seiner Sicht interessante Material zur Verminderung der westlichen militärischen Überlegenheit zur Verfügung zu stellen, schaltete sich der Angeklagte auch in die Ausgestaltung der Agentenbeziehung ein. Die Wahrnehmung seiner Führungsverantwortung erschöpfte sich hierbei nicht im administrativen Geschehen, wozu ihn seine Planungszuständigkeit, seine Weisungs- und Befehlsbefugnisse sowie seine Unterrichtungspflicht gegenüber Vorgesetzten in wichtigen Fragen ohnehin verpflichtete. Hierzu zählte etwa auch die Aufnahme der von der Quelle „Peter" erwarteten Leistungen in den jeweiligen Jahresplan der Abteilung, der zur Genehmigung der Leitung der HVA vorzulegen war, sowie die Genehmigung der Treffpläne in Drittländern. Ebenso zählte hierzu die Bestätigung des finanziellen Rahmens, innerhalb dessen Devisen zur Verfügung gestellt werden konnten. Hierbei konnte der Ange-{69}klagte als Abteilungsleiter einmalige Zahlungen bis zu 5 000 DM und laufende Zahlungen bis zu 18 000 DM jährlich selbst bewilligen, ohne die Zustimmung von Vorgesetzten einzuholen.

Schütt nahm vielmehr angesichts der herausragenden Bedeutung der Quelle „Peter“ wiederholt selbst an Führungstreffs mit den Gebrüdern Spuhler in Drittländern teil. Wichtige Themen bei diesen Treffs waren u.a. der von Alfred Spuhler gewünschte Wechsel aus der Abteilung II des BND in die Abteilung I, die bei der Auswahl des Verratsmaterials zu beachtenden Prioritäten sowie die Beschränkung des Umfangs des Verratsmaterials, die im Laufe der Jahre angesichts der von den Gebrüdern Spuhler gelieferten Materialfülle und der beschränkten Kapazität der Abteilung VII dringend erforderlich war. Der Angeklagte kümmerte sich hierbei im Rahmen der Führung der Agenten Spuhler auch um private Belange. Als etwa Alfred Spuhler, mit dem sich der Angeklagte schließlich duzte, sich Mitte 1984 von seiner Ehefrau trennte und wegen der für diese und seine beiden Kinder zu leistenden Unterhaltszahlungen in einen finanziellen Engpaß geriet, war auch dieser Umstand Gegenstand eines Gesprächs mit dem Angeklagten Schütt. Daneben sparte Schütt wie auch seine Vorgesetzten über die materiellen Zuwendungen hinaus nicht mit Anerkennung für die Gebrüder Spuhler. So überreichte Schütt persönlich jedem im Laufe der Agententätigkeit drei Kampforden und Alfred Spuhler darüber hinaus auch noch den Vaterländischen Verdienstorden im Bronze, während die Verleihung höherer Ordensstufen den Leitern der HVA vorbehalten blieb. {70}

3.2.2.2 Weitergabe des Verratsmaterials

Zu den wesentlichen Aufgaben des Angeklagten gehörte auch die Entscheidung, welches eingehende Material der Abteilung VII zuzuleiten war, welches Material er den Verbindungsoffizieren des KGB überlassen konnte und wie mit solchem Material zu verfahren war, für dessen Bearbeitung ausschließlich die Abteilung IX zuständig war.

Die Entscheidung darüber, welches Material in welcher Form aus der von ihm geleiteten Abteilung hinausging, wurde von Schütt als Abteilungsleiter getroffen. Sämtliches Material der Quelle „Peter“ mit militärischen Bezug leitete Schütt zuständigkeitshalber an die Abteilung VII. Von dort gelangte es auf dem unter B.1.3.2 beschriebenen Weg an die dort genannten Bedarfsträger der DDR. Kopien von Verratsmaterial, die die militärischen, militärpolitischen oder militärstrategischen Interessen der Sowjetunion berührten, wurden regelmäßig in neutralisierter Form den Verbindungsoffizieren des KGB ausgehändigt. Insoweit bestand zwischen MfS und KGB über die sowjetischen Verbindungsoffiziere ein ständiger und allgemein geregelter Informationsaustausch (vgl. B.1.6). Hierbei wurden dem KGB insbesondere Erkenntnisse aus den Militärischen Lageberichten sowie jene von der Quelle „Peter“ verratenen Dokumente zugänglich gemacht, die Aufschluß über Art und Reichweite der fernmelde- und elektronischen Aufklärungsmöglichkeiten der Bundesrepublik Deutschland und ihrer Verbündeten, insbesondere der USA und Großbritannien, ermöglichten wie etwa die unter B.2.4.1.1 unter den Ziffern 4, 5, 6, 7, 8 und 9 beschriebenen Unterlagen. Die Sowjetunion war hiervon besonders betroffen, weil das westliche Aufklärungssystem nicht nur zur Aufklärung der in der DDR stationierten Streitkräfte der Sowjetunion in der Lage war, sondern darüber hinaus sowjetische Militäreinrichtungen bis zum Ural erfassen konnte. {71}

Aber auch komplexe Ausarbeitungen wie etwa die BND-Studie MIL vom 13.1.1986 über die Rolle der DDR im Warschauer Pakt gelangten nicht nur an den Staatsratsvorsitzenden der DDR, sondern wurden auch dem Vertreter des KGB ausgehändigt.

Die Unterrichtung der Verbindungsoffiziere des KGB erfolgte auch über zusammenfassende Analysen der Abteilung VII, die entweder routinemäßig nach Genehmigung durch den Leiter der HVA und den Minister für Staatssicherheit oder aber zu Geschenkzwecken an besonderen Fest- oder Gedenktagen der Sowjetunion übergeben wurden. So wurde etwa der Militärische Lagebericht Ost für das Jahr 1976 aus Anlaß des 60. Jahrestages der Oktoberrevolution vom Minister für Staatssicherheit an den KGB ausgehändigt. Ebenso hatte die Abteilung VII als jährliche Planaufgabe eine Bedrohungsanalyse des Warschauer Pakts zu erstellen, d.h. eine militärische Ausarbeitung, wie seitens der NATO die Bedrohung durch die Streitkräfte des Warschauer Pakts eingeschätzt wurde. Diesen Analysen lagen weitgehend Materialien der Quelle „Peter", insbesondere Wochen-, Monats- und Jahresberichte, zugrunde. Eine etwa im 2. Halbjahr 1982 durch die Abteilung VII erstellte Analyse zu den westlichen Erkenntnissen über Militärpolitik und Streitkräfte des Warschauer Paktes und anderer sozialistischer Staaten, die der Sowjetunion aus Anlaß des 60. Jahrestages der Staatsgründung übergeben wurde, stützte sich auf über 3 000 Text- und Tabellenseiten, die überwiegend von der Quelle „Peter" stammten.

Soweit von der Quelle „Peter" Material geliefert wurde, das ausschließlich BND-Interna betraf, wurde es vom Angeklagten Schütt in dessen Zeit als Leiter der Abteilung IV an die hierfür zuständige Abteilung IX bzw. vor deren Errichtung an die damals noch zuständige Hauptabteilung II weitergegeben. In welchem Umfang BND-Interna, insbesondere Quellen- und Quellenhintergründe, in der Zeit, als Schütt Leiter der Abteilung IX war und Alfred Spuhler der hierfür zuständigen Ab-{72}teilung I des BND angehörte, der für die Spionageabwehr zuständigen Hauptabteilung II zugänglich gemacht oder hiervon die Sowjetunion oder andere von Quellen des BND tangierte Staaten des Warschauer Paktes unterrichtet wurden, ließ sich nicht feststellen.

3.2.3 Die Tätigkeit des Angeklagten beim Abbruch der Agentenbeziehung

Nachdem die HVA erfahren hatte, daß Material der Quelle „Peter" dem Landesamt für Verfassungsschutz in Westberlin zugespielt worden war, veranlaßte der Angeklagte die Einstellung der nachrichtendienstlichen Tätigkeit der Gebrüder Spuhler wegen der Gefahr ihrer Enttarnung und ordnete die Vernichtung sämtlicher Hilfsmittel an. Etwa im April/Mai 1989 traf er sich mit Böttger und Ludwig Spuhler in Wien. Bei diesem Treff wurde erneut die Gefahr einer Enttarnung der Brüder Spuhler erörtert und vom Angeklagten Schütt darauf hingewiesen, daß der BND im Arbeitsbereich von Alfred Spuhler bereits Ermittlungen durchführe. Darüber hinaus eröffnete Schütt Ludwig Spuhler, daß die nachrichtendienstliche Tätigkeit für die HVA aus Sicherheitsgründen nicht wieder aufgenommen werden solle.

3.3 Der subjektive Tatbestand beim Angeklagten Schütt

Der Angeklagte Schütt handelte willentlich und in Kenntnis aller wesentlichen Tatumstände. Er wußte von Anfang an um alle die Tat der Gebrüder Spuhler kennzeichnenden Umstände. Insbesondere war ihm die Verschlußsacheneinstufung des Verratsmaterials – vorwiegend der Grade „*streng geheim*" und „*geheim*" – bekannt und damit auch die Tatsache, daß es nur einem begrenzten Personenkreis zugänglich war und vor dem {73} potentiellen Gegner geheimgehalten werden mußte. Ihm war auch bewußt, welche Erkenntnisse das Verratsmaterial vermittelte und welche Möglichkeit, die militärische Verteidigungsfähigkeit der Bundesrepublik Deutschland bzw. die Funktionsfähigkeit jedenfalls der technischen Aufklärung des BND zu beeinträchtigen, es eröffnete. Ihm war weiter bewußt, daß die wesentlichen militärischen Erkenntnisse aus dem Verratsmaterial nicht nur den Bedarfsträgern der DDR, sondern auch der Sowjetunion zugänglich gemacht wurden. Er wollte das auch. Schließlich war ihm auch klar, daß seitens der Bundesrepublik Deutschland für die DDR keine Gefährdung ausging, daß er mit seiner Tätigkeit im Rahmen der Operation „Peter“ in die Rechtssphäre der Bundesrepublik Deutschland eingriff und daß dies nach deren Recht mit Strafe bedroht war.

4. Straftat des Angeklagten Böttger

4.1 Beruflicher Werdegang und Aufgabenbereich in der HVA

Böttger war im September 1965 zusammen mit seiner Ehefrau in die Dienste des MfS getreten. Dort wurde er zunächst etwa ein Jahr lang nachrichtendienstlich geschult, anschließend in die Abteilung IV der HVA übernommen und hier bis etwa Frühjahr 1967 auf einen späteren Einsatz in der Bundesrepublik Deutschland vorbereitet, u.a. mit einem etwa achttägigen Aufenthalt in Ahrweiler. Nachdem er im März 1967 mit gefälschten, auf „Günter Arthur Seiler, geb. am 4.5.1939 in Dresden“, lautenden Papieren in die Bundesrepublik eingeschleust worden war, lebte und arbeitete er hier zunächst in Ingolstadt, ab April 1968 in Wiesbaden-Niedernhausen und ab Anfang 1971 in Stuttgart. Am 20.3.1968 heiratete er seine unter dem falschen Namen Ruth Weiße eingeschleuste Ehefrau vor dem Standesamt Ingolstadt erneut. {74}

Etwa Mitte 1972 wurde Böttger von Stuttgart nach Wien beordert, wo er zunächst bei einer Papierfabrik als Angestellter und dann bei der Raiffeisenbank als Kassierer Arbeit fand. Im Herbst desselben Jahres wurde er dazu bestimmt, im Verbindungswesen zwischen der HVA und den Angeklagten Spuhler als Offizier im besonderen Einsatz (OibE) die zentrale Rolle, allerdings ohne wesentliche Entscheidungskompetenzen, zu übernehmen. Den damit verbundenen Aufgaben kam er zunächst von Wien aus und, als er etwa im August/September 1976 aus Sicherheitsgründen von dort abgezogen werden mußte, fortan von Ostberlin aus bis zur Beendigung des Agentenverhältnisses nach. Der Angeklagte hatte zu Beginn seiner Tätigkeit mit den Gebrüdern Spuhler den Dienstgrad eines Majors; später wurde er zum Oberstleutnant befördert. Als Anerkennung seiner Tätigkeit im Fall Spuhler erhielt er zwei Kampforden und den Vaterländischen Verdienstorden in Bronze und Silber verliehen.

4.2 Tätigkeit im Fall Spuhler

4.2.1 Die Tätigkeit des Angeklagten in der Anbahnungsphase

Böttger wurde ca. im September 1972 im Beisein von Generalmajor Fruck Ludwig Spuhler als zukünftiger Verbindungsmann vorgestellt. Er war damit einverstanden. Das erste Arbeitstreffen mit den Gebrüdern Spuhler nahm Böttger am 7.10.1972 in Salzburg wahr. Beide waren zur Zusammenarbeit mit ihm bereit. Zwischen Schütt, Böttger und den Gebrüdern Spuhler bestand nun Einverständnis, in arbeitsteiliger Weise zusammenzuwirken, um auf diese Weise die durch Alfred Spuhler aus der Zentrale des BND zu gewinnenden militärischen und nachrichtendienstlichen Erkenntnisse in umfassender Weise für die Interessen der DDR und der Sowjetunion nutzbar zu machen. In der Folgezeit wies Böttger zusammen mit Spezialisten des MfS Ludwig Spuhler in seinen Aufgabenbereich ein, so u.a. in die Handhabung der einzelnen nachrichtendienstlichen Hilfsmittel, {75} in das Bestücken und Entleeren „Toter Briefkästen", in das Chiffrieren von Texten, in das Dechiffrieren von A3-Funk-Sendungen und verschlüsselter Mitteilungen sowie in das Abschütteln möglicher Observanten.

4.2.2 Die Tätigkeit des Angeklagten in der Durchführungsphase

4.2.2.1 Böttger als illegaler Resident und Instrukteur in Wien

Die wesentliche Aufgabe von Böttger während seines Aufenthalts in Wien bestand in der menschlichen Kontaktpflege und in der technischen Abwicklung der Agentenbeziehung. Um diese für das Gelingen der gemeinschaftlichen Tätigkeit unverzichtbare Funktion einer Schaltstelle zwischen den Agenten und dem MfS wahrnehmen zu können, war er von sämtlichen anderen Diensten freigestellt. Die gemeinsame politische Überzeugung wie auch sein eigenes Interesse am beruflichen Fortkommen und an gesellschaftlicher Anerkennung ließ schließlich die dienstliche Aufgabe der Betreuung der Gebrüder Spuhler so zur eigenen Sache des Angeklagten werden, daß ihn ein ausgesprochenes freundschaftliches Verhältnis mit diesen verband.

Ludwig Spuhler und Böttger trafen sich zunächst etwa alle sechs Wochen und ab 1975 ca. drei- bis viermal im Jahr, in der Regel über ein ganzes Wochenende, häufig im Wochenendhaus des Ludwig Spuhler in Thiersee. Bei den Treffs wurde etwa zwei Jahre lang regelmäßig Verratsmaterial übergeben, danach nur noch in Einzelfällen. Ebenso wurden die Treffs zur Aushändigung von nachrichtendienstlichen Hilfsmitteln und von Geldbeträgen an die Gebrüder Spuhler benutzt. In erster Linie dienten sie aber der Klärung offener Fragen und der Instruktion der Gebrüder Spuhler. So wurden etwa Rückfragen übermittelt, die sich aus der Auswertung des gelieferten Materials ergeben hatten, es wurden detaillierte Anweisungen weitergegeben, wie etwa der Wunsch von Markus Wolf, handschriftliche {76} Aufzeichnungen vor ihrer Weitergabe an die HVA in Maschinenschrift zu übertragen oder es wurden Einzelheiten zum Verbindungsweg, wie etwa die Daten zur Bestückung der in Betrieb genommenen TBKs besprochen.

4.2.2.2 Böttger als Instrukteur und Kurier in Ostberlin

Auch nach seinem Abzug aus Wien war Böttger weiterhin ausschließlich zur Betreuung der Gebrüder Spuhler eingesetzt. Seine Tätigkeit nahm er von einer konspirativen Wohnung aus wahr, in der er für die Gebrüder Spuhler auch telefonisch erreichbar war (vgl. B.2.5.3). An der Art und Weise der Durchführung von Treffs hatte sich durch den Ortswechsel Böttgers nichts geändert. So organisierte er auch das Zusammentreffen der Gebrüder Spuhler mit dem Leiter der HVA in Dresden bzw. in Ostberlin sowie in Budapest.

Das in TBKs antransportierte Verratsmaterial wurde nunmehr zunächst an ihn zur Weiterleitung an die HVA ausgehändigt. Ab Anfang August 1978 sortierte Böttger die von den entwickelten Filmen gefertigten Abzüge mit Hilfe seiner Ehefrau und reichte über Schlegel, einem Mitarbeiter von Schütt, das ihm wichtig erscheinende Material an den Angeklagten Schütt weiter, das übrige Material zur weiteren Auswertung an den Leiter des Bereichs C der Abteilung IX.

4.2.3 Die Tätigkeit des Angeklagten beim Abbruch der Agentenbeziehung

Auf Anweisung von Schütt rief Böttger Ludwig Spuhler Ende November 1988 an dessen Arbeitsplatz an und flocht dabei in das Gespräch das Stichwort „Bergverein" ein. Damit brachte er gegenüber Ludwig Spuhler in verklausulierter Form zum Ausdruck, daß für seinen Bruder und ihn Gefahr bestand sowie, daß alle nachrichtendienstlichen Tätigkeiten eingestellt und sämtliche Hilfsmittel vernichtet werden sollten. {77}

Bereits kurz darauf trafen sich Böttger und Ludwig Spuhler, der nunmehr den Decknamen „Georg" erhalten hatte, in Wörgl. Hierbei berichtete Böttger, daß den deutschen Sicherheitsbehörden ein Papier aus dem Verratsmaterial in die Hände gefallen sei, das möglicherweise zu einer Enttarnung der Brüder Spuhler führen könne. Gleichzeitig wies er Ludwig Spuhler an, sie sollten sich ruhig verhalten und alle nachrichtendienstlichen Hilfsmittel vernichten. Dieser Weisung kamen Alfred und Ludwig Spuhler nach.

Nachdem sich Böttger zusammen mit Schütt im April/Mai 1989 mit Ludwig Spuhler in Wien getroffen hatte, sollte ein nächstes Treffen mit Ludwig Spuhler Mitte September 1989 in Athen stattfinden. Dieses scheiterte jedoch, weil Böttger die zwischenzeitlich auf Ludwig Spuhler angesetzten Observationskräfte entdeckt hatte und deshalb, ohne den Treff wahrzunehmen, nach Ostberlin zurückgekehrt war, wo ihn Ludwig Spuhler lediglich telefonisch sprechen konnte. Ein für Mitte Dezember 1989 vereinbartes weiteres Treffen zwischen Böttger und Ludwig Spuhler kam wegen der Verhaftung der Gebrüder Spuhler nicht mehr zustande.

4.3 Der subjektive Tatbestand beim Angeklagten Böttger

Auch der Angeklagte Böttger handelte willentlich und in Kenntnis aller Tatumstände. Ihm war die Sekretur des Verratsmaterials, dessen beschränkte Zugänglichkeit und Geheimhaltungsbedürftigkeit gegenüber dem potentiellen Gegner bekannt. Er wußte um den Informationswert des Verratsmaterials und die Möglichkeit, dadurch die militärische Verteidigungsfähigkeit der Bundesrepublik Deutschland und die Aufklärungsfähigkeit des BND erheblich zu beeinträchtigen. {78}

Auch kannte er die wesentlichen die Straftat der Gebrüder Spuhler kennzeichnenden Fakten. Ihm war bewußt, daß er durch sein Verhalten in die Rechtssphäre der Bundesrepublik Deutschland eingriff, obwohl von dieser eine Gefährdung der DDR nicht ausging und daß er sich dadurch nach dem Recht der Bundesrepublik Deutschland strafbar machte. Auch er wußte und war damit einverstanden, daß die Erkenntnisse aus dem Verratsmaterial den Bedarfsträgern in der DDR zugänglich gemacht wurden. Ebenso rechnete er damit und war damit auch einverstanden, daß die wesentlichen militärischen Verratserkenntnisse der Sowjetunion zur Verfügung gestellt wurden.

C. Beweiswürdigung

Dieser Sachverhalt steht als Ergebnis der Hauptverhandlung zur Überzeugung des Senats fest.

1. Die Einlassung der Angeklagten

1.1. Beide Angeklagte schilderten ihren persönlichen und beruflichen Werdegang so, wie er unter A.1 und A.2 sowie unter B.3.1 und B.4.1 festgehalten ist.

Sie räumen darüber hinaus ihre Beteiligung an den Straftaten ein, wie es der Senat unter B.3.2 und B.4.2 festgestellt hat, abgesehen von den unter C.1.3 genannten Einschränkungen.

1.2 Ferner räumten sie insbesondere auch jene Umstände ein, die der Senat

zum Beginn des Agentenverhältnisses (B.2.2, Seite 31 letzter Absatz bis Seite 32 unten),
zur Ausstattung und Unterweisung der Agenten (B.2.3), {79}
zur Weitergabe des Verratsmaterials und zur Verbindung mit der HVA (B.2.5),
zur Zugänglichkeit, Aktualität, zum Umfang und zur Aufbereitung des Verratsmaterials (B.2.4.1.2 und B.2.4.1.4),
zu den Einzelheiten des Verratsmaterials (B.2.4.1, B.2.4.1.1 und B.2.4.1.3) sowie
zum Umfang der den Gebrüdern Spuhler erwachsenen materiellen und immateriellen Vorteile (B.2.6 und B.2.7) getroffen hat.

1.3 Abweichend von den Feststellungen unter B.3.2 und B.2.8.1 machte der Angeklagte Schütt folgende Einschränkungen:

Er sei bereits von Februar 1975 an zunächst wegen Urlaubs, dann wegen eines Russisch-Sprachkurses und eines anschließenden Studiums an der Parteihochschule der KPdSU in Moskau nicht in der Abteilung IV der HVA tätig gewesen. Für diesen Zeitraum (Februar 1975 bis 1.9.1976) sei er für die Operation „Peter" nicht verantwortlich (vgl. hierzu unter C.8).

Auf Abteilungsleiterebene habe es zwar einen Informationsaustausch mit Verbindungsoffizieren des KGB gebeten. Seitens der Abteilung IX der HVA sei dieser aber eher restriktiv betrieben worden. Quellen seien dem KGB oder der Hauptabteilung II grundsätzlich nicht zugänglich gemacht worden. Material mit militärischem Bezug, so die Jahresberichte, seien von der Abteilung IX an die Abteilung VII gegeben worden. Im übrigen machten sowohl der Angeklagte Schütt als auch der Angeklagte Böttger keine Angaben zum Fluß des Verratsmaterials innerhalb der HVA und zu weiteren Einzelheiten der Zusammenarbeit der HVA mit dem KGB (vgl. hierzu unter C.4). {80}

Der Erkenntniswert der Militärischen Lageberichte sei nur gering gewesen. Angesichts der hohen Auflage sei die Geheimhaltung ohnehin nicht gesichert gewesen. Im übrigen sei die HVA über die Aufklärungsmöglichkeiten des Gegners unterrichtet gewesen und habe auch ohne die Militärischen Lageberichte feststellen können, was dieser gewußt habe (vgl. hierzu unter C.6).

Im übrigen erklärte der Angeklagte Schütt glaubhaft, daß er seine Tätigkeit in der HVA ehrenhaft und engagiert zur Abwehr von Gefahren für die DDR und zur Sicherung des Friedens durchgeführt habe. Diese Arbeit habe sich auf die äußere Sicherheit der DDR bezogen. Grundlage seines Handelns seien die Gesetze der DDR und des Völkerrechts gewesen. Von ihm und seinen Mitarbeitern sei nur verlangt worden, was auch heute noch von den Angehörigen des BND verlangt werde. Er habe gewußt, daß die nachrichtendienstliche Tätigkeit im jeweils anderen Land strafbar sei. Dies sei aber in der Gewißheit geschehen, daß die DDR ihn und seine Mitarbeiter schützen würde.

Die Nachrichtendienste in Ost und West hätten objektiv gesehen gleichermaßen eine Schutzfunktion ausgeübt und damit habe auch seine Tätigkeit zur Friedenssicherung beigetragen. Dafür könne er nicht strafrechtlich verfolgt werden.

Zum Vorwurf des Landesverrats erklärte er, weder habe er sein Land, die DDR, verraten, noch sei er zur Bundesrepublik Deutschland, seinem neuen Land, bislang illoyal gewesen.

1.4. Auch der Angeklagte Böttger erklärte glaubhaft, daß er als Offizier der DDR entsprechend den Gesetzen seines Staates gehandelt und sich nicht strafbar gemacht habe. Die DDR sei schließlich ein von der Bundesrepublik Deutschland anerkannter Staat gewesen. In der Erfüllung seines beruflichen Auftrags habe er eine wichtige friedenserhaltende Maßnahme gesehen. Er fühle sich deshalb frei von Schuld und zu Unrecht angeklagt. {81}

1.5 Soweit die Angeklagten den äußeren Sachverhalt einräumen, werden die getroffenen Feststellungen zur Anbahnung des Agentenverhältnisses, zur Ausrüstung und Unterweisung der Agenten, zum Verratsumfang, zur Zugänglichkeit, zur Aktualität, zum Umfang und zur Aufbereitung des Materials, zum Führungs- und zum Verbindungswesen, zu den den Gebrüdern Spuhler gewährten Vorteilen und Anerkennungen sowie zu den Umständen beim Abbruch der Agentenbeziehung auch durch die umfassenden und glaubhaften Angaben der Zeugen Alfred und Ludwig Spuhler bestätigt. Diese waren auch als Zeugen ersichtlich bestrebt, zur Tataufklärung beizutragen. Nicht zuletzt beurteilte auch der in nachrichtendienstlichen Belangen erfahrene Sachverständige Nowak die Aussagen der Gebrüder Spuhler als nachvollziehbar, schlüssig und umfassend.

2. Feststellungen zur Organisation des BND und zur Zuständigkeit des Alfred Spuhler

Die Darstellung der Organisation und der Aufgaben einzelner Abteilungen des BND sowie der Tätigkeiten des Alfred Spuhler in dieser Behörde stützt sich zusätzlich zu dessen detaillierten und glaubhaften Angaben auf die verlesenen Auskünfte des BND vom 26.1.1990, 26.3.1990 und 12.4.1990 sowie auf die Aussagen der Zeugen Ro. und B. Während Ro. als Leiter des Sachgebiets 12 AB die Zuständigkeit dieses Sachgebiets und den Aufgabenbereich von Alfred Spuhler während seiner Zugehörigkeit zu ihm darlegte, erläuterte der Zeuge B. die Funktion der sog. „vermittelnden Zwischenstelle".

Die Zeugen Alfred Spuhler, Ro. und B. erläuterten darüber hinaus Zweck und Inhalt der über die menschlichen Quellen des BND angelegten „B-Bögen" so wie im Sachverhalt festgestellt, wobei sie auch darauf hinwiesen, daß in Einzelfällen aus Gründen des Schutzes einer Quelle deren Daten zur Person unrichtig eingetragen worden seien. {82}

3. *Organisation, Personal, Führungs- und Planungsgrundsätze sowie Aufgabenverteilung in der HVA und in der Hauptabteilung II des MfS*

Den der Entscheidung insoweit zugrundeliegenden Sachverhalt haben der Angeklagte Schütt, die Sachverständigen Dr. Meier und Nowak sowie die Zeugen Nehls, Dr. Busch und Blancke übereinstimmend und widerspruchsfrei bekundet. Darüber hinaus legte der Zeuge Nehls, der ab 1982 innerhalb der Abteilung IX stellvertretender Bereichsleiter A und ab 1986 kommissarischer Leiter dieses Bereichs war, glaubhaft dar, die Quelle „Peter" sei nicht dem an sich zuständigen Bereich A der Abteilung IX eingegliedert gewesen.

Den getroffenen Feststellungen liegen darüber hinaus jene unter B. 1.2, 1.3, 1.4 und 1.5 genannten Dokumente zugrunde, die im Selbstleseverfahren (§ 249 Abs. 2 Satz 2 StPO) in die Hauptverhandlung eingeführt wurden.

4. *Weitergabe des Verratsmaterials*

Die Feststellungen zur Weitergabe und zur Aufbereitung konspirativ beschafften Materials, auch solches der Quelle „Peter", wie auch die Feststellungen zur Weitergabe dieses Materials innerhalb des MfS und an den KGB beruhen auf den detaillierten Angaben des Zeugen Dr. Busch sowie auf der Aussage des Zeugen Blancke. Beide Zeugen waren über viele Jahre hinweg mit der Auswertung militärischen Verratsmaterials in der Abteilung VII befaßt. Der Zeuge Blancke, zuletzt mit dem Dienstgrad eines Majors, war dort von 1969 bis März 1990 tätig; der Zeuge Dr. Busch trat seinen Dienst im Juli 1975 dort als Referatsleiter an und war seit 1985 im Rang eines Oberstleutnants als stellvertretender Abteilungsleiter tätig. {83}

Dr. Busch sagte hierzu aus, agenturisch beschafftes Material sei von den Beschaffungsabteilungen administrativ vorbehandelt über die Interne Dokumentation der Abteilung VII mit einem Informationsbegleitschein, abgezeichnet vom Abteilungsleiter der jeweiligen Beschaffungsabteilung und dem Leiter der Abt. VII an den zuständigen Referenten und dann an den Sachbearbeiter der Abteilung gegangen. Soweit möglich wurde das Material zuerst EDV-gestützt vereinnahmt. Eilige Sachen kamen als Vorabmeldung [her]ein und wurden in Form einer Sofortmeldung abgesetzt. Eines der Hauptprobleme der Abteilung habe darin gelegen, kurz und verständlich angesichts einer oftmals großen Materialfülle, z.B. bei 900 Seiten eines Militärischen Jahresberichts, zu informieren. Auf dem Informationsbegleitschein sei regelmäßig die Rubrik „VO" angekreuzt gewesen. Hierdurch sei zum Ausdruck gebracht worden, daß ein Exemplar der neutralisierten Meldung seitens der Beschaffungsabteilung für den Verbindungsoffizier des KGB vorgesehen oder bereits an ihn ausgehändigt war. Das Ergebnis der Auswertungsarbeit sei mit einem entsprechenden Verteilervorschlag an den Abteilungsleiter VII und von dort an den Chef der HVA gegangen. Regelmäßig sei es dann von Wolf zurückgekommen und entsprechend dem bestätigten Verteiler verteilt worden. Ausgewertetes Material sei generell ohne die Billigung des Ministers Mielke aus dem MfS nicht hinausgegangen. Die Ergebnisse der Auswertung seien jeweils über die ZIAG an die vorgesehenen Adressaten, etwa den Vorsitzenden des Nationalen Verteidigungsrats Honecker[9], den Sekretär für Sicherheit beim Politbüro Krenz[10], den Minister für Verteidigung Keßler[11], den Chef des Hauptstabes im Ministerium für Verteidigung Streletz[12] sowie an den Chef der Aufklärung in der Nationalen Volksarmee gegangen. Bei Material der Einstufung I (besonders wertvoll) sei innerhalb von zwei Wochen eine Rückmeldung an die Beschaffungsabteilung erfolgt. Eine Rückmeldung sei auch dann erfolgt, wenn die Meldung neue Erkenntnisse enthalten habe oder wenn die Rückmeldung gewünscht war. Im – von Mielke – bestätigten Verteiler der Abteilung VII sei regelmäßig {84} auch der Verbindungsoffizier des KGB vorgesehen gewesen. Bei seinem Eintritt in die Abteilung VII habe dies einer gewachsenen Selbstverständlichkeit entsprochen. Soweit in der Abteilung IX selbst ausgewertet wurde, könne es ausnahmsweise anders gewesen sein. Ganz überwiegend habe es sich beim Material der Quelle „Peter" um solches gehandelt, das als „besonders wertvoll" oder als „wertvoll" eingestuft wurde. Aus besonderen Anlässen, etwa bei Gedenktagen der KPdSU, seien auch Materialien zurückgehalten und über den Chef der HVA und den Minister für Staatssicherheit dem KGB ausgehändigt worden. An der Zusammenstellung einer solchen Geschenksendung sei er selbst beteiligt gewesen. So wisse er sicher, daß der Militärische Lagebericht 1976 vom Minister für Staatssicherheit dem KGB ausgehändigt wurde. Das gleiche gelte auch für eine Analyse aus dem 2. Halbjahr 1982, die zu den gegnerischen Erkenntnissen über Militärpolitik und Streitkräfte des Warschauer Pakts gefertigt worden sei.

Mit Material der Quelle „Peter" sei er nach seinem Dienstantritt in der Abteilung VII konfrontiert worden. Dies sei jedenfalls noch im 2. Halbjahr 1975 gewesen. Er erinnere sich, daß er zu Schütt gerufen worden sei. Dort sei ihm eine Fülle von Material der Quelle „Peter" zu Problemen der elektronischen Kampfführung zur Vorabbegutachtung vorgelegt worden.

Die Aussage des Zeugen Dr. Busch wurde in ihrem Kern vom Zeugen Blancke bestätigt. Dieser gab an, Material der Quelle „Peter" sei aus den von Schütt geführten Abteilungen IV und IX gekommen. Bei den Einschätzungen des BND zu den Streitkräften des Warschauer Pakts habe es sich im wesentlichen um die Lageberichte Ost und Schriftstücke zu Einzelfragen technischer Natur, der elektronischen Kampfführung sowie zu Ergebnissen der Aufklärungsaktivitäten gegen den Warschauer Pakt gehandelt, insbesondere sei es auch um Standorte, Personal und Ausstattung der elektronischen Aufklärung gegangen. Material, für dessen Auswertung die Abteilung IX allein zu-{85}ständig gewesen sei, sei nicht in die Abteilung VII gelangt. Soweit es sich im Zusammenhang mit Fragen der elektronischen Kampfführung um Bundeswehr- oder BND-Material gehandelt habe, habe es allerdings als militärisches Material gegolten, für dessen Auswertung die Abteilung VII zuständig gewesen sei.

Der Zeuge Blancke gab darüber hinaus an, ihm sei bekannt gewesen, daß es Vereinbarungen zur Zusammenarbeit mit dem KGB gegeben habe. Eingangsinformationen seien auch in einem Exemplar von der Beschaffungseinheit an den KGB gegangen. In diesen Fällen sei auf dem Informationsdeckblatt die Rubrik „VO" angekreuzt gewesen. Auch Ausgangsmaterialien seien entsprechend einem Standardverteiler an den KGB gegangen. Dieser Verteiler sei vorher vom Minister bestätigt worden.

Der Zeuge bestätigte auch, daß es aus besonderen Anlässen zu sogenannten Geschenksendungen an den KGB gekommen sei. Es sei allgemein bekannt gewesen, daß solche Materialien durch den Minister persönlich übergeben wurden. Bei der Analyse aus dem 2. Halbjahr 1982 zu den gegnerischen Erkenntnissen über Militärpolitik und Streitkräfte des Warschauer Pakts habe es sich um eine u.a. auch von ihm verfaßte Arbeit gehandelt. Er erinnerte sich in diesem Zusammenhang auch an eine von ihm gefertigte, auf Material der Quelle „Peter“ beruhenden Analyse über die elektronische Kampfführung, die mit weiterem Material übergeben worden sei.

Der Senat hält beide Zeugen in vollem Umfang für glaubhaft. Angesichts des vertraglich geregelten Informationsaustausches (B.1.6) mit der Sowjetunion und auch angesichts einer diesbezüglichen Verpflichtung im Statut des MfS besteht kein Anlaß zu der Annahme, es sei nicht entsprechend den Aussagen dieser Zeugen verfahren worden. {86}

Gerade den Zeugen Dr. Busch, von Beruf Militärwissenschaftler, erachtet der Senat als außergewöhnlich kompetenten und zuverlässigen Zeugen. Seine Äußerungen zu den militärpolitischen und militärtechnischen Einzelheiten des Verratsmaterials der Quelle „Peter“ waren sorgfältig abgewogen und in jeder Hinsicht von Objektivität geprägt. Er verfügt über ein außerordentlich gutes Gedächtnis. So schilderte er eine Vielzahl von Verratsmaterialien, die er der Quelle „Peter“ zuordnete. Diese stimmten oft bis in Einzelheiten mit den entsprechenden Angaben des Alfred Spuhler überein.

Zum Einwand der restriktiven Weitergabe von Verratsmaterial in der Abteilung IX der HVA ist der Senat zu folgender Überzeugung gekommen: Soweit Verratsmaterial der Quelle „Peter“ BND-Interna im weitesten Sinne ohne militärischen Bezug zum Inhalt hatte, hält es der Senat für möglich und geht deshalb davon aus, daß dieses Material grundsätzlich bei der Abteilung IX verblieb. Das gilt auch für die von Alfred Spuhler verratenen BND-Quellen und das diesbezügliche Hintergrundmaterial. Zwar war für die Bewertung der hiervon für die Bundesrepublik Deutschland ausgehenden Gefahren grundsätzlich die Hauptabteilung II als Spionageabwehrabteilung des MfS zuständig. Der Senat ist jedoch angesichts der Aussage des Zeugen Alfred Spuhler und der Bewertung durch den Angeklagten Schütt davon überzeugt, daß es sich bei den verratenen Quellen nur zu einem kleinen Teil um sogenannte Standortquellen und im übrigen weit überwiegend um bloße Reisequellen gehandelt hat, deren Wertigkeit grundsätzlich nicht allzu hoch einzuschätzen ist. Daß sich unter den verratenen Quellen auch sogenannte Innenquellen befunden hätten, konnte nicht festgestellt werden. Diese Einschätzung der Wertigkeit der Quellen, der auch vom Sachverständigen Dr. Meier, von 1970-1975 Leiter der Abteilung I („Menschliche Quellen“) im BND, nicht widersprochen wurde, läßt es als möglich erscheinen, daß die von Alfred Spuhler verratenen Quellen aus Gründen des Schutzes der Quelle „Peter“ der Hauptabteilung II und auch dem KGB {87} grundsätzlich nicht mitgeteilt wurden. Hierfür spricht auch, daß die Abteilung IX nach Angaben des Sachverständigen Nowak über eine eigene Ermittlungsabteilung verfügte, die jedenfalls auf dem Gebiet der DDR zur Aufdeckung und Abklärung denkbarer Quellen eingesetzt werden konnte. Diese Einschätzung wird auch durch die Aussage der Sachverständigen Dr. Meier gedeckt. Dieser gab an, daß ein westlicher Dienst mit Zugriff auf eine vergleichbare Quelle wie die Quelle „Peter“ aus Gründen des Quellenschutzes wohl genauso gehandelt hätte.

Allerdings hat der Senat, wie dargelegt, nicht die geringsten Zweifel, daß im übrigen jenes Material, das die wesentlichen militärischen Interessen des Sowjetunion berührte, so unter anderem die unter B. 2.4.1.1 unter den Ziffern 11 (Jahresberichte 1973 bis 1985 samt Anlagebänden), 12 sowie 4, 5, 6, 7, 8 und 9 genannten Dokumente nicht nur den Führungsstellen der DDR, sondern auch den Verbindungsoffizieren des KGB zugänglich gemacht wurden.

5. *Die militärpolitische Bedeutung der Militärischen Lageberichte Ost/ Jahresabschlußberichte und der BND-Aufzeichnung MIL vom 13.1.1986*

Hierzu äußerten sich die Sachverständigen Dr. Meier, Engelmayer und Schwander. Sie bekundeten, daß sowohl die Militärischen Lageberichte als auch die BND-Aufzeichnung vom 13.1.1986 als verläßliche Information angesehen und daß die in ihnen enthaltenen Erkenntnisse sowohl in die Information der Bundesregierung wie auch in die Militärstrategie und in die Planung der Verteidigungspolitik eingeflossen seien. Dies erscheint dem Senat ohne weiteres nachvollziehbar und überzeugend. An der Sachkunde und Unvoreingenommenheit der Sachverständigen besteht kein Zweifel (siehe auch unter C.6). {88}

6. *Die Auswirkungen des Verrats auf die äußere Sicherheit der Bundesrepublik Deutschland*

Die hierzu getroffenen Feststellungen beruhen auf den im Selbstleseverfahren nach § 249 Abs. 2 Satz 2 StPO in die Hauptverhandlung eingeführten Militärischen Lageberichten 1973 bis 1985 samt Anlagebänden (letztere wurden in Augenschein genommen), der ebenfalls nach § 249 Abs. 2 Satz 2 StPO verlesenen und in Augenschein genommenen BND-Studie vom 13.1.1986 und auf den nach § 249 Abs. 2 Satz 2 StPO verlesenen und mit Ausnahme des Dokuments Ziffer 5 ebenfalls in Augenschein genommenen Unterlagen, die unter B. 2.4.1.1 unter den dortigen Ziffern 4, 5, 6, 7, 8 und 9 aufgeführt sind, sowie auf den Bekundungen der Sachverständigen Engelmayer, Schwander, Hennings und Dr. Meier.

⊗ Diese Textpassage enthält Ausführungen zum Gutachten des Sachverständigen Engelmayer und unterliegt dem Geheimschutz. ⊗ {93}

Der Sachverständige Hennings äußerte sich, gestützt auf die Stellungnahmen der Sachverständigen Engelmayer und Schwander, zu den dem potentiellen Gegner in räumlicher, zeitlicher und funktionaler Hinsicht eröffneten Vorteilen. Hierbei berücksichtigte er die Größe des durch den Verrat betroffenen Raumes (Bundesrepublik Deutschland und mittleres Westeuropa), die zeitliche Wirkung der Verratshandlung (zwei Jahre für jeden Jahresbericht, drei Jahre für die BND-Studie und bis zu sieben Jahre für die einzelnen technischen Aufklärungseinrichtungen) sowie die Vielfachwirkung des Verrats (von der Möglichkeit zu stören und zu zerstören, der verbesserten Anpassungsmöglichkeit an Maßnahmen des Westens, der Möglichkeit, waffentechnische Vorsprünge auf sich zu übertragen und damit auszugleichen sowie die Verbesserung des eigenen militärischen Gesamtplanes). Das führte ihn zu dem Ergebnis, daß der Verrat jedes einzelnen der unter B.2.4.1.1 unter den Ziffern 5, 7, 8 und 12 genannten Dokumente bereits für sich allein und der Verrat von jeweils zwei Militärischen Lageberichten mit Anlagebänden in Folge ebenfalls bereits für sich allein für die gesamte äußere Machtstellung der Bundesrepublik Deutschland so deutlich ins Gewicht fällt, daß aus seiner Sicht der daraus entstehende Nachteil für die äußere Sicherheit der Bundesrepublik Deutschland als schwerer Nachteil zu gewichten ist. Angesichts des zwischen den Verratsmaterialien bestehenden Zusammenhangs und des dadurch noch gesteigerten Erkenntniswerts reichen aus seiner Sicht die aus einem Verrat der Gesamtheit der genannten Unterlagen entstandenen Nachteile sehr deutlich über diese Bedeutungsebene hinaus.

Die Gutachten der Sachverständigen Engelmayer, Schwander und Hennings sind nachvollziehbar und überzeugen den Senat.

Engelmayer und Schwander verfügen über große praktische Erfahrung. {94}

So war Engelmayer von 1977 bis 1982 und von 1984 bis 1990 beim BND mit Angelegenheiten der militärischen Auswertung befaßt. Dies verschafft ihm ein umfassendes Spezialwissen in militärischen Belangen.

Schwander arbeitete von 1976 bis 1978 beim BND in der militärischen Auswertung und war anschließend bis 1981 bei dieser Behörde in der technischen Aufklärung eingesetzt. Die zeitweilige Zugehörigkeit beider Sachverständigen zum BND nimmt den Gutachten nichts von ihrer Überzeugungskraft. Sowohl bei Engelmayer als auch bei Schwander gewann der Senat den Eindruck, daß der genannte Umstand ihre Objektivität nicht beeinträchtigt hat.

Das gleiche gilt für den Sachverständigen Hennings. Dieser ist seit vielen Jahren im Bundesministerium für Verteidigung mit Landesverratssachen befaßt und vielfach in solchen Fällen als Gutachter aufgetreten.

Der Sachverständige Dr. Meier hat die Ausführungen des Sachverständigen Schwander zu den technischen Aufklärungsmöglichkeiten des BND noch aus nachrichtendienstlicher Sicht ergänzt. Der komplette Verrat der technischen Aufklärungseinrichtungen und der damit im Zusammenhang stehenden Informationen über Ziele, Schwerpunkte und Erkenntnisse der technischen Aufklärung sowie deren Bewertung des BND über ein Jahrzehnt hinweg bewertete er dahingehend, daß dadurch die Funktionsfähigkeit des BND im militärischen Aufklärungsbereich sinnentleert und praktisch aufgehoben war. Im Krisenfall wäre sie nahezu ausgeschaltet gewesen und hätte die Bundesrepublik Deutschland schutzlos gestellt. Den besonderen Wert der technischen Aufklärungstätigkeit des BND erklärte er damit, daß jede Maßnahme der Aufklärung nachvollzogen und durch keinerlei menschliche Unzulänglichkeit gestört werden konnte. Dies {95} sei auch der Grund dafür, daß die gesamte Aufklärungstätigkeit des BND im militärischen Bereich zu weit über 80% durch technische Mittel und nur zu einem kleinen Teil durch menschliche Quellen bestimmt werde.

Die Einwände des Angeklagten Schütt gegen die Geheimhaltungsbedürftigkeit und die tatsächliche Geheimhaltung der Militärischen Lageberichte teilt der Senat nicht.

Soweit sich der Angeklagte darauf berief, bedeutsame Institute, wie z.B. das Internationale Institut für Strategische Studien, hätten mehr Informationen veröffentlicht als die Lageberichte enthalten hätten, betonten hierzu Engelmayer und Hennings, daß die allgemein zugänglichen Veröffentlichungen in vielen Fällen bei weitem nicht den Detaillierungsgrad der Jahresberichte erreicht hätten und daß besonders sensitive Komplexe dort überhaupt nicht zu finden gewesen seien. Die Tatsache, daß in die Militärischen Lageberichte auch Erkenntnisse aus allgemein zugänglichen Quellen eingeflossen seien, habe die Qualität der verdichteten Gesamtinformationen nicht beeinträchtigt.

Was den weiteren Einwand des Angeklagten Schütt angeht, die HVA habe die Aufklärungsmöglichkeiten des potentiellen Gegners gekannt und es sei ihr grundsätzlich möglich gewesen, auch ohne Lageberichte festzustellen, was dieser wußte oder nicht wußte, ist der Senat der Überzeugung, daß den Jahresberichten für den Osten schon deshalb ein hoher Informationswert zukam, weil sie – worauf die Zeugen Blancke, Dr. Busch und S. übereinstimmend hinwiesen – in Form einer verdichteten Analyse das Gesamtergebnis der Erkenntnisse der NATO über den Warschauer Pakt in militärischer Hinsicht darlegten, aus diesen Erkenntnissen sich zusätzliche mögliche zukünftige Entwicklungen ableiten ließen und einen zuverlässigen Einblick gewährten, von welchem Bedrohungsbild die Bundesrepublik Deutschland und die NATO jeweils ausgingen. Unabhängig davon, daß sich dies dem Senat schon aus der Konzeption und {96} dem Inhalt der Berichte erschloß, betonten dies auch die Sachverständigen Engelmayer und Hennings. Schließlich sieht der Senat ein entsprechendes Indiz hierfür auch in dem Umstand, daß Schütt auf die Beschaffung dieser Berichte von Anfang an großen Wert gelegt hatte, Alfred Spuhler hierfür noch ein Sonderentgelt in Form einer Weihnachtsprämie zugeflossen war und der Militärische Lagebericht Ost für 1976 dazu ausersehen wurde, vom Minister für Staatssicherheit persönlich an den KGB ausgehändigt zu werden.

Soweit der Angeklagte Schütt andeutete, die Militärischen Lageberichte hätten auch aus Österreich bezogen werden können, wurde diese Einlassung nicht näher konkretisiert. Die hierzu gehörten Sachverständigen Hennings und Engelmayer gaben an, keine Kenntnis hiervon zu haben, auch nicht aus anderen Verfahren, daß tatsächlich via Österreich Militärische Lageberichte verraten worden wären. Der Zeuge Dr. Busch rechnet die Militärischen Lageberichte der Quelle „Peter“ zu. Der Zeuge Blancke bestätigte dies und erklärte ergänzend, daß in einem einzigen Fall, er betrifft den Militärischen Lagebericht von 1982, ein solcher auch aus einer Bundeswehrdienststelle an das MfS gelangt sei.

Schließlich mißt der Senat auch der Vermutung des Angeklagten Schütt keine Bedeutung bei, aufgrund der vom Sachverständigen Engelmayer genannten hohen Auflagen der Militärischen Lageberichte sei eine Geheimhaltung von vorneherein nicht möglich gewesen. Entscheidend ist hier lediglich, daß die Berichte als VS-*Geheim* eingestuft waren und jeder insoweit zum Umgang mit Verschlußsachen verpflichtete Empfänger zur Geheimhaltung verpflichtet war. {97}

7. Bedeutung des Verratsfalles aus der Sicht der HVA

Zur nachrichtendienstlichen Wertigkeit aus der Sicht der HVA nahm der Sachverständige Nowak Stellung. Er bewertete die technische Ausstattung und das Führungs- und Meldewesen als erstklassig. Das weise auf die außerordentliche Bedeutung hin, die die Agenten Spuhler gehabt hätten. Die Bewertung, daß es sich bei ihnen um Spitzenagenten gehandelt habe, werde auch durch den Einsatz eines Residenten und Instrukteurs untermauert, der ausschließlich für diesen Fall abgestellt gewesen sei. Diese Art des Kontaktes sei nur hochwertigen Quellen vorbehalten gewesen. Der gleiche Schluß könne aus der Abhaltung von Führungstreffs im Ausland sowie aus dem Zusammentreffen der Gebrüder Spuhler mit den Leitern der HVA gezogen werden. Auch die verliehenen Orden sowie die Höhe der Vergütung sprächen für den herausragenden Wert der Quelle „Peter“. Diese sei psychologisch außerordentlich geschickt geführt worden.

Diese Bewertung erscheint dem Senat nachvollziehbar und überzeugend, zumal der Sachverständige Nowak sein Erfahrungswissen aus insgesamt über 100 Verfahren im Bereich der äußeren Sicherheit erworben hat.

Bestätigt wird die Einschätzung des Sachverständigen Nowak zum Wert der Quelle „Peter" auch durch die Bekundung des Zeugen Dr. Busch, daß das Verratsmaterial überwiegend als hochwertig durch die Abt. VII der HVA eingestuft wurde.

Zu der hohen Einschätzung des Verratsmaterials durch die militärische Auswertung trug auch der Umstand bei, daß Alfred Spuhler Material von aktueller Bedeutung ohne größeren Verzug weiterleitete. Dies bestätigte ebenfalls glaubhaft der Zeuge Dr. Busch, der angab, Material sei oft in einem „6-Wochen-{98}Rhythmus" eingegangen. Flugdaten über den Einsatz von Marineaufklärungsflugzeugen des Typs Breguet-Atlantic über der Ostsee seien noch so rechtzeitig eingegangen, daß Gegenmaßnahmen ergriffen werden konnten.

8. Subjektive Tatseite

Aufgrund ihrer von Anfang bis zum Ende der Agentenbeziehung bestehenden umfassenden Einbindung in die Operation „Peter" wußten die Angeklagten um alle diese Beziehung prägenden Umstände.

Der Senat ist überzeugt, daß Schütt über die Ausgestaltung des Agentenverhältnisses und über den wesentlichen Inhalt des Verratsmaterials stets zutreffend unterrichtet war. Der Umstand, daß er als Abteilungsleiter gegenüber der Leitung der HVA zur jährlichen Planvorlage und zur Kontrolle des Jahresplaner verpflichtet war, läßt dies als selbstverständlich erscheinen. Seine Teilnahme an Führungstreffs wie auch die Unterrichtung von Markus Wolf bedingte ein umfassendes Wissen zu den erbrachten und zu den erwarteten Leistungen der Quelle „Peter".

Im Ergebnis ohne Bedeutung für den Schuldspruch ist der Umstand, daß der Angeklagte Schütt in den Jahren 1975/1976 für den Zeitraum von über einem Jahr die Abteilungsleitergeschäfte in der Abteilung IV der HVA nicht unmittelbar wahrgenommen hat. In tatsächlicher Hinsicht geht der Senat aufgrund der Aussage des Zeugen Dr. Busch (vgl. unter C.4) davon aus, daß Schütt nicht entsprechend seiner Einlassung bereits vom Februar 1975 an mit der Leitung der Abteilung IV nicht mehr befaßt war. Insoweit zweifelt der Senat nicht daran, daß der Zeuge Dr. Busch angesichts der Wichtigkeit der Quelle „Peter" alsbald nach seinem Dienstantritt im Juli 1975 die von ihm glaubhaft geschilderte erste Begegnung mit Schütt in dessen {99} Arbeitszimmer hatte. Die Abwesenheit von Schütt aus Ostberlin wegen eines Sprachkurses und des anschließenden Studiums in Moskau erstreckt sich deshalb höchstens auf einen Zeitraum von Juli 1975 bis Anfang September 1976.

Seine zeitweilige Abwesenheit von Ostberlin blieb auf die Verratstätigkeit der Gebrüder Spuhler ohne Einfluß. Die Operation „Peter" lief zu diesem Zeitpunkt bereits nach den Vorgaben von Schütt ab; von Böttger wurden die Agenten nach den Weisungen von Schütt betreut. Der Zeuge Alfred Spuhler hat hierzu angegeben, daß er den Angeklagten Schütt über den gesamten Zeitraum der Verratstätigkeit hinweg als den für ihn wichtigsten Mann angesehen hat.

Vom Angeklagten Schütt war der ungestörte Fortgang der Verratstätigkeit in der Zeit seiner Abwesenheit auch gewollt. Diesen Schluß zieht der Senat aus dem Umstand, daß die Agentenbeziehung von Schütt langfristig angelegt war, die Quelle „Peter" zu den Spitzenquellen der HVA zählte und der Angeklagte schon wegen der mit der Führung dieser Quelle verbundenen beruflichen Wertschätzung ein ausgeprägtes Interesse am Fortbestand der Beziehung hatte. In dieser Einschätzung sieht sich der Senat auch durch den Umstand bestätigt, daß Schütt nach seiner Rückkehr aus Moskau wiederum die Dienstgeschäfte des Abteilungsleiters in der Abteilung IV geführt hat und ihn mit den Gebrüdern Spuhler ein außerordentlich gutes persönliches Verhältnis verband. Aus diesem Grund blieb der Angeklagte Schütt auch für das während der Zeit seiner Abwesenheit durch die HVA erlangte Verratsmaterial der Quelle „Peter" verantwortlich.

Auch Böttger war nach Überzeugung des Senats über den wesentlichen Inhalt des Meldungsaufkommens der Quelle „Peter" stets zutreffend informiert. Er erhielt zwar während seines Aufenthalts in Wien in den ersten beiden Jahren der Tätigkeit der Gebrüder Spuhler unmittelbare Einsicht nur in den Teil des Verratsmaterials, der in Form von Kopien übergeben wurde. Vom {100} Inhalt des gesamten während dieser Zeit verratenen Materials hatte er aber mit Sicherheit eine umfassende Vorstellung, da er von der Art der Tätigkeit des Alfred Spuhler beim BND wußte, in seiner Wiener Zeit eine Vielzahl von Treffs stattfanden und ihm aufgrund seiner ausschließlichen Befassung mit den Gebrüdern Spuhler klar war, worauf es der HVA im wesentlichen ankam. Insbesondere seine dienstliche Verpflichtung zur gründlichen Vorbereitung von Treffs und seine Pflicht, hierüber zu berichten, Anregungen und Kritik der Zentrale weiterzugeben sowie die Tatsache, daß er während seiner Tätigkeit in Ostberlin das gesamte dort eingehende Verratsmaterial sichtete und selektierte, verschaffte ihm ein umfangreiches Wissen vom Inhalt und Wert des Materials.

Was die begrenzte Zugangsmöglichkeit und die Geheimhaltungsbedürftigkeit des von Alfred Spuhler gelieferten Materials angeht, hatte nicht nur Schütt, sondern aufgrund seiner beruflichen Erfahrung auch Böttger eine zutreffende Vorstellung, ganz abgesehen davon, daß das sekretierte Verratsmaterial schon rein äußerlich durch seine VS-Kennzeichnung die jeweilige Wertigkeit erkennen ließ.

Schließlich waren beide in Anbetracht ihrer beruflichen Kenntnisse in der Lage, die möglichen Auswirkungen des von den Brüdern Spuhler begangenen Verrats auf die militärische Verteidigungsfähigkeit der Bundesrepublik Deutschland bzw. auf die Funktionsfähigkeit des BND zutreffend zu beurteilen, und haben dies auch getan.

Ihre dienstliche Erfahrung ließ sie darüber hinaus nach der Überzeugung des Senats erkennen, daß von der Bundesrepublik Deutschland für die DDR keine Gefährdung ausging. {101}

Als Abteilungsleiter wußte der Angeklagte Schütt, und als engagierter Geheimdienstler wollte er es auch, daß die im Verratsmaterial der Quelle „Peter" enthaltenen wesentlichen Erkenntnisse, soweit sie militärischen Bezug hatten (hierzu unter B.3.2.2.2) nicht nur an die Bedarfsträger in der DDR, sondern auch an den KGB in Form von Analysen oder thematischen Ausarbeitungen oder in Form neutralisierter Kopien des Eingangsmaterials gingen. Dies entnimmt der Senat folgenden Umständen:

Schütt räumt ein, daß ein Informationsaustausch mit dem KGB auf Abteilungsleiterebene stattgefunden hat. Neutralisiertes Material der Quelle „Peter" wurde in Form von Kopien nach der Aussage des Zeugen Dr. Busch vom jeweiligen Abteilungsleiter der Abteilungen IV und IX, damit von Schütt, mittels eines Begleitschreibens der Abteilung VII zur Auswertung zugeleitet. Das diesem beiliegende Informationsdeckblatt wies auch einen von der Beschaffungsabteilung gefertigten Verteiler auf, bei dem regelmäßig die Rubrik „VO“, also Verbindungsoffizier des KGB, angekreuzt war. Schütt war folglich bekannt, daß für die Sowjetunion wesentliches Material mit militärischem Bezug einem Verbindungsoffizier des KGB übergeben worden war oder übergeben werden sollte. Tatsächlich wurde derartiges Material, sei es nun in Form von Kopien oder zusammengefaßt in Form von Analysen, nach der Bekundung der Zeugen Dr. Busch und Blancke auch Vertretern der Sowjetunion übergeben. So hat die Beweisaufnahme durch die Verlesung eines Schreibens des Leiters der Abteilung VII vom 29.11.1982 an Markus Wolf auch ergeben, daß eine Bedrohungsanalyse, die auf der Auswertung von mehr als 3 000 überwiegend von der Quelle „Peter“ beschafften Text- und Tabellenseiten beruhte, in Abstimmung mit dem Abteilungsleiter IX, also Schütt, der Sowjetunion übergeben werden sollte und, wie Dr. Busch bekundet hat, auch tatsächlich übergeben wurde. {102}

Der Angeklagte war damit auch einverstanden. Es ging ihm nach seiner Einlassung darum, durch seine Arbeit den Frieden durch Aufrechterhaltung oder Schaffung des Gleichgewichts zwischen den Supermächten zu erhalten. Hierzu stünde in Widerspruch, wenn er den ihm bekannten und von ihm auch praktizierten Informationsaustausch nicht gewollt hätte.

Zudem war Schütt auch Träger sowjetischer Auszeichnungen, u.a. des seltenen und nur für wirkliche Verdienste verliehenen Rotbannerordens. Die Tatsache, daß Schütt Träger sowjetischer Auszeichnungen war, ergibt sich für den Senat aus dem in der Hauptverhandlung verlesenen Auszug aus der Kaderakte des Angeklagten, deren Richtigkeit dieser bestätigt hat. Der Zeuge Krenz bestätigte die Wertigkeit des Rotbannerordens. Darüber hinaus genoß Schütt das Privileg eines Studiums an der Parteihochschule der KPdSU in Moskau. Auch dies spricht dafür, daß er als überzeugter Geheimdienstfachmann im Rahmen seiner beruflichen Tätigkeit auch den Verteidigungsinteressen der Sowjetunion dienen wollte und auch gedient hat.

Auch der Angeklagte Böttger wußte und wollte, daß das Verratsmaterial aus der Quelle „Peter“ an die Bedarfsträger der DDR gelangte. Er war insoweit entsprechend seiner eigenen Einlassung auch unmittelbar in die Weiterleitung des Materials eingeschaltet. Freimütig räumte er in diesem Zusammenhang ein, daß die erhaltenen Auszeichnungen wie auch seine Beförderung zum Oberstleutnant als Anerkennung seiner Arbeit im Fall Spuhler zu sehen sei.

Der Senat ist des weiteren auch davon überzeugt, daß Böttger zumindest mit der Weiterleitung der militärisch wichtigen Erkenntnisse aus dem Verratsmaterial an die Sowjetunion rechnete und dies auch wollte. Hierfür sind für den Senat folgende Umstände maßgebend:

Böttger war zwar aufgrund seiner Abschottung von der Zentrale mit den Praktiken der Weitergabe von Verratsmaterial an die Sowjetunion nicht vertraut. Er hatte jedoch ein nahezu umfassendes Wissen vom Inhalt und der militärischen Bedeutung des {103} Verratsmaterials. Aufgrund seiner militärischen Ausbildung und seiner langjährigen und, im Hinblick auf den zuletzt erreichten Dienstgrad eines Oberstleutnants, auch erfolgreichen Tätigkeit als militärischer Geheimdienstfachmann, hat er erkannt, daß der überwiegende Teil des militärisch relevanten Verratsmaterials sachgerecht nur von der Sowjetunion als der führenden Militärmacht im Warschauer Pakt zum Nachteil der Bundesrepublik Deutschland umgesetzt werden konnte. Seine Ausbildung und sein geheimdienstliches Erfahrungswissen machten ihm klar, daß strategische Reaktionen gegenüber den Planungen der NATO nur von der Sowjetunion veranlaßt werden konnten und daß gegenüber den Aufklärungsaktivitäten der Bundesrepublik Deutschland, der USA und Großbritanniens, die den gesamten Ostblock bis zum Ural abdeckten, nur der Einsatz des technischen Potentials der Sowjetunion erfolgversprechend war. Daraus schließt der Senat, daß der Angeklagte Böttger im Sinne einer optimalen Nutzung der wesentlichen Verratserkenntnisse zumindest mit deren Weitergabe an die Sowjetunion rechnete. Da er sich wie der Angeklagte Schütt in seiner Arbeit vom Gedanken der Friedenssicherung durch Erhalt des Gleichgewichts der militärischen Kräfte in Ost und West leiten ließ, wäre es bei ihm in gleicher Weise unverständlich, wenn er die Weitergabe der für die Sowjetunion wesentlichen Erkenntnisse aus dem Verratsmaterial nicht auch gewollt hätte.

9. Allgemeinkundige Tatsachen

Allgemeinkundige Tatsachen sind die Feststellungen zur Aufgabe des BND, zum Warschauer Pakt und zur Gründung der HVA, ferner die Feststellung, daß die Sicherheitspolitik des Westens, insbesondere auch der Bundesregierung, mit zum Inhalt hatte, Wissen über den Osten diesem gegenüber offenzulegen, wie z.B. in sog. Weißbüchern, sowie die Feststellungen zum Beitritt der ehemaligen DDR und zum Ende des „Kalten Krieges“. {104}

10. Beweiswert verlesener Urkunden, Schriften und Behördengutachten

Soweit es sich bei den verlesenen Urkunden bzw. anderen als Beweismittel dienenden Schriftstücken nicht um die Original handelte, haben sich dafür, daß sie diesen nicht entsprachen, weder Anhaltspunkte ergeben noch wurden von irgendeiner Seite entsprechende Bedenken geltend gemacht. Ebenso sieht der Senat keinen Grund, an der Objektivität der verlesenen, ein Zeugnis oder ein Gutachten enthaltenden Erklärungen des BND bzw. des Bundesamts für Verfassungsschutz zu zweifeln.

D. Rechtliche Würdigung

Am 20. Februar 1991 beschränkte der Generalbundesanwalt beim Bundesgerichtshof die Verfolgung der Angeklagten Schütt und Böttger gemäß § 154a StPO auf die Straftaten, welche diese im Zeitraum von 1972 bis November 1989 im Zusammenhang mit der nachrichtendienstlichen Führung der Gebrüder Spuhler begingen, wobei insoweit ferner von der Verfolgung eines in Betracht kommenden Vergehens des § 334 StGB und der Anstiftung zum Vergehen des § 353b StGB abgesehen wurde.

Die Strafverfolgung der Angeklagten verstößt nicht gegen Verfassungsrecht und verletzt die Angeklagten auch nicht in ihren Grundrechten. Dies hat der Bundesgerichtshof in dieser Sache durch sein Urteil vom 30.7.1993[13] abschließend und für den Senat bindend entschieden (§ 358 Abs. 1 StPO; Kleinknecht/Meyer-Goßner StPO 41. Aufl. § 358 Rn. 4). Im übrigen hält der Senat diese Ausführungen für zutreffend und schließt sich ihnen an. Entgegenstehende neue Gesichtspunkte sind nicht hervorgetreten. Die Tatsache, daß der Bundesrat am 7.9.1990 den Regierungsentwurf über ein Straffreiheitsgesetz[14] {105} abgelehnt, und die Volkskammer der DDR dem Einigungsvertrag am 20.9.1990 zugestimmt hat, bestätigt die Richtigkeit der Auffassung des BGH, daß den HVA-Angehörigen der Schutz vor Strafverfolgung von ihrem frei gewählten Parlament entzogen wurde.

Die Angeklagten Schütt und Böttger haben aufgrund des festgestellten Sachverhalts an dem von Alfred und Ludwig Spuhler in Mittäterschaft begangenen Verbrechen des Landesverrats mitgewirkt und sich dadurch gleichfalls eines in Mittäterschaft begangenen Verbrechens des Landesverrats schuldig gemacht.

Sie haben gemeinschaftlich Staatsgeheimnisse, nämlich Tatsachen, Gegenstände und Erkenntnisse, die nur einem begrenzten Personenkreis zugänglich waren und vor einer fremden Macht geheimgehalten werden mußten, um die Gefahr eines schweren Nachteils für die äußere Sicherheit der Bundesrepublik Deutschland abzuwenden, einer fremden Macht mitgeteilt und dadurch die Gefahr eines schweren Nachteils für die äußere Sicherheit der Bundesrepublik Deutschland herbeigeführt (§ 93 Abs. 1, § 94 Abs. 1 Nr. 1,[15] § 25 Abs. 2 StGB).

Ein Staatsgeheimnis in diesem Sinne war zum einen die Gesamtheit der Jahresabschlußberichte „Militärischer Lagebericht *Ost*" von 1973 bis 1985 samt Anlagebänden einschließlich der BND-Aufzeichnung vom 13.1.1986 über „Die militärische Bedeutung der DDR im *Warschauer Pakt*".

Ein weiteres Staatsgeheimnis bildete auch die Gesamtheit der verratenen, der militärischen Aufklärung des BND mit technischen Mitteln dienenden Einrichtungen wie auch die Zusammenarbeit mit den USA und Großbritannien auf diesem Gebiet und der Verrat der Aufklärungsziele und Aufklärungsschwerpunkte {106} der technischen Aufklärung. Insbesondere zählten hierzu die der technischen Aufklärung dienenden Einrichtungen wie sie in den unter B.2.4.1.1 unter den Ziffern 4, 5, 6, 7, 8 und 9 genannten Dokumenten beschrieben sind.

Sowohl die erstgenannten militärischen Dokumente als auch die angeführten, die technische Aufklärungstätigkeit des BND betreffenden Umstände waren nur einem begrenzten Personenkreis zugänglich.

Wegen ihrer Einstufung als „Geheim" durften von den Jahresberichten und der BND-Aufzeichnung nur diejenigen Personen Kenntnis erhalten, die sie aufgrund ihrer Dienstpflicht und Ermächtigung einsehen, bearbeiten oder verwalten mußten (§ 1 der VS-Anweisung für die Bundesbehörden i.d.F. vom 8. Juni 1956). Dafür, daß diese Dokumente gleichwohl jedermann offenstanden, liegen Anhaltspunkte nicht vor. Ungeachtet der hohen Zahl von Ausfertigungen der Jahresberichte hielt sich der Personenkreis, der von ihnen Kenntnis hatte oder erlangen konnte, noch in einem Rahmen, der ein allgemeines Bekanntwerden nicht erwarten ließ (LK/Träger StGB 10. Aufl. § 93 Rn. 3; Dreher/Tröndle StGB, 46. Aufl. § 93 Rn. 3).

Die beschränkte Zugänglichkeit der die technische Aufklärungstätigkeit des BND bestimmenden Tatsachen ergab sich daraus, daß der BND sie entsprechend den die Arbeit von Geheimdiensten allgemein kennzeichnenden Regeln nach außen gezielt verschleierte. Darüber hinaus waren aber auch die Dokumente unter B.2.4.1.1 mit den Ziffern 4, 5, 6, 7, 8 und 9 jeweils als „*Streng Geheim* FmA – Schutzwort" bzw. als „*Geheim* FmA – Schutzwort" eingestuft.

Die Geheimhaltungsbedürftigkeit des in Rede stehenden Verratsmaterials ergibt sich aus den Möglichkeiten, die sich {107} einem potentiellen Gegner wie der DDR oder der Sowjetunion daraus für eine Beeinträchtigung der militärischen Verteidigungsfähigkeit der Bundesrepublik Deutschland bzw. der Funktionsfähigkeit des BND eröffneten.

Der äußeren Sicherheit der Bundesrepublik dient nicht nur die Landesverteidigung im weitesten Sinne, sondern auch die nachrichtendienstliche Aufklärung im militärischen Bereich, da die Bundeswehr wie die NATO ihren Verteidigungsauftrag nur erfüllen können, wenn ihre Führung über die Absichten und Möglichkeiten des potentiellen Gegners zeitgerecht, zutreffend und umfassend unterrichtet ist (BGHSt 24, 72/74 f.)

Die aus einem Verrat des genannten Materials für die äußere Sicherheit der Bundesrepublik zu besorgenden Nachteile hält der Senat jedenfalls bezüglich der Gesamtheit der Jahresabschlußberichte 1973 bis 1985 samt Anlagebänden (unter Einbeziehung der BND-Aufzeichnung vom 13.1.1986) und der Gesamtheit des die technische Aufklärungstätigkeit des BND betreffenden Verratsmaterials, wie es insbesondere unter B.2.4.1.1 unter den Ziffern 4, 5, 6, 7, 8 und 9 beschrieben ist, wegen der möglichen erheblichen Machtverschiebung im militärischen Kräfteverhältnis jeweils für so gewichtig, daß sie das Merkmal „schwer" im Sinne der gesetzlichen Definition eines Staatsgeheimnisses erfüllen.

Zwar kommt im Hinblick auf die Gutachten der Sachverständigen Hennings, Engelmayer und Schwander in Betracht, daß innerhalb der beiden Komplexe „Militärische Verteidigungsfähigkeit der Bundesrepublik Deutschland" und „Funktionsfähigkeit des BND" isoliert betrachtet bestimmten Verratsmaterialien schon für sich allein die für die Annahme eines Staatsgeheimnisses erforderliche Bedeutung (BGHSt 24, 72/75; LK/Träger § 93 Rn. 14) zukam. Zu berücksichtigen ist insoweit aber, daß in den Jahresabschlußberichten in der Regel in größerem Umfang Erkenntnisse und Bewertungen wiedergegeben wurden, die be-{108}reits in früheren Berichten enthalten waren. Ferner ließen sich bestimmte Einsichten erst aus einem Vergleich verschiedener Jahresberichte gewinnen, so insbesondere in bezug auf Veränderungen in der Zielrichtung der Aufklärung oder in der Beurteilung des Bedrohungsbildes. Die BND-Aufzeichnung vom 13.1.1986 stand – worauf der Sachverständige Hennings hinwies – mit den Jahresabschlußberichten insofern in einem inneren Zusammenhang, als sie deren umfassende und auf alle Staaten des Warschauer Pakts bezogene Darstellung für den Raum der DDR konkretisierte, während andererseits die in ihr enthaltenen Angaben durch die Jahresberichte in einen größeren Rahmen gestellt wurden. Auch die unter B. 2.4.1.1 unter den Ziffern 5, 7 und 9 genannten Unterlagen vervollständigen erst den Informationswert der dort unter Ziffer 8 genannten Lagekarte, wenngleich der Verrat der Unterlagen Ziffer 5, 7 und 8 je für sich alleine bereits als schwerer Nachteil für die äußere Sicherheit der Bundesrepublik Deutschland zu bewerten ist.

Die fremden Mächte, denen die Staatsgeheimnisse mitgeteilt wurden, waren die DDR und die Sowjetunion als Führungsmacht des Warschauer Pakts.

Die durch den Verrat der beiden Staatsgeheimnisse herbeigeführte Gefährdung der äußeren Sicherheit der Bundesrepublik Deutschland war jeweils konkreter Natur. Sie bestand darin, daß die militärische Verteidigungsfähigkeit der Bundesrepublik Deutschland großflächig unterlaufen und die Funktionsfähigkeit der militärischen Aufklärung nahezu aufgehoben werden konnte. {109}

An der Beurteilung des für die militärische Verteidigungsfähigkeit der Bundesrepublik zu besorgenden Nachteils als „schwer" ändert nichts, daß von der Information, welche weitreichenden Erkenntnisse der Westen über den Warschauer Pakt hatte, auch eine für die äußere Sicherheit der Bundesrepublik günstige abschreckende Wirkung ausging. Zwar sind in diesem Zusammenhang neben den möglichen negativen Auswirkungen auch positive Folgen zu berücksichtigen, die das Bekanntwerden eines Staatsgeheimnisses bei allgemeiner Betrachtung für die äußere Sicherheit der Bundesrepublik haben kann (LK/Träger § 93 Rn. 17). Durch die genannte abschreckende Wirkung wurde aber die Möglichkeit eines militärischen Konflikts zwischen den beiden Machtblöcken angesichts der Vielzahl und Unkalkulierbarkeit der in Betracht kommenden Ursachen keineswegs gänzlich ausgeschlossen.

Schütt und Böttger begingen den Landesverrat in Mittäterschaft im Sinn des § 25 Abs. 2 StGB und auch gemeinsam in diesem Sinne mit den Gebrüdern Spuhler.

Die Durchführung der Operation „Peter" beruhte auf der von den Gebrüdern Spuhler, Schütt und Böttger gemeinsam getragenen und von der Leitung der HVA gebilligten Entscheidung, in arbeitsteiliger Weise das MfS und die Bedarfsträger der DDR und der Sowjetunion in den Besitz des Verratsmaterials kommen zu lassen. Zu diesem Zweck sollte Ludwig Spuhler unter Anleitung und Unterstützung durch Böttger die von Alfred Spuhler beschafften Unterlagen versandfertig aufbereiten und entsprechend den Direktiven von Schütt diesem zukommen lassen, damit die in ihnen enthaltenen Erkenntnisse nach Weiterleitung der Unterlagen durch Schütt den in Betracht kommenden Bedarfsträgern zur Verfügung gestellt werden konnten. Dies ließ sich am effektivsten durch die abgesprochene und praktizierte Arbeitsteilung verwirklichen. So verstanden alle Beteiligten von Anfang an den Ablauf der Operation „Peter" als ein Spiel {110} mit verteilten Rollen nach einem gemeinsamen Plan, wobei jeder den im bewußten und gewollten Zusammenwirken angestrebten Erfolg durch die eigene Leistung mitherbeizuführen suchte (Wagner ZStrW Bd. 80, 309, 317).

Beide Angeklagte handelten vorsätzlich. Sie haben die ihnen vorgelegten Militärischen Lageberichte einschließlich der BND-Studie vom 13.1.1986 wie auch die verratenen Unterlagen zur militärischen Aufklärung des BND mit technischen Mitteln als höchst gefährlich für die äußere Sicherheit der Bundesrepublik Deutschland erkannt und den dadurch drohenden schweren Nachteil für deren äußere Sicherheit auch gebilligt. Es ist unerheblich, ob sie das den Landesverrat begründende Meldungsaufkommen jeweils als Staatsgeheimnis bewerteten, da es ausreicht, daß sie um die diesen Begriff konstituierenden Umstände wußten.

Die Angeklagten Schütt und Böttger handelten hierbei als Täter, nicht nur als Gehilfen der Gebrüder Spuhler. Beide hatten aufgrund ihrer politischen Überzeugung, ihrer beruflichen Stellung und ihres Fortkommens wegen ein herausragendes Interesse am Erfolg der Tat. Auch hatten beide aufgrund ihrer spezifischen Einbindung in den Verratsfall einen wesentlichen Einfluß auf den Ablauf des Geschehens im Sinn einer funktionellen Tatherrschaft. Das gilt nicht nur für den Angeklagten Schütt, sondern auch für den Angeklagten Böttger. Seine geschickte Führung der Gebrüder Spuhler ermöglichte erst die optimale Abschöpfung der Quelle „Peter". Beim Aufbau des Agentenverhältnisses wie auch bei der Organisation und der Abwicklung des Materialflusses leistete er einen unverzichtbaren Beitrag. Die ausschließliche Befassung mit nur einer einzigen

Agentenbeziehung in einer Mehrzahl von Funktionen hebt ihn aus der Rolle des rein mechanischen Abholers und Überbringers von Verratsmaterial und damit aus dem Status eines bloßen Gehilfen des Landesverrats heraus {111} (BayObLGSt 1954, 88, 90). Zudem hat er, während er seiner Tätigkeit von Ostberlin aus nachging, durch die qualifizierte Weitergabe des Verratsmaterials sämtliche Tatbestandsmerkmale des Landesverrats erfüllt (BGH MDR 1984, 68, 69).

Die Angeklagten waren im Verratsfall Spuhler Mittelsmänner, da von ihnen ihrer Dienstpflicht entsprechend die Weiterleitung der Geheimnisse an die Führungsstellen in der DDR und an die Verbindungsoffiziere des KGB zu erwarten war. Sie waren dagegen nicht Repräsentanten, weil sich ihre Tätigkeit nicht auf die bloße Entgegennahme des als Staatsgeheimnisse zu qualifizierenden Materials beschränkte. Ihre Aufgabe war es nicht, die maßgeblichen Entscheidungen darüber zu treffen, wie sich die DDR oder die Sowjetunion aufgrund der durch den Verrat gewonnenen Erkenntnisse zu verhalten hatten, insbesondere welche Maßnahmen zu treffen waren, in denen sich der schwere Nachteil für die äußere Sicherheit der Bundesrepublik Deutschland verwirklichte (BGH NJW 1993, 3147, 3151[16]). Ob der Angeklagte Schütt befugt war, hinsichtlich der verratenen BND-Interna und des Quellenmaterials selbst die erforderlichen Gegenmaßnahmen gegen die Bundesrepublik Deutschland zu treffen, kann dahingestellt bleiben, da der Senat ohnehin zu Gunsten der Angeklagten davon ausgeht, daß diese Materialien grundsätzlich nicht weitergeleitet wurden, sondern die allenfalls erforderlichen Gegenmaßnahmen von der von ihm geleiteten Abteilung IX der HVA veranlaßt wurden.

Obwohl zwei Staatsgeheimnisse verraten wurden, ist weder Tatmehrheit noch eine fortgesetzte Handlung noch eine gleichartige Tateinheit gegeben. Vielmehr bildet die kontinuierliche und in relativ kurzen Zeitabständen erfolgte Lieferung von Material, das teilweise erst im Verbund die erforderliche Bedeutungsebene erreichte, eine natürliche Handlungseinheit, da dieses Geschehen durch einen solch unmittelbaren räumlichen und zeitlichen Zusammenhang gekennzeichnet war, daß es bei natürlicher Betrachtungsweise auch für einen Dritten als {112} ein einheitlich zusammengefaßtes Tun erkennbar wurde (BGHSt 24, 72/77; BGH bei Wagner GA 1963, 291; Dreher/Tröndle vor § 52 Rn. 2 m.w.Nachw. und § 94 Rn. 1). Dadurch, daß sich die Gefahr für die äußere Sicherheit der Bundesrepublik durch die eine Handlung auf zweifache Weise konkretisierte, nämlich durch den Verrat zweier Staatsgeheimnisse an jeweils zwei fremde Mächte, ist das einheitliche, durch § 94 StGB geschützte Rechtsgut lediglich in einem größeren Umfang betroffen.

Soweit die Gebrüder Spuhler in den Jahren 1974 und 1979 kurzzeitig „abgeschaltet" waren, stellt sich die Wiederaufnahme auch der Tätigkeit der Angeklagten Schütt und Böttger nicht als selbständiger Akt aufgrund eines neu gefaßten Vorsatzes dar, weil die Agentenbeziehung langfristig angelegt war. Das gleiche gilt für den Angeklagten Schütt auch für den Zeitraum seines Aufenthalts in Moskau von ca. Juli 1975 bis zum 1.9.1976, zumal er in seine frühere Funktion zurückkehrte. Er war in diesem Zeitraum lediglich an der unmittelbaren Einflußnahme auf die Arbeit mit den Gebrüdern Spuhler gehindert, während die Abschöpfung der Quelle „Peter" und die Weitergabe der Verratsmaterialien, wie von ihm in Gang gesetzt und gewollt, weiterlief.

Die Taten der Angeklagten waren nicht gerechtfertigt. Damit hat sich der Bundesgerichtshof bereits in seiner Entscheidung vom 29.5.1991 in dieser Sache befaßt. Diesen

Ausführungen schließt sich der Senat an. Sie waren auch nicht entschuldigt. Es liegen insoweit keine Anhaltspunkte dafür vor, daß die Angeklagten unter dem Druck widerstreitender Pflichten tätig geworden wären (BGH NJW 1991, 2498, 2500).

Beide Angeklagte sind strafrechtlich voll verantwortlich. {113}

In der rechtlichen Würdigung stellt sich das auf die umfassende Abschöpfung der Quelle „Peter" ausgerichtete Verhalten der Angeklagten auch als landesverräterische und geheimdienstliche Agententätigkeit dar (§§ 98 Abs. 1 Nr. 1, 99 Abs. 1 Nr. 1 StGB[17]). Die Vergehen nach §§ 98, 99 StGB treten jedoch hinter den Verbrechen nach § 94 StGB zurück. Gleichwohl behalten sie ihre selbständige rechtliche Bedeutung für die Strafzumessung (Dreher/Tröndle vor § 52 Rn. 21).

E. Die Rechtsfolgen

I. Der Angeklagte Schütt

Zur Ahndung der Tat steht ein Strafrahmen von einem Jahr bis zu 15 Jahren Freiheitsstrafe zur Verfügung (§ 94 Abs. 1, § 38 Abs. 2 StGB).

Ein besonders schwerer Fall des Landesverrats (§ 94 Abs. 2 StGB) liegt nicht vor. Zwar erlangten die DDR und die Sowjetunion durch den Verrat zweier Staatsgeheimnisse über einen sehr langen Zeitraum hinweg außerordentliche strategische Vorteile, die im Konfliktfall eine erfolgreiche Verteidigung der Bundesrepublik Deutschland ungewöhnlich erschwert hätten. Eine Gesamtwürdigung des objektiven Gewichts der Tat und sämtlicher Unrecht und Schuld des Angeklagten Schütt kennzeichnenden Umstände ergibt aber, daß angesichts einer Vielzahl subjektiver und objektiver Umstände, die zugunsten des Angeklagten sprechen, nur die Anwendung des Regelstrafrahmens angemessen ist.

Zugunsten des Angeklagten ist hierbei zunächst sein bislang straffreier Lebensweg zu berücksichtigen sowie die Tatsache, daß die Tat durch seine berufliche Position im Rahmen eines gleichsam militärischen Unterstellungsverhältnisses bedingt {114} war. Berufswahl und Berufsausübung durch den Angeklagten Schütt waren wiederum aufgrund leidvoller Kriegserfahrungen durch das Bestreben gekennzeichnet, einen Beitrag zur Sicherung des Friedens zu leisten und am Aufbau einer besseren Gesellschaft mitzuwirken.

Durch den wirtschaftlichen und politischen Zusammenbruch der DDR, der letztlich zum Beitritt zur Bundesrepublik Deutschland führte, sieht sich der Angeklagte nicht nur in seiner politischen und gesellschaftlichen Erwartung getäuscht. Er hat überdies seinen Beruf und das dadurch bedingte Ansehen verloren, nicht zuletzt mit der Folge, daß er finanziell ausschließlich auf die Hilfe Dritter angewiesen und seine Altersversorgung noch völlig ungewiß ist.

Die genannten Umstände wie auch sein fortgeschrittenes Alter machen ihn in besonderer Weise strafempfindlich. Darüber hinaus haben ihn fünfeinhalb Monate Untersuchungshaft sowie eine zweimalige Hauptverhandlung sowie die lange Dauer des Verfahrens ganz erheblich beeinträchtigt. Zudem sieht sich der Angeklagte dadurch bloßgestellt, daß er sich als erster führender Mitarbeiter der HVA einem Strafverfahren stellen mußte und sich seine Hoffnung auf eine Verfahrenseinstellung trotz der Offenlegung von Quellen der HVA in der Bundesrepublik Deutschland, von denen vier identifiziert werden konnten, nicht erfüllt hat. Ebensowenig bewahrte ihn der Umstand, daß er dem BND, insbesondere bezüglich der Gefährdung eigener Quellen, Erkenntnisse verschafft hat, die für dessen Sicherheitslage von Bedeutung waren, vor Strafverfolgung.

Zugunsten des Angeklagten spricht weiter, daß er sich grundsätzlich zu seiner Führungsverantwortung im Fall der Gebrüder Spuhler bekennt und nunmehr auch das gesamte äußere Tatgeschehen im Zusammenhang mit der Anbahnung, dem Ausbau und dem Ablauf der Agentenbeziehung sowie den Umfang des Verrats weitgehend eingeräumt hat. {115}

Erheblich wirkt sich auch zu seinem Vorteil aus, daß sich die Gebrüder Spuhler aus freien Stücken dem MfS angeboten haben und daß das Ende der Ost/West-Konfrontation wie auch der in zwischen eingetretene Zeitablauf den Wert des Verratsmaterials stark verringert haben.

In ganz besonderem Maß trägt der Senat aber zugunsten des Angeklagten Schütt dem Umstand Rechnung, daß sein als strafbar zu bewertendes Handeln sich jedenfalls formal nicht wesentlich vom nachrichtendienstlichen Handeln westlicher Führungspersonen im Bereich der militärischen Aufklärung und Gegenspionage unterschieden hat. Weiter fällt in diesem Zusammenhang zu seinen Gunsten erheblich ins Gewicht, daß es die DDR im Rahmen der Beitrittsverhandlungen unterlassen hat, im Einigungsvertrag oder in der Vereinbarung vom 18.9.1990 (BGBl. Teil II 1990 S. 1239 ff.) rechtlich bindend einen Vorbehalt zur Frage der Strafverfolgung früherer Angehöriger der DDR-Auslandsspionage anzubringen.

Straferschwerend stehen dem der außergewöhnliche Verratsumfang und die lange Dauer der Führung der Gebrüder Spuhler durch den Angeklagten Schütt gegenüber.

Nach Abwägung aller wesentlichen Umstände, auch unter besonderer Würdigung der nunmehrigen rechtlichen Bewertung des Verhaltens des Angeklagten, entspricht nach Auffassung des Senats eine Freiheitsstrafe von zwei Jahren dem Unrechtsgehalt der Tat und der Schuld des Angeklagten.

Auf diese Strafe wird die erlittene Untersuchungshaft angerechnet (§ 51 Abs. 1 StGB).

Die Vollstreckung der Strafe setzt der Senat zur Bewährung aus (§ 56 StGB). {116}

Im Hinblick auf seine sonst straffreie Lebensführung und in Anbetracht der besonderen Situation, in der Schütt gegen die Strafrechtsordnung der Bundesrepublik verstieß, nämlich als Amtsträger der DDR und aus deren Sicht legitim handelnd, hat der Senat an der erforderlichen günstigen Sozialprognose keinen Zweifel (§ 56 Abs. 1 StGB).

Nach einer Gesamtwürdigung der Tat des Angeklagten und seiner Persönlichkeit liegen ferner besondere Umstände im Sinne des § 56 Abs. 2 StGB vor. Trotz des erheblichen Gewichts von Unrecht und Schuld, wie es in der gegen Schütt erkannten Strafe zum Ausdruck kommt, lassen die dargelegten Milderungsgründe – jedenfalls in ihrer Gesamtheit – eine Strafaussetzung nicht als unangemessen und nicht als den vom Strafrecht geschützten Interessen zuwiderlaufend erscheinen. Von durchgreifender Bedeutung ist insoweit insbesondere, daß die Brüder Spuhler Selbstanbieter waren, daß in der früheren politischen und militärischen Konfrontation zwischen Ost und West ein grundlegender Wandel eingetreten ist, daß die DDR den Mitarbeitern ihrer Nachrichtendienste, und damit auch dem Angeklagten, den Schutz vor Strafverfolgung selbst entzogen hat, daß Schütt durch entsprechende Angaben zur Abwendung von Gefahren für die äußere

Sicherheit der Bundesrepublik beigetragen hat, und nicht zuletzt, daß er sich in dieser Sache fünfeinhalb Monate in Untersuchungshaft befand.

Schließlich gebietet auch die Verteidigung der Rechtsordnung die Vollstreckung der verhängten Freiheitsstrafe nicht (§ 56 Abs. 3 StGB). Aufgrund der bereits wiederholt angesprochenen, die Straftat des Angeklagten Schütt kennzeichnenden Besonderheiten, insbesondere aber in Anbetracht der von ihm erlittenen Untersuchungshaft erscheint eine Strafaussetzung für das allgemeine Rechtsempfinden nicht schlechthin unverständlich und es ist nicht zu befürchten, daß dadurch das Vertrauen der Bevölkerung in die Unverbrüchlichkeit des Rechts und den Schutz der Rechtsordnung vor kriminellen Angriffen erschüttert werden könnte. {117}

Kraft Gesetzes bewirkt die Verurteilung des Angeklagten, daß er für die Dauer von fünf Jahren die Fähigkeit verliert, öffentliche Ämter zu bekleiden und Rechte aus öffentlichen Wahlen zu erlangen (§ 45 Abs. 1 StGB). Dagegen besteht kein Anlaß, dem Angeklagten auch das Recht abzuerkennen, in öffentlichen Angelegenheiten zu wählen oder zu stimmen (§ 101, § 45 Abs. 5 StGB), da Schütt seinerzeit als Bürger der DDR in keinem Treueverhältnis zur Bundesrepublik stand.

2. *Der Angeklagte Böttger*

Auch in seinem Fall erstreckt sich der Strafrahmen von einem Jahr bis zu 15 Jahren (§ 94 Abs. 1, § 38 Abs. 2 StGB). Ein besonders schwerer Fall des Landesverrats (§ 94 Abs. 2 StGB) liegt im wesentlichen aus den gleichen Gründen wie beim Angeklagten Schütt ebenfalls nicht vor. Die Nichtanwendung des Regelstrafrahmens wäre auch bei ihm unangemessen.

Die zugunsten des Angeklagten Böttger ins Gewicht fallenden Umstände sind, abgesehen von dem Verlust von Eltern und Brüdern, die gleichen wie beim Angeklagten Schütt, ausgenommen die Tatsache, daß er sich nicht in Untersuchungshaft befand und die beim Angeklagten Schütt angesprochenen Umstände zur Offenbarung von Agenten und Erkenntnissen bei ihm nicht vorliegen. Zusätzlich fällt zugunsten des Angeklagten Böttger noch ergänzend ins Gewicht, daß seine Entscheidungskompetenz im Vergleich zu der von Schütt wesentlich eingeschränkt war und damit sein Tatbeitrag als erheblich geringer einzuschätzen ist. Böttger hatte in erster Linie Auftragsarbeit und keine konzeptionelle Tätigkeit zu verrichten. Zu seinen Gunsten spricht insbesondere, daß er von Anfang an ein weitgehendes Geständnis abgelegt hat.

Straferschwerend sind beim Angeklagten Böttger demgegenüber ebenfalls der außergewöhnliche Verratsumfang und die lange Dauer der Betreuung der Gebrüder Spuhler zu werten. {118}

Unter Abwägung aller für die Strafzumessung wesentlichen tat- und täterbezogenen Umstände hält der Senat, auch bei ihm unter besonderer Berücksichtigung der nunmehrigen rechtlichen Bewertung der Tat, eine Freiheitsstrafe von einem Jahr und zwei Monaten für angemessen.

Die Vollstreckung dieser Strafe setzt der Senat zur Bewährung aus (§ 56 StGB).

Die Erwartung zukünftiger straffreier Führung gründet sich darauf, daß Böttger nicht vorbestraft ist und nur deshalb nach der Rechtsordnung der Bundesrepublik straffällig wurde, weil er in der Zeit des „Kalten Krieges“ in die Dienste des MfS getreten war.

Eine Gesamtwürdigung seiner Tat und seiner Persönlichkeit ergibt besondere Umstände gemäß § 56 Abs. 2 StGB. Die dargelegten, zugunsten Böttgers sprechenden Umstände fallen jedenfalls in ihrer Gesamtheit so stark ins Gewicht, daß eine Aussetzung der Strafe, obwohl diese ein Jahr übersteigt, nicht als unangebracht und nicht als den vom Strafrecht geschützten Interessen zuwiderlaufend erscheint. Besonders zum Tragen kommt hierbei, daß die Brüder Spuhler Selbstanbieter waren, daß Böttger in der Operation „Peter" im Vergleich zu Schütt eine untergeordnete Rolle spielte, daß die ursprünglich möglichen Auswirkungen des von ihm begangenen Verrats auf die äußere Sicherheit der Bundesrepublik Deutschland infolge der Beendigung des „Kalten Krieges" wesentlich an Bedeutung verloren haben, sowie, daß die DDR, obwohl Böttger in ihrem Auftrag handelte, beim Beitritt zur Bundesrepublik nicht für seinen Schutz vor strafrechtlicher Verfolgung sorgte.

Die Verteidigung der Rechtsordnung erfordert die Vollstreckung der Strafe nicht (§ 56 Abs. 3 StGB). Wenn sich Böttger im Unterschied zu Schütt auch nicht in Untersuchungshaft befand, geht der Senat gleichwohl davon aus, daß die Strafaussetzung im Rechtsempfinden der über die Besonderheiten des Falles aufgeklärten Bevölkerung nicht auf Unverständnis stößt. {119}

Aufgrund der Verurteilung verliert Böttger kraft Gesetzes für die Dauer von fünf Jahren die Fähigkeit, öffentliche Ämter zu bekleiden und Rechte aus öffentlichen Wahlen zu erlangen (§ 45 Abs. 1 StGB). Davon, ihm auch das Recht abzuerkennen, in öffentlichen Angelegenheiten zu wählen oder zu stimmen (§ 101, § 45 Abs. 5 StGB), sieht der Senat ab, da Böttger als Bürger der DDR zur Tatzeit gegenüber der Bundesrepublik keine Treuepflicht hatte.

Anmerkungen

1 Das Urteil unterliegt teilweise dem Geheimschutz. Die entsprechenden Textpassagen wurden durch eine redaktionelle Anmerkung gekennzeichnet und ausgelassen. Das Urteil ist ferner nicht rechtskräftig geworden. Die Angeklagten legten erneut Revision ein. Daraufhin beantragte der Generalbundesanwalt beim Bundesgerichtshof im Hinblick auf den Beschluss des BVerfG vom 15. Mai 1995 (= lfd. Nr. 2-4) und die Urteilsfeststellungen, dass die Angeklagten ihre nachrichtendienstliche Tätigkeit nur außerhalb der Bundesrepublik Deutschland entfaltet haben, die Aufhebung der Entscheidung mit den den Strafausspruch betreffenden Feststellungen und Zurückverweisung. Der Generalbundesanwalt nahm die Anklage am 22.1.1996 schließlich zurück und stellte das Verfahren am 13.2.1996 gemäß § 153c Abs. 3 StPO ein (vgl. lfd. Nr. 3-4).

2 Das Statut ist abgedruckt in Judt, Matthias (Hg.): DDR-Geschichte in Dokumenten. Beschlüsse, Berichte, interne Materialien und Alltagszeugnisse, Berlin 1997, S. 467f.

3 Zur Hauptabteilung II des MfS vgl. auch lfd. Nr. 6.

4 Zur Hauptabteilung III des MfS vgl. auch lfd. Nr. 7.

5 Zum militärischen Nachrichtendienst der NVA vgl. auch lfd. Nr. 9.

6 Zu Wolf vgl. lfd. Nr. 1.

7 Zu Großmann vgl. lfd. Nr. 2.

8 Die Richtlinie ist vollständig abgedruckt in Müller-Enbergs, Helmut (Hg.): Inoffizielle Mitarbeiter des Ministeriums für Staatssicherheit, Teil 2: Anleitungen für die Arbeit mit Agenten, Kundschaftern und Spionen in der Bundesrepublik Deutschland, Berlin 1998, S. 471ff.

9 Zu Honecker vgl. den Dokumentationsband zu Amtsmissbrauch und Korruption, lfd. Nr. 8.

10 Zu Krenz vgl. den Dokumentationsband zur Wahlfälschung, lfd. Nr. 20.

11 Zu Keßler vgl. den Dokumentationsband zu den Gewalttaten an der deutsch-deutschen Grenze, lfd. Nr. 15.

12 Zu Streletz vgl. den Dokumentationsband zu den Gewalttaten an der deutsch-deutschen Grenze, lfd. Nr. 15.

13 Vgl. lfd. Nr. 3-2.

14 Entwurf eines Gesetzes über Straffreiheit bei Straftaten des Landesverrats und der Gefährdung der äußeren Sicherheit. Gesetzentwurf der Koalitionsfraktionen von CDU/CSU und FDP vom 2.9.1990 (BT-Drs. 11/7762 ‹neu›). Entwurf eines Gesetzes über Straffreiheit bei Straftaten des Landesverrats und der Gefährdung der äußeren Sicherheit. Gesetzentwurf der Bundesregierung v. 13.9.1990 (BT-Drs. 11/7871). Entwurf eines Gesetzes über Straffreiheit bei Straftaten des Landesverrats und der Gefährdung der äußeren Sicherheit (Spionageamnestiegesetz). Gesetzentwurf der Gruppe der PDS/Linke Liste v. 7.12.1993 (BT-Drs. 12/6370).

15 Vgl. Anhang S. 1022.

16 Vgl. lfd. Nr. 3-2.

17 Vgl. Anhang S. 1024.

Inhaltsverzeichnis
Verfügung des Generalbundesanwalts (Anklagerücknahme und anschl. Einstellung) vom 22.1.1996

Der Generalbundesanwalt beim Bundesgerichtshof 22. Januar 1996
Az.: 3 StE 4/91-3

VERFÜGUNG

Betrifft: Strafsache gegen Harry Schütt und Günter Böttger wegen Landesverrats

1. Vermerk

⊗ Es folgt zunächst eine kurze Darstellung des Verfahrensverlaufs (vgl. hierzu lfd. Nr. 3-1 bis 3-3). ⊗ Auf die Revision der Angeklagten liegt die Sache derzeit erneut dem 3. Strafsenat des BGH vor, bei dem der Generalbundesanwalt im Hinblick auf den Beschluß des BVerfG vom 15. Mai 1995[1] – 2 BvL 19/91 u.a. – und die Urteilsfeststellungen, daß die Angeklagten ihre {2} nachrichtendienstliche Tätigkeit nur außerhalb der Bundesrepublik Deutschland entfaltet haben, die Aufhebung der Entscheidung mit den den Strafausspruch betreffenden Feststellungen und Zurückverweisung beantragt hat.

Durch Ziffer 2 der Begleitverfügung zur Anklageerhebung vom 20. Februar 1991 war die Strafverfolgung der Angeklagten gemäß § 154a StPO auf die Straftaten beschränkt worden, die sie im Zeitraum von 1972 bis November 1989 im Zusammenhang mit der nachrichtendienstlichen Führung der Brüder Spuhler begingen. Zudem war gemäß § 154a StPO von der Verfolgung wegen Bestechung und Anstiftung zum Vergehen nach § 353b StGB abgesehen worden.

Auf die Feststellungen des Urteils des 6. Strafsenats des BayObLG vom 17. März 1994[2] wird Bezug genommen.

Ein Aufenthalt des Angeklagten Schütt in der Bundesrepublik im Zusammenhang mit seiner nachrichtendienstlichen Tätigkeit für das MfS ist nicht bekannt. Der Angeklagte Böttger dagegen wurde 1967 in die Bundesrepublik eingeschleust und hielt sich hier bis 1972 auf. Nach einer Legalisierungsphase betätigte er sich in der Bundesrepublik u.a. von Anfang 1969 bis Mitte 1970 als nachrichtendienstlicher Kurier für einen auf der US-Airbase in Wiesbaden-Erbenheim als Registrator beschäftigten Bundesbürger (Anklage S. 4f., 14ff., 32f., 35; Urteil des 6. Strafsenats des BayObLG UA S. 73f.).

Obwohl also im Hinblick auf die Tat, derentwegen die Verurteilung erfolgt ist, die Ausübung operativer Tätigkeit auf dem Gebiet der alten Bundesrepublik Deutschland nicht festgestellt ist, besteht das den Führungsoffizieren vom Bundesverfassungsgericht zugebilligte generelle Verfolgungshindernis nicht, denn beide Angeklagten haben sich bei ihrer Agententätigkeit auch außerhalb des Schutzbereichs der DDR in Staaten begeben, in denen ihnen Strafverfolgung drohte. Nach den Feststellungen im Urteil des 6. Strafsenats des BayObLG nahmen sie an Führungstreffs in „Drittländern“, insbesondere Österreich, teil (UA S. 56f., 69, 72, 77). Bezüglich des Angeklagten Böttger wurde darüber hinaus ein {3} ständiger Aufenthalt in Österreich in der Zeit von 1972 bis 1976 als Resident und Instrukteur für die Brüder Spuhler festgestellt (UA S. 74ff.).

Im Hinblick auf den Beschluß des Bundesverfassungsgerichts vom 15. Mai 1995 ist weiter anzumerken, daß beide Angeklagten Straftaten außerhalb der §§ 94 bzw. 98, 99 StGB[3] begangen haben, auf die sich das generelle Verfolgungshindernis nicht bezieht, nämlich die vorliegend gemäß § 154a StPO von der Verfolgung ausgeschiedenen Delikte der Bestechung und Anstiftung zur Verletzung des Dienstgeheimnisses und einer besonderen Geheimhaltungspflicht.

Hinsichtlich der auch nach der Entscheidung des Bundesverfassungsgerichts noch verfolgbaren Straftaten beider Angeklagten liegen die Voraussetzungen für ein Absehen von der Verfolgung gemäß § 153c Abs. 2, 3 StPO[4] vor.

Die Vorschrift des § 153c Abs. 2 StPO knüpft an die Regelung des § 9 StGB an und gilt für Straftaten, bei denen der Tätigkeitsort außerhalb, der Erfolgsort, d.h. das betroffene Rechtsgut, innerhalb des Geltungsbereichs des StGB liegen (Kleinknecht/Meyer-Goßner, StPO, 42. Aufl., § 153c RdNr. 13). In Betracht kommen neben Verbrechen des Landesverrats und Vergehen der landesverräterischen oder geheimdienstlichen Agententätigkeit die als „Begleittaten" dazu begangenen Delikte.

Nach § 153c Abs. 2, 3 StPO kann die Staatsanwaltschaft die Anklage zurücknehmen und das Verfahren einstellen, wenn die Straftat im räumlichen Geltungsbereich der StPO durch eine außerhalb dieses Bereichs ausgeübte Tätigkeit begangen wurde und der Strafverfolgung überwiegende öffentliche Interessen entgegenstehen. Im Minderheitsvotum der Entscheidung des Bundesverfassungsgerichts vom 15. Mai 1995 (S. 30f.)[5] ist ausgeführt, daß die Lage der Führungsoffiziere, die eine geheimdienstliche Operation im Auftrag der DDR leiteten, die von diesem Staat als nützlich und von der Bundesrepublik als strafbar bewertet wurde, grundsätzlich dem Interessenwiderstreit entspricht, dem § 153c StPO mit der Einstellungsmöglichkeit Rechnung tragen will. {4}

Diese überzeugende Überlegung gilt grundsätzlich auch für die Verfolgung der Straftaten, die die Führungsoffiziere bei ihrer Agententätigkeit mehr oder weniger notwendigerweise mitbegingen, etwa Bestechung durch Bezahlung von Agenten oder Anstiftung zur Verletzung von Dienstgeheimnissen bei der nachrichtendienstlichen Anwerbung. Vor dem Hintergrund des tschekistischen Selbstverständnisses der hauptamtlichen DDR-Agenten sind solche Delikte als systemtypische Mittel zur Erreichung operativer Ziele anzusehen. Diese Erwägungen gelten ferner auch dann, wenn sich Führungsoffiziere zu Führungstreffs gelegentlich ins Operationsgebiet, namentlich in neutrale oder westliche Nachbarstaaten der Bundesrepublik begeben haben.

§ 153c Abs. 2 StPO erlaubt eine Einzelfallbetrachtung und Beschränkung der Einstellung der Verfahren auf die Fälle, in denen die „Begleitkriminalität" und das „Drittlandverhalten" des Führungsoffiziers der Tat kein wesentlich anderes Gepräge geben, als es vom Bundesverfassungsgericht bei Zubilligung des generellen Verfolgungshindernisses gesehen wurde.

In die erforderliche Interessenabwägung sind alle der Strafverfolgung entgegenstehenden öffentlichen Interessen einzubeziehen. In diesem Zusammenhang sind an erster Stelle all jene Gesichtspunkte anzuführen, die das Bundesverfassungsgericht veranlaßt haben, bei allein vom Territorium der DDR aus handelnden Führungsoffizieren ein generelles Verfolgungshindernis anzunehmen. Die durch die Herstellung der staatlichen Einheit Deutschlands entstandene Lage gibt in besonderem Maße Anlaß, bei Würdigung des Unrechtsgehalts einer Tat und der individuellen Schuld den Wertungskonflikten, die sich aus der prinzipiellen Gegensätzlichkeit der Rechtsordnungen der Bundesrepublik und der DDR ergaben, Rechnung zu tragen (BVerfG-Beschluß vom 15. Mai 1995 S. 73ff., Minderheitsvotum S. 27, 30). Ein Absehen von Strafverfolgung bei ehemaligen hauptamtlichen MfS-Mitarbeitern dient der Verwirklichung der staatlichen Einheit Deutschlands sowie dem weiteren Zusammenwachsen der ehemaligen beiden deutschen Staaten (Beschluß S. 71) und trägt dem sich auch aus dem Legalitätsprinzip ergebenden Grundsatz der Gleichbehandlung aller ehemaligen hauptamtlichen Angehörigen des MfS Rechnung (Minderheitsvotum S. 30f.). {5}

Das einer (weiteren) Strafverfolgung entgegenstehende öffentliche Interesse ergibt sich auch aus dem Bedürfnis nach Aufklärung weiterer Straftaten und der gerichtlichen Ahndung dieser sowie bereits bekannter Fälle. Für die Bundesrepublik Deutschland ist eine umfassende Aufklärung der vom MfS durch Spionage erlangten und eventuell an Drittstaaten weitergegebenen Informationen von erheblicher Bedeutung. Das Legalitätsprinzip sowie das Verfassungsgebot einer effektiven Strafverfolgung (vgl. BVerfGE 46, 214, 222) fordern eine Ahndung derjenigen Spionagetaten, die von Bürgern der Bundesrepublik gegen ihren eigenen Staat für das MfS begangen wurden. Die Nichtverfolgung gemäß § 153c StPO eröffnet ehemaligen hauptamtlichen MfS-Angehörigen die Möglichkeit zur umfassenden Offenbarung des Wissens gegenüber Ermitttlungsbehörden und Gerichten, ohne eine weitere eigene Strafverfolgung besorgen zu müssen (vgl. BGH, Beschl. v. 6.12.1955, 5 StR 452/55; Beschl. v. 1.8.1995, 2 BGs 78/95; KK-Pelchen, StPO, 3. Aufl., § 55 RdNr. 4).

Beide Angeklagten haben ihre nachrichtendienstliche Tätigkeit als Bürger der ehemaligen DDR durch eine außerhalb der Bundesrepublik Deutschland ausgeübte Tätigkeit begangen. Sie handelten in der Annahme, ihrem eigenen Staat und dessen Rechtsordnung pflichtgemäß zu dienen. Die Ahndung als Straftat wurde allein durch den historischen Umstand der Wiedervereinigung ermöglicht.

Es wird nicht verkannt, daß der den Angeklagten angelastete Landesverrat sowohl hinsichtlich des Verratsmaterials als auch des Tatzeitraumes von erheblichem Gewicht war (Urteil des 6. Strafsenats des BayObLG UA S. 61 ff., 88ff.). Es wird auch nicht außer Acht gelassen, daß jedenfalls der Angeklagte Schütt als (zuletzt) Generalmajor zumindest in seiner Funktion als Leiter der Abteilungen IV und später IX der HVA innerhalb des MfS eine herausgehobene Position einnahm und von daher maßgeblich in eine Vielzahl bedeutsamer nachrichtendienstlicher Operationen gegen die Bundesrepublik eingebunden war. {6}

Dem – allerdings durch die Erwägungen in der Entscheidung des Bundesverfassungsgerichts vom 15. Mai 1995 verminderten – Strafverfolgungsbedürfnis steht das erhebliche öffentliche Interesse an der Aufklärung zahlreicher bedeutsamer Agentenfälle gegenüber, in denen insbesondere der Angeklagte Schütt aufgrund seiner früheren Stellung und Kompetenz mit Aussagen zur Sachaufklärung beitragen kann, was er in einer Mehrzahl von Fällen auch bereits getan hat. Schütt hat sich seit 1990 bei polizeilichen Vernehmungen und Befragungen durch westdeutsche Dienste ausführlich zur Quellenlage des MfS in sicherheitsempfindlichen staatlichen Bereichen der Bundesrepublik geäußert. Insofern kommt auch der Rechtsgedanke des § 153e StPO[6] zum Tragen. Die von dem Angeklagten Schütt zuletzt geleitete Abteilung IX der HVA war in vielfältiger Beziehung Schaltstelle des MfS, in der Erkenntnisse über innere Angelegenheiten der Bundesrepublik zusammenliefen, und Maßnahmen verschiedener Diensteinheiten gegen die Bundesrepublik koordiniert wurden. So wurden sämtliche Erkenntnisse, die von Abteilungen der HVA über die terroristische Szene in der Bundesrepublik erlangt wurden, über die Abteilung IX an die zuständige Hauptabteilung XXII des MfS weitergeleitet. Auch alle Funkaufklärungsmaßnahmen, mit denen in das öffentliche Telefonnetz der Bundesrepublik eingedrungen wurde, sind über die Abteilung IX der HVA bei der insoweit zuständigen Hauptabteilung III des MfS veranlaßt worden.

Weitere Angaben des nachrichtendienstlich seit 1972 nur an der Operation Spuhler beteiligten (vgl. Anklage S. 35) Angeklagten Böttger lassen dagegen eher Verbesserungen im Bereich der Prävention gegen nachrichtendienstliche Anwerbungsversuche bei Sicherheitsbehörden erwarten.

Da die vorstehenden Erwägungen gleichermaßen auch im Hinblick auf die „Begleitdelikte" Bestechung und Anstiftung zur Verletzung des Dienstgeheimnisses gelten, wird von einer förmlichen Wiedereinbeziehung dieser gemäß § 154a StPO ausgeschiedenen Gesetzesverletzungen abzusehen sein. Gleiches gilt jedenfalls – dies kommt jedoch nur im Fall des Angeklagten Schütt in Betracht – im Hinblick auf weitere Agentenfälle (vgl. Anklage S. 30), und zwar unter der Voraussetzung, daß Schütt diese über seine administrative Verantwortlichkeit als MfS-Abteilungsleiter überhaupt unmittelbar persönlich verant-{7}wortet und er auch in diesen Fällen an vom generellen Verfolgungshindernis nicht erfaßten Auslandstreffs teilgenommen hat.

Soweit der gemäß § 154a StPO aus der Strafverfolgung ausgeschiedene Zeitraum (1967 bis 1972) geheimdienstlicher Agententätigkeit des Angeklagten Böttger in der Bundesrepublik betroffen ist, sind die Grundsätze des Beschlusses des Bundesverfassungsgerichts vom 15. Mai 1995 zu sog. Eingeschleusten einschlägig (Beschluß S. 76f.). Eine am Übermaßverbot orientierte Bewertung allein dieses Tatzeitraums eines Vergehens nach § 99 StGB führte zur Bejahung geringer Schuld des Angeklagten und Fehlens eines öffentlichen Interesses an der Strafverfolgung (§ 153 StPO[7]). Aus diesem Grunde und weil die verursachten Tatfolgen gering sind, ist auch insoweit die förmliche Wiedereinbeziehung dieses Tatteils nicht angezeigt.

Auf der Grundlage der vorstehenden Interessenabwägungen ist das Verfahren gegen die Angeklagten Schütt und Böttger – nach Rücknahme der Anklage – gemäß § 153c Abs. 3 StPO einzustellen.

⊗ Es folgen diverse Schreiben an das zuständige Gericht und die Verfahrensbeteiligten. ⊗

Anmerkungen

1 Vgl. lfd. Nr. 2-4.
2 Vgl. lfd. Nr. 3-3.
3 Vgl. Anhang S. 1023ff.
4 Vgl. Anhang S. 1026.
5 Vgl. lfd. Nr. 2-4, S. 320ff.
6 Vgl. Anhang S. 1028.
7 Vgl. Anhang S. 1026.

Lfd. Nr. 4

Die Abteilung X HVA – Aktive Maßnahmen – Verfahren gegen Wagenbreth u.a. –

Inhaltsverzeichnis
Anklage des Generalbundesanwalts vom 3.11.1993, Az. 3 StE 12/93 - 4

Der Generalbundesanwalt beim Bundesgerichtshof 3. November 1993
Az.: 3 BJs 1114/91-4 (108); 3 StE 12/93-4 (3)

ANKLAGE[1]

1. Den Oberst a.D.
   Rolf Günter Wagenbreth
   geboren 1929 in B.,
   Deutscher, verheiratet, nicht vorbestraft,

2. den Oberst a.D.
   Wolfgang Albert Mutz
   geboren 1935 in K.,
   Deutscher, verheiratet, nicht vorbestraft, {2}
   Verteidiger:
   Rechtsanwalt Dr. Horst-Dieter Pötschke,

3. den Oberst a.D.
   Rolf Otto Herbert Rabe
   geboren 1936 in B.,
   Deutscher, verheiratet, nicht vorbestraft,

4. den Redakteur
   Bernd Werner Michels
   geboren 1945 in N.,
   Deutscher, verheiratet, nicht vorbestraft,
   in dieser Sache vorläufig festgenommen am 17. November 1991 und in Untersuchungshaft gewesen bis zum 19. November 1991 aufgrund Haftbefehls des Ermittlungsrichters des Bundesgerichtshofes (2 BGs 412/91) vom 18. November 1991, seit dem 19. November 1991 vom Vollzug der Untersuchungshaft zunächst verschont aufgrund Beschlusses des Ermittlungsrichters des Bundesgerichtshofes (2 BGs 413/91) vom 18. November 1991, {3}
   Haftbefehl aufgehoben durch Beschluß des Ermittlungsrichters des Bundesgerichtshofes (2 BGs 366/92) vom 28. September 1992,
   Verteidiger:
   Rechtsanwälte Dr. Gerhard Härdle und Jochen Liebe,

klage ich an,

Wagenbreth in der Zeit vom 20. Oktober 1961 bis zum 31. Dezember 1989,

Mutz in der Zeit vom 17. Januar 1966 bis März 1990,

Rabe in der Zeit vom 15. Juli 1964 bis März 1990,

Michels von Herbst 1973 bis Ende 1989/Anfang 1990 {4}

in Ost- und West-Berlin, Kiel, Kopenhagen, München, Marburg, Erlangen, Hamburg und an anderen Orten des In- und Auslandes

jeweils gemeinschaftlich mit anderen Mitarbeitern des Ministeriums für Staatssicherheit der ehemaligen DDR
für den Geheimdienst einer fremden Macht eine geheimdienstliche Tätigkeit gegen die Bundesrepublik Deutschland ausgeübt zu haben, die auf die Mitteilung oder Lieferung von Tatsachen, Gegenständen oder Erkenntnissen gerichtet war,

Wagenbreth und Mutz
durch dieselbe Handlung

in Beziehung auf eine im politischen Leben des Volkes stehende Person eine nicht erweislich wahre Tatsache, welche denselben verächtlich zu machen und in der öffentlichen Meinung herabzuwürdigen geeignet ist, durch Schriften aus Beweggründen verbreitet zu haben, die mit der Stellung des Beleidigten im öffentlichen Leben zusammenhängen, wobei die Tat geeignet war, sein öffentliches Wirken erheblich zu erschweren,

und

zur Täuschung im Rechtsverkehr eine unechte Urkunde hergestellt und gebraucht zu haben. {5}

Vergehen, strafbar nach § 99 Abs. 1 Nr. 1 StGB – bezüglich der Angeschuldigten Wagenbreth, Mutz und Rabe auch nach § 100e StGB a.F. – sowie nach §§ 5 Nr. 4, 9, 25 Abs. 2, 45 Abs. 2 und 5, 101 StGB,

bezüglich der Angeschuldigten Wagenbreth und Mutz auch nach §§ 186, 187a Abs. 1, 267 Abs. 1, 52 StGB,

bezüglich des Angeschuldigten Michels auch nach §§ 73ff., 74ff., und 101a StGB.

Der Angeschuldigte Wagenbreth war vom 1. Juni 1966 bis zum 31. Dezember 1989 – zuletzt im Dienstrang eines Obersten – Leiter der für „aktive Maßnahmen" und Desinformation zuständigen Abteilung X der Hauptverwaltung A (HVA) im Ministerium für Staatssicherheit (MfS) der ehemaligen DDR. Zuvor hat er seit dem 20. Oktober 1961 mit gleichem Zuständigkeitsbereich das Sonderreferat VII/F der HVA geleitet, aus welchem später die Abteilung X hervorgegangen ist.

Er hat in diesen Funktionen die gesamte gegen die Bundesrepublik Deutschland gerichtete Agententätigkeit der Bediensteten seines Anleitungsbereichs und der von diesen oder ihm selbst geführten „Inoffiziellen Mitarbeiter" (IM) in allen wesentlichen Grundzügen ihrer konkreten Ausgestaltung, ihrer Entwicklungsziele und methodischen Vorge-{6}hensweisen durch eigene Jahrespläne, durch Bestätigung der Arbeitspläne seiner Untergebenen und durch Kontrolle und bestimmende Beeinflussung der Planerfüllung unmittelbar persönlich gesteuert. Er hat die Angriffsobjekte „aktiver Maßnahmen" und die Ausforschungsobjekte und -bereiche operativer Beschaffungsvorgänge festgelegt, Lancierungskanäle bestimmt und ein Verbindungssystem zu den aus der Bundesrepublik Deutschland meldenden Quellen aufrechterhalten. Der Angeschuldigte hat zur Informationsbeschaffung aus der Bundesrepublik wie auch zur Streuung von Desinformationen ein dichtes Netz von Kontaktpersonen in der Bundesrepublik unterhalten, denen das MfS als Beziehungspartner nicht offenbart wurde, und über Einflußagenten wie den Journalisten Rudolf Schelkmann, den Schriftsteller Kurt Hirsch und den FDP-Politiker William Borm die öffentliche Meinung in der Bundesrepublik Deutschland manipuliert.

Die Verantwortlichkeit des Angeschuldigten Wagenbreth umfaßt u.a. die Herausgabe und Verbreitung desinformierender Pressedienste vorgeblich der SPD („intern") und der CDU („Die Mitte") in den 70er und 80er Jahren, die Lancierung operativ beschaffter Informationen über Wahlkampffinanzierungen der CDU zu Beginn der 70er Jahre an den Schriftsteller Engelmann zur Verwertung in einem Buchprojekt, die Herstellung eines fiktiven DVU-Flugblatts mit dem Tenor „Deutsche, wehrt Euch!" und dessen Verbreitung im Oktober 1974 durch Kräfte der Hauptabteilung (HA) VIII des MfS im Bundesgebiet, die Inszenierung der Abhör-Affären „Kohl/Bieden-{7}kopf" und „Strauß/Scharnagl" im Juni 1975 bzw. Dezember 1977, die Anfertigung von fiktiven Protokollen über Verhöre des entführten Dr. Hanns-Martin Schleyer durch Mitglieder der „RAF" und deren Versendung an verschiedene Adressaten in der Bundesrepublik im Herbst 1977 sowie im Oktober 1978, die Verbreitung eines von Mitarbeitern des ungarischen Geheimdienstes hergestellten fiktiven Evakuierungsplans des Bundesinnenministeriums zur Verunsicherung der westdeutschen Bevölkerung etwa im Jahr 1978, die Zusendung anonymer Briefe an „Bayernkurier"-Chefredakteur Scharnagl in der Zeit von 1978/79 bis 1982/83 mit dem Ziel, Zwietracht zwischen CDU und CSU zu säen, die Herausgabe und Verbreitung dreier den CDU-Politiker Dr. Marx diskreditierender Broschüren, denen Spionageerkenntnisse der Agentin Inge Goliath zugrundelagen, im Zeitraum von Juni 1979 bis Oktober 1980, die Lancierung eines fiktiven CDU-Positionspapiers „Rückbesinnung auf Kreuth" an das Magazin „Der Spiegel" zur Beeinflussung der Bundestagswahl vom 5. Oktober 1980, die Lancierung eines fiktiven CDU-Grundsatzpapiers über angebliche Vorteile einer personellen Trennung des Amtes des Bundeskanzlers von dem des CDU-Parteivorsitzenden an den SPD-Pressedienst „ppp" etwa 1986/87 sowie die Herstellung und Verbreitung eines angeblich von Uwe Barschel kurz vor dessen Tod an den damaligen Bundesfinanzminister Stoltenberg geschriebenen Briefs, unter den eine Unterschrift Barschels praktiziert war und in welchem zur Verunglimpfung Dr. Stoltenbergs und zur Beeinflussung des Ausgangs der schleswig-holsteinischen Landtagswahl am 8. Mai 1988 behaup-{8}tet wird, Dr. Stoltenberg sei billigender Mitwisser der in der Barschel/Pfeiffer-Affäre aufgedeckten Aktionen gegen den damaligen Oppositionsführer im Kieler Landtag Björn Engholm gewesen.

Die Beschaffung geeigneter Informationen mit eigenen Quellen der Abteilung X oder aus anderen operativen Diensteinheiten des MfS, die Anfertigung des Desinformations-Machwerkes und dessen Lancierung an geeignete Stellen im Bundesgebiet sowie die Ausforschung der Reaktionen auf die „aktive Maßnahme" waren untrennbare Teile einer einheitlichen Operation im Verantwortungsbereich des Angeschuldigten Wagenbreth.

Er hat im übrigen als Leiter des Referats VII/F den IM Hermann von Berg mit nachrichtendienstlichen Aufträgen gegen die Bundesrepublik Deutschland selbst geführt und über dessen operative Verwendung auch in der Folgezeit bis 1978 entscheidend bestimmt. Er hat sich einen persönlichen Eindruck von den Einsatzmöglichkeiten des Agenten Dieter Vogel verschafft und in Abstimmung mit Offizieren der Abteilung IX HVA dessen Einsatzrichtung vorgegeben. Der Angeschuldigte Wagenbreth hat in der Zeit von Frühjahr 1981 bis März 1986 bei persönlichen Ansprachen und durch Zusenden von Briefen versucht, den CDU-Politiker Heinrich Lummer zu einer nachrichtendienstlichen Zusammenarbeit mit dem MfS zu nötigen, und er hat in den Vorgängen Günter Wallraff, Wilhelm Reichenburg, Wolfgang Fischer, Rudolf Brocke, Holger G. und Bernd Michels insbesondere durch die Anordnung {9} von Instrukteur- und Führungstreffs, in den Fällen Reichenburg, Fischer, Brocke, G. und Michels auch durch Anordnung der Zahlung regelmäßigen Agentenlohns maßgeblich den Einsatz dieser nachrichtendienstlichen Quellen gesteuert und sie zur Fortsetzung ihrer Tätigkeit für die HVA motiviert.

Der Angeschuldigte Mutz war vom 17. Januar 1966 bis zum 31. Januar 1975 operativer Mitarbeiter in Abteilung X HVA bzw. in den Anfangsmonaten im Vorläufer-Referat VII/F und dort zuständig für die Anfertigung und Verbreitung desinformierender Schriften und die Schaffung diesbezüglicher Lancierungskanäle. Er hat vom 1. Februar 1975 bis zum 30. September 1982 das für die Durchführung „aktiver Maßnahmen" zuständige Referat X/2 HVA geleitet und war vom 1. Oktober 1982 bis zum 31. Dezember 1989 als stellvertretender Abteilungsleiter zuständig für die fachliche Anleitung aller in Abteilung X HVA mit „aktiven Maßnahmen" befaßten Referate. Vom 1. Januar bis in den Monat März 1990 hat der Angeschuldigte Mutz die gesamte Abteilung X HVA kommissarisch geleitet.

Als operativer Mitarbeiter hat der Angeschuldigte Mutz die einzelnen Ausgaben des fiktiven CDU-Pressedienstes „Die Mitte" inhaltlich ausgearbeitet und ins Bundesgebiet lanciert und diese Operation sowie ab 1. Februar 1975 die Verbreitung des fiktiven SPD-Informationsdienstes „intern" als Referatsleiter bzw. stellvertretender Abteilungsleiter anleitend fortgeführt. Er hat in den 70er Jahren {10} den Einflußagenten Kurt Hirsch und die IM Egel und Nestler persönlich geführt und über Letztgenannte dem Schriftsteller Engelmann schriftliches Material zur Veröffentlichung in dem Buchprojekt „Das schwarze Kassenbuch – Die heimlichen Wahlhelfer der CDU/CSU" zugespielt. Er hat als Referatsleiter in der später zur Abhöraffäre „Kohl/Biedenkopf" sich entwickelnden Operation die Herstellung des Abhörprotokolls und dessen Lancierung in die westdeutsche Öffentlichkeit federführend bewirkt, die Operationen „Scharnagl-Briefe" und „Rückbesinnung auf Kreuth" als „aktive Maßnahmen" gegen CDU und CSU selbst entwickelt und anleitend realisiert und die den CDU-Politiker Dr. Marx diffamierenden Broschüren der Inge Goliath zusammen mit dieser und Offizieren der Abteilung II HVA selbst verfaßt. Als stellvertretender Abteilungsleiter hat der Angeschuldigte Mutz sämtliche „aktiven Maßnahmen", die von Abteilung X HVA gegen Angriffsziele in der Bundesrepublik Deutschland durchgeführt wurden, durch eigene Jahrespläne und Bestätigung der Arbeitspläne seiner Untergebenen verantwortlich konzipiert. Er hat über die Durchführung der aus dem Kreis der ihm unterstellten Referate vorgeschlagenen „aktiven Maßnahmen" entschieden, die dafür verwendbaren, aus operativen Quellen, teils auch aus Aktenbeständen der NS-Zeit stammenden Erkenntnisse analysiert und vorgangsbezogen auf die Referate verteilt, die hergestellten Schriften redigiert und die Adressaten im Bundesgebiet bestimmt. Er hat den IM Schelkmann vielfach persönlich mit Ausarbeitungen beauftragt, die für „aktive Maßnahmen" benötigt wurden, die Operation betreffend {11} das fiktive Grundsatzpapier der CDU zur Ämtertrennung unter Einsatz des Agenten Herbert Willner durchführen lassen und die Verbreitung des „Barschel-Briefs" durch Bestätigung der Entwurfsfassung und des Lancierungskonzepts veranlaßt. Auch der Angeschuldigte Mutz hat die von ihm verantworteten „aktiven Maßnahmen" als nachrichtendienstliche Operationen durchgeführt, bei denen die Beschaffung von Anknüpfungserkenntnissen mit Quellen im Bundesgebiet, die Ausforschung von Umfeld und Hintergründen der Maßnahmen und die nachrichtendienstliche Beobachtung ihrer Wirkung eine Einheit bildeten.

Als kommissarischer Leiter der Abteilung X HVA hat der Angeschuldigte Mutz zu Beginn des Jahres 1990 Bemühungen unternommen, die Agenten Brocke und Michels dem KGB zuzuführen.

Der Angeschuldigte Rabe war vom 15. Juli 1964 bis zum 31. Juli 1967 operativer Mitarbeiter in [der] Abteilung X HVA bzw. im Vorläufer-Referat VII/F und dort zuständig für die Gewinnung und Führung von Quellen und anderen informationsbeschaffenden IM. Er hat vom 1. August 1967 bis zum 30. September 1982 das primär für die Quellenführung im Operationsgebiet zuständige Referat X/3 HVA geleitet und war vom 1. Oktober 1982 bis Ende März 1990 als stellvertretender Abteilungsleiter zuständig für die fachliche Anleitung des vorgenannten Referats 3, des mit der Schaffung und Nutzung {12} von Quellen und Kontaktpersonen unter „legalen Dächern" befaßten Referats 4 und des Ausbildungsreferats 6.

Als operativer Mitarbeiter und als Referatsleiter hat der Angeschuldigte Rabe in der Zeit von Januar 1966 bis Januar 1978 den IM Hermann von Berg unmittelbar persönlich geführt. Zu seinen Aufgaben als Referatsleiter gehörten die Anleitung seiner Referenten bei der Ausarbeitung der einzelnen operativen Arbeitspläne und die Erarbeitung eigener, die Gesamtheit der nachrichtendienstlichen Tätigkeit seines Referats konzipierender Jahrespläne. Diese Verantwortlichkeit des Angeschuldigten Rabe umfaßt u.a. die sämtlich auf Informationsbeschaffung aus der Bundesrepublik Deutschland gerichteten Vorgänge Wallraff, Reichenburg, Fischer, Brocke, G., Vogel und Michels.

Neben der Verantwortung für die operative Planung oblag dem Angeschuldigten Rabe als Referatsleiter die Gewährleistung der Planerfüllung. Hierzu hat er vielfach, u.a. in den Fällen Reichenburg, Vogel und Michels, an Treffs mit IM des Referats 3 selbst teilgenommen. Er hat den Instrukteur Hartmann des Agenten Reichenburg regelmäßig persönlich auf dessen Reiseeinsätze vorbereitet und mit dem Agenten Michels – auch als stellvertretender Abteilungsleiter – bei mehr als 20 Führungstreffs persönlich dessen Perspektive und Auftragslage erörtert und die Verratslieferungen entgegengenommen. {13}

Als stellvertretender Abteilungsleiter hat der Angeschuldigte Rabe im übrigen auch alle anderen Beschaffungsvorgänge, die aus den Referaten 3, 4 und 6 gegen die Bundesrepublik Deutschland geführt wurden, durch eigene Jahrespläne und Bestätigung der Arbeitspläne seiner Referatsleiter verantwortlich gesteuert. Im Frühjahr 1990 hat er den Führungsoffizier der Agenten Brocke und Michels aufgefordert, diese an das KGB zu übergeben.

Der Angeschuldigte Michels hatte seit etwa 1969/70 bei Aufenthalten in der ehemaligen DDR persönliche Kontakte zu Offizieren des Referats X/3 HVA unterhalten und wurde sich spätestens im Herbst 1973 bei einem Treff in Leipzig des nachrichtendienstlichen Charakters der Verbindung bewußt. In der Folgezeit traf er sich bis 1980 zweimal jährlich mit seinem Führungsoffizier und dessen Vorgesetzten, dem Angeschuldigten Rabe, sowie zusätzlich mindestens zweimal jährlich mit seinem Instrukteur, wobei die Treffs in Jugoslawien, Finnland, Schweden und Kopenhagen, vereinzelt in Amsterdam und Zürich sowie je einmal in Budapest, Hamburg, Bremen und Kiel durchgeführt wurden. Ab 1981 fanden Treffs mit dem Führungsoffizier und dem Angeschuldigten Rabe nur noch einmal jährlich, Instrukteur-Treffs bis Ende 1989 dafür in der Regel alle sechs

Wochen ebenfalls in verschiedenen Städten Skandinaviens und der Bundesrepublik sowie in Wien, Zürich, Madrid und Griechenland statt. Dem Angeschuldigten Michels wurden von seinem Führungsoffizier im Zeitraum 1981/82 Euro-{14}signalverbindungen angegeben, die er fortan für Treffabsprachen benutzte. Im Jahr 1982 wurde er von seinem Instrukteur im Empfangen verschlüsselter Radiosendungen unterwiesen, mit einem Kurzwellengerät und Schlüsselunterlagen ausgestattet und empfing in der Folgezeit monatlich zu festgelegten Zeiten verschlüsselte Funksendungen seiner nachrichtendienstlichen Führungsstelle. In späterer Zeit wurde der Angeschuldigte Michels mit einem Schnellgeber[2] zur Nachrichtenübermittlung per Telefon ausgestattet und auch in dessen Gebrauch von seinem Instrukteur eingewiesen. Bei einem letzten Treff mit seinem Führungsoffizier Ende 1989/Anfang 1990 wurde der Angeschuldigte Michels förmlich aus der Zusammenarbeit mit dem MfS entlassen.

Im Zeitraum 1969 bis 1975 war der Angeschuldigte Michels hauptberuflich als Journalist für verschiedene Presseorgane in der Bundesrepublik tätig. In dieser Zeit informierte er die ihm bekannten Offiziere des Referats X/3 HVA, ab 1974 auch seinen Instrukteur, über redaktionelle Interna aus seinen Beschäftigungsstellen und ab 1971 über Person und politische Aktivitäten des schleswig-holsteinischen SPD-Landesvorsitzenden Jochen Steffen, bei dem er nebenberuflich als persönlicher Mitarbeiter angestellt war.

Von 1975 bis zum 31. Juli 1985 war der Angeschuldigte Michels persönlicher Referent und „Redenschreiber" des schleswig-holsteinischen SPD-Landesvorsitzenden Günther Jansen und ab 1. Januar 1976 zusätzlich Pressesprecher des SPD-Landesver-{15}-bandes. Daneben betreute er ab 1980 in einer Teilzeitbeschäftigung den Bundestagswahlkreis Günther Jansens in Ost-Holstein. In dieser Zeit berichtete der Angeschuldigte Michels seiner nachrichtendienstlichen Führungsstelle über allgemeine Parteiangelegenheiten und Interna des SPD-Landesverbandes Schleswig-Holstein und über Mitglieder, Sekretärinnen und Parteifunktionäre, mit denen er im Rahmen seiner beruflichen Tätigkeit für die SPD Umgang hatte. Seine Angaben betrafen vorwiegend Günther Jansen, Egon Bahr, Björn Engholm, Gerd Walter und Heidemarie Wieczorek-Zeul und bezogen sich sowohl auf politische Auffassungen, Absichten und Aktivitäten als auch auf persönliche Umstände und Eigenschaften. Daneben lieferte der Angeschuldigte Michels der HVA u.a. schriftliches Material von SPD-Parteitagen, Unterlagen aus dem Bereich des SPD-Landesverbandes, Ausarbeitungen der SPD-Landtagsfraktion, Protokolle der Landesvorstandssitzungen der schleswig-holsteinischen SPD, selbst erarbeitete Verhandlungspapiere und Redeentwürfe, Unterlagen über Beratungen der Bundesgeschäftsstelle der SPD sowie Sitzungsprotokolle des Bundesvorstandes und berichtete ab der ersten Hälfte der 80er Jahre über SPD-interne Einschätzungen und Bewertungen der damals auf Landesebene aufgenommenen Verhandlungen mit Vertretern der SED-Bezirke Rostock, Schwerin und Neubrandenburg.

Vom 1. Oktober 1985 bis zur Beendigung seiner Tätigkeit für die HVA war der Angeschuldigte Michels beruflich als Redakteur beim NDR in Kiel beschäftigt, betreute daneben bis 1988 wie zuvor den {16} Bundestagswahlkreis Günther Jansens und war weiterhin Mitglied der SPD. In dieser Zeit berichtete er seiner Führungsstelle mündlich über die allgemeine politische Entwicklung im SPD-Landesverband Schleswig-Holstein, über personelle und sonstige Vorgänge innerhalb der SPD und über Einzelheiten der Barschel/Pfeiffer-Affäre.

Die von dem Angeschuldigten Michels in den Jahren seiner Zusammenarbeit mit dem MfS aus SPD-Kreisen gelieferten Informationen und Materialien waren wegen ihrer hohen Authentizität und Aktualität für die HVA von herausgehobener Bedeutung und wurden im Rahmen der Auswertung regelmäßig mit guten bis sehr guten Benotungen versehen.

Der Angeschuldigte Michels hat für seine langjährige geheimdienstliche Agententätigkeit ein nachrichtendienstliches Entgelt von mehr als 120.000 DM erhalten. {17}

Beweismittel

⊗ Es folgt eine Auflistung der Beweismittel, darunter Einlassungen der Angeschuldigten, 55 Zeugen, behördliche Zeugnisse und Gutachten, Urkunden und Augenscheinsobjekte sowie Beiakten. ⊗

Wesentliches Ergebnis der Ermittlungen

⊗ Inhaltsverzeichnis ⊗ {37}

A. Persönliche Verhältnisse und beruflicher Werdegang der Angeschuldigten

I. Der Angeschuldigte Rolf Günter Wagenbreth

Der Angeschuldigte wurde 1929 in B. geboren. Über Kindheit und Elternhaus liegen Erkenntnisse nicht vor. Der Angeschuldigte hat acht Klassen Volksschule absolviert und ab April 1943 in Zeitz den Beruf des landwirtschaftlichen Rechnungsführers erlernt. Nach anschließender beruflicher Tätigkeit beim Rat der Stadt Zeitz wechselte er am 6. Juni 1949 zur Volkspolizei und wurde zunächst Schüler, später Lehrer an der Volkspolizeischule in Torgau. Am 1. November 1950 trat der Angeschuldigte, der im Juli 1945 der KPD beigetreten war, welche im April 1946 in der SED als neugebildeter kommunistischer Staatspartei aufging, in den Dienst des im Februar desselben Jahres gegründeten, von Wilhelm Zaisser geleiteten Ministeriums für Staatssicherheit (MfS). Bis zum 31. Dezember 1951 war der Angeschuldigte Instrukteur in der damaligen Abteilung I/1 des MfS in Berlin. Ob sich diese Tätigkeit auf parteipolitische oder operative Unterweisungen bezog, ist den Ermittlungsbehörden nicht bekannt. Nachdem der Angeschuldigte von Januar 1952 bis Januar 1953 die Landespolizeischule in Schwerin besucht hatte, erfolgte seine weitere dienstliche Verwendung ab 8. Januar 1953 im Dienstrang eines Majors als {38} Leiter der Abteilung PK der Bezirksverwaltung für Staatssicherheit (BV) in Frankfurt/Oder. Ende des Jahres 1953 wurde der Angeschuldigte zum „Stellvertreter Operativ" des Leiters der BV Frankfurt/Oder ernannt. Ende Februar 1954 übernahm er die Leitung der Kreisdienststelle für Staatssicherheit (KD) in Beeskow/ Bezirk Frankfurt/Oder.

Ebenfalls 1954 begann der Angeschuldigte ein Fernstudium an der Parteihochschule der SED, welches er im August 1961 als „Diplom-Gesellschaftswissenschaftler" abschloß.

Vom 15. April 1955 bis September 1958 war der Angeschuldigte Leiter der vorwiegend für Auslandsaufklärung zuständigen Abteilung XV der BV Frankfurt/Oder. Über nachrichtendienstliche Operationen aus jener Zeit, die gegen die Bundesrepublik Deutschland gerichtet waren, liegen den Ermittlungsbehörden keine Erkenntnisse vor.

Am 8. September 1958 erfolgte die Versetzung des Angeschuldigten zur Zentrale des MfS in Berlin, wo er innerhalb der von Markus Wolf[3] geleiteten Hauptverwaltung „A" (HVA) die Leitung eines Referats übernahm. Die spezielle Referatszuständigkeit ist den Strafverfolgungsbehörden nicht bekannt. {39}

Der weitere dienstliche Werdegang des Angeschuldigten Wagenbreth in der HVA ab Oktober 1961 wird unter Gliederungspunkt B.II. des Wesentlichen Ergebnisses der Ermittlungen dargestellt.

Am 31. Dezember 1989 ist der Angeschuldigte im Dienstrang eines Obersten aus dem MfS ausgeschieden. Während seiner Dienstzeit in der HVA hat er eine Vielzahl von Orden und Auszeichnungen, darunter den „Orden des Roten Sterns" des Präsidenten des Obersten Sowjets der UdSSR (1973), die „Franz-Mehring-Ehrennadel" des Verbandes der Journalisten der DDR (1975), die „Medaille der Waffenbrüderschaft" in Gold (1977), das Abzeichen „Ehrenmitarbeiter des Staatssicherheitsdienstes der UdSSR" (1979), den „Kampforden für Verdienste um Volk und Vaterland" in Gold (1981), die „Medaille für die Stärkung der Kampfgemeinschaft mit der Sowjetunion" (1984), den „Scharnhorst-Orden" (1985) und nochmals den „Kampforden" in Gold (am 7. Oktober 1989) erhalten.

Der Angeschuldigte ist mit Christa Wagenbreth, geborene K., verheiratet. Aus der Ehe sind ein Sohn (geboren 1957) und eine Tochter (geboren 1967) hervorgegangen.

Über die derzeitigen Einkommensverhältnisse des Angeschuldigten liegen den Ermittlungsbehörden keine Erkenntnisse vor. {40}

Laut Auskunft aus dem Bundeszentralregister ist der Angeschuldigte unbestraft.

II. Der Angeschuldigte Wolfgang Albert Mutz

Der Angeschuldigte wurde 1935 als Sohn des Arbeiters Albert M. und dessen Ehefrau Kamilla M., geborene R., in K. geboren und wuchs mit drei Geschwistern im elterlichen Haushalt auf. Von 1941 bis 1949 besuchte er in seinem Geburtsort die Grundschule und anschließend bis 1953 die Oberschule in Grimma. Von September 1953 bis Februar 1954 absolvierte der Angeschuldigte eine Ausbildung als Lehrer für Marxismus/Leninismus an der Universität Leipzig und bereitete sich sodann auf ein Studium in der Sowjetunion vor. Im September 1954 begann er ein Philosophie-Studium an der Lomonossov-Universität in Moskau, welches er im Juni 1959 als Diplom-Philosoph abschloß. Nach seiner Rückkehr in die DDR absolvierte der Angeschuldigte, der im November 1955 der SED beigetreten war, einen sechswöchigen Reservistenlehrgang der NVA und leistete anschließend sieben Monate lang praktische Arbeit in der Produktion des Galvanik-Betriebes EAW in Berlin-Treptow. Von März 1960 bis Januar 1966 war der Angeschuldigte wissen-{41}schaftlicher Assistent am Philosophischen Institut der Deutschen Akademie der Wissenschaften in Berlin.

Am 17. Januar 1966 trat der Angeschuldigte als Sachbearbeiter im Rang eines Leutnants in den Dienst der HVA des MfS. Sein dienstlicher Werdegang in der HVA wird unter Gliederungspunkt B.II. des Wesentlichen Ergebnisses der Ermittlungen dargestellt.

Im März 1990 ist der Angeschuldigte im Dienstrang eines Obersten aus dem Amt für Nationale Sicherheit (AfNS), in welches das MfS am 17. November 1989 umgebildet worden war, ausgeschieden. Während seiner Dienstzeit in der HVA hat er den „Kampforden für Verdienste um Volk und Vaterland“ in Silber (1985) und das Abzeichen „Ehrenmitarbeiter des Staatssicherheitsdienstes der UdSSR“ (1989) erhalten.

Der Angeschuldigte ist seit 19. September 1959 mit Silvia M., geborene W. verheiratet. Seine Ehefrau war beruflich bis Juni 1990 als Diplom-Wirtschaftswissenschaftlerin in der Zentralverwaltung für Statistik in Ost-Berlin tätig. Aus der Ehe sind zwei Söhne (geboren 1959 und 1962) hervorgegangen.

Seit 1992 ist der Angeschuldigte in Berlin als Sozialarbeiter beschäftigt. ⊗ Es folgen Angaben zu den finanziellen Verhältnissen des Angeklagten. ⊗ Laut Auskunft aus dem Bundeszentralregister ist der Angeschuldigte unbestraft. {42}

III. Der Angeschuldigte Rolf Otto Herbert Rabe

Der Angeschuldigte wurde 1936 als Sohn des Werftarbeiters Herbert R. und dessen Ehefrau Gertrud R., geborene A., in B. geboren, wo er mit zwei jüngeren Schwestern im elterlichen Haushalt aufwuchs. Der Angeschuldigte besuchte in seinem Geburtsort acht Jahre lang die Volks- und Grundschule, absolvierte von September 1951 bis September 1953 eine Lehre als Stahlschiffbauer und begann anschließend ein Studium im Bereich Schiffbautechnik an der Fachhochschule in Wismar, welches er im Juni 1954 abbrach.

Nachdem der Angeschuldigte, der im Februar 1955 der SED beitrat, bis April 1955 als Schlosser in den Mechanischen Werkstätten Hagenow tätig gewesen war, trat er am 1. Mai 1955 in den Dienst des MfS. Er wurde zunächst der KD Hagenow im Bezirk Schwerin zugewiesen, wo ihm als operativem Mitarbeiter die Überwachung der Baubetriebe des Kreises oblag. Ende Oktober 1955 wechselte er für zwei Monate zur BV Schwerin (Abteilung III, damals zuständig für die „Sicherung der Volkswirtschaft“) und absolvierte sodann bis zum 15. September 1956 einen knapp neunmonatigen operativen Lehrgang in der Schule der HVA in Potsdam-Ei-{43}che. Anschließend kehrte der Angeschuldigte zur BV Schwerin zurück, wo er vom 16. September 1956 bis Juli 1964 – anfangs als Sachbearbeiter, ab Oktober 1960 als Referatsleiter und ab August 1962 als stellvertretender Abteilungsleiter – in der vorwiegend für Auslandsaufklärung zuständigen Abteilung XV eingesetzt wurde. Über nachrichtendienstliche Operationen des Angeschuldigten aus jener Zeit, die gegen die Bundesrepublik Deutschland gerichtet waren, liegen den Ermittlungsbehörden keine Erkenntnisse vor.

Am 15. Juli 1964 wurde der Angeschuldigte im Dienstrang eines Oberleutnants als Referent in die Zentrale der HVA des MfS in Berlin versetzt. Sein weiterer dienstlicher Werdegang in der HVA wird unter Gliederungspunkt B.II. des Wesentlichen Ergebnisses der Ermittlungen dargestellt.

Der Angeschuldigte hat von September 1966 bis März 1972 ein Fernstudium an der Juristischen Hochschule des MfS in Potsdam absolviert und als „Diplom-Jurist“ abgeschlossen. Mit Auflösung des AfNS Ende März 1990 ist er im Dienstrang eines Obersten aus dem Staatssicherheitsdienst ausgeschieden. Während seiner Dienstzeit in der HVA hat er eine Vielzahl von Orden und Auszeichnungen, darunter den „Kampforden für Verdienste um Volk und Vaterland“ in Gold (1974), die „Goldene Feder“ (1975) und die „Franz-Mehring-Ehrennadel“ {44} (1980) des Verbandes der Journalisten der DDR, die „Medaille der Waffenbrüderschaft“ in Silber (1982), eine Ehrenurkunde des Vorsitzenden des KGB der UdSSR (1985), die „Medaille für die Festigung der Kampfgemeinschaft mit der Sowjetunion“ (im September 1989) und den „Kampforden für Verdienste um Volk und Vaterland“ in Silber (im Oktober 1989) erhalten.

Der Angeschuldigte ist seit 5. Oktober 1957 mit Waltraud R., geborene T., verheiratet. Aus der Ehe sind ein Sohn (geboren 1958) und eine Tochter (geboren 1970) hervorgegangen.

Der Angeschuldigte ist seit 1. März 1993 im Angestelltenverhältnis als Unternehmensberater tätig. ⊗ Es folgen Angaben zu den finanziellen Verhältnissen des Angeklagten. ⊗

Laut Auskunft aus dem Bundeszentralregister ist der Angeschuldigte unbestraft.

IV. Der Angeschuldigte Bernd Werner Michels

Der Angeschuldigte wurde 1945 als Sohn des Büromaschinenmechanikers Wer-{45}ner M. und dessen Ehefrau Lieselotte, geborene B., in N. geboren. Im Jahr 1946 zog er mit seinen Eltern nach Magdeburg, wo er in den folgenden Jahren aufwuchs. 1952 kehrte die Familie in die Bundesrepublik Deutschland zurück. Der Angeschuldigte besuchte vier Jahre lang die Grundschule in Nordenham und Hannover und anschließend weiterführende Schulen in Hannover und Oldenburg, wo er im Jahr 1961 an einer Realschule die Mittlere Reife erlangte. Nach dreijährigem Besuch der Berufsfachschule Oldenburg absolvierte er von 1964 bis 1966 eine Ausbildung als Büromaschinenmechaniker. Anschließend leistete der Angeschuldigte Zivildienst und begann 1969 ein Volontariat bei der Zeitschrift „konkret“, wo er in der Folgezeit bis 1972 als Redakteur tätig war. Als sich 1972/73 die Redaktion der Zeitschrift „konkret“ zerstritt, wurde der Angeschuldigte Mitarbeiter der von dem ehemaligen „konkret“-Herausgeber Röhl nunmehr herausgegebenen Zeitschrift „das da“.

Neben seiner Tätigkeit als Journalist für die Zeitschriften „konkret“ und „das da“ unterstützte der Angeschuldigte, der im Oktober 1971 der SPD beitrat, ab 1971 als persönlicher Mitarbeiter auf Honorarbasis den Politiker Jochen Steffen bei dessen Tätigkeit als SPD-Landesvorsitzender in Schleswig-Holstein. {46}

1975 beendete der Angeschuldigte seine journalistische Tätigkeit, die er zuletzt bei der Tageszeitung „Hamburger Morgenpost“ ausübte, und trat hauptberuflich als Persönlicher Referent Günther Jansens, der im selben Jahr die Nachfolge Jochen Steffens als Landesvorsitzender angetreten hatte, in den Dienst des SPD-Landesverbandes Schleswig-Holstein. Ab 1. Januar 1976 wurde ihm innerhalb des Landesverbandes zusätzlich die Funktion des Referenten für Öffentlichkeitsarbeit (Pressesprecher) übertragen, die er fortan bis zum 31. Juli 1985 ausübte. Daneben war er Chefredakteur der Landesparteizeitung der SPD.

Als Pressesprecher war der Angeschuldigte bei sämtlichen Sitzungen des SPD-Landesvorstands zugegen. Er unterhielt engen persönlichen Kontakt zu Günther Jansen, fertigte für diesen Redeentwürfe an und betreute von 1980 bis 1988 in einer Teilzeitbeschäftigung dessen Bundestagswahlkreis Ost-Holstein.

In der ersten Jahreshälfte 1985 legte Günther Jansen dem Angeschuldigten wegen verschiedener Unzuverlässigkeiten und Versäumnisse nahe, sich nach einer anderen beruflichen Anstellung umzusehen. Hierauf bewarb sich der Angeschuldigte – mit Jansens Unterstützung – erfolgreich um eine Stelle als Redakteur beim NDR in Kiel. {47}

Am 31. Juli 1985 beendete der Angeschuldigte seine aktive Parteiarbeit im SPD-Landesverband Schleswig-Holstein und begann am 1. Oktober 1985 seine journalistische Tätigkeit in der aktuellen Redaktion des NDR in Kiel. Nachdem im Oktober 1990 die fünf aus der ehemaligen DDR hervorgegangenen Länder der Bundesrepublik beigetreten waren, wurde der Angeschuldigte vorübergehend zur Außenstelle Rostock, Abteilung Fernsehen, des NDR abgeordnet. ⊗ Es folgen Angaben zu den finanziellen Verhältnissen des Angeklagten. ⊗ Er ist in zweiter Ehe mit Nicoline H.-M., geborene H., verheiratet. ⊗ Es folgen Angaben zum Beruf der Ehefrau. ⊗ Aus der Ehe ist eine im Juli 1992 geborene Tochter hervorgegangen. Aus erster Ehe hat der Angeschuldigte einen inzwischen erwachsenen Sohn.

Laut Auskunft aus dem Bundeszentralregister ist der Angeschuldigte unbestraft.

B. Die Straftaten der Angeschuldigten

Auf eine Beschreibung des MfS in seiner Gesamtheit, der Einbindung des Staatssicherheitsapparates in das Machtgefüge des {48} SED-Staates, des Führungsprinzips und der Regelungsinstrumente im MfS, der Stellung und Zuständigkeiten der Hauptverwaltung „A" innerhalb des MfS, der grundlegenden Arbeitsvorschriften und der Praxis der Zusammenarbeit der HVA mit anderen Diensteinheiten des MfS und dem KGB der UdSSR wird in vorliegender Anklageschrift verzichtet. Insofern wird auf die Darstellung in der Anklageschrift des Generalbundesanwalts gegen Markus Wolf vom 16. September 1992, insbesondere die dortigen Seiten 61 bis 141, Bezug genommen.[4]

I. Die Abteilung X HVA

1. Aufgabenstellung der Abteilung X HVA

Neben der Auslandsaufklärung mit spezieller Konzentration auf politische, militärische, wirtschaftliche und wissenschaftlichtechnische Verhältnisse und Entwicklungen in der Bundesrepublik Deutschland war eine weitere Hauptaufgabe der HVA als Kampfformation der kommunistischen Weltbewegung die aktive Einmischung in innen- und außenpolitische Angelegenheiten von Staaten mit westlichen Gesellschaftssystemen und von Ländern der Dritten Welt. Die HVA und ihre „Kundschafter" galten als Speerspitze der Ideologien im Klassenkampf zwischen Sozialismus und Imperialismus. In der Richtlinie (RL) des {49} Ministers für Staatssicherheit Nr. 2/79[5] war dies eindeutig formuliert. Danach hatte die HVA

> „die internationale Position des Sozialismus und seiner Verbündeten in der Klassenauseinandersetzung mit dem Imperialismus zu festigen und zu stärken, die offensive Friedenspolitik der sozialistischen Staatengemeinschaft zu unterstützen, antiimperialistische Bewegungen, Kräfte

und Organisationen zu fördern und fortschrittlichen Regierungen in den Entwicklungsländern bei der Festigung ihrer Macht zu helfen".

Was sich letztlich nach dem Verständnis der Verantwortlichen der HVA hinter der Forderung nach „Stärkung der Position des Sozialismus in der Klassenauseinandersetzung mit dem Imperialismus" verbarg, zeigen die unter Gliederungspunkt B.IV. des Wesentlichen Ergebnisses der Ermittlungen dargestellten Operationen, mit welchen die Angeschuldigten Wagenbreth und Mutz der Zielvorgabe des Ministers zu genügen trachteten. Danach kam es den jeweils Beteiligten ersichtlich nicht etwa nur darauf an, Ideengut der SED zu verbreiten, kommunistische Kräfte im Operationsgebiet zu unterstützen oder „argumentativ auf die Förderung vorhandener oder absehbarer Trends in der Bundesrepublik hinzuwirken", die der SED-Führung politisch genehm waren. Vielmehr zielten die mit den Begriffen „aktive Maßnahmen/Desinformation" umschriebenen Machenschaften darauf ab, den Staat Bundesrepublik Deutschland als solchen, seine Regie{50}rungen, führende politische Gruppierungen und Persönlichkeiten bloßzustellen und zu diffamieren, die Bevölkerung der Bundesrepublik gegen staatliche Institutionen aufzuwiegeln, die demokratische politische Willensbildung zu stören, die außenpolitischen Beziehungen der Bundesrepublik zu anderen nichtkommunistischen Staaten und zu Ländern der Dritten Welt zu beeinträchtigen und westliche Abwehr- und Nachrichtendienste zu verunsichern und in Verruf zu bringen.

Die Aufgabenstellung, in diesem Sinne durch „aktive Maßnahmen" die Souveränität und innere Stabilität der Bundesrepublik anzugreifen, richtete sich im Prinzip an sämtliche Abteilungen der HVA und war beständiger Gesichtspunkt bei der nachrichtendienstlichen Informationsbeschaffung aller Arbeitseinheiten. Jedenfalls seit Oktober 1961 gab es innerhalb der HVA hierfür zudem eine Spezialzuständigkeit, die anfangs dem Sonderreferat „F" der Informations- und Auswertungsabteilung VII, ab 15. Juni 1966 der zu diesem Zeitpunkt neu gebildeten Abteilung X übertragen war.

Die Einrichtung des Sonderreferats VII/F und später der selbständigen Abteilung X durch Markus Wolf als Leiter der HVA entsprach einer Anregung der Sowjets, die – ebenso wie andere Ostblockstaaten – in ihrem Auslandsnachrichtendienst eine entsprechende Desinformationsabteilung unterhielten. {51}

Anerkannt als Instrument der Regierungspolitik der DDR waren Desinformations- und andere „aktive Maßnahmen" schon seit Anfang der 50er Jahre. Sie zählten zum Repertoire insbesondere von Albert Norden, der ab Oktober 1949 die Regierung der DDR als Sprecher in Pressekonferenzen vertrat und sich dabei als „Chefankläger" der DDR gegen die Bundesrepublik Deutschland aufspielte. Norden war bis 1952 Leiter der Hauptabteilung Presse im Amt für Information, wurde im April 1955 als Sekretär für Agitation in das ZK der SED gewählt und im Februar 1963 als Mitglied des Sekretariats des ZK zum Leiter der Agitationskommission beim Politbüro des ZK der SED ernannt. Mehrere „Grau-" und „Braunbücher" wurden unter seiner Anleitung zur Verunglimpfung von Repräsentanten der Bundesrepublik und deren Politik vom ZK der SED herausgegeben, wobei berechtigte Vorwürfe mit unberechtigten Diffamierungen vermengt wurden. Bei einzelnen Maßnahmen dieser Art arbeiteten die Planer des ZK der SED mit entsprechenden „Experten" des MfS Hand in Hand. {52}

Die Einrichtung der Abteilung X als selbständige Desinformationsabteilung der HVA folgte zwar dem Verständnis, daß die Zuständigkeit für derartige Maßnahmen zweckmäßig nicht dem ZK der Partei, sondern dem Auslandsnachrichtendienst des MfS zuzuweisen sei; sie änderte jedoch nichts an der Tatsache, daß die aktiven Maßnahmen als Instrument der Regierungspolitik der DDR in besonderem Maße den Vorgaben und Entscheidungen des ZK der SED ausgesetzt waren: Die Einflußnahme erfolgte durch unmittelbare Ansprechpartner, die, was den Aufgabenbereich der Abteilung X anbetraf, sowohl deren Leiter als auch dem Leiter der HVA in der ZK-Abteilung „Agitation und Propaganda", der Abteilung für internationale Verbindungen und in der Westabteilung des ZK stets für die inhaltliche Abstimmung einzelner Operationen zur Verfügung standen.

Neben der primären Zielstellung, „aktive Maßnahmen" gegen die Bundesrepublik Deutschland durchzuführen, war die Abteilung X – wie alle operativen Diensteinheiten der HVA – gehalten, durch Agenten im Operationsgebiet Geheimnisse des westdeutschen Gegners auszuspähen und allgemein die Verhältnisse und Entwicklungen in der Bundesrepublik für das MfS aufzuklären. Insbesondere die im einzelnen noch darzustellenden Fälle Michels, von Berg und Reichenburg belegen diese Aufgabenstellung der Abteilung X. {53}

Im übrigen waren die Mitarbeiter der Abteilung X – wie auch die anderen Mitarbeiter der HVA – eingebunden in die repressive Bekämpfung oppositioneller Kräfte der DDR. Hinsichtlich der ideologischen Verbrämung dieses als Hauptaufgabe verstandenen Auftrages der SED-Führung an den Staatssicherheitsdienst der ehemaligen DDR und der zugrundeliegenden Vorschriften des Ministers für Staatssicherheit wird auf die Darstellung in der Anklageschrift des Generalbundesanwalts gegen Markus Wolf vom 16. September 1992 Bezug genommen.[6] Beiträge auf diesem Gebiet leisteten die Offiziere der Abteilung X zum einen mit den spezifischen Methoden der Desinformation. So wurden Schriften gefertigt und über Kontakte zu Journalisten an westdeutsche Medien lanciert, welche die Opposition in der DDR in schlechtes Licht rücken und innerlich zersetzen sollten. Daneben beteiligte sich die Abteilung X an der allgemein der HVA gestellten Aufgabe, den sog. Abwehrdiensteinheiten des MfS, insbesondere der Hauptabteilung (HA) XX, „Beweise" für die „Inspiration und Organisation" der Bürgerrechts- und Friedensbewegung der DDR aus der Bundesrepublik zu liefern, die für Repressivmaßnahmen, Festnahmen und Schikanen verwendet werden konnten. Dabei erfolgte die Weiterleitung entsprechender IM-beschaffter Informationen an den Leiter der HA XX über den Leiter der HVA.

Nachdem im November 1976 der Liedermacher Wolf Biermann aus der DDR ausgebürgert worden {54} war, setzte die Abteilung X sowohl innerhalb der DDR als auch in der Bundesrepublik verschiedene „Inoffizielle Mitarbeiter" (IM) im Bekannten- und Verwandtenkreis Biermanns zu Spitzeldiensten ein, um dessen Reaktion auf die Ausbürgerung und seine neuen Lebensumstände auszuforschen und allgemein Erkenntnisse zu sammeln, welche im nachhinein zur rechtfertigenden Begründung für die Aberkennung der Staatsbürgerschaft der DDR herangezogen werden konnten. Dabei belegt der in den Akten des Zentralen Operativvorganges (ZOV) „Lyriker" der HA XX/9 des MfS gefundene Informationsbericht der Abteilung X vom 17. November 1976 über organisatorische Hintergründe und Ablauf der Konzertreise Biermanns nach Köln und Bochum die Bekämpfung oppositioneller Kräfte der DDR durch Spionage von Mitarbeitern der HVA in der Bundesrepublik.

Die gesamte Bandbreite der operativen Tätigkeit der Abteilung X HVA, Angriffsrichtungen, eingesetzte Mittel und Methodik, unterlag den Festlegungen der Leiter der HVA (bis November 1986 Markus Wolf, danach Werner Großmann[7]), denen im Strukturgefüge der HVA der Leiter der Abteilung X direkt unterstellt war. Die Abteilung X galt innerhalb der HVA bis 1986 als „Spielwiese" des Markus Wolf, der in diesem Bereich die Möglichkeit sah, politische {55} Zielvorstellungen unmittelbar mit dem seiner Verfügung unterstehenden nachrichtendienstlichen Apparat zu verwirklichen.

Die Anleitungstätigkeit der Leiter der HVA beschränkte sich nicht auf die jährliche Bestätigung der Arbeitspläne des Abteilungsleiters X, sondern erfolgte vielfach durch Einzelbefehle, die gezielt den Ablauf aktuell andauernder oder konkret bevorstehender Operationen der Abteilung betrafen. Der Angeschuldigte Wagenbreth sprach als Leiter der Abteilung 1986 wöchentlich bei Markus Wolf vor. Dieser legte dar, welche aktuellen politischen Zusammenhänge und Erscheinungen für eine Beeinflussung durch „aktive Maßnahmen" im Sinne der politischen Vorstellungen der DDR-Führung in Betracht kamen, erörterte mit Oberst Wagenbreth die entsprechenden Möglichkeiten und operativen Vorgehensweisen, ließ sich von ihm über den Stand einzelner Vorgänge, dabei aufgetretene Besonderheiten und Probleme unterrichten, traf konkrete Festlegungen über die weiteren Arbeitsschritte und analysierte zusammen mit dem Angeschuldigten Wagenbreth die durch andauernde oder abgeschlossene Maßnahmen erzielten Reaktionen. {56}

2. Spezielle Arbeitsweisen der Abteilung X HVA

a) Das operative Grundprinzip „aktiver Maßnahmen"

Das operative Grundprinzip „aktiver Maßnahmen" bestand darin, vertrauliche oder auch offene Informationen, die auf unterschiedlichsten Wegen aus dem Operationsgebiet gewonnen worden waren, aufbereitet, abgeändert oder auch unverfälscht gezielt in den Westen zurückzuspielen und dort wirken zu lassen. Zu den dabei praktizierten Vorgehensweisen gehörten die Lancierung von Medienbeiträgen, die Verbreitung falscher Dokumente oder inhaltlich verfälschter Texte, Parlamentsanfragen, Herstellung und Verbreitung von Druckerzeugnissen mit „tragenden Gedanken", die zielgerichtete Verbreitung von Versionen und Gerüchten über diplomatische Kanäle und die „Unterstützung" westdeutscher Politiker mit Argumentationshilfen, Zuarbeiten für Veröffentlichungsprojekte und Redebeiträgen.

Desinformation – als eine Variante „aktiver Maßnahmen" – war im „Wörterbuch der politisch-operativen Arbeit" des MfS[8] definiert als die bewußte Verbreitung grundsätzlich oder teilweise unwahrer Informationen durch Wort, Schrift, Bild oder Handlungen mit dem Ziel, Aktivitäten und Kräfte des Feindes in dem MfS genehme Richtungen zu lenken bzw. diese Kräfte zu verunsichern oder zu lähmen. Hierbei eröffnete die Sensationsgier {57} westdeutscher Medien dem MfS vielfältige Verbreitungsmöglichkeiten. Die bei der Durchführung derartiger Zersetzungsmaßnahmen anzuwendende Methodik war ab 1976 in der RL Nr. 1/76[9] im Grundsatz festgelegt. Danach waren die einzelnen Aktionen – etwa solche zur „systematischen Diskreditierung des öffentlichen Rufes, des Ansehens und des Prestiges" – „auf der Grundlage miteinander verbundener wahrer, überprüfbarer und diskreditierender sowie unwahrer, glaubhafter, nicht widerlegbarer und damit ebenfalls diskreditierender Angaben" zu entwickeln. Hieraus ergibt sich deutlich die besondere Spezifik der operativen Tätigkeit der Abteilung X HVA: Die Beschaffung geeigneter Anknüpfungserkenntnisse, die nähere Ausforschung von Umfeld und Hintergrund, die Analyse der erlangten Ausgangsmaterialien (teilweise unter Hinzuziehung nicht dem MfS angehöriger Experten), die darauf gestützte Anfertigung des gegenständlichen Desinformations-Machwerkes und dessen Lancierung an geeignete Stellen im Operationsgebiet waren im Regelfall untrennbare Bestandteile einer einheitlichen Aktion, deren Realisierung in der Anfangs- wie auch in der Endphase häufig auf den Einsatz inoffizieller Kräfte im Bundesgebiet angewiesen war.

Zur Informationsbeschaffung aus dem Operationsgebiet unterhielt die Abteilung X HVA ein eigenes Agentennetz insbesondere in den {58} Parteizentralen, Verlagen und zeitgeschichtlichen Instituten der Bundesrepublik Deutschland. Jedes Referat der Abteilung X verfügte über Inoffizielle Mitarbeiter (IM) im Operationsgebiet. Zwar bestand unter den Mitarbeitern der Abteilung X die Auffassung, daß der operative Nutzen fester IM-Stützpunkte in Verlagshäusern der Bundesrepublik zweifelhaft sei, weil die Durchführung „aktiver Maßnahmen“ ebensogut unter Einsatz „gutgläubiger Multiplikatoren“ bewältigt werden könne. Die Vorgabe der Leitung der HVA, Quellen in westdeutschen Redaktionen anzuwerben und zu entwickeln, war jedoch Planaufgabe der Abteilung X und wurde – beispielsweise in bezug auf Zeitungen des Springer-Konzerns, dessen „Bearbeitung“ einem gemeinsamen Projekt der Abteilung X mit der Desinformationsabteilung des KGB entsprach – von den Mitarbeitern der Abteilung in der operativen Praxis auch umgesetzt. In der Unterhaltung eines eigenen Agentennetzes unterschied sich die Arbeitsmethode der Abteilung X HVA grundlegend von derjenigen der Desinformationsabteilungen in den Aufklärungsapparaten anderer Ostblockstaaten, die darauf weitgehend verzichteten.

Das operative „Handwerkszeug“, welches von den Mitarbeitern der Abteilung X bei der nachrichtendienstlichen Führung ihrer Agenten eingesetzt wurde, entsprach demjenigen der anderen Führungsoffiziere der HVA: Die Abtei-{59}lung verfügte über diverse konspirative Objekte (KO) und Wohnungen (KW) für die Durchführung von Treffs, bei welchen überdies die Offiziere sich falscher Namen und Personalpapiere bedienten. Der Angeschuldigte Wagenbreth beispielsweise verfügte über einen Diplomatenpaß, der auf den Namen „Rolf Wagner“ ausgestellt war.

Soweit die für „aktive Maßnahmen“ benötigten Grundinformationen einschließlich derjenigen, welche zur Einschätzung der erzielbaren Reaktion aus dem Kreis der vorgesehenen Adressaten erforderlich waren, nicht aus den eigenen Referaten der Abteilung X erlangt werden konnten, wurden von anderen Abteilungen der HVA (insbesondere II und IX) operativ beschaffte Erkenntnisse verwertet, was die „Freigabe“ der betreffenden Information durch die beschaffende Diensteinheit voraussetzte. Alle operativen Abteilungen der HVA waren nach der RL Nr. 2/79 gehalten, durch den Ausbau „operativer Positionen“ (Einschleusung/Anwerbung von Agenten) in Bearbeitungsobjekten der Bundesrepublik Deutschland zugleich „günstige Voraussetzungen für die Durchführung wirkungsvoller aktiver Maßnahmen“ zu schaffen. Da in der HVA sämtliche bedeutsamen Informationen, die von den Agenten der verschiedenen Abteilungen aus dem Operationsgebiet Bundesrepublik ihrer Führungsstelle geliefert wurden, anonymisiert der Informations- und Auswertungsabteilung VII zu-{60}geleitet wurden, war es naheliegend, daß die für „aktive Maßnahmen“ zuständige Diensteinheit, solange sie als

„Sonderreferat F" nicht die Stärke einer eigenen Abteilung erreichte, direkt der Auswertungsabteilung angegliedert war. Auch in späterer Zeit erhielten die Mitarbeiter der Abteilung X die nicht durch eigene Kräfte erlangten Erkenntnisse über die Abteilung VII HVA.

Neben IM-beschafften Informationen war Grundlage für die „aktiven Maßnahmen" der Abteilung X in erheblichem Umfang das Erkenntnisaufkommen der für Funk- und Fernmeldeaufklärung zuständigen Linie III des MfS, deren Mitarbeiter ständig etwa 30.000 bis 40.000 Telefonanschlüsse in der Bundesrepublik überwachten und die jährlich mehr als 100.000 abgehörten Gespräche auf Hunderten von Bandgeräten in der DDR aufzeichneten.[10]

Ergänzend wurden offen zugängliche Informationen aus dem gesellschaftlichen und politischen Leben der Bundesrepublik Deutschland, etwa über innerparteiliche Diskussionen, für „aktive Maßnahmen" verwendet. {61}

Die Verbreitung der hergestellten Desinformationswerke, „Gedankenpapiere" und ähnlicher Schriften der Abteilung X im Operationsgebiet erfolgte teils über eigene IM (vorwiegend der Referate X/3 und X/4) und Kontaktpersonen, die in Verlagen, Redaktionen oder ähnlichen Schlüsselpositionen in der Bundesrepublik tätig waren.

Daneben wurden insbesondere für Lancierungen im parteipolitischen Bereich Agenten anderer Abteilungen der HVA – teils auf Anforderung deren jeweiliger Führungsstelle, teils aus eigener Initiative der Abteilung X – mit Ausarbeitungen beliefert.

In diesem Zusammenhang sind auch die nachrichtendienstlichen Beziehungen zu nennen, die von Abteilung X über Führungsoffiziere der Abteilungen I und II HVA zu einer Vereinigung ehemaliger Generale und Admirale aus NATO-Ländern unterhalten wurden, welche sich im Jahr 1981 auf Initiative der HVA zu der Gruppe „Generale für Frieden und Abrüstung" zusammenschlossen:

Ausgehend von der Überlegung, daß die Verhandlungsposition des Warschauer Pakts bei der KSZE in Helsinki gestärkt werden könne, wenn flankierend zu den dort vorgetragenen Argumenten aus einem repräsentativen Kreis westlicher Militärs gleichgerichtete Konzeptionen permanent in die westeuropäische Öffentlichkeit getragen würden, wurde der Abteilung I HVA gegen Ende der 70er Jahre die Aufgabe zugewiesen, in Zusammenarbeit mit der {62} allgemein für die „Bearbeitung" der Friedensbewegung zuständigen Abteilung II HVA pensionierte Generale und Admirale der NATO, die aus Sicht der HVA als „Multiplikatoren" entsprechenden militärpolitischen Gedankenguts geeignet erschienen, zu einer nachrichtendienstlich steuerbaren Gruppe zusammenzuführen.

Auf welche Weise dies in der Folgezeit den Offizieren der Abteilungen I und II HVA gelungen ist, und ob dabei einzelnen Mitgliedern der ab 1981 als „Generale für Frieden und Abrüstung" aufgetretenen Gruppe das MfS als Initiator und Beziehungspartner bewußt gewesen ist, ist den Ermittlungsbehörden nicht bekannt. Jedenfalls wurde diesem Personenkreis, dem neben pensionierten Militärs aus Norwegen, Portugal, England, Griechenland, den Niederlanden, Italien und Frankreich die westdeutschen Generale a.D. Gert Bastian und Günter Vollmer angehörten, jedenfalls bis 1985 eine Vielzahl von Argumentationspapieren, Hintergrundmaterialien und anderen Textbeiträgen zu Fragen der nuklearen Wettrüstung, der Rüstungsbegrenzung sowie allgemein der europäischen Sicherheitspolitik zur Verfügung gestellt, die von Mitarbeitern des Referats X/1 HVA teils in enger Zusammenarbeit mit dem KGB ausgearbeitet worden waren.

Die Weiterleitung der Unterlagen erfolgte dabei ausschließlich über Führungsoffiziere der Abteilungen I und II HVA, die zusätzlich über {63} eine operative Verbindung zu dem in Köln ansässigen Pahl-Rugenstein-Verlag verfügten, in welchem Schriften der „Generale für Frieden und Abrüstung" herausgegeben wurden.

Welche Publikationen und Memoranden der „Generale für Frieden und Abrüstung" im einzelnen und in welchem Umfange auf Ausarbeitungen der Abteilung X HVA beruhten, die dabei ihrerseits auf konzeptionelle Materialien des KGB zurückgriff, ist nicht aufgeklärt worden.

Als der östlichen Seite etwa Mitte der 80er Jahre bewußt wurde, daß die politische Dimension der „Generalsbewegung" den nachrichtendienstlichen Rahmen sprengte, wurde die Federführung des Vorganges auf Beschluß des KGB auf Manfred Feist als Leiter der Abteilung Auslandsinformation des ZK der SED übertragen.

Soweit die Lancierung von Desinformationspapieren etc. nicht über feste „Stützpunkte" der HVA im Bundesgebiet erfolgte, war es gängige Praxis, für den Transport der hergestellten Machwerke in das Operationsgebiet Mitarbeiter der AG Grenze der HVA oder solche der HA VIII MfS einzuschalten und das Material sodann innerhalb der Bundesrepublik anonym in den Postversand geben oder anderweitig ablegen zu lassen. {64}

b) Die Nutzung von Kontaktpersonen und Einflußagenten

Aus der dargestellten Methodik „aktiver Maßnahmen" ergibt sich, daß die Abteilung X – anders als die übrigen operativen Diensteinheiten der HVA – zur Erfüllung ihrer spezifischen Aufgaben in der Bundesrepublik Deutschland nicht primär auf den Einsatz nachrichtendienstlicher Quellen im klassischen Sinne angewiesen war. Um Desinformationspapieren den Anschein von Authentizität geben zu können, bedurfte es nicht unbedingt eines steten und umfassenden Informationsflusses über die interne Handhabung der betreffenden Problematik im Operationsgebiet. Ausreichend konnte es sein, punktuelles Insiderwissen aus dem Bereich des vorgeblichen Verfassers oder auch aus dem Umfeld des vorgesehenen Adressaten dezent in den Text einzustreuen. Um ein für derartige Zwecke hinreichendes Informationsaufkommen zu gewährleisten, reichte es aus, in Kreisen etwa der Politik und Wirtschaft den Umgang mit einer möglichst großen Anzahl sog. „Kontaktpersonen" zu pflegen, der zwangsläufig Abschöpfmöglichkeiten bot, ohne daß für den Angesprochenen der Beziehungspartner MfS notwendig erkennbar war. In der RL 2/79 war die Arbeit {65} mit Kontaktpersonen – neben der Arbeit mit IM – als operative Methode ausdrücklich vor gesehen. Danach wurden als „Kontaktpersonen" Bürger aus dem Operationsgebiet bezeichnet,

> „zu denen eine stabile Verbindung unterhalten wurde, die über Zugang zu operativ bedeutsamen Informationen bzw. über Möglichkeiten zur aktiven politischen Einflußnahme verfügten, die relativ beständig abgeschöpft, zur Durchführung aktiver Maßnahmen genutzt und zu anderen operativen Handlungen veranlagt wurden, ohne daß sie den nachrichtendienstlichen Charakter dieser Tätigkeit kannten oder durch die Anwendung spezifischer operativer Mittel und Methoden bestätigt erhielten und deren Werbung als IM aus politischen, operativen oder anderen Gründen nicht möglich, zweckmäßig oder notwendig war"

oder erst für einen späteren Zeitpunkt ins Auge gefaßt wurde.

„Kontaktperson" der Abteilung X in diesem Sinne war beispielsweise *Dr. Friedhelm Farthmann*, der durch den Leiter des Referats X/4 HVA, Oberstleutnant Müller, bei Jagdaufenthalten in der DDR persönlich betreut wurde. Dr. Farthmann war im Jahr 1987 als Vorsitzender der SPD-Fraktion im nordrhein-westfälischen Landtag und Mitglied des Parteivorstandes der SPD anläßlich des Staatsbesuchs Erich Honeckers in der Bundesrepublik mit diesem zusammengetroffen und hatte dabei zu erkennen gegeben, daß er an gelegentlicher {66} Jagdausübung in der DDR interessiert war. An diesen Wunsch anknüpfend wurden in der Zeit von Dezember 1987/Januar 1988 bis Oktober 1989 auf Veranlassung des Angeschuldigten Wagenbreth durch Oberstleutnant Müller, der dabei als Mitarbeiter des Ministerrats der DDR auftrat, fünf oder sechs jeweils mehrtägige gemeinsame Jagdaufenthalte mit Dr. Farthmann im Sonderjagdgebiet „Kobbeln" des MfS im Kreis Eisenhüttenstadt, in anderen Jagdgebieten des Bezirks Frankfurt/Oder und in Thüringen arrangiert, bei welchen Müller mit seinem Jagdgast Dr. Farthmann ausgiebige politische Diskussionsgespräche führte und anschließend die dabei erlangten Erkenntnisse den Angeschuldigten Rabe und Wagenbreth als seinen Vorgesetzten berichtete.

In der operativen Perspektive vergleichbar mit den Kontakten zu Dr. Farthmann waren diejenigen zu *Klaus Nilius*, der – mit mehrjähriger Unterbrechung – bis Herbst 1987 unter dem Decknamen „Alster" von Abteilung X HVA „bearbeitet" wurde. Klaus Nilius – später Pressesprecher der schleswig-holsteinischen SPD und Referent von Ministerpräsident Engholm – war in den 60er und 70er Jahren bei politischen Veranstaltungen in der ehemaligen DDR und auf Leipziger Messen mit „Diskussionspartnern" der Abteilung X HVA zusammengebracht und in diesem Rahmen abgeschöpft worden. Ein im Herbst 1987 unternommener Versuch des Refe-{67}rats X/3 HVA, den Kontakt zu Nilius wieder aufzunehmen, scheiterte an dessen mangelnder Gesprächsbereitschaft.

Die Nutzung von Kontaktpersonen erfolgte der Vorgabe der RL Nr. 2/79 entsprechend nicht allein zur Informationsbeschaffung, sondern in erheblichem Umfange auch, um „aktive Maßnahmen" in der Bundesrepublik Deutschland wirkungsvoll zu lancieren. Journalisten, Schriftsteller, Politiker und andere Personen, die von ihrer beruflichen oder gesellschaftlichen Stellung her in der Lage waren, Meinungen und Enthüllungen in die Öffentlichkeit zu tragen, politische Entwicklungen auszulösen oder zu beeinflussen, wurden in ein Beziehungsgeflecht eingebunden, um bei Gelegenheit mit Informationen, Argumenten und Materialien versorgt und diesbezüglich als „Multiplikatoren" eingesetzt werden zu können.

So wurden beispielsweise die „Stern"-Journalisten *Gerd Heidemann* und *Dr. Thomas Walde* Mitte November 1980 bei Recherchen auf dem Gebiet der ehemaligen DDR im Zusammenhang mit der Fund-Legende angeblicher Hitler-Tagebücher von dem HVA X-Offizier Dr. Brehmer unterstützt, der dadurch Gelegenheit erhielt, im Gegenzug die Veröffentlichung von Karten-{68}material des KGB über Raketenstellungen und andere atomare militärische Anlagen der USA auf dem Gebiet der Bundesrepublik im „Stern" zu erwirken. Auch zu Vorgängen in westdeutschen Nachrichtendiensten, insbesondere dem BND, wurden „Stern"-Journalisten vielfach desinformierende Darstellungen der Abteilung X zugespielt.

Ebenfalls in diesem Zusammenhang zu nennen sind Kontakte des Referatsleiters X/4 zu dem „Spiegel"-Redakteur *Jörg Mettke*, wobei der Zweck dieser Verbindung seitens der HVA allgemein darin gesehen wurde, dem Gesprächspartner Mettke bei sich bietenden Gelegenheiten bestimmte Denkansätze und Gedankengänge zur Berücksichtigung bei der Abfassung seiner Hintergrundberichte und Reportagen nahezubringen.

Die Anzahl der Kontaktpersonen, welche den Offizieren der Abteilung X HVA in vorbeschriebenem Sinne als „Stützpunkte“ im Operationsgebiet zur Verfügung standen, ist den Ermittlungsbehörden nicht bekannt. Allein der IM „Günther“ (Hermann von Berg), dessen Fall im einzelnen noch dargestellt wird, hat operative Verbindungen zu etwa einem {69} Dutzend Personen aus dem Bundesgebiet unterhalten, die als Kontaktpersonen der Abteilung X einzustufen sind.

Mitunter gelang es den Führungsoffizieren der Abteilung X HVA, Kontaktpersonen, die zur Verbreitung von Desinformationswerken im Operationsgebiet eingesetzt wurden, für eine bewußte inoffizielle Zusammenarbeit mit dem MfS zu werben. In diesem Zusammenhang sind beispielsweise zu nennen der Herausgeber des Kölner Polit-Magazins „Geheim“ mit Decknamen „*Abraham*“ und *Evalouise Panzer-Tamponi*, welche ab etwa 1983 in der von ihr und ihrem Ehemann in West-Berlin herausgegebenen Zeitung „*Incontri*“ Beiträge veröffentlichte, die von ihrer Führungsstelle in Referat X/5 verfaßt worden waren.

Teilweise ging die Kooperation Inoffizieller Mitarbeiter, die von Abteilung X als „Multiplikatoren“ verwendet wurden, über die bloße Gewährung von Lancierungshilfen hinaus, und die Betreffenden wurden zu Einflußagenten der Abteilung X entwickelt. Dies gilt beispielsweise für den am 14. Dezember 1992 verstorbenen Journalisten *Willi Rudolf Schelkmann*, der bis 1975 in Nordrhein-Westfalen und West-Berlin lebte, als ehemaliger Angehöriger der Waffen-SS („Leibstandarte Adolf Hitler“) {70} dem MfS zu Beginn der 60er Jahre Ausarbeitungen über NSDAP, Waffen-SS und Reichssicherheitshauptamt erstellte und von Oktober 1964 bis Herbst 1968 auf Veranlassung und unter Anleitung des Angeschuldigten Wagenbreth als Verleger 14-tägig den Informationsdienst „X-Information“ in einer Auflage von ca. 500 Exemplaren herausgab. Darin wurden zur politischen Beeinflussung einer vorwiegend in FDP-Kreisen gesuchten Leserschaft teils von HVA-Offizieren, teils von Rudolf Schelkmann selbst gefertigte Beiträge veröffentlicht, die darauf abzielten, in der Bundesrepublik eine dem SED-Regime genehme Ostpolitik zu fördern. Einflußagent in diesem Sinne blieb Rudolf Schelkmann auch in den Jahren von 1970 bis 1973, als er – anfangs im Rahmen eines Beratervertrages mit dem Auswärtigen Amt, später als Mitarbeiter des Bundespresseamtes – Gelegenheit erhielt, politische Positionen der DDR-Führung in amtliche Bonner Argumentationspapiere zu den Ost-Verträgen bzw. in die öffentliche Darstellung der Regierungspolitik einzubringen. Die vielfältigen persönlichen Kontakte insbesondere zu Persönlichkeiten der FDP, welche sich für Rudolf Schelkmann zwangsläufig aus seinen vorbeschriebenen Tätigkeiten ergaben, nutzte er darüber hinaus, um seine Führungsstelle, insbesondere die Angeschuldigten Wagenbreth und Rabe, auftragsgemäß über das politische Meinungsbild einzelner FDP-Angehöriger zu unterrichten. {71}

Nachdem Rudolf Schelkmann im Jahr 1975 auf Weisung des Angeschuldigten Wagenbreth in die DDR übergetreten war, wurde er – durch den Angeschuldigten Wagenbreth hoch dekoriert – bis zur Auflösung des MfS als dessen hauptamtlicher inoffizieller Mitarbeiter (HIM) in vielfältigen Beziehungen von Offizieren der Abteilung X HVA herangezogen, um zur Vorbereitung verschiedenster Desinformationsprojekte – auch zur gezielten Diffamierung einzelner Politiker, wie etwa des CDU-Abgeordneten Dr. Dregger – Analysen und Ausarbeitungen zu innen- und rüstungspolitischen Entwicklungen in der Bundesrepublik zu erstellen. Hierbei zählten sowohl der Angeschuldigte Mutz als auch der Angeschuldigte Rabe zu seinen Auftraggebern. Als um das Jahr 1980 seitens der Sowjetunion Interesse an politischen Kontakten zu Dr. Franz-Josef Strauß bestand, ließ der Angeschuldigte Rabe den HIM Schelkmann eine Einschätzung über Dr. Strauß erarbeiten und leitete diese an den sowjetischen Geheimdienst KGB weiter.

Ähnlich wie Rudolf Schelkmann, jedoch mit anderer politischer Zielrichtung, wurde der in Bayern lebende Schriftsteller *Kurt Hirsch* (Deckname „Helm") als Einflußagent genutzt, um Ausarbeitungen der Abteilung X HVA zur rechtsextremen Szene in die westdeutsche Öffentlichkeit zu „transportieren". Verschiedene Buchprojekte über rechte politische Strö-{72}mungen, Parteien und deren Akteure, die Kurt Hirsch als Autor und Herausgeber realisierte, wurden von Abteilung X HVA mit „Argumentationshilfen" unterstützt.

Ebenfalls Einflußagenten der Abteilung X, die zugleich von anderen Abteilungen der HVA als Quellen in der Bundesrepublik Deutschland geführt wurden, waren der FDP-Politiker *William Borm* und der Journalist *Herbert Siegmar Kloss*:

Der am 2. September 1987 verstorbene ehemalige FDP-Politiker *William Borm* war in den 50er Jahren während der Verbüßung einer Haftstrafe in der DDR von Mitarbeitern der Abteilung II HVA (zuständig für die Bearbeitung westdeutscher Parteien) für eine nachrichtendienstliche Zusammenarbeit mit dem MfS geworben worden. Nachdem er 1959 aus der Haft nach Westdeutschland entlassen worden war, lieferte er – beginnend in den 60er Jahren bis 1982 – seiner Führungsstelle bei einer Vielzahl von Treffs auf DDR-Gebiet, an welchen regelmäßig der damalige Leiter der HVA Markus Wolf teilnahm, Informationen vorwiegend über Verhandlungspositionen der FDP sowie einzelner Parlamentarier der Bundesrepublik im Hinblick auf den bevorstehenden Abschluß der Ostverträge sowie allgemein über das Verhältnis der Bundesrepublik zur ehemaligen DDR aus der Sicht westdeutscher Politiker nach Abschluß jener Verträge. {73}

Ab Anfang der 70er Jahre gab William Borm zusammen mit anderen links-liberalen Politikern einen „Pressedienst" heraus, in welchem er Meinungen zu aktuellen politischen Fragen darlegte. Für diesen „Pressedienst" wurde in Abteilung X HVA – teilweise in Zusammenarbeit mit den Führungsoffizieren der Abteilung II – eine Reihe von Manuskripten gefertigt und jeweils nach Billigung durch den Angeschuldigten Wagenbreth und Markus Wolf bei Führungstreffs an Borm übergeben, der daraus zumindest Anregungen für seine eigenen Textbeiträge schöpfte.

Darüber hinaus wurde William Borm während der Jahre seiner nachrichtendienstlichen Zusammenarbeit mit der HVA vielfach mit Manuskripten und Argumentationshilfen für Parlaments- und andere Reden „versorgt", die inhaltlich mit einer dem SED-Regime genehmen Tendenz in Referat 2 der Abteilung X gefertigt worden waren.

Der Journalist *Herbert Siegmar Kloss* hatte sich in den 70er Jahren gegenüber Mitarbeitern des Bereichs A der Abteilung IX HVA, welchem die Aufklärung der Nachrichtendienste der Bundesrepublik Deutschland oblag, zu einer operativen Zusammenarbeit verpflichtet. Führungsstelle des unter dem Decknamen {74} „Siegbert" tätigen Agenten war fortan das Referat 2, welches speziell für die Ausspähung des militärischen Abschirmdienstes der Bundeswehr (MAD) zuständig war. Bis zur Auflösung des MfS lieferte

Kloss der HVA unter Ausnutzung beruflicher Kontakte, die mit seiner journalistischen Tätigkeit als Redakteur beim Markus-Verlag in Köln (1978 bis 1982) bzw. bei der Deutschen Welle (1983 bis 1989) verbunden waren, eine Vielzahl von Informationen über den MAD, welche er insbesondere durch die nachrichtendienstliche Abschöpfung hochrangiger MAD-Offiziere gewann.

Durch das Oberlandesgericht Düsseldorf wurde Herbert Kloss am 28. Januar 1993 zu einer Freiheitsstrafe von drei Jahren sechs Monaten verurteilt.

Etwa zu Beginn der 80er Jahre wurde das für die Bearbeitung westlicher Nachrichtendienste zuständige Referat 5 der Abteilung X HVA auf den Vorgang „Siegbert" aufmerksam, und es entstand die Überlegung, Herbert Kloss in eine „aktive Maßnahme" gegen den MAD einzubinden. Vorgebliche Skandale, Vorkommnisse und Unregelmäßigkeiten aus dem MAD sollten journalistisch aufbereitet und durch Kloss veröffentlicht werden mit dem Ziel, den MAD zu diffamieren. Es zeigte sich indes, daß die im MfS gesammelten Erkenntnisse über den MAD für eine derartige Operation nicht ausreichten. Da andererseits mit den Vorarbeiten für eine Veröffentlichung bereits {75} begonnen und Material über den MAD zusammengetragen worden war, entwickelte der in Abteilung X für den Vorgang „Siegbert" zuständige Offizier Dr. Brehmer den Plan, Herbert Kloss ein umfangreiches und möglichst qualifiziertes Sachbuch über den MAD herausgeben zu lassen. Operative Perspektive der Abteilung X war es dabei, dem Agenten Kloss zu ermöglichen, seine berufliche Reputation in Fachkreisen der Abwehr wie auch innerhalb des Markus-Verlages, der das Buch herausbringen sollte, zu fördern und sich eine Machtstellung innerhalb des Verlages aufzubauen. Hierbei kam der HVA gelegen, daß Herbert Kloss erwog, Gesellschafteranteile der Verlags-GmbH zu erwerben. Zielvorstellung der Abteilung X war es, den Markus-Verlag langfristig als „Einflußposition in der BRD" für zukünftige Lancierungsprojekte zu gewinnen.

Da nach Auffassung der Führungsstelle „Siegberts" in Referat IX/A/2 das Buchprojekt dem Agenten überdies willkommenen Anlaß verschaffte, zur inhaltlichen Abstimmung mit hohen Dienstgraden des MAD in ergiebige Abschöpfgespräche einzutreten, wurde es ab etwa 1983 von den Abteilungen IX und X HVA als gemeinsame Operation vorangetrieben. Dies erfolgte zunächst in der Weise, daß von dem in Referat X/5 zuständigen Offizier Dr. Brehmer unter Beteiligung von Mitarbeitern des Referats IX/A/2 das Exposé des Buches sowie das Inhaltsverzeichnis mit Herbert {76} Kloss besprochen und allgemeine Festlegungen getroffen wurden. Darüber hinaus machte Dr. Brehmer den Agenten Kloss auf einschlägige Veröffentlichungen aufmerksam und übergab ihm umfangreiche Ausarbeitungen zur Geschichte der Militärabwehr, die der dabei von Dr. Brehmer als HIM geführte, in Ost-Berlin wohnhafte ehemalige Lehrer und Journalist Falk Lost verfaßt hatte. Lost wurde als HIM des Referats X/4 HVA allgemein bei Bedarf zur Anfertigung zeitgeschichtlicher Studien und zur Literaturauswertung herangezogen und erhielt im Fall Kloss den speziellen Auftrag, das Buchkapitel „Der militärische Nachrichtendienst in Deutschland – 200 Jahre Aufklärung und Abwehr" zu schreiben. Im übrigen lieferte Dr. Brehmer dem Buchautor Kloss eine Auswahl bekanntgewordener Spionagefälle, die Bezug zum MAD hatten, korrigierte die ihm im Laufe der Zeit von Kloss vorgelegten Manuskriptteile und unterstützte Herbert Kloss allgemein in dessen beruflicher Arbeit, indem er „politisch-operative Motivationsgespräche" mit ihm führte und gezielte Abhandlungen über westdeutsche Geheimdienste für ihn verfaßte. Auch hierbei arbeitete Dr. Brehmer eng mit dem HIM Lost zusammen, der z.B. von Brehmer ausgearbeitete Texte gegenlas und mit offiziellem Material ergänzte.

Nachdem umfangreiche Vorarbeiten und Rohentwürfe für das Buchprojekt erstellt waren, wandte sich Herbert Kloss im Oktober 1985 an die Leitung des MAD-Amtes und bat darum, {77} ihn bei der Ausarbeitung des Buches zu unterstützen. Die hierauf noch im Dezember 1985 gegebene Zusage des MAD ermöglichte es Herbert Kloss in der Folgezeit bis in das Jahr 1989, im Auftrage seiner Führungsoffiziere in Abteilungen IX und X HVA mit mehr als 20 MAD-Angehörigen „offizielle Arbeitskontakte" aufzunehmen und diese über eine Vielzahl von Interna des MAD abzuschöpfen.

Die Zielstellung der Abteilung X HVA, über das MAD-Buchprojekt eine dauerhafte Einflußposition im Markus-Verlag zu erlangen, wurde indes nicht erreicht. Die Fertigstellung des Buches, welches mit der Zeit erheblichen Umfang gewann, zögerte sich immer weiter hinaus und war auch bei Auflösung des MfS Ende 1989 noch nicht absehbar. Lediglich eine Teilveröffentlichung erfolgte 1987 in Form eines Aufsatzes mit dem Titel „MAD – Der militärische Abschirmdienst der Bundeswehr – Bilanz und Ausblicke" in der Zeitschrift „Beiträge zur Konfliktforschung".

c) Operative Arbeit unter „legalen Dächern"

Um die Kontaktaufnahme zu Westjournalisten, anderen „Multiplikatoren" und Werbekandidaten aus dem Bundesgebiet zu erleichtern und {78} aufgenommene Verbindungen zu stabilen, intensiv nutzbaren Lancierungskanälen auszubauen, bediente sich die Abteilung X HVA in großem Umfange der operativen Methode des Vorgehens unter „legalen Dächern". Offizielle Institutionen und Einrichtungen der DDR, die einer Überprüfung auf Seriosität problemlos standhielten und aufgrund ihrer „amtlichen" Aufgaben unverdächtig und plausibel Westkontakte unterhalten konnten, wurden personell teils mit IM, vorwiegend mit Offizieren der HVA im besonderen Einsatz (O.i.b.E.) durchsetzt, die nach außen ohne Offenbarung ihrer MfS-Einbindung unter der Legende auftraten, in den Dienstbetrieb des jeweiligen „legalen Daches" integriert zu sein. In dieser Weise getarnt gelang es ihnen vielfach, unter Anleitung der Abteilung X gezielt operative Beziehungen zu Personen aus der Bundesrepublik Deutschland zu knüpfen und dauerhaft zu unterhalten.

„Legale Dächer" der Abteilung X HVA in diesem Sinne waren u.a.:

- Das Presseamt beim Vorsitzenden des Ministerrats der DDR. Leiter der dort für die Bearbeitung von Interview- und Reportageanliegen westdeutscher Journalisten zuständigen Abteilung war als O.i.b.E. der HVA in den 60er Jahren Manfred Müller, der etwa 1970 die Leitung des Referats X/4 HVA übernahm. Leiter des am Ost-Berliner {79} Ernst-Thälmann-Platz untergebrachten Presseamtes insgesamt war seit April 1958 Kurt Blecha, der seinerseits direkt dem Vorsitzenden des Ministerrats (Grotewohl/Stoph[11]/Sindermann) unterstand.
- Das Presseamt beim Vorsitzenden des Ministerrats wurde von Führungsoffizieren der Abteilung X auch zur Legendierung eigener unmittelbarer operativer Kontaktaufnahmen genutzt. So trat beispielsweise im Jahr 1971 der Offizier Heinz Dornberger (Referat X/3 HVA) als Mitarbeiter des Presseamtes auf, als er den Journalisten

Dr. Gundlach beauftragte, einen nachrichtendienstlichen Treff mit Günter Wallraff in Kopenhagen durchzuführen.

- Die Abteilung Journalistenreisen des Reisebüros der DDR, hervorgegangen aus dem ehemaligen „Informations- und Organisationsbüro“ (IOB), welches in den 50er und 60er Jahren „Reisebegleiter“ für Westjournalisten bei Aufenthalten in der DDR gestellt hatte. Offizielle Aufgabe der bis jedenfalls 1969 von Edgar Schneider alias „Oster“ geleiteten „Abteilung Journalistenreisen“ war es, Reiserouten für westliche Medienvertreter in der DDR zusammenzustellen und ihnen „Gesprächspartner“ in der DDR zu vermitteln. {80}
- Die Informationsabteilung des Journalistenverbandes der DDR (VdJ), die ebenfalls mit IM und O.i.b.E. der Abteilung X HVA besetzt war und – beispielsweise im Fall Wallraff – von Führungsoffizieren der Abteilung X zur Legendierung eigener Kontakttätigkeit genutzt wurde.
- Das offiziell als Kommunikationszentrale für die Weltpresse eingerichtete „Internationale Pressezentrum“ (IPZ) im Gebäude Mohrenstraße 36/37 in Ost-Berlin. Im IPZ waren O.i.b.E. und IM der Abteilung X HVA in großer Zahl damit befaßt, internationale Pressekonferenzen und ähnliche Veranstaltungen als Rahmen für operative Kontaktgespräche durchzuführen und Delegationen ausländischer Medienvertreter bei Aufenthalten in der DDR zu betreuen.

Weitere „legale Dächer“ der Abteilung X HVA, unter denen Stasi-Papiere lanciert, Desinformationen gestreut und nachrichtendienstliche Anbahnungen und Abschöpfungen durchgeführt wurden, waren der zuletzt von Alfred Heil als Organ der Auslandspropaganda der SED geleitete Pressedienst „*Panorama DDR*“, die Presseabteilung des Außenministeriums, die Abteilung „Publikationsanalyse im Allgemeinen Deutschen Nachrichtendienst (ADN)“, das Institut für {81} Internationale Politik und Wirtschaft (IPW) in Ost-Berlin sowie verschiedene Verlage, Hochschuleinrichtungen und staatliche Archive.

d) Nachrichtendienstliche Verwendung archivierter NS-Unterlagen

Eine weitere Einrichtung, welche von Mitarbeitern der Abteilung X HVA als „legales Dach“ genutzt wurde, war das Dokumentationszentrum des staatlichen Archivwesens beim Ministerium des Innern (MdI) der ehemaligen DDR in Potsdam. Dessen stellvertretender Leiter Ludwig Nestler wurde bis in die zweite Hälfte der 70er Jahre von dem Angeschuldigten Mutz, anschließend von dem Offizier Ritter (Referat X/2) als IM geführt.

Das Dokumentationszentrum des MdI war Anlaufstelle für Wissenschaftler, Schriftsteller und Journalisten, die bei historischen Nachforschungen etc. auf Archivbestände der DDR zurückgreifen wollten. Der Zugang zu derartigen Beständen war in der ehemaligen DDR nicht unmittelbar, sondern nur über das Dokumentationszentrum möglich, von dessen Mitarbeitern die einzelnen Anliegen entgegengenommen, geprüft und ggf. die gewünschten Dokumente beschafft wurden. Eines der auf diesem Wege {82} auch für Personen aus der Bundesrepublik nutzbaren Archive, dessen Trägerschaft allerdings den Benutzern nicht offenbart wurde, war das Archiv der Hauptabteilung (HA) IX/11 des MfS, welche ab etwa Mitte der 60er Jahre für die Verfolgung von Nazi- und Kriegsverbrechen in der DDR zuständig war.[12] In diesem Archiv wurden mehr als eine

Million personenbezogener Original-Dossiers aus der Zeit von 1933 bis 1945 über ehemalige Wehrmachtsangehörige, Mitglieder der NSDAP, Angehörige von SA, SS und Gestapo und über andere Personen, die in amtlicher oder parteilicher Funktion dem NS-Staat gedient hatten, verwahrt. Ausgesuchten Antragstellern aus dem Operationsgebiet, deren Rechercheprojekte dem MfS förderungswürdig erschienen, wurden über das Dokumentationszentrum des MdI NS-Unterlagen der HA IX/11 und aus anderen Archivbeständen der DDR zugänglich gemacht. Hierbei bedienten neben Ludwig Nestler mehrere O.i.b.E. der Abteilungen VII und X HVA die westliche Klientel, nahmen Einfluß auf die Auswahl der vorzulegenden Dokumente, nutzten den Kontakt zur nachrichtendienstlichen Anbahnung der Antragsteller und hatten allgemein die operative Verwendung der NS-Hinterlassenschaft durch die HVA zu gewährleisten.

Der Schriftsteller Bernt Engelmann beispielsweise, der 1972/73 in eine „aktive Maßnahme" der Abteilung X eingebunden wurde und in der zweiten Hälfte der 80er Jahre nochmals in ei-{83}ne solche eingebunden werden sollte, war ursprünglich im Zusammenhang mit NS-Recherchen über das Dokumentationszentrum und den IM Nestler mit Abteilung X HVA in Kontakt gekommen.

Auch die Eheleute Beate und Serge Klarsfeld wurden bei der Enthüllung von NS-Belastungen westdeutscher Politiker durch Materiallieferungen der Abteilung X HVA unterstützt.

Die Nutzung des NS-Nachlasses der HA IX/11 durch Abteilung X HVA für operative Zwecke erfolgte unter Anleitung des Angeschuldigten Mutz auch in der Weise, daß die inhaltliche Aussage vorhandener Personalakten oder anderer echter Dokumente durch Beseitigung einzelner Teile bzw. durch gefälschte Zusätze geändert und die Unterlagen sodann zur Diskreditierung des Betroffenen in das Operationsgebiet lanciert wurden.

Eine der ersten Operationen dieser Art richtete sich im Zeitraum 1966 bis 1968 gegen den damals amtierenden Bundespräsidenten Heinrich Lübke. Eine im Fundus der NS-Hinterlassenschaft entdeckte Bauskizze für die Errichtung von Wohnbaracken im Konzentrationslager Leau wurde in Abteilung X in der Weise mit Beschriftungen versehen, daß der Eindruck entstand, Heinrich Lübke habe als mitverantwortlicher Ingenieur des ausführenden Baubüros Schlempp den vorbestimmten Verwendungszweck der Baracken unzweideutig gekannt. Mit {84} diesen gefälschten Zusätzen versehen wurden die Bauunterlagen der Zeitschrift „Stern" zugespielt und von dieser – wie in Abteilung X HVA eingeplant – im Januar 1968 veröffentlicht. Begonnen hatte das MfS seine Diffamierungskampagne gegen den damaligen Bundespräsidenten bereits zu Beginn des Jahres 1966 mit „Enthüllungen", die auf angeblich vorhandene Originalakten aus der NS-Zeit gestützt wurden. Über die Reaktionen der westdeutschen Öffentlichkeit ließ sich der Angeschuldigte Wagenbreth seinerzeit durch den IM „Günther" (Hermann von Berg), der entsprechende Abschöpfgespräche in Journalistenkreisen führte, berichten.

Im übrigen beschränkte sich die Nutzung des NS-Archivs der HA IX/11 MfS durch die HVA nicht auf die Durchführung „aktiver Maßnahmen", sondern erfolgte auch im Rahmen der Suche nach Kompromaten, die für nachrichtendienstliche Anwerbungszwecke verwendbar erschienen. Bis in die 70er Jahre war es beispielsweise üblich, Antragsteller aus der Bundesrepublik, welche die Leipziger Messe besuchen wollten, im Archiv der HA IX/11 auf etwaige NS-Vergangenheit zu überprüfen. Ebenso wurden im Vorfeld der Bundestagswahlen 1968 und 1976 sämtliche Bundestagskandidaten, {85} zu denen dazu von Abteilung X HVA Kurzbiografien zur Verfügung gestellt wurden, auf NS-Belastungen überprüft. Hierbei beschränkte sich die Recherche nicht auf die einzelnen Kandidaten selbst, sondern wurde auch auf deren Verwandte ersten Grades erstreckt.

3. Die Struktur der Abteilung X HVA

Das bis 1966 für die Durchführung „aktiver Maßnahmen“ primär zuständige Sonderreferat VII/F der HVA war personell mit sechs operativen Mitarbeitern und dem Angeschuldigten Wagenbreth als Leiter besetzt. Zugeordnet war dem Referat eine operative Außengruppe (OAG), in welcher Nachwuchskader für die speziellen Aufgaben des Referats ausgebildet wurden.

Mit Wirkung vom 15. Juni 1966 wurde das Sonderreferat F aus der Abteilung VII HVA herausgelöst und daraus unter Leitung des Angeschuldigten Wagenbreth die selbständige Abteilung X HVA gebildet. In den Anfangsjahren nach 1966 bestand die Abteilung aus lediglich drei Referaten: {86}

Referat 1 war zuständig für die Anfertigung einzelner Desinformationswerke und für die Fälschung von Dokumenten unterschiedlichster Art, die für Desinformationsmaßnahmen benötigt wurden.

Referat 2 war als „Pressereferat“ zuständig für die „Kontaktpflege“ zu westlichen Journalisten, die Gewinnung und Führung von Einflußagenten sowie die Fertigung desinformierender Zeitungsartikel und deren Lancierung an westdeutsche Presseorgane. Hierbei bedienten sich die Mitarbeiter des Referats 2 schon damals verschiedener „legaler Dächer“, unter denen O.i.b.E. der HVA nach Anleitung des Referats 2 tätig waren.

Referat 3 war zuständig für die Anwerbung und nachrichtendienstliche Führung von IM, die als Quellen, Instrukteure, Kuriere oder Lancierungsgehilfen für Zwecke der Abteilung X im Operationsgebiet eingesetzt waren, sowie allgemein für die Sammlung von Informationen über westdeutsche Journalisten.

Im Laufe der Jahre wurde der Aufgabenbereich der Abteilung X weiter untergliedert und die Anzahl der Referate erhöht. Die Zuständigkeit des Referats 2 – geleitet damals von Gerhard Boer – wurde auf die „Bearbeitung“ von Parteien und politischen Organisationen {87} in der Bundesrepublik Deutschland erweitert und später insbesondere auf die Angriffsziele CDU/CSU und SPD konzentriert.

Zusätzlich wurde etwa 1970 das Referat 4 eingerichtet, welches von Referat 2 die spezielle Aufgabe übernahm, die verschiedenen „legalen Dächer“ der Abteilung X operativ zu nutzen und die dort tätigen IM und O.i.b.E. der HVA nachrichtendienstlich zu führen. Lediglich das Dokumentationszentrum des MdI verblieb als „legales Dach“ im Anleitungsbereich des Referats 2. Um den Offizieren des Referats 4 und dessen Leiter Manfred Müller die Tarnung ihrer geheimdienstlichen Tätigkeit zu erleichtern, wurde das gesamte Referat 4 nicht im Dienstgebäude der HVA in der Normannenstraße, sondern in der obersten Etage des Bürohauses der Allgemeinen Deutschen Nachrichtenagentur (ADN) in der Mollstraße Nr. 1 untergebracht.

Ebenfalls in den 70er Jahren erfolgte die Einrichtung des Referats 5, welches bis 1981 von Hannes Röhrster, anschließend bis zur Auflösung der HVA von Werner Helas geleitet wurde. Aufgabenstellung dieses eng mit Abteilung IX HVA zusammenarbeitenden Referats war die Diskreditierung und Verunsicherung westlicher Nachrichtendienste durch aktive Maßnahmen. Hauptangriffsziele hierbei waren der amerikanische Geheimdienst CIA und der Bundesnachrichtendienst (BND). {88}

Die Zuständigkeit des Referats 1 wurde darauf konzentriert, die außenpolitischen und außenwirtschaftlichen Beziehungen der Bundesrepublik Deutschland zu den übrigen Staaten Westeuropas, den USA und den Ländern der Dritten Welt durch „aktive Maßnahmen" zu stören. Weitere Aufgabe dieses zuletzt von Hauptmann Hans Pfeiffer geleiteten Referats war die „Bearbeitung" der Friedensbewegung.

Ab 1. Oktober 1982 wurden die Referate 1, 2 und 5 einerseits sowie 3, 4 und 6 (Nachwuchsausbildung) andererseits, die bis dahin direkt dem Abteilungsleiter unterstanden hatten, zu zwei Anleitungsbereichen zusammengefaßt und den Angeschuldigten Mutz bzw. Rabe als Vertretern des Abteilungsleiters unterstellt.

Im Jahr 1985 wurde im Anleitungsbereich Mutz zusätzlich das Referat 7 eingerichtet, welchem die Aufgabe übertragen wurde, die wirtschafts- und handelspolitischen Beziehungen der DDR zu anderen Staaten durch „aktive Maßnahmen" im Sinne des SED-Regimes zu fördern.

Ab diesem Zeitpunkt hatte die Abteilung X bei einem Personalbestand von 57 Mitarbeitern die aus nachstehendem Schaubild sich ergebende Struktur. {89}

Der dem Abteilungsleiter direkt unterstellte „Sonderoffizier für Öffentlichkeitsarbeit" hatte die Aufgabe, zu den schreibenden IM's der Abteilung X – insbesondere solchen, die als Bürger der DDR oder als zurückgezogene „Kundschafter" Auftragsarbeiten erledigten – Verbindung zu halten und bei Buch- und anderen Veröffentlichungsprojekten, an denen die Abteilung X beteiligt war, die Zuarbeiten zu koordinieren. {90}

⊗ Es folgt das angekündige Schaubild.[13] ⊗ {91}

II. Funktionsbedingte Verantwortlichkeiten der Angeschuldigten Wagenbreth, Mutz und Rabe

Die Angeschuldigten Wagenbreth, Mutz und Rabe waren in Abteilung X bzw. dem Sonderreferat VII/F in verschiedenen Leitungs- und Sachbearbeiterfunktionen an den aus dieser Diensteinheit der HVA gegen die Bundesrepublik Deutschland gerichteten nachrichtendienstlichen Operationen beteiligt:

Der Angeschuldigte Wagenbreth war vom 20. Oktober 1961 bis zum 31. Mai 1966 – anfangs im Dienstrang eines Majors, ab 7. Oktober 1965 im Dienstrang eines Oberstleutnants – Stellvertreter des Leiters der Abteilung VII und in dieser Funktion mit der Leitung des Referats F beauftragt. Anschließend war er vom 1. Juni 1966 bis zum 31. Dezember 1989 – ab 1. Dezember 1972 im Dienstrang eines Obersten – Leiter der Abteilung X.

Der Angeschuldigte Mutz war vom 17. Januar 1966 bis zum 31. Januar 1975 als Sachbearbeiter, Hauptsachbearbeiter und stellvertretender Referatsleiter operativer Mitarbeiter im Sonderreferat VII/F bzw. ab 1. Juli 1966 in Abteilung X. Während dieser Zeit wurde er am 1. Februar 1969 vom Leutnant zum Oberleutnant und am 1. Februar 1973 zum Hauptmann befördert. Vom 1. Februar 1975 bis zum 30. September 1982 leitete der Angeschuldigte Mutz – ab Januar 1976 im Dienstrang eines Majors, {92} ab 1. Oktober 1980 als Oberstleutnant – das Referat X/2. Vom 1. Oktober 1982 bis zum 31. Dezember 1989 war der Angeschuldigte Mutz - ab 1. Februar 1985 im Dienstrang eines Obersten – Stellvertreter (ab 1. März 1987 *1.* Stellvertreter) des Leiters der Abteilung X, zuständig für den Anleitungsbereich „aktive Maßnahmen“ (Referate 1, 2, 5 und 7). Vom 1. Januar bis in den Monat März 1990 war der Angeschuldigte Mutz kommissarischer Leiter der Abteilung X.

Der Angeschuldigte Rabe war vom 15. Juli 1964 bis zum 31. Juli 1967 – anfangs im Dienstrang eines Oberleutnants, ab 1. Februar 1967 im Dienstrang eines Hauptmanns – als Referent operativer Mitarbeiter im Sonderreferat VII/F bzw. ab 1. Juli 1966 in Abteilung X. Vom 1. August 1967 bis zum 30. September 1982 leitete der Angeschuldigte Rabe – ab 1. Oktober 1971 im Dienstrang eines Majors, ab 1. Oktober 1975 als Oberstleutnant – das Referat X/3. Vom 1. Oktober 1982 bis Ende März 1990 war der Angeschuldigte Rabe – zuletzt im Dienstrang eines Obersten – 2. Stellvertreter des Leiters der Abteilung X, zuständig für die Anleitung der Referate 3, 4 und 6.

Die konkrete Form der Tatbestandsverwirklichung durch die Angeschuldigten Wagenbreth, Mutz und Rabe als Abteilungsleiter, stellvertretende Abteilungsleiter bzw. Referatsleiter ergibt sich aus den Zuständigkeiten, Kompe-{93}tenzen und Verantwortlichkeiten, die nach den Bestimmungen des MfS an ihre jeweiligen Leitungsfunktionen im Referat VII/F bzw. in Abteilung X HVA geknüpft waren, sowie aus der praktischen Handhabung dieser Bestimmungen in der alltäglichen Arbeit ihrer Diensteinheit. Dabei ist von wesentlicher Bedeutung, daß der gesamten Tätigkeit des MfS periodische Konzeptionen zugrundegelegt wurden, und die Aufgabenzuweisungen innerhalb der Prozesse der Planung und deren Verwirklichung auf allen Ebenen präzise festgelegt waren. Auf die diesbezüglichen Urteilsfeststellungen des Oberlandesgerichts Stuttgart in der Strafsache gegen Herbert Köhler[14] wird Bezug genommen.

Im einzelnen bestanden für die Angeschuldigten Wagenbreth, Mutz und Rabe folgende funktionsbedingten Verantwortlichkeiten:

1. Verantwortlichkeiten des Angeschuldigten Wagenbreth als Leiter der Abteilung X HVA

Als Leiter der Abteilung X HVA war der Angeschuldigte Wagenbreth verpflichtet, nach Maßgabe der Schwerpunktsetzungen der ministeriell bestätigten Planorientierung des Leiters der HVA die gesamte operative Abteilungstätigkeit, welche im anstehenden Jahr gegen die Bundesrepublik Deutschland geführt werden sollte, in einem umfassenden Arbeitsplan verbindlich festzulegen und die plange-{94}mäße Erfüllung seiner Festlegungen anschließend zu überwachen. Zuvor hatte er die Möglichkeit, die Planorientierung des Leiters der HVA durch Zuarbeiten – Halbjahres- und Jahresberichte, Lageeinschätzungen und die Formulierung von Schwerpunktvorschlägen – inhaltlich zu beeinflussen.

Im einzelnen galt folgendes:

a) Jahrespläne des Leiters der Abteilung X HVA

Grundlage der Jahrespläne des Leiters der Abteilung X waren Arbeitspläne, rückblickende Tätigkeitsberichte und Lageeinschätzungen der einzelnen Referate. Innerhalb der Abteilung X waren die Leiter der Referate bis Ende September 1982 unmittelbar dem Abteilungsleiter, ab 1. Oktober 1982 jeweils einem der stellvertretenden Abteilungsleiter (Mutz bzw. Rabe) unterstellt. Entsprechend wurden die Arbeitspläne der Referatsleiter dem Angeschuldigten Wagenbreth bis Ende 1981 unmittelbar, in den folgenden Jahren über den jeweils zuständigen Vertreter vorgelegt, der die Pläne „seiner“ Referate nach Bestätigung zu einem Gesamtplan seines Anleitungsbereichs zusammenfaßte. Auf der Grundlage der vorgelegten Konzepte traf sodann der Angeschuldigte Wagenbreth die Entscheidung, welche der einzelnen Vorgänge aufgrund ihrer Bedeutung in den Jahresplan der Abteilung X aufgenommen wurden. {95}

Durch diesen Ablauf des Planverfahrens war gewährleistet, daß der Angeschuldigte Wagenbreth als Abteilungsleiter über jeden wichtigen Vorgang, der im bevorstehenden Jahr in Abteilung X entwickelt oder fortgeführt werden sollte, im vorhinein ein ausformuliertes Konzept erhielt, welches eine kurze Darstellung des Sachstandes, eine konkrete Bezeichnung der Zielsetzung und eine detaillierte Schilderung der einzelnen daraus sich ergebenden operativen Maßnahmen einschließlich diesbezüglicher Terminstellungen beinhaltete. Dazu gehörte es auch, daß Geldzuwendungen an Quellen, Einflußagenten, Lancierungsgehilfen, schreibende IM, Instrukteure und andere Personen des nachrichtendienstlichen Verbindungswesens, die – wie etwa in den Fällen Michels, Reichenburg, Fischer, Brocke, Oehrens und Schelkmann – regelmäßig gezahlt werden sollten, sowie alle weiteren voraussehbaren Operativgelder zur Aufnahme in den Gesamtfinanzplan der Abteilung X dem Angeschuldigten Wagenbreth zu unterbreiten waren.

Auf der Grundlage dieser Vorgaben erstellte sodann der Angeschuldigte Wagenbreth die Haushalts- und Valutadienstleistungspläne und die Jahrespläne für die politisch-operative Tätigkeit der Abteilung X, leitete letztere in jeweils zwei Stücken zusammen mit dem Jahresbericht über bedeutsame Operationen des zurückliegenden Jahres zum Jahresende dem {96} Leiter der HVA zu und erhielt von diesem nach Planbestätigung eines der Exemplare als Arbeitsgrundlage für das bevorstehende Planjahr zurück.

In der Praxis erfolgte die Bestätigung der Jahrespläne durch den Leiter der HVA nicht allein im schriftlichen Verfahren; üblich war es vielmehr, daß der Angeschuldigte Wagenbreth im Planbestätigungsverfahren Gelegenheit erhielt, seine Schwerpunktsetzungen und methodischen Grundprinzipien (etwa: Vorrang der Schaffung möglichst vieler Kontaktpersonen in Journalistenkreisen vor der Anwerbung einzelner Journalisten als IM) gegenüber dem Leiter der HVA mündlich zu „verteidigen“.

Die inhaltliche Gestaltung der Jahrespläne war unter Ziffern 5. bis 5.2. der RL Nr. 1/80 vorgegeben. Im klassisch operativen Bereich folgte ihr Aufbau einem Gliederungsschema, welches u.a. Abschnitte zu folgenden Tätigkeitsbereichen vorsah:

- Qualifizierung laufender Quellenvorgänge im Operationsgebiet
- Schaffung von Perspektiv-IM im Operationsgebiet
- Einschleusung von Perspektiv-IM in wichtige Funktionen im Operationsgebiet
- Schaffung von Einsatzkadern innerhalb der DDR {97}
- Übersiedelung von Einsatzkadern in das Operationsgebiet und Schaffung von Doppelgängerdokumentationen.

Vorangestellt war der Gliederungspunkt „Schwerpunkte der Informationsbeschaffung“, unter welchem dargelegt wurde, welche Informationen durch welche Quellen im kommenden Jahr vorrangig erlangt werden sollten.

Im übrigen waren – der besonderen Spezifik der operativen Tätigkeit der Abteilung X entsprechend – auch die Schaffung und Entwicklung von Einflußagenten und Lancierungskanälen, die Anwerbung und Qualifizierung „schreibender“ IM und der Ausbau des Netzes von Kontaktpersonen Gegenstand der politisch-operativen Jahresplanung des Angeschuldigten Wagenbreth als Leiter der Abteilung X.

Ein weiterer Planteil betraf die durchzuführenden „aktiven Maßnahmen". Hierbei war den Schwerpunktbereichen und Angriffsobjekten, die insofern einer „Bearbeitung" unterliegen sollten (z.B. Geheimdienste, Parteien, Komplex Abrüstungskonferenzen), jeweils ein eigener Gliederungspunkt gewidmet. Da die einzelnen Maßnahmen, diesbezüglich verwendbaren Informationen und Ideen zielbezogen in Objektvorgängen geordnet wurden – beispielsweise hatte der Objektvorgang „Dschungel" (XV 2139/67) die Bearbeitung der westdeutschen Nachrichtendienste, der Vorgang {98} „Schwarz" (XV 1775/72) die Bearbeitung von CDU/CSU, der Vorgang „Extrem" (XV 1731/72) die Bearbeitung von DVU und NPD und der Vorgang „Insel" die Bearbeitung West-Berlins zum Gegenstand –, beschränkte sich dieser Planteil im wesentlichen auf die vorgesehene Entwicklung dieser Vorgänge. Hinzu kamen Konzeptionen für den Einsatz „schreibender" IM, deren schriftstellerische und publizistische Aktivitäten ebenfalls in Sammelvorgängen geordnet wurden – beispielsweise diejenigen des DDR-IM Eberhard Weber in dem Vorgang „Hobby" (XV 357/69), diejenigen des Einflußagenten Kurt Hirsch in dem Vorgang „Feder" (XV 323/73).

Klarnamen von Quellen, anderen Agenten im Operationsgebiet und von auszuforschenden Personen wurden in den Plandokumenten nicht genannt und Hinweise, die zu deren Enttarnung hätten führen können, vermieden. Im übrigen wurden jedoch die wesentlichen Einzelumstände der Vorgänge, Registriernummern, Decknamen und Objekte (teils unter Angabe der beruflichen Ebene, in denen Agenten tätig waren), bisherige Vorgangsentwicklungen – verbunden mit analytischer Einschätzung –, angestrebte Entwicklungsziele und Entwicklungsmöglichkeiten (beispielsweise aufgrund persönlicher oder beruflicher Veränderungen einer Quelle), Gegenstände der Informationsbeschaffung sowie Arbeitsschritte und methodische Vorgehensweisen zu ihrer Erlangung ein-{99}schließlich personeller Verantwortlichkeiten in Kurzfassung dargelegt. Dabei ging die Darstellung in ihrer Detailliertheit so weit, daß einzusetzende nachrichtendienstliche Hilfsmittel bezeichnet und die wichtigsten Agententreffs unter Angabe von Zeit, Ort und daran teilnehmenden Mitarbeitern vorbestimmt wurden.

Zusammenfassend ist festzustellen, daß der Angeschuldigte Wagenbreth die gesamte nachrichtendienstliche Agententätigkeit, die von Mitarbeitern der Abteilung X HVA gegen die Bundesrepublik Deutschland geführt worden ist, durch seine Jahrespläne sowie im Zusammenhang mit deren Erarbeitung durch die förmliche Bestätigung der Pläne seiner Stellvertreter Mutz und Rabe bzw. bis zum Planjahr 1982 seiner Referatsleiter verantwortlich gesteuert hat.

Jahrespläne des Angeschuldigten Wagenbreth, seiner Stellvertreter und Referatsleiter liegen den Ermittlungsbehörden nicht vor. Für das Jahr 1989 ist lediglich bekannt, daß die Mitarbeiter der Abteilung X Operativgelder in Höhe von insgesamt 860.100 DM ausgegeben haben. {100}

b) Einflußnahmen des Leiters der Abteilung X HVA auf die Planverwirklichung

Als Abteilungsleiter hat der Angeschuldigte Wagenbreth die operative Tätigkeit der Mitarbeiter der Abteilung X nicht nur im Planungsprozeß gesteuert, sondern auch lenkend in die praktische Arbeit der Planerfüllung eingegriffen:

Wesentliche Aufgabe in diesem Zusammenhang war seine Teilnahme an wichtigen Treffs mit Quellen, Werbekandidaten und Einflußagenten. Hinweise auf Treffteilnahmen sind im Fall Schelkmann, in den noch darzustellenden Fällen Lummer, Vogel und Brocke sowie in den von Offizier Eberlein geführten IM-Vorgängen „Mischa", „Freddy" und „Ernst Wulf" gegeben.

Ziffer 8 der RL Nr. 1/80 schrieb vor, daß die Abteilungsleiter des MfS für ihren Anleitungsbereich eine laufend zu aktualisierende Übersicht über den Stand der Planverwirklichung und die Einhaltung diesbezüglicher Festsetzungen und Terminsvorgaben zu führen hatten. Sie waren verpflichtet, die ihnen unterstellten Mitarbeiter bei der Lösung bestimmter Aufgaben persönlich anzuleiten und sich zur Kontrolle über die Vorgangsarbeit berichten zu lassen. {101}

Gemäß Ziffer 2.2. der RL Nr. 1/76 war jeder operative Vorgang auf der Grundlage eines aktuellen Operativplanes zu bearbeiten, der seinerseits der Bestätigung durch den Abteilungsleiter bzw. dessen Stellvertreter bedurfte.

Diese Regelung galt auch für die in den Referaten 1, 2, 5 und 7 konzipierten „aktiven Maßnahmen", die jeweils unter Beifügung des entsprechenden Textentwurfs in einem detaillierten, Ausgangsmaterialien, Zielvorstellung und Lancierungsweg darlegenden Vorschlag dem Abteilungsleiter zur Bestätigung vorzulegen waren, der vielfach darüber hinaus die Billigung des Leiters der HVA für die Realisierung der Vorlage einholte.

Jedes Vorhaben der Anwerbung eines IM im westlichen Operationsgebiet, jede Reise eines hauptamtlichen Mitarbeiters, in der Regel auch jede eines IM/DDR, die in das Operationsgebiet führte, und jeder Treff eines hauptamtlichen Mitarbeiters der Abteilung X mit einem IM aus dem westlichen Operationsgebiet auf dem Gebiet der DDR war durch einen Werbe-, Reise- bzw. Treffplan vorzubereiten und bedurfte – nach Gegenzeichnung durch den jeweiligen Referatsleiter (ab Oktober 1982 auch durch den zuständigen stellvertretenden Abteilungsleiter) der Bestätigung des Abteilungsleiters. {102}

Die durch Quellen gewonnenen Eingangsinformationen wurden dem Abteilungsleiter zur Entscheidung darüber vorgelegt, welche der Informationen zur Auswertung der Abteilung VII HVA, welche zugleich dem Verbindungsoffizier des KGB und welche zur Verarbeitung in einer „aktiven Maßnahme" den Referaten 1, 2 5 oder 7 der Abteilung X zugeleitet wurden. Auch die Verabredung gemeinsamer Operationen mit dem KGB und die Unterrichtung der Sowjets über die Resultate „aktiver Maßnahmen" war in Abteilung X ausschließlich Sache des Angeschuldigten Wagenbreth als Abteilungsleiter.

Außer der Kontrolle der operativen Tätigkeit oblag dem Angeschuldigten Wagenbreth als Abteilungsleiter in erster Linie die Anleitung der ihm unterstellten Mitarbeiter durch schriftliche Kompetenz- und Aufgabenzuweisungen und durch mündliche Vorgaben. Hierzu gehörte es auch, daß der Angeschuldigte die von anderen Abteilungen der HVA über die Abteilung VII bzw. die von anderen Diensteinheiten des MfS über den Leiter der HVA ihm vorgelegten Spionageerkenntnisse zur Verwertung in „aktiven Maßnahmen" in den Bereich der Referate 1, 2, 5 und 7 zu leiten hatte.

Soweit die Lancierung von Desinformationspapieren etc. unter Einschaltung von Kräften anderer Diensteinheiten des MfS – insbesondere solcher der HA VIII – erfolgen sollte, war {103} es dem Angeschuldigten Wagenbreth als Abteilungsleiter vorbehalten, die entsprechenden Aufträge an die Leitung jener unterstützenden Diensteinheit zu richten. Ihm oblag es auch zu entscheiden, ob eine andere Abteilung der HVA für einen von dieser geführten IM mit einer Ausarbeitung der Abteilung X beliefert werden sollte.

Gemäß Ziffern 1.1.3. (S. 10 und 11) sowie 1.2.2. (S. 15) der RL Nr. 1/76 war der Angeschuldigte Wagenbreth als Abteilungsleiter gehalten, den ihm unterstellten Mitarbeitern konkrete Vorgaben darüber zu erteilen, welche Ausgangsmaterialien der Anlegung eines operativen Vorgangs zugrundezulegen waren, an welcher Stelle und mit welcher Aufgabe welcher IM zu gewinnen, wie er konkret einzusetzen und in welcher Höhe er monatlich für seinen Einsatz zu entlohnen war. Auch die Anwendung der erfolgversprechendsten Werbemethode war dabei durch ihn zu bestimmen.

Im übrigen war der Angeschuldigte Wagenbreth als Abteilungsleiter berechtigt, im Rahmen seiner ihm bestätigten Haushalts- und Valutadienstleistungspläne bis zu einer Größenordnung von DM 5.000 (bis etwa Mitte der 80er Jahre lag die Grenze bei DM 3.000) die Auszahlung einzelner Operativgeldbeträge anzuweisen bzw. zu bestätigen. {104}

2. Verantwortlichkeiten der Angeschuldigten Mutz und Rabe als Stellvertreter des Leiters der Abteilung X HVA

Die Aufgabe der Angeschuldigten Mutz und Rabe als Stellvertreter des Leiters der Abteilung X bestand in der Anleitung einzelner ihnen zugewiesener Referate (Mutz: Referate 1, 2, 5 und 7, Rabe: Referate 3, 4 und 6). Sie hatten deren Jahrespläne zu prüfen und gegebenenfalls zu bestätigen, Gesamtjahrespläne für die Referate ihres Anleitungsbereiches zu erstellen und diese ebenso wie die Jahresberichte über Entwicklungen und Ergebnisse der zurückliegenden Planperiode dem Abteilungsleiter X vorzulegen. Da außerdem Berichte, Meldungen und Vorlagen einerseits sowie Anweisungen an nachgeordnete Mitarbeiter andererseits innerhalb der HVA grundsätzlich auf dem Dienstweg erfolgten, waren die stellvertretenden Abteilungsleiter als zwischengeschaltetes Glied – mit den daraus sich ergebenden Einwirkungsmöglichkeiten – in der Regel an allen Entscheidungen und Festlegungen des Abteilungsleiters beteiligt, die auf Ergebnissen der Tätigkeit ihnen nachgeordneter Referate beruhten, und hatten darüber hinaus dafür Sorge zu tragen, daß die vom Abteilungsleiter erteilten Direktiven in die jeweils zuständigen Referate gelangten und dort umgesetzt wurden. Dies galt auch für die {105} Verteilung operativ erlangter Erkenntnisse, die als Basis für „aktive Maßnahmen“ in Betracht kamen.

Das Schwergewicht der Tätigkeit und Verantwortung der stellvertretenden Abteilungsleiter lag in der anleitenden Steuerung der einzelnen Vorgänge, die in den ihnen unterstellten Referaten bearbeitet wurden.

Zwar oblag es den stellvertretenden Abteilungsleitern nicht grundsätzlich, eigene Quellen und andere IM im Operationsgebiet und diesbezügliche Vorgangsakten zu führen. In größerem Ausmaß als die Abteilungsleiter waren sie jedoch gehalten, persönlich – zusammen mit dem vorgangsführenden Sachbearbeiter – an Treffs mit Agenten teilzunehmen und für deren „tiefgründige und umfassende Abschöpfung“ Sorge zu tragen.

Im übrigen bestand die wesentliche Aufgabe der stellvertretenden Abteilungsleiter in der Prüfung und gegebenenfalls Bestätigung sämtlicher Operativpläne und Vorlagen für „aktive Maßnahmen“, die innerhalb ihres Anleitungsbereichs zu den einzelnen Vorgängen geführt und ständig der aktuellen Lage angepaßt wurden.

Jede Quelle, jeder Einflußagent und Lancierungsgehilfe, jede Deckadresse und jedes Glied des Verbindungswesens waren den stellvertretenden Abteilungsleitern dadurch geläu-{106}fig. Sie kannten die Einsatzziele, die verwendeten operativen Mittel, die Lancierungskanäle und die Trefftermine, mußten jede operativ-taktische Vorgehensweise und Aktion im vorhinein billigen und die Durchführung überwachen. Hierbei oblag es den stellvertretenden Abteilungsleitern auch, die Abrechnung verwendeter Operativgelder zu kontrollieren, die von den ihnen nachgeordneten Referatsleitern vorgelegt wurden.

Schon die erste Entscheidung darüber, ob eine aus dem Kreis der Referate vorgeschlagene „aktive Maßnahme“ oder sonstige operative Aktion in Angriff genommen werden sollte, war im Regelfall von dem jeweiligen stellvertretenden Abteilungsleiter zu treffen, dem im übrigen die selbstverständliche Aufgabe zufiel, seinerseits nachrichtendienstliche Operationen der Mitarbeiter seines Anleitungsbereichs zu initiieren. Auch die karteimäßige Erfassung „bearbeiteter“ Personen im Registratur-Referat „R“ der HVA sowie in der zentralen Kartei der Register-Abteilung XII MfS war von den stellvertretenden Abteilungsleitern zu gewährleisten.

Zusammenfassend ist festzustellen, daß die Angeschuldigten Mutz und Rabe als stellvertretende Abteilungsleiter an sämtlichen nachrichtendienstlichen Vorgängen ihres Anleitungsbereichs in verschiedenen Regelungszusammenhängen beteiligt waren. Dem Angeschul-{107}digten Mutz fiel als *1.* Stellvertreter überdies die Aufgabe zu, seinen Abteilungsleiter Wagenbreth bei Abwesenheit zu vertreten.

3. Verantwortlichkeiten der Angeschuldigten Wagenbreth, Mutz und Rabe als Leiter der HVA-Referate VII/F (Wagenbreth), X/2 (Mutz) und X/3 (Rabe)

Unter der Verantwortung der Referatsleiter wurden in der HVA für alle Vorgänge, die im folgenden Jahr entwickelt oder fortgeführt werden sollten, detaillierte Operativpläne erarbeitet. Darin wurde genau festgelegt, welche Informationen ein Agent zu beschaffen hatte, wieviel Geld diesem zu übergeben war, wann und an welchen Orten unter wessen Beteiligung Treffs abgehalten werden sollten, welche „aktiven Maßnahmen“ mit welcher Zielsetzung auf welchen Kanälen durchgeführt werden sollten etc. Diese Pläne wurden teils von den Referatsleitern selbst, teils unter deren anleitender Mitwirkung von den einzelnen Referenten für ihren jeweiligen Arbeitsbereich erstellt und unter aktueller Fortschreibung den Lagebedingungen angepaßt.

Die Referatsleiter faßten die Vorgangspläne zu einem Gesamtplan der politisch-operativen Referatsarbeit zusammen und legten diese dem {108} Abteilungsleiter vor. Nach dessen Bestätigung stellte der Plan das Arbeitsprogramm des Referats für das bevorstehende Jahr dar. Die inhaltliche Gliederung entsprach derjenigen der Abteilungspläne, wobei die RL Nr. 1/80 unter Ziffer 5.1. in einem speziellen Absatz (S. 33) zusätzliche Regelungen für die Referatspläne enthielt.

Neben der Erarbeitung der Pläne und Vorlagen für „aktive Maßnahmen" bestand die Hauptaufgabe der Referatsleiter in der Führung eigener Vorgänge und der Anleitung ihrer Referenten bei deren Vorgangsführung.

Dabei beinhaltete die Bearbeitung eines IM-Vorganges sowohl die Wahrnehmung von Verpflichtungs-, Instruktions- und Abschöpftreffs als auch die Führung der Vorgangsakten (bestehend aus Personal- und Arbeitsteil) und war insgesamt durch die RL Nrn. 1/76 und 2/79 weitgehend reglementiert. Die Vorgangsführer waren u.a. gehalten, die Wirksamkeit der operativen Kräfte und Mittel, insbesondere der IM, einer ständigen analytischen Einschätzung zu unterziehen, vor jeder Fahrt eines DDR-IM in das Operationsgebiet dessen Ausrüstung zu kontrollieren und die Mittel und Möglichkeiten anderer Diensteinheiten des MfS (Abteilungen „M" und XXVI, Postzollfahndung und Spezialfunkdienste) in die Operativarbeit einzubeziehen. {109}

Als Grundsatz ist davon auszugehen, daß entsprechend Ziffer 9.3. der RL Nr. 2/79 die wichtigeren Vorgänge eines Referats oder solche, die besondere Anforderungen an die Führungstätigkeit stellten, überwiegend durch den Referatsleiter selbst geführt worden sind. Darüber hinaus war es in der HVA nicht ungewöhnlich, daß der Abteilungsleiter selbst oder einer seiner Vertreter die Vorgangsführung übernahm und dem Referatsleiter oder einem anderen Untergebenen lediglich die Aktenverwaltung überließ, wenn einer Quelle besondere Wertschätzung beigemessen wurde und sie deshalb dem Führungsoffizier entsprechende Profilierungsmöglichkeiten gegenüber der Leitung der HVA und dem Minister für Staatssicherheit eröffnete.

In diesem Zusammenhang ist zu erwähnen, daß der Angeschuldigte Rabe die Führung des am 1. Mai 1993 verstorbenen Agenten Jochen O. (Deckname „John") am 22. März 1977 als Referatsleiter übernommen hatte und auch als stellvertretender Abteilungsleiter Führungsoffizier des O. blieb.

III. Auflösung der HVA und Vernichtung der Beweisunterlagen

Mit Wirkung vom 17. November 1989 wurde das MfS durch das Amt für Nationale Sicherheit {110} (AfNS) ersetzt. Dessen Auflösung wurde am 14. Dezember 1989 durch den Ministerrat der DDR beschlossen. Als Kontrollorgan für den Auflösungsprozeß wurde am 3. Januar 1990 die gesonderte Arbeitsgruppe Sicherheit des Zentralen Runden Tisches eingerichtet, an der neben Funktionären der Regierung Modrow[15] auch die Bürgerbewegung der ehemaligen DDR beteiligt war. Beauftragt mit dem Vollzug der Auflösung wurde durch Beschluß der Modrow-Regierung vom 8. Februar 1990 das zu diesem Zweck gebildete sog. „staatliche Komitee", welches von dem SED/PDS-Mitglied Günter Eichhorn, ehemals Abteilungsleiter im Finanzministerium der DDR, zuletzt Leiter des Arbeitsstabes Sicherheit beim Ministerpräsidenten Modrow, geleitet wurde. Gleichzeitig wurde beschlossen, das gesamte Schriftgut des ehemaligen MfS unter Kontrolle staatlicher Bürgerkomitees in Bezirksdepots einzulagern und vor Vernichtung zu sichern. Lediglich der HVA wurde insofern ein Sonderstatus eingeräumt: Auf Drängen ehemaliger Aufklärungsoffiziere, die dabei an die Solidarität der „Linken" appellierten, setzte sich die Vorstellung durch, die „Kundschafter" der ehemaligen DDR im kapitalistischen Ausland müßten geschützt werden, es sei nicht zu verantworten, Genossen in den USA der Todesstrafe auszusetzen. Dementsprechend stimmte am 20. Februar

1990 die Arbeitsgruppe Sicherheit des Runden Tisches zu, der HVA die „Selbstauflösung“ unter Vernichtung sämtlichen Schriftgutes bis zum {111} 30. Juni 1990 zu überlassen. Während sich in den übrigen Diensteinheiten des MfS die offizielle Vernichtung operativen Materials auf die Zerstörung der elektronischen Datenträger beschränkte, erhielten die Mitarbeiter der HVA Gelegenheit, die Ende Oktober 1989 mit der Reduzierung dienstlicher Bestimmungen und Plandokumente und der „Ausdünnung“ von Operativakten und Karteien begonnene Vernichtung beweiskräftiger Unterlagen ungestört fortzuführen.

Speziell in Abteilung X HVA war im Dezember 1989 damit begonnen worden, die Vorgangsakten durch den Reißwolf zu drehen. Als im März 1990 der HVA, deren zentrales Dienstgebäude sich bis dahin im MfS-Komplex Normannenstraße befunden hatte, für den weiteren Auflösungsprozeß ein neues Dienstobjekt in der Rödernstraße Nr. 30 zugewiesen wurde, waren in Abteilung X bis auf unwichtige Unterlagen und Säcke mit Papierschnitzeln offiziell keine nachrichtendienstlich relevanten Schriftstücke mehr vorhanden. Da indes die Mitarbeiter der „HVA in Auflösung“, die von dem ehemaligen Abteilungsleiter I HVA Bernd Fischer[16] geleitet wurde, in jener Phase einer effektiven Kontrolle durch Außenstehende nicht unterworfen waren, insbesondere die formell zur Beobachtung der Auflösung eingesetzten Vertreter der Bürgerkomitees faktisch keinerlei Einblicke in die damaligen internen Vorgänge der HVA erhielten, kann nicht ausgeschlossen werden, daß Akten und Karteimate-{112}rial – möglicherweise auch Zweitstücke oder Verfilmungen hiervon – beiseite geschafft worden sind. Die Angeschuldigten Mutz und Rabe waren bestrebt, die Agenten Michels und Brocke dem KGB zu übergeben. Gelegenheit zur Übergabe der IM-Akten oder entsprechender Verfilmungen an das KGB hatten beide, da sie als Mitarbeiter des „Auflösungskomitees“ bis zuletzt (Juni 1990) über entsprechende Zugänge verfügten.

Die eigene nachrichtendienstliche Tätigkeit wurde von den Mitarbeitern der HVA ab Ende 1989 – abgeschlossen Anfang April 1990 – eingestellt. Die Quellen wurden abgeschaltet. Lediglich Einzelaktionen zur Abwicklung und Absicherung des Beendigungsprozesses sowie zur Regelung „humanitärer Fragen“ sollen in Ausnahmen noch bis Ende Juni 1990 stattgefunden haben. Die Mitarbeiter der Auslandsaufklärung wurden – soweit sie nicht wie die Angeschuldigten Mutz und Rabe sowie andere Offiziere der Abteilung X in das „Auflösungskomitee“ übernommen wurden – bis Ende März 1990 aus dem Staatsdienst entlassen. Am 30. Juni 1990, nach abgeschlossener „Selbstauflösung“, übergab die HVA ihre Räume in der Rödernstraße besenrein an das staatliche Auflösungskomitee. {113}

IV. Einzelne „aktive Maßnahmen“ auf der Grundlage operativ beschaffter Erkenntnisse und Materialien

In der RL Nr. 1/76 waren als Arten des Abschlusses operativer Vorgänge neben anderen Varianten ausdrücklich hervorgehoben:

„Anwendung von Maßnahmen der Zersetzung“
und

„Verwendung des Vorgangsmaterials als kompromittierendes Material gegenüber Konzernen, Betrieben, Institutionen, staatlichen Organen der BRD, anderer nichtsozialistischer Staaten bzw. West-Berlins".

Die meisten „aktiven Maßnahmen", die unter ausführender Beteiligung bzw. Verantwortung der Angeschuldigten Mutz und Wagenbreth gegen die Bundesrepublik Deutschland durchgeführt worden sind, waren in diesem Sinne (Schluß-)Teil einer nachrichtendienstlichen Beschaffungsoperation.

Beispielhaft seien erwähnt: {114}

1. Der SPD-Informationsdienst „intern"

Ab Beginn der 70er Jahre bis etwa 1976 wurde von Referat X/2 HVA unter dem Impressum „SPD-Parteivorstand und SPD-Bundestagsfraktion" der monatliche Pressedienst „intern" herausgegeben und in einer Auflage von jeweils etwa 250 Exemplaren von Kurieren der Abteilung X sowie der „Arbeitsgruppe (AG) Grenze" der HVA innerhalb der Bundesrepublik in Postversand gebracht. Adressaten waren Funktionäre und Abgeordnete der SPD auf Bundes- und Länderebene und die Bundesgeschäftsstelle der SPD in Bonn.

Die Druckschrift, die jeweils etwa vier bis acht DIN A-4-Seiten umfaßte, erweckte den Eindruck, Sprachrohr einer internen linken Opposition in der SPD zu sein. Inhaltlich wurden Nachrichten über Parteiinterna und andere Fakten, die überwiegend durch Quellen der Abteilung II HVA gewonnen und dem Referat X/2 über die Auswertungsabteilung VII zugeleitet worden waren, mit frei ersonnenen „Hintergrundinformationen" und politischen Kommentaren zu aktuellen innerparteilichen Fragen und Stimmungen vermischt. Ziel der Maßnahme war es, den Lesern zu bestimmten politischen Themen und Problemkreisen Denkrichtungen und Lösungswege vorzugeben, die den Machthabern des SED-Regimes genehm waren. Hierzu gehörte es beispielsweise, Vorstellungen und Handlungsweisen der damaligen CDU/CSU-Opposition herabzuwürdigen, Verhand-{115}lungspositionen und Schwerpunktsetzungen der DDR-Regierung im Zusammenhang mit dem Grundlagenvertrag zu politischen Forderungen fortschrittlicher Kreise der SPD/FDP-Koalition zu erheben und den Spionagefall Guillaume in seinen Auswirkungen für die äußere Sicherheit der Bundesrepublik Deutschland herunterzuspielen und als wahltaktische Diffamierungskampagne der CDU/CSU abzutun.

2. CDU-Pressedienst „Die Mitte"

Pendant zu „SPD-intern" mit Zielrichtung CDU war der Pressedienst „Die Mitte", der in den Jahren von 1973 bis etwa 1983 jährlich etwa drei- bis fünfmal in einer Auflagenstärke von jeweils 80 bis 100 Exemplaren erschien und von Kurieren der HVA-AG Grenze und der HA VIII des MfS per Post an verschiedene von Referat X/2 vorgegebene Bundestagsabgeordnete der CDU versandt wurde. Die Konzeption von „Die Mitte" entsprach im Grundsatz derjenigen von „SPD-intern". Als Herausgeber wurden verschiedene fiktive Arbeitskreise des Arbeitnehmerflügels der CDU angegeben. Der Inhalt bestand aus bloßstellenden Informationen über personalpolitische und andere interne Vorgänge in der CDU, von denen die HVA über Agenten im Bundesgebiet sowie durch

Abhörmaßnahmen {116} der HA III Kenntnis erlangt hatte, sowie aus Kommentaren und Diskussionsbeiträgen zu aktuellen politischen Themen.

Zweck der Publikation von „Die Mitte" war es, gegenüber den etablierten und mehr rechts stehenden Kräften innerhalb der CDU durch entsprechende Einflußnahmen auf die Meinungsbildung einen Flügel aufzubauen und zu stärken, der Aufgeschlossenheit in bezug auf die politischen Positionen und Bestrebungen des SED-Regimes erwarten ließ.

Federführend für den Vorgang „Die Mitte" war innerhalb des Referats X/2 anfangs der Angeschuldigte Mutz, der die Ausarbeitung der einzelnen Hefte etwa Mitte der 70er Jahre dem Offizier Ritter übertrug. Von diesem mußten die Rohmanuskripte über Mutz dem Angeschuldigten Wagenbreth und von diesem dem Leiter der HVA zur Billigung vorgelegt werden, bevor jeweils die Verbreitungsaktion im Bundesgebiet in Gang gesetzt wurde.

3. „Das schwarze Kassenbuch – Die heimlichen Wahlhelfer der CDU/CSU"

Zu Beginn der 70er Jahre verfügte die HVA über einen in die Bundesrepublik eingeschleu-{117}sten Agenten, der unter falscher Identität in Köln lebte und bei dem dort ansässigen Verlag „Das deutsche Wort" als Geschäftsführer tätig war. Die Büroräume, in welchen der Verlag untergebracht war, wurden auch von der „Staats- und wirtschaftspolitischen Vereinigung e.V." als Geschäftsräume genutzt.

Als im Vorfeld der Bundestagswahl 1972 die „Staats- und wirtschaftspolitische Vereinigung" eine Anzeigenkampagne der CDU/CSU finanzierte, verschaffte der genannte Agent der HVA sich in den gemeinsam genutzten Büroräumen Zugang zu entsprechenden Unterlagen und leitete die daraus sowie aus seiner Tätigkeit als Schriftführer des „Freundeskreises der CSU" erlangten Erkenntnisse über die finanzielle Wahlkampfunterstützung der CDU/CSU durch Teile der deutschen Industrie an seine Führungsstelle in der HVA weiter. Von dort wurden die erlangten Informationen dem Angeschuldigten Mutz zur Verwertung in einer „aktiven Maßnahme" überlassen.

Zu jener Zeit führte der Angeschuldigte Mutz den Schriftsteller Karl-Georg Egel und den stellvertretenden Leiter des Dokumentationszentrums des MdI Ludwig Nestler als IM der Abteilung X HVA. Egel seinerseits unterhielt persönlichen Kontakt zu dem westdeutschen Schriftsteller Bernt Engelmann, der im Zusam-{118}menhang mit Recherchen zu verschiedenen Buchprojekten das Dokumentationszentrum des MdI der DDR um Unterstützung ersucht hatte.

Diese Kontakte nutzte der Angeschuldigte Mutz, um Bernt Engelmann über die IM Egel und Nestler die aus dem Operationsgebiet erlangten Erkenntnisse über finanzielle Unterstützungen des Wahlkampfes von CDU und CSU für Publikationszwecke zuzuspielen.

Bernt Engelmann, dem die Herkunft des Materials nicht offenbart wurde, verwendete die Informationen für seine am 9. Februar 1973 in Rom veröffentlichte Broschüre „Das schwarze Kassenbuch – Die heimlichen Wahlhelfer der CDU/CSU". Darin wird der Eindruck erweckt, Politiker von CDU und CSU seien durch die westdeutsche Industrie gekauft.

4. DVU-Flugblattaktion „Deutsche, wehrt Euch!“

Seit dem Jahr 1972 wurden in Referat X/2 in einem Objektvorgang „Extrem“ die westdeutschen Rechts-Parteien DVU (Deutsche Volksunion) und NPD mit dem Ziel bearbeitet, diese zu diskreditieren und westdeutsche Verfassungsschutzorgane zu veranlassen, gegen sie vorzugehen. Hierzu wurden die aus dem Operationsgebiet über Abteilung VII HVA eingehenden Erkenntnisse und Materialien aus dem {119} Bereich jener Parteien in dem Objektvorgang gesammelt und bei entsprechender Eignung für „aktive Maßnahmen“ herangezogen.

In diesem Rahmen wurde im Jahr 1974 von Offizieren des Referats X/2 unter dem Emblem der DVU ein Flugblatt mit der Überschrift „Deutsche, wehrt Euch!“ gefertigt, in welchem in der Diktion nationalsozialistischer Pamphlete die westdeutsche Bevölkerung dazu aufgefordert wurde, gewaltsam die hier lebenden Gastarbeiter aus der Bundesrepublik zu vertreiben. Das Flugblatt enthält u.a. folgende Textstellen:

„Raus mit den Mohammeds! …
Raus mit diesem asozialen Gesindel! …
Bekämpft jeden Türken, Griechen, Jugoslawen, Italiener und Nordafrikaner, bis auch der letzte Fremdarbeiter deutschen Boden verlassen hat!“

Nachdem das Flugblatt fertiggestellt war, unterbreitete der HVA-Offizier Ritter dem Angeschuldigten Wagenbreth in einer schriftlichen Vorlage den Vorschlag, den Transport und die Verteilung des Materials im Operationsgebiet Kräften der HA VIII des MfS zu übertragen. Dieser Vorschlag wurde von dem Angeschuldigten Wagenbreth gebilligt und von der Leitung der HVA bestätigt. Hierauf übergab der Offizier Ritter mit Begleitschreiben des Angeschuldigten Wagenbreth vom 21. Oktober {120} 1974 etwa 200 Flugblätter an einen Mitarbeiter der HA VIII mit der Maßgabe, diese durch IM gezielt in Gastarbeiterzentren der Städte Düsseldorf, Köln, Mainz, Mannheim, Ludwigshafen, Frankfurt und Heidelberg verbreiten zu lassen. Mit Schreiben vom 21. November 1974 meldete der Leiter der Abteilung VIII/6 MfS dem Angeschuldigten Wagenbreth den Vollzug der Verteilungsaktion, die zur Destabilisierung der innenpolitischen Lage in der Bundesrepublik darauf abzielte, unter den in Westdeutschland lebenden Gastarbeitern die Vorstellung zu fördern, sich des Ausländerhasses der einheimischen Bevölkerung erwehren zu müssen.

5. Abhöraffäre Kohl/Biedenkopf

Am 3. Oktober 1974 wurde durch Kräfte der HA III des MfS ein im Bundesgebiet zwischen dem CDU-Vorsitzenden Dr. Kohl und dem damaligen CDU-Generalsekretär Dr. Biedenkopf geführtes Telefongespräch abgehört und aufgezeichnet. Die Niederschrift über das Gespräch wurde der Abteilung X HVA zur Verwendung in einer „aktiven Maßnahme“ überlassen.

Zu jener Zeit verfügte das Referat X/2 über ein aus dem Operationsgebiet beschafftes amerikanisches Formblatt „Agent Report“, welches {121} in der Vergangenheit von dem US-Abwehrdienst „Military Intelligence Group“ für die Protokollierung abgehörter Telefonate verwendet worden war, und es entstand in Referat X/2 die Idee, die Niederschrift der HA III auf ein solches Formblatt zu übertragen und sodann in die westdeutsche Öffentlichkeit zu lancieren.

Gegenstand der Unterredung zwischen Dr. Kohl und Dr. Biedenkopf waren angebliche Führungsschwächen Dr. Kohls innerhalb der CDU. Diese öffentlich herauszustellen, westliche Geheimdienste in den Verdacht illegaler Abhörpraktiken zu bringen und überdies vorhandene oder vermutete Differenzen zwischen Dr. Kohl und Dr. Biedenkopf zu vertiefen, war Ziel der Operation, die unter Federführung des Angeschuldigten Mutz (seit 1. Februar 1975 Referatsleiter X/2) nach Planbestätigung durch den Angeschuldigten Wagenbreth durchgeführt wurde.

Von der ohne inhaltliche Abänderung auf [das] Formblatt „Agent Report" übertragenen Niederschrift wurden vier Kopien gefertigt und in der Erwartung, dadurch eine Veröffentlichung in der Bundesrepublik herbeizuführen, Anfang Juni 1975 über IM der HA VIII MfS anonym den Zeitschriften „Spiegel" und „Stern" sowie zwei Mitgliedern der G 10-Kommission des Bundestages zugesandt. {122}

Der „Stern" veröffentlichte das vollständige Gesprächsprotokoll in seiner Ausgabe vom 19. Juni 1975. Die Staatsanwaltschaft bei dem Landgericht Mainz leitete ein Ermittlungsverfahren gegen Unbekannt wegen Verdachts eines Vergehens nach § 201 StGB ein und die Bundesregierung sah sich bis in den Monat März 1976 dem in verschiedenen Bundestagsanfragen zur Sprache gebrachten Vorwurf ausgesetzt, das Grundrecht der CDU-Politiker Dr. Kohl und Dr. Biedenkopf aus Art. 10 GG sei in einer konzertierten Aktion regierungsnaher Kreise durch amtliche Stellen des Bundes verletzt worden.[17]

6. RAF-Verhörprotokoll Dr. Schleyer

Wenige Wochen bevor im September 1977 Dr. Hanns-Martin Schleyer von Mitgliedern der „Rote Armee Fraktion" (RAF) entführt wurde, erhielt der HIM Schelkmann von einem Offizier der Abteilung X den Auftrag, aus ihm vorgelegten MfS-Unterlagen einen Lebenslauf Dr. Schleyers zu erstellen, der dessen Mitgliedschaft in der ehemaligen SS belegen sollte. Nachdem Dr. Schleyer am 18. Oktober 1977 von der RAF ermordet worden war, wurde in dem damals neu eingerichteten Referat X/5 der Plan entwickelt, unter Anknüpfung an die Ausarbeitung Schelkmanns die Ereignis-{123}se um Dr. Schleyer zu nutzen, um westdeutsche Politiker (Bundeskanzler Schmidt, Bundesinnenminister Maihofer sowie die Oppositionspolitiker Kohl, Strauß, Tandler und Heubl) dem rufschädigenden Verdacht unlauterer Machenschaften auszusetzen. Hierzu wurden auf der Grundlage von Abhörerkenntnissen der HA III MfS, welche den Fernsprechverkehr des damaligen Krisenstabes der Bundesregierung überwacht hatte, Niederschriften über fiktive Verhöre Dr. Schleyers durch Angehörige der RAF gefertigt, zum Beleg der Echtheit mit Dr. Schleyers angeblicher SS-Mitgliedsnummer 227014 versehen und im Herbst 1977 sowie erneut im Oktober 1978 im Bundesgebiet verbreitet. Die Protokolle erwecken den Anschein, Dr. Schleyer habe unter dem Druck der Entführungssituation Kenntnisse über interne Anschuldigungen des BfV und des BKA gegen Bundeskanzler Schmidt bzw. Innenminister Maihofer und über Verwicklungen der Ehefrau des bayerischen Ministerpräsidenten sowie von CSU-Generalsekretär Tandler in den Todesfall des am 20. Juli 1977 verstorbenen Fabrikanten R. offenbart. Sie deuten ferner an, Dr. Schleyer habe über „Lockheed-Schmiergelder“ und diesbezüglich von dem CDU-Politiker Heubl an Dr. Kohl verkaufte, von diesem als Druckmittel gegen Dr. Strauß verwendete Unterlagen berichtet. Darüber hinaus spiegeln die Protokolle den Eindruck vor, Dr. Schleyer habe im Verhör Kenntnisse über unseriöse Parteispenden der Wirtschaftsverbände, über ver-{124}trauliche Koalitionsgespräche der damals zusammen mit der SPD an der Regierung beteiligten FDP mit Oppositionsführer Dr. Kohl sowie über „Spitzel“ des BdI und des Verfassungsschutzes in Führungsgremien des DGB preisgegeben bzw. Tonbänder mit entsprechenden Aussagen bei einer Vertrauensperson deponiert. Die Formulierungen sind insgesamt geeignet, bei einem unbefangenen Leser den Verdacht aufkommen zu lassen, eine gemeinsame Interessenlage von Bundesregierung und Opposition, bezogen auf die Verhinderung einer umfassenden Offenbarung interner Kenntnisse Dr. Schleyers, habe seinerzeit einer Befreiung des Entführten entgegengestanden.

Durch den Generalbundesanwalt wurden seinerzeit die „Verhörprotokolle“ im Rahmen des Ermittlungskomplexes Dr. Schleyer als Spur verfolgt. Sowohl Dr. Kohl als auch Staatssekretär Hanns-Eberhard Schleyer als Sohn des Ermordeten Dr. Schleyer wurden mit den „Protokollen“ konfrontiert und erkannten die Unechtheit der Papiere. Wegen des Umfanges und der damals aktuellen Brisanz der Maßnahme ist davon auszugehen, daß diese nicht ohne vorherige Bestätigung durch den Angeschuldigten Wagenbreth durchgeführt worden ist. {125}

7. Abhöraffäre Strauß/Scharnagl

Am 28. September 1976 führte der CSU-Vorsitzende Dr. h.c. Strauß als Ortsgespräch in München ein Telefonat mit dem Chefredakteur des „Bayernkurier“ Wilfried Scharnagl. Gegenstand der Unterredung war u.a. die Arbeit des damals eingesetzten Lockheed-Untersuchungsausschusses des Bundestages, welcher klären sollte, ob der US-amerikanische Flugzeughersteller Lockheed den Verkauf des Starfighter an das Bundesministerium der Verteidigung Mitte der 60er Jahre durch Schmiergeldzahlungen – etwa an den damaligen Verteidigungsminister Dr. Strauß – gefördert hatte. Spezielles Gesprächsthema zwischen Dr. Strauß und Wilfried Scharnagl in diesem Zusammenhang war die damals in der Öffentlichkeit geführte Diskussion über den Verbleib angeblich belastender Aktenstücke aus dem ehemaligen Ministerbüro des Dr. Strauß.

Das Telefongespräch wurde im Rahmen einer allgemein von der HVA gegen Dr. Strauß veranlaßten Überwachungsmaßnahme von Kräften der HA III des MfS abgehört, aufgezeichnet, protokolliert und dem Referat X/5 zur Verwertung in einer „aktiven Maßnahme“ überlassen. Als im Dezember 1977 der Abschlußbericht des Lockheed-Untersuchungsausschusses bevorstand, entwickelten Mitarbeiter des Referats X/5 den Plan, die Niederschrift des Telefongesprächs um einige Dr. Strauß belastende Textstellen {126} zu ergänzen und insgesamt in der Aufmachung eines offiziellen G 10-Abhörprotokolls des BND in die westdeutsche Öffentlichkeit zu lancieren. Dieser Plan wurde von dem Angeschuldigten Wagenbreth bestätigt und anschließend umgesetzt. Dabei wurde die Gesprächsniederschrift insbesondere um folgende Dr. Strauß zugeschriebene Äußerung ergänzt:

„Ich selbst habe nunmehr nach 16 1/2 Jahren aus dem Archiv die Akten eingesehen und alles, was die nicht sehen dürfen, gelüftet. Die persönliche Post mit L. ist entfernt. Sollten die dahinterkommen? Können sie nicht."

Anschließend wurde die Niederschrift – um den Anschein einer legal nach Art. 10 des Grundgesetzes durchgeführten Überwachungsmaßnahme zu erwecken – mit VS- und G 10-Freigabestempeln versehen und über einen IM von Frankfurt/Main aus am 22. Dezember 1977 per Postversand anonym einem Redakteur der „Süddeutsche Zeitung" zugeschickt. Ziel der Maßnahme war es, einerseits Dr. Strauß dem Verdacht der Aktenunterdrückung und Bestechlichkeit auszusetzen, dadurch den Lockheed-Ausschuß zur Fortsetzung seiner Tätigkeit zu veranlassen und darüber hinaus den BND mit einer als Inlandsaufklärung unzulässigen G 10-Abhörmaßnahme zu belasten.

Am 14. Januar 1978 veröffentlichte die „Süddeutsche Zeitung" – wie von dem Angeschuldigten Wagenbreth und seinen Mitarbeitern er-{127}wartet – unter der Überschrift „Ein anonymes Paket Zündstoff" Teile des ihr zugesandten Abhörprotokolls. Zur Klärung insbesondere der Frage, ob bei Dr. Strauß bzw. Wilfried Scharnagl aufgrund einer rechtlichen Ermächtigung im Rahmen des Gesetzes zu Art. 10 des Grundgesetzes auf Anordnung eines Mitgliedes der SPD/FDP-Bundesregierung, einer obersten Landesbehörde bzw. aufgrund staatsanwaltschaftlicher oder richterlicher Anordnung eine Telefonüberwachung durchgeführt worden sei, wurde auf Antrag der CDU/CSU-Fraktion im Deutschen Bundestag ein Untersuchungsausschuß eingesetzt, der sich mit umfangreichen Beweiserhebungen vom 26. Januar 1978 bis zum 20. März 1980 um eine Klärung der Angelegenheit bemühte.[18]

8. BMI-Schreiben zu Evakuierungsplanungen der Bundesregierung im Rahmen der Zivilverteidigung

Etwa im Jahr 1978 unterbreiteten Mitarbeiter des ungarischen Geheimdienstes dem Angeschul-{128}digten Wagenbreth den Vorschlag, in einer gemeinsamen Operation die Bevölkerung der Bundesrepublik mit der Vorstellung zu verunsichern, die in Westdeutschland betriebenen Kernkraftwerke stellten ein Sicherheitsrisiko dar, dem die Bürger überwiegend schutzlos ausgeliefert seien. Nach Absprachen mit dem Offizier Bohnsack des Referats X/1, der dazu von dem Angeschuldigten Wagenbreth nach Budapest geschickt worden war, wurde der Plan in der Weise ausgeführt, daß in die westdeutsche Öffentlichkeit die Nachricht lanciert wurde, das Bundesministerium des Innern habe für den Fall des atomaren „Supergaus" einen geheimen Evakuierungsplan für hochgestellte Persönlichkeiten aufgestellt. Auf Kopfbogen des BMI, welchen die HVA beschafft hatte, fertigten die Ungarn eine Liste mit Namen von Persönlichkeiten, die nach dem vorgeblichen Willen der Bundesregierung im Falle einer Reaktorkatastrophe durch Evakuierung gerettet werden sollten. Diese Liste, die darauf abzielte, beim Leser den Eindruck zu erwecken, nur die angeführten Personen seien nach Auffassung der Bundesregierung einer Einbeziehung in die Rettungsmaßnahme wert, wurde auf Veranlassung der Abteilung X im Bundesgebiet verbreitet. Das BMI sah sich hierdurch veranlaßt, öffentlich die Echtheit der Meldung zu dementieren. {129}

9. Scharnagl-Briefe

Im Rahmen des Objektvorganges „Schwarz“, in welchem von Mitarbeitern des Referats X/2 „aktive Maßnahmen“ gegen CDU und CSU entwickelt und realisiert wurden, wurde in der Zeit von 1978/79 bis 1982/83 unter Verantwortung des Angeschuldigten Mutz als Referatsleiter eine Operation geführt, die darauf abzielte, Unfrieden zwischen den Parteivorsitzenden von CDU und CSU zu säen bzw. vorhandene Differenzen aufzudecken und zu vertiefen. Hierzu wurden in unregelmäßigen Abständen dem Chefredakteur des „Bayernkurier“ Scharnagl anonym insgesamt etwa sechs bis acht Briefe zugesandt, die sich inhaltlich mit Personalvorgängen und politischen Überlegungen und Erörterungen in der CSU-Spitze befaßten und den Eindruck erweckten, die CDU verfüge über „Quellen“ in der CSU, die Parteiinterna an die Schwesterpartei weitergaben.

Grundlage für die Abfassung der Briefe, die vor Versand jeweils dem Angeschuldigten Wagenbreth zur Billigung vorgelegt wurden, waren überwiegend Abhörerkenntnisse der HA III, die dem Referat X/2 zur Verfügung gestellt wurden. {130}

10. Broschüren der Inge Goliath

Am 10. März 1979, wenige Tage nach Verhaftung der MfS-Agentin Ursula Höfs, setzte sich Inge Goliath, die seit 1. September 1968 persönliche Sekretärin des CDU-Bundestagsabgeordneten Dr. Werner Marx gewesen war, gemeinsam mit ihrem Ehemann Wolfgang Goliath aus der Bundesrepublik in die DDR ab. Am 6. Mai 1980 erließ der Ermittlungsrichter des Bundesgerichtshofes Haftbefehl gegen beide wegen des dringenden Verdachts, Wolfgang Goliath habe seit seiner Übersiedlung aus der ehemaligen DDR in die Bundesrepublik im Oktober 1961, Inge Goliath seit Beginn ihrer beruflichen Mitarbeit in der CDU-Bundesgeschäftsstelle im Juli 1966 für das MfS eine geheimdienstliche Agententätigkeit gegen die Bundesrepublik Deutschland ausgeübt. Der Tatverdacht beruhte zum einen darauf, daß in der Wohnung der Eheleute Goliath nach deren Flucht eine in typisch nachrichtendienstlicher Manier präparierte Schmalfilmkassette mit 8,2 m Dokumentenfilm aufgefunden worden war, zum zweiten auf dem Umstand, daß der Einreiseweg Wolfgang Goliaths in die Bundesrepublik und seine anschließend betriebene Etablierung in allen Einzelheiten der gängigen Einschleusungs- und Legalisierungsmethodik der HVA entsprachen, und schließlich auf dem weiteren Auftreten der Inge Goliath nach ihrer Flucht in die DDR. Eine Aufstellung „ehemaliger {131} Kundschafter“, welche im Mai 1990 von dem früheren Leiter der Abteilung I HVA, Oberst Bernd Fischer, für den damaligen Innenminister der DDR, Dr. Diestel, gefertigt worden ist, belegt zudem, daß die Eheleute Goliath (alias Knorr) bei der HVA als Agenten betreut wurden, die fünfzehn (Wolfgang Goliath) bzw. zehn Jahre (Inge Goliath) „im Auslandseinsatz“ gewesen waren.

Als Sekretärin von Dr. Marx war Inge Goliath anfangs nur für dessen Wahlkreisarbeit zuständig gewesen. Nach der Bundestagswahl 1969 wurde sie darüber hinaus auch mit Aufgaben betraut, die aus der Arbeit von Dr. Marx als Vorsitzender des Arbeitskreises V der CDU/CSU-Bundestagsfraktion herrührten. Sie gewann damit neben ihren mit der Wahlkreisarbeit verbundenen Einblicken in Wahlstrategien, parteiinterne Meinungsverschiedenheiten und Einschätzungen von Politikern der verschiedenen Parteien auch Erkenntnisse über konzeptionelle Entscheidungen und Überlegungen der CDU/CSU zur

Sicherheits-, Außen- und Ostpolitik. Diesen Zugängen entsprechend dürfte Inge Goliath bis zu ihrer Flucht Informationen aus ihrem Arbeitsbereich bei Dr. Marx an die HVA verraten haben.

Nachdem die Eheleute Goliath sich am 10. März 1979 in die DDR abgesetzt hatten, wurde in Abteilung X HVA zunächst der Plan entwickelt, unter Schilderung einer entsprechenden Über-{132}trittslegende die „Aggressionspolitik" der CDU/CSU einerseits und die „Friedensbemühungen" der DDR-Führung andererseits als Fluchtgrund der Goliaths in einer Druckschrift herauszustellen. Das hierzu vorgelegte Konzept eines Mitarbeiters des Referats X/1 fand indes nicht die Billigung des Leiters der HVA Markus Wolf. Statt dessen wurde entschieden, unter Hinzuziehung des Leiters der Abteilung II HVA auf der Grundlage der von Inge Goliath gelieferten Ausspähungsergebnisse in einer breit angelegten Kampagne Dr. Marx politisch zu diffamieren. Dabei sollte zugleich – einem besonderen Interesse des Leiters der HVA entsprechend – eine den Intentionen der damaligen Bundesregierung zuwiderlaufende angebliche Unterwanderung des BND durch „CDU-Seilschaften" herausgestellt werden.

In der Folgezeit wurden in gemeinschaftlichem Zusammenwirken des Angeschuldigten Mutz mit dem Leiter der Abteilung II HVA (Oberst Gailat), der Agentin Inge Goliath und einem weiteren Offizier des Referats X/2 insgesamt drei Druckschriften über Dr. Marx angefertigt und nach Billigung durch den Angeschuldigten Wagenbreth und den Leiter der HVA im Zeitraum von Juni 1979 bis Oktober 1980 in der Bundesrepublik verbreitet. {133}

Die Schriften tragen die Titel „Ein verhängnisvolles Bündnis gegen Frieden und Entspannung", „Das Interview – Inge Goliath enthüllt Geheimnisse des Dr. Werner Marx" und „Das Interview – Inge Goliath enthüllt weitere Geheimnisse des Dr. Werner Marx". Sie enthalten teils echte, teils gefälschte „Dokumente" aus dem Büro des Dr. Marx, darunter Abschriften von seinerzeit durch Inge Goliath beschafften Originalaufzeichnungen des Dr. Marx (z.B. von stenografischen Aufzeichnungen, welche Dr. Marx auf einer China-Reise im Februar 1976 gefertigt hatte), Unterlagen aus einem Schriftwechsel zwischen Dr. Marx und einem führenden BND-Angehörigen, den Auszug aus einer fiktiven Gehaltsliste des BND, Fernschreiben aus dem Auswärtigen Amt und interne Papiere aus dem Bereich der CDU/CSU. Unter Vermengung von Spionageergebnissen der Agentin Goliath mit reinen Erfindungen der Verfasser wird neben der allgemeinen Darstellung des Dr. Marx als „Kriegstreiber" der CDU/CSU in teils dokumentarischer Aufmachung u.a. behauptet bzw. suggeriert,

- die CDU unterhalte mit Unterstützung des Dr. Marx einen internen Geheimdienst, durch dessen Kräfte Politiker der damaligen Regierungsparteien SPD/FDP mit nachrichtendienstlichen Mitteln ausgespäht würden,
- Dr. Marx sei bestrebt, in der CDU einen „Brückenkopf" der CSU zu bilden, {134}
- Dr. Marx werde regelmäßig durch „CDU-Seilschaften" innerhalb des BND an der Bundesregierung vorbei mit Lageanalysen des BND versorgt, die er seinerseits der CSU zugänglich mache, und unterhalte allgemein engste Kontakte zum BND, gehe jedoch unsorgsam mit gelieferten Materialien um, indem er etwa eine Gehaltsliste, aus welcher die Personalstruktur des BND ablesbar sei, unverschlossen in seinem Abgeordnetenbüro verwahrt habe,

– Dr. Marx wirke unablässig und systematisch auf rechtskonservative Kreise in den Geheimdiensten der Bundesrepublik ein, um sie zu veranlassen, die Regierungspolitik der SPD/FDP-Koalition zu unterlaufen und zu Fall zu bringen

und

– Dr. Marx verfüge über einen Spitzel im Auswärtigen Amt, der ihn durch entsprechende Materiallieferungen in die Lage versetzt habe, durch gezielte Indiskretionen (Veröffentlichung vertraulicher Absprachen etc.) den Abschluß der Ostverträge in Gefahr zu bringen. {135}

11. CSU-Positionspapier „Rückbesinnung auf Kreuth“

Im Vorfeld der Bundestagswahl vom 5. Oktober 1980 wurden in Abteilung X HVA Überlegungen angestellt, durch eine „aktive Maßnahme“ Zerwürfnisse innerhalb der Fraktionsgemeinschaft von CDU/CSU zu schaffen und dadurch diese Gemeinschaft gegenüber der SPD zu schwächen. Hierfür erschien den Offizieren der Abteilung X eine Neuauflage des von der CSU in der Zwischenzeit zurückgenommenen Trennungsbeschlusses von Kreuth aus dem Jahr 1976 geeignet. Dieser Beschluß, welcher aus dem Operationsgebiet beschafft und der Abteilung X überlassen worden war, wurde dem HIM Schelkmann zur Interpretation und analytischen Aufarbeitung vorgelegt. Sodann fertigte der Offizier Ritter als Mitarbeiter des Referats X/2 auf der Grundlage des ursprünglichen Trennungsbeschlusses sowie der Ausarbeitung Schelkmanns ein 13-seitiges Positionspapier an, welches mit dem Titel „Rückbesinnung auf Kreuth – Zur Strategie der CSU nach dem 5. Oktober“ versehen wurde und die Forderung nach einer Auflösung der Fraktionsgemeinschaft mit der CDU und Schaffung einer vierten Partei in Gestalt einer bundesweiten CSU empfahl. Die Kernsätze des Papiers lauten:

„Die Rückbesinnung auf Kreuth tut Not, auf den damals von uns formulierten Grundgedanken: Getrennt marschieren, {136} vereint schlagen. Dabei muß die CDU-Führung jedoch darin bestärkt werden, die Fraktionsgemeinschaft bleibe erhalten. Für uns gibt es nämlich 1980 nicht wieder einen Rückzug wie 1976. Dafür wird uns die CDU später noch danken.
Eine Auflösung der Fraktionsgemeinschaft mit der CDU und die Schaffung einer vierten Partei in Gestalt einer bundesweiten CSU oder in anderer, adäquater Form würde die deutsche Parteienlandschaft aus ihrer Erstarrung lösen und in der notwendigen Richtung verändern.
Die Tage der FDP als Faktor der Bundespolitik wären gezählt. Gegen eine CDU mit liberalem Profil hätte sie kaum eine Überlebenschance. Die SPD würde endlich von der Macht verdrängt. Sie geriete zwangsläufig in eine tiefe innere Krise und müßte für den Rest des Jahrhunderts sozialistische Gesellschaftsveränderungen in den Wind schreiben.“

Nachdem die Angeschuldigten Mutz und Wagenbreth die Vorlage des Offiziers Ritter gebilligt und abgezeichnet hatten, wurde das „Denkpapier“ anonym der Zeitschrift „Spiegel“ übersandt. Die Redakteure des „Spiegel“ gingen davon aus, die Studie sei nach dem CSU-Parteitag Mitte Juni 1980 im Büro des Generalsekretärs der CSU Edmund Stoiber entstanden und veröffentlichten das gesamte Positionspapier am 29. September 1980. {137}

Obwohl Edmund Stoiber die Authentizität des Textes sogleich dementierte, kam es in der Folgezeit zwischen den Schwesterparteien CDU und CSU diesbezüglich zu Irritationen.

12. Grundsatzpapier zur Übertragung des CDU-Parteivorsitzes auf Ernst Albrecht

Im Zeitraum 1986/87 war in Kreisen der westdeutschen CDU verschiedentlich im Gespräch, ob es besser sei, das Amt des Bundeskanzlers von dem des CDU-Parteivorsitzenden personell zu trennen. Schon in länger zurückliegender Zeit hatte CDU-Generalsekretär Dr. Biedenkopf in einem Thesenpapier für eine solche Ämtertrennung plädiert. Dieses Thesenpapier war von Mitarbeitern des MfS aus dem Operationsgebiet beschafft und der Abteilung X HVA zur Verfügung gestellt worden.

Da man in der HVA den Vorgaben der SED-Regierung entsprechend allgemein bestrebt war, die politische Position der CDU in der Bundesrepublik zu schwächen, und da ferner die verantwortlichen Offiziere der Abteilung X sich von einer Ämtertrennung Bundeskanzler/Parteivorsitzender eine solche Schwächung versprachen, wurde in Referat X/2 der Plan entwickelt, die Diskussion um eine mögliche Kohl-{138}Nachfolge Albrechts im Amt des CDU-Parteivorsitzenden in diesem Sinne durch eine „aktive Maßnahmen" zu fördern.

Zu diesem Zweck erstellte der Offizier Ritter als Mitarbeiter des Referats X/2 ausgehend von dem vorhandenen Thesenpapier Biedenkopfs ein entsprechendes Argumentationskonzept und beauftragte den im August 1985 aus dem Operationsgebiet in die DDR zurückgezogenen, mit Haftbefehl des Ermittlungsrichters des Bundesgerichtshofes gesuchten Agenten Herbert Willner mit der Ausformulierung eines die Ämtertrennung als vorteilhaft darstellenden Grundsatzpapiers. Herbert Willner war für diese Aufgabe besonders qualifiziert, weil er als ehemaliger Mitarbeiter des Nachrichtenmagazins „Der Spiegel" und späterer Referent der FDP-nahen Friedrich-Naumann-Stiftung mit den innenpolitischen Verhältnissen in der Bundesrepublik und dem Sprachgebrauch westdeutscher Politiker gut vertraut war.

Nachdem die Angeschuldigten Mutz und Wagenbreth sowie der Leiter der HVA Werner Großmann den von Willner gefertigten Entwurf gebilligt und abgezeichnet hatten, wurde der Text anonym dem SPD-Pressedienst „ppp" zugesandt und erwartungsgemäß dort veröffentlicht. {139}

13. Barschel-Brief

Als im Herbst 1987 die Affäre um den ehemaligen Ministerpräsidenten des Landes Schleswig-Holstein Dr. Uwe Barschel in der Öffentlichkeit großes Aufsehen erregte, wurde in Abteilung X HVA beschlossen, die Vorgänge zu beobachten, um gegebenenfalls durch „aktive Maßnahmen" in die Entwicklung eingreifen zu können. Hierzu beauftragte der damalige Referatsleiter X/2 Manfred Laszczak den HIM Schelkmann, die einschlägigen Veröffentlichungen in der West-Presse auszuwerten und eine Chronologie der Ereignisse zu erstellen.

Nachdem Dr. Barschel am 11. Oktober 1987 verstorben war, entstand in Referat X/2 der Plan, die Ereignisse um Dr. Barschel zu nutzen, um den damaligen Bundesfinanzminister Dr. Stoltenberg mit einer „aktiven Maßnahme" in Verruf zu bringen und zugleich den Ausgang der schleswig-holsteinischen Landtagswahl am 8. Mai 1988 zum Nachteil der CDU zu beeinträchtigen. Zu jener Zeit war im Gespräch, Dr. Stoltenberg das Amt des Bundesverteidigungsministers übertragen. Dies wollte die HVA verhindern. Für ein geeignetes Mittel hielten es die Offiziere der Abteilung X, Dr. Stoltenberg als billigenden Mitwisser der in der Barschel/Pfeiffer-Affäre ans Licht ge-{140}kommenen Aktionen gegen den damaligen Oppositionsführer im schleswig-holsteinischen Landtag Björn Engholm erscheinen zu lassen.

Funkaufklärungserkenntnisse, die aus dem Operationsgebiet gewonnen worden waren, ließen nach Auffassung der Offiziere eine derartige Deutung zu.

Der Maßnahmeplan, den der Offizier Ritter als Mitarbeiter des Referats X/2 ausarbeitete, sah vor, einen Brief anzufertigen und im Bundesgebiet zu verbreiten, der den Eindruck erweckte, von Dr. Barschel vor dessen Tod an Bundesminister Dr. Stoltenberg geschrieben worden zu sein, und den Vorwurf der Mitwisserschaft enthielt. Parallel wurden der HIM Schelkmann und der Offizier Ritter vom Leiter des Referats X/2 beauftragt, einen entsprechenden Entwurf anzufertigen. Texte von Reden Dr. Barschels, die in der westlichen Presse veröffentlicht worden waren, dienten als Vorlage für eine möglichst authentische Stil- und Wortwahl.

Während es dem HIM Schelkmann nicht gelang, einen brauchbaren Brief zu formulieren, brachte der Offizier Ritter im Februar/März 1988 einen vierseitigen Entwurf zu Papier.

In Abteilung X HVA existierte eine Sammlung von Unterschriften, die zur Herstellung falscher Urkunden verwendet werden konnten. Hierunter befand sich auch ein handschriftlicher Namenszug Dr. Barschels aus Juli 1987. {141} Bei dem Schriftstück, welches die Unterschrift trug, handelte es sich um ein Grußwort Dr. Barschels an die Zeitschrift „Epoche“, welches der HVA von einem bislang unbekannten Agenten in Ablichtung verschafft worden war.

Major Ritter ließ die unter dem Grußwort befindliche Unterschrift Dr. Barschels auf fototechnischem Wege unter den von ihm maschinengeschriebenen Brieftext übertragen und leitete diesen zusammen mit einer die Operation näher begründenden Vorlage auf dem Dienstweg – mithin über die Angeschuldigten Mutz und Wagenbreth – dem Leiter der HVA Werner Großmann zur Bestätigung zu.

Die wesentlichen Kernsätze des Briefes lauten wie folgt:

> „Es ist jedoch schlicht und einfach eine unleugbare Tatsache, daß Steueranzeige und Detektiveinsatz gegen Herrn Engholm bereits im Frühjahr Gesprächsgegenstand am Tisch des Landesvorstandes waren. Kein Wort der Mißbilligung erhob sich, die Zustimmung war allgemein und ausnahmslos auch bei Ihnen, Herr Stoltenberg. Dasselbe gilt auch für die mündliche Information, die Ihnen Staatssekretär Knack seinerzeit über unglücklich gehandhabte Anfragen nach optimal verwertbaren Erkenntnissen über Landtagskandidaten der Grünen und der Unabhängigen Wählergemeinschaft zukommen ließ. Sie selbst wissen, worauf allein sich ihre Kritik an dieser Anfrage richtete. Als ich angesichts Ihrer zögerlichen Haltung in einer Art Notwehrhandlung meine Ehrenworterklärung abgab, um noch Zeit für ein ge-{142}meinsames Handeln zu finden, beteuerten Sie und andere Parteifreunde fast ehrenwörtlich, doch durchaus unwahr, von allem erst am Wahltag oder danach gehört zu haben …“

Nachdem die Vorlage Ritters von den Angeschuldigten Mutz und Wagenbreth sowie dem Leiter der HVA gebilligt und abgezeichnet worden war, ließ Ritter mehrere Ablichtungen seines Machwerkes anfertigen und im April 1988 anonym per Post verschiedenen Adressaten im Bundesgebiet zusenden.

Empfänger waren – möglicherweise neben anderen – der schleswig-holsteinische Landesverband der Partei „Die Grünen“ (Eingang am 28. April 1988), der Rechtsanwalt und FDP-Kandidat für die Landtagswahl Wolfgang Kubicki (Eingang am 28. oder

29. April 1988) und die Redaktion des Nachrichtenmagazins „Der Spiegel“ (Eingangsdatum ebenfalls Ende April 1988).

Nachdem Bundesminister Dr. Stoltenberg am 5. Mai 1988 Strafanzeige gegen Verfasser und Verbreiter des Briefes erstattet hatte, kam es zu dessen Veröffentlichung in der Folgezeit zunächst nicht. In einem Beitrag des Fernsehmagazins „Panorama“ vom 18. Oktober 1988 wurden jedoch wesentliche Teile des Briefes zitiert und unter Berufung auf ein linguistisches Analysegutachten als tatsächlich von Dr. Barschel geschrieben dargestellt. {143}

V. Einzelne Spionagefälle aus dem Bereich der Abteilung X HVA

Die Anzahl der Fälle von geheimdienstlicher Agententätigkeit, an welchen die Angeschuldigten Wagenbreth, Mutz und Rabe unmittelbar oder mittelbar beteiligt waren, ist nicht bekannt. Unterlagen aus der HVA, die derzeit beim Bundesamt für Verfassungsschutz ausgewertet werden, deuten darauf hin, daß von den Mitarbeitern der Abteilung X im Jahr 1988 mehr als 80 IM in der Bundesrepublik Deutschland nachrichtendienstlich geführt worden sind. Neun IM-Vorgänge, die für die Arbeitsweise der Abteilung X exemplarisch sind, werden nachfolgend näher geschildert:

1. Der Fall Hermann von Berg

Der am 29. März 1933 geborene Hermann von Berg war nach Aufnahme eines Lehrer-Studiums an der Karl-Marx-Universität in Leipzig 1954 als FdJ-Funktionär und Mitarbeiter im „Nationalen Studentenkomitee“ seitens der FdJ mit „Aufgaben der gesamtdeutschen Arbeit“ betraut worden und hatte in diesem Zusammenhang in der Folgezeit vielfältige Verbindungen zu Hochschulkreisen und Studentenfunktionären der Bundesrepublik geknüpft. Dabei hatten {144} sich zwangsläufig Kontakte auch zu dem damaligen Geschäftsführer des westdeutschen Amtes für gesamtdeutsche Studentenfragen Dietrich Spangenberg ergeben.

Die persönlichen Verbindungen Hermann von Bergs in das Operationsgebiet weckten das Interesse der HA XX des MfS, welche im September 1958 Kontakt zu von Berg aufnahm und ihn im November 1959 als IM verpflichtete. Zu jener Zeit hatte Hermann von Berg sein Studium als „Diplom-Lehrer für Marxismus-Leninismus“ abgeschlossen und beruflich eine Anstellung als Hauptreferent im Staatssekretariat für Hoch- und Fachschulwesen der DDR erhalten.

Ziel der HA XX bei der Werbung des von Berg als IM war es, „die im Rahmen der gesamtdeutschen Arbeit anfallenden operativen Prozesse unter Kontrolle zu nehmen“. Von Berg erhielt den Arbeitsnamen „Günther“; seine nachrichtendienstliche Führung und die Sammlung der von ihm gelieferten Informationen erfolgte fortan unter der Vorgangsnummer 10698/60.

Absicht der HA XX war es zunächst, Hermann von Berg in die Bundesrepublik einzuschleusen. Zu diesem Zweck wurde der IM „Günther“ beauftragt, unter seinen Kontaktpersonen im Westen zu verbreiten, daß er sich aus kritischer Haltung gegenüber den realsoziali-{145}stischen Verhältnissen in der DDR als „liberal denkender Vertreter eines dritten Weges“ entschlossen habe, die DDR ungesetzlich zu verlassen. Zwar sah sich das MfS in der Folgezeit gehindert, den Übersiedelungsplan zu realisieren, weil Hermann von Berg seine Zusammenarbeit mit dem MfS gegenüber Parteifunktionären in der DDR „dekonspiriert“ hatte. Der im Westen erweckte Eindruck einer „inneren Opposition“ gegenüber dem SED-Regime blieb jedoch bestehen und entwickelte sich in der Folgezeit zu einem tragenden Stützpfeiler der von dem IM „Günther“ 15 Jahre lang erfolgreich betriebenen nachrichtendienstlichen Agententätigkeit.

Nachdem Hermann von Berg ab 1960 zwischenzeitlich eine Tätigkeit als Dozent für Marxismus-Leninismus an der Fachschule für Außenhandel in Plessow/Potsdam ausgeübt hatte, wechselte er 1962 mit Zustimmung des MfS in das von Dr. Kurt Blecha geleitete Presseamt beim Vorsitzenden des Ministerrats der DDR, in welchem er die Leitung der sog. „Westabteilung“ übernahm. In dieser Funktion war er unmittelbarer Kontaktpartner westlicher Korrespondenten, die zu Berichterstattungen, Interviews und Reportagen in die DDR einzureisen beabsichtigten. Er hatte die jeweiligen journalistischen Vorhaben analytisch einzuschätzen, Empfehlungen hinsichtlich der Genehmigung zu erarbeiten, gegebenenfalls vor der offiziellen Einreise Vorgespräche mit den {146} Journalisten zu führen und diese während ihrer Aufenthalte in der DDR, die häufig im Zusammenhang mit Leipziger Messen erfolgten, allgemein zu „betreuen“.

Die Aufnahme der Tätigkeit im Presseamt beim Ministerpräsidenten und der damit verbundene intensive Umgang mit westdeutschen Journalisten bedeuteten aus Sicht des MfS eine erhebliche Erweiterung der operativen Möglichkeiten des IM „Günther“ und führten am 19. Juli 1962 zur Übernahme der Vorgangsführung durch die HVA. Führungsoffizier war fortan bis Ende 1965 der Angeschuldigte Wagenbreth als Leiter des Referats VII/F (Mitarbeiter Nr. 531 bzw. 530) ab Januar 1966 bis zur Arrestierung von Bergs im Januar 1978 der Angeschuldigte Rabe (Mitarbeiter Nr. 533).

Als Führungsoffiziere haben die Angeschuldigten Wagenbreth und Rabe – teils unter unmittelbarer Anleitung von Markus Wolf, teils auch auf des Ministers Mielke – die operative Tätigkeit des IM „Günther“ gegen die Bundesrepublik Deutschland gesteuert. Sie haben kurz- und längerfristige Einsatzkonzeptionen erarbeitet, Vorgaben für die zu beschaffenden Informationen erteilt, vor den Treffs des IM „Günther“ mit seinen Kontaktpersonen die Gesprächsführung und vorzutragenden Argumente festgelegt und die anschließend von dem IM „Günther“ gefertigten Einsatzberichte als {147} anonymisierte „Informationen“ der Auswertung, Vorgesetzten im MfS und mitunter weiteren Empfängern im Staatsapparat der DDR zugeleitet.

Zielvorstellung des Angeschuldigten Wagenbreth bei Übernahme des Vorganges von Berg war es zunächst, die Kontakte des IM zu Journalisten aus der Bundesrepublik für die Übermittlung gezielter Desinformationen zu nutzen. In welchem Umfang Hermann von Berg in diesem Sinne für „aktive Maßnahmen“ herangezogen worden ist, ist den Ermittlungsbehörden nicht bekannt. In späterer Zeit – September 1972 – hat er im Zusammenhang mit der sog. „Quick-Affäre“ im Rahmen einer „aktiven Maßnahme“ Material an den damaligen Kanzleramtsminister Dr. Ehmke weitergeleitet.[19]

Die Kontakt- und Zugangsmöglichkeiten, welche sich Hermann von Berg im Rahmen seiner Tätigkeit im Presseamt eröffneten, veranlaßten den Angeschuldigten Wagenbreth schon 1964, das Schwergewicht des operativen Einsatzes des IM „Günther“ auf die Ausforschung westdeutscher Verhandlungspositionen in Fragen des deutsch-deutschen Verhältnisses zu legen. Um in diesem Zusammenhang die Attraktivität Hermann von

Bergs als Gesprächspartner zu erhöhen, wies er ihn an, westdeutschen Pressevertretern gegenüber die Legende aufzubauen, er sei als Mitarbeiter des Presseamts zugleich enger Mitarbeiter und darüber hinaus Vertrau-{148}ter Willi Stophs, der bis August 1964 Erster Stellvertreter des Vorsitzenden, ab September 1964 selbst Vorsitzender des Ministerrats der DDR war. Da von Berg wegen seiner in der Vergangenheit verbreiteten angeblichen Fluchtabsichten als Kritiker des DDR-Regimes galt, entstand so der Eindruck, es existiere innerhalb der SED-Führung eine oppositionelle „Stoph-Fraktion", als deren Vertreter Hermann von Berg westdeutschen Gesprächspartnern Hintergrundinformationen aus höchsten Regierungskreisen der DDR und mittelbare Kontakte zu diesen verschaffen könne („Der Weg zu Stoph führt über den Berg"). Tatsächlich bestand eine Verbindung des Hermann von Berg zu Willi Stoph nicht; was er von seinen Gesprächspartnern aus der Bundesrepublik erfuhr, berichtete er nicht dem Vorsitzenden des Ministerrats, sondern seiner Führungsstelle im MfS.

Die Beschaffungsaufträge, welche dem IM „Günther" von seinen Führungsoffizieren erteilt wurden, waren jeweils dem Stand der Beziehungen der Bundesrepublik Deutschland zur DDR angepaßt und an dem Ziel orientiert, der SED-Führung Erkenntnisse zu verschaffen, die es ihr ermöglichten, die Entwicklung dieser Beziehungen ihren politischen Vorstellungen entsprechend zu beeinflussen. Dabei stand für die DDR-Regierung in der Zeit der Regierungen Erhard (16. Oktober 1963 bis 30. November 1966) und Kiesinger (1. Dezember 1966 bis {149} 20. Oktober 1969) das Bestreben im Vordergrund, die Bemühungen der Bundesregierungen um Erleichterungen für Berlin und beim innerdeutschen Verkehr auszunutzen, um in der Frage staatlicher Anerkennung ihre Position zu stärken, ohne dafür über das Unumgängliche hinaus Forderungen der Bundesrepublik nachzugeben. Generelles Einsatzziel des IM „Günther" war es dementsprechend, in Gesprächen mit Journalisten, die politischen Entscheidungsträgern der Bundesrepublik nahestanden, später auch mit solchen Politikern selbst auszuloten, „wo ihrer Ansicht nach Kompromißmöglichkeiten bei politischen Streitfragen lagen", und darüber hinaus möglichst frühzeitig in Erfahrung zu bringen, mit welchen Schritten auf Seiten der Bundesrepublik in den jeweiligen politischen Situationen zu rechnen war.

Konkret bezogen sich die Aufklärungsaufträge des IM „Günther" in den Jahren bis 1966 u.a. auf folgende Gegebenheiten:

- Reaktion der Bundesregierung auf den Vorschlag des US-Senators Pell, die Garantie des ungehinderten Zutritts nach West-Berlin gegen die Anerkennung der DDR der Oder-Neisse-Grenze einzutauschen. {150}
- Reaktionen der verschiedenen Parteien in Bonn auf Bestrebungen der Bundesregierung, Fraktions- und Ausschußsitzungen verstärkt nach West-Berlin zu verlegen.
- Meinungen Bonner Politiker zu Erklärungen der USA, daß die multilaterale Atomstreitmacht eine weitere Kernwaffenverbreitung verhindern solle, und Vorschlag der DDR, in beiden deutschen Staaten umfassend auf Kernwaffen zu verzichten.
- Gründe für die ablehnende Haltung einzelner NATO-Politiker gegen die Bildung einer multilateralen Atomstreitmacht.
- Absichten der Bundesregierung, die wirtschaftliche Entwicklung der sozialistischen Staaten durch Einschränkung der Kreditfristen zu hemmen.
- Verhandlungskonzeptionen der NATO-Staaten für die Erste Welthandelskonferenz in Genf (23. März bis 16. Juni 1964).

- Zu erwartende Reaktionen der Bundesregierung auf die Aufnahme diplomatischer Beziehungen der DDR zu Ceylon und der am 18. Januar 1964 proklamierten Volksrepublik Sansibar. {151}
- Eventuelle Meinungsverschiedenheiten Ludwig Erhards und seiner Gesprächspartner während der Staatsbesuche Erhards in Rom (27. bis 29. Januar 1964) und Paris (14./15. Februar 1964) in bezug auf die Berlin-Frage.
- Zusammenarbeit westdeutscher Firmen mit amerikanischen, englischen und französischen Betrieben auf dem Gebiet der Kernphysik sowie Umfang der Rüstungsforschung und -produktion durch Betriebe der Elektroindustrie.
- Umfang eventueller Rückverlagerung von Betrieben nach West-Berlin und diesbezügliche Verantwortlichkeiten.
- Vorbereitungen im Rahmen der Notstandsgesetze zur Bildung von Betriebsschutzeinheiten und Zivilschutzkorps.
- Aufgaben des Ministeriums für Vertriebene ab Februar 1964.
- Vorstellungen Willy Brandts als Regierender Bürgermeister von Berlin von einer „Politik der kleinen Schritte“, Ratschläge von Redakteuren des „Vorwärts“ an Willy Brandt für eine „alternative Politik“ im Hinblick auf die Bundestagswahl 1965 und diesbezügliche Widerstände innerhalb der Parteiführung. {152}
- Zu erwartende Aussagen zu den wichtigsten außen- und innenpolitischen Fragen im „Regierungsprogramm“ der SPD für die Bundestagswahl 1965.
- Inhalt einer für Ende 1964 beabsichtigten Denkschrift der SPD-Führung zu den künftigen Aufgaben und Möglichkeiten Deutschlands.
- Kulissenkämpfe (besonders Rolle Wehners, Erlers und Haltung Brandts) im Zusammenhang mit den Sitzungen der Führungsgremien am 5. und 6. Juni 1964 (Entscheidung für Lübke).
- Einflüsse der SPD-Führung auf die Bildung einer multilateralen Atomstreitmacht der NATO.
- Gegenstand der Beratungen Ludwig Erhards mit den SPD-Politikern Erler, Schmitt-Vockenhausen und Schäfer in bezug auf die Notstandsgesetzentwürfe am 1. Juni 1964.
- Taktik der SPD-Führung in Fragen der Notstandsgesetzgebung.
- Eventuelle Erwartungen Willy Brandts in bezug auf Wahlhilfen der SED im Bundestagswahljahr 1965. {153}
- Konzeptionen der SPD-Führung für den Fall eines Wahlsieges 1965 in bezug auf deutsch-deutschen Dialog und innerdeutschen Handel sowie diesbezügliche Meinungsverschiedenheiten zwischen Brandt, Wehner und Erler.
- Rechtslage für den beabsichtigten Auftritt eines SED-Redners am 21. Juli 1966 in Hannover im Hinblick auf das „Gesetz über die befristete Freistellung von der Gerichtsbarkeit“ von Juni 1966.
- Widerstände im SPD-Parteivorstand gegen eine Verständigung zwischen DGB und FDGB.
- Konzeption für den SPD-Parteitag 1966 und interne Befragungsergebnisse über die Meinung der SPD-Mitglieder und der westdeutschen Bevölkerung zum deutsch-deutschen Dialog.

Die Gesprächspartner, durch deren Abschöpfung der IM „Günther" seine Beschaffungsaufträge erfüllte, waren Journalisten verschiedener westdeutscher Zeitungsverlage, Agenturen und Fernsehanstalten, mit denen er sowohl in Ost-Berlin als auch innerhalb der Bundesrepublik Deutschland fast täglich zusammentraf. Offizieller Auftrag Hermann von Bergs bei seinen {154} Westreisen, auf denen er von Manfred Müller – O.i.b.E. des Referats VII/F und später Leiter des Referats X/4 HVA – begleitet wurde, war es damals, in Redaktionen großer Presseverlage der Bundesrepublik für die von der DDR als Bestätigung ihrer eigenen Staatlichkeit verstandene Akkreditierung westdeutscher Korrespondenten in Ost-Berlin zu werben. Manfred Müller begleitete den IM „Günther" auch, als dieser am 8. Januar 1964 im Auftrage seiner DDR-Hintermänner einen an Bundeskanzler Erhard adressierten Brief Walter Ulbrichts an der Pforte des Bundeskanzleramtes abgab, dessen offizielle Annahme von der Bundesregierung verweigert worden wäre.

Intensive Abschöpfkontakte pflegte Hermann von Berg seinerzeit zu dem in West-Berlin akkreditierten ZDF-Mitarbeiter und „ppp"-Redakteur Klaus Ellrodt, der als Mitglied der SPD im Jahr 1965 dem Wahlkampfstab Willy Brandts angehörte und von 1964 bis 1969 zeitweise mehrmals wöchentlich mit Hermann von Berg – teils auch mit Manfred Müller – zusammentraf. Im März 1964 stellte Klaus Ellrodt erneut Kontakt zwischen Hermann von Berg und dem diesem aus der Studentenzeit bekannten Dietrich Spangenberg her, der seit 1963 als Senatsdirektor und Chef der Senatskanzlei beim Regierenden Bürgermeister in West-Berlin tätig war. In den folgenden Jahren entwickelte sich Spangenberg, der von {155} 1967 bis 1969 Senator für Bundesangelegenheiten und Bevollmächtigter West-Berlins beim Bund, von 1969 bis 1974 Staatssekretär im Bundespräsidialamt, von 1974 bis 1977 Bevollmächtigter der Bundesregierung in Berlin und ab 1977 Staatssekretär im Bundesministerium für innerdeutsche Beziehungen war, zur ergiebigsten Abschöpfquelle des IM „Günther".

Zentrales Gesprächsthema zwischen Klaus Ellrodt, Dietrich Spangenberg und Hermann von Berg waren in der Zeit von Mai 1964 bis 1969 die Passierscheinverhandlungen zwischen dem Senat von West-Berlin und der Regierung der DDR. Das erste Passierscheinabkommen, in dessen Folge in der Zeit vom 18. Dezember 1963 bis 5. Januar 1964 etwa 1,2 Millionen West-Berliner ihre Verwandten im Ostsektor der Stadt besucht hatten, war am 17. Dezember 1963 nach Verhandlungen zwischen dem West-Berliner Senatsrat Korber und DDR-Staatssekretär Wendt abgeschlossen worden.

Ab Januar 1964 waren die Verhandlungen zunächst fortgeführt, am 27. Februar 1964 jedoch doch unterbrochen worden, da der Ost-Berliner Vertreter das Verlangen der DDR nach politischer Aufwertung und Anerkennung offen in den Vordergrund gestellt hatte. Beide Seiten waren indes interessiert, den Dialog nicht endgültig abzubrechen, und nahmen in der Folgezeit die Verhandlungen wieder auf. Deren Verlauf unter operative Kontrolle zu nehmen, war ein vorrangiges Anliegen des MfS. {156}

Die Verhandlungsmethode, welche die SED bei den Passierscheingesprächen 1964 sowie auch in den Folgejahren anwandte, bestand darin, jeweils alle strittigen Punkte inoffiziell abzuklären, ehe sich die Delegationen damit befaßten.[20] Dies war der westlichen Seite bekannt. Nicht bekannt war indes, daß der damit seitens der DDR beauftragte Hermann von Berg seine Gesprächsführung an Einsatzinstruktionen und schriftlichen Konzeptionen der HVA ausrichtete und die erlangten Informationen dem MfS übergab, wo sie unter Hinzuziehung weiterer operativ gewonnener Erkenntnisse ausgewertet, analysiert und erst in dieser Weise aufbereitet den offiziellen Verhandlungsführern zugeleitet wurden. Deren Unterrichtung über den Leiter des Presseamtes Dr. Blecha – also auf einer „Schiene“ außerhalb des MfS – wurde durch die HVA bewußt unterbunden.

Die Beschaffungsaufträge, welche dem IM „Günther“ von seiner Führungsstelle für die Gespräche mit Ellrodt und Spangenberg erteilt wurden, waren zunächst darauf orientiert, allgemein die Reaktionen des Bundeskabinetts auf die Berliner Verhandlungen auszuloten und die Haltung führender Bonner SPD-Politiker dazu in Erfahrung zu bringen. Hierbei stand 1964 im Vordergrund des Interesses, wie die ablehnende Haltung Ludwig Erhards und seines Staatssekretärs (ab 16. Juni 1964 Bundesministers) Westrick überwunden und inner-{157}halb der SPD die Position von Willy Brandt, Egon Bahr als Leiter des Berliner Presse- und Informationsamtes und Innensenator Heinrich Albertz gegenüber den Verhandlungskritikern um Herbert Wehner und den Berliner Senator für Bundesangelegenheiten Klaus Schütz gestärkt werden konnte.

Auch 1965 waren die Kräfteverhältnisse innerhalb der SPD und die Konzeption Willy Brandts in bezug auf weitere Passierscheinverhandlungen Ausforschungsziel des IM „Günther“. Dieser meldete am 24. September 1965 seiner Führungsstelle detailliert, welche Forderungen die westliche Seite in der nächsten Verhandlungsrunde stellen werde.

Nach dem Kanzlerwechsel Erhard/Kiesinger in Bonn blieb der generelle Auftrag an den IM „Günther“ bestehen, die unterschiedlichen Meinungen im Westen zur Passierscheinfrage aufzuklären und Ansatzpunkte zu suchen, wie die Verhandlungen im Sinne der SED-Führung gefördert werden könnten. Als im Frühjahr 1967 die vierte Passierscheinregelung ausgelaufen war, gelangte Markus Wolf auf der Grundlage der von dem IM „Günther“ gelieferten Informationen zu der Einschätzung, daß der Berliner Senat und die Parteiführung der SPD an einer Fortführung der Passierscheinregelungen interessiert seien und inhaltlich weitergehende Forderungen als in der Vergangenheit nur deshalb stellten, „um das Gesicht zu wahren und die Möglichkeiten bei neuen Verhandlungen zu testen“. {158}

Ein weiterer operativer Einsatz, in welchen der Angeschuldigte Wagenbreth den IM „Günther“ gemeinsam mit dem ebenfalls als Mitarbeiter des Presseamts auftretenden Manfred Müller schickte, betraf die im August 1964 in Ost-Berlin geführten Verhandlungen zwischen dem Ehrenpräsidenten der Bundesvereinigung der Deutschen Arbeitgeberverbände (BDA) Hans-Constantin Paulssen und dem Stellvertretenden Minister der DDR für Außenhandel und Innerdeutschen Handel Gerhard Weiß. Hauptthemen dieser Gespräche, welche allgemein der Sondierung von Annäherungs- und Entspannungsmöglichkeiten zwischen Bundesrepublik und DDR dienten, waren eine wechselseitige Generalamnestie für politische Vergehen, deren Ursprung in der gesamtdeutschen Problematik lag, die gegenseitige Errichtung von Handels- und Wirtschaftsmissionen und die Erweiterung der Vollmachten des DDR-Büros für Innerdeutschen Handel in Frankfurt/Main.

Neben Paulssen, der in dieser Angelegenheit mit Wissen und Billigung der Regierung Erhard/Mende agierte, waren auf westdeutscher Seite die BDA-Mitarbeiter für

Öffentlichkeitsarbeit Riesenberg und Dr. Mühlbradt, auf Seiten der DDR neben Gerhard Weiß der IM „Günther“ und Manfred Müller an den Verhandlungen beteiligt. {159}

Zweck der Operation des Angeschuldigten Wagenbreth war es, durch vorbereitende und verhandlungsbegleitende Abschöpfgespräche, welche Hermann von Berg und Manfred Müller mit den Vertretern der anderen Seite führten, das Verhältnis zwischen der Regierung Erhard/Mende und Hans-Constantin Paulssen sowie dessen Auftragslage aufzuklären und allgemein die Hintergründe der westdeutschen Verhandlungsführung auszuforschen. Auftragsgemäß erstattete Hermann von Berg seiner Führungsstelle über die diesbezüglich erlangten Erkenntnisse Bericht.

Als die offiziellen Gespräche nach zwei Verhandlungsrunden am 8. und 31. August 1964 abgebrochen wurden, weil seitens der um Erfolg in der Anerkennungsfrage bemühten DDR-Delegation die Forderung erhoben worden war, Paulssen möge zur Fortsetzung der Gespräche eine schriftliche Vollmacht der Bundesregierung vorlegen, wurde der IM „Günther“ von dem Angeschuldigten Wagenbreth angewiesen, die Abschöpfkontakte zu Willy Riesenberg und Werner Mühlbradt aufrechtzuerhalten und aufzuklären, wie weit die Gegenseite zu Zugeständnissen bereit war, um eine Fortsetzung der Gespräche zu erreichen. Bis September 1966 informierte Hermann von Berg die HVA fortwährend über alles, was er hierzu von seinen Gesprächspartnern Mühlbradt und Riesenberg erfuhr. {160}

Anders als der Angeschuldigte Wagenbreth und der Leiter der HVA, die bestrebt waren, die in den Verhandlungskontakten gesehene Erkenntnisquelle nicht versiegen zu lassen, war die Regierung der DDR an einer Wiederaufnahme der Gespräche mit Dr. Paulssen nicht interessiert und verweigerte diese auch, nachdem die ursprünglich geforderte Vollmacht der Bundesregierung beigebracht und ein weiteres Entgegenkommen angekündigt worden war. Zielvorstellung Mielkes bei der Fortführung der Kontakttätigkeit des IM „Günther“ in bezug auf Mitarbeiter des BDA über das Jahr 1964 hinaus war es allein, zur Beeinflussung der Bundestagswahl vom 19. September 1965 sowie allgemein des parteipolitischen Kräfteverhältnisses in der Bundesrepublik der westdeutschen Öffentlichkeit vorzuspiegeln, der Dialog mit der DDR scheitere an der starren Haltung der Regierungskoalition von CDU und FDP.

Im Jahr 1966 schied Hermann von Berg, der eine Hochschulkarriere anstrebte, aus dem Presseamt aus und erhielt mit Unterstützung der HVA eine Aspirantur am Institut für Gesellschaftswissenschaften beim ZK der SED, an welchem er im Mai 1970 promovierte. Anschließend verschaffte ihm seine Führungsstelle mit Wirkung vom 1. Juli 1970 an der Humboldt-Universität Berlin zunächst eine Dozentenstelle im Fachbereich „Dialekti-{161}scher und Historischer Materialismus“ und ab 1. September 1972 eine ordentliche Professur für „Geschichte der deutschen Arbeiterbewegung“.

Die nachrichtendienstliche Aufgabenstellung des IM „Günther“ wurde durch seinen Berufswechsel nicht berührt. Der Auftrag, Westkontakte zu pflegen und für die Gewinnung von Abschöpferkenntnissen zu nutzen, blieb bestehen. Auch die Legende, von Berg gehöre als Vertrauter Stophs „irgendwie“ dem ZK-Apparat an, wurde aufrechterhalten und 1970 noch dadurch gestärkt, daß im Rahmen des Treffens Brandt/Stoph am 21. Mai in Kassel eine demonstrative Begrüßung des von Berg durch Stoph arrangiert wurde.

Die Zielrichtung des geheimdienstlichen Einsatzes des IM „Günther" wurde weiterhin den politischen Gegebenheiten im deutsch/deutschen Verhältnis angepaßt. Als sich 1966 in der Bundesrepublik eine Regierungsbeteiligung der SPD abzeichnete, wurde in Abteilung X HVA der Beobachtungsvorgang „Dialog" angelegt, in welchem die zunehmend intensiver werdenden Gesprächsbeziehungen zwischen SPD und SED unter operative Kontrolle genommen wurden. Von Berg wurde beauftragt, seine Kontakte insbesondere zu Klaus Ellrodt, Dietrich Spangenberg und Egon Bahr (bis 1966 Leiter des Presse- und Informationsamtes des Landes Berlin, 1967 bis 1969 als Botschaf-{162}ter z.b.V. Ministerialdirektor im Auswärtigen Amt, ab Oktober 1969 Staatssekretär im Bundeskanzleramt) zu nutzen, um Tendenzen und neue Tatsachen in der Entwicklung der Ostpolitik der SPD frühzeitig für das MfS aufzuklären. Diese Auftragslage blieb bestehen, als Willy Brandt am 1. Dezember 1966 zunächst als Außenminister und Stellvertreter von Bundeskanzler Kiesinger, ab 21. Oktober 1969 selbst als Bundeskanzler Regierungsverantwortung übernahm und dauerte bis zur Paraphierung des Grundlagenvertrages mit der DDR am 8. November 1972 an. Die Aufklärungsaufträge, welche der IM „Günther" von den Angeschuldigten Wagenbreth und Rabe erhielt, die zugleich dessen Gesprächsführung durch mündliche und schriftliche Instruktionen festlegten, betrafen u.a.:

- Die politische Atmosphäre auf dem SPD-Parteitag Anfang Juni 1966 in Dortmund.
- Absichten Willy Brandts nach Bildung der Koalitionsregierung von CDU und SPD im Dezember 1966 in bezug auf die Fortführung des Dialogs zwischen SPD und SED.
- Hintergrundüberlegungen des Regierenden Bürgermeisters von West-Berlin Klaus Schütz in bezug auf den Viermächtestatus von Berlin bei seinem im Oktober 1967 geschriebenen Brief an den Oberbürgermeister von Ost-Berlin. {163}
- Einschätzungen innerhalb der SPD nach deren Bundeskonferenz im November 1967 in bezug auf die Kräfteverhältnisse innerhalb der Regierungskoalition von CDU und SPD.
- Situation und Kräfteverhältnisse nach dem Regierungswechsel Albertz/Schütz innerhalb der West-Berliner SPD (Standort des Regierenden Bürgermeisters Klaus Schütz, dessen Verhältnis zum SPD-Landesvorsitzenden Kurt Mattick und zum Leiter des West-Berliner Verfassungsschutzes Zachmann).
- Möglichkeiten einer Kooperation der DDR-Fluggesellschaft „Interflug" mit der Lufthansa im Auftreten gegenüber ausländischen, den Flughafen Schönefeld anfliegenden Fluggesellschaften.
- Frage der Sanktionierung des von Klaus Schütz im Oktober 1969 unternommenen Versuchs, ein Gespräch mit Willi Stoph zu führen, durch den Parteivorstand der SPD und die Bundesregierung.
- Atmosphäre unter den Mitarbeitern des Bundeskanzleramts nach dem Ausgang der Bundestagswahl 1969 (SPD/FDP-Koalition) und zu erwartender Inhalt der Regierungserklärung Willy Brandts in bezug auf die DDR. {164}
- Weitere Schritte der neuen Bundesregierung nach der Wahl von Oktober 1969 in bezug auf die Gestaltung des Verhältnisses zur DDR.
- Konzeptionelles und taktisches Vorgehen der westdeutschen Verhandlungsdelegation in bezug auf das Treffen Brandt/Stoph in Kassel im Mai 1970.
- Einschätzung der Verhandlungsrunde in Kassel durch die westdeutsche Seite.

- Vorbehalte der Alliierten gegen die Verhandlungen zwischen dem Chef der Berliner Senatskanzlei, Ulrich Müller, und dem Staatssekretär im Außenministerium der DDR, Günter Kohrt, über Erleichterungen und Verbesserungen des Reise- und Besuchsverkehrs sowie über den Transitverkehr zwischen der Bundesrepublik und West-Berlin.
- Zu erwartende Mehrheitsverhältnisse im Bundestag in bezug auf die Ratifizierung der Ost-Verträge.
- Zeitliche Vorstellungen der Bundesregierung Ende 1971/Anfang 1972 in bezug auf den Beitritt der Bundesrepublik und der {165} DDR zu den Vereinten Nationen sowie in bezug auf den Abschlug des Verkehrs- und Grundlagenvertrages.
- Formulierungsvorstellungen in der FDP in bezug auf die Ost-Verträge zur Hervorhebung der Besonderheit der angestrebten zwischenstaatlichen Beziehungen zwischen Bundesrepublik und DDR.
- Vorstellungen der Bundesregierung Brandt/Scheel Ende 1971 über die zukünftigen Wirtschaftsbeziehungen der EWG zur Sowjetunion.
- Gegensätze zwischen Frankreich, der Bundesrepublik und den USA in bezug auf Vorgespräche für eine europäische Sicherheitskonferenz (KSZE) und zeitliche Vorstellungen der Bundesregierung vom Termin dieser Konferenz.
- Konkurrenzverhältnis zwischen Egon Bahr und Dietrich Spangenberg im Hinblick auf künftige Vertreterfunktionen in der DDR.
- Kompromißmöglichkeiten aus Sicht der Bundesregierung bei der Ausgestaltung des Verkehrsvertrages und des Grundlagenvertrages und Vorstellungen der SPD/FDP-Koalition hinsichtlich der Regelung der realen Grenzprobleme. {166}
- Auffassungen in der SPD-Führung im Hinblick auf das sich abzeichnende konstruktive Mißtrauensvotum gegen Kanzler Brandt über die Möglichkeit „finanziellen Stimmenkaufs".
- Einschätzung der innenpolitischen Situation in der Bundesrepublik nach Ausgang des konstruktiven Mißtrauensvotums am 27. April 1972 durch Führungskreise der SPD.
- Erwartungen innerhalb der SPD/FDP-Koalition für eine Verständigung mit der Opposition im Hinblick auf die Ratifizierungsdebatte im Bundestag.
- Bedingungen der Bundesregierung für die Bereitschaft zur Aufnahme diplomatischer Beziehungen mit Finnland.

und

- unterschiedliche Auffassungen in der SPD-Spitze (Brandt/Wehner/Bahr) in bezug auf die vertragsmäßige Ausgestaltung der diplomatischen Beziehungen zur DDR.

Zu all diesen Fragen führte der IM „Günther" auftragsgemäß mit verschiedenen Politikern und Journalisten der Bundesrepublik ergiebige Abschöpfgespräche und teilte die daraus ge-{167}wonnenen Erkenntnisse detailliert seiner Führungsstelle mit. Als Egon Bahr, der Hermann von Berg als Abgesandten Stophs ansah, nach Übernahme der Regierungsverantwortung durch das Kabinett Brandt/Scheel darauf drängte, von Berg möge sich, „um die Kleiderordnung einzuhalten, zum Staatssekretär, Sonderbotschafter oder zu sonst was ernennen lassen", da andernfalls eine Fortsetzung der Gespräche nicht in Betracht komme, verschaffte die HVA dem IM „Günther" als „Experten für Pressefragen" am 14. Mai 1970 einen Diplomatenpaß, der es ihm ermöglichte, den Abschöpfkontakt zu Politikern der SPD/FDP-Koalition aufrechtzuerhalten.

Nachdem sich infolge des Grundlagenvertrages die Beziehungen der Bundesrepublik zur DDR formalisiert hatten, blieb für weitere operative Einsätze des IM „Günther" auf der bis dahin gewählten Ebene kein Raum.

Von Berg wechselte innerhalb der Humboldt-Universität zur Sektion Wirtschaftswissenschaft, Bereich „Ökonomie des Kapitalismus", und befaßte sich fortan mit Forschungsarbeiten zur EWG und den Möglichkeiten einer Zusammenarbeit mit dem Rat für gegenseitige Wirtschaftshilfe (RGW). Unter der Legende dieses Forschungsauftrages unternahm er weiterhin Reisen in die Bundesrepublik Deutschland und setzte im Auftrag der Angeschuldigten Wagenbreth und Rabe seine Kontakttätigkeit fort. Abschöpfquellen des IM „Günther" {168} in der Zeit bis 1977 waren u.a. die SPD-Politiker Dietrich Stobbe (Senator für Bundesangelegenheiten in Berlin), Günter Gaus (Staatssekretär und Leiter der Ständigen Vertretung der Bundesrepublik in Ost-Berlin) und – weiterhin – Dietrich Spangenberg, wobei als Verbindungsmann u.a. der Leiter des Bonner RIAS-Büros Dr. Dettmar Cramer in die Kontakte einbezogen war.

Die Informationen, welche der IM „Günther" in Gesprächen mit den vorgenannten Personen für seine Führungsstelle erlangte, bezogen sich u.a. auf finanzielle Geschäfte der Bundesrepublik mit der DDR in bezug auf die Verkehrsanbindung und Versorgung West-Berlins, das persönliche Verhältnis zwischen Günter Gaus und Bundeskanzler Helmut Schmidt, anstehende Personalentscheidungen im Bundeskanzleramt, die Handelsbeziehungen zwischen Bundesrepublik und DDR, die Vorstellungen von Bundeskanzler Schmidt über die künftige Ost- und Europapolitik sowie seine Einschätzung der innenpolitischen Lage in der DDR und in der Bundesrepublik, persönliche Meinungen Helmut Schmidts über Erich Honecker[21] und Michael Kohl sowie Hintergründe eines Gaus-Interviews im Magazin „Der Spiegel".

Anders als in der Zeit vor Paraphierung des Grundlagenvertrages, als Hermann von Berg – wie die Einflußnahmen Wolfs und Mielkes auf {169} die Vorgangsführung belegen – unter den IM der HVA eine Spitzenposition einnahm, verbanden die Angeschuldigten Wagenbreth und Rabe in den letzten Jahren vor 1978 mit dem Einsatz des IM „Günther" keine herausgehobenen Erwartungen. Die Gesprächsführung mit den Kontaktpersonen wurde nicht mehr detailliert in der Führungsstelle konzipiert, sondern Hermann von Berg weitgehend selbst überlassen. Konkrete Aufträge – wie z.B. nach der Ausbürgerung Biermanns die West-Presse zu beschwichtigen oder bestimmte Verhandlungspositionen der DDR in die SPD-Führung zu lancieren – wurden ihm von dem Angeschuldigten Rabe nur noch ausnahmsweise erteilt. Die HVA verdächtigte von Berg, Kontakte und Begegnungen mit westlichen Journalisten seiner Führungsstelle zu verschweigen und über den Inhalt seiner Gespräche nur unvollständig zu berichten. Auch der Ende 1976 von dem Angeschuldigten Wagenbreth entwickelte Plan, den IM „Günther" zur Erschließung neuer und Pflege bestehender Abschöpfkontakte von Mitte März bis Ende Juli 1977 an die Handelspolitische Abteilung der Botschaft der DDR in Brüssel abzuordnen, wurde aus diesem Grunde fallengelassen.

Der gegen Hermann von Berg aufgekommene Verdacht wurde ab November 1976 durch Abhörerkenntnisse der HA III MfS verstärkt und {170} führte zur Einleitung des gegen von Berg gerichteten Operativvorganges „Tal" durch die HA II/1, welche innerhalb des MfS für Aufgaben der Spionageabwehr zuständig war. Nachdem das Nachrichtenmagazin „Der Spiegel" am 2. und 9. Januar 1978 das Manifest einer als „Demokratische Kommunisten Deutschlands" bezeichneten angeblichen Oppositionsgruppe in der DDR veröffentlicht hatte, wurde Hermann von Berg wegen Verdachts der Autorenschaft am 9. Januar 1978 vom MfS in Gewahrsam genommen und nach Einleitung eines förmlichen Ermittlungsverfahrens durch die HA IX MfS am 22. Februar 1978 in Untersuchungshaft überführt. Da der Nachweis, das „Spiegel-Manifest" (mit-)verfaßt oder in den Westen lanciert zu haben, nicht geführt werden konnte, wurde von Berg am 9. März 1978 wieder freigelassen. Das gegen ihn eingeleitete Ermittlungsverfahren wurde am 10. Mai 1978 eingestellt. Ob Hermann von Berg in der Folgezeit erneut von Abteilung X HVA mit operativen Aufträgen gegen die Bundesrepublik Deutschland eingesetzt wurde, ist nicht bekannt. Am 10. Mai 1986 wurde ihm auf eigenen Wunsch und mit Unterstützung von Willy Brandt die Übersiedelung in die Bundesrepublik gestattet. {171}

2. Der Fall Günter Wallraff

Der Schriftsteller Günter Wallraff hatte sich etwa 1968 an offizielle Stellen der ehemaligen DDR mit dem Ersuchen gewandt, im Zusammenhang mit Veröffentlichungsprojekten über frühere NS-Täter DDR-Archive über die NS-Zeit nutzen zu dürfen. Durch diesen Antrag, der in der Folgezeit auch zur Überlassung von Archiv-Materialien führte, geriet Günter Wallraff ins Blickfeld der Abteilung X HVA. Oberleutnant Heinz Dornberger, Mitarbeiter Nr. 535 in Referat X/3, wurde mit der Vorgangsführung beauftragt, veranlaßte entsprechende Erfassungsvermerke in den Registern des MfS und nahm über den Ost-Berliner „Aufbau-Verlag" persönlich Kontakt zu Günter Wallraff auf, der MfS-intern unter dem Decknamen „Wagner" geführt wurde. Dornberger, der sich seinerseits des Arbeitsnamens „Gebhard" bediente, trat Günter Wallraff gegenüber als Mitarbeiter des „Presseclubs beim Ministerrat" der DDR auf und begleitete fortan Günter Wallraff bei dessen Aufenthalten in der DDR. Zielstellung des Vorganges, dessen Entwicklung Gegenstand regelmäßiger Besprechungen des Angeschuldigten Wagenbreth mit Markus Wolf war, war seitens der HVA, Wallraff als Quelle nachrichtendienstlich relevanter Informationen aus dem Bereich der „linken Szene" sowie über rechtsstehende politische Gruppierungen in der Bundesrepublik, über Werdegang und persönliche {172} Verhältnisse westdeutscher Politiker (z.B. des damaligen Verteidigungsministers Helmut Schmidt) und über Mitarbeiter, redaktionelle Arbeit und innere Verhältnisse (z.B. wirtschaftliche Lage) der Zeitschrift „konkret" zu gewinnen. Im übrigen sollten unter Ausnutzung der politischen Verbindungen und beruflichen Kontakte Wallraffs Hinweise auf Personen von ihm erlangt werden, die ebenfalls für eine nachrichtendienstliche Ansprache in Betracht kamen.

Um die nachrichtendienstliche Verbindung zu Günter Wallraff zu intensivieren und den Kontakt zu ihm nicht auf Aufenthalte Wallraffs in der DDR zu beschränken, machte Dornberger Günter Wallraff im Jahr 1969 bei einem Aufenthalt in Rostock mit Hans-Joachim Sw., einem Mitarbeiter der von Edgar Schneider alias „Oster" geleiteten Abteilung Journalistenreisen des Reisebüros der DDR bekannt, den er auserwählt hatte, zukünftig als Instrukteur die Verbindung zu Günter Wallraff zu halten. Nachdem indes Sw. bereits die erste Reise zu Wallraff in die Bundesrepublik ohne entsprechende

Genehmigung seiner Führungsstelle auch für private Zwecke genutzt hatte, hielt Dornberger ihn für weitere Einsätze nicht geeignet und sah davon ab, ihn zum Instrukteur im Vorgang „Wagner“ zu entwickeln. Statt dessen beschloß Oberleutnant Dornberger, Verbindungen Günter Wallraffs zu dem damaligen stellvertretenden {173} Chefredakteur der Rostocker „Ostsee-Zeitung“, Dr. Heinz Gundlach, für die nachrichtendienstliche Informationsbeschaffung und Instruierung Wallraffs zu nutzen. Dr. Gundlach war bei der „Ostsee-Zeitung“ u.a. zuständig für das Kulturressort und arrangierte in dieser Eigenschaft die Veröffentlichung von Reportagen Wallraffs in der DDR. Ob schon das Bekanntwerden Wallraffs mit Dr. Gundlach – etwa im „Aufbau-Verlag“ oder im Presseclub der DDR – von Oberleutnant Dornberger inszeniert worden war, oder ob dieser sich eine zwischen beiden schon bestehende Bekanntschaft zunutze machte, ist den Ermittlungsbehörden nicht bekannt. Auch über Häufigkeit, Zeit und Ort der Treffs, die zwischen Günter Wallraff und Dr. Gundlach in der Zeit von 1968 bis 1971 stattgefunden haben, liegen umfassende Erkenntnisse nicht vor. Lediglich der letzte, am 17. Dezember 1971 im Bahnhofsrestaurant von Kopenhagen durchgeführte Treff ist weitgehend aufgeklärt. Er diente dem Zweck, einerseits die von Günter Wallraff auftragsgemäß beschafften Informationen und Materialien entgegenzunehmen und andererseits Günter Wallraff für dessen weitere Tätigkeit zu instruieren.

In die konzeptionelle Vorbereitung der Treffreisen waren, was Treffort, Reiseweg, die Beschaffung von Reisedokumenten, Fahrt- und Hotelkosten sowie abzuarbeitende Informationsschwerpunkte betraf, die Angeschuldigten {174} Rabe und Wagenbreth als Referats- bzw. Abteilungsleiter eingebunden. Als Treffort wurde auf Wunsch Günter Wallraffs Kopenhagen gewählt. Von dem zwischenzeitlich zum Hauptmann beförderten Heinz Dornberger erhielt Dr. Gundlach – um den DDR-Kontakt Wallraffs zu verschleiern – einen gefälschten Reisepaß der Bundesrepublik Deutschland auf den Namen „Heinz Guntermann“ und Flugtickets für die Strecke West-Berlin-Hamburg-Kopenhagen-Hamburg-West-Berlin. Als Schwerpunkte für die Gesprächsführung, die Dr. Gundlach auf einem Stichwortzettel notierte, gab Dornberger u.a. vor, Informationen über Siegfried Zoglmann (damals Mitglied des Bundestages und Bundesvorsitzender der neu gegründeten „Deutsche Union“ – DU –), Dietrich Bahner (ebenfalls Mitglied der DU) und Bundesverteidigungsminister Helmut Schmidt entgegenzunehmen. Während dabei der auf die Ausforschung Zoglmanns gerichtete Auftrag sich mit eigenen Rechercheprojekten Günter Wallraffs deckte, bestand ein eigenes Interesse Wallraffs an Informationen über die Person des Verteidigungsministers Helmut Schmidt nicht. Trotzdem hatte er, um seinen Auftrag zu erfüllen, Recherchen über Helmut Schmidt angestellt und in diesem Zusammenhang den aus Hamburg stammenden Studenten Ewald S. gebeten, Erkenntnisse über eine Person einzuholen, die als Kellner in einem angeblich von Schmidt besuchten Lokal Kontakt zu diesem gehabt hatte. {175}

Der Treff zwischen Günter Wallraff und Dr. Gundlach wurde am 17. Dezember 1971 ab ca. 15.00 Uhr in Kopenhagen durchgeführt und dauerte etwa eine Stunde. Der Inhalt der von Günter Wallraff dabei an seinen Treffpartner weitergegebenen Informationen ergibt sich aus Gesprächsnotizen, die Dr. Gundlach während des Treffs oder auf der Rückreise von Kopenhagen nach Hamburg gefertigt hatte und bei sich trug, als er bei der Einreise am 18. Dezember 1971 auf dem Hamburger Flughafen wegen Gebrauchs des falschen Reisepasses („Guntermann“) festgenommen wurde.

Danach hat Günter Wallraff u.a.

- über ein Interviewprojekt mit Siegfried Zoglmann und dazu mit Zoglmanns Assistent L. geführte Vorgespräche berichtet,
- in bezug auf die von Zoglmann geführte „Deutsche Union" detaillierte Informationen über deren Aktivitäten, Mitgliederzahlen und -struktur, Wahlkampf und Wahlkampffinanzierung, beabsichtigte Kandidaturen und über einzelne Funktionäre geliefert,
- angekündigt, daß er über den DU-Funktionär Dietrich Bahner erst bei einem späteren Treff berichten werde, {176}
- Einschätzungen der finanziellen Lage der Zeitschrift „konkret" und des Herausgebers Klaus Rainer Röhl sowie seiner eigenen Stellung innerhalb des Verlages gegeben

und

- die in der Nähe seiner Wohnung in Köln erfolgte Festnahme der Marianne Herzog aus deren Sicht geschildert.

Darüber hinaus übergab Günter Wallraff seinem Treffpartner folgende schriftlichen Unterlagen:

- Offizielles Parteimaterial (Grundsatzprogramm, Anschriftenliste) der DU,
- den Text einer Ansprache des DU-Funktionärs Horst Haun,
- eine vom Deutschen Industrieinstitut herausgegebene Aufstellung über linksradikale Gruppen in der Bundesrepublik,
- Rundschreiben Nrn. 3/69 und 2/71 des Vereins zur Wiedereinführung der Todesstrafe,
- ein Einladungsschreiben der Arbeitsgemeinschaft „Res Publica" zu einem Vortrag des Professors Dr. Arnold Gehlen

und {177}

- einen Brief, den der Student Ewald S. an ihn – Wallraff – geschickt hatte und in welchem er ausführlich seinen persönlichen Werdegang schilderte, Mithilfe bei Recherchen Wallraffs anbot und mitteilte, daß er sich „um die Adresse des Kellners, der in Hamburg öfter Helmut Schmidt bedient hat", bemühen werde.

Daß Günter Wallraff bei Hingabe der vorgenannten Informationen und Materialien nicht gewußt haben sollte, daß Dr. Gundlach diese für das MfS entgegennahm, erscheint kaum vorstellbar: Ein Zusammenhang der gelieferten Auskünfte und Unterlagen zu dem von Günter Wallraff als Gegenstand des Treffgesprächs bezeichneten Theaterprojekt ist ersichtlich nicht gegeben. Auch mit Recherchen über Vorgänge aus der NS-Zeit haben die angeführten Lieferungen offenkundig nichts zu tun. Bei einer Treffdauer von insgesamt etwa einer Stunde ist auszuschließen, daß das Gespräch sich überhaupt in nennenswertem Umfang auf andere als mit den o.g. Informationen und Materialien zusammenhängende Themen bezogen hat. Die Überlassung des Briefs des Studenten Ewald S. ist die typische „Tip-Lieferung" auf eine Person, deren nachrichtendienstliche Ansprache lohnenswert erscheint. Der Umstand, daß die in dem Brief ursprünglich vorhanden gewesene Anrede abgeschnitten {178} worden ist, deutet darauf hin, daß den Beteiligten die Notwendigkeit der Konspiration im Umgang miteinander bewußt war.

Ob allerdings Günter Wallraff durchschaut hat, daß sein DDR-Ansprechpartner Heinz Dornberger der geheimdienstliche Hintermann Dr. Gundlachs war, hat mangels diesbezüglicher Angaben Wallraffs und Dornbergers nicht aufgeklärt werden können.

Mit der Festnahme Dr. Gundlachs in Hamburg am 18. Dezember 1971 war der Informationsfluß von Günter Wallraff an Abteilung X HVA gestoppt. Ob hierauf der Kontakt zwischen Günter Wallraff und dem MfS sogleich endgültig abgebrochen oder auf anderen Wegen bis zum Zeitpunkt der Ausbürgerung Wolf Biermanns aus der DDR (November 1976) aufrechterhalten wurde, ist den Ermittlungsbehörden nicht bekannt.

3. Der Fall Wilhelm Reichenburg

Der am 15. April 1921 geborene Wilhelm Reichenburg war im Jahr 1963 als freier Mitar-{179}beiter in den Dienst des Bundesministeriums der Verteidigung (BMVg) getreten und im Jahr 1967 als aktiver Offizier im Dienstrang eines Kapitänleutnants von der Bundeswehr übernommen worden. Bis zum Jahr 1972 bestand seine dienstliche Aufgabe bei der Bundeswehr darin, als Mitarbeiter der PSK- bzw. PSV-Truppe den technischen Ablauf der vom BMVg zur damaligen Zeit an der innerdeutschen Grenze regelmäßig durchgeführten Einsätze unbemannter Ballons, die den Transport politisch aufklärender Flugblätter in die DDR bezweckten, im Grenzabschnitt Bayern zu leiten. Durch diese Tätigkeit geriet Reichenburg ins Blickfeld des MfS und wurde ab 1969 unter der Vorgangsnummer XV 1736/69 in Referat X/3 HVA mit dem Ziel der Anwerbung operativ „bearbeitet".

Für die Aktenführung zuständiger Offizier war Oberleutnant (ab 1970 Hauptmann, ab 1975 Major) Horst Kopp, federführend für die Vorgangssteuerung war der Angeschuldigte Rabe.

Die Werbevorlage, welche von Oberleutnant Kopp angefertigt, von dem Angeschuldigten Rabe als Referatsleiter gegengezeichnet und von dem Angeschuldigten Wagenbreth durch „Bestätigung" in Wirksamkeit gesetzt wurde, sah vor, daß Reichenburg, der vorgangsintern den Decknamen „Admiral" trug, unter „falscher Flagge" – US-Dienst – angesprochen und zur Zusammenarbeit bewogen werden sollte. {180}

Als Instrukteur wurde Jürgen Hartmann verpflichtet, der seinerzeit als Chefredakteur bei der DEFA beschäftigt war, diese Tätigkeit jedoch kurz nach seiner Verpflichtung aufgab, um sich als HIM mit einem Monatsgehalt von anfangs 1.200, später 1.600 Mark fortan hauptberuflich der operativen Betreuung des Reichenburg zu widmen.

Bei Treffs mit Oberleutnant Kopp und dem Angeschuldigten Rabe in konspirativen Wohnungen in der DDR wurde Hartmann auf seinen Einsatz vorbereitet. Er wurde angewiesen, Wilhelm Reichenburg gegenüber als Mitarbeiter einer nicht näher bezeichneten, in London residierenden amerikanischen Institution aufzutreten, deren Aufgabe es sei, die Erfüllung der Bündnispflichten durch die Bundesrepublik zu beobachten. Hierfür benötige er Informationen über die Tätigkeit der Bundeswehr wie auch allgemein über Fragen der inneren Sicherheit in der Bundesrepublik und der deutsch/deutschen Politik.

Im Jahr 1970, an einem nicht näher bekannten Tag, nahm Hartmann, der sich „Schneider" nannte, auftragsgemäß telefonisch Kontakt zu Wilhelm Reichenburg auf und verabredete ein persönliches Zusammentreffen in Nürnberg. Unter Anspielung auf ein angebliches früheres Zusammentreffen in den 50er Jahren zeigte sich Hartmann über die berufliche Tätigkeit Reichenburgs informiert, trug die ihm aufge-{181}gebene Legende vor und gewann Reichenburg, dem es schmeichelte, als „Fachmann" angesprochen zu werden, für eine zukünftige Zusammenarbeit.

Ob Wilhelm Reichenburg bereits beim ersten Zusammentreffen mit „Schneider" oder zu späterer Zeit erkannte, daß jener in Wahrheit MfS-Agent war, oder ob er bis zuletzt davon ausging, einen amerikanischen Dienst zu beliefern, kann für das vorliegende Verfahren dahingestellt bleiben. Der Umstand, daß Reichenburg – auf entsprechende Entscheidung des Angeschuldigten Wagenbreth – in der Folgezeit für seine Lieferung ein monatliches Honorar von 1.000 DM, wenigstens aber 700 bis 900 DM bezog, die Informationen und Materialien indes, die er lieferte, von einem amerikanischen Dienst mühelos auch ohne derartigen Aufwand hätten beschafft werden können, legen die Annahme nahe, daß Reichenburg einen östlichen Auftraggeber zumindest für möglich hielt.

Treffs zwischen Reichenburg und „Schneider"/Hartmann fanden in der Folgezeit etwa alle drei Monate – anfangs möglicherweise in größeren Zeitabständen – überwiegend in München, später auch in Bonn und Österreich und letztmals im 1983 in Portugal (Villa Estoril) statt. Vor jeder seiner Treffreisen, deren Durchführung zuvor jeweils {182} der Bestätigung der Reisevorlage durch den Angeschuldigten Wagenbreth bedurfte, wurde Hartmann von seinen Führungsoffizieren Kopp und/oder Rabe, mit denen er etwa einmal im Monat zusammentraf, eingehend über die aktuelle Auftragslage, Gesprächs- und abzuarbeitende Informationsschwerpunkte sowie den einzuhaltenden Reiseweg instruiert.

Die Materialien und Informationen, welche Hartmann von Reichenburg erhielt, lieferte er teils in Ost-Berlin, teils an anderen Trefforten gleichfalls den Offizieren Kopp und Rabe ab, die dazu mitunter Dienstreisen nach Jugoslawien unternahmen. Auch diese Reisen wurden jeweils zuvor durch den Angeschuldigten Wagenbreth sowie darüber hinaus durch den Leiter der HVA schriftlich gebilligt.

Ziel der Vorgangsführung seitens der HVA war generell die Erlangung klassifizierten Materials aus den Zugangsbereichen des Wilhelm Reichenburg. In der Anfangszeit der Zusammenarbeit standen Entwicklung und Aufgaben der PSK, die Weiterentwicklung des PSK-Sender-Battaillons, geplante und stornierte PSK-Maßnahmen sowie allgemein Fragen der inneren Sicherheit der Bundesrepublik Deutschland im Vordergrund des Interesses. Die Leitung der Balloneinsätze brachte Wilhelm Reichenburg in Kontakt zu Dienststellen der Bayerischen Grenzpolizei, des Bundesgrenzschutzes, {183} zu Zollbehörden und Landeskriminalämtern. Das Ergebnis der Ballonaktionen wurde von der Einheit Reichenburgs mit Funkempfangsanlagen beobachtet. An diesen Beobachtungen waren auch Nachrichtendienste – CIC, MAD und BND – interessiert, was zu persönlichen Verbindungen Reichenburgs in diese Dienste hinein führte. Indem Wilhelm Reichenburg dem Instrukteur „Schneider" umfassend über seine Tätigkeit an der innerdeutschen Grenze berichtete, verschaffte er der HVA weitgehende Einblicke in Ziele, Methoden und praktische Arbeitsabläufe der PSK-Truppe und deren Zusammenwirken mit anderen westlichen Diensten.

Als im Juni 1972 Gespräche zwischen Staatssekretär Bahr und DDR-Staatssekretär Kohl über den Grundlagenvertrag aufgenommen wurden, wurden die Flugblattaktionen an der innerdeutschen Grenze eingestellt. Wilhelm Reichenburg, der inzwischen zum Korvettenkapitän befördert worden war, wurde das Amt des PSV-Stabsoffiziers beim Wehrbereichskommando (WBK) VI in München übertragen. Zu seinen Aufgaben gehörten fortan die Öffentlichkeitsarbeit mit Lehrern und Schülern, die Durchführung von Seminaren, die Organisation von Vorträgen, die er selbst hielt oder von anderen Stabsoffizieren halten ließ, und die vorsorgliche Vorbereitung von PSV-Maßnahmen für Krisenzeiten. Daneben hatte er für das Bundesministerium der Verteidigung vier-{184}-teljährliche Lageberichte zu erstellen, in deren er u.a. Aktivitäten extremistischer und wehrfeindlicher Kräfte zu bewerten hatte, die sich gegen die Bundeswehr oder ihre Anliegen sowie gegen das Atlantische Bündnis, die Sicherheitspolitik der Bundesrepublik und die hier stationierten Streitkräfte der Verbündeten richteten.

Mit Übernahme des Amtes des PSV-Stabsoffiziers entwickelte sich Wilhelm Reichenburg in Abteilung X HVA zur Spitzenquelle. Der Vorgang „Admiral" wurde der bedeutendste im Anleitungsbereich des Angeschuldigten Rabe und von diesem als „Karriereleiter" benutzt, wobei er sich unter Ausschließung des Aktenführers Kopp bei Vorsprachen gegenüber seinen Vorgesetzten Wagenbreth und General Wolf damit produzierte.

Auch der Angeschuldigte Wagenbreth nahm sich nunmehr persönlich des Vorganges an, indem er verschiedentlich Treffs mit dem Instrukteur Hartmann durchführte, um diesen weiter zu motivieren, und ihm zu dessen 50. Geburtstag im Mai 1977 als Anerkennung und zur Förderung seiner Leistungswilligkeit persönlich den Vaterländischen Verdienstorden in Bronze – in der ehemaligen DDR eine hohe Auszeichnung – verlieh.

Das Verratsmaterial, welches Wilhelm Reichenburg ab 1972 bis September 1978 an Jürgen Hartmann bzw. den als Kurier und zum Zweck {185} der Dokumentenfotografie eingesetzten Joachim Sch. (Deckname „Schulte") übergab, bestand großenteils aus Bundeswehrverschlußachen der Geheimhaltungsgrade „VS-NfD" bis „VS-Geheim" und wurde von der Auswertungsabteilung VII HVA stets mit den Noten „sehr gut" oder „gut" bewertet. Als PSV-Stabsoffizier befand sich Wilhelm Reichenburg innerhalb der Bundeswehr in einem hochsicherheitsempfindlichen Bereich; dort wurden die geheimen Erkenntnisse der zivilen und militärischen Nachrichtendienste in Maßnahmen der psychologischen Verteidigung umgesetzt. Zur Erfüllung seiner Aufgaben waren Wilhelm Reichenburg im WBK VI die unter strengem Verschluß gehaltenen Stabspapiere „General-Defense-Plan" und „Mob-Kalender" (Mobilmachungsplan) stets zugänglich. Er nahm häufig an militärischen Konferenzen und regelmäßig an den beim WBK wöchentlich abgehaltenen Dezernatsleiterbesprechungen teil und arbeitete im WBK eng mit der Abteilung „G2" zusammen, deren Zuständigkeit die Aufgabenbereiche Nachrichtenwesen, Sicherheit und Aufklärung umfaßte. Neben den dienstlichen Beziehungen innerhalb der Bundeswehr, die bis ins Bundesministerium der Verteidigung reichten, unterhielt Wilhelm Reichenburg enge Verbindungen zu anderen Behörden in der Bundesrepublik, vor allem in Bayern, deren Aufgaben sich auf die innere Sicherheit bezogen. Dabei handelte es sich insbesondere um die Staatsschutzabteilung beim Bayerischen Staatsmini-{186}-sterium des Innern, die bayerischen Polizeibehörden, das Bayerische Landesamt für Verfassungsschutz, den Bundesgrenzschutz, Zollbehörden und Dienststellen von NATO-Verbündeten. Von Bundeswehrdienststellen sowie den soeben erwähnten und anderen Behörden gingen ihm direkt oder über die Abteilung „G2" laufend Meldungen und Berichte zu, die zumeist die innere Sicherheit der Bundesrepublik betrafen. Als besonders ergiebig sind dabei die regelmäßigen Lageberichte des BND, des MAD, des Bundesamtes für Verfassungsschutz und des Bayerischen LfV hervorzuheben, die in ihrer weit überwiegenden Zahl als Verschlußsachen der VS-Grade von „VS-NfD" bis „VS-Streng Geheim" eingestuft waren.

Indem Wilhelm Reichenburg seine Verbindungsleute „Schneider" und „Schulte" den soeben beschriebenen Zugangsmöglichkeiten entsprechend mit Materialien und Informationen belieferte, verschaffte er der HVA neben einem aktuellen Kenntnisstand über die allgemeine Einstellung in der Bundesrepublik zu Fragen der inneren und äußeren Sicherheit sowie zur Bundeswehr laufend ein Gesamtbild von der militärischen Situation im WBK VI, dessen Zusammenarbeit mit in- und ausländischen Diensten und von der Sicherheitslage innerhalb der Bundesrepublik. {187}

Am 1. Oktober 1978 wurde Wilhelm Reichenburg, der 1972 zum Fregattenkapitän befördert worden war, altersbedingt in den Ruhestand versetzt und hatte fortan zu innerdienstlichen Vorgängen der Bundeswehr keinen offiziellen Zugang mehr. Über persönliche Kontakte zu einschlägig befaßten amtlichen und politischen Stellen in der Bundesrepublik gelang es ihm jedoch, weiterhin regelmäßig zahlreiche Schriften zur inneren Sicherheit der Bundesrepublik Deutschland zu erhalten. Hierbei handelte es sich um offenes Material, welches sich Reichenburg zum Teil – nämlich die Jahresberichte der Grenzschutzkommandos und Berichte der Verfassungsschutzbehörden – bereits als Vorabdrucke verschaffte, bevor sie der Öffentlichkeit zugänglich waren. Da „Schneider" bekundete, an allem interessiert zu sein, was die innere Sicherheit der Bundesrepublik betraf, händigte ihm Wilhelm Reichenburg von sämtlichen diesen Themenbereich berührenden Unterlagen ein Exemplar aus. Zwar war die Wertigkeit der Materiallieferungen nicht mehr so hoch wie vor der Pensionierung Reichenburgs; sie reichte jedoch aus, um die Angeschuldigten Wagenbreth und Rabe zu veranlassen, einen zweiten Instrukteur (Peter Sc., Deckname „Pit Hoffmann") in den Vorgang „Admiral" einzubinden, als Jürgen Hartmann erkrankte und sich im Jahr 1980 einer Bypass-Operation unterziehen mußte. {188}

Im übrigen erweiterte sich der Zugangsbereich Wilhelm Reichenburgs und damit das Erkenntnisaufkommen der HVA, als Reichenburg etwa Anfang 1981 freier Mitarbeiter der vom Bundesverteidigungsministerium eingesetzten, großenteils mit Haushaltsmitteln der PSV finanzierten „Deutsche Gesellschaft für Sozialbeziehungen e.V." (DGfSB) wurde, deren Aufgabe darin bestand, geflohene sowie andere ehemalige Angehörige der NVA der DDR zu betreuen und für PSV-Zwecke über das innere Gefüge der NVA zu befragen. Durch seine Tätigkeit in der DGfSB erhielt Wilhelm Reichenburg u.a. Informationen über den Flüchtlingsstrom aus der DDR, die Belegung des Aufnahmelagers Gießen und über einzelne ehemalige NVA-Angehörige, deren Personalakten ihm zugänglich waren. Auch diese Informationen leitete er stetig an „Schneider" oder „Pit Hoffmann" weiter.

Ein weiterer Schwerpunkt der nachrichtendienstlichen Tätigkeit, der Wilhelm Reichenburg von seiner Führungsstelle vorgegeben wurde, bestand ab 1980 darin, andere Personen als Zulieferer zu gewinnen, die ebenfalls Einblick in die innere Sicherheitslage der Bundesrepublik hatten. Als sich in diesem Zusammenhang die Möglichkeit abzeichnete, Helmut Fränzel-Bärwald und Rudolf Rothe über Reichenburg abzuschöpfen oder sogar anzuwerben, wurde auch der Instrukteur Hartmann wieder intensiver in die Führung Reichenburgs einbezogen. {189}

Der Publizist Fränzel-Bärwald war seit 1949 in wechselnden Funktionen fast ausnahmslos im Aufgabenbereich „innere Sicherheit der Bundesrepublik" tätig gewesen und besaß eines der größten politischen Archive der Nachkriegszeit. Er war in den 60er Jahren Mitarbeiter des Ostbüros der SPD, welches sich seinerzeit an den PSK-Balloneinsätzen an der innerdeutschen Grenze beteiligte, und unterhielt seit dieser Zeit zu Wilhelm Reichenburg ein freundschaftliches Verhältnis.

Als die Angeschuldigten Wagenbreth und Rabe über Reichenburg/Hartmann erfuhren, daß Fränzel-Bärwald über gute Verbindungen zu Sicherheitsbehörden der Bundesrepublik verfügte, mit diesen im publizistischen Bereich eng zusammenarbeitete und zuletzt einige Schriften über die deutsche Friedensbewegung verfaßt hatte, erteilten sie Jürgen Hartmann den Auftrag, über Reichenburg Kontakt zu Fränzel-Bärwald aufzunehmen. Etwa im Sommer 1981 machte Wilhelm Reichenburg in Bonn Fränzel-Bärwald mit „Schneider" bekannt, den er dabei als leitenden Mitarbeiter eines der US-Regierung nahestehenden Instituts vorstellte. „Schneider" erklärte Fränzel-Bärwald, daß sein Institut an Fragen der inneren Sicherheit der Bundesrepublik interessiert sei und nannte dabei u.a. die Stichworte „Nachrüstungsbeschluß", „Friedensbewegung" und „Antiamerikanismus". Gleichzeitig sprach er Fränzel-Bärwald gegenüber die Bitte aus, zu-{190}künftig gegen Spesenersatz und angemessenes Honorar seinen Zugängen entsprechend aktuelle Unterlagen, die sich – auch in personeller Hinsicht – mit den vorgenannten Themen befaßten, zusammenzustellen und das gesammelte Material von Zeit zu Zeit über Reichenburg ihm – „Schneider" – zukommen zu lassen.

In der Folgezeit – bis zum Herbst 1983 – schickte Fränzel-Bärwald dem Wilhelm Reichenburg verschiedentlich Sendungen ausgewählter Unterlagen zu, die dieser regelmäßig beim nächstfolgenden Treff an „Schneider", „Pit Hoffmann" oder „Schulte" weitergab. Bei diesem Material handelte es sich zu einem nicht unerheblichen Teil um Verschlußsachen aus dem Bereich des BfV, darunter z.B. Auszüge aus der als „VS-Vertraulich" eingestuften Abhandlung „Erkenntnisse aus der Spionagebekämpfung 1982" nebst einem Teil des dazugehörigen tabellarischen Anhangs betreffend erkannte und verdächtige nd-Mitarbeiter der legalen Residenturen in der Bundesrepublik Deutschland und West-Berlin.

Nachdem die ersten Lieferungen Fränzel-Bärwalds bei der HVA eingegangen waren, legte der Angeschuldigte Wagenbreth fest, daß Fränzel-Bärwald für seine Zusammenarbeit ein monatliches Honorar von 900 DM erhalten sollte.

„Schneider" eröffnete dies dem Fränzel-Bärwald bei einem weiteren Zusammentreffen im Frühsommer 1982 und leitete in der Folgezeit die entsprechenden, von seinen Führungsoffi-{191}zieren Kopp und Rabe ihm übergebenen Operativgeldbeträge über Reichenburg dem Fränzel-Bärwald zu.

Eine weitere Zielperson des MfS, die über Wilhelm Reichenburg nachrichtendienstlich verstrickt werden sollte, war der Erste Vorsitzende der DGfSB, Oberst i.G. a.D. Rudolf Rothe, der bereits während seiner aktiven Dienstzeit in der Bundeswehr Vorgesetzter des Reichenburg gewesen war.

Rudolf Rothe hatte durch seine Funktion in der DGfSB und die daraus erwachsenen Verbindungen zum Bundesverteidigungsministerium, BfV und BND sowie zu vielen anderen Sicherheitsbehörden einen guten Einblick in Probleme der inneren Sicherheit der Bundesrepublik Deutschland wie auch in Angelegenheiten der PSV.

Einen Ansatzpunkt für die Gewinnung des Rothe als Informationslieferanten erblickten Wilhelm Reichenburg und Jürgen Hartmann in der ab Sommer 1981 sich abzeichnenden schwierigen Finanzlage, in welcher die DGfSB sich befand. Es wurde der Plan entwickelt, „Schneider" als angeblichen Vertreter einer zahlungskräftigen US-Gesellschaft, die einer amerikanischen Universität angeschlossen sei und mit dem US-Geheimdienst CIA in Verbindung stehe, durch Reichenburg mit Rothe bekanntzumachen. {192}

Etwa im November 1981 schickten die Angeschuldigten Wagenbreth und Rabe Jürgen Hartmann mit dem Auftrag nach Bonn, dort durch Vermittlung des Reichenburg unter der erwähnten „falschen Flagge" ersten Kontakt zu Rudolf Rothe aufzunehmen. Im Rahmen des Zusammentreffens, welches im Bonner Hotel „Rheinland" stattfand, ließ „Schneider" auftragsgemäß erkennen, daß die von ihm vertretene „amerikanischen Institution" als Gegenleistung für die Überlassung von Ausarbeitungen der DGfSB zu einer finanziellen Unterstützung der Gesellschaft bereit sei. Als Rudolf Rothe bei einem weiteren Treffen, zu welchem „Schneider" im März 1982 von seiner Führungsstelle nach München geschickt worden war, erklärte, daß die weitere Finanzierung der DGfSB auch ohne amerikanische Unterstützung gesichert sei, erwiderte „Schneider", daß auch auf persönlicher Ebene – Rothe/„Schneider" – die Fortführung des Kontakts lohnend sein könnte, wobei er – „Schneider" – sich besonders für Ausarbeitungen über bestimmte politische Probleme aus dem Bereich der Sicherheitslage der Bundesrepublik interessiere. Anschließend übergab „Schneider" dem Rudolf Rothe einen ihm zu diesem Zweck auf Veranlassung der Angeschuldigten Wagenbreth und Rabe mitgegebenen Geldbetrag von 500 DM als „Aufwendungsersatz" für die Anreise nach {193} München und lud ihn zur Vertiefung der Beziehung zu einem gemeinsamen Kurzurlaub nach Portugal ein.

Die Treffreise „Schneiders" und Reichenburgs nach Portugal war Teil eines längerfristigen Plans der Abteilung X HVA, in urlaubsartig entspannter Atmosphäre durch engeren persönlichen Kontakt Rudolf Rothe endgültig für eine ständige Mitarbeit zu gewinnen und außerdem die Zusammenarbeit mit Fränzel-Bärwald zu vertiefen, der ebenfalls – aber zeitversetzt – dorthin eingeladen wurde.

Nachdem im November 1982 ein weiteres Zusammentreffen „Schneiders" und Reichenburgs mit Rudolf Rothe in dessen Bonner Büro stattgefunden hatte, wurde im Mai 1983 der Portugalaufenthalt planmäßig arrangiert. Fränzel-Bärwald wurde für die Zeit vom 8. bis 11., Rothe für die Zeit vom 12. bis 14. Mai in den Lissabonner Vor- und Badeort Joao do Estoril eingeladen. Beide, die einander kannten, wußten nichts davon, daß auch der jeweils andere in Portugal mit „Schneider" und Reichenburg zusammentraf.

Am 20. April 1983 traf „Schneider" in Lissabon ein, wo er sich zunächst in einem Hotel und ab 1. Mai in einer privaten Villa in Estoril einmietete. Am 3. oder 4. Mai kamen der Instrukteur „Pit Hoffmann" und eine bislang nicht identifizierte HVA-Mitarbeiterin {194} namens „Maria" hinzu, die sich in der Folgezeit um die hauswirtschaftliche Betreuung der Treffteilnehmer kümmerte. Am 7. Mai stieß Wilhelm Reichenburg hinzu, um am 8. Mai zunächst Fränzel-Bärwald, am 12. Mai Rudolf Rothe auf dem Flughafen in Lissabon in Empfang zu nehmen.

Die Gespräche, die zwischen den genannten Beteiligten in Portugal geführt wurden, betrafen im Fall Fränzel-Bärwald überwiegend Fragen der inneren Sicherheit der Bundesrepublik und die zukünftige Aufrechterhaltung der Verbindung zu „Schneider" über Reichenburg, im Fall Rothe die Festlegung der durch diesen abzudeckenden Interessensgebiete „Schneiders" und das dafür zu zahlende Honorar. Im übrigen vergnügten sich die Beteiligten bei gemeinsamen Ausflügen und Restaurantbesuchen. Die Gesamtkosten des Aufenthalts in Portugal, bestehend aus Miet- und Verpflegungskosten, Lohnkosten für einen Fahrer sowie Flugkosten für sechs Personen, beliefen sich auf weit über 10.000 DM und waren – wie bei Beträgen dieser Größenordnung erforderlich – auf Antrag des Angeschuldigten Rabe nach Bestätigung durch den Angeschuldigten Wagenbreth vom Leiter der HVA oder dessen Abwesenheitsvertreter bewilligt worden.

Das Auftreten „Schneiders“ und Reichenburgs im Zusammenhang mit den Vorbereitungen der Portugalreise hatte bei Rudolf Rothe den {195} Verdacht geweckt, hinter beiden stünde möglicherweise ein gegnerischer Nachrichtendienst. Am 27. April 1983 hatte Rothe sich aus diesem Grunde an den MAD gewandt, der fortan den Fall Reichenburg/„Schneider“ abwehrmäßig bearbeitete. Am 31. Juli 1984 wurde Wilhelm Reichenburg festgenommen. „Schneider“, der weitere Einreisen in die Bundesrepublik vermied, blieb bis März 1993 unerkannt. Am 17. April 1985 verurteilte das Bayerische Oberste Landesgericht Wilhelm Reichenburg wegen geheimdienstlicher Agententätigkeit in einem besonders schweren Fall zu einer Freiheitsstrafe von sechs Jahren.

4. Die Fälle Wolfgang Fischer und Rudolf Brocke

Der am 31. Januar 1942 geborene Wolfgang Heinrich Fischer und der seinerzeit mit diesem befreundete, am 28. März 1948 geborene Rudolf Horst Brocke waren in den 60er und 70er Jahren in der Kasseler APO-Bewegung aktiv und hatten im Jahr 1970 im Rahmen gemeinsamer Tätigkeit beim Jugendbildungswerk der Stadt Kassel eine mehrtägige Reise nach Ost-Berlin unternommen, um dort Filmmaterial für geplante „Vietnam-Filmtage“ zu sichten. Im Herbst 1970 folgte Wolfgang Fischer einer Einladung zu den „Dokumentar- und Kurzfilmtagen“ in Leipzig und wurde dort vom Leiter {196} des Referats X/4 HVA Manfred Müller angesprochen, der sich als Mitarbeiter des Presseamtes beim Ministerrat der DDR vorstellte. Müller erklärte Wolfgang Fischer, daß er als „Regierungsvertreter“ allgemein am Dialog mit der kritischen Jugend der Bundesrepublik und deshalb auch an Gesprächen speziell mit ihm – Fischer – interessiert sei und bat ihn, seinerseits schriftlich seine politische Weltanschauung und die Beweggründe für seine Bereitschaft zur Gesprächsführung mit Vertretern der DDR zu formulieren. Hierauf verfaßte Wolfgang Fischer eine Erklärung des Inhalts, daß er „im Rahmen seiner Möglichkeiten versuchen wolle, zwischen beiden deutschen Staaten zu vermitteln, d.h. zur Verständigung und zum Frieden beizutragen“ und gab sein Einverständnis, sich zukünftig mit Manfred Müller in Ost-Berlin zu treffen.

Bei diesen Treffs, die in der Folgezeit stattfanden, gab Manfred Müller allmählich zu verstehen, daß hinter ihm das MfS als Beziehungspartner stand: Er wies Wolfgang Fischer an, sich bei Einreisen nach Ost-Berlin unter Verwendung eines Stichwortes durch einen Seiteneingang des Bahnhofs Friedrichstraße schleusen zu lassen, stattete ihn dazu mit einem gefälschten Personalausweis aus und forderte ihn auf, sich im Rahmen ihrer Verbindung eines Decknamens („Heinrich Heine“) zu bedienen. {197}

In der zweiten Hälfte des Jahres 1971 lud Wolfgang Fischer, der inzwischen ein Soziologie-Studium in West-Berlin aufgenommen hatte, seinen Freund Brocke ein, ihn zu einem Treff mit Manfred Müller zu begleiten. Rudolf Brocke, der damals Wehrersatzdienst leistete und für die Zukunft ein Hochschulstudium anstrebte, war damit einverstanden. In Ost-Berlin wurden beide von Manfred Müller und Peter Koza erwartet, der vom Leiter der Abteilung X dazu auserwählt worden war, die nachrichtendienstliche Führung von Fischer und Brocke zu übernehmen.

Im Rahmen des Gesprächs, welches teilweise als politische Diskussion geführt wurde, erläuterten Wolfgang Fischer und Rudolf Brocke eigene politische Positionen und schilderten auf Verlangen ihren Lebenslauf. Bei einem Folgetreff, der kurze Zeit später in Ost-Berlin stattfand, gab auch Rudolf Brocke nach entsprechender Aufforderung eine schriftliche „Absichtserklärung" zur politischen Zusammenarbeit mit den Gesprächspartnern ab und wählte den Decknamen „Thomas Müntzer".

Der nachrichtendienstliche Zweck, welchen die HVA mit Führung von IM Wolfgang Fischer und Rudolf Brocke verfolgte, war in deren Status als Studenten aus dem linkspolitischen Lager begründet und bestand darin, die Betreffenden als sog. Perspektivagenten durch Förderung ihrer Berufsausbil-{198}dung und ihres weiteren Werdeganges in Positionen zu entwickeln, welche die Möglichkeit zu politischer Einflußnahme oder Zugang zu operativ bedeutsamen Erkenntnissen eröffnete. Während in diesem Sinne bezüglich Fischer eine berufliche Tätigkeit an verantwortlicher Stelle in der westdeutschen Verwaltung erstrebt wurde, hatte der Angeschuldigte Wagenbreth bezüglich Brocke die Zielvorstellung, diesen als Quelle und/oder Einflußagenten in die CDU einzuschleusen. Bei einem Führungstreff in Ost-Berlin im Jahr 1973, an dem neben Oberst Wagenbreth Oberleutnant Koza teilnahm, erläuterte der Angeschuldigte Wagenbreth Rudolf Brocke diese Perspektive, bedrängte ihn, unter Verleugnung seiner eigentlichen politischen Gesinnung der CDU beizutreten und forderte ihn außerdem auf, seine damalige Lebensgefährtin und spätere Ehefrau in die Zusammenarbeit einzubeziehen. Bei diesem Treff wurde Rudolf Brocke klar, daß hinter Koza und Wagenbreth als Beziehungspartner das MfS stand. Als er das Ansinnen der Offiziere zurückwies und in der anschließenden Diskussion auf der Ablehnung beharrte, redete der Angeschuldigte Wagenbreth ihm zu, wenn schon nicht in der CDU, dann jedenfalls in der SPD eine aktive Rolle zu übernehmen. Auch dies deckte sich indes nicht mit Rudolf Brockes persönlichen Ambitionen. {199}

Während der Jahre, in denen Wolfgang Fischer und Rudolf Brocke in Berlin bzw. Marburg studierten, beschränkte sich ihre nachrichtendienstliche Mitarbeit im wesentlichen darauf, den Kontakt zu ihrer Führungsstelle durch regelmäßige Teilnahme an Gesprächstreffs aufrechtzuerhalten, bei welchen die Erörterung ihrer persönlichen Lebens- und Studienplanung im Vordergrund stand. Daneben wurden sie, um die nachrichtendienstliche Verstrickung zu vertiefen, dazu angehalten, Charakteristika und Einschätzungen über Kommilitonen und Professoren zu liefern, was sie nur in eingeschränktem Umfang taten.

Kurz vor der Bundestagswahl im November 1972 erhielten Wolfgang Fischer und Rudolf Brocke von Koza den gemeinsam zu erfüllenden Auftrag, etwa 50 bis 60 Exemplare einer verunglimpfenden Desinformationsschrift über den CDU-Kanzlerkandidaten Rainer Barzel, welche in Abteilung X HVA mit der äußeren Aufmachung eines rororo-Taschenbuches angefertigt worden war, anhand einer vorgegebenen Adressenliste durch Einwurf in Hausbriefkästen in verschiedenen Städten der Bundesrepublik zu verbreiten.

Als Gegenleistung für ihre Mitarbeit wurden Wolfgang Fischer und Rudolf Brocke, die im übrigen etwa 1973/74 von ihrer Führungsstelle aufgefordert wurden, den freundschaftlichen Kontakt zueinander abzubrechen, wäh-{200}rend des Studiums mit monatlichen „Stipendienzahlungen" unterstützt. Wolfgang Fischer erhielt außerdem Hilfestellung bei der Anfertigung seiner Diplomarbeit, die sich mit der „Darstellung der lateinamerikanischen Militärproblematik in den Gesellschaftswissenschaften der DDR" befaßte.

Führungstreffs, in deren konzeptionelle Vorbereitung der Angeschuldigte Wagenbreth jeweils einbezogen war, wurden mit Wolfgang Fischer in dessen Studienzeit (1973 bis 1979) etwa alle drei Monate in Ost-Berlin durchgeführt, wobei – um ihn „bei Laune zu halten" – auch Ausflüge zu landschaftlichen und kulturellen Sehenswürdigkeiten in der DDR für Fischer organisiert wurden. Treffteilnehmer seitens der HVA waren in dieser Zeit bis etwa 1973/74 Manfred Müller und Peter Koza, anschließend bis etwa 1976 Peter Koza allein, sodann Leutnant Bernd Kadur als Mitarbeiter des Referats X/6 und ab 1979/80 der Offizier Dr. Gräschke, der als Mitarbeiter des Referats X/3 der Anleitung des Angeschuldigten Rabe unterstand. Daneben gab es zu Wolfgang Fischer zeitweise eine – recht lose – Instrukteurverbindung, die von dem in Jena wohnhaften Dr. Bernd Z. gehalten wurde.

Mit Rudolf Brocke wurden in dessen Studienzeit (Herbst 1972 bis 1979) Führungstreffs anfangs – als Brocke in Berlin studierte – {201} etwa vierteljährlich, ab 1974, als Brocke an die Universität Marburg wechselte, in größeren Zeitabständen unregelmäßig in Ost-Berlin und Umgebung durchgeführt, wobei Brocke – ebenso wie Wolfgang Fischer – mit gefälschtem Personalausweis und unter Verwendung eines Stichwortes über den Grenzübergang Friedrichstraße geschleust wurde. Treffpartner Brockes waren in jener Zeit seine Führungsoffiziere Peter Koza und (ab 1979/80) Dr. Jürgen Gräschke sowie außerdem Prof. Dr. Gerhard Huber von der Akademie der Wissenschaften in Ost-Berlin, der ab etwa 1973/74 als Instrukteur in die nachrichtendienstliche Verbindung eingeschaltet war und etwa vier- bis sechsmal jährlich ebenfalls überwiegend in Ost-Berlin sowie je einmal in Frankfurt/Main, Marburg, Würzburg, Innsbruck und Dänemark mit Rudolf Brocke zusammentraf.

Nachdem Wolfgang Fischer und Rudolf Brocke 1979 ihr Studium jeweils abgeschlossen hatten, nahm die weitere Entwicklung der Vorgänge einen unterschiedlichen Verlauf:

Wolfgang Fischer, der die Universität als Diplom-Soziologe verließ, begab sich im Auftrag der Friedrich-Ebert-Stiftung von 1979 bis April 1982 als gesellschaftspolitischer Berater nach Costa Rica, wo er ein bildungspolitisches Projekt leitete. Nach sei{202}ner Rückkehr in die Bundesrepublik Deutschland lieferte er seiner Führungsstelle entwicklungspolitische Unterlagen der Friedrich-Ebert-Stiftung sowie einen Jahresplan, welchen er über seine Tätigkeit in Costa Rica gefertigt hatte, und erhielt als Auszeichnung hierfür und zur Förderung seiner Motivation einen Orden, der ihm indes nichts bedeutete. Die Gespräche, die Wolfgang Fischer in der Vergangenheit bei seinen Aufenthalten in der DDR geführt hatte, ließen in ihm das Bewußtsein entstehen, daß er sich mit dem, was in der DDR institutionell betrieben wurde, nicht identifizieren konnte. Er sah sich in einem Loyalitätskonflikt, den er zunächst dadurch löste, daß er zur Verringerung seiner nachrichtendienstlich interessanten Zugänge der Friedrich-Ebert-Stiftung, bei der er sich nach dem Willen seiner Führungsstelle um eine Festanstellung bemühen sollte, den Rücken kehrte, und suchte fortan nach Möglichkeiten, sich aus seinen geheimdienstlichen Verstrickung zu lösen. Um seinen Lebensunterhalt unabhängig vom MfS bestreiten zu können, begann er, südamerikanische Kunstwerke zu Verkaufszwecken nach Europa zu importieren, und beschränkte seine Verratstätigkeit für die HVA im wesentlichen darauf, daß er seinem Führungsoffizier ein Positionspapier der SPD zur Nachrüstungspolitik überließ, welches ihm zufällig in die Hände gelangt war. {203}

Die Unwilligkeit Fischers und sein Bestreben, operativ bedeutsamen Zugangsmöglichkeiten aus dem Weg zu gehen, blieben seiner Führungsstelle in Referat X/3 HVA nicht verborgen. Um dem Vorgang gleichwohl einen geheimdienstlichen Wert abzugewinnen, wurde Wolfgang Fischer beauftragt, Personen aus seinem Umfeld zu „tippen", die für eine nachrichtendienstliche Ansprache in Betracht kamen. Auch diesem Ansinnen kam jedoch Wolfgang Fischer nicht effektiv nach, gab vor, keine geeigneten Kandidaten zu finden, und veralberte seinen Führungsoffizier, indem er diesem in einem Fall anstelle eines gewünschten Persönlichkeitsbildes die Kopie eines Computer-Horoskops der Zielperson übergab.

Etwa 1985 inszenierte schließlich Wolfgang Fischer seine Verabschiedung aus dem MfS: Wissend, daß die HVA in der westdeutschen „Kreditanstalt für Wiederaufbau" wie in vielen Institutionen und Organisationen der Bundesrepublik ein geheimdienstlich aufzuklärendes Instrument des Klassengegners sah, bot er seinem Führungsoffizier an, einen in der Kreditanstalt als Sachbearbeiter tätigen Bekannten für das MfS anzuwerben. Hierbei ging Wolfgang Fischer aufgrund seiner Kenntnis von der Persönlichkeit der Zielperson N. davon aus, daß diese auf einen Werbungsversuch nicht eingehen werde. Seinem Führungsoffizier Dr. Gräschke trug Wolfgang Fischer vor, daß für die Anwerbung ein Geldbetrag {204} von 20.000 DM erforderlich sei (10.000 DM als „Einstiegsprämie" für N., 10.000 DM als „Vermittlungsprovision" für ihn selbst) und vereinbarte mit Hauptmann Dr. Gräschke ein Vorgehen unter „falscher (schwedischer) Flagge". Die Angeschuldigten Rabe und Wagenbreth billigten die daraufhin von Dr. Gräschke gefertigte Werbevorlage, forderten beim Leiter der HVA den Geldbetrag von 20.000 DM an und ließen diesen über Hauptmann Dr. Gräschke an Wolfgang Fischer auszahlen. Fischer sprach seinen Freund N. darauf an, ob er zu Informationslieferungen aus seinem Arbeitsbereich an eine „schwedische Gruppe" bereit sei, nahm die erwartete Ablehnung entgegen, verwendete den Geldbetrag von 20.000 DM – wie von vornherein beabsichtigt – für sich und meldete dies seiner Führungsstelle. Als hierdurch für die HVA offenbar wurde, daß Wolfgang Fischer zu weiterer Agententätigkeit nicht bereit war, wurde er bei einem letzten Treff mit Hauptmann Dr. Gräschke in Ost-Berlin 1985 oder Anfang 1986 förmlich aus der nachrichtendienstlichen Zusammenarbeit entlassen.

Aus Sicht der HVA erfolgreicher als der Vorgang „Heinrich Heine" entwickelte sich die nachrichtendienstliche Zusammenarbeit mit Rudolf Brocke, der nach Abschluß seines Studiums 1979 als Diplom-Politologe eine Anstellung als wissenschaftliche Hilfs{205}kraft, ab 1981 als wissenschaftlicher Mitarbeiter bei Prof. von Bredow am Institut für Politikwissenschaft der Universität Marburg erhielt. Seine Tätigkeit bei Prof. von Bredow eröffnete Rudolf Brocke Zugang zu Forschungsergebnissen und Manuskripten zu den Themenkomplexen Sicherheitspolitik, Wirtschaftsbeziehungen und amerikanische Außenpolitik sowie 1985/86 zu umfangreichen Ausarbeitungen der Bundestagsparteien zu deren deutschlandpolitischen Positionen. Sämtliche Unterlagen aus diesen Bereichen – eigene Ausarbeitungen und zugrundeliegende Materialien –, ferner seine Diplomarbeit über die deutsch-amerikanischen Beziehungen nach dem Zweiten Weltkrieg leitete

Rudolf Brocke in Form von Kopien bei Instrukteurtreffs an die HVA weiter. Derartige Treffs, bei denen Rudolf Brocke weitergehende Erläuterungen zu seinen schriftlichen Ausarbeitungen gab, wurden in der Zeit bis 1985/86 etwa zwei- bis sechsmal jährlich mit Prof. Huber in der ehemaligen DDR durchgeführt. Als sich im Jahr 1985 abzeichnete, daß Prof. Huber wegen Übernahme einer neuen beruflichen Tätigkeit als Institutsdirektor an der Akademie für Staat und Recht in Potsdam-Babelsberg seine Instrukteuraufgaben nicht mehr wie zuvor würde wahrnehmen können, wurde als zweiter Instrukteur der am Institut für Theorie, Geschichte und Organisation der Wissenschaft in Ost-Berlin tätige Wissenschaftler Dr. Joachim Tripocky in die Verbindung zu Rudolf Brocke {206} eingeschaltet. Mit Dr. Tripocky traf Rudolf Brocke in der Folgezeit überwiegend in Nürnberg sowie einige Male auf dem Gebiet der ehemaligen DDR zusammen, wozu er in einer Uniform der Grenztruppen der DDR über die „grüne Grenze“ geschleust wurde. Besondere Zielstellung der Zusammenarbeit mit Rudolf Brocke seitens der HVA war es zu jener Zeit, die deutschlandpolitischen Vorstellungen der SPD näher zu ergründen.

Nachdem Wolfgang Fischer 1985/86 die Zusammenarbeit mit Abteilung X HVA beendet hatte, entstand im MfS der Verdacht, Fischer habe sich dem Bundesamt für Verfassungsschutz offenbart und dabei Rudolf Brocke ins Blickfeld der westdeutschen Abwehr gebracht. Bei einem Führungstreff in Wien, zu welchem die Angeschuldigten Wagenbreth und Rabe neben Hauptmann Dr. Gräschke auch den eigentlich aus dem Vorgang schon entlassenen Prof. Huber entsandten, wurde Rudolf Brocke aufgefordert, die Zusammenarbeit vorerst einzustellen und seine nachrichtendienstlichen Hilfsmittel (Schnellgeber, Container, Codierungsunterlagen) zu vernichten, sich für eine spätere Wiederaufnahme der Verbindung aber bereitzuhalten, was Brocke auch tat.

Am 1. Oktober 1986 wechselte Rudolf Brocke von der Universität Marburg als wissenschaftlicher Mitarbeiter an das Institut für Gesellschaft und Wissenschaft der Universität {207} Erlangen-Nürnberg (IGW), wo ihm die Betreuung des Schwerpunktbereichs Ost- und Deutschlandpolitik oblag. Da das IGW in der HVA als „Objekt des BND“ eingeschätzt wurde, erblickte die Führungsstelle Brockes in dessen Arbeitsplatzwechsel eine vermeintlich neue nachrichtendienstliche Perspektive und nahm die Zusammenarbeit zu ihm wieder auf. Vorgesehen war, einerseits das IGW durch Rudolf Brocke aufklären und andererseits diesen durch den BND anwerben zu lassen, um aus seinem Einsatz als Doppelagent Erkenntnisse über den BND zu gewinnen. Nachdem der Angeschuldigte Wagenbreth beim Leiter der HVA die Genehmigung für eine solche Verwendung des IM „Thomas Müntzer“ eingeholt hatte, wurde Rudolf Brocke mit dem Vorhaben seiner Führungsstelle konfrontiert, lehnte einen Einsatz als Doppelagent jedoch ab. Einverstanden war er hingegen, auf gezielte Nachfragen Erkenntnisse über Mitarbeiter im IGW – so über seinen Vorgesetzten Prof. Dr. Burrichter und einen weiteren Institutsangehörigen namens F. – an die HVA zu liefern und im übrigen seine frühere Verratstätigkeit wieder aufzunehmen. Hierzu wurden in der Folgezeit weitere Instrukteur- und Führungstreffs mit Dr. Tripocky in Nürnberg und – wiederum nach Grenzschleusungen – in der ehemaligen DDR sowie einmal (Pfingsten 1988) auf Fuerteventura arrangiert, an denen, soweit sie in der ehemaligen DDR stattfanden, auch Dr. Gräschke und in einem Fall dessen Vorge-{208}setzter Major Ludwig teilnahmen. Bei diesen Treffs mit Mitarbeitern des Referats X/3 HVA lieferte Rudolf Brocke wie in früherer Zeit schriftliche Materialien zur Deutschlandpolitik (eigene Ausarbeitungen und zugrundeliegende Arbeitsunterlagen), wobei der nachrichtendienstliche Wert seiner politischen Analysen von Abteilung VII HVA hoch eingeschätzt und das Material deshalb häufig bis ins Politbüro der SED weitergeleitet wurde. Von besonderem nachrichtendienstlichen Interesse für die HVA waren im übrigen die Tagungsergebnisse des von Rudolf Brocke ins Leben gerufenen „Erlanger Arbeitskreis zur Deutschlandpolitik", in welchem unter Beteiligung hochrangiger Experten aus Kreisen der Wissenschaft und der Ministerialbürokratie die innenpolitische Entwicklung in der DDR diskutiert wurde.

Darüber hinaus gab Rudolf Brocke seinen Treffpartnern analytische Einschätzungen zu den unterschiedlichen Positionen der deutschlandpolitischen Referenten der Bundestagsfraktionen, mit denen er im Rahmen seiner wissenschaftlichen Tätigkeit konferierte, und überließ ihnen ein von ihm selbst gefertigtes Redemanuskript für Bundesforschungsminister Dr. Riesenhuber sowie weitere schriftliche Unterlagen aus dem Arbeitsbereich des Bundesministeriums für Forschung und Technologie. {209}

Als Gegenleistung für seine Lieferungen erhielt Rudolf Brocke, der selbst keine finanziellen Forderungen an die HVA stellte, von seiner Führungsstelle neben umfassendem Auslagenersatz und einem mit Sachgeschenken verbundenen Orden in der Endphase der Zusammenarbeit einen monatlichen Lohn von 400 DM sowie einmal zur Anschaffung eines Computers einen Geldbetrag von ca. 3.000 DM.

Der letzte Führungstreff mit Major Dr. Gräschke, bei welchem Rudolf Brocke eine Ausarbeitung über die aktuelle deutschlandpolitische Konfliktsituation und die unterschiedlichen deutschlandpolitischen Strategien zur möglichen Wiedervereinigung übergab, erfolgte Anfang Dezember 1989 in Zürich. Rudolf Brocke wurde dabei von Dr. Gräschke offiziell aus der Zusammenarbeit mit dem MfS entlassen und erhielt eine Abschlußzahlung von ca. 3.000 DM.

Nach der Wende traten die Angeschuldigten Mutz und Rabe an Dr. Gräschke heran und forderten diesen auf, Rudolf Brocke für den russischen Geheimdienst KGB zu werben. Als Dr. Gräschke sich darauf nicht einließ, suchte der Angeschuldigte Mutz zusammen mit dem früheren Führungsoffizier Peter Koza den ehemaligen Instrukteur Prof. Huber auf und wirkte auf diesen ebenfalls ein, Rudolf Brocke eine nachrichtendienstliche Zusammenarbeit {210} mit dem KGB nahezulegen. Nachdem auch dieser Versuch, eine Anwerbung Rudolf Brockes für das KGB in die Wege zu leiten, gescheitert war, kam es zu einer nachrichtendienstlichen Ansprache Brockes durch den russischen Geheimdienst in der Folgezeit nicht.

5. Der Fall Holger Oehrens

Der Journalist Holger Oehrens hatte sich zu Beginn der 70er Jahre als Mitarbeiter der Zeitschrift „konkret" verschiedentlich zu Reportagezwecken in der DDR aufgehalten und war im Jahr 1972 von dem HVA-Offizier Manfred Müller, der vorgab, als Mitarbeiter des Außenministeriums der DDR mit der offiziellen Betreuung westlicher Journalisten beauftragt zu sein, unter Ausnutzung ideologischer Gemeinsamkeiten nachrichtendienstlich angebahnt worden. Als Holger Oehrens sich im Frühjahr 1974 wiederum in der DDR aufhielt, um im Auftrage des Hessischen Rundfunks einen Film über die Ausbildung der Jugendlichen in der DDR zu drehen, entstand in Abteilung X HVA der Plan, den Kontakt zu Oehrens zu vertiefen, um ihn langfristig zur Quelle und/oder zum

Lancierungsgehilfen der Abteilung X zu entwickeln. Die Rolle des Führungsoffiziers wurde Peter Koza, seinerzeit Mitarbeiter in Referat X/6, übertragen; {211} als Instrukteur wurde der IM Lutz Beuchler ausgewählt, der damals unter dem „legalen Dach" der Abteilung Journalistenreisen des Reisebüros der DDR für Abteilung X HVA westliche Journalisten bei deren Aufenthalten in der DDR unter „operative Personenkontrolle" nahm.

Nachdem Manfred Müller Kontakt zwischen Holger Oehrens, Peter Koza und Lutz Beuchler hergestellt hatte, wobei Koza als Mitarbeiter des Außenministeriums der DDR präsentiert worden war, entwickelte sich zwischen diesen dreien eine engere persönliche – zu Beuchler auch vordergründig freundschaftliche – Beziehung, in deren Rahmen Holger Oehrens in der Folgezeit bis 1980 mit Koza etwa viermal jährlich, mit Beuchler auch in kürzeren Zeitabständen in Ost-Berlin zusammentraf. Bei diesen Treffs erörterten die Beteiligten verschiedene Veröffentlichungsprojekte, zu denen die Gesprächspartner aus der DDR bestimmte Darstellungen in der Westpresse wünschten, und führten „informative Gespräche", deren Inhalte nicht näher bekannt sind. Die mit den Treffdurchführungen jeweils verbundenen Flug- und übrigen Reisekosten wurden Holger Oehrens von Peter Koza erstattet, wobei er den Empfang des Geldes jeweils mit dem ihm von Koza genannten Decknamen „Alf" quittierte. Aus diesem Umstand folgerte Hauptmann Koza, daß Holger Oehrens {212} der Beziehungspartner MfS bewußt war, und registrierte ihn im November 1976 unter der Vorgangsnummer XV 4096/76 als IM.

Auch in der Folgezeit dauerten die Kontakte zwischen Holger Oehrens, Lutz Beuchler und Peter Koza in der beschriebenen Form an, ohne daß indes nennenswerter operativer Nutzen für Abteilung X HVA daraus gewonnen werden konnte. Als Holger Oehrens ab 1978 in einer Festanstellung bei der „Hamburger Morgenpost" tätig war, reduzierte er seine Treffreisen nach Ost-Berlin und nahm von sich aus keinen Kontakt mehr zu seinen östlichen Gesprächspartnern auf, nachdem er 1980 beruflich in die Redaktion der „Bild"-Zeitung gewechselt war.

Um die Verbindung wieder zu beleben, entschied der Angeschuldigte Wagenbreth, Hauptmann Koza von der Verantwortung für die Führung des IM „Alf" zu entbinden und den Vorgang in Referat X/3 zu geben, wo der Angeschuldigte Rabe den Offizier Dr. Gräschke anwies, den Kontakt zu Holger Oehrens wieder herzustellen. Die förmliche Übertragung der Vorgangsverantwortung auf Dr. Gräschke erfolgte am 1. Juni 1980.

In der Folgezeit beauftragte Dr. Gräschke den IM Beuchler, Holger Oehrens telefonisch zu einem neuerlichen Treff in die DDR einzuladen. Da Oehrens sich darauf nicht einließ, beschlossen die Angeschuldigten Wagen-{213}breth und Rabe, den IM Beuchler nach Hamburg zu schicken, um Holger Oehrens dort persönlich aufzusuchen. Bei diesem Besuch, der 1981 oder 1982 stattfand, erfuhr Lutz Beuchler, daß Holger Oehrens mit seiner Ehefrau eine Prag-Reise beabsichtigte, und meldete dies seiner Führungsstelle. Hierauf entschied der Angeschuldigte Wagenbreth, daß die Offiziere Koza und Dr. Gräschke ebenfalls nach Prag reisen und dort Kontakt zu Holger Oehrens aufnehmen sollten.

Die Zusammenkunft in Prag dauerte insgesamt etwa zwei Stunden. Peter Koza und Dr. Gräschke, der sich als „Jürgen Fischer" vorstellte, regten an, Holger Oehrens möge eine Korrespondententätigkeit in der DDR aufnehmen. Hierbei schwebte ihnen vor, über den IM „Alf", der weiterhin für die „Bild"-Zeitung tätig war, zukünftig gezielt Falschmeldungen und tendenziöse Berichte über die Verhältnisse in der DDR in westdeutsche Medien zu lancieren.

Holger Oehrens gab an, über eine Tätigkeit als Korrespondent in der DDR nachdenken zu wollen und verabredete mit Koza und Dr. Gräschke einen Folgetreff in der DDR, zu dem er jedoch nicht erschien. In der Folgezeit schleppte sich der Vorgang hin, ohne daß eine Vertiefung der Beziehungen, die sich auf gelegentliche Telefonanrufe Kozas und Dr. Gräschkes bei Holger Oehrens beschränk-{214}ten, erreicht werden konnte. Der IM Beuchler, der in Abteilung X für andere Einsätze benötigt wurde, sowie später auch Major Koza wurden aus der Verbindung gelöst. Da jedoch für Abteilung X HVA die generelle Planaufgabe bestand, eine operative Position im Axel-Springer-Verlag zu halten, wies der Angeschuldigte Rabe im Auftrag der Leitung der HVA Hauptmann Dr. Gräschke an, den Vorgang „Alf" nicht einzustellen, sondern sich weiterhin um die Reaktivierung des IM zu bemühen.

Nach wiederholten telefonischen Ansprachen gelang es Dr. Gräschke Ende 1987/ Anfang 1988, Holger Oehrens zu einem erneuten Treff in Schwerin zu bewegen. Da die nachrichtendienstliche Perspektive des IM „Alf" (Quelle oder Lancierungsgehilfe) unklar war, erläuterte Dr. Gräschke in Schwerin, daß er daran interessiert sei, sowohl Holger Oehrens auf dem Gebiet der Berichterstattung als Korrespondent zu „unterstützen" als auch dessen Einschätzungen zur politischen Lage in der Bundesrepublik und zu verlagsinternen Verhältnissen zu erfahren. Holger Oehrens erklärte sich hierauf zur Wiederaufnahme der Zusammenarbeit bereit und traf sich fortan regelmäßig etwa alle zwei bis drei Monate mit Dr. Gräschke in Schwerin. Bei diesen Treffs, zu deren Verabredung Oehrens mit einer Eurosignalverbindung ausgestattet wurde, äußerte sich Holger Oehrens auf entsprechenden Fragen zu aktuellen politischen {215} Ereignissen und unterrichtete Dr. Gräschke über Arbeitsverhältnisse und personelle Situationen im Axel-Springer-Verlag. Diese Angaben waren zwar großenteils für die HVA von geringem Wert, führten in einem Falle aber dazu, daß Dr. Gräschke der Auswertungsabteilung VII HVA eine Information über verlagsinterne Auseinandersetzungen und die dadurch veranlaßte Ablösung eines leitenden Journalisten zuleiten konnte.

Bei einem der Treffs in Schwerin fragte Dr. Gräschke seinen Gesprächspartner Oehrens, ob es möglich sei, über ihn bestimmte von ihm – Gräschke – zu liefernde Informationen in die „Bild"-Zeitung zu lancieren. Zu jener Zeit betrieb der Angeschuldigte Mutz gemeinsam mit dem polnischen Geheimdienst eine „aktive Maßnahme" gegen die polnische Gewerkschaftsbewegung „Solidarnosc" mit dem Ziel, diese als westlich gesteuert zu diffamieren und dadurch den polnischen Machthabern einen Vorwand zu liefern, repressiv gegen „Solidarnosc" vorzugehen. Zu diesem Zweck übergab Dr. Gräschke im Auftrage des Angeschuldigten Mutz dem IM „Alf" eine Ausarbeitung über die Finanzierung von „Solidarnosc" aus westlichen Quellen mit der Bitte, diese über die Redaktion der „Bild"-Zeitung oder andere Presseagenturen zu verbreiten. Holger Oehrens sah von einer entsprechenden Veröffentlichung {216} in der westdeutschen Presse jedoch ab, da ihm der Sachverhalt nicht berichtenswert erschien.

Bei sämtlichen Treffs, die Dr. Gräschke in der Zeit bis zur Wende mit Holger Oehrens in Schwerin durchführte, wurden diesem die Reisekosten großzügig erstattet, wobei Oehrens – wie in den Jahren vor 1980 – den Empfang des Geldes mit seinem Decknamen „Alf" quittierte. Darüber hinaus entlohnte die HVA auf entsprechende Anordnung des Angeschuldigten Wagenbreth die Mitarbeit des IM Oehrens ab Mitte des Jahres 1989 mit monatlich 500 DM, die ebenfalls von Dr. Gräschke bei den Treffs in Schwerin ausgezahlt wurden.

Nachdem Holger Oehrens etwa Mitte September 1989 in Dubrovnik/Jugoslawien zu einem einwöchigen Treff mit Dr. Gräschke zusammengekommen war und dabei zur Finanzierung der Reise und als Monatslohn einen Geldbetrag von insgesamt 3.000 DM von der HVA erhalten hatte, wurde die Zusammenarbeit bei einem Abschalttreff mit Major Dr. Gräschke in Schwerin im Januar 1990 förmlich beendet. {217}

6. Der Fall Heinrich Lummer

Alsbald nach Inkrafttreten des Grundlagenvertrages mit der DDR (21. Juni 1973) hatte Heinrich Lummer, damals Vorsitzender der CDU-Fraktion des Abgeordnetenhauses von Berlin, begonnen, den Ostteil Berlins zu besuchen, wo er sich fortan in unregelmäßigen Abständen mit Bewohnern aus beiden Teilen der Stadt in einem Lokal an der Rosenthaler Straße zum Gedankenaustausch und geselligen Beisammensein traf. Durch diese Besuchstätigkeit und sein Auftreten in Ost-Berlin geriet Heinrich Lummer ins Blickfeld der Abteilung XV der Bezirksverwaltung für Staatssicherheit (BVfS) Berlin, die innerhalb des MfS speziell für die nachrichtendienstliche Aufklärung West-Berlins, seiner Institutionen und politischen Repräsentanten zuständig war. Verantwortlich für die Entwicklung des Vorganges, in welchem Heinrich Lummer als „Zielperson" bearbeitet wurde, war der Offizier Harald Niederländer, der etwa 1976 seinen Referatsmitarbeiter Rolf J. mit der Aktenführung beauftragte.

Die Werbevariante aus dem Methodenkatalog der Richtlinie Nr. 2/68[22], welche im Fall Lummer zur Anwendung kommen sollte, war die „Werbung auf der Grundlage kompromittierender Umstände". Um solche zu schaffen wurde die MfS-IM Frauke Borchardt (damals verheiratete Wegner) etwa im Jahr 1974 von Harald {218} Niederländer beauftragt, bei einem der Besuche Heinrich Lummers in Ost-Berlin Kontakt zu diesem aufzunehmen und ein intimes Verhältnis zu ihm zu entwickeln.

Plangemäß führte Frauke Borchardt ihren Auftrag aus, wobei sie Heinrich Lummer gegenüber unter dem Decknamen „Susanne Rau" auftrat. Bis in das Jahr 1981 trafen beide einander etwa vier- bis fünfmal jährlich in Ost-Berlin, wobei die Zusammenkünfte vom MfS beobachtet und teilweise fototechnisch dokumentiert wurden. Die Gespräche „Susanne Raus" mit der „Kontaktperson" Heinrich Lummer wurden in Berichtsform erfaßt und der Auswertungsabteilung VII HVA zugeleitet. Im Rahmen eines gemeinsamen Aufenthaltes in Prag führte Frauke Borchardt im August 1980 auftragsgemäß einen weiteren MfS-IM, den Lehrer Dr. Michael Piek, an Heinrich Lummer heran. Operative Aufgabe des Dr. Piek war es, ein freundschaftliches Verhältnis zu Heinrich Lummer aufzubauen und ihn in der Folgezeit – was er auch tat – bei Zusammenkünften in Ost- und West-Berlin nachrichtendienstlich abzuschöpfen.

Etwa zu Beginn des Jahres 1981 hielt Markus Wolf, dem als Leiter der HVA neben der Abteilung X auch die Abteilung XV der BVfS Berlin anleitungsmäßig unmittelbar unterstand, die Zeit für gekommen, Heinrich Lummer auf der Grundlage der bestehenden Kontakte in einem {219} „klassischen" Werbegespräch zur nachrichtendienstlichen Zusammenarbeit zu verpflichten. Den Auftrag, das Gespräch zu führen, erteilte er dem

Leiter der Abteilung XV der BVfS Berlin, Oberst Lange, sowie dem Angeschuldigten Wagenbreth.

Als Heinrich Lummer – damals Präsident des Abgeordnetenhauses von Berlin – sich im März 1981 wie bereits mehrmals zuvor gemeinsam mit Frauke Borchardt in der vom MfS für diesen Zweck zur Verfügung gestellten konspirativen Wohnung (KW) im Haus Heinrich-Rau-Straße 50 in Berlin-Marzahn aufhielt, erschienen dort die Obristen Wagenbreth und Lange stellten sich als „Wagner" (Wagenbreth) und „Lindner" (Lange) vor, gaben an, Mitarbeiter des Ministerrats der DDR zu sein und offerierten Heinrich Lummer die Möglichkeit einer allgemeinen Zusammenarbeit mit dem Ziel, diese in Regierungskontakte münden zu lassen. Im Rahmen der sich anschließenden Unterhaltung, die bei einem Abendessen in einer KW in der Stalinallee fortgesetzt wurde, kamen Oberst Lange und der Angeschuldigte Wagenbreth auf allgemeinpolitische Themen zu sprechen und erörterten mit Heinrich Lummer u.a. Fragen im Zusammenhang mit dem Offenhalten des Grenzüberganges Staaken. Heinrich Lummer, dem beim Auftauchen von „Wagner" und „Lindner" sogleich klar war, daß es sich bei ihnen um Angehörige des MfS handelte, {220} erklärte beiden zum Abschied, daß er sich ihr Anliegen durch den Kopf gehen lassen werde.

Etwa sechs Wochen später kam es im Mai 1981 zu einem weiteren Zusammentreffen zwischen „Wagner", „Lindner" und Heinrich Lummer im Ost-Berliner Hotel „Metropol", von wo aus die Beteiligten sich wiederum in die KW in der Stalinallee begaben. Im Rahmen der Unterredung, die mit Abhöreinrichtungen aufgezeichnet wurde, sprach Heinrich Lummer über die Befindlichkeiten in der CDU vor den im Juni 1981 anstehenden Wahlen zum Berliner Abgeordnetenhaus und erörterte mit „Wagner" und „Lindner", was im Falle eines Wahlsieges der CDU im Ost-West-Verhältnis unternommen werden könne. Dabei versprachen der Angeschuldigte Wagenbreth und Oberst Lange, Heinrich Lummer und seiner Partei „entgegenzukommen", wenn Lummer und die CDU sich ihrerseits „angemessen verhielten". Nachdem die Zusammenkunft, welche etwa zwei Stunden gedauert hatte, zwar ohne ausdrückliche Verpflichtung Heinrich Lummers zur Zusammenarbeit, aber auch ohne seine ausdrückliche Ablehnung weiterer Treffs beendet worden war, gingen die Offiziere des MfS davon aus, in Lummer einen Zuträger politischer Informationen gewonnen zu haben, und registrierten ihn unter dem Decknamen „Wilhelm" und der Vorgangs-Nr. XV 5724/81 im September 1981 als IM. {221}

Tatsächlich war Heinrich Lummer, nachdem er im Juni 1981 im Senat Richard von Weizsäckers zum Innensenator und zugleich Bürgermeister von Berlin ernannt worden war, zu einer Fortsetzung des Dialogs mit den Angehörigen des MfS nicht bereit und teilte dies auch unmißverständlich dem MfS-Emissär Dr. Piek mit, als dieser im Auftrage der Obristen Wagenbreth und Lange Ende Juli/Anfang August 1981 und ein weiteres Mal Mitte April 1982 in West-Berlin bei Bürgermeister Lummer erschien, Grüße von „Wagner" und „Lindner" bestellte und versuchte, Heinrich Lummer zu weiteren Treffen mit diesen beiden zu bewegen.

Nachdem Dr. Piek von der Erfolglosigkeit seiner Bemühungen berichtet hatte, beschlossen Oberst Lange und der Angeschuldigte Wagenbreth, die Gangart zu verschärfen und den Versuch zu unternehmen, Heinrich Lummer unter Druckausübung zu einer Fortführung des nachrichtendienstlichen Dialogs zu zwingen. Zu diesem Zweck wurde in Abteilung X HVA ein Brief gefertigt, der unter Anspielung auf eine angebliche frühere Zusammenarbeit die unverhohlene Drohung enthielt, Heinrich Lummer mit seinen Kontakten zu „Susanne Rau“, die er inzwischen abgebrochen hatte, zu kompromittieren, wenn er sich nicht zu einem weiteren Treff mit „Wagner“ und „Lindner“ bereitfinde. In einem Umschlag, der mit der Aufschrift {222}

„Lieber Heinrich!
Anbei das gewünschte Material, das Du sicher auf dem von Dir vorgeschlagenen Weg über Frau M. noch rechtzeitig erhalten wirst
Herzliche Grüße
Lindner und Wagner“

versehen war und im Mai 1982 von Dr. Piek in den Hausbriefkasten der Haushälterin Heinrich Lummers eingeworfen wurde, hat folgenden Inhalt:

„Werter Herr!
Seit unserer letzten Begegnung ist viel Zeit vergangen, zuviel unseres Erachtens. Sie haben in dieser Zeit – auch in der Verbindung mit unserem gemeinsamen Freund – einige Fehler begangen. Wir sind der Auffassung, daß sich das zum Nachteil für Sie auswirken kann. Ein Zusammentreffen ist deshalb unaufschiebbar geworden und sollte zum frühestmöglichen Zeitpunkt stattfinden.
Wir bleiben dabei, daß es gemeinsame Interessen gibt. Alle Erfahrung besagt, daß es immer von Vorteil sein kann, Freunde auch im Bereich gegensätzlicher Auffassungen zu haben. Es {223} liegt in unserem, in erster Linie aber in Ihrem eigenen Interesse, dem Rechnung zu tragen.
Sie sind dabei, die gemeinsam vereinbarte Geschäftsgrundlage zu gefährden. Das kann nicht akzeptiert werden und sollte von Ihnen auch mit dem Blick auf die Angriffe, denen Sie öffentlich ausgesetzt sind, genau überlegt werden. Wir sind bereit, unsere Beziehungen den veränderten Bedingungen anzupassen. Dazu ist aber unumgänglich, daß es noch im ersten Halbjahr 1982 zu einem gründlichen und ungestörten Gespräch kommt. Bestimmen Sie den Ihnen genehmen Termin und Ort in den bekannten Grenzen. Unser gemeinsamer Freund wird Sie anrufen und steht für vorbereitende Absprachen zur Verfügung.
Mit bestem Gruß
P.S.: Beiliegende Erinnerungen an gemeinsame Arbeit stehen in besserer Qualität und ausreichender Anzahl zur Verfügung.“

Beigelegt waren fünf Lichtbilder, die bei früheren Zusammenkünften Heinrich Lummers mit Frauke Borchardt angefertigt worden waren. {224}

Einige Tage nach Überbringung des Briefes erkundigte sich Dr. Piek telefonisch nach Heinrich Lummers Reaktion. Die Erwartung des MfS, Lummer lasse sich erpressen, ging jedoch fehl. Heinrich Lummer beschimpfte Dr. Piek als Erpresser und lehnte weitere Zusammenkünfte mit „Wagner“ und „Lindner“ ab. Hierauf beauftragte der Angeschuldigte Wagenbreth den ihm unterstellten Offizier Brehmer, ein zweites, noch nachdrücklicher abgefaßtes Schreiben an Heinrich Lummer zu richten. Dieser Brief, der im Bestätigungsverfahren von Markus Wolf inhaltlich weiter verschärft wurde, lautet wie folgt:

„Berlin, Oktober 1982
Ihr Verhalten liegt unter Ihrem Niveau. Sie selbst haben unsere Beziehungen herbeigeführt und lange Zeit akzeptiert. Über Jahre war Ihnen unsere Gastfreundschaft genehm; seit Monaten bemühen Sie sich unter Berufung auf Ihr neues Amt, unsere Geschäftsgrundlage zu unterlaufen. Sie versuchen einem weiteren Dialog auszuweichen und glauben, unter den Rockschößen eines Ehrenwerten Schutz suchen zu müssen.

Wir sehen aber keinen akzeptablen Grund, unsere Beziehungen ohne das mehrfach zugesagte Gespräch einfach einzustellen. Gegenseitigkeit war vereinbart, wir halten uns noch daran. {225} Erfahrung und Klugheit lassen Sie gewiß nüchtern einschätzen, daß neben Ihren zahlreichen offenen Feinden immer mehr politischen ‚Freunden', von denen Sie nun noch abhängiger geworden sind, jeder Anlaß für Ihren Abschuß willkommen wäre. Ihre Leibjournalisten aus Berlin und Bonn und Ihre immer weniger werdenden echten politischen Freunde (gehört z.B. R. noch dazu?) werden Sie sicher über manches und auch darüber informieren, daß die Sie tragende Decke sehr dünn geworden ist. Auch daß Ihre stadtbekannten Gelage und Affären nicht mehr als schmückende Attribute eines vitalen Straußepigonen gedeckt werden. Sehen Sie wirklich nicht, daß Sie von Ihrem eigenen Apparat bearbeitet werden und von welcher Ecke her Sie erpreßbar gemacht werden sollen?
Wenn es bisher möglich war, dafür zu sorgen, daß Menschen Ihrer früherer und heutigen Umgebung ihr Wissen um intensive Kontakte eines Prominenten nach der anderen Seite nicht vermarkten, so sollte diese Leistung gerade jetzt nicht als Wunder strapaziert werden. Es geht um Ihr politisches Überleben, um nichts anderes.
Als Sie 1974 bei uns nach einem politischen Gesprächskreis suchten, erkannten Sie leider nicht die Chan-{226}ce und rutschten systematisch in zwielichtige Kneipenkreise ab. Nur unser Eingreifen hat Sie vor geplanten Erpressungsversuchen krimineller Elemente geschützt!
Die persönliche Beziehung zu unserer Mitarbeiterin Susanne seit 1975, Ihre Einschätzungen politischer Prozesse und Personen schufen dann die Grundlage unseres direkten Kontaktes, wie er seit Prag besteht.
Neben den vielen belebenden Annehmlichkeiten, wie den zahlreichen Theaterbesuchen, Ausflügen und Mußestunden, die Sie als unser Gast erlebten, hatten Sie bei unseren letzten direkten politischen Gesprächen durchaus nicht den Eindruck erweckt, daß Ihnen die Atmosphäre nicht zusagt. Wir haben uns mit festen Absprachen verabschiedet!
Glauben Sie tatsächlich, daß sich all dies einfach aus der Welt schaffen läßt? Sie selbst haben bei unserer ersten Begegnung mit Nachdruck geäußert, daß Sie ein ‚toter Mann' seien, wenn die Öffentlichkeit davon erfährt. Daran sind wir zuallerletzt interessiert. Sie haben uns als umgängliche Partner kennengelernt, wir haben uns im Gespräch verstanden und Gegenseitigkeit vereinbart. Unser Wort gilt. Die Chance, daraus Nutzen für Ihre weitere Tä-{227}tigkeit zu ziehen, besteht weiter. Wir haben Ihnen und uns Zeit gelassen und große Geduld gezeigt. Durch den Gang der Dinge wird die Zeit knapp; Politik kennt keine Schonung, wie Sie wissen. Die Gründe liegen nicht bei uns, die Entscheidung bei Ihnen.
Wie Sie uns erreichen, wissen Sie. Unser gemeinsamer Bekannter hat alle Vollmachten, die näheren Modalitäten zu vereinbaren.
Ihrer verbindlichen Antwort sehen wir mit besten Grüßen entgegen."

Der Umschlag, in welchem der Brief Heinrich Lummer zugeleitet wurde, war mit der Aufschrift

„Lieber Heinrich!
Anbei das Material, das Dich über den von Dir gewünschten Weg sicher noch rechtzeitig erreichen wird!
W. u. L."

versehen.

Als Heinrich Lummer auch auf den zweiten Erpressungsversuch nicht in der gewünschten Weise reagierte, brachte sich das MfS mit einer von „Susanne", „Micha" (Dr. Piek) und „W. Lindner" unterschriebenen „Glückwunschkarte" zu Heinrich Lummers 50. Geburtstag am 21. November 1982 in Erinnerung. {228}

In der Folgezeit erfuhr die HVA durch Abhörmaßnahmen der HA III, daß Heinrich Lummer seine Kontakte nach Ost-Berlin dem Berliner Landesamt für Verfassungsschutz und Bürgermeister von Weizsäcker offenbart hatte, und stellte weitere Erpressungsversuche deshalb vorerst zurück. Erst als sich abzeichnete, daß Heinrich Lummer das Amt des Innensenators von Berlin demnächst würde abgeben müssen, unternahm der Angeschuldigte Wagenbreth im März 1986 mit folgendem in Abteilung X HVA gefertigten Brief einen letzten Versuch, den Kontakt zu Heinrich Lummer wieder herzustellen:

„Berlin, Ostern 1986
Werter Herr Lummer!
Es mag im Leben nicht immer sinnvoll sein, an Vergangenes zu erinnern, – aber jetzt, wo gewisse Leute offensichtlich Ihre Spur auch noch in Richtung Osten aufgenommen haben, drängt es sich wohl zwingend auf. Erinnern wir uns:
Sie wurden frühzeitig darauf aufmerksam gemacht, Ihre Kontakte und Beziehungen mit uns abzustimmen. Sie aber bagatellisierten das, ja Sie setzten sogar leichtsinnigerweise einige Ihrer Freunde davon in Kenntnis! {229}
Wir waren es, die Ihnen Dialog und Kooperation – auch zu Ihrem Vorteil – anboten. Sie griffen dies auch auf, ließen es aber an der notwendigen Konsequenz fehlen!
In unseren Gesprächen rieten wir Ihnen, Ihre Freunde gewissenhaft auszuwählen, unsere Hilfe und unseren Schutz in Anspruch zu nehmen. Sie aber glaubten, sich jederzeit und jedem gegenüber sicher fühlen zu können!
Schadenfreude empfinden wir nicht, wenn nun sogar die Leitung eines Senders jetzt von den erwähnten Beziehungen Wind bekommen hat. Diese Tips kommen eben von denen, deren Sache Sie vertreten. Die Absicht Ihrer Parteifreunde, Sie mundtot zu machen, ist unschwer erkennbar; die Chance, dieser Absicht entgegenzuwirken, sehr gering!
Wir haben Wort gehalten, wenn wir sagten, uns sei der Dialog mit Ihnen lieber als Ihr Fall. Die Indiskretionen haben wir nicht gewollt, politisch käme Ihr Rücktritt einem bekannten Fenstersturz gleich!
So stehen wir vor der Frage, weitere Enthüllungen zu verhindern! Dies würde erheblichen Aufwand erfordern. Es erscheint uns deshalb dringend geboten, über eine Schadensbegrenzung zu reden. {230}
Zumindest können wir dafür Sorge tragen, daß tiefergehende Recherchen im Osten erfolglos bleiben.
Obwohl wir durch Ihr Verhalten mehrfach enttäuscht wurden, halten wir an unserem Angebot fest. Im Großen wie im Kleinen! Unser gemeinsamer Bekannter wird weiterhin für Sie ansprechbar sein, um Ihre Vorschläge für ein klärendes Gespräch entgegenzunehmen.
Mit besten Grüßen
W. Lindner“

Nachdem auch dieser Brief die gewünschte Wirkung bei Heinrich Lummer nicht erzielt hatte, stellten die Abteilungen X HVA und XV BVfS Berlin den Anwerbungsversuch ein. Die Einstellung entsprach letztlich einer Forderung der Sowjets, die von Bürgermeister von Weizsäcker auf diplomatischem Wege gebeten worden waren, entsprechenden Einfluß auf das MfS auszuüben.

7. Der Fall Dieter Vogel

Im Sommer 1978 wurde der Hamburger Kaufmann Dieter Vogel, der wegen steuerstrafrechtli-{231}cher Verfolgung seinen Wohnsitz aus der Bundesrepublik Deutschland ins

Ausland (Schweiz, Kanada, El Salvador etc.) verlegt und seit etwa 1974 Verbindungen zum amerikanischen Geheimdienst CIA unterhalten hatte, durch Mitarbeiter des CIA beauftragt, sich ins Blickfeld der HVA zu bringen und anwerben zu lassen, um als Doppelagent den amerikanischen Nachrichtendienst über geheimdienstliche Operationen und Interna des MfS zu unterrichten. Auftragsgemäß reiste Vogel am 3. September 1978 in die DDR, nahm Kontakt zu MfS-Major Werner Poppe, Abteilung IV HVA, auf und erklärte am 20. September 1978 seine Bereitschaft zur Zusammenarbeit mit der HVA.

Da in Abteilung IV HVA keine operative Verwendungsmöglichkeit für Dieter Vogel gesehen wurde, bot Major Poppe dem Angeschuldigten Wagenbreth an, die nachrichtendienstliche Führung Vogels in Abteilung X zu übernehmen.

Die Angeschuldigten Wagenbreth und Rabe, die dabei als „Ralf Wagner“ bzw. „Rolf Richter“ auftraten, verschafften sich bei Treffs einen persönlichen Eindruck von Dieter Vogel und beauftragten Hauptmann (ab 1. Februar 1980 Major) Udo Jähnert als Mitarbeiter des Referats X/3 mit der Vorgangsführung. {232}

In der Folgezeit wurde Dieter Vogel als IM „A. Horn“ von seiner Führungsstelle in Referat X/3 mit verschiedenen Zielstellungen gegen die Bundesrepublik eingesetzt. Er lebte im westlichen Ausland mit falschen Pässen, die er vom MfS erhalten hatte, und „tippte“ der HVA Personen in nachrichtendienstlich interessanten Positionen.

Zu den inhaltlichen Schwerpunkten der Tätigkeit der Abteilung X HVA gehörte es u.a., mit den spezifischen Mitteln dieser Abteilung westliche Nachrichtendienste zu verunsichern, irrezuführen und zu diskreditieren. Entsprechend der Grundauffassung, „aktive Maßnahmen“ am effektivsten auf der Basis eines eigenen IM-Netzes durchführen zu können, waren deshalb die Mitarbeiter der Abteilung X gehalten, Quellen innerhalb der westdeutschen Abwehrdienste zu schaffen. In diesem Zusammenhang wurde Dieter Vogel von seiner Führungsstelle der Auftrag erteilt zu versuchen, den im Bundesnachrichtendienst als Leiter des Bereichs „Aufklärung Emigration“ tätigen Dr. K. für die HVA anzuwerben. Die Aktion, an welcher auf Seiten der HVA neben Hauptmann Jähnert und den Angeschuldigten Wagenbreth und Rabe Mitarbeiter der primär für die Bearbeitung westliche Dienste zuständigen Abteilung IX HVA beteiligt waren, lief ab Januar 1980. Der Anwerbungsplan der HVA {233} sah vor, daß Dieter Vogel den Bereichsleiter Dr. K. unter „falscher Flagge“ (CIA) ansprechen sollte.

Parallel zu seinen entsprechenden Unternehmungen offenbarte Dieter Vogel den Ablauf der Operation aktuell und umfassend Mitarbeitern des CIA und des BND.

Spätestens im August 1980 erhielt das MfS – möglicherweise über eine Quelle der HVA im BND – Kenntnis von der Doppelagententätigkeit Dieter Vogels. Die Operation Dr. K. wurde abgebrochen. Am 12. August 1980 wurde Dieter Vogel, der sich seit dem 4. August zwecks Durchführung eines Treffs mit seinen HVA-Führungsoffizieren in Berlin aufgehalten hatte und von Mitarbeitern der Abteilung X HVA observiert worden war, durch Kräfte der HA II/1 MfS festgenommen.

Der Vorgabe des MfS entsprechend wurde Dieter Vogel am 4. Juni 1981 durch das Militärobergericht Berlin wegen Spionage im besonders schweren Fall zu lebenslanger Freiheitsstrafe verurteilt und im Juli 1981 zur Strafverbüßung in die Vollzugsanstalt Bautzen II verlegt. Dort ist Dieter Vogel am 9. März 1982 – angeblich durch Selbsttötung – verstorben. Unterlagen aus dem Aktenbestand der HA IX/7 MfS begründen den Verdacht, daß Dieter Vogel in Strafhaft ermordet worden ist.[23] {234}

8. Der Fall Bernd Michels

a) Nachrichtendienstliche Anbahnung, Werbung und HVA-interne Vorgangsbehandlung

Der Angeschuldigte Michels war etwa 1969/70 bei beruflich bedingten Aufenthalten in der DDR ins Blickfeld der Abteilung X HVA geraten und auf Weisung der Angeschuldigten Wagenbreth und Rabe von Hauptmann Dornberger (Referat X/3) angesprochen worden. Dornberger, der als Mitarbeiter des Ministerrats der DDR auftrat und sich zur Kontaktanbahnung eines in der DDR wohnenden Verwandten des Angeschuldigten Michels bedient hatte, erklärte Bernd Michels, daß er als Mitglied der SED an politischen Gesprächen mit Vertretern linker Kreise der Bundesrepublik interessiert sei, und bot an, Bernd Michels bei journalistischen Recherchen und der Beschaffung dafür benötigter Materialien zu unterstützen. Auf dieser Basis hielt Hauptmann Dornberger in der Folgezeit bei Treffs in Ost-Berlin den Kontakt zu Bernd Michels aufrecht, ohne daß es ihm indes gelang, die Verbindung im operativen Sinne erfolgversprechend zu vertiefen. Da als Ursache hierfür die fehlende „menschliche Harmonie" zwischen Michels und Dornberger angesehen wurde, ordnete der Angeschuldigte Wagen-{235}breth an, die Vorgangsführung innerhalb des Referats X/3 auf Oberfeldwebel Peter Eberlein zu übertragen. Eberlein veranlaßte am 1. März 1971 die karteimäßige Erfassung des Angeschuldigten Michels als Werbekandidat, ließ sich von Dornberger mit Michels bekanntmachen und baute schrittweise den Kontakt zu diesem aus, wobei er ihm nach dessen SPD-Beitritt zu verstehen gab, daß es sein Anliegen sei, die „entspannungsfreundlichen linken Kräfte" im SPD-Landesverband von Schleswig-Holstein zu stärken.

Parallel zur Pflege der Beziehungen zu Bernd Michels verpflichtete Peter Eberlein, der am 1. Oktober 1971 zum Unterleutnant, am 1. Oktober 1973 zum Leutnant befördert wurde, den Redaktionsleiter der als CDU-Organ in Leipzig herausgegebenen Tageszeitung „Die Union", Klaus-Peter Bigalke, als zukünftigen Instrukteur.

Im übrigen erstattete Peter Eberlein zur Unterrichtung seiner Vorgesetzten dem Angeschuldigten Rabe als seinem Referatsleiter monatlich über die Vorgangsentwicklung Bericht.

Im Jahr 1973 arrangierte Peter Eberlein ein Treffen mit Bernd Michels im Rahmen der Herbstmesse in Leipzig, an welchem seitens der HVA neben ihm selbst der Angeschuldigte Rabe, der vorgesehene Instrukteur Bi-{236}galke und ein „Heinz" teilnahmen, bei dem es sich um Heinz Dornberger gehandelt haben könnte. Bei dieser Zusammenkunft erörterten die Beteiligten, daß die Häufigkeit der Treffreisen Michels in die DDR mit dem Risiko des Auffallens verbunden sei und deshalb zukünftig die Verbindung durch Klaus-Peter Bigalke bei Treffs im westlichen Ausland aufrechterhalten werden solle. Da nach den Umständen des Treffs und dem Inhalt dieses Gesprächs offensichtlich war, daß es sich bei Eberlein, dem Angeschuldigten Rabe, Bigalke und „Heinz" um Mitarbeiter des MfS handelte, galt Bernd Michels in der HVA fortan als „geworbener IM". Unter dem Aktenzeichen XV 3821/73 wurde von Leutnant Eberlein am 27. Dezember 1973 ein IM-Vorgang angelegt, dessen die Verratslieferungen aufnehmender Arbeitsteil (Teil II) im Laufe der Zeit auf sechs Aktenbände anwuchs.

Über den Umstand, daß das MfS als Beziehungspartner hinter der Verbindung stand, wurde der Angeschuldigte Michels zwar weder bei jenem Treff im Herbst 1973 in Leipzig noch in der Folgezeit ausdrücklich aufgeklärt, aber auch nicht im Unklaren gelassen:

Zum einen offenbarte sich der nachrichtendienstliche Charakter seiner Tätigkeit durch die ständige Anwendung spezifischer operativer Mittel und Methoden. Hinzu kam, daß bei einem Treff mit Peter Eberlein und dem Angeschuldigten Rabe, der in der zweiten Hälfte der 70er Jahre {237} in Göteborg, Helsinki oder Stockholm stattfand, die HVA-Offiziere Bernd Michels unmißverständlich klarmachten, „daß man aus einer solchen Sache nicht einfach aussteigen könne".

Bis Juni 1980 blieb in Referat X/3 HVA der Offizier Peter Eberlein für die aktenmäßige Führung des IM-Vorganges Michels verantwortlich. Ende Juni 1980 wurde durch MfS-interne Recherchen aufgedeckt, daß Eberlein in einem Umfang von insgesamt 40.060 DM sowie 4.798,55 Mark/DDR Operativgelder, die für verschiedene IM-Einsätze bewilligt, aber nicht verbraucht worden waren, unberechtigt vereinnahmt und dies durch Quittungsmanipulationen verschleiert hatte. Von diesen Machenschaften waren der IM-Vorgang Michels und andere West-IM-Vorgänge nicht betroffen, weil Eberlein wegen der in diesen Vorgängen stattfindenden Treffteilnahmen seines Vorgesetzten Rabe das Aufdeckungsrisiko als zu hoch eingeschätzt hatte.

Anstelle Eberleins, der am 2. Juli 1980 aus dem MfS entlassen und am 6. März 1981 zu einer Freiheitsstrafe von fünf Jahren und sechs Monaten verurteilt wurde, setzte der Angeschuldigte Rabe am 1. Juli 1980 Oberleutnant Dr. Gräschke als neuen Führungsoffizier des Angeschuldigten Michels ein und machte ihn noch im selben Jahr bei einem Füh-{238}rungstreff in Helsinki persönlich mit Bernd Michels bekannt. Zielvorstellung in der HVA war es damals wie auch in der Folgezeit, den Angeschuldigten Michels zu veranlassen, seine parteipolitischen Aktivitäten innerhalb der SPD von der schleswig-holsteinischen Landesebene auf Bundesebene zu verlagern und Günther Jansen, der 1980 ein Bundestagsmandat übernahm, nach Bonn zu begleiten, um durch ihn – Michels – in der SPD-Zentrale „präsent" zu werden. Als Björn Engholm 1981 Bundesbildungsminister wurde, kam in der HVA der Gedanke auf, Bernd Michels an der Seite Engholms zu einem „zweiten Guillaume" zu entwickeln. Sowohl von seinem Instrukteur Bigalke als auch von dem Angeschuldigten Rabe wurde Bernd Michels entsprechend aufgefordert, sich von Günther Jansen zu lösen und statt dessen Björn Engholm anzunähern, der innerhalb der SPD „der Mann mit Zukunft" sei.

Als Engholm 1983 den Fraktionsvorsitz der SPD in Schleswig-Holstein übernahm und der bisherige Oppositionsführer Klaus Matthiesen als Minister für Umwelt, Raumordnung und Landwirtschaft nach Nordrhein-Westfalen wechselte, wurde dem Angeschuldigten Michels von seiner Führungsstelle nahegelegt, Matthiesen nach Düsseldorf zu begleiten oder sich um eine Stelle als stellvertretender Pressesprecher beim Parteivorstand der SPD in Bonn zu bewerben. {239}

All diese Perspektiven, die im Hinblick auf die guten Kontakte Michels zu Führungskreisen der SPD nicht unrealistisch waren, hatten zur Folge, daß Bernd Michels innerhalb der HVA als „Spitzenagent" galt, über dessen Entwicklung der Angeschuldigte Rabe seinem Vorgesetzten Wagenbreth und dieser dem Leiter der HVA ständig zu berichten hatte. Die Zielvorstellungen der HVA ließen sich indes nicht verwirklichen, weil Bernd Michels sich für eine Parteikarriere außerhalb der schleswig-holsteinischen SPD nicht engagieren wollte.

Bis zur Auflösung des MfS blieb Dr. Gräschke, der 1983 zum Hauptmann und 1987 zum Major befördert wurde, Führungsoffizier des Angeschuldigten Michels. Bei einem letzten Treff Ende 1989/Anfang 1990 fragte Dr. Gräschke den Angeschuldigten Michels, was dieser von einer zukünftigen Zusammenarbeit mit dem KGB halte, und erhielt eine ablehnende Antwort. Nach der Auflösung des MfS forderte der Angeschuldigte Rabe in privatem Rahmen Dr. Gräschke auf, Bernd Michels zur weiteren nachrichtendienstlichen Führung an das KGB zu übergeben, was Dr. Gräschke unter Hinweis auf das diesbezüglich mit Michels bereits geführte Gespräch ablehnte. Etwa im März 1990 trat der Angeschuldigte Mutz ebenfalls an Dr. Gräschke heran und erkundigte sich nach dessen Bereitschaft, Bernd Michels dem KGB zuzuführen. Nachdem Dr. Gräschke auch dem {240} Angeschuldigten Mutz erklärt hatte, daß Bernd Michels zu einer Zusammenarbeit mit dem russischen Geheimdienst nicht bereit sei, kam es in der Folgezeit zu weiteren Anwerbungsversuchen des KGB nicht.

b) Führungs- und Instrukteurtreffs

Mit seinem Führungsoffizier Peter Eberlein ist der Angeschuldigte Michels in der Anfangszeit der Verbindung in verschiedenen Hotels und in einem konspirativen Objekt der HVA in Ost-Berlin zusammengetroffen. Im Herbst 1973 kam es zu dem bereits erwähnten Treff zwischen Rolf Rabe, Peter Eberlein, Klaus-Peter Bigalke, „Heinz“ und Bernd Michels in Leipzig. In der Folgezeit bis Mitte 1980 fanden Führungstreffs mit Eberlein und dem Angeschuldigten Rabe zweimal jährlich im Ausland (Jugoslawien, Finnland und Schweden sowie einmal in Budapest) statt. Die einzelnen Treffs, die jeweils drei bis fünf Tage dauerten, wurden von Peter Eberlein jeweils in einem detaillierten, Zeit, Ort, Reiseweg, äußeren Ablauf, benötigte Operativgelder, vorgesehene Gesprächsinhalte und zur erzielende Treffergebnisse festlegenden Plan konzipiert, der nach schriftlicher Bestätigung durch den Angeschuldigten Wagenbreth und den Leiter der HVA in die Tat umgesetzt wur-{241}de. Inhaltlich ging es bei diesen Zusammenkünften, bei denen der Angeschuldigte Rabe als Wortführer auftrat, nicht allein um die Entgegennahme der von dem Angeschuldigten Michels gelieferten Informationen, sondern auch darum, zur Einflußnahme auf anstehende politische Entscheidungen innerhalb der SPD Bernd Michels mit „vorgefertigten Argumentationen“ auszustatten, die er gesprächsweise Günther Jansen und anderen führenden Parteimitgliedern nahebringen sollte.

Neben den Führungstreffs mit Peter Eberlein (später Dr. Gräschke) und Rolf Rabe fanden ab 1974 mindestens zweimal jährlich – das eine Mal regelmäßig gegen Jahresende im übrigen häufig nach SPD-Parteitagen – Instrukteurtreffs mit Klaus-Peter Bigalke statt, die sich ebenfalls jeweils über vier bis fünf Tage erstreckten. Trefforte waren vorwiegend Malmö, Göteborg, Helsinki und Kopenhagen, vereinzelt Amsterdam und Zürich sowie je einmal Hamburg, Bremen und Kiel. Die Treffs wurden jeweils durch einen umfassenden, schriftlich ausgearbeiteten Plan des Führungsoffiziers (bis Juni 1980 Eberlein, ab Juli 1980 Dr. Gräschke) vorbereitet und bedurften vor ihrer Durchführung der Bestätigung durch die Angeschuldigten Rabe und Wagenbreth.

Inhaltlich ging es bei den Instrukteurtreffs in der Anfangszeit vor allem darum, die berufliche und wirtschaftliche Existenz des An-{242}geschuldigten Michels u.a. durch Veränderung seines Auftretens, seines äußeren Erscheinungsbildes und seiner Umgangsformen, die nicht den Vorstellungen des MfS entsprachen, auf eine solide Basis zu stellen und ihn dabei zu unterstützen, sich innerhalb der SPD fest zu etablieren. Nachdem dies gelungen war, konzentrierte Klaus-Peter Bigalke in der Folgezeit die Gesprächsführung vorwiegend darauf, zur Ermöglichung einer politischen Einordnung Erkenntnisse über Personen aus dem Bekanntenkreis des Angeschuldigten Michels zu erlangen und Dinge in Erfahrung zu bringen, die auf bestimmte Tendenzen, Strömungen und Meinungen innerhalb der SPD schließen ließen. Dabei stand im Mittelpunkt des Interesses, wie die einzelnen Politiker (beispielsweise betreffend die Anerkennung der Eigenstaatlichkeit der DDR) zu längerfristigen Entwicklungen und tagespolitischen Erscheinungen standen und wo etwa innerhalb des SPD-Vorstandes unterschiedliche Meinungen dazu vertreten wurden. Um dies zu ergründen, stellte Klaus-Peter Bigalke gezielte Fragen zu den politischen Auffassungen, aber auch zu persönlichen Eigenschaften und Schwächen der SPD-Funktionäre, mit denen Bernd Michels Umgang hatte. Daneben überließ Bigalke dem Angeschuldigten Michels bisweilen analytische Ausarbeitungen und andere schriftliche Materialien, die nach den Vorstellungen der Führungsstelle von Bernd Michels bei seiner journalistischen Tätigkeit {243} berücksichtigt werden sollten, was dieser indes – soweit den Ermittlungsbehörden bekannt ist – nicht tat.

Letztmals traf Klaus-Peter Bigalke im Rahmen seiner Instrukteurtätigkeit im Dezember 1988 in Skandinavien mit Bernd Michels zusammen.

Mit seinem Führungsoffizier Dr. Gräschke traf sich der Angeschuldigte Michels nach der bereits erwähnten Zusammenkunft in Helsinki Ende 1980 bis zum Sommer 1989 einmal jährlich im westlichen Ausland, wobei immer auch der Angeschuldigte Rabe als wortführender Treffpartner anwesend war. Trefforte waren Helsinki, Stockholm, Göteborg, Wien, Zürich, Madrid und Griechenland, wo im Sommer 1989 auf einer Insel eine etwa einwöchige gemeinsame Zusammenkunft stattfand. Beim letzten, Ende 1989/Anfang 1990 mit Major Dr. Gräschke durchgeführten Treff war der Angeschuldigte Rabe nicht mehr zugegen.

Bei den Treffs mit Dr. Gräschke und dem Angeschuldigten Rabe ging es zunächst ebenso wie bei den Instrukteurtreffs darum, die von Michels gelieferten Informationen und Materialien entgegenzunehmen. Daneben standen bei diesen Zusammenkünften Fragen der persönlichen und beruflichen Entwicklung Michels' und seiner nachrichtendienstlichen Perspek-{244}tive im Vordergrund der Gespräche. Im übrigen erörterten die Offiziere mit Bernd Michels Fragen des Verbindungswesens und händigten ihm mitunter schriftliche Ausarbeitungen der Abteilung X HVA – etwa zur sog. Kießling-Affäre – mit der Bitte aus, die darin enthaltenen Behauptungen oder Wertungen in die westdeutsche Öffentlichkeit zu lancieren, was Michels jedoch – soweit den Ermittlungsbehörden bekannt ist – unterließ.

Um den Informationsfluß zu steigern und in seiner nachrichtendienstlichen Wertigkeit zu erhöhen, entschied der Angeschuldigte Wagenbreth etwa 1981/82, den an der Universität Leipzig fachlich im Bereich der politischen Parteienanalyse tätigen Politologen Wolfgang Fischer, der in der DDR als exzellenter Kenner SPD-interner Vorgänge und Verhältnisse galt, als zweiten Instrukteur neben Klaus-Peter Bigalke in den Vorgang Michels einzubinden. Mit Wolfgang Fischer traf Bernd Michels bis zur Wende etwa sechsmal jährlich in verschiedenen Städten Skandinaviens und in der Bundesrepublik zusammen, so daß sich insgesamt für die Instrukteurtreffs mit Bigalke und Fischer ein Rhythmus von ungefähr sechs Wochen ergab. Da Wolfgang Fischer aufgrund seiner beruflichen Qualifikation mit den Themenbereichen eng vertraut war, zu denen bei entsprechender Befragung Informatio-{245}nen von Bernd Michels erlangt werden konnten, gelang es ihm aus Sicht der HVA in hervorragender Weise, die Quelle Michels im Sinne der Richtlinie Nr. 1/76 „tiefgründig und umfassend abzuschöpfen“ und aus Michels’ Angaben die unter operativen Gesichtspunkten entscheidenden Nuancen herauszufiltern.

c) Verratsumfang

In der Anfangszeit seiner Zusammenarbeit mit der HVA informierte der Angeschuldigte Michels seine Führungsstelle über Person und politische Aktivitäten Jochen Steffens sowie über redaktionelle Interna der Presseorgane, für welche er journalistisch tätig war, insbesondere der Zeitschriften „konkret“ und „das da“.

Ab 1975 berichtete Bernd Michels mündlich über allgemeine Parteiangelegenheiten und Interna der SPD-Landesverbandes Schleswig-Holstein und über Mitglieder, Sekretärinnen und Parteifunktionäre, mit denen er im Rahmen seiner beruflichen Tätigkeit für die SPD Umgang hatte. Seine Berichte bezogen sich vorwiegend auf politische Auffassungen, Absichten und Handlungen, Privatleben und persönliche Eigenschaften Günther Jansens, auf Bundesminister (1974 bis 1976) bzw. SPD-{246}Bundesgeschäftsführer (1977 bis 1981) Egon Bahr, dessen Bundestagswahlkreis im Norden Schleswig-Holsteins lag, auf Björn Engholm (bis 1981 Mitglied des Bundestages mit Wahlkreis in Lübeck, 1981/82 Bundesforschungsminister, ab 1983 Fraktionsvorsitzender der SPD im schleswig-holsteinischen Landtag, ab 1984 zugleich Mitglied des SPD-Bundesvorstandes) und auf die ihm persönlich näher bekannten SPD-Politiker Gerd Walter und Heidemarie Wieczorek-Zeul (beide ab 1983 Mitglieder des Europa-Parlaments, Wieczorek-Zeul ab 1984 zugleich Mitglied des SPD-Vorstandes, Walter ab 1987 SPD-Landesvorsitzender in Schleswig-Holstein).

Die Einzelinformationen, die Bernd Michels zu den vorgenannten und anderen Politikern gab, wurden in seiner Führungsstelle gesammelt und nach und nach zu Persönlichkeitsbildern zusammengesetzt.

Neben seinen mündlichen Berichten, die sich insbesondere auch auf aktuelle Meinungen ihm bekannter SPD-Politiker zu anstehenden politischen Tagesfragen bezogen lieferte Bernd Michels schriftliches Material (Redetexte, Pressemappen, Beschlußvorlagen und gefaßte Beschlüsse) von SPD-Parteitagen sowie jedenfalls ab 1980/81 Unterlagen aus dem Bereich des SPD-Landesverbandes, Ausarbeitun-{247}gen der SPD-Landtagsfraktion und regelmäßig die Protokolle der Landesvorstandssitzungen der schleswig-holsteinischen SPD.

Hinzu kamen von ihm selbst erarbeitete Verhandlungspapiere und Redeentwürfe, Unterlagen über Beratungen der Bundesgeschäftsstelle der SPD und unregelmäßig Sitzungsprotokolle des SPD-Bundesvorstandes. Da die von dem Angeschuldigten Michels aus SPD-Kreisen gelieferten Informationen und Materialien von hoher Authentizität und Aktualität waren, wurden sie von der Auswertungsabteilung VII HVA in aller Regel mit guten bis sehr guten Benotungen versehen.

Als in der ersten Hälfte der 80er Jahre erste offizielle Kontakte zwischen dem SPD-Landesverband Schleswig-Holstein und den SED-Bezirken Rostock, Schwerin und Neubrandenburg aufgenommen wurden, berichtete Bernd Michels, der schon in der Vorbereitungsphase vom SPD-Landesvorstand als Begleiter des Landesgeschäftsführers

R. nach Neubrandenburg geschickt worden war, über SPD-interne Einschätzungen und Bewertungen der durchgeführten Gespräche und verhalf dadurch der HVA zu operativ wertvollen Einblicken in die westdeutschen Verhandlungspositionen. {248}

Nachdem Bernd Michels aus der aktiven Parteiarbeit ausgeschieden war und am 1. Oktober 1985 eine Tätigkeit beim NDR aufgenommen hatte, verringerten sich seine Zugänge zu nachrichtendienstlich interessanten Interna der SPD erheblich. Seine Verratslieferungen beschränkten sich fortan im wesentlichen auf mündliche Informationen über die allgemeine politische Entwicklung im Landesverband, an dessen Parteitagen er weiterhin regelmäßig teilnahm, über personelle und sonstige Vorgänge innerhalb der SPD, die ihm als Parteimitglied, im Rahmen seiner bis 1988 andauernden Betreuung des Bundestagswahlkreises Günther Jansens und aufgrund seiner vielfältigen persönlichen Kontakte zu Parteifunktionären zur Kenntnis gelangten sowie über die sog. Barschel/Pfeiffer-Affäre. So berichtete er bei einem Instrukteurtreff Ende 1987 oder 1988 von mindestens einem Gespräch, welches vor Aufdeckung der Affäre im Magazin „Der Spiegel" (12. September 1987) zwischen Reiner Pfeiffer, Günther Jansen und dem SPD-Pressesprecher Klaus Nilius stattgefunden hatte, und erklärte ferner, Klaus Nilius sei später für sein Verschweigen des Kontakts zu Reiner Pfeiffer „abgefunden worden". {249}

d) Ausstattung mit nachrichtendienstlichen Hilfsmitteln

In der Zeit, in welcher der Angeschuldigte Michels von Offizier Eberlein nachrichtendienstlich angeleitet wurde, verfügte er an Hilfsmitteln lediglich über eine Deckadresse in Ost-Berlin, über welche er Kontakt zu seiner Führungsstelle aufnehmen konnte.

In späterer Zeit wurden ihm von seinem Führungsoffizier Dr. Gräschke verschiedene Nummern des Eurosignalsystems genannt, die er gelegentlich benutzte, um vereinbarte Treffs abzusagen oder um deren Verschiebung zu bitten. Von seinem Instrukteur Wolfgang Fischer wurde Bernd Michels etwa 1982 im Empfangen verschlüsselter Radiosendungen unterwiesen und mit einem Kurzwellengerät, Schlüsselunterlagen und einem Container (Schlüsselmäppchen) zu deren Aufbewahrung ausgestattet. Verschlüsselte Mitteilungen an Bernd Michels wurden ein- oder zweimal monatlich zu festgelegten Zeiten von der Führungsstelle ausgesendet. Im übrigen verfügte der Angeschuldigte Michels zur Nachrichtenübermittlung per Telefon über einen sog. Schnellgeber, der in einer Spraydose untergebracht war, mit dessen Handhabung er jedoch nicht zurechtkam und den er deshalb etwa 1986 an seine Führungsstelle zurückgab. {250}

Darüber hinaus waren von der HVA verschiedene Falschausweise und -pässe für Bernd Michels ausgestellt worden, über deren Benutzung durch den Angeschuldigten Michels den Ermittlungsbehörden keine Erkenntnisse vorliegen.

e) Nachrichtendienstliches Entgelt

An nachrichtendienstlichem Entgelt erhielt der Angeschuldigte Michels anfangs unregelmäßig, ab etwa 1977 regelmäßig pro Monat erst ca. 250 DM, ab etwa 1980/81 monatlich 500 bis 700 DM und in den letzten Jahren bis 1987 pro Monat 800 DM, die ihm bei Führungs- und Instrukteurtreffs für den jeweils seit dem letzten Treff vergangenen Zeitraum, auf Verlangen bisweilen auch als Vorschuß für den bevorstehenden Zeitabschnitt ausgezahlt wurden und deren Empfang er zum Teil seinem Decknamen „Bernhard“ quittierte.

Daneben wurden dem Angeschuldigten Michels Reise- und Aufenthaltskosten im Zusammenhang mit Treffs stets großzügig erstattet und zu Geburtstagen, zu Weihnachten und aus anderen Anlässen (Anschaffung eines Pkw, beabsichtigter Wohnungswechsel) Sonderprämien gezahlt, die mitunter Größenordnungen von {251} 5.000 bis 7.000 DM, einmal – etwa 1985/86 für die Anschaffung eines Autos – von etwa 15.000 DM erreichten.

Als Bernd Michels in den 70er Jahren durch Spielschulden finanziell in eine akute Notlage geriet, bewilligte ihm Markus Wolf auf entsprechende Anregung des Angeschuldigten Rabe ein Darlehen von 20.000 DM, welches in Anwesenheit Peter Eberleins von Rolf Rabe in Ost-Berlin ausgezahlt wurde. Bernd Michels quittierte den Empfang mit seinem Decknamen „Bernhard“ und legte auf Verlangen Wolfs in einer Tonbanderklärung dar, wofür er das Geld benötigte.

In der ersten Hälfte der 80er Jahre wurde dem Angeschuldigten Michels von der Staatsführung der DDR der „Vaterländische Verdienstorden“ in Bronze verliehen. Hierüber wurde Bernd Michels bei einem Führungstreff in Schweden in Kenntnis gesetzt, wobei ihm Dr. Gräschke als mit der Auszeichnung verbundenes Sachgeschenk eine antiquarische Taschenuhr und dar über hinaus einen Geldbetrag von 2.000 DM übergab.

Im Jahr 1987 wurde von der Führungsstelle eine Anhebung des bis dahin gezahlten Agentenlohnes von monatlich 800 DM beschlossen. Fortan erhielt Bernd Michels auf Anordnung {252} des Angeschuldigten Wagenbreth bis Ende 1989 pro Monat ein nachrichtendienstliches Entgelt von 1.200 DM.

VI. Einlassungen der Angeschuldigten

Der Angeschuldigte Wagenbreth hat Angaben zur Sache verweigert und sich auch zu seinen persönlichen und wirtschaftlichen Verhältnissen nicht eingelassen.

Die Angeschuldigten Mutz und Rabe haben ihren persönlichen und beruflichen Werdegang geschildert und ihre funktionalen Zuständigkeiten innerhalb der Abteilung X HVA angegeben. Der Angeschuldigte Rabe hat darüber hinaus, ohne näher auf einzelne operative Sachverhalte einzugehen, kursorisch Aufgabenstellung, Struktur und Arbeitsweise der Abteilung X HVA beschrieben. Weitergehende Einlassungen zu ihrer nachrichtendienstlichen Tätigkeit haben die Angeschuldigten Mutz und Rabe verweigert.

Der Angeschuldigte Michels hat den gegen ihn erhobenen Tatvorwurf im Kern eingeräumt, hinsichtlich des Ausmaßes seiner nachrichtendienstlichen Verstrickung, des Umfanges der {253} Verratslieferungen und der Höhe seiner Entlohnung jedoch abschwächende Angaben gemacht oder solche verweigert.

VII. Rechtliche Würdigung

Das Verhalten der Angeschuldigten erfüllt den Tatbestand der geheimdienstlichen Agententätigkeit des § 99 Abs. 1 Nr. 1 StGB[24] sowie hinsichtlich der Zeit vor dessen Inkrafttreten am 25. Juni 1968[25] (BGBl. I S. 741) – mithin hinsichtlich der Angeschuldigten Wagenbreth, Mutz und Rabe – die Voraussetzungen des § 100e StGB a.F.[26]

Die grundsätzliche Strafbarkeit der Angehörigen des Auslandsaufklärungsdienstes der ehemaligen DDR hat der Bundesgerichtshof in mehreren Entscheidungen – zuletzt im Urteil vom 30. Juli 1993 gegen den Leiter der Abteilung IX HVA Harry Schütt (3 StR 347/92)[27] – ausdrücklich anerkannt. Ein Zuwarten auf die Entscheidung des Bundesverfassungsgerichts über den Vorlagebeschluß des Kammergerichts in der Strafsache gegen Werner Großmann u.a.[28] kommt nicht in Betracht, weil nicht absehbar ist, wann eine solche in dieser seit August 1991 beim Bundesverfassungsgericht anhängigen Sache ergehen wird. {254}

Die Angeschuldigten haben ihre Tatbeiträge jeweils arbeitsteilig mit anderen Mitarbeitern des MfS als Mittäter i.S. des § 25 Abs. 2 StGB begangen.

Soweit die Angeschuldigten Wagenbreth und Mutz der Durchführung „aktiver Maßnahmen" Erkenntnisse zugrundegelegt haben, deren operative Beschaffung aus der Bundesrepublik Deutschland nicht von ihnen selbst verantwortlich gesteuert worden war, sind sie als Mittäter gleichwohl gemäß § 99 Abs. 1 Nr. 1 StGB zu belangen. Nach den Richtlinien des MfS war grundsätzlich jede aus dem Operationsgebiet gewonnene Information für eine Verwendung im Rahmen „aktiver Maßnahmen" in Betracht zu ziehen. Jede Beschaffungsoperation zielte mithin von vornherein auch auf die Erlangung von Anknüpfungserkenntnissen für Desinformations- und ähnliche Maßnahmen und bildete, wenn eine solche durchgeführt wurde, mit der Anfertigung des Desinformations-Machwerkes, dessen Lancierung an geeignete Stellen im Bundesgebiet und der nachrichtendienstlichen Beobachtung ihrer Wirkung eine untrennbare Einheit.

Indem die Angeschuldigten Wagenbreth und Mutz im April 1988 die Verbreitung des auf fototechnischem Wege mit einer Unterschrift des verstorbenen Dr. Barschel versehenen „Barschel-Briefs" in mindestens drei {255} Exemplaren veranlagt haben, in welchem zur Beeinflussung insbesondere der schleswig-holsteinischen Wählerschaft im Hinblick auf die Landtagswahl vom 8. Mai 1988 die Tatsache behauptet wird, Dr. Stoltenberg sei billigender Mitwisser der in der Barschel/Pfeiffer-Affäre ans Licht gekommenen Aktionen gegen Björn Engholm gewesen, haben sie sich darüber hinaus der Üblen Nachrede gegen eine Person des politischen Lebens sowie der Herstellung und des Gebrauchs einer unechten Urkunde schuldig gemacht. Strafantrag des Verletzten wurde am 5. Mai 1988 gestellt.

Die Vergehen nach §§ 187a Abs. 1 und 267 Abs. 1 StGB stehen zu den Vergehen der geheimdienstlichen Agententätigkeit im Verhältnis der Tateinheit (§ 52 StGB).

Das Verhalten der Angeschuldigten Wagenbreth und Rabe erfüllt zugleich den Tatbestand der Bestechung nach § 334 StGB. Der Agent Wilhelm Reichenburg, der als Offizier nach § 48 Abs. 1 WStG einem Amtsträger gleichstand, wurde aufgrund entsprechender Entscheidungen der Angeschuldigten Wagenbreth und Rabe für seine Verratstätigkeit fortlaufend vom MfS entlohnt. Das Delikt der Bestechung ist indes verjährt, seine Begehung allein im Rahmen der Bestrafung wegen geheimdienstlicher Agententätigkeit erschwerend zu berücksichtigen. Ebenso verhält es sich mit der versuchten Nötigung, die der Angeschuldigte Wagenbreth zum Nachteil Heinrich Lummers begangen hat. {256}

Wegen des Verlustes der Amtsfähigkeit, der Wählbarkeit und des Stimmrechts wird auf die §§ 45 und 101 StGB, wegen der Einziehung des bei dem Angeschuldigten

Michels sichergestellten Radiogerätes „Palladium“ und des als Container genutzten Schlüsselmäppchens auf § 101a Nr. 1 StGB verwiesen.

Ich beantrage,

a) das Hauptverfahren zu eröffnen und
b) Termin zur Hauptverhandlung vor dem 2. Strafsenat des Oberlandesgerichts Schleswig zu bestimmen.

Anmerkungen

1 Am 24.11.1995 nahm der Generalbundesanwalt die Anklage gegen Mutz und Wagenbreth zurück und stellte das Verfahren anschließend gem. § 153c StPO ein. Am 3.5.1996 wurde das Verfahren gegen Rabe durch Beschluss des OLG Schleswig – Az. 2 OJs 25/93 – zunächst gem. § 153a Abs. 2 StPO gegen Zahlung von 2.000,- DM vorläufig und durch Beschluss vom 6.11.1996 unter demselben Az. nach Erfüllung der Auflagen schließlich endgültig eingestellt. Lediglich gegen den Angeklagten Michels wurde das Hauptverfahren eröffnet. Zum Verfahrensfortgang gegen ihn vgl. lfd. Nr. 4-2.
Die Text der Anklage ist im Original mit Anmerkungen versehen, die in der Regel Hinweise auf Beweismittelordner, in einzelnen Fällen jedoch auch weiterführende Hinweise enthalten. Auf den Abdruck wurde bis auf wenige Ausnahmen verzichtet.

2 So genannte Schnellgeber ermöglichten es, einen Funkspruch in wenigen Sekunden an die Zentrale zu übermitteln.

3 Zu Wolf vgl. lfd. Nr. 1.

4 Vgl. auch das Urteil in dem genannten Verfahren, lfd. Nr. 1-1, S. 10 ff.

5 Müller-Enbergs, Helmut (Hg.): Inoffizielle Mitarbeiter des Ministeriums für Staatssicherheit, Teil 2: Anleitungen für die Arbeit mit Agenten, Kundschaftern und Spionen in der Bundesrepublik Deutschland, Berlin 1998, S. 471ff.

6 Vgl. auch das Urteil in dem genannten Verfahren, lfd. Nr. 1-1, S. 10ff.

7 Zu Großmann vgl. lfd. Nr. 2.

8 Vgl. Suckut, Siegfried (Hg.): Das Wörterbuch der Staatssicherheit. Definitionen zur „politisch-operativen Arbeit“, Berlin 1996.

9 Die Richtlinie ist abgedruckt bei Fricke, Karl Wilhelm: MfS intern, Köln 1991, S. 93ff.

10 Vgl. hierzu den geplanten Dokumentationsband zu den MfS-Straftaten.

11 Zu Stoph vgl. den Dokumentationsband zu Amtsmissbrauch und Korruption, lfd. Nr.7.

12 An dieser Stelle befindet sich im Original die Fn. 106, die folgendermaßen lautet: „Das NS-Archiv der HA IX/11 wurde vom Bundesarchiv übernommen und befindet sich heute im Zwischenarchiv Dahlwitz-Hoppegarten, Lindenallee 55-57.“

13 Zum Aufbau der Abteilung X vgl. auch das Schaubild 3 im Anhang auf S. 1017.

14 Vgl. lfd. Nr. 5.

15 Zu Modrow vgl. den Dokumentationsband zur Wahlfälschung, lfd. Nr. 15.

16 Zu Fischer vgl. lfd. Nr. 2.

17 An dieser Stelle befindet sich im Original die Fn. 215, die auf die Sitzungsprotokolle des Deutschen Bundestages vom 28. Januar und 10. März 1976 verweist.

18 An dieser Stelle befindet sich im Original die Fn. 223, die auf den Antrag auf Einsetzung und den Abschlußbericht des genannten Untersuchungsausschusses verweist.

19 An dieser Stelle befindet sich im Original die Fn. 275, die lautet: „... In der ‚Quick-Affäre‘ wurde Dr. Ehmke aus Anlaß einer Durchsuchungsaktion der Staatsanwaltschaft Bonn in den Redaktionsräumen der Zeitschrift ‚Quick‘ am 9. August 1972 in der Presse vorgeworfen, er mißbrauche die Justizbehörden, um das unliebsame Oppositionsblatt ‚Quick‘ mundtot zu machen.
‚Quick‘ hatte unter seinem Redaktionsleiter van Nouhuys im Juli 1970 das sog. ‚Bahr-Papier‘ über Verhandlungen der sozialliberalen Koalitionsregierung mit dem sowjetischen Außenminister Gromyko

veröffentlicht, um den Fortgang dieser Verhandlungen zu stören und die Bundesregierung in den Augen Moskaus als unseriösen Partner bloßzustellen. Im Juli 1971 hatte ‚Quick' unter der Schlagzeile ‚Bonn will Berlin verschenken' vertrauliche Berliner Vier-Mächte-Dokumente veröffentlicht. Anfang August 1972 schließlich veröffentlichte ‚Quick' den Rücktrittsbrief des ehemaligen Bundesministers Karl Schiller an Kanzler Willy Brandt. Das staatsanwaltschaftliche Ermittlungsverfahren war wegen des Verdachts eingeleitet worden, ‚Quick' sei durch Bestechungszahlungen in den Besitz des Materials gelangt.
Der Vorwurf, Dr. Ehmke habe als Veranlasser exekutiver Maßnahmen die Pressefreiheit mißachtet, wurde durch eine ‚Quick'-Veröffentlichung vom 11. September 1972 noch dahingehend erweitert, daß er außerdem den BND innenpolitische Aufklärung in Verlags- und Journalistenkreisen betreiben lasse. – Hierauf mischte sich der Angeschuldigte Wagenbreth mit der inhaltlich nicht bekannten ‚aktiven Maßnahme' in die innenpolitische Auseinandersetzung ein."

20 An dieser Stelle befindet sich im Original die Fn. 311, die lautet: „Passierscheinabkommen wurden am 24. September 1964, 25. November 1965 und 7. März 1966 unterzeichnet. Am 6. Oktober 1966 wurde ein Abkommen über die Wiedereröffnung der sog. ‚Härtestelle' geschlossen. Am 27. Oktober 1966 verlangte die DDR-Regierung als Vorbedingung für eine neue Passierscheinübereinkunft den Verzicht auf die Klausel, das Abkommen werde ‚ungeachtet der unterschiedlichen politischen und rechtlichen Standpunkte und der Meinungsverschiedenheiten über Orts-, Behörden- und Amtsbezeichnungen' geschlossen. Hierauf gab es zu Weihnachten 1966 keine Passierscheine in Berlin. Ab April 1967 arbeitete die Passierscheinstelle zunächst ohne schriftliche Vereinbarung weiter. Für die Osterzeit 1969 kam eine ins Auge gefaßte Passierscheinregelung nicht zustande, weil die östliche Seite als Gegenleistung dafür einen Verzicht auf die Wahl des neuen Bundespräsidenten in West-Berlin forderte. Am 5. März 1969 trat die 5. Bundesversammlung in West-Berlin zusammen und wählte Gustav Heinemann zum neuen Bundespräsidenten."

21 Zu Honecker vgl. den Dokumentationsband zu Amtsmissbrauch und Korruption, lfd. Nr. 8.

22 Die Richtlinie ist vollständig abgedruckt in Müller-Enbergs, Helmut (Hg.): Inoffizielle Mitarbeiter des Ministeriums für Staatssicherheit, Teil 2: Anleitungen für die Arbeit mit Agenten, Kundschaftern und Spionen in der Bundesrepublik Deutschland, Berlin 1998, S. 352ff.

23 An dieser Stelle befindet sich im Original die Fn. 662, die lautet: „Der im Aktenbestand der Abteilung XII MfS (Kartei und Archiv) aufgefundenen Sicherheitsverfilmung der offiziellen Todesermittlungsakte Vogel ist ein Vermerk vorgeheftet, wonach das angeblich durch das kriminalistische Institut der DVP auf der Grundlage des von einem Leutnant der Kriminalpolizei erhobenen Tatortbefundes erstellte ‚kriminaltechnische Gutachten', auf welches die Selbstmordthese nach außen hin gestützt worden ist, in Wahrheit als Fälschung durch Mitarbeiter der Abteilung XXXII des operativtechnischen Sektors des MfS (OTS) angefertigt worden ist und die Erhebungen im Haftraum des Verstorbenen nicht durch die Polizei, sondern durch einen Mitarbeiter der HA IX/7 MfS angestellt wurden. In der offiziellen Todesermittlungsakte, die der Staatsanwaltschaft Dresden zum Ermittlungsverfahren 40 UJs 854/91 vorliegt, ist der fragliche Vermerk nicht vorhanden. Die Sicherheitsverfilmung (unterteilt in – teils identische – Bände 1 und 2) wurde für das vorliegende Ermittlungsverfahren in der Gauck-Behörde entwickelt. Schon als Untersuchungshäftling hatte Dieter Vogel in einem damals von der Zensur beschlagnahmten Brief an die Ständige Vertretung der Bundesrepublik Deutschland vom 26. Mai 1981 darüber geklagt, Injektionen zu bekommen, ohne über deren medizinischen Grund aufgeklärt zu werden. Die von Dieter Vogel erstrebte Rückkehr in die Bundesrepublik (Austausch oder Freikauf) kam aus Sicht des MfS nicht in Frage, da versucht werden sollte, von Dieter Vogel unter Ausnutzung seiner Haftsituation Informationen über den amerikanischen Geheimdienst zu erlangen."

24 Vgl. Anhang S. 1024.

25 Das genannte Gesetz trat nicht am 25.6., sondern am 1.8.1968 in Kraft (vgl. Art. 10 Abs. 1 des 8. StrÄndG vom 25. Juni 1968 – BGBl. I S. 741, 755).

26 Vgl. Anhang S. 1022.

27 Vgl. lfd. Nr. 3-2.

28 Vgl. lfd. Nr. 2-2.

Inhaltsverzeichnis
Erstinstanzliches Urteil des Schleswig-Holsteinisches Oberlandesgerichts vom 5.11.1996, Az.: 2 OJs 25/93

Schleswig-Holsteinisches Oberlandesgericht 5. November 1996
Az.: 2 OJs 25/93

URTEIL

Im Namen des Volkes

In der Strafsache *gegen*

Bernd Werner Michels,
geboren 1945 in N.,
– Verteidiger: Rechtsanwalt Liebe in Kiel –

wegen geheimdienstlicher Agententätigkeit

hat der II. Strafsenat des Schleswig-Holsteinischen Oberlandesgerichts in Schleswig aufgrund der am 5. November 1996 begonnenen Hauptverhandlung, an der teilgenommen haben:

⊗ Es folgt die Nennung der Verfahrensbeteiligten. ⊗ {2}

in der Sitzung vom 27. November 1996 für Recht erkannt:

Der Angeklagte wird wegen geheimdienstlicher Agententätigkeit zu einer Freiheitsstrafe von 1 Jahr und 6 Monaten verurteilt.
Die Vollstreckung der Strafe wird zur Bewährung ausgesetzt.
Der Angeklagte trägt die Kosten des Verfahrens.
Angewendete Vorschrift: § 99 Abs. 1 Nr. 1 StGB.

Gründe

(abgekürzt gemäß § 267 Abs. 4 StPO)

Der Angeklagte ist Journalist; seit 1993 ist er – als Folge dieses Verfahrens – arbeitslos. Von 1974 bis 1989 stand er in geheimdienstlicher Verbindung mit dem Ministerium für Staatssicherheit der DDR. Er übermittelte vornehmlich Informationen aus dem Bereich der schleswig-holsteinischen SPD. Zu dieser Partei stand er in engen Beziehungen. 1971 war er der SPD beigetreten. Im selben Jahr wurde er persönlicher Referent des damaligen schleswig-holsteinischen Landesvorsitzenden Jochen Steffen. Von 1977 bis 1985 war der Angeklagte Referent für Öffentlichkeitsarbeit (Pressesprecher) des schleswig-holsteinischen Landesverbandes der SPD. 1985 wurde der Angeklagte Redakteur beim Norddeutschen Rundfunk; die Verbindung zum Ministerium für Staatssicherheit blieb bestehen.

Den Kontakt zu dem Angeklagten hatte 1973 der Zeuge Rabe[1] vom Ministerium für Staatssicherheit angebahnt. Gelegenheit dazu ergab sich bei beruflichen Reisen des Angeklagten in die DDR. {3}

Im Herbst 1974 erklärte der Zeuge Rabe dem Angeklagten, zukünftig solle der Zeuge Bigalke die Verbindung aufrechterhalten, damit auffällige Ostreisen des Angeklagten vermieden würden. Spätestens seit diesem Zeitpunkt wußte der Angeklagte, daß er mit dem Geheimdienst der DDR zusammenarbeitete.

In der Folgezeit kam es zu regelmäßigen Treffen mit Vertretern des Ministeriums für Staatssicherheit. Mit seinen Führungsoffizieren – dem Zeugen Rabe, zuletzt Oberst, und dem Zeugen Dr. Gräschke, zuletzt Major des Geheimdienstes – traf sich der Angeklagte durchweg einmal jährlich. Die Treffen dauerten in der Regel mehrere Tage. Trefforte waren Helsinki, Stockholm, Göteborg, Wien, Zürich, Madrid und die griechische Insel Aegina. Zusätzlich fanden regelmäßige Treffen mit Instrukteuren des Geheimdienstes statt. Instrukteur war zunächst allein der Zeuge Bigalke. Ab 1982 wurde ein Leipziger Politologe, Wolfgang Fischer, als weiterer Instrukteur eingesetzt; Wolfgang Fischer, Kenner sozialdemokratischer Politik, erschien dem Ministerium für Staatssicherheit besonders geeignet, die Informationen des Angeklagten auszuwerten. Mit Bigalke traf sich der Angeklagte durchschnittlich zwei- bis dreimal jährlich, mit Wolfgang Fischer darüber hinaus sechs- bis neunmal im Jahr. Trefforte waren Kopenhagen, Malmö, Göteborg, Stockholm, Helsinki, Amsterdam, Zürich, Wien, Hamburg, Kiel und Bremen.

Entgegen der – durch die Aussagen der Zeugen Dr. Gräschke und Bigalke widerlegten – Einlassung des Angeklagten war die Zusammenarbeit des Angeklagten mit dem Ministerium für Staatssicherheit nie für nennenswerte Zeit unterbrochen. Eine – kurzzeitige – Lücke ergab sich lediglich einmal, als 1980 ein früherer Führungsoffizier – Peter Eberlein – durch den Zeugen Dr. Gräschke ersetzt wurde und deshalb ein bereits festgelegter Termin für ein Treffen verschoben werden mußte. Die Verbindung blieb auch dann in gleicher Weise aufrechterhalten, als der Angeklagte seine Parteiarbeit für die SPD beendete und ab 1985 als Redakteur beim Norddeutschen Rundfunk tätig wurde. Als Grund für diesen Wechsel der Tätigkeit gibt der Angeklagte an, das Mini-{4}sterium für Staatssicherheit habe ihm damals nahegelegt, unter Ausnutzung seiner Beziehungen zu sozialdemokratischen Politikern seine Parteiaktivitäten an bedeutsamerer Stelle – (im Zusammenhang mit Günther Jansen und Björn Engholm) in Bonn oder (im Hinblick auf Klaus Matthiessen) in Düsseldorf – fortzusetzen und von dort aus dem Geheimdienst zu berichten; eine geheimdienstliche Arbeit auf dieser Ebene habe er verhindern wollen. Die Einlassung ist nicht widerlegt.

Bei den jeweiligen Treffen übergab der Angeklagte schriftliches Material, so etwa Parteitagsbeschlüsse der SPD, Redetexte, regelmäßig Protokolle von Vorstandssitzungen des schleswig-holsteinischen Landesverbandes der SPD und – unregelmäßig – Sitzungsprotokolle des Bundesvorstandes der SPD. Vor allem aber berichtete der Angeklagte – anhand einer „Standardliste“ (so der Zeuge Bigalke) – über Meinungen und Einstellungen ihm bekannter Politiker der SPD, auch über Entwicklungen und etwaige Differenzen hinsichtlich aktueller politischer Streitfragen in der SPD. Nach den Worten des Zeugen Bigalke teilte er dabei ergänzend mit, was insoweit „am Biertisch“ oder „hinter vorgehaltener Hand“ gesagt wurde. Außerdem schilderte er persönliche Eigenheiten ihm bekannter Politiker, so u.a. von Jochen Steffen, Björn Engholm, Gerd Walter, Egon Bahr, Günther Jansen und Pieczyk; diese Informationen wurden im Ministerium für Staatssicherheit gesammelt und zu Persönlichkeitsbildern zusammengesetzt. Die Informationen des Angeklagten wurden nach einem internen Bewertungssystem des Ministeriums in der Regel als „gut" eingestuft.

Die Kontakte des Angeklagten mit dem Ministerium für Staatssicherheit wurden geheimgehalten. Der Angeklagte hatte den Decknamen „Bernhard". Der Zeuge Rabe trat dem Angeklagten gegenüber als „Rolf", der Zeuge Dr. Gräschke als „Jürgen" auf. Dem Angeklagten wurde eine Deckadresse in Ostberlin genannt, an die er sich im Bedarfsfall wenden konnte. Durch die Anwahl bestimmter Nummern des Eurosignalsystems war es ihm möglich, Treffs abzusagen oder zu verschieben. Mit den Instrukteuren war verein-{5}bart, daß sie dem Angeklagten bei Telefonaten durch scheinbar unverfängliche, verschlüsselte Sätze etwaige Verschiebungen von Treffs mitteilten. Der Angeklagte wurde mit nachrichtendienstlichen Hilfsmitteln ausgestattet. So erhielt er einen Schnellgeber[2], der in einer Spraydose untergebracht war. Außerdem wurde ein Kurzwellenempfänger beschafft, über den – in regelmäßigen Abständen gesendete – verschlüsselte Nachrichten vom Angeklagten empfangen werden konnten; die Schlüsselunterlagen wurden in dem verborgenen Sonderfach eines ebenfalls vom Ministerium für Staatssicherheit zur Verfügung gestellten Schlüsselmäppchens versteckt.

Für seine Tätigkeit wurde der Angeklagte entlohnt. Reisekosten zu den jeweiligen Treffs wurden ihm – „großzügig" abgerundet – ersetzt. Außerdem erhielt der Angeklagte von 1975 bis 1989 ein festes monatliches Entgelt. Es belief sich – mindestens – auf zunächst 250 DM, danach auf 500 bis 600 DM im Monat. Darüber hinaus gewährte das Ministerium für Staatssicherheit dem Angeklagten Sonderzahlungen, so für einen Autokauf 15.000 DM, für eine Wohnungseinrichtung einen Betrag unbekannter Höhe, ferner eine jedenfalls über 5.000 DM liegende Sonderzahlung, die der Angeklagte in einer – nach Erinnerung des Zeugen Dr. Gräschke – „kritischen Situation" für sich erbeten hatte. Eine weitere Sonderzuwendung erhielt der Angeklagte, als ihm die DDR den „Vaterländischen Verdienstorden" in Bronze verlieh.

Die Tat des Angeklagten ist als geheimdienstliche Agententätigkeit gemäß § 99 Abs. 1 Nr. 1 StGB[3] zu werten.

Anmerkungen

1 Am 3.5.1996 hat das OLG Schleswig unter dem Az. 2 OJs 25/93 das Verfahren gegen den ehemaligen Mitangeklagten Rabe zunächst gem. § 153a Abs. 2 StPO gegen Zahlung von 2.000,- DM vorläufig und am 6.11.1996 unter demselben Az. nach Erfüllung der Auflagen schließlich endgültig eingestellt. Die Anklage gegen die weiteren ursprünglichen Mitangeklagten Mutz und Wagenbreth hatte der Generalbundesanwalt bereits am 24.11.1995 zurückgenommen und das Verfahren anschließend gem. § 153c StPO eingestellt.

2 So genannte Schnellgeber ermöglichten es, einen Funkspruch in wenigen Sekunden an die Zentrale zu übermitteln.

3 Vgl. Anhang S. 1024.

Lfd. Nr. 5

Die Linie XV der HVA
– Abteilung XV der Bezirksverwaltung Dresden –
– Verfahren gegen Köhler –

Inhaltsverzeichnis
Erstinstanzliches Urteil des Oberlandesgerichts Stuttgart vom 10.12.1992, Az. 4 - 3 StE 3/92

Oberlandesgericht Stuttgart
Az.: 4 - 3 StE 3/92

10. Dezember 1992

URTEIL[1]

Im Namen des Volkes

In der Strafsache gegen

Herbert Köhler,
geboren 1935 in G.,
verheirateter Kaufmann

wegen geheimdienstlicher Agententätigkeit {2}

Der 4. Strafsenat des Oberlandesgerichts hat in der vom 17. November 1992 bis zum 10. Dezember 1992 durchgeführten Hauptverhandlung, an der teilgenommen haben

⊗ Es folgt die Nennung der Verfahrensbeteiligten. ⊗

am 10. Dezember 1992 für Recht erkannt:

Der Angeklagte wird wegen geheimdienstlicher Agententätigkeit zu der Freiheitsstrafe von

1 Jahr 9 Monaten

verurteilt. {3}
Die Vollstreckung der Strafe wird zur Bewährung ausgesetzt.
Der Angeklagte trägt die Kosten des Verfahrens.
Angewendete Vorschriften:
§§ 99 Abs. 1 Nr. 1, 25 Abs. 2, 56 Abs. 1 und 2 StGB; Art. 7 Abs. 1 Nr. 4 des 4. Strafrechtsänderungsgesetzes. {4}

Gründe

A. Die persönlichen Verhältnisse des Angeklagten

Der jetzt 57 Jahre alte Angeklagte ist nichtehelich geboren. Sein Vater ist unbekannt, seine Mutter konnte sich um ihn wegen einer Erkrankung kaum kümmern. So wuchs er bei seinen Großeltern, die 1945 verstarben, auf. Danach suchte seine Mutter ihn zu versorgen, was jedoch angesichts ihrer Krankheit nicht möglich war. Deshalb nahm sich der Staat seiner an. 1946 kam er in das städtische Waisenhaus in Gera, in dem er bis 1951 blieb. Während seiner Schulzeit in diesen Jahren war er Mitglied der Kinderlandbewegung und später der Jungen Pioniere. 1951 trat er der FDJ bei. Er wurde politisch im Sinne der damals entstehenden DDR erzogen und war von der Richtigkeit des sozialistischen Gedankenguts überzeugt.

Von 1951 bis 1953 absolvierte der Angeklagte nach dem Volksschulabschluß eine Lehre als Maschinenschlosser und besuchte gleichzeitig die Berufsschule in Gera, um sich sodann freiwillig zur kasernierten Volkspolizei, die in den folgenden Jah-{5}ren teilweise in die Nationale Volksarmee überführt wurde, zu melden. Dort blieb er bis 1956; er schied als Unteroffizier aus. Danach arbeitete er zwei Jahre in Gera in seinem erlernten Beruf als Werkzeugschlosser. Daneben besuchte er die Abendoberschule und erlangte 1958 die Mittlere Reife. Von September 1958 an studierte er für drei Jahre an der Ingenieurschule in Zwickau und schloß diese Ausbildung 1961 als „Ingenieur für Kfz-Wesen“ ab.

Bereits am 11. November 1960 hatte sich der Angeklagte schriftlich verpflichtet, als Inoffizieller Mitarbeiter (IM) unter dem Decknamen „Horst Winter“ für das Ministerium für Staatssicherheit der DDR (MfS) zu arbeiten. Da zu dieser Zeit in der DDR für Kfz-Ingenieure kein Bedarf bestand, bereitete ihn sein Führungsoffizier Nestler auf eine Tätigkeit als hauptamtlicher Mitarbeiter im MfS vor; die persönlichen Voraussetzungen hierfür hatte er auch deshalb erfüllt, weil er seit Juni 1958 Mitglied der SED war. So trat er am 15. August 1961 in das MfS als Unterleutnant ein. Er verfaßte an diesem Tage eine vorformulierte „Eidesstattliche Verpflichtung“, in der er u.a. bestätigte, „über die verbrecherischen Methoden der westlichen Spionagezentralen“ sowie darüber belehrt worden zu sein, daß es verboten sei, „die Westsektoren Ber-{6}lins, Westdeutschland und das kapitalistische Ausland zu betreten, zu befahren oder zu überfliegen“, es sei denn, es liege ein dienstlicher Auftrag vor. Er verpflichtete sich u.a., auch nach seinem eventuellen Ausscheiden aus dem MfS über alle ihm während seiner Zugehörigkeit zu dieser Behörde bekanntgewordenen Kenntnisse strengstes Stillschweigen zu bewahren.

Ihm wurde das Arbeitsgebiet eines operativen Mitarbeiters in der Abteilung IV der Hauptverwaltung Aufklärung des MfS (HVA), die gemäß Nr. 2 des Befehls Nr. 48/59 des Ministers für Staatssicherheit vom 29. Januar 1959 für die „Bearbeitung der Militärischen Zentren der Bundesrepublik und der Nato“ zuständig war, zugewiesen. Dort blieb er bis November 1972. Während dieser Zeit wurde er bis zum Hauptmann befördert und leitete seit dem 1. Oktober 1970 das Referat D.

Der Angeklagte ließ sich am 19. September 1972 von seiner ersten Ehefrau, die er im Juli 1961 geheiratet hatte, scheiden. Seine engen Beziehungen zu einer Mitarbeiterin in der Abteilung IV der HVA wurden von der Leitung wenig geschätzt, so daß er im November 1972 in die Abteilung I der HVA, die gemäß dem o.a. Befehl für die „Bearbeitung des {7} westdeutschen Staatsapparates (außer militärischen Objekten und Geheimdiensten)“ zuständig war, versetzt wurde.

Die westdeutschen Geheimdienste wurden seinerzeit ausschließlich von der Hauptabteilung II bzw. den Abteilungen II der Bezirksverwaltungen des MfS „bearbeitet“. Zu jener Zeit plante man, den Bereich der Gegenspionage in die HVA zu überführen und zu diesem Zweck die neue Abteilung IX zu gründen. So war der Angeklagte während seiner Zugehörigkeit zur Abteilung I mit vorbereitenden Arbeiten für die zukünftige Abteilung IX befaßt. Diese wurde sodann mit Befehl Nr. 14/73 des Ministers für Staatssicherheit vom 23. April 1973 ins Leben gerufen. Ihr oblag ab 1. Mai 1973 die „Bearbeitung feindlicher Zentren im Operationsgebiet“. Der Angeklagte trat in sie formell am 1. Oktober 1973 ein; zugleich wurde er zum Major befördert. Vom 1. März 1974 bis zum 31. Juli 1987 leitete er in der Abteilung IX im Bereich A das Referat 2. Am 1. Oktober 1977 wurde er zum Oberstleutnant ernannt.

Im Anschluß an sein Fernstudium, welches er neben seiner Arbeit im MfS von 1971 bis 1975 an der Akademie für Staats- und Rechtswissenschaften der DDR in Potsdam-

Babelsberg betrieb, erwarb er am 30. {8} August 1975 den Titel „Staatswissenschaftler" und am 20. Oktober 1975 den eines „Diplom-Staatswissenschaftlers", nachdem er die Prüfung mit „sehr gut" bestanden hatte.

Am 1. August 1987 übernahm der Angeklagte die Leitung der Abteilung XV der Bezirksverwaltung Dresden des Ministeriums für Staatssicherheit, die er bis zu deren Auflösung im Februar 1990 innehatte. Am 1. Oktober 1987 wurde er zum Oberst befördert.

Der Angeklagte wurde während seiner Zugehörigkeit zum MfS häufig ausgezeichnet und belobigt. Zuletzt erhielt er am 7. Oktober (Gründungstag der DDR) 1988 den „Kampforden für Verdienste um Volk und Vaterland" in Gold.

Der Angeklagte ist seit dem 21. Februar 1975 in zweiter Ehe mit seiner früheren Mitarbeiterin aus der Abteilung IV Monika Christine K., geschiedene R., verheiratet. Seine Frau brachte eine heute 23 Jahre alte Tochter mit in die Ehe; aus der Ehe ging eine 1979 geborene Tochter hervor.

Der Angeklagte ist derzeit als einer von zwei Geschäftsführern der H.-GmbH, eines früheren Kombinats, tätig. ⊗ Es folgen Angaben zu den finanziellen Verhältnissen des Angeklagten und seiner Ehefrau. ⊗ {9}

Der Angeklagte ist nicht vorbestraft.

B. Allgemeine Feststellungen

1. Die Entstehung des Ministeriums für Staatssicherheit und der Hauptverwaltung Aufklärung

Das Ministerium für Staatssicherheit (MfS) der ehemaligen DDR wurde durch Gesetz vom 8. Februar 1950 gegründet.[2] Es war aus der bis dahin bestehen-{10}den „Hauptverwaltung zum Schutz der Volkswirtschaft", die dem Ministerium des Innern unterstellt war, hervorgegangen. Dementsprechend bestand seine Aufgabe zunächst nur darin, die Sicherheit im Inneren der DDR zu gewährleisten. Einen Auslandsaufklärungsdienst gab es erst seit dem Sommer 1951, der, getarnt als „Institut für Wirtschaftswissenschaftliche Forschung" (IWF), im Geschäftsbereich des Außenministeriums errichtet worden war. In ihm war der spätere Chef der Hauptverwaltung Aufklärung (HVA), Markus Wolf[3], in leitender Stellung tätig.

Da das MfS nach Ansicht der SED im Zusammenhang mit den Ereignissen des 17. Juni 1953 versagt hatte, löste man es am 26. Juli 1953 auf und unterstellte es als „Staatssekretariat für Staatssicherheit" (SfS) dem Innenministerium der DDR. Im September 1953 wurde das inzwischen unter der Leitung von Markus Wolf stehende IWF aus dem Außenministerium herausgelöst und als Hauptabteilung XV (HA XV) in das SfS eingegliedert. Damit waren Inlands- und Auslandsaufklärung in einer Hand vereint.

Der Ministerrat der DDR wandelte mit Beschluß vom 24. November 1955 das SfS in das MfS um. Minister {11} für Staatssicherheit wurde Ernst Wollweber. Da dieser bei Ulbricht später in Ungnade fiel, löste ihn am 1. November 1957 Erich Mielke ab, der der Behörde bis Ende 1999 vorstand.

Im Juli 1956 wurde die Hauptabteilung XV in „Hauptverwaltung Aufklärung" (HVA) umbenannt. Sie leitete bis zum 12. November 1986 Markus Wolf, zuletzt im Range eines Generaloberst, und danach bis zu ihrer Auflösung im Frühjahr 1990 Werner Großmann[4].

2. *Aufgaben des MfS*

Erst am 30. Juli 1969 gab sich das MfS, verschiedentlich als „Schild und Schwert der SED“ bezeichnet, ein Statut.[5] Hiernach war es Organ des Ministerrates und hatte als „Sicherheits- und Rechtspflegeorgan die staatliche Sicherheit und den Schutz der DDR“ zu gewährleisten. Seine Tätigkeit war auf die Aufklärung und Abwehr „zur Entlarvung und Verhinderung feindlicher Pläne und Absichten der aggressiven imperialistischen Kräfte und ihrer Helfer“ zu konzentrieren (§ 1 Abs. 3 des Statutes). Gemäß §§ 2 und 4 Abs. 2 des Statutes sollte es mit „spezifischen Mitteln und Methoden“ {12} feindliche Agenturen zerschlagen, Geheimdienstzentralen zersetzen und andere politisch-operative Maßnahmen gegen die Zentren des Feindes – also insbesondere die Bundesrepublik Deutschland einschließlich Westberlin – durchführen. Es hatte „geheime, subversive Pläne und Absichten“ sowie die gegen die DDR gerichtete konspirative Tätigkeit des Feindes „offensiv“ aufzudecken. Ferner oblag ihm die Ermittlung und Verhinderung von Straftaten; insoweit waren vorbeugende Maßnahmen zu treffen (§ 2 des Statutes).

Danach war die Zuständigkeit des MfS allumfassend: Es mußte die Sicherheit im Inneren gewährleisten und darüber hinaus Auslandsaufklärung betreiben. Hierzu waren ihm polizeiliche und staatsanwaltschaftliche Befugnisse, aber auch Aufgaben des Strafvollzuges übertragen.

3. *Einfluß der SED*

Nach § 1 Abs. 2 des Statutes verwirklichte das MfS seine Aufgaben auf der Grundlage

„– des Programms der Sozialistischen Einheitspartei Deutschlands, {13} der Beschlüsse des Zentralkomitees und des Politbüros des Zentralkomitees der Sozialistischen Einheitspartei Deutschlands,
- der Verfassung der Deutschen Demokratischen Republik, der Gesetze und Beschlüsse der Volkskammer
- der Erlasse und Beschlüsse des Staatsrates
- der Beschlüsse und Anordnungen des Nationalen Verteidigungsrates und der Befehle, Direktiven und Weisungen seines Vorsitzenden
- der Verordnungen und Beschlüsse des Ministerrates sowie anderer allgemeinverbindlicher Rechtsvorschriften.“

Maßgebend für die Erfüllung der Aufgaben des MfS waren also in erster Linie das Programm der SED und die Beschlüsse von deren Gremien und erst im Anschluß daran die Verfassung, die Gesetze usw. Diese Gewichtung spiegelt die Machtverhältnisse in der DDR wider: Die Weichen wurden von der SED gestellt; das MfS war das zentrale Machtinstrument der SED bzw. ihrer Machthaber. Dementsprechend werden in Abschnitt 1.2 der Dienstordnung des MfS {14} vom 13. Juli 1972 als Grundlage für die besonderen Pflichten und Rechte seiner Angehörigen zu allererst die „Beschlüsse der Partei der Arbeiterklasse“ genannt; erst danach folgen die Verfassung der DDR sowie Gesetze und Bestimmungen. In Abschnitt 1.1 der Dienstordnung ist angeordnet, daß die Angehörigen des MfS die Beschlüsse der Partei konsequent durchzusetzen haben. Deshalb bestand dort auch eine eigene Kreisleitung der SED, die dem ZK direkt unterstellt war. Ihr Erster Sekretär gehörte zugleich dem ZK an.

Selbstverständlich war, daß dem MfS nur angehören konnte, wer Mitglied der SED war.

4. *Das Ministerium in Berlin (Aufgaben und einzelne Hauptabteilungen)*

a) Entsprechend der umfassenden Überwachungstätigkeit, die das MfS im Auftrag der SED auszuüben hatte, waren die Zuständigkeiten seiner ca. 20 Hauptabteilungen, Abteilungen und weiteren Diensteinheiten weit gestreut. {15}

Eine der Hauptabteilungen war die primär für die Aufklärung zuständige Hauptverwaltung Aufklärung (HVA).

Daneben bestanden u.a. folgende Abteilungen:

Hauptabteilung I	Abwehrarbeit in der Nationalen Volksarmee (NVA) und den Grenztruppen
Hauptabteilung II	Spionageabwehr
Hauptabteilung III	Funkaufklärung im feindlichen Ausland
Hauptabteilung VI	Paßkontrolle, Tourismus, Interhotel
Hauptabteilung VII	Sicherung der Hauptverwaltung der Deutschen Volkspolizei
Hauptabteilung VIII	Beobachtung und Ermittlung
Hauptabteilung IX	Untersuchungen und Vernehmungen (auch von Straftaten)
Hauptabteilung XIV	Untersuchungshaft, Strafvollzug
Hauptabteilung XVIII	Sicherung der Volkswirtschaft
Hauptabteilung XIX	Sicherung von Verkehr, Post und des Nachrichtenwesens
Hauptabteilung XX	Staatsapparat, Kunst, Kultur, Untergrund, Kirche
Hauptabteilung XXII	Terrorabwehr
Abteilung XI	Chiffrierwesen {16}
Abteilung XII	Zentrale Auskunft, Datenspeicher; hier waren Daten aus allen Abteilungen einschließlich der HVA des MfS und seiner Untergliederungen (dazu nachfolgend 5 und 6) gespeichert
Abteilung M	Postkontrolle
Abteilung 26	Telefonüberwachung in der DDR.

Ferner gab es die Zentrale Auswertungs- und Informationsgruppe (ZAIG), der insbesondere die Vorbereitung und Durchführung des gesamten Planungsprozesses (hierzu unten 8) oblag und die Zentrale Koordinierungsgruppe (ZKG), die – neben anderen Diensteinheiten – für die „Bekämpfung des illegalen Menschenhandels", also der Fluchthilfeorganisationen, zuständig war.

b) In erster Linie wurde die Auslandsaufklärung durch die HVA betrieben.

Dem Leiter der HVA (Wolf bzw. Großmann) standen fünf Stellvertreter zur Seite, denen jeweils eine Anzahl von Abteilungen, Arbeitsgruppen (AG) und sonstigen Diensteinheiten unterstellt war. Die Abteilungen VII, IX und X leiteten Wolf bzw. Großmann selbst. Der Aufgabenbereich der Abteilung VII umfaßte die {17} Information und Auswertung. Die Abteilung IX[6] (Gegenspionage) führte z.B. die Agenten Spuhler[7] und Dr. Gast[8] im BND und Kuron im Bundesamt für Verfassungsschutz. In der Abteilung X[9] wurde Desinformation, sogenannte aktive Maßnahmen, betrieben, mit der westdeutsche Politiker in Mißkredit gebracht oder westliche Dienste (BND, Bundesamt für Verfassungsschutz) irritiert werden sollten.

Der „Sektor Wissenschaft und Technik" (SWT) war für die Beschaffung von Embargoerzeugnissen zuständig. Hierunter fielen insbesondere Produkte aus dem Bereich der Elektronik und der EDV und Pläne für deren Herstellung, die von der DDR-Wirtschaft dringend benötigt wurden. Die Beschaffungswünsche eines Kombinats wurden an den SWT herangetragen, auf dessen Veranlassung hin sodann alle mit Auslandsspionage befaßten Dienststellen des MfS – also auch die nachgeordneten Bezirksverwaltungen (vgl. nachfolgend 5) – angewiesen wurden, die jeweiligen Geräte, Maschinen oder Pläne hierfür aus der Bundesrepublik, Westberlin oder dem sonstigen westlichen Ausland zu beschaffen. Diese Befehle waren allgemein in den Planorientierungen des Leiters der HVA {18} enthalten (vgl. 8b), wurden aber auch im Einzelfall erteilt. Konnten die „Ware" oder entsprechende Pläne beschafft werden, gab man sie umgehend an den SWT zur Auswertung.

Die Gliederung der HVA unter der Leitung Großmanns ergibt sich aus dem nachfolgenden Schaubild: {19}

⊗ Es folgt das angekündigte Schaubild.[10] ⊗ {21}

Der Mitarbeiterstand der HVA betrug am 31. Oktober 1989 4.128 Personen einschließlich der Beschäftigten der Abteilungen XV der Bezirksverwaltungen.

c) Neben der HVA betrieben auch andere Hauptabteilungen Aufklärung im „Operationsgebiet"; hierunter verstand man die „nichtsozialistischen Staaten" und China, insbesondere aber die Bundesrepublik Deutschland und Westberlin. So wurde Oberst Joachim Krase, der zwischenzeitlich verstorbene Vertreter des Amtschefs des MAD, von 1969 bis 1988 durch die Hauptabteilung II (Spionageabwehr) als Agent geführt; er hätte am 1. Mai 1973, als die Zuständigkeit hierfür auf die HVA übertragen worden war, an sich an deren Abteilung IX übergeben werden müssen. Auch um den Mitarbeiter des Bundesamtes für Verfassungsschutz H. bemühte sich die Hauptabteilung II; sie stimmte sich dabei lediglich mit der Abteilung IX der HVA ab.

Die Hauptabteilung III (Funkaufklärung) unter der Leitung von Generalmajor Dr. Männchen[11] überwachte intensiv den Telefonverkehr in der Bundesrepublik Deutschland und Westberlin. So {22} hörte man laufend nicht weniger als ca. 40.000 Telefonanschlüsse in der Bundesrepublik ebenso ab wie alle Telefongespräche, die zwischen der Bundesrepublik einschließlich Westberlin und der DDR geführt wurden.

Darüber hinaus spionierten auch die Hauptabteilungen I (einzelne Bereiche), VI, VIII, XVIII, XIX, XX und XXII sowie die Zentrale Koordinierungsgruppe (ZKG) insbesondere in der Bundesrepublik Deutschland.

So setzten gemäß Dienstanweisung Nr. 4/85 des Ministers für Staatssicherheit vom 15. Februar 1985 die Hauptabteilungen XX und XXII – neben der HVA – ihre Agenten zur Bekämpfung verschiedener, in der Bundesrepublik Deutschland tätiger Organisationen ein, die aus der Sicht des MfS „subversiv" gegen die DDR und andere sozialistische Staaten tätig waren. Dabei hatte man sich mit anderen Diensteinheiten – insoweit kam auch die HVA in Betracht – abzustimmen.

d) Der HVA war in den Durchführungsbestimmungen des Ministers für Staatssicherheit zur {23} Dienstanweisung Nr. 4/85 über die politisch-operative Sicherung des Dienst- und des Touristenreiseverkehrs von 1985 und 1987 die Aufgabe übertragen worden, mit anderen Hauptabteilungen – dies waren insbesondere die Hauptabteilungen II, VI, VII, XVIII, XIX und XX – die Geschäfts- und Touristenreisen in einer Reisegruppe ins nichtsozialistische Ausland „operativ" zu sichern. Hierzu gehörte etwa die Überprüfung der Zuverlässigkeit des Dienstreisenden, bei der man sich „bei operativer Notwendigkeit" mit der HVA abzustimmen hatte. Insbesondere war – und dies galt auch für Privatreisen von Bürgern der DDR ins westliche Ausland (so die entsprechenden Durchführungsbestimmungen zur Dienstanweisung 4/85 von 1988) – mit nachrichtendienstlichen Mitteln zu verhindern, daß der Betreffende die Reise zum Anlaß nimmt, der DDR den Rücken zu kehren.

Bei „ungesetzlichem Verlassen der DDR" „unter Mißbrauch des Auslandsaufenthalts" hatte die zuständige Hauptabteilung unter Mitwirkung der HVA zu prüfen, ob eine „Rückführung" in Betracht kam. Zur Sicherung des „Dienstreiseverkehrs" wurde eine Arbeitsgruppe einge-{24}setzt, der Mitarbeiter aus der HVA und den Abteilungen II, XVIII, XIX und XX angehörten.

Bereits diese Beispiele belegen, daß Auslandsaufklärung und Inlandsüberwachung ineinander übergingen; eine Trennung gab es nicht. Vielmehr waren alle Diensteinheiten des MfS – wie in Abschnitt 9.4 der für die HVA und die Abteilungen XV der Bezirksverwaltungen geltenden Richtlinie 2/79[12] hervorgehoben – gehalten, zusammenzuarbeiten, um die „operativen Potenzen" des Ministeriums voll zu nutzen. Hierzu gehörte vor allem eine Unterrichtung über die erlangten Informationen einschließlich etwaiger Hinweise auf Personen. So sollten die im Agentennetz einer Diensteinheit vorhandenen Verbindungen ins „Operationsgebiet" auch von einer anderen Diensteinheit voll ausgeschöpft werden können.

5. Die Bezirksverwaltung Dresden

a) Der Zentrale in Berlin nachgeordnet waren 15 Bezirksverwaltungen (BV) in Berlin (Ost), Cottbus, Dresden, Erfurt, Frankfurt/Oder, {25} Gera, Halle, Karl-Marx-Stadt, Leipzig, Magdeburg, Neubrandenburg, Potsdam, Rostock, Schwerin und Suhl.

Die Bezirksverwaltung Dresden war in der Bautzener Straße 111-116 untergebracht. Ihr gehörten in den 80er Jahren ca. 3.500 Mitarbeiter an; in der Abteilung XV waren in diesem Zeitraum etwa 60 hauptamtliche Kräfte tätig; zu Zeiten des Angeklagten Köhler im Jahr 1989 waren es 54.

In ihrer Struktur entsprachen die Bezirksverwaltungen weitgehend der Zentrale in Berlin, d.h., nahezu jede Hauptabteilung im Ministerium für Staatssicherheit hatte ihr Abbild in der Bezirksverwaltung in Form einer „Abteilung".

In einem Telegramm vom 10. Dezember 1989 gab der Stellvertreter des Amts für Nationale Sicherheit (hierzu unten 11), Generalmajor Niebling, den Leitern der Bezirksämter Hinweise zu Aufgaben und Strukturen der ehemaligen Bezirksverwaltungen des MfS. Er führte {26} darin aus, daß die Bezirksverwaltungen in operative, operativtechnische und sicherstellende Diensteinheiten gegliedert und diese in Abteilungen untergliedert waren. Zu den Hauptaufgaben, die den Bezirksverwaltungen oblagen, heißt es:

„(1) Im *operativen Bereich* wurden folgende Hauptaufgaben realisiert:
- Unterstützung der Auslandsaufklärung der Zentrale;
- Aufdeckung der Spionagetätigkeit ausländischer Geheimdienste gegen die DDR, einschließlich der dazu notwendigen Funküberwachung und der Durchsetzung des Geheimnisschutzes; Observation von Personen;
- Überprüfung/Überwachung und Kontrolle von Personen und ihren Aktivitäten – einschließlich der Postkontrolle und Telefonüberwachung – zur Aufdeckung von Rechtsverletzungen;
- Überprüfung und Kontrolle von Personen im Zusammenhang mit der Erteilung von Genehmigungen und Erlaubnissen sowie im Zusammenhang mit dem vorgesehenen Einsatz in

Funktionen in allen staatlichen, wirtschaftlichen und gesellschaftlichen Bereichen, einschließlich bewaffneter Organe;
- Mitwirkung an der Verhinderung und Aufklärung von Bränden, Störungen und Havarien in der Volkswirtschaft; {27}
- Durchführung der Paßkontrolle an den Grenzübergangstellen, einschließlich dort notwendiger Fahndungsmaßnahmen;
- Durchführung von Sicherungseinsätzen bei Großveranstaltungen;
- Aufdeckung und Verhinderung von Absichten, die DDR für ständig zu veranlassen, einschließlich der Unterbindung von Ausschleusungen durch Menschenhändlerbanden;
- Vorbereitung auf die Abwehr von Terroranschlägen und Geiselnahmen;
- Durchführung von strafprozessualen Untersuchungsaufgaben, einschließlich der Vernehmung von Beschuldigten in eigenen Haftanstalten;
- Auswertung und Speicherung aller eingehenden Informationen zu Personen und Sachverhalten;
- Gewährleistung von Maßnahmen bei Ausrufung des Verteidigungszustande

(2) Im *operativ-technischen Bereich* wurden folgende Hauptaufgaben realisiert:
- Gewährleistung von Nachrichtenverbindungen, des Funk- und Chiffrierdienstes;
- Gewährleistung des Einsatzes von Sicherungstechnik (Alarmanlagen, Fernbeobachtungsanlagen).

(3) Im *sicherstellenden Bereich* wurden folgende Hauptaufgaben realisiert:
- Kader- und Schulungsarbeit;
- medizinische Betreuung;
- finanzielle Sicherstellung;
- Verpflegung/soziale Betreuung (u.a. Ferienwesen);
- Kfz-Dienste;
- Vorbereitung von Bau-, Instandhaltungs- und Werterhaltungsmaßnahmen (Realisierung der Maßnahmen durch fremde Betriebe); {28}
- Gewährleistung der militärischen Bewaffnung und Ausrüstung;
- Organisation von Vervielfältigungsarbeiten, des Versandes von Schriftgut, der Durchführung von Kurierfahrten und der Vernichtung nicht mehr benötigter Materialien;
- Gewährleistung des militärischen Schutzes der Dienstobjekte durch eigene Wach- und Sicherungseinheiten."

In der Bezirksverwaltung Dresden hatten die Abteilungen I, II, III, VI, VII, VIII, IX, XIV, XVIII, XIX, XX und XXII – von geringen Abweichungen abgesehen – die gleichen Aufgaben zu erledigen wie die entsprechenden Hauptabteilungen im MfS. Ebenso wie in der Zentrale in Berlin gab es Abteilungen XI und XII, die für das Chiffrierwesen und die Speicherung von Daten zuständig waren. Gleichfalls fanden sich auf Bezirksebene die Abteilungen M und 26 zur Überwachung des Post- und Telefonverkehrs wieder. An die Stelle der Zentralen Koordinierungsgruppe (ZKG) im MfS trat die Bezirkskoordinierungsgruppe mit demselben Aufgabenbereich. Ferner gab es die „Anleitungs- und Kontrollgruppe", die direkt dem Leiter der Bezirksverwaltung, Generalma-{29}jor Horst Böhm, zugeordnet war. Wie die Auswertungs- und Informationsgruppe (ZAIG) im MfS hatte sie den Leiter der Bezirksverwaltung bei der Aufstellung der Jahrespläne zu unterstützen und darüber hinaus in seinem Auftrag über die Einhaltung der Befehle, Anweisungen und anderer dienstlicher Bestimmungen zu wachen.

Im Befehl Nr. 22/86 des Ministers für Staatssicherheit vom 19. Dezember 1986 war bestimmt, daß dem Leiter der Bezirksverwaltung 4 Stellvertreter zur Seite gestellt waren:

drei „Stellvertreter Operativ“, die jeweils einigen Abteilungen der Bezirksverwaltung vorstanden, und ein „Stellvertreter für Aufklärung“, der die Abteilung XV leitete.

b) Die Auslandsaufklärung in den Bezirksverwaltungen betrieben in erster Linie die jeweiligen Abteilungen XV. Ihnen hatte die HVA bestimmte Regionen und Institutionen in der Bundesrepublik und Westberlin zugewiesen, die sie vorrangig auszuspionieren hatten. So {30} befanden sich die Zielobjekte der Abteilung XV der Bezirksverwaltung Dresden vor allem in Baden-Württemberg und im Großraum München. Hierdurch war es aber keinesfalls ausgeschlossen, daß man – insbesondere auf Befehl der HVA – auch anderweitig tätig wurde. Daneben waren der Abteilung XV der Bezirksverwaltung Dresden zur Ausforschung zusätzliche Schwerpunktbereiche zugewiesen worden. In einer Liste vom Dezember 1988 sind unter den Überschriften

„1. Personen aus zentralen Objekten
2. Personen aus den Regierungsobjekten nachgeordneter Dienststellen
3. Personen aus Geheimdienst- und Abwehrorganen
4. Personen aus dem Bereich des Bundesministeriums für Verteidigung (BMVg) und Einrichtungen der US-Army/US-Administration
5. Angehörige von Grenzschutzorganen
6. Personen aus Parteien und politischen Organisationen {31}
7. Personen aus öffentlichen Verwaltungseinrichtungen
8. Personen aus Wissenschaftsbereichen und
9. Personen allgemein aus den Schwerpunktterritorien – Großräumen“

eine Vielzahl von Ministerien, Verwaltungsdienststellen, Parteien und Verbänden, Wissenschaftseinrichtungen und Wirtschaftsunternehmen als bevorzugt anzugehende Ausforschungsobjekte aufgeführt, die es auszukundschaften galt.

Die *Struktur der* vom Angeklagten ab dem 1. August 1987 geleiteten *Abteilung XV* stellt sich wie folgt dar:

Die Referate 1, 2 und 3 waren als „operative Referate“ für die Spionage zuständig. Daneben gab es die Referate AI (Auswertung und Information), KO (Konspirative Objekte), IAZ (Informations- und Ausbildungszentrum), OAG {32} (Operative Außengruppe) und das Referat KD (Aufklärung in den Kreisdienststellen).

Bei dem operativen *Referat 1,* von September 1982 bis März 1990 geleitet von Major Dobel[13], handelte es sich um das sogenannte vorgangsführende Referat, das in der Hierarchie der Abteilung XV dem Angeklagten als dem Abteilungsleiter unmittelbar unterstellt war. Neben dem Referatsleiter waren in ihm fünf operative Mitarbeiter beschäftigt. Die wichtigsten Quellen, welche im Operationsgebiet für die Abteilung XV tätig waren, wurden in diesem Referat entwickelt und geführt. Einen der Schwerpunktbereiche bildete schon ab Anfang der achtziger Jahre das Sachgebiet „wissenschaftlich-technische Aufklärung“; es umfasste die im Auftrag des SWT der HVA betriebene Ausforschung von Universitäten und anderen Forschungseinrichtungen der Bundesrepublik. Das Referat befaßte sich, neben dem hierfür primär zuständigen Referat 2, auch mit der Entwicklung neuer Quellenvorgänge. {33}

Das operative *Referat 2,* geleitet von März 1987 bis März 1990 durch Major Preusche[14] und unterstellt dem 1. Stellvertreter des Angeklagten, Oberstleutnant Naumann, war hauptsächlich zuständig für die sogenannte Erarbeitung von Ersthinweisen. Vor allem von den Kreisdienststellen, der Abteilung VI der Bezirksverwaltung Dresden und der Hauptabteilung VI des Ministeriums für Staatssicherheit in Berlin, vereinzelt auch von der für die Spionageabwehr zuständigen Abteilung II der Bezirksverwaltung, erhielt die Abteilung XV Hinweise auf Verbindungen von Einwohnern des Bezirks Dresden zu Bürgern der Bundesrepublik Deutschland. Das Referat 2 hatte zu prüfen, ob diese nachrichtendienstlich verwertet werden konnten. Zudem bestand etwa ab Herbst 1988 in diesem Referat eine Arbeitsgruppe „Legale Positionen“. Die Mitarbeiter dieser Arbeitsgruppe hatten die Aufgabe, Bürger der DDR, die etwa aufgrund ihrer Zugehörigkeit zu Kreisen der Politik oder Wissenschaft über {34} Möglichkeiten verfügten, Personen aus der Bundesrepublik im Rahmen von offiziellen Kontakten ohne Offenbarung ihres Beziehungspartners MfS „abzuschöpfen“, als Mitarbeiter für die Abteilung XV zu gewinnen.

Das operative *Referat 3,* geleitet von März 1983 bis März 1990 durch Major Konavec[15] und unterstellt dem 2. Stellvertreter des Angeklagten, Oberstleutnant Schlaphof, war zuständig für die Suche, Auswahl und Überprüfung von Personen, die für einen nachrichtendienstlichen Einsatz im westlichen Ausland, insbesondere in der Bundesrepublik und Westberlin (sogenannte „Einsatzkader“), in Frage kamen und deshalb ggf. dorthin gezielt „übersiedelt“ werden sollten.

Vom Auswertungs- und Informationsreferat AI wurden die operativ gewonnenen Informationen ausgewertet und in die Datenspeicher der Abteilung XV eingegeben, wo sie für die Mitarbeiter jederzeit abrufbar waren. {35}

Das Referat KO (Konspirative Objekte) verwaltete die Wohnungen und Häuser (Objekte), in denen Treffs der hauptamtlichen Mitarbeiter der Abteilung XV mit ihren Inoffiziellen Mitarbeitern stattfanden (hierzu näher unten C II 1b aa).

Das Informations- und Ausbildungszentrum (IAZ) diente der politischen Unterweisung der Mitarbeiter der gesamten Bezirksverwaltung Dresden. Es war organisatorisch bei der Abteilung XV angesiedelt und wurde vom Angeklagten angeleitet. Grundlage hierfür waren insbesondere Programme, Parteibeschlüsse und andere Materialien der SED, die gesammelt, aufbereitet und den Mitarbeitern zugeleitet wurden.

Die „Operative Außengruppe“ (OAG) war nicht im Dienstgebäude in der Bautzener Straße 111-116, sondern außerhalb untergebracht. Sie war als „Kaderschmiede“ für die Suche und Auswahl von Nachwuchskräften für die Abtei-{36}lung XV und für deren Ausbildung zuständig. Über deren Übernahme entschied der Angeklagte.

Dieser Gruppe oblag auch – insoweit in Unterstützung des Referats 2 – die Auswertung von Einreiseanträgen insbesondere von Bundesbürgern, die von der Abteilung VI der Bezirksverwaltung und der Hauptabteilung VI des MfS in Berlin kamen. Sie hatte diese darauf durchzusehen, ob sich aus ihnen Ansatzpunkte für eine nachrichtendienstliche Verwertbarkeit ergaben. Ferner nahm sie in geeigneten Fällen Kontakte zu Bundesbürgern auf.

Zusammengefaßt war die Abteilung XV der Bezirksverwaltung Dresden Ende 1989 wie folgt organisiert: {37}

⊗ Es folgt das angekündigte Schaubild.[16] ⊗ {38}

c) Wie bei der Zentrale des MfS in Berlin betrieben die Abteilungen I (einzelne Bereiche), II, III, VI, VIII, XVIII, XIX, XX und XXII sowie die Bezirkskoordinierungsgruppe (BKG), die etwa Amnesty International und Fluchthilfeorganisationen zu unterwandern hatte, im Rahmen ihrer Zuständigkeit Aufklärung in der Bundesrepublik und Westberlin.

Darüber hinaus erledigten bei der Bezirksverwaltung Dresden andere Abteilungen Aufgaben, die im Zusammenhang mit der Auslandsaufklärung anfielen. So wurden etwa die Abteilungen M (Postüberwachung), 26 (Telefonüberwachung), VI und XII eingeschaltet, wenn über Personen, die für eine Zusammenarbeit mit der Abteilung XV in Frage kamen, ein „Personendossier" zu erstellen war.

6. *Die Kreis- und Objektdienststellen*

Den Bezirksverwaltungen waren – der Aufteilung ihres Bezirks im Kreise folgend – Kreisdienststellen (KD) und Objektdienststellen {39} (OD), die bei größeren Einrichtungen (z.B. bei der Technischen Universität Dresden) oder Industriekombinaten bestanden, nachgeordnet. Insgesamt gab es in der DDR 216 Kreisdienststellen mit ca. 10.000 hauptamtlichen Mitarbeitern. Im Bezirk Dresden bestanden 16 Kreisdienststellen in Dresden-Stadt, Dresden-Land, Bautzen, Bischofswerda, Dippoldiswalde, Freital, Görlitz, Großenhain, Kamenz, Löbau, Meißen, Niesky, Pirna, Riesa, Sebnitz und Zittau. Die Zahl der hauptamtlichen Mitarbeiter belief sich auf ca. 900. Ihre wichtigste Aufgabe bestand darin, die Sicherheit und Kontrolle in ihrem Kreis (oder Objekt) zu gewährleisten. Dementsprechend waren sie anders als die Zentrale des MfS in Berlin und die Bezirksverwaltungen primär „territorial" und nicht nach Aufgabenbereichen strukturiert. In Teilbereichen, etwa im Rahmen der Zuständigkeit der Hauptabteilung XVIII des MfS (Sicherung der Volkswirtschaft), gab es aber auch hier Referate, denen auf Bezirksebene die Abteilungen und auf Ministeriumsebene die Hauptabteilungen entsprachen. {40}

Der Leiter der Kreisdienststelle unterstand dem Leiter der Bezirksverwaltung. Er übte gegenüber allen Angehörigen seiner Dienststelle Weisungs-, Kontroll- und Disziplinarbefugnisse aus. Er trug für die Gewährleistung der Sicherheit im Kreis die Verantwortung. Um diesen Auftrag erfüllen zu können, waren seine Mitarbeiter gehalten, im Zusammenwirken mit anderen staatlichen Organen, Betrieben, gesellschaftlichen Einrichtungen etc. ein möglichst lückenloses Netz von Inoffiziellen Mitarbeitern, welche neben ihrem Beruf verdeckt für das MfS arbeiteten (näher hierzu unten 9a), in allen Bereichen zu knüpfen. Deshalb mußte praktisch die gesamte Bevölkerung des Kreises daraufhin „durchleuchtet" werden, ob eine Verwendung als IM in Frage kam. Darüber hinaus hatten die Kreisdienststellen für die Bezirksverwaltungen nach Inoffiziellen Mitarbeitern Ausschau zu halten, da sie unmittelbaren Kontakt zu der von ihr überwachten Bevölkerung hatten.

Auch die Abteilungen XV waren bei der Gewinnung ihrer Inoffiziellen Mitarbeiter auf die Kreisdienststellen angewiesen. Der Leiter der {41} Abteilung XV – in Dresden in der Zeit ab dem 1. August 1987 der Angeklagte – stand stets in Kontakt mit den Leitern der Kreisdienststellen, um geeignete Inoffizielle Mitarbeiter für seine Abteilung zu gewinnen. Dies war nicht einfach, da auch andere Abteilungen auf Inoffizielle Mitarbeiter angewiesen waren, welche auch im „Operationsgebiet" Bundesrepublik Deutschland und Westberlin eingesetzt wurden. In Betracht kommende Personen wurden durch das Referat KD der Abteilung XV oder auf deren Veranlassung hin von Mitarbeitern der Kreisdienststellen überprüft. Hierzu schaltete man auch andere Abteilungen der Bezirksverwaltung (z.B. die Post- und Telefonüberwachung) ein. Die Entscheidung, ob eine Person als IM gewonnen und dieser ein „Werbeangebot" unterbreitet werden sollte, traf der Leiter der Abteilung XV.

Da die Mitarbeiter des Referats KD der Abteilung XV einen Großteil ihrer Arbeit außerhalb des Dienstgebäudes zur Abklärung von Personen, die als IM in Betracht kamen, verbringen mußten, wurde 1988 bei einigen Kreisdienstellen der „Offizier für Aufklärung“ ge-{42}schaffen, um die notwendigen Ermittlungen vor Ort vornehmen zu können. Im Gegenzug reduzierte man die Zahl der Mitarbeiter des Referats KD, welches nunmehr nur noch die Entscheidung des Abteilungsleiters vorbereiten mußte.

Durch den „Offizier für Aufklärung“ wurde die bestehende Verquickung von Aufgaben der Abwehr und der Aufklärung bei den Kreisdienststellen aber nicht beseitigt. Zwar wies die Abteilung XV ihn fachlich an, sein Vorgesetzter war jedoch der Leiter der Kreisdienststelle. Deshalb leitete er Vorschläge für Personen, die als IM in Frage kamen, über ihn und den Leiter der Bezirksverwaltung an die Abteilung XV mit der Folge, daß sie „abgefangen“ werden konnten. Daher war die Abteilung XV vielfach auf das Wohlwollen der Abteilung II (Spionageabwehr), die – so der Angeklagte – „überall in der Bezirksverwaltung vertreten war“, angewiesen. Darüber hinaus hatte der Offizier für Aufklärung neben der Werbung und Abklärung von IM für die Abteilung XV – wie in dem vom Angeklagten unterzeichneten „Funktionsplan“ betreffend den Offizier für Aufklärung hervorgehoben – auch {43} die Arbeit der Abwehr zu unterstützen, und zwar insbesondere „bei der Bearbeitung von Vorgängen mit operativen Bezügen ins Operationsgebiet“.

7. *Führungsgrundsätze und -strukturen*

Das MfS war eine nach den militärischen Grundsätzen von Befehl und Gehorsam geführte Behörde.

Abschnitt 2.1 der Dienstordnung vom 13. Juli 1972 umschrieb die militärische Disziplin im MfS als „Ausdruck des sozialistischen Klassen- und Staatsbewußtseins, das sozialistische Vaterland ständig zu stärken und mit allen Kräften, bis zum Einsatz des eigenen Lebens, zu schützen und zu verteidigen“. Diese Disziplin wurde als Voraussetzung für das „zielgerichtete, einheitliche und geschlossene Handeln der Angehörigen des MfS“ betrachtet (Abschnitt 2.3 der Dienstordnung). Dementsprechend erhob man die *„Einzelleitung“* in § 8 des Statutes des MfS und in Abschnitt 4 der Dienstordnung zum grundlegenden Führungsprinzip. Hiernach war jeder Mitarbeiter für den ihm unterstellten Bereich gegenüber seinem Vorgesetzten verantwortlich. Für {44} den Minister, der für die gesamte Tätigkeit des MfS verantwortlich war, und seine Stellvertreter, die ihm unterstanden, war dies im Statut (§§ 8 Abs. 1, 9) ausdrücklich hervorgehoben. Der Verantwortungsbereich der Stellvertreter des Ministers erschöpfte sich dabei nicht in der Vertretung des Ministers, sondern ihnen war die eigenständige Leitung verschiedener Hauptabteilungen oder – wie bei Wolf bzw. Großmann – der HVA übertragen.

Entsprechend diesem Führungsprinzip wurden die Befehle stets dem unmittelbar Untergebenen erteilt. Ein „Durchgriff“ – z.B. vom Minister direkt an eine Kreisdienstelle – kam nicht vor. So wies der Minister seinen zuständigen Stellvertreter und dieser den Leiter einer Hauptabteilung oder einer Bezirksverwaltung an; deren Befehlsgewalt richtete sich über ihre Stellvertreter an den Abteilungsleiter, welcher wiederum den Referatsleiter anwies. Der Referatsleiter übte die Befehlsgewalt gegenüber dem Referenten aus.

Diese Führungs- und Befehlsstruktur galt auch in der HVA und den Abteilungen XV der Bezirksverwaltungen. Die fünf Vertreter des Leiters der HVA waren für die diesen unterstellten Abteilungen ver-{45}antwortlich und ihnen gegenüber weisungsbefugt; einige Abteilungen führte der Leiter der HVA selbst (vgl. Schaubild oben 4b).

Dem Angeklagten als Leiter der Abteilung XV der Bezirksverwaltung Dresden standen zwei Stellvertreter (Naumann und Schlaphof), die für verschiedene Referate verantwortlich waren, zur Seite. Sie waren seine Ansprechpartner und Befehlempfänger. Ebenso wie bei der HVA waren dem Angeklagten einige Referate unmittelbar unterstellt (vgl. das Schaubild oben 5b).

Gegenüber dem Leiter der Bezirksverwaltung war in erster Linie der Minister für Staatssicherheit oder dessen Vertreter weisungsbefugt. Daneben konnte der Leiter einer Hauptabteilung des MfS dem Leiter derjenigen Abteilung in einer Bezirksverwaltung, der auf Bezirksebene derselbe Aufgabenbereich wie der Hauptabteilung in der Zentrale zugewiesen war, Empfehlungen geben, z.B. der Leiter der Hauptabteilung II (Spionageabwehr) gegenüber der Abteilung II einer Bezirksverwaltung (sogenannte „Anleitung auf Linie"). Die HVA war gegenüber den Abteilungen XV der Bezirksverwaltung weisungsbefugt. Innerhalb der HVA war hierfür derjenige Stellvertreter des Leiters, dem die „Arbeits-{46}gruppe (AG) XV – Bezirke" unterstand, zuständig. Ab 1977 war dies Generalmajor Geyer (vgl. Schaubild oben 4b). Seine Weisungen richtete er an den Leiter der Abteilung XV der jeweiligen Bezirksverwaltung. Andererseits wandte er sich auch unmittelbar an den Leiter der Bezirksverwaltung. So richtete er seine Schreiben vom 1. Februar 1984 und vom 30. Januar 1985, in denen er die Arbeit der Abteilung XV der Bezirksverwaltung Dresden in den Jahren 1983 bzw. 1984 bewertete, an den Leiter der Bezirksverwaltung Dresden. Dieser verfügte auf den Schreiben die Weiterleitung an den Leiter der Abteilung XV „zur Kenntnis und Rückgabe".

Der Angeklagte hatte in seiner Eigenschaft als Leiter der Abteilung XV der Bezirksverwaltung Dresden somit zwei Vorgesetzte (sogenannte „doppelte Unterstellung"):

Einerseits war sein direkter Vorgesetzter der Leiter der Bezirksverwaltung, Generalmajor Horst Böhm, ein Mann der „Abwehr" und, wie der Angeklagte glaubhaft geschildert hat, ein Vertrauensmann Mielkes, den dieser zur „Neutralisierung" Modrows[17], der ins Politbüro strebte, nach Dresden beordert hatte. Ihn vertrat der Angeklagte als {47} „Stellvertreter für Aufklärung". Böhm, der vom Angeklagten als in der Durchsetzung seiner Ziele keinesfalls zimperlich und als menschlich ausgesprochen schwierig beschrieben wurde, war diesem gegenüber im Personalbereich und in allen Angelegenheiten des Dienstbetriebes der Bezirksverwaltung weisungsberechtigt. Zur Überwachung der ordnungsgemäßen Führung der Akten auch der Abteilung XV bediente er sich einer „Kontrollgruppe", die von Oberstleutnant Eberlein, seiner „rechten Hand", geleitet wurde. Zu diesem mußte man – so der Angeklagte – „einen guten Draht" unterhalten, wenn man etwas erreichen wollte. Darüber hinaus konnte der Leiter der Bezirksverwaltung in den Bereichen anweisen, die die Arbeit der Abteilung XV im Bezirk Dresden oder die Zusammenarbeit mit anderen Abteilungen der Bezirksverwaltung betrafen. So bestimmte Böhm in Abschnitt 4.3 der Dienstanweisung 3/85 vom 4. September 1985, daß der Einsatz bestimmter Inoffizieller Mitarbeiter bei Reisen in die Bundesrepublik nur nach vorheriger Abstimmung mit den „Stellvertretern Operativ" (dies waren seine 3 Stellvertreter aus dem sogenannten Abwehrbereich) und dem Stellvertreter für Aufklärung (dies war der Leiter der Abteilung XV) erfolgen durfte. Es war den anderen Abteilungen untersagt, ohne Abstimmung mit der Abteilung XV {48} ihre Inoffiziellen Mitarbeiter im Operationsgebiet einzusetzen (Abschnitt 4.4 der vorgenannten Dienstanweisung). Dieser Befehl ging auf gleichlautende Befehle des Ministers für Staatssicherheit und des Leiters der HVA zurück.

Der andere – unmittelbare – Vorgesetzte des Angeklagten war – wie dargelegt – Generalmajor Geyer, der ihn auch in einzelnen Vorgängen anwies und überwachte.

Die Tätigkeit der Mitarbeiter des MfS wurde über Weisungen in Einzelfällen hinaus durch eine Fülle allgemeiner Befehle, Richtlinien, Rechtsvorschriften, Dienstvorschriften, Anweisungen und dienstlicher Bestimmungen des Ministers für Staatssicherheit detailliert reglementiert, wobei keine einheitliche Terminologie bestand. Von hervorgehobener Bedeutung war der Ministerbefehl. Besonders wichtig für die Arbeit der Organe der Auslandsaufklärung waren u.a. die Richtlinien 2/79 vom 8. Dezember 1979 über die Arbeit mit Inoffiziellen Mitarbeitern im Operationsgebiet und vor allem 1/80 vom 16. Juni 1980 für die Planung der politisch-operativen Arbeit im MfS (sogenannte Planungsrichtlinie, näher hierzu nachfolgend 8). {49}

8. *Das Plan- und Berichtswesen*

Von herausragender Bedeutung für die Arbeit im MfS, somit auch in der HVA und den Abteilungen XV der Bezirksverwaltungen, war das Plan- und Berichtswesen. Die Grundlage hierfür bildeten die Planungsrichtlinie 1/80 und ergänzende Bestimmungen, so für die Bezirksverwaltung Dresden die Dienstanweisung 3/86 von Generalmajor Böhm vom 14. Juli 1986.

a) Planvorgaben des Ministers für Staatssicherheit

Der Minister für Staatssicherheit erließ bis zum 20. Oktober eines jeden Jahres längerfristige Planvorgaben, die für fünf (so bis etwa Mitte der 80er Jahre) oder für zwei Jahre Gültigkeit hatten, und darüber hinaus Vorgaben für die Planung des folgenden Jahres, wobei das Planjahr vom 1. Dezember bis zum 30. November des Folgejahres lief. Diese „Zentralen Planvorgaben“ wurden durch die Zentrale Auswertungs- und Informationsgruppe in der Zentrale des MfS (ZAIG) erarbeitet. Die hierfür erforderlichen Zuarbeiten mußten u.a. durch die Leiter der Hauptabteilungen und der HVA bis zum 20. September erbracht werden. Die Zentralen {50} Planvorgaben waren recht allgemein gehalten und enthielten überwiegend weitschweifige Ausführungen insbesondere zu politischen Fragen. Sie waren an sich den Planorientierungen und Jahresplänen auch des Leiters der HVA bzw. der Leiter der Abteilungen XV in den Bezirksverwaltungen zugrundezulegen. Angesichts ihres weitgehend unverbindlichen Inhalts hatten sie aber kaum praktische Bedeutung.

b) Planorientierung des Leiters der HVA

Demgegenüber wurden in der Planorientierung des Leiters der HVA die Weichen für die Aufklärungstätigkeit im folgenden Planjahr gestellt. Die Vorarbeiten hierfür leistete der Stab der HVA auf der Grundlage von Ausarbeitungen der Leiter der Abteilungen. In diesem Plan wurden keine Einzelfälle aufgeführt, sondern die Schwerpunkte für die Aufklärungstätigkeit im neuen Planjahr gesetzt. So legte man z.B. fest, welche Objekte in der Bundesrepublik vorrangig auszuspionieren waren (Rüstungsbetriebe, Ministerien, Nachrichtendienste u.a.) und daß auf der Grundlage vorliegender „Bestellisten" des SWT mit Nachdruck Embargowaren beschafft werden sollten. In den 80er Jahren wurde auf eine Vielzahl von Ministerien in Bonn, auf {51} Bundesbehörden (etwa das Bundesverwaltungsamt, das Bundeszentralregister und das Bundesarchiv), auf Geheim- und Abwehrdienste im westlichen Ausland, auf diverse Behörden und Einrichtungen der Bundeswehr und der Nato, auf Grenzschutz- und Polizeidienststellen in der Bundesrepublik, auf politische Parteien insbesondere in Bonn, auf wissenschaftliche Einrichtungen (z.B. das Fraunhofer Institut in Stuttgart, das Kernforschungszentrum in Karlsruhe) auch privater Firmen (AEG, SEL, IBM) hingewiesen, die es auszuspionieren galt. Eine entsprechende Liste der Abteilung XV der Bezirksverwaltung Dresden, die hierauf aufbaut, umfaßt 8 Schreibmaschinenseiten. In den letzten Jahren stellten die neuen fälschungssicheren Ausweise der Bundesrepublik das MfS vor besondere Probleme. Deshalb wurde Wert auf die Beschaffung von Unterlagen, aber auch der notwendigen Technik gelegt, um Fälschungen durchführen zu können. Dies betraf vor allem die Abteilung VI der HVA.

c) Operativpläne der Referenten

Die Planorientierung des Leiters der HVA wurde – nach Bestätigung durch den Minister für Staatssicherheit – spätestens am 5. November den Ab-{52}teilungsleitern der HVA zugeleitet. Die Leiter der Abteilungen XV der Bezirksverwaltungen erhielten sie zu diesem Termin über Generalmajor Geyer, der – wie dargelegt – für deren Anweisung und Beaufsichtigung zuständig war. Sofern notwendig, ergänzte und erläuterte er sie. Über die Vertreter des Abteilungsleiters, denen die Leitung mehrerer Referate oblag (vgl. die Strukturübersichten oben 4b und 5b), gelangte die Planorientierung sodann zu den Referatsleitern, denen aus Gründen der Konspiration nur diejenigen Teile zugeleitet wurden, die ihr Arbeitsgebiet betrafen. Sie wiesen die ihnen unterstellten Referenten an, auf der Grundlage der Planorientierung ihre Operativpläne für das folgende Jahr zu erstellen. Einen solchen Plan gab es für jeden einzelnen Vorgang. In ihm war genau festgelegt, welche Informationen ein Agent zu beschaffen hatte, wieviel Geld diesem zu übergeben war, wann und an welchem Ort Treffs abgehalten werden sollten etc. Diese Pläne betrafen bereits laufende „Quellen". Sie wurden – sofern sie fortgeführt werden sollten – für das neue Planjahr fortgeschrieben. Um einem Verrat durch Schreib- und Hilfskräfte vorzubeugen, ließ der operative Mitarbeiter die Klar- und Decknamen des Agenten, dessen persönliche Daten und die Einsatzorte beim {53} Diktat offen und setzte sie erst später per Hand ein.

Darüber hinaus waren vom Referenten Vorschläge zu entwickeln, in welcher Weise die in der Planorientierung enthaltenen Vorgaben verwirklicht werden konnten.

d) Jahrespläne der Referate

Aus den Operativplänen der einzelnen Referenten stellte der Referatsleiter unter Beachtung der Planorientierung des Leiters der HVA und – sofern er in der Abteilung XV einer Bezirksverwaltung tätig war – der ergänzenden Anweisungen von Generalmajor Geyer den Jahresplan des Referats zusammen. Er nahm nur die Fälle auf, die ihm wichtig erschienen. Dabei ließ er die Klarnamen der Agenten und sonstige Hinweise fort, die zu einer Offenlegung der „Quelle" hätten führen können. Die einzelnen Vorgänge waren insgesamt gerafft und in allgemeinerer Form als auf Referatsebene wiedergegeben.

Welche Einzelfälle in den Plänen des Referates IX A 2 der HVA, das der Angeklagte in der Zeit vom {54} 01. März 1974 bis zum 31. Juli 1987 leitete, enthalten waren, ist nicht bekannt.

e) Jahrespläne in der Abteilung IX der HVA

In der Abteilung IX der HVA wurden die Jahrespläne der Referate über den jeweiligen Vorgesetzten des Referatsleiters, welchem mehrere Referate unterstellt waren, an den zuständigen Bereichsleiter A (gegnerische Dienste; dies war der Leiter der Abteilung IX, dem dieser Bereich unmittelbar zugeordnet war), B („Legalresidenturen"; dies waren die Botschaften der DDR im Ausland und deren ständige Vertretung in der Bundesrepublik) und C (Auswertung) zur „Bestätigung" (= Genehmigung) weitergeleitet (zur Struktur der Abteilung IX weiter unten C I 1). Der Bereichsleiter faßte die wichtigsten Vorgänge der Referate, versehen mit grundsätzlichen Bemerkungen, zum Jahresplan des Bereichs zusammen. Einzelheiten wurden weggelassen. So entstanden in der Abteilung IX drei Jahrespläne der Bereiche A, B und C. Bis zum Ausscheiden Köhlers und für das Planjahr 1988 wurden sie, ohne daß ein einheitlicher Jahresplan der Abteilung erstellt worden war, dem Leiter der HVA, dem die Abteilung IX angesichts ihrer Bedeutung direkt unterstand, zur Bestätigung vorgelegt. {55}

Für das Planjahr 1989 legten die Bereichsleiter dem Abteilungsleiter IX Pläne der drei Bereiche zur Bestätigung vor. Dieser fertigte einen für die gesamte Abteilung gültigen Plan, den er dem Leiter der HVA zur Bestätigung zuleitete.

Nach der Bestätigung der Pläne durch den Leiter der HVA (oder nach Änderungen) ging bis 1988 je ein Exemplar des Planes an den zuständigen Bereichsleiter zurück. Dieser leitete sodann den Vorgesetzten der Referatsleiter (seinen Stellvertretern) die Teile des Planes, die sie betrafen, sowie deren eigenen Pläne, die er zuvor bestätigt hatte, zurück. Von den übrigen Teilen des Planes sollten sie aus Geheimhaltungsgründen nichts erfahren. In gleicher Weise verfuhren die Vorgesetzten der Referatsleiter gegenüber den Referatsleitern und diese gegenüber ihren Referenten.

Im Planjahr 1989 ergaben sich gegenüber diesem Schema der Planbestätigung keine Änderungen; es hatte lediglich der Leiter der HVA über die Bestätigung des Gesamtplanes der Abteilung zu befinden, und der Abteilungsleiter war gehalten, über die Bestätigung der drei Bereichspläne zu entscheiden. {56}

f) Der Jahresplan des Leiters der Abteilung XV der Bezirksverwaltung Dresden

In den Abteilungen XV der Bezirksverwaltungen wurde wie in der HVA verfahren, jedoch bestanden hier angesichts der „Doppelunterstellung" dieser Abteilung (vgl. oben 7) Besonderheiten.

Die Leiter der Referate der Abteilung XV der Bezirksverwaltung Dresden legten ihre Jahrespläne ihren unmittelbaren Vorgesetzten, also entweder dem Angeklagten oder dessen Vertretern Naumann und Schlaphof, zur Bestätigung vor. Letztere versahen den Plan mit einem kurzen Vorspann und gaben ihn inhaltlich unverändert an den Angeklagten zur Bestätigung weiter, nachdem sie selbst die Pläne bestätigt hatten.

Der Angeklagte entschied, welche Vorgänge aus den Referaten – dies waren in den Planjahren 1988 und 1989 etwa die Hälfte der Projekte – unter Berücksichtigung der Planorientierung des Leiters der HVA und etwaiger Ergänzungen durch Generalmajor Geyer in den Jahresplan der Abteilung XV aufgenommen wurden. Der Plan war nach folgendem Schema aufgebaut: {57}

Im *ersten Teil* wurden auf der Grundlage der einzelnen Referatspläne die im „Operationsgebiet" befindlichen Quellen und deren bisherige Entwicklung dargestellt. Sodann legte der Angeklagte – verbunden mit einer analytischen Einschätzung – dar, in welcher Weise diese „fortentwickelt" und welche Ziele – unter Berücksichtigung etwaiger persönlicher und beruflicher Veränderungen der „Quelle" – angestrebt werden sollten. Ferner war aufgeführt, welche Informationen oder Gegenstände beschafft, welche nachrichtendienstlichen Hilfsmittel dabei verwendet werden sollten, ob die Zusammenarbeit mit einer anderen Abteilung der Bezirksverwaltung oder der HVA erforderlich war etc. Es wurde im Detail bestimmt, wann und wo Treffs abzuhalten waren, wer daran teilnehmen sollte etc.

Im einzelnen konnte dies wie folgt aussehen:

„Die Quelle X mit der Reg.-Nr. ... wohnhaft im Raum Frankfurt/Main, Korrespondent einer Zeitung, ist für eine Kontaktaufnahme für die Zielperson Y im ersten Halbjahr 19... vorzubereiten.
– Termin 30.06.19...
Verantwortlich Hauptmann ...
Kontrolle Stellvertreter für Aufklärung bzw. einer seiner Stellvertreter,
Zusammenarbeit mit der Abteilung X der HVA"

Im *zweiten Teil* wurden die neuen Projekte beschrieben, wobei vorgeschlagen wurde, in welcher {58} Weise man „Quellen" im Operationsgebiet gewinnen wollte, ob eine Zusammenarbeit mit einer anderen Abteilung der Bezirksverwaltung oder der HVA oder der Einsatz von Werbern, Kurieren notwendig war usw. Für die einzelnen zu erledigenden Arbeiten wurden Termine festgesetzt.

Der *dritte Teil* befaßte sich mit der Unterstützung anderer Abteilungen der Bezirksverwaltung oder des MfS einschließlich der HVA.

Im *vierten Teil* schließlich wurde ausgeführt, ob man es für notwendig hielt, Personen in die Bundesrepublik Deutschland überzusiedeln, um sie dort als Agenten einzusetzen.

Der *fünfte Teil* befaßte sich mit dem Ausbau der Informationswege in das Operationsgebiet.

Im *sechsten Teil* schließlich fanden sich Ausführungen zu personellen und strukturellen Veränderungen in der Abteilung.

Die Klarnamen der Agenten wurden aus Gründen der Konspiration weggelassen; unbeschadet dessen konnte sich der Angeklagte hierüber in der Kartei oder der Datei, die innerhalb der Abteilung XV im Referat AI geführt wurde, unterrichten.

In dem Jahresplan der Abteilung XV der Bezirksverwaltung Dresden für 1989 (teilweise auch in dem {59} für frühere Jahre, insbesondere 1988), den der Angeklagte unter Mitwirkung seines persönlichen Mitarbeiters, Major Horst Eismann, erstellte, waren alle unten C II 2 aufgeführten Einzelfälle enthalten. Durch seine Entscheidung, sie in den Jahresplan aufzunehmen, gelangten sie, vorbehaltlich der Bestätigung durch Generalmajor Geyer (HVA), zur Ausführung. Bei anstehenden Entscheidungen mußte seine, des Angeklagten, Zustimmung eingeholt werden.

Der Jahresplan der Abteilung XV war gemäß Nr. 10.3 der Planungsrichtlinie 1/80 des Ministers für Staatssicherheit auch dem Leiter der Bezirksverwaltung zur Bestätigung vorzulegen. Indes war es diesem verwehrt, inhaltlich auf den Plan Einfluß zu nehmen. Dies war der HVA vorbehalten. Die Bestätigung des Planes durch den Leiter der Bezirksverwaltung beschränkte sich deshalb auf eine Kenntnisnahme.

Die Leiter der Abteilungen XV mußten sodann ihren Plan vor Generalmajor Geyer (HVA) mündlich „verteidigen“, wobei nur die Punkte, die aus der Sicht der HVA erörterungsbedürftig waren, zur Sprache kamen. Der Angeklagte reiste zu diesem Zweck zur „Verteidigung“ der Jahrespläne 1988 und 1989 nach Berlin. {60}

Nach Bestätigung des Planes durch Geyer gab der Angeklagte – ggf. über seine Stellvertreter Naumann und Schlaphof – die Teile des Plans an die Referatsleiter, die diese betrafen, zusammen mit deren Plänen, die er zuvor bestätigt hatte, zurück. In gleicher Weise verfuhr der Referatsleiter gegenüber seinem Referenten. Der nunmehr bestätigte Referatsplan in Verbindung mit den einschlägigen Teilen des Abteilungsplanes war die Arbeitsgrundlage des operativen Mitarbeiters für das neue Planjahr.

g) Der Jahresplan des Leiters der Bezirksverwaltung Dresden

Gemäß Abschnitt 3.3 der Planungsrichtlinie 1/80 hatte auch der Leiter der Bezirksverwaltung auf der Grundlage der Planvorgabe des Ministers für Staatssicherheit eine eigene Planvorgabe zu erlassen, nach der sich die Diensteinheiten der Bezirksverwaltung zu richten hatten, wobei für die Abteilung XV in erster Linie die Planorientierung des Leiters der HVA maßgebend war. Da die Abteilung XV sich bei der Erfüllung der ihr übertragenen Aufgaben auch der anderen Abteilungen der Bezirksverwaltung bedienen konnte, wurde ihr die Möglichkeit eingeräumt, insoweit bereits im Pla-{61}nungsstadium Wünsche anzumelden. So war in Abschnitt 2.6 der Dienstanweisung 3/86 des Leiters der Bezirksverwaltung Dresden vom 14. Juli 1986 bestimmt, daß der „Stellvertreter für Aufklärung“ – dies war der Leiter der Abteilung XV – nach Abstimmung mit den anderen Diensteinheiten bis zum 15. November für den „individuellen Teil“ der Planvorgabe „Aufgabenstellungen für die operativen Fachabteilungen und Kreisdienststellen zur Basisarbeit und zur Unterstützung der Aufklärung“ vorzulegen habe. Auf der Grundlage auch dieser Zuarbeiten erstellte die Auswertungs- und Kontrollgruppe der Bezirksverwaltung (AKG) die Planvorgabe des Leiters der Bezirksverwaltung bis zum 30. November.

Der „Stellvertreter für Aufklärung" der Bezirksverwaltung konnte ebenso wie die Leiter der anderen Diensteinheiten und wie die „Stellvertreter Operativ" gemäß Abschnitt 2.8 der vorgenannten Dienstanweisung 3/86 dem Leiter der Bezirksverwaltung bis zum 20. November Vorschläge unterbreiten, bestimmte Aufgaben und „persönliche Aufgabenstellungen" in dessen Jahresplan aufzunehmen. {62}

h) Haushalts- und Valutadienstleistungsplan

Auf der Grundlage des bestätigten Jahresplanes erstellte der Abteilungsleiter einen Haushalts- und Valutadienstleistungsplan, aus denen sich ergab, wieviel Geld (DDR-M und ausländische „Valutamittel" einschließlich DM) für die geplanten Vorhaben benötigt wurden.

i) Treffplan

Vor Durchführung eines Treffs mit einem Agenten war ein Treffplan zu erstellen, welcher dem Leiter der Abteilung XV zur Bestätigung vorgelegt werden mußte. Aus dem Plan ergaben sich sämtliche Einzelheiten für die geplanten Zusammenkunft wie Teilnehmer, Ort, Zeit, Gegenstand und Ziel des Gesprächs, die eventuelle Übergabe von Geld, die Absprache über die weitere Vorgehensweise und eine notwendige vorherige Kontaktaufnahme mit anderen Diensteinheiten. Treffs fanden in der DDR, im politisch neutralen Ausland (bevorzugte Länder waren insoweit Österreich, Jugoslawien und Schweden) und in Ostblockländern statt; beliebt war Ungarn. Ins westliche Ausland zu reisen war den hauptamtlichen Mitarbeitern des MfS strikt verboten. {63}

Zum Ende des Planjahres am 30. November hatte der operative Mitarbeiter einen schriftlichen Bericht über seine Arbeit im abgelaufenen Jahr zu erstatten. Auf diese Weise sollte überwacht werden, ob die gesetzten Ziele erreicht worden waren. Der Referatsleiter faßte die Berichte zu einem Jahresbericht des Referats zusammen, den er über seinen Vorgesetzten dem Abteilungsleiter zuleitete. Dieser fertigte hieraus den Jahresbericht der Abteilung, den er zusammen mit dem Jahresplan dem Leiter der Bezirksverwaltung und Generalmajor Geyer bei der HVA übersandte. Teilweise wurde auch halbjährlich berichtet.

Entsprechend unterrichteten die Abteilungsleiter in der HVA auf der Grundlage der Berichte der Referenten, der Referatsleiter und Bereichsleiter zum 30. November den Leiter der HVA über die Aktivitäten im vergangenen Jahr.

Über durchgeführte Treffs wurden schriftliche Treffberichte verfaßt. Sofern notwendig, berichtete der operative Mitarbeiter Wichtiges mündlich oder kurz schriftlich vorab. {64}

9. Der Inoffizielle Mitarbeiter (IM)

a) Begriff und Arten

Das Kernstück der Arbeit des gesamten MfS, also auch der HVA und der Abteilungen XV der Bezirksverwaltungen, war der IM. In Abschnitt 2.1 der Richtlinie 2/79 war er als Bürger der DDR oder anderer Staaten, der auf der Grundlage seiner objektiven und subjektiven Voraussetzungen Aufträge des MfS konspirativ erfüllt, umschrieben. Er stand im Gegensatz zu dem *hauptamtlichen* Mitarbeiter, welcher in den Dienstgebäuden des MfS arbeitete und die Inoffiziellen Mitarbeiter führte, die sich als Spitzel (innerhalb der DDR) oder Agenten (außerhalb der DDR) betätigten.

Der Inoffizielle Mitarbeiter erledigte für das MfS entweder gezielt einzelne Aufträge oder beobachtete laufend bestimmte Bereiche oder Personen, um darüber seiner Führungsstelle oder seinem Führungsoffizier zu berichten. Dafür wurde er in der Regel entlohnt. Er übte seine Tätigkeit neben seinem Beruf aus. In einzelnen Fällen konnte die Erledigung eines Auftrages einen IM, der vom Gebiet der DDR aus agierte, zeitlich voll beanspruchen. Das MfS veranlaßte sodann unter einer „Legende" {65} seine vorübergehende „Herauslösung" aus seinem Beruf, um ausschließlich für das MfS, welches ihn dann voll entlohnte, arbeiten zu können. Er war dann ein sogenannter „Hauptamtlicher IM" (HIM).

Der IM wurde vom MfS in vielfältiger Weise eingesetzt. In der für die HVA und ihre nachgeordneten Dienststellen seit dem 1. Januar 1980 geltenden Dienstanweisung 2/79, welche die Dienstanweisung 2/68[18] ablöste, werden auf mehreren Seiten die „IM-Kategorien" erläutert.

Die wichtigste Form des IM war danach die *„Quelle"*. Sie konnte gezielt in „feindliche Organisationen" (z.B. einen Nachrichtendienst der Bundesrepublik) eingeschleust werden oder in dem Zeitpunkt, in dem sie für das MfS geworben worden war, dort bereits tätig gewesen sein. Die „Quelle" war sich über ihren „Beziehungspartner" im klaren, d.h., sie wußte, daß sie für das MfS arbeitete. Gelegentlich sah man als „Quelle" auch eine Person an, der nicht bewußt war, daß sie Informationen an einen Mitarbeiter des MfS weitergab. In diesem Fall wurde sie „abgeschöpft" (Beispiel: Gedankenaustausch zwischen Wissenschaftlern aus Ost und West, wobei letzterem nicht bekannt war, daß der Wissenschaftler aus der DDR für das MfS arbeitete). {66}

Ein IM konnte als „Resident" in die Bundesrepublik übersiedelt worden sein und von dort aus – neben dem von der DDR aus agierenden Führungsoffizier – Agenten führen.

Einem *„Werber"* kam die Aufgabe zu, geeignete Personen für eine Tätigkeit für das MfS als Spitzel oder Agent zu gewinnen.

Der *Instrukteur* leitete im Operationsgebiet tätige Agenten gemäß einem Befehl der Zentrale an.

Dem *Kurier* oblag es, Informationen, Gegenstände oder Geld vom oder in das Operationsgebiet „konspirativ" (verdeckt) zu transportieren.

Ein *„Perspektiv-IM"* kam für eine spätere Tätigkeit als IM in Frage.

Ein IM, der für besonders bedeutsame Aufgaben vorgesehen war, konnte zum *„Offizier im besonderen Einsatz"* (OibE) ernannt werden. Ende November 1989 belief sich ihre Zahl in der HVA und den Abteilungen XV der Bezirksverwaltungen auf 582. Sie waren z.B. als „Sicherheitsbeauftragte" oder „Objektsicherungskräfte" bei den Auslandsvertretungen der DDR tätig. {67}

b) Werbung von IM

Bei der Werbung eines IM – das bereits bestehende dichte Netz sollte stets noch engmaschiger gezogen werden – kam den Kreisdienststellen angesichts ihrer Basisnähe eine besondere Bedeutung zu (dazu oben 6).

Die Wege, auf denen das MfS IM gewonnen hat, waren vielfältig:

Eine ergiebige Quelle zur Gewinnung von IM stellten die schriftlichen Einreiseanträge dar, die insbesondere von Bundesbürgern zu stellen waren, wenn sie in die DDR kommen wollten. Sie wurden von den zuständigen Stellen der Hauptabteilung VI im MfS oder der Abteilung VI einer Bezirksverwaltung zugeleitet, welche sie teilweise zur Auswertung an die operative Außengruppe (OAG) weitergaben. Dort sah man sie daraufhin durch, ob es sich lohnte, an den Antragsteller oder seinen Gastgeber in der DDR heranzutreten, um den Besucher (vielleicht auch den Gastgeber) als IM zu gewinnen.

Darüber hinaus konnten sich Hinweise auf potentielle IM aus der von der Linie M durchgeführten {68} Kontrolle von Briefen von Bundesbürgern an Verwandte oder Freunde in der DDR ergeben. Auf diese Weise wurde man auf Ute A. aufmerksam (dazu unten C II 2f).

Schließlich nutzte das MfS die Besuche von Bundesbürgern bei der Leipziger Messe aus, um zunächst verdeckt an sie heranzutreten und sie sodann für sich zu gewinnen. Zu diesem Zweck wurden in großem Umfang aus den Dienststellen des MfS in der gesamten DDR Kräfte nach Leipzig beordert. Die HVA bildete einen „Zentralen Messestab", der aus vorwiegend jungen Mitarbeitern bestand. Diese waren in Studentenwohnheimen in Leipzig untergebracht und sahen die – stapelweise anfallenden – Meldekarten der Besucher aus dem Westen auf Personen hin durch, die als IM in Frage kamen.

Ferner war die Hauptabteilung VI des MfS, die u.a. den Touristenverkehr von DDR-Bürgern in westliche Länder zu überwachen hatte, gemäß Nr. 3.4 der Zweiten Durchführungsbestimmung zur Durchführung der Dienstanweisung 4/85 vom 25. März 1987 für die

„Herausarbeitung von sich aus dem Touristenreiseverkehr ergebenden operativen Möglichkeiten zur Unterstützung der Diensteinheiten der Abwehr und der Aufklärung für die Arbeit in und nach dem Ope-{69}rationsgebiet, einschließlich von Hinweisen zur Vervollkommnung der Kenntnisse zu Regimeverhältnissen",

verantwortlich. Hierunter fiel auch die Gewinnung von IM, seien es die Touristen aus der DDR oder Bundesbürger, mit denen sie zusammentrafen.

c) Überprüfung der IM

Die für einen IM-Einsatz in Betracht kommenden Personen wurden einer genauen Überprüfung durch mehrere Abteilungen des MfS unterzogen. Beispielhaft hierfür ist der Vorgang des „Vorlaufs-IM Hans-Joachim" der Kreisdienststelle Zittau aus dem Jahre 1985:

Die Abteilung XV hielt im Auftrag des SWT der HVA nach einem IM Ausschau, der als Wissenschaftler eines bestimmten Fachgebietes in die Bundesrepublik reisen und dort Kollegen „abschöpfen" sollte. Sie beauftrage die Kreisdienststelle Zittau mit der Suche nach einer geeigneten Person. Nachdem man jemanden gefunden hatte, der nach dortiger Einschätzung den gestellten Anforderungen gerecht wurde, holte die KD zunächst die Entscheidung der Abteilung XV darüber ein, ob diese Person näher abgeklärt werden sollte. Auf den Bericht der Ab-{70}teilung XV hin entschied der SWT, daß vorgelegtes Material über diese Person als „operativ interessant" einzuschätzen sei. Deshalb stellte die Abteilung XV einen „Maßnahmeplan" auf, nach dem die Zielperson vollständig aufzuklären und Auskunftsberichte über sie zu erstellen seien. Außerdem seien Überprüfungen im Speicher des MfS und im IAZ der BV Dresden zu veranlassen. Die KD griff zunächst auf eine Sicherheitsüberprüfung aus dem Jahre 1983 zurück, in der bestätigt worden war, daß der Betreffende keine Verbindungen in die Bundesrepublik Deutschland, nach Westberlin oder das übrige kapitalistische Ausland unterhalte. Es wurde als unschädlich angesehen, daß die Mutter der „Zielperson" ihre Schwester in Westberlin besucht habe. Dies beruhte u.a. auf einer damals im Auftrag der Abteilung XV der Bezirksverwaltung Dresden von der Abteilung II (Abwehr) durchgeführten Anfrage bei der Abteilung M (Postüberwachung) und der Hauptabteilung VI des MfS.

Auch der IM Dähne, der im Fall S. als Kurier tätig war (vgl. unten C II 2b), wurde vor seinem Einsatz einer Sicherheitsprüfung unterzogen. In der am 2. Mai 1989 – also etwa einen Monat vor dem Treffen in Bregenz – erstellten „Sicherheitsanalyse" wurde u.a. hervorgehoben, Überprüfungen der {71} Abteilungen M (Postkontrolle), VI, II, KD, XII, VIII der BV Dresden und der Objektdienststelle der TU Dresden, an der Dähne tätig war, hätten ergeben, daß seine Ehefrau postalischen Kontakt zu der Tochter ihres Onkels, die in der Bundesrepublik wohne, unterhalte. Dies sei ohnehin bekannt gewesen, da die Ehefrau davon berichtet habe. Ein Sicherheitsrisiko sah man hierin nicht.

d) Entscheidung über die Werbung des IM

Die Entscheidung, ob jemand als IM gewonnen werden sollte, traf zunächst der operative Mitarbeiter; jedoch bedurfte sein „Beschluß" – so bezeichnete der Angeklagte dessen Entscheidung – der Bestätigung des Leiters der Abteilung XV der Bezirksverwaltung, dem eine „Werbungsvorlage" zuzuleiten war.

10. Zusammenarbeit des MfS mit dem KGB

a) Grundlagen

Grundlage für die Zusammenarbeit zwischen dem MfS und dem KGB war die am 6. Dezember 1973 von Mielke und dem Leiter des KGB Andropow unterzeichnete {72} Vereinbarung, in der man sich u.a. zum gegenseitigen Austausch von „Aufklärungsinformationen" und von „operativen Materialien und Informationen über gegnerische Dienste sowie zur gegenseitigen Unterstützung bei der Durchführung von Aufklärungsmaßnahmen" verpflichtete. Beim MfS sollte eine Vertretung des KGB tätig werden, und zwar in der Zentrale in Berlin und in den Bezirken.

In dem als „streng geheim" eingestuften Zusatzprotokoll vom 29. März 1978 vereinbarte man Einzelheiten zur Durchführung dieses Abkommens. So wurden u.a. den oben 4a aufgeführten Hauptabteilungen (außer den Hauptabteilungen III, XIV, XXII) und Abteilungen im MfS (außer den Abteilungen XI, M und 26), der HVA sowie der Zentralen Auswertungs- und Informationsgruppe (ZAIG) und ferner allen Bezirksverwaltungen insgesamt 30 sowjetische Verbindungsoffiziere beigeordnet. Aufgabe der Leiter dieser Diensteinheiten war es, sie gemäß der Vereinbarung vom 6. Dezember 1973 zu informieren.

Dem KGB war es ferner gestattet, Bürger der DDR zu geheimdienstlicher Tätigkeit heranzuziehen. Umgekehrt durfte das MfS auf ständig in der DDR wohnhafte Sowjetbürger als IM zurückgreifen. {73}

b) Durchführung bei der Abteilung IX der HVA

Bei der HVA gab es nicht nur einen bei der Leitung ansässigen sowjetischen Verbindungsoffizier, sondern es waren dort mehrere, die jeweils für einige Abteilungen zuständig waren, tätig. Deshalb entschied der Abteilungsleiter, welche Informationen an den KGB weitergeleitet werden durften. So wurde es auch in der für die Gegenspionage zuständigen Abteilung IX gehandhabt. Klarnamen von Quellen wurden in der Regel nicht offenbart. Eingehende Informationen wertete zunächst das hierfür zuständige Referat im Bereich C aus; die Ergebnisse brachte es sodann dem Abteilungsleiter zur Kenntnis, welcher über die Weitergabe an den KGB befand. So gelangte etwa ein Viertel der dem MfS bekannt gewordenen persönlichen Daten von Mitarbeitern des MAD in das Datenverbundsystem der sozialistischen Staaten (russische Abkürzung: „SOUD").

c) Durchführung bei der BV Dresden

Entsprechend den zwischen Mielke und Andropow getroffenen Vereinbarungen war auch der Bezirksverwaltung Dresden ein Verbindungsoffizier des KGB, der in deren Räumen ein Dienstzimmer hatte, bei-{74}geordnet worden. Sein Ansprechpartner war der Leiter der Bezirksverwaltung, Generalmajor Böhm. Mit dem Leiter der Abteilung XV kam der Vertreter des KGB, General Vladimir Schirokow, zwar häufig zusammen, jedoch erhielt er nach den Angaben des Angeklagten, die nicht zu widerlegen waren, bei diesen Zusammenkünften keine nachrichtendienstlichen Informationen. Die Treffen hatten – so jedenfalls der Angeklagte – eher den Charakter von „Höflichkeitsbesuchen". Wünsche der Sowjets nach Informationen wurden vom Referat AI der Abteilung XV an die Abteilungen VII oder IX C der HVA, welche gleichfalls mit der Auswertung befaßt waren, weitergeleitet. Die HVA entschied sodann, ob dem KGB die Informationen zu geben waren.

11. Die Auflösung der HVA und der Bezirksverwaltung Dresden 1989/1990

Im Zuge der politischen Turbulenzen, die die DDR seit Oktober 1989 erschütterten, wurde das MfS am 17. November 1989 in das „Amt für Nationale Sicherheit" (AfNS) umbenannt. Mit Schreiben Mielkes vom 06. November 1989, der Hauptabteilung Kader und Schulung vom 16. November 1989 und des Leiters Amtes für Nationale Sicherheit, Generalleut-{75}nant Schwanitz, vom 22. November 1989 erfolgten Anweisungen, nach denen aus Sicherheitsgründen die vorhandenen Akten erheblich zu reduzieren waren. Akten der Kreisdienststellen waren in die Bezirksverwaltungen (Abteilung XII) zu überführen. Bei der Abteilung XV der Bezirksverwaltung Dresden geschah dies in nennenswertem Umfang erst Anfang 1990.

In dem Schreiben vom 22. November 1989 an die Leiter der Bezirksämter sind als zu vernichtende „operative Materialien und Informationen" u.a. Unterlagen, Informationen und Materialien zu

- Wahlen zu Volksvertretungen,
- Angehörigen von Kirchen und Religionsgemeinschaften und deren Organisationen, zu denen es keine Hinweise auf feindliche Tätigkeit gibt,

- Kontakten innerhalb der DDR und in das Ausland ohne feindlich-negative Anhaltspunkte,
- mündlichen und schriftlichen negativen Äußerungen sowie passiven Widerstandshandlungen (z.B. Parteiaustritt, Ablehnung Verpflichtung als Geheimnisträger) im Sinne Andersdenkender,
- Nichtwählern,
- Personen mit asozialer Lebensweise,
- Personen, die Besitzverhältnisse im Ausland haben,
- Abgeordneten der Volksvertretungen,
- Mitgliedern der Blockparteien,
- Liebesverbindungen in das nichtsozialistische Ausland,
- ehemaligen SED-Mitgliedern

aufgeführt. {76}

Am 6. Dezember 1989 stürmten Bürger die Bezirksverwaltung Dresden und besetzten sie. Die Räume der Abteilung XV wurden indes nicht betreten. Infolge dieser Ereignisse wurde der Leiter der Bezirksverwaltung, Generalmajor Böhm, abgelöst; er nahm sich später das Leben. An seine Stelle trat für ca. vier Wochen der Angeklagte. Seit dieser Zeit konnte er sich um die Spionagetätigkeit der Abteilung XV, die seitdem ohnehin nur noch in eingeschränktem Umfang möglich war, nicht mehr kümmern. In Verhandlungen zwischen Vertretern der Regierung Modrow und dem Bürgerkomitee kam man überein, diejenigen Abteilungen, die in erster Linie für die lückenlose Kontrolle und Überwachung der Bevölkerung verantwortlich waren, aufzulösen, deren Akten zu sichern und alle Mitarbeiter zu entwaffnen. Man ging zu dieser Zeit noch davon aus, in einer veränderten DDR auf einen Aufklärungsdienst – wenn auch in „reduzierter Form" – nicht verzichten zu können, so daß die Abteilung XV von derartigen Maßnahmen zunächst verschont blieb. Sie wurde Ende Dezember 1989/Anfang Januar 1990 aus den Räumen der Bezirksverwaltung in die Radeberger Straße 25 ausgelagert. {77}

Am 24. Februar 1990 wurde die nachrichtendienstliche Tätigkeit der HVA eingestellt. Ende März 1990 waren seitens der HVA noch 540 „aktive Vorgänge im Operationsgebiet" nicht abgewickelt. Die personelle und materielle Auflösung der HVA wurde zum 30. Juni 1990 abgeschlossen.

Im Februar 1990 wurden auf Befehl der HVA auch die Akten der Abteilungen XV weitgehend vernichtet. Von den „Quellenvorgängen" bewahrte man lediglich die wichtigsten Teile wie den letzten Treffbericht, die schriftliche Verpflichtung des IM und das Personendossier auf. Nachdem die Arbeitsgruppe „Sicherheit" des Zentralen Runden Tisches am 20. Februar 1990 beschlossen hatte, die HVA einschließlich der ihr nachgeordneten Abteilungen XV der Bezirksverwaltungen ersatzlos aufzulösen, verbrannte man auch diese Schriftstücke, allerdings erst, nachdem sie zuvor verfilmt worden waren, um sich die Möglichkeit offenzuhalten, sie einem später zu errichtenden Nachrichtendienst zur Verfügung stellen zu können. Als Leiter für ein solches Amt war der Stellvertreter des Angeklagten, {78} Oberstleutnant Schlaphof, im Gespräch. Diesem übergab der Angeklagte die Filme, enthielt ihm jedoch die verfilmten Unterlagen von solchen Vorgängen vor, von denen er annahm, daß Schlaphof sie nicht kenne. Diese verbrannte er. Der Angeklagte hatte nämlich von der HVA, die hierüber von ihrem Agenten Kuron beim Bundesamt für Verfassungsschutz in Kenntnis gesetzt worden war, erfahren, daß sich Schlaphof am 18. Januar 1990 dem Bundesamt für Verfassungsschutz offenbart hatte. Der Angeklagte wollte verhindern, daß Schlaphof das Bundesamt auch über solche Quellen unterrichtete, die ihm bislang unbekannt waren und von deren Existenz er erst aus den verfilmten Akten erfuhr. Der Angeklagte war sich aber nicht sicher, ob Schlaphof nicht doch von diesen Vorgängen bereits Kenntnis hatte. Er konnte ihm jedoch nicht offenlegen, daß er über die HVA und Kuron von seiner „Offenbarung" gegenüber dem Bundesamt für Verfassungsschutz erfahren hatte, denn dann wäre die „Quelle Kuron" gefährdet gewesen. Deshalb spiegelte er seinen Mitarbeitern vor, die HVA habe befohlen, daß diese {79} Filme nach Berlin zu übersenden seien. Auf einen eventuellen Vorhalt von Schlaphof, warum er nicht alle Filme erhalten habe, hätte er ihn dann auf diesen „Befehl" verweisen können.

Der Angeklagte schied im Februar 1990 aus der Abteilung XV der Bezirksverwaltung Dresden aus.

C. Die Straftat

I. Die Tätigkeit des Angeklagten im Referat IX A 2 der HVA

1. Allgemeines

Wie dargelegt, leitete der Angeklagte vom 01. März 1974 bis zum 31. Juli 1987 das Referat 2 im Bereich A der Abteilung IX der HVA, deren Aufgabenbereich oben (B 8e) skizziert worden ist. {80}

Leiter der Abteilung IX war bis zum Herbst 1977 Oberst Heinz Geyer, der danach als Generalmajor und Stellvertreter des Leiters der HVA vor allem für die Aufsicht der Abteilungen XV der Bezirksverwaltungen zuständig war. Ab Herbst 1977 bis zur Auflösung der HVA im Frühjahr 1990 unterstand die Abteilung Oberst – später Generalmajor – Harry Schütt[19]. In ihr waren ca. 200 hauptamtliche Mitarbeiter tätig. Ihre Struktur im einzelnen ergibt sich aus nachfolgendem Schaubild: {81}

⊗ Es folgt das angekündigte Schaubild.[20] ⊗ {82}

Der *Bereich A* war zuständig für die operative Bearbeitung der gegnerischen Dienste. Er agierte vom Gebiet der DDR aus durch die Erschließung und Führung von Quellen. Die Dienste waren – wie aus dem Schaubild ersichtlich – den einzelnen Referaten zugeordnet.

Die in den Bereichen A und B gewonnenen Erkenntnisse wurden im Bereich C ausgewertet, aufbereitet, gesammelt oder gespeichert. Für das vom Angeklagten geführte Referat A 2 war im Bereich C das Referat 4, in welchem der Zeuge Willenberg tätig war, zuständig.

Informationen, die von anderen Hauptabteilungen des MfS – in Betracht kamen hier insbesondere die Hauptabteilung III (Funkaufklärung) – über gegnerische Dienste gewonnen worden waren, wurden über den Leiter der Abteilung IX an den Bereich C zur Auswertung weitergegeben. Von dort aus kamen sie an das zuständige Referat.

Aufgrund einer Absprache zwischen dem Leiter der HVA und dem Leiter der Hauptabteilung III leitete die HVA ihre Ersuchen, die die Funkaufklärung betrafen, über die Abteilung IX, Bereich C, an die Hauptabteilung III weiter. Die von dieser erlang-{83}-ten Informationen liefen wiederum über die Abteilung IX an die auftraggebende Abteilung der HVA zurück.

Dem vom Angeklagten geführten Referat 2 war der militärische Abschirmdienst (MAD) zur „Ausforschung“ zugewiesen. Dies schloß nicht aus, daß man auch in anderen Dienststellen der Bundeswehr (z.B. Wehrbereichskommandos) Aufklärung betrieb, wenn sich hierzu eine Gelegenheit bot. Dem Angeklagten unterstanden fünf operative Mitarbeiter, nämlich Harald Großmann, der am 01. August 1987 die Leitung des Referats übernahm, Wolfgang Joost, Hans Meißner, Andreas Otto und Gerhard Staub.

Entsprechend Abschnitt 9.3 der Richtlinie 2/79, wonach sich der Leiter einer Diensteinheit u.a. in solche Vorgänge einzuschalten hat, die „von entscheidender Bedeutung für die Realisierung der festgelegten Schwerpunktaufgaben der Diensteinheit sind“, nahm der Angeklagte bei wichtigen Vorgängen an den Treffs seiner Referenten und der IM teil. Diese fanden, sofern sie innerhalb der DDR abgehalten wurden, durchweg in konspirativen Wohnungen (KW) oder konspirativen Objekten (KO) statt. Köhler wollte sich auf diese Weise auch ein Bild von seinen operativen Mitarbeitern machen, um deren {84} Arbeit zu kontrollieren und um beurteilen zu können, ob sie ihrer Aufgabe gewachsen waren. Ferner legte er Wert darauf, die IM kennenzulernen, was für spätere Entscheidungen von Bedeutung sein konnte.

Auch im übrigen schaltete sich der Angeklagte nachhaltig in die Arbeit seiner Referenten ein. Er leitete sie an und kontrollierte ihre Arbeit, insbesondere wachte er über die Erfüllung der Planvorgaben. Er konnte bis zu 1.000, -- DM für die Durchführung eines Vorhabens bewilligen; darüber hinausgehende Beträge bedurften der Freigabe durch den Bereichs- oder Abteilungsleiter oder den Leiter der HVA.

Die Hauptaufgabe des Angeklagten und seiner Referenten bestand darin, Pläne zu entwickeln und umzusetzen, die darauf abzielten, dem MfS einen möglichst umfassenden Einblick in Struktur, Tätigkeit und Methoden des MAD-Amtes zu verschaffen. Vorrangiges Ziel war es, eine Quelle innerhalb des MAD zu platzieren. Der Umstand, daß dies dem Angeklagten nicht gelungen ist, war ein ständiger Kritikpunkt bei der Bewertung der Jahrespläne und -berichte der Abteilung IX durch die Leitung der HVA. {85}

Insbesondere durch den inzwischen verstorbenen ehemaligen Vertreter des Amtschefs des MAD, Oberst Joachim Krase, in den Jahren 1969 bis 1988 eine äußerst ergiebige Quelle der Hauptabteilung II, durch Abhörmaßnahmen der Hauptabteilung III, aber auch durch Hinweise aus dem vom Angeklagten geführten Referat A 2 gelang es gleichwohl, den MAD für das MfS weitgehend transparent zu machen. Eindrucksvoller Beleg hierfür ist die überwiegend in den Jahren 1984 bis 1987 im Auswertungsreferat IX C 4 vom Zeugen Willenberg angelegte Kartei, die Daten über den MAD aus den Jahren ab 1975 enthält und die über zwei Leitzordner füllt. Darin wurden die Erkenntnisse abgelegt, welche unter anderem über Territorial- und Personalstruktur, Arbeitsmethoden, Hilfsmittel und Verfahrensabläufe des MAD, über Personalien, innerdienstliche Verwendung, Arbeitsstelle, Wohnort und Telefonverbindungen sowie teilweise über äußere Kennzeichen, Gesundheitszustand, Hobbies und Parteizugehörigkeit oder politische Einstellung von einer Vielzahl von Mitarbeitern des MAD sowie über Lage, Nutzungsart und zugewiesene Struktureinheit der Diensteinheiten des MAD gesammelt worden waren. Auf insgesamt ca. 140 Blättern wurde vermerkt, daß Hinweise über Personen und Objekte des MAD in den Jahren 1975 bis 1985 aus dem Referat A {86} 2 kamen; unbekannt ist, auf welchen Quellen diese Hinweise beruhen. Auch kann nicht ausgeschlossen werden, daß einzelne Hinweise aus einem anderen Referat kamen und in

„IX A 2“ umgeschrieben worden waren, ohne daß die Information von dem vom Angeklagten geleiteten Referat beschafft worden war.

Durch dieses umfangreiche Wissen über Mitarbeiter, Objekte, Organisation und Arbeitsmethoden des MAD wäre es dem MfS möglich gewesen, Abwehrmaßnahmen dieses Dienstes zu unterlaufen und in dessen Operationen einzudringen. Der MAD war somit ab etwa 1983 nicht mehr in der Lage, seinen Auftrag zu erfüllen.

2. Die einzelnen Fälle

a) Fall Kloss

Der damals in Köln wohnhafte Bundesbürger Herbert Siegmar Kloss wurde spätestens im Jahre 1978 als „Perspektiv-IM“ für das MfS geworben. In welcher Weise dies geschah, blieb unaufgeklärt. Kloss erklärte sich aufgrund seiner weltanschaulichen Überzeugung zur Zusammenarbeit mit dem MfS bereit. Er hatte 1976 sein Studium der Soziologie mit der {87} Diplomarbeit abgeschlossen. Danach arbeitete er als Journalist beim „Kölner Express“. Mit seiner Führung wurde das Referat A 2 der Abteilung IX der HVA beauftragt; sein Führungsoffizier war Gerhard Staub. Jedoch nahm auch der Angeklagte Führungsaufgaben wahr. Kloss erhielt den Decknamen „Siegbert“. Der Angeklagte beauftragte ihn, sich bei seiner journalistischen Tätigkeit – Kloss war seit 1978 beim Kölner Markus-Verlag und seit 1983 bei der Deutschen Welle als Redakteur tätig – auf den MAD zu spezialisieren. Auf diese Weise würde es ihm möglich sein, unverfänglich an Mitarbeiter dieses Dienstes heranzutreten und von ihnen Auskünfte über ihre dienstliche Tätigkeit zu erlangen. Auf diese Weise sollte Kloss Mitarbeiter des MAD abschöpfen.

In Erfüllung seines Auftrages stellte Kloss bis zum Ausscheiden des Angeklagten am 31. Juli 1987 unter dessen Anleitung zahlreiche Kontakte zu Mitarbeitern des MAD her, die der Angeklagte als „operativ interessant“ einstufte. Den Inhalt dieser Gespräche gab Kloss – ob nur mündlich oder in Form von schriftlichen Berichten, konnte nicht aufgeklärt werden – bei den etwa monatlich statt-{88}findenden Treffs, die in Ost-Berlin und Saalfeld (DDR) abgehalten wurden, an die MfS-Offiziere weiter. An den Treffs nahmen stets sein Führungsoffizier Staub, teilweise auch der Angeklagte und in einem Fall darüber hinaus Oberst Nehls teil. Daneben wurde auch ein IM eingesetzt, der die von Kloss beschafften Informationen von Köln nach Ost-Berlin brachte. Dabei handelte es sich um persönliche Daten (Name, Vorname, Geburtsdatum, Wohnort, Telefonnummer, Diensteinheit, Dienstgrad) sowie um Charakteristika (etwa Gesundheitszustand, Hobbies, Parteizugehörigkeit) von Mitarbeitern des MAD, ferner um Angaben zu deren dienstlicher Tätigkeit (etwa Organisation und Arbeitsmethoden). Was Kloss darüber hinaus im einzelnen mitteilte und in wieviel Einzelfällen er dies in all den Jahren tat, konnte nicht festgestellt werden.

Im Jahre 1983 kamen der Angeklagte und Dr. Brehmer von der Abteilung X der HVA, die für die Durchführung „aktiver Maßnahmen“ gegen die Bundesrepublik und die „Desinformation“ des Gegners zuständig war, auf die Idee, Kloss ein Buch über den MAD schreiben zu lassen. Hierdurch sollte in erster Linie dessen Reputation in Kreisen der bundesdeutschen Abwehr als Fachjournalist gehoben werden. Zugleich würde sich Kloss hierdurch in noch {89} größerem Umfang die Möglichkeit bieten, zur Vorbereitung des Werkes mit führenden Mitarbeitern des MAD zusammenzukommen und in Gesprächen Wissenswertes über den Dienst in Erfahrung zu bringen, sie also „abzuschöpfen". Dr. Brehmer war an diesem Projekt interessiert, weil er auf diese Weise – seinem dienstlichen Auftrag entsprechend – Halb- und Unwahrheiten in das Buch einfließen lassen konnte, um durch diese Art von „Zersetzung" die westlichen Dienste, aber auch die Bevölkerung der Bundesrepublik zu verunsichern.

Kloss erklärte sich mit dem Projekt einverstanden. Bis zum 31. Juli 1987 trat er in einer nicht feststellbaren Zahl von Fällen unter der Regie des Angeklagten mit nicht bekannten Mitarbeitern des MAD, die teilweise jedoch in leitender Position tätig waren, in Kontakt. Er schöpfte seine Gesprächspartner über Organisation, Strukturen, Aufgaben, Arbeitsmethoden, die personelle Zusammensetzung des Dienstes und persönliche Daten und Charakteristiken von Mitarbeitern des MAD ab und gab dieses Wissen an den Angeklagten und Staub weiter. Was er dabei jeweils im einzelnen mitteilte, konnte nicht festgestellt werden. Jedoch handelte es sich um Themenbereiche, die Gegenstand seines Schreibens vom 16. Oktober 1985 an den da-{90}maligen stellvertretenden Amtschef des MAD, Dr. von Hoegen, und seines an den damaligen Amtschef des MAD, Generalmajor Hubertus Senff, gerichteten Fragenkataloges sind. In seinem Schreiben vom 16. Oktober 1985 stellte er sein Projekt als ein „Sachbuch" vor, das „eine sauber recherchierte Analyse und faire Kommentierung" zu den Komplexen „Auftrag, Entwicklung, Organisationsform, Arbeitsweisen, Personal und Bilanz (Erfolge, Mißerfolge und Konsequenzen)" des MAD liefern sollte. In seinem Katalog vom 16. Januar 1986 bat er um Beantwortung von 125 Fragen zu den Themen

„– Geschichte des MAD,
– Aufbauorganisation,
– Ablauforganisation,
– Personal,
– Arbeitsverfahren/Technik,
– Vorbeugung,
– Sicherheitsüberprüfung,
– Abwehr von Extremisten,
– Sabotageabwehr,
– Terrorismusabwehr,
– Spionageabwehr,
– Auswertung, Lagebearbeitung, Dokumentation,
– Presse- und Öffentlichkeitsarbeit,
– Kontrolle (intern/extern), {91}
– Erfolgsbilanz 1956-1986".

Ferner ersuchte er um die Übersendung von Dokumenten, verschiedenen Unterlagen, Fotos, Warnplakaten und sonstigem Material.

Das Buchprojekt wurde von Kloss nicht abgeschlossen. Er schrieb lediglich einige Kapitel, zu denen Dr. Brehmer ihm „Formulierungshilfe" in dem o.a. Sinn leistete.

Kloss erhielt für seine Verratstätigkeit seit Beginn der 80er Jahre monatlich etwa 500,-- DM.

b) Fall Re./S.

Im Jahre 1979 besuchte der Hamburger Geschäftsmann Jochen Re. eine der Leipziger Messen. Seine Hotelmeldekarte gelangte an den „Zentralen Messestab“ der HVA (siehe hierzu oben B 9b). So stieß man auf Re., der mit Computerhard- und -software handelte. Ein nicht bekannter operativer Mitarbeiter des Referats IX A 2 – der Angeklagte wollte seinen Namen nicht nennen – trat an Re. heran. Im Laufe der Gespräche stellte sich {92} heraus, daß dieser daran interessiert war, embargobehinderte Hard- und Software einschließlich Betriebssystemunterlagen der Firma IBM, Microfiches und Magnetbänder illegal in die DDR zu veräußern. Der Angeklagte entschied, daß man mit Re., der den Decknamen „Junker“ erhielt, in Verhandlung treten sollte. Die Gespräche, an denen er selbst teilnahm, fanden an einem unbekannten Ort in Jugoslawien statt. Dabei gaben sich der Angeklagte und sein operativer Mitarbeiter in der Anbahnungsphase als Angehörige des DDR-Außenhandelsministeriums aus. Re. brachte zu den Verhandlungen seinen Geschäftspartner Jörg S., der künftig den Deckname „Segler“ führte, mit. Man wurde handelseinig. Im Laufe der Zeit wurde den Geschäftsleuten aus Hamburg klar, daß ihre Partner aus der DDR dem MfS angehörten. Zu weiteren Treffs kamen Re. und S. mit dem operativen Mitarbeiter in Ost-Berlin zusammen.

Bis Ende 1986 lieferten Re. und S. Computerware, die nach den Embargobestimmungen der Bundesrepublik Deutschland nicht in Ostblockländer exportiert werden durfte, im Gesamtwert von 4 bis 4,5 Millionen DM illegal aus der Bundesrepublik Deutschland in die DDR. Die Ware wurden stets auf einer der Transitautobahnen nach Berlin in Anwesenheit des Angeklagten übergeben. Köhler zahlte bar in DM; das Geld war ihm von dem SWT anvertraut {93} worden. Wieviele Geschäfte im einzelnen abgewickelt worden waren, konnte ebensowenig aufgeklärt werden wie die genaue Summe, die für den Erwerb der Geräte aufgebracht werden mußte.

Unabhängig hiervon erwies sich die Verbindung zu S. für den Angeklagten insofern als perspektivreich, als dieser etwa seit 1985 mit einer beim BND beschäftigten Sekretärin befreundet war. Ob es dem Angeklagten gelang, diese – über seinen Geschäftspartner – „abzuschöpfen“, konnte nicht geklärt werden.

c) Fall Ma.

1985 bot Alois Ma., ein österreichischer Staatsangehöriger aus Klagenfurt, dem MfS gegen Bezahlung seine Zusammenarbeit an. Er stellte in Aussicht, eine namentlich nicht bekannte Mitarbeiterin des Wehrbereichskommando I in Kiel, die für die Begleichung von Manöverschäden zuständig war und mit der er intim befreundet sei, für das MfS zu werben. Wem gegenüber Ma. dieses Angebot unterbreitet hatte, blieb unaufgeklärt. Der Angeklagte beauftragte seinen operativen Mitarbeiter Gerhard Staub mit der Bearbeitung des Vorganges. Staub traf sich mit Billigung des Angeklagten bis {94} 1987 mit Ma. (Deckname: „Franz“) mehrfach in Ost-Berlin, Budapest und auch einmal an einem nicht bekannten Ort in Jugoslawien. Bei einem der Treffs in Budapest war auch der Angeklagte zugegen. Indes stellte sich im Laufe der Zeit heraus, daß Ma. auf seine Bekannte nur einen beschränkten Einfluß hatte, so daß seine in der Bundesrepublik Deutschland unternommenen Versuche, sie als Quelle des Referats IX A 2 im Wehrbereichskommando I zu gewinnen, erfolglos blieben. Entgegen seinen Versprechungen war sie nicht einmal bereit, an einem der Treffs teilzunehmen. Der Angeklagte und Staub erkannten, daß das Vorhaben aussichtslos war. Sie brachen deshalb den Kontakt zu Ma. im 1. Halbjahr 1987 ab. Ob und wieviel Geld Ma. für seine Tätigkeit erhalten hatte, blieb unaufgeklärt.

d) Fall A.

Etwa 1984 konnten unter der Anleitung des Angeklagten die Eheleute Georg Al. und Doris J.-Al. als Agenten in die Bundeswehr eingeschleust werden. Dieser Vorgang wird im Rahmen der Strafzumessung (unten F 2a) dargestellt. {95}

II. Die Tätigkeit des Angeklagten als Leiter der Abteilung XV der Bezirksverwaltung Dresden

1. Allgemeines

a) Die Tätigkeit des Angeklagten in der *Planungsphase* wurde oben (B 8f) beschrieben. Durch die Bestätigung der Jahrespläne der Referatsleiter und die Aufnahme der nachfolgend unter 2 beschriebenen Vorgänge in den Jahresplan der Abteilung XV für 1989, teilweise auch in den für 1988, und die Vorlage dieser Pläne an Generalmajor Geyer zur Bestätigung übernahm er nicht nur die Verantwortung für diese Projekte, sondern ermöglichte hierdurch erst deren Durchführung in den betreffenden Jahren.

b) Darüber hinaus war der Angeklagte nachhaltig an der *Durchführung* der einzelnen Vorgänge beteiligt, indem er beispielsweise teilweise an Treffs teilnahm (nachfolgend aa), die Planverwirklichung überwachte und die hierzu erforderlichen Entscheidungen traf (nachfol-{96}gend bb) und seine Mitarbeiter anleitete (nachfolgend cc).

aa) Aus den oben I 1 dargelegten Gründen nahm der Angeklagte auch als Leiter der Abteilung XV der Bezirksverwaltung Dresden an Treffs seiner Mitarbeiter mit IM teil. Die „konspirativen Wohnungen" und „konspirativen Objekte" der Abteilung XV, in denen die Treffs durchweg stattfanden, waren nicht nur in Dresden und Umgebung, sondern auch in Berlin gelegen; sie wurden stets mit Tarnnamen bezeichnet (z.B. „Artus" am Fetscher-Platz in Dresden, „See" in Berlin-Motzen, „Risse" am Prenzlauer Berg in Berlin). So nahm der Angeklagte in den Fällen K., W., C., F., B. und Fr. (nachfolgend 2a, c, e, g, i, k) an Treffs teil. Von herausragender Bedeutung für die Abteilung XV war zwar auch der Fall S. (nachfolgend 2b), so daß auch hier eine Teilnahme an einem Treff nahegelegen hätte. Jedoch schaltete sich Oberstleutnant Schlaphof, der S. bereits persönlich geführt hatte, auch nach seiner Ernennung zum stellvertretenen Abteilungsleiter immer wieder in den Vorgang ein. Der Ange-{97}klagte vertraute Schlaphof, so daß er es nicht für erforderlich hielt, sich selbst um dieses Projekt zu kümmern.

bb) Die Abteilungsleiter waren verpflichtet, die Erfüllung der Planvorgaben zu überwachen. Dies war in Abschnitt 6.1 der Dienstanweisung 3/86 des Leiters der Bezirksverwaltung Dresden ausdrücklich vorgeschrieben. Zu diesem Zweck hatte der Angeklagte eine laufend zu aktualisierende Übersicht über den Stand der Planverwirklichung und die Einhaltung insbesondere der festgeschriebenen Termine zu führen. Jede Reise eines IM in das Operationsgebiet und darüber hinaus jeder Treff eines Mitarbeiters der Abteilung XV mit einem IM aus dem Operationsgebiet in der DDR bedurfte der Genehmigung des Angeklagten. Wichtige, durch Spione erlangte Informationen wurden ihm vorgelegt. Er entschied darüber, ob sie nur dem Referat AI innerhalb der Abteilung XV oder darüber hinaus an die HVA (Abteilung VII) weiterzuleiten waren. Die Anforderung „operativer Dokumente“ (falsche Personalpapiere u.a.) und „operativer Hilfsmittel“ bei den Abteilungen VI und VIII der HVA bedurfte der Genehmigung durch {98} den Angeklagten. Die Übersiedlung von „Einsatzkadern“ in das Operationsgebiet, für das das Referat 3 zuständig war (vgl. oben B 5b), mußte von der Leitung der HVA genehmigt werden; die entsprechende Vorlage des operativen Mitarbeiters hatte auf dem Dienstweg – also über den Angeklagten – zu erfolgen.

Der Angeklagte war befugt, Operativgelder bis zur Höhe von 3.000,-- DM, die für die Durchführung der Vorhaben benötigt wurden, zu bewilligen. Darüber hinausgehende Beträge bedurften der Freigabe durch Generalmajor Geyer oder den Leiter der HVA.

cc) Neben der Kontrolle der operativen Tätigkeit oblag dem Angeklagten die Anleitung der ihm unterstellten Mitarbeiter. Hierzu gehörte auch die Entscheidung, ob ein „Einsatzkader“, der für den Einsatz – nicht für eine Übersiedlung – im Operationsgebiet in Frage kam, einem der operativen Referate zugeteilt oder der HVA zur dortigen Verwendung angedient werden sollte. Zuständig für die Auswahl, Ausbildung und Prüfung der „Einsatzkader“ war das Referat 3 (vgl. oben B 5b). {99}

Daneben war es Aufgabe des Angeklagten, IM-Hinweise aus den nachgeordneten Kreisdienststellen zu bewerten und gegebenenfalls zu entscheiden, ob nach Abschluß der Vorlaufzeit zum Zwecke der Werbung ein IM-Vorgang angelegt werden sollte (vgl. auch B 6 und 9d).

2. Die einzelnen Fälle

a) Fall K.

Der Elektroingenieur Wolfgang K., der schon seit langer Zeit unter dem Decknamen „Herbert“ IM des MfS gewesen war, flüchtete 1976 aus der damaligen DDR in die Bundesrepublik. Die Bezirksverwaltung Dresden, Abteilung II (Abwehr), hielt jedoch den Kontakt zu K. aufrecht. Leutnant Eberlein, später Leiter der Kontrollgruppe (siehe oben B 7), traf sich hin und wieder mit K. zum Informationsaustausch. Diese Verbindung blieb auch aufrechterhalten, als K. im Jahre 1983 zusammen mit seiner Ehefrau nach Australien auswanderte. Im Sommer 1986 plante die Abteilung II, den Vorgang in die Abteilung XV (Aufklärung) weiterzugeben. {100}

Der Angeklagte Köhler führte als Nachfolger des erkrankten früheren Abteilungsleiters Hauemann die Übernahme von K. in die Abteilung XV durch, prüfte dessen Einsatzperspektiven und traf im Spätherbst 1987 zusammen mit seinem persönlichen Mitarbeiter Major Eismann erstmals in Berlin (Ost) mit K. zusammen. Eberlein nahm an diesem Treffen ebenfalls teil. Der Angeklagte und Major Eismann erkundigten sich eingehend nach den gegenwärtigen Lebensumständen von K., dessen persönlichem Umfeld und seinen Zukunftsplänen. Das Ehepaar K. erwog eine Rückkehr nach Deutschland und wurde in diesen Plänen vom Angeklagten bestärkt. K. wurde in Aussicht gestellt, daß bei einer eventuellen Rückkehr nach Deutschland es nunmehr auch für seine Ehefrau wegen ihrer früheren Flucht aus der DDR bei Reisen zu Verwandten in die DDR keine Schwierigkeiten mehr geben werde. Tatsächlich kehrte das Ehepaar K. im

Mai 1988 endgültig wieder nach Deutschland zurück und ließ sich im Raum München nieder.

Nunmehr übernahm auf Weisung des Angeklagten Köhler Major Eismann die Führung dieser Quelle. Der Angeklagte und Eismann übernahmen die gesamten IM-Unterlagen, wobei mit dem bisherigen Führungsoffizier Eberlein vereinbart wurde, daß dieser {101} auch weiterhin an Treffs teilnehmen könne. Der Angeklagte Köhler stellte u.a. Überlegungen dahin an, ob der Umstand, daß K. in Australien einer Freimaurerloge angehört hatte, in irgendeiner Weise zu geheimdienstlichen Zwecken in der Bundesrepublik Deutschland nutzbar gemacht werden könnte. Er veranlaßte K., der wegen Namensgleichheit mit dem Vornamen des Angeklagten seit Herbst 87 den neuen Decknamen „Curt" trug, mit Freimaurerlogen im Raum München und im Raum Bonn/Köln Kontakt aufzunehmen. Die Freimaurerloge im Raum Bonn/Köln war für den Angeklagten insbesondere wegen der Nähe von Regierungssitz und Bundesbehörden von besonderem Interesse. Im übrigen sollte K. sich im Münchner Raum beruflich etablieren und seine Kontakte zu Computer-Spezialisten und zu anderen Personen aus der Wirtschaft ausbauen. Die spätere Verwendung von K. blieb noch offen. Die Ausspähung von Personen gehörte aber langfristig zu den Zielen, die der Angeklagte mit K. verfolgte.

Treffs des Angeklagten mit K., bei denen jeweils Eismann teilnahm, fanden auf Anordnung des Angeklagten nunmehr aus Sicherheitsgründen vor allem im früheren Jugoslawien statt. {102}

(1) Im Sommer 1988 fand ein Treff mit K. in Zagreb statt, an dem der Angeklagte, Eismann und Eberlein teilnahmen. Bei diesem Treff übergab K. auf Tonbandkassette gesprochene Informationen über sein Umfeld und seinen neuen Arbeitsbereich als Werkstattleiter bei einer Münchner Firma, die Kameraprodukte herstellt.

(2) Im Herbst 1988 fand ein weiterer Treff zwischen denselben Personen statt, dieses Mal ausnahmsweise in Ost-Berlin. Wiederum informierte K. seine Gesprächspartner über sein Umfeld, seinen Arbeitsbereich und die Produkte seines Arbeitgebers. Auch übergab K. nunmehr entsprechende Kataloge und Prospekte.

(3) Bei einem Treff im Frühjahr 1989 in Split berichtete K., der zwischenzeitlich seinen Arbeitgeber gewechselt hatte, über seine neue Arbeitsstelle bei der Firma T. als Vertriebsingenieur im Computerbereich. Daß der Angeklagte Köhler an diesem Treff teilgenommen hat, steht nicht fest. {103}

(4) Im Juni/Juli 1989 fand in Zadar ein weiterer Treff statt, an dem der Angeklagte, Eismann und Eberlein teilnahmen. Da K. inzwischen erneut seinen Arbeitgeber gewechselt hatte, übergab er schriftliche Unterlagen über seinen neuen Arbeitgeber, die Firma M. Es handelte sich um offizielle Materialien, aus denen insbesondere die Produktpalette dieser Firma ersichtlich war. Darüber hinaus übergab K. aber auch eine interne Kundenliste. K. erhielt nunmehr Aufträge zur Ausforschung bestimmter Personen, wobei es auch darum ging, K. an die sogenannte Dossierarbeit heranzuführen. K. wurden bestimmte, als geeignet erscheinende Zielpersonen genannt, zu denen er seine Kontakte vertiefen sollte. Auftragsgemäß lieferte K. von drei der ihm genannten Personen Charakterbeschreibungen und machte Angaben über deren finanzielle und familiäre Verhältnisse. K. hatte auch bereits Kontakte zu einem Logenbruder geknüpft, der beim Bundesamt für Verfassungsschutz in der Abteilung 4 arbeitete, und war in dessen Wohnung eingeladen worden. {104}

Über die Abteilung IX C der HVA erfuhr Oberst Nehls von dem Vorgang und sprach den Angeklagten anläßlich eines Besuches in Dresden darauf an.

Ein weiterer Informationsaustausch mit K. fand infolge der später zum Anschluß der damaligen DDR an die BRD führenden politischen Entwicklung nicht mehr statt.

b) Fall S.

Die Quelle S. wurde seit langem in der Bezirksverwaltung Dresden geführt. Der Ingenieur Karl-Heinz S. war 1970 aus der damaligen DDR in die Bundesrepublik Deutschland geflüchtet, wobei er Ehefrau und Kinder sowie Verwandte zurückließ. Er fand alsbald eine Anstellung bei der Firma Maschinen- und Turbinen-Union (MTU) in Friedrichshafen. Um sich auch zukünftig Reisemöglichkeiten zu seinen Angehörigen in der DDR zu erhalten, erklärte sich S. zur Zusammenarbeit mit dem MfS bereit. Er erteilte Auskünfte über Aufgaben, Struktur und Produktion der Firma MTU sowie über seine Arbeit in der Fertigung von schnellaufenden, modernen Dieselmotoren, die sowohl für militärische als auch für zivile Zwecke {105} bestimmt waren. S., der den Decknamen „Peter“ trug, lieferte Informationen vor allem aus dem Bereich Motorenentwicklung, übergab firmeninterne Originalunterlagen und ging ab 1976 dazu über, MTU-Unterlagen abzufotografieren und die belichteten Filme seinem Führungsoffizier zu übergeben. Der Vorgang kam 1982 von der damaligen Abteilung XVIII der Bezirksverwaltung Dresden in die Abteilung XV, in der der damalige Hauptmann und stellvertretende Referatsleiter Schlaphof die Führung dieser Quelle übernahm. Nachdem Schlaphof zum stellvertretenden Abteilungsleiter ernannt worden war, sollte Hauptmann Bernd Wohlrab vom Referat 2 der Abteilung XV diese Aufgabe übernehmen. Unter dem Decknamen „Bernd Lange“ wurde dieser in einer konspirativen Wohnung in Berlin von Schlaphof und dem Leiter des Referats 2, Major Preusche, S. vorgestellt. Auf Wunsch von S., der zu Schlaphof ein gutes persönliches Verhältnis hatte, schaltete sich Schlaphof aber auch weiterhin immer wieder in die Führung dieses Vorgangs ein.

Nach Übernahme der Leitung der Abteilung XV durch den Angeklagten Köhler im August 1987 wurde die nachrichtendienstliche Verbindung zu dieser Quelle fortgesetzt. Der Angeklagte bestärkte seine Mitarbeiter in der Fortsetzung der Zusammenarbeit mit {106} dieser Quelle, deren Informationen als wertvoll eingestuft wurden und, weil sie sich auch auf die Entwicklung eines Panzermotors bezogen, zunehmend interessanter wurden. Entsprechend einer von dem SWT erstellten Liste ließ der Angeklagte S. mitteilen, welche Informationen von ihm gewünscht wurden. Eingehendes Informationsmaterial wurde an den SWT weitergeleitet.

Ende Dezember 1987 und im Mai 1988 übergab S. an Wohlrab in Berlin aus der Firma MTU stammende Informationen mündlich und in Form von je zwei belichteten Filmrollen.

Im Dezember 1988 kam S. sicherheitshalber ohne verfilmtes Verratsmaterial zu einem Treff nach Dresden. Er hatte sich innerhalb seiner Forschungsabteilung bei der Firma MTU um eine Stelle als Projektingenieur beworben und diese erhalten. Da es sich um ein besonders geheimhaltungsbedürftiges Projekt handelte, stand eine Sicherheitsüberprüfung von S. bevor. Auch verlangte sein Arbeitgeber von ihm, künftig Reisen in Ostblockländer zu unterlassen. Darüber informierte S., Wohlrab und Schlaphof. Sie unterhielten sich mit ihm über seinen neuen Arbeitsbereich, ein gemeinsames Projekt der Firma MTU mit einer amerikanischen Tochterfirma von General Motors. Es handelte {107} sich um die Entwicklung eines Motors für einen wüstentauglichen Kampfpanzer. S. betreute das Projekt als Koordinator der beteiligten Firmen und übernahm die Dokumentation; u.a. bearbeitete und aktualisierte er die Stücklisten dieses Motors.

Wegen der Sicherheitsüberprüfungen, denen sich S. unterziehen mußte, trafen sich diese drei absprachegemäß erst wieder am 3. Juni 1989 in Bregenz. Zu diesem Treffen brachten Wohlrab und Schlaphof erstmals auch den Kurier „Michael" (Michael Dähne) mit. Geplant war, diesen künftig zusätzlich in die Verbindung mit einzuschalten. S. berichtete in allgemeiner Form von seiner neuen Tätigkeit als Verbindungsmann und von der Projektplanung. Auch teilte er mit, daß die Sicherheitsüberprüfung noch nicht abgeschlossen sei und für die künftige Nachrichtenübermittlung ein zusätzliches Hindernis aufgetreten sei, weil sich in seinem neuen Arbeitsbereich sämtliche Informationen auf Filmkarten, sogenannten Mikrofiches, befänden. Schlaphof und Wohlrab erklärten S., daß sie sich bis zur nächsten Zusammenkunft um ein Verfahren bemühen würden, mittels dessen Mikrofiches fotografisch festgehalten werden könnten. Beim nächsten Treffen am 23. September 1989 in einer Gaststätte in Dornbirn wies Schlaphof S. in die technischen Details zum Abfotografieren von {108} Mikrofiches ein und übergab speziell dafür zugeschnittenes Filmmaterial. Neben Bernd Wohlrab, der die Zusammenkunft absicherte, nahm auch der Kurier „Michael" an dem Treff teil. S. versprach, bis zu dem für November 1989 verabredeten Folgetreffen Duplikate von Mikrofiches herzustellen.

Bei einem Treff am 19. November 1989 in Dornbirn übergab S. dann 40 bis 50 Originalmikrofiches, die Informationen über den neuen Motor der Baureihe 880, ein Nachfolgemodell des Kampfpanzers Leopard, enthielten. Es handelte sich um die Stücklisten sämtlicher Einzelteile des Motors sowie um Einzelteilzeichnungen. Von den in fünf Abschnitten unterteilten Motorteilbeschreibungen fehlte nur der 3. Abschnitt, der die Motorelektronik betraf und besonders geheimnisgeschützt war. Diese Mikrofiches kamen jedoch im Zuge der politischen Veränderungen nicht mehr zur Auswertung; sie wurden vernichtet. Bei dem Treff vom 19.11.1989 erhielt S., wie zuvor vom Angeklagten Köhler genehmigt worden war, 2000,- DM.

Schlaphof, der sich am 18. Januar 1990 dem Bundesamt für Verfassungsschutz offenbart hatte, hielt die nachrichtendienstliche Verbindung zu S. noch längere Zeit aufrecht; der Angeklagte Köhler war hieran aber nicht mehr selbst aktiv beteiligt. {109}

c) Fall W.

Die Quelle W. wurde in der Abteilung XV der Bezirksverwaltung Dresden ebenfalls schon geraume Zeit vor Übernahme der Abteilungsleitung durch den Angeklagten Köhler geführt. Auch bei W., der den internen Decknamen „Chef" besaß, handelte es sich um eine sogenannte Händlerquelle. W. betätigte sich in B. als Exporthändler und kam 1983 über einen bei Bekannten namens Jürgen P. aus Dresden, bei dem es sich um einen IM des MfS handelte, mit Werner Naumann von der Abteilung XV der Bezirksverwaltung Dresden in Verbindung. Dieser zeigte sich unter der Legende, für den Ministerrat der DDR tätig zu sein, insbesondere am Ankauf von Geräten aus dem Bereich der Elektronik sowie der Meß- und Nachrichtentechnik interessiert, die überwiegend Embargobestimmungen unterlagen. W. war bereit, solche Geräte entsprechend der ihm vorgelegten „Wunschliste" zu besorgen. Die erforderlichen Ausfuhrgenehmigungen erschlich er sich dadurch, daß er gegenüber den bundesdeutschen Behörden vortäuschte, die Geräte in Länder außerhalb des Ostblocks wie z.B. nach Venezuela oder Malaysia zu liefern. Daß seine Geschäftspartner vom {110} MfS waren, wußte W. jedenfalls spätestens ab 1986. Er lieferte die Geräte gegen guten Gewinn jeweils gegen Barzahlung und brachte sie mit seinem Pkw nach Berlin (Ost), wo er sie seinem Führungsoffizier in Hotels, konspirativen Wohnungen oder auch auf Parkplätzen aushändigte; gelegentlich fand die Übergabe auch schon auf der Transitstrecke nach Berlin statt.

Nach der Übernahme der Abteilungsleitung im Jahre 1987 führte der Angeklagte Köhler diesen Vorgang fort, der in dem ihm unmittelbar unterstellten Referat 1 geführt wurde. Noch im gleichen Jahr nahm der Angeklagte in einer konspirativen Wohnung des MfS in Berlin an einem Treff von W. mit seinem Führungsoffizier Weichert teil, wobei er sich als „Herr Wilde" vorstellen ließ. Zweck dieser Treffteilnahme war vor allem, sich ein eigenes Bild von der Persönlichkeit des W. zu verschaffen; danach sollte über eine eventuelle Weiterentwicklung dieser Quelle entschieden werden. W. hinterließ beim Angeklagten Köhler keinen besonders günstigen Eindruck. Der Angeklagte ließ W. weiterhin vor allem als Händlerquelle nutzbar machen. Entsprechend den von der HVA, Sektor SWT gemachten Vorgaben wurden technische Geräte „bestellt". W. erfüllte diese Aufträge nach besten Kräften {111} und lieferte im Durchschnitt monatlich 1 unter Embargobestimmungen fallendes Gerät. Trotz des nicht besonders günstigen Eindrucks von W. entwickelte der Angeklagte zusammen mit seinen Mitarbeitern vom Referat 1 auch Pläne zur Fortentwicklung dieser Quelle: W. sollte dazu veranlaßt werden, über bloße Warenlieferungen hinaus auch Informationen mit politischem und wirtschaftlichem Bezug zu beschaffen. Dieses Ansinnen wurde auch an W. herangetragen, jedoch ohne Erfolg.

Im Herbst 1988 brach W. den Kontakt ab; zu einem vereinbarten Treff erschien er nicht mehr.

d) Fall Ro.

Der bei der Bundesanstalt für Materialforschung und -prüfung (BAM) in Westberlin zuletzt als Regierungsdirektor tätig gewesene Diplomingenieur Karl-Heinz Ro. stand früher mit dem Sowjetischen Nachrichtendienst in Verbindung und wurde etwa im Jahre 1968 als Agent für das MfS geworben. Unter dem Decknamen „Adrian" lieferte er ab 1982 insbesondere Informationen über technische Neuerungen auf dem Gebiet der Schweißtechnik und angrenzender Fachrichtungen. Daneben gab er insbesondere Informationen weiter, über die er aus seiner Tätigkeit im DIN-Ausschuß sowie in der internationalen Standardisierungsorganisation (ISO) verfügte. {112}

Der Angeklagte Köhler ließ nach Übernahme der Abteilungsleitung diesen von ihm in die Jahresplanung aufgenommenen und in dem ihm unmittelbar unterstellten Referat 1 geführten Vorgang fortführen; durch den Referatsleiter Dobel und den Führungsoffizier Raab wurde er in unregelmäßigen Abständen über dessen Entwicklung informiert. Mit Ro., der als Gegenleistung pro Monat ca. 300,-DM erhielt, wurde vereinbart, daß die Art der Nachrichtenübergabe jetzt verändert werden sollte. Dementsprechend benutzte

Ro. nunmehr eine sogenannte Wurfschleuse an der Mauer im Spandauer Forst. Er versteckte die Nachrichten in eine Bierdose und warf diese an einer genau vorher bestimmten Stelle über die Grenzmauer. Von besonderer Bedeutung waren die gelieferten Informationen nicht. Daß der Angeklagte Köhler selbst an einem Treff mit Ro. teilgenommen hat, steht nicht fest. Der letzte Treff zwischen Ro. und seinem Führungsoffizier Raab fand im Mai 1989 statt. Danach meldete sich Ro. nicht mehr und brach die Verbindung von sich aus stillschweigend ab.

e) Fall C.

Die Abteilung XV der Bezirksverwaltung Dresden {113} stand bereits seit 1981 mit Jean-Paul C. in Verbindung. Er erklärte sich aus weltanschaulichen Gründen ca. 1983 bereit, mit dem MfS zusammenzuarbeiten. Jean-Paul C., interner Deckname „Laub", hatte Verwandte in der DDR. Er war von Beruf Elektrotechniker und wohnte im Raum Köln. Seine damalige Freundin und spätere Ehefrau Jutta C., interner Deckname „Blatt", war Sekretärin von Beruf und verpflichtete sich 1985 oder 1986 zur Zusammenarbeit mit dem MfS.

Bei Jean-Paul C., der ein Studium an einer Fachschule aufgenommen hatte, war geplant, ihn nach Abschluß seiner Berufsausbildung in einen Bereich einzuschleusen, wo er sich wissenschaftlich-technische Informationen erarbeiten sollte. Dieses Ziel wurde nicht erreicht, weil er sein Studium abbrach und sich seine berufliche Laufbahn ungünstig entwickelte. Perspektivreicher erschien dagegen die Zusammenarbeit mit Jutta C., die als tüchtige Sekretärin eingeschätzt wurde. Sie war zunächst beim Bundesverband der Deutschen Industrie (BDI) beschäftigt. Als sie vorübergehend arbeitslos geworden war, unterstützte sie das MfS für ein halbes bis ein dreiviertel Jahr mit monatlich 700 bis 800 DM. {114}

Nach Übernahme der Abteilungsleitung durch den Angeklagten Köhler wurde dieser über den Vorgang, der im Referat 1 geführt wurde, vom Referatsleiter Dobel und dem Führungsoffizier Kusche[21] kontinuierlich unterrichtet. Der Angeklagte und seine Mitarbeiter suchten gemeinsam mit dem Ehepaar C. nach Möglichkeiten, insbesondere Frau C. in ein für nachrichtendienstliche Zwecke geeignetes Objekt in der BRD einzuschleusen. U.a. erteilten sie ihr den Auftrag, sich als Sekretärin beim Bundesministerium für Wirtschaft zu bewerben, was Jutta C. auch tat. Diese Bewerbung war allerdings nicht erfolgreich. Jährlich fanden aus diesen Gründen zwei- bis dreimal Treffs in Berlin (Ost) statt. An vier dieser Treffs nahm der Angeklagte Köhler selbst teil. Im Jahre 1988 erhielt Jutta C. eine Anstellung als Sekretärin bei einer Arbeitnehmer-Verleih-Firma in Köln und wurde von dieser zu jeweils befristeten Arbeitseinsätzen an die Firma Bayer AG in Leverkusen sowie an die Erzbischöfliche Diözese in Köln entsandt. Daß Frau C. mit der Beschaffung von Informationen bereits beauftragt worden war, steht nicht sicher fest. {115}

f) Fall A.

Zu der in Stuttgart lebenden und dort als Sekretärin, Dolmetscherin und Übersetzerin beim VII. Corps der US-Armee tätigen Ute A. hatte die Abteilung XV der Bezirksverwaltung Dresden im Frühjahr 1986 über die IM Edith Beate B., Deckname „Klein“, erstmals Kontakt aufgenommen mit dem Ziel, Frau A. als Agentin zu werben, um dem MfS Erkenntnisse aus dem Bereich der Amerikanischen Streitkräfte zu verschaffen. Frau A. unterhielt seit vielen Jahren eine Brieffreundschaft mit einer Frau aus Ost-Berlin. Durch Postüberwachungsmaßnahmen hatte das MfS Einzelheiten der Lebensverhältnisse von Frau A. in Erfahrung gebracht. Im Jahre 1986 war Frau A. als Übersetzerin und Dolmetscherin beim stellvertretenden Standortkommandanten in den Robinson-Barracks tätig; im Juli 1987 wechselte sie als Übersetzerin und Sachbearbeiterin zu der US-Abteilung für Öffentlichkeitsarbeit in Nellingen/Kreis Esslingen.

Im Herbst 1986 und im Verlauf mehrerer Besuche bei Frau A. im Jahre 1987 konnte Frau B. zwar einen freundschaftlichen Kontakt zu Ute A. herstellen; dem eigentlichen Zweck, Ute A. in eine geheimdienstliche Beziehung zu ver-{116}stricken, kam sie jedoch nicht näher.

So stellte sich die Situation dar, als der Angeklagte Köhler im August 1987 die Leitung der Abteilung XV übernahm. Er führte den Vorgang, den er als sehr perspektivreich einschätzte und der im Referat 1 geführt wurde, weiter fort. In Zusammenarbeit insbesondere mit dem Referatsleiter Dobel beschloß der Angeklagte, den Werbungsversuch nachdrücklich und mit neuen Mitteln weiter zu betreiben. Geplant war, neben Edith B., die die Verbindung zu Frau A. (interner Deckname: „Ute“), auch weiterhin aufrechterhalten sollte, und im engen Zusammenwirken mit dieser nunmehr zusätzlich einen männlichen IM einzusetzen, der – mit dem Ziel der Werbung von Frau A. als Agentin – eine Liebesbeziehung zu ihr eingehen sollte. Ausgewählt und hierfür vorbereitet wurde der Gemälderestaurator und IM Uwe Gulde-Neumeister (Deckname: „Piet Atten“), den Frau B., wie im Operationsplan festgelegt, Ute A. im Sommer 1988 als ihren Bekannten „Horst Spielberg“, einen angeblichen Fotodesigner, bei einem zweiwöchigen Ferienaufenthalt in einem angemieteten Ferienhaus in St. Gilgen am Wolfgangsee vorstellte. Den gemeinsamen Urlaubsaufenthalt mit Ute A. hatte Edith B. abgesprochen, {117} als sie Anfang 1988 erneut zur Aufrechterhaltung und Festigung des Kontakts zu Frau A. nach Stuttgart gereist war. Auftragsgemäß gelang es Gulde-Neumeister dann auch, bei Frau A. eine gefühlsmäßige Beziehung zu ihm herzustellen. Es kam zu weiteren Zusammentreffen mit ihm in Baden bei Wien im September 1988, in einer extra angemieteten, dem MfS zur Verfügung stehenden Wohnung in Wien Ende November/Anfang Dezember 1988 sowie Ende Februar/Anfang März 1989 in eben dieser Wohnung, die Frau A. auf Einladung von Gulde-Neumeister gemeinsam mit diesem eingerichtet hatte; auch dadurch sollte die Beziehung zwischen Gulde-Neumeister und Ute A. vertieft werden. Weitere Zusammentreffen folgten, wobei Gulde-Neumeister allerdings, entgegen den Wünschen und dem Drängen seiner Auftraggeber, keine intime Beziehung zu Frau A. aufnahm; auch nicht bei einem gemeinsam verbrachten Urlaub in Zypern vom 10. bis zum 24. Juni 1989. Um in dieser Richtung bei Uwe Gulde-Neumeister bestehende Widerstände zu überwinden, wurde dessen Beratung und Betreuung durch eine Psychologin des MfS angeordnet. Zunächst hatte Gulde-Neumeister entsprechend den Festlegungen im Operationsplan mit der Legende, er halte sich oft in Nicaragua auf und arbeite dort im Untergrund für die Sandinisten und gegen den {118} CIA, die politische Einstellung von Ute A. zu testen versucht. Bei dem gemeinsam verbrachten Urlaub in Zypern versuchte Gulde-Neumeister, mit der Behauptung, sich bei einem Informationsdienst beruflich engagieren zu wollen, Ute A. dazu zu überreden, ihm hierbei mit gewissen Informationen aus ihrer Tätigkeit bei den Amerikanischen Streitkräften zu helfen. Um sein Vorbringen glaubhafter zu machen, legte er ein vom MfS für diesen Zweck angefertigtes Schreiben angeblicher Geschäftsleute vor, die hinter diesem Informationsdienst stünden. Frau A. lehnte indessen rundweg ab, bei der Beschaffung solcher Informationen behilflich zu sein. Edith B., die in den Werbungsversuch weiterhin eingeschaltet blieb, um insbesondere die Reaktionen von Ute A. auf die Bemühungen von Gulde-Neumeister in Erfahrung zu bringen, und die auch bei einem Zusammentreffen von Gulde-Neumeister mit Ute A. im April/Mai 1989 in der Wiener Wohnung zeitweilig anwesend gewesen war, vereinbarte nunmehr mit Ute A. ein weiteres Zusammentreffen in München im Juli 1989, um den Stand der Beziehungen zu Gulde-Neumeister zu erkunden. Dieses Zusammentreffen fand auch tatsächlich statt. Über all dies wurde der ständig in die Planung einbezogene Angeklagte Köhler, der selbst nie mit Frau A. {119} zusammengetroffen ist, kontinuierlich unterrichtet. An den Besprechungen mit den Werbern Edith B. und Uwe Gulde-Neumeister nahm er gelegentlich selbst teil. Angesichts der ablehnenden Haltung von Frau A. wurden die Aussichten, diese als Quelle werben zu können, zunehmend geringer eingeschätzt. Gleichwohl sollte ein letzter Werbungsversuch unter optimalen Bedingungen unternommen werden. Im August 1989 schlug der Angeklagte gegenüber Generalmajor Geyer (HVA) vor, Gulde-Neumeister nunmehr, damit er sich dem Vorgang A. intensiver widmen könne, als „HIM“ (siehe hierzu oben B 9a) zu führen. Geyer war damit einverstanden.

Gulde-Neumeister lud Frau A. auftragsgemäß für den September 1989 zu einem Kurzurlaub nach Florenz in ein angemietetes, sehr schönes Haus ein. Er stellte ihr bei diesem Urlaub auftragsgemäß die Heirat in Aussicht und nahm auch intime Beziehungen zu Ute A. auf.

Nach einem letzten Zusammentreffen Ende Oktober/Anfang November 1989 weigerte sich Gulde-Neumeister gegenüber dem MfS, weiterhin mit der Zeugin zusammenzutreffen, gegen die er – auch wegen einer Hautkrankheit, an der diese litt – zunehmend eine Abneigung entwickelt hatte. Der Versuch, Ute A. {120} als Agentin zu werben, mußte daher als gescheitert angesehen werden.

g) Fall F.

Der aus Pforzheim kommende Kaufmann und spätere Handelsvertreter Eberhard F. war während der Herbstmesse 1986 in Leipzig mit Lothar Pa. in Verbindung gekommen, bei dem es sich um einen Inoffiziellen Mitarbeiter des MfS, KD Bautzen, handelte. F. lebte nicht in besonders guten finanziellen Verhältnissen und war an lukrativen Geschäften mit der DDR interessiert. Durch Vermittlung von Pa. kam im Mai 1987 im Interhotel „Newa“ in Dresden ein erstes Kontaktgespräch mit zwei Mitarbeitern des MfS zustande – Major Petruschke und Oberstleutnant Naumann –, die mit Decknamen und unter der Legende auftraten, Angehörige des Ministerrats der DDR zu sein. Petruschke und Naumann zeigten Interesse an der Lieferung von Embargoerzeugnissen. F. war solchen Geschäften nicht abgeneigt, obgleich er alsbald erkannte, daß er für einen fremden Nachrichtendienst angeworben werden sollte. Er wandte sich deshalb im Juni 1987 an das Landesamt für Verfassungsschutz in Nordrhein-Westfalen, um sich über {121} das weitere Verhalten beraten zu lassen. Wegen der in Aussicht stehenden lukrativen Gewinne entschloß sich F. aber dann doch, für das MfS nachrichtendienstlich tätig zu werden. Dies geschah spätestens anläßlich eines Treffs mit Petruschke und Naumann in Dresden am 14. September 1987, zu dem F. wunschgemäß bereits Unterlagen über Sprechfunkgeräte mitgebracht hatte. Naumann gab sich gegenüber F. offen als geheimdienstlicher Mitarbeiter der „Sicherheitsorgane" der DDR zu erkennen und forderte diesen auf, künftig für das MfS zu arbeiten. F. erklärte sich dazu grundsätzlich bereit und unterschrieb eine Verschwiegenheitserklärung. Gegenüber einem Angehörigen des Landesamtes für Verfassungsschutz behauptete er danach wahrheitswidrig, die Kontakte entsprechend den ihm erteilten Ratschlägen abgebrochen zu haben.

Bei Übernahme der Abteilungsleitung im August 1987 erfuhr der Angeklagte Köhler von dieser in die Jahresplanung aufgenommenen sogenannten Händlerquelle, die den internen Decknamen „Schäfer" trug. Er führte diesen Vorgang fort, den er auch in den Jahren 1988 und 1989 in die Jahresplanung aufnahm. Der Angeklagte wurde in unregelmäßigen Abständen über den Fortgang dieses Vorgangs informiert, der {122} im übrigen unter der Leitung seines Stellvertreters Naumann und des Führungsoffiziers Kramer stand. Es fanden insgesamt mindestens 24 nachrichtendienstliche Treffs in Dresden und Ostberlin mit F. statt. Im wesentlichen wurde F. mit der Lieferung von Embargoerzeugnissen beauftragt, wobei die entsprechenden Bestellwünsche direkt von dem SWT an die Abteilung XV zur Weiterleitung herangetragen wurden. F. beschaffte in der Bundesrepublik Deutschland über einen Kompagnon, mit dem er geschäftlich zu tun hatte, zunächst einen sogenannten Logik-Analyser und übergab dieses unter die Embargobestimmungen der Bundesrepublik fallende Meßgerät im Wert von rund 100.000 DM am 7. Oktober 1988 auf der Transitstrecke nach Berlin in der Nähe des Hermsdorfer Kreuzes an seinen Führungsoffizier Kramer. F. sollte ferner ein sogenanntes Lichtwellenmeßgerät der Firma M., Hamburg, besorgen, wozu es aber nicht kam, da die Firma M. sofort bei Angebotseinholung ganz ausdrücklich auf die Embargobestimmungen hingewiesen hatte, weshalb F. schließlich von dem Geschäft wieder Abstand nahm. Im Herbst 1989 bekam F. den Auftrag, ein nicht unter Ausfuhrbeschränkungen fallendes Rauchgasanalysegerät zu besorgen, was F. später dann auch tat. Im November 1988 hatte der Angeklaute Köhler selbst an einem Treff mit F. {123} teilgenommen. Es wurden Überlegungen angestellt, ob F. über die Lieferung von technischen Erzeugnissen hinaus auch für die Gewinnung von Informationen nutzbar gemacht werden könnte. Dementsprechend schlug Naumann F. vor, im Raum Sindelfingen/Böblingen Kontakt zu Mitarbeitern der Firma IBM aufzunehmen, die in der Lage wären, Quellcodes für Betriebssysteme von IBM oder IBM-kompatiblen Computern und 4-Mega-Bit-Chips zu besorgen. F. erklärte sich grundsätzlich hierzu bereit, weil er sich weitere finanzielle Vorteile und zudem auch andere Vergünstigungen für sich und seine zukünftige Frau versprach, die er 1987 in der damaligen DDR kennengelernt hatte. Zur Lieferung solcher Informationen kam es indessen tatsächlich nicht. Auch der Aufforderung, seine politischen Aktivitäten zu verstärken – F. hatte von seiner früheren Mitgliedschaft in der CDU berichtet – kam dieser nicht nach. Lediglich im November 1989 übergab er einmal schriftliches Informationsmaterial des CDU-Ortsvereins Mühlacker.

Die Zusammenarbeit F.'s mit dem MfS endete im Februar 1990. Schon ab Anfang Dezember 1989 nahm der Angeklagte auf die Führung dieses Vorgangs keinen Einfluß mehr. {124}

h) Fall Sch.

Seit etwa 1984 bestand von Seiten der Abteilung XV der Bezirkverwaltung Dresden über den unter dem Decknamen „Jansen" auftretenden Inoffiziellen Mitarbeiter des MfS Dr. Bü. und dessen in W. wohnenden Bekannten Z. (interner Deckname „Frieder"), der bei der Gesellschaft für Biotechnologische Forschung in B. arbeitete, ein Kontakt zu Prof. Hans-Ulrich Sch. Prof. Sch., interner Deckname „Uli", war Bereichsleiter bei der G. in B. und seit 1986 Leiter des Bereiches Mikroimmunbiologie in H. Dr. Bü. sollte sowohl Z. als auch Prof. Sch. „abschöpfen". Die Zielvorstellung des noch vom Vorgänger des Angeklagten Köhler bestätigten Projekts bestand darin, mit der weiteren Einsatztätigkeit des IM „Jansen" zu „Uli" unter aktiver Einbeziehung von „Frieder" den Einfluß auf eine Stabilisierung der vertraulichen Beziehungen und die kontinuierliche Gewinnung interner Informationen zu verstärken, ein stabiles Bindungswesen aufzubauen und „den Werbeprozeß in Richtung Quelle" abzuschließen. {125}

Als der Angeklagte Köhler im August 1987 die Abteilungsleitung übernahm, erhielt er von dem Vorgang durch die Jahresplanung und durch den Operativplan des Referenten Kenntnis. Die Abteilung Aufklärung hatte sich ursprünglich von diesem Vorgang viel versprochen; bis 1987 wurden jedoch nur 12 Informationen erlangt, die lediglich mit der Note 3 bewertet wurden. Im gleichen Jahr wurde der Vorgang in das Referat 2 der Abteilung XV übernommen mit dem Ziel, die Informationsarbeit zu intensivieren. Der Angeklagte Köhler nahm diesen Vorgang auch in die Jahresplanung 1988 und 1989 noch auf, obwohl sich inzwischen zeigte, daß Prof. Sch., wie Dr. Bü. bei seinen Besuchen in der Bundesrepublik Deutschland festgestellt hatte, offenbar nicht bereit war, Informationen mit vertraulichem Charakter aus seinem Forschungsgebiet preiszugeben. Zu einer Werbung von Prof. Sch. ist es nicht gekommen. Im Herbst 1989 war vorgesehen, den Vorgang als ergebnislos abzuschließen.

i) Fall B.

Zu dem späteren Journalisten Frank B., der in Essen wohnhaft war, hatte die Abteilung XV der Bezirksverwaltung Dresden schon seit langer Zeit Kontakt. B. wurde unter dem Decknamen „Fi-{126}scher" geführt. Der damalige Oberleutnant Naumann von der Abteilung XV gab sich ihm gegenüber jedenfalls zunächst als Mitarbeiter des Ministerrates der DDR aus. B. blieb aber im Laufe der Zeit nicht verborgen, es mit einem Geheimdienst zu tun zu haben, zumal seine Gesprächspartner auf Geheimhaltung und Konspiration bestanden. Mitte der 80er Jahre nahm B. eine freiberufliche journalistische Tätigkeit auf. Er wurde, weil er als sogenannter Perspektiv-IM entwicklungsfähig erschien, über lange Zeit hinweg großzügig finanziell unterstützt. Bis zum Jahre 1986 konnte aber die ursprüngliche Zielstellung, den IM B. in ein zentrales SPD-Leitungsgremium einzuschleusen, nicht erreicht werden. Auch entsprach der Wert der gelieferten politischen Informationen und Personenhinweise nicht den Erwartungen.

Als der Angeklagte Köhler im August 1987 die Abteilungsleitung übernahm, ließ er den im Referat 2 geführten und in die Jahresplanung aufgenommenen Vorgang weiterführen. Der Angeklagte nahm auch selbst an einem Treff mit dem IM B. teil, der im Jahre 1987 oder 1988 stattgefunden hat. Nach den bisherigen Erfahrungen erschien dieser Perspektiv-IM zwar nicht besonders erfolgversprechend. Seine früher gelieferten allgemeinen poli-{127}tischen Informationen, die er in einem sogenannten toten Briefkasten (TBK) im Waschraum bzw. der Toilette eines Wagens der Bahn auf der Strecke von Mönchengladbach nach Berlin hinterlegt hatte, erreichten allenfalls durchschnittliche Bewertungen. Indessen wurde an der Vorstellung, B. möglicherweise als „aktive Maßnahme", z.B. als Vermittler gezielter Falschinformationen zum Zwecke der Destabilisierung der BRD, zu verwenden, noch festgehalten. Der Angeklagte Köhler nahm den Vorgang auch in die Jahresplanung 1988 und 1989 auf. B. erhielt weiterhin finanzielle Unterstützungen. Führungstreffs mit diesem Perspektiv-IM fanden u.a. im Sommer 1989 in Budapest und im Herbst 1989 im konspirativen Objekt „See" statt, wobei außer dem Führungsoffizier Rosse auch der Referatsleiter Preusche teilnahm.

j) Fall Hü.

Brunhilde Hü. und ihr Ehemann Harry Hü. waren in früherer Zeit als Inoffizielle Mitarbeiter der Kreisdienststelle Dresden-Stadt tätig gewesen. Als das Ehepaar Hü. im Juni 1986 einen Ausreiseantrag gestellt hatte, war die Zusammenarbeit – jedenfalls vorläufig – eingestellt und der IM-Vorgang zunächst abgelegt worden. {128}

Der Angeklagte Köhler nahm nach Übernahme der Abteilungsleitung den Vorgang in die Jahresplanungen 1988 und 1989 auf. Die Eheleute Hü. wurden unter dem Decknamen „Friedler" im Referat 2 geführt. Nachdem ihre Ausreise bewilligt worden war, nahm Hauptmann Rosse vom Referat 2, der früher in der KD Dresden-Stadt tätig und bereits Führungsoffizier der Eheleute Hü. gewesen war, im Frühjahr 1988 entsprechend der Jahresplanung und den mit dem Angeklagten Köhler sowie mit dem Referatsleiter Preusche getroffenen Absprachen den Kontakt wieder auf. Am 02. Mai 1988 – kurz vor der Übersiedelung nach Berlin (West) – verpflichteten sich die Eheleute Hü. und deren erwachsener Sohn Harry zur (erneuten) Zusammenarbeit mit dem MfS. Zielvorstellung war, die Eheleute Hü. im nachrichtendienstlichen Verbindungswesen einzusetzen und als Anlaufstelle insbesondere auch für solche Agenten des MfS zu benützen, die in der BRD im Einsatz waren und deren Tätigkeit sich gegen die BRD richtete. Der Sohn Harry Hü. sollte in die Berliner Sektion von „amnesty international" eingeschleust werden, eine Organisation, die die HVA ebenfalls als „feindlich" ansah. Die Familie Hü. erhielt zunächst die Aufgabe, nach der {129} Übersiedelung über den Prozeß ihrer Eingliederung sowie über Arbeitsbereich und Umfeld zu berichten. Im Februar 1989 fand in Prag der erste Treff statt, an dem neben dem Führungsoffizier Rosse auch der Referatsleiter Preusche teilnahm. Auftragsgemäß berichteten die Eheleute Hü. über ihre jetzige Lebenssituation und ihr Umfeld. Ein weiterer Treff mit Rosse folgte im Juni 1989 in Berlin (Ost). Aus den Berichten der IM ergab sich unter anderem, daß der Sohn Harry Hü., der Einzelgänger war, erhebliche Umgewöhnungsschwierigkeiten hatte und kaum soziale Kontakte besaß, so daß er für die ihm zunächst zugedachte Aufgabe der Bearbeitung von „amnesty international" nicht geeignet erschien. Die Eheleute Hü., die als Glas- und

Gebäudereiniger arbeiteten, wurden bei diesem Treff beauftragt, bis zum nächsten Zusammentreffen im November 1989 eine {130} Gaststätte in Berlin (West) abzuklären, die für Treffdurchführungen vorgesehen war. Die Eheleute Hü. führten diese Aufgabe auch durch. Beim nächsten Treff, der am 08. November 1989 in Prag stattfand, berichteten sie gegenüber Preusche und Rosse über ihre Beobachtungen. Harry Hü., der als Gebäudereiniger auch in einer französischen Militärdienststelle in Berlin tätig war, sollte nunmehr auch Informationen über diese Dienststelle erarbeiten, womit vor allem auch geprüft werden sollte, ob er für die ihm in der Zielplanung zugedachten, schwierigeren Aufgaben geeignet war. Ob dieser Auftrag noch erfüllt wurde, steht nicht fest. Zu einem weiteren vorgesehenen Treff kam es nicht mehr. Der Angeklagte Köhler selbst hat an keinem der oben erwähnten Treffs teilgenommen.

k) Fall Johannes F.

Der in Bonn lebende System-Analytiker Johannes F. war bereits 1984 anläßlich einer Reise in die damalige DDR mit den dortigen Behörden in Verbindung gekommen. Er galt beim MfS als sogenannter „Selbstanbieter“. F., der den Decknamen „Leuka“ trug, arbeitete beim Deutschen Industrie- und Handelstag. Die Perspektive seines zukünftigen nachrichtendienstlichen Einsatzes war noch nicht {131} eindeutig geklärt. F. wurde empfohlen, Kontakte zu Politikern in Bonn zu suchen und sich an Stiftungen bzw. an Bonner Parteien „heranzuarbeiten“. F. hatte u.a. in Bonn Kontakt zu einer Frau S., einer Angestellten des Ministeriums für Innerdeutsche Beziehungen, aufgenommen, die später bei der Ständigen Vertretung der Bundesrepublik in Ostberlin tätig war und darüber seinem Führungsoffizier berichtet.

Nach Übernahme der Abteilungsleitung im August 1987 prüfte der Angeklagte Köhler diesen Vorgang. Er nahm ihn auch in die späteren Jahresplanungen mit auf. Zur Prüfung der weiteren Perspektive dieses Vorgangs nahm der Angeklagte mindestens dreimal an Treffs von „Leuka“ mit dessen Führungsoffizier Zinßmann und dem Referatsleiter Preusche teil. F. hatte angeboten, auch seine Freundin, die Kunstgeschichte studierte, in die nachrichtendienstliche Zusammenarbeit mit einzubeziehen. Als die Freundin von F. im Herbst 1987 bei einem Treff in einem Gästehaus bei Pirna direkt auf eine Zusammenarbeit durch den Referatsleiter Preusche angesprochen wurde, war diese jedoch überrascht und schockiert; sie lehnte dieses Ansinnen ab. Auch der Angeklagte selbst nahm – zumindest zeitweise – an diesem Treff teil. Die nachrichtendienstliche Verbindung zu F. wur-{132}de auch danach fortgesetzt; ab ca. 1989 unter dem neuen Führungsoffizier Hauptmann Rosse. Nennenswerte operative Erfolge wurden aber nicht erzielt.

l) Fall Kretzschmar

Gerd Kretzschmar war als Mitarbeiter der FDJ-Bezirksleitung Dresden mit dem MfS in Verbindung gelangt und gehörte zu den Personen, die für einen nachrichtendienstlichen Einsatz im Ausland in Betracht gezogen wurden (sogenannter Übersiedelungskandidat). Geplant war ein Einsatz in der Bundesrepublik Deutschland als Kurier bzw. Anlaufstelle/ Deckadresse. Die Übersiedelung in die Bundesrepublik war dann von der Abteilung XV der Bezirksverwaltung Dresden vorbereitet und planmäßig im April 1987, federführend von der Abteilung VI der HVA, auch durchgeführt worden. Kretzschmar – Deckname „Wolfgang“ – ließ sich auftragsgemäß im Raum Hannover nieder und nahm eine Arbeit bei der Firma Hanomag auf.

Als der Angeklagte Köhler im August 1987 die Abteilungsleitung übernahm, war dieser Übersiedlungsvorgang abgeschlossen. Über dessen Ablauf berichtete Kretzschmar u.a. bei einem Treff in Turku {133} in Finnland im Jahre 1988, an dem neben dem Leiter des Referats 3 Major Konavec auch ein Mitarbeiter der HVA teilnahm. Der Kontakt zu Kretzschmar wurde über das sogenannte Panorama-System gehalten, bei dem die Verbindung unter Ausnutzung des Euro-Signal-Rufs hergestellt wurde. Bestimmte Informationsaufträge hatte Kretzschmar noch nicht erhalten; weder beim Treff in Turku noch bei späteren Treffs im Großraum Hannover, in Berlin und in Budapest. Die auch vom Angeklagten Köhler ursprünglich geteilte Vorstellung, Kretzschmar als sogenannten Residenten einsetzen zu können, ließ sich nicht verwirklichen, weil sich im Laufe der Zeit herausstellte, daß Kretzschmar einer solchen, besondere Anforderungen stellenden Aufgabe nicht gewachsen war. Sein Führungsoffizier Weiß teilte ihm auftragsgemäß bei einem letzten Treff in Budapest am 18.12.1989 mit, daß die Zusammenarbeit beendet werde.

m) Fall Mä.

Der in den 50er Jahren von der Bundesrepublik Deutschland in die damalige DDR übergesiedelte Frührentner Bi. war seit vielen Jahren unter dem Decknamen „Panther“ als IM für das MfS tätig, {134} zunächst im Bereich Abwehr und in späteren Jahren für die Abteilung XV der Bezirksverwaltung Dresden. Bi. hatte Verwandte in der BRD. Diese verwandtschaftlichen Beziehungen wollte die Abteilung XV für ihre nachrichtendienstlichen Zwecke nützen. Eine Schwester des IM Bi., Rosa He., wohnte in V. Als sich die ursprüngliche Vorstellung, diese Person bzw. ihre Wohnung als sogenannte Anlaufstelle für Agenten gewinnen zu können, als nicht realisierbar erwies, wurde deren Tochter Eleonore Mä., interner Deckname „Desdemona“, als neue Zielperson ins Auge gefaßt. Frau Mä. war bis 1986 als Sachbearbeiterin im Zivilschutzbereich beim Landratsamt L. tätig gewesen, hatte diese Stellung aber dann aufgegeben. Im Jahre 1987 arbeitete sie als Politesse in L.

Nach den Berichten des als Werber eingesetzten IM Bi., der wiederholt Reisen in die Bundesrepublik zu seiner Schwester und zu seiner Nichte unternommen hatte und vor allem an eigenen materiellen Vorteilen interessiert war, bestand bei Frau Mä. angeblich eine Bereitschaft zur Zusammenarbeit. Von einer Perspektive der nachrichtendienstlichen Zusammenarbeit mit Frau Mä. in Richtung Polizei/Geheimdienst wurde ausgegangen und die Werbung – wie sich später zeigte fälschlich – zunächst bereits 1985 als vollzogen betrachtet. {135}

Nach Übernahme der Abteilungsleitung durch den Angeklagten Köhler im August 1987 wurde der Versuch der Werbung von „Desdemona“ weiter verfolgt. Der Angeklagte Köhler traf deshalb selbst mehrmals mit dem Werber Bi. zusammen, der u.a. davon gesprochen hatte, Frau Mä. habe Aussicht, später in den Innendienst versetzt zu werden, und gab ihm Instruktionen. Weil inzwischen klar geworden war, daß die Werbung tatsächlich nicht vollzogen war, wurde 1988 entschieden, den Werbungsprozeß durch materielle Anreize zu fördern, wofür ein vom Angeklagten Köhler genehmigter Geldbetrag von 3.000 DM eingesetzt werden sollte. Bi. gab dieses Geld indessen, soweit er es nicht für sich selbst verbrauchte, anstatt an Frau Mä. an seine Schwester weiter.

Weil Zweifel an der Redlichkeit und Verläßlichkeit des Werbers Bi. aufkamen, wurde entschieden, die Inoffizielle Mitarbeiterin der Abteilung XV Anita Ge., Deckname „Roma", zur Überprüfung von Bi. wie auch zur Fortführung des Werbeprozesses und der Festigung der Beziehung zu „Desdemona" einzusetzen. Mehrfach im Jahre 1988 und zuletzt im Oktober 1989 besuchte Frau Ge. auftragsgemäß Frau Mä. und deren Mutter Rosa He. {136} in der Bundesrepublik; letztere – sie trug den Decknamen „Carmen" – war in das Vorhaben einer Werbung ihrer Tochter eingeweiht.

Als die Bemühungen von Anita Ge. keinen entscheidenden Fortschritt erbrachten, sollten entsprechend der mit dem Angeklagten Köhler abgesprochenen Planung der Leiter des Referats 3, Major Konavec, und dessen Vorgesetzter Oberstleutnant Schlaphof Ende 1989 in Wien selbst mit „Desdemona" zusammentreffen und ein Werbegespräch führen. Bi. war es angeblich gelungen, ein solches Zusammentreffen mit seiner Nichte in Wien zu arrangieren; er wurde für seine Aktivitäten sogar mit einer Verdienstmedaille belohnt. Konavec und Schlaphof fuhren auch tatsächlich nach Wien. Sie trafen Frau Mä., deren angebliche Bereitschaft zu einem Zusammentreffen von Bi. frei erfunden war, aber dort nicht an. Damit war das Vorhaben endgültig gescheitert.

III. [Beschränkung der Strafverfolgung gem. § 154a StPO]

Der Generalbundesanwalt hat mit Verfügung vom 27. Juni 1992 gemäß § 154a StPO die Strafverfolgung auf die Zeit ab 01. März 1974 und auf die im Anklagesatz bezeichneten Gesetzesverletzungen beschränkt. {137}

Mit Beschluß vom 03. Dezember 1992 hat der Senat im Komplex Abteilung XV der Bezirksverwaltung Dresden zudem gemäß § 154a StPO die Strafverfolgung auf die dargestellten Fälle beschränkt.

D. Beweiswürdigung

I. [Einlassung des Angeklagten]

Der Angeklagte hat erstmals in einem Anhörungstermin nach § 202 StPO am 14. September 1992 und sodann in der Hauptverhandlung wiederholt erklärt, letztmals vor der Beschränkung der Strafverfolgung auf die dargestellten Einzelfälle, die ihm angelasteten Fälle seien in der Anklage zutreffend geschildert und er räume sie ein. Ihm sei auch klar gewesen, daß, als er berufsmäßig gegen die Bundesrepublik Spionage betrieben habe, er sich nach deren Gesetz strafbar gemacht habe.

Er sei allerdings der Ansicht, daß er nicht bestraft werden könne. Dem stehe Artikel 3 GG entgegen. Dies ergebe sich daraus, daß er die gleiche Arbeit verrichtet habe wie Angehörige des BND. Die Tätigkeit der „Aufklärung" sei {138} im MfS von der der „Abwehr" getrennt gewesen.

2. *Persönliche Verhältnisse (Abschnitt A) und allgemeine Feststellungen (Abschnitt B)*

a) Der Angeklagte hat zudem Angaben zu seinen persönlichen Verhältnissen, zur Entstehung des MfS einschließlich der HVA, zu Gliederung und Aufgaben des MfS einschließlich der Bezirksverwaltungen und der Kreisdienststellen, zu den Führungs- und Befehlsstrukturen, zum Plan- und Berichtswesen, zum Inoffiziellen Mitarbeiter, zur Zusammenarbeit des MfS mit dem KGB und zur Auflösung der HVA und der Bezirksverwaltung Dresden gemacht. Seine Einlassung wird durch die in den Abschnitten A und B aufgeführten Urkunden gestützt und ergänzt. Deren Authentizität hat er ausdrücklich bestätigt; sie wurden – auch soweit sie gemäß § 249 Abs. 2 StPO in die Hauptverhandlung eingeführt worden sind – in ihren wichtigen Abschnitten mit ihm erörtert. Seine Einlassung ist deshalb glaubhaft.

b) Der Angeklagte hat, wie bereits dargelegt, {139} geltend gemacht, und dies war letztlich das einzige Argument, mit dem er sich gegen den Anklagevorwurf und eine Verurteilung verteidigte, die Strafverfolgung von MfS-Offizieren, die im Rahmen der „Aufklärung" von der DDR aus tätig geworden seien, verstoße insbesondere gegen den Gleichheitssatz des Art. 3 GG. Er habe nämlich die gleiche Arbeit getan wie ein Angehöriger des Bundesnachrichtendienstes, welcher die DDR ausspioniert habe. Die Arbeit in der HVA und in den Abteilungen XV der Bezirksverwaltungen hätte deshalb der des BND entsprochen, da „Abwehr" und „Aufklärung" auch beim MfS voneinander getrennt gewesen seien.

Die Behauptung der Trennung von „Abwehr" und „Aufklärung" steht jedoch teilweise schon in Widerspruch zu den sonstigen Einlassungen des Angeklagten. Im übrigen ist sie durch Urkunden und in einem Punkt durch den Zeugen Nehls widerlegt.

So hat der Angeklagte die organisatorische Verzahnung der HVA und der Abteilungen XV mit anderen Hauptabteilungen im Ministerium in Berlin und den anderen Abteilungen der Be-{140}zirksverwaltungen (oben B 4a, B 5a) nicht in Abrede gestellt. Die Kreisdienststellen (oben B 6) bildeten nach seinen Worten die „Nahtstelle" zwischen „Abwehr" und „Aufklärung". Auch die Feststellungen zum „Offizier für Aufklärung" (oben B 6) beruhen auf seinen Angaben.

Die Angaben des Angeklagten zur „Kontrollgruppe", die dem Leiter der Bezirksverwaltung zugeordnet war, und zum Umfang von dessen Weisungsbefugnissen gegenüber der Abteilung XV (siehe oben B 7) belegen die enge Anbindung der Abteilung XV der Bezirksverwaltung Dresden an deren Leiter. Dies ergibt sich auch aus den Abschnitten 4.3 und 4.4 der Dienstanweisung 3/85 (oben B 7), den Ausführungen unter 2.6 und 2.8 der Dienstanweisung 3/86 (oben B 8g), die beide vom Leiter der Bezirksverwaltung Dresden erlassen wurden, sowie den Schreiben von Generalmajor Geyer an den Leiter der Bezirksverwaltung Dresden (oben B 7).

Ebenso hat der Angeklagte eingeräumt, daß andere Hauptabteilungen im Ministerium in Berlin und über die Abteilung XV hinaus weitere Abteilungen der Bezirksverwaltung Dresden {141} Aufklärung im Ausland betrieben haben (vgl. oben B 4c, B 5c).

Der Zeuge Nehls hat von den Bemühungen der Hauptabteilung II des MfS um den Regierungsdirektor beim Bundesamt für Verfassungsschutz (Abteilung 4), H., berichtet (oben B 4c). Es ist kein Grund ersichtlich, aus dem der Zeuge in diesem Punkt nicht die Wahrheit gesagt haben sollte. Seine Aussage ist deshalb glaubhaft.

Darüber hinaus belegen die in Abschnitt B 4d genannten Durchführungsbestimmungen sowie Abschnitt 9.4 der Richtlinie 2/79, daß die HVA mit anderen Diensteinheiten des MfS zusammenzuarbeiten hatte.

Auch waren nach den Worten des Angeklagten andere Hauptabteilungen des MfS und andere Abteilungen der Bezirksverwaltung Dresden der Abteilung XV der BV Dresden bei der Erfüllung der dieser obliegenden Aufgaben behilflich (oben B 5c, 9b). {142}

Aus all dem ergibt sich, daß von einer Trennung von „Abwehr" und „Aufklärung" im MfS nicht die Rede sein kann.

3. Die Straftat (Abschnitt C)

a) Zu *seiner Tätigkeit als Leiter des Referats IX A 2* (C I 1) hat der Angeklagte ausgesagt, Informationen über Mitarbeiter des MAD, die die Hauptabteilung III (Funkaufklärung) gewonnen habe, seien vielfach unmittelbar zu ihm gelangt. Er habe sie sodann dem Zeugen Willenberg zur Auswertung weitergeleitet. Dies habe aber zur Folge gehabt, daß auf dem Auswertungsbogen als Quelle sein Referat vermerkt worden sei, was nicht zutreffe.

Demgegenüber hat der Zeuge Nehls bekundet, die Informationen der Hauptabteilung III seien stets zunächst an den Leiter der Abteilung IX, also Geyer bzw. Schütt, und sodann zum Auswertungsreferat gelangt.

Die Aussage des Zeugen Nehls ist glaubhaft. Sie war allgemein von dem Bemühen {143} des Zeugen gekennzeichnet, den Angeklagten eher zu entlasten. Deshalb kann ausgeschlossen werden, Nehls habe Köhler zu Unrecht belastet, zumal er auch nach Vorhalt der anderslautenden Einlassung des Angeklagten bei seiner Aussage blieb. Die in diesem Punkt oben C I 1 getroffene Feststellung beruht deshalb auf der Aussage des Zeugen Nehls.

Der Zeuge Willenberg hat dem Senat über seine Arbeit im Auswertungsreferat IX C 4 berichtet, insbesondere über die Erstellung der Kartei über Mitarbeiter des MAD, über die Herkunft der Informationen und deren Weitergabe an den „SOUD" (vgl. die Ausführungen in den Abschnitten C I 1 und B 10b). Seine Aussage war emotionsfrei und von dem Bemühen um Sachlichkeit geprägt. Sie ist deshalb glaubhaft.

Der Gutachter Petersen vom MAD hat überzeugend dargelegt, daß dieser Dienst ab 1983 nicht mehr in der Lage gewesen sei, seine Aufgabe zu erfüllen (vgl. C I 1 am Ende). {144}

b) Das vom Angeklagten abgelegte Geständnis zu den Einzelfällen (C I 2 und C II 2) ist ebenso glaubhaft wie seine weiteren Angaben zu seiner Tätigkeit als Leiter des Referates IX A 2 der HVA (oben C I 1) und seine Aussage zu seiner Arbeit bei der Abteilung XV (oben C II 1). Er war in der Hauptverhandlung um Aufklärung des Sachverhalts bemüht. So machte er z.B. auf Vorhalt der verfilmten Unterlagen der Bezirksverwaltung Dresden (siehe oben B 11) damit übereinstimmende Angaben. Über die angeklagten Einzelfälle hinaus äußerte er sich zu den Vorgängen „A." und „Sd." (hierzu unten F 2a). Darüber hinaus war seine Aussage detailliert. So legte er zur Abteilung XV der Bezirksverwaltung Dresden im einzelnen dar, ob er bei den einzelnen Vorgängen an Treffs in der DDR oder im Ausland teilgenommen hat, auf welche Weise er von dem Fall Kenntnis erlangt hat (durch Aufnahme in die Planung oder aufgrund eines Berichtes), wer Führungsoffizier war und worin das Ziel des Projektes bestand (etwa eine „Quelle" zu {145} plazieren oder einen „Händler" zum Kauf von embargobehinderten Waren zu gewinnen).

Die Richtigkeit seiner Angaben zu seiner Arbeit im Referat IX A 2 der HVA wird durch die Aussage des Zeugen Nehls unterstrichen. Nehls konnte sich zu den Fällen Kloss und Ma. äußern; seine Angaben decken sich mit der Einlassung des Angeklagten. Der Senat hat aus dem oben a) genannten Grund keine Veranlassung, an der Glaubwürdigkeit des Zeugen Nehls in diesem Punkt zu zweifeln. Deshalb kann ausgeschlossen werden, daß er Köhler zu Unrecht belastete. Aus dem Umstand, daß die Angaben des Angeklagten zu den Fällen Kloss und Ma. bestätigt wurden, schließt der Senat, daß seine Einlassung auch zum Fall Re./S., zu dem Nehls nichts zu sagen wußte, der Wahrheit entspricht. {146}

E. Rechtliche Wertung

I. [Geheimdienstliche Agententätigkeit]

Der Angeklagte hat sich aufgrund des festgestellten Sachverhalts der gemeinschaftlichen geheimdienstlichen Agententätigkeit gemäß §§ 99 Abs. 1 Nr. 1[22], 25 Abs. 2 StGB – im Fall A. i.V.m. Art. 7 Abs. 1 Nr. 4 des 4. StrafrechtsänderungsG – schuldig gemacht.

1. Er hat als Leiter des Referats IX A 2 der HVA und der Abteilung XV der Bezirksverwaltung Dresden für das MfS der DDR, also für den Geheimdienst einer fremden Macht, fortwährend eine geheimdienstliche Agententätigkeit gegen die Bundesrepublik Deutschland ausgeübt, die auf die Mitteilung und Lieferung von Tatsachen, Gegenständen oder Erkenntnissen gerichtet war. {147}

Die Tat war nicht deshalb rechtmäßig oder entschuldigt, weil der Angeklagte sie in Ausübung seiner Amts- und Dienstpflichten als Offizier des MfS beging. Da sie – auch – in der Bundesrepublik Deutschland begangen wurde (vgl. nachfolgend 2), ist für ihre Rechtfertigung oder Entschuldigung allein das Strafrecht der Bundesrepublik Deutschland maßgebend. Danach liegt die Rechtswidrigkeit ohne weiteres vor. Eine entschuldigende Pflichtenkollision oder der allgemeine Grundsatz der Unzumutbarkeit normgemäßen Verhaltens, die in ihrer rechtlichen Anerkennung als übergesetzliche Entschuldigungsgründe ohnehin zweifelhaft sind, greifen schon deshalb nicht ein, weil der Angeklagte subjektiv nicht unter dem Druck widerstreitender Pflichten gehandelt hat (vgl. BGH, Beschluß vom 29. Mai 1991 – StB 11/91 – (Seite 12) im Fall Harry Schütt; veröffentlicht in NJW 1991, 2498 = MDR 1991, 882). {148}

Der Angeklagte handelte gemeinsam (§ 25 Abs. 2 StGB) mit den in der Bundesrepublik Deutschland tätigen Agenten und deren Führungsoffizieren – dies waren die „operativen Mitarbeiter" in den Referaten –, aber auch im Zusammenwirken mit anderen Offizieren der HVA und der Abteilung XV der Bezirksverwaltung Dresden, die an der Durchführung der einzelnen Spionageprojekte beteiligt waren. Bei der HVA war dies insbesondere sein Vorgesetzter Oberst Nehls, und bei der Abteilung XV kommen insoweit vor allem seine Stellvertreter Naumann und Schlaphof sowie die Referatsleiter Preusche, Dobel und Konavec in Betracht. Diese Personen wußten ebenso wie der Angeklagte, daß ihr Verhalten mit dem Strafgesetz der Bundesrepublik Deutschland nicht im Einklang stand.

Im Fall Ute A. (oben C II 2f) war die nachrichtendienstliche Tätigkeit des Angeklagten und seiner Mittäter auf die Erlangung von Erkenntnissen über die in der Bundesrepublik stationierten US-Streitkräfte gerichtet. Die Strafbarkeit aus § 99 Abs. 1 Nr. 1 StGB wird deshalb durch Art. 7 Abs. 1 Nr. 4 des 4. StrafrechtsänderungsG begründet. {149}

Der Wechsel des Angeklagten am 01. August 1987 von der HVA zur Abteilung XV der Bezirksverwaltung Dresden ändert nichts daran, daß er sich (nur) *eines* Vergehens nach § 99 StGB schuldig gemacht hat. Dieser Tatbestand ist nämlich als Dauerdelikt ausgestaltet, welches erst beendet ist, wenn die Beziehung zum fremden Geheimdienst endgültig abgebrochen ist (BGHSt 28, 169 (171)). Hiervon kann bei dem Wechsel des Angeklagten nicht die Rede sein. Auch im Rahmen seiner Tätigkeit als Leiter der Abteilung XV übte er für das MfS gegen die Bundesrepublik Deutschland eine geheimdienstliche Agententätigkeit aus.

2. Für die Tat gilt das Strafrecht der Bundesrepublik Deutschland, weil sie im Inland begangen wurde (§ 3 StGB).

Soweit eine mittäterschaftliche Begehungsweise vorliegt, muß sich der Angeklagte den Tatbeitrag des Agenten, der in der Bundesrepublik Deutschland gehandelt hat, zurechnen lassen (§ 25 Abs. 2 StGB). Dies hat zur Folge, daß die Tat an jedem Ort begangen ist, an dem einer der Mittäter gehandelt hat, somit auch in der Bundesrepublik Deutschland (§ 9 Abs. 1 StGB; vgl. Dreher/Tröndle, StGB, 45. {150} Auflage, § 9 RdNr. 2; Schönke/Schröder/Eser, StGB, 24. Auflage, § 9 RdNr. 4). § 9 StGB gilt auch für die den Tatbestand des § 99 StGB erfüllenden Handlungen (BGH, Beschluß vom 04. Oktober 1991 – StB 22/91[23] – (Seite 7) im Fall Markus Wolf; anders KG – Vorlagebeschluß – in NJW 1991, 2501 (2502)[24]; offengelassen im Beschluß des Ermittlungsrichters des BGH vom 30. Januar 1991 – 2 BGs 38/91 – (Seite 5) im Fall Großmann, insoweit in BGHSt 37, 305 (307) nicht abgedruckt[25]).

II. [Rechtslage nach dem Einigungsvertrag]

An dieser Rechtslage, nach der die Tat bereits im Zeitpunkt ihrer Begehung nach dem StGB der Bundesrepublik Deutschland strafbar war, hat sich durch den Einigungsvertrag nichts geändert.

Eine Straffreiheit ergibt sich nicht aus Art. 315 Abs. 4 EGStGB. Gemäß Art. 315 Abs. 1 EGStGB ist bei Straftaten, die vor dem 03. Oktober 1990 *nur* auf dem Gebiet der DDR begangen worden sind, das im Vergleich der beiden Strafrechtsordnungen mildere Gesetz anzuwenden. Der Angeklagte beging die Tat gemäß §§ 3, 9 Abs. 1 StGB jedoch – auch – auf dem Gebiet der Bundesrepublik Deutschland, so daß schon deshalb zweifelhaft ist, ob Art. 315 Abs. 1 {151} EGStGB überhaupt anwendbar ist. Diese Bestimmung setzt darüber hinaus aber voraus, daß die Tat auch nach dem Recht der DDR strafbar war; sonst wäre ein Vergleich der beiden Rechtsordnungen nicht möglich (so zutreffend Wilke in NJW 1991, 2465; Gribbohm in LK, 11. Auflage 1992, § 2 RdNr. 60a). Dies ist vorliegend nicht der Fall. Auf eine etwaige Verfassungswidrigkeit des Absatzes 4 des Art. 315 EGStGB kommt es deshalb nicht an (anders KG in NJW 1991, 2501).

Auch aus anderen Bestimmungen des Einigungsvertrages ergeben sich keine Hinweise darauf, daß Delikte nach § 99 StGB nicht mehr strafbar sein sollen. § 99 StGB ist in Anlage I, Kapitel III Sachgebiet C, Abschnitt III Nr. 1 nicht genannt.

Dafür, daß die bestehende Strafbarkeit für Taten nach § 99 StGB durch den Einigungsvertrag nicht aufgehoben wurde, spricht auch der von den Fraktionen der CDU/CSU und der FDP am 02. September 1990 vorgelegte Entwurf eines Amnestiegesetzes für Mitarbeiter des MfS, die vom Boden der DDR aus Spionage gegen die Bundesrepublik Deutschland betrieben (Bundestagedrucksache 11/7762 (neu)). Aus dem Umstand, daß man es für erforderlich hielt, diese Frage in einem besonderen Gesetz zu regeln, {152} ergibt sich, daß der Einigungsvertrag eine Straffreiheit nicht vorsieht.

In der Begründung des Entwurfs (a.a.O. S. 5) ist ausgeführt:

„Nach Wirksamwerden des Beitritts unterliegen die Angehörigen und Agenten der Auslandsnachrichtendienste der Deutschen Demokratischen Republik uneingeschränkt unserer Strafgewalt. Ihre bisher in der Deutschen Demokratischen Republik legitime Tätigkeit wird ohne Änderung ihres Charakters auch dort strafbar."

Der Entwurf wurde aufgrund von Widerständen insbesondere aus den neuen Bundesländern nicht weiterverfolgt.

III. [Höherrangiges Recht]

Höherrangiges Recht steht einer Strafbarkeit des Angeklagten nicht entgegen.

1. Art. 3 Abs. 1 GG

Mitarbeiter des BND machten und machen sich nicht nach § 99 StGB strafbar, weil ihre Tätigkeit nicht gegen die Bundesrepublik Deutschland gerichtet war und ist. Wenn der Gesetzgeber der Bundesrepublik es für richtig hält, die Strafbarkeit von hauptamtlichen Mitarbeitern der HVA und der ihr zuge-{153}hörigen Abteilungen XV in den Bezirksverwaltungen wegen ihrer vor dem 03. Oktober 1990 vom Gebiet der ehemaligen DDR ausgehenden geheimdienstlichen Agententätigkeit gegen die Bundesrepublik Deutschland nach § 99 StGB fortdauern zu lassen und sie nicht zu amnestieren, erscheint dies unter dem Blickwinkel des Art. 3 Abs. 1 GG nicht willkürlich.

Dem Gesetzgeber steht eine weitgehende Gestaltungsfreiheit zu. Die Grenze liegt erst dort, wo bei einer am Gerechtigkeitsgedanken orientierten Betrachtungsweise ein einleuchtender Grund für die gesetzliche Differenzierung fehlt und damit gegen das Willkürverbot verstoßen wird (ständige Rechtsprechung des BVerfG, vgl. etwa BVerfGE 9, 334 [337]; 25, 269 [293]; 48, 227 [234 f.]). Dagegen wurde vorliegend nicht verstoßen. Für eine unterschiedliche Behandlung der Offiziere des MfS und der Mitarbeiter des BND spricht insbesondere folgendes:

a) Zwischen den Mitarbeitern des BND und den Angehörigen des MfS, die Auslandsaufklärung betrieben, bestehen erhebliche Unterschiede: {154}

aa) Während der BND ausschließlich Auslandsaufklärung betreibt, waren – wie sich aus den Feststellungen in Abschnitt B ergibt – im MfS Inlandsüberwachung einschließlich der Spionageabwehr und Auslandsaufklärung untrennbar miteinander verbunden. Das MfS war damit schon von seiner Struktur her *der* entscheidende Machtapparat in der ehemaligen DDR.

(1) Organisatorisch waren die HVA und die Abteilungen XV der Bezirksverwaltungen Teile des MfS (vgl. im einzelnen B 4a, B 5a). Bei den Kreisdienststellen gab es

zwischen „Abwehr“ und „Aufklärung“ keine Trennung (oben B 6). Hier lag nach den Worten des Angeklagten die „Nahtstelle“ der beiden Bereiche. Der „Offizier für Aufklärung“ bei den Kreisdienststellen erledigte auch Aufgaben der „Abwehr“ (im einzelnen B 6).

(2) Aus dieser organisatorischen Verzahnung ergab sich eine enge Anbindung der zahlenmäßig gegenüber dem Gesamtpersonalbestand (ca. 3.500) der Bezirksverwaltung Dresden kleinen Abteilung XV (54) an den Leiter der Bezirksverwaltung, der ein Mann der „Abwehr“ war: {155}

Die Abteilung XV der Bezirksverwaltung Dresden unterlag im Personalbereich, in Angelegenheiten des Dienstbetriebes sowie in den Bereichen, die ihre Arbeit im Bezirk Dresden und ihre Zusammenarbeit mit anderen Abteilungen betrafen, der uneingeschränkten Weisungs- und Kontrollbefugnis des Leiters der Bezirksverwaltung (oben B 7), also der „Abwehr“.

In der Dienstanweisung 3/85 bestimmte der Leiter der Bezirksverwaltung u.a., daß der Einsatz bestimmter IM bei Reisen in die Bundesrepublik nur nach vorheriger Abstimmung mit den „Stellvertretern Operativ“ und dem „Stellvertreter für Aufklärung“ erfolgen dürfe (vgl. oben B 7).

Die HVA (Generalmajor Geyer) legte die Berichte vom 01. Februar 1984 und vom 30. Januar 1985, in denen die Arbeit der Abteilung XV in den vorangegangenen Jahren bewertet wurde, nicht etwa dem Leiter der Abteilung XV, sondern dem Leiter der Bezirksverwaltung vor (oben B 7), was dessen Vorrang unterstreicht. Böhm sandte diese Berichte dem Leiter der Abteilung XV nur zur Kenntnis und verlangte deren Rückgabe. {156}

Im Jahresplan des Leiters der Bezirksverwaltung wurden auch Belange der Abteilung XV berücksichtigt (oben B 8g).

Der Leiter der Bezirksverwaltung nahm den Jahresplan der Abteilung XV zur Kenntnis (oben B 8f).

(3) Neben der HVA und den Abteilungen XV der Bezirksverwaltungen betrieben auch andere Hauptabteilungen des Ministeriums in Berlin und andere Abteilungen der Bezirksverwaltungen Aufklärung in der Bundesrepublik Deutschland (im einzelnen B 4c und B 5c).

(4) Die HVA und andere Kräfte des MfS sicherten Aufenthalt und Reisen von Bürgern der DDR im bzw. ins Operationsgebiet. Allgemein war sie – ebenso wie die anderen Diensteinheiten des MfS – gehalten, mit den anderen Dienststellen des MfS zusammenzuarbeiten (im einzelnen oben B 4d).

Die Abteilung XV der Bezirksverwaltung Dresden erledigte Aufgaben auch für andere Abteilungen der Bezirksverwaltung:

So war das bei ihr angesiedelte Referat IAZ für die Weiterbildung von Mitarbeitern der gesamten Bezirksverwaltung zuständig (oben B 5b). {157}

Auf einer Fortbildungstagung für Offiziere für Aufklärung bei den Kreisdienststellen (oben B 6), die vom Stellvertreter des Angeklagten, Oberstleutnant Naumann, am 31. Mai 1989 im Schulungsraum der Abteilung XV der Bezirksverwaltung Dresden abgehalten wurde, wurde nicht nur über die IM-Kategorien der Richtlinie 2/79 und den sich daraus ergebenden „operativen Anforderungen“ sowie über die Bearbeitung von Personen und Objekten der Bundeswehr, sondern auch über „Anforderungsbilder der Abteilung VIII der BV Dresden für die Arbeit in Richtung Operationsgebiet“ referiert.

Die Abteilung VIII der Bezirksverwaltung, die ebenso wie die Hauptabteilung VIII beim Ministerium in Berlin für die Beobachtung und Ermittlung von Personen und Objekten zuständig war, hatte den Wunsch geäußert, daß der „Offizier für Aufklärung" über bestimmte Punkte aus ihrer Sicht informiert würde. Diese Aufgabe übernahm der Stellvertreter des Angeklagten im Rahmen einer Schulung der Abteilung XV. Dies war auch deshalb sinnvoll, weil nach den Angaben des Angeklagten zwischen den Abteilungen VIII und XV im Operationsgebiet Berührungspunkte be-{158}standen und deshalb in nicht wenigen Fällen die Arbeit koordiniert werden mußte.

(5) Andere Dienststellen des MfS einschließlich der Bezirksverwaltungen waren der HVA und den Abteilungen XV bei der Erfüllung der diesen obliegenden Aufgaben behilflich:

Die „Linie VI" – dies waren die Hauptabteilung VI im Ministerium in Berlin und die Abteilungen VI der Bezirksverwaltungen, die unter anderem für die Kontrolle der Einreise von Bundesbürgern zuständig waren – leitete der OAG Dresden Einreiseanträge von Bundesbürgern zu, die darauf hin durchgesehen wurden, ob sich aus ihnen Anhaltspunkte für eine nachrichtendienstliche Verwendbarkeit, insbesondere für die Gewinnung von IM, ergaben (oben B 5b und 9b).

Die „Linien M und 26" (Post- und Telefonkontrolle) und die Abteilungen II, VI, VIII und XII der Bezirksverwaltung Dresden leisteten der Abteilung XV bei Überprüfung von IM oder von Personen, die als IM in Betracht kamen, „Hilfsdienste" (oben B 5c, 9b, c). {159}

Der Touristenverkehr wurde (auch) von der „Linie VI" überwacht; hieraus ergaben sich für die HVA und die Abteilungen XV Ansatzpunkte für die Gewinnung von IM (oben B 9b).

(6) Aus der vorstehenden Zusammenstellung ergibt sich, daß die HVA und die Abteilungen XV der Bezirksverwaltungen mit den übrigen Diensteinheiten des MfS eine Einheit bildeten. Die Annahme des KG (NJW 1991, 2501 (2503)), die HVA habe eine „weitgehend autonome" Stellung gehabt, erweist sich als unzutreffend.

bb) Die Zuständigkeiten des MfS waren entsprechend seinem Auftrag, den Machterhalt der SED nach innen und außen zu sichern, umfassend (vgl. oben B 2 und 3). Das MfS war *das* zentrale Machtinstrument der SED und ihrer Machthaber. Demgegenüber ist der BND lediglich für die Auslandsaufklärung zuständig. Seine Funktion ist – schon wegen der Abwählbarkeit der Parteien in der Bundesrepublik – eine völlig andere.

cc) Das MfS unterlag allenfalls einer Kontrolle {160} durch die SED, während die Arbeit des BND gemäß dem Gesetz über die parlamentarische Kontrolle nachrichtendienstlicher Tätigkeit des Bundes vom 11. April 1978 (BGBl. I S. 453) von der Parlamentarischen Kontrollkommission überwacht wird.

dd) Der BND wurde und wird ausschließlich zum Schutz der Bundesrepublik Deutschland tätig, während die gegen die Bundesrepublik Deutschland gerichtete Tätigkeit des MfS, insbesondere der HVA und der ihr zugeordneten Mitarbeiter, zu einer – zumindest abstrakten – Gefahrdung dieses Staates führte, wobei die Folgen für die Zukunft noch nicht sicher absehbar sind (vgl. z.B. oben B 10b zur Eingabe von Daten durch die HVA in das System „SOUD"). Schon im Hinblick hierauf erscheint es zumindest nicht willkürlich, die ehemaligen MfS-Offiziere – auch soweit sie im Bereich der „Aufklärung" tätig waren – nicht von Strafe freizustellen (im einzelnen vgl. den

Beschluß des BGH vom 29. Mai 1991 – StB 11/91; veröffentlicht in NJW 1991, 2498 = MDR 1991, 882).

b) Die Bundesbürger Karl-Heinz S., Konrad W. und Eberhard F. wurden mit Ur-{161}teilen vom 26. und 29. November 1991 sowie vom 02. April 1992 wegen der Taten, die auch dem Angeklagten zur Last gelegt werden (oben C II 2b, c und g), rechtskräftig wegen geheimdienstlicher Agententätigkeit zu Freiheitsstrafen von zwei Jahren sechs Monaten, einem Jahr acht Monaten (Einsatzstrafe) bzw. einem Jahr drei Monaten verurteilt, wobei bezüglich der beiden letzteren die Vollstreckung zur Bewährung ausgesetzt wurde. Unverständlich und ungerecht erschiene es, daß diese Personen bestraft wurden und der Angeklagte, der mit dafür gesorgt hatte, daß sie weiter ihrer Agententätigkeit nachgingen, straffrei bliebe.

2. [Rückwirkungsverbot]

Auch das Rückwirkungsverbot des Art. 103 Abs. 2 GG schließt eine Bestrafung nicht aus. Hiernach kann eine Tat nur dann bestraft werden, wenn die Strafbarkeit vor ihrer Begehung gesetzlich bestimmt war. Dies ist hier der Fall. Bereits vor dem Beitritt der DDR zur Bundesrepublik war, wie dargelegt, eine Strafbarkeit nach § 99 StGB begründet. In dem Umstand, daß erst der Beitritt der DDR den tatsächlichen Zugriff der Strafverfolgungsbehörden ermöglicht hat, liegt kein Verstoß gegen das Rückwirkungsverbot des Art. 103 {162} Abs. 2 GG (vgl. BVerfGE 25, 269 [286 f.]). Die tatsächliche Verfolgbarkeit von Straftaten hat mit dieser Vorschrift nichts zu tun.

3. [Vertrauensgrundsatz]

Ferner steht der Grundsatz des Vertrauensschutzes als Ausprägung des Rechtsstaatsprinzips (Art. 20 Abs. 3 GG) einer Strafverfolgung nicht entgegen. Hierauf kann sich der Betroffene dann nicht berufen, wenn sein Vertrauen auf den Fortbestand eines Zustandes eine Rücksichtnahme billigerweise nicht beanspruchen kann, es also sachlich nicht gerechtfertigt ist (vgl. BVerfG a.a.O. S. 291 zur Frage der NS-Verjährung). Vorliegend könnte ein Vertrauensschutz insoweit in Betracht kommen, als sich der Angeklagte bei Ausübung seiner nachrichtendienstlichen Tätigkeit nicht darauf einstellen konnte und brauchte, infolge der Vereinigung der deutschen Staaten bestraft zu werden (so KG in NJW 1991, 2501, (2504)). Jedoch konnte der Angeklagte unter Berücksichtigung aller Umstände, insbesondere der engen Verflechtung von „Aufklärung“ und „Abwehr“ innerhalb des MfS, billigerweise nicht davon ausgehen, von Strafe freigestellt zu werden; ein insoweit vorhandenes Vertrauen kann lediglich im {163} Rahmen der Strafzumessung Berücksichtigung finden (BGH, Beschluß vom 04. Oktober 1991 – StB 22/91 – (Seite 8) im Fall Markus Wolf).

4. [Völkerrecht]

Im Völkervertragsrecht und im völkerrechtlichen Gewohnheitsrecht findet sich – wie im Beschluß des Ermittlungsrichters des BGH vom 30. Januar 1991 (BGHSt 37, 305) ausführlich dargelegt – keine nach Art. 25 GG zu beachtende Norm, welche einer Strafverfolgung entgegenstünde. Insbesondere kann eine entsprechende Anwendung des Art. 31 der Haager Landkriegsordnung vom 18. Oktober 1907[26] (RGBl. 1910, 107) nicht in Betracht kommen. Hiernach ist ein Spion, der zu dem Heer, dem er angehört, zurückgekehrt ist und später vom Feind gefangen genommen wird, als Kriegsgefangener zu behandeln. Er kann wegen der von ihm begangenen Spionage nicht zur Verantwortung gezogen werden. Diese Bestimmung ist dem Kriegsvölkerrecht zuzuordnen. Sie kann angesichts der Verschiedenheit der zugrundeliegenden Sachverhalte und ihres Charakters als Sondernorm nicht entsprechend auf Friedensvölkerrecht angewendet werden. {164}

5. [Zusammenfassung]

Höherrangiges Recht steht somit der Strafverfolgung des Angeklagten nicht entgegen (ebenso Beschluß des Ermittlungsrichters des BGH vom 30. Januar 1991 (BGHSt 37, 305); Beschlüsse des 3. Strafsenats des BGH vom 29. Mai 1991 – StB 11/91 – (NJW 1991, 2498 = MDR 1991, 882), vom 14. Juni 1991 – StB 12/91 – und vom 04. Oktober 1991 – StB 22/91; Beschluß des Ermittlungsrichters des BGH vom 10. November 1992 – 2 BGs 431/92; Urteile des BayObLG vom 15. November 1991 – 3 St 1/91 a-d[27] – und vom 19. Dezember 1991 – 3 St 8/91 a-d[28]; Beschluß des OLG Düsseldorf vom 30. Oktober 1992 – 3 StE 4/92 – 2 (3); anderer Ansicht nur KG in NJW 1991, 2501).

F. Strafzumessung

1. [Strafrahmen]

Für die Ahndung der Tat steht ein Strafrahmen von Geldstrafe bis zu einer Freiheitsstrafe von fünf Jahren zur Verfügung (§ 99 Abs. 1 StGB).

Von der Annahme eines besonders schweren Fal-{165}les gemäß § 99 Abs. 2 StGB sieht der Senat ab.

Ein Regelbeispiel nach § 99 Abs. 2 Satz 2 StGB liegt schon deshalb nicht vor, weil der Angeklagte als Offizier des MfS nicht seine Stellung mißbraucht hat, die ihn zur Wahrung von Dienstgeheimnissen verpflichtete (Nr. 1) und durch die Tat – auch im Fall S. (oben C II 2b) – nicht die Gefahr eines schweren Nachteils für die Bundesrepublik Deutschland herbeigeführt worden ist (Nr. 2).

Ein besonders schwerer Fall außerhalb der Regelbeispiele (Abs. 2 Satz 1) ist nicht gegeben. Der Angeklagte handelte auf der Grundlage der in der DDR geltenden Gesetze in Erfüllung der ihm übertragenen Pflichten eines Offiziers des MfS. Die ihm zur Last gelegten, in den Abschnitten C I 2 und II 2 aufgeführten Einzelfälle sind in ihrer Gesamtheit nicht allzu gravierend. Schon deshalb hebt sich die Tat nach dem Gewicht von Unrecht und Schuld nicht vom Durchschnitt der praktisch vorkommenden Fälle so weit ab, als daß die Anwendung des Ausnahmestrafrahmens des § 99 {166} Abs. 2 Satz 1 StGB geboten wäre (vgl. BGHSt 28, 318 [319 f.]).

Für eine Herabsetzung des Strafrahmens oder ein Absehen von Strafe gemäß § 99 Abs. 3 in Verbindung mit § 98 Abs. 2 StGB[29] bietet der Sachverhalt keine Anhaltspunkte. Der Angeklagte hat seine Tätigkeit als Leiter der Abteilung XV der Bezirksverwaltung Dresden aufgegeben, weil das MfS und die Abteilung XV Anfang 1990 aufgelöst wurden; von einer freiwilligen Aufgabe seines Verhaltens (§ 98 Abs. 2 Sätze 1 und 2 StGB) kann keine Rede sein.

2. [Strafmildernde und -schärfende Gesichtspunkte]

a) Strafmildernde Gesichtspunkte

Zugunsten des Angeklagten spricht, daß er – wie dargelegt – die Tat in Erfüllung der ihm als Offizier des MfS obliegenden Pflichten beging. Nach dem Recht der DDR wurde sein Handeln als rechtmäßig angesehen. Er wollte an der Sicherung des Friedens und dem Aufbau einer besseren Gesellschaft mitwirken. Es ist ihm nicht anzulasten, daß er sich dem MfS, welches der tragende Pfeiler des SED-Regimes war, zuwandte. Der Angeklagte ist nämlich {167} unter denkbar ungünstigen Verhältnissen aufgewachsen. Er war bereits während seiner Kindheit und Jugend auf die Hilfe des Staates angewiesen und wurde im Sinne der damals herrschenden Staatsdoktrin der entstehenden DDR erzogen (vgl. oben A). Es ist nachvollziehbar, daß er sich dann dem Staat, der sich um ihn, auch um sein berufliches Fortkommen, kümmerte, verpflichtet fühlte.

Zu seinen Gunsten spricht auch, daß er nicht vorbestraft ist.

Strafmildernd wirkt sich ferner aus, daß der Angeklagte darauf vertraute, sich nicht vor einem Gericht der Bundesrepublik Deutschland wegen seiner Tat verantworten zu müssen. Zwar war er sich – wie er ausdrücklich hervorhob – darüber im klaren, sich nach den Gesetzen der Bundesrepublik strafbar zu machen, jedoch war es ihm als MfS-Offizier strikt verboten, das kapitalistische Ausland zu betreten, so daß er nicht mit der Möglichkeit rechnete, gefaßt und bestraft zu werden. Er vertraute auch darauf, sein Dienstherr – der Staat DDR – werde im Rahmen der Vereinigung der deutschen Staaten für eine Straffreiheit der im Bereich {168} der „Aufklärung" tätigen Mitarbeiter des MfS Sorge tragen.

Auch hat Köhler seine während seiner Zugehörigkeit zum MfS erworbenen Versorgungsansprüche verloren. So muß er sich im vorgerückten Alter – er ist jetzt 57 Jahre alt – eine neue Existenz aufbauen. Angesichts dieser Umstände ist seine Strafempfindlichkeit als hoch einzuschätzen.

Der Angeklagte hat sich durch die Tat – das Gegenteil ist jedenfalls auch in den „Händlerfällen", in denen ihm vom SWT Millionenbeträge in DM anvertraut worden sind, nicht nachweisbar – nicht bereichert; sein Gehalt, welches er vom Staat bezog, hat hierbei außer Betracht zu bleiben.

Der Schaden, der der Bundesrepublik Deutschland durch die Tat entstanden ist, ist nicht gravierend. Von Bedeutung ist in diesem Zusammenhang der Fall S. (oben C II 2b), in dem wertvolle Informationen an das MfS gegeben wurden. Allerdings wiegt seine persönliche Schuld insoweit nicht allzu schwer, da {169} sich in diesem Fall sein Stellvertreter Schlaphof in besonderem Maße engagierte und er sich selbst eher zurückhielt.

Zwar wurden über diesen Fall hinaus während seiner Tätigkeit im Referat IX A 2 der HVA persönliche Daten von Mitarbeitern des MAD an den KGB weitergegeben (vgl. oben B 10b), so daß die der Bundesrepublik Deutschland hieraus entstandene Nachteile möglicherweise auch heute noch fortwirken. Jedoch ist nicht erwiesen, daß diese weitergegebenen Daten dem MfS gerade aufgrund der Tätigkeit des Angeklagten zur Kenntnis gebracht worden sind (vgl. oben C I 1).

Zugunsten des Angeklagten spricht ferner, daß die Spionagefälle, die ihm im Rahmen seiner Tätigkeit als Leiter der Abteilung XV der Bezirksverwaltung Dresden zur Last gelegt werden (oben C II 2), bereits von seinen Vorgängern initiiert worden sind; er führte sie lediglich fort.

Weiter ist dem Angeklagten sein in der Hauptverhandlung abgelegtes umfassendes Geständnis {170} zugutezuhalten.

Darüber hinaus hat er Angaben zu dem Vorgang der Bundesbürger Georg Al. und Doris J.-Al., der den Ermittlungsbehörden bislang nicht in seinem gesamten Umfang bekannt war, gemacht. Die Eheleute Al. waren etwa 1983 von Mitarbeitern der „Außengruppe" der Abteilung IX der HVA als „Perspektiv-IM" auf „politisch-ideologischer Basis" – d.h., sie hielten den Weg, den die DDR eingeschlagen hatte, für richtig – geworben worden. Die beiden wurden an das Referat IX A 2 „übergeben" und unter der Anleitung des Angeklagten anläßlich von Treffs auf dem Gebiet der DDR und in Jugoslawien als Agenten ausgebildet. Sie erhielten die Decknamen „Flieger" und „Tanja". Ihr Führungsoffizier war Andreas Otto, der als operativer Mitarbeiter in dem vom Angeklagten geleiteten Referat tätig war. Der Angeklagte nahm an zwei Treffs persönlich teil. Georg Al. und seine Ehefrau studierten Medizin. Auf Veranlassung des Angeklagten traten sie etwa 1984 in die Bundeswehr als Stabsärzte ein, um dort in eine nachrichtendienstlich interessante Position zu gelangen {171} und „Abschöpfpositionen" zu schaffen. Hierzu kam es bis zum Weggang des Angeklagten aus der Abteilung IX am 31. Juli 1987 jedoch nicht mehr. Zu jener Zeit waren die Eheleute bei einer Einheit der Bundeswehr im Raum Hamm tätig. Sie lieferten allgemeine Dienstvorschriften der Bundeswehr aus ihrem Arbeitsbereich an das MfS. Was dies im einzelnen war und in wieviel Einzelfällen dies geschah, konnte der Angeklagte nicht mitteilen. Das Verratsmaterial wurde durch Kurier nach Berlin gebracht oder anläßlich von Treffs übergeben.

Ferner hatte der Angeklagte nach seinen Worten im Jahre 1974 erfahren, daß die für die Inlandsabwehr zuständige Hauptabteilung II des MfS Dagmar Sd. aus Hannover als Agentin unter dem Decknamen „Elvira" oder „Eva" führte. Sie war zu jener Zeit als Sekretärin beim MAD tätig.

Diese Offenbarungen wirken zugunsten des Angeklagten.

Weiter ist ihm zugutezuhalten, daß bei der {172} Bemessung der Höhe der Strafe infolge der Auflösung des MfS general- und spezialpräventive Gesichtspunkte an Bedeutung verloren haben.

b) Strafschärfende Gesichtspunkte

Zu Lasten des Angeklagten sind die nicht unerhebliche Anzahl von insgesamt 16 Einzelfällen – der Fall Al. ist ihm nicht anzulasten, da er insoweit durch seine Angaben zur Aufklärung beigetragen hat – sowie der Zeitraum von über zehn Jahren anzuführen, während dem er Spionage gegen die Bundesrepublik Deutschland betrieben hat. Nicht nachgewiesen werden konnte, daß durch seine Tätigkeit Bundesbürger in die „Fänge" des MfS gerieten und durch unlautere Machenschaften zur Spionagetätigkeit angehalten wurden. Andererseits nutzte man im Fall A. auf Veranlassung und mit Wissen des Angeklagten menschliche Gefühle der Ute A. aus; die Art der Tatausführung in diesem Fall ist von wenig Rücksichtnahme auf das Opfer geprägt.

c) [Strafe]

Unter Berücksichtigung dieser Gesichtspunkte {173} hält der Senat eine

Freiheitsstrafe von 1 Jahr 9 Monaten

für unrechts- und schuldangemessen.

3. [Strafaussetzung zur Bewährung]

Diese Strafe kann *zur Bewährung ausgesetzt* werden (§ 56 Abs. 2 StGB).

Schon aufgrund der veränderten politischen Umstände kann ausgeschlossen werden, daß sich der Angeklagte erneut in dieser Weise strafbar machen wird. Auch sonst bestehen keinerlei Anhaltspunkte für eine erneute Straffälligkeit. Deshalb ist zu erwarten, daß er auch ohne Einwirkung des Strafvollzugs keine Straftaten mehr begehen wird (§ 56 Abs. 1 Satz 1 StGB).

Darüber hinaus liegen bei einer Gesamtwürdigung von Tat und Täter besondere Umstände im Sinne des § 56 Abs. 2 StGB vor, die eine Aussetzung dieser Freiheitsstrafe von über einem Jahr zur Bewährung ermöglichen. Insoweit kann auf die vorstehend 1a dargelegten Strafzumessungsgesichtspunkte Bezug genommen werden. {174}

Von Bedeutung ist in diesem Zusammenhang insbesondere, daß der Angeklagte die Tat in Ausübung seines Berufes als Offizier des MfS beging und der durch sie verursachte Schaden nicht gravierend ist. Schließlich kommt seinem Verhalten im Verfahren einschließlich seiner Offenbarungen zum Fall Al. auch hier Bedeutung zu.

Die Verteidigung der Rechtsordnung gebietet die Vollstreckung der Strafe nicht (§ 56 Abs. 3 StGB).

4. [Keine Nebenfolgen]

Für eine Anordnung von Nebenfolgen gemäß § 101 StGB in Verbindung mit § 45 Abs. 2, 5 StGB besteht keine Veranlassung. {175}

Anmerkungen

1 Das Urteil ist nicht rechtskräftig geworden. Der Angeklagte legte gegen das Urteil zunächst Revision ein, die vom BGH durch Beschluss vom 17.12.1993 – Az. 3 StR 166/93 – unter Verweis auf sein Urteil vom 30.7.1993 (lfd. Nr. 3-2) als unbegründet verworfen wurde. Auf seine Verfassungsbeschwerde hob das BVerfG in seinem Urteil vom 26.6.1996 – Az. 2 BvR 204/94 – die genannten Entscheidungen unter Bezugnahme auf seinen Beschluss vom 15.5.1995 (= lfd. Nr. 2-4) auf. Es verwies die Sache zurück an das OLG Stuttgart mit der Maßgabe, zusätzliche Feststellungen zu der Frage zu treffen, ob der Beschwerdeführer nur innerhalb der DDR gehandelt habe. In diesem Fall würde ihm das im genannten BVerfG-Beschluss vom 15.5.1995 statuierte Verfolgungshindernis von Verfassungs wegen zugute kommen. Das OLG Stuttgart stellte daraufhin in seinem Beschluss vom 26.7.1996 – Az. 4 - 3 StE 3/92 – fest, dass nach Durchführung von Nachermittlungen der Verdacht

bestünde, es habe ein Führungstreff unter Teilnahme des Angeklagten in Griechenland stattgefunden, wo dem Angeklagten Strafverfolgung wegen Spionage gegen die Bundesrepublik Deutschland gedroht hätte, so dass nach den Grundsätzen des BVerfG insoweit kein Verfolgungshindernis bestünde. Es stellte daraufhin das Verfahren mit Zustimmung des Angeklagten und der Bundesanwaltschaft gem. § 153a Abs. 2 StPO gegen Zahlung einer Geldbuße von 500,- DM ein.

2 DDR-GBl. 1950, S. 95.

3 Zu Wolf vgl. lfd. Nr. 1.

4 Zu Großmann vgl. lfd. Nr. 2.

5 Das Statut ist abgedruckt in Judt, Matthias (Hg.): DDR-Geschichte in Dokumenten. Beschlüsse, Berichte, interne Materialien und Alltagszeugnisse, Berlin 1997, S. 467f.

6 Zur Abteilung IX vgl. auch lfd. Nr. 3.

7 Zu Spuhler vgl. lfd. Nr. 3.

8 Zu Gast vgl. lfd. Nr. 11.

9 Zur Abteilung X vgl. auch lfd. Nr. 4.

10 Zum Aufbau der HVA vgl. auch das Schaubild 1 im Anhang auf S. 1015.

11 Zu Männchen vgl. lfd. Nr. 7.

12 Die genannte Richtlinie ist vollständig abgedruckt in Müller-Enbergs, Helmut (Hg.): Inoffizielle Mitarbeiter des Ministeriums für Staatssicherheit, Teil 2: Anleitungen für die Arbeit mit Agenten, Kundschaftern und Spionen in der Bundesrepublik Deutschland, Berlin 1998, S. 471ff.

13 Mit Datum vom 31.1.1992 hatte der Generalbundesanwalts unter dem Az. 3 StE 3/92 - 4 (1) – Anklage gegen Horst Köhler sowie Rolf Preusche, Bernhard Dobel und Jürgen Konavec erhoben. Das OLG Stuttgart stellte mit Beschluss v. 21.8.1992 – Az. 4 - 3 StE 3/92 – das Verfahren gegen Preusche, Dobel und Konavec gem. § 153a Abs. 2 StPO gegen Auflage einer Zahlung von 3.000,- DM zunächst vorläufig ein. Der Generalbundesanwalt stimmte einer Verfahrenseinstellung unter Verweis auf die geringe Schuld der Angeklagten und ihr Aussageverhalten zu. Nachdem die Angeklagten die Auflage erfüllt hatten, wurde das Verfahren schließlich durch Beschluss des OLG Stuttgart v. 14.10.1992 – Az. 4 - 3 StE 3/92 – endgültig eingestellt.

14 Preusche war ursprünglich Mitangeklagter im vorliegenden Verfahren, vgl. Anm. 13.

15 Konavec war ursprünglich Mitangeklagter im vorliegenden Verfahren, vgl. Anm. 13.

16 Zum Aufbau der Abteilung XV der Bezirksverwaltung Dresden vgl. auch Schaubild 4 im Anhang auf S. 1017.

17 Zu Modrow vgl. den Dokumentationsband zur Wahlfälschung, lfd. Nr. 15.

18 Die Richtlinie ist vollständig abgedruckt in Müller-Enbergs, Helmut (Hg.): Inoffizielle Mitarbeiter des Ministeriums für Staatssicherheit, Teil 2: Anleitungen für die Arbeit mit Agenten, Kundschaftern und Spionen in der Bundesrepublik Deutschland, Berlin 1998, S. 352ff.

19 Zu Schütt vgl. lfd. Nr. 3.

20 Zur Struktur der Abteilung IX vgl. auch Schaubild 2 im Anhang auf S. 1016.

21 Zu Kusche vgl. lfd. Nr. 8.

22 Vgl. Anhang S. 1024.

23 Vgl. DtZ 1992, 62; BGHR StGB § 99 Agent 2; ~~BGHR StPO~~ § 116 Agent 2; BGHR GG Art 103 Abs 2 Rückwirkung 2.

24 Vgl. lfd. Nr. 2-2.

25 Die entsprechende Passage ist abgedruckt in NJW 1991, 929, 930.

26 Vgl. Anhang S. 1020.

27 Vgl. lfd. Nr. 3-1.

28 Vgl. lfd. Nr. 11-1.

29 Vgl. Anhang S. 1024.

FSC
www.fsc.org
MIX
Papier | Fördert
gute Waldnutzung
FSC® C083411

Kolibri 360 GmbH
Ferdinand-Jühlke-Straße 7
99095 Erfurt, Deutschland
produktsicherheit@kolibri360.de